谨以此书祝贺

北京师范大学建校 120 周年 暨

北京师范大学数学学科成立 107 周年，

北京师范大学数学系成立 100 周年！

北京师范大学数学科学学院史料丛书

北京师范大学

数学科学学院志

（1915～2020）

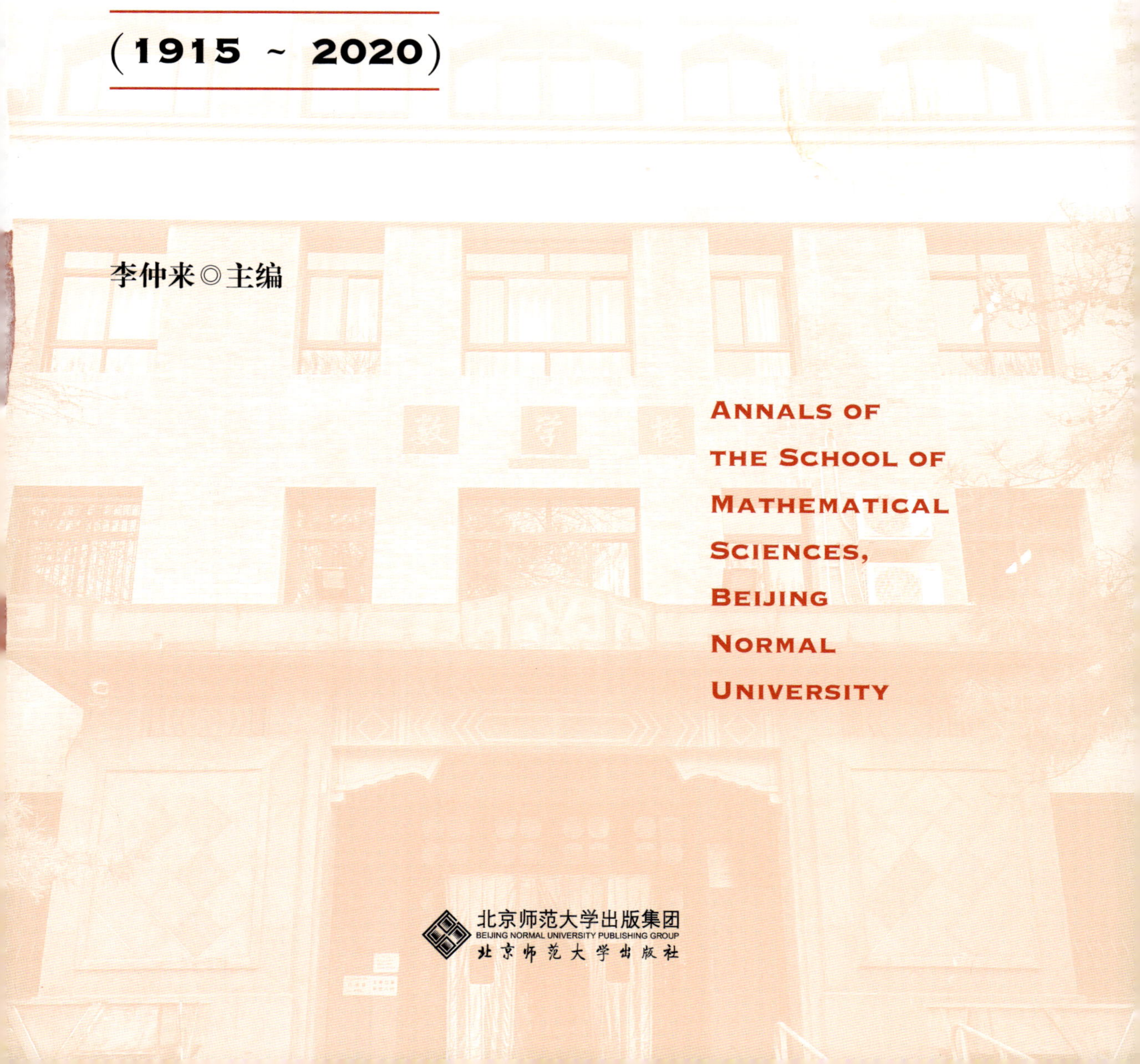

李仲来◎主编

ANNALS OF
THE SCHOOL OF
MATHEMATICAL
SCIENCES,
BEIJING
NORMAL
UNIVERSITY

北京师范大学出版集团
BEIJING NORMAL UNIVERSITY PUBLISHING GROUP
北京师范大学出版社

图书在版编目（CIP）数据

北京师范大学数学科学学院志：1915～2020/李仲来主编．－北京：北京师范大学出版社，2021.12

（北京师范大学数学科学学院史料丛书）

ISBN 978-7-303-27668-4

Ⅰ．①北…　Ⅱ．①李…　Ⅲ．①北京师范大学－数学－学院－校史－1915～2020　Ⅳ．①G659.281

中国版本图书馆 CIP 数据核字（2021）第 277911 号

北　京　师　范　大　学　数　学　科　学　学　院　史　料　丛　书
BEIJING SHIFAN DAXUE SHUXUE KEXUE XUEYUAN SHILIAO CONGSHU

出版发行：北京师范大学出版社 www.bnup.com
北京市西城区新街口外大街 12-3 号
邮政编码：100088
印　　刷：鸿博昊天科技有限公司
经　　销：全国新华书店
开　　本：184 mm × 260 mm　1/16
印　　张：40.5
插　　页：24
字　　数：1 010 千字
版　　次：2021 年 12 月第 1 版
印　　次：2021 年 12 月第 1 次印刷
定　　价：198.00 元

策划编辑：岳昌庆　　美术编辑：李向昕　　责任校对：陈　民
责任编辑：岳昌庆　　装帧设计：李向昕　　责任印制：马　婴

冯祖荀

蔡钟瀛

傅种孙

胡浚济

赵进义

张德馨

王仁辅

张禾瑞

严士健

赵　桢

王隽骧

刘来福

郑学安

保继光

李增沪

王恺顺

系主任 / 学院院长

王振稼

王树人

刘友渔

李英民

池无量

周美珂

邝荣雨

刘继志

保继光

李　勇

李仲来

唐仲伟

中共北京师范大学数学系总支部/数学科学学院委员会书记

严士健

刘绍学

陆善镇

陈木法

王伯英

刘永平

王凤雨

唐梓洲

张　辉

数学与数学教育研究所所长

傅种孙

范会国

张禾瑞

蒋硕民

数学系老“四大金刚”

1986 年，数学系前 3 批博士生导师（左起，下同）：
汪培庄、严士健、王梓坤、孙永生、刘绍学、王世强、陆善镇。

王梓坤
中国科学院院士，1991

唐守正
中国科学院院士，1995

陈木法
中国科学院院士，2003
发展中国家科学院院士，2009

张福基
国际数学化学科学院院士，2005

陈松蹊
中国科学院院士，2021

学院校友中的院士

2021 年 5 月 27 日，分析教研室教师。
唐晗力、薛庆营、杨大春、邓冠铁、袁文、高志强、周渊。
加入：刘永平、赵纪满。

2021 年 3 月 5 日，方程教研室教师。
唐仲伟、刘志华、张程翔、王灯山、薛留堂、熊金钢、保继光、刘彦麟、李海刚、袁荣、黎雄、许孝精、苏喜锋。
加入：徐桂香、赵丽琴。

2021 年 3 月 5 日，代数教研室教师。
张泽州、刘玉明、王恺顺、曾紫婷、胡维、吕本建、张秀平。
加入：胡永建、陆晴、施翔晖。

2021 年 7 月 9 日，几何教研室教师。
前排：葛建全、彦文娇、赵旭安、王幼宁、高红铸、卢广存、黄红、王雨生、苏效乐。
后排：葛剑、赵亮、程志云、张科伟、汪志威、龚文敏。

2021 年 3 月 5 日，计算数学教研室教师。
王发强、蔡勇勇、曹外香、崔丽、张争茹、何青、纪光华、蔡永强、陈华杰、潘亮。
加人：刘君。

2021 年 3 月 5 日，概率论教研室教师。
王颖喆、马宇韬、何辉、李增沪、张余辉、毛永华、洪文明。
加人：王凤雨、张梅。

2021 年 3 月 5 日，应用数学教研室教师。
王加银、于福生、刘玉铭、张勇、徐敏。
加入：于濂、张博宇、郑创。

2021 年 6 月 29 日，数学教育教研室和《数学通报》编辑部教师。
李建华、郭玉峰、马波、朱文芳、曹一鸣、郑亚利、郭衎。

2021 年 3 月 5 日，行政和辅导员教师。
前排：张潇、郭晓川、史雪楠、童儆磊、王发强、潘珊珊、封达。
后排：叶敦茹、魏炜、张丽华、郭文莲、袁宏伟。
加人：傅琴玲。

中国数理出版物最早的杂志，也是1949年以前出刊时间最长的数理杂志，北京高等师范学校主办的1918年《数理杂志》创刊号封面。

中国高校最早的现代数学专门期刊，北平师范大学数学会编辑的1930年《数学季刊》创刊号封面。

中国数学会1936年创办的普及性刊物《数学杂志》创刊号封面，《中国数学杂志》的前身。

1951年《中国数学杂志》创刊号封面。毛泽东主席为《中国数学杂志》题写刊名，这是他为中国数学界杂志题写的唯一刊名。

1953年《中国数学杂志》改名《数学通报》的封面。

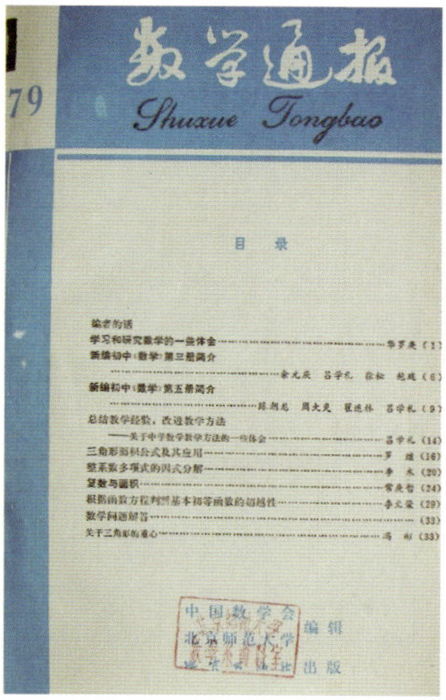

1979年《数学通报》复刊的封面。

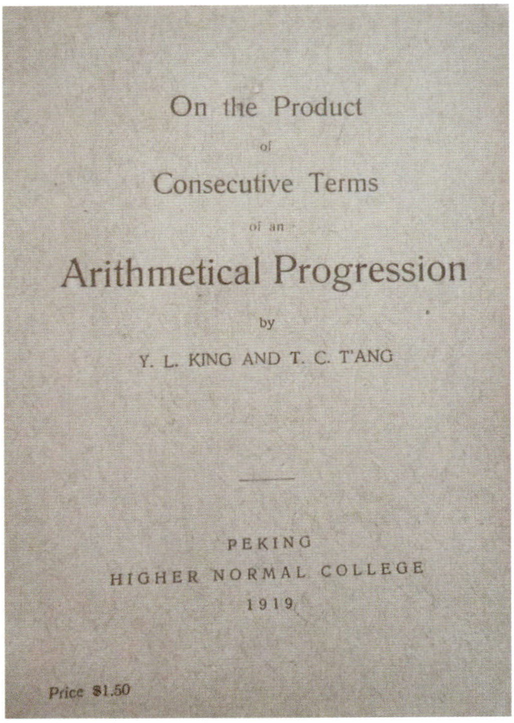

北京高等师范学校出版最早的数学著作《On the product of consecutive terms of an arithmetical progression》1919 年版封面。

1923 年，程廷熙和傅种孙合编的《初级混合数学》初中教材第一至第六册由中华书局出版。

杨荃骏（字明轩）

杨克纯（字武之）

汤璪真（字孟林）

杜作梁（字子荃）

匡日休（字互生）

靳荣禄（字宗岳）

汪如川（字静泉）

刘家镕（字熏宇）

1919 年数学物理部首届部分毕业生

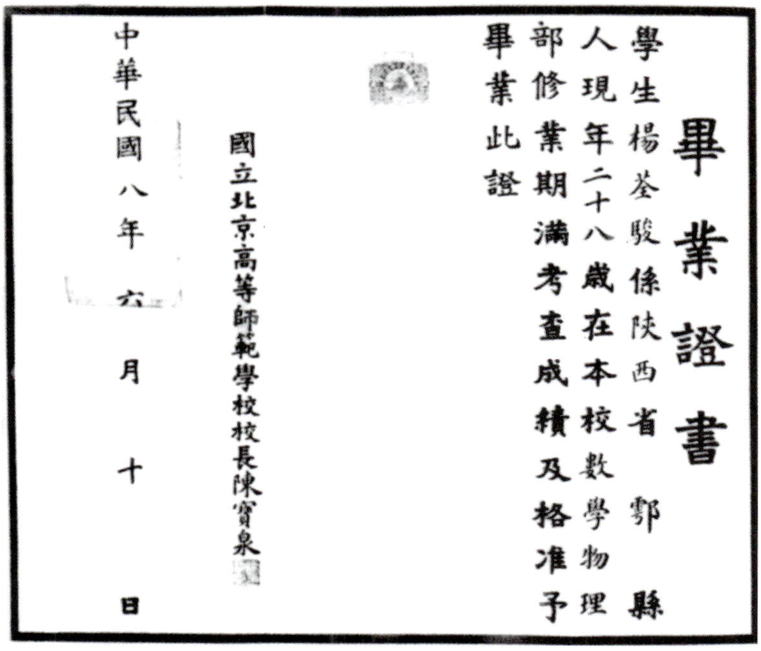

畢業證書

學生楊荃駿係陝西省鄠縣人現年二十八歲在本校數學物理部修業期滿考查成績及格准予畢業此證

國立北京高等師範學校校長陳寶泉

中華民國八年六月十日

1919 年数学物理部首届毕业生杨荃骏（字明轩，曾任全国人民代表大会常务委员会副委员长）的毕业证书。

1955 年 6 月 27 日，数学系首届(1953 级)代数研究班毕业生合影(* 为教师，下同)。
第 1 排：陆传荣、周汝奇、胡崇慧 *、王世强 *、张禾瑞 *、严士健 *、王隽骧 *、张东京、刘长安。
第 2 排：张一立、张昌铨、谢其龙、汪经武、倪国馨、杨子胥、章春台、雷天德。
第 3 排：王世芳、张之凰、陈昭木、黄宽锐、张宝林、高绪珏、郭光琼、李传和。
第 4 排：王世民、孙希文、李南峰、何佩纶、徐祥璞(进修教师)、丁守中、吴宝仪、李凤鸣(进修教师)。
缺　席：郭宋恪、贺昌亭。

1981 年 10 月，数学系首届硕士毕业生合影。
第 1 排：刘绍学 *、孙永生 *、张禾瑞 *、王世强 *、严士健 *。
第 2 排：陈木法、罗里波、罗承忠 *、李英民 *、张英伯、罗俊波。
第 3 排：唐守正、王成德、郑小谷、孙晓岚、王昆扬、程汉生、沈复兴。

1983 年 11 月 5 日，数学系首届博士生陈木法在博士论文答辩会上。

数学系首届(2000届)教育硕士专业学位毕业生合影。
前排：郭玉峰*、王敬赓*、钟善基*、钱珮玲*、王申怀*。
后排：吴文丽、张鸿霞、王皓、杨靖、程文、张岳发、韩宝刚。

数学科学学院首届(2013届)应用统计硕士专业学位毕业生合影。
第1排：廖冰琳、陈美香、王欣、何紫薇、李梦蕊、王一涵、杨滨嘉、丁磊、郭晓庆、王宇航。
第2排：王晶、左佳、金蛟*、朱娅灵、周智灵、杨柳、熊维娜、王晶、黄飞雁、高佳宁、曾省强。
第3排：曹宇、张淑梅*、段小刚*、王煜、邓旭、王京华、崔仕。
第4排：童行伟*、李慧*。

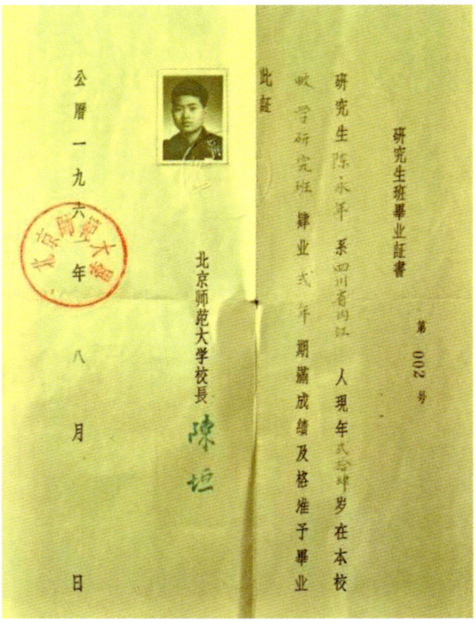

1961 届研究生班陈永年的毕业证书。

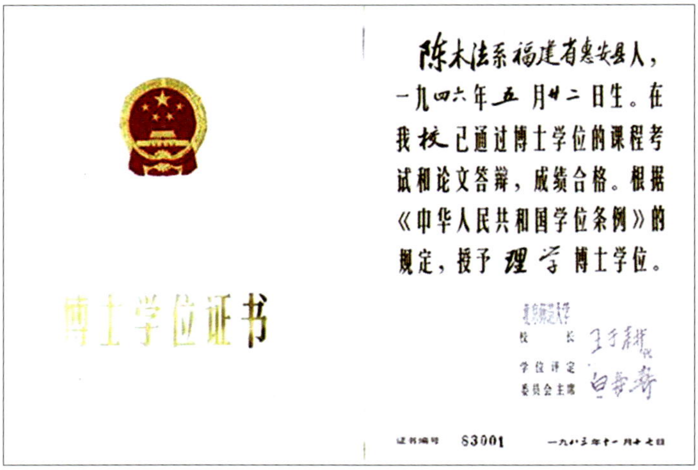

1983 届北京师范大学首位博士陈木法的博士学位证书。

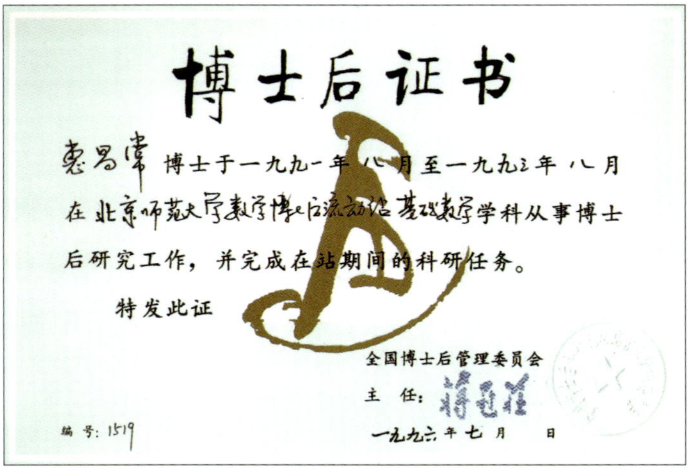

1993 届北京师范大学首位博士后惠昌常的博士后出站证书。

数学系首届（1980 届）函授专科毕业生合影。

第 3 排左 6 起：张志成 *、徐佩明 *，左 10 起：刘庆生 *、赵自瑞 *、钟善基 *、余炯沛 *、罗承忠 *、曹才翰 *、胡祖莹 *、光满囤 *、张志鹏 *、李仲来 *、屠义生 *。

数学系首届（1986 届）助教进修班学员结业合影。

第 1 排：陈方权 *、周美珂 *、罗承忠 *、邝荣雨 *、刘美 *、赵桢 *、沈复兴 *、蒋滋梅 *、张英伯 *、张益敏 *、阎瑞果 *、陈向明 *。

第 2 排：刘和平、丁勇、郭元术、沈云付、袁学海、郝成功、张永清、李仲来、祝家贵、刘智新、伊保林、陈显强、李维鸣。

第 3 排：朱江、王允俐、何淦瞳、眭毅成、刘亚平、陈迪荣、汪飞星、张敏燮、颜跃新、张晓声、刘万荣、石焕南、马柏林。

数学系首届（1997 届）硕士研究生课程进修班学员结业合影。

第 1 排：贾勇强、郑成、肖海云、赵志萍、孙长娟、李冬玲、蔡淑萍、林燕、崔鹤山、李云惠。

第 2 排：石玉海、平建设、王长沛 *、邵宝祥 *、钟善基 *、顾明远 *、倪传荣 *、朱汝金 *、钱珮玲 *、李仲来 *。

第 3 排：张春贵、荣俊利、李国安、胡志勇、封学英、童嘉森、宿守君、吴卫、李新凤、曲敏、张启华、李建东、王莉华、郑毅斌、刘艳萍、苏劲松、张瑢、邢春立、王京梅。

数学系首届（2000 届）国家级骨干教师培训班学员结业合影。

第 1 排：王申怀 *、何青 *、张秀平 *、王伯英 *、郑学安 *、王梓坤 *、刘来福 *、钱珮玲 *、郭玉峰 *、赵籍丰 *。

第 2 排：姚晓华、周文丽、姜华、白洁、潘春玲、王琦 *、胡亚丽、姜琳、李薇、宋寅平。

第 3 排：黄根初、范刚、张月柱、刘长春、焦兰池、赵金启、于海洋、曾文艺 *、李明林、付玉章。

后　部：侯宝力、史亮、毛银明、李志义、杨建臣、吴天峰、谢立竿、陈军、安春华、崔仲房、郭建斌、唐龙廷。

2015 年 10 月 25 日，北京师范大学数学学科成立 100 周年庆典特邀嘉宾合影。

第 1 排（坐者）：袁亚湘、席南华、彭实戈、严加安、崔俊芝、石钟慈、万哲先、姜伯驹、王树人、董奇、王梓坤、严士健、张恭庆、马志明、唐守正、文兰、郭柏灵、陈木法、李安民、周向宇。

第 2 排（站者）：李增沪、李仲来、唐仲伟、吉国兴、徐美萍、张立群、魏婷、郑萼、郑君礼、唐春雷、李辉来、李晓光、刘仲奎、王长平、陈松蹊、叶向东、邓明立、郭建华、崔恒建、汪荣明、李嘉禹、肖杰、李金初、米据生、李润泽、曹道民、马如云、江松、谈胜利、彭联刚、保继光、康震。

第 3 排：李田会、米洪海、徐丽萍、李洪兴、陆国震、邓邦明、王中、方复全、彭双阶、韩东、金钟植、林亚南、陈大岳、刘和平、任子朝、章建跃、苗长兴、吕建生、尤建功、惠昌常、郭晋云、贺伟、吴臻、尚在久、李文林、郭军义、祝东进、刘贤宁、罗利江、吴波、冯惠涛、彭济根。

2015 年 10 月 25 日，在北京师范大学数学学科成立 100 周年庆典上，北京师范大学校长董奇讲话。

2015 年 10 月 25 日，在北京师范大学数学学科成立 100 周年庆典上，北京师范大学数学科学学院院长李增沪讲话。

2015 年 10 月 25 日，在北京师范大学数学学科成立 100 周年庆典上，中国数学会秘书长张立群宣读贺辞。

2015年10月25日，在北京师范大学数学学科成立100周年庆典上，中国科学院数学与系统科学研究院院长席南华院士发言。

2015年10月25日，在北京师范大学数学学科成立100周年庆典上，北京大学数学科学学院常务副院长陈大岳发言。

2015年10月25日，在北京师范大学数学学科成立100周年庆典上，西北师范大学校长刘仲奎发言。

2015 年 10 月 25 日，在北京师范大学数学学科成立 100 周年庆典上，国外校友代表，美国宾州州立大学冠名讲座教授、《The Annals of Statistics》主编李润泽发言。

2015 年 10 月 25 日，在北京师范大学数学学科成立 100 周年庆典上，综合大学校友代表，清华大学理学院院长肖杰发言。

2015 年 10 月 25 日，在北京师范大学数学学科成立 100 周年庆典上，高师院校代表，华东师范大学数学系主任谈胜利发言。

2015 年 10 月 25 日，在北京师范大学数学学科成立100周年庆典上，中学校友代表李金初发言。

2015 年 10 月 25 日，在北京师范大学数学学科成立100周年庆典上，学院教师代表王凤雨发言。

2015 年 10 月 25 日，在北京师范大学数学学科成立100周年庆典上，学院学生代表赵文楠发言。

2015 年 10 月 25 日，学院党委书记李仲来主持北京师范大学数学学科成立 100 周年庆典。

2020 年 12 月 27 日，学院校友会成立大会。
第 1 排：肖杰、陆善镇、李金初、严士健、周作宇、郑君礼、范文霞、王恺顺、唐仲伟。

2018 年 7 月 13 日，以北京师范大学数学系 1935 届校友闵嗣鹤命名的北京大学闵嗣鹤数论中心成立，田刚和张益唐为其揭牌。

1978 年，数学系的 DJS-130 电子计算机和电传机。（1983 年摄）

前 言

伴随着北京师范大学120年的辉煌历程，数学系也已经度过100年的漫长岁月。为了纪念这个不平凡的节日，我们编写了《北京师范大学数学科学学院志(1915～2020)》，简称《院志》。这是数学科学学院的一件大事，也是北京师范大学一件有意义的举措。编写《院志》，是学院文化的积累，对于深入探讨学院的发展过程及其规律性，记述办学的成绩和经验，揭示和总结工作中的得失和教训，是一项具有重要历史价值、学术价值和现实意义的工作；编写出一部高质量的《院志》，对于提升学院的知名度，增强学院的凝聚力，培养学院师生员工的自信心和自豪感，具有十分重要的意义；同时，对于课程设置，科学研究资料的收集和积累，以及加强学院的学科建设具有一定的实际意义；不仅如此，《院志》的编写，还可以促进学院的教学、科研、档案资料的建设。另外，由于许多史料的散失，趁老先生们健在，收集口头或书面资料，以弥补原有书面史料的不足，有重要意义。

2002年，在北京师范大学成立百年之际，我主编《北京师范大学数学系史(1915～2002)》，并于2009年和2015年先后出版《北京师范大学数学科学学院史(1915～2009)》《北京师范大学数学科学学院史(1915～2015)》，简称《院史》。随着《院史》中大事记、附表和附录的积累和修正，编写《院志》的条件已经具备。

编写《院志》，对学校院系来讲，可借鉴的东西不多。当然有《校志》，但是，编写学校的《校志》与学校院系的《院志》有比较大的区别。《校志》比较宏观，《院志》需要微观。

编写《院志》是一项规模宏大和非常复杂的系统工程和文化建设工程，是一项费心、费力、费时的工作，编写《院志》比《院史》难。编写《院志》在于对资料的占有和整理，但是，如何记录数学学科创建百余年的历史，是一个值得研究的课题，也可以作为一个项目来研究。

史书重在论史，志书重在存史。史书与志书同源共生，是非常奇妙的现象。我们见到，有的高校有《校志》，有的高校有《校史》，两种都有的尚未见到，对院系也是如此。

在编写《院志》的过程中尽可能做到：把编写《院史》与《院志》全盘考虑，使其交集尽可能地减少到最小。

李仲来

2021-03-18

凡 例

1. 本志收录资料的时间为1915年到2020年，个别事件为顾及记述的完整性而有所例外。“数学系/科学学院”简写为“数学系/学院”。

2. 本志按图、述(第1章)、记(第2章)、志(第3～8，10～14章)、传(第9章)、表、录、索引、附录排列。志中叙述尽可能按年代汇总。

3. 分数排成“a/b”形式。

4. 传记中对教授直呼其名。

5. 为叙述事方便起见，约定“级”“届”共用。

6. 本志表和录按年份递增排列。

7. 表1～表3可以看作是一个整表，表1、表2的第1～3列和表3的第1,2,4列是连续的内容。其他列的内容有所不同。考虑到国家扩大专业型硕士的招生数量，在表3中，从首届(2000届)开始，把学术型硕士与专业型硕士毕业生人数分别单列。

8. 表6的数据截止到2013年和表7的数据截止到2015年，是因为2013年和2015年后无毕业生。

9. 表9、表10收集1973～1978级本科生入学时的年龄分布和工作经历情况。其他年级，本科生入学前已参加工作，或调干生，或工农速成中学的毕业生，人数在各个年级总入学人数中所占比例很少，未收集其资料。

10. 表11未收集2020年论文目录统计，是因为按工作惯例，需要在2021年年底教师考核后补充完成。

11. 录33的著作编号前4位为著作发表年份，后2位为著作序号。著作目录以著者姓名的汉语拼音顺序为序。中文在前，外文在后。外文作者的姓排在前面。

12. 录34的科研基金项目按同年份项目号从小到大排列，没有编号的以申请者姓名的汉语拼音顺序为序。中文在前，外文在后。外文作者的姓排在前面。括号内为参加者。

13. 录36的博士研究生论文题目每年先以二级学科为序，每个二级学科以字母顺序为序。

14. 录和索引中，如果同届毕业生的姓名重名，那么标出生源省份或地区等加以区分。

15. 全日制的专科/本科毕业生的姓名在录中可以按届检索，在索引中可以按字母顺序检索专科/本科毕业生姓名和毕业年份。

专升本的毕业生在本科毕业生名单中收录，在专科毕业生名单中未收录。

录13.1～录13.3的本科毕业生名单按姓名有索引，姓名的“字”无索引。录13.4～录13.9的本科毕业生的名单未收录在索引2中。

16. 硕士毕业生的姓名在录中可以按届检索，在索引中可以按字母顺序检索硕士毕业生姓名和毕业年份。

学术型/专业型硕士研究生可以按导师姓名检索导师指导的硕士毕业生姓名和毕业年份。

17. 博士毕业生的姓名在录中可以按届检索，在索引中可以按字母顺序检索博士毕业生姓名和毕业年份;按导师姓名检索导师指导的博士毕业生姓名和毕业年份;按届检索博士论文题目。

18. 为弥补提前攻博、硕博连读、免试攻博、本直博的研究生在硕士毕业生名单中缺失,增补其名单检索和入学年级。

19. 增补 2021 届本科/硕士/博士毕业生名单等,在表中不统计,不做索引。

20. 著作可按出版年份检索,或按字母顺序检索著者姓名和出版社名称。

21. 附录中的论文目录,论文编号前 4 位为论文发表年份,后 3 位为论文序号。中文在前,外文在后。外国作者的姓排在前面。论文可按出版年份检索,或按字母顺序检索作者姓名和杂志社名称或收录论文的文集名称。

22. 本志中,多数录可以做成表的形式,表看起来形象直观,但所占篇幅过大,故以录的形式展现。

目　　录

第 1 章　学院简介

1915 年北京高等师范学校成立数学物理部、1922 年成立数学系，2004 年北京师范大学成立数学科学学院，经过几代人坚韧不拔的努力，今天的数学科学学院已经步入国内优秀的数学院系的行列。近年来，学院始终坚持科学发展，走以内涵发展为主的道路，不断深化教学改革，人才培养质量稳步提高，科学研究发展势头强劲。数学学科的定位是：国内一流的人才培养基地；国际上有重要影响的科学研究基地；有良好声誉的社会服务基地。

1919～2020 年，学院培养专科毕业生 413 人，本科毕业生 8 953 人，硕士毕业生 2 373 人，博士毕业生 535 人。全脱产进修教师结业至少 1 198 人(缺 1966 年结业名单等)，访问学者 232 人。继续教育专科毕业生 1 137 人和本科毕业生 4 141 人。

1949 年数学系有教师 16 人(其中兼职 6 人：教授 3 人、副教授 1 人、讲师 2 人)，在职教师中 3 人有留学经历。2020 年数学科学学院有教师 83 人，其中教授 43 人，副教授及副高级职称 32 人，讲师 8 人；博士 81 人；90%的教师有留学经历。

1919 年与 1949 年本科毕业生分别为 28 人与 24 人；2020 年本科毕业生 219 人，分别是 1919 年与 1949 年的 7.8 倍与 9.1 倍，2020 年还有硕士毕业生 116 人，博士毕业生 35 人。

数学科学学院的教学与科学研究至今已有一支具有相当学术素养的队伍；有一批确定的研究方向，形成了自己的风格和传统；获得了丰富而系统的达到世界学科前沿的科研成果，其中有一些已经达到世界先进水平；在国内具有一定的学术地位，在国际上有一定的知名度；对国家的数学发展做出了一定的贡献。之所以能取得这样的成绩，是经过几代人的探索和努力，遭受了诸多的困苦和磨难。

1949 年，科研论文为零。

《基本科学指标》数据库(Essential Science Indicators，简称 ESI)是当今普遍用以评价大学和科研机构国际学术水平及影响的重要指标。ESI 根据学科发展的特点设置了 22 个学科，大致以 10 年为 1 个周期对全球所有大学及科研机构的 SCI，SSCI 论文及其引用情况等进行统计和比较，按论文总被引次数排列在前 1%的学科方可进入 ESI 学科排行，给出排名进入全球前 1%的大学及科研机构的排序，每 2 个月公布一次。2012 年 6 月底，北京师范大学数学学科在世界上进入前 1%的 218 个数学院所中 ESI 排名第 99 名，进入前 100 名。最靠前的排名为前 60 多名。

国家重点学科。1988 年 7 月 22 日，数学系基础数学、概率论与数理统计二级学科被批准为国家重点学科，占北京师范大学重点学科比例的 2/7，大大地提高和加强了数学系在学校中的地位，是北京师范大学数学系发展阶段的一个重要转折点。2007 年 8 月，数学被认定为一级学科国家重点学科，这是数学学科建设取得的又一亮点。

概率论创新群体。2002 年 2 月，数学系以陈木法为学术带头人的概率论研究群体获国家自然科学基金委员会 2001 年度创新研究群体科学基金(全国所有学科第 1 批共 19 个创新群体)，这是国内数学界第 1 个获资助的数学研究群体且获得第 3 期(每期 3 年，3 期共

9年)延续资助。《科学时报》记者采访国家自然科学基金委员会主任陈宜瑜院士时，他说："2000年至2009年期间，创新研究群体科学基金共投入经费16亿元，资助创新群体225个，其中有139个群体获得第2期延续资助，22个群体获得第3期延续。以陈木法教授为学术带头人的北京师范大学'概率论研究群体'，以卢柯研究员为学术带头人的中国科学院金属研究所'纳米材料的制备与性能研究群体'，以刘维民研究员为学术带头人的中国科学院兰州化学物理研究所'空间润滑材料与技术研究群体'，以张启发教授为学术带头人的华中农业大学'基因组研究与水稻遗传改良群体'等都是其中的佼佼者。"

4级倒立摆。2002年8月11日，世界首例直线运动4级倒立摆实物控制系统在数学系实验成功，并具有很好的稳定性和即定位功能。教育部于8月28日上午，在学校组织成果鉴定会，认为是一项原创性的具有国际领先水平的重大科技成果。《变论域自适应模糊控制理论及其在4级倒立摆控制中的应用》获2002年教育部自然科学奖1等奖。2003年10月27日，李洪兴领导的科研团体，采用高维变论域自适应控制理论，在世界上第1个成功地实现了平面运动3级倒立摆实物系统控制。该项成果已达到国际领先水平。

在北京师范大学数学学科成立105年之际，回顾学院数学教学和科研的历程。我们不应该忘记那些为学院的学术发展做出贡献的前辈们，珍惜来之不易的好局面，总结经验，更加努力地激励我们自己和来者，使我们的工作更上一层楼。

第 2 章　学院大事

1902 年 12 月 17 日，京师大学堂开学。12 月 17 日这一天及在以后很长的一段时间里，都是北京大学和北京师范大学两校共同的校庆日。京师大学堂暂时设速成科：分仕学馆和师范馆。

1904 年，冯祖荀(字汉叔)是京师大学堂速成科师范馆的第 1 期学员，被选派到日本京都帝国大学留学，是迄今所知出国专习数学最早的中国留学生之一。后任北京大学数学门首任主任；在 1922～1926 学年，兼任北京师范大学数学系首任主任以及北京女子师范大学数学系主任。

1904 年，京师大学堂优级师范科从第 2 学年开始分类，共分 4 类，第 3 类是物理、化学、算学。

1912 年 8 月，原京师优级师范学堂的“公共科”改称“预科”；其分类科的“类”改称“部”。理科第 1 部(暂时空缺)后为数学物理部。

1915 年 2 月 22 日，北京政府教育部呈准扩充北京高等师范学校办法。数学物理部修业年限：预科 1 年，本科 3 年。首任主任是刘资厚。

1915 年 9 月，数学物理部招收首届本科生入学。

1916 年 10 月 27 日，由数学物理部主任刘资厚发起成立北京高等师范学校数理学会。

1917 年 9 月，数学物理部未招生。

1918 年 4 月，北京高等师范学校主办的《数理杂志》创刊。至 1925 年 12 月，共出刊 4 卷 15 期。《数理杂志》是中国数理出版物最早的杂志，也是中华人民共和国成立前出刊时间最长的数理杂志。

1919 年 5 月 4 日，即在五四运动中，尤其是在开始阶段，数学物理部的学生是先锋和主力，匡互生被誉为五四运动的第一勇士，数学物理部在五四运动中起了极其重要的作用，使北京高师成为五四运动策源地之一。

1919 年 6 月，数学物理部首届(1915 年入学)毕业生 28 人。本届毕业生中有：五四运动的第一勇士匡互生；刘熏宇，我国近现代数学教育家、出版家；汤璪真，曾任北平师范大学代校长；杨明轩，曾任第 3 届全国人民代表大会常务委员会副委员长；杨武之(长子杨振宁是 1957 年诺贝尔物理学奖获得者)，曾长期担任清华大学算学系主任，在担任教授和系主任期间，培养出了一批世界一流的数学家，如华罗庚、陈省身、许宝騄、段学复、柯召等。

1919 年 9 月，数学物理部未招生。

1919 年，北京高等师范学校决定学生修业年限为 4 年。

1920 年 6 月，数学物理部第 2 届(1916 年入学)毕业生 28 人。本届毕业生中有：陈荩民(字宏勋)是五四运动“八勇士”之一，被捕释放后，当选为北京学生联合会副主席，抵制日货全国联合会主席。1927 年任上海的暨南大学数学系教授兼系主任。后又在大夏大学(一所私立学校，院系调整时取消)数理系任教授及系主任。1942 年 12 月至 1946 年 5 月任泰顺北洋工学院(现天津大学)院长。1946 年暑假后，北洋大学(现天津大学)在天津复校，并在北平成立北洋大学北平部，陈荩民任北洋大学教授，兼任理学院院长及北平部主任。天津解放后，1949 年 1 月至 1950 年暑假，任北洋大学校务临时委员会主席(即校长)。后担任华北大学工学院、北京工业学院教授。傅种孙(见大事记 1928，1946，1948～1953，1961，1981，1994，1998，2005，2008，2011)。韩桂丛(字满芦)是数理部校友中被评为特级教师最早的毕业生。

1920 年 9 月后，数学物理部第 4 届学生实际所修课程实行学分制度，总学分为 114 学分。

1921 年 9 月，增设数学物理部、物理化学部和博物部的“研究科”。招收的数学“研究科”班，生源为高等师范学校和专科学校毕业生，以及大学三年级学生，学习年限为两年，毕业后授予理学士学位。

1921 年 9 月，本科开始招收女生，男、女学生同班上课。

1922 年 6 月，学校改订课程编制。本科分 4 年制和 6 年制两种。4 年制设数理系；6 年制设数学系，6 年毕业，授予理学士学位。

1922 年秋季，北京高等师范学校正式将数学物理部改称数学系，冯祖荀兼任数学系主任。

1923 年 6 月，首届(1921 年入学)“研究科”毕业 5 人是程廷熙、韩桂丛、郭善朝、吴宝谦和张鸿图，他们是我国高等师范院校数学系最早授予的一批理学士学位获得者。

1923 年 7 月 1 日，北京高等师范学校改称国立北京师范大学校，9 月 28 日开学。北京师范大学校是国内“硕果仅存”的高等师范学校，其余 5 所高等师范学校：成都高等师范学校、广东高等师范学校、南京高等师范学校、沈阳高等师范学校、武昌高等师范学校，都先后改名或并入综合大学。

1924 年，数学系本科生阎镇、魏庚人和刘泗滨合编，由北京求知学社出版的《历年国内专科以上学校入学考试试题详解》，是国内能见到的最早的大学入学试题集。

1925 年 6 月，数学物理部第 5 届(1921 年入学)毕业生 18 人。本届毕业生中有：刘景芳(原名刘泗滨)，1927 年到法国格勒诺布尔(Grenoble)大学理学院学习，1932 年获理学博士学位。1932 年考入里昂中法大学，1935 年完成了他的高水平的天体物理学和天体力学的博士论文，该论文在法国作为专著出版，并获法国国家理学博士学位。1935 年秋回国，先后任北平大学、中法大学、北洋大学(天津大学)、辅仁大学、北京钢铁学院(北京科技大学)教授，担任过辅仁大学数学系主任、校临时校务委员会主任、校务委员会常务委员，北京钢铁学院数学教研室主任等。阮淑贞是学校数学本科第 1 位女毕业生。魏庚人是我国 1950～1980 年间数学教育专业唯一的 3 级教授。后任陕西师范学院(后改称陕西师范大学)数学系主任、名誉系主任，陕西省数学会副理事长、理事长、名誉理事长，陕西省政治协商会议委员会委员。1982～1986 年担任中国教育学会数学教学研究会首任理事长。张世勋 1945 年受教育部推荐到英国剑桥大学数学研究院攻读博士学位，两年后校方破格让其提前毕业，并获得哲学博士学位。1948 年年底到美国普林斯顿高级研究院做研究工作。1949 年 6 月回国后在四川大学任教授。曾任四川省政治协商会议委员会常委、四川省数学会副理事长。

1926 年 6 月，数理系本科(1922 年入学)毕业 4 人：陈祖虞、李茂林、葛世勋、周俟松。

1927 年 8 月，北京 9 所国立高等学校合并为国立京师大学校。国立北京师范大学校改称国立京师大学校师范部。

1928 年 6 月，国立京师大学校改称北平大学。原国立北京师范大学校改称国立北平大学第一师范学院。

1928 年，数理部首届(1919 年)毕业生杨武之(字克纯)以《华林问题的各种推广》的博士论文，成为数学系第 1 位在国外(美国芝加哥大学)获博士学位的校友。

1928 年 9 月，傅种孙被聘为北平大学第一师范学院教授。

1929 年 6 月，教育部通令恢复原来的国立北京大学，国立北平大学第一师范学院恢复为国立北平师范大学。

1929 年 6 月，国立北平师范大学数学会成立。

1929 年 8 月 19 日，国立北平师范大学校长张贻惠发起的中国数理学会举行成立大会。1936 年 8 月，中国数理学会完成使命。

1930 年 1 月，《数学季刊》在学校创刊，它是我国高校最早的专门数学期刊。从创刊至 1934 年 7 月，共出刊 2 卷 5 期。

1930 年(含)9 月之后，学校不再设预科。本科学制 4 年。

1930 年秋，赵进义任数学系主任。

1931 年 2 月，教育部决定国立北平师范大学与国立北平大学第二师范学院合组为国立北平师范大学。

1932 年 7 月，教育部部长朱家骅令国立北平师范大学本年度停止招生。

1933 年，北平数学教育界人士发起成立北平数学会。冯祖荀任会长，傅种孙协助做了许多工作。

1933年开始，每年暑假国立北平师范大学举办中等数学教员暑期讲习会。抗日战争期间，陕西省和甘肃西北师范学院继续举办，傅种孙一直是主要授课人。历年讲述，极少重复。到1945年积累的讲题有32个，油印的15篇讲稿见《傅种孙数学教育文选》。

1935年 7月25日，中国数学会成立大会在国立(上海)交通大学举行，出席者有33人。数学会创建时的组织机构设有董事会、理事会与评议会，其成员与学院有关的有冯祖荀、傅种孙等(1936年增加赵进义)。在理事会中未设理事长，只推两位常务理事负责办理和推动会务工作的开展，范会国与朱公谨曾任第1～3届理事会常务理事。

1936年 8月，中国数学会主办的《数学杂志》创刊。从创刊至1939年11月，共出刊5期，是《数学通报》的前身，傅种孙是编辑之一。

1937年 5月1日，中国数学会在国立北平师范大学数理学会召开理事会，决定组织中等学校数学教学问题讨论委员会。

1937年7月，卢沟桥事变发生后，日寇占领北平，国立北平师范大学转移到陕西，与他校合组，成立国立西安临时大学，1938年改称国立西北联合大学，1938年分出，成立国立西北师范学院。

1940年 4月，教育部明令国立西北师范学院从陕西城固迁往甘肃兰州。

1942年 6月无本科毕业生。1938级本科生于1943年1月毕业。

1943年 6月，霍懋征毕业于北平沦陷期的北京师范学院数学系。毕业后留任北京师范学院第1附属小学工作(现北京第1实验小学)，担任语文、数学教学兼班主任工作，开创了我国高等本科学历人才从事小学基础教育事业的先河。霍懋征被周恩来总理称为国宝老师，温家宝总理曾夸奖她为把爱献给教育的人。她全家4代11人从事教育工作，1991年霍懋征一家被评为全国优秀教育世家。

1946年 3月，教育部被迫答应设立国立北平师范学院，国立西北师范学院学生可以无条件转入。

1946年7月，国立北平师范学院在北平复校。

1946年11月，傅种孙在牛津大学和剑桥大学访问两年后回国任国立北平师范学院教授兼数学系主任。

1948年 4月9日凌晨，在国立北平师范学院发生著名的“四九血案”流血事件。事件发生后，国立北平师范学院教授会发表支持学生运动的宣言，教授会主席傅种孙亲自起草教授会罢教的4篇著名的宣言(得到毛泽东主席的赞赏)。这件事在国立北平师范学院的校史中以及在北平的学生运动中占有重要的地位。

1948年6月，王世强毕业于国立北平师范学院数学系。系主任傅种孙发现王世强有培养前途，立即提拔他为实习讲师。

1948 年 10 月 16 日，教育部批准国立北平师范学院改为国立北平师范大学。12 月 11 日，正式恢复国立北平师范大学名称。

1949 年 1 月 26 日至 5 月 4 日，北平师范大学教务长、数学系汤璪真被委任为北平师范大学代校长。

1949 年 3 月，傅种孙先被文管会(相当于教育部)，后于 5 月 13 日被中国人民解放军北平市军事管制委员会主任叶剑英任命为北平师范大学教务长。

1949 年 3 月，中国新民主主义青年团北平师范大学数学系支部成立，丁尔陞任团支部书记，团员约有 14 名。

1949 年 6 月 17 日下午 3 点，毛泽东主席乘车来到位于和平门内东顺城街 48 号“尚志学会”北平师范大学教职工宿舍，来到汤璪真家里，会见汤璪真、黎锦熙、傅种孙、黄国璋等同乡故旧，并与他们长时间谈话，了解学校的情况。毛主席还设宴宴请在座诸位，直到晚上 9 点离去。

1949 年 7 月，全校理科系为一个党支部。数学系成立党小组，王树人任党小组长，党员还有丁尔陞、齐振海和张可宽。

1949 年 7 月 10 日，中华全国自然科学工作者代表会议正式筹备会议的数学工作者与北平的数学工作者，在北平师范大学数学系开会，商讨恢复中国数学会活动的有关事宜，做出 6 项决议。商定中国数学会会址将来设在清华园内，未迁入清华园前暂由北平师范大学数学系转中国数学会。

1949 年 9 月 27 日，北平师范大学改为北京师范大学。

广西百色小学教师梁绍鸿，初中毕业后自学研究几何多年，很有成就。1949 年，傅种孙电请梁绍鸿来北京师范大学数学系任教，同时学习高等数学，对他进行培养。

1950 年 2 月，数学系成立工会基层小组，吴品三任组长，汤璪真任副组长。

1950 年 4 月 2 日，中国数学会北京分会设在北京师范大学数学系，傅种孙任理事长，程廷熙任常务理事兼秘书，张禾瑞任理事。

1950 年 4 月 8 日，数学系举办第 1 期工农速成中学师资训练班，学习时间半年，毕业 23 人。

1951 年 10 月 9 日，汤璪真教授(1898 年 2 月 3 日生，曾任学校代校长)在北京逝世。

1951 年 11 月 7 日，中央人民政府政务院任命傅种孙为教务长兼数学系主任。

1951 年 10 月 23 日，毛泽东主席为《中国数学杂志》(《数学通报》的前身)题写刊名，这是毛主席为我国数学界杂志题写的唯一刊名。从 1951 年 11 月至 1952 年 12 月，共出刊 5 期。前两期的总编辑是华罗庚和傅种孙。以后总编辑为傅种孙。

1952 年 7 月，1949 级本科生因院系调整，提前 1 年毕业。

1915 年 9 月至 1952 年 7 月，北京师范大学数学系共为国家培养了 567 名毕业生(不含辅仁大学)，数量位居全国高校数学系第 1 位。

1952 年 8 月至 1953 年 7 月，举办中学数学教师专修班。学习时间 1 年。毕业 40 人。

1952 年秋季，成立初等数学及数学教学法教研室，魏庚人任主任。

1952 年 10 月，中央人民政府政务院任命傅种孙任第 2 副校长兼数学系主任。

1952 年，张禾瑞编著的《近世代数基础》在商务印书馆出版，这是我国第 1 部自编的近世代数教材。1978 年 5 月在人民教育出版社出版修订版。据不完全统计，截至 2014 年，该书已印刷 40 多次，总印数 90 多万册。1988 年 1 月，该书获全国高等学校优秀教材奖。

1952 年 12 月，成立数学系工会，魏庚人任主席。

1953 年，王世强在《数学学报》上发表论文《命题演算的一系公理》，这是数学系教师在中华人民共和国成立后发表的第 1 篇学术论文。

1953 年起，《中国数学杂志》改为《数学通报》，郭沫若题写刊名。傅种孙任总编辑。编辑部设在北京师范大学数学系。从 1953 年 3～4 号改为月刊。在 1951～1966 年间共出刊 158 期，“文化大革命”期间停办。1959 年 7 月至 1966 年 7 月和 1979 年 7 月至 1997 年 12 月，丁尔陞任主编；1998 年 1 月至 2002 年 6 月，刘绍学任主编；2002 年 7 月至 2012 年 11 月，张英伯任主编；2012 年 12 月至现在，保继光任主编。

1953 年 2～8 月，数学系举办算术代数师专师资培训班，毕业 22 人。该培训班在“文化大革命”后按研究生学历待遇。

1953 年春季成立 3 个教研室：数学分析教研室，赵慈庚任主任；代数教研室，张禾瑞任主任；几何教研室，朱鼎勋任主任。

1953 年 9 月 1～7 日，在北京师范大学数学系召开以分析为主的中国数学会学术讨论会，出席 34 人，列席 18 人，旁听 30 人，这是 1949 年以来中国数学界举行的第 1 次数学学术讨论会。

1953 年 9 月开始，数学系陆续派出教师刘绍学(我国派到苏联留学生中数学专业的第 1 个副博士学位获得者)、孙永生、袁兆鼎(国内数学界到苏联学习计算数学的第 1 人)、丁尔陞(国内数学界到苏联学习数学教学法唯一的一位研究生)、赵桢等人到苏联学习，派严士健到中国科学院师从华罗庚学习数论和代数等。

1953～1962 年，数学系共举办 9 届研究班。学制 2 年。

1953 年，受教育部委托，由副校长傅种孙主持，草拟全国高等师范院校 15 个系的教学计划草案。于 1953 年秋在全国师范教育会议上讨论，1954 年由教育部正式颁布执行。1954 年年初受教育部委托，起草理科 5 个系的 12 种教学大纲。

1954 年，数学楼奠基。1954 年暑假开始，数学系、物理系和中文系陆续迁入现址。

1954 年，中国共产主义共青团中央书记胡耀邦亲自做高校团组织建设调查。经校团委介绍，胡耀邦到数学系与 1952 级团支部成员座谈。

1954 年 7 月 20 日至 8 月 3 日，教育部委托北京师范大学在京主持召开高等师范院校数学系和物理系若干科目的教学大纲讨论审定会。数学系负责的科目有高等代数、数论、初等函数、初等几何和数学教学论。张禾瑞主持高等代数教学大纲的制定工作。

1954 年，数学系教师党员独立成立教师党支部，共有党员 4 人：傅章秀、柳藩、王树人、严士健。王树人任党支部书记。

1954 年暑假后，数学系学生党员独立成立学生党支部，共有党员 5 人：陈忠文、李艾青、李宝婵、杨自强、殷绍毕。陈忠文任党支部书记。

1955 年 1 月 5 日，德意志民主共和国数学家格富尔来校讲演：数学的学习和近代数学的方法。

1956 年，数学系在北京市、天津市和内蒙古自治区呼和浩特市共招收函授生 229 人。学制 5 年。1961 年 9 月第 1 批函授生毕业 44 人，学科结业 22 人。

1956 年 4 月，王世强晋升为副教授(全校共 3 人)。全校无人晋升教授。

1956 年 4 月 4～15 日，数学系举办中国算学史料展览，展出中国科学院学部委员(现称院士)、中国数学史专家李俨的藏书 670 部，共 1 500 多册。

1956 年 4 月，图画制图系的制图专业并入数学系。

1956 年，余炘文(1886 年 10 月 17 日生)教授在北京逝世。

1956 年 4 月，傅种孙获全国先进生产者称号。

1956 年 7 月，高校教师职称定级。数学系傅种孙定为教授 1 级岗位，张禾瑞和蒋硕民定为教授 2 级岗位，程廷熙、范会国和魏庚人定为教授 3 级岗位。

1956 年 9 月，成立数学系党总支部，校党委常委王振稼任系党总支部书记。

1956 年 9 月，张禾瑞任数学系主任。

1956 年，首先在北京市评选特级教师，数学系 1934 届本科毕业生王明夏，1943 届本科毕业生霍懋征等被评为我国首批特级教师。

1956 年，傅种孙任北京师范大学学报(自然科学版)首任主编。

1957 年 7 月后，数学系有教师 5 人和学生 49 人被错划为右派。

1957 年，张禾瑞和郝钢新合编的教材《高等代数》在高等教育出版社出版。这是我国编写的第 1 部高等代数教材。1979 年出版第 2 版。1983 年出版第 3 版。1999 年出版第 4 版。2007 年出版第 5 版，并被列为普通高等教育“十一五”国家级规划教材。该书累计印数 100 多万册。

1958 年 1 月，数学、物理、化学、生物系本科学制由 4 年改为 5 年。数学系决定，从 1957 年入学的本科生开始，改为 5 年制。

1958 年 8 月 25 日到 10 月 1 日，数学系近千名师生开展大搞理论联系实际的群众性的“科学跃进月”活动，掀起教育大革命，进行教育“大改革”和科研“大跃进”。

1958 年 7 月，高考由各省、市和自治区单独命题。1958 年 9 月，数学系招生本科生 428 人，是历年本科招生数量的最高峰。

1958 年，数学系决定建立计算数学专业和计算技术专业，决定成立数字电子计算机工厂。一共投入 180 多万元人民币，由于多种原因，在 1 年后下马。

1958 年，数学系在北京市、河北省和内蒙古自治区及其他地区共招函授生 77 人。学制改为 4 年。1958 年后数学系函授停止招生。

校党委为了加强学生工作，从 1958 年 10 月开始，在各年级设置一些专职政治工作干部(级主任)。

1958 年 11 月，梁绍鸿编《初等数学复习及研究(平面几何)》由人民教育出版社出版。该书是国内初等几何方面的一部经典名著。在 1978 年之后曾多次重印，印数达 100 多万册。

1958～1961 年选留 107 位教师，其中 70 位教师后来调离数学系。

1959 年 2 月 19 日，王仁辅教授(1886 年 10 月 28 日生，曾任数学系代系主任)在北京逝世。

1959 年 5 月，数学分析第 2 教研室获北京市先进集体称号。张禾瑞、孙永生、黄登航、徐承彝、蔡火莹获北京市先进工作者称号。

1959 年冬～1960 年夏，数学系兴办 7 个工厂，有造纸厂、喇叭厂、玻璃厂和硫酸厂等。

1950～1959 年选留 132 位教师，其中 84 位教师后来调离数学系。

1960 年，中共中央宣传部直接领导教改，建立景山学校。数学系教师和毕业生直接参与这项工作，为景山学校的建设做出了贡献。

1960 年，丁尔陞领导的数学系教育改革小组编写以函数为纲、数形结合的全日制九年一贯制试用课本由人民教育出版社出版，数学系许多教师参加这套教材的编写工作。

1960 年，丁尔陞等的《中学数学现代化》教育改革小组获全国先进集体称号。

1961 年 6 月，数学系无毕业生。

1961 年 11 月 28 日，《北京日报》报道给傅种孙摘掉右派帽子。1978 年，改正对傅种孙的错案。

1961 年 12 月 21 日，孙永生、严士健和刘绍学晋升为副教授(全校共有 13 人晋升为副教授，无人晋升教授)。

1961 年 12 月，1946 届本科毕业生徐道宁成为数学系第 1 位在国外(德国哥廷根大学)获博士学位的女校友。她还是中国台湾第 1 位女数学博士，2015 年有电影纪录片《科技与性别：数学女斗士徐道宁》出品，片长 73 min。

1962 年 1 月 18 日，傅种孙教授(1898 年 2 月 27 日生)在北京逝世。

1962 年 6 月，5 年制本科生毕业。

1962 年 9 月，数学系开始招收教学法研究生，这是国内第 1 次招收数学教学法研究生。学制 4 年。由关肇直和罗劲柏指导的 3 名研究生均完成毕业论文，但由于"文化大革命"的原因未答辩。

孙永生发表在《数学学报》的论文《用三角多项式近迫周期可微函数》，1962，12(2)：181－202；用俄文发表在《Scientia Sinica》，1962，11(11)：1 455－1 474；后被译为英文发表在《Chinese Mathematica Acta》，1963，3：196－217。这是数学系教师用 3 种文字发表的唯一的一篇论文，也是数学系发表在《中国科学》外文版的第 1 篇论文。

1963～1965 年招收基础数学方向研究生 4 人，学制 4 年，由于"文化大革命"原因均未完成毕业论文。

1963 年 11 月，成立北京师范大学学术委员会。在 41 名成员中有数学系 4 名教师：范会国、孙永生、王世强、张禾瑞。数学系成立学术委员会，张禾瑞任主任。

1963～1965 年选留的毕业生均为从事思想政治工作者，未选留从事教学工作的毕业生。

1964 年，高等学校开展“四清”(清账目、清仓库、清工分、清财物，后来改为清政治、清经济、清组织、清思想)运动试点(即社会主义教育运动)，数学系部分教师和学生分期分批停课参加农村的社会主义教育运动。

1965 年 1 月，1919 届数学物理部首届毕业生、校友杨明轩(1891-06-13～1967-08-22，五四运动“八勇士”之一)当选为第 3 届全国人民代表大会常务委员会副委员长。

1966 年 5 月 16 日，中共中央政治局扩大会议通过全面发动“文化大革命”纲领性文件《中国共产党中央委员会通知》，在党内传达贯彻。

1966～1972 年，数学系未招收本科生。

1966 年 8～11 月，数学系有 13 位教师被游斗，有 15 位教师被作为专政对象。运动中，一些教师先后被送到劳改队、农场、山西临汾“五七干校”和校办工厂劳动。

1967 年 1 月 25 日，学校政教系学生谭厚兰等人宣布在北京师范大学夺权，他们“踢开党委闹革命”“怀疑一切，打倒一切”，从此开始北京师范大学有史以来最混乱的时期。

1967 年 4 月 29 日，成立北京师范大学革命委员会。数学系成立系革命委员会。

1967 年 10 月 19 日至 11 月 21 日，进行 1966 届毕业生分配工作。

1968 年 1 月 25 日，系革命委员会宣布成立 5 人组成的党的核心小组。

1968 年 7 月 8 日开始，进行 1967 届毕业生分配工作。

1968 年 7 月 27 日至 8 月 29 日，遵照毛泽东主席的指示，首都工人、解放军毛泽东思想宣传队(简称工宣队)，先后进驻学校，领导学校的“斗、批、改”。

1968 年 11 月，进行 1968 届毕业生分配工作。

1960～**1969 年**选留 82 位教师，其中 52 位教师后来调离数学系。

1972 年 2～3 月，1969～1970 届毕业生分配工作，毕业时未颁发毕业证书，之后补发。

1972 年 9 月至 1973 年 1 月，举办为期半年的中学师资短训班。

1972 年 12 月，程廷熙(1890 年 6 月 23 日生)教授在北京逝世。他是北京师范大学数学系任职教师中资格最老的先生。

1973 年恢复高考一年，由各省、市和自治区(或地区)单独命题。

9 月起，数学系招收 123 名 3 年制工农兵学员(现称大学普通班)，1974～1976 年各年分别招生 123 名、125 名、90 名。

1973 年，数学系在仪器设备缺乏的条件下，成功地制造 3 台 102 台式计算机。

1976 年 7 月，数学系第 1 届 123 名工农兵学员毕业，李显树到西藏工作。

1976 年年底，数学系和顺义县教师进修学校举办函授班。最初以培训高中师资为主。1977 年暑假后，函授班发展为系统文化进修。增开微积分和高等代数课程。学制延长至 3 年半，达到大学数学专科水平。毕业时，由学校颁发毕业证书。全县设 4 个面授点。1981 年 3 月毕业，毕业生 105 人。

1977 年，数学系未招收本科生。

1977 年 9 月 18 日，中共中央决定恢复职称。

1977 年 11 月 19 日，工宣队全部撤出学校。

1977 年 12 月恢复高考，由各省、市和自治区单独命题。13～24 日，数学系 10 位教师在清华大学阅卷。

1978 年 2 月，吴英辅当选为中国人民政治协商会议第 5 届全国委员会委员，后连任到第 10 届(1978-03～2008-03)。

1978 年 3 月，招收“文化大革命”后第 1 批本科生 107 名。生源主要来自北京市及为西藏、宁夏、内蒙古自治区和云南省共 31 名代培的学生。为了排列学生年级时不出现断档现象，把 3 月入学的本科生称为 1977 级。

1978 年 3 月，国家恢复招收研究生。10 月招收的 11 名硕士研究生入学，学制 3 年。

1978 年 3 月 7 日，学校恢复教师职称，原来评定的职称一律有效。

1978 年 3 月，王伯英、谢文杰、黄锡瑶、王世强与北京分析仪器厂合作，制造北京市第 1 台大气污染监测车。和北京市五金机电厂、北京市第 2 轻工业研究所合作，试制成功一种 BCX-203 小型数控线切割编程机。这两项成果均获全国科学大会奖。

1978 年 4 月 10 日，校党委宣布恢复系行政机构。

1978 年 5 月，学校引进首台国产 16 位小型数字集成电路计算机 DJS-130，并在数学系投入使用。

1978 年 7 月全国高考统一命题。学校恢复在全国招生。10 月入学的本科生称为 1978 级。

1978 年 8 月，美籍华人项武义提出《关于中学实验数学教材的设想》。教育部召集北京师范大学、中国科学院数学研究所、人民教育出版社、北京师范学院(现首都师范大学)、北京景山学校等单位研究确定，由北京师范大学牵头组成中学数学实验教材编写组，丁尔陞任组长，这项实验研究历时 20 多年，《中学数学实验教材》在全国 23 个省市近 100 所学校经多轮实验，提高本和普及本均通过了国家教育委员会中学数学学科审查委员会的审查，该套教材获得国家教育委员会《中学数学实验教材》基金会 1988 年度编写、实验的特等奖。

1978 年 10 月 9 日，美国福德姆大学数学系主任、美籍华人陈玉清来数学系讲学半年。听课人数最初 80 人，后稳定在 60 人左右。这是国外学者到数学系讲学的开始。

1978 年 10 月 28 日，数学系学生在秋季运动会上分获男、女团体总分第 1 名。

1978 年 11 月，数学系招收大专毕业生高校师资进修班 59 人，或称“回炉班”，学制 2 年，学生中有“老五届”(1966～1970 届毕业生)41 人，其余为大学普通班毕业生。该班结业 46 人。先后有 10 人考上研究生。

1978 年 11 月 14 日，严士健在《北京师大》校报上提出，北京师范大学应该办成既是教学中心又是科研中心的学府。

1978～2002 年，王世强任《中国科学》编委。

1979 年 2 月 1～2 日，学校开办北京师范大学第一分校(文科，校址在朝阳区原东大桥小学)和第二分校(理科，校址在安定门外斜街原外馆中学)分别开学，后来于 20 世纪 80 年代初合并为北京师范大学分校。理科设数学系、物理系、化学系和生物系等系。数学系先后派出罗承忠和刘云英担任数学系主任，有几十位教师先后在分校数学系授课，直到 20 世纪 90 年代初。

1979 年 4 月 30 日至 6 月 11 日，美国麻省州立大学数学系程毓淮教授到数学系讲学。5 月 19 日，陈慕华副总理在人民大会堂会见并宴请程毓淮教授和夫人。学校党委第 2 书记聂菊荪、数学系主任张禾瑞教授参加会见和宴会。

1979 年 5 月，学校成立学术委员会。在 90 名成员中有数学系 6 名教师：张禾瑞、蒋硕民、王世强、严士健、丁尔陞和王伯英。

1979 年 5 月，学校聘请 1920 届数学物理部毕业生、校友陈荩民为名誉教授。

1979 年 7 月，《数学通报》复刊，丁尔陞任主编。

1979 年 7 月 19 日，学校恢复教师职称后的第 1 次晋升职称，数学系赵慈庚、董延闿、王世强、孙永生、严士健和刘绍学晋升教授；10 人晋升副教授。

1979 年 9 月，招收微分方程、函数论、概率论与数理统计 3 个研究生班，学制 2 年。后来国务院学位委员会要求授予学位，改为硕士研究生。

1979 年 9 月，系党总支部书记刘友渔调任校党委常委、党委青年部部长，校副秘书长，1986 年 10 月至 1990 年 9 月任校秘书长，1990 年 9 月至 1995 年 5 月任校总务长。

1979 年，数学系被错划成右派的人员均得到改正。

1970～1979 年选留 54 位教师，其中 37 位教师后来调离数学系。晋升教授 6 人，晋升副教授 10 人，

1980 年 3 月 25 日，数学系举行学校"文化大革命"后首次研究生毕业论文答辩。答辩人是陈木法，答辩委员会一致通过陈木法的论文，成绩评为优秀。1982 年 5 月 24 日，补授予理学硕士学位。

1980 年 3～4 月，陈木法和罗里波毕业后留系。

1980 年 4 月 25～26 日，在全校春季运动会上，数学系囊括学生男子团体、学生女子团体、学生男女团体、教工男子团体、教工女子团体、教工男女团体总分 6 项第一的优异成绩。

1980 年 7 月，1976 级中有 8 名藏族学员，他们来系前已在中央民族学院学习两年，1980 年暑假毕业，基本上结束了从工农兵中推荐大学生教育制度。

1980 年 10 月 25 日，系党总支书记王树人当选为校党委常委。

1980 年 11 月，出现学生竞选第 7 届海淀区人民代表大会代表活动。数学系 1979 级硕士研究生李世取于 12 月当选为海淀区人民代表大会代表。

1981 年 4 月 19 日，数学系组织教职工和家属去潭柘寺旅游。以后一般每年在京郊春

游、秋游各1次，每次1天。1998年开始走出北京开展旅游活动。2013～2015年、2017年和2020年停止活动。

1981年5月5日，数学系召开纪念学校原副校长、数学系主任、傅种孙教授座谈会。傅先生的生前友好、亲属、学生以及老数学家、北京大学数学系江泽涵院士、段学复院士等参加座谈会。

1981年6月，严士健连任3届国务院学位委员会学科评议组成员(1981～1996)。

1981年6月成立4个研究室：代数与数理逻辑研究室，刘绍学任主任；概率论与数理统计研究室，严士健任主任；应用数学研究室，汪培庄任主任；中学数学研究室，钟善基任主任。

1981年10月5日，黄海洋被授予理学硕士学位，她是数学系第1位女硕士。

1981年11月，基础数学、概率论与数理统计两个数学二级学科被批准为博士点，应用数学、课程与教学论的子学科学科教学论(数学)和自然科学史(数学)被批准为硕士点。

1981年11月，王世强、孙永生、严士健和刘绍学被批准为首批博士生导师(理科还有黄祖洽(当时尚未到校)、刘若庄、陈光旭、汪堃仁和周廷儒)。

1981年12月，数学系党总支部书记王树人任学校党委常委，人事处处长，直到1987年10月退休。

1982年2月，数学系招收首届博士研究生共5名：唐守正、郑小谷、王昆扬、罗运纶和沈复兴。

1982年2月，数学系在全国最早招收数学教育硕士研究生。

1982年7月，数学系不再选留本科毕业生从事教学工作。

1982年9月后，1966～1970届大学本科留系工作的毕业生和大学普通班毕业留校的多数教师，调整到更适合于发挥作用的工作岗位上。

1982年，严士健当选为中国共产党第12次全国代表大会代表(1982-09～1987-10)。

1982年10月3日，学校80周年校庆，数学系470多名校友返校，1970届数学系校友张步宁在校庆大会上发言。

1982年12月，数学系实行民主选举系主任和副系主任。经选举，严士健任系主任。

1983年2月13日是农历正月初一，数学系首次举办春节团拜会。团拜会的习惯一直延续至今。1999～2005年改为元旦前，2006～2019年改为元旦后，2020年停办。

1983年3月，刘秀芳获全国三八红旗手称号，这是数学系女教师获得的第1个国家级荣誉称号。

1983年4月，概率论与数理统计教研室获北京市先进集体称号。

1983年5月，陆善镇由讲师晋升为教授。

1983年6月11日，范会国教授(1899年3月17日生，曾任海南大学校长，海南师范学院院长，海南高等师范专科学校校长)在北京逝世。他是中国数学会主要创始人之一。

1983年9月29日，北京师范大学数学与数学教育研究所成立，与数学系紧密结合，实行系所合一的体制。

1983年9月，由徐汝梅(生物系)和刘来福(数学系)申请的《数学生态学中基础模型的探讨、发展和应用》获批中国科学院自然科学基金(国家自然科学基金的前身)，资助1万元，时间是从 1984 年 1 月至 1986 年 12 月。

1983 年 10 月初，教育部同意陈木法进行博士论文答辩。11 月 5 日，陈木法通过博士论文答辩，成为学校第 1 个博士。11 月 17 日，校学位委员会通过授予陈木法博士学位。1984 年 4 月 7 日，学校召开颁发博士学位证书大会(同时颁发证书的有林崇德，他于 1984 年 3 月 14 日通过博士论文答辩)。

1984 年 1 月，经国务院学位委员会批准，陆善镇获得第 2 批博士生导师资格，时年 44 岁，是中国数学界最年轻的博士生导师之一。

1984 年 1 月，学校成立计算中心。19 日开始，数学系维护计算机的 7 位老师：向隆本、谢文杰等调到计算中心。

1984 年 4 月，概率论与数理统计教研室获北京市劳动模范集体称号。

1984 年 5 月 29 日，王梓坤被国务院任命为北京师范大学校长(任期到 1989 年 2 月 28 日)并到数学系工作，1989 年 5 月宣布免去校长职务。

1984 年 6 月 29 日，菲尔茨奖获得者丘成桐来系做微分几何进展的学术报告。

1984 年 7～8 月，受教育部的委托，由白尚恕负责，在北京师范大学举办中外数学史讲习班。

1984 年 8 月 17 日，数学系党总支部书记李英民当选为校党委副书记，10 月到任。期间，于 1989 年 5 月至 1990 年 8 月主持校党委工作(时无校党委书记)。

1984 年，为了统一各高校数学史的教学要求和制订数学史研究生的培养方案，受国家教育委员会的委托，由北京师范大学负责，白尚恕在北京师范大学召集 8 所高等院校共同制定《高校数学史课程的教学大纲(草案)》《高校数学史硕士研究生培养方案(草案)》，并呈报国家教育委员会备案。

1984 年 9 月，数学系招收首届助教进修班 33 人。1986 年 1 月，27 人结业。后有 19 人晋升教授，17 人获博士学位，6 人获硕士学位。

1984 年 12 月 9 日，王梓坤任校长期间，倡议在全国开展尊师重教，设立教师节，促使全国人民代表大会常务委员会在 1985 年 1 月 21 日的第 9 次会议上做出决定，将每年的 9 月 10 日定为教师节。

1984 年，王梓坤被评为国家有突出贡献中青年专家。到 1992 年，学校共有 13 位教授获此荣誉称号，其中数学系有 7 位。

1985 年 7 月，陈木法和罗里波由讲师晋升为教授(学校共有 6 人破格晋升为教授，1986 年 11 月 7 日批准)。

1985 年 7 月 4 日，当代著名数学家、美国科学院院士、南开大学数学研究所所长陈省身来学校作微分几何 50 年(1935～1985)的学术报告。

1985 年暑假，恢复函授招生。数学系在 6 个函授点招收 3 年制专科起点的本科生 710 人；毕业 618 人，授予学士学位 216 人；在北京招收夜大本科生 111 人，毕业 104 人，授予学士学位 49 人。从 1987 年后招生未间断，2011 年停招。

1985 年开始试行推荐优秀应届本科毕业生免试为硕士生的工作。

1985 年 9 月，概率论与数理统计方向招收硕士研究生班共 35 人。经上级批准，本届硕士研究生与研究班联合招生，录取时不加区分，从中选拔 20 人继续攻读硕士学位，其余作为研究生班毕业生分配工作。在第3学期末筛选：提前攻博1人、按本科生分配1人、研究生班毕业15人、退学1人。最后授予学位17人。

1985年10月11日，数学系为蒋硕民和赵慈庚教授举办从教50年庆祝会，与会者近百人。

1985年11月6日，朱鼎勋教授(1921年11月1日生)在北京逝世。

1985年，数学系成立北京师范大学现代数学丛书编委会，张禾瑞任主编，王世强和孙永生为副主编，该丛书可以作为研究生教材。

1986年 4月，谢宇获全国优秀教育工作者称号和全国五一劳动奖章。

1986年5月8日，模糊数学原理探索讨论班第1次讨论会在学校举行。国防科学技术委员会副主任、著名科学家钱学森，学校校长王梓坤、党委书记方福康及部分校内、外专家、教师、研究生参加讨论会。

校党委从1986年6月开展评优创先活动，代数几何教研室党支部被评为先进党支部；5位教师和学生被评为优秀共产党员。评选工作至今未断。

1984级硕士生从1986年开始试行提前攻读博士学位。

1986年7月，应用数学被批准为博士点。

1986年9月，数学系本科生除数学专业外，增设统计与概率专业、计算机科学专业，均招生。

1986年9月，数学系开始试行招收访问学者。

1986年9月，严士健任中国数学会概率统计学会第3届理事会理事长。

1986年12月，世界著名中国科技史专家李约瑟和鲁桂珍来学校访问交流。

1986年，汪培庄被评为国家有突出贡献中青年专家。

1987年 1月，中国数学会第5届理事会王元任理事长，丁石孙、严士健、伍卓群和石钟慈任副理事长。这是数学系教授第1次担任中国数学会的最高职务。严士健连任两届副理事长(1987～1994)，并连任3届教育工作委员会主任(1987～1998)。

1987年1月9日，数学系召开欢送赵慈庚、张禾瑞、蒋硕民和童直人离退休大会。

1987年2月，王世强、罗里波、沈复兴和卢景波的《模型论与判定问题》获国家教育委员会科技进步奖1等奖。这是数学系教师获得的第1个省部级科研成果1等奖。

1987年3月，OM(Olympic Mathematics)学社在数学系成立。

1987年4月，学校有22位教师获准担任接受国内访问学者指导教师，其中数学系6位：孙永生、严士健、刘绍学、赵桢、汪培庄、陆善镇。

1987年5月，数学系主办秦九韶《数书九章》成书740周年纪念及学术研讨国际会议，与会的国内、外学者57人。这是学校在校内召开的第1次国际学术研讨会议。

1987年7月，《赵慈庚数学教育文集》在上海教育出版社出版，这是数学系教师出版的第1部数学教育文集。

1987年11月16日，全国高等师范教育研究会在学校举行成立大会，王梓坤任研究会理事长。

1987年11月20日，学校聘请苏步青为名誉教授。1988年2月，学校为他颁发名誉教授证书。会后，苏老在500座为师生做《数学教育与应用数学问题》的报告。

1987 年，受国家教育委员会和科学技术委员会的委托，数学系和北京师范大学实验中学联合招收高中理科(数学)实验班 22 人。1988 年，10 人进入当年数学冬令营，9 人入选由 20 人组成的国家队，其中 4 人成为由 6 人组成的国家代表队选手，参加在联邦德国举行的第 30 届数学奥林匹克竞赛，获得 3 枚金牌和 1 枚银牌。此次比赛中国队共获得 4 金和 2 银，首次取得团体总分第 1 名。(数学)实验班 22 人全部考入全国重点大学。主教练之一的数学系孙瑞清老师为我国获得国际数学奥林匹克团体冠军做出了突出贡献。

汪培庄和罗承忠的《模糊集基础理论及应用》获 1987 年国家自然科学奖 4 等奖。

1988 年 1 月 12 日，唐爱萍被授予理学博士学位，她是数学系第 1 位女博士。

1988 年 1 月，丁尔陞和孙瑞清等编写的《中学数学实验教材》获国家教育委员会优秀实验教材特等奖，张禾瑞和郝钢新合编的《高等代数》第 3 版获国家教育委员会高等学校优秀教材 1 等奖。

1988 年 1 月，1984 级助教班学员沈云付获以毕业研究生同等学力的理学硕士学位，他是学校第 1 位同等学力硕士。

1988～1992 年，严士健主持国家自然科学基金重大项目子课题“粒子系统与随机分析”。

1988 年 3 月，罗里波当选为第 7 届全国人民代表大会代表(1988-04～1993-03)。

1988 年，陆善镇当选为中国人民政治协商会议第 7 届全国委员会委员，后连任 1 届(1988-04～1998-03)。

1988 年 4 月，汪培庄的博士生张洪敏等研制成功我国首台模糊推理机并成功地进行倒立摆仿真试验，并将其应用于地膜生产线。

1988 年 4 月 23 日，国家科学技术委员会科技司司长秦关林、副司长张西水、科技管理中心和科技司计划处负责人来学校听取汪培庄关于模糊推理机和专家系统开发工具研究工作汇报，并对研究方向作出重要指示。

1988 年 5 月，王梓坤赴澳大利亚麦考瑞(Macquarie)大学讲学时，被授予名誉科学博士学位。这是到 2010 年为止，学校教师中被国外大学授予名誉科学博士学位的唯一一位。

1988 年 6 月 15 日，国家科学技术委员会主任宋健、副主任朱丽兰，国家自然科学基金委员会主任唐敖庆、副主任胡兆森，国家教育委员会副主任朱开轩等领导来学校听取模糊推理机研制工作汇报。

1988 年 7 月 22 日，数学系基础数学、概率论与数理统计两个二级学科被批准为国家重点学科。

1988 年 9 月 2 日，陈木法同时获霍英东教育基金会第 1 届高等院校青年教师奖和青年教师基金。

1988 年 11 月，汪培庄主持国家自然科学基金重大项目《模糊信息处理、思维决策与机器智能》(135 万元人民币)，1992 年通过验收。这是数学系教师主持国家自然科学基金的第 1 个重大项目。

1989 年成立模糊信息处理与模糊推理机国家专业实验室。

1989 年 4 月，严士健获北京市劳动模范称号。

1989 年 5 月，学校聘请美国加州大学圣塔芭芭拉分校樊𰽦为名誉教授。

1989 年起实行硕士生助教制度，将教学实践作为一个必修环节。从 1987 级硕士生第 4 学期开始实行。

1987 级硕士生在 1989 年开始试行免试专业课直接攻读博士学位，1993 级停止。

1989 年，孙永生、陆善镇、王昆扬和房艮孙的《函数逼近和调和分析》获国家教育委员会科技进步奖 1 等奖，后获 1989 年国家自然科学奖 4 等奖。

1989 年，白尚恕以三校两所联合培养，建立博士点由北京师范大学提出申请，有关单位未批准。白尚恕迅速电话转告李继闵，希望立即改从西北大学申报博士点。申报工作在陕西上报国务院学位办公室，获得批准。在争取我国高校(到 2005 年年底)唯一的数学史博士点中，白尚恕立下汗马功劳。这是学校的一大损失。

1989 年 7 月，日本数学教育家、数学系客座教授横地清向学校赠书 20 000 余册。

1989 年 9 月，王世强获全国优秀教育工作者称号。

1989 年 11 月，严士健、刘秀芳和陈木法的《粒子系统方向的研究生培养》获首届国家级优秀奖(全校共两项)。

1989 年 12 月，曹才翰任第 2 届全国数学教育研究会理事长。

1989 年开始，北京数学奥林匹克学校(现称北京数学培训学校)由赵桢任校长，校址由北京师范学院(现首都师范大学)转到北京师范大学，江泽涵院士任名誉校长一直到逝世。之后由赵桢任名誉校长，刘来福(2015～2019)、张秀平任校长(2019～)。

1980～1989 年，来系工作的教师 71 人中有 9 人现在学院或在学院退休，36 位青年教师出国未归。

1980～1989 年晋升教授 18 人，副教授 65 人。

1990 年 3 月 1 日，数学系举行庆祝赵慈庚教授 80 寿辰的茶话会。

1990 年 6 月，王梓坤获新中国成立以来成绩突出的科普作家称号。

1990 年 9 月起，数学系试行博士生助教制度。

1990 年，陆善镇和陈木法获国家级中青年有突出贡献专家称号。

1990 年，数学与数学教育研究所建立起学校第 1 个博士后流动站，每年可以接受 1～3 名博士进站工作。2020 年开始扩招，每年约招 10 名。

1990 年，严士健和王梓坤获国务院政府特殊津贴(全校 11 位)。至 2020 年，学院共有 45 位教师获政府特殊津贴。

1990 年 12 月，国家教育委员会研究生司六处组织专家来校，对概率论与数理统计博士点的研究生培养质量和科研条件进行评估，专家组在深入调查研究之后，对该博士点的工作表示满意。

1990 年，曹才翰和蔡金法著《数学教育学概论》获国家教育委员会全国教育学优秀成果 1 等奖。

1991 年 1 月 21 日，陆善镇获全国高等学校先进科技工作者称号。

1991 年 1 月 24 日，陈木法获做出突出贡献的中国博士学位获得者称号。

1991 年 5 月 3～4 日，学校举行首届青年教师教学基本功比赛。保继光、刘洁民、张秀平分获理科 1，2，3 等奖。以后获 1 等奖的有崔恒建(第 2 届，1992)、胡永建(第 8 届，2000)和黎雄(第 9 届，2003)。

1991 年 6 月，数学系主办《九章算术》暨刘徽学术思想国际研讨会，与会的国内、外学者 50 人，在《北京师范大学学报(自然科学版)》出版会议论文集。

1991 年 6 月 13 日，中国民主同盟中央在人民大会堂举行杨明轩同志诞辰 100 周年纪念会。中央民主同盟中央委员会文史委员会和中共陕西省委党史研究室编写《杨明轩》，于 1991 年在陕西人民出版社出版。杨明轩是数学物理部首届毕业生，曾任第 3 届全国人民代表大会常务委员会副委员长。

1991 年 6 月 29 日，惠昌常进入数学系博士后流动站(全校第 1 个博士后)。

1991 年 8 月 5～8 日，学校承办的国际数学教育北京会议在北京召开。来自世界近 20 个国家和地区的 150 多位数学教育家和国内 180 多位代表参加会议。

1991 年 11 月，王梓坤当选为中国科学院数学物理学部委员(后改称院士)，他是数学系第 1 位获院士荣誉称号的教授。

1991 年 12 月 21 日，数学系为原系主任张禾瑞教授举行 80 华诞暨执教 50 周年庆祝活动。

1992 年，汪培庄主持国家火炬计划项目《模糊空调控制器》(100 万元人民币)。

1992 年 5 月 11 日，蒋硕民教授(1913 年 3 月 11 日生，曾任昆明师范学院(现云南师范大学)数学系主任，校教务长兼系主任)在北京逝世。

1992 年 5 月，在数学楼 3 楼西部建立的模糊信息处理与模糊推理机国家专业实验室完工。

1992 年 9 月 9 日，江泽民总书记来学校视察工作时，到数学楼模糊信息处理与模糊推理机国家专业实验室，观看模糊控制技术的演示。

1992 年 9 月 25 日，学校首届励耘奖学金颁发。刘永平、崔恒建、李仲来分获优秀青年教师奖 1，2，3 等奖；周先银获优秀学术著作(成果)2 等奖；白明获优秀研究生 1 等奖，栗演兵和李洪兴获 3 等奖；欧勇强和喻梅获优秀学生 2 等奖。每 2 年评选一次。之后获优秀青年教师奖 1 等奖的有保继光(1994)、崔恒建(1998)、邓邦明(2000)、张辉(2010)和许孝精(2016)；获优秀学术著作(成果)奖 1 等奖的有王凤雨(1994)、肖杰(1998)、杨大春(2000)和胡永建(2004)。

1992 年 10 月 16 日，黑龙江省人民代表大会常务委员会主任李根深、中央统战部副部长万绍芬以及中国共产党第十四次全国代表大会部分党代表，参观模糊信息处理与模糊推理机国家专业实验室。

1992 年 11 月 27～29 日，中国工业与应用数学学会组织首届中国大学生数学建模联赛，数学系获 1 项特等奖(北京赛区共有 2 项特等奖)，1 项 2 等奖和 4 项 3 等奖。

1992 年，《数学教育学报》创刊，王梓坤任主编，曹才翰任常务副主编，编辑部设在天津师范大学。

1992 年，孙永生和房艮孙的专著《函数逼近论(上、下册)》获国家教育委员会高校出版社优秀学术专著特等奖。

1992 年，王伯英被评为国家有突出贡献中青年专家。

1993 年，汪培庄当选为中国人民政治协商会议第 8 届全国委员会委员(1993-03～1998-03)，第 8 届委员中，数学系教师还有 2 位(陆善镇和吴英辅)。

1993年3月，严士健、张奠宙和苏式冬向国家教育委员会考试中心建议高考出一些应用题。该建议被采纳。

1993年6月7日，世界著名数学家陈省身再次来学校作李氏球几何的学术报告，并为数学系题词：百年树人，数学为先。吴文俊为数学系题词：二十一世纪成为科技大国，数学为先。

1993年6月，学校职称晋升开始实行数量化指标。

1993年6月，刘绍学的《建立科研新方向，培养高质量博士生》获北京市优秀教学成果1等奖。

1993年，周先银获洪堡基金。到2020年12月，学院已有12位青年教师先后获洪堡基金会资助，在我国高校数学院系名列前茅。

1993年9月，王世强获全国教育系统劳动模范称号。

1993年9月，王梓坤在北京师范大学任职的同时，被聘为汕头大学教授。这是国内大学第1次高薪聘任学者，引起社会上的很大震动和议论。

1993年11月，北京市数学会第6届理事会在学校举行。第5届的理事和第6届事先选出的理事共50多人出席。

1993年12月27日，曾宪梓教育基金会高等师范院校教师奖首次颁奖大会在人民大会堂隆重举行，数学系严士健和王梓坤分获曾宪梓教育基金会高等师范院校教师奖1等奖和2等奖；王家銮、曹才翰和刘永平获3等奖。

1993～2000年教职工人数(因离退休，人数从144人骤减到70人)平均每年减少10人。

1994年1月28日，国务院副总理李岚清等到数学楼模糊信息处理与模糊推理机国家专业实验室视察工作。

校党委从1994年6月开始评选先进党总支，数学系党总支入选(全校4个)，1998年又入选1次。2003年6月改评先进基层党组织。

1994年年底，学校试行由各系民主推选校长。经过3轮筛选，数学系陆善镇在1995年4月23日被国务院任命为北京师范大学校长，任期到1999年7月7日。

北京师范大学数学科学学院教师入选《中国现代数学家传》(江苏教育出版社，第1，2，3，4，5卷，1994，1995，1998，2000，2002年出版)共11人，按出现先后次序排列：汤璪真(第1卷，简称1，下同)，傅种孙(1)，赵慈庚(1)，张禾瑞(1)；严士健(2)，王梓坤(2)；蒋硕民(3)，王世强(3)；陆善镇(4)；孙永生(5)，刘绍学(5)。第6卷至今未出版。

1995年，聘任博士生导师资格的审批权下放到学校。

1995年3月16日，白尚恕教授(1921年5月24日生)在北京逝世。

1995年4月5日，张禾瑞教授(1911年12月23日生，曾任数学系主任)在北京逝世。

1995年8月，与北京教育学院合作举办首期数学教育硕士研究生课程进修班。后与各省、市和自治区的教育学院合办研究生课程班。所修课程一般不少于6门，均采用寒假和暑假进行集中面授。2005年停办。

1995～2009年，招收6届学位班(以毕业研究生同等学力申请硕士学位教师进修班)共59人，其生源为高校教师。经过学校师资培训中心组织入学考试后，到校学习1年，总学分不少于 32 学分。在导师的指导下完成硕士学位论文，申请答辩。已授硕士学位 50 人。

1995 年 10 月，基础数学、概率论与数理统计、应用数学参加国家教育委员会组织的博士点评估(全国共 12 个一级学科参加评估)，1996 年 7 月通过评估。

1995 年 11 月，校友唐守正研究员(严士健培养的 1982 届硕士毕业生，1985 届博士毕业生，就职于中国林业科学院)当选为中国科学院生命科学部院士，他是数学系第 1 位获得院士称号的硕士和博士毕业生。

1995 年 11 月 21 日，系党总支副书记郑萼调任体育系党总支书记，后分别任校青年部部长、财经处处长，2006 年 9 月任校党委副书记。2008 年 6 月任中共北京市委教育工作委员会委员、北京市教育委员会副主任。2015 年 3 月至 2021 年 7 月任首都师范大学党委书记。

1995 年年底，正、副处级干部开始实行个人收入申报。2010 年改为个人有关事项申报，规定必须手写。2016 年年底停止学院正、副处级干部个人有关事项申报。

1996 年 1 月 26 日，学校进入首批国家“211 工程”建设系列。

1996 年，周先银(1963-08-08～1996-04-22)的申请材料在数学学科获得申请 1995～1996 年国家杰出青年科学基金的最好评价，但不幸英年早逝。

1996 年 5 月 20 日至 6 月 20 日，数学系函数论专业与俄罗斯专家在学校举办函数逼近论研讨会。

1996 年 6 月，数学系招收的中国台湾硕士生孙丽芝获教育学硕士学位。

1996 年 9 月，数学系被国家教育委员会批准为第 4 批国家理科基础学科人才培养和科学研究基地。

1996 年 9 月，陈木法获求是科技基金会杰出青年学者奖。

1996 年 10 月 26 日，庆祝《数学通报》创刊 60 周年大会在学校举行。60 多人参加大会。

1996 年 11 月 4 日，学校校务会议确定北京师范大学的校训是“学为人师，行为世范”。

1996 年年底，到数学系求职的博士和硕士毕业生开始进行面试。

1997 年～2001 年，陈木法主持国家自然科学基金重点项目《粒子系统》。

1997 年 6 月，严士健、蒋人璧被评为校共产党员标兵(全校 15 人)。

1997 年 7 月，硕士研究生左双奇毕业后到上海位育中学工作，开启了数学系研究生学历人才从事中学基础教育事业的先河。

1997 年 9 月入学的博士研究生的 2 门入学考试的专业课程，一门由数学与数学教育研究所按一级学科统一命题，另一门由导师命题。两年后，校研究生院将其在全校推广。

1997 年 9 月，通过数学学科的课程与教学论(数学)硕士点的评估。自然科学史(数学)改称科学技术史(数学)硕士点，该硕士点暂停授权。

1997 年 9 月，学校被国家教育委员会和国务院学位委员会列为首批 16 所试办教育硕士专业学位的师范院校之一。其生源为中学数学教师。学习年限为 2～4 年。研究方向为中学数学教学。数学系 1997 年通过定向单考招收中学教师 12 人。

1997 年 10 月，学校开始实行《北京师范大学科技论文奖励实行办法》。

1997 年 11 月，王昆扬获宝钢教育基金优秀教师奖。

1997年年底，肖杰和李洪兴获教育部跨世纪优秀人才培养计划基金。

1997年，王梓坤著《随机过程通论(上、下册)》获国家新闻出版署第8届全国优秀科技图书1等奖。

1998年，肖杰的项目《代数表示论与量子群的研究》获国家杰出青年科学基金资助。

1998年和2003年，陆善镇任第9～10届全国人民代表大会代表(1998-03～2008-03)。

1998年3月，建立工学门类计算机软件与理论硕士点。

1998年4月26～29日，数学教育国际会议在学校召开。与会代表90人。

1998年5月14日，学校成立脑与科学认知中心，刘伯里院士任中心学术委员会主任，刘来福(数学系)和裴留庆任副主任。

1998年6月，经国务院学位委员会批准，数学系获数学一级学科博士学位授予权。

1998年7月，学校数学系和生物系获长江学者奖励计划特聘教授申报岗位资格。

1998年8月16日，钟善基、袁兆鼎、吴品三、王树人、蒋铎、王世强、孙永生、严士健、刘绍学为工友渠占福(1918-06-25～2003-08-23)祝贺80寿辰。

1998年9月开始施行授予在职攻读教育硕士专业学位(有学位，无学历)。

1998年10月17日，数学系隆重纪念傅种孙教授百年诞辰。与会代表60余人。

1998年11月，刘来福获宝钢教育基金优秀教师奖。

1998年11月12日，徐承彝教授(1934年3月26日生)在北京逝世。

1998年12月，陈木法和王凤雨的《跳过程、粒子系统与特征值估计》获国家教育委员会科技进步奖1等奖。

1998年，用以表彰在数学研究方向做出突出成绩的青年教师和研究生的专项奖“周先银青年数学奖”在数学系设立，奖励数学系45岁以下青年教师和研究生。

1998年，陆善镇任第4届国务院学位委员会委员(1998～2003)。

1998年，蒋人璧获全国三育人先进个人，在北京高校仅此1人获得该称号。

1998～2004年，吴文俊主编，白尚恕、李迪、沈康身、李继闵副主编《中国数学史大系》(国家“八五”重点图书规划项目，正卷8卷，副卷2卷)在北京师范大学出版社出版。

1999年，陈木法任国务院学位委员会第4届学科评议组成员(1999～2003)。

1999年2月4日，赵慈庚教授(1910年3月1日生)在北京逝世。

1999年4月24日，蒋滋梅教授(1934年1月20日生)在北京逝世。

1999年4月，为实施“跨世纪园丁工程”，教育部挑选万名中小学骨干教师接受国家级培训。数学系举办3期共109人的骨干教师培训班。

1999年5月8日，数学系为王世强、孙永生、严士健、王梓坤和刘绍学教授执教50年召开庆祝大会。

1999年暑假前，计算机专业转到信息学院(数学系计算机专业停止招生)后，成立计算机系，数学系8位教师也先后转到该院。

1999年8月起，数学系新进教师必须具有博士学位。

1999年9月，本科数学专业改称数学与应用数学专业，统计与概率专业改称统计学专业。

1999年10月3日，曹才翰教授(1933年8月29日生，曾任校图书馆馆长，北京市海淀区政治协商会议第 4～5 届委员会常委、副主席)在北京逝世。

1999 年 10 月 10～14 日，第 7 届全国代数学会议在数学系召开。出席大会的代表有 300 余人。

1999 年，陈木法和王凤雨的《跳过程、粒子系统与特征值估计》获国家自然科学奖 3 等奖。

1999 年 12 月 30 日团拜时，照全系合影，这是“文化大革命”后的第 1 张。

1999 年，国家杰出青年科学基金获得者肖杰教授调到清华大学。

1999 年，刘绍学编著的普通高等教育“九五”国家级规划教材《近世代数基础》出版。

1990～1999 年，来院工作的教师共 59 人，有 20 人现在学院。

1990～1999 年晋升教授 30 人，副教授 41 人，副编审、副研究馆员各 1 人。

2000 年 2 月，戎小春任第 2 批长江学者奖励计划特聘教授。

2000 年 3 月，学校按照每个教师承担的教学、科研、管理等各方面承担的实际情况，对学校的教职工等进行考核，岗位津贴到位，学校教职工的收入历史性地大幅度提高。

2000 年 3 月，王昆扬讲授的数学分析和刘继志讲授的微分几何课程获教育部第 2 批理科基地创建名牌课程项目资助。

2000 年 4 月，数学系在教育部对“国家理科基础学科人才培养和科学研究基地”的中期检查中被评为优秀。

2000 年 4 月，陈木法获北京市先进工作者称号。

2000 年 7 月，通过科学技术史(数学)硕士点的评估。

2000 年 7～8 月，数学楼进行加固和装修。

2000 年 8 月 21 日至 9 月 1 日，数学系主办的第 9 届国际代数表示论大会(ICRA)在学校举行，参加大会的有来自 18 个国家的 80 多位外国专家及我国的 30 多位学者。

2000 年 9 月，王凤雨任第 3 批长江学者奖励计划特聘教授。

学校从 2000 级本科生开始，对师范生开始试行部分收费，数学系师范生每人每年收费 2 000 元；2002 级改为 4 800 元，2005～2020 级改为 5 400 元。

2000 年 9 月 6 日，董延闿教授(1919 年 8 月 4 日生)在北京逝世。他曾任主管教学的副系主任长达 18 年，为数学系的发展和建设做出重要的贡献。

2000 年 11 月，王凤雨申请的项目《泛函不等式，半群性质，算子谱》获国家杰出青年科学基金资助。

2000 年 11 月，王昆扬获学校首届本科教学特等奖(专家评，每两年评 1～2 人)，刘继志获优秀奖。

2000 年 11 月，王昆扬被评为学校首届最受学生欢迎的本科教学十佳教师(学生评，每两年评 10 人)。以后获十佳教师的有房艮孙(第 2 届，2002)、黄惟明(第 4 届，2006)、金蛟(第 7 届，2012)和黄海洋(第 10 届，2018)。

2001 年 3 月 21 日，模糊系统与模糊信息研究中心、生物信息数学研究中心成立，李洪兴和刘来福分别担任中心主任。2016 年 12 月 4 日撤销。

2001 年 3 月，惠昌常获 2000 年教育部跨世纪优秀人才培养计划。

2001 年 5 月，学校通过“九五”期间“211 工程”建设进行的检查验收。

2001年5月，数学系为每位教师配备计算机、办公桌和书柜，基本上为教授每人配备一间办公室，为每两位副教授配备一间办公室，在每个办公室内安装空调。

2001年6月30日，陈绍菱教授(1921年2月14日生)在北京逝世。

2001年6月，李洪兴领导的模糊系统与模糊信息研究中心采用变论域自适应模糊控制在国际上首次成功地实现4级倒立摆控制的仿真实验，具有良好的稳定性和定位功能。

2001年6月，王凤雨获第1届教育部青年教师奖励基金。

2001年9月，惠昌常任第4批长江学者奖励计划特聘教授。

2001年9月，王昆扬获全国模范教师称号。12月获宝钢教育基金优秀教师特等奖。

2001年开始试行硕博连读，2002年9月入学。

2001年11月14日，学校成立随机数学研究中心，陈木法任中心主任。

2001年12月，刘来福和曾文艺分别获全国大学生数学建模竞赛优秀组织工作者和优秀指导教师称号。

2001年，刘绍学主编《中学生数学视野丛书》获第2届全国优秀数学教育图书奖特等奖。

2002年2月，数学系以陈木法为学术带头人的概率论研究群体获国家自然科学基金委员会2001年度创新研究群体科学基金，这是国内数学界第1个获资助的数学研究群体。2004年11月和2007年11月连续获得第2、第3期共9年资助。

2002年2月，概率论与数理统计再次入选为国家重点学科且在该学科排名第1。

2002年2月，北京师范大学数学基地被教育部和国家自然科学基金委员会评为“国家基础科学人才培养优秀基地”。

2002年3月，学校和其他5所高校可以自主设置本科专业。

2002年4月，邓邦明获第3届教育部青年教师奖励基金。

2002年6月，数学系资料室划归学校图书馆统一管理。

2002年8月11日，世界首例直线运动4级倒立摆实物控制系统在数学系实验成功。教育部于8月28日上午，在学校组织成果鉴定会，认为是一项原创性的具有国际领先水平的重大科技成果。

2002年8月17～19日，首届马氏过程及相关论题国际学术研讨会在学院召开。会议由概率论创新研究群体举办，来自国内、外大学和研究院的专家和研究生共50余人参加会议(2004年5月20～22日第2届；2004年8月10～14日第3届；2006年8月21～25日第4届；2007年7月14～18日第5届；2008年7月21～26日第6届；2010年7月19～23日第7届；2012年7月16～21日第8届；2013年7月6～13日第9届；2014年8月14～18日第10届；2015年6月26～30日第11届；2016年7月13～17日第12届；2017年7月17～21日第13届；2018年7月16～20日第14届；2019年7月11～15日第15届)。2020年因COVID-19未召开会议。

2002年8月，数学系陈木法和长江学者特聘教授戎小春在第24届国际数学家大会上做45分钟报告。数学系大部分教师和部分研究生参加这次大会，有8人在分组会上做小组发言。

2002年8月27日晚，学校钟秉林校长在校内兰蕙餐厅举行晚宴，招待参加第24届国际数学家大会的部分代表，近百名国内、外著名的数学家应邀出席，其中有本届数学家大会的菲尔茨奖获得者 L. Lafforgue，有近 40 名在大会上做 1 小时或 45 分钟学术报告的学者，有中国科学院部分院士，还有许多国内、外杰出的年轻数学家。

2002 年 8 月，李仲来主编《北京师范大学数学系史(1915～2002)》在北京师范大学出版社出版。

2002 年 9 月，数学系开始实行宽口径招生，在本科新生中实行前两年不分专业，以后再根据个人兴趣选择专业及方向。

2002 年 9 月，学校在数学系等 8 个单位的基础学科专业 3 年级学生中选拔“4＋2”教育学硕士培养(“4＋2”主要是指选拔已经过 4 年的本科学习获得学士学位者，在第 4 年同时学习 3 门研究生的公共课与 2 门基础课和 2 门专业课，再对他们集中进行 2 年的教育理论及实践培养，成绩合格者将获得教育学硕士学位)。数学系有 9 位学生入选“4＋2”，直到 2011 年停止。

2002 年 9 月 8 日，学校建校 100 周年庆祝大会在人民大会堂隆重举行，中共中央总书记、国家主席江泽民发表重要讲话，朱镕基、李瑞环、胡锦涛、尉健行、李岚清出席大会。中央、国家机关有关部门负责人，北京市和部分其他省市负责人，部分海内外知名大学校长，学校校友代表团和在校师生员工 6 000 多人参加大会。

百年校庆期间，数学系 2 000 多名校友返校。

2002 年 9 月，陈木法任中国数学会概率统计学会第 7 届理事会理事长。

2002 年设立谢宇教育基金。该基金于 9 月 8 日首次颁给 4 位学习优良、经济困难的数学系学生。以后每年颁发 1 次。

从 2002 年 10 月 1 日开始，由张英伯、惠昌常、邓邦明和韩阳的代数表示论集体参加欧盟资助的国际合作项目“Algebra and Representations in China and Europe”为期 3 年，数学系邓邦明为中国方面负责人。

2002 年 10 月 16 日，王梓坤获第 9 届何梁何利基金科学与技术进步奖数学力学奖。

2002 年 10 月 18 日，北京师范大学珠海校区开学。数学系王昆扬到该校区兼课。

2002 年 11 月，数学系国家基础科学人才培养基地通过“十五”评审，“九五”期间的工作也受到专家好评。

2002 年，数学系和管理学院申报的“211 工程”项目“随机数学、复杂系统与智能控制”获批。

2002 年 8 月，数学系在第 1 轮数学一级学科评估中名列第 10 位，其中学术队伍名列第 3 位。

2002 年，北京师范大学出版社出版《Collected Papers of Zhou Xianyin》第 1～2 卷，这是数学系教师出版的第 1 部英文版数学文集。

2002 年至今，在院/系团拜会后，每年照 1 张全院/系合影。

2002 年，学校开始试行本博连读，其要求的主要条件是所在班级的前 5%，通过英语 6 级考试，2003 年秋季入学。

2002 年，《变论域自适应模糊控制理论及其在四级倒立摆控制中的应用》获教育部自然科学奖 1 等奖。

2002 年，李洪兴获全国高等学校优秀骨干教师称号。

2003 年 5 月成立数据统计与分析中心，崔恒建任主任。2016 年 12 月 4 日撤销。

2003年5月，王昆扬获北京师范大学第1届教学名师奖。

2003年6月，根据学校指示申请的工学门类控制理论与控制工程硕士点的申请被学校批准，2014年9月停止招生。

2003年6月30日，校党委评选先进党总支改为评选先进基层党组织，系党总支被评为先进基层党组织。至2012年共评选7次，学院党委均入选。

2003年9月，为加强本科生低年级学生的培养与指导，数学系从2003级开始实行本科生导师制，每3～4名本科生配备一名指导教师。2009～2011年未实行，2012年恢复。

2003年9月，王昆扬获北京市高等学校第1届教学名师奖。

2003年9月，学校实行新的岗位津贴标准，按院士、职称(教授分A与B两级)和工作岗位发放津贴。

2003年10月27日，李洪兴领导的科研团体，采用高维变论域自适应控制理论，在世界上第1个成功地实现平面运动3级倒立摆实物系统控制。该项成果已达到国际领先水平。2005年7月15日，通过成果鉴定。

2003年10月，李洪兴完成的《基于论域的自适应模糊控制器》项目被国家自然科学基金委员会信息学部公布2003年结题项目评为特优。

2003年11月，陈木法当选为中国科学院院士，他是数学系第1位本科、硕士和博士均在数学系毕业后当选的院士。

2003年12月，郇中丹获宝钢教育基金优秀教师奖。

2004年，李增沪和杨大春入选2004年度新世纪优秀人才支持计划。

2004年1月，计算数学硕士点的申请被学校批准。

2004年3月1日，学校决定成立数学科学学院。数学科学学院下设两个系：数学系、统计与金融数学系。

2004年4月22日，经学校党委常委会决定：成立中国共产党北京师范大学数学科学学院委员会，李仲来任党委书记，后连任两届至2016年1月22日。

2004年4月22日，任命保继光为数学科学学院院长，后连任一届至2013年7月5日。

2004年5月17～21日，学院举办代数表示理论高级研讨班，来自国内15个单位的50多名学员参加研讨班。

2004年6月，王凤雨入选首批新世纪百千万人才工程。

2004年6月23日，在数学楼举行数学科学学院2004届研究生毕业典礼暨硕士学位授予仪式，这是数学科学学院举行的第1次硕士学位授予仪式。

2004年6月29日，学校改组模糊信息处理与模糊推理机国家专业实验室。

2004年6月30日，院党委被评为校先进基层党组织。

2004年7月12～17日，第4次国际稳健统计大会在学院举办，共有120余人参加这次大会，其中国外代表有80人，他们来自世界22个发达国家和地区。

2004年7月，郇中丹和黄海洋编著的普通高等教育“十五”国家级规划教材《偏微分方程》出版。

2004年9月1日，由刘绍学主编《普通高中课程标准实验教科书，数学必修1～5》(人民教育出版社，2004)、严士健和王尚志主编《普通高中课程标准实验教科书，数学必修

1～5》(北京师范大学出版社，2004)开始在中学试用。

2004 年 9 月后，统计学专业改称统计与金融数学专业且开始招生。

2004 年 9 月后，学校又开始设立专职辅导员职务。学院崔世莹(2004)、魏炜(2007)、赵云慧(2011)、谢天(2013)、郭晓川(2016)、刘立潇(2017)和潘珊珊(2017)任专职辅导员。2019 年起招收双肩挑辅导员(王发强，2020)。

2004 年 10 月，2002 届博士毕业生戴峰的学位论文《单位球面 s^{d-1} 上实光滑函数的逼近》入选 2004 年全国百篇优秀博士学位论文，指导教师是王昆扬。

2004 年 11 月 7 日，教育部党组决定，在全国教育系统开展向 5 位模范教师学习活动。学院 1943 届校友、著名教育家霍懋征名列第一。

2004 年 12 月 8 日，经学校批准，数学现代分析研究中心和科学计算研究中心成立，刘永平和王昆扬分别任中心主任。2016 年 12 月 4 日，学校撤销科学计算研究中心。

2004 年年底，随着“985 工程”二期基础理学和“211 工程”二期重点学科建设项目经费的到位，学院的研究经费有了大幅度提高。

2005 年，杨大春申请的项目《$\mathbf{R}^n$ 中的调和分析中实方法》获国家杰出青年科学基金资助。

2005 年 2 月 23 日，中国数学会教育工作委员会扩大会议在学校召开，姜伯驹、马志明、王梓坤、周毓麟院士和巩馥洲、胡国定、刘绍学、项武义等教授出席会议。会议报告和发言先后在《数学通报》2005 年第 3～4 期上刊登并出版特刊。

2005 年 2 月，王昆扬等讲授的数学分析课程入选 2004 年度国家级精品课程，刘来福等讲授的数学模型课程入选北京市精品课程。

2005 年至 2014 年 8 月，学院利用“985 工程”经费，每年吸引国外 10 多名专家来学院讲学和开展学术研究。

2005 年 3 月，数学国家基础科学人才培养基地通过“十五”中期评估，成绩良好。

2005 年 3 月，李岩岩任第 6 批长江学者奖励计划讲座教授。

2005 年 4 月 1 日，原模糊信息处理与模糊推理机国家专业实验室人员转入学院，办公用房归学院。

2005 年 4 月 22～24 日，学校举办第 1 届数学建模竞赛。之后，每年举办一届。

2005 年 4 月，王凤雨获北京市先进工作者称号。

2005 年 5 月，学院李仲来和北京师范大学出版社理科编辑部岳昌庆、王松浦进行沟通和协商，计划用 6～7 年时间，编写 4 个系列：数学与应用数学系列、公共课数学系列、数学教育主干课程系列、数学学科硕士研究生系列教材，已经出版 70 多部。

2005 年 5 月 23～28 日，代数和表示的 Asia－Link 国际会议在学院举行，会议由表示论及相关课题研究群体主办。129 位代表出席会议。

从 2005 年 6 月份起，“985 工程”二期津贴开始下发，额度分为 5 个等级：教授 3 个等级、副教授和其他人员 2 个等级。2008 年 6 月停发。

2005 年 6 月 2 日，学院第 1 位外国留学生韩成哲通过博士论文答辩。

2005 年 6 月 9～10 日，学校举行第 1 届国际矩阵分析研讨会。会议由学院、美国 Nova Southeastern 大学、中国国家自然科学基金委员会三方联合举办。30 多人参加研讨会。

2005 年 6 月 17 日，万维网统计 2000 年以来中国大陆发表的高水平数学论文，全国共收录74篇论文，学院被收录9篇，与南开大学数学科学学院并列第1名。

2005年6月，王昆扬、郇中丹和刘永平的《数学分析课程建设成果》获北京市优秀教学成果1等奖。

2005年7月4～6日，由学院与中国科学院数学与系统科学研究院共同主办的非线性椭圆方程和变分方法研讨会在学校和中国科学院召开。80多位来自国内、外高校的师生参加研讨会。

2005年7月25～27日，中国中小学数学教育论坛在山东省威海市举行。论坛由中国数学会和北京师范大学共同主办，全国高等师范院校数学教育专业委员会协办，威海市数学科学学会承办。来自全国各地的100多位代表参加会议。

2005年7月，学校聘请法国科学院院士、美国科学院外籍院士、数学家 H. Brezis 为名誉教授。

2005年9月23日，刘来福获首届钱瑗教育基金优秀教师奖。以后获奖的有王昆扬(第2届，2006)、郇中丹(第3届，2007)、刘永平(第5届，2009)、丁勇(第6届，2010)、黄海洋(第7届，2011)、袁荣(第10届，2014)、王恺顺(第11届，2015)。

2005年11月4日，经学校批准，动力系统中心成立，袁荣任中心主任。

2005年12月14日，教育部批准建立模糊信息处理与智能控制教育部重点实验室。

2005年12月17～18日，傅种孙、钟善基、丁尔陞和曹才翰教授数学教育文选首发式暨中国数学教育发展的历史、现状与未来研讨会在学院举行。来自全国各地的110余名代表出席研讨会。研讨会的发言和学术交流论文，由《数学通报》在2006年4月底出版纪念专刊。

2005年12月25日，北京师范大学数学系成立90周年庆祝大会暨王世强、孙永生、严士健、王梓坤和刘绍学教授数学文集首发式在学校隆重举行。钟秉林校长，12名中国科学院院士，北京师范大学出版社总编辑杨耕，以及在京的部分中国数学会常务理事，各大学数学学者的正、副校长，数学院系院长/系主任，长江学者奖励计划特聘教授，国家杰出青年科学基金获得者，自然科学基金委员会数理学部负责人，中学特级教师及著名系友等200余位专家学者参加大会。

2005年12月，1999年国家杰出青年科学基金获得者唐梓洲教授调入学院。

2005年12月，卢广存和洪文明入选2005年度新世纪优秀人才支持计划。

2005年12月开始，副教授可以申请担任博士生导师。

2006年，李增沪申请的项目《马氏过程》获国家杰出青年科学基金资助。

2006年2月，李仲来主编《孙瑞清数学教育文选》由人民教育出版社出版。

2006年3月开始，中共党员审批手续下放到学院党委。

2006年3月，唐梓洲任第7批长江学者奖励计划特聘教授。

2006年3月22日，孙永生教授(1929年1月22日生)在北京逝世。

2006年4月底，概率论创新研究群体获2006年北京市教育创新优秀集体称号，2006年首都劳动奖状(班组)，2006年全国五一劳动奖状(班组)。

2006年5月，学院11部教材入选普通高等教育“十一五”国家级规划教材。

2006年5月14日，中国科学评价研究中心研发的《2006中国大学评价报告》中，北京师范大学数学学科排名第5。

2006 年 6 月 28 日，钟善基教授(1923 年 2 月 24 日生)在北京逝世。

2006 年 6 月 29 日，院党委被评为校先进基层党组织。

2006 年 9 月，郇中丹获北京市高等学校第 2 届教学名师奖。

2006 年 10 月 27 日，模糊信息处理与智能控制教育部重点实验室建设计划论证会在数学楼举行。

2006 年 10 月 28～29 日，数学家谈数学：庆祝《数学通报》创刊 70 周年大会在学校举行，120 多人参加大会。

2006 年 11 月，杨大春入选 2006 年度新世纪百千万人才工程人选。

2006 年 12 月 21 日，院党委召开数学系第 1 个党小组党员座谈会。当时党小组 4 人(丁尔陞，王树人，齐振海和张可宽)均出席。

学院在 2006 年高校第 2 轮数学一级学科评估(2007 年公布)中，排名第 6。

2007 年 1 月，黎雄入选 2006 年度新世纪优秀人才支持计划。

2007 年 3 月，杨大春任第 8 批长江学者奖励计划特聘教授。

2007 年 4 月，肖杰(清华大学)，彭联刚(四川大学)，邓邦明(北京师范大学)，林亚南(厦门大学)获 2006 年教育部高等学校自然科学奖 1 等奖，4 人均为学院代数表示论方向的博士生。

2007 年 4 月，李仲来主编《汤璪真文集：几何与数理逻辑》由北京师范大学出版社出版。

2007 年 5 月 28～31 日，偏微分方程及其应用国际会议在学院举行，80 余人参加会议。

2007 年 6 月，学院概率论与数理统计国家重点学科(2001～2005)通过考核评估。

从 2007 年 6 月开始，聘任博士生导师的材料不再外审。

2007 年 8 月，学院基础数学被增补为国家重点学科，数学被认定为一级学科国家重点学科。

2007 年，国家开始资助硕士生和博士生公费出国攻读博士学位。

从 2007 级开始，学院开始招收公费师范生。2007～2019 年分别招生 63 人、97 人、90 人、84 人、42 人、47 人、45 人、56 人、45 人、49 人、44 人、48 人、10 人，2020 年北京校区停止招生。2019 年珠海校区招生 41 人，2020 年招生 152 人。

2007 年 10 月，李仲来主编《北京师范大学数学科学学院硕士研究生入学考试试题(1978～2007)》由北京师范大学出版社出版，该书是我国数学学院(系、所)的第 1 部硕士研究生入学考试试题集(硕士研究生高等数学入学考试试题集除外)。

2007 年 11 月，毛永华入选 2007 年度新世纪优秀人才支持计划。

2007 年 12 月 17 日，学校数学与应用数学等 4 个专业师范教育方向获 2007 年度第 1 批高等学校特色专业建设点。

2007 年 12 月，教师职称定级，学院教授 2 级岗位 9 人、3 级岗位 10 人，4 级岗位 11 人；副教授 1 级岗位 1 人、2 级岗位 10 人、3 级岗位 11 人。这是自 1956 年时隔 51 年后的教师职称定级。

2007 年 12 月，李仲来编《北京师范大学数学科学学院论文目录(1915～2006)》由北京师范大学出版社出版，该书是我国数学学院(系、所)的第 1 部正式出版的论文目录。

学校数学学科在2007年进入ESI(《基本科学指标》数据库：Essential Science Indicators，ESI)前1%。全世界共有21 800多个数学机构排名，218个机构进入数学学科ESI前1%。

2008年 1月起，学校开始实行新的13级专业技术岗位津贴分配方案。

学校规定：从2008年起，新进教师在校内、国内其他高校、国外获得博士学位的比例各为1/3。

2008年1月至2013年7月，数学系1983届本科毕业生刘允任Google全球副总裁。

2008年1月12日，学院举行纪念汤璪真校长诞辰110周年暨汤璪真文集首发式，300多人参加会议。

2008年2月，李仲来主编《中国数学教育的先驱：傅种孙教授诞辰110周年纪念文集》由《数学通报》正式出版。

2008年3月，李增沪任第9批长江学者奖励计划特聘教授。

2008年4月15日，教育部本科生教学工作评估专家组来学院检查本科生工作。这是学校历史上第1次参加本科生教学评估。评估结果：优秀。

2008年5月12日，四川省汶川县发生8级地震，学院为其捐款，并为学院四川籍受灾学生捐款，部分党员缴纳特殊党费。

2008年6月，李仲来获学校第5届本科教学特等奖。

2008年6月15～16日，曹一鸣主持的手持技术与中学数学新课程整合研究项目签字仪式与培训活动在学校举行。该项目于2008～2011年，在全国不同地区的80所学校开展实验研究，把图形计算器应用于数学教学全过程。惠普公司为该合作项目提供1 020万元的研究设备和研究经费。

2008年6月24日，学院与临沂师范学院数学系合作帮扶意向书签字仪式在学校举行，双方书记李仲来和巩庆毅分别代表各自单位在意向书上签字。

2008年6月，学院2006届博士毕业生邵井海的博士论文《无穷维空间上的运费不等式》入选2007年全国百篇优秀博士学位论文，导师是方诗赞和王凤雨。

2008年6月30日，院党委被评为校先进基层党组织。

2008年8月6日，邝荣雨教授(1935年9月29日生)在北京逝世。

2008年8月8日，第29届奥运会在北京举行，学院168名学生参加奥运会志愿者服务。

2008年9月，梁绍鸿编《初等数学复习及研究(平面几何)》由哈尔滨工业大学出版社再版，增补文稿《朋力点》和梁先生发表在20世纪50年代《数学通报》上的3篇几何文献。

2008年9月起，学校开始实行新的10级管理岗位津贴分配方案。

从2008级博士生开始，学校对一位导师招收的第2名及以上的学生，收取部分费用划归博士生助学金。

2008年9月，取消学术型研究生委托培养和自费生收费。

2008年9月，王昆扬获第4届国家级高等学校教学名师称号。

2008年9月，李仲来主编《范会国文集：函数论与数学教育》由北京师范大学出版社出版。

2008年10月，陈木法和毛永华的《随机过程导论》入选2008年度普通高等教育精品教材。

2008年11月6日至12月6日，由中国教育电视台网站、腾讯网、中国教育新闻网和中国青年网共同主办的改革开放30年"中国教育时代人物"和"中国教育风云人物"网络评选活动举行，各评选30位。王梓坤入选"中国教育时代人物"，学院毕业生霍懋征(1943届)和李金初(1964届)入选"中国教育风云人物"。

2008年12月6～7日，学院举办首届部属师范大学数学学科建设研讨会。参会的有教育部直属的6所师范大学：北京师范大学、东北师范大学、华中师范大学、华东师范大学、陕西师范大学、西南大学、学院合作帮扶的临沂师范学院的院长、书记、副院长、教学秘书，学院上届和本届正、副职参加会议。

2008年，1979级本科、1985级硕士校友陈松蹊入选首批海外高层次人才引进计划。

2009年 1月9日，学院举行教工第27届2009年春节团拜会。会上祝贺严士健、王梓坤、薛宗慈(因身体原因未参加)和刘绍学老师80岁寿辰，王申怀、苏秀雯、陈公宁、陆善镇和李有兰老师70岁寿辰。

2009年1月18～19日，函数论方向在北京召开纪念孙永生教授诞辰80周年学术研讨会。孙教授的20多位学生参加会议。

2009年1月，王恺顺入选2008年度新世纪优秀人才支持计划。

2009年2月，唐梓洲任国务院学位委员会第6～7届学科评议组成员(2009～2019)。

2009年5月23日，模糊信息处理与智能控制教育部重点实验室建设计划验收会在学院召开。专家组根据实验室的研究内容和发展方向提出建议，希望以数学与复杂系统教育部重点实验室名称挂牌。

2009年5月23～24日，第3届数学史与数学教育国际研讨会暨《白尚恕教授文集》首发式在学校举办。来自国内、外高校和研究机构的专家学者共180余人参加会议。

2009年5月27～30日，调和分析和偏微分方程及其应用国际会议在学校召开，来自国内、外高校和研究机构的专家学者共200余人参加会议。5月29日，学院宴请与会代表。应邀出席晚宴的有教育部副部长、学校前党委书记、前校长袁贵仁，学校校长钟秉林，学校前校长、中国科学院院士王梓坤，学校前校长方福康，陈木法院士等。学校5位健在的校长第1次合影留念。2009年恰逢本次会议主席、学校前校长陆善镇的70华诞，学校钟秉林校长致贺词，并对陆善镇教授的70华诞表示祝贺。

2009年6月16日，菲尔茨奖获得者E. Zelmanov来学院做《Infinite dimensional superalgebras》的学术报告。

2009年6月，保继光、李仲来、张余辉、王昆扬和高红铸的《创新模式，提高质量，建设一流的数学人才培养基地》获2009年北京市教育教学成果奖(高等教育)1等奖。9月，获2009年第6届高等教育教学成果国家级2等奖。

2009年6月，保继光获学校教工十佳共产党员称号。

2009年，国家开始资助本科毕业生公费出国攻读博士学位。

2009年8月4～8日，北京师范大学第1届全国优秀大学生数学与统计夏令营开营仪式在学校举行。来自全国27所高校的63名优秀大学生参加，从中选拔35名优秀学生免试攻读学院的研究生。之后每年举办。

2009年8月13～23日，孙永生－斯捷赤金(Stechkin)暑期学校暨2009年中俄实函数论研讨班(SSSS2009)在北京召开。

从 2009 年 9 月开始，北京市大学生数学建模竞赛组委会秘书处设在北京师范大学，秘书长为黄海洋。

2009 年 9 月，李仲来主编《北京师范大学数学科学学院史(1915～2009)》第 2 版在北京师范大学出版社出版。

2009 年 9 月，王昆扬牵头的分析类课程教学团队被评为 2009 年国家级优秀教学团队；李勇等的《统计学导论》获 2009 年度国家级精品课程。

2009 年 9 月，课程与教学论博士点招收数学教育博士生入学。

2009 年 10 月 20 日，陈木法当选为发展中国家科学院院士(第三世界科学院院士)，是学校第 1 位。

2009 年 10 月 31 日，学院 1952 届校友齐振海教授的硕士研究生袁贵仁任教育部部长，2016 年 6 月卸任。

2009 年 11 月 11 日，陈木法获第 16 届何梁何利基金科学与技术进步奖数学力学奖。

2009 年 11 月 16 日，李仲来获宝钢教育基金优秀教师奖。

2009 年 11 月 19～24 日，学院举办调和分析和逼近论国际学术会议。

2009 年 11 月 23 日，数学与复杂系统教育部重点实验室通过批准验收。

2009 年 12 月 17～21 日，学院主办的第 14 届亚洲数学技术年会在学校召开。来自 28 个国家和地区 130 多位代表，以及国内 270 多位代表出席会议。会前正式出版中、英文两种版本(内容不重复)的两部会议文集。

2009 年 12 月，王凤雨申报的项目《泛函不等式、马氏半群与谱理论》获教育部高等学校科学研究优秀成果奖(科学技术)1 等奖。

2000～2009 年，来院工作的教师 52 人，有 38 人现在学院，其中 5 人在境外获得博士学位。

2000～2009 年晋升教授 17 人，副教授 24 人，高级工程师、高级实验师和副研究员 5 人。

2010 年 1 月，以唐梓洲为团队带头人的创新团队项目《调和分析与流形的几何》入选 2010 年教育部长江学者和创新团队发展计划。

2010～2013 年，丁勇主持国家自然科学基金重点项目《调和分析及其应用》。

2010 年 2 月，通过科学技术史(数学)硕士点的评估。

2010 年 2 月 11 日，学院 1943 届毕业生、著名教育家、首批特级教师霍懋征在北京逝世，享年 88 岁。2 月 19 日，中央政治局常委、国务院总理温家宝及中央有关部门领导，学院领导参加在八宝山举行的遗体告别仪式。

2010 年 3 月 1 日，学院召开纪念赵慈庚教授百年诞辰座谈会，56 人参加。会后出版《赵慈庚教授诞辰 100 周年纪念文集》。

2010 年 3 月 21 日，学院名誉教授，著名华裔数学家，美国加州大学圣巴巴拉分校樊𤩽(1914 年 9 月 19 日生)教授在美国逝世，享年 97 岁。

2010 年 6 月，李勇领导的统计学研究小组成功地申请国家重点基础研究发展计划(973 计划)课题《全球陆地生态系统碳源汇多源数据与模型同化研究》，此课题是 973 计划项目《全球不同区域陆地生态系统碳源汇演变驱动机制与优化计算研究》的第 3 课题。

2010 年 6 月 23 日，第 1 届新疆中学汉语骨干教师培训班结业典礼，44 位数学教师结业。

2010 年 7 月 1 日，院党委被评为校先进基层党组织。

2010 年，数学系 1935 届校友、杭州学军中学原副校长俞芳学长百年华诞，她是学院 100 岁健在的校友。

2010 年 9 月，李仲来获北京市高等学校第 6 届教学名师奖。

2010 年 9 月，招收两年全日制收费的、有学历有学位且是应届生、不负责住宿的 8 位教育专业硕士入学。

2011 年 2 月 21～24 日，国际数学教育委员会执委会(ICMI)2011 年例会在北京师范大学召开。来自新西兰、以色列、葡萄牙、哥斯达黎加、美国、意大利、中国、韩国和南非的 9 位执委出席会议。

2011 年 2 月 25 日和 26 日上午，中国数学会基础教育委员会(ICMI－CHINA)2011 年数学教育国际论坛在北京师范大学召开。来自全国各地的 70 多位代表，以及 ICMI 的全体执委出席会议。会议的主要议题：数学英才教育的国际比较及其相关内容。17 位中外专家学者在会议上报告。2 月 26 日下午举行数学教育高端论坛。

2011 年 3 月中下旬，学院从数学楼搬到新图书馆(后主楼)11～13 层，计算机房搬到 9 层。4 月 6 日，数学资料室搬到旧图书馆 4 楼西部，开始接待读者。7 月中旬，概率论教研室与统计教研室的教师从科技楼 11 层搬到后主楼办公室。

2011 年 3 月，胡永建入选 2010 年度新世纪优秀人才支持计划。

2011 年 4 月 18～22 日，由学院的概率论研究群体承办的分支过程与聚合过程(Branching Processes and Coalescent Processes)国际会议在学校举行。来自国内、外的 60 余位学者参加会议。

2011 年 4 月 24 日，第 11 届统计论坛在学院举行。

2011 年 6 月 3～7 日，北京师范大学和广西民族大学联合举办的全国积分方程、微分方程及其应用会议在广西民族大学数学与计算机科学学院召开，来自国内、外的 30 多名学者参加会议。会议同时祝贺赵桢先生 80 寿辰。

2011 年 6 月 18 日，学校批准学院设立计算数学博士点。

2011 年 6 月 29 日，院党委被评为校先进基层党组织。

2011 年 6 月 30 日，第 2 届新疆中学汉语骨干教师培训班结业典礼，43 位数学教师结业。

2011 年 7 月 11 日，数学与复杂系统教育部重点实验室举行第 1 次学术委员会会议。

2011 年 7 月 15 日，学校决定成立校调和分析及其应用研究中心，陆国震任中心主任。

2011 年 8 月，硕士研究生杨小茜毕业后到北京师范大学朝阳附属小学工作，开启数学系研究生学历人才从事小学基础教育事业的先河。

2011 年 9 月，李勇获北京市高等学校第 7 届教学名师奖。

2011 年 9 月，招收两年全日制收费的、有学历有学位、不负责住宿的 28 位应用统计专业硕士入学。

2011 年 9 月 17 日，第 3 届 3＋X 统计学及其应用 Workshop 2011 年会议在学院举行，50 多位代表参加会议。

2011 年 9 月 17 日，北京市大学生数学建模与计算机应用竞赛 20 周年表彰会在学校举行。

2011 年 9 月，以学院统计教研室，学校国民经济核算研究院和经济管理学院的教师为主，申请的首批统计学博士一级学科获教育部批准。

2011 年 9 月 28 日至 11 月 12 日，数学与复杂系统教育部重点实验室组织概率论专题学术活动。

2011 年 10 月 24～25 日，王梓坤院士、院领导和部分教师赴天津南开大学参加陈省身先生诞辰 100 周年纪念活动。

2011 年 11 月，刘玉明入选 2011 年度新世纪优秀人才支持计划。

2011 年 11 月 24 日，刘永平获宝钢教育基金优秀教师奖。

2011 年 12 月 23 日，学院召开纪念张禾瑞教授百年诞辰座谈会。2013 年 12 月，李仲来主编《张禾瑞教授诞辰 100 周年纪念文集》2012 纪念专刊在《数学通报》出版。

2011 年 12 月 23 日，学院召开谢宇教育基金会成立 10 周年纪念大会。

北京师范大学数学科学学院 10 位数学家入选钱伟长总主编，王元数学分卷主编《20 世纪中国知名科学家学术成就概览》(科学出版社，数学卷第 1，2，3，4 分册，2011，2012 年出版)，按出现次序，以年龄大小排列：傅种孙(第 1 分册简称 1，下同)、张禾瑞(1)、蒋硕民(1)、王世强(2)、孙永生(3)、严士健(3)、王梓坤(3)、刘绍学(3)、陆善镇(4)、陈木法(4)。

2011 年，学院 1977 级本科生校友孙贤和当选美国电气与工程师学会会士(IEEE Fellow)。

2011 年 12 月，何青获全国大学生数学建模竞赛优秀指导教师称号。

2012～2015 年，陈木法主持国家自然科学基金重点项目《马氏过程及交叉领域的新探索》。

2012 年 3 月，校友李慧慧获第 3 届寻找青年科学之星称号。

2012 年 3 月 20 日，“211 工程”三期重点建设项目《随机数学与基础数学及其应用》通过验收。

2012 年 2～4 月，李仲来主编《王敬庚数学教育文选》《王申怀数学教育文选》《钱珮玲数学教育文选》在人民教育出版社出版。

2012 年 3 月，马京然编《北京师范大学数学科学学院师生影集(1915～1949)》由北京师范大学出版社出版。

2012 年 4 月，李增沪当选为 Institute of Mathematical Statistics (IMS) Fellow。

2012 年 4 月 14～17 日，北京一希旺斯随机过程研讨会(Beijing-Swansea Workshop on Stochatic Processes)，在北京召开，与会学者共 53 人，其中，国外 13 人。

2012 年 4 月 28～29 日，数学技术与中学数学教育论坛在学校举行。来自全国各地的 120 多位大、中小学数学教学与研究人员出席论坛。

2012 年 5 月 21～25 日，学院与南京大学数学系联合主办调和分析及其应用国际会议，国内、外 150 多名代表与会。

2012 年 5 月 28 日至 6 月 1 日，数学与复杂系统教育部重点实验室与调和分析及其应用研究中心共同主办调和分析学术周。

2012 年 6 月 29 日，院党委被评为校先进基层党组织。

2012 年 6 月，长江学者奖励计划特聘教授惠昌常调到首都师范大学。

2012 年 7 月 1 日，《基本科学指标》数据库 ESI 进行新一轮的数据更新，学校数学学科在世界排名第 99 名，在全校 8 个进入 ESI 前 1%的学科中，率先进入前 100 名。2020 年 5 月排名第 69 名。

2012 年 7 月，招收两年制在职收费的、有学历有学位的 45 位公费师范生教育专业硕士入学。

2012 年 8 月，李仲来主编《王伯英文集：多重线性代数与矩阵》由北京师范大学出版社出版。

2012 年 9 月 8 日，学校 110 周年校庆，学院 752 名校友先后返校。104 名校友参加学校召开的校庆大会，王梓坤院士代表教师发言。

2012 年 9 月 11 日，北京师范大学前校长，学院陆善镇教授担任温州肯恩大学(Wenzhou-Kean University)校长，任期到 2019 年 2 月。

2012 年 9 月，国家人力资源和社会保障部、全国博士后管委会批准学校增设统计学博士后科研流动站，确认数学博士后科研流动站。

2012 年 11 月 1 日，美国数学学会(American Mathematical Society，AMS)公布其首届会士(Fellow)名单，学院的名誉教授 H. Brezis 院士、在职教授陈木法院士、兼职教授李岩岩和鄂维南入选。

2012 年 11 月 16 日，保继光、杨松山分别获得 2012 年度宝钢教育基金优秀教师特等奖、优秀学生特等奖。

2012 年 11 月 21 日，学院 8 部教材入选第 1 批“十二五”普通高等教育本科国家级规划教材。

研究生院启动 2013 年硕博连读工作事宜，经过硕士报名申请，导师考核签署意见(不参加考试)，学院审核，研究生院审定，6 名学生获 2013 年暑假后硕博连读资格。

2012 年 12 月，张辉入选 2012 年度新世纪优秀人才支持计划。

2012 年 12 月 14 日，张英伯获第 5 届全国优秀科技工作者称号。

2013 年 1 月起，学院 1990 届校友李润泽任统计年刊(The Annals of Statistics)主编(共两位)。李润泽是学院校友中担任统计学一级学科顶尖杂志主编的第 1 人，入选 2013～2014 年教育部长江学者奖励计划讲座教授(南开大学)。

2013 年 1 月 23 日，学院在 2012 年高校第 3 轮数学一级学科评估中，排名第 5，统计学一级学科排名第 11 位。

2013 年 3 月 6 日，研究生院决定，本学期学校全部博士学位论文将委托教育部学位中心，利用其学位论文网上评议开放平台匿名评审。学院 21 位博士生申请评审，均获通过。5 位未申请评审。全校 42%的博士生未申请匿名评审。匿名评审工作一直持续至今。

2013 年 6 月 9 日，学院召开纪念蒋硕民教授百年诞辰座谈会。2014 年 7 月，李仲来主编《蒋硕民教授诞辰 100 周年纪念文集》2013 纪念专刊在《数学通报》出版。

2013 年 6 月 28 日，学院教工第 1 党支部获校京师七一奖杯。

2013 年 7 月 5 日，经学校党委常委会研究决定，任命李增沪为学院院长。

2013 年 7 月 16～17 日，矩阵与算子国际学术研讨会(International Workshop on Matrices and Operators)在学校举行，80余名专家学者出席研讨会。

2013年8月10日，1983届校友赠送学院礼物：数学楼模型。

2013年8月20日，刘永平获第9届北京市高等学校教学名师奖。

2013年8月，学院进人改为师资博士后，即博士毕业8年内必须晋升副教授(后改为延期1年为求职缓冲期)，才能获得学院正式教职。

2013年8月30日，学院2012届博士生熊金钢的博士论文《分数阶的Nirenberg问题》(导师李岩岩和保继光)入选2013年北京市优秀博士学位论文。

2013年10月8日，薛庆营入选2013年度新世纪优秀人才支持计划。

2013年11月12日，学院1989届本科生校友、西城区教育研修学院闻岩被评为北京市第1批中小学正高级教师。

2013年12月，李仲来主编《罗里波文集：模型论与计算复杂度》《汪培庄文集：模糊数学与优化》《刘来福文集：生物数学》《陈公宁文集：解析函数插值与矩量问题》由北京师范大学出版社出版。

2014年～2017年，唐梓洲主持国家自然科学基金重点项目《子流形的几何与拓扑》。

2014年2月1日，吴品三教授(1926年11月28日生)在北京逝世。

2014年2月，由孙弋涵、徐翔、张军伟组成的队获美国大学生数学建模竞赛A题特等奖，这是学校自1993年参加该项竞赛以来首次获特等奖。

2014年5月20日，《中国科学：数学》2014年第44卷第5期出版庆贺陆善镇教授75华诞专辑，共刊登16篇论文。

2014年6月29日，曹一鸣任第7届全国数学教育研究会理事长。

2014年6月，学校取消博士和硕士研究生导师评选。导师由学位分会审议批准，报校学位办公室备案。

2014年10月开始使用学院学科建设经费为聘请访问学者发放津贴。

2014年10月和2020年8月，学院计算机房东部和西部先后改造成博士生和博士后工作室。

2014年10月13日，郝锛新教授(1924年2月14日生)在北京逝世。

2014年10月，学校数学学科在美国新闻(US News)联合汤森路通公司发布2015世界最佳大学学科排行榜中列第40位，2016～2021年排名依次为第29，30，45，63，48，49位。

2014年11月13日，学校决定成立统计学院。2015年，统计教研室8人转到统计学院。

2014年11月，保继光和朱汝金编著《偏微分方程》入选第2批普通高等教育本科“十二五”国家级规划教材。

2014年12月，李仲来主编《陆善镇文集：多元调和分析的前沿》由北京师范大学出版社出版。

2015年1月，陈木法任《应用概率统计》主编。

2015年3月，马京然编《北京师范大学数学科学学院师生影集(1950～1980)》由北京师范大学出版社出版。

2015 年 8 月 17 日，第 8 届(2011～2015)国际工业与应用数学联盟主席 Barbara Lee Keyfitz，工业与应用数学学会(SIAM)前主席、第 9 届(2015～2020)国际工业与应用数学联盟主席 Marty Golubitsky 来院做学术报告，并为北京师范大学数学学科创建 100 周年题词。

2015 年 10 月，李仲来主编《北京师范大学数学学科创建百年纪念文集》和《北京师范大学数学科学学院史(1915～2015)》第 3 版由北京师范大学出版社出版。

2015 年 10 月 23～24 日，第 8 届部属师范大学数学学科建设研讨会在学院举行。6 所部属师范大学数学系/学院的书记、院长、副书记、副院长等 30 多人参加会议。会议主题是：学院文化建设。

2015 年 10 月 25 日，学院隆重举行北京师范大学数学学科创建 100 周年庆祝大会。16 名中国科学院院士和 1 名中国工程院院士：姜伯驹、石钟慈、万哲先、王梓坤、张恭庆、崔俊芝、马志明、唐守正、文兰、严加安、郭柏灵、陈木法、彭实戈、李安民、席南华、袁亚湘、周向宇，5 位兄弟院校党委书记或校长，4 位副校长，64 位中国数学院数学与系统科学研究院院长、主要高校数学院系党委书记、院长或系主任，中学特级教师，学校机关部处和院系主要负责人，600 多位校友等，总共约 700 位代表参加庆典。

2015 年 10 月 25～27 日，互联网＋数学教育面临的机遇与挑战论坛在校举行。来自大学、中学、出版社、互联网公司的 150 多位从事数学与数学教育、教学领域内的专家学者出席。

2015 年 12 月 14 日，数学博士后科研流动站在全国博士后科研流动站评估中被评为良好。

2016～2019 **年**，李增沪主持国家自然科学基金重点项目《随机树，随机图与随机过程》。葛建全主持国家优秀青年科学基金项目《微分几何》。

2016～2019 年，杨大春连续 4 年入选科睿唯安(Clarivate Analytics)全球“高被引科学家”(Highly Cited Researcher)名录，2014～2020 年连续 7 年入选爱思唯尔(Elsevier)所发布的中国高被引学者“数学”榜单。袁文于 2018～2019 年连续两年入选科睿唯安全球“高被引科学家”名录。

2016 年 1 月 20 日，经学校党委常委会研究决定，唐仲伟同志任院党委书记。

2016 年 3 月，数学与复杂系统教育部重点实验室通过评估，在数学院系排第 4 名。

2016 年 9 月 24 日，校党委常委会讨论通过学院人事改革试点方案。包括第三方评价机制、特聘人才制度、特聘岗位的条件、评审方法、聘任程序以及考核方式等。原则通过数学科学学院人事改革试点方案，学校下拨一定经费支持人事改革试点，根据人员到位情况，实行年度经费下放至学院专款专用，其中 25％的人员经费由学院自筹。

2016 年 8 月，保继光获北京市高等学校第 12 届教学名师奖。

2016 年 10 月，学校数学学科在美国新闻(US News)联合汤森路通公司发布 2017 世界最佳大学学科排行榜中列 30 位。

2016 年 12 月 10 日，庆祝《数学通报》创刊 80 周年大会在学校举行，200 多人参加大会。

2016 年 12 月，李仲来编《北京师范大学数学科学学院论文目录(1915～2015)》第 2 版由北京师范大学出版社出版。

2017年 3月，葛建全入选教育部长江学者奖励计划青年学者。

2017年5月8～12日，由概率论研究群体承办的“The 3rd Workshop on Branching Processes and Related Topics”(第3届分支过程及相关课题研讨会)国际会议在学院举行。来自国内、外的60余位学者出席会议。

2017年6月16～18日，中学数学课程与教材国际论坛(International Research Forum on Mathematics Curriculum and Teaching Materials in Secondary School，IFMCT－1)在我校举行。来自国内、外70多位学者出席会议。

2017年7～8月，李仲来主编《北京师范大学数学科学学院硕士研究生入学考试试题(1978～2017)》《李占柄文集：现代物理中的概率方法》由北京师范大学出版社出版。

2017年9月起，科学技术史(数学)硕士点停止招生。

2017年9月21日，学院数学学科进入教育部世界一流学科建设计划。原有的“985高校”和“211高校”退出中国高等教育的历史舞台。

2017年12月，长江学者奖励计划特聘教授唐梓洲调到南开大学。

2017年12月28日，数学一级学科在全国第4轮学科评估结果获评A，全国数学获评A的还有5所学校。(获评A＋的学校分别是北京大学，复旦大学，山东大学。)

2018～2021年，彦文娇主持国家优秀青年科学基金项目《微分几何》。

2018年1月，学院的特聘教授：保继光、王恺顺、薛庆营、袁荣、张辉，特聘副教授袁文，开始发放特聘正、副教授工资，至2020年共评选3次。

2018年2月3日，王世强教授(1927年3月30日生)在北京逝世。

2018年4月13日，北京师范大学数学科学学院人才队伍建设基金捐赠仪式在学校成功举行。北京师范大学数学系知名校友陈金城和陈乔琪伉俪，捐资100万元设立北京师范大学数学科学学院人才队伍建设基金，支持学院人才建设。

2018年6月4日，学校任命王恺顺为数学科学学院院长。

2018年7月7～10日，北京师范大学第10届全国优秀大学生数学夏令营在学院举行，从中选拔48名优秀学生免试攻读学院研究生。

2018年8月19日，王敬赓教授(1936年12月3日生)在北京逝世。

2018年8月，李仲来主编《王梓坤文集》第1～8卷由北京师范大学出版社出版。

2018年10月，李增沪任中国数学会概率统计学会第11届理事会理事长。

2018年11月，学校第2次参加本科生教学合格评估，评估合格。

2018年11月，《中国科学：数学》2018年第48卷第11期出版庆贺刘绍学教授90华诞专辑，共刊登18篇论文。

2019年 3月，《中国科学：数学》2019年第49卷第3期出版庆贺王梓坤教授90华诞专辑，共刊登18篇论文。

2019年6月，李仲来编《北京师范大学数学科学学院师生影集(1981～1999)》由北京师范大学出版社出版。

2019年6月28～29日，首届京师数学教育大会暨北京师范大学数学科学学院建模中心成立大会在我校召开，400多人出席会议。

2019年9月9日，朱汝金教授(1938年5月10日生)在北京逝世。

2019 年 10 月 19 日，北京师范大学数学科学学院课程教材研究中心成立。

2019 年 12 月，李增沪等申报的项目《关于带移民分支过程的研究》获教育部高等学校科学研究优秀成果奖(科学技术)1 等奖。

2019 年 12 月 16 日，李仲来主编《赵桢文集：广义解析函数与积分方程》由北京师范大学出版社出版。

2019 年 12 月 28 日，赵桢教授(1931 年 9 月 2 日生)在北京逝世。

2019 年 12 月，数学与应用数学专业入选“双万计划”国家级一流本科专业建设点。

2010～2019 年，来院工作的教师 43 人，有 31 人现在学院，其中 9 人在境外获得博士学位。

2010～2019 年晋升教授 24 人，副教授 28 人，副研究员 1 人。

2020 年 1 月，《中国科学：数学》2020 年第 50 卷第 1 期出版庆贺严士健教授 90 华诞专辑，共刊登 15 篇论文。

2020～2022 年，熊金钢和张博宇分别主持国家优秀青年科学基金项目《非线性分析》《演化博弈和行为经济学》。

2020 年 1 月 23 日，武汉因 COVID-19 封城，1 月 24 日，北京市启动公共卫生事件一级防控响应，2 月 23 日至本学期末，学生上课改为网上听课。

2020 年 2 月 26 日，张辉教授(1972 年 9 月 9 日生)在北京逝世。

2020 年 7 月，李仲来编《北京师范大学数学科学学院师生影集(2000～2019)》由北京师范大学出版社出版。

2020 年 9 月，学院数学拔尖学生培养基地入选首批基础学科拔尖学生培养计划 2.0 基地。

2020 年 12 月(人社部函[2020]120 号)，学院数学博士后科研流动站被评为良好。

2020 年 12 月 27 日，成立数学科学学院校友分会，严士健任名誉会长，唐仲伟任会长。

2020 年 12 月，李增沪(陈大岳，杨大春，保继光)获批国家重点研发计划，变革性技术关键科学问题重点专项：随机数学及数学与物理的交叉研究。其中学院的 3 个专项依次为：李增沪，马氏过程及相关论题。杨大春，函数空间的实变理论与薛定谔算子。保继光，几何物理方程和种群动力系统。

2020 年，周渊获批国家杰出青年科学基金项目《函数空间、退化型非线性偏微分方程、非光滑分析》。

第3章 机构发展

3.1 北京师范大学数学系/学院

1915～1922年，数学物理部主任以物理背景的教授为主。1922年，数学物理部改称数学系，物理化学部改称化学系，新成立物理系后，冯祖荀兼任首届数学系主任5年后，代理系主任的状态持续数年。冯祖荀让蔡钟瀛代理一年。1928年傅种孙被聘为教授后，又让傅种孙代理，等等。这对数学系的运转是不正常的一种状态，不利于数学系的发展。代理系主任的状况一直持续到1931年1月赵进义来到数学系任系主任。

1922～1949年，数学系主任一年一聘，可以连续聘任，共27届系主任。

1947～1956年，傅种孙任数学系主任。1956～1966年，张禾瑞任数学系主任。

1949～1966年共两届系主任。

1966年7月，“文化大革命”初期，数学系行政处于瘫痪状态。1967～1968年数学系的革命委员会由“老五届”(1966～1970届)中的造反派成员担任，这是极不正常的，是特殊时期的产物。1968年7月27日至8月29日，遵照毛泽东主席的指示，首都工人、解放军毛泽东思想宣传队(简称工宣队)，先后进驻学校，领导学校的“斗、批、改”。

1978年4月，数学系恢复系主任体制。到2004年，党政领导班子是3年左右换届。1978～2004年共8届系主任。

2004年成立数学科学学院后，保继光任首届院长。按照学校规定，党政领导班子是4年换届。2018年12月，改为5年换届。2004～2020年已有4届院长。

3.2 中国共产党北京师范大学数学系总支部委员会/数学科学学院委员会

1949年1月31日，北平和平解放。1949年6月，北平师范大学党组织由秘密转为公开。7月1日，在全校张榜公布党员名单。由于大批党员支援北平和外地的革命建设，全校剩下党员20余人。

1949年2～9月，学校只有1个学生党支部，刘明哲(物理系)任党支部书记、臧权(国文系)任副书记，数学系有学生党员4人(丁尔陞、王树人、张可宽和齐振海)。

1949年9月27日，北京师范大学成立新的党总支部，理科系成立1个学生党支部，李慕贞(地理系)任党支部书记、王瑞萱(生物系)任副书记；数学系成立党小组，王树人任党小组长(当时数学系教师中无党员)。

1950年2月，校党总支部改选，臧权任党总支书记。8月全校成立1个教师党支部，数学系只有党员教师1人，此后有一批积极分子加入共产党。1951年暑假后，齐振海任党支部书记，岳谦(教育系)任副书记。

1952年院校调整后，理科系成立1个教师党支部，岳谦、齐振海先后任党支部书记，齐振海、岳谦先后任党支部副书记。

1953年，数学系和物理系合建一个党支部，袁名敦任党支部书记。

1953 年暑假后，数学系和地理系合建一个党支部，陈忠文(数学系 1952 级本科生)任党支部书记、邬翊光(地理系)任副书记。

1954 年暑假后，数学系学生党员独立成立学生党支部，共有党员 5 人：陈忠文、李艾青、李宝蝉、杨自强、殷绍毕，陈忠文任党支部书记、杨自强任副书记。

1954 年暑假后，数学系教师党员独立成立教师党支部，共有党员 4 人：傅章秀、柳藩、王树人、严士健，王树人任党支部书记。

1956 年 9 月成立中国共产党北京师范大学数学系总支部委员会，校党委常委王振稼任首届党总支部书记，当时数学系党员已发展到 20 多人。1956～1958 年，一年换届一次，共两届。

1958 年起，增设副书记。至 1966 年共 4 届。“文化大革命”开始，党组织受到冲击，不久就陷于瘫痪状态。1968 年 1～7 月，成立由 5 人组成的党的核心小组，其中含“老五届”中的造反派学生两人。1973 年 1 月，数学系恢复党总支，3 年左右换届。1973～2004 年共有 11 届党总支。

2004 年 4 月，成立中国共产党北京师范大学数学科学学院委员会，李仲来任首届党委书记。2004～2020 年已有 4 届党委书记。

3.3　北京师范大学数学与数学教育研究所

1983 年 9 月 29 日成立北京师范大学数学与数学教育研究所(简称数学所)，严士健任首任所长。数学所与数学系互相配合，实行系所合一的管理体制，与系行政同时换届。1983～2020 年已有 10 届所长。

1983～2004 年，数学所一位副所长分管研究生和博士后，另一位分管科研和外事。2004 年后，所长分管科研和外事，研究生和博士后由一位副院长分管。2004 年博士后具体事物在 1991～2000 年由校研究生院负责，2000 年后改为校人事处全面负责。学院的博士后管理 2004 年转为人事秘书负责具体事物。

2020 年 2 月 26 日，张辉所长逝世。他是数学所成立 30 多年来，第 1 位在任职期间逝世的所长。

3.4　学术委员会

1963 年 11 月，成立北京师范大学学术委员会。在 41 名成员中有数学系 4 名教师：范会国、孙永生、王世强、张禾瑞。数学系成立学术委员会，张禾瑞任主任。

1979 年 5 月，学校恢复校学术委员会。在 90 名成员中有数学系 6 名教师：丁尔陞、蒋硕民、王伯英、王世强、严士健、张禾瑞。数学系恢复系学术委员会，张禾瑞任主任。1963 年至今有 10 届 7 人任学术委员会主任。

学院学术委员会是为全院教师服务的学术组织，为院内最高学术机构，统筹行使与学术有关的职权。在院党政领导下工作，在学术问题上具有相对独立的地位。主要职能是进人决策等重大问题，制定本学院科学研究规划，研究开展国、内外的学术交流及科技合作。一般在院行政换届后进行换届。

3.5　北京师范大学学位评定委员会数学系/学院学位评定分委员会

1982 年 1 月 28 日，教育部批复北京师范大学关于组成学位评定委员会的申请。校学位评定委员会由 24 人组成，严士健任委员。数学系成立系学位评定分委员会，张禾瑞任主席。1982 年至今有 9 届 7 人任院学位评定分委员会主席。

系/学院学位评定分委员会的主要职责：审查通过学士学位获得者名单；审查申请硕士学位和博士学位者名单，报学校学位评定委员会审批；确定硕士学位课程的考试科目、门数和博士学位课程的考试科目；审查论文答辩委员会成员；对学位论文答辩委员会报请授予硕士学位或博士学位的决议报学校审批；建议授予名誉博士学位的人员上报审批；作出撤销违反规定而授予学位的决定；研究处理有关授予学位的争议和其他事项。

3.6 教学指导委员会

1990 年 12 月，国家教育委员会下发《关于高等学校理科教材编审委员会改建为高等学校理科学科教学指导委员会有关事项的通知》(教高[1990]26 号)，决定将 10 个高等学校理科教材编审委员会改建为 7 个高等学校理科教学指导委员会，严士健任理科数学与力学教学指导委员会副主任委员。

1995 年 9 月，国家教育委员会第 2 届(1995～2000)高等学校理科各学科教学指导委员会成立，陈木法任理科数学与力学教学指导委员会副主任委员。

1996 年 11 月 22 日，成立北京师范大学教学指导委员会，12 月 20 日召开成立大会。校教学指导委员会由 38 人组成，陆善镇任主任，数学系陈木法、黄惟明、朱汝金任委员。2001 年 9 月，数学系成立教学指导委员会，高红铸任主任。2001 年至今有 5 届 4 人任院教学指导委员会主任。

学院教学指导委员会主要职责：对学院的本科教学发展、改革和管理的一些重大事项进行指导、监督、评议和审议。教学指导委员会在对学院的本科教学工作进行深入调查研究的基础上，对学院的本科各专业培养计划、课程体系设置、教材建设、教学方法和教学评价模式改革、教学研究与质量控制等方面提出建议和意见。

3.7 北京师范大学数学与复杂系统教育部重点实验室

1988 年，国家计划委员会实施《重点学科发展项目》，北京师范大学模糊信息处理与模糊推理机国家专业实验室(简称模糊实验室)，在实施《重点学科发展项目》计划中，以世界银行贷款 50 万美元和配套资金 600 万元人民币的规模，正式列入 133 个国家实验室筹建规划中。在当时，这是北京师范大学唯一的完全依靠自身学科优势争取下来的国家实验室。

实验室自 1989 年年初批准之后，到 1991 年年底才开始正式实施。1992 年 9 月 9 日，在欢庆教师节前夕，实验室首次迎接江泽民总书记的视察，方福康校长向总书记介绍模糊技术及科研成果，此次视察给江总书记留下深刻的印象。

1999 年，北京师范大学科技楼落成启用，按学校配套计划，模糊实验室正式迁入科技楼(B 座 11 层)，使用面积 600 余平方米。

1995 年 7 月，数学系主任刘来福教授主持召开模糊实验室学术委员会成立会议和第 1 次学术委员会会议。

1995 年年底，汪培庄教授提议，由陆善镇校长兼任模糊实验室主任。1998 年经学校批准，聘请郭桂蓉院士兼任实验室主任，聘请刘应明院士为实验室学术委员会主任。

2004 年 6 月 29 日，学校正式发文(师校发[2004]29 号)，明确关于改组该专业实验室的意见。2005 年 4 月 1 日起，实验室人员转入学院。

2005 年 12 月 14 日，教育部(教技函[2005]119 号)批准建立模糊信息处理与智能控制教育部重点实验室。

2006 年 10 月 27 日，实验室建设计划论证会在学校举行，教育部科技司基础处李渝红处长到会并对论证的具体要求做了说明。专家组由石钟慈、林群、马志明 3 位中国科学院院士和 4 位教授组成，他们听取保继光院长的建设计划报告后，现场考察实验室。经过认真讨论，通过实验室的论证计划报告，并提出具有建设性的意见。

2009 年 5 月 23 日，实验室建设项目验收会在学院召开。教育部科技司有关部门领导、验收专家组组长张恭庆院士、学校副校长葛剑平等出席验收会。北京大学、中国科学院、北京应用物理与计算数学研究所、北京航空航天大学等单位的专家学者参加这次会议。专家组听取实验室建设负责人、数学科学学院保继光院长的工作报告。经过答辩及现场交流，专家组讨论，形成验收意见。专家组一致认为，实验室经过两年多的建设，完成预定的各项指标，符合教育部《高等学校重点实验室建设与管理暂行办法》的要求，同意通过验收。专家组根据实验室的研究内容和发展方向提出建议，希望以“数学与复杂系统教育部重点实验室”名称挂牌。

2009 年 11 月 23 日教技函[2009]79 号：学院数学与复杂系统教育部重点实验室通过批准验收。陈木法院士任实验室主任，陆善镇教授任实验室学术委员会主任。

3.8　工会委员会

1950 年 2 月 22 日，学校工会第 1 届代表大会召开。数学系成立工会基层小组，吴品三任组长，汤璪真任副组长。1952 年 12 月成立数学系工会，魏庚人任首届工会主席。到 1966 年，共有 4 人任工会主席。

1966～1978 年，系工会停止活动。

1978 年 11 月，学校成立校工会筹备组，数学系恢复系工会，刘云英继续任工会主席。到 2020 年，共有 13 人任工会主席。

多年来，数学系/学院工会为数学系教师在维护职工的合法权益，协助数学系/学院开展工作，以及教职工的福利、生活，体育等方面做了许多工作，并于 1993 年被评为北京市工会先进集体。2008 年 11 月至 2013 年 10 月，工会主席任党政联席会议成员。2017 年 2 月，校党委下发文件，决定学院工会主席任党政联席会议成员。

3.9　教研室

1952 年全国高校院系调整后，为适应高等教育体制、教学思想和教学内容的改革，在系一级行政组织下面设立教研室。纵观教研室的历史，经过创立、发展、完善等几个阶段，历经近 70 年的更迭，这种最基本的教研组织形式在教学内容的改革，教学计划的实施，科研队伍和活动的组织等方面发挥重要的作用。数学系于 1952 年秋季先成立初等数学及数学教学法教研室；1953 年春季又成立 3 个教研室：数学分析、代数、几何教研室。从 1958 年 8 月开始，北京师范大学开展理论联系实际的群众性的“科学跃进月”活动，掀起教育大革命，进行教育“大改革”和科研“大跃进”。当时，作为教研组织基本形式的教研室，被认为已经过时，不再适用，很快被干部、教师、学生三结合的组织形式所取代。1959 年，恢复代数、几何、初等数学教研室，数学分析教研室分为分析(一)和分析(二)

教研室，成立公共数学教研室。1960年，教研室名称变动最大，分为：分析常微、复变偏微、代数几何实变泛函、统计、计算数学、力学、电子、公共数学、普通教育教研室。1962年，代数几何实变泛函、电子教研室撤销，恢复代数、几何教研室。

1966年6月～1977年10月，教研室停止活动。

1977年10月，恢复教研室，6个教研室的名称为分析和方程、代数、几何、力学、概率论与数理统计、中学数学教育教研室，还有系办工厂组。1979年，分析教研室分为分析(一)和分析(二)教研室，系办工厂组撤销，力学教研室改称力学与计算数学教研室，成立计算机教研室。1981年3月，成立高等数学教研室。1981年7月成立4个研究室：代数与数理逻辑、概率论与数理统计、应用数学、中学数学研究室。1989年2月，成立模糊数学教研室。1995年8月，分析(一)和分析(二)教研室合并为分析教研室；力学教研室和高等数学教研室撤销，成立应用数学与计算数学教研室。1999年9月，成立方程教研室，模糊数学教研室和计算机教研室合并为模糊数学与计算机教研室，原计算机教研室的部分教师转到信息学院后成立计算机系。数学科学学院成立后，于2004年6月成立计算数学教研室、应用数学教研室；概率论与数理统计教研室分为两个：概率论教研室、统计教研室；模糊数学与计算机教研室的人员归为应用数学教研室。2015年1月统计教研室全部教师调到2014年年底成立的统计学院。共有分析、代数、几何、方程、计算数学、概率论、应用数学、数学教育与数学史8个教研室。1999年以来，高校扩招，教师的教学工作量已大量增加，但教研室的作用日渐减弱。录1.16按照各教研室的历史演变排列教研室主任。

3.10 中国新民主主义(共产主义)青年团北京师范大学数学系总支部委员会/数学科学学院委员会

1949年以前，数学系有过少数共产党员和党的外围组织成员(中华民族解放先锋队、民主青年联盟、民主青年同盟等)，在校党支部的领导下，做过不少党的秘密工作。1949年1月31日，北平和平解放。1949年3月28日，成立北平师范大学新民主主义青年团，团员187人。4月成立校团总支部，冒海天任书记。之后，数学系和物理系团支部书记是齐振海(教育部前部长袁贵仁的硕士生导师)。1950年，成立校团委，设3个团总支和24个团支部，齐振海任数学系团支部书记，至1952年7月毕业为止。9月份，由1952级本科生陈忠文(在高中时入党)任数学系团支部书记。1953年9月，陈忠文任数学系党支部书记，改由1952级本科生郭佩玉任团支部书记。

1954年春季，成立中国新民主主义青年团北京师范大学数学系总支部委员会，郭佩玉任学生团总支部书记，柳藩任教师团支部书记。1957年5月，中国新民主主义青年团改名为中国共产主义青年团。1954～2004年共有24人任团总支部书记，其中有教师16人，本科生3人，硕士生3人，学生事务助理2人任团总支部书记。

2004年4月，成立中国共产主义青年团北京师范大学数学科学学院委员会，于朋任团委书记。至今有5人任团委书记。

3.11 《数学通报》编委会

《数学通报》是由中国数学会和北京师范大学主办的数学普及和数学教育的专业学术期刊，是国家级教育类核心期刊。它的前身《数学杂志》是1936年8月至1939年11月由中国数学会创办的第 1 份全国性数学普及刊物，顾澄任总编辑。

1951 年 8 月，中国数学会在北京召开第 1 次全国代表大会。《数学杂志》于 1951 年 11 月复刊，改名为《中国数学杂志》，毛泽东主席亲自题写刊名，华罗庚和傅种孙任总编辑(第 1～2 期)，以后为傅种孙。

1953 年《中国数学杂志》更名为《数学通报》，郭沫若同志题写刊名。1959 年 7 月至 1966 年 7 月，丁尔陞任主编。

1951～1966 年，《数学通报》共出刊 158 期。1966 年 7 月停刊。

1978 年 1 月至 1979 年 6 月，北京师范大学主办《中学理科教学》杂志出版，月刊，单月刊登数学文章，双月刊登理科其他学科文章。1979 年 7 月停刊。1979 年 7 月《数学通报》复刊。丁尔陞继任主编。复刊后继续保持原办刊宗旨和编辑方针。1987 年更加明确"《数学通报》是以全国中等学校数学教师为主要服务对象的数学教育刊物，它的主要任务是帮助中等学校数学教师提高数学水平、教学水平和开阔眼界，活跃思想"，发表具有相当学术价值或创造性的数学教育研究成果，开展学术交流；深入浅出地介绍数学理论的基本知识、基本思想和方法，帮助中学老师提高数学业务水平；讨论教学中带有普遍性的迫切问题，交流教学经验；反映国内、外数学教育的进展和动向；通俗介绍数学新分支、新思想、新方法。此后，在《数学通报》上发表许多相关的优秀文章，促进我国数学教育的发展。

《数学通报》从 1936 年至今共有 8 届编委会 7 人任总编辑或主编。

3.12　北京数学奥林匹克学校

北京数学奥林匹克学校是由北京数学会主办的一所业余数学学校，1985 年开始建校，是在我国成立最早的一所数学奥林匹克学校。学校的办学目标是：

(1) 丰富学生的课外知识，促进中学数学教学质量的提高，激发学生对数学学习的兴趣。

(2) 在全面发展的基础上，及时发现和培养数学尖子学生，使他们有较宽的知识面和较强的分析问题和解决问题(包括实际问题)的能力。

(3) 探索数学特长生的培养方法和规律。

学校的办学方式是利用星期日和假期进行业余培训。校名改为北京数学培训学校，

北京数学培训学校自 2012 年以来与高斯教育合作共同从事北京市青少年数学超常生的培养工作。

1985 年学校成立时，江泽涵院士任名誉校长，北京数学会副理事长、北京师范学院(现称首都师范大学)数学系梅向明任首任校长。1989 年开始由北京师范大学数学系赵桢任校长。数学奥林匹克学校的校址也由首都师范大学转到北京师范大学。至今共有 4 任校长。

第 4 章 教工队伍

学院教师结构是指教工队伍的构成状况，主要包括教师的数量和年龄、职称、学历、学缘、性别等结构。其中，年龄结构(体现在进人方面)和职称结构是反映教师队伍构成状况的两个重要指标：年龄结构影响教师的补充、流动、晋升和退休，职称结构影响教学及科研产出。

学院最根本的任务是教师队伍建设。学院要以数学学科现有的学科带头人为骨干，造就一支高水平的、年龄和学历结构合理、学缘协调、勇于创新的学术梯队，以适应学科的发展，特别要重视培养和引进有潜力的学科带头人。学院要做到科学发展，首先要把好进人关。

4.1 进人

1919～1949 年教师一年一聘，教师数量 4～16 人，其中有 9 年教师数量是两位数。

1950～1959 年录用 132 人，其中 6 人在国外获得博士(副博士)学位，84 人调离数学系，48 人在数学系退休。

1960～1969 年录用 82 人，其中 52 人调离数学系，30 人在数学系退休。

1970～1979 年录用 54 人，其中 1 人在国外获得博士学位，37 人调离数学系，17 人(退休 16 人)在学院。

1980～1989 年录用 71 人，其中 1 人在国外获得副博士学位，62 人调离数学系(36 人出国未归)，9 人在学院(退休 6 人)。

1990～1999 年录用 59 人，其中 2 人在国外获得博士学位，现有 20 人在学院(退休 4 人)。

2000～2009 年录用 52 人，其中 6 人在境外获得博士学位，现有 40 人在学院(退休和逝世各 1 人)。

2010～2019 年录用 43 人，其中 9 人在境外获得博士学位，现有 31 人在学院(退休 1 人)。

2020 年录用 5 人。

20 世纪 50 年代后，每个年代进人，最终能留下约 30 人，就是一个好的年龄结构。

1990～2020 年录用的教师不含在站博士后。

学院自院系调整以来在录用教师方面走过一些弯路，主要体现在：

由于 1958 年本科生从 169 人扩招为 428 人，当时的数学系在 1958～1961 年录用 86 人，而 1963～1965 年录用的毕业生均为从事思想政治工作者，结果导致在 1993～2000 年教职工人数因离退休等原因从 144 人骤减到 70 人，平均每年减少 10 人，其中除了 8 人去信息学院(后改为信息科学与技术学院，现在称为人工智能学院)外，主要与以前录用教师太多，年龄结构不合理有关。

原留校的未上博士的“老五届”(1966～1970 届毕业生)均已调走，多数大学普通班学员在 1982～1984 年调离教学岗位。

1980～1989 年，来系工作的 71 人有 9 人现在学院，这主要与 20 世纪 80 年代末，90 年代初国家经济形势和高校教师待遇有关。1990～1999 年、2000～2009 年、2010～2019 年，先后来院工作的教师有 2，6，9 人教师在国外获得博士学位。由此可见，学院教师结构在发生某种变化。

目前学院发展的主要思路和解决突出问题的对策：在教师队伍的质量问题解决以后，数量已成为制约学科发展的主要矛盾。为了保持教师合理的年龄结构，每年录用教师不宜太多，宜在 4～6 人之间。在录用工作中，学院注意教师的学缘结构，校内外博士获得者数量基本上持平。按照学校要求，从国外多引进一些水平高的博士，争取在数年后，本校博士、国内其他高校的博士和国外博士人数各占 1/3。

到 2025 年，学院教师全部具有博士学位。

4.2　在职教师

4.2.1　年龄结构

在职教职工共 93 人(不含博士后)，其中教师 83 人，行政 10 人。

从进人看，在 1978 年，1980～1989 年，1990～1999 年，2000～2009 年，2010～2019，2020 年的在职教师依次为 1，3，16，38，30，5 人，共 93 人。将 1978～1999 年的人数合并为 20 人，略少于 30 人，是青年教师出国留学未归造成。将 2000～2019 年两个年代的在职教师的人数合并为 68 人，2000～2009 年和 2010～2019 年每个年代人数约 30 人，年龄结构很好，对开展科学研究有利。

考虑出生年龄。在 1955～1959 年，1960～1969 年，1970～1979 年，1980～1989 年，1990～1995 年出生的人数依次为 2，24，27，35，5 人。中间 3 个年代的每个年代出生的人数约 30 人，比按进人年代统计的结果更客观，年龄结构更好。

4.2.2　学缘结构

在职教师 83 人，81 人获博士学位，2 人获硕士学位(本校和外校各 1 人)。

教师 81 人获博士学位，其中获北京师范大学博士学位 31 人，占 38.3%；国内其他高校获博士学位 36 人，占 44.4%；国外 14 人，占 17.3%。学校规定的教师获博士学位的比例是本校∶其他高校∶国外各占 1/3。

行政 10 人，2 人获博士学位，7 人获硕士学位，1 人本科毕业。

4.2.3　职称结构

教师 83 人中，按职称划分：教授 43 人，副教授 28 人，高级工程师 3 人，副研究员 1 人，讲师 8 人。

按正、副教授职称定级划分：教授 2 级岗位 9 人，3 级岗位 5 人。副教授 5 级岗位 6 人，6 级岗位 9 人。

4.3　教授

教授是高等学校的一个重要工作岗位，也是高等学校教师的最高职称。一所高校的教授群体的质量和数量在一定程度上决定着该所高校的办学水平和学科建设水准，决定着该所高校能否产生良好的社会声誉和社会效益，决定着该所高校储备、传播和创新知识以及培养人才的能力。对一所学院来讲，也是如此。

讲师直接晋升为教授，或1992～1999年晋升副教授不满5年，或满5年但晋升名额不占院系指标，晋升为教授，称为破格晋升。1994年开始，学校给出破格晋升条件，组织评审组，晋升名额不占院系指标。2002～2010年，取消破格晋升教授。2011年恢复破格晋升教授，2014年增加破格晋升副教授，2017年至今破格晋升指标直接下达给“四青”(国家优秀青年科学基金获得者，长江学者奖励计划青年学者，青年拔尖人才支持计划，等)。破格晋升教授共有15人，破格晋升副教授1人。

提退教授，即学校下达的教授指标中，年龄在58周岁及以上的副教授，由本人申请，晋升通过者，不分男女，一律在60周岁退休。1987～1999年共有8人晋升。2000年起取消提退教授。

减少破格提拔、少搞人才计划，控制晋升门槛，将晋升教授的平均年龄尽可能地控制在45周岁左右。

2020年晋升教授3人，副教授2人。以下统计多数不含2020年资料。

4.3.1 晋升教授的类型

1950年以前晋升的教授很少，统计略，下同。

1950～2019年晋升教授95人(不含外校调入教授，下同)，其中提退教授8人；破格晋升教授15人。男教授77人，女教授18人。男∶女＝4.3。

4.3.2 晋升教授的年龄

1950～2019年晋升教授95人，晋升为教授的年龄区间为60～69岁10人，50～59岁25人，40～49岁30人，30～39岁29人，29岁1人。

(晋升为教授的年龄(岁)，人数)分布为

(69，1)，(66，1)，(64，1)，(62，1)，(61，1)，(60，5)，(**59**，**7**)，(58，2)，(57，1)，(56，3)，(55，1)，(54，2)，(52，3)，(51，1)，(50，5)，(49，1)，(48，3)，(47，2)，(46，3)，(45，3)，(44，2)，(43，3)，(42，3)，(41，5)，(40，5)，(39，4)，(**38**，**8**)，(37，4)，(36，4)，(35，2)，(34，3)，(33，1)，(32，2)，(31，1)，(29，1)。

晋升教授的平均年龄为46.3岁，中位数46岁，众数38岁(8人)，范围[29，69]岁。次众数59岁(7人)，与提退教授规定的年龄有关。

(1) 1976年(含)以前晋升副教授，1976年后晋升教授共7人。晋升教授的平均年龄为55.9岁，中位数52岁，众数50岁，范围[50，69]岁。

(2) 1976年以后从讲师晋升为教授4人，从副教授晋升为教授共84人。晋升教授的平均年龄为45.4岁，中位数41岁，众数38岁，范围[29，66]岁。

4.3.3 不同年代晋升教授的分布和性别

1950～1959年和1960～1969年晋升教授0人。

1970～1979年晋升教授6人，平均年龄55.2岁，中位数49岁，众数50岁，范围[50，69]岁。男教授6人，女教授0人。男∶女＝＋∞。

1980～1989年晋升教授18人，其中提退教授1人、破格晋升教授2人，平均年龄54.1岁，中位数53岁，众数52，59岁，范围[39，64]岁。男教授17人，女教授1人。男：女=17。

1990～1999年晋升教授30人，其中提退教授7人、破格晋升教授7人，平均年龄48.7岁，中位数48岁，众数59岁，范围[29，60]岁。男教授25人，女教授5人。男：女=5。

2000～2009年晋升教授17人，其中破格晋升教授1人，平均年龄40.8岁，中位数38岁，众数37，38岁，范围[34，58]岁。男教授14人，女教授3人。男：女=4.7。

2010～2019年晋升教授24人，其中破格晋升教授5人，平均年龄39.0岁，中位数39.5岁，众数38，40，41岁，范围[32，50]岁。男教授15人，女教授9人。男：女=1.7。

随着年代变化，男教授与女教授的比例呈明显下降趋势。

4.3.4　从副教授晋升教授所需年限

统计1949年后晋升的教授。1950～2019年晋升教授95人，从讲师破格晋升教授4人。其余91人从副教授晋升为教授的平均年数为7.9年，中位数7年，众数5，6年(各14人)，范围[1，34]年。

(1) 1976年(含)以前晋升副教授，1976年后晋升教授共7人，从副教授晋升为教授的平均年数为24.1年，中位数23年，众数18年，范围[18，34]年。

(2) 1976年以后晋升副教授，从讲师晋升为教授4人。从副教授晋升为教授共84人，平均年数为8.5年，中位数7年，众数5，6年，范围[1，15]年。

1950～1959年和1960～1969年晋升教授0人。

1970～1979年从副教授晋升为教授6人，平均所需23.5年，中位数21年，众数18年，范围[18，34]年。

1980～1989年去掉从讲师破格晋升为教授3人，从副教授晋升为晋升教授15人，平均所需6.7年，中位数6年，众数6年，范围[2，28]年。

1990～1999年从副教授晋升为教授30人，平均所需6.5年，中位数7年，众数6，8，9年，范围[1，11]年。

2000～2009年从副教授晋升为晋升教授17人，平均所需7年，中位数6年，众数5年，范围[5，12]年。

2010～2019年去掉从讲师破格晋升为教授1人，从副教授晋升为晋升教授23人，平均所需7.1年，中位数7年，众数7年，范围[3，15]年。

4.3.5　从本科毕业晋升教授所需年限

1950～2019年晋升教授95人，平均24.2年，中位数22.0年，众数16年，范围[8，47]年。按年代划分：

1950～1959年和1960～1969年晋升教授0人。

1970～1979年晋升教授6人，平均32.6年，中位数29年，众数27年，范围[27，44]年。

1980～1989年晋升教授18人，平均32.7年，中位数33年，众数28，36，40年，范围[16，47]年。

1990～1999 年晋升教授 30 人，平均 26.1 年，中位数 30 年，众数 11，37 年，范围[8，38]年。

2000～2009 年晋升教授 17 人，平均 18.9 年，中位数 18 年，众数 14 年，范围[14，35]年。

2010～2019 年晋升教授 24 人，平均 16.9 年，中位数 18 年，众数 18，19 年，范围[10，29]年。

从大学本科毕业晋升为教授所需平均年限呈下降趋势。

4.3.6 从博士毕业晋升教授所需年限

1950～2019 年从博士毕业晋升为教授 59 人，平均 7.6 年，中位数 8.0 年，众数 8，9 年，范围[1，23]年。按年代划分：

1950～1959 年和 1960～1969 年晋升教授 0 人。

1970～1979 年从博士毕业晋升为教授 2 人，平均 22.0 年，中位数 22.0 年，无众数，范围[21，23]年。

1980～1989 年从博士毕业晋升为教授 3 人，平均 8.7 年，中位数 2.0 年，无众数，范围[1，23]年。

1990～1999 年从博士毕业晋升为教授 14 人，平均 4.9 年，中位数 5.0 年，众数 5 年，范围[1，9]年。

2000～2009 年从博士毕业晋升为教授 16 人，平均 6.5 年，中位数 7.5 年，众数 9 年，范围[1，10]年。

2010～2019 年从博士毕业晋升为教授 24 人，平均 8.7 年，中位数 9.5 年，众数 10 年，范围[1，14]年。

从博士毕业晋升为教授所需平均年限呈 U 字形。进入 21 世纪后，博士毕业晋升为教授所需平均年限越来越长。

4.3.7 教授定级

1956 年 7 月，高校教师职称定级。数学系傅种孙定为教授 1 级岗位，张禾瑞和蒋硕民定为教授 2 级岗位，程廷熙、范会国和魏庚人定为教授 3 级岗位。4 级岗位可以是教授，也可以是副教授。5～7 级是副教授，8～10 级是中级职称，11～13 级是初级职称。

2006 年恢复高校教师定级。2007 年 7 月，两位院士定为教授 1 级岗位。

2007 年 12 月，教师职称定级，学院教授 2，3，4 级岗位依次为 9，10，11 人；副教授 5，6，7 级岗位依次为 1，10，11 人；工程实验系列：副高 5，6，7 级岗位各 1 人。这是自 1956 年时隔 51 年后的教师职称定级。从 2008 年 1 月起，学校开始实行新的高校 13 级专业技术岗位津贴分配方案。2007～2009 年每年年底定级，凡满足定级条件的即可定级。2010 年(含)后改为两年定级一次，教授 2～3 级岗位不给学院下达指标，施行全校竞聘。竞聘越来越激烈，2020 年申请教授 2 级和 3 级岗位依次为 86，116 人，学校聘任教授 2 级和 3 级岗位依次为 25，45 人。申请教授 2 级和 3 级岗位人数与学校聘任教授 2 级和 3 级岗位的指标比例依次为 3.4，2.6 倍。

教授 2～4 级岗位定级比例为 2∶3∶5(全国比例 1∶3∶6)。1950～2020 年，学院教授

1～3级岗位依次为3，21，22人，其余为教授4级岗位。

副教授定级，只要满足学校规定的条件即可，无需全校竞聘。

以下论述不含1956年教授定级。

(1)教授二级岗位定级的年龄

2007～2020年教授二级岗位定级19人，年龄区间为[60，68]岁6人，[50，59]岁8人，[40，49]岁5人。教授二级岗位定级的平均年龄为54.0岁，标准差7.3岁，中位数54岁，众数54岁(3人)，范围[41，68]岁。

(2)不同年代教授二级岗位的分布和性别

2007～2009年教授二级岗位定级12人，平均年龄53.3岁，中位数52岁，众数44岁(2人)，范围[41，68]岁。男教授12人，女教授1人。男∶女＝12。

2010～2019年教授二级岗位定级5人，平均年龄56.2岁，中位数54岁，众数54岁(2人)，范围[53，61]岁。男教授5人，女教授0人。男∶女＝＋∞。

2020年教授二级岗位定级2人，平均年龄54.0岁，中位数54岁，无众数，范围[52，56]岁。男教授2人，女教授0人。男∶女＝＋∞。

(3)从本科和博士毕业定级教授二级岗位所需年限

本科毕业后，2007～2020年教授二级岗位定级19人，平均30.8年，标准差6.8年，中位数30年，众数30年(3人)，范围[20，46]年。按年代划分：

本科毕业后，2007～2009年教授二级岗位定级12人，平均年限29.8年，中位数26.5年，众数44年(2人)，范围[20，46]年。2010～2019年教授二级岗位定级5人，平均年限32.4年，中位数31年，众数30年(2人)，范围[30，37]年。2020年教授二级岗位定级2人，平均年限33.0年，中位数33年，无众数，范围[30，36]年。

博士毕业后，2007～2020年教授二级岗位定级17人，平均17.6年，标准差3.4岁，中位数17年，众数15年(3人)，范围[13，25]年。按年代划分：

博士毕业后，2007～2009年教授二级岗位定级11人，平均年限17.4年，中位数17.0年，众数16，17，20年(各2人)，范围[13，22]年。2010～2019年教授二级岗位定级4人，平均年限19.8年，中位数19.5年，无众数，范围[15，25]年。2020年教授二级岗位定级2人，平均年限14.5年，中位数14.5年，无众数，范围[14，15]年。

(4)从教授三级岗位晋升二级岗位所需年限

2007年和2020年，未晋升教授三级岗位，直接晋升教授二级岗位10人。

2007～2009年，教授三级岗位晋升二级岗位，只需满足条件就晋升.2010年(含)后改为两年定级一次，施行全校竞聘。2010～2020年，教授三级岗位晋升二级岗位6人，平均7年晋级，标准差3.5年，中位数7.5年，范围[3，11]年。

(5)从教授三级岗位定级的年龄

2007～2020年教授三级岗位定级19人，年龄区间为61岁1人，[50，59]岁6人，[40，49]岁12人。教授三级岗位定级的平均年龄为48.0岁，标准差5.7岁，中位数46岁，众数44岁(3人)，范围[41，61]岁。

(6)不同年代教授三级岗位的分布和性别

2007～2009年教授三级岗位定级13人，平均年龄48.9岁，中位数48岁，众数44，45，51岁(各2人)，范围[41，61]岁。男教授13人，女教授0人。男∶女＝＋∞。

2010～2019年教授三级岗位定级6人，平均年龄46.0岁，中位数45岁，众数42岁

(2 人)，范围[42，55]岁。男教授 5 人，女教授 1 人。男∶女=5。

2020 年教授三级岗位定级 0 人。

(7)从本科和博士毕业定级教授三级岗位所需年限

本科毕业后，2007～2020 年教授三级岗位定级 19 人，平均 24.7 年，标准差 3.4 年，中位数 24 年，众数 24 年和 25 年(各 4 人)，范围[19，32]年。按年代划分：

本科毕业后，2007～2009 年教授三级岗位定级 13 人，平均年限 25.3 年，中位数 25 年，众数 25 年(4 人)，范围[21，31]年。2010～2019 年教授三级岗位定级 6 人，平均年限 23.3 年，中位数 22.5 年，众数 24 年(2 人)，范围[19，32]年。

博士毕业后，2007～2020 年教授三级岗位定级 18 人，平均 15.5 年，标准差 2.8 年，中位数 15.5 年，众数 18 年(5 人)，范围[9，19]年。按年代划分：

博士毕业后，2007～2009 年教授三级岗位定级 12 人，平均年限 15.3 年，中位数 15 年，众数 14，18 年(各 3 人)，范围[9，19]年。2010～2019 年教授三级岗位定级 6 人，平均年限 15.8 年，中位数 16 年，众数 18 年(2 人)，范围[13，18]年。

4.4　副教授

4.4.1　晋升副教授的类型

为了解决“文化大革命”前毕业教师职称晋升问题，学校统一下达待聘副教授指标，工资与副教授相同，规定女教师在 55 周岁退休，男教师在 60 周岁退休。1985～1997 年共有 23 人晋升。之后取消待聘副教授称呼，统一称为副教授。

统计 1949 年后晋升的副教授。1950～2019 年晋升副教授 180 人(含副编审 1 人、副研究馆员 1 人、副研究员 2 人、高级工程师 2 人、高级实验师 1 人，不含外校调入副教授)，其中提退副教授 23 人；破格晋升副教授 11 人。

4.4.2　晋升副教授的年龄

统计 1949 年后晋升的副教授。1950～2019 年晋升副教授 180 人，晋升为副教授的年龄区间为[60，62]岁 2 人，[50，59]岁 45 人，[40，49]岁 43 人，[30，39]岁 79 人，[28，29]岁 11 人。(晋升为副教授的年龄(岁)，人数)分布为

(62，1)，(60，1)，(59，2)，(58，1)，(57，1)，(56，2)，(55，3)，(54，2)，(53，6)，(52，6)，(51，10)，(50，12)，(49，6)，(48，10)，(47，8)，(46，3)，(45，5)，(44，1)，(43，2)，(42，3)，(40，5)，(39，2)，(38，6)，(37，3)，(36，6)，(35，8)，(34，10)，(33，10)，(32，16)，(31，10)，(30，8)，(29，9)，(28，2)。

晋升副教授的平均年龄为 41.2 岁，中位数 43.5 岁，众数 32 岁，范围[28，62]岁。

4.4.3　不同年代晋升副教授的分布

1950～1959 年晋升副教授 1 人，平均年龄 29.0 岁。

1960～1969 年晋升副教授 3 人，平均年龄 32.0 岁，中位数 32 岁，众数 32 岁。

1970～1979 年晋升副教授 10 人，平均年龄 53.3 岁，中位数 52.5 岁，众数 48 岁，范围[48，62]岁。

1980～1989年晋升副教授65人，平均年龄49.5岁，中位数50.0岁，众数50岁，范围[39，60]岁。

1990～1999年晋升副教授43人，平均年龄36.5岁，中位数35.0岁，众数33岁，范围[28，59]岁。

2000～2009年晋升副教授29人，平均年龄34.2岁，中位数33.0岁，众数32岁，范围[29，49]岁。

2010～2019年晋升副教授29人，平均年龄33.7岁，中位数33.0岁，众数38、34、32、30岁，范围[29，42]岁。

4.4.4　已退休且未晋升教授的人数

在数学系工作的教师(不含行政和教辅教师)，1983年以前本科毕业且在数学系退休的104人中，47人未晋升教授，占47/104＝45.2％。

4.5　教师在学院的工作年限

4.5.1　离休和退休教师在学院的工作年限

由于在职教师在学院工作时间尚未最终确定，暂不考虑。仅计算在北京师范大学数学系/学院的工作时间。

按照以前大学本科毕业后留校，一般在22岁，硕士毕业生25岁，博士毕业生28岁，年龄一般有1～3岁波动。按照60岁退休，分别工作38，35，32年。1988年后，学校离退休制度逐渐转为正常化，并规定：教授从70岁开始退休，以后逐年递减1岁，直到1997年减到61岁时停止。后又规定，院士和资深教授终身在职，第1～3批和4～5批博士生导师分别在70岁和65岁退休。2011年2月，规定教授4，3，2级岗位分别在60，61，63岁退休，满足一定条件者可以延长到61，63，65岁退休。2015年3月，中央规定院士统一到70岁退休。

在数学系工作且在数学系离休9人，在职时逝世和退休教职工124人，共133人，其中教师和教辅111人，占83.5％；行政16人，占12.0％；编辑部6人，占4.5％。平均工作时间30.9年，标准差10.1年，中位数37年且等于众数37年(15人)。工作年限区间4～50年，其中工作4～9年7人，占5.3％；10～19年13人，占9.8％；20～29年26人，占19.5％；30～39年73人，占54.8％；40～49年13人，占9.8％；50年1人，占0.8％。陆善镇工作时间50年为最长，洪秀玉工作时间4年为最短，在职时逝世。余炘文在1952年院系调整时来到数学系工作4年时在职时(70岁)逝世，但他在1952年前已工作多年。

133人中，在北京师范大学大学本科、硕士、博士毕业后的学生和博士后出站的教师，以最高学历计算，留校在学院工作直至退休的人数依次为65，13，2，2人，依次占48.9％，9.8％，1.5％，1.5％；51人是从其他单位(含北京师范大学学校机关部处)调入学院，占38.3％。

133人中最终学历是专科、本科、硕士、博士毕业生依次为5，85，9，22人，分别占3.8％，63.9％，6.8％，16.5％；12人是其他学历等，占9.0％。

133人中有116人本科毕业，院校是：北京师范大学81人，占81/116＝69.8％；国内其他大学35人(辅仁大学7人,华东师范大学4人,北京大学和首都师范大学各3人,复旦大学2人,其他16所大学各1人),国内的其他院校毕业生占30.2%;国外大学3人,占2.3%。本校毕业生所占比例太高,国外毕业生所占比例太低,这与国内当时的教育大环境有关。

博士毕业生22人的毕业院校中,北京师范大学9人,莫斯科大学4人(副博士),研究所1人,其他8所大学各1人。按3种类型分类:北京师范大学9人,本校毕业生占40.9%;国内其他大学和研究所7人,国内的外校毕业生占31.8%;国外大学毕业生6人,占27.3%。

4.5.2 调离教师在学院的工作年限

曾在数学系/学院工作过,因调动等多种原因现已离开的人员教师,不含在职、离退休和在职时逝世的人员,共493人。在数学系/学院工作数年后调离到其他院系和外单位共468人(不含在辅仁大学工作的教师25人)。录7.4中未标明工作时间均以1年计算。

468人在学院平均工作时间为5.1年,标准差为2.3年,中位数3年,众数1年(99人)。工作年限区间1～31年,其中工作1～4年287人(教师工作半年后调动均按1年计算),占61.3%;5～9年114人,占24.4%;10～14年35人,占7.5%;15～19年16人,占3.4%;20～24年9人,占1.9%;25～29年6人,占1.3%;31年1人,占0.2%。

在学院工作1～10年后,调离到其他单位的人数依次为99,97,56,35,39,28,27,9,11,6人。1～3年调离252人,占53.8%,表明目前新教师到校签订3年合同是比较合适的。

若扣除在博士后工作站工作两年的博士出站未留校33人,工作两年的调离的人数为64人。

1949～2020年因调动等多种原因现已离开的人员教师共493人,扣除在博士后工作站工作两年的博士出站未留校33人,剩余460人。学院在职(93人)、在职时逝世及离退休(133人)的教师共226人,调动/未调动=460/226=2.0,表明学院进3人,可能有2人调动,即学院是一个流动性很大的工作单位。

1984年1月,数学系维护计算机的7位老师调到学校成立的计算中心;1999年暑假前,数学系8位教师也先后调到信息学院;2015年1月,数学科学学院8人调到统计学院。这是学院3次整体调离。

数学系6位教师常钟玮、金再鑫、胡崇惠、刘增贤、刘志汉和赵大清在1956年被抽调支援兄弟院校。1956～2020年,数学系共有190名教师支援其他兄弟院校、科研院所或中等学校,如魏庚人教授是应陕西师范学院要求支援的系主任,当时教育部(1955年8月15日)批准陕西师范学院为北京师范大学西安分校;颜道岸被哈尔滨军事工程学院调走,李洪兴调到大连理工大学,肖杰和邓邦明调到清华大学,惠昌常和崔恒建调到首都师范大学,唐梓洲调到南开大学,这是北京师范大学数学系/学院为我国社会主义建设做出的一种贡献;同时,数学系也为学校输送人才做出贡献,数学系共有63名教师调到学校机关或其他院系所,如曾任学校党委副书记的李英民与郑萼(曾任首都师范大学党委书记)、王树人曾任校党委常委、人事处处长,刘友渔曾任校秘书长、校总务长,沈复兴曾任校教务长、人事处处长、信息学院院长,管甲仁和贾绍勤曾任纪检处处长,支永德与贾绍勤曾任基建处处长，贾绍勤曾任新校区办公室主任，胡祖莹曾任自然科学处处长，王文湧曾任出版社常务副社长，林水平曾任出版社党总支部书记，张其友曾任出版社党委书记，刘美曾任档案馆馆长，胡景浩曾任图书馆党总支部书记，郑进保曾任《北京师范大学学报(自然科学报)》编辑部主任，刘沪曾任附属中学校长，别荣芳曾任信息科学与技术学院党总支书记，现任信息化建设办公室主任、信息网络中心主任，张淑梅和金蛟先后任统计学院党总支书记等。

4.6 教师工资

1949 年前在学校档案馆查到数学系教师的少量工资记录：

1919 年，教授兼部主任工资 348 元，教授 3 人，工资分别是 262，250，169 元，兼课教授 90 元，助教 3 人工资分别是 54，50，40 元。

1934 年，教授兼系主任工资 400 元，教授 2 人，工资分别是 380，280 元，讲师 1 人每周 1 h 课时月工资 20 元(按每周 4 课时月工资约 80 元)。

1935 年，教授兼系主任工资 400 元，教授 2 人，工资分别是 360，320 元，助教 2 人，各 85 元。

1936 年，教授兼系主任工资 400 元，教授 3 人，工资分别是 360，340，320 元，助教 2 人，各 85 元。以上 1919～1936 年的元为银元。

1943 年教师工资：教授兼系主任工资 14 000 元，教授 2 人，工资各 13 500 元，讲师 3 人，工资分别是 8 200，8 200，9 000 元，助教 2 人，工资分别是 6 600、7 200 元(法币)。

1948 年 8 月，教师工资配给面粉。

4.6.1 国家工资

等级工资：1949～1952 年，中华人民共和国成立初期百废待兴，高校薪酬制度：供给制＋工资制并存。所谓供给制就是一种根据当时国家财政经济状况和个人生活必需，对工作人员免费供给生活必需品的一种分配制度。1949 年 1 月，教职员工资按 1948 年 11 月原薪金所得，以 11 月份北平社会局统计的小米平均价折成小米斤数(2 斤＝1 kg，下同)，教授 871.7～985.2 斤，副教授 802.4～897.0 斤，讲师 707.8～808.7 斤，教员 633.2～739.2 斤，助教 587.1～657.4 斤，以 1 月核定米价折发现金。此外，每人加上 1948 年 11 月公教人员的食物配给部分(面粉 1 袋，煤球 200 斤)，折合小米 90 斤发实物。从 1949 年 5 月起，依据北平市军管会文化接管委员会下发的《北平专科以上学校教职员工薪金暂时标准》，制定教职工的支薪计分评定临时办法，评定教职员的工资(月薪为每月若干斤小米)教授 875～1 300 斤，副教授 825～1 080 斤，专任讲师 630～850 斤，教员 570～800 斤，助教 400～680 斤。1950 年 3 月，教育部对《北平专科以上学校教职员工薪金暂时标准》进行修订。1951 年部分人员调整工资。1952 年 7 月调整工资。

1952 年起开始进行高校薪酬制度的改革，近 70 年进行 4 次重大的薪酬制度改革，由等级工资制到岗位绩效工资制，高校薪酬制度逐渐走向绩效导向、能力导向和市场化的差异性激励。

1952 年 7 月，教育部颁发《全国各级学校教职员工工资标准》，高等学校的工资标准按职务共分 33 级。1954 年 11 月，高等教育部颁发并执行《全国高等学校教职员工工资标准》，适用于全国各类高等学校，按职务共分33级。1954年调整工资。

1956年，根据国务院《关于工资改革的决定》和高教部的通知，从4月起实行新的工资标准，教授207，241.5，287.5，345元，副教授149.5，177，207元，讲师89.5，106，126.5，149.5元，助教62，69，78，89.5，106元。1956年，傅种孙定为教授1级岗位，张禾瑞和蒋硕民定为教授2级岗位，程廷熙、范会国和魏庚人定为教授3级岗位。1960年教师11人工资升级。1961年高校工资由原来的最低12级延到13级。

"文化大革命"正常调资工作停止，1960～1970届毕业生工资从毕业第2年至1976年一直是56元。1977年升一级。

1977年10月前毕业的工农兵大学生毕业后每月工资39元。根据1977年8月10日《国务院关于调整部分职工工资的通知》的规定，国家劳动总局、教育部下发关于普通高等学校工农兵毕业生分配工作后工资待遇问题的通知，从1977年10月起，每月工资调整为43元。学校工农兵大学生在1980年3月起晋升为49.5元。数学系有两位工农兵大学生在1981年定为助教，工资晋升为56元。1982年3月定为助教的工农兵大学生，同年10月工资晋升为56元。

"文化大革命"后，根据国家规定，1977年有40％的教职工晋升一级工资。1979年有50％的教职工晋升工资。1982年除行政10级以上以及相当于行政10级普遍晋升一级工资(部分教师1960年前大学本科毕业并参加工作，工资相当于行政20级及其以下的，1966年前大学本科毕业，并参加工作，工资相当于行政21级及其以下的)晋升两级工资。

1985年8月，国务院工资制度改革小组发布高等学校教职工工资制度改革实施方案，教职工实行以职务工资为主要内容的结构工资制逐步建立。结构工资由基础工资＋职务工资＋工龄津贴＋奖励工资4部分组成。每月基础工资＋职务工资，教授为160～280元(原工资超过此数的保留)，副教授为122～160元，讲师为97～131元，助教76～113元。工龄津贴为每年工龄0.5元。

1992年1月，将国家机关事业单位工作人员的工龄津贴标准由每工作一年0.5元提高到1元，并按本人实际工龄计发。

1993年，根据国务院关于机关和事业单位工作人员工资制度改革问题的通知，从10月起，引入并实施岗位津贴的等级工资制度，教师的职务工资为教授390～720元，副教授275～555元，讲师205～435元，助教165～253元，津贴部分按工资构成中占30％计算，由学校制定考核标准，按个人工作成绩评定等级发放。

以1993年工资改革确定的工资结构和工资标准为基础，1997年7月，1999年7月，2001年1月，2001年10月和2003年7月，根据国家有关文件，先后5次上调职务工资的标准，同时结合学校的实际情况相应上调"活工资"津贴的标准。

1997年7月，根据人发[1997]89号文件，上调各类人员的职务工资标准，调整后教师的月职务工资为教授404～884元，副教授289～769元，讲师219～629元，助教179～467元。

1999年7月，根据国发办[1999]78号文件，调整后教师的月职务工资为教授544～1 024元，副教授401～961元，讲师312～722元，助教260～548元。

2000年开始，学校开始有按3～5年为一个聘期的教师，工资(年工资或月工资)按税前若干元计算。还有校聘教师或院聘教师，工资按学校或学院的规定工资执行。

2001年1月，根据国办发[2001]14号文件，调整后教师的月职务工资为教授668～

1 288 元，副教授 498～1 048 元，讲师 388～828 元，助教 323～553 元。

2001 年开始，教师发第 13 个月工资。

2001 年 10 月，根据国发办[2001]70 号文件，调整后教师的月职务工资为教授 785～1 555 元，副教授 576～1 243 元，讲师 438～953 元，助教 363～737 元。

2003 年 5 月至 2005 年 12 月，教职工工资不再直接发现金，打入中国工商银行个人工资存折。

2003 年 7 月，根据国办发[2003]93 号文件，调整后教师的月职务工资为教授 880～1 650 元，副教授 643～1 310 元，讲师 481～996 元，助教 392～662 元。

此外，根据人薪发[1995]150 号文件，自 1995 年起，凡连续两年年度考核结果为合格及以上等级的教职工，均晋升一个职务工资档次。

2006 年 1 月至今，教职工工资改变为打入中国银行个人工资存折。

2006 年，根据人事部和财政部《事业单位工作人员收入分配制度改革方案》等有关文件，从 2006 年 7 月起，全校教职工实行新的岗位绩效工资制度，岗位绩效工资由岗位工资＋薪级工资＋绩效工资＋津贴补贴共 4 个部分组成，其中岗位工资和薪级工资为基本工资。岗位工资主要体现工作人员所聘岗位的职责和要求，专业技术岗位设置 13 个等级的工资标准：助教 550，590，620 元，讲师 680，730，780 元，副教授 930，1 040，1 180 元，教授 1 420，1 630，1 900，2 800 元，管理岗位设置 10 个等级(工资标准 550～2 750 元)。对专业技术人员和管理人员设置 65 个薪级(工资标准 80～2 600 元)，院士在 2007 年 7 月定为教授 1 级岗位并开始发放岗位工资和薪级工资。

2007 年 12 月，教师职称定级，学院教授 2 级岗位 9 人、3 级岗位 10 人、4 级岗位 11 人；副教授 1 级岗位 1 人、2 级岗位 10 人、3 级岗位 11 人；讲师 1 级岗位 8 人、2 级岗位 11 人。工程实验系列：副高 1 级岗位 1 人、2 级岗位 1 人、3 级岗位 1 人；中级 2 级岗位 1 人、3 级岗位 2 人；编辑出版系列：中级 1 级岗位 1 人、3 级岗位 1 人。这是自 1956 年时隔 51 年后的教师职称定级。将全校教职工的薪级工资按照职务任职年限＋套改年限等条件套入新的标准岗位，工资按照职务分别套入最低档。

2008 年 1 月，学校开始实行新的高校 13 级专业技术岗位津贴分配方案并开始发放岗位工资和薪级工资。2007～2009 年每年年底定级，凡满足定级条件的即可定级。2010 年(含)后改为两年定级一次，教授 2～3 级岗位施行全校竞聘。其他级别只要满足学校的条件即可定级，不需竞聘。教辅人员和管理人员 2008 年 9 月定级并发放岗位工资和薪级工资。

2014 年国办发《人社部、财政部关于调整机关事业单位工作人员基本工资标准和增加机关事业单位离休人员离休费三个实施方案通知》，通知指出：建立定期调整机关工作人员基本工资标准的制度。今后基本工资标准原则上每年或每两年调整一次，依据工资调查比较结果，综合考虑国民经济发展、财政状况和物价变动等因素确定调整幅度。近期基本工资标准每两年调整一次。

2014 年 10 月，专业技术岗位 13 个等级的工资标准修改为：助教 1 150，1 220，1 280 元，讲师 1 390，1 475，1 550 元，副教授 1 760，1 890，2 060 元，教授 2 355，2 650，2 910，3 810 元，管理岗位 10 个等级工资标准为 1 150～3 770 元。专业技术人员和管理人员 65 个薪级工资标准为 170～5 795 元。

2016 年 6 月，专业技术岗位 13 个等级的工资标准修改为：助教 1 390，1 490，1 510

元，讲师 1 600，1 710，1 950 元，副教授 2 210，2 420，2 670 元，教授 2 900，3 480，3 850，4 850 元，管理岗位 10 个等级工资标准为 1 390～4 770 元。专业技术人员和管理人员 65 个薪级工资标准为 215～6 355 元。

2018 年 10 月，专业技术岗位 13 个等级的工资标准修改为：助教 1 510，1 620，1 640 元，讲师 1 810，1 960，2 200 元，副教授 2 500，2 710，3 070 元，教授 3 530，4 110，4 650，6 010 元，管理岗位 10 个等级工资标准为 1 510～5 910 元。专业技术人员和管理人员 65 个薪级工资标准为 260～7 204 元。

2020 年 7 月，专业技术岗位 13 个等级的工资标准修改为：助教 1 675，1 797，1 819 元，讲师 2 007，2 174，2 440 元，副教授 2 773，3 005，3 405 元，教授 3 915，4 558，5 157，6 665 元，管理岗位 10 个等级工资标准为 2 800～6 000 元。专业技术人员和管理人员 65 个薪级工资标准为 290～7 820 元。

4.6.2 学校津贴

学校从 1979 年 9 月开始试行理科教师工作量按超过小时数发给超工作量的奖励。两年后修改，1981 年 9 月开始正式执行：每超过 10 h 发给酬金 4 元。1986 年 9 月开始执行：每超过 10 h 发给酬金 10 元。

学校从 1991 年 9 月开始制定校内工资津贴暂行办法，校内工资津贴由工龄津贴、岗位津贴、任务津贴、奖励津贴组成，以工资点[工龄津贴：每工作一年为 0.5 个工资点；岗位津贴：教授、副教授、讲师、助教及以下分别为 7，5，3，1.5 个工资点，校级干部、三长(秘书长、教务长、总务长)、处长、副处长、科长、副科长、科员及以下分别为 7，6，5，4，3，2，1.5 个工资点；任务津贴：根据各单位完成计划内教学任务和承担科研任务，按人均 3 个工资点核发；奖励津贴：在教学、科研科技开发工作中做出突出贡献的人员增加 3～5 个工资点，从事教辅工作多年且做出突出贡献的人员增加 1～3 个工资点，在党政管理工作中做出突出贡献的人员增加 1～3 个工资点，在后勤服务工作中且在一线岗位上工作多年做出突出贡献的人员增加 1～3 个工资点]为形式，点值视每年学校创收而定。1991 年每个工资点按 5 元计算。经费来源从学校创收基金中支付 50%，由系负担 50%津贴上缴学校后，再全部返为教师校内工资津贴。1993，1995，1997，1998，2002 年修订。1995 年每个工资点按 10 元计算。2008 年后学校取消各院系上交的学校工资点。

1999～2008 年，学校每年计算各院系的教师编制，如果缺编，按每人每年 8 000 元返给各院系缺编费，2008 年后停止。1999 年按照发表论文的类别，有按篇数的(计件)论文奖励。因为数学系教师在 1998～1999 年的 SCI 杂志发表论文数在全国高校排第 2 名，学校科研处在 2000 年额外一次性奖励数学系 10 万元。

2000～2007 年，教职工有的月份发两张工资条。在其他年份每月一张工资条。2013 年 1 月的在职教师取消工资条，学校给每位教职工发工资单的电子邮件；离退休教师保留工资条。

学校从 2003 年 9 月开始[师校发[2003]]49 号文件，将 2001 年 3 月开始的教职工计件津贴改为岗位津贴。

教学科研岗分 6 级：院士特级 5.5 万元/年，A 档教授 3.5 万元/年(数学系 5 人)、B 档教授 3 万元/年，副教授 2 万元/年、讲师 1.3 万元/年、其他 0.8 万元/年。

教辅分 4 级：正高 1.8 万元/年、副高 1.5 万元/年、中级 1 万元/年、其他 0.7 万元/年。

管理岗位校级书记、校长、副书记、副校长、党委常委、校长助理、正处、副处，一般岗位分三级(设 A，B 档)。

副处级及以上的津贴由学校发放，院系所教辅和管理中级岗位(不含副处级及以上)学校负担津贴每年 1 万元的 80%，其余由院系所负担。

2003 年 12 月 9 日系务委员会决定，系行政教辅津贴补差，补至学校行政津贴水平。从 9 月份补起。

2004 年 1 月 5 日系务委员会决定，行政教辅中级学校给 1 万的 80%，即 8 千元，系补 3 千。此 1.1 万元津贴与学校机关岗位津贴二级 B 档相同。

根据学校该文件，将院系所负担的教辅和管理中级岗位补助的 3 千元，平均为每月 300 元(每年按 10 个月，税前)。2008 年 9 月起，学校对行政实行新的津贴标准。学院取消对中级津贴的补贴。

学校从 2005 年 6 月至 2008 年 5 月底，按每年 6 月份在职人员和职称发放"985"二期津贴(不含院士)。教授分 3 档；副教授 1 档；中级职称 1 档。学院的标准如下：

2005 年 6 月至 2006 年 5 月：教授 6 人每人 5 万、5 人每人 2.5 万元、17 人每人 1.4 万元；副教授 21 人每人 0.7 万元；中级职称 22 人每人 0.4 万元。总计 94.8 万元(某些教师出国扣除一部分，下同)。

2006 年 6 月至 2007 年 5 月：教授 6 人每人 5 万元、5 人每人 2.5 万元、17 人每人 1.9 万元；副教授 24 人每人 0.7 万元；中级职称 22 人每人 0.4 万元。总计 105.6 万元。

2007 年 6 月至 2008 年 5 月：教授 5 人每人 5.25 万元、2 人每人 2.7 万元、20 人每人 2.1 万元；副教授 20 人每人 0.87 万元；中级职称 25 人每人 0.57 万元。总计 105.7 万元。

2008 年 6 月，全校停发"985"二期津贴。

师校发[2008]41 号文件，对师校发[2003]49 号文件做出部分调整。院士一级岗位 6 万元/年，2007 年起施行。

2008 年 9 月起，学校对教师按职称定级施行新的津贴标准。

教授二级岗位 5 万元/年、三级岗位 4 万元/年、四级岗位 3.5 万元/年。

副教授一级岗位 3 万元/年、二级岗位 2.5 万元/年、三级岗位 2.2 万元/年。

中级一级岗位 1.8 万元/年、二级岗位 1.5 万元/年、三级岗位 1.3 万元/年。

初级一级岗位 1.1 万元/年、二级岗位 1.0 万元/年、三级岗位 0.8 万元/年。

行政六级副处级实职 2.5 万元/年、非副处级实职 2.2 万元/年。七级职员 1.8 万元/年，八级职员 1.5 万元/年，九级职员 1.1 万元/年。

学校从 2012 年 1 月至 2014 年 12 月，发放"985"三期津贴(含院士)。教授分 3 档；副教授 1 档。学院的标准如下。

学校 2012 年发"985"三期津贴：院士 2 人，每人 10 万元。长江学者等 6 人，每人 5 万元。"京师英才"奖励项目教师 A 类 5 人，每人 3 万元；B 类 4 人，每人 2 万元。教授 2～3 级 13 人，每人 2.37 万。教授 4 级 12 人，每人 1.17 万元。副教授 11 人，每人 0.58 万元。行政教辅 1 档 3 人，每人 1.2 万元；2 档 3 人，每人 1 万元；3 档 3 人，每人 0.83 万元。总计 133.32 万元。

学校 2013 年发"985"三期津贴：院士 2 人，每人 10 万元。长江学者等 6 人，每人 5 万元。"京师英才"奖励项目教师 A 类 4 人，每人 3 万元；B 类 5 人，每人 2 万元。教授

2～3 级 13 人，每人 2.2 万元。教授 4 级 13 人，每人 1.1 万元。副教授 13 人，每人 0.55 万元。行政教辅 11 人，合计 10.575 万元。总计 133.625 万元。

学校 2014 年发“985”三期津贴：院士 2 人，每人 10 万元。长江学者等 6 人，每人 5 万元。“京师英才”奖励项目教师 A 类 4 人，每人 3 万元；B 类 5 人，每人 2 万元。总计 72 万元。

其他教职工无 2014 年“985”三期津贴记录。

学校 2015 年 1 月起每人每月增发 1 000 元校内津贴，2016 年 1 月起每人每月再增发 1000 元，共 2 000 元校内津贴至今，退休时停发。

4.6.3 学院津贴

数学系/学院津贴：1988 年全年共发 285 元；1989～1995 年每年共发 600 元；1996 年全年共发 800 元；1997 年全年共发 1 300 元；1998 年全年共发 1 700 元；1999 年全年共发 3 300 元；2000 年全年共发 3 200 元；2001 年全年共发 4 600 元；2002 年全年共发 6 350 元；2003 年全年共发 5 700 元；2004 年全年共发 4 550 元；2005～2008 年每年共发 3 000 元；2009 年全年共发 6 000 元；2010～2015 年每年共发 3 000 元；2016～2018 年每年共发 5 000 元。2007～2018 年每年发的学院津贴与学校的年终津贴累加为年终津贴，由学校统一发放，学院不再单独发放。

学院从 2016 年 11 月实行教授特聘制度，分为院士 A 岗、长江学者奖励计划特聘教授 B 岗、国家杰出青年科学基金获得者 C 岗、获得“四青”人才者 D 岗、特聘教授 E 岗；特聘副教授；特聘助理教授。2018～2020 年：特聘教授 E 岗实聘分别为 5，6，5 人，特聘副教授分别为 1，6，2 人。2019 年特聘助理教授 2 人。

4.6.4 月平均工资

学校每月 4 日发工资，春节和国庆节提前发放工资。

下面给出 1952～2009 年按年代划分，教职工的月平均工资，见表 8。

1959，1969，1979，1989，1999，2009 年教职工平均月工资依次为 80.30，81.45，72.62，167.15，1 531.17，7 693.91 元。2009 年教职工平均工资是 1979 年教职工平均工资的 106 倍。

1959，1969，1979 年无其他工资。

1989 年 5 月的其他工资包括工龄、物价补贴、交通费和洗理费。不含：独生子女费和超工作量奖。

1989 年教师节学校每人发 50 元，购冬储白菜款 20 元；数学系全年总计每人发 600 元，年终再发 150 元。不含：独生子女费和超工作量奖。

1996 年 7 月开始在教师工资中扣 50%的住房公积金，学校补助相应的 50%的住房公积金，本节未考虑。

1999 年 12 月的基本工资包括等级工资和国家津贴，其他工资包括国务院特殊津贴、学者津贴、特殊津贴、校内津贴、书报费、交通费、洗理费和职务补贴。

1999 年教师节学校每人发 500 元，年终发 200 元；数学系全年每人发 3 300 元。不含：独生子女费、住房补贴、超工作量奖、学校补助的住房公积金。

2009 年 10 月的基本工资包括等级工资和国家津贴，其他工资包括国务院特殊津贴、学者津贴、特殊津贴、校内津贴、书报费、交通费、洗理费、职务补贴。

2009 年国庆节学校每人发 500 元。学院年终奖每人发 6 000 元。获学校教学年终奖(含 5 人出国，教学奖 0 元)+科研业绩奖(含 8 人科研业绩奖 0 元)共 93 人，平均每人发 11 097.11 元。不含：独生子女费、住房补贴、学校补助的住房公积金。

学院现存资料无 1989 年 12 月和 2009 年 12 月的在职教职工工资单，取现存资料月份最大的 1989 年 5 月和 2009 年 10 月工资单作为统计资料。

4.7　夫妻同在学院工作

统计的对象指的是数学系/学院的两个教师：(1) 均在学院工作后结婚，(2) 一个教师在学院工作，之后配偶调来学院，(3) 两个教师先后调来学院工作。之后，有的配偶调离学院，到学校其他单位工作，或双方均调离学院，到外单位工作，均在统计之内。1956 年，数学系开始有两对教师均在系里工作后结婚。2014 年 4 月后没有夫妻同在学院工作情况。共有 26 对教师夫妻同在学院工作。按男教师的出生年代划分：1920～1929 年，5 对；1930～1939 年，14 对；1940～1949 年，4 对；1950～1959 年，1 对；1960～1969 年，2 对。

在同一院系，是夫妻关系的教师多，表明教师之间的关系融洽，但对管理不利。目前，学校已限制夫妻双方在同一院系工作。

4.8　逝世教师的统计

4.8.1　逝世教师的年龄

1915～2020 年，在数学系/学院在职时逝世或离退休后逝世的教师共 53 人。逝世年龄(享年)范围 27～92 岁，平均年龄 72.1 岁，标准差 14.8 岁，中位数 74 岁，众数 73 岁(5 人)。到目前为止，学院尚无健在的百岁教师。

按教师的逝世年龄统计，27 岁和 33 岁各 1 人，共占 3.8%；40～49 岁 4 人，占 7.5%；50～59 岁 2 人，占 3.8%；60～69 岁 11 人，占 20.8%；70～79 岁 14 人，占 26.4%；80～89 岁 17 人，占 32.1%；91～92 岁 3 人，占 5.7%。洪秀玉逝世时年龄最小，童直人逝世时年龄最大。

汤璪真在 1951 年逝世，逝世的年份最早。到 1950～2020 年共 8 个年代，以 60 周岁为界，在职教师共逝世 8 人，平均每个年代在职教师逝世 1 人。

4.8.2　逝世教师的月份

按教师逝世月份统计：1 月 4 人，占 7.5%；2 月 6 人，占 11.3%；3 月 4 人，占 7.6%；4 月 5 人，占 9.4%；5 月 6 人，占 11.3%；6 月 4 人，占 7.5%；7 月 1 人，占 1.9%；8 月 8 人，占 15.1%；9 月 4 人，占 7.5%；10 月 5 人，占 9.4%；11 月 3 人，占 5.7%；12 月 3 人，占 5.7%。8 月是教师逝世高峰，与三伏天有关。

4.8.3　逝世教师的出生年代

按教师的出生年代统计，1886 年 2 人，占 3.8%；1890～1899 年 4 人，占 7.5%；1900～1909 年 0 人；1910～1919 年 8 人，占 15.1%；1920～1929 年 13 人，占 24.5%；

1930～1939年19人，占35.9%；1940～1945年4人，占7.5%；1953，1963，1972年各1人，共占5.7%.20世纪30年代出生，其逝世教师19人为最多，与此年代教师数量共62人(为历年代最高)有关。

4.8.4 逝世教师的病因

逝世教师53人的主要病因统计(分类有少量重复)：死于癌症14人(直肠癌、血癌和肺癌各3人，结肠癌2人，肠癌、胆管癌和前列腺癌各1人)，心脏疾病13人(心脏病9人，心脏衰竭4人)，脑部疾病10人(脑溢血7人，蛛网膜出血、帕金森氏综合征和脑萎缩各1人)，肺部疾病6人，摔倒、胰腺炎、肾病和非正常死亡各2人，红斑狼疮、肌无力和糖尿病各1人。由此看出，癌症、心脏疾病和脑部疾病是教师逝世的主要病因，其次为肺部疾病。

4.9 辅导员

中国高校辅导员制度源远流长、很有成效。早在土地革命战争年代，中国共产党创办中国工农红军大学时，就把人民军队中的政治指导员制度引入学校，成为中国高校辅导员制度的雏形。清华大学于1953年最早建立政治辅导员制度。此后，随着《高教六十条》和《关于政治辅导员工作条例》等相关文件的颁布实施，高校辅导员制度在全国范围内确立。改革开放以来，高校辅导员制度不断丰富、发展和完善，实现由单一的政治干部身份向具有教师和干部双重身份的转变，各高校也结合自身特点探索形成了不同管理模式。

学校党委为了加强学生工作，从1958年10月开始，在1955～1958级的4个年级同时设置一些专职政治工作干部(辅导员，级主任或班主任)。每个班都配备辅导员。为了继续加强学生的政治思想工作，以后在各年级改称政治辅导员。学校曾实行过政治课教师兼任辅导员工作。1962年学校撤销专职辅导员，设立兼职辅导员。1985～1988级的2～4年级，有的班未设班级辅导员，由年级辅导员负责。1991～1993级的2～4年级未设辅导员，由年级辅导员负责。1994～2003级由年级辅导员负责。2004年学校要求，每1 000名学生可设3名专职辅导员。2017年改为每200名学生可设1名专职辅导员。2019年起招收双肩挑辅导员。

在校党委和院党委(系党总支)的领导下，年级辅导员和班级辅导员积极开展工作，加强党对学生工作的领导，加强学生的政治思想工作，也锻炼不少干部。辅导员工作是一件辛苦的工作。现有专职辅导员和双肩挑辅导员4人。专职辅导员和兼职辅导员的反复设置与撤销，表明设置辅导员政策的不稳定，对辅导员的个人发展带来隐患。

4.10 博士后

1985年7月5日，国务院批转国家科学技术委员会、教育部、中国科学院关于试办博士后科研流动站报告的通知，同意试办博士后科研流动站，实行博士后制度。1985年9月，数学系申报数学与天文学博士后流动站未获批。1986年开始在少数单位试招收博士后。1990年9月12日，人事部开始在理工农医四大门类新设博士后科研流动站。1990年，数学与数学教育研究所申报建立学校第1个数学博士后流动站。1991年6月29日，人事部批准建立北京师范大学数学博士后流动站。每年可以接受1～3名博士进站工作。至2020年12月，已出站43人(留数学系9人)，在站博士生19人。

建立博士后流动站，是人才开发的一项重要措施，对于加快培养国家建设需要的高级专门人才、加强学术交流、增强科研和教师队伍的活力、避免在学术上出现的近亲繁殖现象，具有积极的意义。

2012 年 9 月，国家人力资源和社会保障部、全国博士后管委会印发《关于新设增设和确认博士后科研流动站的通知》，批准学校增设统计学博士后科研流动站，确认数学博士后科研流动站。

1995 年之前的出站博士后，未要求写出站论文。1995 年，学校研究生院要求写博士后出站论文。1998 年，学校研究生院要求写博士后出站论文并举行博士后论文答辩。

博士后在站期间，属于学校临时教师编制，人事关系在学校人事处，由学校研究生院管理。20 世纪 90 年代初博士后在站期间待遇优厚，可带配偶随校参加临时工作，配偶工资由博士后在站经费支付。博士后出站时给予副教授资格，特别优秀的出站时给予教授资格，如数学系博士刘增良在北京航空航天大学做博士后出站时给予教授资格。如博士后留校，学校解决配偶工作。之后，待遇下降，出站时不给副教授资格，也不再解决配偶工作。

2000 年博士后由人事处管理。

惠昌常博士是北京师范大学第 1 个博士后。他于 1991 年 6 月进入数学系博士后流动站，入选教育部长江学者奖励计划特聘教授、教育部跨世纪优秀人才培养计划，获霍英东青年教师基金，教育部优秀年轻教师基金。李增沪获国家杰出青年基金并入选教育部长江学者奖励计划特聘教授。邹国华获国家杰出青年科学基金、新世纪百千万人才工程国家级人选、入选中国科学院百人计划。

1993～1999 年共出站博士后 14 人，留系 6 人；2000～2009 年共出站博士后 15 人，留学院 2 人；2010～2019 年共出站博士后 14 人，留学院 1 人；2020 年无博士后出站。从留学院的教师数量越来越少看，博士后留学院工作的难度越来越大。学院出站的博士后，42 人到高校工作，1 人到科研单位工作。近两年学校大幅提升博士后的待遇，2012 年 12 月，在站博士后 19 人。

4.11　留学苏联(20 世纪 50 年代)

1952 年院系调整后，北京师范大学数学系教师共有 22 人(不含兼职教师 7 人和工友 1 人)，其中有出国经历教授两人(傅种孙和张禾瑞)。当时国家面临大规模经济建设，需要培养大批人才。重要措施之一就是选派青年教师留学苏联。数学系主任傅种孙对派出青年教师到苏联攻读副博士学位非常积极。1953 年他让系里所有符合年龄条件的青年教师都去检查身体，由此可见他盼望青年教师成长的心情之殷。他的这一重要举措，使得数学系派到苏联攻读副博士学位的教师数量在全国高校数学系列第一位(全国共 27 人)，是数学系发展进程中的一大特色和一大亮点。从现在看，是一个卓有远见的做法，是改变数学系的师资结构，提高青年教师学术水平的一个重要办法，同时还为“文化大革命”后数学系在高等院校的崛起准备相当强大的科研指导力量。

傅种孙对派出青年教师到苏联留学非常积极，数学系去的名额就会多一些；我们学校有的系对此事不积极，去的名额就少一些，甚至一个未去。前校长方福康说，这是数学系办的一件明白事。数学系与其他高校数学系相比，还有一个特点：派出的青年教师全部到苏联攻读副博士学位，没有派出教师去苏联进修。

数学系派到苏联攻读副博士学位的教师数量在全国高校数学系排在第一位，还与体制有关：1952年11月，增设高等教育部(1958年2月，高等教育部和教育部合并为教育部)。当时教育部管理师范院校、中小学和学前教育，高等教育部管理普通大学。教育部的出国名额分得少一些，北京师范大学是教育部部属的唯一的一所大学，所以名额分配向北京师范大学倾斜，再照顾其他师范院校。高等教育部出国名额分得多一些，但大学数量多，各校分配的名额相对就少一些。

20世纪50年代，数学系陆续派出教师刘绍学(莫斯科大学：1953-09～1956-07，是中国派到苏联留学生中数学专业的第一个副博士学位获得者，研究方向：代数)、孙永生(莫斯科大学：1954-09～1958-02，研究方向：函数论)、袁兆鼎(莫斯科大学：1954-09～1958-06，他是数学系派到苏联攻读计算数学的研究生，是中国数学界到苏联学习计算数学的第一人)、丁尔陞(列宁格勒师范学院(圣彼得堡国立师范大学)：1956-11～1958-12，是中国数学界到苏联学习数学教学法唯一的一位研究生)、赵桢(莫斯科大学：1956-11～1960-05，研究方向：复函数论)。刘绍学、孙永生、丁尔陞、赵桢回国后，很快成为数学系教学和科研的重要骨干力量。

袁兆鼎是数学系派到苏联留学的青年教师。我和袁老师有一个访谈(袁兆鼎教授访谈录。见，李仲来主编：北京师范大学数学学科创建百年纪念文集。北京师范大学出版社，2015：273－284)，当时我问他，您为什么不申请回到数学系？他说，上级分配我到哪里我就去哪里。2005年12月25日，在北京师范大学数学系成立90周年庆祝大会上，我在主持大会时，介绍袁兆鼎老师后说，如果袁老师在苏联学成回国之后，回到我们数学系，数学系的计算数学早就发展起来了。紧接着，中国科学院石钟慈院士在自由发言中说："刚才介绍了袁兆鼎先生，袁先生是我们国家派到苏联学习计算数学的第一人。1956年中国科学院遵照华(罗庚)老的指示，派我出去学习计算数学。当时在莫斯科大学我找到袁先生，他跟Березин学习差分方法。他答辩的时候我也去了，答辩完就在莫斯科的北京餐厅吃饭，吃北京烤鸭，这是我第一次吃烤鸭，我有机会和袁兆鼎先生在一起。他的导师在苏联是非常有名的科学家，研究偏微分方程的解。他当时是北京师范大学的人，回来一般会回到北京师范大学。但回来后就到七机部(注：第七机械工业部的简称，是中华人民共和国曾经负责航天工业的机构，已撤销)，搞常微分方程稳定性，他一直领导七机部的一个小组(注：有120余人，主要是大学毕业生)。如果袁先生当时回到北京师范大学，计算数学很早就会发展起来了。当然袁先生到七机部以后，在导弹计算方面做了很重要的工作。我认为，袁先生到七机部比回到北京师范大学对国家所作的贡献要大。1956年以后袁先生给我很多指导。"

数学系派出1952级本科生潘裕洁，1954年去苏联列宁格勒师范学院留学，1955年得肠癌手术后送回国内，之后逝世。

数学系还派出1953级傅德熏和吕乃刚两位本科生1954～1955年在北京俄语专修学校留苏预备部学习一年俄语，1955年去苏联留学。

傅德熏1960年毕业于莫斯科大学数学力学系流体力学专业。1960～1986分配到航空航天部701所工作，任研究员。1989年至今在中国科学院力学研究所工作。长期从事空气动力学、计算流体力学及湍流研究。获国防科学技术工作委员会科技成果2等奖两项，中国科学院自然科学奖、中国科学院科技进步奖2等奖各一项。

吕乃刚在列宁格勒师范学院学习一年后，转到莫斯科大学数学力学系学习。该校不承认在列宁格勒师范学院学习成绩，从一年级学起，比傅德熏晚一年毕业。1961 年从苏联留学回国后，分配到华东师范大学数学系工作，曾任华东师范大学数理统计系教授、系副主任、图书馆副馆长。

傅德熏和吕乃刚在莫斯科大学本科毕业后没有分配到北京师范大学工作。

李占柄在 1954 年由北京第 6 中学推荐，经国家考试后被选送到北京俄语专修学校留苏预备部学习。1956 年 6 月份出国。由于当年莫斯科大学正在装修、调整，于是被送往基辅大学(现在乌克兰)，次年转入莫斯科大学学习直至毕业。1961 年 7 月本科毕业后，11 月分配到北京师范大学数学系工作。

周美珂(1965-05～1966-10)到苏联科学院数学研究所攻读副博士学位，学习一年课程，因中苏关系紧张提前回国。

以上是数学系对青年教师“送出去”的情况。

数学系没有“请进来”苏联专家到数学系指导工作，北京师范大学副校长兼数学系主任傅种孙对此持否定态度。

在全面学习苏联的大背景下，虽然没有“请进来”苏联专家到数学系指导工作，但数学系教师翻译了多种苏联教科书。同时，在教学中还使用了兄弟院校翻译的苏联教科书，这些教科书体系严密，论证严谨，有效地提高了师范院校教师的教学水平和在校学生的数学基础，培养了一大批优秀的教学人才。

20 世纪 50 年代：

在人民教育出版社出版的翻译书有《中学数学教学法(第 1 册，通论；第 2 册，算术教学法；第 3 册，代数教学法；第 4 册，几何教学法；第 5 册，三角教学法)》《代数及三角习题汇编：中学八至十年级使用》《几何证题集》《青年工人学校算术教学法》《高中数学教学经验》《高中数学教学法：几何部分》，这些教材偏重于教材教法。在教学形式和教学方法方面，学习苏联的经验，注意课堂讲授、辅导、讨论、作业、考试、考查和实习等多种教学形式的结合，收到了很好的教学效果，提高了教学质量。

在高等教育出版社出版的翻译苏联师范学院用教学大纲 6 本《解析几何教学大纲，高等代数教学大纲，实变及复变函数论教学大纲，数论与群论教学大纲，解析几何、数学分析、数学物理方法教学大纲，射影几何及画法几何教学大纲》，还有非师范学院用的《高等代数教学大纲》；著作《代数与初等函数》《几何习题集》《数与多项式》《初等代数专门教程(上、下册)》《函数论与泛函分析初步(卷一)》。翻译的两种高等代数教学大纲，与北京师范大学数学系负责编写师范院校的高等代数教材有关。

1953 年在商务印书馆出版的翻译书有 Грқбенче M K 著《算术》。

20 世纪 60 年代：在人民教育出版社出版的翻译书有《群论(上册)》第 2 版；在高等教育出版社出版的翻译书有《数学分析专门教程》，Грқбенче M K，Аяпин C E 著，第 6 版修订本《算术》。

1952 年院系调整，数学系全面学习苏联经验。新的课程中增加了俄语，不再开设公共英语课程，应是教学片面性的表现和一个全国性的大的失误。

4.12　国际交流

20 世纪 70 年代末期，随着我国改革开放政策的逐步实施，数学系到国外攻读博士学位、做访问学者、进修和考察的老师逐渐增多，对外交流已提到重要的议事日程。攻读博士学位的有吴英辅(美国亚利桑那大学，1979-09～1981-08)，进修的有周美珂(罗马尼亚，1979-06～1981-02)、王伯英(美国，1979-09～1981-09)。

20世纪80年代初，数学系一批中青年教师出国进修、做访问学者、高级访问学者、博士后，他们是王伯英(美国，1979-09～1981-09)，陆善镇(美国，1980-07～1982-06)，朱汝金(美国 1980-08～1982-08)，陈公宁(美国，1980-09～1982-09)，李占柄(美国，1980-10～1982-01)，张阳春(美国，1980-10～1981-08)，王申怀(美国，1981-09～1982-10)，陈木法(美国，1981-12～1983-03，英国和意大利海外研究员，1986-10～1987-10)，刘来福(美国，1984-04～1985-07，荷兰，1989-08～1990-02)，刘秀芳(美国，1985-08～1986-08)，沈复兴(联邦德国，1986-10～1987-07)，罗运纶(比利时，1986-11～1987-11)，郑小谷(新西兰，1987-10～)，王昆扬(联邦德国，1988-12～1990-12)，黄海洋(意大利，1989-04～1990-06)，沈恩绍(联邦德国，1989-09～1991-08)。汪培庄从1989年5月到新加坡科研合作。刘绍学到美国考察(1980-10～1981-04)等。2人出国未归。

20世纪80年代，到国外攻读博士学位的中青年教师有25人，罗里波于1984年5月在美国获博士学位，1986年5月回国，1988年7月出国。回国工作的有郇中丹，黄惟明，张英伯，孟晓青(1993)，罗里波。21人出国未归。

20世纪80年代，数学系先后聘请了一些国际著名数学家来校讲学，做学术报告。数学系聘请世界知名数学家：美国加州大学圣巴巴拉分校樊㙊为名誉教授(1989-05)；此外，还聘请了一些名家作为数学系客座教授。如：聘请华盛顿大学 G. Weiss 教授(1985-04)等。数学系还先后派遣大批老师分别到国外参加各种有关国际学术会议，一些老师应邀到国外讲学、做学术报告和交流研究成果。

20世纪90年代，数学系在国内、外学术交流方面也逐渐多样化，20世纪50年代初期和70年代末期，数学系教师基本上是走出去(攻读学位或进修)，80年代是走出去和请进来(聘请国外学者到数学系讲学或任客座教授)，到国内、外参加各种有关国际学术会议，并开始举办国际学术会议，一些老师应邀到国外讲学，做学术交流。20世纪90年代，国际合作已日常化。在国外著名大学或在重要国际会议上做报告240多人次。每年数学系平均有5～6人在国外从事研究或合作研究工作，国际合作项目20多项。不含周先银在德国逝世，13人出国未归。

1987～2000年，有35人次，涉及13个国家和地区的人员到数学系进修或学习。

进入21世纪，尤其是2005年以来，充裕的科研经费极大地方便开展国际交流。除了2020年COVID-19流行，教师出国学习和交流很少外，每年都有约25人出国学习、参加会议、合作研究，学院还出资邀请国外学者到学院交流。2000～2005年有5人出国未归。2006～2020年无出国未归的教师。

第 5 章　大学生

5.1　专科生

1983 年以前，数学系没有招收专科生。1983 年，与青海省教育厅商定，由该厅出资，1984 年招收委培 120 名专科生。原计划两年毕业，考虑到生源的实际情况，延期 1 年毕业。

1993～1998 年，共毕业 6 届 305 名专科生，分别为山东省烟台市、威海市，浙江省温州市等委培。在 1995～1998 届，做了专科升本科的工作。

1984～1996 年招收的 6 届专科生，均为创收性质。

1991～2006 年，有少数本科生转专科生学习，或按专科生毕业。

1997 年，国家教育委员会不同意学校再招收专科生。

2006 年之后，教育部规定，本科生不能按专科生毕业。2018 年教育部恢复本科生可按专科生毕业的规定。

专科生开设的课程与本科生前两年的课程基本相同，课程难度略有降低。

5.2　本科生

1915 年开始，数学物理部开始招收本科生，预科 1 年，本科 3 年，当时称为本科生，实际上是专科毕业。1921 年开始招收 2 年制“数学研究科”，实际是专升本，毕业时授予理学士学位。1922 年 6 月，学校改订课程编制。本科分 4 年制和 6 年制两种。4 年制设数理系，实际是专科毕业；6 年制设数学系，2 年预科加 4 年本科，6 年毕业，授予理学士学位。1930 年(含)之后不再设两年预科。1962～1970 届 5 年制，1976～1979 届 3 年制，1980 届(含)之后恢复 4 年制至今。

5.2.1　本科生生源(1976～1982 届)

在 1966～1976 年高考中断 10 年(1973 年有高考)后，1977 年 12 月全国恢复高考。1978 年同一年招收两届学生。由于 1977 年高校无新生入学，为了方便起见，同时也为了排列学生年级时不出现断档现象，我们把 1978 级 3 月入学的本科生称为 1977 级(1981 届)，1978 级 10 月入学的本科生称为 1978 级(1982 届)。

除了 1976～1982 届本科生外，1919～2020 届的本科生，应届生是主要生源，上大学本科前有工作经历的往届生所占比例很小。例如，经过工农速成班学习的学生。也有一些比较特殊的学生，如

1958 届李宝婵入学前是副地级干部，在历届入学的本科生中行政级别最高。

1962 届袁萃英入学前是运动员出身，1952 年选入八一游泳队，三破全国纪录，获 1954 年全国 400 米自由泳接力冠军。退役后考入数学系，毕业后在中学任教，后任高级教师。2016 年 2 月在南极大陆的尼克港湾，82 岁的袁翠英用 4 种泳姿完成冬泳，全长游进 40 多米，创造了国内年龄最大女性完成此举的纪录(游泳，2016，(3)：90～91)。运动员

出身，退役后考入数学系的人少见。

1970 年夏，高等学校开始招收 2～3 年制本科生(清华大学学制 3.5 年)，即我们平常所说的工农兵大学生(后来称为大学普通班)。大学普通班是工农兵学员的一部分，工农兵学员还包括当时招收的中专和中技学生。1973 年全国恢复高考一年，考试时间在 7 月 15～16 日笔试，18～19 日或 27～28 日面试。

1977 年 12 月全国恢复高考，各省市自治区单独命题考试，考试时间在 12 月 6～22 日之间。1978 年全国统一高考，考试时间在 7 月 20～23 日。

“老三届”即 1966～1968 届毕业的中学生，“小五届”即 1970～1974 届毕业的中学生。1969 届无毕业的中学生，1969 届毕业生是在 1970 年 1 月毕业，之后中学改为春季入学，其余类推至“文化大革命”结束后才改为秋季入学。

1979 级(1983 届)大学新生入学时，年龄在 25 周岁(含)以下。1955 年和 1956 年出生各 1 人(24 岁和 23 岁，均为中等师范学校毕业，上大学前任教师)，1958 年出生 2 人(21 岁，上大学前未工作)，其余学生在 1959 年及以后出生，入学年龄均≤20 岁。1984 届大学新生均在 1959 年后出生，无工作经历。

从工农兵中直接选拔大学生，是特殊历史时期的一项特殊社会实践。由于其特殊性，大学普通班的社会实践不具有普遍性，但是重视学生们的社会实践和实际工作能力的特点，具有人才培养的现代性，值得借鉴。

1973～1978 级大学生在入学时的年龄结构，文化程度和工作经历在可以预见的时期内不再出现。此处我们给出比较详细的入学资料和毕业后工作情况。1973～1976 级本科生入学时要求未婚，1977～1978 级本科生入学时对婚姻状况无要求，年龄在 30 周岁(含)以下。1973～1978 级大学生在入学时的年龄见表 9。

表 9 中，(1) 1947～1949 年生的多数人是“老三届”高中生，1950～1952 年生的多数人是“老三届”初中生。在大学普通班中，1950～1955 年生人占 70.5%，是大多数。在 1977～1978 级中，1950～1954 年生人占 0.9%，其中多数人是“老三届”初中生。这 5 年出生的人，在初中没有正规学习，在高考中得到了很好的体现，即多数不能考上大学。另一方面，在 1973～1976 级中，1950～1954 年出生的学生占 68.8%，如果不是推荐上大学，这些人多数不能考上大学。

(2) 1973～1976 级大学普通班在入学时要求未婚，年龄在 25 周岁(含)以下，由于这两个条件的限制，1947～1949 年的大学普通班人数逐年递增。又由于 1947～1949 年生的人念老高三、老高二和老高一，所学到的知识程度是下降的，故考入 1977～1978 级大学生人数逐年递减。

(3) 考入 1977～1978 级大学生，70%的出生年份在 1955 年及以后，表明高考对年龄小的学生有利。

表 10 中，(1) 入学前的工作经历如果有两种及以上，均做统计。1973～1978 级共有回乡知青 251 人，人数最多。插队和兵团知青共 244 人，他们去插队和兵团之前有城市户口。有教师经历(正式教师和民办教师)178 人表明，无论是推荐还是参加高考，有教师经历的人受益。入学前有正式工作的教师和工人 159 人。有参军入伍经历的复员退伍军人 21 人，这种情况在以后的学生中少见。

(2) 1973～1976 级共有回乡知青 231 人，人数最多。插队知青(86 人)和兵团知青(79 人)共 165 人，插队知青是兵团知青的 1.1 倍。但全国插队知青 1 700 多万人(官方统计数字)是兵团知青242万人的7.0倍，推荐上大学对兵团知青有利。对插队知青不利的其中条件之一可能是还有回乡知青与其竞争名额。民办教师63人，多于正式教师25人。入学前有正式工作的教师和工人56人。复员退伍军人18人。

(3) 1977～1978级入学前是插队知青和兵团知青共79人，是回乡知青20人的近4倍。插队知青考上大学的70人是兵团知青考上大学的9人的7.8倍，与插队知青人数是兵团知青人数的7.0倍几乎持平。正式教师考上大学的72人是民办教师考上大学18人的4倍。入学前有正式工作的工人31人。

(1)1976～1980届本科生生源

461名大学普通班的文化程度分布为："老三届"，即1966～1968届中学毕业的学生，占46.0%，其中高中生占10.0%、初中生占36.0%，1973级招收"老三届"的数量占了一半；"小五届"，即1970～1974届中学毕业的学生，占50.9%；中师生占3.0%；高中生116名，占2.2%；初中生345名，占74.8%。就实际文化程度，老三届中的初二和初一学生，以及小五届中的初中学生共217名，占47.1%，基本上属于初中文化程度。

从入学前的工作经历看，回乡知青最多，占26.0%；插队知青占18.2%；兵团知青占16.7%；民办教师占15.0%。

从年龄结构看，生源主要集中在1950～1955年出生的人，占82.0%，而老三届中高中生所占比例很低，占14.1%。这是由于招生简章规定，学生入学年龄不超过25周岁，未婚，但是由于多数老三届高中生已结婚或年龄已超过25周岁而不能入学。

1977届入学是分两批，第2批是平谷县和延庆县的学生1974年10月4日报到，其余区县是在9月24～25日报到。在4个年级的学生中，女生所占比例(51.6%)略高于男生(48.4%)。入学时中共党员的比例为24%，是数学系历届本科生新生中所占比例的最高纪录。

(2)1981～1982届本科生生源

在1966～1976年高考中断10年(1973年有高考)后，1977年12月全国恢复高考。1978年同一年招收两届学生。1977年是各省、市和自治区单独命题。1978年3月，招收107名"文化大革命"后第1批本科生。生源主要来自北京市及为西藏(20名)、宁夏(5名)、云南省(4名)、内蒙古自治区(2名)代培的学生。

1977级(1981届)一共有两个班106人，加上1978级第2学期跳级的两名学生，共108人。学生号的顺序是按录取的顺序排的。第1批录取84人。第2批录取走读生20人是在开学3个星期之后才入学的扩招的新生。学生号的顺序是85～105(90号未报到)。内蒙古代培的学生号是106～107，跳级的两名学生号是108～109。走读生20人第1年没有宿舍，第2年才在宿舍里有了床位。走读生大多数是考试分数较高，但在第1批录取时因为种种政策上的原因没有被录取的考生。走读生普遍年龄大，家庭出身复杂。例如，2班5组10人中有9个家庭在"文化大革命"中有多种多样的问题。剩下1人家里没问题，但她是怀有身孕去体检的，上大学前刚刚生小孩。

1978年高考是全国统一命题。学校恢复在全国招生，因此，10月入学学生的情况更具代表性。这批新生的基础扎实，能力强，素质好，学习勤奋刻苦，很受教师们的喜爱。

1977～1978级220名学生在入学时的文化程度，工作经历和年龄结构在今后相当长的时期内将不再出现。对学生入学前的文化程度统计结果为："小五届"高中生87名，占39.5%；"老三届"55名，占25.0%；高中应届生51名，占2.2%；中等师范生15名，占

6.8%；初中生12名，占5.5%。80%的学生是通过高考录取的有工农兵经历的学生。从入学前的工作经历看，有教师经历的占41.4%，插队知识青年占29.5%，工人占4.5%，兵团知识青年占4.1%。由此可见，就当时的情况来讲，高考对有教师经历的人有利。另一方面是这两届学生的年龄差异很大。最大同学的年龄与最小同学的年龄相差17岁，这也是1949年后数学系历届新生中年龄差异的最高纪录。

从1977～1978级学生整体看，入学前的工作经历比本文归类后的结果要复杂，家庭出身和社会关系也复杂，比大学普通班入学前的工作经历更复杂。

1977～1978级学生女生所占比例(31.8%)远低于男生(68.2%)。已婚人数占16.0%。

5.2.2　公费师范生

20世纪，数学专业(1999级改称数学与应用数学专业)学生均为公费生。学校从2000级本科生开始，对数学与应用数学专业学生开始试行部分收费，每人每年收费2 000元；2002级改为4 800元；2005级改为5 400元至今。

2007级开始，学院开始招收公费师范生，实际上恢复了20世纪数学专业公费生的招生。2007～2019年分别招生63，97，90，84，43，47，45，56，45，49，42，48，10人，13年共招生719人。毕业后任教服务期为10年，2018级改为6年。2019年开始在珠海校区招收公费师范生41人。2020年在北京校区停招公费师范生，在珠海校区招收152人。

5.2.3　转入和转出学院的本科生

2002级开始，外院系从二年级转到学院二年级的学生整体呈上升趋势。从2002级开始统计转入和转出的学生，数据(年级，转入，转出)如下：
(2002，6，1)(2003，21，0)(2004，14，2)(2005，11，0)(2006，4，1)(2007，5，0)
(2008，10，3)(2009，12，3)(2010，17，0)(2011，12，1)(2012，12，3)(2013，9，5)
(2014，15，1)(2015，20，2)(2016，20，6)(2017，11，2)(2018，23，4)(2019，6，1)，
其中2009级含1人转到外校数学专业。2002～2019级共转入学院228人，转出35人。每年平均转入学院12人，转出1.8人。转入学院人数是转出学院人数的6.5倍。

转入的学生需在入学后的第2学期参加笔试和面试。从2004级开始录取约半数要转入数学科学学院的学生。外院系转到数学科学学院2007级的转系生，如果自己觉得能够跟上，可以转到二年级，否则建议转到一年级。2007级以后的转系生，一律从外院系二年级转到数学科学学院一年级学习。几年之后，转系生学习的效果明显好转。后来，学校的其他院系也纷纷仿效数学科学学院的做法，把从外院系二年级转到该学院一年级学习。2018级以后的转系生，个别特别优秀的学生，可以从外院系二年级转到数学科学学院二年级学习，还可以从外院系三年级转到数学科学学院的二年级或三年级学习。

5.2.4　数学励耘实验班

2001年起，学校每年从报考该校的考生中，招收20～30名品学兼优但家境贫寒的学生，由学校负担这些学生四年本科学习期间的全部学费、住宿费和基本生活费用，并为这些学生单独创办“励耘实验班”，实行全新的培养模式，力争把这些学生培养成基础扎实、具有创新精神、整体素质优秀的尖子人才。实验班学生在三年级按本人志愿分到各院系学习。此实验班效果不理想，实验几届后停止。

2011 年 2 月，由教育部、中组部、财政部共同实施的“基础学科拔尖学生培养试验计划”在 19 所“985 高校”开始实施。

2010 级第 2 学期末，学校开始实施基础学科拔尖学生培养试验计划，在全校招收励耘实验班学生，2011 年 9 月集中上课。全校理科(数学、物理、化学、生物)共招收 69 人，数学励耘实验班 2014 届(第 1 届)毕业 20 人：12 人国内读硕士，8 人出国。

2011 级第 1 学期末，学校开始在全校招收励耘实验班学生，2012 年 2 月集中上课。全校理科共招收 58 人，数学励耘实验班 2015 届(第 2 届)毕业 21 人：11 人国内读硕士，5 人出国，5 人工作。

2012 年 8 月，学校在招生时，在全国招收励耘实验班学生(确定方向)，全校理科共招收 48 人。数学励耘实验班 2016 届(第 3 届)毕业 25 人：11 人国内读硕士，9 人出国，5 人工作。

2013 级励耘实验班学生(未确定方向)入学后，由数学、物理、化学、生物 4 个院系各出一位教授，给学生介绍本院系情况，学生自愿报院系确定方向，此办法一直持续至今。全校理科共招收 59 人。数学励耘实验班 2017 届毕业 32 人：18 人国内读硕士，8 人出国，1 人国内读博士，4 人工作。

2014 级理科共招收 91 人，数学励耘实验班 2018 届毕业 36 人：20 人国内读硕士，12 人出国，4 人工作。

2015～2016 级理科分别招收 90 人和 69 人，数学励耘实验班 2019～2020 届毕业分别为 53 人和 45 人。

2017～2020 级理科分别招收 60，60，68，69 人，数学励耘实验班分别招收 40，52，51，58 人，分别占 65%，87%，85%，84%。

该实验班越来越像是为数学学科举办，另外 3 个院系目前占招收总数的 15%。

理科励耘实验班 2010～2012 级理科励耘实验班分别由数学科学学院、化学学院、生命科学学院负责。2013～2020 级分别由各院系负责。

5.2.5　大类招生

按学科大类招生简称大类招生，是指高校将相同或相近学科门类，通常是同院系的专业合并，按一个大类招生。学生入校后，经过 1～2 年的基础培养，再根据兴趣和双向选择原则进行专业分流。大类招生是相对于按专业招生而言的，是高校实行通才教育的一种改革。

2017 年学校首次在浙江省试行大类招生，文科生招 21 人，理科生招 20 人。入学后：考入文科励耘实验班 5 人，理科励耘实验班 2 人。文科由法学院管理，16 人入大学半年后专业分流：法学院 6 人，经济与工商管理学院 6 人，社会学院 4 人。理科由物理学系管理，18 人入大学半年后专业分流：数学科学学院 15 人，物理学系 2 人，统计学院 1 人。2018 年至今理科由数学科学学院管理，入大学半年后专业分流：绝大多数学生留在数学科学学院学习，个别学生到统计学院学习。按照学校 2015 年数学大类招生 500 人的计划，根据 2017～2020 年大类招生专业分流的统计，如果有 480～490 人留在数学科学学院继续学习，那么其他两所学院的本科生招生工作会出现严重的数量和质量问题。

5.2.6 学院教师子女在学院学习的数量

一次校友聚会，辅导员说，24 年前你们考上数学系，你能让自己的儿女考上数学系吗？父母之一在数学系/学院工作，统计其子女在数学系/学院学习的数量。最早的是数学系 1916 级(1920 届)傅种孙，其女儿傅章秀考上 1948 级数学系本科，1952 届毕业留校。考入本科数据如下 1948，1952，1961，1977～1980，1986～1989，2002，2008，2010，2012 级各 1 人，1958 级 2 人，合计 17 人。留校的还有 1956 届韩汝瑜，1963 届蒋人璧。考入硕士：1982，1994，2012，2013，2015 级各 1 人，合计 5 人。考入博士：1985，2005，2014 级各 1 人，合计 3 人。总计 25 人次，实际 20 人。

5.2.7 本科生开设课程

1915 年 2 月，北京政府教育部呈准扩充北京高等师范学校办法，增设数学物理部。1915 级和 1916 级预科 1 年，本科 3 年。本科 3 年中每学期均有数学课但未分科。1917 级未招生。1918 级，数学课程变动很大，课程有解析几何、微积分，初等数学研究、代数、方程式论、几何学、近世几何、立体几何、三角法、数论等。1919 级未招生。

1922 级数学课程门数明显增加。开设的课程有立体解析几何、微积分学、高等微积分、高等代数，初等数学演习、方程式论、高等三角法、近世代数、近世几何、立体几何、平面曲线论、球面三角、三角法、数论、数学逻辑、微分方程式等。在 20 世纪 20 年代与 1922 级开设的课程变化不大。

1930 年(含)之后就不再设两年预科。20 世纪 30 年代开设的数学课程有立体解析几何、初等微积分、高等微积分，变分法、初等近世几何、初等数学研究、方程式论、非欧几何、分析力学、估计学、函数各论、函数通论、近世代数、近世几何、平面曲线、群论、实变函数论、数论、数学基础论、数学史及数学教育、天体力学、微分方程式、微分方程式及积分方程式、微分几何、直线几何、论文研究等。从 1933 级一年级第 2 学期末开始的几届有 6 周的军事训练课，学校所设置的专门课程，是现在学军的开端。

20 世纪 40 年代，虽然社会动荡不安，但数学系开设的数学课程变化不大，变化的最大特点是增加了教材及教法研究、教学实习、毕业设计。

20 世纪 50 年代，开设的数学课程有解析几何、数学分析、高等代数，初等函数、初等数学复习与研究、代数、复变函数论、画法几何、积分方程变分法、几何基础、近世代数基础、近世几何、理论力学、立体几何、曲面论、射影几何、实变函数论、数的概念、数理逻辑、数学教学法、微分方程、微分几何、整数论、制图学、中国数学史等。

20 世纪 60 年代，开设的数学课程有解析几何、数学分析、高等代数，边值问题、变分法、测度论、常微分方程、初等数论、初等数学、点集拓扑学、泛函分析、复变函数论、概率论、高等几何、固体力学、函数边值问题、积分方程、积分曲线、几何基础、计算方法、计算机与脉冲、计算数学、结合代数、近世代数、李代数、理论力学、理论算术、立体几何、流体力学、偏微分方程、平面几何、平稳过程、奇异积分方程、群论、射影几何、实变函数论、数理统计、数学教学法、随机过程与概率论、统计学基础、微分几何、线性规划、有限数学方程等。与 50 年代相比，60 年代开设了多门近代数学课程。数学“新三高”(近世代数、泛函分析、拓扑学)已开设。1967～1970 届依次有 1，2，3，4 年未开课。

20 世纪的 1973 级 1～3 年级本科生和 1974 级本科生的 1～2 年级每学期有一次开门办学、1975 级和 1976 级本科生在 1 年级第 2 学期有一次开门办学。开设的数学课程有补习中学知识、解析几何、数学分析、高等代数、概率统计、微分方程、抽象代数、优选法等。开门办学(学工学农)在 1977 级之后被取消。

1973～1975 级本科生到野战部队学军 30 天，之后学军时断时续。1976～1977 级、1979～1981 级、1984～1985 级、1988～1989 级没有学军。1978 级和 1982 级学军两周，在校内理论学习和队列训练，到校外去打靶。1983 级在校内学军，因为美国总统访华没有打靶。1985 级和 1988 级的学生干部到石家庄陆军学院学军两周并打靶。1986 级学生在 1987 年暑假到石家庄陆军学院学军 5 周并打靶。1987 级到承德学军 4 周并打靶。1990 级在昌平军训基地学军 4 周并打靶；1991 级在河北省易县学军 3 周并打靶。

20 世纪 90 年代，本科生学军开始作为本科生的一门必修课。在北京郊区昌平、怀柔、顺义建立了学军基地。有了军训基地后，学军时间定为两周，取消打靶，时间相对固定在新生到校的第一学期初。新生在军训基地学军的效果更好。2009 级因外校在学军基地发现有学生感染 H1N1，改为在学校学军。2017 级因召开中国共产党第 19 次全国代表大会、2020 级因 COVID-19 延期到第二学期学军，其余年份本科生学军均在学军基地进行。

20 世纪 80 年代，开设的数学课程有解析几何、数学分析、高等代数，CT 中的数学原理、$\mathbf{R}^n$ 中的微积分、逼近论、编码、编译原理、变分法与有限元、测度论、常微分方程、常微分方程定性理论、代数数论、代数拓扑、有限元、典型群、点集拓扑、调和分析、多元统计分析、多重线性代数、泛函分析、非线性微分方程基础、复变函数论、复分析、傅里叶级数、伽罗华理论、概率论、广义函数、积分方程、基础代数、集合论、集值映射、几何基础、计算方法、近世代数、矩阵不等式、矩阵论、离散数学、理论力学、立体几何、连续介质力学、模糊数学、模型论、偏微分方程、偏微分方程数值解、奇异积分方程、群论、射影几何、生物统计、实变函数论、数据结构、数据库、数理逻辑、数理统计、数系、数学教学法、数学教育、数学模型实例、算法语言、随机过程及其应用、统计引论、图论、外国数学史、微分几何、物理中的概率方法、线性模型与实验设计、一阶偏微分方程及方程组、应用泛函分析、应用统计、有限群线性表示、有限群引论、有限元方法、有序群和有序环、运筹学模型、张量及其在力学中的应用、整体微分几何、整体微积分、直观拓扑、制图学、中国数学史、组合数学、最优化方法。20 世纪 80 年代是开设数学课程较多的年代，原因是数学系在 1986 级分为 3 个专业：数学、统计与概率、计算机科学[后来改为：计算机及应用(数学应用)]。

20 世纪 90 年代，开设的数学课程有解析几何、数学分析、高等代数，C＋＋、C 语言、PAD 与 C 语言、Pascal 语言、Windows 程序设计与 C＋＋、半群与自动机、编码理论、编译方法、编译原理、变换群与几何、操作系统、常微分方程、常微分方程定性理论、程序调试、程序设计语言、抽样理论、初等代数、代数几何、代数拓扑、单纯同调论、单片机原理及应用、弹性理论与有限元、多元统计、泛函分析、非负矩阵、复变函数论、概率测度、概率论、概率统计、高等几何、汇编语言、机器证明、极限理论、集合论、几何学通论、计算代数、计算方法、计算复杂性、计算机辅助教学、计算机基础、计算机密码、计算机体系结构、计算机图形学、计算机网络、计算机应用、计算机原理、教材教法、近代数学思想、近世代数、经济决策、矩阵论、控制论基础、离散数学、理论力学、流形与力学、模糊数学、偏微分方程、偏微分方程数值解、平面解析几何教学研究、群表示与特殊函数、人工智能、射影几何、时间序列、实变函数论、实用运筹学、数据结构、数据库、数理逻辑、数理统计、数系、数学方法选讲、数学教学论、数学模型、数学软件、数学实验、数学史、数学思想史、数学形态学、数学学习论、随机过程、统计计算、图论、图形学、拓扑学、外国数学史、网络管理、微分几何、微分流形、微机原理、现代统计方法、线性模型、小波数学、应用多元统计、应用泛函分析、应用回归分析、应用近世代数、应用随机过程、运筹学、整体微分几何、直观拓扑、中国数学史、中学数学方法、中学数学竞赛、中学数学思想方法、自动机理论、组合数学、最优化方法。20 世纪 90 年代是开设数学课程最多的年代，1999 级不含计算机及应用(数学应用)专业，统计与概率专业改为统计学专业。

21 世纪，数学开设的课程相对固定，我们对每个年代列出在两个学年开设的课程，不再汇总。

数学分析是数学学科最重要的基础课，历来受到学院的重视。除选派优秀教师讲授外，在课时上也进行一些改革。1962 届和 1966 届讲授数学分析 3 学年。1988 届(含)以前，多数年级讲授 2 学年数学分析，每周讲授 4 学时，第 1、第 2 学期每周讲授 2，1 学时习题课，第 2 学年每 4 周讲授 2 学时习题课。1985～2014 级讲授 3 学期，每周讲授 6 学时，不再专门讲授习题课。2015 级(含)之后，第 1～2 学期，每周讲授 6 学时，第 3 学期每周讲授 4 学时。

5.2.8 本科生数学建模竞赛

1987 年 9 月，数学系为 1984 级四年级学生开设《数学模型实例》选修课。1985～1986 级未开设。1990 年 9 月，为 1987 级四年级学生开设该课程，名称改称《数学模型》选修课，之后一直连续开设。1989 级改为三年级开设，1995 级改为二年级开设且是必修课。

1992～1993 年学校组队(每队 3 人)参加中国工业与应用数学学会组织的中国大学生数学建模竞赛。1992 年获 1 项特等奖(北京赛区共有 2 项特等奖)，1 项 2 等奖和 4 项 3 等奖。

1994 年，举办全国大学生数学建模竞赛，每年一届，目前已成为全国高校规模最大的课外科技活动之一，也是世界上规模最大的数学建模竞赛。竞赛题目分 A 题和 B 题，2019 年增加 C 题，题目一般来源于工程技术和管理科学等方面经过适当简化加工的实际问题。每个参赛队根据题目要求合作完成一篇包括模型的假设、模型的组建、模型的分析、检验和模型的改进等方面的论文。竞赛的评奖以假设的合理性、建模的创造性、结果的正确性和文字表述的清晰程度为主要标准。

数学建模竞赛的意义主要在于：培养创新意识和创造能力，训练快速获取信息和资料的能力，锻炼快速了解和掌握新知识的技能，培养团队合作意识和团队合作精神，增强写作技能和排版技术，更重要的是训练人的逻辑思维和开放性思考方式。

到 2020 年，学校参加全国大学生数学建模竞赛已获全国 1 等奖 34 项，2 等奖 77 项，其中：

1993～1999 年，获全国 1 等奖 3 项，2 等奖 3 项。

2000～2009 年，获全国 1 等奖 10 项，2 等奖 22 项。

2010～2019 年，获全国 1 等奖 18 项，2 等奖 47 项。

2020 年，获全国 1 等奖 3 项，2 等奖 5 项。

2005 年 4 月 22～24 日，举办北京师范大学第 1 届数学建模比赛，至 2020 年共举办 16 届。

5.2.9　本科生毕业数量

1919～2020 届本科毕业 8 953 人，其中女生 3 720 人，10 届(1921、1923、1936、1942、1961、1971～1975 届)无毕业生。2020 届本科毕业 219 人。以下分析 1919～2019 届全日制本科生的情况。

1919 届、1949 届和 2019 届本科生毕业分别为 28 人、24 人和 218 人。2019 届本科生毕业人数是 1919 届的 7.8 倍，是 1949 届的 9.1 倍。数量变化大。

(1) 以年代划分，可以明显地看出本科毕业生数量随年代的变化。最大的变化是在 21 世纪 10 年代，女毕业生数量超过男生。

1919 届毕业 28 人，1915 级入学时未招女生。

1920～1929 届毕业 158 人，其中女生 7 人。平均每届毕业 158/8＝19.8 人，1921 届和 1923 届无毕业生。阮淑贞于 1925 届毕业，是数学系第 1 位女本科毕业生。

1930～1939 届毕业 130 人，其中女生 27 人。平均每届毕业 130/9＝14.4 人，1936 届无毕业生(1932 年教育部明令学校停止招生)。

1940～1949 届毕业 110 人，其中女生 22 人。平均每届毕业 11.0 人。

1950～1959 届毕业 656 人，其中女生 220 人。平均每届毕业 65.6 人。

1960～1969 届毕业 1 664 人，其中女生 561 人。平均每届毕业 1 664/9＝184.9 人，1961 届无毕业生。

1970～1979 届毕业 602 人，其中女生 279 人。平均每届毕业 602/5＝120.4 人，1971～1975 届无毕生。

1980～1989 届毕业 1 078 人，其中女生 294 人。平均每届毕业 107.8 人。

1990～1999 届毕业 1 038 人，其中女生 417 人。平均每届毕业 103.8 人。

2000～2009 届毕业 1 409 人，其中女生 674 人。平均每届毕业 140.9 人。

2010～2019 届毕业 1 861 人，其中女生 1 087 人。平均每届毕业 186.1 人。

(2) 以 1949 届为界，本科毕业生数量如下。

1919～1949 届毕业 426 人，其中女生 56 人。不含 3 届无毕业生，平均每届毕业 426/28＝15.2 人。

1950～2019 届毕业 8 308 人，其中女生 3 531 人。不含 6 届无毕业生，平均每届毕业 8 308/64＝129.8 人。

(3) 以 1949 届后，扩招前后划分，本科毕业生数量如下。

“文化大革命”后，扩招前(1999 年全国大学扩招，学校从 2000 年扩招)：1981～2003 届毕业 2 558 人，其中女生 914 人。平均每届毕业 2 558/23＝111.2 人。

扩招后：2004～2019 届毕业 2 820 人，其中女生 1 557 人。平均每届毕业 2 820/16＝176.3 人。

(4) 1949 年后，按我国高校的不同发展阶段划分，本科毕业生数量如下。

“文化大革命”前 17 年：1950～1966 届毕业 1 937 人，其中女生 657 人。不含 1961 届无毕业，平均每届毕业 1 937/16＝121.1 人。

“老五届”(1966～1970 届毕业)的后 4 届：1967～1970 届毕业 535 人，其中女生 166

人。平均每届毕业 535/4＝133.8 人。

大学普通班：1976～1980 届毕业 458 人，其中女生 238 人。1976 级的藏族班学生 8 人延期 1 年，1980 届毕业。平均每届毕业 458/4＝114.5 人。

“文化大革命”后：1981～2019 届毕业 5 378 人，其中女生 2 471 人。平均每届毕业 5 378/39＝137.9 人。

5.2.10 本科毕业生工作单位(1950～1989 届)

学院要关注收集有关本科生毕业后的数据，更多地关注毕业生的结果。

收集毕业生工作单位的办法。第一，利用 2004 年以后到现在我收集的校友返校的通讯录。第二，利用 2002 年学校百年校庆和 1982 年 80 周年校庆时收集校友的工作单位。第三，利用上海和安徽校友通讯录，宁夏数学校友通讯录。第四，2002 年和 1982 年校友返校登记的工作单位。第五，将剩余的没有记录的校友工作单位，逐个年级找校友补充。

统计的本科生工作单位指的是其退休前工作单位或现工作单位。以下除了国外工作外，均是指国内工作。国外工作不分类。1919～1949 届本科生毕业 426 人，大多数已经逝世，统计工作单位已非常困难。本文统计 1950～1989 届毕业 30 年以上的本科生工作单位。1990～2019 届毕业生的工作单位尚未进入稳定期，暂不统计。

数学系的学生毕业后，多数分配在教育系统工作，有相当一批教师在学校中高层任职，但是工作单位均按在大学或中学计算，到各级教育部门工作的学生才算在公务员之列。

1950～1989 届本科生毕业 4 000 人，其中高校工作 1 483 人，占 37.0%；中学工作 1 031 人，占 25.7%；公务员(各级党政机关)332 人，占 8.3%；中专工作 260 人，占 6.5%；公司和企业工作 181 人，占 4.5%；国外工作(出国未归)162 人，占 4.1%；研究所工作 120 人，占 3.0%；出版社和报刊社 38 人，占 1.0%；部队(军队，公安等)工作 26 人，占 0.7%；银行 19 人，占 0.5%；小学、幼儿园和少年宫 17 人，占 0.4%；医药(4 人)、培训机构(3 人)、图书馆(3 人)、律师(1 人)、农场(1 人)、农村(1 人)共 13 人，占 0.3%；未联系上 318 人，占 8.0%。

按年代划分：

1950～1959 届本科毕业 656 人，其中高校工作 343 人，占 52.3%；中学(157 人)、中专(40 人)和小学(1 人)工作共 198 人，占 30.2%；公务员(各级党政机关)21 人，占 3.2%；公司和企业(公司，工厂，出版社，邮局)工作 12 人，占 1.8%；研究所工作 7 人，占 1.1%；公安部门 2 人，占 0.3%；农场和农村 2 人，占 0.3%；国外工作 1 人，占 0.2%；未联系上 70 人，占 0.7%。

1960～1969 届本科毕业 1 664 人，其中中学(543 人)、中专(119 人)和小学(2 人)工作共 664 人，占 39.9%；高校工作 535 人，占 32.2%；公务员(各级党政机关)122 人，占 7.3%；公司和企业(公司，工厂，出版社，报社，邮局，银行)工作 76 人，占 4.6%；研究所工作 55 人，占 3.3%；部队 17 人，占 1.0%；国外工作 8 人，占 0.5%；图书馆和医院共 2 人，占 0.1%；未联系上 185 人，占 1.1%。

1970～1979 届本科毕业 602 人，其中中学(240 人)、中专(51 人)、小学(8 人)、学前(4 人)和少年宫(2 人)、工作共 305 人，占 50.6%；高校工作 94 人，占 15.6%；公务员(各级党政机关)72 人，占 12.0%；公司和企业(公司，工厂，出版社，报社，邮局，银行)工作 25 人，占 4.2%；研究所工作 21 人，占 3.5%；国外工作 14 人，占 2.3%；部队 4 人，占 0.7%；图书馆 2 人和医院 1 人，共占 0.5%；未联系上 64 人，占 10.6%。

1980～1989 届本科毕业 1 078 人，其中高校工作 511 人，占 47.4%；中学(91 人)和中专(50 人)工作共 141 人，占 13.1%；国外工作 139 人，占 12.9%；公司和企业(公司，工厂，出版社，银行)工作 125 人，占 11.6%；公务员(各级党政机关)117 人，占 10.9%；研究所工作 37 人，占 3.4%；部队和培训机构各 3 人，共占 0.6%；律师和医药部门共 2 人，占 0.2%。

学校 1980 届应无本科毕业生，因为数学系 1976 级的藏族班学生 8 人延期一年毕业，所以才有了 1980 届毕业生。他们到数学系学习之前，于 1974 年 8 月至 1976 年 10 月在中央民族学院(现中央民族大学)两年预科学习。1974 年 8 月之前，7 人分别是大队兽医、队派教师、工厂学徒工、民工、区文工团、务农、县医院卫生员。另外 1 人无工作经历。

8 人上大学之后，数学系专门给他们派了老师 3 人：钟善基，这是中学数学教育界的权威；数学系党总支书记王树人；陈平尚。现在只有陈平尚老师健在。当时派 3 个老师给藏族班 8 人讲授 4 年数学课，教学内容是中学数学。其他公共课程与 1976 级 2 班一起上。索朗旺堆学习最好。从现在看，当时数学系对这些藏族的学生是非常关照的，而且这种事情在 20 世纪 80 年代之后几乎变成不可能的事情。1980 年大学毕业生在西藏是稀缺资源。8 人毕业后回到西藏之后工作单位都很好，4 人是中学教师，其中之一在拉萨一中；另外 4 人是公务员系列，其中之一是副厅级干部。遗憾的是，到 2020 年，其中已有校友 4 人逝世。

1981～1988 届的本科毕业生，工作单位在大学的人数(471 人)是工作单位在中等学校人数(中学＋中专，85 人)的 5.5 倍。1985 届很特殊，只有 2 人在中专工作。

1989 届本科毕业生是到大学与中学和中专工作单位的转折年份，其毕业生的工作单位在大学的人数(40 人)小于在中学和中专的人数(52 人)。去中学和中专工作的本科毕业生占 52/162＝32.1%，以后逐年增多，且出国攻读博士学位的本科毕业生人数在减少。

1981～1989 届的本科毕业生中，出国未归者集中在前 5 届：1981～1985 届出国未归 113 人，占 81.3%；1986～1989 届出国未归 26 人，占 18.7%。1977 级(1981 届)还有 4 人未毕业前出国。

1983 年，教育部决定进行毕业生的分配改革试点。1988 年 2 月，国家教育委员会在分配改革的文件中提出了双向选择。1989 年，毕业生自主择业、用人单位择优录取的双向选择制度开始试点，有条件的也可以在一定范围内以学校为中介进行双向选择。

1995 年，大学毕业生就业开始全面实行双向选择。1998 年，首批“并轨”改革后(即自费上学、自主择业)的高校毕业生走向社会，就业政策进一步放宽。1999 年，全国高校大规模扩招。2000 年开始，北京师范大学开始扩招。

(1)1976～1980 届本科毕业生工作单位

1976～1980 届本科毕业 458 人，其中中学(201 人)、中专(38 人)、小学(8 人)、学前(4 人)和少年宫(2 人)工作共 253 人，占 55.2%；高校工作 58 人，占 12.7%；公务员(各级党政机关)58 人，占 12.7%；公司和企业(公司 14，银行 5，律师 1)工作 20 人，占 4.4%；研究所工作 18 人，占 3.9%；国外工作 14 人(2 人坚决不入美国籍)，占 3.1%；部队 3 人，占 0.7%；医院 2 人，共占 0.4%；未联系上 32 人，占 7.0%。有 3 人休学后未归。

1974 级入学 123 人：毕业 121 人，在校期间逝世 1 人，休学未归 1 人。

1977 届本科毕业生(1974 级)工作单位：大学 14 人，中学 57 人，中专 10 人，小学 3 人，研究所 4 人，公务员 15 人(国家信息中心，全国人大信访局，中央人民广播电台，国家统计局，国家安监总局，机械企管协会区电教馆，区劳动局，区农机局，区统计局，区纪委)，医院 1 人，银行 2 人，工厂 3 人，公司 5 人，警察 1 人，国外 4 人，未联系上 2 人。

1977 届本科毕业生职称：正教授级 6 人(教授 3 人，教授级高工、编审、研究馆员各 1 人)。在基础教育工作的毕业生 80%有高级教师职称。

1977 届本科毕业生正处级及以上干部：正、副局级各 1 人，正处级 7 人。

(2)1981～1982 届本科毕业生工作单位

1981～1982 届本科毕业 201 人，其中高校工作 82 人，占 40.8%；国外工作 51 人，占 25.4%；中学(22 人)和中专(5 人)工作共 27 人，占 13.4%；公司和企业(公司 18，出版社 4，培训机构 1，银行 1)工作 24 人，占 11.9%；公务员(各级党政机关)13 人，占 6.5%；研究所 4 人，占 2.0%。

1981 届在国外工作 27 人，再加上 1981 届有 4 人未毕业退学出国，31 人在国外工作，在历届学生中最高。1981～1982 届本科生在国外工作的人数最多，人才流失最严重，是数学系为国家培养高端人才最失败的两届案例。

5.2.11　毕业后学生之间结婚状况

数学系/学院学生毕业后结婚，如果结婚的学生是同一个数学本科年级，那么按 1 对计算；如果结婚学生一方是数学本科 A 年级，另一方是数学本科 B 年级，那么 A 和 B 年级各按 0.5 对计算；如果结婚学生是数学本科 A 年级，另一学生是数学硕士或博士的 B 年级，那么 A 年级按 0.5 对计算。离婚按同样方法计算。未统计数学的本科生与外院系学生结婚的情况。

经过每个年级和班级调查，截止到 2020 年年底，1976～2005 届数学本科毕业生结婚至少 186 对，占本科毕业 3 323 人的 186×2/3 322=11.2%；每届平均 6.2 对；离婚至少 23 对，15 对是双方或单方出国后离婚，占 15/23=65.2%。其中按 10 年计算：

1976～1985 届数学本科结婚 58 对，离婚 10.5 对；

1986～1995 届数学本科结婚 57 对，离婚 8.5 对；

1996～2005 届数学本科结婚 71 对，离婚 4 对。

结婚最多的是 2003 届 11 对，没有离婚的是 1976，1978～1980，1982，1986，1988，1994，1995，1997，1999，2001～2005 届。离婚最多的一届是 4 对。

按年代计算，

20 世纪 70 年代：1976～1979 届数学本科结婚 22 对，离婚 1 对；

20 世纪 80 年代：1980～1989 届数学本科结婚 68 对，离婚 13.5 对；

20 世纪 90 年代：1990～1999 届数学本科结婚 66 对，离婚 7.5 对；

21 世纪 00 年代：2000～2005 届数学本科结婚 30 对，离婚 1 对。

数学系本科生在毕业后结婚最早的记录是 1935 届。

数学系 1976～1980 届大学普通班学生在入学时(入学平均年龄≥21 岁)约有一半学生有男/女恋人并且确定了关系。在学校规定不许谈恋爱的年代，还会有学生在秘密地谈，到毕业前夕或毕业后才浮出水面。4个年级有22对学生在毕业后结婚。离婚的有1对，且双方均未再婚。

学校规定：1981～1982届大学生在入学后不许谈恋爱，一段时间后，学生提出意见，之后取消。

1981届及以后学生之间结婚164对，离婚22对，离婚率22/164＝13.4%；1976～1980届结婚22对，离婚1对，离婚率1/22＝4.5%；前者离婚率是后者的3倍。

数学系/学院学生之间结婚，出国的离婚数量(15对)高于在国内离婚数量(8对)且15/8≈2倍。

数学系/学院不同年级的学生结婚，是师兄与师妹结婚，没发现师姐与师弟结婚。

在校时谈恋爱，毕业后双双留在北京工作的学生结婚的成功率高。

5.3　本科留学生

1988～2020年，国外14人在学院攻读学士学位，已有9人获理学学士学位，其中朝鲜民主主义人民共和国4人，卢旺达共和国2人，圣多美和普林民主共和国、贝尔共和国、尼日尔共和国各1人。1人毕业后在学院攻读硕士学位。

第6章 硕士研究生

数学系/学院的硕士研究生教育，可分为几个阶段：1953年以前，数学系没有招收研究生。1953～1956年是数学系研究生教育初创时期；1957～1958年受政治运动影响，研究生停止招生；1959～1966年是研究生逐步深化发展时期；1966～1977年研究生停止招生；1978～2020年，硕士研究生教育逐步走向正轨。

6.1 1953～1962届研究班毕业

1952年全国院系调整以后，我国许多师范院校缺乏代数、几何方面的教师。基于这种情况，从1953～1956学年，数学系连续举办了5个研究班；1957～1958学年停招；1959～1960学年又招收4个研究班，共164人。毕业时颁发研究班毕业证书。

1953年(3～8月)算术代数师专师资培训班23人，学制半年。按教育部文件，该培训班在20世纪80年代初按研究生学历对待。

1953级、1955级、1956级、1959级共4届高等代数研究班共65人，学制2年。

1954级几何基础研究班19人，学制2年。

1956级、1959级、1960级共3届数学分析研究班共45人，学制2年。

1960级计算数学、计算技术、信息论研究班12人，学制2年。

研究班学员来自全国各地，有大学讲师、助教及应届毕业生，中学教师等。目标是培养师范院校高等代数、几何基础和数学分析方面的教师。

张禾瑞主办的代数研究班，共办了4届，每届期限两年。为了办好这几届代数研究班，他真可谓是呕心沥血。从教学计划制订到课程的设置，从教材的编写到课堂实际教学，一切都要由他负责。几年中，他为研究班学员开设近世代数基础、线性代数(相当于模论)、域论、结合代数、李代数等课程。除近世代数基础已有他编写的书外，其他课程都编写了讲义。举办的研究班还有：傅种孙主办的几何基础研究班，蒋硕民指导的数学分析研究班。

研究班学员来自全国各地，有大学讲师、助教及应届毕业生、中学教师等。目标是培养师范院校高等代数、几何基础和数学分析方面的教师。研究班很注重学员独立工作能力的培养。这些学员毕业后分配到全国各地，在各自的岗位上做出了可喜的成就，在教学和科研中起到了骨干作用，多人成为校系领导。时至今日，已培养出几代人。可以说，数学系在中华人民共和国成立初期，对于我国高等师范院校数学系的教学和人才培养方面，做出了非常重要的贡献，是数学系发展进程中的一大亮点。

6.2 1966～1969届研究生毕业

1962～1965年，共招收研究生7人，学制4年。1966届，数学系首次招收研究生3人均完成毕业论文，但由于“文化大革命”的原因未答辩。1967～1969届研究生4人均未完成毕业论文。毕业时仅发北京师范大学研究生毕业证明，未颁发研究班毕业证书。

1966～1977年未招生，主要是受“文化大革命”的影响，研究生教育中断。

6.3　学术型硕士学位(1980～2020 届)

6.3.1　全日制学术型硕士学位

数学系/学院有基础数学、计算数学、概率论和数理统计、应用数学、课程与教学论[学科教学论(数学)]、科学技术史(数学，1981～2017)，计算机软件与理论，控制理论与控制工程(2003～2014)，涉及学科门类(理学、教育学、工学)的 8 个硕士学科点，有 20 多个研究方向。其中课程与教学论授予教育学硕士学位，计算机软件与理论、控制理论与控制工程，授予工学硕士学位，其余学科授予理学硕士学位。

1978 年，数学系恢复招收研究生，共招生 11 人。1979 年招收微分方程、函数论、概率论与数理统计 3 个研究生班，共招生 22 人，后来国务院学位委员会要求授予学位，故改为硕士研究生。1980 年仅招收 2 人。1981 年停招。3 届共招收硕士研究生 35 人，授予学位 34 人。由于“文化大革命”的原因，此阶段虽然招生人数不多，但生源质量较好。学生毕业后，在国外获得博士学位 10 人，在国内获得博士学位 8 人。在国内工作的唐守正和陈木法分别于 1995 年和 2003 年被选为中国科学院院士，楚泽甫和李世取晋升少将军衔。

1980 年 3 月 25 日，数学系举行了学校“文化大革命”后首次研究生毕业论文答辩。答辩人是陈木法，他提前一年研究生毕业。答辩委员会建议在国家实行学位制度时，授予与论文相应的学位。1982 年 5 月 24 日，补授予理学硕士学位。

1985 年开始试行推荐优秀应届本科毕业生免试为硕士生的工作，数学系推荐 6 人(保继光、高素娟、高祥宝、邵永照、任子朝、徐耀武)，山西大学推荐席福宝，山东海洋学院推荐赵金声，共 8 人。推荐少数优秀生免试入学，对于选拔优秀人才，加快人才培养，在学生中树立良好的学习风气，以及促进本科教学水平的提高有积极影响。

1985～1993 届，数学系研究生毕业 5 人(研究生学习 3 年)。1987～1991 届，数学系研究生班毕业 29 人(1，10，18 人研究生学习分别是 3.5 年、3 年、2 年)。之后，国家取消研究生班。因为研究生班毕业生多数无学科方向，在表中未列出研究生毕业和研究生班毕业生的学科方向表。

1985 年概率论与数理统计方向招收硕士研究生班共 35 人。为激发学生学习的积极性，择优培养人才，确保学位研究生质量，经上级批准，本届硕士研究生与研究班联合招生，录取时不加区分，从中选拔 20 人继续攻读硕士学位，其余作为研究生班毕业生分配工作。在第 3 学期末筛选：提前攻博 1 人、按本科生分配 1 人、研究生班毕业 15 人、退学 1 人。1988 年授予硕士学位 17 人。从总的情况看，体现了择优培养人才的原则，被选出的人成绩名列前茅，进步较快，有的完成了一定的科研工作，个别人发现了文献中的问题并给出改正。另一发现是入学成绩并不能说明学习学位课程的优劣，他们在学习过程中会发生很大的变化。只有经过一段时间的学习之后，才能发现是否有培养前途。

1990 年起，获推荐免试硕士生资格的学生必须参加研究生外语考试。外语考试成绩合格的考生被录取为硕士研究生，否则参加毕业分配。2001 年后取消。

1993 年起，硕士生导师资格审批权下放给各学科的学位分会，学位分会审议通过后报学位办审核后生效。

1998 年 3 月，通过了数学系课程与教学论(数学)硕士点的评估，基础数学、概率论与数理统计和应用数学 3 个硕士点免予评估。1997 年科学技术史(数学)硕士点“暂停授权”。申请工学门类的硕士点计算机软件与理论被批准。

2001年9月，学校在中文系和物理系试行“4＋2”教育学硕士培养方案(“4＋2”主要是指选拔已经过4年的本科学习获得学士学位者，在第4年同时学习3门研究生的公共课与2门基础课和2门专业课，再对他们集中进行2年的教育理论及实践培养，成绩合格者将获得教育学硕士学位)；2002年9月，在数学系等8个单位的基础学科专业3年级学生中选拔。学生自愿报名，院系选拔优秀者，经学校批准后，免试入学。该学位旨在培养基础教育各阶段高素质、研究型的教师及教学管理人员，通过这一模式的培养，使他们能够很快成长为科研、教学和行政管理方面的人才。数学系有学生9人入选“4＋2”。在此之后，每年均推荐“4＋2”教育学硕士。2012年(含)后停招。

2003年6月，根据学校指示申请的工学门类控制理论与控制工程硕士点被学校批准。2014年9月停止招生。

2004年1月，申请计算数学硕士点被学校批准。

2008年9月，全国56所研究生院取消学术型研究生委托培养和自费生收费。

2014年9月，研究生教育实行自费制度，即向所有纳入国家招生计划的新入学研究生收取学费。现阶段全日制学术学位研究生收费标准，原则上每年硕士生不超过8 000元、博士生不超过10 000元。

从2016年起，研究生院对全校应届硕士论文开始抽检5％，对抽检的名单实行匿名评审，涉及学院硕士生3人。从2018年起，改为抽检10％。

教育部规定，从2017年起，统筹全日制和非全日制研究生，两者实行相同的考试招生政策和培养标准，明确两种学历学位证书具有同等法律地位和相同效力。

从2017年9月起，科学技术史(数学)硕士点停止招生。

6.3.2　其他学术型硕士学位(1983～2013届)

(1)与外校联合培养和外校在数学系申请硕士学位

1983～1993年，数学系与外校联合培养和外校在数学系申请硕士学位23人。在这些学校逐步取得硕士学位授权后，1993年此项工作停止。

(2)以毕业研究生同等学力申请硕士学位

1986年，学校开展授予同等学力在职人员硕士学位工作。1984级助教班学员沈云付在助教班学习时，所做的研究工作发表在《科学通报》和《数学学报》各1篇，于1988年1月获得北京师范大学第1位以毕业研究生同等学力的硕士学位。除学位班外，有9人申请到硕士学位。2013年，教育部决定在全国范围内停止同等学力人员在职申请硕士学位。

(3)以毕业研究生同等学力申请硕士学位教师进修班(简称学位班)

1995～2005年，招收6届学位班共59人，其生源为高校教师。经过学校师资培训中心组织入学考试后，到校学习1年，总学分不少于32学分。在导师的指导下完成硕士学位论文，申请答辩。授硕士学位50人，通过率50/59＝84.7％，其中13人获博士学位。2005年后停招。

6.4　专业型教育硕士专业学位(学科教学论：数学)

1996年4月，国务院学位委员会通过决议，设置教育硕士专业学位，1997年开始招生试点工作。专业型教育硕士专业学位是具有特定教育职业背景的专业硕士学位，主要培养具有现代教育观念和高水平教育、教学工作能力的从事中学数学教学的骨干教师。它与现行的学术型教育学硕士学位在学位上属于同一层次，但规格不同，各有侧重。

学术型教育学学位的培养方式以研究为主，以研究论文为主要成果。

专业型教育硕士专业学位则以课程为主，同时也要求撰写论文，一般需要学习 12 门必修课和选修课。课程分为公共课和专业课两大部分，公共课为：马克思主义理论、教育学原理、教育心理学、现代教育技术、教育科学研究方法、外国语。专业课依学科教学方向的不同而不同。

2000～2020 届共毕业教育专业和统计专业硕士 592 人，其中 2000～2009 届 94 人，2010～2019 届 446 人，2020 届 52 人。按照国家培养硕士研究生的长远目标来看，学术型硕士学位与专业型硕士学位数量持平。与学术型硕士学位发展的时间相比，专业型硕士学位发展的历史时间短，招生对象不稳定，毕业时的学历学位不尽相同，尚未达到稳定阶段。

6.4.1　在职攻读教育硕士专业学位

（1）在职攻读教育硕士专业学位(有学历有学位)

1997 年，学校被国家教育委员会和国务院学位委员会列为首批 16 所试办教育硕士专业学位的师范院校之一。其生源为中学数学教师。学习年限为 3 至 4 年，学生需要到校学习 1 年。研究方向为中学数学教学。1997 年通过定向单考招收中学教师 12 人，1997～2001 年共招收 19 人，毕业且授学位 18 人，通过率 94.7%。2001 年后停招。

（2）在职攻读教育硕士专业学位(同等学力，有学位)

1998 年开始施行授予在职攻读教育硕士专业学位(同等学力，有学位)。1998～2004 年共招收 59 人，授学位 57 人，通过率 96.6%。学生均需要到校学习 1 年，总学分不少于 34 学分。然后在导师的指导下完成硕士专业学位论文，申请答辩。

2005 年改为寒假和暑假上课。2005～2012 年共招收 169 人。2012 年后停招。

1998～2012 年共招收 228 人，授学位 201 人，通过率 88.2%。

（3）在职攻读教育硕士专业学位(本科是公费师范生毕业，有学历有学位)

2012 年 7 月，开始从公费师范毕业生工作一年后招收(无入学考试)收费(两年收费 20 000 元)的教育硕士专业学位学生 45 人。学习年限为 2～3 年，暑假集中上课。招生持续至今。至 2020 年 12 月，已招收 482 人，毕业且授学位 216 人。2012～2014 级入学的学生，申请硕士学位的年限已过期，约 20%～25%的学生未获教育硕士专业学位。

6.4.2　教育硕士专业学位

2010～2013 年，开始从本科毕业生中直接招收无教育职业背景的，两年收费 20 000 元，不负责住宿的教育硕士专业学位研究生(全日制 2 年制，有学历有学位)。2010 年招收 8 人，学习年限为 2 年。2010～2013 年共招收 44 人，毕业且授学位 44 人。2014～2018 年停招。2019 年在珠海校区恢复招生，学籍管理在北京校区，2021 届(首届)毕业 43 人。

6.5　专业型应用统计硕士专业学位

2011 年 9 月，招收两年全日制收费(两年收费 50 000 元)、有学历有学位、不负责住宿的 28 位应用统计专业硕士入学，学习年限为 2 年。2011～2014 年共招收 114 人，授学位 111 人。2015 年转到新成立的统计学院招生。

6.6　硕士生生源类型

1982 年 1 月毕业的本科生(1977 级)，在 3 月入学攻读硕士学位，称为 1981 级硕士生。1982 年 7 月毕业的本科生(1978 级)，在 9 月入学攻读硕士学位，称为 1982 级硕士生。

1978～2020 级共招收全日制硕士生 2 158 人，其中 2020 级招生 121 人．以下分析 1982～2019 级全日制硕士生的情况。

1978～2019 级共招收全日制硕士生 2 037 人，其中应届本科生 1 591 人，占 78.1%；往届本科生 442 人，占 21.7%；在校大学本科生 2 人(未毕业)，占 0.1%；未上大学 2 人，占 0.1%。按年代统计：

1978～1979 级共招收全日制硕士生 33 人，其中往届本科生 31 人，占 93.9%；在校大学本科生 2 人，占 6.1%。

1980～1989 级共招收全日制硕士生 260 人，其中应届本科生 160 人，占 61.5%；往届本科生 99 人，占 38.1%；未上大学 1 人，占 0.4%。

1990～1999 级共招收全日制硕士生 269 人，其中应届本科生 172 人，占 63.9%；往届本科生 96 人，占 35.7%；未上大学 1 人，占 0.4%。

2000～2009 级共招收全日制硕士生 592 人，其中应届本科生 501 人，占 84.6%；往届本科生 91 人，占 15.4%。

2010～2019 级共招收全日制硕士生 883 人，其中应届本科生 758 人，占 85.8%；往届本科生 125 人，占 14.2%。

6.7 硕士生生源学校

1978～2019 级共招收全日制硕士生 2 037 人，涉及本科生源学校 242 所，前 10 名学校生源 1 220 人，占 59.9%，其中北京师范大学本科生 802 人，占 39.4%；山东师范大学本科生 97 人，占 4.8%；安徽师范大学本科生 60 人，占 2.9%；河北师范大学本科生 53 人，占 2.6%；首都师范大学本科生 45 人，占 2.2%；曲阜师范大学本科生 34 人，占 1.7%；中央民族大学本科生 33 人，占 1.6%；东北师范大学本科生 28 人，占 1.4%；河南师范大学本科生 24 人，占 1.2%；聊城师范学院和天津师范大学本科生并列各 22 人，各占 1.1%。师范院校毕业的本科生是学院的重要生源。按年代统计：

1978～1979 级共招收全日制硕士生 33 人，涉及生源学校 12 所，前 5 名学校生源 24 人，占 72.7%，其中北京师范大学本科生 15 人，占 45.5%；首都师范大学本科生 3 人，占 9.1%；北京大学、复旦大学本科生和福建三明师范专科学校专科生各 2 人，各占 6.1%；未上大学 2 人。

1980～1989 级共招收全日制硕士生 260 人，涉及生源学校 78 所，前 5 名学校生源 157 人，占 60.4%，其中北京师范大学本科生 121 人，占 46.5%；安徽师范大学本科生 14 人，占 5.4%；中央民族大学本科生 10 人，占 3.8%；厦门大学和聊城大学本科生各 6 人，各占 2.3%。未上大学 1 人。

1990～1999 级共招收全日制硕士生 269 人，涉及生源学校 74 所，前 5 名学校生源 165 人，占 61.3%，其中北京师范大学本科生 125 人，占 46.5%；山东师范大学本科生 17 人，占 6.3%；曲阜师范大学和首都师范大学本科生各 8 人，各占 3.0%；中央民族大学本科生 7 人，占 2.6%。未上大学 1 人。

2000～2009 级共招收全日制硕士生 592 人，涉及生源学校 98 所，前 5 名学校生源 349 人，占 59.0%，其中北京师范大学本科生 268 人，占 45.3%；山东师范大学本科生 38 人，占 6.4%；曲阜师范大学本科生 17 人，占 2.9%，河南师范大学本科生 14 人，占 2.4%；辽宁师范大学本科生 12 人，占 2.0%。

2010～2019 级共招收全日制硕士生 883 人，涉及生源学校 159 所，前 5 名学校生源 418 人，占 47.3%，其中北京师范大学本科生 273 人，占 30.9%；河北师范大学本科生 41 人，占 4.6%；山东师范大学本科生 40 人，占 4.5%，安徽师范大学本科生 34 人，占 3.9%；首都师范大学本科生 30 人，占 3.4%。

将生源学校按三类划分：师范院校 80 所共招收硕士生 1 491 人，占 1 491/2 037=73.2%，是主要硕士生源单位；综合大学 53 所共招收硕士生 318 人，占 15.6%；其他各类院校等 111 所共招收硕士生 228 人，占 11.2%。

问题：在市场经济大潮的冲击下，愿意终生从事数学研究和教学的有志者不多。生源结构不合理，

6.8　免试硕士研究生

1985 年开始试行推荐优秀应届本科毕业生免试为硕士生。1985～2019 级共招收全日制免试硕士生 822 人，占 1985～2019 级招收全部硕士生 1 920 人的 42.8%，涉及生源学校 109 所。前 5 名学校依次是：北京师范大学本科毕业生 470 人，占 470/822=57.2%；安徽师范大学本科毕业生 36 人，占 36/822=4.4%；首都师范大学本科毕业生 23 人，占 23/822=2.8%；东北师范大学本科毕业生 20 人，占 20/822=2.4%。河北师范大学本科毕业生 18 人，共占 18/822=2.2%。

1985～1989 级共招收全日制免试硕士生 35 人，占 1985～1989 级招收全部硕士生 176 人的 19.9%，其中北京师范大学应届本科毕业生 28 人，占 28/35=80.0%；中央民族大学应届本科毕业生 3 人，占 3/35=8.6%；安徽师范大学应届本科毕业生 2 人，占 2/35=5.7%；山西大学和中国海洋大学应届本科毕业生各 1 人，共占 2/35=5.7%。

1990～1999 级共招收全日制免试硕士生 87 人，占此年代招收全部硕士生 269 人的 32.3%，其中北京师范大学应届本科毕业生 70 人，占 70/87=80.5%；安徽师范大学和中央民族大学应届本科毕业生各 4 人，共占 8/87=9.2%；北京大学、哈尔滨师范大学、华中理工大学、聊城师范学院、内蒙古大学、山东大学、苏州铁道师范学院、新疆师范大学、中国人民解放军信息工程学院应届本科毕业生各 1 人，共占 9/87=10.3%。

2000～2009 级共招收全日制免试硕士生 232 人，占此年代招收全部硕士生 592 人的 39.2%，其中北京师范大学应届本科毕业生 188 人，占 188/232=81.0%；辽宁师范大学应届本科毕业生 10 人，占 10/232=4.3%；中央民族大学应届本科毕业生 9 人，占 9/232=3.9%；西北师范大学 8 人，占 8/232=3.5%；东北师范大学、华中师范大学和曲阜师范大学各 2 人，共占 6/232=2.6%；11 所学校：北京大学、北京理工大学、大连理工大学、福建师范大学、贵州大学、湖南师范大学、内蒙古大学、南京师范大学、山西大学、中国地质大学、中国矿业大学应届本科毕业生各 1 人，共占 11/232=4.7%。

2010～2019 级共招收全日制免试硕士生 468 人，占此年代招收全部硕士生 883 人的 53.0%，其中北京师范大学应届本科毕业生 184 人，占 184/468=39.3%；安徽师范大学应届本科毕业生 30 人，占 30/468=6.4%；首都师范大学应届本科毕业生 23 人，占 23/468=4.9%；东北师范大学和河北师范大学应届本科毕业生各 18 人，共占 36/468=7.7%；吉林大学和天津师范大学应届本科毕业生各 11 人，共占 22/468=4.7%；兰州大学应届本科毕业生 9 人，占 9/468=1.9%；华南师范大学和湘潭大学应届本科毕业生各 7 人，共占 14/468=3.0%；湖南师范大学应届本科毕业生 6 人，占 6/468=1.3%；6 所学校：北京化工大学、湖北大学、江西师范大学、内蒙古师范大学、山东大学、中国农业大

学应届本科毕业生各 5 人，共占 30/468＝6.4%；8 所学校：北京理工大学、福建师范大学、河南大学、河南师范大学、南京师范大学、曲阜师范大学、天津工业大学和西北大学应届本科毕业生各 4 人，共占 32/468＝6.8%；9 所学校：辽宁大学、南昌大学、内蒙古大学、四川大学、四川师范大学、武汉大学、西安电子科技大学、西北师范大学、中央民族大学应届本科毕业生各 3 人，共占 27/468＝5.8%；13 所学校：北京科技大学、大连海事大学、大连理工大学、福州大学、广西大学、南京理工大学、青岛大学、山东师范大学、山西师范大学、陕西师范大学、西南交通大学、中国海洋大学、中国矿业大学应届本科毕业生各 2 人，共占 26/468＝5.6%；29 所学校：北京第二外国语大学、北京工业大学、北京林业大学、北京邮电大学、滨州学院、重庆大学、电子科技大学、东北大学、东北林业大学、广西师范大学、哈尔滨工业大学、河北大学、河海大学、黑龙江大学、华北水利水电大学、华东师范大学、江西财经大学、辽宁师范大学、南京信息工程大学、宁波大学、山东农业大学、山西大学、上海师范大学、苏州大学、西安交通大学、浙江工业大学、郑州大学、中国地质大学、中山大学应届本科毕业生各 1 人，共占 29/468＝6.2%。

2009 年 8 月，学院举办北京师范大学全国优秀大学生数学与统计夏令营开营，对吸引全国高校优秀大学生免试攻读学院的研究生，是一个有利的举措，之后每年举办。这项活动对招收 2010～2019 级的免试硕士生，比 2000～2009 级的免试硕士生，提高 13.8%。

6.9　硕士毕业生数量与性别

1980～2020 届共毕业全日制硕士生 1 702 人，其中 2020 届毕业 64 人。以下分析 1980～2019 届全日制硕士生的情况。

1980～2019 届共毕业全日制硕士生 1 638 人，其中授硕士学位和毕业 1 609 人，研究生班毕业 29 人(3.5 年毕业 1 人，3 年毕业 10 人，2 年毕业 18 人)。男生 850 人，占 51.9%；女生 788 人，占 48.1%。

1980～2019 届提前毕业全日制硕士生 14 人，占 14/1 638＝0.8%，其中提前 0.5 年毕业 3 人，提前 1 年毕业 11 人。1980～2019 届延期毕业全日制硕士生 22 人，占 22/1 638＝1.3%，其中延期 0.5 年毕业 10 人，延期 1 年毕业 10 人，延期 2 年毕业 2 人。按年代统计：

1980～1989 届全日制硕士毕业生 177 人，提前毕业 5 人，占 2.8%，其中提前 0.5 年 2 人、1 年 3 人。延期 0.5 年毕业 2 人，占 1.1%。男生 156 人，占 88.1%；女生 21 人，占 11.9%。

1990～1999 届全日制硕士毕业生 269 人，无提前毕业者。延期毕业 2 年 1 人，占 0.4%。男生 205 人，占 76.2%；女生 64 人，占 23.8%。

2000～2009 届全日制硕士毕业生 462 人，提前毕业 1 年 2 人，占 0.4%。延期毕业 9 人，占 1.9%，其中延期 0.5 年 5 人、1 年 3 人、2 年 1 人。男生 217 人，占 47.0%；女生 245 人，占 53.0%。2002 届和 2007～2009 届毕业的男生人数均小于女生人数。

2010～2019 届全日制硕士毕业生 730 人，提前毕业 7 人，占 1.0%，其中提前 0.5 年 1 人，1 年 6 人。延期毕业 10 人，占 1.4%，其中延期 0.5 年 3 人、1 年 7 人。男生 272 人，占 37.3%；女生 458 人，占 62.7%。2011～2019 届毕业的男生人数均小于女生人数。

6.10　硕士毕业生工作单位(1980～2009 届)

学院要关注收集有关硕士生毕业后的数据，更多地关注毕业生的结果。

统计的硕士毕业生工作单位指的是其退休前工作单位或现工作单位。以下除了国外工作(不细分类别)外，均是指国内工作。本文统计 1980～2009 年毕业 10 年以上的研究生毕业后的工作单位。2010～2019 届毕业生的工作单位尚未进入稳定期，暂不统计。

1980～2009 届研究生毕业 908 人，其中高校工作 409 人，占 45.0%；中学和中专工作 164 人(其中中学工作 156 人，占 17.2%，中专工作 8 人，占 0.9%)，占 18.1%；国外工作(出国未归)146 人，占 16.1%；公司和企业(公司，出版社，培训机构，银行，网站)工作 111 人，占 12.2%；研究所工作 39 人，占 4.3%；公务员(各级党政机关)21 人，占 2.3%；部队工作 8 人，占 0.9%；图书馆和医院工作各 1 人，共占 0.2%；未联系上 12 人，占 1.3%。

1980～1989 届研究生毕业 177 人，其中高校工作 83 人，占 46.9%；国外工作 75 人，占 42.4%；研究所工作 6 人，占 3.4%；公司和企业(公司，出版社，培训机构，银行，网站)工作 4 人，占 2.3%；公务员(各级党政机关)3 人，占 1.7%；未联系上 6 人，占 3.4%。无人去中学。

1990～1999 届研究生毕业 269 人，其中高校工作 159 人，占 59.1%；公司和企业(公司、出版社、培训机构，银行，网站)工作 35 人，占 13.0%；国外工作 33 人，占 12.3%；研究所工作 18 人，占 6.7%；公务员(各级党政机关)11 人，占 4.1%；中学和中专工作 6 人，占 2.2%；部队工作 5 人，占 1.9%；医院工作 1 人，占 0.4%；未联系上 1 人，占 0.4%。

2000～2009 届研究生毕业 462 人，其中高校工作 167 人，占 36.1%；中学和中专工作 157 人，占 34.0%；公司和企业(公司、出版社、培训机构，银行，网站)工作 72 人，占 15.6%；国外工作 38 人，占 8.2%；研究所工作 15 人，占 3.2%；公务员(各级党政机关)7 人，占 1.5%；部队工作 3 人，占 0.6%；图书馆工作 1 人，占 0.2%；未联系上 2 人，占 0.4%。

结论：由于硕士毕业生未联系上人数仅占 1.3%，本文的结论可信。硕士生毕业后以在国内高校工作为主。进入 21 世纪，到中学工作的硕士生逐年增多，呈上升趋势，目前已经达到约 50%，其百分比已相对稳定。多数高校已不再接受硕士毕业生。在高校工作的多数硕士毕业生，也要继续攻读博士学位，否则影响职称晋升。

在 1980～2009 届的 30 年中，1980～1989 届在国外工作的硕士毕业生占 75/177＝42.4%，是人才流失的高峰，1990～1999 届降为 33/269＝12.3%，2000～2019 届再降为 38/462＝8.2%，2010～2019 届低于 5%。

硕士毕业生的 111/908＝12.2%到公司和企业工作，且在 1990～2009 年两个年代呈上升趋势，还有很大的发展空间。

在国内研究所工作的硕士毕业生占 39/908＝4.3%，有大的发展空间。他们多数属于获博士学位后在研究所工作。在研究所工作，竞争比在高校工作激烈，毕业生晋升高级职称的难度比在高校工作的毕业生晋升高级职称的难度更大。

硕士毕业生到各级党政机关任公务员的百分比(21/908＝2.3%)不高。

6.11　硕士留学生

1999～2020 年，国外 3 人在学院攻读硕士学位，2 人获理学硕士学位：加蓬共和国和尼日尔共和国各 1 人。他们获硕士学位后，未在北京师范大学攻读博士学位。

第 7 章　博士研究生

数学系/学院的博士研究生教育，是从 1982 年开始的。历经 38 年的洗礼，博士研究生教育逐步走向正轨。1982～2020 级共招收全日制博士生 704 人，其中 2020 级招生 40 人。1983～2020 届共毕业全日制博士生 535 人，肄业 6 人，其中 2020 届毕业 35 人。学院的培养目标：在尽可能多招收博士研究生数量的基础之上追求质量，在一般的人才中，选出拔尖人才。由于指标的限制，博士生导师的数量大于每年招收博士生的数量，很难招到更多的博士生。

以下分析 1982～2019 级和 1983～2019 届全日制博士生的情况。

1981 年 11 月，数学系基础数学和概率论与数理统计获博士学位授予权，1986 年 7 月应用数学获博士学位授予权。1998 年 6 月经国务院学位委员会批准，获数学一级学科博士学位授予权。2009 年 9 月，课程与教学论博士生入学，2011 年 6 月，学校批准获计算数学博士学位授予权。

1983 年 11 月 5 日，陈木法通过博士论文答辩，1983 年 11 月 17 日授予理学博士学位，他是北京师范大学第一位博士。

1990 年 12 月，国家教育委员会研究生司六处组织专家来校，对学校概率论与数理统计、发展心理学两个博士点的培养质量和科研条件进行评估，专家组在深入调查研究之后，对这两个博士点的工作表示满意。

1993 年，经国务院学位委员会批准，学校为首批自行审批增列博士生导师的单位。

1996 年 7 月，通过了数学系基础数学、概率论与数理统计、应用数学 3 个博士点的评估。

2013 年 3 月 6 日，研究生院决定，从本学期开始，学校全部博士学位论文将委托教育部学位中心，利用其学位论文网上评议开放平台匿名评审。学院博士生 21 人申请评审均获通过，5 人未申请。学校 2010 级博士生有 42%未申请博士论文匿名评审，学校送审论文通过率 88%，之后的通过率约 95%。该工作一直持续至今。

2014 年 6 月起，学校取消博士研究生导师评选。导师由学院学位分会审议批准，学校学位办公室不再审核，只需备案。

除了公共课外，规定博士生要修两门课，因方向和导师不同，课程要求各异。

7.1　博士生生源名称

1985 年 1 月毕业的硕士生(1981 级)，在 3 月入学攻读博士学位，称为 1984 级博士生。1985 年 7 月毕业的硕士生(1982 级)，在 9 月入学攻读博士学位，称为 1985 级博士生。

硕士生读到第 4 学期时，有论文在规定级别的杂志上录用或发表，在第 5 学期开始攻读博士学位，称为提前攻博。如果硕士生在入学之前没有参加工作、没做过研究，这个条件对数学方向的多数硕士生很难达到标准。

硕士生读到第 4 学期时，参加博士入学考试合格或免试(不需要有论文在规定级别的杂志上录用或发表），在第5学期开始攻读博士学位，称为硕博连读。

1987～1993级硕士生试行免试专业课，外语必考，考试合格录取为博士生，总共有13人通过。1994级取消攻读博士只考外语的入学考试方式，恢复为考生要参加博士生三门课的统一入学考试方式。

2003级开始本科生毕业直接攻读博士学位，称为本直博。2007年后，校研究生院规定，除特殊情况外，本直博只招外校生。

7.2 博士生生源类型

1982～2019级共招收全日制博士生664人，其中应届硕士生335人，占50.4%；往届硕士生178人，占26.8%；提前攻博和硕博连读共114人，占17.2%，均为本校生源；本直博22人，占3.3%；同等学力15人，占2.3%。按年代统计：

1982～1989级共招收全日制博士生55人，其中应届硕士生25人，占45.5%；往届硕士生15人，占27.3%；同等学力8人，占14.5%；提前攻博7人，占12.7%。

1990～1999级共招收全日制博士生97人，其中应届硕士生46人，占47.4%；往届硕士生44人，占45.4%；同等学力5人，占5.1%；提前攻博2人，占2.1%。

2000～2009级共招收全日制博士生210人，其中应届硕士生124人，占59.0%；往届硕士生43人，占20.5%；硕博连读22人，占10.5%，本直博19人，占9.0%；同等学力2人，占1.0%。从2007级开始，学校严格控制招收本校本直博生。

2010～2019级共招收全日制博士生302人，其中应届硕士生140人，占46.4%；往届硕士生76人，占25.2%；硕博连读83人，占27.5%，本直博3人，占1.0%。

7.3 博士生生源：硕士就读学校

1982～2019级共招收全日制博士生664人，涉及生源单位(学校、研究院所等)109所。前5名学校依次是：北京师范大学硕士生402人，占60.5%；新疆大学硕士生11人，占1.7%；宁夏大学硕士生7人，占1.1%；西北师范大学硕士生6人，占0.9%；湖北大学和山西大学硕士生各6人，共占1.8%。按年代统计：

1982～1989级共招收全日制博士生55人，涉及生源单位15所，其中北京师范大学硕士生33人，占60.0%；同等学力8人，占14.5%；其余14个单位硕士生各1人，共占25.5%。

1990～1999级共招收全日制博士生97人，涉及生源单位32所，其中北京师范大学硕士生52人，占53.6%；同等学力5人，占5.2%；宁夏大学硕士生5人，占5.2%；安徽大学、河北大学、湖北大学、江西大学、南开大学和厦门大学硕士生各2人，共占12.4%；其余23个单位硕士生各1人，共占23.7%。

2000～2009级共招收全日制博士生210人，涉及生源学校49所，其中北京师范大学硕士生132人，占62.9%；河北师范大学硕士生7人，占3.3%；新疆大学硕士生5人，占2.4%；其余5，10，31个单位硕士生各3，2，1人，依次共占7.1%，9.5%，14.8%。

2010～2019级共招收全日制博士生302人，涉及生源单位64所，前5名学校生源213人，占70.5%，分别是：北京师范大学硕士生185人，占61.3%；首都师范大学硕士生7人，占2.3%。西北师范大学硕士生6人，占2.0%；北京科技大学、新疆大学和中国矿业大学硕士生各 5 人，共占 5.0%；其余 2，6，13，37 个单位各 4，3，2，1 人，依次共占 2.6%，6.0%，8.6%，12.3%。

将生源学校和研究院所按三类划分：师范院校 27 所共招收硕士生 487 人，占 73.3%，是主要博士生源单位；综合大学 32 所共招收硕士生 78 人，占 11.7%；其他各类院校所 50 所共招收硕士生 99 人，占 14.9%。

7.4 博士生生源：本科就读学校

1982～2019 级共招收全日制博士生 664 人，3 人未读大学。661 人中涉及本科生源学校 174 所。前 10 名学校依次是：北京师范大学本科生 161 人，占 161/661=24.4%；安徽师范大学本科生 30 人，占 30/661=4.5%；山东师范大学本科生 24 人，占 24/661=3.6%；河北师范大学本科生 22 人，占 22/661=3.3%；湖北大学本科生 14 人，占 14/661=2.1%。按年代统计：

1982～1989 级共招收全日制博士生 55 人，1 人未读大学。54 人中涉及生源高校 36 所，其中北京师范大学本科生 13 人，占 13/54=24.1%；安徽师范大学本科生 5 人，占 5/54=9.3%；空军学院和厦门大学本科生各 2 人，共占 4/54=7.4%；其余 32 所高校本科生各 1 人，共占 32/54=59.3%。

1990～1999 级共招收全日制博士生 97 人，2 人未读大学。95 人中涉及生源高校 48 所，其中北京师范大学本科生 21 人，占 21/95=22.1%；安徽师范大学本科生 8 人，占 8/95=8.4%；湖北大学和湖南师范大学本科生各 4 人，共占 8/95=8.4%；河北大学、宁夏大学、中央民族大学本科生各 3 人，共占 9/95=9.5%；8 所大学各 2 人，共占 16/95=16.9%；33 所大学各 1 人，共占 33/95=34.7%。

2000～2009 级共招收全日制博士生 210 人，涉及生源学校 70 所，其中北京师范大学本科生 67 人，占 31.9%；河北师范大学和山东师范大学本科生各 9 人，共占 8.6%；辽宁师范大学本科生 8 人，占 3.8%；华中师范大学本科生 6 人，占 2.9%；其余 2，5，7，9，42 所高校各 5，4，3，2，1 人，依次共占 4.8%，9.5%，10.0%，8.6%，20.0%。

2010～2019 级共招收全日制博士生 302 人，涉及生源高校 64 所，前 5 名学校生源 213 人，占 70.5%，分别是：北京师范大学本科生 185 人，占 61.3%；首都师范大学本科生 7 人，占 2.3%。西北师范大学本科生 6 人，占 2.0%；北京科技大学、新疆大学和中国矿业大学本科生各 5 人，共占 5.0%；其余 2，6，13，37 个高校各 4，3，2，1 人，依次共占 2.6%，6.0%，8.6%，12.3%。

将生源学校按三类划分：师范院校 27 所共招收本科生 487 人，占 73.7%，是主要博士生源高校；综合大学 32 所共招收本科生 78 人，占 11.8%；其他各类院校 50 所共招收本科生 96 人，占 14.5%。

7.5 博士毕业生类别与性别

1983～2019 届共毕业全日制博士生 500 人。提前毕业 4 人，占 0.8%，其中提前 0.5 年 3 人、1 年 1 人。延期毕业 43 人，占 8.6%，其中延期 0.5 年 5 人、1 年 25 人、1.5 年 3 人、2 年 5 人、3 年 1 人、4 年 2 人、5 年 2 人。男生 337 人，占 67.4%；女生 163 人，占 32.6%。按年代统计：

1983～1989 届毕业生 16 人，无提前毕业和延期毕业者。男生 15 人，占 93.8%；女生1人，占6.2%。

1990～1999届毕业生88人，提前毕业2人，占2.3%，其中提前0.5年和1年各1人。延期毕业9人，占10.2%，其中延期0.5年1人、1年6人、4年1人、5年1人。男生80人，占90.9%；女生8人，占9.1%。

2000～2009届毕业生154人，提前毕业0.5年2人，占1.3%；延期毕业8人，占5.2%，其中延期0.5年1人、1年6人、2年1人。男生107人，占69.5%；女生47人，占30.5%。2007届毕业的男生10人小于女生11人。

2010～2019届毕业生242人，无提前毕业者。延期毕业26人，占10.7%，其中延期0.5年3人、1年13人、1.5年3人、2年4人、3～5年各1人。男生135人，占55.8%；女生107人，占44.2%。2013届、2017届和2018届毕业的男生人数均小于女生人数。

2013届开始，研究生院决定，学校全部博士学位论文将委托教育部学位中心，利用其学位论文网上评议开放平台匿名评审。扣除2010～2012届延期毕业4人，2013～2019届毕业生176人，延期毕业22人，占12.5%，即按7届毕业的博士生汇总，1/8的博士生不能按期毕业。

2020届博士毕业生35人，其中有11人(非2017级)是延期毕业，占11/35=31.4%，远大于2013～2019届延期毕业所占的12.5%。从另一角度看，2017级招收博士生31人，22人正常毕业，占22/31=71.0%，即30%的博士生不能按期毕业，与2020届博士毕业生中有11人(非2017级)是延期毕业的百分比31.4%近似。

从趋势上看，博士生不能按期毕业的百分比在逐渐上升且已经达到30%。如果博士生不能按期毕业达到50%以上，延长博士生学制就会提到议事日程。

7.6　博士毕业生工作单位(1983～2019届)

学院要关注收集有关博士生毕业后的数据，更多地关注毕业生的结果。

统计的博士生工作单位指的是其退休前工作单位或现工作单位。以下除了国外工作外，均是指国内工作。

1983～2019届授博士学位500人，其中国内高校工作419人，占83.8%；国内研究所工作21人，占4.2%；国外工作(出国未归)21人，占4.2%；国内中学工作14人，占2.8%；国内公司和企业(出版社，银行，网站)工作12人，占2.4%；国内公务员(各级党政机关)3人，占0.6%；部队工作2人，占0.4%；工作待定8人(国、内外博士后等)，占1.6%。

1983～1989届授学位16人，其中高校工作10人，占62.5%；研究所工作1人，占6.3%；国外工作5人，占31.3%。

1990～1999届授学位88人，其中高校工作68人，占77.3%；国外工作9人，占10.2%；研究所工作5人，占5.7%；公司和企业工作4人，占4.5%；公务员2人，占2.3%。

2000～2009届授学位154人，其中高校工作135人，占87.7%；研究所工作7人，占4.5%；国外工作6人，占3.9%；中学工作3人，占1.9%；公司和企业工作2人，占1.3%；部队工作1人，占0.7%。

2010～2019届授学位242人，其中高校工作206人，占85.1%；中学工作11人，占4.6%；研究所工作8人，占3.3%；公司和企业工作6人，占2.5%；国外工作1人，占

0.4%；公务员(各级党政机关)和部队工作各1人，各占0.4%；工作待定8人(国、内外博士后等)，占3.3%。

结论：由于博士生工作单位待定人数仅占1.6%，本文的结论可靠。学院的博士毕业生，83.8%在高校从事数学教学、研究和管理工作，4.2%到研究所工作。随着年代的变化，博士出国未归呈现下降趋势且趋于零，2.8%的博士在中学工作且呈现上升趋势。在公司和企业工作的人很少，在各级党政机关工作的人更少。

7.7　博士毕业生的合作指导教师

1982～2020年共毕业博士生535人，其中有两位和三位导师指导的博士论文77篇和2篇，占79/535=14.8%，1990年代后，合作指导的博士百分比呈下降趋势：1983～1989年5篇，占5/16=31.3%；1990～1999年31篇，占31/88=35.2%；2000～2009年29篇，占29/154=18.8%；2010～2019年13篇，占13/242=5.4%；2020年1篇，占1/35=2.9%。其中16，88，154，242，35分别是1983～1989届，1990～1999届，2000～2009届，2010～2019届，2020届博士论文篇数。

7.8　全国优秀博士学位论文

1999～2013年评选全国百篇优秀博士学位论文，2014年(含)后取消，其原因之一是获优秀博士学位论文后资助的基金引起争议。学院博士毕业生戴峰(2004)和邵井海(2008)入选全国百篇优秀博士学位论文。获全国百篇优秀博士学位论文提名论文的有刘普寅(2005)，张梅(2006)，陈艳萍(2009)，袁文(2013)，刘君(2014)。

熊金钢(2013)获北京市优秀博士学位论文。

7.9　国家公费资助研究生出国

2007～2015年，国家公费资助研究生出国攻读博士学位29人(在读博士6人，硕士23人)，绝大多数获博士学位后回国，其中蒋仁进和张博宇获国家优秀青年科学基金。

2009～2012年，国家公费资助毕业本科生出国攻读博士学位7人。

2007～2020年，国家公费资助在读博士出国联合培养48人，其中刘丽光获万人计划青年拔尖人才称号，熊金钢获国家优秀青年科学基金。2020年计划出国联合培养13人，受COVID-19影响，出国2人。

国家公费资助学生出国攻读博士学位是一项临时性政策。国家公费资助在读博士出国联合培养，还在持续资助。

7.10　博士留学生

2002～2020年，国外5人在学院攻读博士学位，4人获理学博士学位，朝鲜民主主义人民共和国和巴基斯坦伊斯兰共和国各2人。获博士学位后，朝鲜民主主义人民共和国的博士还分别在北京大学和北京师范大学做博士后，出站后回国。

第 8 章 继续教育

8.1 函授大学和夜大学

1918 年 11 月 21 日，北京高等师范学校举行校役夜学开学式。校役夜学分为高等班和普通班，其中高等班开设修身、国文(读法)、消防大义、笔算、国文(书法)。普通班开设前 3 门课。这可以认为是我校夜大学，即继续教育的开端。由于有一门课与数学有关，也可以认为是数学学科函授教育的开端。

北京师范大学西迁后改名的西北师范学院，在 1944 年，设函授学校。其目的是以函授方法辅导中心国民学校教员进修，借以改进国民教育。当年在校学生 558 人，涉及 13 个省份。

1955 年 5 月 4 日，教育部发出通知，在北京师范大学举办高等师范函授部。先以化学系为试点。学制是 5 年。1956 年增设 6 个系，数学系在北京市、天津市、内蒙古自治区呼和浩特市共招生 229 名。1958 年在北京市、河北省和内蒙古自治区及其他地区共招生 77 名。学制由 5 年改为 4 年。所修 7 门课程为数学分析、高等代数、平面几何、解析几何、常微分方程、概率论与数理统计、数理方程。1961 年 9 月第 1 批函授生毕业 44 人，学科结业 26 人(学习 1 门以上课程，考试成绩及格者给学科结业证明)。1958 年入学的函授生于 1960 年转到河北师范学院。之后数学系函授停止招生。在几年的工作中，初步积累了一定的函授教学经验。1984 年 12 月 19 日，教育部(84)教成字 044 号文件，1966 年前高等学校举办的函授大学、夜大学学生，连续学习满 4 年以上，基本学完专业课，所学课程考试成绩合格，可按 1966 届本科毕业对待，补发函授大学或夜大学本科毕业证书；连续学习满 2 年以上，学完 6 门基础课和专业基础课，所学课程考试成绩合格，可按 1966 届专科毕业对待，补发函授大学或夜大学专科毕业证书；凡学习时间在 1 年以上不满 2 年者，只发肄业证明。

1976 年底，数学系和顺义县(现顺义区)教师进修学校举办函授班。最初以培训高中数学师资为主。1977 年暑假后，函授班发展为系统文化进修。学制延长至 3 年半，达到大学数学专科水平。毕业时，由学校颁发毕业证书。全县设 4 个面授点。函授班学习第 1 学年采用每 3 周面授课程 1 天，第 2 学年改为每两周面授课程 1 天。每年的麦收和大秋均举办 1 周左右的学习班，以系统授课和单科总复习为主。1981 年 3 月毕业，毕业生 105 人(学校未保留名单)。

1985 年暑假，恢复函授大学和夜大学招生。数学系在北京、青岛、烟台、淄博、惠民和太原 6 个函授点招收 3 年制专科起点的本科生 710 人；毕业 619 人，授予学士学位 216 人；在北京招收夜大学本科生 111 人，毕业 104 人，授予学士学位 49 人。1986 年、2003 年未招生。1985～2006 年，专科升本科为 3 年制，2007 年及以后改为 2.5 年制。2009 年有两届毕业生。高校于 1999 年大规模扩招后，函授大学逐渐萎缩。2001 年 3 月 10 日，北京师范大学网络教育开始招生，对函授大学冲击更大，2014 年函授大学停止招生，2015 年 8 月最后一批函授生毕业。从 2018 年开始，普通高等学校将不再举办全日制教育专业范围外的继续教育学历。

1956～2013年，继续教育本科学历毕业4 141人，授理学学士学位663人。按大学分类：函授大学毕业4 037人，授理学学士学位614人；夜大学毕业104人，授理学学士学位49人。按入学起点分类：高中起点本科毕业100人，无人授理学学士学位；专科起点本科毕业4 041人，授理学学士学位663人。专业名称虽然不同，但本质上是相同的。

张伦传1988届在北京师范大学数学系专升本，1994年在曲阜师范大学数学系获理学硕士学位，1997在南京大学数学系获理学博士学位，1997年7月至1999年4月北京师范大学数学系作博士后，1999年4月至2000年12月中国科学院数学与系统科学研究院作博士后。之后在中国人民大学信息学院工作，2003年7月晋升教授。

1976～2015年，继续教育专科学历毕业1 137人。按大学分类：函授大学专科毕业247人，夜大学专科毕业890人。按专业名称分类：数学(数学教育)专科毕业160人，计算机软件专科毕业40人，计算机应用专科毕业937人。

8.2 进修教师

进修教师是中国一些具有较强师资、图书、设备条件的高等学校按主管部门规定所接受的其他学校派来进修业务的教师。进修教师除本节介绍的外，还包括访问学者、助教进修班(含函授助教班)、研究生课程进修班、国家级骨干教师培训班等非学历和学位教育。到目前为止，招收访问学者的工作还在继续，其他类的培训和进修都属于短期项目。

北京师范大学数学系/学院积极做好各地进修教师的培训工作。

全脱产进修教师的进修时间折合成年数。进修时间在0.5年、1年、1.5年、2年、4年。未满半年的按半年计算。1952～2020年，折合进修总时间是1 220年。相当于1 220人每人在数学系/学院进修1年。

1952～1959年、1960～1969年、1970～1979年、1980～1989年、1990～1999年、2000～2009年、2010～2019年，各年代累计依次266.5，67.5，316.5，398.5，137.5，23，10.5年。

多数教师的学习方式是和本科生听课。在研究班上课时，一些进修教师和该班学生一起学习。1950年至1952年7月、1965年8月至1972年8月、1973年2～8月、1974年2月至1978年2月、2004年8月至2006年1月、2008年8月至2009年1月、2010年2月至2011年1月、2011年8月至2012年1月、2012年8月至2013年8月、2018年8月至2020年12月未招收进修教师。

1972年9月至1973年1月、1973年9月至1974年1月在学校内举办为期半年的155，143人的全脱产中学师资短训班，多数为北京市中学数学教师。所修课程为代数、几何、政治等。

1972年9月后还在北京各区县开办中学师资短训班，所开课程为初等代数、初等函数、几何证题法、优选法、教材分析等。时间一般为两至三周。1974年暑假时，短训班已多样化，测量班办的最多，其他为高中数学班、初中数学班、解析几何班、识图班、代数与几何班、函数班、优选法班、线性规划班、数理统计班、小型水利工程中的数学应用班、自然辩证法班、数的发展班等。短训班一直延续到1978年春结束，多数短训班没有留下学员名单。此处未收录学员名单。这种短训班在培训北京市中小学数学教师中起到了一定的作用。

1978 年 11 月招收大专毕业生高校师资进修班 59 人(全校计划招生 244 人，全校实际招生 97 人)，学习时间两年，学生中有“老五届”41 人，其余为大学普通班毕业生。他们中的多数人，尤其是 1969～1970 届的毕业生，没有系统地学习数学系本科课程，所修课程为高校本科生必修课。考虑到这些学生多数将在高校工作，课程内容深度略高于本科课程。学习时间两年。该班结业 46 人。先后有 10 人考上研究生(1979 年 9 月考研究生 8 人见录 19、1979 年后考研究生 2 人：杜瑞芝和张长青)。这种类型的进修班后来再未招生。

1980～1989 年，每年平均结业全脱产进修教师 465 人，有一半是专门为进修教师开课，如高校师资进修班，几何进修班、概率论进修班、微分几何进修班、环与代数进修班、中学数学教法进修班等。一些进修教师班没有留下进修名单。不少人由此走上成材之路。如安徽师范大学副校长、党委书记丁万鼎教授等。

与兄弟院校合办 13 期全国概率统计研讨班。为提高教师的知识水平，缓解兄弟院校教师队伍结构断层的矛盾起到了一定的作用，未保存学员名单。

1997 年后，每学年招收全脱产进修教师未超过 6 人，招生人数明显萎缩。

8.3　访问学者

访问学者属于进修教师的范围。1986 年，国家教育委员会下发《高等学校接受国内访问学者试行办法》，这是立足国内培养高级专门人才的一条新途径。4 位高校教师到数学系做访问学者，在校期间，取得了一批具有较高水平和实用价值的科研成果。此后每年招收 5～10 位访问学者(2019 年未招)几乎未间断。

访问学者的进修时间为 0.5 年，1 年，1.5 年，2 年，人数依次为 7 人，216 人，1 人，3 人。

1987～1989 年，1990～1999 年，2000～2009 年，2010～2019 年访问学者分别结业 15 人，59 人，86 人，67 人，通过这条途径，为兄弟院校培养学术骨干和学科带头人 227 人。从目前看，招收访问学者是学院继续教育中唯一有生命力的项目。

8.4　助教进修班

为了适应我国高等教育的飞速发展，提高高等学校青年助教的业务水平，使他们具备从事高等学校教学和科研工作的基本条件，并使其中一部分成为教学和科研的骨干，在 1984 年，学校受教育部委托，于该年秋季试办助教进修班。其培养目标是使参加进修班的助教具备本专业较为扎实的理论基础知识，初步掌握高等学校教学的原则和规律，为他们在教学实践中进一步提高业务能力和以后担任讲师工作打下较好的基础。这种思路从当时的情况看还是可行的，现在看已经远远落后。

1984 年报考基础数学助教进修班(简称助教班)的教师有 165 人，录取 33 人。学习时间为 3 个学期。1986 年 1 月结业。助教班是与 1984 级硕士研究生一起，学习硕士研究生公共课、基础课和部分专业课，考试内容与 1984 级硕士研究生相同。1984 级助教班 33 人中，有 4 人未报到，1 人退学，1 人考上 1985 级硕士研究生班外，27 人助教班结业。以后，27 人中有 17 人获博士学位(其中 2 人在国外获博士学位)，攻博比例为 17/27＝63.0％。6 人获硕士学位。5 人进博士后流动站从事研究。国、内外有 19 人晋升教授。2 人在国外，多人在国内重点院校工作并担任领导职务。

1986 年数学系招收的基础数学助教班已无入学考试，期末考试要求也适当降低；

1988年招收暑期函授助教班；1988～1991年与天津师范大学合办4届助教班；共结业670人，这为高师院校的青年教师学习开创了一条途径，取得了很好的社会效益。1993年后停招。

助教进修班学员原计划归为硕士研究生教育，后来归为进修教师，进修的内容属于研究生的课程，属于培养高校教师的一种研究生教育，持续10年。

8.5　硕士研究生课程进修班

举办硕士研究生课程进修班(简称课程班)的宗旨是为了适应我国教育事业发展的新形势，培养各类高等学校和高级中学高水平的师资，使他们具备从事数学教学和科研工作的基本条件。从1995年6月起，与北京教育学院合作举办首期数学教育硕士研究生课程进修班。后与各省、市和自治区的教育学院合办课程班。所修课程一般不少于6门，均采用寒假和暑假进行集中面授。开设的课程有：数学教学论，数学教育心理学，数学方法论、数学思想史、教育测量与评价、现代数学概览、数学建模、初等数学研究等课程。学习年限一般为两年。各门课程考试合格者，由学校研究生院颁发《北京师范大学硕士研究生课程进修班结业证书》。合办的学校有北京教育学院(10个班)、北京市朝阳社区学院(5个班)、太原市教育学院(4个班)、山西省教育学院(3个班)；沈阳教育学院、中山教育学院、滨州教育学院、天津教育学院、郑州教育学院、广东教育学院、郑州市机电学校、山东聊城教育学院、山东威海教育学院、贵州教育学院、河南荥阳职业中专、宜昌市教育服务中心、沈阳市和平区教师进修学校、河北藁城教师进修学校各1个班。1 515人获结业证书。2005年学院停办研究生课程进修班，2013年全校停办。

硕士研究生课程进修班学员属于进修教师，进修的课程属于数学教育研究生的基础课程，属于数学系/学院培养基础教育教师的一种研究生教育，持续11年。

8.6　国家级骨干教师培训班

1999年12月18日，教育部颁发对万名中小学骨干教师国家级培训方案，与通常的进修不太一样，略作介绍。实际上最本质的特征是：中小学骨干教师要被评为特级教师(在当时)，必须参加该培训。要求的条件是40周岁以下，教龄5年以上，中、小学老师要具有中、小学高级教师职称，还有其他几个条件。

培训的内容是教育理论与教学技能40学分，教育教学实践与考察30学分，专题研究30学分。培训形式主要是理论学习，教育教学实践和考察，专题研究有机结合。采取集中学习与分散研修相结合的方式。以分散研修为主。计划是两期，1999～2001年3 000人，2000～2002年7 000人，3年完成，每年集中学习7周(含考察)，其中寒假2周，暑假5周。第一阶段，重点为集中理论学习，科研选题、立项和开题。第二阶段，重点为在本地区进行中小学教学实践研究，同时集中展示教学成果，开展国、内外教育考察。第三阶段，重点为开展教育科研，同时结合课题集中学习理论，在本单位进行课题研究。第四阶段，重点为集中总结，结题答辩和成果验收。经省级教育行政部门遴选，教育部审定，纳入“跨世纪园丁工程”的1万名国家级中小学骨干教师，其中，中学7 000人，小学3 000人。

原来计划招两期，实际招三期共109人，结业108人，至少有44人被评为特级教师，占44/108=40.7%。2003年，又招收西部中小学骨干教师国家级培训班100人，至少有13人被评为特级教师，占13/100=13.0%。

第 9 章　教授简介

教授是高等学校的一个重要工作岗位，也是高等学校教师的最高职称。一所高校的教授群体的质量和数量在一定程度上决定着该所高校的办学水平和学科建设水准，决定着该所高校能否产生良好的社会声誉和社会效益，决定着该所高校储备、传播和创新知识以及培养人才的能力。对一个系来讲，也是如此。1979 年以前，北京师范大学数学系每年任教的教授数量在 2～6 位之间，1979 年是一个上升的转折点，我系有 6 位教师晋升教授。加上张禾瑞和蒋硕民教授，我系共有 8 位教授。1981 年，1983 年，1986 年共 3 次晋升教授，1988 年以后每年晋升 1 次，至 2020 年，数学系/学院共晋升教授 98 人，其中获国务院颁发的政府特殊津贴 45 人。1977～1978 年，数学系有 2 位在职教授，为建系以来的最低纪录；2020 年有 43 位在职教授，为最高纪录。在 1949 年前，曾先后在数学系任教的教授有蔡钟瀛、常福元、程楚润、程廷熙、陈光熙、陈荩民、杜作梁、段学复、段子美、范会国、冯祖荀、樊怀义、傅种孙、耿述之、顾澄、韩清波、胡世华、胡浚济、胡文耀、黄恭宪、靳荣禄、李恩波、李菱镜、李士嘉、刘景芳、刘书琴、刘亦珩、马文元、闵嗣鹤、平贺良藏、钱端壮、秦汾、汝人鹤、施仁培、汤璪真、佟韶华、王鹤清、王仁辅、文元模、魏庚人、向迪璜、许光福、严顺章、杨武之、杨永芳、余炘文、张德馨、张禾瑞、张儒林、张世勋、张贻惠、张翼军、赵访熊、赵进义、赵桢(文敏)和朱兆雪等。1949 年后曾在数学系/学院任教，后来调离的教授有何鲁、沈复兴、肖杰、戎小春、李洪兴、刘春雷、崔恒建、惠昌常、邓邦明、李勇、童行伟、张淑梅、李杰权、唐梓洲等。本节收集整理了我系首任系主任冯祖荀教授和在数学系/学院逝世教授的个人简介(以生日先后为序)。由此可对数学系/学院的学术水平和教授队伍状况做一些基本的了解。教授简介没有署名的均由李仲来撰稿。

冯祖荀(1880—1940)，字汉叔，男，浙江杭州人。1902 年考入京师大学堂速成科师范馆，是第 1 期学员，1904 年被选派到日本留学。先入京都第一高等学校，后转至京都帝国大学理科部数学科研读数学。1912 年，京师大学堂改为北京大学，冯祖荀任北京大学算学门首任主任(1913～1933 学年)；在 1922～1926 学年，兼任北京师范大学数学系主任以及北京女子师范大学数学系主任，在北京的 3 所高校数学系的建设和发展过程中发挥了重要作用。何鲁教授曾说，冯教授差不多是我国当今数学界的泰斗。

冯祖荀擅长分析学方面的学科，在 1924 年就讲授了集合论、积分与微分方程论、无穷级数论、变分法、椭圆函数及椭圆模函数论等课程。他也做了一些学术研究。《以图像研究三次方程之根之性质》刊登在 1919 年 1 月出版的《北京大学月刊》的创刊号上；《On the generators of modular substitutions》发表在《自然科学季刊》1930 年 2 卷 1 期；此外，他还撰写过一些其他论文。

冯祖荀很关心学生的学术活动。他在北京高等师范学校主办的《数理杂志》上连载达 71 页的长篇讲义《微分方程式论》，对推动我国早期微分方程的学习与研究起了积极的推动作用。1929 年冯祖荀与物理学家张贻惠发起成立中国数理学会，其宗旨称“欲促中国科学进步，非从事提倡科学不可”，学会将“一面联络全国数理学家，一面从事于新学说之传播与探讨。”1935 年中国数学会成立，冯祖荀当选为 9 名董事之一。抗日战争期间，北京大学南迁，冯祖荀因健康原因滞留北平。在沦陷后成立的“北京大学”任教期间，曾协助将北京大学数学系的学籍档案转移昆明。约于 1940 年在北京病逝。抗日战争胜利后北京大学返京，学校于 1947 年将冯祖荀重新安葬，墓址在八大处福田公墓，由胡适题写碑文。

余炘文(1886-10-17—1956)，字敬吾，男，河南商丘人。1904 年至 1909 年在京师测绘学堂高等科学习，1909 年至 1919 年任测量局科长兼测量学校教员，1919 年至 1926 年任北京参谋部科长，其中 1924 年至 1926 年兼任陆军大学上校和数学教官，1925 年 9 月 23 日被授予“加陆军测量监”军衔，1927 年回乡在军阀袁家骥部队 1 年，任军部参议及 3 个月的参谋长，袁家骥阵亡之后返回北京，1928 年任河北高中教员，1928 年至 1937 年任辅仁大学附中教员，1929 学年任辅仁大学助教，1933～1935 学年和 1939～1946 学年任辅仁大学讲师，1946～1951 学年任辅仁大学教授，1952 学年后任北京师范大学教授。讲授立体解析几何和初等微积分。1956 年因病在北京逝世。

王仁辅(1886-10-28—1959-02-19)，字士枢，男，江苏昆山人，硕士学位。清末曾考中秀才，后又到复旦公学就读，1909 年 8 月考取北京游美学务处招收的第 1 批直接留美学生，同年 10 月入哈佛大学主攻数学，1915 年获硕士学位后回国。受聘到北京大学数学门任教授，同时兼任北京高等师范学校、北平大学和燕京大学教授。1922 年兼任财政部盐务专科学校校长。1931 年后到北平师范大学任教。抗日战争期间，在辅仁大学任教授。抗日战争胜利后，在辅仁大学任名誉教授；又回到北平师范学院数学系任教，直到 1951 年在学校退休。1959 年 2 月在北京逝世。

王仁辅是继秦汾之后，我国数学学科的第 2 位硕士学位获得者，回国后与冯祖荀和秦汾一起，在北京大学创办我国第 1 个数学系，开过多门几何类课程。率先在北京大学成立数学研究所，分工担任近世几何科目的指导。1921 年 5 月，他们又在北京高等师范学校设立数学“研究科”，招收高等师范和专门学校的毕业生以及大学三年级学生，学习时间两年，期满合格者授予学士学位。

此外，王仁辅还在学生中积极倡导支持成立以学生为主体的学术团体，以此培养和锻炼学生的独立研究和工作的能力。1918 年 10 月 27 日，在北京大学数理学会成立时，他特地向会员介绍“美国哈佛大学数理学会”，并协助学生在该会主办的刊物《北京大学数理杂志》创刊号上，介绍了几个国家的数学会，这是外国数学会的情况在我国最早的传播。他还是北京高等师范学校数理学会的名誉干事。他是我国近世几何早期的传播者，数学界的元老之一。中国数学会成立时，当选为董事会董事，并任数学名词审查委员会委员。1937 年 5 月，在中国数学会理事会上，被推举为数学名词整理委员会委员。

程廷熙(1890-06-23—1972-12)，字春台，男，安徽歙县人，教授 3 级岗位。1913 年 6 月毕业于北京高等师范学校理化部。1913 年 8 月后任北平高等师范学校附中教员。1923 年毕业于北京师范大学数学系数学“研究科”，获理学士学位。1927 年 8 月至 1931 年 7 月分别任北平师范大学数学系讲师、教授、附中教员。1931 年 8 月至 1932 年 7 月任中国学院教授，兼北平师范大学附中教员。1932 年 8 月至 1937 年 7 月任北平大学工学院讲师、教授，兼课务庶长。1937 年 8 月至 1938 年 7 月任中国大学讲师。1938 年 8 月至 1944 年夏任伪北平大学理学院教授，兼该院院长文元模的秘书。1944 年夏至 1945 年 9 月任伪北平大学理学院教授，伪教育总署总务局长。1946 年 8 月至 1948 年 7 月任北京高等工业学校教员。1948 年 8 月至 1972 年任北京师范大学数学系教授。中华人民共和国成立后任中国数学会第 1 届理事会(1951-08)理事。1972 年 12 月在北京逝世。逝世后将全部私人藏书捐献于我系资料室。

程廷熙是北京师范大学数学系任职教师中资格最老的先生，他对初等数学的内容有较深入的研究。编写初中代数学教科书，和马纯德编译初等几何学(平面部分)。张奠宙在《中国现代数学的发展》(河北科技出版社，2000：99)一书中指出：我国混合数学的创造人当推程廷熙，他与傅种孙著的《初级混合数学》(共 6 册)，使用较广。曾任《数学通报》第 2 届编委会编辑。在《数理杂志》《数学季刊》和《数学通报》上发表了 9 篇论文，涉及的内容为初等数学、数学史和矩阵。

汤璪真(1898-02-03—1951-10-09)，字孟林，男，湖南湘潭人，九三学社社员、中央理事会候补理事、九三学社北京分社理事和北京师范大学支社主任委员。1919 年毕业于北京高等师范学校数理部。毕业后在北京女子高等师范学校任教。1920 年任讲师。1920 年至 1923 年在北京大学兼课。由于他出色的工作成绩，1923 年年底经选拔被派往德国进修，先后在柏林大学和哥廷根大学从事数学研究，师从德国著名几何学家布拉施克(W. Blaschke)。1926 年回国后正值武昌师范大学改为武昌大学(武汉大学前身)，应聘到该校任数学系教授。1926 年秋武昌大学解散，他到上海先后在劳动大学、暨南大学和交通大学等校任教。两年后武昌大学恢复，他又回武昌大学任教。1943 年他离开武汉大学，先后在中山大学、广西大学、湖南大学、安徽大学任教授或兼教务长。在抗日战争初期，为了实现“教育救国”的理想，在湖南宁乡县创办了宗一中学，并任董事长。1948 年 9 月，任北平师范大学教务长，数学系教授，1949 年 1 月至 5 月任代校长，北平解放后被委任为北平师范大学校务委员会主任(相当于校长)。他带领师生完整地保存了学校，迎接中华人民共和国成立。

汤璪真在学习期间就显露出他的才华，曾担任两届北京高等师范学校数理学会的编辑，组办《数理杂志》，在该刊上发表 5 篇文章，在大学 3 年级和同学靳荣禄所著英文版《级积论》在北京高等师范学校出版。曾任中国数学会前期评议会的评议和第 2～3 届理事会理事。1929 年在《科学月刊》上发表了《数理玄形学》，在国外杂志上发表了 4 篇论文。从 1930 年起，他和曾昭安等人在武汉大学创办《理科季刊》，该刊中数学论文比例最大，他又是其中发表数学论文最多的作者之一。有《天体几何学初步研究》《微分学的几个根本问题》《群之新基本特性》等 12 篇，该刊在 20 世纪三、四十年代是国内研究水平较高的自然科学学术期刊之一。这期间他还积极支持刘正经创办的数学普及刊物《中等算学月刊》，并且为该刊写稿 3 篇。此外，他还是我国在数理逻辑方面最早发表论文的极少数学者之一，曾在 1936 年，1938 年的《Bulletin of the American Mathematical Society》中发表关于模态逻辑的论文 3 篇。出版译著《绝对微分学及其几何上与物理上之应用》(1934)《绝对微分学》(1957)和著作《扩大几何学》(1936)。中华人民共和国成立后，应华罗庚邀请，担任《数学名词》编委。在此期间，汤璪真的社会活动很多，曾担任九三学社中央理事会候补理事、九三学社北京分社和北京师范大学支社主任委员。1951 年夏，他随全国政治协商会议委员会赴西南土地改革工作团，在四川东部考察农村土改情况。回京不久，患急性胰脏炎于1951年10月在北京病逝。2007年4月，李仲来主编的《汤璪真文集：几何与数理逻辑》在北京师范大学出版社出版。2008年1月12日，学院隆重举行纪念汤璪真校长诞辰110周年暨汤璪真文集首发式。

汤璪真生前和毛泽东是同乡，少年时的同学和朋友，北京解放后，他多次到中南海毛泽东家里做客。1949年6月17日，毛泽东还亲自到汤璪真家看望。汤璪真不幸去世后，因他家子女多，生活困难，毛泽东请有关部门予以解决。20世纪60年代初，汤璪真有3个孩子同时上大学。毛泽东得知此事，让秘书每年从他的稿费中寄去600元，一直到3个孩子全都毕业参加工作为止。

傅种孙(1898-02-27—1962-01-18)，字仲嘉，江西高安人，教授1级岗位。1920年毕业于北京高等师范学校数理部，当年留母校附中任教，次年任母校数理部讲师，1928年任教授。抗日战争以前，曾先后兼任北京女子师范大学、北平大学女子文理学院、北京大学、辅仁大学教授。1935年当选中国数学会评议委员。1937年随北京师范大学赴西安，参加西安临时大学，次年转城固，改称西北联合大学；其后医、工、师范各院相继独立；1939年春将余下的文、理、法商三科合为西北大学，傅种孙留任该校数学系教授。1945年11月至1946年8月在牛津大学、1946年9月至1947年11在剑桥大学考察，归国后任北平师范学院数学系主任。中华人民共和国成立以后，任北京师范大学教务长、副校长，兼北京市人民委员及政治协商会议委员会委员。1950年新中国数学会及其北京分会成立，傅种孙任两会常务理事。在他的主持下，中国数学会他创办的普及性刊物《中国数学杂志》复刊，后改称《数学通报》，前两期的总编辑是华罗庚和傅种孙，以后为傅种孙。1956年获全国先进生产者称号。1962年因患脑溢血在北京逝世。

傅种孙为人正直，热爱祖国，热爱人民，重视人才，关心理解学生。1925年国民党政府发出训令停办女子师范大学时，有数十名教师率领学生另组北京女子师范大学。在以鲁迅为首的义务教师名单中，傅种孙的名字居于前列。中华人民共和国成立前夕，傅种孙积极参加反对国民党对大学的破坏的斗争；中华人民共和国成立后为北京师范大学的建设呕心沥血。

傅种孙对数学系的建设和发展做出了重要贡献，他非常注重对青年教师的培养，20世纪50年代初，对派青年教师到苏联学习非常积极，派严士健到中国科学院师从华罗庚学习。这些青年教师回校后，很快成为我系教学和科研的重要骨干力量。傅种孙还非常珍爱人才，著名数学家闵嗣鹤就是他发现和培养的。闵嗣鹤于1935年北平师范大学毕业后，被傅种孙推荐到母校附中任教，后推荐到清华大学任助教。王世强原在西北师范学院(北平师范大学转移到兰州后成立的高校)读书，1946年来北平师范学院，1948年毕业于数学系，当时傅种孙是系主任，发现王世强有培养前途，立即提拔王世强为实习讲师，越级用人。30年后，王世强在数理逻辑上的成就，说明傅种孙有知人之明且果毅过人。当他发现初中毕业学历的梁绍鸿将寄给《武汉数学通讯》的一篇论文，经刘正经建议，寄给自己后，傅种孙毫不迟疑地电请梁绍鸿到北京师范大学任教。梁绍鸿编的《初等平面几何复习与研究》于1958年在人民教育出版社出版，印刷100多万册，2008年又由哈尔滨工业大学出版社出版，至今还是中学教师离不开的参考书，梁绍鸿的贡献也与傅种孙的果断有关。

傅种孙在几何、代数及数学史与数学教育等方面有论文多篇，其中重要的有发表于

《The Quarterly Journal of Mathematics (Oxford Series)》的《On Frobenius' theorem》，研究有限群论中的一个问题；在国内发表的名为几何学基础的几篇文章，是国内介绍《几何学基础》研究的最早的文章，《大衍(求一术)》一文开创了用现代数学观点对中国古代数学的研究。1942 年他发表于武汉大学《理科季刊》的《A problem on nonsensed circular permutation》，所得的公式至今仍被组合论专著引用。傅种孙还翻译和编著书籍多部，有《初级混合数学》《高中平面几何》《初等数学研究》(后正名为《几何基础研究》)等；翻译的有 D. Hilbert 的《几何原理》及 B. Russell 的《Introduction to Mathematical Philosophy》均是国内首次翻译，对国人了解相关方面的研究有重要意义。

1998 年 10 月 17 日，数学系隆重纪念傅种孙教授百年诞辰。2005 年 11 月，李仲来主编的《傅种孙数学教育文选》在人民教育出版社出版；12 月 17 日，举行了文选的首发式。2007 年年底，李仲来主编的《傅种孙教授诞辰 110 周年纪念文集：中国数学教育的先驱》由《数学通报》正式出版(增刊号：2007 第 599 号)。　(李仲来和孙宏伟撰稿)

范会国(1899-03-17—1983-06-11)，字秉钧，男，海南文昌人，数学博士，教授 3 级岗位。1918 年毕业于琼台师范学院，毕业后任 1 年中学教师。1919 年参加文昌县政府举办的半官费留法学生考试，被录取为第 1 名。1920 年 3 月赴法国里昂大学留学 8 年，先后获物理学硕士和数学博士学位，1928 年转入巴黎大学中央研究院跟随世界著名数学家 C. E. Picard 从事数学研究，于 1930 年 3 月回国。应中央大学邀请，任该校数学系教授兼数学系主任，到 1931 年 7 月。1931 年 8 月至 1933 年 7 月任北平师范大学数学系教授。1933 年 8 月任上海交通大学教授，同时在大同大学和复旦大学兼课。1940～1946 年任上海交通大学理学院院长和训导长。1949 年 2 月，应海南大学校董事会邀请，出任海南大学副校长，后任海南大学校长。海南解放后，海南大学撤销改办为海南师范学院，1951 年 1 月至 1952 年 7 月，范会国被琼崖军事管制委员会任命为海南师范学院院长。1952 年 7 月，在全国高校院系调整中，海南师范学院在校的一至三年级学生转入广州的华南师范学院、部分教师转入华南师范学院或其他院校，留下的教师在原址成立海南师范专科学校。他坚辞华南师范学院院长的职务，1952 年 8 月至 1953 年 7 月，任海南师范专科学校校长。曾任海南第 1～2 届人民代表大会代表、海南抗美援朝分会主任委员、九三学社社员。为了集中精力从事教育研究工作，他辞去领导职务，惜别海南，于 1953 年 7 月到北京师范大学数学系任教。1976 年 12 月退休。1983 年 6 月在北京逝世。

中华人民共和国成立前夕，由于对中国共产党的政策不甚了解，范会国曾一度将妻儿送至香港，并做好了出国的准备。为了保护海南的教育事业，冯白驹将军及时与范会国联系，劝范会国回海南与之合作，保护好学校，继续为兴办海南教育事业出力。范会国在冯将军的真诚感召下，毅然从命，并接回香港妻儿。1949 年，在极其混乱的局势中，他拒绝离校，将海南大学完整地保护留存给中华人民共和国。范会国在学校工作的日子里，一直关心着海南教育事业的发展，逝世前曾托付子女将全部私人藏书捐献于海南大学图书馆。

范会国是我国老一辈数学家，是中国数学会重要创始人之一。1934 年，他和上海的几位数学教授发起组织中国数学会，向全国各大学的数学家发函联系，切磋酝酿，促成 1935 年 7 月中国数学会成立大会在上海交通大学召开，该会的组织机构为：董事会 9 人，理事会 11 人，评议会 11 人，从中推选出董事会主席 1 人，负责该会的全面工作，在理事会中未设理事长，只推两位常务理事负责办理和推动会务工作的开展。中国数学会成立以后，范会国与朱公谨先生曾任第1～3届理事会常务理事，曾担任《数学杂志》第2卷编委，上海交通大学科学学院创办的《科学通讯》数学编委，《科学》的数学编辑等职。编著的数学小丛书之一《几种类型的极值问题》在中学教师和学生中有很大影响。

范会国在函数论方面造诣精深，20世纪30年代在《数学杂志》《师大月刊》《科学通讯》《数学季刊》上发表了《微分方程式 Cauchy 定理不能适用之情形》等多篇论文；1957年以后，与熊庆来、何鲁、庄圻泰等数学家发起，在北京组织函数论研究座谈会，每月1次，坚持数年，培养了该分支的不少青年人才；他对解析函数正规族基础理论，单叶函数正规族与微分方程之间建立关系等问题的深入研究，得到与会同人的一致赞赏。范会国来学校后，任理论力学教研室主任。他对理论力学有较深入的研究，其著作《理论力学》于1944年由龙门联合书局出版。在教学和研究中，他孜孜不倦，积极和鼓励培养后辈。在花甲之年，还招收两名研究生。他为我国的教育事业，尤其是为海南的教育事业，竭尽全力，为办好海南大学做出了重大贡献。2008年9月，李仲来主编的《范会国文集：函数论与数学教育》在北京师范大学出版社出版。

赵慈庚(1910-03-01—1999-02-04)，字霁春，男，河北定州人。1924年就读于河北省立第九中学(现定州中学)，毕业后，曾任教乡村小学。1929年考入北京师范大学理预科学习，1931年升入数学系本科。1935年毕业后，受聘于河北省立泊镇师范学校和北京师范大学附中。1937年卢沟桥事变，华北沦陷，先生耻食亡国之粟，辗转来到大后方的汉中，在北京师范大学附中(城固)任教。1939年在西北联合大学先修班授课，并兼任西北医学院讲师。1942年任西北工学院讲师，1945年8月任副教授。1948年回到北京师范大学数学系，1953年担任数学分析教研室主任，1979年7月任教授。1985年7月退休。1999年2月在北京逝世。

先生学识渊博，治学严谨，在数学分析、微分方程和初等数学研究等方面有很深的造诣，并具有很高的文学修养。他终身致力于数学研究和大学师范教育的建设与改革。中华人民共和国成立初期他与张禾瑞等人合作，编译了多部高等师范院校的数学教科书，对我国高等师范教育的发展起了很大的推动作用。他十分关注我国中学教育事业的发展，在各个时期发表的意见和文章有效地指导了中学数学教学的改革。他崇尚有教无类的教育思想，认为教育不可偏爱才子，能举一反三者固佳，能闻一知一者都是未来的力量。他重视数学理论体系，坚持大匠授人以规矩，而不示人以巧。对学生他主张除弊慎用惩，矫枉但举直。他是华罗庚所倡导的中学数学竞赛的组织者、领导者之一。从20世纪50年代到70年代，他参加了北京市历次数学竞赛的赛前辅导、竞赛命题、试卷分析和总结评奖工作，为国家吸引和发掘了许多数学人才。“文化大革命”结束后，他已近古稀之年，仍奋力工作，与蒋铎先生合译了卢丁的《数学分析原理》，与北京大学江泽涵共同主编了《大学数学自学丛书》一套11部，并亲自撰写了其中的第1部。他一生致力于我国的数学教育事业，著述丰富，成就斐然，是“学为人师，行为世范”的楷模，在白笔、黑板之间辛勤耕耘了70年，为祖国的教育事业做出了不可磨灭的贡献。1987年在上海教育出版社出版《赵慈庚数学教育文集》。2010年3月1日，学院召开纪念赵慈庚教授100周年诞辰座谈会。2010年12月，李仲来主编的《赵慈庚教授100周年诞辰纪念文集》由《数学通报》编辑部正式出版(增刊号：2010第561号)。

(赵籍丰撰稿)

张禾瑞(1911-12-23—1995-04-05)，男，生于天津市，浙江海宁人，自然科学博士，教授2级岗位，中国民主同盟盟员。1931年在北京大学文科预科毕业后改学理科。1931～1935年就读于北京大学数学系，1935年大学毕业后赴德国留学，1940年获汉堡大学自然科学博士学位，导师是世界著名代数学家维特(E. Witt)，1940年任汉堡大学中文系讲师，1946年秋回国任北京大学数学系教授，1952年全国高校院系调整后调入北京师范大学数学系任教，1956～1982年任数学系主任。曾任北京师范大学学术委员会副主任、校务委员会委员、中国数学会理事、北京数学会副理事长、《数学学报》与《数学进展》编委、教育部高等学校理科数学与力学教材编审委员会委员、北京市高教局高等学校职称评审委员会委员、北京市第2～6届政治协商会议委员会委员、北京市海淀区第3～4届人民代表大会代表。1956年加入中国民主同盟。1986年11月退休。1995年4月在北京逝世。

张禾瑞的博士论文《Über Wittsche Lie-Ringe》(陈江荣和邓邦明译，关于Witt环，见：冯绪宁和袁向东著：中国近代代数史简编，山东教育出版社，2006：115～144)确定了维特代数W(1)的不可约表示，是对非古典的单李代数表示论的一个贡献，并且在一个相当长的时期内，它是一篇关于这个方向的唯一文献(Helmut Strade. Representation of the Witt Algebra. Journal of Algebra，1977，49：595～605)。他倡导并亲自讲授《近世代数》课程，自己动手编写讲义，在多年教学的基础上，整理出版教材《近世代数基础》，该书在出版后的30年来多次印刷，1978年修订版出版后，该书已印刷了40次，总印数已超过90万册，1988年该书获得全国高等学校优秀教材奖。1957年与郝钠新合作出版了《高等代数》，该书第3版获得1988年国家教育委员会高等学校优秀教材1等奖。2007年出版了第5版，并被列为普通高等教育"十一五"国家级规划教材。根据高等教育出版社可以查到的不完整的记录，该书累计印数不少于90万册，是一部拥有众多读者的高等学校教材。

从1953年开始，他受教育部委托，在北京师范大学数学系主持举办了1届半年制的算术代数师专师资培训班，4届两年制的代数研究班，为全国高等师范院校培养了一批代数专业的师资，为国家培养了一批优秀的代数专业人才。几年中，他为研究班学员开设了多门代数专业课，编写了线性代数(相当于模论)、体论、结合代数、李代数等课程的讲义，还与孙永生合译了苏联格林本卡著的《算术》，诺窪塞洛夫著的《代数和初等函数》。

他长期坚持在教学第一线，有丰富的教学经验，在教法上有独到的见解。作为系主任，一贯强调教师不但要提高自己的水平，也应有较高的教学水平。本人坚持教课，同时严把全系教师教学质量关。2011年12月23日，学院召开纪念张禾瑞教授100周年诞辰座谈会。2013年12月，李仲来主编的《张禾瑞教授100周年诞辰纪念文集》由《数学通报》编辑部出版。

(刘永平撰稿，李仲来补充)

蒋硕民(1913-03-11—1992-05-11)，男，生于北京市，湖北应城人，哲学博士，教授2级岗位，1928年上海同济中学毕业，1928～1934年在德国哥廷根大学数学系留学，大数学家库朗是他的导师，直至1933年希特勒上台，库朗作为犹太人遭到迫害逃离德国，继而由雷立希做他的导师，1934年随雷立希调往马堡大学，1935年获博士学位。1935～1937年回国在天津南开大学任教授，1937～1938年在长沙临时大学任教授，1938～1940年在昆明西南联合大学任数学系教授，1940～1941年在四川叙永西南联合大学分校任教授，1941～1945年在贵州湄潭浙江大学任教授，1945～1946年在昆明西南联合大学任教授，1946～1947 年在休假期间，由美国库朗研究所给予经费去美国进行访问。当时，他原先的导师库朗留他在纽约大学任教，被他谢绝。1948～1954 年在昆明师范学院任数学系主任，中华人民共和国成立后任教务长兼系主任，曾被推选为云南省人民代表。1954 年调至北京师范大学任数学系教授。1986 年 11 月离休。1992 年 5 月因患脑溢血在北京病逝。

他的博士论文题目是《Eine gemischte randwert-Aufgabe für partielle differentail gleichungen n-ter ordung in Zwei unabhängigen veränderlichen》(双元 n 次偏微分方程的一个混合边值问题)。蒋硕民是我国偏微分方程学科的先行者，近世代数早期的介绍者之一。他集中西学问于一身，培养了众多优秀的数学人才，把毕生的精力贡献给了教育事业。他 22 岁受聘于南开大学任数学系教授。1935～1937 年在南开大学期间，他先后开设了近世代数、代数几何学、微分方程解法、函数论、三角级数等课程。同时，还与姜立夫合开算学选讲，每周上课 11 学时。学生反映他业务功底深厚，事业心强，备课认真，记忆力惊人。

在西南联合大学期间，他开设高等代数、偏微分方程等课程，同时与多名教授一起参与了给 4 年级学生开设讨论班。在叙永联合大学分校任职期间，主要讲解微积分课程。在湄潭浙江大学主要讲授近世代数、数理方程、微分方程、数论等课程。学生反映他讲课深入浅出，对扩大学生视野，提高学术见解起到了重要的作用。在昆明师范学院期间，他在任教务长和数学系主任的同时，给学生讲授近世代数、复变函数、高等几何、数论、张量分析等课程。所开课程遍及分析、代数、几何三大领域。而且每开新课时都带着几位青年教师，第 2 年就交由他们负责讲授，自己则另开新课。他在北京师范大学数学系任教期间，先后在外系讲过高等数学，后又开设偏微分方程、积分方程、泛函分析等课程。“文化大革命”后，还给青年教师补课，辅导 1977 级学生用英语教材学习。无论任何工作毫无怨言，认真做好。他还在 1956 年草拟了北京师范大学分析研究班的教学计划，并讲授近世代数、实变函数、常微分方程、偏微分方程等课程。研究班为兄弟院校培养了人才。他积极参与了教学改革，关心系里的建设，大胆发表自己的意见，毫不顾及个人的得失。尤其在“文化大革命”期间遭受批判的情况下，仍敢于发表自己认为正确的、对系的建设有好处的意见和建议。他主张“一个数学”的观点，强调数学各分支之间的互相联系，数学系的老师不仅应在宽厚的基础上能融会贯通地学好各门学科，而且也应有胜任讲授各门课程的能力。他主张教学为主。

他虽然不是系领导，但对系的建设事无巨细积极提建议。他建议教学大纲不要太长太细，给教师发挥主观能动性的余地。他推荐好教材，主动介绍西南联合大学的教学方法、评分办法和学籍管理。1955 年，曾建议数学系派人到北京大学听苏联专家如何上习作课。他对资料室建设、资料员培养都提出自己的看法建议。他热心于青年教师的培养。因为他本人博学多才，对学术动向很清楚，能给青年教师很大的帮助。不少西南联合大学、浙江大学以及北京师范大学的分析研究班的老学生，对此都深有感触。他酷爱书籍，藏有大量的数学和物理方面书籍。逝世后全部送给学生和捐赠给系资料室。2013 年 6 月 9 日，学院召开纪念蒋硕民教授 100 周年诞辰座谈会，12 月，李仲来主编的《蒋硕民教授 100 周年诞辰纪念文集》由《数学通报》编辑部出版。

(蒋人璧撰稿)

董延闿(1919-08-04—2000-09-06)，男，北京人，中共党员。1937 年 7 月于北平辅仁大学附属高中毕业后，入北平辅仁大学数学系学习并于 1941 年 7 月毕业留校任助教，1943 年 9 月至 1947 年 2 月先后在北平进德中学、北京中学、北平临时大学师大补习班等多所学校从事短期或临时性数学教授工作，1947 年 2 月至 1949 年 7 月任北平市立二中数学教员、北平中国大学数学系兼职副教授。1949 年 9 月至 1952 年 7 月任北京辅仁大学副教授，1952 年暑假北京辅仁大学与北京师范大学合并，成立新的北京师范大学，任数学系副教授，1979 年 7 月任教授。1958 年 3 月加入中国共产党，1952 年 8 月至 1982 年 12 月任北京师范大学数学系副系主任，曾兼任高教部高校教材编审委员会委员。1988 年 5 月离休。2000 年 9 月因病在北京逝世。

董延闿长期主持数学系教学工作，实际担任系副主任前后 18 年，经历了院系调整后的数学系重建工作，20 世纪 60 年代初期的正常教学秩序受政治冲击阶段，以及“文化大革命”结束后的迅速恢复教学秩序，同时又面对工农兵学员，“回炉班”学员，恢复高考后新生几类不同学生的复杂情况，在教师队伍建设，青年教师培养，在教材大纲以及教学规范的制定，教材建设，在学生培养，师资培训等多方面进行了踏踏实实，任劳任怨的工作，为数学系的发展和建设做出了重要贡献。

董延闿从教 50 余年，始终在教学第一线辛勤耕耘，有着丰富的教学经验，治学态度严谨，重视基础，重视基本训练。先后开设了数学分析、常微分方程、偏微分方程、实变函数、复变函数等 8 门以上本科生基础课和专业基础课，离休后，还在讲授基础课，直到身体不允许继续登讲台的 1995 年为止。先后编著《级数》《数系》《集合论》及高水平的《数学分析》讲义，翻译《函数论与泛函分析初步》，合译《初等代数教程》《数学分析教程》等教材和参考书。（刘永平撰稿）

陈绍菱(1921-03-14—2001-06-30)，女，河北丰润人。1945 年毕业于辅仁大学数理系，之后一直从事数学教育工作 50 余年。1979 年 8 月任数学系副教授，1987 年 1 月任教授。1987 年 4 月退休。她治学严谨，著述较多，在几何的教学和研究中积累了丰富的经验和成果。曾开设解析几何、射影几何、微分几何等课程。发表了《直纹曲面的表示》《若干类特殊曲面研究》等文，出版《空间解析几何》《高等几何》等书 5 部。与朱鼎勋合编著的《空间解析几何》一书曾重印 10 余次，被多所高等院校选为教材或教学参考书；受全国高等教育自学考试指导委员会委托，参加了自学考试中几何教材的编写；还参与了《中国大百科全书》(数学卷)有关几何学多项词条的编撰工作。

陈绍菱对数学教学工作极其认真负责，一丝不苟，从备课、讲课到辅导答疑各个环节都非常重视，即使教过几遍的课程，课前还要反复推敲，选出最佳授课方案。她的课深入浅出，语言准确简练，把抽象的数学概念讲得清晰、透彻，同时注重数学思想方法的传授，使学生能力得到较好的培养和提高，受到学生广泛好评，为国家培养了许多优秀人才。她一生严于律己，宽以待人，淡泊名利，生活节俭，赢得了学生的赞誉和爱戴。因患结肠癌于 2001 年 6 月在北京逝世。（朱正元撰稿）

白尚恕(1921-05-24—1995-03-16)，男，河北武安人。1942～1946 年在西北大学学习，毕业后曾先后在兰州大学数学系、西北农学院、西安圣路中学等校教书，1951～1956 年任教于北京师范大学附属实验中学，1956～1958 年任北京师范大学数学系讲师，1958～1978 年任教于北京师范大学第二附属中学，1978 年回到北京师范大学数学系任讲师，

1980 年 12 月任副教授，1983 年 5 月任硕士生导师，1985 年 7 月任教授。1989 年 10 月退休，1995 年 3 月因患肺癌在北京逝世。

他从 1955 年开始数学史研究，毕生勤奋治学，40 年如一日，共发表学术论文 70 余篇，出版专著有《〈九章算术〉注释》《测圆海镜今译》《九章算术今译》《中华文化集萃丛书·睿智篇》，他与国内一些高等院校和科研单位进行了长期有效的合作研究，完成了“《九章算术》与刘徽研究”“秦九韶与《数学九章》研究”等课题研究，组织出版了多部论文集，组织编写了高等院校数学史教材《中国数学简史》《外国数学简史》以及《中国数学史大系》《中国传统数学名著导读丛书》等大型套书。1982 年开始招收数学史硕士研究生，授硕士学位 4 人，1983 年开始开设数学史课程。他积极参加国内、中国香港、澳门、台湾地区以及国外科技史学者的学术交流，1983 年以后，先后 7 次出席国、内外举行的中国科技史国际学术会议，并于 1990 年 11～12 月赴中国台湾讲学。

在白尚恕的领导下，北京师范大学于 1983 年成立了科学史研究中心，在全校范围内开设了中国科学史课程，出版了《中国科学史讲义》，组织了多次学术讨论会，并且承担了大型历史著作《中华文明史》自然科学史部分的编写工作。1983 年 2 月，申请半年刊《中国数学史年刊》杂志出版，未果。时至今日，没有数学史专业期刊仍是国内数学史发展的重要缺憾。受国家教育委员会委托，主持 1984 年 7～8 月在北京师范大学主办的全国高等院校数学史讲习班。讲习班期间，受国家教育委员会的委托，由北京师范大学负责，白尚恕组织召集 8 所高等院校(北京师范大学、西北大学、内蒙古师范大学、杭州大学、辽宁师范大学、山西大学、华东师范大学、中国人民大学)的有关专家共同制定了《高校数学史课程教学大纲(草案)》和《高校数学史硕士研究生培养方案(草案)》，并呈报给国家教育委员会备案。1986 年 7 月受国家教育委员会委托，北京师范大学与徐州师范学院联合主办全国《九章算术》与《数书九章》讲习班。1987 年 5 月在北京师范大学举办秦九韶《数书九章》成书 740 年纪念暨学术研讨国际会议，1991 年 6 月在北京师范大学与国内 5 所高等院校及科研单位联合主办《九章算术》暨刘徽学术思想国际研讨会。2008 年 7 月，李仲来主编的《白尚恕文集：中国数学史研究》在北京师范大学出版社出版。2009 年 5 月 23 日，在第 3 届数学史与数学教育国际研讨会开幕式上举行了白尚恕文集的首发式。

(刘永平撰稿，李仲来补充)

朱鼎勋(1921-11-01—1985-11-05)，男，北京人。1943 年毕业于辅仁大学数理系，之后一直从事数学教育工作 40 余年，是北京师范大学几何教研室创始人之一，长期担任几何教研室主任，系学术委员会委员。1953 年秋任数学系副教授，1981 年 5 月任教授。他治学严谨，在古典几何和微分几何方面都有相当的学术造诣，著述较多并积累了十分宝贵的教学经验，曾开设射影几何、微分几何、现代微分几何选讲等十余门课程。发表学术文章 10 余篇，出版学术书籍 7 部，还编写过多种课程讲义在校内使用。与陈绍菱合编著的《空间解析几何》一书曾重印 10 余次，被许多高等院校选为教材或教学参考书；与江泽涵共同翻译的希尔伯特名著《几何基础》(德文 12 版)由科学出版社出版，深受读者欢迎。

他处处为人师表，关心学生，培养中青年教师。在心肌梗死连续 3 次发作，身体已很虚弱的情况下，还坚持为骨干教师进修班授课。学生到家中请教问题他总是支撑着病体热情接待并与大家认真交谈，说得兴奋时，常常忘记了休息，直到大家催促再三，方肯作罢。他学识之渊博，几种外语之娴熟，思维之敏捷，记忆力之强以及独到的见解都给人们留下了深刻印象。他的藏书也很丰富，有的老师在教学科研中需要查询资料，常常来找他以求得帮助，他每次都亲自查找，并向来访者介绍与之相关的文献，使人总能得到满意的答复。在年老多病的情况下，每天还坚持工作不低于4～5小时，几十年的忘我工作，积劳成疾，使其患上严重的高血压和冠心病，终因在心力极度衰竭之下，于1985年11月在北京逝世。朱鼎勋对数学教育事业执著追求的精神，严谨治学的学风，讲究规律和效率的工作、生活习惯，助人为乐的高尚情操都将永远铭记在人们的心里。　（朱正元撰稿）

钟善基(1923-02-24—2006-05-28)，男，浙江萧山人，生于北京，中国民主同盟盟员。1941年考入北京师范大学数学系，1945年毕业后到北京师范大学附属中学任教，1952年调入北京师范大学数学系工作，1979年7月任副教授，1983年5月任硕士生导师，1985年7月任教授。1990年4月退休。2006年5月在北京逝世。

钟善基长期从事数学教学和研究工作。培养硕士研究生7人，还曾为比较教育学日籍博士生(主攻数学比较教育)授课和博士论文指导。他多次在全国各地进行学术演讲，为许多数学教学进修班、培训班、研讨班进行授课，为我国数学教育事业培养了大批的中学数学教师和高级专门人才。在1981年7月，组织成立了北京师范大学数学系“中学数学教育研究室”，并努力推动其健康发展和不断完善，他是我国数学教育学科的创立人和奠基人之一。他老骥伏枥，壮心不已，直至老年，仍然战斗在教学第一线。

钟善基先后翻译和编译《几何课堂教学》《初中数学教学经验》《高中数学教学经验》《初等几何学教程》(立体部分)《高中数学教学法》《中学解析几何教学法》等著作，主编的《中学数学教材教法》曾长期作为我国师范院校教材，受到同行的一致好评。他先后在国内、外学术刊物及会议上发表了30余篇数学教育论文，其中《数学教学启发式》《数学教学中学生能力的培养》《中学数学教学中如何介绍我国古代数学成就的基本要求》《数学教学八原则初议》《谈中学数学教学与素质教育》等都是国内同一课题研究的最初的论文。

钟善基十分关心中学数学教育。早在1950年，他就参加了教育部《中学数学课程标准》和《工农速成中学数学教学大纲》的制定与编写工作，并于1951年作为特邀代表参加教育部召开的第1次全国中等教育会议。后来，他多次参与《中学数学教学大纲》的修改工作，并主编了《北京师范大学五四制初中数学教材》。

钟善基在国际交流方面做了大量开拓性工作。特别是从20世纪70年代后期组织和日本进行的数学教育交流研讨活动，并发展成为五国(中国、日本、美国、联邦德国与法国)数学教育会议。他曾经赴日参加“日中数学教育学研讨会”，率团参加在日本举行的“国际数学教育东京会议”，赴日本和德国并在国内参加第1，2，3，5，7届“五国数学教育研讨会”，1991年作为秘书长组织“国际数学教育北京会议”。他还于1990年应邀赴美国夏威夷大学进行讲学。钟善基多次在国际会议和国内、外大学，研究机构进行学术演讲，其学术思想和成果在国内、外数学教育界享有很高的赞誉。2005年10月，李仲来主编的《钟善基数学教育文选》在人民教育出版社出版。

钟善基社会活动广泛。曾任国家教育委员会中小学教材审定委员会审查委员和审定委员，中国教育学会数学教学研究会秘书长和顾问，数学教学专业委员会顾问和咨询委员，北京教育学会数学教学研究会理事长、名誉理事长，中小学数学教育现代化研究会秘书长，全国自然科学名词审定委员会数学名词审定委员会委员，北京数学会理事兼秘书，北京师范大学附属中学校友会名誉会长，日本“3所大学数学教育学研究会”名誉会长，北京教师进修学院兼职研究员以及山西省教育学院、昆明师范专科学校、天津师范大学兼职教授，北京西城区科学技术学会顾问，北京第14中学专家组成员，北京师范大学良乡中学顾问，科利华软件集团教研中心顾问，《数学通报》编委，《中小学数学教学》报社总编、社长，《高三数理化》杂志副主编，《中学生数学》编辑部顾问。（马波撰稿）

郝钢新(1924-02-14—2014-10-13)，男，河北三河人。1941年9月至1945年7月在北京辅仁大学数学系学习，1950年9月至1952年8月在北京辅仁大学数学系任助教，1952年后在北京师范大学数学系任助教、讲师，1979年7月任副教授，1981年3月任硕士生导师，1985年7月任教授。曾任《数学通报》编委。1990年4月退休。2014年10月因病在北京逝世。

郝钢新为人豁达宽容，关心年轻教师成长，深受大家爱戴。多年来一直从事代数方面的教学和科研工作，研究方向是李代数，这是近代数学中一个重要的分支。20世纪60年代发表过很好的学术论文，后确定Kac-Moody代数为研究方向，这是一个在国际上很活跃且与各学科有广泛联系的一个新的重要代数分支，使北京师范大学成为我国最早开展Kac-Moody代数研究工作的单位之一。先后在李代数，Kac-Moody代数等方向培养硕士研究生12名。在教学方面，多年讲授本科代数基础课直到研究生的多门专业课，讲课深入浅出，效果很好。他和张禾瑞合编的《高等代数》教材在1957年出版。该书条理清楚，讲解严谨，易懂，习题适当，受到广大代数教师和学生的欢迎和赞赏。该书1979年，1983年修订再版两次，该书获得1988年国家教育委员会高等学校优秀教材1等奖。1999年修订出版《高等代数》第4版。2007年出版了第5版，并被列为普通高等教育“十一五”国家级规划教材。根据高等教育出版社可以查到的不完整的记录，该书累计印数不少于90万册。出版《域论》，翻译出版《有限群的线性表示》《群论》等。“代数基础课教学质量”获1989年北京市人民政府优秀奖(和吴品三合作)。（刘永平撰稿）

吴品三(1926-11-28—2014-02-01)，男，江苏灌云人。1949年毕业于北京师范大学数学系并留校任助教，1952年任讲师，1979年7月任副教授，1981年3月任硕士生导师，1985年7月任教授。1992年4月离休。2014年2月因病在北京逝世。留校工作后一直从事基础课的教学工作。20世纪50年代初，学习苏联的教学经验，率先翻译出版了一些苏联的中学教师参考书及师范学院教材，例如，《中学数学教学法：第1册，通论；第2册，算术教学法；第3册，代数教学法；第4册，几何教学法；第5册，三角教学法》(人民教育出版社，1951)，《反三角函数》(商务印书馆，1952)，《数与多项式》(高等教育出版社，1955)等，特别是《中学数学教学法》，发行近20万册，成为20世纪五、六十年代高等师范院校数学系的通用教材，中学数学教师的主要参考书，为中学数学教学法课程的开设做出了贡献。培养硕士研究生11人。在培养研究生，接受国内访问学者与进修教师的同时，仍为本科生讲授基础课。他在教学工作中治学严谨，平易近人，深受学生爱戴。与郝钢新合作申请的项目“代数基础课教学质量”，获1989年北京市人民政府优秀奖。编著的《近世代数》(高等教育出版社，1979)成为高等院校的通用教材，发行量达到15万册。从20世纪60年代起，在环与代数方向的科学研究开始获得成果，陆续在《数学学报》《北京师范大学学报》《东北数学》《数学杂志》《数学通报》等刊物上发表了有关环的结构、根理论、有限环以及拟环等方向的学术论文近20篇，并多次应邀参加在奥地利、加拿大、日本、中国

香港等地召开的国际学术会议。（吴品三撰稿，李仲来补充）

王世强(1927-03-30—2018-02-03)，男，河北石家庄人，中共党员。祖籍河北深州市相家庄(现衡水市)。1944 年以同等学力考入兰州西北师范学院(北平师范大学转移到兰州后成立的高校，现称西北师范大学)数学系。抗日战争胜利后于 1946 年复校至北京师范大学数学系，1948 年毕业留校。1949 年任讲师，1956 年 7 月任副教授，1979 年 7 月任教授，1981 年任首批博士生导师。1985 年 3 月加入中国共产党。1997 年 10 月退休。2018 年 2 月因病在北京逝世。发表论文 70 余篇，专著 4 部，培养硕士生 22 人，博士生 13 人，指导一批进修教师。1979～1987 年任《数学进展》编委，1979～1997 年任《中国科学》和《科学通报》编委。

20 世纪 50 年代初期，王世强克服肺结核病痛，研究数理逻辑，1952 年在《数学学报》发表第 1 篇论文，改进了 Hilbert-Goetlind 的命题演算公理体系。该文得到几何学和数理逻辑学家汤璪真的关注，王世强遵照汤璪真的意见做出修改。后来这篇文章在《Mathematical Reviews》中受到国际著名数理逻辑学家王浩的好评。接着，在格论研究方面，王世强解决了 G. Birkhoff 的《Lattice Theory》第 2 版书中 3 个问题和 1 个猜想，部分解决了另外两个问题。段学复后来多次在会议和文章中介绍和赞扬王世强的工作。这些成果都被写进中华人民共和国《十年来的中国科学(数学卷)》。后来 G. Birkhoff 在《Lattice Theory》一书 1967 年第 3 版，及其 1984 年俄译增订版引用了王世强的这些结果。后来又被国内、外几部专著引用。1960 年前后，王世强参加了电子计算机的逻辑设计实践。20 世纪 60 年代初，王世强开设数理逻辑选课，与吴望名等教师一起从事格值逻辑的研究。80 年代，王世强发展格值逻辑的研究，进一步研究格值逻辑的模型论。他把多值逻辑、布尔值逻辑，甚至模糊逻辑中软布尔值逻辑统一为格值逻辑来研究，得到一批奠基性的概念、方法和定理。这一工作后来被沈复兴等多人继续，形成比较系统的理论。与此同时，王世强还将模型论方法应用于数论研究。他用模型论方法构造整数环的扩充模型，证明对每个二次代数整数环和一些三次代数整数环，存在适合 Goldbach 性质的扩环，也存在不适合 Goldbach 性质的扩环。从而表明，Goldbach 性质对这些环的理论有某种意义下的独立性。王世强还证明了对于孪生素数性质也有类似的结果。这些具有 Goldbach 性质的扩环和不具有 Goldbach 性质的扩环的特性，为研究一些数论问题的难解性提出了一种新的思路，吸引了不少研究者的兴趣。由于这些研究工作，他和罗里波、沈复兴、卢景波共同获得国家教育委员会 1986 年科技进步奖 1 等奖。1987 年科学出版社出版了王世强的专著《模型论基础》，这是我国数理逻辑模型论方面的第 1 部专著。现在该书已成为数理逻辑专业研究生的基础教材之一。20 世纪 90 年代，王世强又将模型论应用于代数理论的研究。他先给出 Hilbert 零点定理的推广，接着用模型论方法研究域上无限维向量和无限矩阵的性质。他引入了无限线性相关的概念，给出了任意域上每行每列只含有限个非零元的无限方阵存在各种逆方阵的充分必要条件，以及可对角化的充分必要条件等一批结果，从而也为无限维线性群的研究作了初步探索。他带领的研究小组在 20 世纪 90 年代的工作又获得国家教育委员会 1996 年科技进步奖 3 等奖。1995 年，王世强和杨守廉合著了《独立于 ZFC 的数学问题》，介绍用数理逻辑方法证明的一批数学问题的独立性，如可换群论中的 Whitehead 问题，Banach 代数方面的 Kaplansky 问题等。这些数学中的独立性问题的例子，突出地说明数理逻辑在数学中的不可缺少的重要作用。这部书被《Mathematical Reviews》评论为集合论方面“最有趣的著作之一”，评论写道“本书是为一般数学家著的，但也是集合论研究生的很好的参考书。”此书获1995年度国家教育委员会优秀学术著作奖。1998年，他和孟晓青合著《数理逻辑和范畴论应用》一书。2002年，王世强为北京师范大学百年校庆编写《傅种孙与现代数学》一书，作为对傅种孙的纪念。

王世强的工作不仅得到国内同行一致的称赞，也得到国际数理逻辑学界的肯定。他多次接受邀请到美国、德国等地访问，介绍模型论研究在中国的进展。许多著名逻辑学家也应邀来访交流最新的研究成果。德国著名逻辑学家G. H. Müller还请王世强协助编辑《Ω-Bibliography of Math. Logic》(《数理逻辑文献》)的中国部分，把中国数学界的数理逻辑研究情况概括地介绍给国际逻辑界。经由G. H. Müller，H.-D. Ebbinghaus，V. Weispfenning，Y. Gurevich，T. Jech等著名数理逻辑学家的联系，德国海德堡大学、弗莱堡大学、帕绍大学、美国Michigan大学、Pennsylvania大学等著名学府还与北京师范大学数学系互派学生和访问学者，有的还建立了长期合作关系。王世强为我国引进了数理逻辑模型论方向的研究，培养了不少模型论研究人才，成为我国模型论方向的学术带头人。他传承了北京师范大学数学系百年优秀学风。2005年11月，李仲来主编的《王世强文集：代数与数理逻辑》在北京师范大学出版社出版。 (沈复兴撰稿)

孙永生(1929-01-22—2006-03-22)，男，河北沧州人，中共党员，数学物理副博士。1947年高中毕业后保送入北平师范学院(今北京师范大学)数学系学习，1948年为寻求革命真理赴华北正定县入华北大学第2政治部学习，结业后分配到华北大学工学院学习。1949年10月又回到北京师范大学数学系学习，1952年5月加入中国共产党。1952年7月毕业后到俄文专修学校工作半年后，调回北京师范大学任教，1954年赴苏联莫斯科大学力学数学系，在著名函数论专家Stechkin指导下学习实变逼近论，1958年毕业获副博士学位。回国后在北京师范大学数学系工作，历任副教授(1961～1978)，教授(1979～)，首批博士生导师(1981～)。任数学系副主任(1960～1961，1965～1966，1978～1982)，系学术委员会主任(1983～1993)，校学位委员会委员(1987～1992)，国家教育委员会首届高等学校数学及力学教学指导委员会委员(1990～1995)。科学出版社《现代数学基础丛书》和北京师范大学《现代数学丛书》编委会委员，以及我国主办的国际性学术刊物《逼近论及其应用》，保加利亚和俄罗斯主办的国际性学术刊物《East Journal on Approximations》及中国的学术刊物《数学季刊》《数学研究》编委，并任河北师范大学、河南师范大学、宁夏大学的兼职教授。1999年4月离休。2006年3月因患肺癌在北京逝世。

长期以来一直工作在教学第一线。在数学系本科基础课教学、研究生的培养、对进修教师和访问学者的指导方面做过许多工作。在函数逼近论许多方向有精湛的工作。彻底解决了逼近论中一个难题“Weyl可微函数类的三角最佳逼近的精确常数的计算”；和合作者对于由线性微分算子确定的Green函数的宽度精确估计得到一系列重要结果；首先提出了利用可数的线性信息族在Sobolev类上的最优恢复的研究，把最优恢复问题从传统的有限信息族的性质向前推进了一步并取得了初步的基本结果。这些工作受到国际、国内同行专家的重视和高度评价，其中一些工作已被写进很多逼近论专著中，迄今为许多作者引用。分别在《中国科学》《科学通报》《逼近论及其应用》等国内学术期刊上以及《Constructive Approximation》《Journal of Complexity》等国际期刊上发表学术论文80多篇。

在逼近论方向的基本结果和陆善镇在Hardy空间方面的工作获1988年国家教育委员

会科技进步 1 等奖和 1989 年国家自然科学奖 4 等奖。孙永生的研究课题从 1985～1999 年共获得国家自然科学基金 4 次资助，国家教育委员会(后教育部)博士点基金 3 次资助。主持中俄两国自然科学基金委资助的国际合作项目 1 项。他的专著《函数逼近论》上、下册(下册与房艮孙合著)为我国函数论专业研究生广泛使用，于 1992 年获国家教育委员会颁发的高校出版社优秀学术著作特等奖。

他曾为研究生系统地讲授过三角级数、函数逼近论、线性算子逼近、样条函数、多元函数空间嵌入理论和逼近以及最优恢复通论等研究生系列专业课程，翻译了 2 部专著和大量俄文文献，撰写出 100 多万字的讲义。共培养了 2 名博士后，14 名博士，18 名硕士，多数成为大专院校的教学和科研骨干。获 1993 年北京师范大学优秀教学成果奖，和陆善镇获 1993 年北京市高校优秀教学成果 2 等奖。

他一贯重视为兄弟师范院校培养教学科研骨干。早年曾协助张禾瑞开办教育部委托的算术代数师专师资培训班。与他人合作翻译出版了《算术》《代数与初等函数》《初等代数专门教程》等 3 部苏联教材。1958～1962 年，与蒋硕民和赵慈庚等一起主办分析研究班。1978 年以后，指导来自全国各地师范院校的进修教师和访问学者 34 人。2005 年 8 月，李仲来主编的《孙永生文集：逼近与恢复的优化》在北京师范大学出版社出版。(刘永平撰稿)

王隽骧(1931-04-30—2021-09-12)，男，天津人。1950 年 8 月至 1953 年 7 月先后在辅仁大学和北京师范大学数学系学习，提前毕业后留系工作，历任助教，讲师，1979 年 7 月任副教授，1983 年 5 月任硕士生导师，1990 年 7 月任教授。1988～1995 年任数学系主任。1984～1988 年任《数学学报》编委，1985 年后历任全国自然科学名词审定委员会数学专业委员会委员、副主任、主任。1995 年 4 月退休。2021 年 9 月因病在北京逝世并捐献遗体。他平易近人，对工作认真负责，讲授本科生多门基础课和选课，研究生的基础课和专业课，讲课细致幽默，效果一直很好。与他人合作进行了统计气象预报的研究、油气资源勘探风险研究，指导研究生在北京师范大学开展了线性模型中统计量的可容许性研究及投影寻踪法、自助法的研究，并发表论文。与严士健等合著《概率论基础》《概率论与数理统计基础》。培养硕士研究生 15 人。指导进修教师 10 多人。

赵　桢(1931-09-02—2019-12-28)，男，北京人，中共党员，数学物理副博士。1949 年 9 月至 1953 年 7 月在北京师范大学数学系学习，1953 年 9 月毕业后留系工作，历任助教、讲师，1979 年 7 月任副教授，1981 年 3 月任硕士生导师，1983 年 5 月任教授。1955 年 2 月加入中国共产党。1955 年 9 月至 1956 年 10 月在北京俄语学院留苏预备部学习。1956 年 11 月被派往苏联莫斯科大学数学力学系做研究生，师从苏联科学院依・涅・维库阿院士学习偏微分方程，1960 年 4 月毕业并获副博士学位。1985～1988 年任北京师范大学数学系主任，1989～1996 年任北京数学会副理事长，1989～2007 年任北京数学会主办的北京数学奥林匹克学校校长，任《北京数学》《偏微分方程》《数学研究与评论》等学术杂志编委。1995 年 10 月退休。2019 年 12 月因病在北京逝世。

作为学术带头人领导了北京师范大学数学系偏微分方程方向的研究工作。这一方向的讨论班于 1962 年暑假后正式开始。当时数学系在本科生中试办专门化(1959 级的本科生)，该班学生是以偏微分方程中的(复)函数论方法为研究方向，开设的专门化课程有奇异积分方程、广义解析函数、函数论边值问题等，讨论班上还研读了一些有关的数学论文。当时听专门化课程的学生有30人左右，而参加讨论班的只有10多人，这些学生在1964年暑假毕业时都完成了读书报告形式的毕业论文，这对数学系来说还是首次(同时我系还有代数和概率两个专门化情况大体上也是类似的)。

在全国说来，北京大学、复旦大学、武汉大学、西南大学、北京科技大学等校都有人从事这方面的研究工作，当时知名的前辈学者有闵嗣鹤、陈传璋、张孝礼、路见可等。后来在我国还形成了一个学术集体(牵头的有路见可、赵桢、闻国椿、侯宗义、李明忠、林伟、容尔谦等人)，经过中国数学会批准每两年召开一次全国性的学术会议，到1999年，先后在成都、厦门、西安、武昌、重庆、北京、广州、银川、郑州、承德等地举办了10次学术会议，其中北京和承德的两次是国际性学术会议，有来自美国、德国、俄罗斯、乌克兰、塔吉克斯坦、伊朗、波兰、日本等国的学者参加，所有这些学术活动，北京师范大学数学系都是作为主要的组织者之一，在国内有着一定的影响。10次学术会议都出版了论文集，其中两次国际会议的论文集是由新加坡科技出版社出版。多年来在国内、外共发表过学术论文约40篇，专著1册，翻译专著1册，主编学术论文集10册(其中2册是由新加坡出版)，主编奥林匹克数学丛书3套。科研工作曾多次得到国家自然科学基金(3次)、教育部科学技术基金和北京市自然科学基金的支持，并两次获北京市科技进步奖3等奖。这个方向到1997年共培养研究生36人，其中硕士生32人，接受国内、外访问学者15人。改革开放以来曾作为访问教授访问过苏联、俄罗斯、乌克兰、捷克、德国、比利时、法国和波兰等国家；多次参加在美国、俄罗斯、德国、格鲁吉亚、泰国等国家举行的国际学术会议，进行国际交流活动。2019年12月16日，李仲来主编的《赵桢文集：广义解析函数与积分方程》在北京师范大学出版社出版。 (赵桢撰稿)

曹才翰(1933-08-29—1999-10-03)，男，浙江宁波人，中共党员，九三学社社员。1952年考入北京师范大学数学系，1956年7月毕业留校工作，历任数学系助教、讲师，1983年5月任副教授和硕士生导师，1989年4月任教授。任苏州大学和北京教育学院等十几所院校的兼职教授。曾任北京师范大学校务委员会委员，北京师范大学图书馆馆长，北京市海淀区第4～5届政治协商会议委员会常委、副主席，北京九三学社第8届市委委员，海淀区工委副主任委员，海淀区第10届人民代表大会代表，全国高师数学教育研究会理事长，北京市数学会常务理事，中国数学会传播委员会委员，中国教育学会数学教育研究发展中心理事，《数学通报》副主编，《数学教育学报》常务副主编。1997年4月退休。1997年12月加入中国共产党。

曹才翰长期致力于数学教育的研究和教学工作。从20世纪80年代初开始，他积极推动和完善我国数学教育学科的专业建设，为我国课程与教学论(数学)专业的发展做了奠基性工作。开创了国内数学教育心理学研究的先河，是我国数学教育心理学的创立者和奠基人之一。为我国数学教育事业培养了大批的高级专门人才，培养硕士研究生20名，指导高级访问学者，并参与培养了发展与教育心理学专业数学学科能力方向的4名博士生。他的学术活动频繁，1983年赴日本参加数学教育研究会；1992年参与组织在北京召开的数学教育国际会议；1994年应邀赴马来西亚讲学。在国内做了大量高水平的学术演讲，通过数学教育进修班、培训班、研讨班等形式，为提高中学数学教师的教学及研究水平做了大量工作。参加了国家教育委员会《九年义务教育全日制初级中学数学教学大纲》的起草工作，为我国基础教育的发展做出了贡献。于1989年获得国家教育委员会全国教育科学优秀成果奖 1 等奖，1990 年获得全国优秀教学成果奖 2 等奖、北京市优秀教学成果奖 2 等奖，1993 年获曾宪梓教育基金会颁发的高等师范院校教师奖 3 等奖。

曹才翰在《数学通报》等国内、外学术刊物上发表了 50 余篇数学教育改革和发展的文章，并出版教材和专著 20 余种。主要著作有《数学教育学概论》《中学数学教学概论》《中学数学逻辑知识概要》《初等代数教程》《初等代数教材教法》《数学教育心理学》等。在他的论著中，《数学教育学概论》《中学数学教学概论》《论数学教育及其研究》《关于数学教育观念的若干思考》《谈谈关于数学能力的问题》等是我国中学数学教育领域内非常重要的文献，成为数学教育工作者的必读书目。2005 年 10 月，李仲来主编的《曹才翰数学教育文选》在人民教育出版社出版。

曹才翰具有较强的行政领导能力，任北京市海淀区政治协商会议委员会副主席期间，深入基层、深入群众、体察民情、表达民意，表现了极高的参政议政水平，在民主党派中起到了榜样带头作用。任图书馆馆长期间，提出了“加强基础，调整关系，提高素质，稳步发展”的办馆方针。确定了图书馆技术手段自动化、网络化等办馆目标。他领导作风正派，勤政廉洁、遵纪守法，密切联系群众，团结全体职工，使图书馆工作跃上了一个新台阶，为学校图书馆的发展奠定了较好的基础。

曹才翰于 1999 年 10 月因患心脏病在北京逝世。曹才翰一生严于律己，平易近人，是一位受人尊敬和爱戴的长者。（马波撰稿，李仲来补充）

王家銮(1933-12-27—2021-10-25)，广东番禺人。1952～1956 年在北京师范大学数学系学习，1956 年 9 月至 1965 年 12 月在北京师范大学数学系任教，1965 年 12 月至 1979 年 4 月在北京长城机械厂(原名教学仪器厂)任教员、工程师，1979 年 4 月起在北京师范大学数学系任讲师，1983 年 5 月任副教授，1993 年 6 月任教授，1994 年 4 月退休。曾任高等数学教研室主任、系学术委员会委员。

在北京师范大学工作期间，多年从事高等数学的教学工作，对教学精益求精，授课独具风格，教学效果突出，对学生认真负责，受到学生的极大好评。先后于 1986 年、1989 年和 1992 年 3 次获得校级优秀教学成果奖，1993 年获曾宪梓教育基金会高等师范院校教师奖三等奖，指导多名进修教师。曾多次为外省市及北京高校部分数学教师作讲座和示范课，为全校理科教师作公开观摩课并介绍经验。曾任国家教育委员会高等学校数学与力学教学指导委员会高等数学组成员，北京市数学会秘书长，北京师范大学出版社数学教材编委会编委，校优秀教学成果奖评委，校励耘奖学助学基金评委，校多届青年教师基本功大赛奖评委，连续 8 年任北京高考招生办数学文科阅卷组负责人。在《数学通报》《高等数学》《百科知识》等杂志发表十余篇教学研究论文。（刘永平撰稿，李仲来补充）

蒋滋梅(1934-01-20—1999-04-24)，女，江苏常州人。1952 年 9 月至 1956 年 7 月在北京师范大学数学系本科学习，1956 年 9 月至 1958 年在北京师范大学数学系代数研究班学习，1958 年 8 月至 1962 年 7 月期间，在北京西郊农场劳动锻炼半年后到北京教学仪器制造学校任教，1962 年 7 月至 1979 年 7 月在北京师范大学附属中学任教，1979 年 7 月起在北京师范大学数学系任教。1982 年 12 月任讲师，1985 年 7 月任副教授，1986 年 9 月任硕士生导师，1993 年 6 月任教授。任《Mathematical Reviews》评论员。1994 年 4 月退休，1999 年 4 月因患直肠癌在北京逝世。

长期从事数学系高等代数、近世代数、环与代数、环结构等多门本科生和研究生基础课的讲授工作，1982 年到 1983 年在上海复旦大学师从许永华从事代数领域的环结构理论研究，此后继续这个方向的研究。发现和证明了任意环的极小单侧理想的结构定理，解决了环结构中的最小组成部分的结构问题；特别，对含非零基座本原环的研究中，确定了环的秩等于 1 的幂零元的分类，刻画了此类元的正交性，并获得了此类环结构的重要结果；发现和确定了此类本原环的拟临界环，从而推广了 N. Jacobson 的著名的关于含非零基本原环的结构定理，对一类有限环、广义根环的研究获得了有意义的结果。与人合著《抽象代数基础》，发表或合作发表学术论文 7 篇，分别发表在《科学通报》《数学年刊》《数学杂志》等杂志上。从 1988 年起，培养硕士研究生 6 名。（刘永平撰稿）

徐承彝(1934-03-26—1998-11-12)，男，北京人，中共党员。1958 年 6 月加入中国共产党。1958 年毕业于北京师范大学数学系，同年留校在概率统计教研室工作。1983 年 5 月任副教授和硕士生导师，1992 年 9 月任教授。1996 年 10 月退休。1998 年 11 月因病在北京逝世。著作有《增长曲线模型中的参数估计》，大学基础数学自学丛书《概率论与数理统计基础》，中学教师专业合格证书数学教材《概率论与数理统计》，高校教材《概率论与数理统计》。在《数学年刊》《应用概率统计》《北京师范大学学报》《数理统计与应用概率》等杂志上发表论文 10 余篇，涉及多元线性模型中二次估计的最优性、许定理的推广、用广义逆矩阵方法对矩阵秩的讨论、回归模型中 Gauss-Markov 估计的存在问题，多元正态线性模型中估计是最优非负二次估计的条件等内容。培养硕士研究生 6 人，其中 1988 届硕士生陈松蹊于 2021 年当选为中国科学院院士。（黄锡瑶撰稿）

邝荣雨(1935-09-29—2008-08-06)，男，广东台山人，中共党员。1959 年毕业于北京师范大学数学系，一直担任研究生、助教班、教师进修班、本科生及函授生的数学分析、高等数学、实变函数、实分析、数学分析选讲等课程的教学任务。1985 年 7 月任副教授，1994 年 7 月任教授。1996 年 4 月退休。2008 年 8 月因病在北京逝世。1986 年 7 月加入中国共产党。曾任分析教研室主任，1985 年 3 月至 1988 年 11 月任数学系副主任，1989 年 9 月至 1994 年 3 月任数学系党总支部书记，并兼任全国高等师范数学分析研究会领导职务。与他人合著或翻译(已出版或发表)的主要著作有《微积分学讲义》(共 4 册，约 108 万字，2005～2006 年 1～3 册出版第 2 版)《数学分析题集》(约 46 万字)《数学分析习作课讲义》(共 2 册，约 41 万字)《数学分析》(B. A. 卓里奇著，共 2 卷)及论文《数学分析中的两种基本思想方法：转换与估值》。由 6 所高师院校(邝荣雨任组长)联合研制的《高师数学分析题库》获 1993 年国家优秀教学成果奖 2 等奖。（邝荣雨撰稿）

王敬赓(曾用名王敬庚，1936-12-03—2018-08-19)，男，江苏泰州人，中共党员，教授。1954～1958 年在北京师范大学数学系学习，毕业后留校任教。1956 年 11 月加入中国共产党。1980～1981 年在武汉大学进修代数拓扑。1988 年 6 月任副教授，1996 年 7 月任教授，1997 年 3 月任硕士生导师，1997 年 4 月退休。2018 年 8 月因病在北京逝世。主要从事几何、拓扑和数学教育方面的教学和研究。《高观点下的解析几何》在 1993 年第 2 届全国初等数学研究学术交流会上被评为优秀论文 1 等奖。1991 年获北京师范大学优秀教育工作者称号。《拓扑学》1995 年获北京师范大学优秀教材奖。主要著作有《直观拓扑》《解析几何》《中学数学教学课题研究》《解析几何方法漫谈》《橡皮几何学漫谈》《几何变换漫谈》，合编教材《拓扑学》《空间解析几何》《高等几何》《高等数学基础》等，并翻译苏联青年数学科普丛书之《依给定的比分割线段》和《反演》。在《北京师范大学学报》《数学通报》《数学教育学报》等刊物上发表论文 40 多篇，在《科学》《中学生数学》《湖南教育·数学教师》等刊物上发表科普文章 40 多篇。指导在职申请硕士学位研究生 4 人。从 2000 年起任《中学生数学》杂志编委。2011 年 10 月，李仲来主编的《王敬庚数学教育文选》在人民教育出版社出版。

（王敬赓撰稿）

王伯英（1937-05-02—2021-08-20），男，广东茂名人。1960 年在北京师范大学毕业后留校任教。1962 年 9 月至 1964 年 7 月在中国科技大学进修并辅导计算数学。1979 年 9 月至 1981 年 9 月在美国加州大学（UCSB）做访问学者，进修多重线性代数。1983 年 5 月任副教授，1985 年 7 月任教授。1993 年 12 月任博士生导师。1997 年 9 月至 2001 年 7 月任北京师范大学数学与数学教育研究所所长。2002 年 10 月退休。2021 年 8 月因病在北京逝世。长期从事线性和多重线性代数、图论和组合数学的教学和研究工作。先后主持和完成 3 项国家自然科学基金资助项目和 3 项国家教育委员会博士点基金资助项目。1978 年主持研制“数控线切割编程机”获全国科学大会奖。1987 年“多重线性代数及其他”获国家教育委员会科技进步奖 2 等奖。1992 年被国家人事部授予有突出贡献中青年专家称号。在北京师范大学出版社出版《多重线性代数基础》和《控制不等式基础》。发表论文 60 余篇。培养硕士生 11 名，博士生 3 名，博士后 1 名。

主要研究结果。多重线性代数方面：给出对称凸集上初等对称函数为 Schur-凹的充要条件；以正交数值域为工具确定了张量空间中几类线性算子的类别；推得张量对称类中各种典型子空间的维数及正交基的构造方法；证明了一些张量对称类的指标关系式和不等式；证得 Grassmann 空间可合元素的多个等价条件；对 Grassmann 空间的可合元素和不可合元素得到若干新的判断方法；把适用于 Grassmann 空间的 Sylvester-Franke 定理推广为一般张量空间上都适用的行列式公式；纠正了文献中关于高阶张量对称类不存在标准可合对称张量构成正交基的错误结论。组合矩阵论方面：对著名组合论专家 Ryser 提出的（0，1）矩阵类 U(R，S) 矩阵个数问题给出了精确的计算公式；找到带有固定行和的（0，1）对称和规范矩阵存在的诸多等价条件；导出行和列和为 2 的（0，1）矩阵的组合性质和矩阵数的计算公式；解决了 Bourque 和 Ligh 提出的在最大公因数封闭集上的最小公倍数矩阵是可逆的猜想，证明了 7 阶以内猜想成立但 8 阶以上猜想不成立。矩阵计算方面：给出一个简化的求逆矩阵方法；给出一种降低条件数的迭代格式；证明了两个子空间序列当去掉一个子空间包含条件后仍具有公共正交基的结论，从而推广了特征值极值性质的 Weilandt 定理；证明了一类矩阵特征值最小距离的数量级结果；对矩阵的行列式、特征值和条件数都得到了较精确的估计式。矩阵不等式方面：证得半正定矩阵乘积及一般矩阵乘积的特征值和奇异值不等式；证得关于半正定矩阵幂的乘积及 Hadamard 积的特征值和奇异值不等式；证得半正定矩阵乘积及 Hadamard 积的关于 Schur 补的 Lowner 序不等式；把 Heinz 范数不等式从半正定矩阵类拓广到规范矩阵类；给出 Hermite 矩阵特征值之和的不等式及其应用。其他方面：对曾引起争议的关于更新序列圈乘运算封闭性问题（也叫 Kendall 难题）给出了简单的分析证明；利用矩阵与其共轭转置阵各若干个相乘的迹的关系式决定了矩阵是规范的，Hermite 的或半正定的；给出了行列式的 Laplace 展开式及

Cauchy-Binet 定理的纯符号式证明；证明了上三角逆 M-矩阵的 Hadamard 积仍是逆 M-矩阵的结论并得到有趣的恒等式。2012 年 8 月，李仲来主编的《王伯英文集：多重线性代数与矩阵》在北京师范大学出版社出版。（王伯英撰稿）

宣体佐(1937-06-24—2021-08-19)，男，河北丰润人。1957 年 9 月至 1962 年 7 月在北京师范大学数学系学习，1962 年 9 月至 1978 年 11 月在北京市第 31，32 中学任数学教师，1978 年 11 月至 1998 年 10 月在北京师范大学数学系任教，1988 年 6 月任副教授，1991 年 6 月任硕士生导师，1995 年 10 月任教授，1998 年 10 月退休。2021 年 8 月因病在北京逝世。讲授本科生《高等数学》《概率统计》《初等数论》等课程，及研究生《初等数论》《解析数论》等课程，培养硕士研究生 1 人。合著《高等数学》第 3 版入选普通高等教育本科“十二五”国家级规划教材。研究方向是解析数论，研究课题是没有大素因子整数的分布问题。在国内、外先后发表学术论文 20 多篇，其中在国际刊物《牛津大学数学季刊》《数学年刊》《名古屋大学数学杂志》《算术学报》《数论杂志》等杂志发表 9 篇以上论文。应法国南锡第一大学(Universite de Nancy I)和利蒙日大学(Universite de Limoges)的邀请，曾先后两次赴法国作为高级访问学者做学术访问。此外，对中学数学竞赛有浓厚兴趣，在《数学通报》等中等数学杂志上发表文章 7 篇。如 1989 年发表在《中等数学》(天津)上的《第 29 届 IMO 第 6 题解题思路初探》，1990 年发表在《中学教研(数学)》(浙江)上的《第 29 届 IMO 试题 6 的推广》等。自 1989 年任《Mathematical Reviews》评论员，自 1992 年任《Zentralblatt für Mathematik》评论员。（宣体佐撰稿）

朱汝金(1938-05-10—2019-09-09)，男，浙江瑞安人，中共党员。1959 年毕业于北京师范大学数学系，同年留校工作，1985 年 7 月任副教授，1994 年 7 月任教授。1986 年 9 月任硕士生导师，1988 年 4 月加入中国共产党。曾任数学系数学分析(二)教研室副主任，1988 年 11 月开始历任数学与数学教育研究所副所长，数学系副主任，学校研究生院培养处处长，学位办公室主任等职务，直到 1999 年 11 月退休。2019 年 9 月因病在北京逝世。

主要从事拟线性与完全非线性椭圆型及抛物型偏微分方程研究。留校工作即师从蒋硕民学习偏微分方程并承担相应的教学工作，于 1962 年及 1980 年相继赴北京大学与美国 Minnesota 大学，师从姜礼尚与 H. Weinberger，开展非线性偏微分方程及其应用研究工作。先后在拟线性椭圆型方程一般边值问题及退化椭圆型方程边值问题解的存在性与正则性，完全非线性椭圆型与抛物型方程边值问题解的存在性与正则性，及左端为 Hasse 矩阵特征值函数的非线性方程边值问题黏性解的存在性与正则性等研究方向开展工作并发表学术论文。1985 年后共指导 10 位硕士研究生、1 位博士后在完全非线性椭圆型方程一般边值问题、退化线性椭圆型方程及偏微分方程反问题等研究方向开展工作并取得一定成果。1994 年调校研究生院工作，受行政工作影响，研究工作逐渐中断。（朱汝金撰稿）

刘继志(1940-07-28—2021-01-16)，男，辽宁凌海人，中共党员。1959 年考入北京师范大学数学系，1964 年 8 月毕业。1973 年 8 月由哈尔滨建筑工程大学调入学校。1975 年 6 月加入中国共产党。1988 年 6 月任副教授，1991 年 6 月任硕士生导师，1996 年 7 月任教授。曾任几何教研室主任、数学系党总支部书记等工作。2001 年 10 月退休。2021 年 1 月因病在上海逝世。

担任本科生的微分几何、数学分析、研究生的微分流形、黎曼几何以及物理系的高等数学教学工作。著有《微分几何》(与王申怀合著)《微分几何讲义》(与王幼宁合著)等高等学校教材。“微分几何及多媒体教学”获得国家教育委员会、教育部1988年、2000年国家理科基地创建名牌课程项目的支持。曾获北京师范大学优秀教学奖。科研方向：整体几何学和子流形理论。研究课题：(主持人高红铸)低维流形的拓扑和几何，连续得到国家自然科学基金资助。发表论文20篇，培养3位硕士生及多名几何进修教师。　(刘继志撰稿)

张　辉(1972-09-09—2020-02-26)，男，河南新安人，理学博士。1991年9月至1998年7月于河南师范大学数学系毕业获理学学士和硕士学位；1998年9月至2001年7月于中国科学院数学与系统科学研究院系统科学研究所获理学博士学位，导师王靖华研究员；2001年7月至2003年6月在北京大学数学科学学院做博士后，合作导师张平文和鄂维南。2003年6月到北京师范大学工作。2005年7月任副教授，2010年7月任教授，2008年6月任博士生导师。2008年12月任计算数学教研室主任，2018年6月任数学与数学教育研究所所长兼数学科学学院副院长。2020年2月因病在北京逝世。任中国计算数学学会理事和北京市计算数学理事，《计算数学》杂志编委。主持完成国家自然科学基金项目2项，教育部重点项目1项，主持校级重点项目1项，教育部回国留学人员启动基金项目1项，作为骨干成员参与973项目1项。主持国家自然科学基金自由申请项目1项，国家自然科学基金国际合作交流项目1项。2001年在中国科学院数学与系统科学研究院获中国科学院华为奖，2008年获霍英东教育基金会第11届高等院校青年教师奖(自然科学)，2010年获校第10届励耘奖学基金优秀青年教师1等奖，2012年入选教育部新世纪优秀人才支持计划。先后访问过美国明尼苏打大学应用数学研究所、香港浸会大学、新加坡国立大学，2007年3月至2008年4月，受德国Humboldt(洪堡)基金资助于德国Max-Planck Institute of Mathematical Science(Leipzig)和Otto-von-Guericke University(Magdeburg)访问。坚持讲授本科生及研究生课程，指导毕业硕士生17人、博士生5人，博士后1人。其中1名硕士生2013年获得国际华人数学家大会硕士论文奖银奖。主要从事偏微分方程理论和复杂流体科学中的理论和计算研究，发表论文50余篇，其中大部分是SCI杂志。对复杂流体的FENE模型和液晶流体的棒状模型的分析和计算获得了一系列的重要结果，得到国际一些重要人物的引用和评价(如P. L. Lions，P. Constantin，C. Le Bris，F. Otto等)。主要研究软物质材料的建模、分析和计算。针对水凝胶材料建立数学模型模拟解释其相变、微结构和宏观性质等，同时提出相关的高性能稳定快速的计算方法，在化学和数学类高质量的杂志发表多篇文章。

(张辉撰稿)

第10章 学院获奖

10.1 个人奖

中国科学院院士，是我国设立的科学技术方面的最高学术称号，为终身荣誉。1955年，第一批中国科学院学部委员产生；1956年5月，学部委员进行了一次增聘。“文化大革命”结束后，1979年5月开始进行学部委员增补工作，之后又中断十年，至1990年再次进行了学部委员增选，确定了两年一次进行增选。1993年10月，国务院第11次常务会议决定，将中国科学院学部委员改称中国科学院院士。1998年6月，实施资深院士制度。

2020年12月，中国高校在中国科学院数学物理部(数学)健在的院士(不含技术科学部数学院士)：北京大学8人，复旦大学5人，南开大学3人，北京师范大学2人(王梓坤和陈木法)，南方科技大学、清华大学、四川大学、山东大学、首都师范大学、香港科技大学、香港大学、中国科学院大学各1人。

陈木法于2009年入选第三世界科学院院士。

根据国务院办公厅2015年印发的相关文件，院士年满70周岁退休。2018年10月，学校开始有3位院士退休。

一般认为，国家有突出贡献中青年专家选拔标准比较严格，属于数量比较少专业业绩十分突出的专家，是各个领域领军式学术(技术)带头人。1984年由中央组织部、中央宣传部、劳动人事部、财政部四部门联合选拔的专业技术与专业管理上有重要贡献的一类专家。后根据中央各部委职能调整，划归国家人事部牵头管理，现归国家人力资源与社会保障部管理。该类专家选拔一般每两年一次，实行中央下达指标的办法有控制的选拔。这类专家，至今选拔数量比较少。学院共有国家有突出贡献中青年专家6人，1994年之后学校未再给学院指标。

1990年，中共中央和国务院决定，给做出突出贡献的专家、学者、技术人员发放国务院政府特殊津贴，这是党中央、国务院为加强和改进党的知识分子工作，关心和爱护广大专业技术人员而采取的一项重大举措。这对于进一步营造尊重知识和尊重人才的良好社会环境，加强高层次专业技术人才队伍建设发挥了重要作用。严士健和王梓坤在1990年获国务院政府特殊津贴(全校11位)。入选者分为两档每人每月津贴100元或50元，1994年后取消分档。对1995年以前享受国务院政府特殊津贴的人员，仍按月发放政府特殊津贴，到逝世为止。1994年后改为每两年评一次，入选的标准提高，1995～2000年由国家一次性发放5 000元；2001～2006年变为一次性发放10 000元；2007年起又提高为20 000元，免征个人所得税。从2009年1月1日起，将按月发放的政府特殊津贴标准由每人每月100元调整为每人每月600元。1994年之前，数学系在职的34位教授和一位副教授获政府特殊津贴。至2020年，学院共有45位教师获政府特殊津贴，其中在学院任职教师5人。

1949年以来，共获31个国家级个人奖项，1956年傅种孙获全国先进生产者，以后改称全国先进工作者，是国家规定的全国劳模级奖项。2008年王昆扬获第4届高等学校教学名师奖。

1949 年以来，共获 66 个省部级奖项，其中 81 个个人奖项，国家规定的省市级劳模 10 人次；7 个集体奖项。

1949 年以来，共获 20 个其他个人奖项。

10.2　教学奖

1949 年以来，共获 10 个国家级教学奖项，其中 3 个为参加奖项。

1949 年以来，共获 19 个省部级教学奖项，其中 5 个为参加奖项。

1993 年，刘绍学的《建立科研新方向，培养高质量博士生》获北京市优秀教学成果奖 1 等奖。这是数学系教师获得的第 1 个省部级教学成果 1 等奖。之后，2005 年，2009 年，2017 年，王昆扬等，保继光等，毛永华等依次获第 2～4 个省部级教学成果 1 等奖。

10.3　科研奖

1999 年，陈木法和王凤雨的《跳过程，粒子系统与特征值估计》获国家自然科学奖 3 等奖。学院目前尚未获国家自然科学奖 2 等奖。

1987 年 2 月，王世强等的《模型论与判定问题》获国家教育委员会科技进步奖 1 等奖。这是数学系教师获得的第 1 个省部级科研成果 1 等奖。之后，1989 年，1998 年，2002 年，2009 年，2019 年，孙永生等，陈木法等，李洪兴，王凤雨，李增沪等依次获第 2～6 个省部级科研成果 1 等奖。

概率论研究群体在 2006 年获全国五一劳动奖状(班组)。

第 11 章　著作论文

11.1　学院著作

教材的编写是学院的基本建设之一。学院要抓好教材建设，教师在教学中要自主地开发教学资源，创造性地编写和使用教材，适时地修订或更新教材。在学院从事教学的多数教师，应该在一生的教学生涯中至少以自己为主，编写或修订一种教材作为己任。

一部(册)书在不同的年份出版再版，按再版年份计算在该年份之内。同一本书在不同的年份在不同的出版社出版，计算时按一部书计算，但计算在不同的出版社部数中。同一本书，有几个出版社联合出版，分别统计在不同的出版社。如果是学生在校期间出版的著作，也收录在内。有些著作是否划分为教材或专著，界限难以区分。教师出版的教材数量明显多于学术专著。

1915～2020 年，至少出版 1 012 部著作，其中译作 114 部，编译 15 部，英文著作 43 部。1915～1918 年没有著作出版，可以说，1919～2019 年的 100 周年中出版千余部著作。

不含 129 部译作和编译的作者：

(1) 883 部著作中：以独立、2 位、3 位、不小于 4 位(凡列为主编的基础教育教材，不能区分出作者人数，均按不小于 4 位计算)、集体署名，作者撰写著作的部数依次为 227、138，72，385，61 部，分别占 25.7%，15.6%，8.2%，43.6%，6.9%。去掉集体署名著作，每部著作平均作者至少为 2.75 人。

从发表著作的作者人数看，数学著作以不小于 4 位完成为主，其中基础教育教材约占 227 部(册)，占 227/385(不小于 4 位作者数)＝59.0%，其次以独立完成为主，两人合作为辅。

(2) 883 部著作中：去掉列为主编的基础教育教材 227 部(册)，剩下 656 部，以独立、2 位、3 位、不小于 4 位、集体署名，作者撰写著作的部数依次为 227，138，72，158，61 部，分别占 34.6%，21.0%，11.0%，24.1%，9.3%。去掉集体署名著作，每部著作平均作者至少为 2.06 人。

编写数学专著或教材的特点是：只要时间允许，可以独立完成。

集体署名的著作与年代有关，主要集中在 1958～1961 年。

127 部译作和编译的著作，有 54 部译自俄文，其余多数译自英文。

按年代划分：

1915～1919 年，出版 1 部英文著作。这是由北京师范学校数理部四年级学生靳荣禄和汤璪真编写(冯祖荀校)出版的一部正文 70 多页的英文著作，这在当时国内是少见的。版权页列汤璪真是第一作者，与封面作者顺序相反。定价是银元一元五角。1919 年 2 月 1 日由财政部印刷局印刷，3 月 20 日发行，北京高等师范学校学生发行售品所总发行。5 年里教师没有编写或翻译的教材。

1920～1929 年，出版 11 部著作，其中译作 3 部，初中教材 6 部。《罗素算理哲学》是国内翻译最早的数理逻辑译作。数学系本科生阎镇等合编的《历年国内专科以上学校入学考试试题详解》是国内能见到的最早的大学入学试题集。去掉译作，以独立、2 位、3 位作者撰写著作的部数依次为 1，6，1 部。

1930～1939 年，出版 30 部著作，其中译作 7 部，编译 4 部，多数为中学教材。去掉译作及编译，以独立、2 位、3 位、4 位作者撰写著作的部数依次为 7，6，5，1 部。

1940～1949 年，出版 1 部中学译作。

1937～1949 年，受抗日战争和解放战争影响，该阶段出版教材很少。

1950～1959 年，出版 60 部著作，其中译作 31 部，多数为苏联教材。5 部《中学数学教学法》是在我国全面学习苏联之前，率先翻译出版的苏联教材，8 部苏联的大学教材大纲。《近世代数基础》是我国第 1 部自编的近世代数教材，总印数 90 多万册。《高等代数》是我国自己编写的第 1 部高等代数教材，已出版第 5 版，第 5 版获(普通高等教育“十一五”国家级规划教材)，总印数 100 多万册。《初等数学复习及研究(平面几何)》是国内初等几何方面的一部经典名著，在 1980 年之前印数已达 100 多万册。《初等数论》已出版第 3 版，总印数约 40 万册。去掉译作和集体署名著作，以独立、2 位作者撰写著作的部数各为 3 部。

1960～1969 年，出版 46 部著作，其中译作 6 部，1961 年编写十年制学校实验用课本(全日制)小学数学(1～10)，中学数学(1～6)。去掉译作和集体署名著作，以独立和 4 位作者撰写著作的部数依次为 2，1 部。

1970～1979 年，出版 20 部著作，其中译作 6 部。去掉译作，以独立、2 位、4 位作者撰写著作的部数依次为 5，6，3 部。

1966～1976 年，受“文化大革命”影响，没有教材和著作出版。

1980～1989 年，出版 143 部著作，其中译作 22 部，编译 1 部，英文著作 2 部。去掉译作和集体署名著作，以独立、2 位、3 位、4 位作者撰写著作的部数依次为 35，26，13，46 部。

1990～1999 年，出版 171 部著作，其中译作 7 部，编译 7 部，英文著作 9 部，《Birth and death processes and Markov chains》是数学系在 Springer-Verlag Press 出版的第 1 部著作。不含译作及编译，以独立、2 位、3 位、4 位作者撰写著作的部数依次为 28，32，8，89 部。

2000～2009 年，出版 285 部著作，其中译作 23 部，编译 2 部，英文著作 19 部。不含译作及编译，以独立、2 位、3 位、4 位作者撰写著作的部数依次为 56，27，16，161 部。《空间解析几何》第 3 版获普通高等教育“十一五”国家级规划教材。

2010～2019 年，出版 231 部著作，其中译作 8 部，编译 1 部，英文著作 11 部，《微积分学讲义》第 3 版在 2010 年改称《数学分析》(第 1～3 册)，第 3 版获普通高等教育“十一五”国家级规划教材。不含译作及编译，以独立、2 位、3 位、4 位作者撰写著作的部数依次为 86，29，29，78 部。

2020 年，出版 12 部著作，其中英文著作 1 部。

按作者划分：

不含 61 部集体署名著作，著作涉及作者至少 434 人，其中学院教师和在校学生(著作出版时在校)182 人，国外作者 17 人。

主编和编写出版中文著作前 10 名的学院教师：严士健(74)，丁尔陞(64 部)，李仲来(60)，曹一鸣(49)，王梓坤(44)，刘洁民(30)，孙瑞清(30)，钟善基(29)，白尚恕(28)，赵桢(28)。

出版外文著作2部以上的学院教师：陆善镇(5部)，杨大春(5)，陈木法(4)，李洪兴(4)，王凤雨(3)。

按出版机构划分：

出版学院著作的国、内外出版机构共113个，其中国内100个，国外13个。出版著作10部及以上的国内出版社为：北京师范大学出版社(312部(中文)+5部(英文)，下同)，人民教育出版社(134)，高等教育出版社(97+1)，科学出版社(50+5)，北京出版社(48)，北京教育出版社(37)，上海教育出版社(33)，科学普及出版社(29)，湖南教育出版社(21)，北平师范大学附中算学丛刻社(15)。出版著作5部以上的国外出版社为：Springer-Verlag Press (10)，World Scientific Publishing Company (8)。

学院编写著作的重要特色是主编中小学教材：

1922～1923年，程廷熙和傅种孙编写的《初级混合数学》是《壬戌学制》颁布后国内使用比较广泛的一套混合数学教科书。在20世纪30年代，又有数学系教师编写的14部中学教材出版。学院教师主编中小学教材的传统一直持续至今，为我国的基础教育作出了重要贡献。

系列教材或专著：

20世纪80年代初，由数学系组织编委会，严士健任编委会主任，在北京师范大学出版社出版17部数学系本科生教材和外系高等数学教材。

1985年，数学系成立北京师范大学现代数学丛书编委会，张禾瑞任主编，王世强和孙永生任副主编，该丛书可以作为研究生用的教材。到2003年，在北京师范大学出版社出版12部，有6部获奖。

2005～2020年，李仲来主编4个系列：数学及应用数学专业课程系列、公共课数学系列、数学教育课程系列、数学学科硕士研究生基础课程系列教材，在北京师范大学出版社出版77部。

2002～2020年，李仲来主编的《北京师范大学数学科学学院史料丛书》，北京师范大学出版社出版14部。

2005～2017年，李仲来主编，人民教育出版社出版的《教育名家文集》，其中出版北京师范大学数学科学学院的傅种孙、钟善基、丁尔陞、曹才翰、孙瑞清、王敬庚、王申怀、钱珮玲数学教育文选，共8部。

2005～2021年，李仲来主编的《北京师范大学数学家文库》，北京师范大学出版社出版汤璪真、范会国、白尚恕、王世强、孙永生、严士健、王梓坤、刘绍学、赵桢、李占柄、罗里波、汪培庄、王伯英、刘来福、陈公宁、陆善镇、王昆扬、张英伯文集，共18部。

11.2　科研论文

1915～2019年至少发表8 993篇论文(1篇论文用中文和外文先后发表按1篇计算)。按工作惯例，2020年论文在2021年年底或2022年年初教师考核完成后才能确定篇数。

用中文、英文、俄文、日文、法文、德文，各发表4865，4 430，23，6，3，2篇(1篇论文先后用中文和外文发表分别计算)。从整体看，发表论文以中文为主，英文为辅；分阶段看，1980年以前，以中文为主；之后逐渐发生变化：用英文发表论文数量上升趋势明显，1997 年以前每年在百篇以下，之后每年达到百篇以上。1915～2008 年(2 284 篇)的英文论文与 2009～2019 年(2 146 篇)的英文论文总数基本持平。

1918～1919 年发表论文 43 篇，其中中文 41 篇，英文 2 篇。多数为大学生论文。

1920～1929 年发表中文论文 112 篇，多数为大学生论文。

1930～1939 年发表中文论文 56 篇。

1940～1949 年发表英文论文 1 篇。

1950～1959 年发表论文 113 篇，其中中文 109 篇，英文 2 篇，俄文 5 篇，法文 1 篇。

1960～1969 年发表论文 127 篇，其中中文 126 篇，英文 11 篇，俄文 5 篇。

1970～1979 年发表中文论文 99 篇。

1980～1989 年发表论文 984 篇，其中中文 830 篇，英文 225 篇，日文 1 篇，法文 1 篇。

1990～1999 年发表论文 1 915 篇，其中中文 1 262 篇，英文 769 篇，俄文 5 篇，日文 1 篇，德文 2 篇。

2000～2009 年发表论文 2 659 篇，其中中文 1 302 篇，英文 1 456 篇，俄文 5 篇，日文 4 篇。英文论文篇数是中文论文篇数的 1.1 倍。

2010～2019 年发表论文 2 884 篇，其中中文 928 篇，英文 1 964 篇，俄文 3 篇，法文 1 篇。英文论文篇数是中文论文篇数的 2.1 倍。

以独立、2 位、3 位、不小于 4 位，集体作者发表论文的篇数依次为 3 656，2 997，1 573，703，64 篇，分别占 40.7%，33.3%，17.5%，7.8%，0.7%。不含集体署名论文，每篇论文平均作者至少为 1.92 人。从发表论文的作者人数看，数学论文以独立完成为主，两人合作为辅；合作论文数量随时间增长，有逐渐增加的趋势；集体署名的论文与时代有关，20 世纪 70 年代最多，其次为 60 年代和 80 年代。

1918～1919 年独立作者发表论文 43 篇。

1920～1929 年发表中文论文 112 篇，其中独立、2 位、3 位、不小于 4 位作者论文依次为 109，1，1，1 篇。

1930～1939 年发表中文论文 56 篇，其中独立、2 位作者论文依次为 55，1 篇。

1940～1949 年独立作者发表论文 1 篇。

1950～1959 年发表论文 113 篇，其中独立、2 位、不小于 4 位、集体作者发表论文的篇数依次为 96，9，1，7 篇。

1960～1969 年发表论文 127 篇，其中独立、2 位、3 位、不小于 4 位、集体作者发表论文的篇数依次为 95，8，4，6，14 篇。

1970～1979 年发表中文论文 99 篇，独立、2 位、3 位、不小于 4 位、集体作者发表论文的篇数依次为 55，12，4，3，25 篇。

1980～1989 年发表论文 984 篇，其中独立、2 位、3 位、不小于 4 位、集体作者发表论文的篇数依次为 703，191，50，27，13 篇。

1990～1999 年发表论文 1 915 篇，其中独立、2 位、3 位、不小于 4 位、集体作者发表论文的篇数依次为 1 078，596，189，50，2 篇。

2000～2009 年发表论文 2 659 篇，其中独立、2 位、3 位、不小于 4 位、集体作者发表论文的篇数依次为 889，1 020，515，234，1 篇。

2010～2019 年发表论文 2 884 篇，其中独立、2 位、3 位、不小于 4 位、集体作者发表论文的篇数依次为 532，1 159，810，381，2 篇。

不含集体署名的论文，发表论文的作者人数：

(1) 1918～1949 年，独立论文数/论文总数＝208/212＝98.1%，论文署名以独立为主。

(2) 1950～1999 年，论文总数为 3 177 篇，其中独立、2 位、3 位、不小于 4 位作者发表论文的总篇数依次为 2 027，816，247，87 篇，比例依次为 63.8%，25.7%，7.8%，2.7%，论文署名以独立为主，随着论文作者数的增加，合作发表论文篇数依次递减。

(3) 2000～2019 年，论文总数为 5 540 篇，其中独立、2 位、3 位、不小于 4 位作者发表论文的总篇数依次为 1 421，2 179，1 325，615 篇，比例依次为 25.6%，39.3%，23.9%，11.1%，论文署名以两人合作为主，其他依次为独立、3 位、不小于 4 位作者。

不含集体署名论文，论文涉及作者至少 3 583 人。

发表中文论文前 10 名的学院教师：李仲来(206 篇)，李洪兴(174)，曹一鸣(143)，王世强(131)，汪培庄(126)，邓冠铁(118)，刘来福(117)，王敬庚/赓(102)，陆善镇(93)，王梓坤(85)。

发表外文论文前 10 名的学院教师：杨大春(388 篇)，陆善镇(240)，王凤雨(184)，袁荣(176)，丁勇(159)，李洪兴(118)，杨淳(105)，陈木法(103)，刘永平(98)，王恺顺(97)。

发表中文和外文论文之和前 10 名的学院教师(1 篇论著用中文和外文先后发表按 2 篇计算)：杨大春(421 篇)，陆善镇(333)，李洪兴(292)，邓冠铁(225)，李仲来(215)，王凤雨(207)，丁勇(186)，陈木法(185)，袁荣(184)，汪培庄(179)。

国外学者与学院师生合作发表外文论文前 10 名的作者：Tang Dalin(89 篇)，Lu Guozhen (53)，Yuan Chun (33)，Yabuta K. (33)，Lu Yungang (26)，Zheng Jie (26)，Albeverio S. (25)，Fan Dashan (23)，Röckner M. (23)，Woodard P. K. (21)。

去掉在科技图书和各种文集中发表的论文，发表论文的中文杂志 607 种，外文杂志 642 种。

发表论文≥20 篇的中文杂志 31 种，分别为

北京师范大学学报(自然科学版)(1 110 篇)，

中国数学杂志/数学通报(609)，

中国科学(158)，

数理杂志(150)，

科学通报(149)，

数学学报(147)，

数学进展(137)，

模糊系统与数学(87)，

数学年刊 A(79)，

数学教育学报(75)，

中学生数学(71)，

应用概率统计(62)，

数学物理学报(54)，

数学的实践与认识(50)，

中国数学教育/中国数学教育(高中版、初中版)(49),
数学研究与评论(39),
数学季刊(北京师范大学，37),
中小学数学(37),
教育学报/学科教育(36),
中国地方病防治杂志(36),
课程 教材 教法(32),
数学杂志(30),
大学英语(26),
数学季刊(河南，26),
模糊数学(24),
应用数学学报(24),
中学数学教学参考(23),
数学研究(21),
中学数学杂志(21),
生物数学学报(20),
系统工程理论与实践(20)。

发表论著≥20 篇的英文杂志 39 种，分别为
Science China：Mathematics/Science in China A/Scientia Sinica (214 篇),
Acta Mathematica Sinica (English Series/New Series) (182),
Journal of Mathematical Analysis and Applications (127),
Chinese Science Bulletin (126),
Frontiers of Mathematics in China (81),
Nonlinear Analysis：Theory，Methods and Applications (75),
Analysis in Theory and Applications/Approximation Theory and Its Applications (72),
Journal of Differential Equations (66),
Linear Algebra and Its Applications (61),
Acta Mathematica Scientia (54),
Journal of Functional Analysis (52),
Acta Mathematicae Applicatae Sinica (English Series) (41),
Stochastic Processes and Their Applications (40),
Proceedings of the American Mathematical Society (39),
Statistics and Probability Letters (39),
Discrete and Continuous Dynamical Systems (38),
Journal of Algebra (37),
Chinese Annals of Mathematics B (36),
Taiwanese Journal of Mathematics (35),
Potential Analysis (34),

Mathematische Nachrichten (32),
Communications in Algebra (31),
Fuzzy Sets and Systems (30),
Computers and Mathematics with Applications (28),
Forum Mathematicum (27)
Journal of Approximation Theory (25),
Northeastern Mathematical Journal (25),
Chinese Journal of Contemporary Mathematics (24),
Studia Mathematica (24),
Bulletin des Sciences Mathématiques (22),
Journal of Inequalities and Applications (22),
Journal of Theoretical Probability (22),
Transactions of American Mathematical Society (22),
Discrete Mathematics (21),
Journal of Applied Probability (21),
Journal of Complexity (21),
Advances in Mathematics (20)。

1918～1925 年：这一段时间发表论文的特点主要是数学系学生的作品发表在北京高等师范学校主办的《数理杂志》上，该刊于 1918 年 4 月创刊。至 1925 年 12 月，共出刊 4 卷 15 期。它是中国数理出版物最早的杂志，也是 1949 年以前出刊时间最长的数理杂志。傅种孙发表在该杂志上的《大衍(求一术)》是国内用现代数学观点研究中国古算的首例；《几何学之基础》是中国报道几何基础的第 1 篇文章；傅种孙为罗素的《数学哲学引论》(Introduction to Mathematical Philosophy)写了一篇摘要《罗素算理哲学入门》刊于《数理杂志》，这是植入我国的第 1 株数理逻辑新苗。除上述几篇外，其他的论文现在很少提及。

1930～1936 年：论文主要发表在北平师范大学数学会编辑的《数学季刊》上，它创刊于 1930 年 1 月，至 1934 年 7 月，共出刊 5 期，它是我国高校最早的专门数学期刊。它的栏目包括：攻研之心得，名著之译述，课程之标准，教学之方案，译名之商榷，教本之体例，中西历史，世界潮流，以及游戏，杂俎，调查报告等。该刊采取“凡学说之不见于中文著述者，虽陈不去；材料之有裨于中小学生者，虽浅不辞”的办刊原则，使刊物内容与社会所需紧密相连，从而形成了自己的特色。其他论文发表在《师大月刊》上。

1937～1950 年：受抗日战争(学校西迁和返京)及恢复北京师范大学的影响，仅发表 1 篇论文。

1951～1966 年：这一阶段的主要科研工作是数学系“四大金刚”：王世强、刘绍学、严士健、孙永生(以论文发表时间为序)等逐渐开展起来的。1952 年以前，除了数学教学研究论文外，数学系仅有极少数的学术研究论文。1952 年，王世强在《数学学报》上发表论文《命题演算的一系公理》，是数学系在 1949 年后发表的第 1 篇学术论文，这篇论文改进了 Hilbert-Goetlind 的命题验算公理体系，在《Mathematical Reviews》中受到国际著名数理逻辑学家王浩的好评。其成果以及他后来关于格论的成果都被写进中华人民共和国《十年来的中国科学(数学卷)》，被国内外多本专著引用。

刘绍学于 1956 年在莫斯科大学获得了副博士学位，他对结合环、李环、若当环和交错环做了统一的处理，获得了完整的结果。回国以后，在国内带动了环论的研究。严士健在华罗庚的指导下，进行了环上的线性群、辛群的自同构的研究，首次得到了他们的完整形式，还用自己提出的方法得到了 n 阶模群的定义关系。1958 年 3 月，孙永生在莫斯科大学完成了他的副博士学位论文《关于乘子变换下的函数类利用三角多项式的最佳逼近》，结果深刻，当时受到数学界前辈陈建功的称赞。同年赵桢在奇异积分方程与广义解析函数方面完成了学位论文，获得副博士学位回国。由于系里认为教育改革工作的需要，丁尔陞奉调回国。1960 年后，在有科研经验教师的主持下，建立起了青年教师的讨论班。虽然讨论班和研究生在当时很少开展数学的专题研究，但是青年教师掌握了一系列的近代数学理论和方法，为日后的科学研究打下了基础。正是有了这一阶段的科研起步工作，数学系在 1981 年才能申请到 4 位第 1 批博士生导师。

《中国数学杂志》在 1951 年 11 月创刊，至 1952 年 12 月，共出刊 5 期。从 1953 年起改为《数学通报》，从 1953 年 3～4 号改为月刊。在 1951～1966 年共出刊 158 期后停办。在此期间，数学系教师在该杂志上发表数学教育论文 146 篇，占这一时期数学系发表论文的 61%，为我国的数学教育事业做出了贡献。

1966～1976 年：“文化大革命”期间，科研工作停顿，仅发表 16 篇论文，其中有 5 篇应用数学论文，2 篇数学史论文。

1977～2019 年：1978 年，当科学的春天到来时，数学系开始恢复招收研究生，迅速恢复各类讨论班，逐渐形成了若干个研究方向。除“文化大革命”前已开始的数理逻辑、代数环论、函数逼近论、偏微分方程复函数论、随机过程、数理统计、中学数学教育等研究方向外，新形成了调和分析、代数表示论、多重线性代数和矩阵分析、几何拓扑、无穷粒子系统的马氏过程、测度值马氏过程、模糊数学、生物数学、常微分方程定性理论、偏微分方程现代方法、数学史等研究方向。

1981 年 11 月，王世强、孙永生、严士健、刘绍学教授被批准为首批博士生导师，占全国首批数学博导的 5.6%，占学校首批博导的 22.2%，占首批理科博导(理科还有黄祖洽、刘若庄、陈光旭、汪堃仁、周廷儒教授)的 44.4%，一般说来，数学系在学校的多种指标中一般占 10%或更低，此次批准数学系的博导数量，提高了数学系在学校中的地位，且此举对数学系在全国数学界的地位奠定了重要基础，开创了 40 年来的良好局面。

从 1978 级硕士生陈木法和罗里波提前毕业后留数学系，到 1981 年 1 月，硕士研究生王昆扬、沈复兴、张英伯、郑小谷毕业留数学系工作，数学系的教师队伍增加了新的血液，教师队伍的学历结构逐渐发生重大改变，过渡到选留硕士生，进而选留博士生和公开招聘教师。新进校的教师逐渐成为发表科研论文的主力军，发表论文的数量和质量都在不同程度地上升，越来越多的论文发表在国外的重要杂志上。

论文的水平体现在学术队伍的建设上，数学系以陈木法为学术带头人的“概率论研究群体”获国家自然科学基金委员会 2001 年的“创新研究群体科学基金”，这在当时是国内唯一获资助的数学研究群体。该群体的主要研究方向为粒子系统、马氏过程与谱理论。该项基金的申请要求研究群体的各成员有相对集中的研究方向，并在长期合作的基础上自然形成；其学术水平在国内同行中应具有一定优势，已取得突出成绩并具有明显的创新优势。2004 年和 2007 年底，概率论创新群体连续通过评审。共获得 3 期 9 年(2002～2010)资助。

2005 年 6 月 17 日，万维网统计 2000 年以来中国大陆发表的高水平数学论文，全国共收录 74 篇论文，学院被收录 9 篇，与南开大学数学科学学院并列第 1 名。

学校数学学科在2007年进入《基本科学指标》数据库ESI前1%(全世界共有21 800多个数学机构进行排名)。2012年7月1日，学校数学学科ESI在世界排名第99名，最靠前的名次为60多名。学院发表论文的特点是总论文数已经进入前50名，但平均每篇被引篇次低。

2015年10月，美国新闻与世界报道(US News)联合汤森路通公司，发布2016世界最佳大学学科排名，公布了21个学科的前100强高校，北京师范大学排名第298位。学校数学学科在排行榜中排29位(2015年排40位)，在内地高校中排名第3位。其中北京大学排15位，复旦大学排20位。

105年来，数学系的科研工作从零开始，已经发展到可以在各个方向最高水平的杂志上发表论文，表明我们已经逐渐步入到国际数学大家庭之列。但在几种最高水平的数学综合杂志上，如《Annals of Mathematics》《Acta Mathematica》《Inventiones Mathematicae》《Journal of the American Mathematical Society》等杂志上，发表的论文还很少，这是我们学院教师尚需要努力并为之奋斗拼搏的重要目标。

从史学角度看，用外文发表的第1篇论文有一定意义。英文是1918年(作者是汤璪真，周馨)发表，俄文是1956年(刘绍学)发表，日文是1984年(曹才翰)发表，法文是1984年(白尚恕)发表，德文是1990年(惠昌常)发表。

孙永生的论文《用三角多项式近迫周期可微函数》，中文稿发表在《数学学报》(1962，12(2)：181～202)，英文稿发表在《Chinese Mathematica Acta》(1963，3：196～217)，俄文稿发表在《Scientia Sinica》(1962，11(11)：1 455～1 474)，这是数学系用3种文字发表的唯一的一篇稿件，也是数学系发表在《中国科学》外文版的第1篇稿件。

11.3 科研基金

1982年，中国科学院基金局成立后，设立中国科学院自然科学基金，面向全国，是国家自然科学基金的前身。1983年，由徐汝梅(生物系)和刘来福(数学系)共同申请的《数学生态学中基础模型的探讨、发展和应用》获批中国科学院自然科学基金，至1985年共获6项中国科学院自然科学基金。

1986年2月14日，国务院批准成立国家自然科学基金委员会。中国科学院自然科学基金改称国家自然科学基金。国家设立国家自然科学基金以来，在科技经费管理、优化资源结构、引导公平竞争、加快青年人才培养等方面发挥了有效的作用，我国也初步形成以国家自然科学基金为主体，其他科学基金为补充的科学基金体系。1986年及以后，申请国家自然科学基金逐渐成为数学系/学院科研经费来源的最重要的渠道。

1980～2020年共获批857项，其中1980～1989年，1990～1999年，2000～2009年，2010～2019年，2020年依次获批37项，175项，255项，353项，37项。在不同年代的每年平均依次获批3.7项，17.5项，25.5项，35.3项，37项。

参加65项，占获批857项的7.6%，表明横向项目发展的空间很大。

1987年，汪培庄申请的《模糊信息处理、思维决策与机器智能》获批，这是数学系申请的第1个国家自然科学基金重大项目，经费135万元人民币。获批后分为10个子课题。

1987年，财政部和国家教育委员会设立高等学校科学技术基金，至1990年共获8项。1991年高等学校科学技术基金改称高等学校博士学科点专项科研基金，简称博士点基金。这是数学系的另一类科研经费来源，至2015年共获71项。2015年取消。

1994 年设立的国家杰出青年科学基金，是我国为促进青年科学和技术人才的成长，鼓励海外学者回国工作，加速培养造就一批进入世界科技前沿的优秀学术带头人而特别设立的科学基金。该基金支持在基础研究方面已取得突出成绩的青年学者自主选择研究方向开展创新研究，促进青年科学技术人才的成长，吸引海外人才，培养造就一批进入世界科技前沿的优秀学术带头人。1998 年，肖杰的《代数表示论与量子群的研究》获得国家杰出青年科学基金。这是数学系申请的第 1 项杰出青年科学基金，至 2020 年 12 月，共获 5 项(含入选后调离)。

1996 年，数学系获国家教育委员会理科基地数学基地资助，至 2004 年共获 361 万元资助。

长江学者奖励计划是中国国家重大人才工程的重要组成部分，是高等学校高层次人才队伍建设的引领性工程，“长江学者”“青年学者”是学术性、荣誉性称号。1998 年 8 月，教育部和李嘉诚基金会共同启动实施了长江学者奖励计划。2005 年 6 月，奖励范围由内地高等学校扩大到港澳地区高等学校和中国科学院所属研究机构。2012 年 3 月，教育部启动实施新的长江学者奖励计划。2018 年 9 月，印发新的《“长江学者奖励计划”管理办法》，聘期结束后，不得再使用该称号。到 2020 年 12 月，学院教师入选长江学者奖励计划特聘教授 6 人、讲座教授 1 人、青年学者 1 人。

2001 年，以陈木法为学术带头人的概率论研究群体获国家自然科学基金委员会的创新研究群体科学基金(全国所有学科第 1 批共 19 个创新群体)，这是国内数学界第 1 个获此资助的数学研究群体。该群体的主要研究方向为粒子系统、马氏过程与谱理论。2004 年 11 月，该群体通过评审(全国 17 个)，再次获得 3 年资助。2007 年 11 月获得第 3 期资助(2004 年全国获第 2 期资助的 17 个创新群体中有 16 个申请第 3 期资助，只有 4 个获得第 3 期资助)。2006 年 4 月底，概率论创新群体获全国五一劳动奖状(集体奖)。

2004 年，学院获“985 工程”二期经费资助，至 2008 年到位经费共 217 万元。2009 年改称学科建设经费，国家下拨后，从学校申请。

2005 年之后，在中国的大学，尤其是“985 高校”，在国家的大力支持下，获得充足的教学和科研经费。其实，经费多未必出好成果。历史上，数学的一些大成果往往是在平淡但长期艰苦奋斗的条件下获得的。

第 12 章　特级教师

1956 年 4～5 月，针对当时社会中出现的小学教师“三低”(责任担当低，劳动强度低，安全风险低)及普遍受歧视的情况，教育部接受毛泽东主席和周恩来总理的指示，研究并起草了《关于提高中小学教师待遇和社会地位的报告》，提出对有特殊贡献的优秀教师，给以特级待遇。1956 年，首先在北京市评选特级教师(荣誉称号)，数学系 1920 届本科毕业生韩桂丛(字满庐)、1934 届本科毕业生王明夏、1943 届本科毕业生霍懋征等被评为我国的首批特级教师。上海市在 1963 年评出了第 2 批特级教师。

“文化大革命”期间，评选活动停止。

1978 年，邓小平同志在全国教育工作会议上指示：“要研究教师首先是中小学教师的工资制度。要采取适当的措施，鼓励人们终生从事教育事业。特别优秀的教师，可以定为特级教师。”1978 年 10 月，教育部和国家计划委员会制订颁发《关于评选特级教师的暂行规定》，在全国开始评选特级教师工作。1993 年，国家教育委员会、人事部、财政部将评选特级教师的暂行规定修订为《特级教师评选规定》，规定特级教师享受特级教师津贴。学院校友至少有 180 人被评为特级教师(名单见录 30)，是数学系/学院发展进程中的又一大亮点。

特级教师并非教师职称系列，不属于教师的正常晋升，与教师工资不挂钩。

北京市在 2013 年 11 月 12 日公布第 1 批中小学正高级教师 18 人。学院 1989 届本科生校友，西城区教育研修学院闻岩被评为北京市正高级教师。之后晋升正高级教师正常化，一些教育管理部门规定，晋升正高级教师必须是特级教师。

2021 年后要逐步缩减评选特级教师的数量。

被评为特级教师荣誉称号的 184 人(含重复人次 3 人)中：本科生 110 人，占 59.8%；硕士生 10 人，占 5.4%；国家级骨干教师培训班 57 人，占 31.0%；研究生课程进修班 6 人，占 3.3%；访问学者 1 人，占 0.5%。

第 13 章　主办会议

主办会议，是扩大单位的影响，提高单位的学术地位，加强信息交流，增进彼此之间沟通的一种方法或手段。主办会议的一个问题是要有单位或课题的经费支持。组织会议的单位或个人要花费很多的时间，安排、协调多种杂事。2005 年以来，学院给予在校内召开的会议经费资助。

1979 年以前，数学系召开的会议很少。之后，召开的会议增多。据不完全统计：1915～1949 年 2 次，1950～1979 年 4 次，1980～1989 年 13 次，1990～1999 年 17 次，2000～2009 年 47 次，2010～2019 年 70 次。

1987 年 5 月，数学系主办秦九韶《数书九章》成书 740 周年纪念及学术研讨国际会议，是学校在校内召开的第 1 次国际学术研讨会议。

2002 年 8 月主办的首届马氏过程及其相关论题国际学术研讨会，已经办成了一个国际系列会议，到 2020 年，已召开 15 届。

第 14 章　数学楼

1902 年京师大学堂复校，成立仕学馆和师范馆，12 月 17 日举行开学典礼。校址位于景山东街马神庙。1904 年，京师大学堂师范馆改称京师大学堂优级师范科。1908 年改称京师优级师范学堂，迁到厂甸清官琉璃窑旧址，即和平门外南新华街路西。1912 年改称北京高等师范学校，1915 年数学物理部成立，开始招收数学专业的学生。1922 年改称数学系。1923 年 7 月，北京高等师范学校改为国立北京师范大学校。1929 年改称国立北京师范大学。

1937 年 7 月，卢沟桥事变后，北京师范大学校址迁往西北，先在陕西西安、城固等地，1941 年转移到甘肃兰州。1938 年伪政府在原址成立了北京师范学院，同年在李阁老胡同设北京女子师范学院。1946 年 7 月，国立北平师范学院复校，一年级学生在石驸马大街(原李阁老胡同)上课，高年级在和平门外上课，当时的数学楼称为“得朋楼”。1949 年 9 月，北平师范大学恢复原校名北京师范大学。1952 年 7 月，辅仁大学的大部分系科合并到北京师范大学，将和平门外校址称为“南校”，将护国寺街原辅仁大学校址称为“北校”，数学系学生到北校上课。1953 年在新街口外大街 19 号建立新校址。

数学楼于 1954 年奠基。1954 年暑假开始，数学系、物理系和中文系陆续从北校(即辅仁大学校址)迁入现址，以后各系陆续迁往现址。

1954～1956 年数学系学生在物理楼上课，1956 年暑假后在数学楼(也称教 8 楼)上课。

数学楼建成后，201 和 217 教室是学校的大、小会议室。2 层西面是学校图书馆。最初两届开学典礼都在数学楼前举行。数学楼内的教室由教务处统一管理。1958 年主楼建成后(1999 年拆除)，校部机关不再使用 201 和 217 教室。生物系从北校迁入，用 1～2 层做生物实验室。

“文化大革命”中，体育系占数学楼 217 教室，后作为体育系资料室，2004 年 5 月搬走后，归数学系使用。

1978 年 3～4 月，重新油漆数学楼的窗户。

1983 年暑假，粉刷数学楼的教室和办公室。

数学楼刚建成时，门上方留有三个方框，一直未刻字。现在墙上刻有“数学楼”，是 1980 级本科生在 1984 年毕业前发起，并联合在系就读的 1981～1983 级本科生捐款后刻字，3 个字是由我校历史系胡云富老师(后在北京师范大学出版社工作，曾任副社长)书写。

1985 年 10 月，生物系从数学楼迁到生地楼。除 207 教室外，2 层东部(205～206，208～211 教室)被图书馆情报学系使用；数学楼 1～2 层的其余房间由数学系使用。由数学系和无线电电子学系的部分教师组成成立校计算中心后，304，305，316 教室被计算中心占用，116 房间成为校计算中心的行政办公室，1999 年搬走后，归数学系使用。

1990 年，数学系下了很大决心，将原设在 3 层西部的数学资料室搬到 1 层东部。在原资料室所占位置建成模糊信息处理与模糊推理机国家专业实验室。

1992 年 9 月 9 日，江泽民总书记来我校视察工作时，到数学楼模糊信息处理与模糊推理机国家专业实验室，观看了模糊控制技术的演示。

1999 年底至 2000 年初，模糊信息处理与模糊推理机国家专业实验室从数学楼搬到科技楼 B 区 11 层全层和 10 层的 3 间工作室，10 层的其余房间也归实验室使用，但被教务处借用，一直未归还。10 层的 3 间工作室在 2004 年秋被学校强行划归地理学与遥感科学学院使用。

2000 年初，《数学通报》编辑部部分搬到数学楼后，原来在教育管理学院 3 层最西部南北的两间房在 2002 年 9 月被教育管理学院利用房屋装修的机会，强行占用。

2000 年暑假，对数学楼进行了大规模的加固和装修，全部窗户换为铝合金窗户。

2001 年 5 月，数学系为每位教师配备计算机、办公桌和书柜，为少数教授每人配备一间办公室，为每两至三位副教授配备一间办公室，在每个办公室内安装空调，改善了教师的办公条件。

2001 年 7 月，图书馆情报学系划归新成立的管理学院。2 层东部图书馆情报学系的房子被管理学院使用。

2002 年 6 月，数学系资料室划归学校图书馆统一管理。

2002 年是百年校庆，数学楼东面建起了学校的新主楼，数学楼右前面拆掉了 1958 年后停建的半截楼(地下一层半，地上半层)，建起了新的 5 层教学楼，称为曾宪梓教学楼或教 9 楼，数学楼前已像一个四合院。

2004 年 4 月，学院成立后，学校将数学楼 410 教室归学院使用。学院将其改建成教师办公室，10 位青年教师先后在 410 教室工作。

2004 年 6 月 10 日，数学科学学院院务委员会讨论了暑假前后数学楼部分办公室的装修、购买家具、制作办公室标牌等问题；提出了科技楼 B 区 11 层的用房思路，初步规划了数学科学学院三年后整体搬迁到新图书馆大楼(简称后主楼)的用房。

2004 年 6 月 11 日，学校召开后主楼分房会议。数学科学学院教职工将搬到后主楼大楼办公。计划 2005 年春开工，2006 年年底竣工。

2004 年 6 月 12 日，征求教职工对学校分配给学院的用房以及学院内分配方案的意见。15 日，进行汇总。

2004 年 6 月 16 日，学院在数学楼 307 教室召开全院教师大会，讨论到后主楼后的办公用房分配方案。

2004 年 6 月 17 日，由戴家干副校长主持召开后主楼分房会议。

2004 年 8 月 26 日，院务委员会决定：为方便办公，将办公室全部调整到一层。涉及的办公室有数学与数学教育研究所、院党委、院团委、学生会办公室和一个库房。

2004 年 9 月 21 日，院务委员会专门讨论科技楼 B11 层的使用问题，提出了几种可能的用房方案，以及数学楼近期的用房规划，以达到尽可能合理、高效地使用资源的目的。

2005 年 3 月 31 日，院务委员会确定科技楼 B11 层的用房方案。

2005 年 9 月，概率论与数理统计方向的教师搬到科技楼 B11 层，教师的办公面积得到缓解。

2005 年 10 月 12 日，院务委员会确定办公室分配方案的基本原则：前提是不作大的调整。除王昆扬和张英伯两位教授在同一间办公室外，若两位教授在同一间办公室，则分开；若一位教授和一位或两位副教授在同一间办公室，或三位副教授在同一间办公室，则不做调整。

2005 年 12 月 28 日，院务委员会详细研究数学科学学院在后主楼的房间设计及分配方案，尽可能地安排每位教授和副教授一人一间办公室，筹划教师的交流活动空间等有关事宜。

2005 年底，学校将数学楼 308 教室归学校创新群体“代数表示论及相关课题”使用。

2006 年 9 月 20 日，学校举行后主楼奠基典礼。校党委书记和两位副校长出席典礼。数学科学学院、外国语言文学学院、图书馆及有关职能部处的负责人，教师和学生代表以及设计单位、施工单位和监理单位的领导参加典礼。

新开工的后主楼高 90.7 米，建筑面积 73.669 万米^2，地上 23 层，地下 2 层。地下设有书库、设备用房及停车场，地上部分主要是图书馆用房、外国语言文学学院和数学科学学院办公用房及科研用房等。该楼建成后将大大改善图书馆环境条件并提高数字信息化建设水平，同时也为学校以后的资源重新配置提供了条件。建成后的后主楼和主楼组成主轴建筑群，将成为我校的标志性建筑。

2009 年 2 月，后主楼工程获得工程结构质量最高荣誉奖：北京市建筑结构长城杯金质奖。这是学校新建工程中继邱季端体育馆之后获得的又一个结构长城杯金质奖。该工程由广东省建筑设计研究院负责设计，北京城建五建设工程有限公司负责承建，远达国际建设监理公司负责监理。

2009 年 7 月 2 日，院务委员会仔细讨论后主楼的用房分配方案(学校的意见是：除资料室外，学院全部搬入后主楼，共给两层半)。

2009 年 9 月 16 日，院务委员会决定：对后主楼用房是按照职称分配。职称相同时按任职年限先后分配，任职年限相同时按年龄大小分配。

2010 年 4 月 20 日，为推进后主楼建设工作，解决工程施工中的困难和问题，校党委书记在后主楼工地召开了现场办公会，副校长陈光巨及有关职能部门负责同志参加会议。

2010 年 6 月 18 日，院务委员会专题讨论学院搬迁后主楼的具体方案。

2010 年 6 月 20 日，院务委员会详细讨论学院搬迁后主楼的具体方案。决定成立搬迁小组，王恺顺任组长。

2010 年 7 月 5 日，院务委员会确定学院搬迁后主楼的原则(依次为：改善教师的办公用房，固定博士生的学习用房，预留学院的机动用房，安排概率论创新群体、学院的几个中心和实验室用房)，继续讨论和完善调整后的腾退方案与具体分配方法。

2010 年 7 月 19 日，院务委员会讨论学院搬迁后主楼的问题，并决定将分房方案、挑房次序、办公用房示意图张贴在学院办公室，22 日上午召开全院大会，通报办公用房的相关情况，并依次挑选房间。

2010 年 9 月 9 日，院务委员会讨论搬入后主楼后的办公室布置、家具更新等问题。

2010 年 10 月 8 日，院务委员会讨论后主楼打隔断后重新挑房的工作，以及报告厅的设计方案、办公室的布置等问题。

2010 年 10 月 21 日，院务委员会讨论了机房、报告厅的设备和办公室的家具配备等问题，费用将从“985 工程”2011 年经费和“211 工程”三期经费中支付。

2010 年 11 月 10 日，院务委员会议论后主楼教师办公室家具的配置。

2011 年 1 月 13 日，院务委员会讨论购买第二批家具(办公室的椅子和沙发、报告厅的椅子等)和博士生工作室的建设格局。会议决定，在开学前的教师活动周(2 月 21～27 日)，学院搬迁到后主楼。

2011 年 3 月中下旬，学院从数学楼搬到后主楼 11～13 层，计算机房搬到 9 层。

2011 年 4 月 6 日，数学资料室搬到旧图书馆 4 楼西部后，开始接待读者。

2011 年 6 月中旬，概率论与数理统计方向的教师从科技楼搬到后主楼办公。

2014 年 10 月，将学院计算机房东部改造成博士生工作室。

2015 年 1 月，统计方向的 8 位教师调到 2014 年 11 月新成立的统计学院。2017 年 7 月，统计学院的教师从后主楼搬到新家。原来的用房归学院使用。

2019 年 8 月，将学院计算机房西部改造成博士后工作室。

第 15 章　固定资产

固定资产是指企事业为生产产品、提供劳务、出租或者经营管理而持有的、使用时间超过 12 个月的，价值达到一定标准的(1957 年是单价≥28 元，现在是单价≥1 000 元)非货币性资产，包括房屋、建筑物、机器、机械、运输工具以及其他与生产经营活动有关的设备、器具、工具等。

数学系 1957 年开始有固定资产记录，第 1 件是微分几何模型：扭闭螺旋曲面，编号 100 001，单价 82.00 元。

固定资产编号记录：1957～1999 年，数学系的编号从小到大依次排序；2000～2014 年，学校资产处审批时，给出按年的全校序列号；2014 年 12 月 4 日开始使用资产管理系统，用计算机上报每件固定资产时，该系统自动给出一个全校的资产序号。

依据编号，1957 年到 1968 年固定资产编号 101410 之前的记录保存的不全，缺少 1 286 件记录(报废的固定资产记录未存底)。1969～1974 年未购固定资产。从固定资产编号 101 411 之后至 1993 年的固定资产有完整记录(流水账)，按照编号，根据报废单，逐项列出到 1999 年的固定资产记录流水账。2000～2014 年依据上报学校记录存根，整理出固定资产记录流水账。2015 年 1 月至 2016 年 10 月，有记录固定资产的流水账。由于国家规定，教学仪器设备的报废使用年限至少是 6 年，2015～2020 年的固定资产记录完整。2015 年开始，软件作为固定资产。

1957～1959 年购教学仪器设备有记录的 39 件(件、台、个、套、块、支，等，在不引起混淆的情况下，多数固定资产的单位称为件)，金额 20 403.00 元。

1960～1968 年购教学仪器设备有记录的 108 件，金额 191 205.37 元。

1969～1974 年购教学仪器设备 0 件。

1975～1979 年购教学仪器设备 91 件，金额 573 020.79 元；家具 8 件，金额 280.00 元。

1980～1989 年购教学仪器设备 716 件，金额 1 498 972.83 元；家具 16 件，金额 3 820.00 元。

1990～1999 年购教学仪器设备 244 件，金额 2 515 588.40 元；家具 2 件，金额 920.00 元。

2000～2009 年购教学仪器设备 1 869 件，金额 15 044 319.55 元；家具 1 626 件，金额 1 286 924.00 元。

2010～2019 年购教学仪器设备 1 702 件，金额 17 573 787.52 元；家具 1 414 件，金额 3 312 952.19 元；软件 30 件，金额 358 603.01 元。

2020 年购教学仪器设备 174 件，金额 2 295 408.01 元；家具 39 件，金额 79 345.26 元；软件 2 件，金额 65 388.00 元。

与数学学科联系最紧密的固定资产是计算机。1957～2020 年共购计算机 2 390 台(不含打印机、计算机显示屏和计算器)，占教学仪器设备总件数 4 944 的 48.3%。

购计算机的最早记录：1958 年购上海计算机打字机厂生产的 20 位手摇计算机 10 台，

单价 950 元；天津红星厂生产的文化 20 位手摇计算机 14 台，单价 753 元；苏联的 3 台计算机，单价 410 元；德国的电动 18 位计算机 2 台，单价 3 200.00 元。

1960 年，天津电子仪器厂生产的 102 型电子模拟计算机 1 台 61 080.00 元，占年总固定资产的 52.5%。购光弹性力学试验机 1 台 15 100.00 元，连同其他 47 件固定资产占 47.5%，且这 48 件固定资产与计算机无关。

1961 年购 201 型通用计算机 14 台共 14 700.00 元，202 型通用计算机 10 台共 24 200.00 元，其他 11 件固定资产与计算机无关。

1963～1976 年购的 62 件固定资产与计算机无关，与数学系办工厂有关。1976 年购北京第 2 机床厂生产的 M1432/1500 型万能磨床 1 台 20 000.00 元。

1978 年 6 月，购北京计算机三厂生产的 JS-130 计算机 1 台 420 095.00 元，属于国家科委统管 23 种大型精密仪器，归属教育部部管仪器(固定资产)。

1978 年 6 月，购日本产 EP-101 行线打印机 1 台 1 021.18 元，是购打印机的最早记录。

1978 年 12 月购中文打字机 1 台 568.00 元，1979 年 3 月购飞鱼牌英文打字机 1 台 771 元，5 月购 PGK5-8-1 型光电输入机 1 台 1 100.00 元，是购打字机的最早记录。

1979 年购 ISOT-1370 型磁盘机 1 台 27 502.11 元，CK-160B 型快速穿孔机 1 台 5 000.00 元。

1979 年 11 月购 STY-5 型书写投影仪 1 台 1 500 元，是购投影仪的最早记录。

1980～1982 年购 8 种型号的计算器 118 台，总金额 17 958.10 元，平均每台 152.89 元。

以下主要对 1980～1990 年单价不小于 1 万元和 1990 年以后单价不小于 5 万元的每件固定资产做一介绍。

1980 年购Ⅱ型磁盘接口加驱动器 1 台 80 000.00 元，CYD-802 型宽行打印机加接口 1 套 52 000.00 元，DZM-180 型控制台打字机 1 台 25 200.00 元，DJS-130 机用内存测试台 1 台 25 000.00 元。

1981 年购 DT-Ⅱ型多路通讯器 1 台 19 980.00 元，24 针针式汉字打印机 1 台 30 092.88 元。

1983 年购美国产微型计算机(台式计算机，以下简称微机)AppleⅡ 1 台 25 807.68 元。

1984 年购磁带数据记录仪 1 台 25 803.10 元，复印机 1 台 33 100.00 元，微机 AppleⅡ 3 台，单价 10 310.00 元，Super PC 微机 1 台 30 830.00 元。

1985 年购 IBM-PC 微机 2 台，单价 13 000.00 元，长城 0520-CH 微机 1 台 19 800.00 元。

1986 年购复录机 1 台 12 800.00 元，IBM-PC 微机 4 台，单价分别为 1 台 23 822.42 元，1 台 21 720 元，2 台共 24 060 元。

1987 年购彩色投影仪 1 台 11 100.00 元，日本产微机 1 台 13 000.00 元。

1988 年购 IBM-PC/XT 微机 1 台 18 500.00 元，14 100 元 1 台的 PC 微机 6 台，14 050.00 元的微机 1 台，IBM-PC/Ⅱ微机 1 台 69 000.00 元，SUN-286 微机 1 台 27 900.00 元。

1989 年购绘图仪 1 台 18 320.00 元，示波器 1 台 17 900.00 元。

1990 年购微机 5 台，单价分别为 39 700.00 元，36 000.00 元，35 240.00 元，

21 455.00 元(是个人利用经费购买并使用电脑的最早记录；个人利用经费购买并使用笔记本电脑的最早记录是 1995 年 9 月，单价 16 800.00 元)，19 500.00 元，打印机 1 台 17 800.00 元。

1994 年 7 月购微机 1 台 441 652.40 元。

1999 年 4 月购多用途视听设备 1 套 95 050.00 元。

2001 年 1 月购 SUN 网络服务器 1 套 607 706.00 元和 SUN 工作站 1 套 174 020.00 元。

2002 年 10 月购直线 4 级倒立摆 1 套 63 700.00 元。

2003 年 3 月购平面 2 级倒立摆 1 套 62 000.00 元。

2003 年 11 月购平面 3 级倒立摆 1 套 76 000.00 元。

2004 年 12 月购平面 4 级倒立摆 1 套 108 000.00 元。

2005 年 6 月购服务器 1 套 70 000.00 元。

2006 年 12 月购服务器 1 套 73 500.00 元。

2008 年 10 月购服务器 1 套 97 400.00 元。

2009 年 12 月购彩色复印机 1 台 109 500.00 元。

2010 年 1 月购桌面万亿次计算机 1 台 98 000.00 元。

2010 年 1 月购图形工作站 1 套 53 315.00 元。

2011 年 6 月购磁盘阵列 1 套 88 200.00 元。

2011 年 7 月购服务器 2 套，单价分别为 74 280.00 元和 89 196.12 元。

2011 年 10 月购刀片机箱 1 套 61 172.00 元。

2012 年 6 月购服务器 1 套 53 939.55 元。2012 年 12 月购服务器 1 套 96 663.84 元，服务器配件 1 套 88 247.12 元。

2013 年 4 月购刀片式服务器 2 套共 144 040.05 元，购另外 2 套共 185 946.60 元。10 月购服务器 2 套共 150 622 元。11 月购服务器 2 套共 188 574 元。12 月购飞行平台 1 套 89 000.00 元，自平衡小车 1 套 98 900.00 元，购智能数码相机 2 套共 197 700.00 元，图像采集卡 1 块 54 000.00 元。

2014 年 3 月购机架式服务器 1 套 197 300.00 元，购另外 2 套共 185 946.60 元。10 月购服务器 2 套共 150 622.00 元。11 月购服务器 2 套共 188 574.00 元。12 月购飞行平台 1 套 89 000.00 元，自平衡小车 1 套 98 900.00 元，购智能数码相机 2 套共 197 700.00 元，图像采集卡 1 块 54 000.00 元。

2016 年 12 月购复印机 1 台 62 000.00 元。

2018 年 4 月购模具 3 套 192 000.00 元，11 月购视听会议系统 1 套 74 500.00 元，播放系统 1 套 96 000.00 元，数据采集装置 2 套共 328 000.00 元。

2019 年 2 月购多媒体教学系统 1 套 73 000.00 元，9 月购图形工作站 1 套 59 000.00 元，12 月购后主楼门禁系统 1 套 169 000.00 元，《中学数学课程标准解读与教材分析》精品在线课程 1 套 135 000.00 元。

2020 年 11 月购联想架式服务器 1 套 227 000.00 元，苹果服务器 1 套 412 600.00 元，MOOC 精品课软件 1 套 65 000.00 元。

将 2015～2020 年的教学仪器设备中的计算机记录分类统计。6 年共购微机 157 台，金额 1 512 297.85 元；笔记本电脑 532 台，金额 6 811 977.26 元；打印机 133 台，金额 460 020.16 元；显示器 44 台，金额 137 528.98 元。6 年共购 866 台，占 6 年购教学仪器设备总数 1 074 台的 80.6%；6 年购计算机(含打印机和显示器)总金额 8 921 824.25 台，占 6 年教学仪器设备总金额 11 797 022.70 元的 75.6%。

1958 年 8 月 25 日到 10 月 1 日，数学系近千名师生开展大搞理论联系实际的群众性的“科学跃进月”活动，进行教育“大改革”和科研“大跃进”，在 1959 年冬至 1960 年夏，还进行大搞“高、精、尖”的科研活动，兴办了七八个工厂，有造纸厂、喇叭厂、玻璃厂和硫酸厂等。在“大跃进”中，在教学、科研和生产劳动三结合口号的鼓舞下，考虑到电子计算机在解决生产实际问题中的作用，1958 年，数学系决定成立计算数学专业和计算技术专业，在没有作充分调查研究的基础上，决定成立数字电子计算机工厂。一共投入 180 多万元人民币，由于多种原因，在 1 年后下马。1957 年到 1968 年固定资产缺少 1 286 件记录多数可能与数字电子计算机工厂有关。

表

表 1　1919～1952 年教师和毕业生表

人

届别	教师	北京师范大学	辅仁大学	北京女子师范大学	沦陷期北京师范学院
1919	7	28			
1920	7	28			
1921	4				
1922	9	25			
1923		5			
1924	9	25		9(9)*	
1925	14	26(1)		13(13)	
1926	16	4(1)			
1927	7	21(2)			
1928	12	18(1)		4(4)	
1929	12	6(2)			
1930	11	4			
1931	9	16(6)			
1932	11	10(1)			
1933	9	15(4)			
1934	7	15(5)	1		
1935	7	28(5)	4		
1936	11		2		
1937	6	21(3)	9		
1938	7	16(2)	5		
1939	8	5(1)	4		
1940		10(1)	3		
1941		9(1)	5		4 (4)
1942	7		26(17)		22(12)
1943	5	10	14 (9)		15(11)
1944	9	3	15 (6)		16(11)
1945	8	3(1)	8 (4)		7
1946	10	15(7)	8 (6)		
1947	9	17(6)	3 (2)		
1948	8	19(4)	3 (2)		
1949	16	24(2)	1		
1950	25	12(2)	4 (3)		
1951	21	7	3 (2)		
1952	30	32(6)	5 (2)		
合计		477(64)	123(53)	26 (26)	64(38)

注：①1923，1925，1927 年"研究科"毕业生 5，7，8 人合并到本科毕业生。

②＊9(9)表示毕业生 9 人中有 9 人是女生，表 2 相同。

表 2　1953～1986 年教师、毕业生和进修教师

人

届别	教职工	本科	研究班	学术型硕士	博士	进修教师
1953	39	8 (5)	23(5)			46
1954	46	36(13)				1
1955	48	21 (6)	28(4)			11
1956	71	63(25)	19(8)			1
1957	75	175(62)	15(3)			5
1958	98	166(56)	29(7)			21
1959	103	136(45)				11
1960	134	211(61)				36
1961	154		20(11)			46
1962	147	199(54)	30(14)			8
1963	141	341(131)				12
1964	138	188(55)				7
1965	114	242(108)				24
1966	108	100(28)		3		
1967	106	107(38)		1		
1968	107	133(46)		2		
1969	110	143(40)		1		
1970	116	152(42)				
1971	116					
1972	116					
1973	115					155
1974	116					143
1975	119					
1976	127	123(65)				
1977	140	121(72)				
1978	145	124(62)				
1979	141	82(38)				9
1980	140	8 (1)		2		114
1981	148	90(39)		30(2)		7
1982	151	111(25)		1		7
1983	148	119(42)		4(1)	1	128
1984	147	121(29)		15(2)		93
1985	150	119(26)		15(2)	5	31
1986	152	133(34)		19(2)		53
小计		3 572(1 248)	164(52)	93(9)	6	969

注．表 2 学术型硕士，表 3 学术型和专业型硕士：包括全日制和非全日制的几种类型的学生。

表 3　1987～2020 年教师、毕业生、进修教师和访问学者 人

届别	教职工	专科	本科	学术型硕士	专业型硕士	博士	进修教师	访问学者
1987	149	120(46)	106(28)	40(6)		0	5	4
1988	149	0	113(23)	49(4)		6(1)	11	7
1989	139	0	158(47)	18(3)		4	16	4
1990	131	0	84(26)	33(6)		8	2	3
1991	131	0	128(47)	37(4)		8	12	7
1992	138	0	112(41)	32(6)		5	12	6
1993	144	78(38)	120(55)	39(9)		15(1)	28	9
1994	136	38(21)	108(39)	31(3)		8	24	5
1995	125	87(42)	89(40)	24(7)		7(1)	8	6
1996	114	30(7)	104(56)	23(7)		12(2)	26	5
1997	104	31(10)	92(30)	26(12)		6(1)	31	7
1998	95	26(9)	100(38)	25(8)		7(1)	3	7
1999	79	0	101(45)	31(12)		12(2)	2	4
2000	70	3	106(50)	29(12)	7(5)	8	0	11
2001	75	0	105(40)	25(7)	14(7)	10	5	8
2002	75	0	122(55)	29(15)	7(4)	11(1)	9	7
2003	77	0	117(59)	30(11)	2(2)	7	3	13
2004	80	1(1)	163(87)	47(18)	15(10)	11(5)	3	4
2005	83	1(1)	143(75)	59(32)	15(10)	18(6)	0	5
2006	88	1	171(76)	63(32)	6(3)	15(9)	4	6
2007	88	0	146(73)	77(43)	3(1)	21(9)	3	8
2008	90	0	173(81)	67(40)	13(9)	26(10)	5	15
2009	93	0	163(78)	51(28)	12(9)	27(7)	3	9
2010	96	0	140(72)	53(26)	13(9)	26(10)	1	8
2011	96	0	157(77)	54(32)	19(14)	22(10)	1	9
2012	96	0	172(89)	56(30)	23(14)	18(8)	1	10
2013	98	0	183(100)	70(42)	49(37)	21(11)	0	13
2014	99	0	181(109)	47(31)	65(40)	26(10)	1	8
2015	91	0	176(102)	64(46)	64(41)	16(3)	2	5
2016	92	0	193(133)	60(36)	76(48)	28(12)	3	2
2017	93	0	218(136)	58(43)	50(31)	29(15)	2	6
2018	92	0	221(142)	59(40)	45(32)	29(15)	3	3
2019	93	0	220(127)	56(35)	40(26)	27(13)	0	3
2020	94	0	219(132)	64(42)	52(42)	35(22)	0	5
小计		413(175)	4 904(2 408)	1 526(728)	590(394)	529(185)	229	232
总计		413(175)	8 953(3 720)	1 619(737)	590(394)	535(185)	1 198	232

注.①1999 年后教师是当年 10 月份人数。进修教师均为全脱产进修，计算人数按照结业年计算，不计算进修时间的长或短。不含不脱产的助教进修班和研究生课程班以及各种短训班人数。

②本科总计指表 1 的北京师范大学人数与表 2 和表 3 的本科人数之和，其他总计指表 2 及表 3。

表 4　1980～2020 届全日制硕士研究生毕业和学科方向

人

届别	毕业	授学位	基础数学	计算数学	概率论与数理统计	应用数学	课程与教学论	科学技术史	计算机软件与理论	控制理论与控制工程	教育专业硕士	统计专业硕士
1980	2	2	1	0	1	0	0	0	0	0	0	0
1981	30	30	23	0	4	3	0	0	0	0	0	0
1982	1	1	0	0	0	1	0	0	0	0	0	0
1983	1	1	0	0	0	1	0	0	0	0	0	0
1984	15	15	7	0	3	2	2	1	0	0	0	0
1985	13	12	6	0	2	3	1	0	0	0	0	0
1986	19	18	8	0	4	6	0	0	0	0	0	0
1987	38	20	9	0	3	4	3	1	0	0	0	0
1988	44	42	15	0	17	4	4	2	0	0	0	0
1989	14	12	9	1	0	2	0	0	0	0	0	0
1990	31	30	11	0	10	6	3	0	0	0	0	0
1991	34	31	16	0	5	6	4	0	0	0	0	0
1992	31	31	11	0	5	8	7	0	0	0	0	0
1993	37	36	26	0	7	1	2	0	0	0	0	0
1994	31	31	15	0	8	4	4	0	0	0	0	0
1995	23	23	9	0	8	3	3	0	0	0	0	0
1996	23	23	9	0	5	4	5	0	0	0	0	0
1997	24	24	7	0	7	2	8	0	0	0	0	0
1998	13	13	3	0	4	4	2	0	0	0	0	0
1999	22	22	7	0	6	5	4	0	0	0	0	0
2000	25	25	9	0	4	7	0	0	0	0	5	0
2001	33	33	11	0	6	5	3	0	0	0	8	0
2002	27	27	9	0	10	3	0	0	5	0	0	0
2003	32	32	14	0	7	7	1	0	1	0	2	0
2004	46	46	15	0	11	12	0	0	5	0	3	0
2005	57	57	21	0	11	15	4	0	6	0	0	0
2006	58	58	21	0	16	15	5	1	0	0	0	0
2007	71	71	30	0	22	11	3	1	3	1	0	0
2008	63	63	31	6	14	9	1	0	2	0	0	0
2009	50	50	25	2	11	5	2	0	5	0	0	0

续表

届别	毕业	授学位	基础数学	计算数学	概率论与数理统计	应用数学	课程与教学论	科学技术史	计算机软件与理论	控制理论与控制工程	教育专业硕士	统计专业硕士
2010	52	52	28	0	14	4	3	2	1	0	0	0
2011	53	53	19	2	17	5	7	1	2	0	0	0
2012	63	63	24	4	15	3	6	2	1	1	7	0
2013	108	108	26	4	29	5	6	0	0	0	11	27
2014	87	87	23	1	15	1	7	0	0	0	15	25
2015	102	102	31	2	16	5	8	0	1	1	11	27
2016	92	92	24	4	18	4	7	1	1	1	0	32
2017	58	58	19	5	20	4	10	0	0	0	0	0
2018	59	59	25	6	17	4	6	0	1 *	0	0	0
2019	56	56	20	5	10	6	15	0	0	0	0	0
2020	64	64	32	0	19	4	9	0	0	0	0	0
合计	1 702	1 673	649	42	401	203	155	12	34	4	62	111

注.① * 工学硕士学位。

②不含与外校联合培养或外校在数学系申请硕士学位、同等学力在职人员申请硕士学位或教育硕士专业学位，公费师范生毕业后申请教育硕士专业学位的学生。

③2012 届有 2006 级本直博按硕士毕业 1 人。2020 届有 2013 级硕博连读按硕士毕业 1 人。

表 5　1982～2020 届全日制博士研究生毕业和学科方向

人

年份	本届授学位	基础数学	计算数学	概率论与数理统计	应用数学	课程与教学论	应用统计
1983	1	0	0	1	0	0	0
1985	5	3	0	2	0	0	0
1988	6	5	0	1	0	0	0
1989	4	2	0	2	0	0	0
1990	8	3	0	3	2	0	0
1991	8	2	0	4	2	0	0
1992	5	3	0	0	2	0	0
1993	15	8	0	4	3	0	0
1994	8	3	0	2	3	0	0
1995	7	5	0	2	0	0	0
1996	12	9	0	3	0	0	0
1997	6	3	0	1	2	0	0
1998	7	6	0	0	1	0	0
1999	12	7	0	3	2	0	0
2000	8	4	0	2	2	0	0
2001	10	8	0	0	2	0	0
2002	11	8	0	1	2	0	0
2003	7	4	0	2	1	0	0
2004	11	8	0	1	2	0	0
2005	18	12	0	2	4	0	0
2006	15	8	0	2	5	0	0
2007	21	12	0	5	4	0	0
2008	26	12	0	7	7	0	0
2009	27	17	0	5	5	0	0
2010	26	19	0	4	3	0	0
2011	22	12	0	5	5	0	0
2012	18	11	0	4	1	2	0
2013	21	10	0	9	2	0	0
2014	26	14	0	6	2	4	0
2015	16	11	1	2	1	1	0
2016	28	18	1	5	0	3	1
2017	29	17	3	5	1	2	1
2018	29	13	3	10	2	1	0
2019	27	19	1	4	2	1	0
2020	35	17	3	6	2	7	0
合计	535	313	12	115	72	21	2

表 6　1956～2013 年继续教育基本情况(本科学历)

时　间	专　业	类别	起点	毕业/人	授学位/人
1956-08～1961-09	数学	函授大学	高中	44	
1985-08～1988-07	数学	夜大学	专科	104	49
1985-08～1988-07	数学	函授大学	专科	619	216
1987-08～1990-07	数学	函授大学	专科	305	55
1988-08～1991-07	数学	函授大学	专科	176	46
1988-08～1993-07	数学	函授大学	高中	56	
1989-08～1992-07	数学	函授大学	专科	142	14
1990-08～1993-07	数学	函授大学	专科	145	3
1991-08～1994-07	数学	函授大学	专科	200	3
1992-08～1995-07	数学	函授大学	专科	182	8
1993-08～1996-07	数学	函授大学	专科	172	36
1994-08～1997-07	数学	函授大学	专科	25	
1995-08～1998-07	数学	函授大学	专科	65	3
1996-08～1999-07	数学	函授大学	专科	104	10
1997-08～2000-07	数学教育	函授大学	专科	94	18
1998-08～2001-07	数学教育	函授大学	专科	99	2
1999-08～2002-07	数学教育	函授大学	专科	184	33
2000-02～2003-01	数学与应用数学	函授大学	专科	134	12
2001-02～2004-01	数学与应用数学	函授大学	专科	305	12
2002-02～2005-01	数学与应用数学	函授大学	专科	334	36
2004-02～2007-01	数学与应用数学	函授大学	专科	174	24
2005-02～2008-01	数学与应用数学	函授大学	专科	175	14
2006-02～2009-01	数学与应用数学	函授大学	专科	49	19
2007-02～2009-08	数学与应用数学	函授大学	专科	54	1
2008-02～2010-08	数学与应用数学	函授大学	专科	57	20
2009-02～2011-08	数学与应用数学	函授大学	专科	63	12
2010-02～2012-08	数学与应用数学	函授大学	专科	57	12
2011-02～2013-08	数学与应用数学	函授大学	专科	23	5
合计				4 141	663

表 7　1976～2015 年继续教育基本情况(专科学历，高中起点)

时　间	专　业	类别	毕业/人
1976-12～1981-03	数学	函授大学	105
1988-08～1993-07	数学	函授大学	1
1989-08～1992-07	计算机软件	函授大学	40
1996-08～2000-07	计算机应用	函授大学	35
1996-08～2000-07	数学教育	函授大学	32
1997-08～2000-07	数学教育	夜大学	30
1998-08～2002-07	计算机应用	夜大学	23
1999-08～2003-07	计算机应用	夜大学	22
2000-08～2004-07	计算机应用	函授大学	34
2001-02～2004-01	计算机应用	夜大学	24
2002-02～2005-01	计算机应用	夜大学	50
2003-02～2006-01	计算机应用	夜大学	91
2004-02～2007-01	计算机应用	夜大学	78
2005-02～2008-01	计算机应用	夜大学	120
2006-02～2009-01	计算机应用	夜大学	71
2007-02～2009-08	计算机应用	夜大学	78
2008-02～2010-08	计算机应用	夜大学	67
2009-02～2011-08	计算机应用	夜大学	52
2010-02～2012-08	计算机应用	夜大学	53
2011-02～2013-08	计算机应用	夜大学	47
2012-02～2014-08	计算机应用	夜大学	52
2013-02～2015-08	计算机应用	夜大学	32
合计			1 137

表 8　月平均工资

元

年份	职称	人	基本工资	其他工资	月总工资
1959	教　授	5			280.68
	副教授	5			180.67
	讲　师	13			120.99
	助　教	55			59.19
	其　他	25			45.42
	合　计	103			80.30
1969	教　授	4			264.60
	副教授	8			163.07
	讲　师	14			117.24
	助　教	79			59.51
	其　他	5			50.80
	合　计	110			81.45
1979	教　授	8			195.90
	副教授	10			121.62
	讲　师	21			89.62
	助　教	67			60.37
	其　他	35			43.70
	合　计	141			72.62
1989	教　授	19	178.95	48.58	227.53
	副教授	59	132.80	48.94	181.74
	讲　师	33	102.12	41.27	143.39
	助　教	13	83.38	34.92	118.30
	其　他	11	74.27	39.36	113.63
	合　计	135	122.27	44.88	167.15
1999	教　授	22	1 004.68	1 089.73	2 094.41
	副教授	25	694.36	868.56	1 562.92
	讲　师	23	565.78	676.48	1 242.26
	助　教	2	415.50	562.00	977.50
	其　他	7	431.57	328.86	760.43
	合　计	79	713.00	818.75	1 531.75
2009	教　授	32	2 746.13	8 122.16	10 868.29
	副教授	29	1 538.86	5 105.52	6 644.38
	讲　师	28	1 206.96	4 487.73	5 694.69
	其　他	4	1 362.00	2 540.50	3 902.50
	合　计	93	1 846.73	5 847.18	7 693.91

表 9　1973～1978 级本科生入学时年龄分布　人

出生年份＼年级	1973	1974	1975	1976	小计	1977	1978	小计
1947	9	1	0	0	10	13	11	24
1948	11	4	1	0	16	2	10	12
1949	31	7	0	0	38	3	7	10
1950	26	19	19	0	64	1	4	5
1951	22	17	20	2	61	2	1	3
1952	10	18	22	5	55	0	0	0
1953	5	25	26	5	61	2	1	3
1954	7	24	14	31	76	7	2	9
1955	2	8	19	29	58	17	10	27
1956	0	0	4	7	11	18	7	25
1957	0	0	0	4	4	11	9	20
1958	0	0	0	3	3	15	11	26
1959	0	0	0	3	3	8	11	19
1960	0	0	0	0	0	7	7	14
1961	0	0	0	0	0	0	13	13
1962	0	0	0	1	1	0	7	7
1963	0	0	0	0	0	0	3	3
合计	123	123	125	90	461	106	114	220

表 10　1973～1978 级本科生入学前的工作经历　人

年级	回乡	插队	兵团	民办教师	正式教师	工人	复员军人	应届	待业
1973	69	38	7	26	4	13	8		
1974	58	23	31	10	1	9	3		
1975	59	22	41	14	0	2	1		
1976	45	3	0	13	20	7	6		
小计	231	86	79	63	25	31	18		
1977	4	41	8	6	38	23	3	8	4
1978	16	29	1	12	34	8	0	38	7
小计	20	70	9	18	72	31	3	46	11
合计	251	156	88	81	97	62	21	46	11

表 11 1918～2019 年发表论文统计

篇

年份	篇数	语种						作者人数				
		中文	英文	俄文	日文	法文	德文	1	2	3	≥4	集体
1918	30	28	2	0	0	0	0	30	0	0	0	0
1919	13	13	0	0	0	0	0	13	0	0	0	0
1920	30	30	0	0	0	0	0	30	0	0	0	0
1921	23	23	0	0	0	0	0	23	0	0	0	0
1922	36	36	0	0	0	0	0	34	0	1	1	0
1923	8	8	0	0	0	0	0	7	1	0	0	0
1925	15	15	0	0	0	0	0	15	0	0	0	0
1930	18	18	0	0	0	0	0	17	1	0	0	0
1931	7	7	0	0	0	0	0	7	0	0	0	0
1932	10	10	0	0	0	0	0	10	0	0	0	0
1933	8	8	0	0	0	0	0	8	0	0	0	0
1934	7	7	0	0	0	0	0	7	0	0	0	0
1935	5	5	0	0	0	0	0	5	0	0	0	0
1936	1	1	0	0	0	0	0	1	0	0	0	0
1946	1	0	1	0	0	0	0	1	0	0	0	0
1951	7	7	0	0	0	0	0	6	1	0	0	0
1952	4	4	0	0	0	0	0	4	0	0	0	0
1953	17	17	0	0	0	0	0	16	1	0	0	0
1954	13	13	0	0	0	0	0	13	0	0	0	0
1955	16	16	0	0	0	0	0	13	3	0	0	0
1956	8	8	0	2	0	0	0	5	3	0	0	0
1957	12	11	2	0	0	0	0	11	1	0	0	0
1958	14	13	0	1	0	0	0	10	0	0	0	4
1959	22	20	0	2	0	1	0	18	0	0	1	3
1960	26	26	2	1	0	0	0	11	0	0	1	14
1961	12	11	0	1	0	0	0	12	0	0	0	0
1962	32	32	2	1	0	0	0	28	0	4	0	0
1963	25	25	1	1	0	0	0	21	4	0	0	0
1964	18	18	2	1	0	0	0	14	1	0	3	0
1965	10	10	3	0	0	0	0	5	3	0	2	0
1966	4	4	1	0	0	0	0	4	0	0	0	0

续表

年份	篇数	语种						作者人数				
		中文	英文	俄文	日文	法文	德文	1	2	3	≥4	集体
1972	1	1	0	0	0	0	0	1	0	0	0	0
1974	2	2	0	0	0	0	0	1	0	0	0	1
1975	4	4	0	0	0	0	0	0	0	0	0	4
1976	5	5	0	0	0	0	0	2	1	0	0	2
1977	13	13	0	0	0	0	0	6	0	0	1	6
1978	28	28	0	0	0	0	0	16	2	0	0	10
1979	46	46	0	0	0	0	0	29	9	4	2	2
1980	54	53	8	0	0	0	0	35	15	2	1	1
1981	72	69	8	0	0	0	0	43	21	2	6	0
1982	92	75	26	0	0	0	0	70	18	4	0	0
1983	94	75	27	0	0	0	0	70	17	5	0	2
1984	105	95	16	0	1	1	0	70	15	9	2	9
1985	122	104	24	0	0	0	0	83	28	3	8	0
1986	103	83	28	0	0	0	0	76	22	4	1	0
1987	114	98	22	0	0	0	0	87	18	5	4	0
1988	117	98	25	0	0	0	0	91	14	8	3	1
1989	111	80	41	0	0	0	0	78	23	8	2	0
1990	161	121	48	1	1	0	1	113	34	10	3	1
1991	165	114	59	0	0	0	0	104	37	18	6	0
1992	201	144	65	0	0	0	1	122	61	11	6	1
1993	179	131	54	0	0	0	0	115	47	12	5	0
1994	197	140	74	1	0	0	0	103	71	17	6	0
1995	174	107	74	1	0	0	0	97	61	12	4	0
1996	218	145	86	0	0	0	0	127	71	18	2	0
1997	192	118	92	0	0	0	0	101	64	25	2	0
1998	240	144	116	0	0	0	0	111	83	37	9	0
1999	188	98	101	2	0	0	0	85	67	29	7	0
2000	194	91	114	0	0	0	0	84	81	21	8	0
2001	194	102	102	2	0	0	0	67	75	42	10	0
2002	251	127	132	1	1	0	0	115	76	53	6	1
2003	224	115	118	0	1	0	0	70	86	45	23	0

续表

年份	篇数	语种						作者人数				
		中文	英文	俄文	日文	法文	德文	1	2	3	≥4	集体
2004	262	121	150	0	1	0	0	84	106	43	29	0
2005	272	137	139	0	1	0	0	91	110	48	23	0
2006	316	186	139	0	0	0	0	124	123	44	25	0
2007	309	141	177	0	0	0	0	87	104	82	36	0
2008	329	147	203	2	0	0	0	85	139	68	37	0
2009	308	135	182	0	0	0	0	82	120	69	37	0
2010	299	124	179	0	0	0	0	79	126	63	30	1
2011	285	103	182	1	0	0	0	72	103	81	28	1
2012	273	104	170	0	0	0	0	48	121	69	35	0
2013	307	97	209	0	0	1	0	50	133	91	33	0
2014	306	87	220	0	0	0	0	63	115	96	32	0
2015	340	139	201	1	0	0	0	77	127	91	45	0
2016	271	72	200	0	0	0	0	41	111	86	33	0
2017	244	64	182	0	0	0	0	38	102	69	35	0
2018	272	61	211	1	0	0	0	24	117	76	55	0
2019	287	77	210	0	0	0	0	40	104	88	55	0
合计	8 993	4 865	4 430	23	6	3	2	3 656	2 997	1 573	703	64

注. 1 篇论文用几种文字发表，在语种中均分别统计。按工作惯例，2020 年论文统计在 2021 年年底或 2022 年初完成。

表 12　1957～2020 年固定资产统计

年份	大于万元件数	计算机/台	教学仪器设备		家具		软件	
			件	金额/元	件	金额/元	件	金额/元
1957	0	0	6	957.00				
1958	0	29	33	19 446.00				
1960	2	1	49	116 386.30				
1961	0	24	35	50 774.10				
1963	0	0	2	1 550.00				
1968	0	0	22	22 494.97				
1975	0	0	16	8 112.97				
1976	1	0	22	65 529.20				
1977	0	0	28	24 641.08				
1978	1	1	5	423 451.00				
1979	1	0	20	51 286.54	8	280.00		
1980	4	0	24	219 879.21				
1981	2	0	84	64 296.88				
1982	0	0	23	44 751.64				
1983	1	1	6	32 315.68	2	684.00		
1984	6	10	286	506 586.00	14	3 136.00		
1985	3	8	62	115 748.91				
1986	5	7	187	141 180.42				
1987	2	4	11	55 699.69				
1988	10	14	24	275 403.40				
1989	2	0	9	43 111.00				
1990	13	20	35	371 328.00	1	420.00		
1991	7	24	28	226 965.00				
1992	11	19	36	272 259.00	1	500.00		
1993	0	1	1	6 050.00				
1994	5	8	11	526 127.40				
1995	1	32	39	307 326.00				
1997	8	15	44	352 120.00				
1998	5	23	30	252 628.00				
1999	2	10	20	200 785.00				
2000	8	142	183	1 254 427.00	44	225 290.00		

续表

年份	大于万元件数	计算机/台	教学仪器设备		家具		软件	
			件	金额/元	件	金额/元	件	金额/元
2001	16	91	135	1 939 186.00	198	115 164.00		
2002	10	49	106	975 864.00	211	63 795.00		
2003	24	126	172	1 968 301.90	165	84 120.00		
2004	29	68	157	1 438 241.00	136	130 614.00		
2005	30	160	348	2 260 575.00	454	254 920.00		
2006	27	60	138	1 089 846.00	154	100 669.00		
2007	26	44	98	710 174.02	12	42 039.00		
2008	18	164	218	1 524 836.96	152	82 700.00		
2009	25	166	314	1 882 867.67	100	187 613.00		
2010	29	89	194	1 515 688.05	44	82 791.20		
2011	35	186	362	2 829 638.69	779	2 522 421.80		
2012	11	25	59	631 432.95	69	58 752.00		
2013	32	24	77	1 683 646.25	55	223 609.00		
2014	17	56	110	1 411 766.89	9	19 711.00		
2015	18	119	163	1 029 254.00	32	22 798.00	11	14 383.60
2016	6	54	86	700 018.43	16	13 446.00	1	299.00
2017	32	150	196	3 013 531.29	171	118 174.05	8	6 579.00
2018	62	111	202	2 287 049.95	107	54 021.58	5	199 898.41
2019	92	137	253	2 471 761.02	132	197 227.56	5	137 443.00
2020	51	118	174	2 295 408.01	39	79 345.26	2	65 338.00
合计	690	2 390	4 943	39 712 705.47	3 105	4 684 241.45	32	423 941.01

注：1957～1968 年的固定资产缺 1 286 件记录。

录

录 1　各级组织机构负责人名单

录 1.1　北京高等师范学校数学物理部

1915-08～1917-07　主任：刘资厚

1917-08～1918-07　主任：邓芝园(字萃英)

1918-08～1919-02　主任：陈子云(代)，1919-02～1919-07 主任：蔡钟瀛(字毅甫，代)

1919-08～1922-07　主任：张少涵(字贻惠)

录 1.2　北京师范大学数学系

1922-08～1927-07　主任：冯祖荀(字汉叔，兼)

1927-08～1928-07　主任：蔡钟瀛(代)

1928-08～1929-07　主任：傅种孙(代)

1929-08～1930-07　主任：胡浚济(字沆东，代)

1930-08～1931-01　主任：傅种孙(代)

1931-01～1942-08　主任：赵进义(字希三)

1942-08～1946-08　主任：张德馨

1946-08～1947-11　主任：王仁辅(代)

1947-08～1952-07　主任：傅种孙

1952-08～1956-09　主　任：傅种孙，
副主任：董延闿

1956-09～1966-12　主　任：张禾瑞，
副主任：董延闿、孙永生(1960-06～1961-09，1965-08～1966-12)、
王树人(1961-09～1962-12)

1967-04～1968-07　革命委员会主任：李志德，
副主任：周贻谋，　常委：李宝玉、刘文斌

1968-07～1973-01　革命委员会主任：方炳金，
副主任：丁尔陞(1971-07～1972-10)、丁玉珍、刘　来

1978-04～1982-12　主　任：张禾瑞，
副主任：董延闿、罗承忠(1979-07～1982-12)、孙永生、王树人

1982-12～1985-03　主　任：严士健，
副主任：胡景浩、罗承忠、赵　桢，
系主任助理：管甲仁(1984-12～1985-03)

1985-03～1988-11　主　任：赵　桢　(王隽骧代，1988-09～1988-11)，
副主任：邝荣雨、管甲仁(1985-03～1985-09)、
刘　美(1985-09～1987-12)、沈复兴(1985-03～1988-03)、

王隽骧(1988-03～1988-11)、余　俊(1985-12～1988-11)，
系主任助理：刘　沪(1987-12～1988-11)

1988-11～1992-01　主　任：王隽骧，
副主任：陈方权、王申怀，
系主任助理：贾绍勤、史志刚

1992-01～1995-02　主　任：王隽骧，
副主任：黄惟明、王申怀、朱汝金(1992-01～1994-03)，
系主任助理：贾绍勤(1992-01～1994-03)、李乃凤(1994-03～1995-02)、史志刚(1992-01～1994-03)

1995-02～1998-02　主　任：刘来福，
副主任：孙魁明(1995-02～1996-02)、余玄冰、曾文艺(1996-02～1998-02)，
系主任助理：李乃凤

1998-02～2001-07　主　任：郑学安，
副主任：李乃凤、罗运纶(1998-02～1999-01)、于福生(1999-01～2001-07)、曾文艺

2001-07～2004-05　主　任：郑学安，
副主任：高红铸、李乃凤(2001-07～2002-12)、张秀平(2001-07～2002-07)、张淑梅(2002-07～2004-05)

录 1.3　北京师范大学数学科学学院

2004-05～2008-11　院　长：保继光(2004-04～2008-10)，
副院长：丁　勇、黄海洋、王凤雨(2004-05～2007-10)、唐梓洲(2007-10～2008-11)、张余辉

2008-11～2013-10　院　长：保继光(2008-10～2013-07)，
副院长：洪文明、胡永建、唐梓洲、王恺顺，
院长助理：魏　炜

2013-10～2018-06　院　长：李增沪(2013-07～2018-06)，
副院长：胡永建、唐梓洲(2013-10～2017-12)、许孝精、张淑梅(2013-10～2014-12)、唐仲伟(2015-01～2018-06)、夏敏(挂职，2016-03～2017-01)，
院长助理：谢 天(2016-03～2018-06)

2018-06～　院　长：王恺顺，
副院长：程志云、胡　维(2020-09～　)，许孝精、薛庆营、张　辉(兼，2018-06～2019-08)、
院长助理：潘珊珊(2018-11～2019-11)、苏喜锋(2019-01～)

录 1.4　北平沦陷时期的北京师范学院数学系

1938-08～1939-07　主任：胡浚济(字沇东)

1939-08～1941-07　主任：朱兆雪

1941-08～1944-07　主任：刘书琴

1944-08～1945-07　主任：张春林(代)

1945-08～1946-07　主任：韩清波(字问渠)

录1.5　中国共产党北京师范大学数学系总支部委员会

1956-09～1958-09　书　记：王振稼，
委　员：陈忠文、董文华、马兰英、王树人、王振稼、杨自强(1957-09～1958-09)

1958-09～1960-10　书　记：王振稼，
副书记：陈忠文、丁尔陞(1958-12～1960-10)、王树人，
委　员：陈忠文、丁尔陞、洪秀玉、马兰英、苏式冬、孙永生、王敬赓、王世钦、王树人、王振稼、杨自强

1960-10～1962-09　书　记：王振稼，
副书记：陈忠文、丁尔陞、王树人、张可宽、周骆良(1961-10)，
委　员：陈忠文、丁尔陞、管甲仁、洪秀玉、黄登航、孙永生、王敬赓、王世钦、王树人、王振稼、闻翻、杨自强、张可宽、周骆良(1961-10)

1962-09～1965-08　书　记：王树人，
副书记：丁尔陞、陈忠文(1962-09～1963-08)、李含中(1963-08～1964-08)、张可宽(1963-03～1963-08)，
委　员：陈忠文(1962-09～1963-08)、丁尔陞、丁玉珍、黄登航、李含中(1963-08～1964-08)、孙永生、王敬赓、王世钦、王树人、张可宽(1963-03～1963-08)

1965-08～1966-12　书　记：王树人，
副书记：丁尔陞(1966-04～1966-10)、黄登航、李英民，
委　员：丁尔陞(1966-04～1966-10)、丁玉珍、管甲仁、胡祖莹、黄登航、李英民、孙永生、王敬赓、王世钦、王树人、徐承彝、余　俊

1968-01～1968-07　党的核心小组：丁玉珍、冯文杰、李宝玉、李志德、余　俊

1973-01～1975-03　书　记：李好银(暂)，
副书记：陈鸿钧(1974-02～1975-03)、胡祖莹、李好银、李英民、王树人、张启峰、郑尉勤(1974-02～1975-03)，
委　员：陈鸿钧、胡祖莹、黄登航、李好银、李英民、刘甸瑞、刘友渔、马淑芬(1974-04～1975-03)、孙永生、王树人、张国明、张启峰、郑尉勤(1974-02～1975-03)

1975-03～1979-08　书　记：刘友渔，
副书记：陈鸿钧(1975-03～1977-12)、胡祖莹、李英民(1978-09～1979-08)、刘　美、王树人、张素田(1975-05～1977-12)，
委　员：蔡景山(1977-08～1977-12)、陈鸿钧、高贵辰(1976-01～1977-12)、胡景浩(1976-09～1979-08)、胡祖莹、黄登航、李

英民、刘甸瑞、刘美、刘友渔、马淑芬、孙永生、王树人、王振英、谢　鹏、谢铁顿(1976-09～1979-08)、张国明、张景田(1976-01～1977-12)

1979-08～1982-06　书　记：王树人(1979-08～1981-12)、李英民(1981-12～1982-06)，
副书记：丁尔陞、黄登航、李英民(1979-08～1981-12)、刘　美，
委　员：丁尔陞、胡景浩、黄登航、李英民、刘　美、孙永生、王敬赓、王世钦、王树人、严士健

1982-06～1985-10　书　记：李英民(1982-06～1984-10)、池无量(1984-10～1985-10)，
副书记：丁尔陞、胡景浩(1984-12～1985-10)、刘　美，
委　员：池无量(1984-10～1985-10)、丁尔陞、胡景浩、李英民(1982-06～1984-10)、刘　沪(1984-12～1985-10)、刘　美、罗承忠、史志刚、王敬赓、徐秀珍、周美珂

1985-10～1987-10　书　记：池无量(1985-10～1986-12)、周美珂(1986-12～1987-10)，
副书记：胡景浩(1985-10～1987-05)、刘　沪、史志刚，
委　员：池无量(1985-10～1986-12)、丁尔陞、胡景浩(1985-10～1987-05)、刘　沪、刘　美、史志刚、王敬赓、郑小谷、周美珂

1987-10～1991-04　书　记：周美珂(1987-10～1989-09)、邝荣雨(1989-09～1991-04)，
副书记：刘　美(1987-10～1990-07)、史志刚、郑　蓴(1990-07～1991-04)，
委　员：黄登航、邝荣雨(1989-09～1991-04)、李旺来、刘　美(1987-10～1990-07)、史志刚、王敬赓、郑　蓴、周美珂(1987-10～1989-09)

1991-04～1993-08　书　记：邝荣雨，
副书记：余玄冰、郑　蓴，
委　员：邝荣雨、李天林、马遵路、孙瑞清、史志刚、王存喜、郑　蓴、周美珂

1993-08～1996-01　书　记：邝荣雨(1993-08～1993-12)、刘继志(代，1993-12～1994-03)、刘继志(1994-03～1996-01)，
副书记：刘继志(1993-08～1993-12)、史志刚(1994-03～1996-01)、余玄冰、郑　蓴，
委　员：郇中丹、邝荣雨、刘永平、刘继志、史志刚、于福生、郑　蓴

1996-01～1999-03　书　记：刘继志，
副书记：邓邦明(1996-01～1997-09)、崔恒建(1997-09～1999-03)、史志刚，
委　员：邓邦明(1996-01～1997-09)、崔恒建(1997-09～1999-03)、刘继志、刘庆生、马京然、史志刚、于福生、岳昌庆

1999-03～2002-12　书　记：保继光(1999-03～2000-09)、李　勇(代，2000-09～2001-03)、李　勇(2001-03～2002-12)，

副书记：史志刚(1999-03～1999-11)、李　勇(1999-03～2001-03)、胡永建(2000-10～2002-12)，

委　员：保继光(1999-03～2001-03)、胡永建、黄海洋、李　勇、马京然、杨昔阳、岳昌庆(1999-03～2002-04)、郑学安(2001-03～2002-12)

2002-12～2004-04　书　记：保继光，

副书记：黎　雄，

委　员：保继光、黄海洋、黎　雄、李　勇、马京然、王加银、郑学安

录1.6　中国共产党北京师范大学数学科学学院委员会

2004-04～2006-04　书　记：李仲来，

副书记：黎　雄，

委　员：保继光、黄海洋、黎　雄、李　勇、李仲来、马京然、王加银

2006-04～2010-07　书　记：李仲来，

副书记：金　蛟，

委　员：保继光、崔世莹(2006-04～2007-04)、黄海洋、金　蛟、李　勇、李仲来、马京然、魏　炜(2007-09～2010-07)

2010-07～2016-01　书　记：李仲来，

副书记：李建华，

委　员：保继光、崔世莹(2010-07～2010-12)、洪文明、李建华、李仲来、苏效乐、唐仲伟、亓振华(2010-12～2013-05)、赵云慧(2013-05～2013-08，2014-02～2016-01)、谢　天(2013-08～2014-02)

2016-01～　书　记：唐仲伟，

副书记：魏　炜，

委　员：洪文明(2016-01～2017-01)、李建华(2016-01～2017-01)、唐仲伟、王雨生、魏　炜、谢　天(2016-01～2019-11)、袁　荣、程志云(2017-01～)、薛留堂(2017-01～)、薛庆营(2018-09～)、许孝精(2018-09～)、王加银(2018-12～)、郭晓川(2019-11～2020-09)、潘珊珊(2020-09～)

录1.7　北京师范大学数学与数学教育研究所

1985-03～1988-11　所　长：严士健，

副所长：陆善镇(1985-03～1988-03)、陈公宁(1988-03～1988-11)、王伯英(1988-03～1988-11)

1988-11～1992-01　所　长：刘绍学(1988-11～1992-07)，

副所长：陈公宁(1988-11～1991-03)、刘来福(1991-03～1992-01)、朱汝金

1992-01～1995-02　所　长：陆善镇(1992-07～1995-02)，
副所长：刘来福、朱汝金(兼，1992-01～1994-03)
郇中丹(1994-03～1994-06)、崔恒建(1994-07～1995-02)
1995-02～1998-02　所　长：陈木法(1995-02～1997-09)、王伯英(1997-09～1998-02)，
副所长：黄海洋(1995-02～1996-04)、肖　杰(1996-04～1998-02)、
惠昌常(1995-02～1995-06)、李仲来(1995-06～1998-02)
1998-02～2001-07　所　长：王伯英，
副所长：郇中丹(1998-02～1999-02)、黄海洋(1999-04～2001-07)、
李仲来
2001-07～2004-05　所　长：刘永平，
副所长：黄海洋、李仲来
2004-05～2008-11　所　长：王凤雨(兼，2004-05～2007-10)、唐梓洲(兼，2007-10～2008-11)，
副所长：黄海洋(兼)
2008-11～2013-10　所　长：唐梓洲(兼)
2013-10～2018-06　所　长：唐梓洲(兼，2013-10～2017-12)，
副所长：许孝精(兼)
2018-06～　所　长：张　辉(2018-06～2019-08)

录 1.8　北京师范大学模糊信息处理与模糊推理机国家专业实验室(1989 年年初批准)

1995-05～1995-12　主　任：刘来福，
副主任：白　明、李洪兴
1996-01～1998-10　主　任：陆善镇
1998-10～2004-06　主　任：郭桂蓉

录 1.9　北京师范大学模糊信息处理与模糊推理机国家专业实验室学术委员会

1995-05～1998-10　名誉主任委员：L. A. Zadeh，
主任委员：汪培庄，
副主任委员：刘来福、刘应明、罗承忠
1998-10～2004-06　主任委员：刘应明，
副主任委员：白　明、李洪兴

注．模糊信息处理与智能控制教育部重点实验室 2005 年 12 月成立，2009 年 11 月验收后挂牌，改称数学与复杂系统教育部重点实验室。

录 1.10　北京师范大学数学与复杂系统教育部重点实验室

2009-11～2018-03　主　任：陈木法，
副主任：保继光、唐梓洲
2018-03～　主　任：李增沪，
副主任：胡　维、王恺顺

录 1.11 北京师范大学数学与复杂系统教育部重点实验室学术委员会

2009-11～2018-03 主 任：陆善镇
2018-03～ 主 任：陈木法

录 1.12 学术委员会

1963-10～1966-12 主 任：张禾瑞
1979-05～1985-05 主 任：张禾瑞
1985-05～1989-01 主 任：严士健
1989-01～1995-03 主 任：孙永生，
副主任：陈木法
1995-03～1998-04 主 任：王昆扬，
副主任：惠昌常
1998-04～2001-09 主 任：张英伯
2001-09～2004-09 主 任：张英伯
2004-09～2008-11 主 任：张英伯，
副主任：刘永平
2008-12～2013-10 主 任：李增沪，
副主任：唐梓洲
2013-10～2018-06 主 任：杨大春，
副主任：唐梓洲(2013-10～2017-12)
2018-06～ 主 任：杨大春，
副主任：张 辉(2018-06～2019-08)

录 1.13 北京师范大学学位评定委员会数学系/学院分委员会

1982-01～1984-12 主 席：张禾瑞
1984-12～1988-04 主 席：严士健，
副主席：陆善镇(1985-03～1988-04)
1988-04～1995-03 主 席：陆善镇，
副主席：王伯英(1988-04～1988-11)，朱汝金(1988-11～1994-03)，
郇中丹(1994-03～1994-06)，崔恒建(1994-07～1995-03)
1995-03～1998-04 主 席：陈木法，
副主席：惠昌常(1995-03～1995-06)，李仲来(1995-06～1998-04)，
王伯英(1997-09～1998-04)
1998-04～2003-06 主 席：陈木法，
副主席：李仲来，王伯英(1998-04～2001-07)
2003-06～2008-10 主 席：陆善镇，
副主席：李仲来(2003-06～2004-05)，丁 勇(2004-05～2008-10)，
王凤雨(2004-05～2007-10)，唐梓洲(2007-10～2008-10)
2008-10～2013-10 主 席：保继光，

副主席：丁　勇(2008-10～2008-11)，洪文明(2008-11～2013-10)
唐梓洲

2013-10～2018-06 主　席：李增沪，
副主席：许孝精

2018-06～ 主　席：王恺顺，
副主席：许孝精

录 1.14 教学指导委员会

2001-09～2004-09 主　任：高红铸

2004-09～2008-12 主　任：王昆扬，
副主任：张余辉

2008-12～2013-06 主　任：李仲来，
副主任：胡永建

2013-06～2018-06 主　任：李仲来，
副主任：胡永建

2018-06～ 主　任：唐仲伟，
副主任：薛庆营

录 1.15 工会委员会

1952-12～1956-01 主席：魏庚人
1956-01～1956-09 主席：王世钦
1956-09～1957-12 主席：蒋　铎
1957-12～1966-12 主席：刘云英
1978-11～1984-03 主席：刘云英
1984-03～1987-03 主席：傅若男
1987-03～1993-06 主席：杨福田
1993-06～1995-02 主席：黄海洋
1995-02～1996-03 主席：王迎迎(代)
1996-03～1998-04 主席：柯小伍
1998-04～2001-09 主席：王昆扬
2001-09～2003-01 主席：朱同生
2003-02～2006-03 主席：王恺顺
2006-03～2007-08 主席：唐仲伟
2007-09～2009-03 主席：刘玉铭
2009-03～2014-03 主席：张秀平
2014-03～2016-01 主席：唐仲伟
2016-01～ 主席：王加银

录 1.16 教研室

初等数学及数学教学法教研室　主任：傅种孙(1952-09～1955-08)、

魏庚人(1955-09～1958-08)

初等数学教研室 主任：丁尔陞(1959-09～1960-08)

普通教育教研室 主任：丁尔陞(1960-09～1966-12)、林方域(代，1964-08～1965-08)

数学教学法教研室 主任：钟善基(1972-09～1985-05)

数学教育与数学史教研室 主任：曹才翰(1985-05～1991-09)、孙瑞清(1991-09～1994-03)、曹才翰(1994-03～1995-08)、钱珮玲(1995-09～2004-04)、朱文芳(2004-09～2013-10)、曹一鸣(2013-10～)

数学分析教研室 主任：赵慈庚(1953-02～1958-08)

分析(一)教研室 主任：赵慈庚(1959-09～1960-08)

分析常微教研室 主任：赵慈庚(1960-09～1966-12)

分析教研室 主任：赵桢(1977-10～1978-04)

分析(一)教研室 主任：赵慈庚(1978-04～1983-04)、孙永生(1983-04～1987-08)、高素志(1987-08～1990-08)、钱珮玲(1990-08～1995-02)

分析教研室[分析(一)和分析(二)教研室合并] 主任：房艮孙(1995-02～1999-09)

分析教研室 主任：房艮孙(1999-09～2002-04)、邓冠铁(2002-04～2008-12)、刘永平(2008-12～2013-10)、赵纪满(2013-10～)

分析(二)教研室 主任：赵桢(1959-09～1960-08)

复变偏微教研室 主任：赵桢(1960-09～1966-12)

分析(二)教研室 主任：赵桢(1978-04～1983-04)、周美珂(1983-04～1986-12)、陈方权(1986-12～1989-03)、洪良辰(1989-03～1993-02)、郇中丹(1993-02～1999-09)

方程教研室 主任：郇中丹(1999-09～2012-11)、刘志华(2012-11～)

代数教研室 主任：张禾瑞(1953-02～1958-08、1959-09～1960-08)

代数几何实变泛函教研室 主任：张禾瑞(1960-09～1962-08)

代数教研室 主任：吴品三(1962-09～1966-12)、刘绍学(1977-10～1989-11)、张益敏(1989-11～1991-04)、黄惟明(1991-04～1992-03)、张英伯(1992-03～1993-02)、肖杰(1993-03～1993-12)、张英伯(1994-01～2004-09)、刘玉明(2004-09～2008-12)、惠昌常(2008-12～2013-10)、刘玉明(2013-10～2018-06)、胡维(2018-06～)

几何教研室 主任：朱鼎勋(1953-02～1958-08、1959-09～1960-08)

代数几何实变泛函教研室 主任：吴品三(1960-09～1962-08)

几何教研室 主任：朱鼎勋(1962-09～1966-12、1977-10～1985-05)、余玄冰(1985-05～1991-04)、刘继志(1991-04～1993-08)、高红铸(1993-09～1996-06)、王幼宁(1996-06～2001-08)、

孙宏伟(2001-08～2008-12)、赵旭安(2008-12～2013-10)、
卢广存(2013-10～2018-06)、王雨生(2018-06～)

计算数学教研室　主任：刘绍学(1960-09～1962-08)、
副主任：曾美美(1962-09～1966-12，无主任)、
王伯英(1977-10～1979-08)
计算数学与力学教研室　主任：曾美美(1979-08～1983-04)、陈公宁(1983-04～1989-03)、
沈嘉骥(1989-03～1995-08)
应用数学与计算数学教研室　主任：沈家骥(1995-08～1999-09)、张秀平(1999-09～2004-09)
计算数学教研室　主任：何青(2004-09～2008-12)、张辉(2008-12～2017-03)、
张争茹(2017-03～)

力学教研室　主任：范会国(1960-09～1962-08)、
罗承忠(1962-09～1966-12、1977-10～1979-08)

统计数学教研室　主任：严士健(1960-09～1966-12)
概率论与数理统计教研室　主任：严士健(1977-10～1983-04)、王隽骧(1983-04～1989-03)、陈木法(1989-03～1991-02)、刘秀芳(1991-02～1995-04)、李勇(1995-04～1998-03)、李增沪(1998-03～1998-11)、张余辉(1998-11～2004-05)
概率论教研室　主任：毛永华(2004-05～2012-12)、张梅(2012-12～2020-10)
随机数学教研室　主任：何辉(2020-10～)

统计教研室　主任：李勇(2004-09～2008-12)、张淑梅(2008-12～2013-10)、
金蛟(2013-10～2014-12)

公共数学教研室　主任：柳藩(1959-09～1966-12)
高等数学教研室　主任：王家銮(1981-03～1983-04)、葛福星(1983-04～1985-05)、
李天林(1985-05～1992-03)、王存喜(1992-03～1995-08)

模糊数学教研室　主任：苏秀雯(1989-02～1999-09)
模糊数学与计算机教研室　主任：何青(1999-09～2004-09)

应用数学教研室　主任：蔡俊亮(2004-09～2013-10)、于福生(2013-10～)

系办工厂　厂长：王敬赓(1976-04～1979-08)

电子教研室　主任：黄登航(1960-09～1962-08)

计算机教研室　主任：谢文杰(1979-08～1983-04)、曾美美(1983-04～1986-01)、
余　俊(1986-01～1989-01)、乔洪文(1989-01～1991-03)、

罗运纶(1991-03～1992-09，1993-03～1999-08)、
孙魁明(1992-09～1993-03)(代)

资料室　主任：韩丽娟(1984-03～1993-03)、赵籍丰(1993-03～2002-06)

行政办公室　主任：高启如(1984-01～1985-03)、孙喜才(1985-03～2001-06)、
孙旻泽(代，2001-06～2004-08)、孙旻泽(2004-09～2013-03)、
曾跃进(2013-03～2018-09)、郭文莲(2018-09～)

录1.17　《数学通报》编委会

《数学杂志》总编辑
1936-08～1939-11　第1届：顾　澄
《中国数学杂志》总编辑
1951-11～1952-02　第2届：华罗庚，傅种孙
1952-03～1952-12　第2届：傅种孙
《数学通报》总编辑和主编
1953-01～1959-06　第2届总编辑：傅种孙
1959-07～1966-07　第3届主　编：丁尔陞，
副主编：王光兆
1979-07～1993-04　第4届主　编：丁尔陞，
副主编：王光兆
1993-05～1997-12　第5届主　编：丁尔陞，
副主编：刘绍学、周民强、曹才翰
1998-01～2002-06　第6届主　编：刘绍学，
副主编：张英伯、丘维声、钱珮玲
2002-07～2012-11　第7届名誉主编：刘绍学，主　编：张英伯，
副主编：钱珮玲、丘维声
2012-12～2014-12　第8届名誉主编：刘绍学，主　编：保继光，
副主编：胡永建、柳　彬
2015-01～　第8届主　编：保继光，
副主编：胡永建、柳　彬
《数学通报》编辑部
1979-07～2003-10　主任：刘庆生
2003-10～2012-11　主任：李亚玲
2012-12～　主任：郑亚利

录1.18　中国新民主主义青年团北京师范大学数学系总支部委员会

1954-04～1955-09　书记：郭佩玉
1955-09～1957-05　书记：郑赛昭

录 1.19 中国共产主义青年团北京师范大学数学系总支部委员会

1957-05～1957-09 书记：郑赛昭
1957-09～1960-09 书记：苏式冬
1960-09～1962-09 书记：洪秀玉
1962-09～1965-11 书记：丁玉珍
1965-11～1966-12 书记：胡祖莹
1973-12～1975-03 书记：刘友渔
1975-03～1976-09 书记：刘 美
1976-09～1978-10 书记：张其友
1978-10～1983-09 书记：徐秀珍
1983-09～1984-09 书记：郑 萼
1984-09～1985-09 书记：田东风
1985-09～1986-07 书记：周 佳
1986-08～1987-11 书记：郑 萼
1987-11～1990-07 书记：韩志刚
1990-07～1992-07 书记：栗演兵
1992-09～1993-07 书记：杨庭久
1993-07～1994-07 书记：欧勇强
1994-07～1997-06 书记：李海东
1997-06～1998-09 书记：吴小勇
1998-09～2000-05 书记：胡宁燕
2000-05～2001-11 书记：李 冰
2001-11～2002-09 书记：杨昔阳
2002-09～2004-03 书记：于 朋

录 1.20 中国共产主义青年团北京师范大学数学科学学院委员会

2004-04～2004-08 书记：于 朋
2004-08～2010-10 书记：崔世莹
2010-10～2017-11 书记：魏 炜
2017-11～2019-11 书记：谢 天
2019-11～ 书记：潘珊珊

录 1.21 北京数学奥林匹克学校

1985～1989 名誉校长：江泽涵，
校长：梅向明(首都师范大学)
1989～2005 名誉校长：江泽涵(1989～1994)，
校长：赵 桢(北京师范大学)
2005～2018 名誉校长：赵 桢，
校长：刘来福
2018～ 名誉校长：赵 桢(2018～2019)，
校长：张秀平

录 2　师资信息

录 2.1　中国科学院院士(2 人)

王梓坤(1991)，陈木法(2003)

录 2.2　第三世界科学院院士(1 人)

陈木法(2009)

录 2.3　长江学者奖励计划特聘教授/讲座教授/青年学者(6+1+2 人)

戎小春(2000-02，特聘教授，第 2 批)，王凤雨(2000-09，特聘教授，第 3 批)
惠昌常(2001-09，特聘教授，第 4 批)，李岩岩(2005-03，讲座教授，第 6 批)
唐梓洲(2006-03，特聘教授，第 7 批)，杨大春(2007-03，特聘教授，第 8 批)
李增沪(2008-03，特聘教授，第 9 批)；
葛建全(2017-02，青年学者，第 2 批)，李海刚(2021-04，青年学者，第 6 批)

录 2.4　国家杰出/优秀青年科学基金(5+5 人)

肖　杰(1998，杰青)，王凤雨(2000，杰青)，杨大春(2004，杰青)，李增沪(2005，杰青)，周　渊(2020，杰青)；
葛建全(2015，优青)，彦文娇(2017，优青)，熊金钢(2019，优青)，张博宇(2019，优青)，袁　文(2021，优青)

录 2.5　高等学校教学名师奖(1 人)

王昆扬(2008，第 4 届)

录 2.6　国家有突出贡献中青年专家(6 人)

王梓坤(1984)，汪培庄(1986)，陆善镇(1990)，郑学安(1990，外校转入)，
陈木法(1990)，王伯英(1992)

录 2.7　新世纪百千万人才工程国家级人选(2 人)

王凤雨(2004)，杨大春(2006)

录 2.8　国务院学位委员会委员与学科评议组成员(6 人)

陆善镇，第 4 届国务院学位委员会委员，1999-01～2003-05
严士健，第 1～3 届国务院学位委员会学科评议组成员，1983-08～1988-09，1988-10～1995-03，1995-03～1999-01
陈木法，第 4 届国务院学位委员会学科评议组成员，1999-01～2003-05
陆善镇，第 4～5 届国务院学位委员会学科评议组成员，1999-01～2003-05，2003-05～2008-04
唐梓洲，第 6～7 届国务院学位委员会学科评议组成员，2008-04～2014-12，2014-12～

2017-12

李增沪，第 8 届国务院学位委员会学科评议组成员，2020-08～

录 2.9 国家自然科学基金委员会数学学科评审组专家(5 人)

严士健，第 1～3 届，1986～1991

陆善镇，第 4～5 届，1992～1995

陈木法，第 8～9 届，2000～2003

张英伯，第 11～12 届，2006～2009

杨大春，第 13～14 届，2010～2013

注.2014 年起，国家自然科学基金委员会不聘任固定的专家评审组，年度评审专家从列入 2014～2016 年评审专家库的专家中遴选。

录 2.10 国家教育委员会/教育部教学指导委员会委员(9 人)

严士健，国家教育委员会高等学校理科数学与力学教学指导委员会副主任委员，1990～1995

王家銮，国家教育委员会高等学校理科数学与力学教学指导委员会委员，1990～1995

陈木法，国家教育委员会高等学校理科数学与力学教学指导委员会副主任委员，1995～2000

王昆扬，国家教育委员会高等学校理科数学与力学教学指导委员会基础数学组教学指导组成员，1995～2000

王昆扬，教育部高等学校数学与统计学教学指导委员会数学类专业教学指导分委员会委员，2001～2005

李　勇，教育部高等学校数学与统计学教学指导委员会统计学专业教学指导分委员会委员，2001～2013

保继光，教育部高等学校数学与统计学教学指导委员会数学类专业教学指导分委员会委员，2006～2013

保继光，教育部高等学校数学类专业教学指导委员会委员，2013～2022

李　勇，教育部高等学校统计学类专业教学指导委员会委员，2013～2017

张余辉，教育部高等学校大学数学课程教学指导委员会委员，2013～2017

胡永建，教育部高等学校大学数学课程教学指导委员会委员，2018～

录 2.11 教育部跨世纪优秀人才培养计划；新世纪优秀人才支持计划(14 人)

李洪兴(1998)，肖　杰(1998)，惠昌常(2001)；

李增沪(2005)，杨大春(2005)，卢广存(2006)，洪文明(2006)，黎　雄(2007)，

毛永华(2008)，王恺顺(2009)，胡永建(2011)，刘玉明(2012)，张　辉(2013)，

薛庆营(2014)

录 2.12 教育部高等学校青年教师奖(2 人)

王凤雨(2000)，邓邦明(2002)

录 2.13　北京市高等学校教学名师奖(7 人)

王昆扬(2003，第 1 届)，郇中丹(2006，第 2 届)，李仲来(2010，第 6 届)，
李　勇(2011，第 7 届)，刘永平(2013，第 9 届)，保继光(2016，第 12 届)，
袁　荣(2020，第 16 届)

录 2.14　新世纪百千万人才工程北京市级人选(1 人)

李建华(2004，外校转入)

录 2.15　国务院政府特殊津贴(45 人)

严士健(1990)，王梓坤(1990)，张禾瑞(1991)，蒋硕民(1991)，王世强(1991)，
孙永生(1991)，刘绍学(1991)，陆善镇(1991)，丁尔陞(1992)，王隽骧(1992)，
赵　桢(1992)，汪培庄(1992)，王伯英(1992)，刘来福(1992)，郑学安(1992,外校转入)，
陈木法(1992)，黄惟明(1992)，王昆扬(1993)，沈复兴(1993)，董延闿(1993)，
赵慈庚(1993)，郝炳新(1993)，吴品三(1993)，曹才翰(1993)，王家銮(1993)，
蒋滋梅(1993)，罗承忠(1993)，徐承彝(1993)，邝荣雨(1993)，刘秀芳(1993)，
李占柄(1993)，朱汝金(1993)，周美珂(1993)，陈公宁(1993)，张英伯(1993)，
房艮孙(1993)，肖　杰(1993)，李洪兴(1994)，刘永平(1996)，杨大春(2000)，
李增沪(2002)，王凤雨(2006)，惠昌常(2008)，保继光(2012)，张　辉(2018)

录 2.16　全国百篇优秀/提名博士学位论文和其他奖(2+5+1 篇)

全国百篇优秀博士学位论文(2 篇)

戴　峰：单位球面 s^{d-1} 上实光滑函数的逼近，2004，导师：王昆扬
邵井海：无穷维空间上的运费不等式，2008，导师：方诗赞、王凤雨

全国百篇优秀博士学位论文提名论文(5 篇)

刘普寅：模糊神经网络理论及应用研究，2005，导师：李洪兴
张　梅：移民过程与广义 OU 过程：大偏差，中心极限定理和自交局部时，2006，导师：王梓坤、李增沪
陈艳萍：抛物型奇异积分算子及其交换子的有界性问题，2009，导师：丁　勇
袁　文：新的 Besov 型空间和 Triebel-Lizorkin 型空间理论，2013，导师：杨大春
刘　君：基于混合模型与变分正则化方法的图像恢复与分割，2014，导师：黄海洋

其他奖(1 篇)

胡　涛．数据分析中的稳健估计(2009 届博士论文，导师：崔恒建)．第 10 届全国统计科学研究优秀成果奖 1 等奖，2010

录 2.17　全国教育硕士专业学位优秀论文(2 篇)

祁京生：加强数学知识形成过程教学的理论与实践研究，2006，导师：王申怀

张　昆：基于平面几何理性四维教育价值的教学实践研究，2010，导师：曹一鸣

录 2.18　北京市优秀博士学位论文(1 篇)

熊金钢：分数阶的 Nirenberg 问题，2013，导师：李岩岩、保继光

录 2.19　欧盟居里夫人基金(EU-Marie Curie Foundation，2 人)

刘玉明(2007)，蒋仁进(2014)

录 2.20　日本学术振兴会(Japanese Society for the Promotion of Science)**基金**(3 人)

周先银(1991)，李增沪(1998)，彦文娇(2014)

录 2.21　洪堡(Humboldt)**基金**(12 人)

周先银(1993)，邓邦明(1997)，王凤雨(1998)，杨大春(2000)，刘玉明(2006)，
张　辉(2007)，唐仲伟(2007)，胡　维(2009)，陈华杰(2010，外院转入)，
李俊峰(2011)，葛建全(2012)，袁　文(2012)

录 3　1952 年后晋升高级职称名单(以年龄从大到小为序)

录 3.1　1952 年后晋升教授名单(104 人)

1977-11　王梓坤(外校转入)
1979-08　赵慈庚　董延闿　王世强　孙永生　严士健　刘绍学
1981-05　朱鼎勋
1983-05　赵　桢　汪培庄　陆善镇
1985-07　白尚恕　钟善基　郝锛新　吴品三　罗里波　王伯英　陈木法
1987-01　陈绍菱
1987-11　丁尔陞
1988-06　罗承忠　李占柄　陈公宁
1989-04　曹才翰　刘来福
1990-07　王隽骧　刘秀芳
1991-09　王昆扬　郑学安(外校转入)
1992-09　徐承彝　沈复兴　张英伯
1993-06　王家銮　蒋滋梅　周美珂　房艮孙　肖　杰
1994-07　邝荣雨　杨文礼　朱汝金　李洪兴　刘永平　邓冠铁(外校转入)
1995-10　高素志　宣体佐　杨大春　王凤雨
1996-07　王敬赓　刘继志
1997-07　丁　勇(外校转入)　惠昌常
1998-07　王申怀　李仲来　郇中丹
1999-07　蒋人璧　袁　荣　崔恒建　高红铸
2000-07　钱珮玲　黄海洋　李增沪　邓邦明
2001-07　李　勇　保继光
2002-07　蔡俊亮　卢广存
2004-07　张余辉
2005-07　毛永华
2006-07　曹一鸣　洪文明
2007-07　王恺顺
2008-07　胡永建　黎　雄
2009-07　朱文芳　于福生
2010-07　赵丽琴　张　辉
2011-07　赵纪满
2012-07　张　梅　童行伟
2013-07　张淑梅　赵旭安
2014-07　郭玉峰　薛庆营　刘志华
2015-07　张争茹　许孝精
2016-07　唐仲伟　葛建全　蒋仁进　王灯山(外校转入)　周　渊(外校转入，2016)
2017-07　李俊峰　陈华杰

2018-07　王雨生　徐桂香　袁　文　彦文娇
2019-07　徐　敏　李海刚　蔡勇勇(2019-11)
2020-07　何　辉　熊金钢　张博宇

录 3.2　1952 年后晋升副教授等名单(183 人)

1956-07　王世强
1961-12　孙永生　严士健　刘绍学
1979-08　梁绍鸿　陈绍菱　钟善基　郝钢新　吴品三　刘贵贤　蒋　铎　薛宗慈
　　　　王隽骧　赵　桢
1981-03　白尚恕　丁尔陞　刘云英　傅若男　罗承忠　汪培庄
1983-05　曹才翰　王家銮　徐承彝　刘秀芳　李占柄　王伯英　刘来福　吴英辅
1985-07　童直人　李艾青　傅章秀　柳　藩　洪吉昌　韩丽娟　孙瑞清　蒋滋梅
　　　　曾美美　杨福田　马遵路　邝荣雨　高素志　张阳春　杨文礼　张益敏
　　　　陈方权　黄锡瑶　沈嘉骥　朱汝金　周美珂　余玄冰　陈公宁　王昆扬
　　　　沈复兴　郑小谷
1987-01　谢　宇　陈平尚　罗运纶
1988-06　余炯沛　曾昭著　黄登航　曹锡皞　蒋绍惠　王敬赓　宣体佐　洪良辰
　　　　乔洪文　潘懋德　王申怀　蒋人璧　刘继志
1988-12　李天林　刘莹如　孙久荐　廖昭懋　卢景波　杨存斌　刘庆生　李有兰
　　　　钱珮玲
1990-07　苏秀雯　房艮孙　肖　杰
1991-09　王存喜　黄惟明　张英伯
1992-09　沈恩绍　黄海洋　刘永平　郇中丹　周先银
1993-06　李仲来　孙魁明　惠昌常　陈　雄　高红铸
1994-07　孟晓青　李　勇　崔恒建　杨大春　王凤雨
1995-10　梁学军　何　青　柯小伍　邓邦明　程艺华(副编审)　赵籍丰(副研究馆员)
1996-07　刘洁民　保继光　王幼宁　王明生
1997-07　黄贵贤　袁　荣　雷天刚　李增沪　曾文艺
1998-07　张淑梅　于福生　张余辉
1999-07　张秀平　杨　淳　赵丽琴　别荣芳
2000-07　毛永华　吴　慧(高级实验师)　　李建华(外校转入)
2001-07　洪文明　王恺顺　韩　阳　胡永建　于　濂(高级工程师)
2002-07　赵旭安
2003-07　黎　雄
2004-07　马　波　赵纪满　王　琦(副研究员)
2005-07　张　梅　张　辉　王加银　刘玉铭(高级工程师)
2006-07　王颖喆　郭玉峰
2007-07　童行伟　张争茹　刘志华　王建华(副研究员)
2008-07　薛庆营　许孝精　徐　敏
2009-07　刘玉明　曾紫婷　崔　丽　李俊峰

2010-07　唐仲伟　邵井海
2011-07　金　蛟　纪光华　王雨生
2012-07　马宇韬　胡　维
2013-07　葛建全　何　辉　袁　文　蒋仁进
2014-07　李海刚　刘　君
2015-07　施翔晖　高志强　彦文娇　张博宇
2016-07　熊金钢　程志云　薛留堂
2017-07　赵　亮　郑　创　曹外香
2018-07　苏效乐　唐晗力　郭　衎　魏　炜（副研究员）
2019-07　张　勇　苏喜锋
2020-07　吕本建　汪志威

录 4 1952 年后教授岗位定级名单(以年龄从大到小为序)

教授 1 级岗位

1956 傅种孙

2007 王梓坤 陈木法

教授 2 级岗位

1956 张禾瑞 蒋硕民

2007 陆善镇 王昆扬 郑学安 张英伯 惠昌常 李增沪 杨大春 唐梓洲 王凤雨

2008 房艮孙

2009 刘永平 邓冠铁

2010 丁 勇

2012 李 勇

2014 李仲来

2016 保继光

2018 卢广存

2020 曹一鸣 毛永华

教授 3 级岗位

1956 程廷熙 范会国 魏庚人

2007 房艮孙 丁 勇 刘永平 郇中丹 邓冠铁 袁 荣 崔恒建 保继光 卢广存 邓邦明

2008 李仲来

2009 李 勇 高红铸

2010 黄海洋 毛永华

2012 王恺顺

2014 张余辉

2016 张 辉

2018 黎 雄

教授 4 级岗位

2007 年定级时没有定为教授 1～3 级岗位的均为 4 级岗位。2007 年后名单同录 3.1。

副教授 4 级岗位

1956 董延闿 赵慈庚

副教授 5 级岗位

1956 吴鸿迈 朱鼎勋 王世强

2007 王幼宁 何 青(工程实验系列)

2008 于福生

2009 赵丽琴 张秀平

2012 张淑梅

2018 王颖喆 徐 敏

2020 刘玉明 王加银

副教授 6 级岗位

2007　黄惟明　刘洁民　张淑梅　朱文芳　张秀平　于福生　杨　淳　赵丽琴　赵旭安
　　　胡永建　于　濂(工程实验系列)

2009　马　波　赵纪满

2010　张　梅　周悦昇(6 级职员)　　　王迎迎(6 级职员)

2012　李建华　王颖喆　郭玉峰　张争茹　刘志华　孙旻泽(6 级职员)

2014　刘玉明　许孝精　崔　丽　徐　敏　李俊峰

2016　纪光华　王雨生

2018　马宇韬

2020　施翔晖　高志强　刘　君　郭文莲(6 级职员)

副教授 7 级岗位

2007 年定级时没有定为副教授 5～6 级岗位的均为 7 级岗位。2007 年后名单同录 3.2。

录 5 博士生指导教师名单(68＋9 人，以年龄从大到小为序)

1981-11 王世强 孙永生 严士健 王梓坤(外校转入) 刘绍学
1984-01 陆善镇
1986-07 汪培庄
1990-11 陈木法
1993-12 王伯英 王昆扬
1995-03 李占柄 刘来福 陈公宁 沈复兴 张英伯
1996-06 罗里波 郑学安 房艮孙 李洪兴 刘永平 肖 杰 杨大春 王凤雨
2000-07 丁 勇 邓冠铁 惠昌常 袁 荣 崔恒建
2001-06 李仲来 戎小春 黄海洋 李增沪 邓邦明
2002-06 李 勇 保继光 刘仲奎* 马如云*
2003-10 蔡俊亮 卢广存 乔建永*
2004-12 李岩岩**
2005-06 唐梓洲 陆国震** 杜 强**
2005-12 洪文明 刘春雷 郭柏灵** 李昂生** 唐守正**
2007-06 郇中丹 毛永华 黎 雄
2008-01 曹一鸣 高红铸 王恺顺 胡永建
2008-06 于福生 赵丽琴 张 辉
2009-06 张余辉 赵纪满
2010-06 朱文芳 童行伟 薛庆营
2011-06 李杰权★ 张 梅
2012-06 许孝精

注.★资格认定导师，*兼职导师，**资格认定的兼职导师。

1981～1993 年，博士生导师由国务院学位委员会批准。1994～2013 年，博士生导师由北京师范大学学位委员会批准。2014 年 6 月，取消学校博/硕士生导师资格的评选。录 6 不再说明。

录 6　硕士生指导教师名单(122 人，以年龄从大到小为序)

	王世强	孙永生	严士健	王梓坤(外校转入)	刘绍学	汪培庄	陆善镇	
1981-03	郝钢新	吴品三	丁尔陞	赵　桢				
1983-05	钟善基	白尚恕	王隽骧	曹才翰	罗承忠	徐承彝	刘秀芳	李占柄
	王伯英	刘来福	吴英辅					
1986-09	蒋滋梅	罗里波	孙瑞清	杨福田	高素志	杨文礼	陈方权	沈嘉骥
	朱汝金	周美珂	陈公宁	王昆扬	沈复兴	陈木法	郑小谷	
1990-03	罗运纶							
1991-06	宣体佐	卢景波	刘继志	黄惟明	张英伯	房艮孙	肖　杰	
1992-05	钱珮玲							
1993-04	刘永平	郇中丹	高红铸					
1994-06	王申怀	孟晓青	李洪兴	李仲来	孙魁明	黄海洋	李　勇	惠昌常
	崔恒建	杨大春	王凤雨					
1997-03	王敬赓	刘洁民	柯小伍	何　青	王明生	王幼宁	邓邦明	
1998-04	丁　勇	袁　荣	李增沪	保继光	曾文艺			
2000-06	蔡俊亮	张淑梅	张秀平	于福生	赵丽琴	张余辉		
2001-05	杨　淳	毛永华						
2002-06	王恺顺	韩　阳	胡永建	李建华				
2003-09	洪文明	赵旭安	黎　雄					
2004-09	曹一鸣	赵纪满						
2007-06	马　波	童行伟	张　梅	郭玉峰	张　辉	王家银	薛庆营	刘志华
2008-01	王颖喆	张争茹						
2008-06	许孝精	赵　亮						
2009-06	刘玉明	纪光华	邵井海	徐　敏	李俊峰			
2010-06	唐仲伟	金　蛟	王雨生					
2011-06	李　慧	崔　丽	马宇韬	李海刚	张　勇	郑　创		
2012-06	施翔晖	曾紫婷	高志强	胡　维	何　辉	袁　文		
2013-06	吕绍川							

录 7　教职工名单(以字母顺序为序)

录 7.1　2020 年 12 月在职人员名单及工作时间

姓　名　工作时间(93 人，不含博士后)

保继光 1988～　蔡永强 2020～　蔡勇勇 2019～　曹外香 2017～
曹一鸣 2003～　陈华杰 2016～　程志云 2012～　崔　丽 2004～
邓冠铁 1996～　高红铸 1992～　高志强 2007～　封　达 2019～
傅琴玲 2018～　葛建全 2009～　龚文敏 2018～　郭　衔 2016～
郭文莲 1993～2002，2018～　郭晓川 2016～　郭玉峰 1998～
何　辉 2008～　何　青 1990～　洪文明 2001～　胡　维 2009～
胡永建 1999～　黄　红 2003～　纪光华 2006～　黎　雄 2002～
李海刚 2009～　李建华 2008～　李增沪 1994～　刘　君 2011～
刘立潇 2016～　刘彦麟 2020～　刘永平 1978～　刘玉明 2004～
刘玉铭 2000～　刘志华 2004～　卢广存 2001～　陆　晴 2018～
吕本建 2014～　马　波 1991～　马宇韬 2007～　毛永华 1996～
潘　亮 2018～　潘珊珊 2017～　史雪楠 2019～　施翔晖 2006～
苏喜锋 2013～　苏效乐 2005～　唐晗力 2014～　唐仲伟 2004～
汪志威 2016～　王灯山 2020～　王发强 2020～　王凤雨 1993～
王加银 2002～　王恺顺 2001～　王颖喆 1999～　王幼宁 1992～
王雨生 2007～　魏　炜 2007～　熊金钢 2015～　徐　敏 2007～
许孝精 2007～　徐桂香 2018～　薛留堂 2013～　薛庆营 2006～
彦文娇 2012～　杨大春 1992～　于福生 1989～　于　濂 1997～
袁宏伟 2003～　袁　荣 1994～　袁　文 2010～　曾紫婷 2006～
张博宇 2012～　张程翔 2019～　张丽华 2010～　张　梅 2004～
张　潇 2020～　张秀平 1987～　张　勇 2008～　张余辉 1996～
张泽州 2018～　张争茹 2003～　赵纪满 2003～　赵丽琴 1997～
赵　亮 2006～　赵旭安 2001～　郑　创 2008～　郑亚利 2002～
朱文芳 2002～　周　渊 2019～

注．录 7.1～录 7.4 中，左端为任职起始年份，右端为调走年份。

录 7.2　1921～1999 年在数学系工作且在数学系离休的人员名单及工作时间(9 人)

丁尔陞 1958～1994　董延闿 1941～1942*，1946～1947，1948～1952*，1952～1988
蒋硕民 1954～1985　李艾青 1962～1987　孙永生 1953～1954，1958～1999
童直人 1979～1986　吴鸿迈 1940～1952，1959～1976　吴品三 1949～1992
谢　宇 1961～1996

注．① 录 7.2～录 7.4 中，右端为离退休年份或调走年份。
② * 表示在辅仁大学任教时间段。
③ 缺 1923～1925，1928，1931，1940～1942 学年记录。
④ 1952 年前某人任职范围，例如，中间逗号两端出现：“1933～1936，1937～1938”，

前一个区间表示到 1936 年上半年截止；后一个区间表示从 1937 年下半年开始计算，其余类似。

录 7.3　1921～2020 年在系/学院工作且在系/学院退休的人员名单及工作时间(124 人)

白国庆 1998～2014　白　明 1995～2018　白尚恕 1956～1958，1978～1989
蔡俊亮 1998～2018　曹才翰 1956～1997　曹锡皞 1958～1996　常淑凤 1977～2008
陈方权 1961～1997　陈公宁 1962～2001　陈平尚 1960～1997　陈木法 1984～2019
陈绍菱 1949～1952*，1952～1987　程廷熙 1927～1932，1948～1972
程艺华 1989～2002　丁　勇 1997～2017　丁玉珍 1958～1990
范会国 1931～1933，1953～1976　房艮孙 1988～2008　傅若男 1953～1991
傅章秀 1952～1989　傅种孙 1921～1939，1947～1962　高素志 1957～1996
韩丽娟 1956～1993　郝锊新 1950～1952*，1952～1990　洪吉昌 1956～1992
洪良辰 1960～1993　洪秀玉 1958～1962　郇中丹 1982～1984，1991～2017
黄登航 1958～1995　黄贵贤 1962～1998　黄海洋 1981～2018
黄惟明 1981～1985，1990～2007　黄锡瑶 1959～1997　江国宁 1960～1990
蒋　铎 1951～1990　蒋人璧 1963～2000　蒋绍惠 1959～1992　蒋滋梅 1979～1994
邝荣雨 1959～1996　李天林 1958～1960，1975～1993　李有兰 1961～1995
李占柄 1961～1997　李仲来 1977～2018　梁绍鸿 1949～1976　廖昭懋 1961～1992
刘贵贤 1952～1987　刘继志 1973～2001　刘洁民 1985～2019　刘来福 1962～2005
刘庆生 1968～2000　刘绍学 1950～1953，1956～2000　刘秀芳 1962～1997
刘莹如 1961～1991　刘云英 1953～1990　柳　藩 1954～1990　卢景波 1962～1998
陆善镇 1961～2011　罗承忠 1956～1996　罗里波 1980～1981，1986～1989，1995～1998
马京然 1977～2011　马遵路 1958～1995　苗秀珍 1976～2004
裴秉文 1958～1959，1977～1992　钱珮玲 1973～2004　乔洪文 1961～1999
渠占福 1945～1961，1980～2000　沈嘉骥 1959～1998　苏秀雯 1963～2000
孙久荊 1959～1991　孙旻泽 1976～2013　孙瑞清 1959～1994　孙喜才 1976～2001
汤璪真 1919～1923，1948～1951　汪培庄 1957～1998　王伯英 1960～2002
王存喜 1975～2004　王家銮 1956～1965，1979～1994　王建华 1997～2013
王敬赓 1958～1997　王隽骧 1953～1995　王昆扬 1981～2014　王　琦 1996～2014
王仁辅 1922～1937，1940～1947*，1947～1951　王申怀 1962～1999
王世强 1948～1997　王世钦 1958～1980　王迎迎 1974～2010　王梓坤 1984～2018
巫　果 1970～1985　吴英辅 1973～1979，1981～2004　徐承彝 1958～1996
徐　勇 1961～1983　宣体佐 1978～1998　薛宗慈 1952～1990　严士健 1952～1999
杨存斌 1960～1998　杨福田 1958～1995　杨文礼 1960～1998　叶敦茹 2013～2019
余炯沛 1959～1994　余　俊 1960～1996
余炘文 1929～1930*，1933～1936*，1939～1952*，1952～1956
余玄冰 1960～1999　曾美美 1956～1994　曾跃进 1992～2018　曾昭著 1959～1995

张禾瑞 1948～1950，1950～1951*，1952～1985　张　辉 2003～2020
张士良 1957～1975　张益敏 1958～1997　张英伯 1981～2008　赵慈庚 1948～1985
赵籍丰 1988～2004　赵　桢 1953～1956，1960～1995　郑学安 1996～2007
钟善基 1952～1990　周常江 1998～2015　周华桐 1956～1966，1977～1991
周美珂 1960～1999　周先银 1990～1996　周悦昇 1978～2010
朱鼎勋 1950～1952*，1952～1985　朱汝金 1959～1999　朱同生 1977～2003

注．在职时逝世的年份标□。

录 7.4　1915～2020 年曾在系/学院工作过，因调动等多种原因已离开系/学院的人员名单及工作时间(492 人)

白同然 1963～1964　班春生 1982～1983　别荣芳 1996～1999　蔡火莹 1958～1964
蔡金法 1987～1989　蔡文焕 1941～1945*　蔡孝璇 1955～1956　蔡英藩 1938～1940
蔡钟瀛 1917～1930，1933～1935*　曹　磊 2004～2006　曹立凡 1942～1947
曹　宇 1986～1993　柴景曦 1957～1962　常福元 1929～1937　常钟玮 1953～1956
陈承淇 1946～1949　陈冬香 2007～2009　陈光熙 1933～1948*，1950～1951*
陈汉埜 1931～1937　陈宏伯 1960～1963　陈荩民 1925～1927　陈克伟 1982～1987
陈立莲 1985～1987　陈美玲 1977～1983　陈启修 1924～1925，1927～1928
陈　夏 2006～2008　陈兴钩 1957～1961　陈　雄 1990～1993　陈莹华 1996～1998
陈永年 1961～1964　陈忠文 1957～1964　成如翼 1960～1964　程楚润 1947～1948
程国铠 1959～1969　程孟扬 1942～1944　程书肖 1964～1988　程秀成 1958～1960
池无量 1985～1987　褚呈祥 1945～1946*　崔创福 1961～1978　崔恒建 1986～2011
崔世莹 2004～2011　戴　济 1926～1927　戴　蔚 2012～2014　戴运轨 1926～1927
惪仰淑 1955～1956　邓邦明 1993～2013　邓宇星 2015～2018　丁大正 1981～1984
丁　丹 1977～1986　丁志福 1960～1964　董吕云 1956～1959　董文华 1956～1958
董锡兰 1940～1949　董　茵 1993～1997　董兆林 1956～1957　杜作梁 1922～1927
段小刚 2011～2014　段学复 1947～1950　段子美 1947～1948　樊怀义 1947～1948
范韶华 1992～1996　范先信 1960～1964　方启明 1959～1961　方　维 2003～2004
冯　水 1987～1989　冯　速 1984～1987，1997～1999　冯文杰 1964～1975
冯玉海 1960～1963　冯　重 1988～1992　冯祖荀 1916～1927，1938～1940
傅求学 1922～1925　高存明 1981～1985　高启如 1976～1985　高婴奇 1937～1938*
葛福星 1958～1985　葛世勋 1929～1931，1936～1937　耿鸿为 1959～1964
耿述之 1945～1946　巩宪文 1944～1945　古永喜 1956～1958　顾　澄 1930～1931
关肇直 1952～1953　管甲仁 1958～1978，1984～1988　管　林 1996～1999
郭定辉 1991～1993　郭玉柱 1987～1992　郭筑生 1961～1978　韩桂丛 1951～1952
韩立刚 1986～1993　韩丽珠 1950～1952　韩清波 1939～1950　韩汝瑜 1956～1957
韩树山 1940～1949　韩　阳 2001～2004　何金华 1954～1957　何　鲁 1957～1960
何　曼 1977～1983　何庆家 1958～1972　何元珍 2014～2014　何育杰 1926～1927
贺梅岚 1934～1935* 1950～1951*　贺慕兰 1941～1942*，1943～1944*
贺　鑫 2015～2018　洪　云 1995～1997　胡崇慧 1954～1958　胡国恩 1993～1996

胡景浩 1970～1987　胡静婉 1980～1983　胡浚济 1924～1930，1938～1939
胡文耀 1916～1922　胡浚源　胡明杰 1988～1992　胡宁燕 1998～1999
胡　毅 1985～1987　胡祖莹 1964～1975　花春培　黄恭宪 1915～1930
黄任初 1926～1927　黄荣庆 1960～1963　黄兆泳 2000～2001　黄卓廷 1960～1963
戢镇雄 1945～1946　贾绍勤 1978～1994　江泽涵 1957　姜美菊 1961～1972
蒋国华　蒋仁进 2012～2018　蒋润荣 1960～1962　蒋忠宏 1985～1986
金　蛟 2005～2014　金文清 1956～1958　金　宇 1999～2001　金玉华 1995
金再鑫 1954～1956　靳荣禄 1927～1928，1930～1933　靳向兰 1959～1965
景　毅 1947～1948　鞠红杰 2010～2012　柯小伍 1993～2000　柯志勇 1983～1984
孔令泉 2005～2009　孔　毅 2005～2007　匡祥友 1970～1976　蓝建华 1959～1961
雷天刚 1997　李翠萍 1986～1988　李德生 1998～2000　李恩波 1943～1948
李凤仙 1961～1962　李光钤 1942～1945　李光彦 1941～1947　李光荫 1942～1945
李含中 1963～1964　李洪兴 1993～2007　李　慧 2003～2014　李家宏 1998～2000
李杰权 2010～2015　李金年 1956～1958　李景斋 1973～1984　李俊峰 2005～2019
李菱镜 1938～1940，1942～1945　李乃凤 1976～2002　李睿洁 1961～1962
李士嘉 1934～1935*，1938～1940*，1941～1948* 1950～1951*
李树棻 1940～1945　李宋子 2016～2018　李玨来 1984～1991　李伟元 2007～2009
李亚玲 2001～2012　李延龄 1937～1938*　李彦飞 1986～1990　李耀堂 1959～1964
李业平 1991～1996　李英民 1960～1984　李　勇 1991～2014　李永清 1956～1957
李允贵 1978～1983　李直钧　梁学军 1985～1997
梁永康 1938～1944*，1948～1949*，1950～1952*
梁兆庚 1930～1931*，1935～1936*，1942～1945*，1946～1947*
林方域 1958～1968　林观秀 1959～1964　林水平 1965～1984　刘宝荣 1954～1961
刘碧梧　刘春雷 2003～2008　刘甸瑞 1960～1978　刘福洲 1937～1938*
刘跟前 1999～2001　刘国山 1997～1999　刘　沪 1982～1989
刘景芳 1934～1935*，1937～1938*，1941～1952*　刘力实 1985～1986
刘　美 1969～1990　刘孟德 1940～1946，1947～1948　刘世希 2012～2014
刘书琴 1938～1944　刘淑玉 1960～1961　刘　鑫 1956～1957　刘　熊
刘秀莹　刘亦珩 1932～1933，1935～1940　刘友渔 1969～1979
刘增贤 1953～1958　刘志汉 1954～1956　刘钟灵 1956～1958　刘宗光 1999～2001
龙季和　娄树宪 1985～1987　卢士樵 1976～1982　鲁仕荣 1986～1988
陆国震 2011～2014　陆润林 1940～1946　路　静 2016～2018　路　游 1996～1998
吕静涛 1993～1996　吕绍川 2010～2014　吕涛军 1987～1990　罗　琛 1958～1961
罗大成 1958～1965　罗建刚 1986～1988　罗效来 1956～1957　罗运纶 1985～1999
马德刚 1985～1986　马　根 1960～1962　马锦华 1959～1964　马兰英 1956～1957
马淑芬 1976～1983　马田田 2011～2013　马　琬 1955～1956　马文元 1939～1947
麦百平 1956～1958　梅贞吉 1947～1948*，1949～1950*　孟书军 1960～1977
孟晓青 1978～1981，1993　孟昭兴 1961～1962　闵嗣鹤 1947～1951
穆鸿基 1947～1948　穆嘉琮 1955～1956　那学铭 1954～1958　聂秉章 1955～1956
欧阳良柱 1930～1937　涽懋德 1979～1989　潘淑琴 1970～1983

庞定浩 1935～1937* 彭　闯 1985～1989 彭名书 2000～2002 彭新然 1958～1963
平贺良藏 1941～1943 亓振华 2010～2013 齐振一 1935～1937*
齐　哲 1977～1984 齐植朵 钱宝琮 1956～1957 钱端壮 1940～1946
钱毅南 谯毓琛 1947～1949*，1950～1951* 秦　汾 1922～1929
秦怀振 2001～2003 秦元勋 1949～1950 邱　峰 1989～1991 仇玉英 1977～1978
戎小春 2000～2003 汝人鹤 1940～1946 尚世鑫 邵德祥 1961～1964
邵井海 2006～2017 畲明湍 1959～1962 沈恩绍 1988～1995 沈复兴 1981～1999
施仁培 1939～1944 石殿璋 1953～1956 史志刚 1977～1999 斯涛客 1935～1936*
宋卫星 1999～2002 宋玉林 2012～2014 宋煜华 1935～1937* 宋志敏 1959～1961
苏式冬 1957～1964 苏振潼 1929～1930 孙宏伟 1999～2008
孙华庭 1921～1922，1925～1926，1938～1939* 孙魁明 1977～2002
唐梓洲 2005～2017 陶双平 2003～2005 田东风 1984～1990 田树芸 1960～1964
田晓龙 1987～1996 佟韶华 1940～1945 童行伟 2003～2014 汪奠基 1926～1928
汪树模 1942～1945 王阿雄 1974～1979 王传秀 1941～1943* 王德全 1958～1960
王庚昌 1958～1962 王光明 2008～2010 王桂安 2003～2004 王桂珍 1970～1983
王鹤清 1917～1922 王继平 1961～1964 王建军 1997～2000 王景轩 1963～1973
王力群 1984～1985 王明生 1994～1998 王明夏 1949～1950 王讷安 1942～1945
王慎言 1954～1964 王世润 1961～1962 王素兰 1970～1978
王树人 1950～1951，1953～1981 王文湧 1963～1980 王宪钟 1947～1948
王湘浩 1950～1952 王晓波 1982～1986 王孝元 1958～1963 王秀泉 1943～1945
王燕白 1953～1958 王永昊 王跃宾 2016～2018 王泽坤 1955～1957
王占山 1976～1977 王占旺 1976～1982 王振稼 1956～1961 王正生
王佐臣 1956～1958 魏　丰 2001～2003 魏庚人 1940～1941，1950～1958
魏执权 1946～1947 温永寿 1958～1966 文元模 1925～1928，1933～1934*
闻　翻 1958～1962 闻人乾 沃绮廷 1953～1958 吴宝谦 1926～1930
吴东斗 1939～1945 吴　冬 1977～1984 吴　慧 1997～2006 吴家振 1960～1963
吴明友 1986～1999 吴清林 1916～1918 吴望名 1960～1978 吴小勇 1995～2000
吴奕飞 2013～2016 惠昌常 1991～2012 向迪璜 1927～1928 向隆本 1978～1984
向　勇 1991～1996 萧怀雅 1929～1931 肖　杰 1988～1999
谢　天 2009～2011，2013～2019 谢铁顿 1970～1979 谢文芳 1958～1964
谢文杰 1972～1984 邢宝利 1959～1960 邢锡礼 1929～1931* 徐长胜 1982～1987
徐道宁 1946～1948 徐　丰 1988～1996 徐家丽 1960～1961 徐金明 1969～1975
徐利治 1951～1952 徐　绥 1956～1959 徐献瑜 1943～1946*，1949～1950*
徐秀珍 1976～1990 许光福 1922～1923 许绳祖 许统乔 1959～1960
许以敬 1981～1985 宣国祥 1977～1984 薛红霞 1992～1993 严扶平 1956～1958
严顺章 1947～1948 阎建平 1993～1995 阎瑞果 1975～1984 颜道岸 1948～1954
杨　淳 1991～2012 杨建利 1985～1987 杨　靖 1984～1989，1995～1997
杨梅明 杨庭久 1992～1993 杨武之 1930～1934 杨昔阳 2001～2002
杨学增 1984～1987 杨永芳 1935～1938*，1937～1943 杨自强 1957～1964
杨宗盘 1944～1946 姚霭士 姚宝善 1960～1964 叶彦润 1942～1945

伊去病 1941～1947*　阴东升 2000～2002　于春煦　于国文 2017～2019
于　朋 2002～2004　余敬吾 1945　俞权钧 1931～1932　袁贤书 1955～1956
袁兆鼎 1949～1954　岳昌庆 1993～2002　曾尔健 1961～1965　曾沛霖 1917～1918
曾文艺 1990～2007　曾宪武 1962～1965　曾雪琪 1977～1982　詹君仲 1960～1961
战荫伟 1992～1994　张长青 1983～1988　张　翀 2014～2017　张春林 1944～1945
张大中 1953～1966　张德馨 1937～1946　张福振 1987～1989
张阜权 1938～1939*，1941～1946*　张富玉 1958～1964　张国明 1960～1976
张鸿图 1920～1921　张化靖 1955～1956　张惠品 1992～1995　张家栋 1915～1918
张可宽 1960～1964　张立仁 1941～1946　张伦传 1997～1999　张　民 1994～1998
张鸣珂 1938～1945　张　品 1984～1987　张其浚 1938～1940*　张其友 1976～1983
张启峰 1968～1979　张儒林 1940～1947　张世勋 1929～1930，1941～1948
张世英 1958～1964　张新铭 1961～1967　张学东 1960～1962　张延芬 1945～1947
张阳春 1958～1989　张淑梅 1987～2014　张贻惠 1915～1927，1934～1935*
张以信 1938～1940
张翼军 1930～1934，1936～1937，1941～1944*，1946～1949，1952～1953
张玉清 1970～1983　张远达 1950～1952　张云书 1939～1940　张之凯 2005～2007
张照垒 1945～1946，1947～1948　张志鹏 1969～1983　赵大清 1953～1956
赵丹妮 2016～2019　赵得春 1953～1957　赵访熊 1949～1951　赵进义 1930～1941
赵景星 1941～1946　赵景周 1958～1977　赵　珺 1977～1987　赵师成 1959～1965
赵桐林 1961　赵修干 1925～1926　赵学雷 1992～1994　赵云慧 2011～2016
赵桢(文敏)1937～1940　赵祖荫 1939～1940*，1947～1948
郑　萼 1983～1996　郑洪深 1959～1964　郑进保 1977～1983　郑立人 1956～1958
郑慕英 1960～1972　郑小谷 1981～1988　郑秀林 1982～1984　郑鎏年 1946～1947
支永德 1976～1981　周伯埙 1950　周　恒 2004～2006　周　佳 1985～1991
周　露 1996～1999　周骆良 1957～1961　周绍曾 1945～1947　周孝明 1964～1971
周艳春 1985～1988　周以匀 1985～1988　朱尔圆 1959～1964
朱广才 1936～1937，1939～1943*　朱嘉城 1956～1958　朱　进 1985～1986
朱茂春 2013～2015　朱秀玲 1939～1941　朱兆雪 1930～1945　邹国华 1995～1997
邹鸿斌 1960～1972　邹　锐 2013～2020　D. Vossieck 2001～2002

录 7.5　名誉/兼职/客座教授(研究员)名单

名誉教授

陈荩民，北京理工大学，1979-05(聘任开始日期，下同)
陈省身，美国加州大学伯克利分校(University of California-Berkeley)，1985-07
苏步青，复旦大学，1987-11
樊墩，美国加州大学圣巴巴拉分校(University of California-Santa Barbara)，1989-05
H. Brezis 院士，法国巴黎第六大学(Université Pierre et Marie Curie)，2005-07

海外名师

杜　强，美国宾州州立大学(The Pennsylvania State University)，2007

京师学者

李岩岩，美国罗格斯大学(Rutgers University)，2004

戎小春，美国罗格斯大学(Rutgers University)，2004

唐梓洲，2004

杜　强，美国宾州州立大学(The Pennsylvania State University)，2005

陆国震，美国韦恩州立大学(Wayne State University)，2005

兼课教授和教师

韩清波　闵嗣鹤　王明夏　吴鸿迈　张禾瑞　赵访熊　1949

韩清波　闵嗣鹤　秦元勋　王明夏　王湘浩　吴鸿迈　张禾瑞　赵访熊　周伯勋　1950

闵嗣鹤　王湘浩　徐利治　赵访熊　1951

关肇直　韩桂丛　王湘浩　徐利治　1952

钱宝琮　1956

兼职教授

张饴慈，首都师范大学，1986-01

张　钹，清华大学无线电系，1986-08

李继闵，西北大学，1988-03

郑学安，安徽大学，1993-02

郭桂蓉，国防科技大学，1998-06

蔡上鹤，人民教育出版社，1999-07

陆国震，美国韦恩州立大学(Wayne State University)，2001-05

方诗赞，法国第戎勃艮大学(University of Bourgogne)，2001-10

冯　水，加拿大麦克马斯特大学(McMaster University)，2001-10

唐守正，中国林业科学院资源信息研究所，2002-12，2005-09

乔建永，中国矿业大学，2003-07

胡国恩，解放军信息工程大学，2005-02

郭柏灵，中国工程物理研究院，2005-07

鄂维南，美国普林斯顿大学(Princeton University)，2006-06

蔡金法，美国特拉华大学(University of Delaware)，2007-01

史念东，美国伊利诺大学芝加哥分校(University of Illinois at Chicago)，2007-05

苗长兴，北京应用物理与计算数学研究所，2008-07

韩厚德，北京清华大学，2008-07

范明天，中国电力科学院，2011-05

客座教授

G. Weiss，美国华盛顿大学(University of Washington)，1985-04

T. Jech，美国宾夕法尼亚大学(University of Pennsylvania)，1985-06

D. W. Stroock，美国麻省理工学院(Massachusetts Institute of Technology)，1985-06

F. van Oystaeyen，比利时安特卫普大学(Universiteit Antwerpen)，1985-10

横地清，日本山梨大学(University of Yamanashi)，1986-05

M. Auslander，美国布兰迪斯大学(Brandeis University)，1986-05

L. Accardi，意大利罗马第Ⅱ大学(Università degli Studi di Roma)，1987-02

C. M. Ringel，德国比勒费尔德大学(Bielefold University)，1987-05
G. H. Müller，德国海德堡大学(Universität Heidelberg)，1987-10
V. Dlab，加拿大卡林顿大学(Carrington Universities)，1988-01
W. Schempp，德国雷根斯堡大学(university of Regensburg)，1988-09
N. Korneichuk 通讯院士，苏联科学院乌克兰分院数学研究所(The Soviet Union Academy of Sciences of Ukraine Branch Institute of Mathematics)，1989-09
Tikhomirov，苏联莫斯科大学(Moscow State University)，1989-09
E. Novak、H. Berens，德国爱尔兰根大学数学研究所(Irish University Mathematics Research Institute)，1990-09
H-D. Ebbinghaus，西德费莱堡大学(University fees)，1990-09
S. Igari，日本东北数学研究所(Japan's Northeast Institute of Mathematics)，1991-09
J. Flum，西德弗赖堡大学(University of Freiburg)，1992-06
铃木正彦，日本大阪教育大学(Osaka Kyoiku University)，2010-09

兼职副教授

胡静婉，美国普林斯顿大学(Princeton University)，1983-06
李培信，中国科学院数学研究所，1984-11
史念东，美国宾州东斯特拉堡州立大学(East fort Stella，Pennsylvania state university)，1999-07

"985 工程"客座研究员

陈克伟，美国班纳老年痴呆症研究所(Banner Alzheimer Institute)，2006-07
戴　峰，加拿大阿尔伯塔大学(University of Alberta)，2007-06～2008-12
方诗赞，法国第戎勃艮第大学(University of Bourgogne)，2005-12～2008-12
冯　水，加拿大麦克马斯特大学(McMaster University)，2005-12～2008-12，2013-04～2016-04
郭　岩，美国布朗大学(Brown University)，2006-06～2009-05
李晓春，美国伊利诺伊大学厄巴纳-香槟分校(University of Illinois at Urbana-Champaign)，2006-05～2009-04
林钦诚，中国台湾中央大学，2007-05～2008-12
刘石平，加拿大谢布克大学(University of Sherbrooke)，2006-06～2009-05
柳　春，美国宾州州立大学(Pennsylvania State University)，2006-06～2009-05
王长友，美国肯塔基大学(University of Kentucky)，2006-05～2009-04，2013-04～2016-04
van Minh Nguyen，美国西乔治亚州大学(University of West Georgia)，2006-01～2008-12
Pierre Magal，法国勒阿弗尔大学(University of Le Havre)，2008-07～2008-08
陆国震，美国康涅狄格大学(University of Connecticut)，2011-04-01～2016-03-31
李岩岩，美国罗格斯大学(Rutgers University)，2012-10-01～2017-09-30
肖　杰，加拿大纽芬兰纪念大学(Memorial University of Newfoundland)，2013-04～2016-04
陈竞一，不列颠哥伦比亚大学(University of British Columbia)，2013-04～2016-04
徐　昆，中国香港科技大学，2013-04～2016-04

袁成桂，英国斯旺西大学(Swansea University)，2013-04～2016-04
成庆明，日本福冈大学(Fukuoka University)，2013-04～2016-04

国家高端项目外国专家

V. Vatuain，俄罗斯科学院 Steklov 数学研究所，2017-01～2019-12

海外高层次人才

M. Lucia，美国史泰登岛学院(College of Staten Island)，2019-09-01～2021-08-31
P. Magal，法国波尔多第一大学(University of Bordeaux)，2019-06-05～2023-06-04
G. Tinaglia，英国伦敦大学国王学院(King's College London)，2019-06-14～2021-06-13
陈竞一，加拿大不列颠哥伦比亚大学(University of British Columbia)，2019-07-01～2022-06-30
戴　峰，加拿大阿尔伯塔大学(University of Alberta)，2019-12-01～2021-11-30
姜祖恕，中国台湾中央研究院数学研究所，2019-09-11～2021-09-11
王　成，美国马萨诸塞大学(University of Massachusetts, Dartmouth)，2019-05-28～2022-05-27
吴家宏，美国俄克拉荷马州立大学(Oklahoma State University)，2019-05-09～2014-05-08

录 7.6　首都工人和中国人民解放军驻北京师范大学数学系毛泽东思想宣传队队员名单(28 人)

鲍德福　蔡景山　陈鸿钧　方炳金　高贵辰　高明岗　哈永禄　何瑞成　句向明　孔二保
李好银　李水泉　刘　来　刘满朋　刘世锐　刘万忠　孟庆礼　苏照林　谭洪藻　王振英
杨志洲　英德龙　张　彩　张素田　赵　海　赵玉光　郑维勤　周腾银

录 7.7　在职时逝世或在系/学院离退休后逝世的教师名单(58 人，以逝世先后为序)

姓　名　生日～逝日

汤璪真 1898-02-03—1951-10-09
余炘文 1886-10-17—1956
王仁辅 1886-10-28—1959-02-19
傅种孙 1898-02-27—1962-01-18
洪秀玉 1934-10-18—1962-08
程廷熙 1890-06-23—1972-12
梁绍鸿 1917-04-26—1979-07-29
王世钦 1933-11-11—1980-02-19
范会国 1899-03-17—1983-06-11
徐　勇 1940-11-16—1983-09-18
巫　果 1925-01-06—1985-05-07
朱鼎勋 1921-11-01—1985-11-05
吴鸿迈 1912-02-17—1987-09-23
蒋硕民 1913-03-11—1992-05-11
白尚恕 1921-05-24—1995-03-16
张禾瑞 1911-11-23—1995-04-05
丁玉珍 1935-01-01—1995-08-09
周先银 1963-08-08—1996-04-22
张士良 1911-05-07—1997-03-23
徐承彝 1934-03-26—1998-11-12
赵慈庚 1910-03-01—1999-02-04
蒋滋梅 1934-01-20—1999-04-24
谢　宇 1936-05-04—1999-08-06
曹才翰 1933-08-28—1999-10-03
董延闿 1919-08-04—2000-09-06
蒋　铎 1928-01-27—2000-12-04
傅章秀 1929-02-01—2001-05-09
刘贵贤 1927-04-06—2001-05-18
孙喜才 1953-08-03—2001-06-17
陈绍菱 1921-02-14—2001-06-30
朱同生 1945-04-23—2003-01-06
江国宁 1930-08-01—2003-08-07

渠占福 1918-06-25—2003-08-23
杨存斌 1938-01-26—2006-01-26
孙永生 1929-01-22—2006-03-22
邝荣雨 1935-09-29—2008-08-06
吴英辅 1944-05-13—2011-08-11
郝钢新 1924-02-14—2014-10-13
曾美美 1934-07-31—2017-04-04
王世强 1927-03-30—2018-02-03
孙瑞清 1934-01-10—2018-10-23
朱汝金 1938-05-10—2019-09-09
张　辉 1972-09-09—2020-02-26
王存喜 1943-08-27—2021-03-28
宣体佐 1937-06-24—2021-08-19
王隽骧 1931-04-30—2021-09-12
周华桐 1930-12-01—2005-05-07
李天林 1933-07-07—2006-03-20
钟善基 1923-02-24—2006-05-28
裴秉文 1931-12-30—2008-11-01
吴品三 1926-11-28—2014-02-01
李有兰 1940-01-31—2015-01-21
童直人 1926-05-07—2017-10-07
王敬赓 1936-12-03—2018-08-19
柳　藩 1930-08-20—2019-06-14
赵　桢 1931-09-02—2019-12-28
刘继志 1940-07-28—2021-01-16
李艾青 1928-06-24—2021-04-11
王伯英 1937-05-02—2021-08-20
王家銮 1933-12-27—2021-10-25

录 8 教师任省部级以上中国共产党代表大会代表、人民代表大会代表、中国人民政治协商会议委员会委员名单

姓　名：届别(起止时间)
王梓坤：中国共产党第 10 次全国代表大会代表(1969-04～1977-08，外校转入)
严士健：中国共产党第 12 次全国代表大会代表(1982-09～1987-10)
罗里波：中华人民共和国第 7 届全国人民代表大会代表(1988-03～1993-03)
陆善镇：中华人民共和国第 9～10 届全国人民代表大会代表(1998-03～2008-03)
何　鲁：中国人民政治协商会议第 2 届全国委员会委员(1954-12～1959-04)
吴英辅：中国人民政治协商会议第 5～10 届全国委员会委员(1978-03～2008-03)
陆善镇：中国人民政治协商会议第 7～8 届全国委员会委员(1988-04～1998-03)
汪培庄：中国人民政治协商会议第 8 届全国委员会委员(1993-03～1998-03)

丁尔陞：中国共产党北京市第 4 次代表大会代表(1971-03～1982-11)
严士健：中国共产党北京市第 5 次代表大会代表(1982-11～1987-12)
蒋人璧：中国共产党北京市第 8 次代表大会代表(1997-12～2002-05)
傅种孙：北京市第 1～4 届各界人民代表(1949-08～1954-08)
傅种孙：北京市第 1～2 届人民代表大会代表，常务委员会委员(1954-08～1957-08)
王世强：北京市第 7 届人民代表大会代表(1977-11～1983-03)
保继光：北京市第 13 届人民代表大会代表(2008-01～2013-01)
傅种孙：中国人民政治协商会议北京市委员会第 1～2 届委员(1955-04～1962-12)
张禾瑞：中国人民政治协商会议北京市委员会第 2～6 届委员(1959-09～1983-03)
王阿雄：中国人民政治协商会议北京市委员会第 5～6 届委员(1977-11～1983-03)
陆善镇：中国人民政治协商会议北京市委员会第 7 届委员(1988-01～1993-01)
汪培庄：中国人民政治协商会议北京市委员会第 8～9 届委员(1993-01～2003-01)
王昆扬：中国人民政治协商会议北京市委员会第 9～10 届委员(1998-01～2008-01)
李增沪：中国人民政治协商会议北京市委员会第 15 届委员(2018-01～)

录 9　全日制本科生学制，本科生专业设置，研究生学制，硕士点和博士点审批时间

录 9.1　全日制本科生学制

数理部：1915～1921 级，预科 1 年，本科 3 年，1917 级和 1919 级未招生
数学系：1922～1930 级，预科 2 年，本科 4 年；本科 4 年
数学系：1931～1938 级，本科 4 年，1932 级未招生
数学系：1939 级，本科 4.5 年
数学系：1940～1948 级，本科 4 年
数学系：1949 级，本科 3 年(因院系调整，提前 1 年毕业)
数学系：1950～1956 级，本科 4 年
数学系：1957～1965 级，本科 5 年，其中 1961 级毕业生于 1967 年 11 月分配工作。1962 级毕业生于 1968 年 7 月分配工作。1963 级毕业生于 1968 年 11 月分配工作。1964 级和 1965 级毕业生于 1972 年 3 月分配工作。
数学系：1966～1972 级，未招生
数学系：1973～1976 级，本科 3 年(工农兵学员或工农兵大学生，后来称大学普通班)
数学系/学院：1977～2020 级，本科 4 年(1977 级于 1978 年 3 月入学)

录 9.2　全日制本科生专业设置

数学系：1986～1998 级，专业：数学、统计与概率、计算机科学[后来改为：计算机及应用(数学应用)]
数学系/学院：1999～2020 级，专业：数学与应用数学、统计学(注.1998 年 7 月，教育部颁布新的专业目录，调整了数学学科专业的数量与名称)

录 9.3　全日制研究生学制

数学系：1952～1960 级，研究班，2 年(1957～1958 级未招生)
数学系：1962～1965 级，研究生，4 年
数学系：1966～1977 级，未招生
数学系：1978 级，硕士研究生，3 年
数学系：1979 级，硕士研究生，2 年
数学系/学院：1980～2020 级，硕士研究生(学术型)，3 年
数学系：1997～2001 级，教育硕士专业学位研究生(专业型)，3 年
数学科学学院：2010～2013 级，教育硕士专业学位研究生(专业型)，2 年
数学科学学院：2011～2014 级，统计硕士专业学位研究生(专业型)，2 年
数学系/学院：1982～2020 级，博士研究生，3 年

录 9.4　硕士点批准时间

基础数学 1981-11，概率论与数理统计 1981-11，课程与教学论 1981-11
自然科学史[科学技术史(数学)]1981-11，应用数学 1981-11，计算机软件与理论 1998-06

控制理论与控制工程 2003-06(学校批)，计算数学 2004-01(学校批)

录 9.5 博士点批准时间

基础数学 1981-11， 概率论与数理统计 1981-11，应用数学 1986-07
课程与教学论 2009-09(新生入学)，计算数学 2011-06(学校批)

录 9.6 数学一级学科博士/硕士学位授予权批准时间

数学一级学科博士/硕士学位授予权 1998-06

录 9.7 数学二级学科国家重点学科批准时间

基础数学 1988-07，概率论与数理统计 1988-07；
概率论与数理统计 2002-07；
基础数学 2007-08

录 9.8 数学一级学科国家重点学科批准时间

数学一级学科国家重点学科 2007-08

录 9.9 统计学一级学科博士/硕士学位授予权批准时间

统计学一级学科博士/硕士学位授予权 2011-09

录 10　年级辅导员名单

录 10.1　专科生年级辅导员名单

年级　年级辅导员

1984　徐秀珍

1991　曹锡皞

1993　苏秀雯

录 10.2　本科生年级辅导员名单

年级　年级辅导员

1955(3-4)王敬赓

1956 (2-3)管甲仁，闻　翻，(3-4)王敬赓

1957(1-5)陈兴钩，洪秀玉，王孝元

1958 (0-5)陈忠文，黄登航，杨自强

1959(0-5)管甲仁，洪秀玉

1960 (0-5)丁玉珍，廖昭懋，王世钦

1961(0-5)何庆家

1962 (0-4)何庆家，王文湧

1963(0-3)程书肖，何庆家

1964 (0-2)胡祖莹，林水平

1965(0-1)蒋人璧

1977 史志刚

1978 李允贵

1979 贾绍勤

1980 徐秀珍

1981 刘　美

1982 刘　沪

1983 史志刚

1984 田东风

1985 谢　宇

1986 韩立刚

1987 郑　萼

1988 保继光

1989 (0-2)周佳，(2-4)蒋人璧

1990 (0-2.5)傅若男，(2.5-4)于福生

1991 谢　宇

1992 (0-1)杨庭久，薛红霞；(1-4)蒋人璧

1993 岳昌庆

1994 李洪兴

1995 吴小勇

1996 蒋人璧

1997 别荣芳

1998 (0-1.5)郭玉峰，(1.5-4)杨昔阳

1999 胡永建

2000 蔡俊亮

2001 (0-1)杨昔阳，(1-3)于　朋，(3-4)黎　雄

2002 王加银

2003 曹一鸣

2004 (0-3.1，3.4-4)崔世莹，(3.1-3.4)　孔毅

2005 金　蛟

2006 苏效乐

2007 魏　炜

2008 (0-2.7)崔世莹，(2.7-4)赵云慧

2009 (0-1.5)李海刚，(0-0.2，1.5-4)胡　维

2010 (0-2.5)亓振华，(2.5-4)刘世希

2011 魏　炜

2012 (0-1，2.7-4)赵云慧，(1-2.7)张博宇

2013 谢　天

2014 吕本建

2015 魏　炜

2016 郭晓川

2017 谢　天

2018 潘珊珊

2019～2021 无

注．(0-2)表示 1-4 学期，(2-4)表示 5-8 学期，(0-2.5)表示 1-5 学期，下同。

录 10.3 研究生年级辅导员名单

年级 年级辅导员

1982 郑小谷
1983 郑小谷
1984 徐长胜；助教班：阎瑞果
1985 肖 杰，郑君礼(概率方向)
1986 房艮孙；助教班：李仲来
1987 冯 水
1988 肖 杰；助教班：蔡金法
1989 (0-2)李乃凤，(2-3)刘永平
1990 孙洪祥
1991 李 勇
1992 何 青
1993 邓邦明
1994 袁 荣
1995 柯小伍
1996 张余辉
1997 (0-1)王建军，(1-3)王颖喆
1998 (0-1)周 露，(1-2)胡永建，(2-3)王颖喆
1999 (0-2)王颖喆，(2-3)韩 阳
2000 (0-1)金 宇，(1-3)王建华
2001 (0-2)韩 阳，(2-3)王建华，教育硕士：赵籍丰
2002 黎 雄
2003 赵纪满
2004 (0-2)刘志华，(2-3)王 琦
2005 (0-2，2.5-3)李俊峰，(2-2.5)李伟元
2006 薛庆营
2007 王雨生
2008 张 勇
2009 葛建全
2010 (0-2)袁文，(2-3)蒋仁进
2011 段小刚
2012 程志云
2013 薛留堂
2014 唐晗力
2015 苏喜锋
2016 高志强(博士)；汪志威(硕士)
2017 (0-1)潘珊珊(博士)，(1-3)曹外香(博士)；曹外香(硕士)
2018 郭 衔
2019 徐桂香(博士)；张泽州(硕士)
2020 1：陆 晴(硕士)，2：刘 君(硕士)；王灯山(博士)
2021 1：蔡永强(硕士)；2：刘彦麟(硕士)；郭来刚(博士)

注 .i 表示 i 班，余类似。

录 11　班级辅导员名单

录 11.1　专科生班级辅导员名单

1984　1；(0-1)徐秀珍；2：(0-1)李乃凤；3：(0-1)贾绍勤
1991　1：曹锡皞；2：苏秀雯
1992　张惠品
1993　4：周悦昇；5：苏秀雯(班级序号排在本科生 1，2，3 班后面)
1994　(0-1)王明生
1995　(0-1)王利群；(1-2)张　强
1996　张　强

录 11.2　本科生班级辅导员名单

年级　本科生班级辅导员

1955　1：(3-4)刘云英，张世英；2：(3-4)谢文芳，杨福田
1956　1：(2-2.5)马遵路，(2-3)曹才翰，(2.5-4)林方域，许统乔；
2：(2-4)闻翻；3：(2-3)孟书军，刘贵贤，(3-4)井慧英；
4：(2-3)杨自强，林方域，(3-4)傅若男，詹君仲
1957　(1-5)曹才翰，曹锡皞，陈兴钧，洪秀玉，王敬赓，王孝元，谢文芳，徐绥，薛宗慈，杨福田，曾美美，张富玉，张世英
1958　(0-5)蔡火莹，陈忠文，程秀成，丁玉珍，傅若男，管甲仁，何庆家，洪吉昌，黄登航，罗琛，马遵路，闻翻，徐承彝，杨自强，张富玉
1959　(0-5)曹锡皞，陈兴钧，管甲仁，洪良辰，洪秀玉，蒋人璧，王世钦，王文湧，徐绥，薛宗慈，余俊，曾美美
1960　(0-5)蔡火莹，曹锡皞，陈平尚，陈永年，陈忠文，程秀成，丁玉珍，冯文杰，傅若男，管甲仁，黄登航，李艾青，李占柄，廖昭懋，刘秀芳，刘云英，卢景波，罗承忠，王世钦，王文湧，徐勇，杨福田，余俊，曾美美，张富玉
1961　(0-5)成如翼，崔创福，丁玉珍，傅若男，洪良辰，何庆家，孟书军，彭新然，苏秀雯，王世钦，闻翻，薛宗慈，余玄冰
1962　1：(0-2)沈嘉骥，(2-3)陈方权，(3-4)罗承忠；2：(0-3)蒋绍惠，(3-4)王文湧；
3：(0-2)何庆家，李俊杰，(2-3)郑慕英，(3-4)傅若男
1963　1：(0-1)余玄冰，(0-3)张益敏；2：(0-1)杨存斌，(1-2)程书肖，(2-3)徐勇；
3：(0-3)余炯沛，(2-3)冯文杰；4：(0-1)陈平尚，(1-2)刘来福，(2-3)程书肖
1964　1：(0-1)胡祖莹，(1-2)杨福田；2：(0-1)杨存斌，(1-2)林水平；
3：(0-1)蒋人璧，(1-2)王景轩；4：(0-1)陈平尚，(1-2)蒋绍惠
1965　1：(0-1)蒋人璧；2：(0-1)陈平尚；3：(0-1)杨文礼；4：(0-1)杨存斌
1973　1：(0-1)程书肖，(1-3)刘继志；2：张志鹏；3：(0-1.5)张玉清，(1.5-3)马遵路
1974　1：王文湧；2：王素兰；3：蒋人璧；小分队：程书肖
1975　1：(0-1)林水平，(1-3)马淑芬；2：(0-1，2-3)杨文礼，(1-2)高启如；3：阎瑞果；
4：(0-1)葛福星，(1-3)徐秀珍

1976 1：王占旺；2：张玉清
1977 1：史志刚；2：(0-0.5)曾雪琪，(0.5-4)史志刚
1978 1：(0-2)张其友，(2-4)李允贵；2：李允贵
1979 1：刘永平；2：(0-1)支永德，(1-2)刘美，(2-2.5)黄惟明，(2.5-4)史志刚；
3：贾绍勤
1980 1：(0-2)丁玉珍，(2-4)徐秀珍；2：(0-1)潘淑琴，(1-2)张英伯，(2-4)谢宇；
3：(0-1)卢士樵，(1-4)徐长胜
1981 1：刘美；2：(0-1)郑进保，(3-4)洪吉昌；3：(0-1)苗秀珍，(3-4)谢宇
1982 1：刘沪；2：(0-3)刘沪，(3-4)刘美；3：(0-1)郇中丹，(1-4)刘沪
1983 1：(0-1)郑萼，(1-4)史志刚；2：史志刚；3：史志刚
1984 1：田东风；2：(0-3)杨学增，(3-4)刘沪；3：(0-3)杨靖，(3-4)刘永平
1985 1：(0-2)周佳；2：(0-2)刘洁民，(2-4)张淑梅；3：(0-2)娄树宪；4：(0-2)彭闯
1986 1：韩立刚；2：韩立刚；3：(0-1)吴明友
1987 1：(0-1.5)郭玉柱；2：(0-1)黄海洋；3：(0-1.5)张福振
1988 1：(0-1)保继光；2：(0-1)徐丰；3：(0-1)吕涛军
1989 1：蒋人璧；2：(0-2)周佳，(2-4)蒋人璧；3：周悦昇；
4：(0-2)邱峰，(2-4)周悦昇
1990 1：(0-2.5)傅若男，(2.5-4)于福生；2：曾文艺；3：于福生
1991 1：谢宇；2：(0-1)杨淳；3：(0-1)向勇
1992 1：(0-1)薛红霞；2：(0-1)杨大春；3：(0-1)范韶华
1993 1：(0-1)岳昌庆；2：(0-1)王凤雨；3：(0-1)董茵
2014 1～3：吕本建；励耘实验班：(0-2)何元珍，(2-4)吕本建
2015 1～2：魏炜；3：熊金钢；励耘实验班：熊金钢
2016 1～3：郭晓川；励耘实验班：陈华杰
2019 1：潘亮；2：刘立潇；励耘实验班：魏炜
2020 1：王发强；2：张程翔；强基班＋大类班＋励耘实验班：郭晓川
2021 1：张冉；2：童儆磊；3：张晓峰
注.1～2 表示 1 班和 2 班，余类似。

录 12　专科毕业生名单（以字母顺序为序）

届别	姓　名								
1987	保吉菊	蔡有彦	曹秋兰	陈嘉龙	陈建学	程全德	窦新贵	朵　庆	范斌宁
	范和山	冯晓燕	付青慧	耿玉莲	郭海青	郭士平	郭增伟	韩庆允	郝贵阳
	郝守化	何　伟	侯浩才	胡建华	贾顺来	江海军	康瑞静	雷富花	李春邦
	李得怀	李　福	李福成	李国强	李海华	李积德	李　洁	李进元	李明廷
	李齐芬	李启盛	李启武	李清平	李生光	李生伟	李文龙	李晓军	李晓梅
	李雪茹	李永春	李永庆	李永寿	梁艳忠	刘成旭	刘坤勤	刘林青	刘士勇
	刘世花	刘占仓	罗青芳	马桂英	孟令江	米琛华	牛广林	牛海桃	裴俊安
	裴淑兰	祁宝林	齐青霞	任慧章	申威昌	史建文	宋春英	孙林虎	孙青芬
	孙振果	索生宇	陶　柏	王大伟	王国顺	王海峰	王惠珍	王纪和	王兰云
	王林超	王朋飞	王英兰	王永春	王正福	韦　伟	魏新海	魏秀花	文　平
	吴海庆	吴　瑛	郗广利	谢纶邦	徐亚青	徐玉宝	杨元昆	殷文菊	余　良
	俞发俊	湛江波	张国福	张海英	张洪明	张陆海	张美利	张　敏	张香兰
	张秀海	张以香	赵凤兰	赵广良	赵全德	赵思源	赵月秀	周翠微	朱孔武
	朱　蓉	祝显宏	祝远平	（青海班，3 年制，120 人）					
1993	陈正义	初振臣	崔夕君	刁瑞利	丁俊红	杜庆晓	杜　涛	杜铁芹	冯泮奇
	高淑香	高秀红	郭晓玲	韩绍宁	韩月华	郝士章	郝兆霞	贺国生	姜美花
	李大建	李桂芹	李红艳	李美林	李　娜	李伟林	李文强	林　波	林　翠
	林追波	林　健	林　嵩	林永军	刘爱华	刘彩霞	刘乃璋	柳海涛	吕国华
	吕京勇	吕战英	马世胜	马　翔	聂秋艳	邱绍顺	曲文浩	曲向玉	孙　彬
	孙德豪	孙吉广	孙旭光	孙旭梅	孙艳玲	王成文	王国兴	王洪涛	王秋香
	王雪莲	王廷军	王玉欣	吴淑霞	邢玉红	杨春红	杨晓晴	姚焕静	姚维强
	衣爱华	于善渤	于永庆	张国英	张建军	张晋丰	张　静	张士勇	张晓明
	赵边玲	郑　杰	郑英华	周京梅	邹庆友	邹新刚	（烟台班，2 年制，78 人）		
1994	车燕飞	高冬燕	高其杰	姜程燕	矫兴梁	孔志德	李安波	李慧颖	林　宏
	林旭娥	林雪梅	刘光辉	刘红梅	柳忠超	马伯卿	齐维朋	曲明仕	曲志英
	孙向华	唐晓慧	万伟艳	王春翠	王丽萍	王亚林	吴长华	谢秀玉	徐在军
	严广荣	杨春燕	杨　明	杨淑丽	杨学光	于　娟	于利群	于秋生	岳葆香
	张月文	赵志梅	（烟台班，2 年制，38 人）						
1995	蔡华伟	陈海生	陈洪攀	陈全权	陈月松	迟美霞	丛　竹	戴圣国	丁淑平
	董光明	董希妙	冯安敏	付化赛	桂新光	郭学男	何　洁	胡晓霞	胡艳霞
	黄海鹤	黄　靖	黄一品	姜方才	姜军政	姜夕红	孔万森	李　泉	李圣浪
	梁兴兰	廖丽英	林德营	林海鸥	林少平	刘永铭	麻洪灯	麻胜勇	马丽辉
	苗晓倩	潘进星	隋明泽	孙美娜	孙永乐	滕华毅	田永霞	王长斌	王光秋
	王红霞	王金威	王　瑾	王俊玲	王　开	王文影	王小玉	吴晓伟	徐东静
	徐贤凯	徐象达	徐智芬	闫丽平	闫照诚	杨明辉	杨秀嫱	于　静	于　萍
	于欣芳	于新芝	于　鑫	于志强	曾招弟	张彩霞	张乾文	张红梅	张积净
	张圣锋	张小丹	张秀萍	章万智	赵　曙	郑海晓	郑俊儿	郑　克	郑向景

钟春生　周军军　周敏葵　周源云　朱汝清　朱文书
（温州班和威海班，2 年制，87 人）

1996　褚夫兰　冯立川　高　芳　郭长民　韩　琦　华　伟　李春艳　李寿新　李　壮
卢　磊　罗　剑　罗　林　马娟娟　秦宗华　佘景宇　时世英　孙华芳　田家平
王保山　王　刚　温卫新　吴明成　向其军　徐渡江　闫少勇　姚光杰　余　平
张永宇　周　琳　邹　辉　（2 年制，30 人）

1997　白海涛　曹　伟　车加鹏　陈守萍　邓昌华　都　军　郭学华　郝广成　贺云海
贾　磊　贾凌岩　孔德锁　李殿霞　李　艳　李运臣　梁庆昌　刘志扬　宋均飞
宋　亮　孙世庆　孙　永　涂祥霞　王炳敏　王建东　王伟军　王　真　韦军双
武　林　徐延波　闫　涛　张筱沛　（2 年制，31 人）

1998　丁丽云　丁　文　冯　燕　傅春杰　高青勇　葛玉霞　侯兆信　季晓芯　寇忠业
李传波　李　辉　李淑华　梁高峰　刘炳鑫　刘建平　乔　治　王　超　王发森
王　利　魏玉友　武振宁　徐万坤　薛艳艳　袁海艳　张宁宁　周洪光
（2 年制，26 人）

2000　王　磊　曾智波　钟雁平　（3 人）

2004　汤依玲　（1 人）

2005　再努热·买　（1 人）

2006　龚寅鹏　（1 人）

录 13　本科毕业生名单(以字母顺序为序)

录 13.1　北京高等师范学校数学物理部本科毕业生名单

届别	姓　名/字号				
1919	陈庆晖/哲近	崔明扬/伯巘	杜作梁/子荃	高步瀛/海舟	谷毓琦/怀珍
	靳荣禄/宗岳	匡互生/日休	李世昌/芳五	林利仁/智安	刘熏宇/家镕
	罗发勤/业广	孟广照/子焜	彭清杰/罕三	曲培礼/宗周	石　超/雪岑
	时振寰/熙轩	宋家琛/献庭	孙秀林/集贤	汤璪真/孟林	汪如川/静泉
	杨明轩/荃骏	杨武之/克纯	俞　鹏/烛时	张鸿图/羽丰	张　缉/敬熙
	赵廷兴/一峰	周　馨/为群	左礼振/式民	(28 人)	
1920	毕荣棠/召伯	陈荩民/宏勋	陈廷柄/子政	段宗屖/莲溪	傅种孙/仲嘉
	韩桂丛/满庐	韩清波/问渠	李玉囊/智轩	李　榛/泽圃	刘承祖/绳武
	刘　瑛/鸣剑	彭究德/志宜	乔荣景/星垣	饶铎鸣/起宇	石松年/梦龄
	孙世琨/蕴珊	王庆魁/祝三	王云骧/子骏	王增坤/厚庵	吴宝谦/益三
	吴士檀/洞真	徐灿云/英三	张汉楫/泾川	张鸿钧/国铨	张哲农/叔鸣
	张震云/庆信	赵桂芳/香岩	郑德平/次纯	(28 人)	
1922	常　造/蔚生	陈汉堃/子厚	陈世恩/济舫	戴镐东/兴周	丁文渊/望峰
	董振麟/右辰	傅求学/味斋	傅维熙/新民	葛之干/葆贞	郭善朝/胥生
	李耀春/熙如	李元宝/天雄	郦禄琦/肩实	林耀山/日喧	刘叙宾/少卿
	倪德基/恭甫	宋国模/公楷	魏怀谦/益新	阎宝海/镜波	杨际镐/念周
	姚鼎勋/铭之	姚汝淇/竹泉	查宗滉/星韩	张　仅/文琰	赵曾佑/保之
	(25 人)				

录 13.2　北京师范大学数学系本科毕业生名单

届别	姓　名				
1924	曹振山/乐斋	陈家荣/耀庭	邓豁轩/豁轩	丁景堪/仲娱	杜继曾/继曾
	胡思齐/洪荪	贾　武/功定	姜廷佐/荔青	李恩波/宇涵	卢　崛/来僧
	彭炳卯/少春	裘友石/颂兰	孙廷莹/蕴璞	王殿环/玉孚	郗福和/祥生
	萧　彬/思一	徐　竣/越贤	徐心荃/芝畦	许正芳/佩蘅	杨世英/俊明
	杨学富/车五	张德毅/致远	张永荣/桐膺	赵金玺/昆山	周　沛/雨亭
	(25 人)				
1925	艾锦江	曹维梁/度材	陈守铉/子朱	贾利仁/原斋	雷止京/芷真
	李又聃/宗周	刘鸿勋/子劭	刘景芳/泗滨	刘育恩/奉溥	马　介/子寿
	任必达/在邦	阮淑贞/师竹	孙凤鸣/谐韶	孙林翰/文青	佟惠俊/冠英
	魏庚人/元雄	阎　镇/静山	张汉杰/轶庸	张世勋/鼎铭	(19 人)
1926	陈祖虞/舜耕	葛世勋/筱曾	李茂林/韫之	周侯松/芝子	(4 人)
1927	崔永吉/宏希	郝继曾/省三	李华炎	李润珠/渊如	刘景尧/志动
	马纯德/修如	陶承喧/省三	王槐堂	王立校/友三	王之平/汝均
	徐钟济/受清	张居平/雪封	张郁光/舒义	(13 人)	

1928	陈祖虞	葛世勋/筱曾	黄缘芳	雷青海/静波	李茂林
	李锡珍/子玉	李振元/资乾	林绳庆/祥萱	卢兴阶/馨阶	鲁鸿珣/知璞
	鲁鸿瑗	苏亭午/笠夫	王殿云/超凡	王景福/芸皋	张德继/伯丞
	周鸿礼/节儒	周名洗/水先	周俟松/芝子	(18 人)	
1929	郝继曾/省三	马纯德/修如	王立校/友三	徐慧娟	杨德真
	张清寰　(6 人)				
1930	白广田/心泉	陈守钹/子竹	欧阳良柱/丹楹	孙振先/天民	(4 人)
1931	陈常玉	陈汉堃/子厚	高榕生	贺　珣	李如璐
	李　仲	刘　璐	罗芗荃	王甡琯/笑房	谢祁钟
	许崇德/仲彝	杨尔琮/毓尊	杨荫藩/价人	赵元贵/道三	朱留夷
	祝祖光/仲斋	(16 人)			
1932	杜燮昌	巩宪文/章武	黄　彦/文渊	李树棻/馨逸	林嵩媛
	刘书琴/桐轩	卢　鑫	申廷藩/价人	吴敬临/莅庄	杨致秀/士选
	(10 人)				
1933	陈承淇/承淇	陈锦秋/梅荪	陈佩兰	程国珍/冠卿	韩文华/旭东
	霍树枬/梓坡	郎好常/敬五	李士奇	柳智媛/知园	路兆洪/渤峰
	马三纲	王在德/子俊	吴鸿迈/越千	徐玉华/瑛叔	张起煌
	(15 人)				
1934	高　炤/问农	高振国/定侯	黄旭生/敬修	刘忠贤/直良	孙吉顺/庆余
	王开基/奠庵	王明夏	吴德辉/叔从	萧奉宗/佩荪	徐春棣/屯蒂
	杨学曾/省三	俞大贞/叔蕴	张鸣珂	张玉寿	周升恩/步光
	(15 人)				
1935	安作诰/谏诰	陈荷生	陈应平/齐成	戴云彩/倬章	底钟英/华甫
	董树德/恩博	方　硕/侯人	高庆全/怀万	蒋观瀛/蓬阁	李永富
	廖世楷	林树三/序三	蔺喜德/润身	刘汉江/容川	刘沛源/志察
	刘杏贞	骆风和/赏暄	闵嗣鹤/彦群	乔仲玲/德琨	王绍颜/卓亭
	吴德辉	杨秉钧	俞　芳	张霞如	赵慈庚/霁春
	赵　桢/文敏	治应麟/符瑞	周阶恩	(28 人)	

1937　陈家珪　惪伍贞　丁梦松　董愚级　景　毅　刘进修　马昭德　彭秋霞　王　蕙
武冠军　英沛恩　张炳中　张福华　张敬如　张克燕　张兰馨　张孝机　赵　魁
赵锐和　朱安恕　朱登山　(21 人)

1938	白明德/克明	蔡英藩/英藩	郭中庸/中庸	侯士秀/清岑	冀光弟/卓五
	李宝光/玉辉	李著昭/卓民	梁麟阁/功岑	刘俊章/灼光	路　瑗/亚蘧
	尚学仁	谭寿芬	王毓彪/蔚文	张以信/仲孚	赵鸿佑
	朱秀玲　(16 人)				
1939	陈　亮/明达	李芳华/如唐	孙　洁/修美	王秀泉	赵鹤龄/公伯
	(5 人)				
1940	董锡兰	高洁生/涤凡	韩树山	李世权/叔衡	陆润林
	万德旸	王尚霖	张改良/易余	张照营/经之	赵继游/逸清
	(10 人)				

1941 陈立云/步青 邓豫文/质彬 梁慧中 梁文德/惠民 刘则刚
任井明 汪心洞/揆平 王协邦/子和 张立仁/笑川 （9 人）
1943-1 刘孟德 刘慎之 陆发武/桓如 杨发梁 张照垒
（4.5 年毕业生，5 人）
1943-7 顾世基 李启顺 刘　钧 薛　锟/昆吾 赵鸿志 （5 人）
1944 李勋亚 聂栋亮 王建桢 （3 人）
1945 于泽禾/兴淳 张立荣 周国才 （3 人）
1946 艾克仁 郭尔康 郭爕昌 李继先 吴鹤龄
许莲芳 余世让 （7 人，西北师范学院和北京师范学院毕业生）
焦　令/淑令 路维敏 沈世绥 王桂英 王绪贞/毓敏
徐道宁 曾鞶卿 张曾诠 （8 人，北京师范学院毕业生）
1947 陈先锐/渔洋 段景英 韩宝珠 胡淑洪 李经弼
李志延 刘汉臣 陆雨槐 孟庆蓁 邵集祥
石鸿菊 孙佐民 王鸿题 王嘉宾 王之屏
魏普才 于宗英 （17 人）
1948 韩长绅 何纪生 何伟勋 贾启恒/企曾 刘纯正
刘镜如 刘希贤 马文俊 沈炳荣 宋同犖
王　琨/谬子 王世强 王锡大 王秀琴 宣其春
于逢原 张东京 张兰文 张清如 （19 人）
1949 悳仰淑 贾世纬 蒋汝梅 靳邦杰/钢铁 李昌兰
李椿田/务耕 李积懋 李善纲 李玉琳 刘均鹏
吕沅熙 石中和 孙元良 田　德 吴品三/寿金
燕绍典 杨孟虎 元文治 袁兆鼎/仲九 张国珩
张化靖 张景光 张　琪 赵　啸 （24 人）
1950-03 常　琮 南博礼 温涤清 邹蕴逢 （4 人）
1950-07 高淑兰 刘绍学 刘文清 王树人 吴崇实 谢淑萃 张应雅 赵祖钧 （8 人）
1951 丁尔陞 郝树强 贾毓珣 蒋　铎 许炳川 张可宽 周自英 （7 人）
1952 傅章秀 纪崇睦 刘　东 刘树楷 祁计英 齐振海 任槐林 童直人 王仰贤
王元夔 严士健 张鸿顺 （4 年毕业生，12 人）
1952 白玉秀 鲍吟士 常　珂 邓本然 高志懋 蒉延龄 李文琦 刘鸿勤 刘士海
裴鑫德 钱金荣 孙武扬 孙永生 唐佩尧 王树茗 武德海 辛　未 熊天一
阎士文 姚连元 （3 年毕业生，1949～1952 年因院系调整提前毕业，20 人）
1953 常钟玮 傅若男 刘云英 刘增贤 王隽骧 王燕白 赵得春 赵　桢
（3 年毕业生，1950～1953 年因工作需要提前毕业，8 人）
1954-01 黄慧康 蒋明维 石宗宝 王俊杰 于　蜚 于克敌 （3.5 年毕业生，6 人）
1954-07 曹伟杰 董宝海 董一杰 龚注礼 韩增荣 何金华 胡崇慧 李敬存 李希彬
李元明 林向岩 刘宝荣 刘志汉 柳　藩 麻易秋 任愚夫 单肇基 唐素兰
田守拙 王美莹 王　绍 王仪婉 王英文 王增民 沃绮廷 夏真如 徐　绥
叶锡瀛 张震宇 朱元虹
（30 人，由于院系调整时，3 年级的学生均于 1952 年暑假提前 1 年毕业，1953 年的毕业生均为提前1年毕业生，1954年1月的毕业生也为提前半年毕业生，故1950级学生共有3批毕业生。)

1955 崔克敬 邓其封 韩秀芝 胡克愚 黄显炘 孔宗文 刘德禄 刘世智 孙家钰 田为兴 卫东舟 吴重馥 席德茗 夏同普 项斯嘉 谢淑馨 张必忠 张长泰 张海英 张廷镇 郑魁元 (21人)

1956 蔡玉芬 曹才翰 陈本清 陈国庆 陈慕容 董吕云 董文华 董宗仁 方德宜 古永喜 关志儒 郭进旦 韩丽娟 韩汝瑜 洪吉昌 侯淑卿 黄 涵 黄艾香 贾映壁 蒋滋梅 金诚惠 金文清 康旺志 李金年 李润章 林先拔 刘建业 刘振远 刘钟灵 罗承忠 罗里波 马兰英 马锐之 麦百平 邵爱菊 宋述公 孙 斌 万自勉 王存民 王继平 王家銮 王仁铎 王守芬 王佐臣 萧 鼎 辛建峰 许心正 严扶平 杨惠如 姚传举 姚德中 殷剑峰 尹韵钿 应爱芬 曾美美 张爱群 张道明 张学基 赵振藩 郑立人 周先之 朱光琼 朱嘉城 (63人)

1957 白音宝鲁 柏恩临 蔡丽琼 曹焕培 陈翠雁 陈达权 陈定中 陈建杰 陈淑齐 陈兴钧 陈宜聪 陈裕光 陈月儿 陈志顺 陈忠文 程盛兰 程中玲 戴莉芬 邓汝兴 丁常明 丁淑媛 董式瑛 樊自强 方培基 冯文馨 伏辉棣 高启明 高素志 高馨辉 葛广平 龚文俊 关廷梓 贯福顺 郭季伦 郭佩玉 郭琼辉 郭淑英 何 彬 何敬之 何铁民 何宗荣 侯增荣 桓守谦 黄汉光 江 俊 江佑民 蒋桂梅 蒋维国 蒋远志 金达怀 雷联庆 李艾青 李建明 李 江 李丽珠 李丕成 李树国 李毓仁 李兆仁 梁梦锡 廖星池 廖志明 林碧云 林开善 林淑筠 刘楚琛 刘纯型 刘夫郁 刘国钧 刘护佑 刘克和 刘全福 刘仁祥 刘润华 刘赛珍 刘绍谋 刘耀德 刘玉春 刘韵浩 刘仲华 吕家俊 骆耐根 马锦华 马佩宗 那音太 聂锦鹏 聂美纯 潘树松 潘伊勇 彭代荣 彭惠同 钱芳华 钱润玉 沈 华 沈锦辉 沈小青 沈幸玉 沈忠德 舒美钰 舒以太 苏式冬 孙昌英 谭荫如 唐美耀 唐治津 唐宗琚 陶臣铨 田德厚 晚成国 万启芬 汪培庄 汪仁娟 王本午 王初生 王德谋 王令仪 王榍卿 王仁德 王韶萍 王淑媛 王文清 王希真 王永明 魏芙蓉 魏汉民 魏书骧 吴圣扬 吴世培 吴湘源 吴吟龙 伍润生 夏泽苗 萧应金 谢树植 谢素卿 谢文泉 谢远应 徐凤梧 徐亮忠 徐仲涵 许雅鸿 许泳词 宴蔚钊 杨桂芳 杨荫春 杨自强 叶 高 叶玉玲 易孝信 阴家震 尤炳康 余健保 余明谦 袁盛仲 袁书祥 张建根 张临仁 张仁生 张孝玲 张益智 张友余 章 河 赵素霞 郑碧珊 郑怀仁 钟立敏 周国新 周慧娴 周延龄 朱芬余 朱国瑾 朱永庚 朱元森 朱作宾 邹振媛 (175人)

1958 艾必强 蔡陛澄 蔡火荧 曹洁勤 曹履用 曹 琦 曹锡皞 柴志勤 车亚玲 陈德忠 陈礼蓉 陈明明 陈少歧 陈绍坚 陈庭昭 程秀成 程应钜 崔志娟 邓远能 丁贵伦 丁京禹 丁玉珍 董式璋 都长清 杜宗美 范秋君 方时育 方振元 傅志良 高守天 葛福星 葛萝梅 宫殿华 管甲仁 韩康年 何庆家 何为英 何作泗 洪秀玉 胡纯耕 胡慧英 胡锦泽 胡元伟 华觉勤 黄登航 黄佩玿 黄泰振 黄永坚 贾 涛 江文玲 靳铁珍 康振梵 康仲远 来振寰 李承权 李春江 李大中 李宏生 李金铭 李俊卿 李明仕 李若柔 李尚皓

李天林　李智荣　梁子安　廖可诚　林方域　刘东昌　刘和春　刘嘉琨　刘荣海
刘义梅　刘益清　刘肇中　刘紫裳　陆志双　罗　琛　罗大成　罗冠中　罗蜀琼
罗泽民　马怀洋　马晓鸾　马秀鹏　马秀中　马贻忠　马兆麟　马遵路　缪菊英
彭新然　钱维岱　钱桦娟　秦长风　邱殿辅　任桂芳　舒远玖　苏海威　苏　凌
孙广标　孙永顺　孙志勤　王纯智　王凤良　王庚昌　王金春　王景武　王敬赓
王来有　王庆祥　王士琦　王世钦　王孝元　王　仪　王媛杰　闻　翻　吴增瑛
吴撷芳　萧光汉　谢文芳　邢丽华　徐炳夏　徐步瀛　徐承彝　徐兴华　徐玉明
许华琪　薛大烈　薛　森　杨爱蓉　杨北濂　杨福田　杨鸿型　杨静贞　杨志华
姚绍明　姚职仁　易　谦　殷怀振　殷绍毕　余　芳　余美梅　余友仁　俞志豪
袁振邦　曾昭萱　张翠婷　张富玉　张广荣　张启渠　张庆鑫　张世英　张淑勤
张阳春　张益敏　张谊嫔　张玉芝　赵景周　赵　玉　郑赛昭　郑永水　郑珠英
周静心　周俊荣　周仲玲　朱人蔚　(166 人)

1959　阿克木　白源凯　鲍言诚　曹福桢　曹鹤鸣　曹淑芳　曹倜家　常　颐　陈方权
陈蓬莲　陈荣华　陈淑贤　陈蔚森　陈银英　陈永年　陈运亮　程国铠　崔创福
邓必鑫　刁洪云　樊守义　方启明　傅桂钧　高荣厚　耿鸿为　韩梅春　何定一
何慧如　何逸民　胡清海　胡逸君　黄朝元　黄锡瑶　黄洵余　纪毓桂　季美霞
季　炎　蒋绍惠　金孟相　靳向兰　邝荣雨　蓝建华　李宝婵　李宝瑭　李贵廷
李经蔚　李乃昌　李南生　李铁锤　李希平　李秀珉　李耀堂　李寅根　廖墨香
廖昭懋　林　芳　林观秀　刘凤英　刘鸿珍　刘希春　刘希莹　刘亚玲　刘莹如
卢　锷　卢华盛　陆莹如　陆祖源　吕　森　马云武　偶文雄　秦丰一　邵德祥
申明哲　沈嘉骥　沈文瑛　宋宝如　宋志敏　孙久弗　孙瑞清　唐仲华　佟恒润
万国和　王怀珍　王曼云　王增清　王中央　吴昌济　吴光祖　吴广深　吴金英
吴孔亮　吴欧华　吴淑敏　吴效广　吴志洁　夏锦章　萧玉华　谢　宇　徐思琳
徐五光　徐益杰　徐竹影　许汉平　许家栋　许煜沂　颜钰芬　杨静仙　杨毓芬
尹德初　由好庚　余炯沛　於德源　俞仁洲　俞曙霞　喻宗铫　曾尔健　曾昭著
张鸿秀　张华秀　张嘉林　张树凯　张双义　张文杰　张祥麟　张永清　赵书涛
赵豫龙　郑洪深　郑小平　周锦心　朱尔圆　朱景菀　朱汝金　朱素玉　朱豫根
(136 人)

1960　艾克让　白玉芬　鲍　珑　卜昭棣　曹璎珞　陈凤谋　陈根生　陈耿亮　陈公宁
陈宏伯　陈鸿征　陈金城　陈丽英　陈联华　陈平尚　陈乔琪　陈伟侯　陈望娘
成如翼　程嘉梁　程理春　褚淑华　邓德祥　邓三慧　丁惠芬　丁　鹏　丁志福
董复昌　杜德生　杜谦远　杜　钺　费景高　冯士腾　冯文瑞　冯一娟　冯玉海
高明坤　高寿棋　关世荣　桂履济　郭秀娟　韩隆恒　何宏藻　何树廉　洪良辰
侯殿文　侯乃戌　胡立编　胡秀吉　黄棣先　黄荣庆　黄兴豪　黄卓廷　蒋润荣
焦春芳　焦百芳　金鹏华　赖在抗　黎贤生　李定一　李　健　李金铎　李庆芝
李维立　李文英　李小玲　李　一　李英民　李韵清　李增仁　梁淑云　林九章
林明烈　刘甸瑞　刘国仁　刘浩培　刘嘉善　刘绍贞　刘淑玉　刘亚英　刘子华
卢秀英　吕忠臣　罗雁珠　罗肇华　马　根　马奇仲　毛蕊君　孟书军　苗东升
努尔买买提　潘懋德　齐宗遇　钱维民　秦明达　区友浩　屈善坤　任燮生
荣秀霞　商鹏华　尚秀芬　沈亚伦　沈之宏　施华菊　苏民生　苏荣泰　孙善钦

孙希敏 孙玉清 孙振江 田树芸 田仲奎 王宝贤 王伯英 王川 王福从
王即兰 王榴仙 王明宏 王秋芳 王为民 王秀苓 王玉英 王曰润 王云英
王韵姣 王者生 王正俨 王治义 魏彩萍 魏榕彬 魏玉山 温冠治 巫同荪
吴春芳 吴冠义 吴家振 吴望名 吴相宏 吴银培 吴佐堂 伍必勤 奚璇洁
夏鹤荣 夏宗威 解长利 谢秀贞 熊金炅 胥宏泰 徐洪达 徐家丽 徐楠生
徐永先 许廷钰 许行范 许政衡 薛钺 阎世平 颜秀叶 杨存斌 杨建华
杨文礼 杨行之 杨玉琦 杨源淑 杨兆铸 杨志响 姚宝善 姚志传 殷霞
游佑钧 于季会 余俊 余玄冰 虞继洪 袁霞如 岳成禄 曾铎 张大干
张冬生 张淦 张国明 张建宁 张建业 张景舜 张绍林 张文贵 张学东
张一球 张昭 张知难 张祖权 赵启迪 赵书剑 赵雅君 赵玉卿 郑慕英
郑豫超 周剑岚 周洪源 周美珂 周文龙 周之光 周作轩 朱锐桓 朱雪珠
诸梅芳 邹鸿斌 邹茂生 邹沛英 邹祖庆 (211 人)

1962 白宗燕 蔡爱华 曹文培 常相舜 陈恒瑾 陈继芳 陈明珠 陈三国 陈文虎
陈汶 陈祥林 陈玉祥 谌守珍 邓旅成 丁苏 丁振奎 杜敏 段炳燮
范树宝 范用德 方永新 冯保友 符儒霖 符阳忠 傅建仁 傅学顺 高柏苑
高德铨 高寿昌 高振乾 葛玮珉 郭育英 哈司也提 韩素敏 韩英杰
何庆书 何绍庚 洪英儒 侯文元 胡大同 胡焕顺 胡敏德 胡占先 黄贵贤
黄国钧 黄连寿 黄玉兰 黄震民 火甲丁 季椿生 季从龙 贾志成 蒋安卿
金继忠 金克洪 金佩玉 康素莲 亢滨立 黎次铨 李大贞 李桂淑 李鸿书
李骥 李绮霞 李庆苏 李秋仙 李时苹 李雨来 李玉芬 李玉珂 李志恒
李治业 李子安 梁慧敏 梁瑛 林福智 林炯 刘柏林 刘福悦 刘光蕙
刘竞江 刘来福 刘庆云 刘晓初 刘新国 刘秀芳 刘远图 卢景波 陆继艺
吕明忻 罗彩明 罗丽芬 罗庆荣 罗祥凤 罗蕴卿 马芳影 马立祥 马玉生
苗文光 缪忠义 莫仲卿 倪耀良 牛士俊 彭玉侠 饶敬德 任明海 茹存
芮菊英 申杰 沈文锦 宋宝银 孙德仁 孙巨川 孙庆余 孙衷振 汤利兆
唐尧明 铁本台 佟锡金 佟玉蓉 涂竞胜 汪安娜 王抱一 王传俭 王虎
王惠英 王家驯 王进明 王起 王樵 王秋弗 王秋云 王绍智 王世顺
王治伦 吴亨德 吴开诚 吴兆瑞 夏鹤松 向进和 谢文杰 徐翠华 徐肇玉
许开忠 许训民 许永盅 许仲卿 宣体佐 薛汝湜 严巧云 杨海明 杨乐栋
杨明朋 杨期澄 杨时中 杨世明 杨天明 杨文宗 杨振川 易复琼 于长盈
于玉琴 余怀民 余芝英 俞天麟 袁翠英 袁士锐 袁贞迪 曾莲芬 詹昆亮
张炳恒 张炳文 张春条 张福基 张贵增 张国栋 张国英 张惠霞 张敬生
张若耕 张炜 张亚禄 张燕城 张毅生 张瑜林 张玉珉 张铮麟 张自文
张祖谋 赵桂蒨 赵华兴 赵静贞 赵同林 赵佐治 钟林章 周崇廉 周志修
朱广源 朱治平 (199 人)

1963 阿哈买提 敖秀敏 巴依都拉 白宝瑞 蔡俊卿 蔡训武 蔡月贤
蔡云龙 曹桂荣 曹年富 曹松发 陈彩明 陈长松 陈朝基 陈慧明 陈继声
陈金銮 陈荣华 陈绍莲 陈寿康 陈体平 陈婉蓉 陈卫东 陈文正 陈延珍
陈玉振 陈在瑞 陈仲蔚 成传炳 储瑞年 戴昌培 戴素珠 邓观喜 邓汉栋
刁镜清 董惠芬 董乃莉 董式勤 董玉贞 杜淑琴 杜双春 杜秀芳 樊天英

范梅仙　方纯义　方金秋　方轩盛　方远堂　房兴业　鄷思印　傅容敷　傅以伟
甘美凤　甘师信　高伯亭　高长才　高荷生　高敬东　高瑞芬　高瑞璋　高谭英
高祥曾　高永安　高育华　高中元　葛兴福　谷超群　顾道修　顾金梅　顾敏华
关卓英　郭炳信　郭景秀　郭伟华　韩仲芬　贺万钧　洪惠英　洪玉芬　胡隆华
胡　瑞　胡先蕙　胡献荃　花耀沁　华月霞　黄凤金　黄惠清　黄时俊　黄庭松
黄祥涌　黄永萱　黄志祥　蒋佩锦　蒋佩贞　蒋人璧　焦聚川　金婧英　郎大麟
李　芬　李广麟　李　辉　李洁华　李金义　李锦新　李晶茹　李镜澄　李　琳
李玲宝　李敏俊　李年荣　李树德　李松文　李馨烈　李亚华　李亚娜　李　妍
李永志　李玉奎　李志壮　李宗保　梁新儒　林梅华　林其安　林诗立　林永发
林永坚　刘宝林　刘法财　刘汉涛　刘建南　刘克智　刘其隆　刘树芬　刘希江
刘耀华　刘振国　刘振濠　刘治平　刘忠良　楼滨俭　卢　德　卢鲜明　陆春松
陆锡元　陆珍华　逯新丽　吕　品　罗艾生　罗廷发　罗之聪　马成瑞　马国选
马瑞峰　马淑玲　马淑敏　马树省　毛宝瑜　孟繁兴　孟福堂　孟继山　苗焕明
穆永清　宁陶然　欧阳东方　潘凤书　潘历兴　庞兆璞　裴治清　彭洪鑫
彭健民　彭正新　齐碧泉　齐德全　钱荷珍　丘鄂兴　裘树烈　权正链　任富良
任中文　荣仪祖　邵玉霞　沈宏恩　绳玉英　盛佩君　石凤珍　史常营　史静怡
史文钧　司马依里　宋方钦　宋鹄云　宋丽华　宋莲香　宋兆祥　苏陈耀
孙传华　孙奉公　孙国健　孙鸿英　孙乃慧　孙兆雄　谭观卿　汤德和　陶安芝
陶汉文　田慧然　田　雯　田　佣　万宝丽　汪幼章　王宝玉　王本中　王辰戌
王敦全　王凤英　王国钦　王慧筠　王继仁　王健生　王晶辉　王景轩　王蔻真
王丽珍　王其钰　王文涌　王希明　王锡衔　王信侠　王　英　王永禄　王运华
王占金　王正平　魏　钧　温玉堃　吴洪良　吴景贤　吴梅英　吴乾光　吴庆仁
吴世光　吴玉雁　吴增华　武　梅　夏德琼　萧素贞　萧永和　谢国祥　辛福媛
邢淑兰　徐定恒　徐家良　徐希信　徐仙娥　徐有标　徐仲元　许炳权　许凤肖
许金亭　宣春栋　宣启桢　伭瑞珍　薛佩贞　阎治国　杨惠荣　杨平欣　杨起山
杨斯善　杨文泰　杨秀姑　姚德舆　姚家昌　姚效伊　叶德管　尹成麟　尹全娟
于景雯　于善歧　余新元　俞　堤　禹康生　禹秋民　袁洁英　袁懋榕　袁永祥
袁月娣　袁云耀　袁振起　袁志忠　袁忠波　曾隆宇　曾世禧　翟建华　战素铃
张保栋　张长胜　张莼兰　张德娟　张　玢　张凤山　张桂兰　张桂英　张　和
张洪英　张鸿菊　张民权　张敏华　张培泽　张启民　张士达　张绥定　张万诚
张文宝　张秀珍　张永乐　张运筹　张志兰　张秩英　赵德来　赵　迪　赵惠仪
赵纪良　赵来玉　赵世杰　赵　欣　赵秀春　郑　廉　郑庆生　郑素梅　钟金耀
周瑞芝　周廷贤　周学良　周永治　朱国华　朱乙友　朱月珍　庄瑞川　邹子洪
左东林　左秀珍　左永平　（341 人）

1964　白同然　包文华　鲍　健　鲍亦儿　边肇惠　蔡贤如　曹德铮　曹声鹤　曹兴根
常建斌　陈超群　陈福增　陈　桦　陈俊辉　陈文惠　陈宪映　陈逸森　陈永德
陈元学　陈云汉　程书肖　邓治平　丁家泰　杜智敏　段书杰　范光华　冯文杰
傅仲修　高　榕　高绥生　郭银圈　韩士生　韩应能　郝君芳　何　伏　何维安
胡炳珠　胡剑涛　胡孝华　胡英福　胡祖莹　黄梅香　黄天永　黄自强　霍建宇
姬振豫　纪　催　季红楠　贾　会　贾敏祥　蒋亚琴　金　兰　金梅珍　孔佳琦

来关春 李常凌 李金初 李庆南 李文章 李一鸣 李荫楷 李育端 李竹林
林福堂 林国定 林康洁 林荣强 林秀莲 凌纯甫 刘　斌 刘国材 刘洪鑫
刘鸿昌 刘继志 刘建民 刘荣生 刘盛莲 刘文才 刘文龙 刘元骏 刘蕴华
刘遵先 卢喜圣 吕娴序 罗宗和 马春永 马志民 毛建华 孟繁波 米庆春
倪月如 潘渭池 濮淑华 祁春山 钱宏度 曲令钧 饶汉昌 热莎莱提
戎世禄 荣廷蓉 沈百贞 沈乃禄 沈祖润 苏家余 苏秀雯 苏钰刚 孙敬丽
孙顺田 谈秀英 汤文潞 佟明珠 童绵臣 王桂荣 王克明 王念亲 王人倜
王世英 王维锦 王兴瑞 王泽义 王振亚 王仲琨 魏昭源 翁怀仁 翁善康
吴德枢 吴富清 夏传蕙 向荣素 谢　诟 熊常英 熊汉斌 徐鸿迟 严灵璐
燕慕春 杨惠君 杨乃兴 杨世泽 杨贤英 姚桂兰 叶大鑫 叶克仁 尹克骏
尹雨立 于成义 于富增 于家慧 于永泉 俞鑫泰 袁贵标 袁　鑫 袁镇芳
翟绍羽 翟志华 张长顺 张煌荣 张继林 张锦斋 张孟祥 张能键 张培琴
张清茹 张树良 张顺和 张义彬 张愉才 张玉德 张征瑶 张走治 章耀斗
赵炳荣 赵美珠 赵沛霖 赵太安 郑福纯 郑玉坤 郑祖光 周光兴 周家钊
周孝明 周兆洪 周子恩 朱崇圣 朱崇稀 朱吉儿 朱浚源 邹优教 邹月娟
(188人)

1965 艾　龙 安书田 白　鉴 白小文 薄怀弟 卜淑云 蔡玲娣 蔡淑贤 陈爱兰
陈定泽 陈东生 陈年年 陈伟勤 陈由光 程涤兰 程怀明 程建仁 程小玲
程　晔 崔维国 刁仁鹏 杜如梅 范惠英 方福全 费德宝 冯英英 符和仕
符淑定 傅莉媛 高锦延 高培根 高士俊 高晓明 高学馥 顾霞云 顾志坚
官子美 韩锦阳 郝生旺 何碧英 何公健 何建堂 何琼璋 何悟民 何秀玲
贺凤林 赫素秋 洪壮效 胡纪龙 花文秀 黄巴玲 黄德春 黄桂珍 黄菊芳
黄梅桥 黄世雄 黄秀田 黄远瑞 黄卓杰 计石宝 贾沛蓉 姜天奋 姜庄仪
金宝骏 金玲芳(江苏省) 金铃芳(山西省) 金宗洽 邝孔武 李　博 李敏霞
李启炎 李庆华 李世芬 李新成 李秀云 李永信 李瑜琦 李蕴初 李振亚
李志龙 李质朴 梁俊杰 林金贵 林水平 刘德荣 刘广富 刘其昌 刘永兰
刘蕴玉 刘振俭 刘忠民 龙碧仙 卢雪莱 鲁维岳 陆月琴 吕海忠 吕作琴
罗流生 马富祥 马敬良 孟宪栋 米清河 米全锁 莫泽民 牟兴祥 聂成康
潘维湘 彭位炳 彭学琼 钱珮玲 冉广伯 任秀兰 任玉清 荣维辛 沙德泉
尚　生 沈纬萍 盛承懋 施文章 石成基 石火炮 石继祖 史玉洁 苏椿年
苏芹芳 苏廷鳌 孙敦甲 孙厚村 孙盛柏 谭光宙 谭祖林 童云康 汪景彦
王常东 王成名 王　存 王凤英 王富庭 王吉钊 王梅根 王其元 王启训
王庆卯 王　容 王绍宗 王淑元 王喜贵 王新娟 王　英 王允仁 王允象
魏金城 魏听仪 吴乃瑞 吴诗咏 谢文周 辛成哲 徐长昕 徐承希 徐淑英
徐文琴 徐显忠 徐秀珍 徐选玉 徐永安 徐永琛 徐湧城 许亚娟 许永生
宣素珍 薛思问 薛天保 阎林海 阎秀忠 颜凤珍 杨宝现 杨炳志 杨茂林
杨清贵 杨显高 杨晓战 杨　森 杨振汉 杨振和 殷广富 尹迪斌 尤泽波
于彩盛 于广兴 于栖范 俞宝珠 俞嘉臻 袁光华 袁桂珍 袁同文 云　贵
曾钦元 翟建仁 翟淑娟 张宝祥 张崇武 张大德 张焕芬 张建云 张金甫
张金钟 张立锐 张连第 张荣基 张瑞芬 张　恕 张文麟 张祥礼 张学忠

张幼筠　张振桃　章合利　赵清日　赵树椿　赵显德　赵兴乐　赵　岫　赵正央
郑好运　郑　景　郑应诚　钟瑞英　周大光　周菊如　周美娣　周明芳　周有根
朱长盛　朱鸿彬　朱九英　朱莉英　朱明奎　朱谦祥　朱运秋　朱增永　朱志诚
邹传林　（242 人）

1966　宾　湘　蔡本雄　蔡文其　蔡学渊　曹　钧　陈春光　陈继山　陈其昌　陈尚俊
崔润生　邓清芝　董修权　杜君富　段迎魁　樊　伟　费　雄　符晋瑜　傅仪德
高杰如　耿瑞萍　郭桂兰　贺士宏　黄金梅　黄志盛　蒋人凤　蒋振南　李柏荣
李宝玉　李翠英　李谋清　李荣发　李文芳　李西北　李志隆　林涌波　凌桂清
刘宝瑛　刘炳麟　刘殿宝　刘民复　刘秋萍　刘永和　柳润勤　麻宗救　玛依木
孟繁晶　倪家泰　潘　杰　潘仁桔　祁燕芳　热孜娅　任兰芳　单光耀　单金玉
尚庆永　邵焯伦　宋企功　孙为昌　唐至兴　王保全　王汉秀　王焕雄　王兰军
王庆荣　王颂昌　王天芝　王希玖　王月真　魏发根　魏绍武　魏宜镇　韦天申
夏星官　萧太玉　谢家麟　谢声谦　徐庆秩　徐　速　许长淮　许泽义　杨大衡
杨桂琴　杨和雄　杨淑绵　袁英民　曾淑芬　詹前涌　张广华　张桂兰　张　衡
张锦文　张乐家　张仁德　张学中　赵之湖　支曙秋　钟连生　钟通元　朱　宁
左祥云　（100 人）

1967　白景兰　车培元　陈光齐　陈汉桓　陈家范　陈丽珍　陈榕枚　陈淑敏　陈志雄
程　振　楚泽甫　崔宏志　邓锦河　丁克慧　董芳英　方正有　傅德熹　谷祖德
管国裕　郭　愚　贺贤宁　胡正曙　胡尊亚　黄碧芳　黄建华　黄惟明　黄雯荣
季　明　金志明　景秀英　兰俊士　李存富　李德周　李恩武　李恩中　李国树
李俊生　李莉云　李南龙　李淑英　李铁松　李蔚泉　李　雄　李雅荣　李志德
李志武　连凤桐　林晓芒　林　益　凌淑平　刘长炽　刘进丁　刘全宝　刘全福
蒙世奎　孟繁铎　闵容中　牟之森　强文久　乔永玉　任宝成　任良娜　盛立梅
宋　枚　宋天泰　苏渝生　孙立镌　谈惠琴　汪德元　王宝慈　王　捷　王荆管
王淑娴　王万伦　王毓卿　王中涛　邬先鸿　巫筱秋　吴桂霞　吴晓威　辛景贵
辛兰芬　邢婉英　熊胜利　徐凤霞　徐韩利　徐守忠　严庆国　阎昭睿　姚家立
殷宜庄　于树华　于耀良　俞慧卿　袁浦疆　张国平　张际昌　张金科　张明群
张小柔　章秋明　赵德齐　赵素兰　周世福　朱国瑾　朱旭华　朱　勇　（107 人）

1968　白　洁　边信然　蔡加明　蔡树深　车宇湖　陈国英　陈乐湘　陈倍涛　陈淑音
陈延兰　程艺华　褚维盘　邓起江　丁德麟　丁冠利　丁青元　董莉纹　杜燕菊
方仰群　方友梅　方允华　傅养贤　葛恒林　宫培敏　顾戌庚　管朔生　郭丽琴
韩见知　韩志琪　洪延君　侯象乾　胡　平　胡仪君　黄　奇　贾玉兰　蒋文娟
金佩珍　李长银　李春风　李琮堂　李金淮　李　晴　李慎余　李学著　李肇玫
李秩赢　廖开武　林钟和　刘古珍　刘汉国　刘蒲凰　刘树珊　刘杏娇　陆洪刚
罗定国　罗俊明　马丽华　马新虎　南管财　庞颖才　彭厚富　钱英杰　钱有梁
强定南　申祝平　申子传　沈复兴　盛平渠　宋淑良　孙常璠　孙寿兰　谭赣生
谭祖荫　唐恒永　滕登刚　田秀恭　铁崇光　万尔遐　汪一平　王桂英　王华光
王兰桨　王丽莉　王敏芝　王　琦　王启华　王庭尧　王文初　王祖茂　吴端琨
吴瑞荣　吴宗依　伍丽平　萧年进　萧云生　解同义　谢惠君　谢静涵　谢　有
辛玉声　邢有亮　徐　琮　徐少卿　徐尧国　许保林　闫秉瑞　颜铁成　杨　芬

杨复兴 杨寿恺 杨智印 姚世培 叶有培 叶玉玺 由成尧 余逊明 俞美玲
袁成喜 詹庆和 张承赣 张国钧 张焕英 张甲珩 张杰飞 张树吉 张育蓉
章兴德 赵铁成 赵又珍 周厚文 朱纪辉 邹春泽 邹启媛 (133人)
1969 才德君 曹金妹 曹 正 柴素兰 常启元 陈春红 陈广旺 陈吉航 陈茂海
陈木法 陈乃舒 陈能嵩 陈普桥 陈尚安 陈图云 陈永义 戴修法 党四善
邓荫林 狄息馨 刁诗贤 丁葆华 傅洪裕 高保民 高慧芳 高荣芝 郭巨力
郭隆荧 过祖骥 韩志勤 郝 威 胡柏辉 胡春茹 黄 坚 黄书才 贾大文
江佩荣 姜菊华 蒋冰清 蒋庆平 蒋世信 金世仍 金宗懿 匡祥友 李宝森
李 健 李金旺 李 群 李如海 李世敏 李世取 李业信 李元吉 李运华
李兆旋 廖昌洪 林囡囡 刘恭民 刘海峰 刘厚荣 刘慧泉 刘 美 刘淑惠
刘淑荣 刘文斌 刘友渔 刘志书 龙雅珍 陆善政 罗俊波 罗仁仔 马永豪
孟丽荣 彭达胜 卿林音 任淑莲 邵福源 师青禄 司春裕 孙秀美 谭既成
谭人杰 汤国宝 汤焕阳 王程崽 王存才 王法思 王家铧 王景陶 王礼进
王乃诚 王佩玉 王瑞苓 王瑞龙 王淑兰 王泰昌 王相荣 王小锁 王孝良
王学荣 王在良 王佐汉 卫立慧 翁其珠 吴月娟 夏乃俐 萧英华 熊凤兰
熊正宇 徐建勋 徐金明 徐淑田 许桂琴 许静杰 许玉环 薛秀云 鄢宗智
严申平 严志钦 宴相中 杨金中 杨向平 余康元 余名久 余中胤 禹永智
袁广来 袁缵芹 曾广昌 占龙太 张光明 张建亚 张礼服 张连卿 张守田
张文娟 张蕴端 张志鹏 张志银 赵培元 郑集锦 钟明耀 周贻谋 (143人)
1970 阿不都外力 阿不力米提 阿不力提 阿布拉海提 阿依夏木
包敖生 蔡洁如 蔡起镇 蔡郁吾 陈开源 陈明忠 陈绍宗 陈世安 陈希普
陈治一 程致平 党宝栋 范光洲 傅秀玲 傅云玲 高树奎 高文秀 葛传阔
郭洪亮 海里其木 韩宜安 何士英 黑俊茹 洪水生 胡景浩 胡菊仙
胡清国 胡兴涛 黄 铮 江福贵 金卸虎 坎 南 兰守恩 冷 瑛 李长盛
李成洋 李法顺 李复元 李华鑫 李 敏 李明德 李琴生 李时彦 李淑琴
李同乐 李祥云 李永显 李永兴 李友根 李裕民 李忠耿 刘灿枝 刘 芳
刘 会 刘家兴 刘景瑞 刘雅民 刘优艺 刘玉柱 鲁大彬 路德泽 吕传芬
吕兆玮 罗来异 马蓉蓉 欧阳爱国 潘淑琴 彭广林 钱蘅英 钱胜年
钱振铭 曲桂兰 任煦民 茹呈江 宋国秀 孙利生 孙书生 谭焕邦 谭金志
汤服成 王大春 王富荣 王桂珍 王建华 王菊芬 王丽珠 王美岚 王乃祥
王守田 王淑敏 王淑媛 王素兰 王秀珍 王秀芝 王学功 王学英 王至琴
卫凤珍 魏增岩 乌斯曼努尔 吴光镇 吴恒文 吴鹿标 吴晓林 吴兴安
吴中春 武 汉 夏承禹 萧洪立 萧荣庆 谢铁顿 徐福光 许宪法 严育华
杨金莲 杨汝林 杨宜锐 杨玉生 杨志俊 姚甫发 伊明马木提 余小署
俞伯根 袁久和 苑政军 翟秀贤 张步宁 张道俭 张 健 张敬慧 张聚宝
张连才 张满仓 张艳芬 张玉清 张允清 张宗镛 赵国民 赵瑞臣 郑禄奎
郑圣惠 仲纪民 周爱莲 周 行 朱庆凯 朱玉仙 孜雅达帕足拉 (152人)
1976 巴特尔 白雪梅 鲍桂兰 曹红兵 曹 毅 陈和平 陈 林 崔富平 崔嘉英
董秀华 杜 强 杜小萌 干桂兰 高林娥 高启如 高庆忠 高远霞 耿华年
宫素兰 巩维强 谷长江 谷全会 谷永磊 顾国梁 顾 宁 胡友兰 黄彩琴

霍秀清　季广和　姜　静　姜燕维　焦艳雪　金立忠　李宝华　李长敏　李冠敏
李建国　李建华　李俊良　李乃凤　李　萍　李庆恩　李双利　李文清　李先艺
李显树　李　颐　李兆谊　凌新芝　刘春生　刘殿勤　刘富山　刘克珍　刘书利
刘树德　刘效敏　柳文江　卢士樵　陌　红　逯桂聪　马淑芬　马淑凤　马天惠
孟淑兰　苗秀珍　庞维宁　彭宝阳　祁桂珠　钱德芳　钱　瑛　仇怀平　石焕南
史德江　孙继长　孙金湘　田博彦　日秀芹　王淑本　王文琴　王小青　王晓波
王雅卿　王雨辰　王占山　王占旺　吴广海　吴晓红　邢京平　邢立斗　徐秀珍
薛兰玉　薛雨川　杨贵祥　杨沁源　杨玉英　尤淑莉　袁安姑　袁宝旺　战桂清
张宝良　张春凤　张春福　张春起　张德珍　张凤琴　张　贵　张健平　张金华
张靖周　张丽君　张其友　张启营　张万福　张希怀　张　艺　张永凤　张振川
赵金香　赵荣祥　郑洁文　支永德　周秀英　庄　燕　(123 人)

1977　边素华　常淑凤　陈宏普　陈晓东　陈玉琴　邓小民　董春霞　董秀琴　杜春洪
杜玉香　范宝荣　冯美玲　冯贤德　冯秀华　高铁府　宫世秀　郭慧芬　郭义琴
何明华　侯连琴　胡玉俊　姬振宣　焦长生　焦法玲　李桂华　李国强　李和平
李瑞芬　李仕琴　李书芹　李淑敏　李锁琴　李新童　李雅珍　李韵芬　李仲来
林　颐　刘博新　刘德英　刘　庚　刘桂兰　刘建华　刘进才　刘丽珍　刘士发
刘志东　龙佩霞　陆小援　吕德宝　马淑琳　马振英　穆程荣　邱洪元　仇玉英
任树奎　申革锋　石翠荣　史志刚　宋丽文　宋美云　孙冰燕　孙昌武　孙长稳
孙魁明　孙慕英　孙素欣　田立忠　田正会　王安芙　王宝俊　王春娥　王根宝
王海英　王洪义　王建军(北京市房山区)　王建军(北京市平谷区)　王书宪
王淑清　王　爽　王新华　王秀华　王秀琴　王秀香　王延臣　王彦洞　王自义
吴　平　吴庆贵　吴英云　夏国华　谢　鹏　徐佩明　杨春艳　杨英锐　姚维江
姚娅兰　叶钟益　曾雪琪　张宝云　张翠兰　张德义　张凤兰　张福库　张绍春
张士明　张树和　张通慧　张玉琴　张芝利　张志成　张祖平　赵春玲　赵风玲
赵贵斌　赵立夫　赵全周　赵淑华　郑进保　郑俐珍　郑树荣　郑小谷　(121 人)

1978　安德宝　白玉玲　包勇智　鲍振义　车锁平　陈凤云　陈瑞群　陈淑苹　陈树义
陈万明　陈卫平　池　友　代连悦　代玉荣　邓　军　狄超英　付美华　葛同芬
谷德平　郭立红　郝振生　何　静　贺志国　胡　琦　胡瑞达　胡淑英　胡振广
霍炳文　贾绍勤　乐幼阳　李桂英　李培华　李世朵　李秀珍　李艳丽　李允贵
连素芝　梁树清　刘长国　刘凤山　刘文明　刘亚军　刘永平　卢国文　鲁　民
吕培之　罗再金　马大新　马登武　马恩林　马　静　马俊琴　马清云　马淑琴
莽晓燕　孟晓青　那　军　宁福友　潘琴芳　庞　建　乔廷国　单　江　沈秀英
石敏琪　石秀玲　史翠平　舒克成　孙宝光　孙文珍　孙义清　滕保荣　田书荣
童　瑞　王宝林　王宝生　王呈祥　王启霞　王淑兰　王文学　王雪兰　王玉慧
王云桥　隗有堂　吴朝晓　吴玉彩　吴增莲　肖怀敏　杨安红　杨永瑞　杨玉芝
杨增田　杨　璋　杨　忠　姚佩中　姚庆英　叶元洪　尹育杰　于秉钰　于浩财
于永涛　袁兆和　张春英　张翠英　张桂芹　张景兰　张庆琳　张瑞才　张守明
张淑华　张淑兰　张维琴　赵国瑛　赵华钢　赵兰芬　赵书敏　赵素泉　赵同今
赵卫平　赵玉江　周　边　周德山　周瑞云　周悦昇　朱恩光　(124 人)

1979　邴桂英　曹玉江　曹志忠　陈德海　陈世杰　陈　莹　陈玉霞　程铜柱　崔化文

崔松茹　邓尚成　丁素兰　董毓苓　窦洪山　高进顺　高克勤　高显杰　高　忠
郭万会　韩云民　郝宏岐　蒋秀玲　金长振　李奉新　李桂琴　李慧云　李淑芳
李淑荣　李述兰　刘保华　刘宏美　刘惠珍　刘　明　刘庆恒　刘万明　刘为新
刘志刚　路进军　孟祥臣　米志欣　苗文玲　穆淑琴　石金才　史甫花　宋建清
宋英彪　孙学秋　孙月菊　万立荣　王春全　王桂荣　王世平　王文秀　王秀青
王　友　王振才　王志伶　隗永山　吴桂华　吴秀华　解辉明　邢玉华　徐春兰
杨　谷　尹淑敏　于九环　袁凯峰　袁清荣　袁维彬　臧新改　张春红　张春霞
张德旺　张桂荣　张连仲　张　润　张淑荣　张玉普　赵桂娥　赵宏志　周朝富
朱继宗　(3 年制，82 人)

1980　达　瓦　丹　增　加永桑登　洛桑次仁　美　朵　日　达　索　郎
索朗旺堆(延长 1 年，4 年毕业生，8 人)

1981　班春生　包克勤　车　烜　陈方樱　陈克伟　陈　黎　陈万里　陈志云　陈子真
崔丽芳　丁小浩　董小英　杜学孔　段文喜　高　兢　高青林　巩如晖　郭德成
郭　洁　韩立岩　洪志坚　郇中丹　黄广平　黄　玮　纪永强　孔国平　兰保伶
李春萍　李继英　李乃立　李全展　李小列　李　鑫　李　迅　李祖刚　梁　威
刘保平　刘洁民　刘　军　刘力实　刘小一　刘意竹　罗学刚　马京奎　马英建
潘　志　庞　阳　钱小蓉　邱凤莲　全　力　桑登珠　史晓明　孙贤和　谭丽芳
田五龙　田　燕　王江慈　王　路　王天池　王怡萱　吴士晖　吴耀红　武　涛
肖向生　谢异同　徐长胜　徐蕾蕾　徐　明　薛亚钢　姚志洵　应　敏　虞超美
原晓科　岳其静　张大宁　张　红　张宏才　张洪青　张　敏　张振田　赵东江
赵丕谊　郑秀林　种秀华　周　枫　周以匀　朱成喜　朱大钧　朱　进　朱正元
(90 人)

1982　陈　钧　陈　平　成　涛　杜国忠　杜　义　方全有　房艮孙　冯元化　付　湘
高　擂　高　熔　高玉敏　谷力军　郭家宏　郭小平　韩俊峰　何新程　华成坚
黄　斌　黄嘉平　黄兰芬　黄力平　黄自强　季　宇　贾龙飞　贾秀凤　蒋　屏
蒋　迅　蒋忠宏　金郁向　靳玉飞　康玉林　柯　珊　寇　林　李春雨　李国祥
李　乐　李庆德　李胜利　李曙光　李子华　廖锦萍　林　野　刘　红　刘宏秋
刘　沪　刘金山　刘进美　卢膺梧　吕学良　马德刚　马　岚　孟昭云　彭　闯
邱镜亮　任平泉　任晓文　阮国杰　施　健　石新华　宋宝莲　宋海莲　宋京生
唐旭辉　田　园　王春英　王德沅　王笃忠　王国青　王谦毅　王松瑞　王燕华
魏　巍　温广玉　吴木毅　武堂建　向聂琳　肖　勇　谢芝桂　熊鹏荣　徐长林
许以钢　杨新雨　尹星云　于全林　俞怀桃　袁　成　袁　强　袁素芬　曾方红
占平华　张宏凯　张建平　张　玠　张锦川　张瑞鑫　张世启　张　奭　张颂方
张月明　张志荣　赵大生　赵　俊　赵素萍　郑国梁　郑鹤麒　郑君礼　钟　宜
周立基　朱天保　左　鸣　(111 人)

1983　蔡　超　蔡金魁　陈　波　陈　耕　陈　娟　陈松蹊　陈　晏　崔恒建　戴斌祥
戴敦敬　丁新娟　杜彩霞　高富荣　龚　灏　关洪志　关　伟　郭　琪　郭秀花
韩　路　韩　阳　何家建　胡伟康　胡小丹　黄丹华　纪　波　纪　英　江丽华
蒋　力　蒋文江　金　林　柯志勇　雷夏玲　李爱玲　李宏军　李　坚　李建章
李　敏　李　萍　李仁所　李树文　李　雪　李　宇　李志峰　梁玮萍　林富祥

	林河顺	刘家明	刘静涛	刘学婷	刘艺冰	刘永国	刘　雨	刘雨晴	刘　允
	陆志明	罗建刚	罗敬辉	毛　敏	门少平	米洪海	彭求实	邱　峰	邱国华
	沈　健	沈佩真	施国华	孙国文	孙晓明	孙　莹	谈若凡	谭学挺	唐　真
	佟秀华	万　丽	王安心	王汉文	王建军	王　平	王庆华	王顺义	王先阶
	王晓园	王云峰	王智滨	王中华	吴捷三	奚　青	肖广全	谢海明	徐　光
	徐建明	薛　锐	闫景武	严小颖	颜　实	颜素蓉	杨　震	余森森	俞　璠
	袁　华	袁学海	曾利江	曾雪兰	张大克	张绯绯	张奉伍	张帼奋	张进军
	张　林	张梦霞	张星虎	赵枫朝	赵庆芝	郑　蓴	周力奇	周丽珍	周小明
	朱兴龙	宗　容	（119 人）						
1984	安　杨	白伟雄	陈　波	陈福军	陈　侃	陈燕平	池振明	崔　杰	丁　宏
	董　昭	冯　水	高小弟	韩　梅	何凤彪	何　青	何一涛	胡长青	胡伟卿
	黄会来	黄其申	黄　新	黄泽兴	黄展鹏	江　军	焦希鸣	金成柏	荆　岷
	孔祥旭	雷孟京	雷天刚	李冰梅	李长军	李朝阳	李光辉	李嘉南	李京祥
	李京一	李龙振	李　英	李永琪	梁冯珍	林　玮	刘国山	刘际元	刘　坚
	刘　康	刘先锋	刘小青	娄　玉	吕　健	罗文强	潘弋青	裴　丞	钱明哲
	钱　云	邱小虎	任晓虹	任幼明	沈家正	沈建华	沈建勋	史延锋	宋　华
	宋瑞霞	孙金锁	孙敬水	唐金桥	田东风	王　弘	王家爱	王　军	王开华
	王　凝	王天华	王　为	王希常	王艳明	王仲颖	王子玉	伍春兰	武卫华
	夏亚峰	肖　明	邢君庆	徐　毅	徐中喆	许富根	许若宁	许　悦	许中元
	薛君松	薛秀谦	闫立波	杨　刚	杨慧波	杨　靖	杨　明	杨学增	杨玉玺
	衣国宁	易小丁	于忠义	袁玉英	张冬怡	张　虹	张惠刚	张铭杰	张　琦
	张　瑞	张晓军	张晓南	张秀平	张　严	张　鹰	郑传金	郑肖锋	郑亚利
	周晨星	周和芬	朱　瑛	左大辰	（121 人）				
1985	白志慧	保继光	鲍永平	毕海峰	蔡越虹	曹丽华	常　明	陈　敏	代　宁
	邓　凯	邓　展	窦永平	杜永强	冯启珂	付　巍	付循建	甘向阳	高素娟
	高祥宝	高珍光	龚道训	顾　锋	桂　元	郭秀清	洪京爱	洪玲霞	胡京兴
	胡明杰	胡亦君	胡云姣	黄明政	焦　莉	金明鸥	李　冀	李建华	李金明
	李美生	李汝修	李绍玲	李万顺	李晓华	李育芝	李正兴	练肇通	梁景伟
	廖河河	林亚臣	林永伟	凌向明	刘立新	刘仁权	刘绳茂	刘小川	刘艳永
	刘　勇	刘玉仙	卢训华	陆建芳	陆景宣	罗守山	马春秋	马　欣	马自力
	梅　霖	苗俊杰	牟海涛	牛少彰	钱海荣	秦伟良	任荣华	任子朝	邵永照
	施　涌	宋　铭	宋世军	孙路弘	孙文敏	王德民	王海敏	王红瑞	王建明
	王梦东	王文阳	王兴平	王永会	王雨燕	魏安金	吴仁华	肖　锋	徐跃武
	许　松	薛宝龙	杨　辉	杨士俊	杨淑芹	杨　威	杨永志	尹承军	于绪宝
	余军扬	余　洵	余　扬	曾应昆	张建新	张新育	赵拥社	郑承迅	郑熙春
	郑　毅	钟育彬	周　佳	周家华	周建议	朱安交	朱长远	朱海洪	朱文芳
	庄增刚	左　萍	（119 人）						
1986	包泉鳌	蔡　健	柴惠文	常保平	常　青	巢建江	陈　静	陈为政	陈雅丽
	陈毅文	丛金明	崔建国	邓文虹	刁联望	丁国义	方龙雄	冯崇海	高虎明
	高　颖	耿　勇	顾　强	郭　斌	郭仁娟	郭树茂	郭文清	郭兴明	韩立刚

和丽军　侯文宇　胡　桃　胡　焱　胡玉舟　黄仁锐　黄晓兰　黄兴民　姜秀燕
赖　兰　乐小英　李国锋　李绍明　李祥林　李　星　李　岩　林　健　凌福珍
刘　辉　刘慧芳　刘建慧　刘进荣　刘晋平　刘曼兰　刘晓潮　娄　岩　卢晓东
卢兴祥　吕凤萍　罗振朋　马　波　马万青　马新明　缪克英　慕运动　欧新良
庞　晶　裴发才　覃社庭　饶维亚　任　军　沈　浩　史燕洁　史　悦　苏时光
谭春生　汤国明　唐晓翠　吐尔逊古丽　汪宁涛　王安勤　王　兵　王殿俊
王宏丽　王宏武　王建荣　王　力　王茂春　王瑞雪　王仕良　王顺英　王维寿
王秀生　王志京　韦　苇　文胜友　吴灵敏　习　清　熊品寿　许卫民　许　燕
薛　彬　杨　兵　杨华龙　杨华蔚　杨　萍　殷苌茗　尹克新　于　琛　于福生
余　剑　张　斌　张和平　张　鹤　张慧欣　张金河　张领海　张　强　张庆富
张　姝　张　霞　张学军　张　岩　张　阳　张玉琦　张宗平　章壮洪　赵华杰
赵修忠　赵学雷　甄　苓　郑海鸥　郑文艺　周燕莲　朱　砾　邹林全　(133 人)

1987　包志清　曹均华　陈华江　陈盛双　陈余喜　陈云波　崔宝珍　崔春燕　地米提
佴晓鸿　方海燕　高朝阳　高　静　谷仁乔　官益群　韩立军　胡维斌　胡　煜
贾厚亮　姜朝阳　蒋国民　李宝家　李春娟　李春香　李景涛　李　军　李乐学
李连福　李石君　李小军　李有荣　林培榕　林新杨　刘　彪　刘　凯　刘敏豫
刘志成　罗建斌　马建生　欧　丽　彭晓明　彭骁勇　平志鸿　齐　严　邵敏芝
沈　生　施泽忠　宋世敏　孙洪祥　孙应飞　陶应奇　田　鑫　田玉斌　佟晓凤
汪海涛　王桂珍　王纪东　王建康　王连居　王平安　王群智　王仕良　王守忠
王兴林　王玉英　王　煜　王展青　王志良　王仲君　魏光美　魏　宁　魏　颖
吴伟权　吴中元　邢惠清　熊允发　徐国文　许鹤华　许松盛　薛　宏　闫新丽
杨　军　杨明燕　杨妍梅　游剑平　于海波　余　竞　余欲竣　俞　勤　臧国通
曾文艺　张春善　张德学　张　鑑　张　宁　张喜娟　张玉平　赵大春　赵季春
周向东　周艳娥　朱泰英　庄铭南　邹昌陸　邹弘兵　左锡明　(106 人)

1988　蔡　博　陈松波　陈云生　程　杰　丁洁琳　段秉坤　冯　雷　冯文丽　高玉莉
龚光瑛　顾承坤　顾勇为　何立恒　胡茂林　华荣伟　黄加流　黄学毛　姜明华
金　涛　匡奎远　雷　鸣　李德清　李江晖　李　凌　李　群　李小中　梁志新
廖建磊　林孔容　刘春明　刘存舜　刘贤华　刘向东　刘晓娥　刘永卫　卢向东
罗　毅　骆惠珠　毛佳飞　毛阔龙　牟宏让　倪清芝　潘荫成　庞丽华　彭红生
齐洪伟　强晓莉　邵起宏　沈卫忠　施　泓　石　峰　史凤丽　史交齐　斯里满江
孙家涛　孙坤荣　孙晓明　汤大林　唐世连　滕于忠　田宏忠　王华随　王　建
王金才　王锦新　王士模　王筱丽　王修明　王　勇　王　昱　魏　韧　文晚霞
吴家强　吴晓惠　吴幸福　吴雅娟　向　勇　解克勤　徐　丰　徐珂文　徐向东
许黎明　许立明　燕敦验　杨朝晖　杨　洪　杨庆生　杨文举　游保华　袁芳荣
袁家林　曾宏红　张灯林　张贵才　张江长　张金玉　张丽娅　张明山　张培强
张青民　张小超　张晓霞　张雅平　张云清　赵集贤　赵建国　赵建宏　赵立新
赵一平　周帮建　周卜华　周腊意　朱东弼　(113 人)

1989　鲍静怡　卞迎刚　曹付生　曹良红　曹文彬　曹正进　陈爱美　陈　鸿　陈　彦
陈拥军　陈志彬　程林凤　程　渝　池春素　崔　帆　崔显峰　丁　捷　丁仁友
段益城　樊东华　樊　青　范韶华　冯安邦　冯　琴　龚利森　龚卫东　谷　红

	顾世山	顾守源	桂易清	郭俊芳	郭文英	郭小群	韩 斌	韩海鹰	何仁和
	何志文	贺志军	侯军宏	胡国专	胡金平	胡金球	胡雁文	黄烈燕	黄晓军
	黄 新	吉祖鹏	贾 鹏	金钟植	康志勇	柯少华	克玛勒别克		李国庆
	李江涛	李赛雪	李 文	李新雄	梁 军	刘 慧	刘继红	刘佩青	刘武军
	刘先仿	刘晓镜	刘 旭	刘玉铭	刘章明	吕福祥	吕良权	罗菊花	马 骏
	马志堂	米玉珍	闵红梅	闵学勤	彭本新	彭向东	彭重嘉	秦国强	覃永昼
	邱 武	邱修良	沈新权	沈祖建	师五喜	宋春梅	宋明辉	孙祥雨	谭武昌
	唐斌兵	唐革联	唐振鹏	陶文莉	田建文	王长友	王光生	王红革	王嘉蓓
	王建东	王建忠	王 健	王素莲	王小平	王延义	王岩松	王昭顺	王中华
	闻 岩	吴 华	吴文辉	吴小平	吴永俊	向东长	解建成	谢 萍	胥传美
	徐志斌	薛金友	杨宝慧	杨 皓	杨锦云	杨 雷	杨清明	杨 涛	杨文平
	杨晓林	杨永新	杨远华	杨治辉	姚秀山	于红梅	余香阁	岳昌庆	张 斌
	张伯男	张惠品	张建林	张 弩	张巧显	张仁成	张铁英	张新元	张 岩
	张宇甜	张志峰	张志煌	张志祥	赵 敏	赵清华	郑丽勇	郑远斌	周 峰
	周贤玉	周正康	周正清	朱俊峰	朱正清	庄锁法	(158 人)		
1990	鲍晓梅	蔡文雨	陈 隽	陈 岩	丁 晓	董爱民	杜朝丽	方超飞	高艳芬
	郭玉竹	何向东	侯普亭	胡咏梅	黄仁海	黄 伟	纪立新	蒋胜伟	李 凡
	李满天	李润泽	李 新	栗演兵	刘桂兰	刘视湘	刘文元	刘小忠	刘晓燕
	刘 歆	刘志春	刘志平	娄新义	吕金鉴	吕静涛	罗 进	罗益群	骆鸿文
	马景云	蒙达伟	孟 虹	孟祥泽	莫莉辉	潘红梅	彭旭辉	浦 明	任晓明
	申贵成	沈容戈	施小丁	苏梅兰	孙 锋	索卫东	王 红	王江云	王 玲
	王明敬	王秀东	王 勇	王玉民	王忠俊	魏和文	谢 巍	胥耀武	徐新远
	许艳芳	杨华勇	杨 军	杨 爽	杨文凯	姚晓东	余立新	禹平华	查东辉
	张朝晖	张传军	张 红	张洪娟	张敏枝	张 蔚	张艳红	张耀庭	赵君莉
	周 文	朱效东	祝卫城	(84 人)					
1991	白海龙	白 剑	蔡俊武	曹世明	陈 彪	陈红亮	陈秋华	陈玉林	崔新梅
	范春园	付爱明	付军和	高 琨	高 蓬	葛同国	顾志刚	关 权	郭文莲
	郭 贞	韩心慧	何耀光	侯立东	华九召	黄海波	黄海涛	黄曙光	蒋继斌
	雷文虹	黎 彬	李翠高	李红举	李海侠	李培松	李为东	李向东	李欣竹
	李智芸	林 军	林 鹏	刘东海	刘 干	刘宏兵	刘文君	刘喜元	刘 新
	刘 艳	刘 颖	刘志馨	卢小群	陆高峰	陆 阳	吕 炜	吕 扬	罗青林
	马梅兰	马晓晨	马 颖	马玉龙	莫家周	潘晓松	彭秋良	祁新军	冉圣宏
	邵 全	施永红	石 梅	司 彤	宋 今	孙翠侠	唐志宇	滕 勇	仝叶梅
	万里鹏	汪洪奕	汪利民	王翠霞	王贵林	王继勇	王惊雄	王庆利	王申旺
	王晓东	魏振河	吴 聪	吴 江	吴玉花	肖 辉	徐 松	徐自乾	许 华
	阎志武	杨 敏	杨文新	姚星桃	尤树德	于 隽	于平海	余亚东	曾学文
	湛志海	张宝剑	张 程	张德文	张贺佳	张 军	张美先	张 青	张 彧
	张宪娟	张小红	张小剑	张欣之	张 雄	张 颖	张仲谦	张仲祥	赵 菁
	赵青虎	赵 悦	钟静林	周春琴	周新文	朱 兵	朱海元	朱 戟	庄前红
	邹卫明	左晓丽	(128 人)						

1992　卜玉斌　蔡秀梅　曹妍　曹展望　陈垂兴　陈东昇　陈军　陈璐　陈清卓
陈文艺　陈昕　陈云波　邓亚娟　范星福　冯睿　葛善友　葛晓红　郭杰群
郭颂　韩建军　韩米娜　何彦国　胡海潮　霍洪亮　金琪　蓝志凌　雷玉强
冷晓东　李翠平　李峻峰　李丽　李昕　李兴春　李玉萍　李育安　梁银
梁竹苑　刘桂花　刘皓　刘力军　刘荣胜　刘向军　刘孝云　刘雁　鲁开红
鲁文敏　吕学强　马洪炎　马云峰　毛小磊　欧勇强　潘德勇　彭涛　钱琳
邱岚　荣艺华　石兴中　史远军　隋治波　孙斌　孙地诗　孙继祥　孙庭军
孙永忠　唐宏华　唐铁兵　唐运忠　王红兵　王宁　王晟　王薇　吴华山
夏义川　项慧芳　项小聪　肖范仪　徐爱华　徐碧元　徐晶　徐俊峰　徐丽萍
徐美萍　徐荣祥　徐旭宇　徐依军　阎纳新　严向奎　严瑶　晏晓林　杨柏竹
杨欢　杨靖　杨明飞　杨秋元　姚晓全　袁晓斌　苑小军　张鹏高　张树军
张晓昆　张耀杰　章柏红　赵建兵　赵青海　赵欣　赵智　郑苏晋　周静
周世杰　周万根　朱海涛　朱宇清　(112人)

1993　埃米勒(贝宁共和国)　安洁　巴蒂斯特(卢旺达共和国)　常程　陈福珍
陈宏伟　陈迴　陈际芬　陈杰　陈伟　代艳东　丁玉敏　丁喆　董玮
高家富　顾江萍　韩晓玉　何方　何学民　贺军　贺卫平　侯德　胡七林
黄珲　黄胜华　黄涛　计德桂　贾利新　蒋洁　蒋球伟　金青松　金育新
金竹　李晓春　李燕　李阳　梁芳　梁奂　梁家宁　刘超　刘春贵
刘凤　刘军　刘立恒　刘蓉晖　刘晓松　刘有良　刘志芳　卢军　陆丁
牛庆银　奥尔兰多(圣多美和普林民主共和国)　沈辉　沈小梅　舒君
宋春雷　宋慧屏　宋军　随传法　孙朝晖　孙晓冰　唐福明　涂拥军　汪岱
王海铭　王红勤　王玲玲　王琦　王素芳　王晓珊　王怿东　王颖喆　王悦
王祖燕　韦参梅　尉建琴　吴慈民　吴洪浪　吴军刚　吴宪远　吴旭红　夏新桥
向建山　肖珂　谢丽春　徐芙蓉　徐刚　徐桂永　徐娅　徐云峰　许静
杨冰　杨龙　杨树利　杨硕　杨铁军　姚胜　叶文春　尹海冬　于伟东
喻梅　袁家政　约瑟夫(卢旺达共和国)　曾国光　张梅　张瑞玲　张淑琴
张燕清　张毅莲　张翼　赵淑珍　赵雄　赵玉霞　郑敏　郑天贵　钟力
周红文　周菁菁　朱红飚　朱耀春　(120人)

1994　曹利国　陈柄树　陈加军　陈平　陈巍　陈伟青　陈雪志　邓东海　邓广
丁志强　杜海燕　杜红春　杜建文　甘湘华　高加伟　龚文敏　郭强华　韩梅
何志海　何志霞　贺艳花　贺炜　贺险峰　胡宏　胡永建　黄东　黄雪涛
姜燕南　雷凯　李滨　李广丽　李海东　李节阳　李瑾　李梁　李文樟
李艳平　李颖　李振亚　梁淞　林芳建　林志红　刘兵　刘春艳　刘海
刘吉强　刘建华　刘凯　刘路漫　刘新立　刘怡　刘勇　刘元辉　龙明辉
吕希　罗周鸿　桑海林　商广东　尚久庆　沈群英　宋涛　孙晓　王成强
王春红　王风　王国文　王焕玲　王捷　王丽萍　王启军　王晓雁　王星
王耘农　吴晨　伍玲　伍燕然　奚成刚　相登龙　肖勇勤　谢东风　谢联恒
邢风彩　邢武晋　燕利　杨国英　杨小刚　杨晓涛　杨肇辉　杨志龙　于杰
余秋梅　詹从赞　张彩莉　张丹　张丽　张润东　张铁城　张为红　张运涛
张祖成　章里程　赵北伟　赵丽萍　赵志强　钟敏　周瑾　周祖胜　邹昉

（108 人）

1995　安文华　白秋富　常福军　陈　洁　谌小为　董玉才　段丽萍　樊　鹿　冯　刚
葛　莉　葛永超　苟　素　桂秋云　郛建敏　郭莉荣　郭　秦　黄　成　金　阳
康健辉　赖辉旻　李长国　李　程　李　芳　李晓春　李雪瑾　栗士朋　梁文生
刘海东　刘　红　刘教才　刘七生　刘学利　罗　兵　罗小华　毛　舸　彭　程
彭　玲　邱　晗　冉瑞权　石先军　史稳山　宋　宇　苏小刚　苏志锋　粟益民
谭鲜明　汤志刚　唐　强　王炳艳　王冬琳　王　刚（江苏省）　王　刚（山东省）
王　瑾　王　进　王　祥　韦保红　魏小梅　吴　鹏　吴其闻　武志成　向　杰
肖　飞　肖　瑜　谢振武　熊　劲　徐国民　徐　艳　许　罕　许　珂　许云尧
杨　倩　杨　琼　叶蕴蓉　于大哲　曾纯青　曾宪文　张改莲　张立伟　张　春
张晓洲　张彦梅　张颖昆　张　昱　赵阿丽　赵淑宇　赵　昕　朱丛高　朱惊涛
朱立男　（89 人）

1996　敖志广　常广平　陈　红　陈　薇　陈晓晖　陈雅娟　陈　智　陈自文　程　隽
崔汝义　代建萍　邓　清　丁国忠　丁　瑾　丁明怡　丁仕杰　董凌云　范小明
方　燕　冯　丽　高朋香　高雪松　郭淼霞　郝　莉　郝瑞萍　何世龙　何小花
黄　蕊　黄　涛　雷晓莉　李春富　李桂春　李桂香　李洹岸　李江涛　李　杰
李　沛　李小白　李云峰　李战鹰　廖东升　刘保华　刘芙蓉　刘景明　刘立士
刘曙昌　刘忠厚　柳　洁　卢　皓　陆　莎　吕　红　马　骋　马海华　莫如萍
潘　红　潘　敏　庞尔丽　庞凤焱　钱　怡　覃　晓　邱华伟　屈玲玲　任　雁
商广娟　师　斌　史宝娟　宋红军　宋　迎　唐永波　汪泰松　王　晨（河北省）
王　晨（江苏省）　王春辉　王高崇　王宏栋　王加银　王　晶　王丽敏　王水勇
王　欣　王旭刚　韦吉珠　韦懿霖　吴谋福　吴晓华　肖国彬　邢昭良　熊丹丹
胥　斌　许绮菲　燕　铁　杨文喜　杨宇峰　易　蓉　余　恒　张　璐　张宁宁
张　韬　张　伟　赵中华　钟昱晖　周建锋　周丽红　周跃群　（104 人）

1997　蔡圣义　陈　镔　陈　蕾　陈龙清　陈孟伟　陈　杨　陈　瑜　陈子忠　程金能
程　莹　丁　燕　董将虎　杜海霞　冯黎明　高　云　郜　晰　郭建炜　郝　辉
何思梅　胡　军　胡　昕　黄凤圣　黄立坡　黄小为　季素果　贾力伟　翟晋萍
李道军　李　红　李晋渊　李　平　李双平　李腾勇　李天虹　廖鹤鸣　刘　蓓
刘　波　刘海鹏　刘华斌　刘建玉　刘　静　刘　扬　柳叶威　鲁智虎　吕绍川
罗冬长　罗　瑛　蒙江凌　牛冬慧　彭　红　阮志诚　宋顺达　苏永潮　孙德柱
孙　晖　孙　苇　孙秀平　铁　军　涂学民　王海霞　王　宏　王家文　王利萍
王启广　王云海　吴丛明　吴富华　吴　江　吴雪霏　夏其刚　夏嵩雪　谢临震
谢　卫　谢小清　徐　涛　杨海燕　姚华鹏　冶建华　尹　乾　于海飞　张　川
张　丽　张锁良　张　勖　张祖宏　周宏立　周　鹏　朱　江　朱　宇　邹　斌
邹　波　左卫兵　（92 人）

1998　毕福明　曹　洵　陈翠霞　陈飞鸣　陈慧超　陈军杰　陈晓娣　程晓琳　丁安华
董朝霞　范英丽　付新丽　付占军　高文逊　高友峰　耿旭龙　桂隽超　何惠红
何立荣　何　维　何　未　何洋波　胡　芳　胡宁燕　胡小红　黄彩英　黄　静
黄克强　季清政　姜海涛　姜庆新　金国军　金清明　柯华斌　孔双雄　雷庆军
黎淑兰　李长敏　李　虹　李巧玲　李　蕊　李亚玲　李宇航　林新华　林妍艳

	林宇力	刘 冬	刘 进	刘 琳	刘石霞	刘 悦	陆涛栋	陆志坚	马 坚
	马小土	孟 刚	莫亚梅	欧湘亿	覃浩姣	苏 强	唐黎莎	陶京来	万元春
	汪 胜	王春华	王 建	王建波	王建伟	王 健	王 帅	王 洋	吴京蕾
	夏 勇	肖勇钢	徐 杰	徐树富	薛成立	阎大贵	杨晓丽	杨晓霞	姚 利
	姚 亮	叶思泽	应明波	余节弘	余云莉	曾庆业	张春杰	张春霞	张德新
	张 强	张 清	张天文	张雪迎	章洪超	赵永恒	郑茂霞	周长春	周清壤
	朱兴国	(100 人)							
1999	卞继承	白 英	曹东方	陈 磊	陈昕烨	楚洪波	崔佳佳	段锦矿	段 蕾
	范志强	冯文科	傅冬梅	傅 慧	傅宗飞	高 晴	桂庆华	洪来道	胡晓雁
	黄长春	黄驰云	黄晓华	黄晓轩	黄雪莹	季建兵	江加乾	金春林	金 蛟
	金巧根	孔令龙	旷冬云	李 斌	李春霞	李海军	李慧兰	李 健	李 强
	李 伟	李亚平	李英姿	梁 鹏	梁 青	梁为龙	刘会英	刘 磊	刘 清
	刘晓萍	刘兴华	刘 媛	芦金武	鲁冠华	路 瀛	罗康文	宁 伟	裴 萍
	钱慧渔	邱小瑾	邵 梅	石志敏	苏效乐	孙士平	汤向明	陶桂平	陶红英
	王春芳	王江波	王小明	王雨生	韦荣凡	吴 迪	吴玲玲	吴云峰	邢 悦
	徐渤海	阎洪波	杨 昂	杨宏会	杨军强	杨丽颖	杨 涛	姚 方	姚国梁
	姚 宁	叶永亮	叶蓁蓁	殷月霞	俞 江	袁金香	曾清国	张春侠	张鼎权
	张 雷	张 磐	张奇支	张绍武	张炜卓	张 翼	张 豫	赵 实	钟 婷
	周笑健	祖志辉	(101 人)						
2000	常晓鹏	陈 刚	陈 恒	陈 亮	陈巧荣	陈艺冰	陈亦飞	程 敏	丁钊鹏
	段 丽	范永春	方 维	房颜明	付小利	付 彦	高 颖	郭君奇	郭 韧
	胡 博	胡毅时	华 刚	黄超群	黄 悦	江用科	蒋瑞龙	靳 超	雷 海
	雷 静	李发财	李 凡	李 飞	李 光	李华英	李 辉	李铁城	李雪华
	李振江	梁媛媛	刘怀颖	刘 婧	刘 静	刘 霜	卢永娜	陆 飞	陆映峰
	麻玉国	马玲艳	马志强	钱立萍	秦书锋	曲立锴	屈加平	邵井海	沈稚文
	宋家宏	宋莉莉	宋 煜	宿少勇	孙芳芳	孙立征	唐惠玲	唐 军	陶 华
	王 波	王 嵘	王蜀洪	王 勇	温 洪	吴英丽	武瑞恒	肖勃瀚	肖颖奇
	谢树香	徐 琨	徐莉芳	许 建	许 侠	杨 坤	杨时香	杨照宇	姚建慧
	于伟艳	余 丹	曾紫婷	张 蓓	张 峰	张 娜	张胜利	张唯一	张晓明
	张晓妍	张新瑞	张雪芹	张 艳	张永峰	张 元	赵 春	赵德科	赵新锋
	赵新刚	郑星华	周明宏	周志军	周子元	朱晓琳	朱 昀	(106 人)	
2001	蔡 杰	蔡 亮	曹自由	常 青	陈志文	崔红梅	丁 敏	董克强	杜超武
	冯志华	高志强	郭向前	韩光华	韩耀辉	何建伟	何 剑	何效员	贺 堃
	贺向红	胡峻珲	黄玫婷	黄 颖	贾学明	江 楠	姜 涛	蒋宴卿	金 鹏
	瞿 阳	蓝国烈	李超能	李 广	李国锋	李海顺	李 晖	李 佳	李 静
	李军焘	李 茂	李 燕	梁 冰	梁 栋	梁淮森	林 飞	林 蔓	林彦珠
	刘 枫	刘建吾	罗晓稚	马 佳	马良庄	马秀娟	马亚歌	马 岩	
	欧阳顺湘		庞雅丽	乔建英	邵双林	盛 如	宋 昉	唐 娟	涂玉娟
	王建中	王 杰	王 铭	王 强	王诗奎	王 妥	王晓征	王 昕	王亚楠
	王张平	吴佩键	吴拥华	肖晓羽	行伟波	邢自兴	徐 庆	许 洁	杨朝锋
	杨 洁	杨 宁	杨昔阳	杨铁才	姚二林	易积科	喻运星	曾碧辉	曾 竞

曾妍华　张得志　张　劲　张　雷　张　燕　张　颖　赵彩霞　赵春皎　赵小绒
钟建林　周　博　周彩瑛　周　锋　周　强　朱成海　朱海青　庄锦森　(105 人)

2002　白　云　蔡龙生　蔡青松　曹际国　曹　昀　陈福成　陈　薇　陈志辉　迟美娜
崔　楠　党胜军　邓海锋　傅　波　傅莺莺　高　磊　戈冉舟　龚也君　郭　锴
郭培培　郭燕波　郝德智　何娇娇　何　茂　何启翱　侯　伯　胡　维　华　宇
黄碧丽　黄俊生　黄　蓉　黄时宾　黄文彬　黄雪莹　黄业文
金　巴(尼日尔共和国)　康　申　孔志文　兰　洁　李　冰　李　江　李　军
李丽丽　李　强　李清娟　李绍佳　李薇霞　李　伟　李文怡　李晓欢　李晓路
李玉娥　李豫玲　林丽芳　凌中民　刘炳伟　刘春林　刘海瑞　刘　楠　刘晓波
马　青　毛　宁　潘爱女　逄程雯　彭大鹏　秦丽娟　冉　斌　阮元龙　上官丽英
沈敬敏　沈勤龙　石　蓉　史习佳　宋雯彦　孙长亮　孙竹溪　唐弋宇　汪先超
王登奎　王嘉歆　王洁明　王明艺　王　维　王先芳　王晓征　王玉梅　魏琛璇
吴　君　吴　瑕　伍　岭　习长新　徐煌辉　徐　康　徐艳平　许君立　杨　磊
杨　铭　杨　洋　尧淑娟　姚玉玲　叶　萍　于丽娜　于　朋　袁　宏　岳永露
张　波　张传江　张绍锋　张　旭　张　颜　张彧灏　张月祥　张　赟　张志芳
彰大为　赵　乾　赵小燕　赵亚利　郑　玫　周　波　周　刚　周　冀　朱会青
(122 人)

2003　安德智　白　杰　毕英斌　曹光升　车晓佳　陈　欣　陈　余　程　竹　崔亮亮
邓艳艳　丁春平　方　明　高洪涛　郭沁苗　郭　伟　郭艳梅　何　华　何晚秋
和　川　贺丽珍　胡　静　黄纯灿　黄宏伟　黄　洋　黄奕顶　冀　风　姜　钰
金江洙　金　英　兰　竹　李　莉　李　林　李　娜　李巧婵　李　冉　李贤应
李晓琛　李　岩　李莹莹　李玉南　李志中　梁　芳　梁　威　廖　丹　林海波
林　燕　林友铭　刘冠辰　刘晓可　罗德建　罗德军　马亚东　马祖强　孟慧敏
莫单玉　牟　锐　牛文全　潘圣林　邱　天　饶　瑶　施　煜　史　惠　田　丽
万　方　万金奎　王恩波　王明辉　王明岚　王　蕊　魏　炜　文　珣　吴丽媛
吴夏光　吴延科　吴一博　吴智敏　武玉霞　向华钢　谢玉印　辛玉霞　徐海英
许俊君　闫海丽　颜亚冰　杨化峰　杨留泉　杨　姗　杨　涛　叶菁菁　叶　春
曾国强　张海樟　张杰铭　张　静　张　磊　张　琳　张庆辉　张　维　张　玮
张旭东　张　勇　张　羽　章　辉　赵国兴　赵慧娥　赵　琳　赵　颖　周红敏
周洪雨　周莉莎　周丽君　周　伟　周　潇　朱道宇　朱　典　庄艺敏　宗　恬
(117 人)

录 13.3　北京师范大学数学科学学院本科毕业生名单

届别	姓名
2004	安军龙　巴旦央宗　巴桑次仁　巴桑卓玛　白玛贵桑
	蔡毅坚　陈桂杰　陈浩　陈萌萌　陈勤　陈缇　陈新　陈艳莉　陈耀安
	陈玉成　次旦拉姆　次珠啦　崔佳歆　崔晓娜　措姆　达瓦仓决
	德吉　邓轶　杜成北　范达文　范方兵　费旭云　高姗姗　贡桑旺姆
	何本胜　何丰　何世平　贺航飞　贺庆　胡萍　胡雯雯　黄海清　黄江兰
	黄晓军　吉宗　姜楠　姜月萍　瞿璟　赖苗　李粉花　李家　李静
	李沛　李清霞　李伟　李颖智　李勇　李哲明　梁新刚　梁志锋　林利英
	林美芳　刘莉梅　刘蒙　刘晓东　刘洋　刘振　娄俊杰　卢东波　卢慧
	卢彦　陆乐天　路明明　吕华军　罗均　牧少伯　潘熠　彭星　钱晓明
	乔梁　乔毅　任春梅　沙莎　石先兵　石莹　石振方　宋丽娜　宋睿
	苏杰　孙晋晋　孙军波　索朗拉巴　索朗曲宗　谭桂平　汤包贝
	唐磊　汪清珠　王斌　王峰　王海红　王岚　王霖生　王宁　王青芸
	王瑞瑜　王婷(陕西省)　王婷(四川省)　王薇　王幼兰　王云　王志良
	温松樵　闻熠　问延炜　吴涛涛　吴新峰　吴志娟　武宾霞　西绕卓玛
	向文　肖峰　肖雅元　修兴强　徐波　徐畅　徐聪　徐欢　徐蓉
	许佳琳　杨博函　杨东勇　杨婷婷　杨唯　杨晓莉　杨卓　叶玉姬　易立杭
	余昌涛　余炜　袁星　曾帆　曾万春　曾卓　扎桑　扎西江村
	张慧艳　张静　张娟　张鹏梅　张琦　张瑞　张树鹏　张文学　张鑫
	张鑫　张焱彦　张宇　赵文翔　赵孝平　赵学明　赵勇光　郑宇成　钟平寿
	周斌　周霞　周渊　祝佳　庄丽　(163 人)
2005	安彦斌　白奇川　曹仁剑　陈芳　陈华杰　陈黄华　陈晶　陈静　陈立雪
	陈兴炼　陈永昌　成林　程丹　次旦顿珠　次旦久米　次仁央宗
	次西巴措　措姆　达娃卓玛　旦增卓玛　董莉娟　杜娟
	杜鸣　段丽琼　冯霜　付尧　高晓淳　高岩　高卓　顾文铨　郭佳意
	韩璐　郝微　何佳　何麟　何庆青　和晓东　胡浪华　黄焕宗　黄慧萍
	黄淑珍　霍小宁　纪荣强　加纳尔别克　蒋维　康健　柯思宇　拉珍
	兰毅　李飞　李军　李敏杰　李婷　李依樵　李铁武　李永强　李志强
	李翥　梁文艳　梁莹莹　廖璐　廖姊劼　林欣　刘丹　刘丽光　刘湘航
	刘杨　刘媛　柳静　卢子娟　洛桑旺久　马晓春　米拉吉古丽
	妮尼　尼玛　聂双双　牛大伟　潘虹　邱荣荣　阚开煜　热比古丽
	沈宝松　沈珉　沈琦　石利刚　宋君平　宋艳萍　孙健　索朗仓单
	索朗拉吉　覃衍臻　汤发樟　汤钧　唐睿　田丰　涂丰牡　王成焱
	王德霞　王淼　王婷　王伟　王小妹　王燕　王杨　王玉蕾　王竹婷
	韦侃　魏望　吴伯成　吴乾坤　吴紫玲　西洛　肖均　肖雨峰　熊保林
	徐芳　徐研　许波　颜玮　央吉　杨昳　杨世卿　叶乐天　尤晴曦
	于涛　袁文　张瀚铎　张华　张慧芳　张庆均　张亚男　张银珠　赵非
	赵乐婷　赵小东　郑秀灯　周冬荔　周亮　周艳霞　朱慧玲　朱莎　朱先锋

朱谊泉　(143 人)

2006　安婷玉　包仁中　蔡瑞琼　曹旭萌　陈桂芳　陈家敏　陈　莉　陈　婷　陈　艳
陈　袁　陈倬岳　储继迅　丛小睿　邓思可　丁　一　董　莹　董正林　杜　屹
方国亮　冯启铭　冯峥晖　刚道明　高贺清　葛晓杭　宫　迎　龚　禹　关霈然
郭　飞　郭　海　郭　浩　郭美汐　郭其玮　郭　维　郭　昕　国晓雯　何　娇
贺　晴　胡春霖　胡虎肇　胡　鹏　黄　辰　黄春茂　黄俊杰　黄　力　黄　亮
黄邵华　黄　耘　黄　展　江　萍　蒋仁进　孔文佳　寇彩霞　兰久和　黎怀谦
李春江　李　聪　李　明　李　青　李　霄　李　真　李子谦　梁　钝　梁天惠
梁　知　廖必成　刘飞羽　刘　嘉　刘　军　刘　楠　刘启明　刘晓侠　刘　彦
刘智聪　卢　鹏　罗　欢　罗梓琩　马　涛　毛　爽　普友少　卿　静　邱予嘉
裘越芳　冉春莲　任佳星　沙慧玲　尚　丹　申爱伟　石文静　宋润锋　宋　镇
苏　丹　孙明丽　孙　倩　谭　谔　谭扬帆　汤　敏　唐　芳　唐　燕　陶　哲
童家黔　童小军　文　君　王　川　王聪晓　王飞程　王慧敏　王　磊　王　敏
王　琦　王　倩　王　拓　王　妍　王　陟　魏　倩　吴吉红　吴建辉　吴素星
吴汶铃　向永洋　向友彬　肖　倩　肖振兴　肖智行　谢　敏　熊　宇　徐　亮
闫文芳　杨　洁　杨　晋　杨　珂　杨松涛　杨　维　杨艳霞　杨　怡　姚　姗
易红斌　于丹丹　曾　莉　张博宇　张福林　张　欢　张嘉瑶　张钜玚　张　琳
张鲁燕　张雪梅　张耀雄　张　翼　张宇峰　张云飞　赵励耘　赵荣杰　赵　威
郑德蟠　郑洪明　周超频　周　奎　周琴波　周　游　周振兴　周志伟　朱海军
朱　薇　庄瑢恺　庄元臣　林汉兴　罗天一　原杨杰　赵明丁　吴培松　左　朋
(171 人)

2007　艾　博　白玛央宗　蔡剑淮　蔡　馨　陈　娟　陈容婧　陈　曦　谌　哲
次　珍　达　珍　戴芊慧　邓丽波　杜　悦　樊方园　范良花　冯　敏　冯维丽
高城铭　葛梦婕　郭　江　韩　乾　郝一平　和珅华　何小灵　贺　晨　胡　群
黄　超　黄沛臻　黄其秒　黄晓群　黄卓妍　蒋晓娟　赖留萍　蓝　晶　雷　昊
李　荟　李伟元　李　玮　李鉴羽　李军龙　李　骏　李铭璜　李　锐　李　瑶
李祖苑　林剑攀　林　玲　廖　爽　凌　博　凌　霄　刘红梅　刘　嘉　刘　荣
刘荣容　龙　剑　卢俊璇　罗世平　马浩程　马家骥　苗天垚　孟婧涵　潘珊珊
彭富杰　彭　攀　普布德吉　强巴措姆　邱　琴　容一博　阮思敏
申志明　孙立人　桑冬鸣　孙　景　孙延男　索郎卓嘎　索郎卓玛
唐春泉　唐晗力　唐　慧　唐一鹏　唐　瑜　唐　云　田东晓　童　平　涂　湮
汪　玥　王冰峰　王彩霞　王　帆　王奋际　王　淦　王立东　王　翘　王　晴
王　睿　王文雅　王　晓　王　轩　王雪萍　翁海波　吴　洁　夏　瑞　向　睿
项征御　谢　科　谢少鹏　薛新建　徐丽莉　闫　帅　彦文娇　杨雅妮　叶彩娟
易　阳　尹　旭　余晓娴　曾　强　曾卓琳　张　博　张纯刚　张　聪　张冬威
张　静　张　茜　张　希　张晓婷　张晓霞　张亚西　张　勇　张　月　张志霞
赵　丁　赵　峰　赵　阳　赵玉龙　赵朕博　郑润东　郑文祺　钟　铭　钟　旭
周　洁　周顺华　周　翔　周　宇　周雨岚　朱芸芸　邹　阳　(146 人)

2008　阿依先木古丽　白　瑾　白振海　边巴次仁　蔡文涛　曹蓓蓓　陈艾虎
陈冰凌　陈　晖　陈　慧　陈　烁　陈　曦　陈肖肖　陈　颖　陈志敏　成　露

程璐璐　程　伟　次仁玉珍　丛　琳　大普穷　邓　俊　丁丽萍　段春红
凡静静　冯　涛　付　莉　傅　磊　高　鹤　高牛山　高　云　郭方奇　郭文雯
韩文静　韩志刚　郝　爽　胡　瑛　黄　磊　黄　伟　黄鑫山　黄宇同　姜　健
金成赫(朝鲜民主主义人民共和国)　金　明　李　晨　李大松　李光皓　李林娟
李　珉　李　玮　李　夏　李　旭　李雪葱　李扬眉　李一峰　梁亚鹏　林纪翔
林　凌　林英志　刘东奇　刘　枫　刘红磊　刘任飞　刘少先　刘兴华　刘玄宇
刘　岩　卢　逸　罗　丹　马　涛　马　啸　买尔哈巴・木依　米　玛　米玛卓玛
穆英蕾　宁丽曼　彭艳君　齐　婧　钱　超　邱彩虹　邱　航　邱宇谋
全洪哲(朝鲜民主主义人民共和国)　曲　艺　任春雨　任　杰　荣　娟　肉孜古丽
沈诏钦　盛　瑶　宋子红　苏春梅　隋文静　孙佳楠　孙　艳　索　朗　索朗杰布
汤姗姗　唐传琛　唐庆粦　万　桃　汪　静　王　冲　王　方　王　芳　王　慧
王金山　王敬伟　王　磊　王　蕾　王　璐　王　倩　王　森　王绍青　王　姝
王　硕　王　松　王　伟　王　赢　王智杰　韦　一　魏侹路　魏武超　翁　鑫
吴　倩　谢　欢　邢雪峰　熊　慰　徐腾飞　徐迎华　许　梁　许　亮　许奕彦
杨　东　杨四辈　杨小茜　姚　亮　姚　娜　叶　楠　于　倩　余　涵　喻　刚
岳跃朝　扎西顿珠　张　丹　张登峰　张明明　张明欣　张　铭　张　楠
张倩如　张庆洋　张舒怡　张　帅　张　涛　张晓光　张晓辉　张晓曦　张燕梅
张颖欣　张志清　赵存宇　赵　迪　赵杰灵　赵新源　赵亚坤　郑佳薇　钟　威
周　董　周　阳　朱金鑫　朱元彦　左丽娜　(173 人)

2009　阿旺多吉　阿衣努热・吾买尔　毕洪伟　曹春双　柴　昊　常晋源
陈巴尔　陈丹阳　陈　杜　陈璐奕　陈蔓菲　陈鹏举　陈沙英　陈　哲　程　瑶
崔思潇　旦巴旺久　邓授恭　钭斐玲　段　然　樊　军　范珞靖　范　敏
费明兵　冯　倩　冯小敏　冯　宇　高　雄　高　扬　勾俊宇　苟　嘉　郭常予
郭　聪　郭聪颖　郭念晗　郭晓丽　郝　诚　何　超　何旭辉　黄昌武　黄　科
黄梦旻　黄仁祥　黄　雯　黄　媛　惠明琪　蒋玲玲　金勇麟　金志勇　邝比坚
兰金忠　李德平　李　涵　李剑铎　李京睿　李静爽　李　娟　李小丽　李小敏
李　洋　李　圆　李月婷　李　曾　李志立　连永欣　梁熠宇　林　荟　林建军
林琳悦之　林跃珠　刘　丹　刘　虹　刘　佳(内蒙古自治区)
刘　佳(四川省)　刘金辉　刘　蕾　刘　玲　刘天益　刘　银　龙小龙　吕哲伦
罗　振　马徐周　毛秀苹　梅小玲　农雅婷　庞德艳　庞　媛　钱　曦　乔丹娜
乔　森　琼吉卓玛　日娜古丽　宋　婋　孙　环　孙新艳　孙志强
索朗德吉　所晓韵　唐　建　唐一博　田　野　涂　丹　涂　勇
吐尔逊江・沙比尔　王　斌　王庆超　王　潇　王一川　王志庆　伍建明
郗　鹏　夏　悦　小次央　谢　春　谢　天　邢丁亮　熊　杰　熊　然　修思阳
徐晶晶　徐　玲　徐相如　许　然　许杨一　阎　实　阎晓光　杨　程　杨定华
杨　靖　杨　衎　杨柳青　杨牧野　杨　淑　杨　松　易　慧　殷顺勇　玉山江
袁朝慧　再努尔・木塔力甫　翟　丹　张　静　张　俊　张　琨　张　亮
张璐颖　张汝明　张睿琦　张　申　张思文　张　微　张　炜　张　昕　赵锁钰
赵晓逸　郑　宝　郑雪莹　周仁哲　周　伟　周知洋　朱思平　朱蔚萱　左　恒
(163 人)

2010　包　钰　曹　旸　陈海栗　陈军萍　陈李睿　陈　锐　陈玉龙　陈子意　程明春
崔吟歌　德吉白珍　邓思恩　邓宇星　地力夏提　封达道　高　扬
姑丽米热·纳色尔　郭清华　郭转娜　何　超　宏　伟　胡　勤　胡　峥
黄昌毅　黄文贤　黄　兴　吉　瑶　贾鹏飞　蒋晓萌　金　晶　靖　晶　李芳菲
李　根　李妹桦　李乃伟　李　群　李蔚琳　李　栩　李寅童　李　直　林翠凤
林华远　林　清　刘达通　刘　锋　刘　凯　刘　娜　刘　青　刘若雯　刘轶群
刘珍君　刘子义　罗文彪　洛桑措姆　马莉媛　马　骞　马　青　马　韬
麦麦提吐尔孙·穆萨　门晓春　蒲　飞　齐　力　骞　慧　邱　实　权　菲
热汗古丽　茹仙姑·吾守尔　沈　悦　施　超　施　昀　舒　旭　帅　清
宋海培　宋杰文　宋先伟　眭　晗　孙鹏举　唐　巧　田春桃　吐尔孙江·克尤木
王昌庆　王　超　王皓琨　王　璐　王　青　王天楠　王　威　王文庆　王向俊
王洋洋　王　颖　王中雷　魏　楠　文　豪　吴耕宇　吴　蒙　吴文庆　伍志韬
肖培俊　肖旺裕　谢林涛　谢　鑫　谢　瑶　辛彦瑶　熊　巍　徐嘉悦　薛　童
杨　青　杨雅婷　杨　扬　姚小妹　易　超　由　岫　于济航　于　倩　余竞鹏
俞黎曦　张　帆　张方圆　张　骥　张来发　张　平　张淑清　张　昕　张　艳
张正阳　张　郑　赵　琨　赵丽娜　赵晓飞　赵　越　郑　珩　周　婧　周　伟
周叶婷　朱樵风　朱芸芸　邹翰林　邹婧阳　祖力洪马尔·瓦以提　（140 人）

2011　阿希古丽　阿孜古丽　艾拜杜拉·艾山　白舒扬　柏　升　曹秋林
曹　莎　陈　辰　陈静静　陈焘戴　陈　虹　陈金霞　陈美莲　陈汝佳　陈　杉
陈　恬　崔　雷　达娃央宗　代云龙　邓立国　迪丽努尔·玉素甫
丁春艳　董丽婷　董　玲　杜　娟　杜小伟　房启超　冯　寒　冯宇雷　付靖宜
付磊波　高　营　苟晓龙　郭　骥　郭　衎　郭亚平　郭渊远　海　菲　何州杉月
侯　盾　侯倩倩　胡　杰　胡　潇　胡一睿　黄杨岳　黄　益　黄子悦　纪　娜
加帕尔·沙塔尔　姜洁怡　蒋　寒　靳利敏　井浩赖　李　博　李丹阳　李俊峰
李流波　李启超　李乾春　李秋瑾　李润知　李斯名　李　毅　梁恒肇　梁　潇
蔺书琴　刘　超　刘冠群　刘耀午　卢　超　卢玉峰　陆　岛　罗靓莉　马宝岩
马春龙　马源梓　玛依热·帕塔尔　梦　姣　莫　娇　牛伯文　欧兴廉　潘　蕊
皮尔顿·托合塔尔江　曲荣华　饶玉晗　史潮女　宋干干　宋　爽　苏东剑
孙金文　孙楠竹　孙启柱　谭勃辰　王　宠　王存邦　王　晗　王　婕　王立峰
王　梁　王梦龙　王　鹏　王诗宇　王　婷　王文秀　王晓菲　王晓宁　王雅娟
王　燕　王怡轩　王幼文　邬　浩　夏于恒　向　鼎　肖定平　肖厚平　邢庆峰
修　磊　徐　丹　徐佳静　徐　莹　徐哲聪　许玲玲　薛莲婷　薛　芊　阎文岚
杨　柳　杨　鹏　杨越峰　杨志隆　姚　斌　殷大禄　于　玥　鱼　溯　俞建军
俞锦超　俞思真　俞炫屹　袁　盼　袁　野　曾省强　曾　文　詹铭峰　张炳魁
张　弛　张冬贺　张进红　张琳琳　张　沛　张晓威　赵丹琳　赵娟娟　赵文君
郑　珑　郑旻圻　周　改　周晓丹　朱　毅　（157 人）

2012　阿卜杜加帕尔　阿卜杜热西提·运吾提　阿卜力孜·艾海提
阿布都热西提·孜依提　阿布力米提·于森　阿米娜·麦麦提艾力
阿依加马丽·西尔艾力　曹灵华　曹明源　曹文君　曹　絮　曹　轩　曹　莹
陈代丽　陈嘉明　陈力源　陈美玲　陈帅龙　陈文雯　陈晓曙　陈　真　陈　茁

次仁顿珠 崔　绒 邓　超 丁　洁 丁兰花 方德昆 冯定芸 冯　雯
冯子逸 傅天婴 高　雷 高　曼 高　杨 高　云 格桑央吉 葛秀平
宫立强 龚　野 巩　超 谷秋丽 关　月 郭建华 郭婧婷 韩　平 郝雨宁
何浩嘉 何召文 贺绍祥 贺新蕾 华　奕 黄瀚元 黄剑杰 贾思雨 蒋豆豆
蒋菊霞 蒋培杰 角碧波 金　钊 康文锋 孔福军 李　宁 李鹏瑞 李姗姗
李　婷 李文洁 李心怡 李　杨 李　悦 李　珍 梁　琦 林　锋 林梦西
林芊雨 刘　嘉 刘敏之 刘小娅 刘啸辰 刘雪冰 刘　怡 刘艺羚 娄晓荟
鲁　帅 陆定彧 陆倩倩 吕　良 罗霜梅 罗元珍 马文俊
买买提依明·麦合木提 莫　凡 宁　冲 潘吉乐 庞惠文 强　喆 乔　炜
秦可涵 任明月 任　瑞 沙　伟 商　熵 师文龙 宋京洋 宋　瑜 宋　智
索朗罗布 谈运章 谭　莉 汤　凯 唐　斐 陶雨萌 王传宝 王翠萍
王　刚 王　静 王　柯 王　璐 王庭光 王婉娇 王笑雨 王学建 王彦文
王　也 王　一 王　祎 王　翯 韦艳君 卫冰倩 文　婷 翁　琳 吴加璐
武　佩 夏　靓 夏源锋 肖　牧 邢晓东 熊　彬 徐文贤 薛　超 杨　帆
杨　凡 杨晓韵 杨兴学 姚　瑶 易博文 殷云剑 尹亮辉 应春风 俞翰君
曾建涛 张　頔 张　焕 张　坤 张　凌 张湘君 赵德芳 赵海楠 赵红芳
赵梦颖 赵琬迪 赵　钊 钟　浩 钟　锐 周　蕾 周振娜 周治宇 朱寒梅
朱　勋 朱茵仪 诸方方 卓　羽 (172人)

2013 艾司艾提·艾司卡尔 边巴卓玛 柴丽妮 陈爱丹 陈金玉 陈　科
陈梦媛 陈　琴 陈　哲 陈　正 成小娟 代　彬 代从发 丁晓慧 董　卓
杜　鹏 范嗣立 方　俊 冯　琪 付晟华 高　莹 郜兴华 格桑达娃
龚　芮 古丽曼·阿不都开里木 顾佛栋 顾　桥 郭菲菲 郭　伟 郭伟程
韩建平 韩　俊 韩　露 韩昕彤 韩　璇 何睿洁 侯婉婷 胡　明 黄汉煜
黄　山 黄　珊 黄书培 菅美娟 姜　菁 蒋爱萍 蒋文静 金　次 金　琳
金铁男(朝鲜民主主义人民共和国) 匡阳钰 况　野 拉　次 雷小芳 李　彪
李庚泽 李　宁 李天鎏 李卫青 李文军 李文韬 李行之 李艳平 李　月
李志强 廉沁姝 廖丹丹 刘婧凝 刘　楠 刘萍萍 刘倩伊 刘守仪 刘姝艺
刘　顺 刘延卿 柳　红 鲁　灏 龙　鑫 吕　欢 吕佳颖 罗　丹 罗婉欣
骆秋玲 买宏伟 麦麦提伊敏·达伍提 孟　姝 莫雨农
木克代斯·吐鲁洪 努尔麦麦提·伊比拉 欧阳丹妮 彭墨缘
蒲树森 祁永成 齐博瑞 任欣欣 盛瑞武 石　越 史彬彬 史秋阳 舒本涛
司马义江·木特力甫 宋元清 苏代辉 孙超男 孙大猛 孙　琪 索正明
谭　结 田学礼 涂　鸦 万梦玲 王艾然 王安安 王斌儒 王　博 王冬頔
王瑞婷 王天博 王　夏 王　馨 王星宇 王　珣 王钰嫣 王悦寒 王梓雄
韦秀平 魏　维 吴　彼 吴　寒 吴丽颖 夏浩洋 夏　柳 谢伟强 徐丽丽
徐　琳 徐世荣 徐婷婷 徐轶璐 许彩宝 许广云 严若华 杨　斌 杨俊洁
杨松山 杨婷庭 姚诗雨 姚素杰 叶　迎 易　芹 易　艳 于　忱 余　强
袁　骏 袁文雅 袁　晓 袁晓宇 曾　杰 张曹津 张海玲 张慧婷 张建云
张　娟 张　亮 张男秀(朝鲜民主主义人民共和国) 张　鹏 张青萍 张晓旭
张秀莲 张旖澈 张　喆 章正乾 赵　俊 赵　鹏 赵　倩 郑　红 郑　玮

钟　锐　周明旭　周　炜　朱红福　朱佳栋　朱云龙　庄彼得　邹嘉莹　（183 人）

2014　阿卜力米提·阿布力克木　安　琪　保　佳　毕航达　边巴拉姆　曹寅雪　柴　天　常　凡　常　鑫　陈　诚　陈国丹　陈　红　陈丽萍　陈凌钊　陈　璐（四川省）　陈　璐（新疆维吾尔自治区）　陈蒙洁　陈巧樱　陈帅蓉　陈蔚婷　陈心悦　陈　昭　成长厚　褚晓辰　传一健　丛婉莹　丁　丹　丁　杨　杜代双　杜　仲　高　旭　高　岩　高一琦　格桑措姆　葛春蓉　龚　辉　谷闻聪　郭斌鹏　郭　慧　郭志高　韩　佳　杭　鹭　何佳谦　胡见秋　胡　秋　胡翔斌　胡雪丹　黄　钢　黄　亮　纪　然　纪文娜　江训龙　蒋　庆　金志文　康后娟　克丽比努尔·克力　雷　昕　李　鹏　李安琪　李　升　李　霞　李　潇　李歆晔　梁　爽　廖金凤　廖永明　林欣冉　林馨怡　刘碧铎　刘金花　刘青山　刘　薇　刘维翔　刘　骁　刘羽曦　刘增亮　刘兆铭　卢　璐　吕慧明　栾梦恺　马婉莹　马雅婷　庞诗婷　彭　腊　彭思言　乔灵霞　乔梦娇　秦　超　饶睿祎　桑黛楠　申　佳　石　敏　石晓冉　苏华丹　苏晓羽　孙沁田　孙文亮　孙应林　覃　丹　唐佳宇　唐　萍　田　欣　田欣明　佟　威　王丹丹　王婧洁　王　磊　王梦颖　王　乔　王秋月　王心舟　王欣莉　王　扬　王振宁　魏　绫　魏　巍　文宇明　吴　柯　吴　琪　吴玉锋　伍　斌　谢德印　谢江水　徐　笑　许　娟　许颖慧　阳小强　杨丹萍　杨　帆　杨桂红　杨佳佳　杨庆转　杨　婷　杨文慧　杨　鑫　杨育聪　姚昭君　于瀚辰　余　婧　詹昆林　湛　力　张　勤　张　玮　张　兴　张恩达　张方圆　张国伟　张慧敏　张嘉伟　张建民　张俊凤　张力胜　张立荣　张凝川　张鹏涛　张　倩　张澍一　张文瑶　张兴宇　张徐欣　张雪晴　张艳艳　张　殷　张媛慧　张峥峥　张志莉　章富源　赵　贺　赵珩越　赵　坤　赵　鹏　赵　维　郑祥祺　郑　重　周　骏　周安琪　周深儿　周　易　朱俊侠　祝玉兰　庄丽华　（181 人）

2015　艾提吾拉·买苏提　白唯舸　柏雨薇　包子祥　毕　梅　曹曦尹　曹雪莹　陈凤雪　陈　磊　陈鹭鹏　陈曼曼　陈　鹏　陈巧琪　陈子皓　程志雯　迟未来　崔延铮　单子皓　邓苏瑶　董春雨　董建楠　董金雨　杜孟坤　段灵子　段　锐　方惠娟　方榕娟　封　宇　付建婷　高佳丽　高　萍　公维妮　关子烨　郭　菲　郭浩琴　郭茂伟　郭依文　何琪琪　何欣蔚　贺子毅　胡福丽　胡君美莉　胡盛祺　胡　维　胡一凡　黄楚荧　黄　淦　黄珊珊　黄昕鹏　江涵阳　姜卓敏　蒋　华　金　涛　金　毅　雷晓笛　李博阳　李　帆　李宏清　李梦圆　李　沫　李　鹏　李　松　李泽桐　李志鹏　栗梦妍　林佳楠　林启鹏　刘　畅　刘　冲　刘　东　刘欢欢　刘　洁　刘婧依　刘　庆　刘莎莎　刘史诗　刘　爽　隆璐帆　卢　磊　路　严　吕云彤　罗　琛　罗　丰　马国珍　马原菁　麦麦提江·图尔荪　麦绮莹　牟金键　聂玉秀　宁　静　彭泥沙　普雪怡　漆　玲　祁渊群　卿　欢　申明兰　宋　丹　孙弋涵　孙　媛　唐菡聪　唐莲骄　田博文　宛卿正　万友辰　王长宇　王　朝　王　法　王恒放　王宏楠　王慧雨　王俊燕　王　黎　王闵萱萱　王庆涛　王人杰　王顺燕　王　玮　王　希　王小燕　王小雨　王　鑫　王一存　王一珏　王姿婷　魏诗韵　魏雪梅　温思汀　文　赋　吴海波　吴瀚霖　吴姗珊　吴先宇　谢子婧　辛　阳　薛兴元　颜　雷　羊松彦　杨　博　杨　川　杨闻新　姚柳利　尹徐洁　游玎怡　余文抒　余秀英

郁凤麟 袁昌佳 袁冠超 岳尔非 曾术生 张超龄 张驰浩 张岱昕 张久玲
张军伟 张 莉 张良珣 张亮丽 张石峰 张 童 张小玥 张 祎 张 宇
张昱洲 张悦琪 张 正 赵 研 赵奕菡 郑博群 郑强强 周炬坤 周乐为
周妮文 周夕钰 周正雍 朱陈清 (176 人)

2016 包学莲 蔡安然 陈 畅 陈冠州 陈 昊 陈鸿飞 陈 涛 陈晓霞 陈 茵
陈 莹 陈 卓 储春爱 丛雪冰 崔星宇 戴明卓 戴腾跃 丁大乔 丁宗淇
杜舒意 杜文逸 符惠惠 高杨凯钰 高 源 耿文博 宫 跃 龚静苹
龚书钰 关 昕 韩思雨 韩 煜 何雅涵 侯智睿 胡铎琳 胡润泽 黄 霏
黄觊鹏 黄克瑾 黄 敏 黄 涛 纪 瑶 姜瑞欣 蒋海粟 金菲菲 金万明
金 俞 鞠 昊 邝 梦 拉巴次仁 李国华 李恒霄 李金桥 李 玲
李 敏 李 然 李实勇 李 想(北京市) 李 想(河南省) 李雨轩 李远凤
练静芳 梁伯华 梁苏娜 梁天宇 林 业 林禹攸 林玉敏 凌若冰 刘佳敏
刘嘉诚 刘静雯 刘立乐 刘 恋 刘 颂 刘 潇 刘小瑗 刘燕枫 刘一衡
刘志越 刘子轩 卢宇婷 吕 婧 罗艺灵 马超周 马春雨 马璐瑶 马 萍
马青杰 马如雪 毛 雨 梅天星 孟晓哲 聂佩芸 宁 超 牛瑞超
欧阳亚亚 潘 莉 彭丽云 彭乔姿 钱 成 邱 晗 饶国耀 任步云
戎 雪 荣 赫 肉山古力·托合尼亚孜 石 堃 石 雯 宋 博 宋 恒
宋晓洋 苏嘉欣 苏婉钰 孙悦天 唐雅素 佟馨一 屠 腾 汪清华 汪 毅
王 宝 王 婵 王晨笛 王 凡 王方洋 王宏钰 王 佳 王佳颖 王灵艺
王 璐 王梦婷 王晓波 王彦焜 王禹鑫 王钰苑 王 哲 王振志 王子鸣
韦 善 魏 薇 吴风荣 吾勒曼·巴合别勒干 武丽娜 夏小璇 肖诗怡
肖婉秋 谢 清 徐磊冬 徐 珊 徐子懿 许子禾 颜 韵 杨贺羽 杨家旺
杨 丽 杨 梅 杨梦回 杨 涛 杨忻彦 杨 洋 杨召君 易捷伊 尹明楚
于俊杰 于雪儿 于子豪 余楚漪 余培然 袁宇飞 苑秋月 张 凡 张 皓
张鸿铭 张丽园 张婷婷 张雪蕾 张 艳 张耀武 张 泽 赵倩倩 赵 强
赵 四 赵文楠 赵晓宇 赵欣宇 郑德长 钟一鸣 钟 悦 周慧雅 周 恬
周雨笛 周子威 朱锦天 朱晓平 邹梦文 (193 人)

2017 阿卜力肯木·阿卜杜热合曼 敖 迪 敖 蕊 包杰鑫 才子聪 蔡伯文
曹 凯 陈楚烨 陈春颖 陈地长 陈佳莉 陈可明 陈 杉 陈思颖 陈思竹
陈雪慧 成自然 程丽霞 崔 榕 戴思远 邓晶晶 丁文丽 丁 馨 董晓宇
杜宝莹 杜予聪 段 琳 段昕辰 顿珠卓玛 冯天娇 冯子健 傅奕铭
龚承乾 巩 乐 古丽娜尔·买吐如孜 顾雅超 管梓壮 郭 强 郭婉婷
郭肖晗 韩冰玉 韩梦琦 韩雨琪 韩之阳 何成渝 何胜男 侯文娟 侯 悦
胡锦煦 胡 昕 胡 欣 胡圆圆 黄 丹 黄丹丹 黄冠源 黄娜琪 黄芊芊
黄秋帆 黄诗雯 黄夏宁 黄潇婷 黄小洁 黄 鑫 贾洪潮 贾欣雨 江 娟
姜中景 蒋 娜 鞠璐蔓 柯洪捷 蓝子涵 郎福泽 雷 成 李安健 李长彦
李成茹 李承科 李 昊 李 佳 李佳彤 李 杰 李 婧 李龙飞 李梦娅
李 敏 李士磊 李喜凤 李翔宇 李祎炜 李智强 梁 茜 梁清超 廖 谦
林丽丽 林昕烨 林子涵 刘爱华 刘 頔 刘红缨 刘嘉琪 刘坤元 刘 婷
刘昕昱 刘星言 刘 燕 刘亦葭 刘 瑜 刘子琪 刘自晓 吕可欣 罗林萍

罗苏明 马明宇 莫晶晶 宁博源 牛艳斌 牛原野 欧阳稷 裴少君 彭新竹
齐昱 钱文欣 乔攀 秦广 曲婷 沈雨尘 石倩 史文博 宋佳真
孙超然 孙慈泉 孙倩钰 孙筱涵 孙雨雯 唐正权 陶宝艳 田成林 王必欣
王博艺 王昊晨 王倩 王琴琴 王锐 王世达 王舒啸 王斯珏 王婷婷
王雪蓉 王逸飞 王英震 王永 王振宇 王子瑜 蔚鸿璐 魏航 魏丽莉
温婧 吴帅 吴轶凡 吴越 向珍 肖雄 星楠 邢睿佳 熊亮懿
徐杭 许含笑 许舒婷 薛藩强 杨桂东 杨洁 杨恺灵 杨娜 杨旭洲
杨艳清 杨莹 杨雨琦 姚天 叶靖晗 尹媛 于畅 于超 余佳珈
曾慧楠 曾青 张柏龄 张家铭 张京粤 张力文 张力翔 张明年 张谦
张茜冉 张锐 张淑欣 张文卿 张阳阳 张渊 张远成 张卓然 赵茜
赵诗萌 赵书扬 赵心怡 赵雪婷 郑璐 郑翔宇 郑子皓 周超群 周旻
周熙霖 周晓艺 周艺 周子钧 周梓楠 朱珂 朱裕民 邹泞憶 （218 人）

2018 阿米乃姆·图尔荪 安晓岩 班玛吉 卜凡 布麦丽艳·库尔万江
常健 陈灿贻 陈荟 陈嘉晟 陈清宇 陈素玲 陈月明 陈正仙 陈致均
程雨涵 崔旺 戴诗洁 狄琰 迪力努尔·依米提 丁露茜 丁听
董俊毅 董昱 杜旭博 段欣慰 凡玉娇 方岚 方梦婷 付枫江 高可心
高蜜 高佩宁 高天琛 高钰婧 高源 龚思宁 巩刘伟 管佩瑶 郭理华
何翠 侯永军 胡潇宇 胡效未 胡馨月 胡峥妮 胡综杰 黄晴瑀 黄仲远
黄献宾 黄小君 黄晓 季敏 季庸 贾絮然 蒋婷 蒋怡尧 景涛
寇冰涵 雷淑华 雷亚婷 黎玉连 李东升 李恩惠 李封蓉 李红 李佳蔚
李露 李曼宁 李孟然 李如琪 李上官 李尚 李硕 李思培 李雯璟
李想 李秀峰 李也 李佐宸 李泳欣 李诶琪 李泽邦 李紫薇 栗晓宇
廖恒安 林立宏 蔺天蕙 刘璐 刘娜 刘普凡 刘启盈 刘鑫 刘杨
卢婕 卢怡舟 陆卓怡 吕健 吕明雪 吕霞 罗鑫 马倩茹 毛玉兰
梅家敏 莫云 母行健 宁雨婷 庞博 齐苗苗 钱美辰 乔红旭 乔政文
丘金发 荣君 商亮 尚丽楠 邵远洋 申郁冰 沈力 石睿平 史国伟
史阔 宋思蕾 宋维珊 苏虹宇 苏娜婷 苏耀 孙红雨 孙梦君 孙一铭
谭钦月 谭熙 汤蕊梦 涂珂瑞 汪彦昕 王聪 王丹雨 王君妍 王俊文
王楷文 王磊 王梦婷 王骞迎 王硕 王文超 王晓熠 王鑫钰 王雪楠
王榆淞 王雨农 王玉玲 王昱旻 王媛 王玥 王梓
未勒和勒提·布尔了克 魏浩宇 文锦 文清阁 文瑞雪 吴迪 吴佳鑫
武晓佳 夏晨 夏春琦 邢镕哲 熊晓玥 徐路桥 徐梦鹤 徐嵩 徐谭楚民
徐秀云 徐艳 徐子苓 许祎祺 颜津津 晏喆 杨迪 杨慧琳 杨京川
杨林 杨凌芳 杨书越 杨欣悦 杨仪丹 杨占欣 叶鹤鸣 尹晓莹 应奎霖
游航宇 于潇 余沁颖 余秋呈 虞越 袁晨 曾莉 曾亮 张峰谕
张虹烨 张慧颖 张俊璠 张骏达 张庆文 张荣坤 张柔夷 张文韬 张泽华
张正一 张政政 张重才 张子若 张子萱 赵京毅 赵宁昌 赵育萱 郑周强
周路奕 周树杰 周易 周逸辰 朱子琦 邹琦玥 （221 人）

2019 白文娟 鲍田雨 卜澜 蔡嘉璋 蔡依茹 曹鑫鑫 常玉 钞露蓉 车雯
陈飞宇 陈高杭 陈俊宇 陈琪 陈珊珊 陈思洲 陈旭 初济群 戴舒婷

邓岚　邓颖颖　邓云心　刁志瑞　范港华　范越　方心钰　冯晓东　符策贵
符康　符梦蝶　高昊　高蔚　郜晶娜　弓嘉琪　龚欢欢　龚涛　苟治鑫
谷佩齐　顾乔铭　管雪伶　郭文隆　韩博文　韩慧　韩卫民　何伟　何岳寰
华天娇　滑蕊　黄程程　黄文亭　黄一缘　黄正　霍玉峰　吉世财　贾锦雯
简时帆　姜伟　姜晓英　金圣熙　康希　柯荣鹏　寇嘉瑜　雷畅　李帆
李昊翔　李金甲　李萌　李勉之　李能群　李韧舟　李莎　李唐　李文丹
李迎香　李迎新　李园　李哲仪　李喆琛　李政威　李子琪　梁安　梁家丰
梁秋怡　廖宇科　林蒲姗　林孝盛　刘倍雷　刘成　刘昊　刘婧雯　刘凌
刘楠　刘舒扬　刘夏　刘一佳　刘永和　刘元庆　刘哲　刘蓁蓁　刘子恒
卢宇轩　吕早　罗欣　罗媛菊　马海霞　马浩文　马蕙　马建楠　毛雨粟
牛云鹏　努尔贝耶·柯尤木　彭浦源　蒲华楠　邱颖杉　桑柳　邵一桐
沈悦　施雨佳　石瑞涵　宋超　苏玮钊　宿昕　孙丹一　孙镜淞　孙梦竹
谭逸凡　谭翼　汤鹤延　唐明　唐瑜　田耕硕　佟思佳　童露葳　王博远
王戈飞　王海娟　王佳宁　王坤林　王强　王若兰　王盛堂　王琬琪　王晓敏
王孝天　王欣宇　王煦晨　王乙涵　王子豪　韦慧霞　魏博卿　魏永平　魏宇辰
吴凡昕　吴可欣　吴一凡　萧浩梁　解明慧　谢高雨　谢霄远　谢志康　徐翔
徐卓　徐子超　许文婧　许钰婕　杨润叶　尧玉萍　叶玮　尹心　尤泽英
游钰蕴　于昊永　于沐之　余慧敏　原博　袁兆明　曾梦迪　翟浩宇　湛应聪
张炳蔚　张海泉　张静　张丽君　张丽莹　张琳琳　张璐　张璐雯　张梦园
张飘　张倩倩　张婉　张闻轩　张小凡　张晓雪　张馨月　张邺丹　张怡琪
张雨朦　张喆　张宗颖　章同祯　赵慧娟　赵佳　赵心睿　赵幸媛　赵媛
赵泽涛　赵子初　郑振　周斌　周嘉玮　周晶莹　周宇宸　周玉倩　周月林
周泽玉　朱敏郡　祝浩元　孜力合马尔·艾合买提　邹珺颢　邹蕴博　(220人)

2020　包小煜　卞显亮　曹诗杭　柴星雨　常迪闻　常帅　陈泊宁　陈飞宇　陈泓
陈鸿儒钰　陈慧薇　陈家鑫　陈可欣　陈圣哲　陈思睿　陈文静　陈欣钰
陈义杰　陈瑜　陈玉婷　陈昭名　程可　程同　程学权　程远　崔博远
崔悦　达吾提·吐尔　丁凡　丁梦琦　丁小萌　丁修权　董洁　董经纬
董永宝　段嘉禾　段宇飞　范筱然　冯珏榕　冯志超　甘小瑀　高慧姝　高俊英
高伟智　高元欣　葛新麟　郭柏初　郭宸希　郭飞跃　郭扬　郭雨婷　郭云卓
韩睿煜　何依哲　侯云泷　侯智超　胡瑞敏　胡欣宇　黄飞越　黄琳珊　贾国枢
贾心琨　简小燕　江翊铭　蒋陈喆　蒋乐　金博文　金迪　景剑宇　康健
蓝诗瑜　黎安琪　李超男　李晨　李婕　李菁泽　李俊彦　李可馨　李楠
李思奇　李婷　李婷婷　李昕怡　李鑫煜　李星瑶　李阳阳　李泽翔　李泽政
廖涔宇　廖世晨　林永贤　刘函悦　刘艳雯　刘扬　刘奕廷　刘永莉　龙华
卢帅　卢斯达　卢炜　陆莲积　吕甜心　吕文昊　吕亚龙　罗杰　罗亮晖
罗山杉　罗舒予　骆昌鹤　马千成　马一鸣　马渝贵　梅祖昊　孟凡洵　潘琦
彭程　彭愿霖　齐景繁　邱凯媛　全雪　冉芷也　任欣蕊　任赵洁　沈华琛
时光　时元厅　史丹阳　舒选林　苏巍　孙奥博　孙嘉潞　孙璐嘉　孙明阳
唐小艳　田佳鑫　田晓慧　田杏子　汪铃　王非凡　王昊霖　王昊煜　王贺楠
王兰　王立冉　王琦翔　王珊硕　王石安　王涛　王婷　王宇　王宇航
王钰乔　王芷若　王子涵　魏豪杉　魏彤　吴轲　吴天翔　吴洋　向美林

肖陈翰　肖　恺　解一凡　邢茹媛　徐畅畅　徐　霏　徐　歌　徐芃迪　徐欣然
徐振鹏　杨广涵　杨瑞宇　杨　熙　姚柳全　叶可馨　叶嗣琛　游泽炜　于大海
于冬妍　于上然　于　悦　于卓君　余泊然　曾华兰　扎西平措　张皓彤
张家皓　张君妍　张峻豪　张　萌　张萌萌　张梦婷　张睿博　张天威　张晓天
张馨元　张艺萱　张宇歌　张宇轩　张岳琦　张正栋　赵　进　赵寅轩　赵　悦
郑淑茹　郑思路　郑　悦　钟　肃　钟天佑　周　蓓　周俊宇　周秋词　周雯佳
周以铭　朱焯铭　朱曼琦　朱亚倩　朱　莹　卓　铠　(219 人)

2021　曹　祜　曹文杰　常　乐　常菱芸　陈　浩　陈浩楠　陈思如　陈　向　陈旭峰
陈宣玮　陈彦含　陈映霞　陈宇轩　陈裕文　陈源钊　陈众鑫　陈子青　陈永莹
程嘉伟　程久航　程　榕　代秉礼　但思宏　邓　男　邓雨杉　董璞存　都建行
窦　镭　杜成瑜　杜吉深　杜　娜　杜润月　杜钇浩　杜　奕　段逸飞　方跃庆
冯建宇　高健扬　高泽宇　格桑卓嘎　苟梓康　郭嘉言　郭依宁　韩　冰
韩清华　韩　悦　郝一菲　何品宏　赫欣茹　胡宇涵　黄　虹　黄凌娜　黄若雯
黄　硕　黄晓妍　黄雅宁　黄咏珊　黄　泳　姬雅洁　贾　凯　鞠馨悦　奎海云
雷子逸　李彬彬　李冰洁　李鼎懋　李佳岐　李　洁　李婧怡　李　靖　李可帅
李　莉　李里昂　李明媚　李　墨　李若冰　李若妍　李万琪　李雪娜　李逸扬
李子文　栗佳钰　廉好天　梁肇南　林可寅　林淑玲　刘　昶　刘　涵　刘嘉宁
刘　健　刘竞生　刘琨琪　刘鹏炜　刘　琪　刘润宁　刘抒涵　刘晓珂　刘中阳
龙辰纲　卢雪婷　卢治中　马敬仪　马蔚洁　马子修　麦尔哈巴·依布拉依木江
孟京城　孟可欣　闵学灵　缪志鋆　莫国彪　乃合买提·努拉合买提　倪义骁
宁尚昆　牛靖茹　欧佳星　彭丽颖　彭舒月　皮莅宇　钱柔宇　阙嘉豪　饶婉潆
任冠璁　任龙飞　阮珂怡　沙依热木·米尔扎合买提　沙友杨　申　玥　盛渝情
石家欣　石岢宁　石　旋　石雨晗　史新晨　舒　欣　宋欣原　孙博楠　孙嘉庆
孙希正　孙一兵　汤伟杰　唐　瑭　陶婉笛　田连孙　童儆磊　万丁娜　汪稼康
王汉柏　王珺琦　王可欣　王润泽　王抒韵　王　烁　王　婷　王新月　王新越
王鑫莹　王雪西　王一天　王　寅　王　彧　王钰琪　王姿涵　魏宇轩　文美淋
吴健文　吴松原　武仟辰　武文博　夏嘉辉　邢博涵　邢鹏举　熊盛吉　徐浩麟
徐　能　徐　锐　徐　彤　徐卓艺　许锦文　许可亮　杨　菁　杨启元　杨睿宁
杨心悦　杨　勖　杨永强　杨宗霖　尧　康　叶江寒　于淬萍　余玮逸　余文馨
岳敬超　曾　晋　曾宗泽　战　勇　张炳宇　张　菲　张贯祯　张鹤凡　张家铭
张　乐　张田园　张廷皓　张婷禹　张威壮　张文进　张　肖　张啸尘　张昕然
张晏国　张译文　张　翼　张雨辰　张煜畦　赵崇昊　赵　静　赵　娜　赵　燕
赵之赫　甄　帅　郑杰耀　郑　勇　钟贤文　周德轩　周刚萱　周思宇　朱镔滨
朱　程　朱　硕　朱晓薇　朱兆新　(231 人)

录 13.4　北京师范大学数学系“研究科”班毕业生名单

届别　**姓　名**

1923　程廷熙/春台　郭善朝/胥升　韩桂丛/满庐　吴宝谦/益三　张鸿图/羽丰　(5 人)
1925　丁文渊/望峰　傅求学/味斋　刘　瑛/鸣剑　刘　珍/聘卿　罗端先
文　亚/亚文　张　瑾/文琰　(7 人)
1927　曹振山/乐斋　杜国清/镜如　韩清浤/问渠　阮淑贞/师竹　谭异才/亦凡

王德品/咸宜　张德毅/致远　张世勋/鼎铭　(8 人)

录 13.5　辅仁大学数理系的数学组和数学系毕业生名单(123 人，女 53 人)

届别	姓　名
1934	潘智源　(1 人)
1935	陈兴祖　李秉铎　宋煜华　王伯桓　(4 人)
1936	李恒田　郑聪彝　(2 人)
1937	曹德荫　高玉成　李国锟　李泮清　梁永康　廖建中　刘齐云　徐象焜　周健龙　(9 人)
1938	蔡文焕　刘宝辛　王金海　杨洪惠　张文丰　(5 人)
1939	程玉衡　林襄修　万年长　祝康垣　(4 人)
1940	宋德潜　阎甲弟　伊去病　(3 人)
1941	董延闿　胡志权　李长祚　马光前　严以诚　(5 人)
1942	陈文骏　符辒道　李鸿德　李洁珩　刘祖植　马允中　缪俊英　彭鸿瑄　齐云学　孙增坪　汪兴序　吴汝贤　徐祥璞　许　略　许荣辒　姚景如　尹以珅　张竞乾　张静容　张义美　张永丰　张振江　章连昶　赵庄然　周化南　朱佩荣　(26 人)
1943	老芸香　刘　吉　刘松龄　刘膺年　马文英　谯毓琛　孙慧仙　王纯正　王　坤　王竹林　魏执权　张立蓉　张瑞琴　朱鼎勋　(14 人)
1944	毕长龄　高和玉　顾文魁　李仲琴　秦景慧　秦西炫　田葆贞　王敬熙　王荣庆　王耀生　熊振翔　杨大淳　查秀君　张理京　周　瑛　(15 人)
1945	曹家珊　陈绍菱　高林长　关介朴　郝钢新　李其汾　薛迪燕　朱佩兰　(8 人)
1946	方　齐　冯秉宜　高宝珠　胡蕗犀　王文珩　吴维翰　姚美珍　张允葆　(8 人)
1947	丁毅华　关　娴　王益骏　(3 人)
1948	王世珍　于宝成　俞斯晟　(3 人)
1949	尹国柱　(1 人)
1950	李玉琛　刘贵贤　张亚松　赵树嫄　(4 人)
1951	董锡芷　苗永森　宗志芳　(3 人)
1952	金振声　王振芳　颜景松　薛宗慈　朱元泉　(5 人)

录 13.6　北京女子师范大学数理系毕业生名单

届别	姓　名
1923	关淑德　郭维林　江俊华　刘蘅静　杨　璠　杨应陶　叶梅青　张　铎/振华　张天珏　(9 人)
1924	范德琴　高秀英　李凤莲　李进化/涤新　汤树声　田汝珊　田维岚　王竹岩　吴瑞霞　许羡苏　叶嘉慧　张淑琇　朱芝英/仲愚　(13 人)
1927	石福国　汪英时　姚蔼士　俞　声　(4 人)

录 13.7　北平沦陷时期的北京师范学院数学系毕业生名单

届别	姓　名
1942-03	高振琪　贺延钺　吴纯性　吴兴鼎　(4 人)

1942-06 申鹏舞　孙鸿章　孙　琚　孙再生　叶彦润　周绍曾　（6 人）
1943　胡浡田　饶定昇　于春煦　张乾行　（4 人）
1944　程乃光/哲民　　刘宝珍　牛英涛/寿川　　张金门　张思恭/慎斋　（5 人）
1945　李成义　李国干　刘　慈　任理章　俞昌弟　钟善基　周维正　（7 人）

录 13.8　北平沦陷时期的北京女子师范学院数理系毕业生名单

届别　姓　名
1941-03 李振纯　王淑贤　杨鸿纹　张延芬　（4 人）
1942-03 曹绮雯　陈梅生　陈文彦　陈英兰　傅秀贞　郝宝琴　胡秀垣　梁豫珍　罗世雯　平桂欣　应之琳　张葆华　（12 人）
1943　程瑞芳　霍懋征　贾金镕　贾效励　李兰如　舒慧贞　舒毓真　王孟蓉　王佩瑾　赵霭云　赵琴英　（11 人）
1944　崔静庭　戴慧贞　关润延　郭世同　宁伯康　齐庆兰　王慧民　王学锦　许嘉珍　张温如　赵文英　（11 人）

注. 1942 年年底，伪教育总署将国立北京师范学院和国立北京女子师范学院合并改组为国立北京师范大学，此处未将两校名单合并。

录 13.9　北京师范大学第二分校数学系本科毕业生名单(1979-02～1983-01，1983 届)

安宏昭　敖文惠　白育桓　贝国新　边　鸣　蔡景生　曹世彪　陈广华　陈　礼　陈　丽
陈林林　陈　鸣　陈　千　陈世新　陈仕骧　陈亚燕　程　庆　丁瑞霞　丁　新　冬大瑞
董竞强　董连红　董绍华　段奎生　方术东　冯新玉　符海星　甘宏业　高京晓　高　路
耿　韧　古跃凤　关　闳　韩玉龙　郝建民　何　遂　何文祥　侯　婷　侯益平　侯振丰
黄建瑛　黄瑾瑜　黄　静　黄小玉　井小平　康利人　来福全　李　彬　李古惠　李贵斌
李贵平　李贵祥　李　国　李　华　李惠文　李建军(2 班)　李建军(5 班)　李　江
李克良　李念伟　李启隆　李淑萍　李　欣　李志宏　励效炎　梁建军　林　赫　林亚明
林振武　凌　芝　刘慧民　刘金凤　刘京娟　刘　坤　刘力光　刘　宁　刘　平　刘少杰
刘树强　刘文潮　刘彦清　鲁　彬　鲁晓敏　鲁韵琴　陆人佐　陆秀媛　刘　林　吕占福
马丛生　马　捷　马景友　毛晓平　毛雅芳　倪　凯　欧阳虹　潘志箴　彭　利　齐树立
权正绕　沈秀玉　石玉海　史希来　双存平　宋湄平　宋绍庚　宋玉海　孙　定　孙　刚
孙广学　孙敏奇　孙世栾　孙晓萍　孙　玉　孙之怡　唐　建　陶淑玲　田小全　田小田
王宝印　王冰玉　王　波　王成海　王春刚　王　洞　王桂军　王继增　王金宝　王金泉
王京秋　王润岚　王尚勇　王世晓　王　顺　王祥云　王小华　王秀华　王燕平　王裕民
温淑敏　吴　宇　席　综　谢洪波　谢　瑾　谢云霓　邢素洪　邢小鹏　邢哲培　徐　丹
徐文利　徐英凯　许永霞　阎振环　杨宝红　杨成光　杨敬东　杨　侃　杨　倏　杨显东
杨诛军　杨跃先　杨赞稳　叶　青　殷　刚　于　飞　于小平　余　平　余珊珊　郁武生
袁贺兰　张爱兰　张宝森　张崇俭　张凤来　张凤清　张广金　张惠萍　张景中　张　琳
张佩华　张蒲欣　张庆海　张燕生　张　渝　张玉梅　张云田　赵慧斌　赵　明　赵锡如
赵永顺　赵志萍　周绍业　朱　蕙　朱建萍　蒋　虹　朱莉莎　朱若愚　宗玫玫　祖　宾
左晓芳　左燕章
（200 人，北京师范大学第二分校数学系本科毕业，在北京师范大学授学士学位）

录 14 硕士研究生毕业名单

录 14.1 1953～1962 届研究班毕业名单(以字母顺序为序)

届别 姓 名

1953(1953-03～08) 算术代数师专师资培训班 安秦新 陈金康 陈 绮 方德昇 韩住庸 黄云昭 金珠岩 靳永瑞 李景藩 李明学 柳泽龙 路干亭 任彦明 邵甲一 孙华麟 唐 珍 王恩任 吴声谐 项毓英 杨国翰 姚淑珍 查大寿 周慧娟

(该培训班在"文化大革命"后按研究生学历待遇，23 人)

1955 高等代数研究班 陈昭木 丁守中 高绪珏 郭光琼 郭宗恪 何佩纶 贺昌亭 黄宽锐 雷天德 李传和 李南峰 刘长安 陆传荣 倪国馨 孙希文 汪经武 王世芳 王世民 吴宝仪 谢其龙 杨子胥 张宝林 张昌铨 张东京 张一立 张之凰 章春台 周汝奇 (28 人)

1956 几何基础研究班 白雪林 蓝纪政 李元明 林向岩 浦恩佛 任愚夫 单肇基 唐素兰 田俊华 王美莹 王仪婉 沃绮廷 夏真如 萧 勇 徐绍贞 徐 绥 杨序伦 张震宇 赵春高 (19 人)

1957 高等代数研究班 程福长 黄兰荪 孔宗文 李凤林 刘健行 芮泽民 王凤瑞 王 骅 王西丹 席德茗 项斯嘉 谢 敏 张必忠 张惠棠 张廷镇 (15 人)

1958 数学分析研究班 陈楚才 陈富球 杜广麟 关志儒 姜书时 金朝枢 李佛奇 刘允恭 罗里波 马续援 钱自强 王继平 萧 鼎 赵振藩 郑永长 钟洪发 庄 万 (17 人)

1958 高等代数研究班 陈本清 陈慕容 陈仁迪 黄 涵 黄沛金 蒋滋梅 林耀光 裴世昌 沈泽琪 许心正 颜胡威 杨传箴 (12 人)

1961 高等数学分析研究班 白正林 曹淑芳 陈方权 黄菊丽 廖昭懋 王赛仙 谢 宇 许汉平 颜钰芬 曾尔健 (10 人)

1961 高等代数研究班 陈永年 崔创福 刘希莹 刘莹如 邵德祥 唐仲华 徐志明 俞曙霞 赵惠然 郑荣祥 (10 人)

1962 计算数学，计算技术，信息论研究班 巩富泉 雷良璋 李安昌 谈华松 王继光 王榴仙 徐锦龙 许菡华 姚桂芳 张德厚 章仲英 周行武 (12 人)

1962 数学分析研究班 鲍 珑 曹璎珞 陈耿亮 陈公宁 陈乔琪 丁惠芬 李小玲 刘绍贞 罗肇桦 区友浩 沈亚伦 巫同荪 殷 霞 于季会 张文贵 张祖权 赵雅君 诸梅芳 (18 人)

录 14.2 1966～1969 届研究生毕业名单(以字母顺序为序)

届别 姓 名

1966 傅学顺 杨明朋 杨天明 (3 人)

1967 翁稼丰 (1 人)

1968　漆芝南　杨乃兴　（2 人）

1969　卿斯汉　（1 人）

录 14.3　1980～2021 届硕士研究生毕业名单（以字母顺序为序）

届别　姓　名

1980　陈木法　罗里波　（2 人）

1981　程汉生　罗俊波　沈复兴　孙晓岚　唐守正　王成德　王昆扬　张英伯　郑小谷（3 年制，1978～1981，9 人）

1981　陈　良　陈图云　陈维曾　陈永义　楚泽甫　褚维盘　黄海洋　黄惟明　李好好　李世取　李正吾　林　益　刘文斌　罗运纶　宋惠元　许以敬　叶有培　曾文曲　赵达夫　赵光复　邹开其　（2 年制，1979～1981，21 人）

1982　王晓波　（1 人）

1983　张长青　（1 人）

1984　陈志胜　陈志云　李旺来　刘洁民　刘力实　倪劲松　欧阳合　饶　炬　唐爱萍　王力群　翁心龙　杨新建　岳其静　周以匀　朱　进　（15 人）

1985　房艮孙　傅　湘　黄力平　蒋　迅　蒋忠宏　梁学军　娄树宪　彭　闯　唐旭辉　田　园　肖　杰　杨建利　郑君礼　（13 人）

1986　陈克伟　崔恒建　李应臣　李忠善　刘毅勇　刘雨晴　鲁仕荣　罗建刚　孙国文　吴明友　徐长胜　徐建明　余　彬　张大志　张帼奋　张连文　张星虎　周东航　朱兴龙　（19 人）

1987　蔡金法　蔡政艳　冯　水　高富荣　郭玉柱　韩立岩　何　青　何新程　雷天刚　李　英　刘海军　刘世耀　刘永平　欧阳资力　秦伟良　邱镜亮　邵永照　唐松生　王　凝　王文阳　王兴平　王艳明　王佐仁　吴　俊　许若宁　薛昌荃　杨　震　姚鲁豫　袁　强　张福振　张　虹　张淑梅　张万民　张秀平　张　严　周　华　朱海洪　左　鸣　（38 人）

1988　保继光　蔡越虹　陈金文　陈松蹊　戴　文　甘向阳　胡明杰　黄荣怀　蒋文江　金　勃　蓝森华　李金明　李俊平　李少林　李　雪　李　勇　梁景伟　林思进　林亚臣　林玉群　刘绳茂　罗敬辉　牛少彰　潘　侠　乔彦友　任子朝　沈有建　王笃忠　王　弘　王永会　吴福能　席福宝　谢春平　徐先进　许　松　薛　锐　袁成桂　张顺华　张新生　赵宝元　赵金声　郑晓阳　周　云　朱文芳　（44 人）

1989　陈毅文　戴龙祥　邓小琴　丁国义　官国强　李文泉　刘建慧　缪克英　邱　峰　王子亭　文胜友　许树湛　杨日欣　于福生　（14 人）

1990　陈友华　崔立双　董　昭　耿成山　洪京爱　李增沪　刘敏豫　米洪海　平志鸿　孙洪祥　田东风　田启家　田玉斌　王凤雨　王捍贫　王建康　王　军　王连居　杨明洋　杨　齐　杨妍梅　杨正宏　姚新钦　尹承军　臧国通　曾文艺　张海文　张晓军　张玉平　张钟山　周　梦　（31 人）

1991　陈明智　崔俭春　范年柏　李小申　李晓忠　李业平　梁作深　卢胜华　马　波　陶双平　童新元　王　兵　王顶国　王金才　王筱丽　王学进　王永亮　向　勇　颜其鹏　燕敦验　杨宏奇　杨士林　袁学海　张　建　张建华　张建新　张江长　张　原　章建跃　赵集贤　郑忠荣　钟育彬　周帮建　周宗林　（34 人）

1992 范韶华 高向斌 龚明鹏 顾世山 桂易清 韩 德 刘春根 刘继红 刘晓明 欧庆铃 彭骁勇 戚发全 綦春霞 邵光华 王建忠 王善洲 魏光美 熊文井 徐凤生 徐 勇 阎若彤 杨宝慧 张汉清 张慧欣 张惠品 张守波 张志峰 张志祥 赵 斌 赵生富 周尚明 (31 人)

1993 别荣芳 陈国龙 邓崇云 高宏伟 何立恒 胡晓敏 胡咏梅 贾迅艳 雷信生 李德生 李淑锦 栗演兵 卢增云 吕静涛 申贵成 施小丁 宋光艾 宋 契 田宏忠 汪和平 王保华 王保明 王 文 王晓红 王秀莲 王昭顺 吴幸福 伍火熊 肖春来 伊丽江 张崇波 张 璞 张绍义 张余辉 张朝晖 张忠平 庄铭南 (37 人)

1994 曹志刚 龚 彬 韩心慧 华九召 匡伟良 蓝师义 李杰权 李朝阳 林志超 刘守生 龙 毅 孙宏伟 孙 伟 唐加山 唐志宇 童 雪 王国胜 王建军 王信松 吴 江 阎志武 杨成亮 杨 敏 玉 丽 袁修久 张健松 赵丽琴 赵 林 郑神州 朱海元 邹丰美 (31 人)

1995 戴清平 郭要红 李翠平 李 林 李荣财 刘长河 刘玉铭 吕建生 栾日平 欧勇强 商士海 谭爱萍 汪元伦 吴小勇 夏义川 徐丽萍 徐美萍 薛红霞 阎国华 姚海雷 袁晓斌 翟绍田 周 非 (23 人)

1996 陈学庆 高 鑫 贾 鹂 贾利新 金青松 金 文 康 武 李小青 李晓春 李雪花 梁长庆 刘延滨 孙丽芝 孙应飞 谭金锋 王颖喆 吴宪远 向开南 徐 帆 杨 龙 杨 硕 张劲松 张义莲 (23 人)

1997 韩 梅 李海东 李健瑜 李艳平 梁 芳 吕心鹏 马艳云 盛世明 施春雪 王 静 王松岭 王 星 相登龙 徐 松 杨晓刚 杨泽忠 余秋梅 张 丹 张 梅 张熠然 张运涛 周祖胜 朱 戟 左双奇 (24 人)

1998 郭玉峰 李 芳 栗士朋 苗志宏 彭 玲 秦怀振 徐运阁 杨 丽 于大哲 余根坚 曾祥勇 张凌云 左怀玲 (13 人)

1999 阿不都卡得尔 蔡前凤 常广平 程东明 戴 峰 范小明 高朋香 巩丽云 何世龙 李迈岸 廖东升 罗红梅 商广娟 王加银 韦节村 吴谋福 肖国彬 熊丹丹 熊惠民 胥 斌 苑胜桥 周秀玲 (22 人)

2000 陈广雷 程金能 高秀红 郜 晰 郝 辉 侯汝臣 季国庆 刘海鹏 刘华斌 刘 曙 涂学民 王 峰 王克庆 吴丛明 吴 强 尹 乾 于丽荣 曾 西 张浩亮 张 杰 (20 人)

教育硕士专业学位 陈鸿霞 韩宝刚 王 皓 吴文丽 杨 靖 (5 人)

2001 陈慧超 付新丽 何洋波 胡小红 李本贵 李 冰 李 蕊 李亚玲 刘 琳 刘玉明 罗志斌 王建波 王 帅 王小松 温道伟 徐树富 薛庆营 杨晓霞 姚 亮 岳昌庆 曾庆业 张 强 张 清 赵晓亮 赵玉金 (25 人)

教育硕士专业学位 蔡春晖 陈云波 黄 艳 李贤军 刘春艳 欧阳虹 祁京生 张 新 (8 人)

2002 安金兵 陈 磊 邓平基 傅宗飞 高 晴 金 蛟 孔婀芳 孔令海 李慧兰 刘晓萍 龙述德 鲁冠华 罗康文 孟 岩 邱怀东 苏效乐 陶桂平 陶红英 王雨生 吴静静 吴素萍 曾清国 曾紫婷 张华云 张奇支 赵 春 钟 婷 (27 人)

2003 柴迎春　陈　波　范永春　方　维　房颜明　郭　韧　郭向前　何红亚　蓝国烈　雷　海　李春霞　李德清　李俊峰　李雪华　刘书茂　吕绍川　邵井海　王　嵘　徐莉芳　许王莉　姚二林　余　丹　张　蓓　张李盈　张　娜　张唯一　张晓明　张永峰　赵德科　周明宏　（30 人）

教育硕士专业学位　程　军　王　千　（2 人）

2004 曹　惠　陈江荣　崔红梅　冯艳宾　郭海军　郭亚军　何效员　贺　堃　黄　颖　姜　涛　雷建光　李　凤　李吉有　李军焘　林彦珠　苗　丽　欧阳顺湘　庞雅丽　钱李新　乔建英　邵双林　施　宏　宋爱斌　孙　洁　王　慧　王建中　王　杰　王杰亮　王　强　翁云杰　吴　波　吴佩键　吴兴玲　肖晓羽　邢自兴　许　侠　薛　峰　杨　坤　易良海　余节弘　张丽华　张　旭　赵彩霞　（43 人）

教育硕士专业学位　李福旺　南小兵　张宏建　（3 人）

2005 白　云　蔡红艳　蔡青松　柴凤娟　陈凤飞　陈　昕　陈宇鹏　程贞敏　崔　昊　党胜军　邓海锋　董克强　傅小利　戈冉舟　龚也君　郭培培　郭　燕　何胜美　华　宇　皇甫力超　黄成泉　黄　蓉　黄雪莹　贾清建　金　巴（尼日尔）　李　佟　李薇霞　李　伟　李印红　龙品红　吕宝红　马　青　潘　俊　彭　桢　阮元龙　沈敬敏　宋云军　谭彦华　陶云星　王洁明　王丽萍　王喜军　王玉栋　吴茂念　吴英丽　肖维维　谢　艳　杨昔阳　杨　洋　杨照宇　姚玉玲　要俊杰　叶　萍　于丽娜　张丽梅　赵倩倩　周玉兰　（57 人）

2006 毕良粒　曹金亮　尘　非　陈　岗　程　竹　邓艳艳　丁　浩　樊树芳　方　明　郭艳梅　韩海燕　郝方程　胡建础　胡　伟　黄宏伟　黄雪莹　江　昊　江用科　姜　钰　姜则善　靳荷艳　李海刚　李红伟　李　健　李　冉　林海波　刘艳霞　卢　珂　罗德建　马祖强　明永玲　莫单玉　乔月萍　邵守峰　邵珍红　司　瑄　隋建宝　孙秀平　孙玉静　田　丽　田　源　万金奎　王　婷　吴丽媛　吴夏光　武玉霞　谢　涛　徐德华　徐海英　徐士永　杨　姗　袁　芬　张　巧　张庆辉　张永新　赵　娟　周　伟　朱道宇　（58 人）

2007 白玉娟　蔡毅坚　陈桂杰　陈　勤　陈　霞　陈　昕　程财生　董从造　符小惠　耿爱成　谷艳艳　郭永丽　韩志聪　贺善菊　侯　宁　胡海娟　赖　苗　李怀兴　李金权　李　沛　李英姿　刘炳伟　刘登品　刘劲光　刘山山　刘文新　娄　磊　鲁　倩　罗晓燕　马亚东　潘升勇　皮定恒　乔高秀　秦　雯　宋　娟　苏　强　孙秋艳　谭桂平　唐海燕　田启燕　童彩棉　王华明　王　利　王明文　王　琦　王慎玲　王　薇　王志高　问延炜　魏　炜　吴志娟　武方敏　肖雅元　谢　婧　修兴强　徐登明　徐　欢　徐艳艳　杨东勇　杨桂玉　易国荣　余志先　张飞鹏　张　杰　张　静　张　明　张媛媛　张子恒　钟俊江　钟平寿　周利明　（71 人）

2008 白奇川　蔡　毅　陈国栋　陈红星　陈　蕾　冯启磊　冯　霜　郭凌燕　郭玉娟　郝顺利　何　麟　何艳丽　加春燕　蒋华兰　李　飞　李红云　李　军　李　坤　李敏杰　李　婷　李永强　廖　璐　廖姊劼　林　欣　刘　丹　刘根强　刘　君　刘　强　刘淑华　刘晓红　栾娜娜　马　祥　马　鑫　聂双双　牛传择　潘华兴　邱　静　申江艳　宋艳萍　唐　娟　王宾辉　王士东　王穗穗　王娴静　王宪军　王晓霞　王学星　王　云　王振中　吴紫玲　谢　佳　邢　岩　熊保林　徐　研　由红连　余海军　张海利　张雪颖　赵　菲　赵双美　赵中华　郑　娣　郑秀灯　（63 人）

2009 蔡瑞琼 程志云 董正林 范协铨 冯峥晖 龚 禹 黄 展 季小虎 孔 丽 孔 倩 李 聪 林汉兴 林 静 刘利文 刘启明 刘 彦 刘彦永 刘 茵 刘瑜素 陆小庆 罗梓瑁 马儒刚 秦 鹏 宋春元 苏傲雪 苏 丹 田宝川 田巧丽 王冰雁 王聪晓 王 娜 王 琦 王 倩 王 妍 王玉蕾 邢迪娜 徐文青 杨 维 衣晓蕾 曾 莉 张博宇 张钜玚 张 文 张 翼 张宇峰 赵荣杰 周国明 周 游 周玉春 周振兴 (50 人)

2010 安彦斌 柏 干 曹玲玲 陈 丽 陈清花 陈 曦 戴芊慧 范丽娟 葛领利 郭 剑 韩静波 蒋晓娟 金春花 李 骏 李 力 李铭璜 凌 博 刘 嘉 刘清华 刘 伟 马家骥 孟大伟 齐明辉 宋俊峰 宋延红 孙鸿雁 唐晗力 滕 玉 汪金晖 王冰峰 王奋际 王 淦 王玲娣 王 娜 王 睿 王西辞 王耀杨 王 珍 伍晓磊 夏 瑞 向 田 肖红德 徐文博 阎 帅 杨 叙 叶彩娟 尹德才 俞盛利 岳纲伟 张 弛 郑润东 周 翔 (52 人)

2011 曹 军 陈 晖 程丽娟 杜建明 甘蕾蕾 高丽平 谷 懿 郭 江 韩文静 李伟元 李文娟 李喜凤 李扬眉 梁亚鹏 刘任飞 刘 蓉 龙 剑 吕本建 穆英蜚 彭艳君 任 杰 申志明 盛 瑶 司亭亭 苏春梅 孙佳楠 孙赛男 孙 铁 孙 艳 田会永 田 松 王 方 王珊珊 王 新 王智杰 韦节强 信一洲 熊 慰 许 梁 杨小茜 于 倩 岳跃朝 张 凯 张明欣 张 铭 张 伟 张燕丽 张颖欣 张志清 赵存宇 赵瑞娟 周 阳 左丽娜 (53 人)

2012 毕永杰 卞 震 蔡文涛 曹冰心 陈丹阳 董连春 冯 敏 高 雪 郭方奇 郭念晗 郭清霞 黄乐乐 黄 勍 李德平 李 梅 李 洋(吉林省) 李 洋(山东省) 梁宝生 梁熠宇 林跃珠 刘 佳 刘 蕾 刘攀坤 刘绥乐 刘意萍 庞德艳 彭秋瑾 彭修香 齐瑞红 沈钰冰 宋乃琪 孙 环 唐 慧 涂 丹 涂 勇 王 芳 王印宁 王由涛 王志庆 吴慧珊 武计兰 徐 玲 严井泉 杨 程 杨 衎 杨振国 袁朝慧 翟 丹 张 琨 张 炜 张 昕 张 燕 张玉萍 郑 宝 朱思平 左 恒 (56 人)

教育硕士专业学位 勾俊宇 郭婵婵 龙 腾 宋云凤 汤包贝 张思文 左浩德 (7 人)

2013 包 钰 蔡剑淮 杜小毅 段 莹 樊增艳 范玲玲 付 星 龚文敏 郭琰礼 国洪松 韩珊珊 侯绍雄 胡乃花 黄 蕊 黄文贤 黄 兴 籍慧洁 贾鹏飞 蒋 鑫 李 娜 李乃伟 李 霞 柳 叶 马莉媛 么亚楠 梅颖颖 欧 利 蒲 飞 邱燕萍 荣 庆 史旭彤 宋杰文 唐 巧 王皓琨 王 锦 王丽君 王 梁 王 瑶 谢 天 辛彦瑶 徐晶晶 徐丽平 学 识 闫 实 姚小妹 尹丽谱 由 岫 于锦涛 于 渊 余竞鹏 余少华 詹旭洲 张继敏 张陆艳 张淑清 张 伟 张希营 张 艳 张 勇 张宇静 张 郑 赵 琨 赵 萍 赵秀秀 郑晓俊 周 旋 朱樵凤 朱学敬 卓次强 邹婧阳 (70 人)

教育硕士专业学位 陈梦阳 邸贺璇 何 杰 乔 琳 秦璐宁 石伟伟 孙 娜 杨 柳 易秋燕 于国文 张林红 (11 人)

应用统计硕士专业学位 曹 宇 陈美香 崔 仕 邓 旭 丁 磊 高佳宁 郭晓庆 何紫薇 黄飞雁 李梦蕊 廖冰琳 马寒梅 王京华 王 晶(山西省) 王 晶(天津市) 王青莹 王 欣 王一涵 王宇航 王 煜 熊维娜 杨滨嘉

杨　柳　曾省强　周智灵　朱娅灵　左　佳　（27 人）

2014　蔡　霞　常会敏　常媛媛　陈　晨　陈　焦　陈婷静　戴梦姣　付靖宜　谷淑婷　侯倩倩　胡　勤　胡　潇　柯于皇　赖旭东　林　敏　刘彩云　刘婷婷　刘　伟　刘正微　卢玉峰　曲荣华　师　玥　宋乾乾　唐金波　王春地　王翠翠　王翠巧　王立峰　王　婷　王艳丽　王　芸　谢传龙　邢　莹　徐　晓　徐　莹　杨越峰　詹铭峰　张冬贺　张海诚　张　娟　张俊强　张颖楠　张优优　张正阳　赵文君　周海舟　邹翰林　（47 人）

教育硕士专业学位　柴　方　陈兵兵　韩　茸　李　颖　刘　晴　彭小溪　宋丹丹　宋慧静　苏　宁　王启蒙　王万松　王晓建　袁　莹　张恒铭　张晓婷　（15 人）

应用统计硕士专业学位　毕京培　陈泽兵　程　龙　丁文天　方　圆　韩君铭　何浩嘉　侯霁洋　蒋磊磊　连晓婕　林婧瑛　刘　吉　刘　洁　罗　兰　施晓燕　王鹤鸣　吴　昊　徐　彬　徐可禹　易　静　张心可　赵　钢　赵　倩　赵雨涵　周　芳　（25 人）

2015　白晶晶　曹秋林　曹志强　柴真真　陈汉萍　陈丽贞　陈　文　陈夏铭　崔艳宽　代广馨　冯定芸　高　东　高　羽　巩　超　郭　静　韩　琰　韩　燕　贺　婕　贺新蕾　黄基荣　黄剑杰　黄　鹏　姜瑞婷　姜兴丽　蒋　政　李　界　李丽娜　李姗姗　李晓燕　廖会平　刘　诚　刘佳佳　刘　荣　马永丽　马　优　孟　琨　缪晓慧　牛艳云　潘星辰　阮文婷　孙　婷　唐金香　唐延文　田兴姣　王成茜　王　良　王　亮　王文涛　王雯雯　王子文　谢　涛　徐得三　杨　凡　杨　洁　杨幸美　张　芳　张　丽　张利颖　赵海楠　赵秋香　赵园园　周英梅　周忠洋　朱鹏博　（64 人）

教育硕士专业学位　车思杨　陈　晨　杜宵丰　寇燕华　栗春云　孟祥飞　周媛媛　周志杰　朱江波　庄羽羚　邹宏运　（11 人）

应用统计硕士专业学位　曹　鹏　陈光军　丁虹元　高　婧　何玲瑀　何　赛　江　益　蒋　冰　蒋思琦　李皓月　李建华　李璐瑶　李子苇　林思思　彭　珊　任　勇　宋其濛　谈叶青　唐思汝　王东东　王雅真　王　峥　原浩然　张　璐　张元欣　郑婧澜　朱传芳　（27 人）

2016　杜亨荣　杜　静　方敬轩　冯　琪　傅晓鸣　郭菲菲　郭　鹏　韩　露　韩　宇　黄茉菊　黄也白　蒋文静　晋榕榕　靳莎莎　李　静（江苏省）　李　静（山东省）　李军红　李　霖　李昕泽　李　哲　廖利明　林桂元　刘慧敏　刘　军　刘利侠　刘明丽　刘文秀　柳　鹏　罗　翔　马兆海　孙超男　孙　浩　王二鹏　王　红　王艳云　王玉琴　王　植　韦富丽　魏宇龙　吴大婷　谢林涛　徐　琳　徐龙娟　徐勐戬　徐祥灿　徐轶璐　徐　真　薛丹丹　闫现杰　杨美娴　杨星星　张瑞军　张少玲　张伟为　张　卫　张晓旭　张旖澈　郑家森　周明旭　邹嘉莹　（60 人）

应用统计硕士专业学位　安　琪　蔡宏杰　曹嘉宝　董友谊　冯　鑫　郭帅帅　何章阳　洪　健　侯锡忠　黄碧橙　黄虎康　黄志翔　李鋆丰　刘沛然　刘　薇　宁　新　戚亚林　祁朝瑞　秦余昕　冉　豪　宋伟哲　孙　潇　王晗笑　王　田　危兆伟　夏　爽　杨　慧　杨培泽　杨　兴　姚　尚　易吟安　张飞飞　（32 人）

2017　毕航达　常雯雯　陈　晨　陈　红　陈　璐　褚晓辰　丛婉莹　董丽秀　高　晖

高　旭　郭鹏晓　郭　莹　韩　璐　何　海　胡雪丹　霍秋萍　贾建芳　蒋小雪
李文婉　李　霞　李　潇　李　燕　李月爽　刘金花　刘林园　刘文慧　刘晓青
刘亚洲　刘　奕　吕慧明　马　超　马光胜　裴慧辉　彭志鹏　齐艳艳　乔芳芳
石晓冉　王发强　王高慧　王　茹　王莎莎　王秀丽　吴静波　吴素青　谢贝贝
徐帅帅　杨　焘　杨牧野　张焕梅　张军伟　张雪晴　张　钰　赵　坤　赵良珮
赵　娜　赵　鹏　赵孝平　朱俊侠　(58 人)

2018　白云云　曹雪莹　陈曼曼　陈　酿　陈巧琪　段灵子　冯星凯　伏　遥　高　林
谷　恒　顾　敏　顾　阳　郭　璐　郭依文　侯通通　侯媛媛　黄昕鹏　江涵阳
蒋漫如　李海凤　李晓旭　刘　畅　刘　冲　刘　东　刘冬利　刘婧依　吕皓阳
吕云彤　申明兰　宋　丹　孙美玉　宛卿正　王　芳　王海洋　王建隆　王俊燕
王志丹　魏　楠　魏志峰　吴　强　肖光华　徐星宇　闫曼曼　闫艳艳　杨晓文
姚柳利　尤涛静　余文抒　袁冠超　曾晴晴　湛　力　张久玲　张立颖　张　利
张　振　张　正　赵翠翠　郑燕男　郑媛媛　(59 人)

2019　陈　莹　程　琦　丁宗淇　龚书钰　谷　越　郭慧梦　洪丽暖　侯云飞　黄克瑾
黄　敏　黄淑婷　黄思祺　纪　瑶　金祝成　李君行　李　睿　李珊珊　刘　东
刘嘉伟　刘建新　刘晓曼　刘韵涛　罗春梅　罗艺灵　马广通　梅天星　欧阳亚亚
屈　伸　沈言生　石　堃　陶　金　王　凡　王　冉　王　榕　王乡月　王亚婷
王周静　王子鸣　吴　靖　肖　俐　徐　静　薛叶青　闫雨飞　闫昭君　杨贺羽
杨丽姝　袁宇飞　袁　媛　岳尔非　张亮丽　张贤炜　章　腾　赵　艳　郑　楚
周婧祎　周晓凤　(56 人)

2020　敖　迪　包小西　蔡孟纯　陈可明　陈　杉　陈增彩　丁曈曈　杜宝莹　段昕辰
傅钲淇　巩　乐　顾佳妮　郭淇凯　郝帅旗　侯　蕾　胡新月　黄　丹　黄娜琪
黄芊芊　黄诗雯　贾洪潮　江　煜　金　慧　蓝子涵　冷思源　李发贵　李金玉
李龙飞　李让美　林丽丽　刘红缨　刘坤元　柳龙姝　陆　曼　罗雅婧　马　腾
苗　昕　漆　玲　祁　颖　谭秋瑞　谭镇鹏　陶宝艳　田家萌　王冬兰　王裴昕
王　涛　王雪婷　吴惠玲　吴淑萍　杨　洁　叶鸣坤　曾　青　张春梅　张　琦
张小艳　张晓华　张煜昆　张子平　张作政　赵　亮　赵诗萌　钟文体　周熙霖
朱浩然　(64 人)

2021　班博慧　卜　凡　才子聪　曹　凯　常嘉琪　陈佳莉　陈翔智　陈月明　陈　卓
崔　旺　刁　佳　丁露茜　董映笃　董　昱　杜丽雯　杜　倩　段奎元　段欣慰
高　澜　高艺宁　管佩瑶　胡宾艳　胡盛祺　胡喜杰　霍　强　蒋唐宇　黎玉连
李　露　李文静　李雯璟　林蒙蒙　林熙凤　蔺天蕙　刘嘉欣　刘　丽　刘馨清
刘　杨　刘怡轩　卢怡舟　毛玉兰　孟祥君　莫　云　牛晓丽　乔红旭　宋倩倩
孙梦君　谭嘉伟　佟坤卓　汪金蕾　王慧玲　王梦婷　王　琪　王　蓉　夏春琦
许祎祺　杨瑞宇　游航宇　于文哲　于　潇　于　艳　张虹烨　张　谦　张善英
张显寓　张正一　赵安琪　赵　涵　周金平　朱晨峰　(69 人)

教育硕士专业学位　卞　上　曹元营　陈　晨　陈子瑶　范　佳　范秋彤
高欣雨　郭铃丹　海敏捷　何胜男　胡　冰　吉俊蓉　阚晓文　李维佳　李易昆
林雨萱　刘睿冰　刘晓静　刘晓雁　刘志立　潘翰科　钱庄穗　任　莉　任　爽
唐正午　王乐平　王　钦　王　欣　吴　艳　吴仪楷　武　珏　解庆领　徐伟婷

徐晓宇　杨静雯　杨　旭　叶云倩　张　梦　张　爽　周泓江　周小敏　朱伟杰　朱小翊　（珠海校区 43 人，学籍管理在北京校区）

录 14.4　与外校联合培养或外校在数学系申请硕士学位名单

授学位年月　姓　名

1983-11　郭大昌　刘石平　熊胜利　（3 人）
1985-01　郭晋云　周毅强　（2 人）
1987-07　杨传林　杨力华　（2 人）
1988-07　李华君　沈晨昊　邢进生　张加敏　（4 人）
1988-12　刘世耀　阎建平　（2 人）
1989-07　李盛德　祝东进　（2 人）
1990-07　刘九芬　王爱兰　（2 人）
1991-07　鲍建生　毕秋香　汪荣明　（3 人）
1992-06　张希荣　（1 人）
1993-06　唐　娉　张春荀　（2 人）

录 14.5　同等学力在职人员硕士学位名单

授学位年月　姓　名

1988-01　沈云付　（1 人）
1995-07　刘文奇　（1 人）
1999-06　吕朝阳　肖德凯　（2 人）
2004-06　容元华　（1 人）
2007-06　黄新凤　（1 人）
2009-06　阎洪波　（1 人）
2010-06　韩　英　（1 人）
2011-06　高武军　（1 人）

录 14.6　硕士学位班名单

授学位年月　姓　名

1997-06　陈雪东　洪　勇　（2 人）
1998-01　陈广贵　康淑槐　龙晶凡　王　晟　夏铁成
1998-06　宝音特古斯　黄　勇　李　洵　钱明忠　王豫鲁　周惊雷　周良金
（12 人，按 1998 届 1 月和 6 月合计，下同）
1999-06　钱　林　盛卫红　孙　波　谭国律　汤灿勤　陶应奇　武月琴　（7 人）
2000-01　王学丽
2000-06　蔡苏淮　陈涌涛　胡　华　刘　艳　吕永强　马巧云　纽宏霞　孙艳华　（9 人）
2002-01　刘喜兰　张　奎　（2 人）
2004-01　李跃武　王文祥
2004-06　王大荣　（3 人）
2005-01　李媛媛

2005-06　桂绍辉　(2 人)
2006-01　蒋尧珍　李瑞阁
2006-06　方辉平　孙文敏　习军明　(5 人)
2007-01　陈秋华
2007-06　万冰蓉　王冬琳　徐瑞标　(4 人)
2008-06　郭焕玲　王　昕　赵宜宾　种国福　(4 人)

录 14.7　同等学力教育硕士专业学位名单[学科教学论(数学)]

授学位年月　姓　名
2000-06　程　文　张岳发　(2 人)
2001-01　陈　扬　费文胜
2001-07　程国红　方勤华　李永杰　王志军　(6 人)
2002-01　白曜晖　李　瑾　李　文　宋晓梅　赵武超
2002-06　焦学安　马　晶　(7 人)
2004-06　高明海　黄晓军　李爱惠　刘香琴　潘冬花　陶铁群　王天峰　王仲英　张蓓蓓　张凤英　张淑琴　张彦蕊　(12 人)
2005-01　储子昂　郭晨静　李　燕　林新华　刘慧萍　刘瑞芬　刘永慧　秦　华　秦晓虹　王庆喜　杨　虎
2005-06　罗广文　沈　康　王淑花　郑惠英　(15 人)
2006-01　郑艳军
2006-06　崔　浩　林清峰　杨　忻　张　昆　赵青梅　(6 人)
2007-06　董军胜　李红文　吴小海　(3 人)
2008-01　靳小平　李振华　王旭红　张智慧
2008-06　白彩芳　陈晓娣　高惠芳　韩俊芳　金　茹　李光艳　李继超　李作林　祝　静　(13 人)
2009-01　李宁宁　李青霞　李学刚　裴建平　谢秀玉　杨巧云
2009-06　黄　珲　罗剑平　马鸿萍　薛海龙　杨松柏　钟　英　(12 人)
2010-01　李海燕　欧湘亿　王兵权　赵洪梅
2010-06　董　娟　李亚娟　王丽萍　王　威　杨笛笛　衣林娜　虞　溯　岳　坤　张迎春　(13 人)
2011-06　陈爱民　程巧娜　高雪松　姜　曦　李凤阁　李桂春　李立波　李　芹　路　颖　孟慧敏　苗晓倩　宁春梅　孙桥敏　田秀玲　吴艳明　杨永菊　张　檬　张选菊　赵文波　(19 人)
2012-01　李月琴　温　洪　吴颖微
2012-06　高　阳　郭　莹　黄汪送　李　飞　李海侠　李任宏　石　蓉　王美亚　王先芳　王雄飞　王永霞　杨相元　佐晓峰　(16 人)
2013-06　陈小祥　李志永　孙　梅　王海政　王丽萍　行丹文　杨春青　杨云焱　翟天明　张春花　张　颜　(11 人)
2014-01　黄文凤　廖　玮　吕凌宁　马鸿晓　王业志　王志强　姚耘峰　张德新　张瑞芳　张杏华　张志敏　左天星

2014-06　安德智　敖玉梅　杜　珊　黄邵华　姜黎黎　焦占红　欧阳烈盛　彭　洁　宋小艳　万永娟　张雪山　(23 人)
2015-01　王律斯　张　洋　赵　利
2015-06　高建军　黄　迎　刘建国　石　旭　徐春凌　许唐学　(9 人)
2016-01　郭高娜　郎春雨　李　静　林晓然　王黎力　闫　莉　朱小娟
2016-06　褚　丹　黄　悦　兰久和　刘　嘉　饶　俊　苏爱华　隋欣蕊　吴　亭　吴雪松　赵玉洁　赵　跃　(18 人)
2017-01　李　林　沈益苹　原　媛
2017-06　葛慧英　孔志文　李艳丽　汪　俊　韦红燕　徐　丽　曾　勤　张慧艳 (11 人)
2018-01　郝永军
2018-06　冷　晶　刘　建　饶博鸿　杨　燕　(5 人)

录 14.8　教育硕士专业学位(公费师范生)名单

授学位年月　姓　名

2014-06　陈　虹　王文秀　(2 人)
2015-01　苟晓龙　靳利敏　王幼文
2015-06　阿希古丽　陈美莲　达娃央宗　迪丽努尔·玉素甫　郭亚平　纪　娜　蒋培杰　蔺书琴　罗靓莉　唐　斐　卫冰倩　薛　芊　杨　柳　袁　野　(17 人)
2016-01　陈代丽　杜　娟　蒋蕊韩　刘　杨　王林林　翁　琳　许玲玲　赵德芳
2016-06　陈晓曙　崔　绒　高　雷　何召文　康文锋　李乾春　李　月　刘小娅　刘延卿　马春龙　任明月　宋　瑜　王斌儒　王　静　王怡轩　阎文岚　张湘君　钟　锐　(26 人)
2017-01　阿孜古丽　柴丽妮　次仁顿珠　郭渊远　黄书培　角碧波　李丹阳　李　杨　莫　娇　欧兴廉
2017-06　阿卜杜热西提·达伍提　阿依加马丽·西尔艾力　曹　莹　陈丽萍　代　彬　丁　洁　丁晓慧　付晟华　格桑央吉　杭　鹭　蒋菊霞　李　宁　陆定彧　任　瑞　师文龙　宋　智　索朗罗布　王丹丹　魏　维　武　佩　夏源锋　杨俊洁　杨　鹏　余　强　曾建涛　张进红　赵娟娟　赵　钊　朱　毅　(39 人)
2018-01　曹　轩　丁兰花　高　莹　蒋豆豆　娄晓荟　鲁　灏　吕　欢　王传宝　王　扬　魏　绫　张　坤　张　勤　赵梦颖　郑　红　周　蕾
2018-06　曹文君　代云龙　高一琦　龚　芮　顾佛栋　蒋爱萍　李　婷　刘守仪　柳　红　罗婉欣　买宏伟　史彬彬　孙大猛　谭　结　王安安　王　婕　夏　柳　徐婷婷　许彩宝　应春风　袁文雅　袁　晓　张　焕　张力胜　张晓威　(40 人)
2019-01　曹明源　陈帅蓉　陈　昭　陈　哲　郭　伟　韩昕彤　李鹏瑞　李　珍　宁　静　祁永成　索正明　王婧洁　王姿婷　文宇明　薛兴元　杨佳佳　姚昭君　袁　骏　张　宇
2019-06　曹灵华　柴　天　董丽婷　董　卓　古丽曼·阿不都开里木　谷秋丽　韩思雨　黄　山　林玉敏　卢　璐　马文俊　王　夏　韦艳君　杨庆转　易　艳　余　婧　张文瑶　张　兴　赵　四　朱陈清　庄丽华　(40 人)

2020-01 艾司艾提·艾司卡尔 陈爱丹 高佳丽 龚静苹 何睿洁 胡君美莉 雷小芳 李 彪 李艳平 李远凤 刘 楠 刘莎莎 刘 顺 罗 丹 骆秋玲 木克代斯·吐鲁洪 王顺燕 王学建 杨 丽 张 皓 张慧敏 周 炜 朱茵仪

2020-06 阿米娜·麦麦提艾力 陈 琴 陈 正 代从发 丁 丹 胡锦煦 胡圆圆 黄 霏 康后娟 孔福军 李文军 林欣冉 刘佳敏 刘萍萍 罗霜梅 马璐瑶 马雅婷 彭丽云 戎 雪 唐 萍 王 宝 魏雪梅 杨 洋 姚素杰 张 莉 张秀莲 张艳艳 朱寒梅 祝玉兰 (52 人)

2021-01 陈蔚婷 覃 丹 高 杨 唐雅素 程丽霞 刘爱华

2021-06 徐伟婷 徐晓宇 杨静雯 杨 旭 叶云倩 张 梦 张 爽 周泓江 周小敏 朱伟杰 朱小翊 (17 人)

录 14.9 4+2 教育学硕士学位名单

[35 人，学科教学论(数学)4+2：本科生 4 年+研究生 2 年。学生的指导教师均为数学科学学院的教师，学生的学籍在教育学院/部，2011 年以后停招]

届别	学生姓名
2005	贺丽珍 叶菁菁 赵 琳 (3 人)
2006	高珊珊 李 伟 路明明 王海红 向 文 徐 蓉 王 宁 (7 人)
2007	何庆青 王竹婷 许 波 杨 昳 张慧芳 朱慧玲 (6 人)
2008	何 娇 (1 人)
2009	贺 晨 廖 爽 王立东 王雪萍 (4 人)
2010	陈冰凌 丁丽萍 付 莉 (3 人)
2011	陈璐奕 陈鹏举 郭晓丽 唐一博 (4 人)
2012	郭转娜 王 颖 (2 人)
2013	陈 恬 葛秀平 郭 衎 潘吉乐 (4 人)
2014	贾思雨 (1 人)

录 15　博士研究生毕业名单和国家公费资助研究生出国攻读博士学位或联合培养博士学位名单(以字母顺序为序)

录 15.1　博士研究生毕业名单(授学位日期见录 36)

授学位年月　姓　名

1983-11　陈木法　(1 人)
1985-06　罗运纶　沈复兴　唐守正　王昆扬　郑小谷　(5 人)
1988-01　房艮孙　郭晋云　唐爱萍　(3 人)
1988-07　沈恩绍　(1 人)
1988-12　黄力平　肖　杰　(2 人)
1989-10　韩　东　刘智新　田卫东　张连文　(4 人)
1990-07　陈冬青　陈　雄　陈　军　何　青　刘和平　张　严　张志明　周先银　(8 人)
1991-07　陈金文　韩立岩　李　勇　彭联刚　吴植翘　徐先进　张新生　章　璞　(8 人)
1992-07　陈迪荣　刘增良　路　高　王志玺　杨大春　(5 人)
1993-07　胡万军　黄崇福　黄海洋　李洪兴　李落清　刘海霞　刘永平　孙洪祥　王凤雨　王捍贫　阎建平　叶　俊　张玉平　郑君礼　周　梦　(15 人)
1994-06　白　明　田启家　李增沪　汪成咏　王明生　张洪敏　张　民　周宗林　(8 人)
1995-07　鲍玉芳　丁　勇　杜先能　李思泽　马柏林　欧庆铃　姚海楼　(7 人)
1996-06　别荣芳　谌稳固　毛永华　沈云付　唐　娉　汪和平　张春苟　张顺华　张新平　张余辉　张跃辉　祝东进　(12 人)
1997-01　雷天刚　(1 人)
1997-06　唐加山　童　雪　王建军　吴　慧　于　濂　(5 人)
1998-07　陈国龙　侯耀平　黄兆泳　蒋艳杰　吕建生　杨柱元　于福生　(7 人)
1999-07　洪文明　胡永建　金　文　李国全　刘吉强　王颖喆　吴宪远　薛　锐　张希荣　张秀平　赵　斌　朱勇珍　(12 人)
2000-06　段增平　桂易清　何　清　刘玉铭　马　万　杨士林　姚祖喜　张绍义　(8 人)
2001-06　高　鑫　苗志宏　唐　林　徐景实　徐运阁　许贵桥　燕敦验　叶培新　余纯武　张　璞　(10 人)
2002-06　戴　峰　韩　德　李迈岸　李龙才　刘普寅　苏秀萍　王加银　吴化璋　阎国军　杨正宏　曾祥勇　(11 人)
2003-01　范小明　(1 人)
2003-07　曹永知　王　峰　伍火熊　曾文艺　张晓南　(5 人)
2003-10　吴　强　(1 人)
2004-06　陈广贵　冯秋香　谷云东　刘明菊　刘文军　刘玉明　刘志华　龙晶凡　温道伟　薛庆营　张　梅　(11 人)
2005-06　阿不都卡得尔　陈　磊　邓平基　韩成哲(朝鲜民主主义人民共和国)　胡　丹　金　蛟　李俊峰　李仁所　林国建　孟　岩　苏效乐　谭荣华　王雨生　徐　斌　杨连红　尤　飞　张艳慧　左西年　(18 人)
2006-01　邵井海　(1 人)

2006-06 高志强 侯 健 乐 珏 李雪华 李育强 李裕梅 默会霞 宁菊红 王志新 杨喜陶 杨向东 尹 乾 张宇卓 赵芬霞 (14 人)

2007-06 曹胜玉 陈江荣 陈艳萍 代丽美 段立芹 冯艳宾 傅莺莺 傅宗飞 高军杨 谷敏强 胡 维 蓝森华 马春华 钱李新 宋雯彦 涂 金 王军昌 吴 波 夏 霞 张丽华 张 旭 (21 人)

2008-06 蔡青松 程贞敏 傅尊伟 何 辉 黄荣里 兰光强 林 燕 刘 清 龙述德 罗德军 孟艳平 牛丽群 孙红卫 孙凯彪 汪德刚 王 健 王杰亮 王洁明 王名燕 王喜军 王新霞 夏 静 肖维维 肖 滢 张 勇 赵德科 (26 人)

2009-06 丁 浩 胡 涛 黄宏伟 姜铁龙(朝鲜民主主义人民共和国) 瞿 萌 李宝德 李海刚 李慧慧 李 健 李 冉 李彦博 李跃武 林海波 马祖强 潘国双 王 杰 王青芸 王志俊 吴新峰 夏良辉 徐德华 杨存基 杨 唯 张 娟 周 渊 殷允强 赵 娟 (27 人)

2010-06 陈 媛 邓冠男 董从造 郭静静 柯思宇 李怀兴 李金权 刘红海 刘丽光 刘文新 潘升勇 乔 蕾 阮卓娉 王华明 王 利 王 晟 谢余铨 徐登明 徐 芳 杨东勇 杨桂玉 袁 文 余志先 张树鹏 张子恒 赵发友 (26 人)

2011-06 陈红星 陈小民 陈一萍 程慧慧 储继迅 胡 凯 黎怀谦 李 坤 李宇成 李 真 刘 君 栾娜娜 牛传择 司增艳 谭 华 吴国灿 由红连 张 琳 张鲁燕 张 婧 赵励耘 赵中华 (22 人)

2012-06 安金兵 程志云 邓昌松 邓清泉 黄 蓉 康玥媛 马德刚 石少广 宋春元 孔 倩 汪 玥 王立东 肖 邦 熊金钢 彦文娇 姚林红 张淑梅 张 顺 (18 人)

2013-06 陈清花 范锡良 凌 博 龙品红 马家骥 彭 桢 齐明辉 钱 超 宋延红 苏傲雪 孙鸿雁 王玲娣 王思洋 王 晓 王 珍 杨四辈 杨 叙 张 驰 张美娟 张少钦 郑润东 (21 人)

2014-01 唐晗力 (1 人)

2014-06 毕洪伟 曹建智 曹 军 程丽娟 费明兵 谷 懿 李丽萍 刘士虎 刘 稳 吕本建 梅松竹 秦 华 邵珍红 盛 瑶 宋 娟 孙 铁 孙小春 孙小强 汤 获 王 锐 王珊珊 吴立宝 张 铭 张 伟 周 珂 (25 人)

2015-01 郝慧峰 吕云飞 (2 人)

2015-06 陈 锐 丁 卫 冯 敏 高武军 梁熠宇 牛耀明 宋乃琪 王建波 王 沛 王由涛 严井泉 于晓青 郑 珩 Moughal Tauqir Ahmed(陶喆，巴基斯坦伊斯兰共和国) (14 人)

2016-06 郭 衎 程红梅 付 星 龚文敏 国洪松 贺 莎 黄文贤 李启超 李 霞 李 晓 廖仲威 梁宝生 刘晓婷 刘 招 马偎龙 梅 婷 王 博 王 飏 王新甜 温志红 谢瑞军 徐 伟 严 虹 杨 慧 叶 专 詹福琴 郑晓俊 卓次强 (28 人)

2017-01 屈非非 (1 人)

2017-06 蔡定教 曹 絮 陈 焦 洪 情 黄 兴 赖旭东 李培森 李欣莲 李 英 李正阳 刘 艳 牛苗苗 齐 进 齐良平 宋艳萍 宋乾乾 孙秀丽 檀 健 田宝川 王保军 王翠巧 杨纪华 杨 旭 杨越峰 于国文 张俊强 赵 盼

宗国纬　(28 人)

2018-01　闫　实　詹旭洲　张雁楠　(3 人)

2018-06　曹明明　陈　露　杜知方　何引红　贺　婕　侯婉婷　黄璐静　黄　鹏　李平山　刘婧凝　刘敏之　刘　荣　刘　茵　马迎秋　齐博瑞　孙　琪　孙艳梅　汪路顺　王　宠　王禄恒　王　兆　吴　鑫　薛妮娜　姚小妹　张　娟　朱　凯　(26 人)

2019-06　陈占美　方敬轩　黄华平　季丽娜　晋榕榕　雷　昕　刘　军　陆吉健　吕　铀　马兆海　牛燕敏　石万林　隋世友　万　玮　王广兰　魏宇龙　谢广亨　徐成丹　徐龙娟　徐勐戬　徐　真　于海峡　张彩凤　张　杰　张伟为　张向明　章　娟　(27 人)

2020-01　李红云　李月爽　尤　慧　(3 人)

2020-06　曹梦雨　陈鹏举　陈永鹏　程志雯　方榕娟　冯启磊　巩　超　黄　亮　贺子毅　李　丹　李豆豆　李　芳　李一梅　刘福林　刘　敏　马光胜　秦煜哲　孙彬博　王发强　王薇薇　王徐敏　吴素青　谢华飞　熊君静　杨连鹏　张　舒　张小玥　赵兰苓　郑祥祺　朱　宁　(30 人)

2020-08　陈方媛　史　木(Murad Ali Shan，巴基斯坦伊斯兰共和国)(2 人)

2021-01　董丽秀　何欣蔚　魏　炜　(3 人)

2021-06　包学莲　曹梦月　陈苗苗　陈舒凯　陈　玉　黄　龙　李超颖　李　想　李晓旭　刘冬利　马艳准　牛瑞超　裴　姗　阮洋洋　陶春霞　王　婧　王仕芬　王志丹　吴静波　吴亚运　闫艳艳　张树雄　张晓峰　张　振　赵京波　赵志稳　郑彬彬　钟月圆　周子威　(29 人)

录 15.2　21 世纪国家公费资助研究生出国攻读博士学位名单(29 人)

批准年份　姓　名(年级类型)

2007　胡海娟(2004 级硕)　黄春茂(2006 级博)　梁新刚(2004 级硕)　张　杰(2007 级博)

2008　郭凌燕(2005 级硕)　郝顺利(2005 级硕)　蒋仁进(2006 级博)　金其余(2007 级博)　修兴强(2007 级博)　张博宇(2006 级硕)

2009　范协铨(2006 级硕)　洪桂祥(2007 级硕)　孔　丽(2006 级硕)

2010　陈　丽　戴芊慧　向　田　阎　帅(均为 2007 级硕)

2011　李文娟　苏春梅　韦节强　熊　慰(均为 2008 级硕)

2012　左　恒　董连春(均为 2009 级硕)

2013　侯绍雄　徐丽平(均为 2010 级硕)

2014　张正阳(2011 级硕)

2015　何玲璃(2012 级专硕)　侯倩倩(2014 级博)

2016　傅晓鸣(2013 级硕)

录 15.3　21 世纪国家公费资助本科毕业生出国攻读博士学位名单(7 人)

批准年份　姓　名(年级类型)

2009　郭常予　蒋玲玲　金志勇(2005 级本)

2010　刘轶群　赵晓飞(2006 级本)

2011　黄　益(2007 级本)

2012 张　凌(2008 级本)

录 15.4　21 世纪国家公费资助研究生出国联合培养博士学位名单(53 人)

批准年份，姓　名
2007 储继迅　李海刚　徐　芳　赵励耘
2008 黎怀谦　刘丽光　赵发友
2009 栾娜娜　司增艳
2010 邓清泉　熊金钢
2012 毕洪伟　邵珍红
2013 梁宝生
2014 国洪松　贺　莎　马　腾　王　博　徐　伟
2015 赖旭东　李欣莲　宋乾乾　檀　健　王禄恒　闫　实　于国文　詹旭洲
2016 朱　凯
2017 杜知方　季丽娜　陆吉健　万　玮　徐龙娟　徐　真　章　娟
2018 何欣蔚　李一梅　孙彬博　王发强
2019 包学莲　董丽秀　李晓旭　裴　姗　陶春霞　王志丹　钟月圆
2020 毕映锦　殷晓娟
2021 李让美　孟俊英　许雪燕　赵　晓　朱文英

录 16　国外留学生名单

时间　姓名，国别，洲别，专业

本科生(12 人)

1988-09～1990-10 安孙子义彦，日本国，亚洲，数学

1989-08～1993-07 奥尔兰多(Orlando Dagraca Doespirito)，圣多美和普林民主共和国，非洲，数学

1991-08～1993-08 巴迪斯特(Sinoi kubwabo Jeati Baptiste)，卢旺达共和国，非洲，数学

1991-08～1993-08 埃米勒(Comlan Emilec Bonaventure)，贝宁共和国，非洲，概率论与数理统计

1991-10～1993-07 莫塞库拉·约瑟夫(Musekura Josedh)，卢旺达共和国，欧洲，数学

1998-09～2002-07 金巴(Kimba Dit Adamou Boubakar)，尼日尔共和国，非洲，数学

2003-09～2008-07 全洪哲(Hong Chol Jon)；金成赫(Song Hyok Kim)，朝鲜民主主义人民共和国，亚洲，数学与应用数学

2007-09～2007-11 金泽俊(Tekjun Kim)，大韩民国，亚洲，数学与应用数学

2009-09～2013-07 金铁男(Chol Nam Kim)；张男秀(Nam Su Jang)，朝鲜民主主义人民共和国，亚洲，数学与应用数学

2017-09～2019-07 佳佳(Enkhzaya Tuvshinbayar，转法学院)，女，蒙古国，亚洲，数学与应用数学

2019-09～　谢潍谦(Vickeen Chia)，马来西亚，亚洲，数学与应用数学

2020-09～　张嘉雯(Kah Mun Chong)，女，马来西亚，亚洲，数学与应用数学

硕士生(3 人，授学位 2 人)

1999-09～2000-07 恩东门戈姆 克莱芸(Clement Ndong Mengome)，加蓬共和国，非洲，基础数学

2002-09～2005-07 金巴(Kimba Dit Adamou Boubakar)，尼日尔共和国，非洲，基础数学

2011-09～2013-03 赵显政(Hyunjung Cho)，大韩民国，亚洲，统计学

博士生(5 人，授学位 3 人，论文题目见录 37)

2002-09～2005-07 韩成哲(Song Chol Han)，朝鲜民主主义人民共和国，亚洲，应用数学

2005-09～2006-10 曾宪铭(Laurent Tsang King Sang)，法兰西共和国，欧洲，基础数学

2006-09～2009-07 姜铁龙(Chol Ryong Kang)，朝鲜民主主义人民共和国，亚洲，概率论与数理统计

2012-09～2015-06 陶喆(Moughal Tauqir Ahmed)，巴基斯坦伊斯兰共和国，亚洲，应用数学

2015-09～2020-08 史木(Murad Ali Shan)，巴基斯坦伊斯兰共和国，亚洲，计算数学

普通进修生

1990-08～1991-07 迪亚比·马马杜(Diaby Mamadou)，马里共和国，非洲，

1991-09～1992-07 努尔(Nur Mothamed Ali)，索马里联邦共和国，非洲

1992-09～1995-09 迪亚比·马马杜(Diaby Mamadou)，马里共和国，非洲

1992-09～1996-07 拉亚(Laya Tembely)，马里共和国，非洲

1993-08～1995-07 胡安(Juan Gomez Aguilar)，墨西哥合众国，美洲

1998-09～1999-07 姜崇日(Sung Il Kang)；吴英万(Yong Man O)，朝鲜民主主义人民共和国，亚洲

1998-09～1999-07，2010-09～2011-07 恩东门戈姆 克莱芸(Clement Ndong Mengome)，加蓬共和国，非洲

2000-09～2001-07 金勇植(Yong Sik Kim)，朝鲜民主主义人民共和国，亚洲

2003-09～2005-07 思尼克(Nikola Stankovic)，塞尔维亚共和国，欧洲

2012-09～2013-07 朴希泰(Hee Tae Park)，女，大韩民国，亚洲

高级进修生

1987-03～1990-06 城地茂，日本国，亚洲，数学史

1989-09～1990-03 阿·罗曼诺夫斯基(Pomahobckn A. A.)，苏维埃社会主义共和国联盟，欧洲，应用数学

1994-09～1996-07 傅理山(Manfred Friedsam)，德意志联邦共和国，欧洲，数学史

1998-09～1999-07 李光云(Kwang Un Ri)，朝鲜民主主义人民共和国，亚洲，数学

2002-09～2003-07 李承贤(Sung Hyon Ri)，朝鲜民主主义人民共和国，亚洲，数学

2003-09～2004-06 赵成哲(Song Chol Jo)，朝鲜民主主义人民共和国，亚洲，数学

2006-09～2007-07 郑光贤(Guang Hyon Jong)，朝鲜民主主义人民共和国，亚洲，数学

录 17　1956～2013 年继续教育(本科学历)毕业生名单

（以字母顺序为序）

1956～1958　边连城　卞学诗　卜玉芳　蔡根生　蔡孝王睿　晁虚一　陈宝琦
陈凤兰　陈鸿瑞　陈家伦　成约翰　迟云厚　东　海　杜广武　冯振江　甘仲祥
何　谨　何世奎　何香婵　洪玉祥　胡祖亮　黄光柏　黄克琴　贾士奎　江孟郊
娇煦然　金警眸　金佩琴　靳博华　康瑞增　乐　敏　李　常　李大椿　李逢春
李凤川　李汉中　李鹤秋　李剑明　李捷生　李名远　李世光　李寿庭　李淑珍
李新梅　刘德征　刘国梁　刘济民　刘具沛　刘莲珍　刘　瑞　刘树懿　刘佑敏
罗宏度　马　琬　孟广烈　孟　堃　聂秉章　彭梦珊　平　惠　乔吉峰　商慈忠
绳世福　石富贵　疏俊能　舒友琴　田德育　田富强　万德琦　汪秀娟　王化兰
王蕙森　王沫宜　王兴云　王学礼　王学友　王增燊　王祯祥　魏保安　魏景林
魏永毅　吴道南　谢长青　谢明义　邢富智　徐以仁　徐宗兰　杨宝成　杨克己
杨森甫　杨文选　杨玉民　杨兆禄　杨之兰　杨正大　杨忠平　易法垚　尹钟范
于锡曜　于志斌　袁贤书　张德本　张宏实　张敬娥　张菊明　张儒先　张真藩
张志敏　郑秉孝　郑玉珍　周　穗　朱金石
（111 人，函授，北京站，呼和浩特站，天津站，表 6 不含此人数）

1956～1960　安毓苓　保永顺　陈定生　陈　捷　陈绍商　崔和云　崔天放　高凤周
高鸿达　韩丽平　郝义明　何　涯　何业健　黄焕辰　黄蓉鑫　惠英伟　贾　谟
蒋国安　李桂涛　李健生　李林森　李鹏秋　李振华　林　珍　刘　炳　刘凤喜
刘士璋　刘溯先　刘秀莹　刘　焱　刘玉珍　刘运珍　陆桂珍　马贵霖　孙国彬
孙育才　唐松森　王冠生　王家玲　王玉芝　续庆珊　叶龙先　张华崙　张毓秀
张兆年　张之孟　郑世萍　（47 人，函授，北京站，呼和浩特站，表 6 不含此人数）

1956～1961　曹尔茹　陈伯勇　陈礼贞　陈维纲　董逸民　韩连举　何友安　贺昌俊
揭光武　黎　因　李念著　李文亮　林　济　刘殿选　刘明华　刘兴沛　刘子梁
陆克弘　吕　贤　宁　为　秦凤仪　任融生　任友仁　邵榆麟　盛顺福　宋殿有
田明刚　王笃民　王　茹　王义华　王彝章　魏　明　吴凤英　许　鑫　阎秉心
尹家珍　于鸿泉　张崇礼　张家昌　赵荣鲁　赵汝英　赵万蓉　周泰文　朱兆仓
（44 人毕业，函授，高中升本科，北京站，呼和浩特站）

1985～1988　安玉娥　陈　棣　陈克俭　陈和平　程维华　戴燕军　董毓苓　冯燕东
冯　卓　付美华　高　雷　郭　燕　韩　静　何　延　何颖慧　何玉华　黄纪宏
纪鸣谦　贾迎春　姜玉明　金子城　景晓军　孔宗和　李　兵　李东风　李　华
李晶晶　李明轩　李少芹　李世芳　李先艺　刘军朵　刘依群　刘兆林　马立明
马志刚　孟　建　欧阳虹　濮人法　齐　东　邱培强　任志明　沈继成　沈　逾
舒为群　宋蓓琪　宋　雯　宋　铟　苏东春　孙明兰　孙秋云　孙文达　隋红光
隋丽丽　谈利群　唐哈丽　王建英　王　玫　王淑明　王恕荪　王维清　王　炜
王幸生　王亚贵　王　研　吴　勇　伍伯孚　武玉玲　夏　鸽　夏　光　谢雅欣
徐成彬　徐俭立　闫冠和　杨宝胜　杨李颖　杨忠平　姚林书　易莉萍　于　静
于　明　张　贵　张　浩　张继羽　张丽丽　张启保　张庆杰　张芝芬　张　忠
章建红　赵冬生　赵籍丰　赵　泉　赵淑玉　赵　跃　赵燕星　郑大冬　郑　风

郑美霞 周俊国 周昕伟 朱华英 朱俊英 宗 迪
(104 人，夜大学，专科升本科，1985 级 1 班，北京站)

1985～1988 蔡 衍 常 静 陈 钧 陈 斯 陈彦斌 邓 军 方 健 高 超 郭平梅 郭振海 国 东 韩 巍 贺 兵 侯 刚 黄长植 黄浩生 黄日升 黄晓东 冷鸿诚 李国胜 李立嘉 李沐林 李世斌 李万增 李燕生 李玉峰 李振林 刘炳辉 刘京民 刘立军 刘力仁 刘 岩 刘远涛 陆小华 吕洁光 吕玉刚 马 洁 马京莲 孟庆丽 苗立川 潘向阳 祁 莹 邱占云 邵 迅 史书龙 史耀文 宋丰华 宋 霖 宋凌云 孙跃祥 佟伯仁 汪广敬 汪 浩 王 辉 王 磊 王树盛 王 炜 王锡安 王 毅 武剑平 武婉华 郗春明 席宏伟 席少文 邢汝洁 徐 晶 徐 立 徐元皓 燕学红 杨文焕 杨晓丰 余为民 袁敏英 曾擎宇 张冀应 张建设 张 凯 张 平 张淑玉 张运玲 赵保江 赵光跃 赵惠良 赵志华 仲 平 仲 瑛 周家胜 朱嘉麟 朱小音 邹华生 左祥奇 (91 人，函授，专科升本科，1985 级 2 班，北京站)

1985～1988 毕圣初 邴启星 曹松洲 曹文平 车帮强 车宝顺 陈凤云 陈焕彬 陈世明 陈元浩 成群喜 程晓玲 崔慧章 崔学东 邓锡成 丁沧原 董诚良 董其赞 董志善 杜 蓓 杜方波 杜晓玲 杜永贵 范立群 冯洪海 逄锡梓 高伦宗 高庆元 高文东 高玉娴 官葆本 贺瑞卿 侯成谦 侯国英 侯文跃 黄 芳 纪爱传 纪治太 荆广波 孔新会 兰进青 李春香 李 健 李连华 李林修 李钦侠 李书宝 李文晨 李锡红 李小树 李新功 李延祝 李衍向 李正耀 李宗达 梁 丽 林建明 林以松 刘春光 刘 凤 刘国昌 刘国荣 刘 玫 刘瑞芳 刘世坤 刘太吉 鲁敬山 鹿崇科 吕翠美 吕国利 吕先江 栾永青 马 骏 马有泉 逄让堂 彭胜涛 彭兴亭 钱 泷 邱玉顺 曲秉强 曲友贵 尚奎军 盛春旗 宋光斌 宋立清 宋慎彩 孙家玮 孙建文 孙向阳 孙心友 孙云一 田春云 万国泰 王春燕 王德贞 王棣华 王丰祥 王吉成 王 雷 王敬斌 王立祥 王 林 王 琳 王琳玉 王丕广 王淑贞 王树成 王思琴 王 伟 王 炜(男) 王 炜(女) 王修友 王秀珍 王旭昌 王永庆 王泽智 王 章 吴郡莲 吴学锋 武 斌 解洪启 辛明月 邢景光 徐海燕 徐明航 徐学勤 杨红云 杨 伟 姚增光 尹平利 于普森 于祥生 于晓棣 袁宝林 臧思远 张 波 张建生 张建胜 张建颖 张 洁 张 文 张喜学 张 旭 张玉良 赵达芳 赵化春 赵吉利 赵 洁 赵 青 赵素文 赵新桂 钟 亮 周永华(153 人，函授，专科升本科，1985 级 3 班，山东青岛站)

1985～1988 艾志刚 毕念淄 曹玉伟 曹元琪 陈先胜 崔佃金 崔国庆 董汉月 董立木 杜进元 范雅芬 封明强 高庆敏 高孝传 高秀芳 高银长 耿汝奎 巩日法 巩日军 韩金祥 韩静波 韩云贵 侯诗棣 李安宜 李宝全 李成旺 李洪恩 李金本 李连芳 李荣德 李慎玉 李伟东 李绪军 李 学 李云峰 李治福 梁兆华 刘金考 刘金良 刘 茜 刘同军 刘维厚 刘新忠 刘显平 刘玉海 刘振云 路建春 吕成军 马学芝 马兆良 孟令德 牟德旺 宁茂贵 牛宗汝 蒲 伟 齐广春 乔彦波 荣 玮 石广成 司书东 宋东鸥 宋经云 苏同安 孙奥明 孙惠琴 孙 俊 孙名学 孙树文 孙文蔚 孙振亭 谭允江 谭 伟 田怀德 田卫东 王爱民 王承谊 王成森 王国民 王林香 王明昌

王琦　王少杰　王世平　王循明　王义林　王玉君　王志军　魏青　吴承东
许聿恒　阎家山　杨杰　杨金龙　叶铮　于凤卫　于桂红　于会祥　于洁
于玲　袁健　袁莉　袁丽　岳顺之　云超　翟蕾　翟涛　翟向东
翟小刚　张光彩　张桂玲　张俊爱　张立新　张鲁北　张绍阁　张玉堂　张志忠
赵化信　钟梅　钟琪　周德厚　周艳华　周祖国　朱建华　朱秀泉　邹建振
(125 人，函授，专科升本科，1985 级 4 班，山东淄博站)

1985～1988　白学军　边清军　成新峰　程连国　代延军　棣玲玲　董雪君　付平修
付玉民　耿国锋　耿庆荣　郭泽龙　韩彦波　纪小锋　李爱芹　李丙让　李波
李春辉　李华锋　李南军　李荣星　李卫国　李永贵　李在功　李智重　梁景泰
刘爱芹　刘汉泽　卢延兵　马永祥　彭吉舜　任志敏　宋美英　宋兴龙　孙建华
孙涌　石宝明　石天滨　唐逢春　田学强　王建国　王龙海　王清华　王守龙
魏本水　吴庆余　吴炜　吴卓荣　武传忠　徐浩　徐新峰　杨邦林　杨纯
伊善福　由建勋　张爱芳　张伦传　张振生　赵粟　郑锋三
(60 人，函授，专科升本科，1985 级 5 班，山东惠民站)

1985～1988　陈诗忠　程显国　初忠勤　崔光　崔国海　刁振华　丁建阳　董爱华
冯学卿　傅彩霞　耿希光　郭崇江　黄鑫　姜和忠　姜居旭　姜克昆　姜晓平
孔繁春　孔令忠　李国成　李季桂　李军　李美贞　李艳华　李忠良　刘金敏
刘如泉　刘伟明　刘霞　刘向阳　刘秀美　刘秀芹　刘学卫　刘永和　鲁光耀
栾作健　骆本强　毛合盛　南建忠　潘凌志　曲少纯　曲绍燕　任波　任桂华
荣琢之　宋文海　孙国威　孙庭晓　孙文津　孙学军　滕仁权　佟志武　王海燕
王恒玉　王建华　王建林　王杰兴　王天华　王喜琪　王小平　王若成　王永生
王泽芹　王祝军　徐彩华　徐建民　荀光玲　杨宝萍　杨光　杨九新　杨克忠
杨竹礼　姚芙永　于登才　于方书　于国文　于锦泽　于林虎　于肖华　于兆文
张成纲　张芳芳　张逢臣　张金凤　张京城　张敏慧　张晓　张笑云　张学林
张永水　赵庆利　赵树彬　赵松　赵亦军　周廷民
(95 人，函授，专科升本科，1985 级 6 班，山东烟台站)

1985～1988　安瑞成　安迎跃　安政权　曹新春　车毅刚　陈春明　陈笃信　陈龙飞
程改英　丁晓林　董世波　段艾青　樊荀竹　冯苏全　傅晋玖　高怀保　高一兵
攻胜喜　郭如钢　郭玮　郭燕飞　郭渔冰　郝贵龙　郝永胜　郝玉生　胡福明
姬民　冀泽辉　姜持鼎　雷福旺　李承逊　李福成　李怀德　李万顺　李晓芬
李晓华　李学前　李学荣　李耀麟　梁有会　梁占禄　刘凤兰　刘慧玲　刘俊梅
刘泽红　柳丽萍　栾素琼　马洸　马云凤　钮方文　乔宏　戎真理　宋德全
田艳原　王安吉　王桂英　王红平　王洁　王拖宝　王拖根　王重发　魏秀清
温建萍　巫建荣　吴晋　武登京　武慧伶　武雅梅　谢达鸿　谢好收　荀彦飞
阎建岗　阎慷　阎润德　杨润明　杨振绪　韶永亮　张宝连　张大万　张广亮
张贵棠　张华清　张建民　张利华　张启文　张树萍　张廷华　张燕平　张映武
张玉民　赵春林　赵晋明　赵丽　赵院梅　周萍
(95 人，函授，专科升本科，1985 级 7 班，山西太原站)

1987～1990　昌月安　陈立平　戴颖慧　丁来福　董珂良　范文旬　傅鲁川　高玉新
龚耀良　韩玉进　胡中伟　季付宾　姜福堂　姜涛　姣宗田　金宗善　兰克庭

李　华　李景学　李　龙　李瑞敏　李山志　李　为　李维仁　李学志　李章安
梁凤丽　林之钊　刘芳泉　刘进钢　刘喜华　刘志美　罗　群　马延信　孟显纯
潘淑美　庞甲海　邱若好　全本刚　任军涛　单宝宁　石延东　史绍彬　隋吉民
孙德军　孙建邵　孙快传　孙永铸　孙　勇　孙振华　孙正敏　陶珍霞　王本功
王德顺　王登五　王福泽　王　娟　王书林　王　卫　王　新　王正典　王子勇
王祖太　吴惠民　解　敏　谢　提　徐　平　杨晓纯　殷兆殿　于唐兴　于锡红
于在区　于振玺　翟成臣　张德实　张　杰　张永光　赵焕佐　周德海　周田君
宗成福　邹可全　(82 人，函授，专科升本科，1987 级 1 班，山东青岛站)

1987～1990　安培禄　白凤在　白雪莲　班俊生　常尔英　陈国虎　陈润强　崔交平
董淑琴　杜耀荣　段思祥　段永康　范福龙　冯新明　傅秉义　郭存荣　郝建文
贺志英　侯秀峰　黄美云　蒋建国　焦成文　孔伟才　李爱廷　李德亭　李金祥
李绍敏　李志明　李志颖　李子军　连翠花　刘文章　刘效义　路良平　孟振宇
南爱林　庞德润　祁玉清　秦敬华　师清亮　史计白　苏保中　王翠平　王福银
王建锋　王建平(定襄县)　王建平(离石县)　王培良　王润明　王秀庭　王正平
蔚变香　魏玉生　武補朝　武文亮　解云喜　宣有福　阎金玉　杨进荣　杨利民
杨树勍　杨卫红　杨玉良　于效良　袁建清　张存伟　张福堂　张旺林　张维荣
张喜梅　张心今　张子铭　赵成龙　赵栋云　赵海川　赵瑞萍　赵世忠　赵星贵
赵玉珍　赵志刚　周明国　朱明堂
(82 人，函授，专科升本科，1987 级 2 班，山西忻州站)

1987～1990　陈　颖　陈玉森　崔宝泉　董　勤　范金华　方佩国　高长贵　高福盛
谷绍东　郭玉华　郝澜洪　郝玉芹　何柏林　侯士环　花玉枝　黄志敏　李俊喜
李元双　林根盛　刘春林　刘景双　刘志新　吕春江　孟德稳　庞得玉　齐焕有
齐丽芳　钱永良　申　华　时立文　宋振新　苏艳芬　孙贵远　孙建文　孙立文
孙守田　田　宝　田翠莲　王宝仓　王国玲　王国申　王久义　王庆林　王文江
王艳春　王永胜　韦　宁　解国彬　薛怡春　阎健颖　阎乃娟　杨向荣　尹　文
于善光　袁　义　张桂贤　张立国　张梦武　张　生　张学国　张印龙　张仲礼
赵　辉　赵金玺　赵　全　周立民　朱天茹
(67 人，函授，专科升本科，1987 级 3 班，河北唐山站)

1987～1990　毕福德　毕　雁　蔡世伟　陈光德　程少纯　丛培智　崔冬梅　高　华
高志东　葛永波　宫照勤　谷建昭　郭文涛　贺旭烈　姜水明　姜学洲　兰茂森
梁秀友　林建熙　刘书经　刘在岩　刘志胜　柳玉浩　路卫东　吕扬文　牟洪庆
潘富财　曲德军　曲以功　曲云胜　赛玉飞　史世萍　宋爱宽　宋庆书　宋文斌
宋文胜　宋旭波　苏万苗　宿俊光　孙　超　孙凤云　孙文宇　唐崇东　滕升刚
王美春　王国模　王金刚　王　文　王新生　王义昌　王勇毅　王　政　吴成全
萧建军　邢元照　徐承娥　徐迎春　许德强　阎学德　杨晓生　杨秀福　杨　彦
杨振涛　于胜生　于维瑞　于兆利　于忠宝　臧瑞玉　站京瑞　站永强　张希坤
张忠厚　赵德龙　赵通度(74 人，函授，专科升本科，1987 级 4 班，山东烟台站)

1988～1991　白绍绵　包建民　曹式敏　柴子金　陈春秋　陈国青　陈维新　崔西玲
董志学　杜桂芹　杜秀芝　冯建忠　甘长运　高会茹　高景艳　高丽敏　高泽文

耿晓莲　龚红萍　龚书山　韩胜荣　何凤芬　侯素华　贾宝元　贾正金　姜玉彬
姜玉芹　靳延昌　康连霞　冷学员　李长香　李凤清　李万海　李艳梅　李义强
李玉梅　李玉玮　刘宝玉　刘纯强　刘培凤　刘文春　刘　瑛　刘亚静　刘之菊
麦一斌　秦淑霞　单桂秀　孙国宏　孙连振　谭　英　田永强　王宝霞　王贵民
王洪亮　王会敏　王建军　王敬芳　王　平　王绍红　王雅林　王岳姝　温化香
吴长芝　谢佳新　谢万盛　徐茂红　阎国良　杨廷芬　殷丽华　于俊才　袁　琳
詹世泽　张宝贵　张洪伶　张丽香　张明富　张绍芳　张淑芝　赵树林　赵廷欢
周凤祥　周　宏　(82 人，函授，专科升本科，1988 级 1 班，天津站)

1988～1991　曹亮琴　程改英　程毓香　代金娥　邓宗福　段成维　樊　瑾　冯润强
高爱玲　高亚莉　龚　晋　郭锦高　韩俊生　郝美娟　侯心心　侯学勇　贾麟香
江宝善　巨慧萍　康贵忠　李　斌　李贵成　李慧洁　廉爱民　梁秋梅　刘洪玉
刘洪柱　苗桂花　乔亦青　乔忠温　史豪强　苏海生　田　茂　田银海　王并跃
王成祖　王美卿　王　荣　王毅敏　王引弟　王跃进　危丽娜　温改青　吴邯军
吴艳平　武来全　武秀春　武学进　徐爱珍　许银淦　薛兰英　阎天琴　阎小花
闫永红　杨保春　杨国银　姚世敏　岳忠云　张爱芳　张红雨　张荣钰　张文军
张叶勤　张振国　赵长寿　赵翠萍　郑德秀　智文彪　祝秀芳
(69 人，函授，专科升本科，1988 级 2 班，山西太原站)

1988～1991　车免平　陈世文　成建州　冯志强　高晓萍　耿秀珍　郭学忠　郝汝秀
降廷发　李明荣　吕兆明　马大江　牛亮珠　秦向荣　孙　义　王建平　王明建
王若平　王三平　武镜明　阎明亮　阎瑞逢　张全有　张绳富　张英槐
(25 人，函授，专科升本科，1988 级 3 班，山西吕梁站)

1988～1993　卜红兵　陈世红　丛黎平　代万杰　董福荣　范晓红　高景霞　韩卫东
韩正民　黄增波　黄振忠　贾日国　姜笃学　姜瑞照　姜松洲　李志方　林凤英
刘海玉　刘文彬　刘玉秀　刘元松　柳秀珍　卢绍才　马翠田　马振良　倪绍文
宁春梅　潘淑英　潘文南　宋卫东　宋　庄　隋春玲　孙京同　孙　涛　孙玉宝
孙振刚　孙振声　王翠凤　王光辉　王进良　王庆瑞　王守春　王顺涛　王艳华
王玉梅　王悦川　邢德洪　邢乃先　徐洪斌　徐维春　徐作锋　杨瑞君　尹红梅
于红光　于淑芹　周同兴
(56 人，函授，高中升本科，1988 级 4 班，山东莱阳站)

1989～1992　白长凤　毕方玉　毕学东　丛咏梅　崔晓晨　崔永路　董继国　董敬明
董丽琴　杜宝才　杜荣勇　国建章　韩怀文　韩俊游　韩祥爱　侯维刚　黄立学
纪尚伟　姜伟波　焦永花　荆得刚　康诚杰　李　波　李传云　李　红　李　杰
李　强　李荣祥　李　涛　李新庆　李永华　李玉珍　刘春平　刘凤霞　刘福成
刘福华　刘宏飞　刘　辉　刘金勇　刘世忠　刘卫东　刘向明　刘云东　卢守富
吕心鹏　吕玉华　苗清洁　倪金萍　聂炳法　聂玉臻　裴光辉　亓正坤　任永远
邵爱霞　宿恒飞　孙博生　孙　卉　孙宁震　孙　晓　孙源德　陶淑娟　田茂庆
王方钧　王洪军　王立新　王清深　王　泉　王群臣　王　韬　王维杰　王秀芬
王照刚　王　忠　吴胜东　夏卫平　徐美峰　徐启文　阎炳亮　杨　红　杨　勇

尹洪波　尹伟东　于献宝　张奉先　张文强　张兴阔　张秀伟　张则玉　赵建国
赵兰英　赵林修　赵明昌
(92 人，函授，专科升本科，1989 级 1 班，山东淄博站)

1989～1992　陈建军　陈平芳　陈寿平　成洪炎　杜国心　高宝铜　贺光明　侯立勋
侯绪敏　胡光华　胡在新　匡更福　李长明　李定珍　李良球　李　涛　廖泽雄
刘解云　刘万福　刘文根　刘　昕　刘佑章　刘云星　罗　冲　罗清平　罗太元
罗学敏　罗志泉　聂为民　彭浪巩　宋锦宏　唐良生　唐云芳　吴海生　夏端人
向晓云　萧　剑　萧满根　萧奇峰　许如松　阳辉金　杨守斌　尹华隆　曾超益
曾　晔　赵占祥　钟为民　钟新粮　周维水　周细阳
(50 人，函授，专科升本科，1989 级 2 班，湖南怀化站)

1990～1993　车晓春　成人佳　陈春祥　陈方良　陈继业　陈建云　陈清林　邓中兴
高守文　谷瑞赐　韩朝晖　何　林　贺占宏　胡革新　胡素云　黄　斌　江海波
蒋时民　李建国　李平凡　李清平　李圣海　李万考　李学文　廖太东　刘　和
刘剑平　刘秋桂　刘让信　刘书开　刘松枝　刘　遂　刘伟侠　刘晓林　刘叶治
刘友红　刘玉林　龙世海　罗爱平　孟　雄　宁　勇　欧远志　彭国清　申小敏
石水生　石修红　舒杰信　苏岳平　孙水林　唐建娥　唐　麟　王伦生　吴昌左
吴　凡　吴国惠　向清好　谢卫红　肖高杨　肖建辉　熊胜林　徐奇志　许建湘
阳全南　易连湘　张明辉　张　毅　周爱国　周才凯　周德平　周茂华　朱伟芳
(71 人，函授，专科升本科，1990 级 1 班，湖南怀化站)

1990～1993　程业发　邓新国　丁永久　范希锋　高玉梅　管　毅　韩祥云　韩照同
贾万亮　姜　伟　金文化　李爱玲　李　刚　李胜华　李士学　梁元钦　林　松
林　霞　刘海涛　刘继光　刘家平　刘金颂　刘亚军　刘元国　马爱萍　綦振强
曲大建　任泰智　阮　渊　宋立波　隋邦属　孙　超　孙良兵　王福永　王　剑
王立松　王庆军　王　彤　武珍英　夏修高　谢志山　徐　靖　殷若松　尹玉童
于爱芹　于乃照　张津文　张进玲　张　明　张维波　张新民　张秀萍　赵宏亮
郑建森　周长静　朱德升
(56 人，函授，专科升本科，1990 级 2 班，山东青岛站)

1990～1993　车言欣　陈洪海　崔永志　盖　奎　高志英　赖积锋　李美艳　李雪山
梁智慧　林东胜　曲雪军　时同卿　王德琴　王麟丽　修海军　许红梅　杨春国
张　英　(18 人，函授，专科升本科，1990 级 3 班，山东莱阳站)

1991～1994　蔡立萍　郭春平　郭丽君　郭丽萍　郭郁葱　胡守信　胡忠德　李百文
李荣海　李学青　梁立新　刘　莹　彭宝阳　彭　雷　钱恒合　司凤兰　谭广善
谭文君　屠殿勋　王　渤　王　辉　王连生　王淑华　王学柱　王　焱　吴春霞
辛振红　徐景年　杨伟宏　殷连云　于　才　于永涛　张大庆　张静红　张　军
张清孝　张士芬　张秀明　张永恒　张子瑜　赵凤林　赵丽娟　赵秀芹　朱文忠
(44 人，函授，专科升本科，1991 级 1 班，北京通州站)

1991～1994　边心国　蔡　镇　陈洪春　崔宝利　崔广敏　崔　霞　刁　静　丁方祥
董翠霞　董立论　段要国　段　禹　段玉增　房卫国　冯晓娟　高庆金　高希祥

高绪梅　公培才　攻向利　顾长永　韩秀萍　侯光坤　胡　萍　宦玉杰　黄志英
姜仁杰　焦天民　焦宗平　李福学　李建林　李　铭　李素莲　李玉芝　李元卓
李忠玉　梁本江　刘昌民　刘加臻　刘举庆　刘铭财　刘书耀　刘同波　卢振路
路奎新　吕立群　齐洪祥　商金琳　邵云芳　申晓梅　沈冰俏　宋常修　苏成亮
孙发国　孙清江　孙卫东　孙秀梅　田建华　田瑞龙　王东礼　王洪田　王金凤
王金桥　王　琳　王　玫　王　梅　王　涛　王文新　吴法章　吴瑞梅　吴淑兰
邢才正　延永平　袁全升　翟玉兰　张红芹　张乐滨　张奎城　张丽荣　张明川
张晓霞　张学利　张　英　张正晏　赵福荣　赵书刚　郑　群　郑涌波　周俄眉
周　明　左效平　(91 人，函授，专科升本科，1991 级 2 班，山东潍坊站)

1991～1994　陈　勇　邓柏林　樊艳萍　何荣桂　李邦陆　李贵君　李　卉　李　婷
李先标　柳祥云　罗建华　孟安华　彭宏权　邱年春　粟　明　谭荣斌　魏继东
吴兴郡　肖凤伟　肖功省　肖正平　向　东　谢金生　徐传旺　许若窦　杨新祖
张柏生　张　燕　周建云　周利亚　朱异光
(31 人，函授，专科升本科，1991 级 3 班，湖南怀化站)

1991～1994　陈金坤　陈来功　程克己　杜祥国　段永慧　冯媛婷　郭营莉　胡玉萍
李长坡　李凤奎　李冠军　李宏君　李金周　李天深　李钊坡　刘文亮　刘志成
鲁　刚　宁家平　裴怀乾　司马仲杰　王国坡　王福贵　王清林　王晓蕾
王雨洒　吴丰军　吴和平　吴韶晖　涂庆元　薛涛英　姚俊杰　张德才　张贵周
(34 人，函授，专科升本科，1991 级 4 班，河南平顶山站)

1992～1995　白冬菊　白凤英　陈世霞　陈再新　崔胜锋　冯书香　古树军　韩晓辉
郝桂侠　贾巧玲　寇印从　李长河　李凤如　李连忠　李铁英　李　艳　刘爱东
刘瑞华　刘雨民　马凤明　马会英　马庆元　裴全所　齐树生　秦佩秋　任振保
王海燕　王立坤　王潞江　王淑艳　王秀清　王永忠　王玉珍　王志新　魏凤林
肖俊举　肖青然　肖玉成　解　江　应伟红　袁广志　翟晓霞　张淑慧　赵雅光
郑朝辉　郑国秀　郑秀玲　周锡栋　周子会
(49 人，函授，专科升本科，河北秦皇岛站)

1992～1995　白根生　陈玉发　郭开平　胡爱荣　姜少华　李防知　李副州　李元凯
练忠良　刘　冰　刘国兰　刘　晖　宁锐杰　任　明　邵明宪　沈定国　孙　涛
陶庆明　仝云战　王格彪　温海波　翁育兵　邢金梅　杨　静　张保民　赵武超
周续燎　(27 人，函授，专科升本科，河南平顶山站)

1992～1995　曹国芬　曹学军　曹　毅　曹迎高　昌翠云　陈智群　成学农　储紫云
邓银生　范丽菊　冯小明　龚运勤　何美林　洪　伟　胡　波　胡春华　黄华春
黄艺海　康利民　李波云　李翠华　李建军　李建中　李孟良　李启道　李　琴
廖顺红　刘月辉　刘　云　柳晓林　罗朝红　宁永煌　欧雪银　任　明　沈定国
粟荣付　谭　锴　陶庆明　汪良举　王晓明　王筱秋　吴建煌　吴立良　吴　敏
肖秋菊　肖志华　徐凡训　徐家宁　杨茂华　杨幼平　叶心伟　曾　林　曾文普
资　斌　钟　琦　周国良　邹安琴　(57 人，函授，专科升本科，湖南长沙站)

1992～1995　白建岗　曹益花　丁荣国　董　宏　杜太行　杜瑞萍　杜晓霞　冯　琳

巩喜原 郭卫东 郝翠娥 郝转梅 侯建文 籍富仙 贾　京 康建云 李金光
李靖华 李　军 李燕英 梁香莲 刘桂梅 吕桂玲 马建芳 孟　琼 明亚东
任从容 任学琦 任延玉 史　杰 宋　萍 宋绪兰 王建令 王晋红 王连云
王　平 王　毅 魏新莲 温国英 武天胜 武玉芳 肖美英 闫翠莲 杨立学
杨平香 杨云花 张惠民 张席华 张晓明
(49 人，函授，专科升本科，山西阳泉站)

1993～1996 曹贱如 陈怀琴 陈奇志 杜小许 郭建生 郭卫东 贺水长 胡建生
胡介平 胡素华 胡自卫 宦福庚 黄小寒 黄秀明 黄宣镜 姜志诚 赖小平
李建明 李四德 李文裕 李晓昭 李　英 李　真 刘　彪 刘道玉 刘建群
刘世松 刘　忠 龙恩兴 龙厚贞 龙君勇 龙小胖 彭君正 孙泉本 唐年明
王建峰 王伟文 王武生 王忠传 温兴忠 吴煌桂 伍文澜 习龙根 习学秀
肖刚林 肖庆豪 谢春如 曾德元 曾淑英 曾　瑜 张红刚 张子琤 钟华阳
钟　澜 周春光 周龙生 周日龙 周文彬 邹　玲
(59 人，函授，专科升本科，江西吉安站)

1993～1996 陈化冰 程元玲 崔志海 邓效朋 范国斌 高旭华 何　奕 侯乐光
胡文刚 姬　鹏 贾新华 李凤芹 李　健 李　军 李鲁华 李文臻 林　健
刘　福 鹿　静 毛秀芹 孟庆豹 宋美云 苏　强 孙　丽 索玉英 陶新军
田茂永 王金星 王欣国 吴海燕 吴士军 奄祚滨 尹　燕 于守卫 袁雪峰
翟召胜 赵春国 赵　蔚 周　萍 朱美香
(40 人，函授，专科升本科，山东淄博站)

1993～1996 白建华 白菊仙 曹　文 陈日忠 程玉珍 崔永拴 杜素英 段纯倩
段锦萍 段润花 范广英 范旺元 冯伯英 付红霞 高红卫 耿寅杰 郭爱萍
郭兆惠 韩宝寿 郝彩英 贾忠琴 金书强 康文明 李国强 李慧英 李景堂
李　卫 李文英 李　霞 李秀梅 梁秋梅 梁有娣 林大民 令狐靖 刘光东
刘正旭 刘志英 罗文英 孟丽云 庞丽君 乔立铭 乔漱迅 石广珍 石　梅
宋翠金 宋跃萍 孙道兰 孙守宦 宛敏华 王爱卿 王德成 王俊峰 王俊奇
王玉红 卫常青 吴翠英 肖连英 邢世英 徐红斌 徐　培 阎志云 姚　英
杨爱荣 杨梅丽 杨玉仙 张春珍 张立平 张培兰 张艳萍 赵建萍 赵　琦
赵润梅 郑如霞 (73 人，函授，专科升本科，山西太原站)

1993～1997 郭红梅 (1 人，函授，专科升本科，山西太原站)

1994～1997 谷晓红 胡俊航 李海涛 李卫东 李五善 刘　芳 刘俊堂 路国庆
马跃杰 苗彩红 邵迎超 孙　玲 田颖科 王四宾 王心丽 文义龙 吴青蛾
夏红艳 解德亮 许　东 余爱范 查　凯 张国忠 张　霞
(24 人，函授，专科升本科，河南平顶山站)

1995～1998 陈景生 陈琳玲 邓青云 段　渊 何友义 黄春晖 金建清 匡凤莲
黎茂盛 李国屏 廖碧飞 刘芽保 刘亚民 龙小娟 吕鹤鸣 莫纲兵 莫运友
谭庆寿 唐洞庭 唐建华 唐翔华 唐远华 王爱武 王润民 王希军 王裕民
王中华 文爱武 肖和田 许德纯 曾艳明 张初阳 周汉斌 邹丽萍

(34 人，函授，专科升本科，湖南长沙站)

1995～1998　程彩霞　高秀红　韩绍宁　姜福玉　蒋平庆　李春海　李　娜　梁桂先　刘春香　刘金柱　麻丽玉　孙东梅　孙林玲　汤莉超　王　峰　王丽萍　王守华　王文虎　王文月　王艳萍　王志利　谢秀玉　邢玉红　徐慧青　宣国义　杨　帆　叶海涛　尹明芬　由学程　于少霞　张红囡

(31 人，函授，专科升本科，山东青岛站)

1996～1999　安秀霞　巴桂茹　常文珍　高　敏　耿慧艳　关悦梅　呼晓丽　胡洪池　金玉福　井洪波　李春霞　李全有　李树弘　李文兴　李文英　李星梅　李秀荣　李艳玲　李艳茹　李玉敏　林凤枝　刘彩云　刘国新　刘湘红　刘小辉　刘　艳　刘志铁　柳会国　孟国玲　孟建梅　宁志卓　牛清建　宋来红　宋　丽　孙敏利　谭会英　唐立存　王金生　王开峰　王立军　王振波　徐永凤　杨永海　姚汝雷　俞淑仿　张冠彬　张国新　张艳秋　周来友

(49 人，函授，专科升本科，河北唐山站)

1996～1999　曹菁华　邓承志　邓立新　傅建国　郭　飞　胡爱军　黄光明　黄瑞葛　刘　芳　刘可育　刘晓清　刘　艳　罗明铁　罗小桂　罗小军　欧阳芬　彭育生　皮金华　盛汉英　施爱兵　宋青山　孙　勇　田林保　王嘉卫　吴秋生　谢爱明　杨吉安　曾秋斌　曾苏华　张昌瑞　张佳勇　张　亮　钟文明　邹秋生

(34 人，函授，专科升本科，江西吉安站)

1996～1999　柴　滢　高付军　胡文清　黄　杰　李宁英　刘　惠　秦小萍　商敬东　王鸿燕　吴　勇　武振艳　许建军　薛　莹　杨翠英　余　磊　俞慧平　张　雪　郑成新　郑武军　周崇贵　周　慧　(21 人，函授，专科升本科，新疆克拉玛依站)

1997～2000　曹晓蔚　常　杰　陈　洁　陈小双　崔京立　杜素双　冯向前　冯秀静　高宏伶　高瑞兰　攻永兵　侯继东　姜俊英　李　刚(永清县)　李　刚(卢龙县)　李　辉　李金泉　李俊芳　李向萍　刘春秀　刘　杰　刘瑞敏　刘秀梅　马建军　马力侠　孟令钊　牛燕影　裴凤岩　邵秀娟　孙志进　王海波　王　玮　王永田　王志永　魏　勇　夏桂华　杨安宇　杨军宏　杨林山　杨亚丽　杨玉强　幺艳玲　尹二零　于宝君　张谨文　张秀丽　赵冬梅　赵淑文　赵　颖

(49 人，函授，专科升本科，河北秦皇岛站)

1997～2000　曹永泉　陈　华　甘华辉　胡敦挂　黄友生　江小猛　蒋海兰　李　鹏　李　平　刘德远　刘福平　罗文德　罗小琴　罗志强　马瑾香　欧阳伟成　孙金根　王志刚　文建华　吴志明　伍艳玮　严朝阳　曾娇华　曾宪群　曾许根　张翠华　张顺清　张一范　赵利华　周湖平　邹烈欣

(31 人，函授，专科升本科，江西吉安站)

1997～2000　陈　娟　何新兵　蒋　勇　李　军　刘艳霞　王会科　王京娟　王　兰　谢玉翎　杨　建　杨文春　张　虹　赵红梅　邹奉山

(14 人，函授，专科升本科，新疆克拉玛依站)

1998～2001　曹春光　曹建明　曹俊红　陈世民　陈淑焕　董本华　高淑英　高　燕　高振海　郭连勇　郝洪春　郝立民　侯大奎　侯海英　黄春桥　康艳云　李东旭

李桂敏 李景峰 李跃松 刘兴武 罗海英 马国福 马 华 马 利 马艳霞
孟庆贵 邵德玉 商立群 商玉忠 孙晓新 田桂霞 王爱兵 王东新 王飞鹏
王 娟 王 军 王俊丽 王立静 王锐锋 王 新 王 阳 武兴俊 徐建华
徐英英 杨储粮 杨革华 杨艳燕 湛增利 张爱香 张本明 张翠玉 张福强
张士东 周 杰 (55 人，函授，专科升本科，北京通州站)

1998～2001 包永卿 崔兆顺 董春霞 段瑞玲 高继成 何立平 景林业 雷海峰
雷进义 李长杉 李富娃 李 江 李敬陶 李小忠 罗进守 马 赋 马克俭
逢全弟 裴定胜 彭四一 唐金维 帖登峰 汪宝林 汪库生 王保青 王红利
王 全 王太生 王田库 王秀峰 尉 玲 吴秉珍 胥同庆 严 雯 杨 虎
杨建新 杨立海 尹军民 张丽娟 张晓萍 张永谦 张兆东 张战雄 周 晴
(44 人，函授，专科升本科，甘肃天水站)

1999～2002 安绍凤 杜东生 冯冬梅 冯晓慧 耿春龙 郭丽琴 李宝平 李翠如
李建新 李 琼 李秀红 李 翊 李玉新 李占霞 李志强 刘 红 刘红利
刘继成 刘 强 刘志林 马海燕 马 英 穆怀星 齐莉莉 孙海燕 王海霞
王 华 王建华 王丽星 王 英 王 征 谢澎霞 杨春霞 姚春艳 张爱国
张爱民 张燕霞 赵振江 周燕林 (39 人，函授，专科升本科，北京通州站)

1999～2002 白新娥 鲍金花 陈德瑞 陈 红 陈家端 陈婧丽 陈艳玲(包头市)
陈艳玲(翁牛特旗) 成宏旭 崔云连 东 风 郭俊炳 哈森其木格
胡 浩 霍向英 靖建勇 兰海鹰 李桂明 李国刚 李 晶 李淑平 李秀峰
梁 平 林海杰 刘 军 刘胜军 刘世杰 刘树勇 刘素荣 刘文强 刘秀德
刘雪梅 卢 辉 陆万武 吕铁映 马 景 马小平 曲亚丽 沈丹玲 宋亚峰
苏桂洁 田立勤 田 欣 佟桂华 王爱萍 王 铎 王慧聪 王立新 王舒心
魏树革 武占强 徐 丹 许 勇 薛思谦 闫剑昆 杨素文 杨彦清 杨玉山
杨忠和 仪明旭 于翠艳 翟丽艳 翟志俊 张春梅 张春勇 张 丹 张国顺
张会君 张佳爽 张俊峰 张瑞莲 张世江 张亚臣 章艳芬 郑文翠 智妙珍
周英姿 朱国志 (78 人，函授，专科升本科，内蒙古自治区赤峰站)

1999～2002 曹树聪 陈 芳 陈桂青 陈洪丽 陈 鹏 陈宪武 董英华 方 萍
冯文波 高福利 高秋芸 高新娥 高玉青 韩晓艳 何兰桂 吉红艳 贾汝思
姜 舫 李德海 李 丽 李小军 李晓娟 刘海香 刘宏艳 刘佳宁 刘淑玲
刘晓红 骆素爱 马艳霞 孟秀学 单春雨 石淑珍 史艳晖 孙加柱 孙九林
孙立勇 孙丽静 孙素玲 孙秀河 孙 颖 田彩玲 王广平 王 晋 王连强
吴凤丽 吴晓红 闫翠玲 杨爱华 杨法旺 于宝忠 于俊英 于 阳 张爱文
张继伟 张立荣 张来坤 张 金 张 晶 张秀莲 张秀玲 张屹立 张 颖
赵恩会 赵淑芬 赵向男 赵秀民 赵志远
(67 人，函授，专科升本科，河北唐山站)

2000～2003 蔡 渊 蔡云炳 曹德强 曹小云 常胜彪 陈林真 陈 珅 董 弼
高海祥 高培峰 何 琼 何 瑛 黄建宏 雷建新 李 成 李双燕 李增佳
梁鸿凰 刘保利 刘慧琴 刘永智 马绒绒 马玉锋 潘元淑 裴元定 秦慧萍

谭具东　田　立　万　军　王　呼　王启龙　王永锋　王志漫　魏　斌　吴红英
谢利军　谢永林　姚光辉　杨勤胜　张得南　张广录　张宏翀　张红燕　张继忠
张文霞　张贤德　张小平　张　瑶　张燚华　张志强　张忠文　赵桂林
(52 人，函授，专科升本科，甘肃天水站)

2000～2003　陈少峰　楚志勇　崔朝阳　崔少勇　豆增云　邓云伟　丁代强　杜志刚
段彦超　冯建军　冯遂央　冯卫东　符彩霞　岗建存　龚伟涛　郭学宾　胡静敏
黄秀梅　晋超凡　靳振乾　景海霞　雷慧芬　李爱峰　李广华　李　浩　李红涛
李继锋　李瑞强　李新娜　李　艳　李艳红　李艳书　刘德军　刘红丽　刘雷飞
刘小华　刘新枝　刘银清　娄鹏辉　卢根民　罗秀英　马娟茹　马俊涛　马来雄
买　芳　牛俊华　裴娅晖　荣立江　邵玉蛟　史晓光　孙兆敏　田雪芳　王春燕
王东风　王红娟　王红军　王会丽　王金杰　王　磊　王全芬　王雅琴　王银博
王玉珍　王章章　魏先敏　肖密霞　徐灵群　杨俊安　杨治国　尹利辉　岳宗会
张广侠　张华宾　张建会　张全成　张耀红　赵　磊　赵德中　赵振华　甄玉花
周兰侠　朱明皓　朱太平　朱晓明　朱玉欣　祖利平
(86 人，函授，专科升本科，河南许昌站)

2001～2004　鲍丽丽　蔡金菊　陈　富　陈立国　丁春光　杜润芳　范海平　付春伟
耿丽娜　侯秀艳　胡春梅　胡美丽　贾瑞平　金翠珍　李桂馥　李国华　李红梅
李怀英　李建华　李建军　李树军　李亚荣　李永文　刘纳新　刘玉娟　刘云峰
卢金芳　马艳华　裴俊英　乔凤萍　沈　燕　宋晓荣　宋增武　谭丽丽　佟彦风
王爱新　王春艳　王东生　王　芳　王观阳　王桂梅　王宏利　王美玲　王彦卫
王越超　武志国　肖海燕　杨冬侠　杨　丽　张安霞　张桂芬　张青军　张晓晨
张艳华　张艳艳　赵彩凤　赵富瑞　赵君辉　赵晓敏　赵艳玲　周志红　朱向荣
朱艳荣　(63 人，函授，专科升本科，河北承德站)

2001～2004　鲍淑存　曹　军　曹　晔　柴桂霞　陈建辉　陈　军　陈美芳　陈永霞
程桂莲　初海炜　崔蒙娟　崔玉泉　杜德军　杜红霞　杜慧英　段亚荣　范立民
冯　伟　付瑞玲　付世卓　高冬梅　高永飞　耿殿珍　郭建梅　郭青春　郭相平
郝玉霞　韩丽芬　韩晓峰　韩学群　侯丽梅　侯广军　胡晓杰　黄敏霞　黄秀芬
贾　龙　贾小波　贾玉芬　姜文新　焦建军　金廷华　靳　军　井雅梅　孔祥增
李炳国　李　程　李春梅　李　富　李桂兰　李洪芳　李　华　李佳非　李　军
李生芳　李晓芝　李秀红　廉婧婧　林安伟　林亚川　刘桂茹　刘国民　刘国琴
刘国远　刘瑞恒　卢雅文　陆　轩　吕菲超　马放天　马艳丽　马英华　马玉洁
苗玉霞　孟庆江　潘立军　乔彩梅　乔文华　乔晓华　石小勇　史学华　史永东
宋慧敏　苏　燕　孙凤阳　孙敬民　孙瑞霞　孙秀敏　田丽杰　田　龙　田晓华
唐建民　滕海峰　王冬梅　王凤莲　王慧鑫　王　骥　王建新　王瑞利　王素华
王文胜　王晓娟　王新海　王亚杰　王永东　王志强　尉志勇　魏凤丽　魏　巍
邬建军　辛绍丹　谢国玲　谢　伟　徐双艳　徐焱明　许艳彬　闫春林　闫　浩
杨丽英　杨淑敏　杨艳文　殷志广　尹凤龙　尹淑华　尤振国　于海娇　于建华
于镇闻　张建业　张进军　张景辉　张　立　张圣刚　张树文　张素艳　张晓明

张翔　张艳英　张永军　张永胜　张玉松　张志　张智　赵枫　赵海军
赵建军　赵丽媛　赵有平　郑丽红　郑少芳　郑树新　郑素红　郑伟　郑文敏
周俊平　周文春　(154 人，函授，专科升本科，内蒙古自治区赤峰站)

2001～2004　白廷磊　程蓓　丛英　崔云霞　高从学　高玉珍　侯丽娟　孔祥士
来永昌　李铭新　李先彬　李晓　李玉宝　李玉梅　梁翠萍　林海燕　马惠艳
马玉良　孟玥　史青　孙桂良　孙明霞　唐晓慧　汪利宁　王春燕　王芳
王晓丽　吴绍芹　武广春　徐永亮　杨建华　杨伟　于娟　于梅娥　张付友
张海英　张学英　赵海芳　赵焕学　朱保润　朱小娟　朱玉芬
(42 人，函授，高中升本科，山东莱阳站)

2001～2004　曹鹏　陈相昀　陈雪宁　豆海荣　冯斌　高世军　胡杭建　靳红良
李菊玲　李军华　李鹏武　李旭东　栗琰　令惠驰　刘凯　刘香莉　刘伟
彭焕珍　盛纪维　苏鑫　孙晓妮　孙争强　王变利　王健　武东静　肖成
肖正银　徐翠珠　姚彩虹　姚志峰　杨剑　杨建军　杨莨　张斌　张粉侠
张凤学　张杭州　张欣　赵洋　赵站红　朱洁
(41 人，函授，高中升本科，陕西西安站)

1999～2004　卜立娟　(1 人，函授，专科升本科，内蒙古自治区赤峰站)

2000～2004　成华　刘歌　路宣娜　王延红(4 人，函授，专科升本科，河南许昌站)

2002～2005　安军强　安晓桐　曹继锋　丁晓娥　杜占明　杜振龙　伏保生　高正贵
郝铁　韩麦银　何长斌　何聪　霍生杰　贾军　巨武成　寇旺强　李帆
李宏　李见性　李娟芳　李亚平　李云云　廖芳霞　刘芳芳　刘来平　刘黎光
刘满平　刘学礼　刘彦军　逯东峰　陆祖安　牛小平　史帅天　裴斌辉　漆吉胜
宋金凤　宋亚珍　田小建　王锦程　王晓燕　王永利　文旭红　魏志璟　文晓琴
席萍　薛晓莲　闫小军　杨俊丰　杨卫平　岳利荣　张海山　张鸿斌　张建明
张锦　张军平　张丽　张旭民　张志杰　赵倞婕　赵明明　赵文化　周建文
朱芬芬　朱玲霞　(64 人，函授，专科升本科，甘肃天水站)

2002～2005　蔡素芳　曹秀娜　代玉国　房玉春　谷占红　侯晶华　胡佳华　胡艳智
李芬芬　李素珍　李文波　李永霞　刘柏顺　刘海梅　刘宏宇　潘志惠　裴艳敏
孙月兰　王凤英　王丽艳　王素慧　王雪平　王玉玲　温书华　文向丽　吴金荣
徐以茹　杨英歌　张慧　张立娟　张晓伟　张玉杰
(32 人，函授，专科升本科，河北承德站)

2002～2005　安玉梅　白兰艳　曹志平　常文俊　陈喜云　陈艳辉　崔美萍　戴莉
董俊英　杜建华　邓相东　丁文龙　杜香花　冯国忠　付桂凤　付鑫　高建华
高美霞　高树军　关桂国　郭堂宏　郝丽新　韩世全　何静　黄晓茹　贾连芳
贾秀岩　姜海涛　金志奎　金华　靳祥　蒯国建　兰梦　雷蒙冬　李昌伟
李冬梅　李海东　李海龙　李浩娥　李红梅　李杰　李进　李俊峰　李善姝
李维军　李晓明　李研峰　栗水龙　梁海杰　梁金柱　林海青　刘虎　刘立国
刘立明　刘佩杰　刘淑梅　刘天鹏　刘天义　刘晓飞　刘秀雅　刘艳华　刘玉亭
刘增　刘子义　卢志强　陆冬梅　陆艳丽　吕海江　马生平　马宗芳　孟凡民

孟铁军　倪向前　牛桂刚　牛桂莲　牛景文　裴雪冰　乔海琴　单文静　宋久艳
宿秀娴　孙红娟　陶国树　田海峰　田启琳　佟双山　万向丽　王德全　王　锋
王桂云　王国琴　王海啸　王继贤　王　力　王利双　王希民　王新杰　王秀凡
王学坤　王亚男　王友福　王玉英　王　珍　王振方　王振琴　韦淑玲　韦永和
魏　强　邬高飞　吴彩虹　吴　瑕　吴艳霞　项　勇　项云利　辛奇志　谢　鹏
解庆华　解文艳　徐敏云　徐　军　许凌波　许凌杰　薛海英　闫国锋　姚川俊
杨德敏　杨丽红　杨淑霞　杨文超　阴淑艳　尹　飞　尤宝国　于海华　于红宇
于晓波　于晓艳　于孝彬　苑　春　袁晓霞　袁新星　袁玉文　臧凤超　张桂玲
张洪友　张进瑞　张丽华　张明慧　张　强　张晓丽　张晓鹏　张志辉　张子升
赵桂荣　赵宏峰　赵欢晓　赵　敏　赵子田　钟爱林　郑丽红　周　戈　周丽萍
周世青　周庆荣　周宪杰　(164 人，函授，专科升本科，内蒙古自治区赤峰站)

2002～2005　白　瑞　白松青　边　江　蔡建平　曹超群　曹　俊　常　波　程　静
崔丽平　董德恩　杜雅红　樊彩云　樊晋明　高新连　高淑英　高晓慧　郭建刚
郭鹏亮　郝春光　和俊芬　贺晓利　贺珍丽　侯　伟　贾顺全　靳艳云　景黎明
康秀英　雷云峰　李爱萍　李景荣　李　静　李　军　李俊铭　李丽平　李　强
李小静　李燕芳　李越华　梁晋萍　梁永强　刘亚斌　龙亚斌　乔翠霞　乔延军
任振华　石宝香　孙　妮　孙建平　田红燕　田庆萍　田　燕　王芳香　王　军
王维山　吴　娟　武志荣　谢　栋　许彩霞　杨艳英　尹浩宇　张保忠　张建斌
张晋龙　张阔斌　张瑞芳　张晓燕　张旭红　赵红丽　赵建国　赵金明　赵　丽
赵灵华　郑美菊　周晓华　(74 人，函授专科升本科，山西太原站)

2004～2007　安亚西　蔡焕君　车　强　陈新满　伏芳明　巩霄鸿　郭海珍　郭文娟
郭　玺　何军成　何立德　何亚平　衡富强　缑艳春　黄巧红　黄彦斌　霍闻涛
颉瑞红　金永康　康彩虹　李彩霞　李国维　李启洲　李义成　李　勇　梁勤旺
路淑慧　逯四海　陆志伟　罗国荣　马翠翠　马军红　马　琳　马正雄　牟海英
邵伟明　石　荣　孙　莉　孙旭林　王彩琴　王桂琴　王建强　王建平　王军强
王文娟　王晓恒　王晓全　王月娉　魏志强　吴建军　吴正明　夏振国　信拉成
闫隆宁　杨　刚　杨文娟　叶军喜　尹金辉　尹秀粉　于　周　岳成红　曾　娟
张继龙　张世高　张小艾　张小平　张小蕊　张有雄　赵军科　赵　旭　甄桂荣
周海风　周　辉　朱万鹏　朱旺兴　(75 人，函授，专科升本科，甘肃天水站)

2004～2007　陈　峰　范孟秋　冯占峰　关学伟　韩亚华　贾振华　姜玉华　李兰枫
林安英　冷永琳　马晓春　乔颖秀　任永利　宋跃武　孙立红　孙庆伟　孙炜华
孙玉艳　王　芳　谢彬彬　徐爱梅　袁　振　于立军　张　弘　张明明　张兴广
赵德生　赵欣欣　郑　燕　郑志艳　(30 人，函授，专科升本科，河北承德站)

2004～2007　陈淑杰　成俊杰　程淑兰　丁　赛　冯光辉　高雁翔　郭　尊　韩春艳
何爱杰　侯召杰　蒋海丽　李桂杰　李金强　刘玉鹏　律海燕　任双梅　田佳蕾
王　靖　王　强　王文武　王艳娇　徐艳明　闫　聪　杨　杰　袁海清　曾　婕
张　磊　张志伟　张志远　赵宝军　赵　丹　赵宏伟　赵永宏
(33 人，函授，专科升本科，内蒙古自治区赤峰站)

2004～2007 安东辉 包盈辉 蔡 畅 陈淑娟 陈晓丽 高廷锋 葛红亚 耿鹏飞 郭克江 郭艳丽 郭奕峰 何惠静 李 度 蔺延各 吕红伟 罗小丽 罗 洋 宋明珠 宋永丽 苏瑞红 王广辉 王建庆 王 杰 王照亮 谢艳茹 杨明谦 张 慧 张金领 张 焄 张晓娜 赵 杰 朱丽娟
(32 人，函授，专科升本科，河南许昌站)

2005～2008 安伶性 安治军 柴大维 陈小茹 邓正红 丁旭刚 窦小平 杜长江 樊晓堂 冯继霞 伏旺平 郭旭霞 胡锦花 胡永斌 姬 舒 贾北平 贾 彬 蒋宝秀 焦金平 颉霞珍 江成仁 靳淑霞 李芳军 李红霞 李进忠 李 康 李伟民 李晓军 李 勇 梁永强 刘春晖 刘莉萍 刘添丁 刘 玮 柳石平 卢小娟 马宝炜 马驰宇 马海军 马 红 马宏强 马坚强 马小亮 马彦龙 蒙仓良 南小强 庞娟娟 裴爱萍 蒲 侠 汝文斌 苏安存 苏云龙 田 芳 汪爱梅 汪 堃 汪 涛 王宝霞 王传慧 王 飞 王国林 王开拓 王利勇 王明福 王 文 王小年 王雁斌 王永刚 王永顺 温亚军 吴丽莉 吴 涛 席荣宗 夏 琦 谢宏斌 谢建军 谢 晶 谢 军 辛步高 薛鹏飞 闫相福 严毅迪 燕云祥 杨昌宜 杨琼琼 杨拾红 杨振国 尤爱华 于念强 张春平 张鹤文 张军宝 张巧莉 张晓珍 张 毅 赵富忠 赵 磊 赵明明 赵胜利 赵向阳 赵永全 赵友德 周瑞琴 周维东 朱 杰 朱 忠
(105 人，函授，专科升本科，甘肃天水站)

2005～2008 白 焰 车 健 冯桂玲 韩 丽 杭小红 蒋光华 刘玉秋 路明真 马晓艳 马晓燕 秦民祯 石东起 王秀峰 杨冬燕 张 健 张文秀
(16 人，函授，专科升本科，河北承德站)

2005～2008 曹建华 曹晓军 陈 洁 崔建峰 丁勇明 付晓波 高美丽 郭金平 郭 倩 郭小明 郝晓惠 胡秀莲 胡永林 冀保全 蒋静国 李 丹 李国强 李晋文 李 俊 李 萍 李甦聪 李晓燕 刘红卫 刘 婷 刘贤明 刘晓钰 柳奇云 宁金梅 彭树青 任 爱 任婷婷 任小勇 任永华 宋艳英 王鸿飞 王 晶 王雪云 王杨太 吴利生 武苏梅 薛守睿 阎瑞芳 岳春芳 翟华平 张彩燕 张高立 张杰峰 张兰芬 张 琪 张晓飞 张小龙 张占宾 赵启前 周晓峰 (54 人，函授，专科升本科，山西太原站)

2006～2009 陈 欢 陈小平 丁海生 丁小强 独小春 方爱平 冯智宏 郭 奎 郭 强 郭文杰 郭曰艳 侯继兵 贾永林 口东明 雷晓丽 李 斌 李拴虎 李文祥 李小锋 梁应国 刘小鹏 马 杰 马 林 马小丽 马钰慧 沙国清 邵红周 苏家飞 陶存德 王粉红 王虹霞 王 婷 王 忠 吴 斌 吴怀刚 吴建军 武淑娟 武伟红 谢永霞 杨会新 姚彦祖 张海青 张江峰 张 雄 张 瑶 张艳霞 张颖发 张志永 周保平
(49 人，2006-02～2009-01，函授，专科升本科，甘肃天水站)

2007～2009 陈汝佳 窦 静 郭 瑞 韩淑贤 衡会利 郎山威 李 晶 李 娟 李雪丽 刘 勇 逯志军 马艳艳 牛惠娟 牛晓昉 戚永博 乔龙飞 宋丽娟 王 峰 王 珂 王留红 王 璐 王松慧 王伟伟 魏盈盈 胥丽华 张慧丽

张静怡　张　淼　赵　瑞
(29 人，2007-02～2009-08，函授，专科升本科，河南郑州站)

2007～2009　范小帅　冯　丽　高燕丽　郭　丽　郭　菲　郝海燕　霍韶英　金　晖　景秋芳　康　慧　李国强　梁俊虎　刘　莉　刘永峰　刘哲波　任虹吓　王春玲　王建英　王莉华　王喜平　文梅梅　邢　剑　闫晓艳　张　晶　张　霞
(25 人，2007-02～2009-08，函授，专科升本科，山西太原站)

2008～2010　代　彬　程江燕　冯　聪　冯芬芬　郭成仓　赫丹丹　韩　晓　胡竞争　李　晗　李向丽　蔺　慧　刘虎山　刘　雪　刘玉娟　任　飞　秦　敏　屈崇雅　孙　晔　王　丛　杨文杰　杨　艳　于　锋　张　藏　张国峰　张明善　张　茜　朱慧敏　(27 人，函授，专科升本科，河南郑州站)

2008～2010　白晓莉　常斌斌　冯玉桃　李　慧　梁　彦　梁　云　刘志敏　聂月梅　牛　霞　齐晓燕　孙海霞　王俊萍　王瑞琴　王苏菊　王小江　王瑛瑛　王　忠　文建新　吴　洁　阎瑞奇　杨瑜琴　翟莉莉　张爱爱　张　倩　张素珍　张晓媛　张　燕　张燕丽　赵　鹏　赵雪丽　(30 人，函授，专科升本科，山西太原站)

2009～2011　董　健　冯小慧　谷　赫　霍秋瑾　贾月霞　靳　洋　李奎红　李晓燕　刘　妍　牛萍萍　舒团团　王留景　王　鹏　王文慧　吴　凡　徐幸幸　杨娅沛　杨　燕　姚淑丽　(19 人，函授，专科升本科，河南郑州站)

2009～2011　薄海宁　常秀丽　崔晋伟　高艳丽　韩雅楠　郝兵兵　康　静　李　慧　李彦姣　李美丽　李盼盼　廉晓娟　梁焕珍　刘爱丽　刘珍珍　马赵娟　潘军红　裴海芬　秦　琴　秦媛媛　史文娟　孙保剑　孙　瑞　王红钢　王宏娇　王晓平　王秀敏　王燕琼　相　茹　杨　芳　杨　星　翟　伟　张改梅　张建芳　张俊莺　张利娜　张良燕　张世明　张天明　张　霞　张小花　张　勇　张志宏　赵　莉
(44 人，函授，专科升本科，山西太原站)

2010～2012　高风依　黄文青　康新灵　李苗苗　李英华　刘　芳　刘景娜　吕本辉　乔　方　王自娟　张　科　张　乐　张　磊
(13 人，数学与应用数学，函授，专科升本科，河南郑州站)

2010～2012　陈敏华　成晓霞　董欣欣　杜晓宇　杜秀琴　胡东旺　贾翠香　姜晓伟　靳闫慧　景宁慧　郭永威　韩秀娟　李芳芳　李　娟　李俊花　李丽珍　李鹏凤　李晓菲　刘　飞　刘　晶　刘　璟　刘　婷　刘王娜　马爱玲　渠萍萍　任　婷　苏晓艳　孙莉莉　王春艳　王星星　王　奕　吴娟娟　武红兵　武红娟　武俊英　杨富琴　张二艳　张梦华　张　蕊　张增良　赵　静　赵晓霞　赵志苹　周转青
(44 人，数学与应用数学，函授，专科升本科，山西太原站)

2011～2013　韩　昙　乔小科　秦晓雪
(3 人，数学与应用数学，函授，专科升本科，河南郑州站)

2011～2013　崔　岚　崔秋娟　冯　刚　韩志英　李　慧　李　婧　李丽红　王　蕊　王　莉　王向青　王晓静　王鑫艳　武　霞　肖润生　邢咪咪　薛海涛　薛艳珍　杨　婷　姚文琴　张志刚
(20 人，数学与应用数学，函授，专科升本科，山西太原站)

录 18　1976～2015 年继续教育(专科学历)毕业生名单(以字母顺序为序)

1976～1981　佟玉英　王世群　王淑荣
(105 人，函授，高中升专科，北京顺义站，缺 102 人)

以下名单是 1977 年 9 月顺义县东片函授站：杨镇站和北务站留下的记录，这些学员有 40 多人毕业(西片两个函授站：顺义县城站和木林站，没有留下记录)。

安秀平　鲍燕德　毕桂兰　曹玉夫　陈家杰　陈克林　高伯夷　高秀芝　古莲香　郭旭
何子珍　胡瑞兰　贾荣茂　贾荣文　雷瑞玲　李凤荣　李怀荣　李连祥　李维贤　李秀莲
李永珍　李玉兰　廉佩芬　梁淑贤　廖加林　刘长林　刘进良　刘士良　刘振环　刘志忠
刘子保　马成凤　马静芬　彭荣贵　戚卓鹏　茹连英　孙书量　孙玉平　田庆皋　王保麟
王力琴　王世芬　王树成　王文清　王希海　王雪兰　王玉淑　王子安　吴晓记　肖亚民
谢焕辉　闫福恒　杨怀兰　殷书伶　张宝忠　张凤清　张宪民　张娅梅　张佑才　张志平
赵春英　赵仕全　赵秀莲　周维华　卓淑芬

1988～1993　郝克杰　(1 人，函授，高中升专科，山东莱阳站)

1989～1992　蔡宝元　曹燕　陈馨　陈玉静　杜腊梅　段克心　冯丹　郭巍
黄惠　金勇　李蕾　李立雪　栗京洪　刘春玲　刘军　刘淑安　刘源深
卢春伟　彭永红　宋剑荣　宋京京　孙少杰　王国欣　王寅　王迎　文立
杨明　解红　杨旭　尹丽莉　于莉　于莉佳　张利　张玉霞　张之翊
赵本戈　周谨　周晶　朱及专　朱玲
(40 人，夜大学，高中升专科，1989 级 3 班，北京站)

1996～2000　曹洪福　陈淑燕　陈玉双　樊素杰　郭永虎　纪学友　纪云凯　贾福银
雷志刚　李秀敏　林秀凤　刘春燕　刘广智　刘国荣　刘维建　刘星华　穆怀星
穆会冬　乔淑芹　宋进辉　王彩芬　王红丽　王起燕　王雨　吴淑慧　武秀芹
荀月红　杨国君　杨静　杨晓燕　张洪梅　张金凤　张文革　张颖　周桂红
(35 人，函授，高中升专科，北京通州站)

1996～2000　陈勇　崔岩　高岚　管亦武　郭博　郭雪梅　国谦　侯海鸥
姜淑清　康民　李慧敏　刘新宇　马宁　南国荣　钱邵武　王立新　王薇娜
王严　吴乃光　吴粤萍　徐静霞　叶向东　永旭萍　张玥　张光明　张京
张秀泉　张晔　赵静　郑斌　钟山　朱晨
(32 人，夜大学，高中升专科，北京站)

1997～2001　陈莉　陈薇　冯磊　富强　高晶靓　关勇　何建国　何立军
何欣　胡万美　黄广华　蒋莹　金刚　李云龙　吕玫　马爽　潘继革
孙蕊　王霞　王轶楠　王玉拴　解永东　徐丽洁　苑宏伟　张宝慧　张宏
张杰　张洪元　张莉　(29 人，夜大学，高中升专科，北京站)

1998～2001　黄的对(1 人，夜大学，高中升专科，北京站)

1998～2002　陈炜　陈翔　顾南　郭健　韩俊鹏　李东　李艳丽　孙连喜
史佳云　王东　王淑秀　王薇娜　王维冬　尤立文　喻桥　曾利文　张瑞奇
张商莹　张世红　张婷　张新　张云　赵君茹
(23 人，夜大学，高中升专科，北京站)

1999～2003　安春静　白燕　蔡学军　从婕　董杰　李荣祥　李雪丽　李岩

刘　非　刘世伟　彭　渤　齐秀晖　唐迎迎　王　镝　王　磊　王秦若　闻　文
吴　艳　徐　雷　于怀松　张晓燕　张杏梅
(22 人，夜大学，高中升专科，北京站)

2000～2004　曹红军　高春艳　韩志刚　黄　艳　康宝林　李春红　李美英　李瑞春
李　伟　李文静　李文增　李秀梅　梁士发　刘爱华　孟慧君　王　春　王海英
王晓波　王艳春　王　震　姚殿杰　杨　东　杨　军　杨月国　张贵红　张红亚
张建勋　张岩波　张志杰　赵　建　赵　新　朱存培　朱庆辉
(33 人，函授，高中升专科，北京通州站)

2000～2005　文智平　(1 人，夜大学，高中升专科，北京通州站转北京站)

2001～2004　冯泽峰　韩清利　贺宏升　黄守印　贾红强　李东涛　梁书正　刘金旺
刘宇宏　朴　元　孙　莎　孙　昕　王昌山　王光磊　王　强　谢　萌　薛　涛
闫　京　杨　剑　杨　铮　袁守栋　张　琪　张秀丽　周长凯
(24 人，夜大学,高中升专科，北京站)

2002～2005　白晟凭　曹荣新　陈　立　陈　鑫　程继存　程　遥　关　铮　郝建新
何永慧　胡少海　贾静嫣　姜　涛　李宏然　李　琦　李圣武　李　勇　刘海涛
刘　健　刘　坤　刘　扬　鲁　伟　毛桂锋　聂丽文　裴艳梅　彭　敏　冉红涛
孙立祥　孙　悦　王　翀　王春富　王　蕊　王　伟　王　义　王云侠　解　伟
姚　勇　杨强华　袁　飞　张达维　张　辉　张秀娟　张旭升　赵华伟　赵静宇
赵　君　赵小华　赵宇波　郑力军　朱爱华
(49 人，4 年制，夜大学，高中升专科，北京站)

2002～2006　孙金艳 (1 人，夜大学，高中升专科，北京站)

2003～2006　曹　静　程　超　崔金晖　崔欣欣　杜文华　高　然　高小棚　耿元生
郝金刚　韩　旭　韩兆峰　贺丽梅　胡　松　胡　毅　贾宏斌　江海涛　蒋　桼
李　明　李泰永　李铁丽　李　曦　李媛媛　李正奇　刘　威　刘玉松　刘照红
栾永飞　马　龙　米　松　穆兴凤　牛欣欣　倪云富　齐士华　齐占宁　钱　蔚
秦　冲　任国青　沈德强　宋保柱　孙彩军　孙雪梅　汤　钺　唐治国　王宝建
王春梅　王国江　王　建　王江波　王晋平　王　静　王　立　王　硕　王文辉
王秀荣　王轶农　王　瑜　王　岳　王子辉　魏京武　魏志良　吴付春　吴文军
吴　垠　吴银平　吴志强　徐　侹　徐云凤　薛冬艳　薛玉乐　杨柏松　杨建桥
尹　龙　臧艳文　战　强　张宝旺　张　涛　张　罯　张庆磊　张玉莲　赵国庆
赵红霞　赵立勇　赵　正　甄宏伟　郑艳荣　周德文　周凤清　周　磊　朱接兵
邹金凤　邹圣文　(91 人，4 年制，夜大学，高中升专科，北京站)

2004～2007　曹小伟　陈　峰　陈　刚　陈良芳　程　然　丁　营　董英杰　窦中杰
范春香　冯　翔　付长娟　付李建　龚标平　谷素梅　韩　旭　贺清霞　胡继召
胡　强　花　舸　江茂华　姜　楠　焦　鹏　靳　勇　景　亮　李晨光　李二江
李淼冰　李　倩　李思蕾　李文娜　李　研　李志刚　林　凯　刘江平　刘　铭
刘文彬　刘小荣　刘　扬　刘颖异　马　铮　米　磊　聂嘉蕊　钱　程　石　刚
石前勇　苏雪莲　孙冠军　唐玉维　王海朋　王　霞　王小芳　王　鑫　王雁冰
王彦飞　王　颖　王月儒　魏　霞　魏志永　肖军光　肖永利　邢佩云　薛晔晖
杨立群　杨艳芳　杨一新　殷庆林　叶晓云　于　凯　张　静　张　培　张　鹏

张秋山 张　欣 张　莹 赵福生 赵　玲 庄盘石 朱　睿
(78 人，4 年制，夜大学，高中升专科，北京站)

2004～2008 张　淼 赵　奕 (2 人，夜大学，高中升专科，北京站)

2005～2008 安久辉 白红帅 边广杰 蔡朝霞 柴会娟 陈曦明 程威强 崔慧珍
崔丽静 崔学敏 代伟丽 丁海东 董宏伟 杜志强 方　伟 高　歌 高剑辉
高亚丽 顾新刚 关　旭 韩　旭 胡丽萍 胡秋梅 黄　赫 黄晓亮 贾俊霞
贾宗昌 姜　莹 姜志伟 金祥昆 黎　斌 李春歌 李　根 李　嘉 李俊慧
李连涛 李树臣 李晓旭 李　欣 李　兴 李秀芳 李秀龙 李雪松 李志强
连　旭 梁　健 刘春桥 刘柯夫 刘　松 刘小杰 刘小英 刘　妍 刘　艳
卢　松 吕　攀 马庆伟 马　跃 任丽丽 宋　梅 苏　铎 苏　琪 孙大江
孙行波 孙　云 谭　瑾 汪继刚 王洪林 王慧龙 王　佳 王美英 王妹芹
王荣坤 王向红 王新海 王　洋 王哲勇 王宗乾 隗　松 魏宝库 魏　民
魏　沙 魏　巍 魏艳芳 夏　爽 邢俊杰 秀海华 徐　鹏 徐欣博 杨　彪
杨程承 杨东慧 杨　莉 杨　娜 杨　宇 杨正超 姚　毅 殷永琴 于　皓
袁海跃 张长瑜 张东亮 张进峰 张立伟 张　鑫 张学文 张　岩 张钰红
张云青 张　珍 张竹青 赵　驰 赵绯菲 赵　澜 赵　钦 赵　伟 郑　哲
周大东 周海青 (118 人，4 年制，夜大学，高中升专科，北京站)

2006～2009 邓雪峰 段宏亮 冯　勇 高　辉 高　亮 高　双 郭　蕊 何元兑
胡春玥 胡猛杰 黄晓亮 黄艳玲 霍彩莹 康春义 康凤微 雷湘兵 李东亮
李凤健 李红梅 李金伟 李为平 李　想 李晓颖 梁　涛 廖艳丽 刘　宾
刘晨曦 刘冬魁 刘国宇 刘光振 刘　鸿 刘　爽 刘元元 刘　宇 吕淑凤
马　琳 马艳红 齐　娜 秦　鹏 邱灯光 沈　鹏 师晶晶 石玉平 苏国伟
孙平平 孙　伟 汤晓宇 王爱玲 王　静 王明星 王巍然 王兴峰 吴若愚
项茂锋 谢　锐 阎嘉瑞 闫　旭 杨　阳 殷晶晶 尹　文 于　杨 张博军
张　雷 张燕燕 赵红哲 赵立宗 郑　宣 朱丹晖 朱国梁 朱祥巍
(70 人，4 年制，夜大学，高中升专科，北京站)

2006～2010 谭振清 (1 人，夜大学，高中升专科，北京站)

2007～2009 安　晶 陈　晨 陈　亮 陈　锁 陈晓莉 陈小虎 崔利娜 范文娜
付利华 高　隗 高贤辉 霍微微 贾伯福 蒋安策 蒋　波 黎喜平 廖园园
雷玉书 李　东 李　明 李　曦 李晓强 李燕飞 李　洋 林艳雪 刘　冲
刘　飞 刘国强 刘建国 刘　晋 刘瑞明 刘素君 刘　洋 卢文杰 马海龙
马　江 毛亚娟 潘　明 秦　静 任君岗 宋德玉 宋小军 孙金龙 孙　胜
田长明 王　陈 王　璠 王　欢 王建国 王　娟 王文龙 王　燕 王　莹
王永山 王　振 王志安 邢　晶 徐翠霞 徐明亮 徐明洋 徐　洋 姚海波
闫晶晶 杨超新 殷雪梅 张爱杰 张立征 张　徽 张　然 赵海霞 赵金顶
赵　晶 赵　倩 赵永齐 郑伯飞 周　旭 朱其能 宗小超
(78 人，2.5 年制，2009-08 毕业，夜大学，高中升专科，北京站)

2008～2010 陈杨阳 程智英 窦新爽 高俊超 高亚玉 高　越 攻　爽 何　柳
贾洋洋 蒋商书 金艳超 康　鹏 孔娅楠 李　超 李大武 李永见 林　涛
刘恩朴 刘海霞 刘　贺 刘　强 娄灵艳 卢丹丹 卢延端 陆广超 吕迎飞

马健美　孟利敏　倪秋艳　聂鹏国　宁宏霞　乔　璐　石方方　宋　丽　宋丽娣
孙　建　孙龙龙　孙喜乐　孙小卫　王　彬　王　波　王　超　王　群　王文力
王晓娟　王玉成　王　争　王志伟　佘秋桐　肖红梅　谢　祺　邢　兴　徐鹏艳
薛　楠　杨　威　姚鹏飞　殷晓燕　张建勇　张剑钟　张　静　张天翔　赵　刚
赵红卫　赵立云　周见远　周文影　朱学云
(67 人，2.5 年制，2010-08 毕业，夜大学，高中升专科，北京站)

2009～2011　白　宇　柴卫亮　陈红凤　邸志伟　丁　宁　范金凤　高海宏　韩宛丽
金宗明　荆志强　李长伟　李鑫晖　李玉京　李　铮　刘宝帅　刘　策　刘　晨
刘冬雪　刘鹏月　刘　歧　刘　哲　吕　宁　马雪梅　聂俊杰　潘　攀　裴海松
沈　鑫　时　磊　石李侠　宋美杰　唐玲英　王丹歧　王恭雷　王　健　王松菊
王铁明　王学志　闫　研　杨　林　杨苏叶　杨夏文　于　阳　于政纲　张俊方
张海恒　张　明　张瑞华　张　悦　赵　力　郑　琳　朱长江　左　岩
(52 人，2.5 年制，2011-08 毕业，夜大学，高中升专科，北京站)

2009～2012　李艳艳　李　进　(2 人，2012-01 毕业，夜大学，高中升专科，北京站)

2010～2012　安艳丽　龚晓红　郭剑剑　莽　超　米岩亮　邱雪梅　彭新颖　王海飞
王岳轩　杨义楠　俞　悦　张春艳　张晶晶　朱　明
(14 人，2.5 年制，2012-01 毕业，夜大学，高中升专科，北京站)

2010～2012　陈红兵　陈力萍　陈培冲　邓一平　冯　东　付鑫蕊　韩万明　贺梦迪
贾海霞　贾晓梁　李　军　李中阳　刘　健　刘斯文　鲁宏洋　吕　琳　吕　鹏
马　元　马裕堃　秦　楠　施　斯　隋立超　孙　峰　宋海龙　宋燕杰　田　义
王银玲　闻成名　吴昌榅　杨　静　杨要奎　杨　硕　张海明　张　鹏　赵利进
赵　征　朱天娥
(37 人，计算机应用，2.5 年制，2012-08 毕业，夜大学，高中升专科，北京站)

2010～2013　程玮龙　冯　东　(2 人，2013-01 毕业，夜大学，高中升专科，北京站)

2010～2013　付澍明　郭顺来　纪金海　康利民　王　祎　王永存　魏从军　邬　林
吴晓芳　杨　建　张晓宇　(11 人，2013-08 毕业，夜大学，高中升专科，北京站)

2011～2013　白　京　包永兵　程子恒　高　超　高梦娇　高秋菊　韩麒麟　郝　杰
胡云喜　季环宇　贾宝强　靳学良　李　佳　李　晶　李　静　李心跃　李玉秋
刘小燕　刘雅男　刘禹臣　芦　鑫　彭智林　王风莲　王　庆　王永来　王　宇
尹　强　张春英　张佳明　张　丽　赵桥华　赵　英　朱　勃　朱　可
(34 人，2.5 年制，2013-08 毕业，夜大学，高中升专科，北京站)

2011～2014　金开浪　刘朋朋　杨　欢　杨一昆
(4 人，2014-08 毕业，夜大学，高中升专科，北京站)

2012～2014　卞代良　陈国良　代鹿鹿　董　珊　杜卫华　冯小川　耿伟龙　耿彦苏
宫鑫鑫　郭　林　黄　冬　姜艳超　金　波　李　超　李慧国　李立华　李　鑫
李旭东　梁　华　刘德财　刘　奎　刘　勇　马建宁　钮晓光　祁登辉　任奇炜
石　佳　史光辉　谭华龙　陶　冶　王建红　王立业　王芹双　王肃亚　王雪松
王英新　魏东庆　魏海燕　解璐飞　徐迎彬　许　松　昝京生　张　雷　张　韬
张　征　赵　显　周文生　周志伟
(48 人，2.5 年制，2014-08 毕业，夜大学，高中升专科，北京站)

2012～2015 蔡晓曼 杜昱萱 胡 浩 赵引宣

(4 人，2.5 年制，2015-08 毕业，夜大学，高中升专科，北京站)

2013～2015 包吉利 杜景宇 杜 鹏 古富洋 胡 斌 姜 翰 李会青 李 洋 刘春竹 刘继凤 刘 帅 刘亚会 蒲 琳 齐康伟 孙克东 索新征 王 倩 王全斌 王维嘉 王燕军 尹丽丽 尹志成 臧德波 张世博 张小明 张小旭 周 娟 朱海龙

(28 人，2.5 年制，2015-08 毕业，夜大学，高中升专科，北京站)

录 19　进修教师结业名单(以字母顺序为序)

1952-08～**1953**-07　柴　靖　陈道中　陈维纲　高明哲　郭中理　韩守言　赫蔚亭　侯廷斌
胡志清　孔庆岐　李德岩　李　锋　李　敏　李　遐　李逸民　李子涵　林树森
刘乐村　刘效珍　刘荫之　刘运翔　马永安　满　都　齐晓天　曲光前　宋守琛
田彬如　田鸿翔　王崇山　王国杰　王继周　王淑之　王耀先　王宗义　辛济焕
阎振祺　杨家祥　杨森甫　岳九峰　张鸿一　张杰民　张希说　赵国祺　赵宗愈
照那斯图　朱艺文　(数学专修班 46 人)

1953-12～**1954**-06　徐祥璞　(1 人)

1954-09～**1955**-07　邓明聪　郭　永　黄懋德　李凤鸣　李忠傧　石金玉　王　道　吴克乾
徐祥璞　姚鹏飞　姚职仁　(11 人)

1955-09～**1956**-07　姚蓬飞　(1 人)

1957-02～**1957**-07　董宝海　宋耀宗　(2 人)

1957-09～**1957**-10　陈斌战　张思赢　(2 人)

1956-09～**1957**-12　巫　果　(1 人)

1956-09～**1958**-07　巴　图　蔡玉华　池　澄　樊福立　冯春龄　高　枚　金完镕　梁文学
孙贵灵　孙荣光　王振耀　徐明远　徐　震　姚职仁　叶端宜　袁振邦　(16 人)

1957-09～**1958**-07　付元勋　史林芳　王锐符　郑启明　(4 人)

1958-03～**1958**-07　梁懿民　(1 人)

1957-09～**1959**-07　高子平　顾文琪　李展吾　王鸿仁　王建平　张仲廉　(6 人)

1958-10～**1959**-10　董寄明　金　娥　李为政　廖荣锰　盛学才　(5 人)

1956-09～**1960**-07　吴玉辉　(1 人)

1958-10～**1960**-10　艾克仁　陈兰建　陈顺卿　樊修睦　范世信　付涛声　苟万金　郭琼辉
赖以明　李清源　李淑君　林惠生　刘本迪　刘俊英　刘元任　刘中元　苗凤文
潘曾挺　施中柱　王家富　王时中　王作贤　谢德福　张宝林　张　岐　张泽泮
邹庭桂　(27 人)

1959-09～**1960**-07　陈正廷　林　芳　刘护佑　王仲春　喻绍武　张朝英　张国英　周士藩
(8 人)

1959-09～**1961**-07　陈伯杰　陈翠燕　陈　福　陈火夭　程法超　崔子瑜　董九如　付万涛
高沛田　郜锡章　韩殿发　何恩田　黄培铣　黄球古段　黄子年　金宝富
李家荣　廖可诚　廖维纮　林天祥　刘潮君　刘开英　刘张锁　卢庚良　路星拱
苗静如　全　坚　唐月英　王　卜　王恒荣　王乃忠　吴禄生　吴余晖　肖鹏一
阎鹏汉　叶德清　于晶秀　余　坚　虞福德　张俊茹　张庆尧　赵庆臣　(42 人)

1960-09～**1961**-08　李西田　戎如意　孙永吉　许夏镇　(4 人)

1960-09～**1962**-07 邓乃惠 林菊馨 (2人)
1961-09～**1962**-07 崔正护 焦章宪 李宝贞 肖人俊 攸宝成 (5人)
1962-02～**1962**-07 吴发国 (1人)

1961-09～**1963**-01 安　启 黄锡邦 李永馨 邵振华 (4人)
1961-09～**1963**-07 唐象能 朱世雄 (2人)
1962-02～**1963**-07 丁德清 (1人)
1962-09～**1963**-07 黄秀玲 魏汉民 许素兰 张　通 (4人)
1963-02～**1963**-07 张治民 (1人)

1963-02～**1964**-01 王法明 张祖寿 (2人)
1963-02～**1964**-07 张崇高 (1人)
1963-09～**1964**-01 卢　德 (1人)
1963-09～**1964**-07 李毓佩 钱寄伟 王明宏 (3人)

1963-02～**1965**-01 韩梅林 (1人)
1963-09～**1965**-01 王太文 郑晓如 周德国 (3人)
1964-02～**1965**-01 游光宗 朱作桐 (2人)
1963-02～**1965**-07 李凤林 (1人)
1963-09～**1965**-07 刘彭龄 刘渊祥 尼牙孜买买提 周汝奇 (4人)
1964-02～**1965**-07 白永钧 刘国隆 吴紫镇 (3人)
1964-09～**1965**-07 陈德泰 陈顺卿 林子炳 邱岫岩 芮泽民 单锦玉 铁本台 王华芬 熊和鸣 张绍义 (10人)

1972-09～**1973**-01 白　英 常桂秀 常守娴 陈　捷 陈景珍 陈世新 杜德宝 杜景珍 杜君本 杜　唯 杜秀云 段文美 冯　勃 冯玉珠 付　斌 付正仪 高秀珍 高云亮 关书琴 郭爱欣 郭　军 郭益兴 郭玉辉 哈　强 韩怀敏 郝宝英 郝秀琴 何玉琪 侯明秀 及金城 姜武扬 蒋　玙 靳桂芳 库宗显 郎蕴琳 李　矗 李桂英 李鸿源 李华伟 李均业 李良才 李晓萍 李星泽 李秀莲 李学田 李亦男 厉　燕 梁国治 梁能驭 梁士增 林奇青 蔺梅莉 刘大桢 刘申荣 刘素英 刘文辉 刘秀珍 刘玉芙 刘再平 刘智秀 刘宗敏 芦雅娟 陆奎珍 吕正忠 律光珍 罗　青 毛瑞芝 苗桂荣 穆春玲 潘凤娥 庞泉来 彭　安 秦淑兰 秦淑英 任　俊 任义文 邵喜凌 邵增辉 沈　瑾 师学英 司德华 宋桂兰 宋国平 宋立英 苏家驎 孙润田 孙玉梅 孙元浩 孙仲云 王艾玲 王艾芹 王传侠 王福贤 王联英 王瑞卿 王适应 王树生 王希敏 王英华 王瑛琳 王兆玲 王　竹 王宗霞 隗甫清 魏红莲 吴秉正 吴广忠 吴桂珍 吴小平 吴中平 项玉华 肖　珑 邢世瑞 徐若曾 许俊岐 许宗慈 杨　东 杨东升 杨金荣 杨　力 杨丽如 尹淑兰 于云江 原上草 岳连青 张德生 张凤瑞 张宏田 张奎栋 张庆峰 张淑琳 张淑琴 张淑英 张淑媛 张天锡 张　伟 张晓光 张新华 张彦荷 张　燕 张泽一 赵成立 赵桂珍

赵恒略　赵久文　赵俊考　赵庆俊　赵先宇　赵永丰　赵玉苹　赵宗兰　周德育
周树华　周志远　朱德宝　(师资训练班 155 人)

1973-09～**1974**-01　白　新　彪金玲　晁　洪　陈桂琴　陈玉龙　崔玉苹　邓　军　狄振国
董素华　冯义珍　高洪存　高敏华　高尧升　高振安　郭凤英　郭桂玲　郭金桂
郭连存　郭秀芝　何学珍　贺美蓉　侯玉芬　黄白花　季秀荣　贾汉琴　蒋金香
焦明义　康桂珍　康雅伶　李宝琴　李凤芝　李广平　李海芝　李　军　李美臣
李　然　李士杰　李舒泉　李秀华　李秀会　李秀荣　李玉岗　李玉芝　李　增
李志林　刘成荣　刘春华　刘桂华　刘素珍　刘彦生　刘玉环　刘玉荣　刘振华
刘子洲　卢长利　吕宝玲　罗淑敏　马景山　孟广宝　孟书美　孟秀英　米玉宣
齐广琴　钱曼玲　秦佩霞　邱玉菊　仇宗山　屈素芬　单淑明　史如意　宋淑萍
苏秀兰　孙宝印　孙桂香　孙桂新　孙桂芝　孙秀明　谭凤霞　唐慧芝　田凤霞
田　焱　田玉清　万淑珍　王爱国　王宝荣　王春馥　王春荣　王桂竹　王怀礼
王金兰　王菁兰　王士启　王淑珍　王秀英(平谷)　王秀英(延庆)　王学永
王雅珍　王占清　吴景霞　谢淑兰　邢桂云　邢玉平　邢占奎　徐大清　徐丽芝
徐文明　徐艳明　许桂英　许艳苹　闫桂娥　闫桂芝　闫淑云　杨淑芹　杨淑芸
杨听玉　于秋先　于士凤　于兆海　张冰茹　张春连　张凤如　张光生　张桂玲
张会芝　张启红　张如意　张淑华　张淑芹　张淑珍　张玉君　张宗振　赵宝太
赵凤兰　赵福中　赵淑兰　赵廷儒　郑广全　郑瑞华　郑淑秀　支秀凤　周维华
朱玉兰　祝自斌　(师资训练班 143 人)

1978-09～**1979**-07　张之凰　(1 人)
1978-11～**1979**-07　陈　良　陈图云　黄海洋　李世取　马丽华　叶有培　赵达夫　赵光复
(高等学校师资进修班 8 人，进修期间于 1979 年考上研究生)

1978-03～**1980**-01　马　兰　(1 人)
1978-11～**1980**-07　白淑敏　陈吉航　迟洪钦　戴修法　杜进富　杜瑞芝　方奕华　傅继祖
高玉伶　葛恒林　胡文彪　黄浩然　贾立行　李宗杰　刘蒲凰　刘淑惠　刘淑荣
刘一平　路德泽　吕绍南　彭润才　齐羽芝　钱　瑛　钱有梁　秦孝慈　任希琴
施恩伟　石德斌　石焕南　宋铭杰　汤服成　铁崇光　王丽珠　王万良　王文初
王学功　吴声良　吴中春　徐庆璋　杨金中　尹承昆　余康元　苑政军　张保法
张长青　张江山　张晓云　章家顺　郑廷曜　仲纪民　周沛英
(高等学校师资进修班 51 人)
1979-09～**1980**-07　蔡尔闾　程平孙　邓南泽　方　铨　葛文诚　郭晓时　黄朝元　景　平
孔凡铎　赖景耀　李养成　李章泉　厉立德　凌锦华　凌志英　刘武旺　马承霈
马文新　马志大　彭良择　宋铭杰　孙淑梅　田继善　王复兴　王立辰　吴亚东
夏洪奎　肖　力　于纯孝　于宗义　张天德　张文贵　张宜宾　(33 人)
1980-02～**1980**-07　陈永年　程　麒　丁红仁　高福洪　郭爱桃　郭顺生　贾文新　姜进明
李建华　刘承贤　刘荣生　刘贤龙　穆瑞苓　牛锡琤　曲立学　田　震　吴集基
奚欧根　谢应泰　姚恩瑜　姚婷婷　依　明　于中坚　余天培　张荣基　章秋明
章仲英　赵德让　周士藩　(29 人)

1979-09～**1981**-01　谢开端　(1人)
1978-09～**1981**-07　丁万鼎　(1人)
1979-09～**1981**-07　陈培慈　陈顺卿　田　振　朱靖英　(4人)
1980-02～**1981**-07　张长明　(1人)

1980-09～**1982**-07　陈维新　(1人)
1981-09～**1982**-07　阿玉力米提　郭治中　蔺　云　沈乃录　袁香环　张维祺　(6人)

1982-02～**1983**-02　董会瑾　戴朝寿　何士光　刘东昌　刘为金　王　丰　武多义　杨世蓉　由好庚　张冠卿　(10人)
1982-09～**1983**-02　陈小松　李小沛　(2人)
1979-09～**1983**-07　斯尔古楞　苏　威　苏亚拉图　(3人)
1981-09～**1983**-07　任开隆　(1人)
1982-09～**1983**-07　白　锋　班文学　常　忠　陈　军　陈天佑　陈铁补　程渝生　代晓时　段晋芳　段五朵　樊家琨　高京广　高学浩　郭淑芬　韩胜利　何春雄　贺铁凡　黄世雄　蒋光根　金明忠　金维栋　匡继昌　李彩荣　李大敏　李淑元　李相镐　李增信　李作民　梁　琼　梁淑云　梁效礽　刘昌庆　刘德英　刘也达　刘　逸　卢贤梓　马国治　马英原　孟　冲　宓庆城　任均贵　施尚惠　宋铭杰　苏香生　眭秋生　汪庭桂　王广雄　王海清　王明惠　王淑卿　王宪章　王晓明　王绪昌　魏志道　文　利　吴宪芳　吴亚周　谢韦光　许蔓苓　杨春宏　杨宗维　姚家昌　于慈海　袁天俊　张大志　张世杰　赵静辉　赵益新　祖合拉　(69人)
1983-02～**1983**-07　阿布里米提　曹　佩　常呈材　陈光忠　陈纪绵　陈　琦　陈之琢　戴晓石　黄兴华　贾　舟　江佩荣　孔凡栋　李　惠　李若莲　李　忠　廖北元　刘　恒　刘蓉滨　刘文颢　刘先觉　聂建英　庞朝忠　彭久麟　彭先图　秦　宁　邱雨发　孙自行　庹世碧　王国炳　王国秀　王　军　王俊民　王淑琴　王玉敬　魏冲宁　杨春宏　杨河清　姚家昌　曾光容　张秉儒　张耀慧　赵　贵　郑心导　(43人)

1983-02～**1984**-01　匡继昌　(1人)
1982-09～**1984**-07　李相镐　阎建平　于慈海　(3人)
1983-02～**1984**-07　包峰山　陈森森　李晓薇　刘凤阁　刘建忠　彭　锦　钱　瑛　熊华平　徐文科　薛元立　杨善朝　张可发　张玉芬　(13人)
1983-09～**1984**-07　陈抚良　陈立平　陈萍清　陈治一　揣建军　邓引斌　傅朝金　高志芬　关世荣　郭建军　韩行禧　何孟义　胡小丹　焦玉峰　金　丽　李洪兴　李培生　李志远　廖义琴　刘振海　陆先凯　罗治国　石焕南　宋学义　田玉屏　王金霞　王连福　王秀芳　徐　侃　徐兆棣　曾繁茂　曾宪庸　张振良　周　枫　周加农　周明道　周明华　周尚启　周仲夷　邹昭晞　(40人)
1984-03～**1984**-07　车怀仁　陈宝安　陈光美　陈国明　杜忠信　胡正琇　黄根发　金保云　李坚兵　李近仁　廖永壮　林绮文　刘时根　刘兆明　陆书环　尼　都　邱卫平

沈克劭 苏炳松 孙 斌 孙振华 万世雄 王 晔 王慧珠 王洁敏 王维录
翁凯庆 武 静 武锡环 夏 恒 杨德平 杨永根 张杰民 赵大文 朱 洪
朱家麟 (36 人)

1983-02～**1985**-07 戴 文 顾凤歧 (2 人)
1983-09～**1985**-07 杨善朝 薛元立 (2 人)
1984-03～**1985**-01 聂成康 (1 人)
1984-09～**1985**-07 蔡惠京 陈和平 陈卓荣 方开利 高玉良 顾凤歧 郭嗣琮 胡传孝
胡 琦 黄根法 黄启德 李桂夫 李建华 李庆德 李文亮 李宗铎 梁宗琪
刘凤阁 曲运遐 宋光天 田雅杰 肖 铿 邢秀琴 徐文科 薛秀云 曾宪祖
张人智 周士本 朱元生 诸秀凤 (30 人)

1985-02～**1986**-01 池永日 (1 人)
1985-09～**1986**-07 陈克林 冯琦林 黄英姿 孔庆维 孔少文 刘广云 刘仁化 刘覃石
罗秋兰 欧阳道蔼 潘洪亮 汪 雷 王继荣 吴中春 曾 峥 (15 人)
1986-02～**1986**-07 刘智新 (1 人)

1986-09～**1987**-01 赵生变 (1 人)
1986-09～**1987**-07 卜淑云 陈竹如 高文平 花云翰 江寅生 李 琳 李寿康 李同军
刘和平 卢昌荆 马柏林 苗文利 石敏琪 苏金林 陶代伟 王春艳 许双魁
杨向平 张 良 张秀琴 (20 人)
1987-09～**1988**-07 高爱思 胡 红 李武明 李芝恩 马恩林 沙 丹 王培根 肖 梅
许振泽 阎英骥 袁俊伟 (11 人)

1988-09～**1989**-07 陈迪荣 崔 根 德 力 黄建新 黄力平 姜成焕 李落清 刘建州
宋惠元 王国超 余惠霖 周海洋 邹国成 (13 人)
1989-02～**1989**-07 戴友凯 郭 愚 许振泽 (3 人)

1989-09～**1990**-07 卡米力 赛买提 (2 人)

1990-09～**1991**-01 黄丹华 李金妹 卢 荼 (单科进修，3 人)
1990-09～**1991**-07 高 晶 陆 全 郭广泉 黄晓农 荣维健 王俊青 杨益民 周金土
(骨干教师进修班，8 人)
1991-02～**1991**-07 娄增建 (1 人)

1991-09～**1992**-07 艾素梅 蒋艳杰 李华君 李春澜 林培榕 卢大远 马军英 王梅英
王育全 杨新华 俞国华 郑永红 (12 人)

1992-09～**1993**-07 韩云旨 梁志毅 罗秋兰 王伯成 王树桂 王向东 杨益民
(骨干教师进修班，7 人)

1992-09～**1993**-07 陈忠和 冯常荣 高立新 高 鹏 金玉齐 经文庸 李丛臣 刘朝显 刘 伟 刘忠和 庞培新 苏建一 孙世春 陶荣品 王宝生 王艳霄 王左汉 于庆泉 苑 莉 张宗昌 (沈阳高级教师进修班，20 人)

1992-09～**1993**-07 宁 可 (1 人)

1993-02～**1994**-01 安春华 董立木 富渝彰 刘 茜 马学芝 彭乃斌 田承朝 王长波 王修身 吴士君 许茂梁 杨先昇 张健业 张宗修 (沈阳高级教师进修班，14 人)

1993-09～**1994**-07 刘文奇 苗胜军 石新华 王卫东 吴黎军 辛向荣 熊 健 杨柱元 原湘弘(单科) 赵展辉 (骨干教师进修班，10 人)

1994-09～**1995**-01 李金田 (1 人)

1994-09～**1995**-07 李晓莉 梁冯珍 张建元 赵建立 (骨干教师进修班，4 人)

1994-09～**1995**-07 林晓颖 濮安山 赵佳因 (3 人)

1995-09～**1996**-01 温宝君 (1 人)

1995-09～**1996**-01 陈运德 郭亚梅 何现中 李长军 李成伟 刘朝光 刘自伟 卢红礼 马守林 牛玉芳 孙光磊 孙加智 王全银 王伟仁 王志强 魏汉超 杨有吉 张伏玲 张开道 赵智勇 (安阳高中教师进修班，20 人)

1995-09～**1996**-07 龙晶凡 沙吾提 塔什甫拉 (3 人)

1996-02～**1996**-07 明清河 邹本强 (2 人)

1996-09～**1997**-07 王梅英 (骨干教师进修班，1 人)

1996-09～**1997**-07 安巧莲 陈晋国 程斋华 褚夏林 封云爱 高长军 贾银铃 姜越章 李章博 刘国德 刘肖华 尚思红 宋有文 王新荣 王兴志 卫惠珍 毋绪道 孝衍叶 肖燕锋 许天民 杨复兴 杨慧琴 杨克虎 弋彦虎 于云臣 张洪杰 张伶俐 张忠道 赵志鼎 周海法 (学科教育进修班，30 人)

1997-09～**1998**-07 白馨余 窦丽娜 林洪熙 (3 人)

1998-09～**1999**-07 恩 东 金 巴 (2 人)

1999-09～**2001**-07 马长君 张 萍 甄建辉 (3 人)

2000-09～**2001**-07 金永植 (1 人)

2001-02～**2001**-07 李宝凤 (1 人)

2001-02～**2002**-01 赵俊英 (1 人)

2001-09～**2002**-01 耿翊翔 李正彪 (2 人)

2001-09～**2002**-07 曹益柏 常玉宝 汪 淼 张志淼 (4 人)

2002-02～**2002**-07 高焕江 肖月强 (2 人)

2002-09～**2003**-01　刘　媚　（1 人）
2002-09～**2003**-07　陆凤玲　姚晓霞　（2 人）

2003-09～**2004**-01　刘荣英　杨培亮　（2 人）
2004-02～**2004**-07　李　静　（1 人）

2006-02～**2006**-07　贺昆山　罗健娥　张慧琳　张慧星　（4 人）

2006-02～**2007**-01　金爱冬　（1 人）
2007-02～**2007**-07　石卫华　吐然克孜（2 人）

2007-09～**2008**-07　刘亚利　陶菊春　王占平　吴其湘　严俊举　（5 人）

2009-02～**2009**-07　高理峰　赵　平　周　菲（3 人）

2009-09～**2010**-01　余晓娟　（1 人）
2011-03～**2011**-07　韩利亚　（1 人）
2012-02～**2012**-07　斯　琴　（1 人）
2013-09～**2014**-01　李晓燕　（1 人）
2014-09～**2015**-01　刘　爽　（1 人）
2014-09～**2015**-07　吴生根　（1 人）
2015-09～**2016**-07　戴　永　李亚玲　努尔阿米娜·克日木　（3 人）
2016-09～**2017**-07　额尔敦其其格　　赵雪平　（2 人）
2017-09～**2018**-01　王瑞娜　（1 人）
2017-09～**2018**-07　胡云贵　陈冠峰（2 人）

录 20　国内访问学者结业名单(以字母顺序为序)

届别	姓　名
1987	刘增会　查健禄　张之凰　(4 人)
1988	包　那　陈仁迪　江寅生　孟繁兴　沈乃录　易　忠　曾大可 (7 人)
1989	陈昌南　冯嘉礼　宋惠元　曾培祥　(4 人)
1990	陈练寒　林　益　彭厚富　(3 人)
1991	胡先蕙　鲁晨光　王见定　杨汝月　杨淑蓉　郁定国　赵文正 (7 人)
1992	陈竹如　樊远征　葛余博　侯象乾　赖章荣　许爱娟　(6 人)
1993	蔡贤如　窦荣启　刘卓雄　谭志松　吐尔洪·阿不拉　王健吾　解长利　杨新建　曾文曲　(9 人)
1994	龙祖康　谭昌眉　熊静宜　周湘衡　(5 人)
1995	刘为铨　刘文奇　鲁正火　赵建立　周良金　朱　彬　(6 人)
1996	黄礼平　马岷兴　王　尧　吴嘎日迪　张希荣　(5 人)
1997	何　清　洪　勇　李永新　罗俊波　秦建国　王明华　邹泽民　(7 人)
1998	陈广贵　黄宝贞　肉孜阿吉　塔什甫拉提　王晓玲　姚炳学　卓东风　(7 人)
1999	陈勇涛　李龙才　于兴江　张光连　(4 人)
2000	谌稳固　傅世球　蒋国民　廖宗涵　林文晓　阮民荣　王贵君　王家铧　向大晶　张晓南　郑学良　(11 人)
2001	何淦瞳　兰家诚　蓝森华　李仁所　李胜平　刘岚喆　陆宜清　邵君舟　(8 人)
2002	兰社云　雷纪刚　梁燕来　刘忠东　鲁凤菊　张马彪　赵　弘　(7 人)
2003	陈文英　陈晓春　黄　英　简冬梅　欧阳光　彭家寅　任美英　王彩凤　王明建　王五生　袁显春　张玉俊　赵　坤　(13 人)
2004	侯海军　李　薇　刘　智　邹晓范　(4 人)
2005	杜同凯　刘　群　王建芳　王　莹　杨柱元　(5 人)
2006	郭　胜　郭小江　罗　江　秦一丹　吴勤文　阎　峰　(6 人)
2007	冯　国　郭　昀　王　晟　吴嘎日迪　张艳霞　赵冠华　赵玉荣　赵振宇　(8 人)
2008	边学军　冯素芬　高　明　江克红　李爱芳　李洪明　李沍岸　李信巧　李友君　刘　稳　吴绍兵　肖绍菊　殷丽霞　张鸿鹰　张金魁　(15 人)
2009	陈秀琼　邓红梅　方艳溪　郭振海　李　宇　李云霞　彭乃霞　邱香兰　杨起群　(9 人)
2010	毕永青　陈红英　高　洁　格日措毛　刘敏捷　余世群　周　玮　(7 人)
2011	郭建敏　李俊扬　苏新卫　汤　获　王天辉　武女则　徐秀荣　张小明　左亚丽　(9 人)
2012	邓　红　杜兴华　李　敏　宋旭霞　汪小琳　王海奇　王新民　熊光波　银润龙　赵玉萍　(10 人)
2013	阿布力米提·米吉提　董文雷　范小明　胡　锋　焦玉娟　李晓斌　刘咏梅　孙宜蓉　吴根秀　吴建春　喻　晓　张小慧　赵红玲　(13 人)

2014　代丽美　邓　薇　孔萌莹　李金红　李正君　石玉芬　孙艳梅　杨贵玉　（8 人）
2015　钱小慧　唐　平　杨先山　姚晓霞　张文军　（5 人）
2016　王　娜　郑素文　（2 人）
2017　陈　玉　费时龙　郭　峰　郝　玲　刘秀丽　许丹萍　（6 人）
2018　邓凤茹　卢　洁　夏力哈尔·哈尔哈巴依　（3 人）
2019　纪宏伟　徐乃楠　杨昔阳　（3 人）
2020　段永红　王克容　夏林丽　张俊强　张鲁豫　（5 人）
2021　白云霞　孔明泽　李尊凤　杨新建　（4 人）

录 21 助教进修班学员结业名单(以字母顺序为序)

年级 姓 名

1984-09～**1985**-07 章 芸 (全脱产助教班 1 人)

1984-09～**1986**-01 陈迪荣 陈显强 丁 勇 郭 红 郭元术 郝成功 何淦瞳 李维鸣
李仲来 刘和平 刘万荣 刘亚平 刘智新 马柏林 沈云付 石焕南 眭毅成
汪飞星 王允俐 魏家林 颜跃新 伊保林 袁学海 张敏燮 张晓声 张永清
朱 江 祝家贵 (全脱产助教班 28 人)

1986-09～**1987**-07 陈 斌 崔凤蒲 管冰辛 贾维剑 李 辉 李胜利 李燕丽 刘 颖
那日苏 全宽益 王靳辉 王智秋 肖丽媛 杨威克 杨益党 杨云路 于全林
张诚一 张丽君 张玉俊 周和月 周 梦 周悦昇 (全脱产助教班 23 人)

1987-09～**1988**-07 常文萃 陈国树 窦连江 杜生辉 樊建先 谷丽燕 顾光辉 黄继创
黄 明 贾 誉 康淑瑰 梁志和 林 莉 倪培溉 尚学海 孙兰敏 孙 萍
谭燕华 唐晓岚 王彩凤 王 笠 王玲芝 魏雪丽 肖 虎 阎小鸽 杨宝珊
杨建军 杨闻起 于建忠 于 义 翟秀娜 张国志 张化一 张明亮 周友明
邹德玉 邹 华 左松茂 (函授助教班 38 人)

1988-04～**1989**-08 安建民 鲍春梅 蔡康盛 曹桂菊 曹 云 常 丹 陈春明 陈德瑞
陈 棣 陈 岖 陈和平 陈景林 陈 目 陈 新 陈忠全 陈佐利 崔万臣
邓景顺 董显亮 范韶彬 范先荣 方坤夫 丰建文 富成华 高广学 高素坤
郭朝辉 郭卫平 郭增晓 韩新波 韩振恒 何承源 贺志明 胡心慧 胡 渝
黄爱英 黄绍斌 黄婉华 贾正金 蒋 芸 孔宪明 朗开禄 李北红 李长春
李福兴 李晋川 李 萌 李沐林 李平玉 李少芹 李世芳 李 伟 梁 丹
梁志更 廖博文 廖宗骐 廖祖华 林立军 刘 兵 刘国良 刘国祥 刘 洁
刘金国 刘卫红 刘小川 刘绪文 刘 瑛 刘友莲 刘治国 刘中华 龙海旻
卢晓东 罗振江 孟德清 马东魁 孟 晗 聂锡军 宁 可 潘占武 彭辉龙
濮人法 其其格 齐 力 秦道岭 秦榆栋 邵香媛 史俊贤 史秀英
斯日古楞 宋金茂 宋唐秦 苏艳华 孙大军 孙美春 谭 英 汤鸿双
佟伟伶 王 斌 王家爱 王丽萍 王立志 王手印 王修林 王迎文 王永忠
吴 平 武清海 夏绍林 夏铁成 谢倩玲 熊继华 徐权年 徐舒华 徐志毅
许民兴 闫满富 杨策平 杨世城 杨 毅 叶 殷 尹克新 尹智茹 于朝霞
余东华 余慧霖 张察生 张和平 张九云 张若平 张淑玲 张卫国 张燕勤
张智平 章建红 赵冬生 赵籍丰 赵双起 郑 津 钟晴辉 周 勤 周文佳
周晓中 周增来 朱宝骧 朱华英 朱习军 朱永娥 (函授助教班 147 人)

1988-09～**1989**-07 阿不拉热扎克 陈汉平 戴友凯 贾林豫 荆江雁 李春斌 李全有
凌福珍 山玉林 吴 俊 伍春兰 徐 琳 余茂迪 喻辛玲 张生平 周海洋
(全脱产助教班 16 人)

1989-03～**1990**-08 白保钢 白树叶 包素华 蔡金魁 常铁林 程国胜 迟灵芝 丁金学
杜耀鹏 范淑香 郭斌彩 郭显娥 郭中晓 黄端山 黄振杰 瞿 炜 李 琨
李徐鸿 林钧昌 林梦雷 林文贤 刘汉忠 刘俊先 刘水强 刘秀英 潘 琳
任 睿 任正民 石玉凤 宋红艳 宋儒英 孙晓玲 覃明勇 唐建国 涂长青

汪德宏　王殿明　王立斌　王全友　王永民　王震波　王子亮　魏兰阁　魏淑春
夏　敏　肖　欣　肖泽昌　谢绍龙　徐志学　许木根　严兆勤　杨　洁　于育民
原淑弘　翟　涛　张　瑾　张喜娟　张小高　张正宇　赵广八　赵桂林　赵　敏
赵庆芝　钟莉萍　朱昌杰　朱少甫　朱玉清　左秀山　（68 人）

1989-09～**1990**-07 车秀敏　陈锡枢　杜　秀　冯翠红　郭继东　蒋永泉　黎祥君　李　宏
刘桂香　刘如艳　刘宪舜　柳京爱　齐海东　屈　捷　吴智华　张国强　张荣辉
张喜贵　（18 人）

1990-03～**1991**-08 包玉兰　毕艳丽　曹中军　陈笃信　陈　萍　陈　强　陈喜娥　陈晓龙
陈秀庆　陈燕平　程世辉　崔殿军　董正华　杜先云　段有瑞　敦冬梅　范凤艳
范叙保　范玉虹　符兴安　付　勇　高秋阳　管延禄　郭海宽　郭　会　郭刘龙
郭卫华　郭晓沛　哈立原　韩中秋　何一农　洪　丽　侯卫华　胡　滨　胡其明
华　泽　金茂明　金顺利　景　敏　巨泽旺　康开龙　康志荣　李白桦　李冬香
李建民　李江鹏　李培禄　李　锐　李素珍　李　涛　李同胜　李小燕　梁鲁奇
林月玲　刘凤霞　刘鸿基　刘会奇　刘义芬　刘云生　刘志贤　娄梅枝　卢宏见
罗竞波　罗　兰　马淑云　马玉春　毛建新　孟虎业　米翠兰　聂君祥　牛阿凤
牛庆莲　牛　忠　祁玉芳　曲桂东　全占茂　任孚鲛　任敬忠　任世宏　石　红
石玉强　史凤丽　史明欧　宋铭利　宋　伟　宋艳玲　孙多吉　孙冠杰　孙　宏
孙　杰　孙协池　唐晓翠　陶应奇　汪　红　汪有珠　王德润　王殿俊　王恒斌
王洪伟　王建民　王丽静　王仁杰　王　通　王卫宏　王喜振　王晓玲　王新社
王兆飞　王子华　王宗申　吴爱军　吴　浩　吴志新　向红星　解红霞　徐琛梅
徐克勇　徐少贤　严稳利　杨宝珊　杨继明　杨　莉　杨麦秀　姚贵平　叶璋礼
伊　敏　俞　勤　禹建丽　袁丽晴　展　翔　张宝琦　张定荣　张惠贞　张满利
张艳丽　张玉芳　赵文峰　赵香兰　赵学义　赵兆林　郑国平　郑兆顺　钟　梅
周根立　周利英　周燕莲　朱会明　（函授助教班 147 人）

1991-09～**1992**-07 贝　岩　陈□□　陈文英　邓　勇　龚　焰　顾恩国　何乐亮　黄敬频
纪云龙　卡丽比努力　拉米拉　雷朝铨　李长勤　李四信　李旭东　李云辉
林□□　刘广宣　牛晓奇　帕提古丽　钱　云　尚春虹　宋世敏　王　玲
王文霞　武跃祥　熊昌萍　徐　峰　杨　茂　杨新梅　余兴无　张慧琴　张君施
张民珍　张士勤　钟志民　苟长义　（37 人，□：不能辨认）

1991-09～**1993**-07 包泉鳌　曹　斌　曹　玮　常　莉　陈慧琴　陈咸存　方全国　苟清明
韩英华　胡顺田　黄德成　黄海生　贾锦霞　李灵佳　李伟军　李新慧　李艳梅
梁赛良　廖广云　刘仁权　刘　洪　刘　欣　刘兴臻　卢俊朵　吕宗明　栾　兵
罗春林　孟祥杰　屈　俊　沈建平　施金业　石慧平　司桂荣　司清亮
斯琴高娃　孙国臣　谭伟明　唐天国　唐晓文　佟健明　汪海涛　汪　军
王　凡　王洪岩　王　强　王庆东　王淑云　王万里　王　蕴　隗　玮　魏焕文
夏晓峰　许太金　闫　慷　杨绪海　叶留青　殷丽霞　游剑平　于兰芳　曾朝英
张光华　张　姝　张树文　赵立彬　郑浩森　周翠莲　周恒忠　周　琳　朱　晶
朱忠平　邹宗兰　（函授助教班 71 人）

1992-09～**1993**-07 陈祥平　封希媛　高敏艳　韩素青　贺海英　梁宗旗　卢　筠　汤国明
王福良　夏兴无　许晓健　杨　波　杨瑞峰　殷久梅　张喜红　（15 人）

1992-09～**1994**-07 敖丽娜 陈 洁 程惠东 邓秀华 刁成海 段艳超 高 平 洪宪涛 黄小燕 姜成全 李春梅 李静铂 李晓红 李忆南 李玉钊 李中方 刘保仓 刘 玉 柳国杰 陆家凤 马晓燕 欧阳长城 彭爱东 钱小吾 盛维康 宋新爱 王育宽 辛兴云 徐传胜 薛文辉 杨宗富 伊 波 玉 璋 张丽娅 张润玲 张三华 张雅平 张 勇 张昭猛 赵文革 赵新生 周辰余 周 练 (函授助教班 43 人)

1993-09～**1994**-07 付文德 过茫吉 李 纯 王振芳 (函授助教班 4 人)

1993-09～**1995**-08 白凤兰 柴 丽 冯献梅 郭忠海 郝慧珲 鞠国民 李秀兰 李衍禧 林距华 孟爱秋 钮宏霞 孙岸岷 汪淮北 王 晨 王 煜 衣丽香 周香孔 (函授助教班 17 人)

录 22　硕士研究生课程进修班学员结业名单(以字母顺序为序)

1995-06～**1997**-07 蔡淑萍　崔鹤山　封学英　胡志勇　李冬玲　李国安　李建东　李新凤　李云惠　林　燕　刘艳萍　平建设　曲　敏　荣俊利　石玉海　苏劲松　宿守君　孙长娟　童嘉森　王京梅　王莉华　王燕春　吴崇兵　吴　卫　贾勇强　肖海云　邢春立　张春贵　张启华　张　璐　赵志萍　郑　成　郑毅斌
(北京教育学院(合作办班单位，下同)，33 人)

1996-01～**1998**-04 常瑞娟　陈　静　陈　勤　崔明国　丁亚军　董　健　董静敏　付慧军　高滨辰　高　钧　高文珍　郭秀玲　郭运江　郭志美　胡　欣　扈百书　孔庆宏　雷　君　李　凤　李建华　李天舟　李铁军　梁雅萍　刘佳楠　刘淑坤　刘万军　刘伟霞　刘子军　路立新　闵长辉　石　金　宋晓梅　苏　宁　谭辉征　陶　理　王帮超　王恩宾　王洁英　王　敏　王　素　王　霞　王秀文　王　艳　邢长艳　杨　旭　于永昌　张纯志　张德波　张洁松　张　倩　张学春　张　志　张志成　赵英倪　周善富　庄　志　(辽宁沈阳市教委，56 人)

1996-06～**1998**-07 白俊英　陈中才　丁　红　董国昌　范洪春　范　茗　冯　刚　冯红荣　高金华　韩　冰　韩亦军　郝显军　何勇月　贺　炜　侯趁蕊　黄　波　康　杰　孔庆亮　李　军　李俊琴　李　利　林乐光　刘海燕　刘丽彬　陆人佐　马贵州　欧　丽　桑春茂　石传玺　石景林　田名凤　汪德华　王爱红　王京秋　王　堃　王晓芸　韦玉霞　文　静　吴朝晖　吴　萍　吴秋申　熊丽平　徐学军　杨慧芳　杨　稜　于　颖　袁京生　张广福　张洪波　张万祥　赵春玲　左丽清
(北京教育学院，52 人)

1996-07～**1999**-02 白建华　薄小玮　柴晓涛　车毅刚　段艾青　段步玉　冯润强　高永奎　郭锦高　郭明思　郝玉生　胡　瑛　雷福旺　李斌才　李国强　李苏勇　李晓华　李耀麟　梁海平　刘凤兰　刘洪柱　刘荣琴　刘新生　路丘平　栾素琼　马虹辉　庞文辉　石　梅　苏巧梅　宛敏华　王　华　王连云　王学维　王雅琴　王银牛　温来玲　吴翠英　肖　燕　解红霞　谢好收　徐海斌　薛三虎　杨晋华　殷京平　攸翠仙　岳建福　岳作仁　张红雨　张立平　张廷华　张　武　张亚静　张云峰　赵　丽　赵启月　赵学昌　赵院梅　(太原教育学院，57 人)

1996-12～**1999**-06 陈建国　陈康健　陈胜辉　陈文忠　陈昀晖　丁奕龙　方久平　冯福权　谷中义　郭润元　何广志　胡石生　黄慧欣　康尚君　李筱荇　梁景洪　林胜平　刘朝晖　刘龙昌　刘小玲　马荣林　马永莲　莫命祥　宁林宝　潘金洪　容元华　沈伟忠　孙克兵　唐　均　汪　锋　王福山　王元君　吴寒冬　肖功军　熊　彬　熊菊梅　徐山洪　徐秀添　杨海东　杨树春　杨　希　杨再忠　曾学文　张建平　张凯东　张顺才　张　宇　赵欲升　郑桂华　朱国旺　朱惠敏
(广东中山市教委，51 人)

1997-01～**1999**-07 白　芳　卞绍义　陈　昕　程树利　程思秀　冯　军　关英武　贾宇彤　李　芳　李　萍　李晓燕　李有毅　李志东　李忠成　林志红　刘建强　刘克侠　吕润泉　石　亮　宋群霞　苏彦丽　隋丽丽　汪　东　王春舫　王桂英　王慧娟　王梅梅　王　伟　王小菊　王　焱　王玉起　翁文利　武　飞　肖勇勤　许云尧

杨彤华 尹志锦 于胜利 余立新 张雅洁 张燕清 张玉梅 周 华
(北京教育学院，43 人)

1997-10～**2000**-05 陈洪春 崔秀淑 窦相凯 范金梅 付玉民 高 杰 郝恩波 胡 斌
胡 平 纪在秀 黎洪英 李爱芹 李翠青 李立波 李同荣 李向清 李秀环
刘 静 刘连红 刘守华 路延和 吕 强 穆京珍 綦惠丽 邱树林 孙 浩
孙建武 孙 明 索云旺 王凤华 王洪田 王金凤 王文清 王 武 王中月
吴庆余 尹锡贵 于清堂 张爱芹 张吉庆 张秀和 周 彬 周 明 朱秀海
(山东滨州教育学院，44 人)

1998-03～**2000**-07 白 真 丁大伟 葛晓红 龚志彪 胡钟华 惠建华 李光春 李清安
刘晓红 刘晓霞 陆 群 苗 青 平 涛 邱继勇 任 红 任丽平 任苑辉
邵香莲 孙洪斌 檀晋轩 汪建国 王春辉 王翠英 王洪波 王 梅 王永明
魏晓丽 武建荣 熊永昌 颜 昕 杨翠芝 杨宁娟 杨小军 杨毅波 于 黎
于守春 张 静 张留杰 张 蓉 张 旭 赵 宇 周春红 朱 华 邹 鹏
(北京教育学院，44 人)

1999-02～**2001**-01 陈 俭 陈晋姗 陈 军 董志学 高 艳 顾洪敏 郭洪林 何津萍
纪昌武 蒋 茜 李洪波 李颖新 刘春红 刘桂元 刘汉学 刘淑珍 刘新荣
刘秀丽 刘雁津 刘 颖 刘玉安 马树国 孙小芳 檀文秀 王 军 王立明
王利群 王连喜 王 玲 王文静 王贤瑞 邢 路 邢玉梅 闫红霞 杨津英
尹 丽 于文池 张 宏 张青春 张忠荣 张宗玲 赵桂萍 赵 青 赵晓英
赵秀鸿 周 静 俎 洁 (天津教育学院，47 人)

1999-02～**2001**-01 曹凤梅 陈利文 陈 雯 陈 旭 陈忠林 程秋安 韩 芃 韩秀莉
黄凤圣 黄京华 金 红 李建杰 李晋渊 李 冉 刘丽娟 刘树强 刘晓进
骆玉香 马冬玲 潘宇波 钱 爽 荣继军 舒 晨 宋玉龙 苏海燕 田燕菊
王桂萍 王江真 王丽英 王庆莲 王小丹 王学一 魏 颖 温 瑶 徐燕云
杨宝华 杨东红 于 才 于 青 于松华 张改莲 张吉祥 张洁琳 张丕学
张树青 张一丹 赵平易 赵 昕 甄丽莎 周彦琴 (北京教育学院，50 人)

1999-02～**2001**-01 柴继贤 常洪斌 陈喜旺 陈 晓 丁春荣 段 峰 段全庆 樊艳慧
冯瑞先 高广耀 郭江红 郭瑞霞 何 伟 胡家谷 黄大文 黄 强 霍金峰
荆自体 琚 莉 雷淑丽 李德生 李富平 李兰英 李 伟 李小斌 李秀成
李彦茹 李泽飞 刘富森 陆 军 路便利 吕寻琛 牧淑萍 彭广谦 戚庆生
乔守仁 秦程豫 邱占银 史保新 孙发成 田爱琴 王基献 王旭东 王艳红
王艺明 校书祥 谢淑芳 徐素霞 杨春风 杨立桢 杨 忠 袁生海 张恩宏
张十一 张伟民 赵国杰 赵建功 赵 远 职 军 周 庆 周延军 宗向阳
(河南郑州教育学院，62 人)

1999-02～**2001**-01 白贵德 柴文仁 常毓喜 陈晓丽 陈志群 董彩萍 独加礼 段顾群
范小闹 高建钢 高鲜玉 高仰贵 谷丽萍 郭刘龙 韩志忠 冀金梁 贾爱寿
贾 琳 贾喜平 姜克林 晋玉萍 雷声达 李建堂 李建香 李靖华 李 梅
李亚平 李印霞 李振杰 梁俊秀 梁秋梅 梁文江 梁玉兰 刘 枚 刘美珍

刘　正　卢福才　马庆林　牛　翠　裴青翠　秦言杰　任　福　任建宝　桑伟才
宋富根　宋新爱　孙丽芳　孙先琴　陶宗俊　王爱生　王宝良　王桂英　王慧卿
王文昌　王秀清　王旭勤　王　永　王月娥　卫会民　温瑞萍　吴亚文　谢俊良
许香梅　许银淦　闫锦绣　杨吉淳　杨玉春　杨占福　原文志　张金平　张立政
张万胜　张　霞　张选民　张　雁　张永红　张舆景　张　昀　张占朝　张志强
赵爱国　赵桂萍　赵武立　赵永亮　赵志云　郑建强　周建云
（山西省教育学院，87 人）

1999-02～**2001**-01 曹德魁　柴有茂　陈玉清　邸金选　丁晓林　董红萍　董亚萍　樊荀竹
郭舒平　郝志平　侯车栓　荆素风　李慧英　李　晋　李　雷　李　卫　刘光东
刘慧玲　孟　燕　潘淑芳　齐晓哲　全福英　史天保　宋跃萍　孙晋敏　汤春兰
王秀萍　王增礼　卫常青　魏林源　魏晓红　武建丽　武素珍　武晓萍　严　皓
阎志云　杨成枝　杨素玲　杨文海　杨晓青　元玉萍　张保安　张红燕　张金凤
张韶华　张艳萍　赵改润　赵会民　（山西太原市教育学院，48 人）

1999-07～**2001**-11 车　晓　陈湧涛　崔桂珍　邓湘龙　符云霞　黄福纯　林雪丹　刘莉莉
蒙胜明　缪梓维　潘贵心　谭宇柱　吴永雄　肖文芳　徐　健　杨铁成　余新苗
袁秀珍　张俊蓉　张　莉　张世雄　章雄鹰　（广东教育学院，22 人）

2000-01～**2001**-11 巴玉强　常巧霞　陈海霞　陈　敏　陈玉发　程铁良　董西红　段晓力
范慧歆　冯彩霞　付东军　侯　佳　李大伟　李芬红　李英丽　刘爱红　刘春霞
卢艳红　马海军　马淑玲　苗年立　平根建　沈胜利　田颖科　王红霞　王景战
王晓峰　王云峰　吴凤珍　邢　丽　许栋刚　许艳芳　闫淑霞　杨铁贵　张爱香
张丽然　张晓航　张延萍　赵长福　赵丽红　赵喜钊　周文学　朱福梅
（河南郑州市机电学校，43 人）

2000-01～**2001**-11 蔡金华　陈述国　董存亭　桂淑英　郭丽翠　韩朝泉　郝庆全　李　莉
刘华锋　刘　蕾　刘双双　刘宪增　卢玉辉　罗增交　马子宏　孟昭晖　秦笃民
邵兰英　宋金凤　孙更尧　田思红　田　雨　王春兰　王立华　王　敏　王学军
王子亮　徐立亮　徐　荣　闫瑞兴　杨　蓉　张连军　张月昌　赵志新　邹朝权
（山东聊城教育学院，35 人）

2000-07～**2002**-01 蔡转云　陈敬川　董建新　高恒山　高会平　高婉翔　耿文萍　胡九丁
康素英　李树芳　李彦清　李　英　李永华　梁建国　刘　刚　刘秀文　秦玉平
师丽敏　宋世雄　孙丽静　田素明　王德闪　王福寿　王富华　王　红　王　敏
魏万昌　武宝明　武秀琴　徐晋林　杨国栋　杨　雷　杨文喜　余桂英　张　虹
张锐军　张艳芬　张　燕　张忠泽　（山西省教育学院，39 人）

2000-07～**2002**-01 韩卫东　姜成建　金华英　李全民　李荣梅　林乐信　鲁海英　苗晓倩
曲国良　曲娜娜　邵茂杰　孙军成　孙秀玲　孙玉强　孙忠玲　王日林　武颖静
邢桂明　于建平　（山东威海教育学院，19 人）

2000-07～**2002**-06 白　杨　葛　萍　郝震宇　侯嫦娥　胡香林　贾麟香　姜俊文　李　伟
李秀梅　李榆萍　梁惠文　梁晓燕　罗耀东　马转玲　聂彩霞　汪卫华　王克宁
王永刚　王之静　阎卫东　杨建保　于　江　张金凤　张　鑫　张永梅　赵春梅

赵秀玲　朱维栩　古辛秀芝　(山西太原市教育学院，29人)

2000-07～**2002**-06 曹殿福　谌玲玲　郭　桐　郭玉荣　韩维祥　计鸿娟　冀　玲　金春霞　李　健　李　洁　李金栋　李晶璇　李　群　廖海峰　刘　淼　刘学东　刘　颖　刘有国　吕大军　罗　巍　裴东燕　商艳林　申　炜　史东辉　王长禄　王　瑾　王玲君　魏立民　吴　超　吴建霞　夏树铭　许成文　许立群　姚　娜　于灵娟　张恩利　张　杨　赵素萍　郑益民　(北京教育学院，39人)

2000-07～**2002**-12 包汉忠　陈久玉　窦丽华　付甫琼　郭　莉　韩贵林　何　凌　蒋远辉　冷雪梅　李培龙　李世俊　李仕魁　李泽清　梁启燕　刘尚伯　刘兴会　莫　雄　牟远毅　潘永同　彭秀昆　宋碧霞　唐莉莉　唐小丹　田　刚　王德先　王晓斌　吴丹丹　肖宏治　谢永华　徐礼群　徐永发　杨昌鸿　杨丕元　杨齐松　杨伟平　尹　永　曾　旭　张啸刚　张遗贵　张　溢　张运明　周　萍　庄中文　邹贵德　邹兴媛　(贵州教育学院，45人)

2001-02～**2003**-09 杜文明　段晓梅　付玉屏　付篆莲　郭彩霞　郭冬青　郭世芳　郭世荣　郭涞斌　郝志刚　何立斌　胡本智　籍富仙　贾学华　巨玉明　亢文亮　李清娟　李喜玲　李显峰　李　潇　李玉旗　李云昌　梁宝田　刘翠英　刘利田　刘忠良　吕兆鹏　齐红艳　秦秀梅　史宏明　田小琴　王红勤　王　莉　王美平　王平义　王庆华　王文华　吴雅平　武巧娥　谢海增　薛翠萍　杨继珍　杨丽丽　姚明江　要永宽　岳福田　张红鱼　张　鹏　张楸汉　赵润峰　赵秀青　周恩庆　(山西太原师范学院，52人)

2001-05～**2002**-12 白雪峰　白永利　曹建霞　陈首奇　陈　妍　迟淑琴　杜伟东　杜　咏　冯永新　高　萍　龚旭东　韩　英　赫荣涛　黄建清　黄　亮　黄新辉　黄雪海　黄燕玲　姜舜怡　黎　军　李凤兰　李　强　梁　勇　刘红文　刘慧民　刘仙舟　卢晓红　罗　华　罗士海　牟成梅　彭莉娟　石翠荣　舒　文　斯时英　宋其云　宋绍庚　孙桂荣　田雪坤　万书河　王　彬　王建仁　王　宁　王小荣　王　欣　王　瑛　王宇明　王　昱　韦丽玲　吴振丰　谢辞娥　辛振红　徐笑蕾　薛　江　闫建丽　叶　欣　尤春雷　于亚萍　余　敏　袁　霞　翟海燕　张　红　张俊霞　张玉根　张自昆　赵洪艳　赵　青　赵　伟　赵运蕊　周新花　朱德军　(北京市朝阳社区学院，70人)

2001-09～**2003**-07 柏亚敏　曹　京　曹俊杰　戴燕军　丁　敬　范玉萍　冯红伟　付焕玉　郭丽荣　惠学红　姜婷婷　李冬梅　李红文　李京兰　梁文莉　刘春秀　刘　健　刘永荟　孟庆贵　聂玉山　朴　媛　石彩云　宋冬玲　万东兵　王凤华　王海芳　王　辉　王　丽　王锐锋　王晓红　王新红　王芝平　吴娇朋　邢　路　徐　萍　闫维清　阎江涛　杨　静　姚金陆　叶　青　郁红健　张果平　张红燕　张　静　张连荣　张明英　赵　萍　赵阳红　赵颖军　周　瑾　(北京教育学院，50人)

2002-07～**2004**-07 安代明　陈　辉　陈晓霞　楚福河　崔春霞　董彩玲　付秋霞　高　飞　苟思东　和红霞　侯天恩　贾志萍　蒋云丽　李　权　李伟敏　李向耿　梁金玲　刘卫红　王荣鑫　王炎昭　王永庆　温巧霞　徐丽霞　徐巧云　许松坡　姚金利　张爱芬　张建文　张万军　张晓瑜　张艳玮　(河南荥阳职业中专，31人)

2002-07～**2004**-08 艾小刚 蔡 玲 曹二虎 陈峻峰 陈雅文 陈作民 程燕云 崔小平 邓 刚 邓红星 邓宏云 董学斌 高圣清 高易新 胡岸冰 华 容 金 玲 李红梅 李金柱 李君臣 刘晓平 罗善彪 钱 江 秦 慧 任清梅 是海松 宋晓俏 覃明富 谭莉莛 唐本新 王 斌 王宇斌 隗双和 吴家强 吴 谦 肖晓玲 熊明珠 徐圣国 张 敏 张世龙 张智忱 章桂兰 赵应丰 赵之金 郑江淮 （湖北宜昌市教育服务中心，45 人）

2002-09～**2004**-02 白道洪 曹永芹 陈向玮 高殿君 高 静 管志萍 郭 钰 洪喜梅 胡 波 蒋薇薇 蒋晓东 孔艳菊 黎 宁 李剑岚 李京扬 李 鸥 李 祯 连广顺 梁晓琼 梁 英 刘 力 刘笑峰 刘 艳 刘 雁 陆春蕾 马玲欣 马瑞琴 牛文化 秦 英 沈海英 王宝萍 王春玉 王万涛 王雪梅 王 燕 伍北川 相会静 谢 辉 徐淑田 阎冬梅 杨虹珠 杨善德 杨小红 杨旭慧 殷 萍 翟铁如 张爱武 张高洋 张彤玉 张 薇 张燕辉 张燕莲 朱妍华 朱跃飞 （北京市朝阳社区学院，54 人）

2002-09～**2004**-07 陈春英 程艳丽 戴文凯 邓佑琴 杜红艳 范晓婷 高 志 郝京辉 侯天新 胡志华 霍 佳 林率荻 刘 杰 栾 军 马丽达 穆 慧 倪永新 聂春艳 聂春燕 曲秀丽 任俊兰 单艳梅 盛 燕 王 斌 王静伟 王立华 王晓霞 王艳秋 吴静懿 吴艳学 薛秀林 杨凤陶 杨福玲 杨桂芹 杨 嘉 张大志 张卫红 张玉环 赵 寰 郑拴平 周 斌 周海含 （北京教育学院，42 人）

2003-03～**2006**-06 李东丽 刘春莲 刘 刚 刘 丽 马 艳 马玉荣 米大毅 牛树红 任 跃 孙俊立 王海燕 王孟新 王新红 吴奇琰 杨玉双 于伟东 占德杰 张灵洁 张晓东 张雪莉 赵中华 （北京教育学院，21 人）

2003-07～**2005**-07 贝国新 曹雅新 崔霞玲 干晓芬 高尚清 高英新 高玉英 顾 岚 韩淑清 贺 青 金京玉 李 兵 李 杰 李立新 李 青 刘海涛 刘 静 刘丽云 刘 新 吕兰英 孟兆荣 潘 琪 任春丽 尚爱军 时淑英 王成艳 王海波 王立娟 王名利 王晓微 王亚非 薛翠花 杨连旺 杨柳青 杨 青 于 新 于 洋 张晓宁 赵 琳 周开炎 宗连红 （北京市朝阳社区学院，41 人）

2004-02～**2005**-02 陈婷婷 陈 越 丛 山 封立红 高 飞 李蕾蕾 李 强 李荣华 李 爽 刘梅强 刘 威 刘玉杰 吕成海 雒彦丽 门 宁 米洪亮 任 爽 佟 迪 吴燕萍 相 巍 徐 妤 许 辉 杨胜蓝 张 军 张 志 朱晓丽 （辽宁沈阳市和平区教师进修学校，26 人）

2004-02～**2006**-02 曹丽华 常云肖 董晨涛 董兴敏 范英华 付红颜 高俊欣 韩 彦 何 彦 李 莉 李秀欣 李彦章 梁玉玲 马翠萍 马海彦 马敏鸽 穆雅然 申景娟 石丽欣 宋卫兵 王绍泉 王惜伟 王彦欣 魏素红 魏素卿 吴焕霞 吴俊芳 武巧敬 薛胜晶 杨雷平 姚保英 于永亮 于蕴茹 张辉英 张君永 张 磊 张力振 张丽欣 张美英 张彦平 （河北藁城教师进修学校，40 人）

2004-09～**2005**-07 郝俊英 胡 悦 李海英 李建华 刘艳娇 刘振华 吕小盈 马文侠

毛　颖　邵冰雪　石　斌　苏　虹　唐艳春　王晓霞　王玉涛　徐　凝　喻淑双
张芳波　张秋霞　(北京市朝阳社区学院，19 人)

2004-04～**2006**-06 陈　强　崔春立　邓旗虹　高全一　谷天雨　黄　璐　姜　伟　李保松
李劲娜　李丽丽　李瑞珍　李晓方　李云辉　李振扬　梁文静　刘莎莎　毛飞弋
庞宏艳　祁桂秀　齐春香　齐婉华　任万燕　沈　沁　滕滨州　田　磊　王凤银
王嘉淇　王　建　王　宁　王小平　王燕霞　魏秀江　项　静　徐　琨　许　静
闫立娟　严秋娟　杨清梅　杨秀明　杨玉蕊　张爱文　张春艳　张海军　张宏宇
张进茹　张娜丽　赵　立　赵亚丽　郑菊香　周均飞　周　娜
(北京教育学院，51 人)

2005-03～**2006**-11 曹林纳　曹鹿玲　柴春霞　陈　波　丁日旭　郭晓宇　郭秀红　洪　珊
李冬梅　李焕玲　李　慧　李军红　李　文　刘　莹　刘　颖　马红军　容　戎
苏纯玲　孙思雨　万银佳　王兴娜　王　滢　魏颖琳　武向锦　徐　坚　杨金菊
杨昕明　赵丽萍　(北京市朝阳社区学院，28 人)

录 23　国家级骨干教师培训班结业名单(以字母顺序为序)

1999 年第 1 期(33 人，2000-04～2001-07)

安春华　白　洁　陈　军　崔仲房　范　刚　付玉章　郭建斌　侯宝力　胡亚丽
黄根初　姜　华　姜　琳　焦兰池　李玥林　李　薇　李志义　刘长春　毛银明
潘春玲　任建华　史　亮　宋寅平　孙丽红　唐龙廷　汪玉才　吴天峰　谢立竿
杨建臣　姚晓华　于海洋　张月柱　赵金启　周文丽

2000 年第 2 期(36 人，2000-10～2001-09)

车兔平　常瑞平　陈增武　董静敏　董西牢　董　颖　金保华　李　为　刘　歌
刘亚莉　马力仲　牛文先　任　勇　申利萍　石同生　司海举　孙　荣　唐特格喜
屠新民　王明建　王　文　吴建山　吴学峰　肖培联　熊昌进　薛　凌　杨志敏
于会祥　于　焱　曾全毅　战志蛟　张秀军　赵祥枝　郑定华　郑洪军　郑兴全

2001 年第 3 期(39 人，2001-10～2002-09)

陈晶华　陈双双　陈伟见　范斯明　高元战　龚菊先　郭建雄　何浩江　贺光香
侯代忠　康志山　雷勋胜　李　昉　李会欣　李家煜　李岳东　李志芳　刘礼焱
闵　毅　年介海　祁巧芬　瞿剑全　尚范青　孙金明　王竞才　卫珠礼　吴登元
吴锦坤　吴顺华　武野平　夏泽勇　向庆余　肖亮宏　许继蓉　许家雄　岳纪平
张　曙　郑光峥　周裕厚

2003 年西部中小学骨干教师国家级培训，初中数学(100 人)

白月琴　卜贵民　陈　霞　程　桦　程志雄　杜成燕　段小龙　冯德雄　顾绍林
郭江林　何影荷　贺从刚　胡新杰　胡　昱　黄培兵　黄庆红　吉梦丽　简　敏
金会玲　雷　波　李红鹰　李玖华　李俊玲　李　凯　李　鹏　李生英　李世朝
李树信　李雅琳　李忠发　栗　韬　梁献花　凌　蓓　刘传富　刘　庆　卢光辉
罗东琴　罗占云　吕芙蓉　马占军　毛晓辉　明道宏　倪万赤　农成遐　潘七一
彭志权　柒仁炎　七十二　钱夏妹　瞿运飞　尚品山　师玉兰　史永进　帅　旭
孙芳存　谭　琼　万玛仁增　王洪志　王　京　王俊兴　王　彤　王小平
王孝明　王有菊　王玉成　文　军　谢丽萍　谢秀清　雄　新　熊昌雄　徐　辉
阎世平　杨　华　杨　静　杨晓梅　杨增书　尹文焕　余　红　于胜利　袁贤君
岳公正　曾春丽　张　红　张换来　张建军　张金玲　张　荔　张明贤　张清华
张淑丽　张晓燕　张艳玲　赵德新　赵　兰　赵三娘　钟燕群　周光旺　周建文
周景梅　朱志红

录 24　教师获国家级和省部级荣誉称号名单

获奖人．获国家级和省部级荣誉称号名称，时间

傅种孙．全国先进生产者，1956
刘秀芳．全国三八红旗手，1982
谢　宇．全国优秀教育工作者和五一劳动奖章，1986
王世强．全国优秀教育工作者，1989
陆善镇．全国高等学校先进科技工作者，1990
王梓坤．新中国成立以来成绩突出的科普作家，1990
陈木法．做出突出贡献的中国博士学位获得者，1991
王世强．全国教育系统劳动模范，1993
蒋人璧．全国三育人先进个人，1998
王昆扬．全国模范教师，2001
刘来福．全国大学生数学建模竞赛优秀组织工作者，2001
曾文艺．全国大学生数学建模竞赛优秀指导教师，2001
李洪兴．全国高等学校优秀骨干教师，2002
王昆扬．全国百篇优秀博士学位论文指导教师，2004
概率论研究群体. 全国五一劳动奖状(班组)，2006
方诗赞，王凤雨. 全国百篇优秀博士学位论文指导教师，2008
曹一鸣. 全国第 2 届教育硕士专业学位优秀指导教师，2010
何　青. 全国大学生数学建模竞赛优秀指导教师，2011
张英伯. 第 5 届全国优秀科技工作者，2012
郭玉峰. 全国第 4 届教育硕士优秀教师，2014

王世强．北京市青年社会主义建设积极分子，1956
严士健．北京市青年社会主义建设积极分子，1956
王燕白．北京市工会积极分子，1957
张禾瑞．北京市先进工作者，1959
孙永生．北京市先进工作者，1959
黄登航．北京市先进工作者，1959
徐承彝．北京市先进工作者，1959
蔡火莹．北京市先进工作者，1959
数学分析第 2 教研室．北京市先进集体，1959
王梓坤．天津市劳动模范(外校转入)，1961，1979，1982
李允贵. 北京市优秀学生政治干部，1980
汪培庄．北京市科技先进工作者，1982
刘秀芳．北京市总工会三八红旗手，1983
谢　宇．北京市教育系统先进工作者，1983
数学系工会．北京市先进工会集体，1983
概率论与数理统计教研室．北京市先进集体，1983

概率论与数理统计教研室．北京市劳动模范集体，1984
傅若男．北京市教育工会优秀工会积极分子，1986
王梓坤．北京市社会治安社会秩序综合治理先进个人，1986
谢　宇．北京市优秀教育工作者和首都劳动奖章，1986
王世强．北京市优秀共产党员，1987
谢　宇．北京市三八红旗手标兵，1987
曹锡皞．北京市职工体育先进工作者，1988
严士健．北京市劳动模范，1989
王世强．北京市优秀教师，1989
保继光．北京市优秀青年教师，1991
曹锡皞．北京市教育工会优秀工会积极分子，1991
史志刚．北京市教育工会优秀工会积极分子，1991
王世强．北京市优秀教师，1993
中共北京师范大学数学系党总支．北京市对台工作先进集体，1993
刘来福．北京市优秀教师，1993
数学系工会．北京市教育工会先进集体，1993
杨福田．北京市教育工会优秀工会积极分子，1993
李仲来．北京市优秀教师，1995
曹锡皞．北京市工会优秀工会工作者，1995
蒋人璧．北京市爱国立功竞赛标兵，1996
蒋人璧．北京市教育工会师德先进个人，1997
蒋人璧．北京市爱国立功竞赛标兵，1997
陈木法．北京市先进工作者，2000
王凤雨．北京市五四优秀青年奖章，2000
王昆扬．教育部和国家自然科学基金委员会先进工作者，2002
李洪兴．北京市总工会首都劳动奖章，2003
黎　雄．北京市高教系统优秀共产党员，2003
白　明. 北京市科学技术普及工作先进个人，2004
黎　雄．北京市高校第 4 届青年教师教学基本功比赛 3 等奖，2004
陈木法．科技部 973 计划先进个人，2004
房艮孙．北京市民族先进个人，2004
王凤雨．北京市先进工作者，2005
黎　雄．北京市高校优秀德育工作者，2005
崔世莹．首都高校社会实践先进工作者，2005
概率论研究群体．北京市教育创新工程优秀教育集体，2006
概率论研究群体．首都劳动奖状(班组)，2006
黎　雄．北京高校优秀辅导员，2006
杨大春．北京市优秀教师，2006
张余辉．北京市优秀教师，2009
崔世莹．北京市优秀辅导员，2010

保继光、李岩岩. 北京市优秀博士学位论文指导教师，2013
胡永建. 北京市优秀教师，2013
魏　炜. 北京市高校优秀辅导员，2014
保继光 . 北京市优秀教师，2017
陈木法 . 首都劳动奖章，2019
保继光 . 教育部基础学科拔尖学生培养计划突出贡献奖，2020
数学科学学院工会 . 职工暖心驿站，2020

严士健 . 曾宪梓教育基金会高师院校教师奖 1 等奖，1993
王梓坤 . 曾宪梓教育基金会高师院校教师奖 2 等奖，1993
王家銮 . 曾宪梓教育基金会高师院校教师奖 3 等奖，1993
曹才翰 . 曾宪梓教育基金会高师院校教师奖 3 等奖，1993
刘永平 . 曾宪梓教育基金会高师院校教师奖 3 等奖，1993
陈木法 . 求是科技基金会杰出青年学者奖，1996
孙永生 . 曾宪梓教育基金会高师院校教师奖 3 等奖，1997
王昆扬 . 宝钢教育基金优秀教师奖，1997
刘来福 . 宝钢教育基金优秀教师奖，1998
杨大春 . 杰出研究贡献奖(国际分析、计算及其应用协会)，1999
王昆扬 . 宝钢教育基金优秀教师奖特等奖，2001
王梓坤 . 第 9 届何梁何利基金科学与技术进步奖数学力学奖，2002
郇中丹 . 宝钢教育基金优秀教师奖，2003
李仲来 . 宝钢教育基金优秀教师奖，2009
陈木法 . 第 16 届何梁何利基金科学与技术进步奖数学力学奖，2009
刘永平 . 宝钢教育基金优秀教师奖，2011
保继光 . 宝钢教育基金优秀教师特等奖，2012
保继光 . 第 2 届明德教师奖，2014
保继光 . 第 1 届“四有”好老师金质奖章，2018
袁　荣 . 宝钢教育基金优秀教师奖，2018
杨大春 . 第 2 届“四有”好老师金质奖章，2020
郭玉峰 . 第 1 届张奠宙数学教育奖，2021
注 . 在录 2，师资信息中列入的奖项，此处不再列入。

录 25　教师获教学奖项目

获奖人．获国家级和省部级教学奖项目名称．颁奖单位或等级，时间

丁尔陞，等．中学数学现代化．全国先进集体，1960

严士健，刘秀芳，陈木法．粒子系统方向的研究生培养．国家教育委员会，国家级优秀奖，1989

邝荣雨*．以新的理论建立高师数学分析课试题库，促进教学评估的开展和教学质量的提高．国家教育委员会，国家优秀教学成果奖 2 等奖，1993

北京师范大学数学基地．国家基础科学人才培养优秀基地．教育部和国家自然科学基金委员会，2002

保继光，李仲来，张余辉，王昆扬，高红铸．创新模式，提高质量，建设一流的数学人才培养基地．教育部，第 6 届高等教育国家级教学成果奖 2 等奖，2009

王昆扬，周美珂，丁勇，刘永平，郇中丹，邓冠铁，赵纪满，黎雄，薛庆营，李俊峰．分析类课程教学团队，国家级优秀教学团队，2009

曹一鸣，郭玉峰，马波，朱文芳，李建华．致力于卓越教师培养的学科教学(数学)专业学位研究生课程建设，全国教育硕士专业学位教学成果奖 1 等奖，2018

曹一鸣*．面向未来的“三维度·一体化”卓越教师培养实践研究．高等教育国家级教学成果奖 2 等奖，2018

曹一鸣*．基于核心素养的学科能力诊断评价和教学改进系统：九学科协同研究与实践．基础教育国家级教学成果奖 1 等奖，2C18

曹一鸣，王长沛，郭衎，陈鹏举，李善良，王锐锋．现代信息技术支持下的中学生数学实践创新能力培养研究与实践．基础教育国家级教学成果奖 2 等奖，2018

郝钢新，吴品三．代数基础课教学质量．北京市人民政府优秀奖，1989

曹才翰．师范院校本科中学数学教法课课程类型、内容、体系的改革．北京市高教局优秀教学成果奖 2 等奖，1989

曹才翰．关于教材教法课改革的若干思考．北京市高教局优秀教学成果奖优秀奖，1989

刘绍学．建立科研新方向，培养高质量博士生．北京市优秀教学成果奖 1 等奖，1993

孙永生，陆善镇．函数论专业方向研究生的培养．北京市优秀教学成果奖 2 等奖，1993

谢宇*，杨福田*，孙魁明*．理论力学课件软件．国家教育委员会高教司，全国第 1 届计算机辅助教学优秀软件 1 等奖，1994

刘来福，曾文艺．师范院校数学模型课开设的探索与实践．北京市普通高等学校优秀教学成果奖 2 等奖，1997

刘来福*．全市数学建模教学推广．北京市普通高等学校优秀教学成果奖 2 等奖，1997

刘来福*．开展数学建模竞赛，促进数学教学改革．北京市普通高等学校优秀教学成果奖 2 等奖，2001

王昆扬，郇中丹，刘永平．数学分析课程建设成果．北京市优秀教学成果奖 1 等奖，2005

刘来福，曾文艺，黄海洋，何青，赵欣如．数学模型课程建设．北京市优秀教学成果奖 2

等奖，2005

王幼宁，高红铸，刘继志，孙宏伟．本科数学专业几何教学信息系统的设计和开发．北京市优秀教学成果奖 2 等奖，2005

保继光，李仲来，张余辉，王昆扬，高红铸．创新模式，提高质量，建设一流的数学人才培养基地．北京市教育教学成果(高等教育)奖 1 等奖，2009

王昆扬，郇中丹，刘永平，丁勇，袁荣．分析类课程教学团队建设．北京市高等教育教学成果奖 2 等奖，2013

李勇，张淑梅，金蛟，童行伟，李慧．创新型统计学人才培养模式的探索与实践．北京市高等教育教学成果奖 2 等奖，2013

毛永华，洪文明，张梅，王颖喆，马宇韬．随机数学课程教学团队建设．北京市高等教育教学成果奖 1 等奖，2017

曹一鸣*．面向未来的“三维度·一体化”卓越教师培养实践研究．北京市高等教育教学成果奖 1 等奖，2017

王恺顺，胡永建，张英伯，许孝精，刘玉明，胡维，曾紫婷，李建华，施翔晖，吕本建．代数类课程教学改革与实践．北京市高等教育教学成果奖 2 等奖，2017

蔡俊亮*．立足教师发展助力教学质量提升：北京师范大学本科教学督导工作模式创新实践．北京市高等教育教学成果奖 2 等奖，2017

数学基地．数学基地创新成果．教育部拔尖计划 2.0 荣誉奖创新案例奖，2021 薛庆营．教育部拔尖计划 2.0 优秀管理人员奖，2021

注．* 为参加者。

精品课程

王昆扬，等，《数学分析》，国家级精品课程，2004 年度

李勇，等，《统计学导论》，国家级精品课程，2009 年度

刘来福，等，《数学建模》，北京市精品课程，2004 年度

录 26　教师获奖书目和重点图书规划项目或品牌教材

录 26.1　教师获奖书目

获奖人．获奖著作名称．颁奖单位和等级，时间．

王梓坤．科学发现纵横谈．全国新长征优秀科普作品奖 2 等奖(外校转入)，1981.

白尚恕*．《九章算术》与刘徽．全国优秀科技图书纪念奖，1982.

汪培庄．模糊集合论及其应用．全国优秀科技图书评选纪念奖，1983.

陈木法．跳过程与粒子系统．全国优秀科技图书奖荣誉奖，1986.

张禾瑞，郝鈵新．高等代数．国家教育委员会全国高等学校优秀教材奖 1 等奖，1988.

张禾瑞．近世代数基础．国家教育委员会全国高等学校优秀教材奖，1988.

丁尔陞，孙瑞清，等．中学数学实验教材．国家教育委员会优秀实验教材特等奖，1988.

白尚恕*．秦九韶与数书九章．全国科技史优秀科技图书 1 等奖，1989.

白尚恕*．中国科学史讲义．全国科技史优秀图书 1 等奖，1989.

陆善镇，王昆扬．Bochner-Riesz 平均．国家新闻出版署全国优秀科技图书 2 等奖，1990.

曹才翰，蔡金法．数学教育学概论．国家教育委员会全国教育学优秀成果 1 等奖，1990.

白尚恕．九章算术注释．国家新闻出版署全国首届古籍整理图书 3 等奖，1992.

孙永生，房艮孙．函数逼近论(上、下册)．国家教育委员会高校出版社优秀学术专著特等奖，1992.

严士健．无穷粒子马尔可夫过程引论．全国优秀科技图书 2 等奖，1992；国家教育委员会高校出版社学术专著优秀奖，1992.

汪培庄，韩立岩．应用模糊数学．国家教育委员会科技进步奖 2 等奖，1992.

王世强，杨守廉．独立于 ZFC 的数学问题．全国科技图书优秀奖，1992；第 2 届全国高校出版社学术著作优秀奖，1995.

李洪兴，等．工程模糊数学方法及应用．北方十省市(区)优秀科技图书 2 等奖，1994.

汪培庄，李洪兴．知识表示的数学理论．北方十省市(区)优秀科技图书 2 等奖，1995.

严士健，刘秀芳，徐承彝．概率论与数理统计．第 3 届普通高校优秀教材奖 2 等奖，1995；国家教育委员会科技进步奖 2 等奖，1997.

王梓坤．随机过程通论(上、下册)．国家新闻出版署第 8 届全国优秀科技图书 1 等奖，1997.

谢　宇，张秀平．理论力学自测软件．全国普通高校理科 CAI 与试题库协作组优秀教学软件奖，1997.

陆善镇，王昆扬．实分析．国家新闻出版署第 7 届全国教育图书优秀教材奖，1998.

曹才翰，冯贤学，主编．数学教育研究丛书．第 3 届国家图书奖提名奖，1998.

王世强，孟晓青．数理逻辑与范畴论应用．国家新闻出版署第 10 届全国优秀科技图书 3 等奖，1999.

丁尔陞，主编．现代数学课程论．第 2 届全国教育科学优秀成果 2 等奖，1999.

白尚恕*．中国数学史大系．国家新闻出版署第 10 届全国优秀科技图书荣誉奖，2001；第 13 届全国师范大学出版社图书营销峰会图书特等奖，2005.

刘绍学，主编．中学生数学视野丛书．第 2 届全国优秀数学教育图书奖特等奖，2001.

刘绍学．近世代数基础．教育部全国普通高等学校优秀教材奖 2 等奖，2002.

王昆扬，李落清．Harmonic analysis and approximation on the unit sphere. 教育部全国优秀教材奖 2 等奖，2002.

王梓坤．莺啼梦晓：科研方法与成才．上海市优秀科普作品奖，2004.

范会国*．几种类型的极值问题．“数学小丛书”(9)，国家科学技术进步奖 2 等奖(科普奖)，2010.

曹一鸣，陆建隆，崔鸿．与科学家同行(5 册). 江苏省优秀科普作品图书类 1 等奖，2016.

章建跃，李增沪，主编．普通高中教科书 数学(A 版) 必修第 1 册．李海东，郭玉峰，第 1 册分册主编．人民教育出版社，基础教育教材特等奖，2021.

刘绍学，主编，钱珮玲，章建跃，副主编．普通高中课程标准实验教科书 数学(A 版) 选修 2—1. 王申怀，钱珮玲，李勇，2—1 分册主编．北京师范大学出版社，基础教育教材 2 等奖，2021.

严士健，王尚志，主编．普通高中课程标准实验教科书数学必修第 1，4，5 册，选修 1—1，(严士健，李延林，主编．数学必修第 1 册). 北京师范大学出版社，基础教育教材 2 等奖，2021.

严士健，主编．义务教育教科书数学七年级上册，九年级上、下册(第 3 版、第 2 版). 湖南教育出版社．基础教育教材 2 等奖，2021.

注．* 为参加者。

录 26.2 重点图书规划项目或品牌教材

国家“八五”重点图书规划项目

吴文俊，主编；白尚恕，李迪，沈康身，李继闵，副主编．中国数学史大系(正卷 8 卷，副卷 2 卷). 白尚恕，分卷主编(第 3 卷：东汉三国). 北京师范大学出版社，1998～2004.

国家“十一五”重点图书规划项目

严士健．严士健谈数学教育．大连理工大学出版社，2010.

王梓坤．科学发现纵横谈：王梓坤教育随笔．大连理工大学出版社，2010.

面向 21 世纪课程教材

刘绍学．近世代数基础，第 1 版．1999.

王昆扬．简明数学分析，第 1 版．高等教育出版社，2001.

刘来福，曾文艺．数学模型与数学建模，第 2 版．北京师范大学出版社，2002.

普通高等教育“九五”国家级规划教材

刘绍学．近世代数基础，第 1 版．高等教育出版社，1999.

普通高等教育“十五”国家级规划教材

郇中丹，黄海洋．偏微分方程，第 1 版．高等教育出版社，2004.

普通高等教育“十一五”国家级规划教材

严士健，刘秀芳．测度与概率，第 2 版．北京师范大学出版社，2003.

高红铸，王敬赓，傅若男．空间解析几何，第 3 版．北京师范大学出版社，2007.

张禾瑞，郝钢新．高等代数，第 5 版．高等教育出版社，2007.

陈木法，毛永华．随机过程导论．高等教育出版社，2007.

严士健，主编．数学基础课程系列简明教材．高等教育出版社，2008～2011.
刘来福，黄海洋，曾文艺．数学模型与数学建模，第 3 版．北京师范大学出版社，2009.
郇中丹，刘永平，王昆扬．简明数学分析，第 2 版．高等教育出版社，2009.
郑学安，邝荣雨，刘继志，等．数学分析(第 1～3 册)，第 3 版．北京师范大学出版社，2010.
严士健，刘秀芳，徐承彝．概率论与数理统计．高等教育出版社，2011.

“十二五”普通高等教育本科国家级规划教材

陈木法，毛永华．随机过程导论．高等教育出版社，2007.
保继光，朱汝金. 偏微分方程. 北京师范大学出版社，2011.
北京师范大学数学科学学院(李仲来)，主编．数学公共课系列教材．北京师范大学出版社，2014～2016.
蔡俊亮，李天林．高等数学 B(上、下册)，第 3 版．北京师范大学出版社，2014.
刘来福，黄海洋，曾文艺．数学模型与数学建模，第 4 版．北京师范大学出版社，2014.
李仲来，刘来福，程书肖．生物统计，第 3 版．北京师范大学出版社，2015.
李仲来，王存喜，宣体佐．高等数学 C(上、下册)，第 3 版．北京师范大学出版社，2015.
王颖喆．概率与数理统计，第 2 版．北京师范大学出版社，2016.

普通高等教育精品教材

陈木法，毛永华，随机过程导论．高等教育出版社，2007.

教育部审定通过的研究生教学用书

陆善镇，王昆扬．实分析，第 1 版．北京师范大学出版社，1997.

北京高等教育精品教材

王幼宁，刘继志．微分几何讲义．北京师范大学出版社，2003.
陆善镇，王昆扬．实分析，第 2 版．北京师范大学出版社，2006.
孙永生，王昆扬．泛函分析讲义，第 2 版．北京师范大学出版社，2007.
李勇，张淑梅．统计学导论．人民邮电出版社，2007.
丁勇．现代分析基础．北京师范大学出版社，2008.
刘来福，黄海洋，曾文艺．数学模型与数学建模，第 3 版．北京师范大学出版社，2009.
保继光，朱汝金. 偏微分方程. 北京师范大学出版社，2011.
袁荣. 常微分方程. 高等教育出版社，2012.

北京高等教育精品教材立项项目

王昆扬. 实变函数论讲义. 高等教育出版社，2011.
张英伯，王恺顺. 代数学基础(上、下册). 北京师范大学出版社，2012～2013.
郇中丹，黄海洋. 偏微分方程，第 2 版. 高等教育出版社，2013.

录 27　教师获科技奖项目

获奖人．获国家和省部级奖项目名称．颁奖单位和等级，时间

王世强*，黄锡瑶*．北京市第1台大气污染监测车．全国科学大会奖，1978

王伯英，等．BC-203小型数控线切割编程机．全国科学大会奖，1978

王梓坤．齐次可列马尔可夫过程．全国科学大会奖(外校转入)，1978

王梓坤*．马尔可夫过程的唯一性、构造与性质．国家自然科学奖3等奖(外校转入)，1982

汪培庄，罗承忠．模糊集基础理论及应用．国家自然科学奖4等奖，1987

孙永生，陆善镇，王昆扬，房艮孙．逼近论中的极值问题及调和分析中若干逼近问题．国家自然科学奖4等奖，1989

郑学安*．典型群与紧李群上的调和分析．国家自然科学奖3等奖(外校转入)，1989

陈木法，王凤雨．跳过程，粒子系统与特征值估计．国家自然科学奖3等奖，1999

汪培庄*，李洪兴*．模糊逻辑与神经网络结合理论及军事应用．国家科技进步奖2等奖，2004

李占柄*．无源雷达交叉定位数字计算．辽宁省重大科技成果奖，1978

王梓坤．地震统计预报．天津市科技进步奖2等奖(外校转入)，1978

陈木法*．马尔可夫过程与场论．湖南省重大科技成果奖2等奖，1979

刘来福*．农作物数量性状遗传规律．北京市科技成果奖4等奖，1979

王梓坤*．马尔可夫过程与场论．湖南省人民政府2等奖(外校转入)，1980

谢文杰，何克抗，李金铠，等．汉字笔型编码法和DJS-130汉字信息处理系统．北京市科学技术成果2等奖，1981

严士健，陈木法，刘秀芳．无穷质点马氏过程与q过程．国家教育委员会科技进步奖2等奖，1985

汪培庄，罗承忠．不分明拓扑代数问题与模糊集基础理论及其应用．国家教育委员会科技进步奖2等奖，1985

王梓坤．马尔可夫随机过程的研究．国家教育委员会科技进步奖2等奖，1985

陆善镇．多重Fourier级数的临界球面．国家教育委员会优秀科技成果奖，1985

刘秀芳*，沈嘉骥*，柳藩*．重磁异常数据处理系统．地矿部科技进步奖2等奖，1985

王世强，罗里波，沈复兴，卢景波．模型论与判定问题．国家教育委员会科技进步奖1等奖，1987

王伯英．多重线性代数及其他．国家教育委员会科技进步奖2等奖，1988

刘绍学．环的结构与表示理论．国家教育委员会科技进步奖2等奖，1988

孙永生，陆善镇，王昆扬，房艮孙．函数逼近和调和分析．国家教育委员会科技进步奖1等奖，1989

张英伯，肖杰．代数表示论中的不可分解模及其AR-的研究．国家教育委员会科技进步奖3等奖，1990

马京然*．医院门诊药房药品处方管理系统．中国人民解放军科技进步奖3等奖，1990；

北京军区优秀软件 2 等奖，1990

赵桢*．半解析函数及其应用．北京市科技进步奖 3 等奖，1993

李仲来*．鄂尔多斯沙鼠疫源地动物鼠疫大流行预测的研究．内蒙古自治区科技进步奖 3 等奖，1993

李仲来*，陈克伟*．黄鼠鼠疫动物病预测预报方法的研究．吉林省科技进步奖 4 等奖，1993

王世强，罗里波，沈复兴，宣体佐，王明生，孟晓青，卢景波，何青．模型论应用及其有关研究．国家教育委员会科技进步奖 3 等奖，1996

陈木法，王凤雨．跳过程，粒子系统与特征值估计．国家教育委员会科技进步奖 1 等奖，1998

惠昌常，邓邦明．拟遗传代数研究．国家教育委员会科技进步奖 2 等奖，1998

肖杰*．代数的表示，Hall 代数和量子群．国家教育委员会科技进步奖 2 等奖，1998

赵桢*．半解析，双解析函数及其应用．北京市科技进步奖 3 等奖，1998

刘来福*，曾文艺*．人体坐姿冲击(＋Gz)耐限区间的研究．国防科工委科技进步奖 2 等奖，1998

白明*，吴慧*，刘玉铭*．车辆识别仪的图像抓拍等系统组成收费站监控系统．国家科学技术委员会科技进步奖 3 等奖，1998

白明，吴慧，于濂，吕德政，张民，曾跃进，等．电气化铁路接触网视觉检测系统．教育部科技进步奖 3 等奖，1999

崔恒建．EV 模型中参数 M 估计的渐正态性．国家统计局科技进步奖 2 等奖，2000

郑学安*．多复变数几何函数论．中国科学院自然科学奖 1 等奖，2000

于濂*，白明*，吴慧*，张民*，曾跃进*．高速电气化铁路接触网视觉检测系统．北京市科技进步奖 2 等奖，2001

李洪兴．变论域自适应模糊控制理论及其在四级倒立摆控制中的应用．教育部高等学校自然科学奖 1 等奖，2002

陆善镇，杨大春，丁勇．赫兹型空间与粗糙算子．教育部高等学校自然科学奖 2 等奖，2002

袁荣．概周期动力系统及非线性振动．教育部高等学校自然科学奖 2 等奖，2003

李勇*．统计地震学模型及其应用研究．国家地震局防震减灾优秀成果奖 3 等奖，2003

李洪兴，王加银，刘普寅，谷云东，冯彦宾．基于一类复杂系统新建模方法的高维变论域自适应及其在平面三级倒立摆控制中的应用．教育部高等学校自然科学奖 2 等奖，2005

崔恒建．稳健统计性及其应用．第 8 届全国统计科研优秀成果奖 1 等奖(课题论文类)，2006

肖杰，彭联刚，邓邦明，林亚南．Hall 代数，无穷维李代数和量子群．教育部高等学校自然科学奖 1 等奖，2006

崔恒建．稳健模型、参数估计及其应用．教育部高等学校自然科学奖 2 等奖，2006

金蛟．多元统计分析中的稳健方法及应用．第 8 届全国统计科研优秀成果奖 2 等奖(博士论文类)，2006

郇中丹*．中国北方地下煤火探测与监测关键技术研究．中国煤炭工业科学技术奖 1 等

奖，2007

王凤雨．泛函不等式、马氏半群与谱理论．教育部高等学校科学研究优秀成果奖(科学技术)1 等奖，2009

王恺顺*．图的对称性．教育部高等学校科学研究优秀成果奖(科学技术)2 等奖，2010

刘君*．基于多传感器信息的地表地物建模与可视化的理论与方法．教育部高等学校科学研究优秀成果奖(科学技术)2 等奖，2013

杨大春，袁文，周渊，蒋仁进．函数空间实变理论中的一些进展．教育部高等学校科学研究优秀成果奖(科学技术)2 等奖，2014

保继光，李海刚，熊金钢．几何学与材料学中的偏微分方程．教育部高等学校科学研究优秀成果奖(科学技术)自然科学奖 2 等奖，2017

李增沪，马春华，傅宗飞．关于带移民分支过程的研究．教育部高等学校科学研究优秀成果奖(科学技术)自然科学 1 等奖，2019

陈木法．霍英东教育基金会第 1 届高等院校青年教师奖，1988

周先银．霍英东教育基金会第 5 届高等院校青年教师奖 1 等奖(研究类)，1996

陈木法．求是科技基金会．杰出青年学者奖，1996

王凤雨．霍英东教育基金会第 8 届高等院校青年教师奖 1 等奖(研究类)，2002

邓邦明．霍英东教育基金会第 8 届高等院校青年教师奖 3 等奖(教学类)，2002

王梓坤．何梁何利基金第 9 届科学与技术进步奖数学力学奖，2002

张　辉．霍英东教育基金会第 11 届高等院校青年教师奖 3 等奖(自然科学)，2008

陈木法．何梁何利基金第 16 届科学与技术进步奖数学力学奖，2009

注．* 为参加者。

录 28　科技成果鉴定

完成人员．鉴定项目名称．组织鉴定单位，时间

王世强，王伯英，黄锡瑶．北京市第 1 台大气污染监测车数据处理．国家环保局，1978-02

王伯英*．BC-203 小型数控线切割编程机．北京市二轻局，1978

曾美美，黄锡瑶，乔洪文，孙魁明．光笔显示电子计算机(BASIC 语言解释系统)．第 4 机械工业部 1915 研究所，1981-06

沈嘉骥，柳藩，刘秀芳．匹配滤波方法与程序．地质部，1981

刘来福，黄远樟，谢文杰，等．数量遗传电子计算机程序．北京师范大学，1981-06-23

刘来福．计算机在作物数量性状遗传参数估算上的应用．北京师范大学，1983-06-22

刘秀芳*，沈嘉骥*，柳藩*．重磁异常数据处理系统．地质部勘察技术研究院，1984

汪培庄，李安华，李葆文，等．永安、吉木萨尔两地规划．中国科学技术学会，1987-07

汪培庄，张洪敏，等．模糊推理机．国家教育委员会科技司，1988-05

北京师范大学协同机器智能公司，等．地膜生产机模糊控制器．新疆维吾尔自治区科学技术委员会，1988-10-04

谢宇，杨福田，孙魁明，等．理论力学课件．国家教育委员会高等学校工科理论力学课程教学指导小组，1989-04-29

马京然*．医院门诊药房药品处方管理系统．中国人民解放军北京军区后勤部，1990-04

李仲来*，陈克伟*．黄鼠鼠疫动物病预测预报方法的研究．吉林省卫生厅，1990-11-30

罗承忠，韩立岩．模糊数学在经济中的若干应用．北京师范大学，1991-01-23

李仲来*．鄂尔多斯沙鼠疫源地动物鼠疫流行预测的研究．内蒙古自治区鄂尔多斯市科学技术委员会，1991-11-20

项伯衡，于福生，任子朝，罗承忠，周长生，曹才翰．高考试题的难度预测．国家教育委员会教科规划办，1992-08-04

谢宇，张秀平，等．理论力学课件第 2 套．国家教育委员会高等学校工科理论力学教学指导小组，1993-10-18

谢宇，杨福田，张秀平，等．理论力学自测软件．国家教育委员会，1994-05-24

李洪兴，王加银，谷云东，冯艳宾，苗志宏，曾文艺，房颜明，柴迎春，李德清，姚二林．变论域自适应模糊控制理论及其在四级倒立摆控制中的应用．教育部，2002-08-28

李洪兴，王加银，刘普寅，谷云东，冯彦宾，苗志宏，孙凯彪，李裕梅，王杰亮，徐德华，胡丹．变论域自适应模糊控制的自适应机理及其在三级平面倒立摆控制中的应用．教育部，2005-07-15

郇中丹*．地下煤层自燃遥感探测关键技术研究．中国煤炭工业协会，2005-12-30

保继光，李仲来，张余辉，王昆扬，高红铸．创新模式，提高质量，建设一流的数学人才培养基地．北京师范大学，2009-04-01

李洪兴，张永立，王加银，孙凯彪，汪德刚，袁学海，苗志宏，孟艳平，李金权．不确定性系统理论及其在空间四级倒立摆控制中的应用．教育部，2010-08-13

注．* 为参加者。

录 29 国家重点新产品和实用新型专利(国家知识产权局)

新产品编号 生产单位．新产品名称．鉴定单位，时间

98G041B3470024 北京师范大学模糊技术国家专业实验室．电气化铁路接触网视觉检测系统，国家重点新产品．科技部，国家税务总局，国家对外贸易经济合作部，国家质量技术监督局，国家环境保护总局，1998-11

公告号 发明人．实用新型专利名称．公告日．申请号

CN2253939 白明，吴慧，曾跃进．可编程控制电饭锅．1997-05-14. CN96219294. 5

CN1157950 白明，吴慧，曾跃进．一种电饭锅的可编程控制方法．1997-08-27. CN96119855. 9

CN2259006 段里仁，贾胜文，刘晓瓯，陈冰，李建民，张民，吕德政，于濂，白明，吴慧，曾跃进，李鸣．闯红灯车辆自动记录装置．1997-08-06. CN96241302. X

CN2285920 白明，段里仁，贾胜文，李鸣，张民，吴慧，曾跃进，吕德政，于濂．闯红灯车辆自动拍摄装置．1998-07-08. CN96241233. 3

CN2343635 刘玉铭，吴慧，曾跃进，白明，张民，于濂．机动车车型识别装置．1999-06-19. CN98200486. 9

CN1421545 李洪兴，王加银，谷云东，冯艳宾．预焙电解铝生产的变论域自适应模糊控制方法及装置．2003-06-04. CN02158123. 1

CN2574145 李洪兴．四级倒立摆实验仪．2003-09-17. CN02257287. 2

CN2731618 李洪兴，王加银，冯艳宾，谷云东．万向多级倒立摆实验仪．2005-10-05. CN200420117955. 7

CN201019769Y 梁冶矢，刘来福．无创颅内压检测设备．2008-02-13. ZL200720103268. 3

CN203075632U 李建华．勾股拼图板．2013-07-24. ZL201320056125. 7

CN203208686U 李建华．汉诺塔游戏装置．2013-09-25. ZL201320207422. 7

CN203803092U 李建华．立式连环．2014-09-03. ZL201320568078. 4

CN203842287U 李建华．高阶九连环．2014-09-14. ZL201420240525. 8

CN303186758S 李建华．茶几(达·芬奇). 2014-10-15. ZL201430388955. X

CN303266971S 李建华．教具(九章格). 2015-07-01. ZL201430401808. 1

CN303276753S 李建华．教具(蜜格). 2015-07-08. ZL201430430519. 4

CN303271841S 李建华．地垫(阿基米德 Plus). 2015-07-08. ZL201430434190. 9

CN303863605S 李建华．九章格 24 点．2016-09-21. ZL201630086854. 6

CN303888955S 李建华．九九骰子．2016-10-12. ZL201630123235. X

CN303888954S 李建华．五行骰子 Plus. 2016-10-12. ZL201630123234. 5

CN303950425S 李建华．三元非传递骰子．2016-11-30. ZL201630123232. 6

CN304015125S 李建华．勾股拼图桌．2017-01-18. ZL201630168791. 9

CN110661883A 刘玉铭，于濂，施煜，李崧，燕洪生，袁一文，李蒨. 一种数据传输装置和方法． 2020-01-07. CN201910996283. 2

CN110974234A 张勇，刘玉铭，李崧，施煜，裴剑，于濂，夏晨．三围测量方法、装置、系统、设备及存储介质．2020-04-30. CN201911411947. 0

CN110974234B 张勇，刘玉铭，李崧，施煜，裴剑，于濂，夏晨．三围测量方法、装置、系统、设备及存储介质．2021-06-29. CN201911411947.0

CN113139703A 张博宇，范征，裴姗，何岳寰．用于不正常航班恢复的决策支持系统、方法以及存储介质．2021-07-20. CN202010046973.4

录 30 校友中获特级教师荣誉称号名单(184 人)

本科生届别	姓 名
1920	韩桂丛(字满芦)
1934	王明夏 张玉寿
1940	伊去病 张庄容
1941	李振纯
1942	刘祖植
1943	霍懋征
1944	王耀生
1947	于宗英 张绪昌
1948	马慰慈(字德慈)
1952	刘 东 王树茗
1957	陈定中 何敬之 李建明 李毓仁 谢文泉 谢远应 王淑媛 王希真
1958	曹 琦 程应钜 董式璋 马晓鸾 马贻忠 马兆麟 钱铧娟 苏 凌
1959	常 颐
1960	董复昌 冯士腾 黄卓廷
1962	陈 汶 高德铨 金继忠 刘新国 许训民 申 杰 杨世明 杨天明 于长盈 张春条 周崇廉
1963	储瑞年 杜双春 蒋佩锦 李松文 刘治平 吕 品 马成瑞 潘历兴 王慧筠 杨文泰 赵秀春
1964	陈俊辉 何维安 李常凌 刘国材 刘蕴华 孙敬丽 王克明
1965	管国裕 金宗洽 刘忠民 王允象 杨 森
1966	王庆荣
1967	胡尊亚 李淑英(李 砵)
1968	邓起江 方仰群 李金淮 申祝平 盛平渠 滕登刚 万尔遐 杨寿恺 章兴德
1969	刘厚荣 王在良 袁缵芹
1970	范光洲 钱胜年 王淑敏 张步宁
1981	郭 洁
1982	张颂方
1983	王云峰 关 闳 鲁 彬 王 顺
1984	黄会来
1986	张 鹤
1988	隋丽丽 于会祥 张思明
1989	龚卫东 金钟植 沈新权 王红革 张宇甜
1991	施永红
1993	于伟东 曾国光
1994	曹利国
1995	吴 鹏
1996	高雪松 王春辉

1966 届研究生 杨天明
2000 届教育专业硕士 程 文 祁京生
2001 届教育专业硕士 程国红
2005 届教育专业硕士 刘瑞芬
2008 届教育专业硕士 靳小平 李作林
2009 届教育专业硕士 李青霞
2011 届教育专业硕士 高雪松
2013 届教育专业硕士 杨云焱
1997 届研究生课程进修班 童嘉森
1998 届研究生课程进修班 郭明思 王 华
2001 届研究生课程进修班 张立政
2003 届研究生课程进修班 王芝平
2004 届研究生课程进修班 黎 宁
国家级骨干教师培训班 1999 年第 1 期 安春华 陈 军 崔仲房 付玉章 侯宝力 胡亚丽 黄根初 李志义 刘长春 史 亮 孙丽红 于海洋 张月柱
国家级骨干教师培训班 2000 年第 2 期 常瑞平 陈增武 董静敏 金保华 李 为 刘亚莉 牛文先 任 勇 唐特格喜 屠新民 王明建 吴学峰 熊昌进 薛 凌 杨志敏 于会祥 于 焱 赵祥枝
国家级骨干教师培训班 2001 年第 3 期 陈双双 范斯明 贺光香 侯代忠 康志山 雷勋胜 李家煜 瞿剑全 武野平 向庆余 许家雄 岳纪平 周裕厚
2003 年西部中小学骨干教师国家级培训班 白月琴 陈 霞 段小龙 郭江林 黄庆红 简 敏 尚品山 王小平 谢秀清 杨晓梅 杨增书 余 红 张 红
2006 届访问学者 郭 胜

录 31　本科生获全国大学生数学建模竞赛国家级奖名单(118 队)

姓　名(3 人组成 1 队). 获奖等级，时间

葛新元，葛永超，汤志刚. 1 等奖，1994
李　程，杨　琼，尹学钰. 1 等奖，1994
冯志刚，刘　晔，赵　昕. 2 等奖，1994
王雨生，赵　实，祖志辉. 1 等奖，1998
陈亦飞，龚　中，徐莉芳. 2 等奖，1999
房颜名，邵双林，张仲石. 2 等奖，1999
李军焘，宋雯彦，姚春生. 1 等奖，2000
李　艳，李莹莹，穆西晗. 1 等奖，2001
李莹莹，罗德军，张　勇. 1 等奖，2002
邓　轶，问延炜，张树鹏. 2 等奖，2002
郭沁苗，廖　丹，徐海英. 2 等奖，2002
李朝瑞，杨　唯，张庆辉. 2 等奖，2002
高晓淳，卢子娟，唐　睿. 1 等奖，2003
桂先发，吴涛涛，赵孝平. 1 等奖，2003
叶乐天，袁　文，朱　莎. 1 等奖，2003
陈华杰，冯　霜，廖姊劼. 2 等奖，2003
何　麟，胡浪华，武宾霞. 2 等奖，2003
刘丽光，王　燕，郑秀灯. 2 等奖，2003
黄　力，李　聪，梁　知. 1 等奖，2004
罗　欢，罗梓瑁，谭　谔. 2 等奖，2004
储继迅，王亚伟，赵　攀. 1 等奖，2005
孟婧涵，潘姗姗，桑冬鸣. 2 等奖，2005
唐春泉，王奋际，张嘉瑶. 2 等奖，2005
张　勇，赵　阳，赵玉龙. 2 等奖，2005
郭常予，黄梦旻，杨　淑. 1 等奖，2007
陈曼菲，陈沙英，段　然. 2 等奖，2007
黄　磊，汪　静，王　姝. 2 等奖，2007
安　炜，李　栩，徐　玲. 2 等奖，2008
包　钰，崔吟歌，王洋洋. 2 等奖，2008
丁　璐，吴耕宇，郁　尧. 2 等奖，2008
李　根，王文庆，于济航. 2 等奖，2008
徐嘉悦，杨　青，杨雅婷. 2 等奖，2008
俞黎曦，张淑清，张　昕. 2 等奖，2008
李秋瑾，史潮女，周晓丹. 1 等奖，2009
包　钰，王中雷，杨　扬. 2 等奖，2009
陈金霞，黄子悦，赵文君. 2 等奖，2009
陈　恬，吴　误，张进红. 2 等奖，2009
董　玲，王　燕，谢风华. 2 等奖，2009
林梦西，肖　牧，陶雨萌. 1 等奖，2010
鲁　珵，王　倩，朱茵仪. 1 等奖，2010
李昕彤，李心怡，邢星星. 2 等奖，2010
王梓雄，张　凌，朱云龙. 1 等奖，2011
白兰强，黄　山，梁文双. 2 等奖，2011
侯婉婷，孙超男，吴丽莉. 2 等奖，2011
江卓灵，龙　翔，王　众. 2 等奖，2011
罗东东，沈俊辰，张茜颖. 2 等奖，2011
宋元清，王铭康，吴　寒. 2 等奖，2011
谷闻聪，石晓冉，王　乔. 2 等奖，2012
张凝川，张澍一，张雪晴. 2 等奖，2012
陈蒙洁，张　殷，周俊博. 2 等奖，2012
柏雨薇，刘莎莎，孙楚旻. 1 等奖，2013
李　沫，刘康琳，温思汀. 1 等奖，2013
迟未来，李　奕，唐菡聪. 2 等奖，2013
何琪琪，李心同，王恒放. 2 等奖，2013
段灵子，黄楚荧，栗梦妍. 2 等奖，2013
李路云，李梦圆，幸小云. 2 等奖，2013
刘洪光，王玉琢，吴益诚. 2 等奖，2013
孙萧育，王　法，王庆涛. 2 等奖，2013
于晓航，宋　阳，李佳彤. 1 等奖，2014
王佳颖，张雪蕾，吴　雷. 1 等奖，2014
苑秋月，金　俞，石　雯. 1 等奖，2014
王方洋，纪　瑶，崔星宇. 2 等奖，2014
李国华，毛绍光，谢应明. 2 等奖，2014
李　晓，郭奕斌，王立斌. 2 等奖，2014
周慧雅，肖诗怡，汪　毅. 2 等奖，2014
赵欣宇，王晓波，谢　清. 2 等奖，2014

崔峰铭，任昱洁，马思源. 2 等奖，2014
刘嘉琪，周梓楠，邹泞憶 . 1 等奖，2015
彭呈雯，闫文馨，赵雪婷 . 1 等奖，2015
段兰君，李安健，任静静 . 2 等奖，2015
高钰婧，荣　君，徐子苓 . 2 等奖，2016
陈清宇，虞　越，曾　莉 . 2 等奖，2016
初济群，冯玲云，朱劲飞 . 1 等奖，2017
刘偲怡，伍书缘，张　婉 . 2 等奖，2017
贾锦雯，解明慧，许钰婕 . 2 等奖，2017
黄一缘，李金甲，章同祯 . 2 等奖，2017
吕甜心，任赵杰，张宇轩 . 1 等奖，2018
高明月，肖　恺，余　成 . 2 等奖，2018
陈圣哲，肖陈翰，杨　熙 . 2 等奖，2018
黄佳琦，杨子欣，袁含章 . 2 等奖，2018
贾心琨，李昕怡，于世禛 . 2 等奖，2018
孟可欣，许可亮，叶江寒 . 1 等奖，2019
曹文杰，王钰琪，王　烁 . 1 等奖，2019
陈芳祯，顾弘睿，张博麟 . 2 等奖，2019
郝一菲，刘　笑，肖陈翰 . 2 等奖，2019
高泽宇，张子彧，周思宇 . 2 等奖，2019
李泽潼，刘瑾一，郑开心 . 1 等奖，2020
蔡乐衡，何泽林，姚添泽 . 1 等奖，2020
李英恺，王常远，张子石 . 2 等奖，2020
白晋楠，路悦醍，杨墨林 . 2 等奖，2020
保良骏，余雨亭，张国焘 . 1 等奖，2021
冯宇辰，彭方仪，时敬贻 . 2 等奖，2021
蒋　芮，李　雯，王承司 . 2 等奖，2021
谢　峻，徐俊达，郑雪璐 . 2 等奖，2021

梁天宇，李　媛，王　哲. 2 等奖，2014
刘自晓，王　璐，叶芃宁 . 1 等奖，2015
黄芊芊，黄小洁，牛原野 . 2 等奖，2015
陈灿贻，李泳欣，秦路凯 . 2 等奖，2016
陈嘉晟，付枫江，李　想 . 2 等奖，2016
黄　正，李迎新，彭浦源 . 1 等奖，2017
蒲华楠，杨　熙，赵泽涛 . 2 等奖，2017
邓书慧，董懿萱，杨培汭 . 2 等奖，2017
李泽翔，王芷若，姚柳全 . 1 等奖，2018
李可馨，刘晓琳，彭愿霖 . 2 等奖，2018
何昕睿，胡欣宇，张君妍 . 2 等奖，2018
冯珏瑢，李诗琳，解一凡 . 2 等奖，2018
邓雅文，龙　颖，苏　巍 . 2 等奖，2018
齐雅静，尹高成，周瑞蕾 . 1 等奖，2019
马敬仪，王彧辰，周刚萱 . 2 等奖，2019
陈　浩，陈宣佚，李子文 . 2 等奖，2019
李婧怡，张宇婷，郑晨发 . 2 等奖，2019
邓一洋，郝文慧，朱　茵 . 1 等奖，2020
蔡雨森，刘梦祺，张议文 . 2 等奖，2020
陈明华，方毅博，潘显易 . 2 等奖，2020
蒋念慈，谢昆助，姚正远 . 2 等奖，2020
李佳璠，邱晶晶，王知非 . 1 等奖，2021
胡靖淳，易玉玲，赵雷泓 . 2 等奖，2021
高铭浩，任恒伯，王小普 . 2 等奖，2021

录 32　本科生课程

1919 届(数学物理部第 1 届)：预科(1 年)：数学，国文，英语，伦理学，图画，乐歌，体操；本科(3 年)：数学(3 年，即 3 年中每学期均有，下同)，物理学(3 年)，化学(2 年)，天文学(1 年)，伦理学(3 年)，体操(3 年)，心理学及教育学(3 年)，手工(2 年)，簿记(1 年)。

1920 届(数学物理部第 2 届)：预科(1 年)：数学，国文，英语，乐歌，伦理学，体操，图画；本科(3 年)：数学(3 年)，物理学(3 年)，化学(1 年)，天文学(1 年)，体操(3 年)，心理学及教育学(3 年)，簿记(1 年)，伦理学(1 年)，手工(1 年)。

1922 届(数学物理部第 3 届)：论理学，代数，三角法，几何学，解析几何，立体解析几何(2 学分，以下仅写数字，下同)，近世几何，微积分 5，方程式论 2，微分方程式 3，函数论 3，数论 1，初等数学研究，教授法，物理学，力学 2，热学 3，音学 5，光学 8，电学 3，物性学 1，物理实验 3，近世物理学 2，化学 1，化学实验 1，天文学 2，测量学 2，簿记学 2，气象学，伦理学，心理学，教育学 1，教育史 1，教育行政 2，社会学概论 1，国文，英语会话，英文讲读，英文法，日文，图画，唱歌，手工，体操。

(该年级成绩单：有的课程有学分，有的无学分；有的课程有成绩，有的无成绩。看不到每门课程讲授几个学期，猜测：学分即该课程讲授的学期数)

届别 (i)：表示某届的 i 年级(列全部课程)

1924 届(数学物理部第 4 届)实行学分制度：

(1) 代数，三角法 2，立体几何 1，力学 2，化学 2，测量学 2，伦理学 1，心理学 2，国语 2，英文 5，德文 3，音乐 1；

(2) 近世几何 2，方程式论 2，平面几何 4，数论 1，初等数学研究 1，物性学 1.5，力学 2，音学 1.5，有机化学 1，化学实验 1，天文学 2，气象学 1，教育学 2，教育史 2；

(3) 立体几何 3，微积分 5，统计学 2，微分几何 2，热学音学 3，光学 3，物理实验 1，相对论 2，化学实验 1，伦理学 1，教授法 2，公民教育 2，日文 3，体育 1；

(4) 微分几何 2，微分方程式 2，函数论 2，初级中学问题 2，中学课程 2，电磁学 5，物理实验 1，理论物理学 2，高等力学 2，哲学概论 1，教育行政 1，心理测验 2，变态心理 2，陈述心理 2，社会问题 2，体育 1。

数学系第 1～8 届(1922～1929 级)于 1928～1935 年毕业，第 1～2 年预科课程略，1930 级取消预科，仅列出本科第 1～4 年课程。

1928 届：(1) 微积分学 8，微积分学演习 2，立体解析几何 4，近世几何 4，方程式论 4，高等三角法 4，测量术 4，力学 4，力学演习 4，物理实验 2，教育概论 4，体育 2；

(2) 高等微积分 6，近世代数 6，数论 6，数学逻辑 6，微分方程式 4，近世方程式 4，电磁学 8，西洋教育史 4，体育 2；

(3) 函数论 8，群论 6，高等近世几何 4，变分法 4，非欧几何 4，学校行政 6，教育行政 4，现代教育思潮 4，近代学制变迁史 4，教学原理 4，学务调查 2，儿童逻辑 2，变态心理 2；

(4) 函数论 10，教育统计 4，形化及线圆几何学 4，椭圆函数论及微分方程式论 4，相对论 4，哲学概论 4，西洋道德学史 4，地理哲学 4，经济地理 4，地学研究 4，人文地理 4，健康教育。

1929 届(数学系第 2 届)：(1) 平面解析几何 8，微积分学 8，微积分学演习 2，高等三角法 4，方程式论 4，数学史 4，力学 6，力学演习 2，西洋教育史 4，体育 3，法文 6；

(2) 微积分学 6，微分方程式 6，数论 6，立体解析几何 4，非欧几何 4，近世方程式 4，近世代数 3，电磁学 8，高等力学 6，弹性学及音学 2，教育心理 4，教学原理 4，教育行政 4，体育 2；

(3) 函数论 10，微分几何学 4，形化及线圆几何学 4，椭圆函数论及微分方程式论 4，相对论 4，物理实验 4，中级法文 4；

(4) 函数论 8，近世几何 6，平面曲线论 6，数理地理 6，教育统计 4，直线几何 4，形化群 4，理论物理学 6，教育史 4，学校管理 4，儿童心理 4，文化教育 4，各种教授法 4。

1930 届(数学系第 3 届)：(1) 微积分学 10，平面解析几何 8，初等数学研究 4，方程式论 4，数学史 2，教育概论 4；

(2) 高等微积分学 6，微分方程式论 6，立体解析几何 4，近世方程式论 4，数论 4，电磁学 8，热学 4，物理实验 4，哲学概论 4，儿童心理 4；

(3) 函数论 8，近世代数 6，近世几何 6，平面曲线论 6，微分几何 6，高等三角法 4，群论 4，数论 4，教育行政 4；

(4) 函数各论 8，函数 6，级数论 5，近世代数 4，直线几何 4，积分方程式论 3，形化群及自绘社会学 3，公共卫生 3，家庭研究 3，社会问题 3。

1931 届(数学系第 4 届)：(1) 微积分 10，平面解析几何 8，初等数学研究 4，方程式论 4，力学 8，物理实验 2，测量学 4，儿童心理 4，体操 2；

(2) 高等微积分学 8，立体解析几何 6，微分方程式论 6，电磁学 10，热学 8，高等力学 6，教育心理 4；

(3) 函数通论 8，近世代数 6，近世几何 6，级数论 5，平面曲线论 3，普通教学法 4，中等教育 6，学校行政 4；

(4) 函数各论 8，变分法 6，微分几何学 4，直线几何 4，非欧几何 4，近世解析之基础 4，数论 3，读书轮讲 4，教育概论 4，教育通史 4，教育哲学 4，党义 2，竞赛运动 2，武术 2。

1932 届(数学系第 5 届)：(1) 微积分 10，平面解析几何 6，高等三角法 4，方程式论 4，测量学 6，教育心理 4，儿童心理 4；

(2) 高等微积分学 10，近世代数 6，微分方程式 6，级数论 5，近世几何 4，初等数学研究 4，普通教学法 4，小学教育 2；

(3) 函数通论 8，实变数函数论 6，数论 6，微分几何学 4，非欧几何 4，高等近世几何及平面曲线 2，教育通史 4，武术 2；

(4) 函数各论 6，微分方程式论及积分方程式论 6，变分法 4，解析力学 8，天文学 6，党义 4，教育行政 4，拳术 2。

1933 届(数学系第 6 届)：(1) 微积分 10，微积分演习 2，立体解析几何 6，方程式论 4，初等近世几何 4，测量学 6，物性论 6，物理实验 2，普通教学法 4，教育心理 4，初级德文 8；

(2) 高等微积分学 10，近世几何 6，微分方程式 6，电磁学 8，中级德文 8；

(3) 解析力学 8，函数通论 6，平面曲线论 6，实变数函数论 4，数论 4，微分几何学 4，健康教育 4，女生竞赛 2；

(4) 函数各论 6，平面曲线及直线几何 6，微分方程式论及积分方程式论 6，数学史及数学教学 4，天文学 4，儿童及青年心理 4，教育行政 4，科学概论 4，党义 2，体操 2。

1934 届(数学系第 7 届)：(1) 微积分 10，立体解析几何 6，方程式论 4，物性论 10，初级德文 8，教育通史 4，体育 2；

(2) 高等微积分 8，微分方程式 6，近世代数 6，近世几何 6，数论 4，质点及刚体力学 6，英文应用文 8，教育心理 4，体育 2；

(3) 函数通论 6，微分几何学 4，实变数函数论 4，初等数学研究 4，教学法 4，非欧几何 4，分析力学 8，党义 5，健康教育 4，体操 2；

(4) 函数各论 6，微分方程式论及积分方程式论 6，变分法 4，数学史及数学教学 4，直线几何 4，初级日文 4，国际政治与经济 4，教学视察 4，教育行政 4，近代教育思潮 4。

1935 届(数学系第 8 届)：(1) 初等微积分 10，解析几何 6，初等近世几何 4，高等代数 4，普通物理 8，英文应用文 8，国文讲读及作文 4，教育概论 4，体育 2，卫生及体育概论 2；

(2) 高等微积分 8，近世代数 6，近世几何 6，微分方程式 6，初等数学研究 4，数论 4，教育心理 4，体育 2；

(3) 函数通论 8，非欧几何 4，平面曲线论 4，实变数函数论 4，微分几何学 4，群论 2，分析力学 8，健康教育 4，教学法 4，师范教育 4，体操 2；

(4) 变分法 3，函数各论 3，画法几何 3，数学史及数学教学 3，天文学 6，教育行政 4，近代教育思潮 4，乡村生活及乡村教育 4，初级日文 2，教育统计 2。

1937 届：(1) 初等微积分 8，解析几何 6，初等近世几何 4，方程式论 4，普通物理 8，教育概论 4，社会科学概论 4，体育 2，卫生学 2；

(2) 高等微积分 8，近世代数 6，近世几何 6，微分方程式 6，数论 4，教育心理 4，初级日文 4，英文选读 4，哲学概论 2；

(3) 函数通论 6，近世代数 6，初等数学研究 4，非欧几何 4，级数论 4，平面曲线 4，实变数函数论 4，微分几何 4，分析力学 8，理论力学 2，师范教学 4，小学教育实际问题 4，英文讲读 4，普通教学法 3，教育统计 2，教育测验 2；

(4) 函数各论 6，微分方程式及积分方程式 6，变分法 4，估计学 4，论文研究 4，群论 4，数学基础论 4，数学教育 4，数学史及数学教育 4，直线几何 4，天体力学 4，实习 8，军事训练 6，党义 5，国文 4，中等教育 4，体育 2。

1938 届：(1)～(2)未查到课程设置。

(3) 微分几何 4，数论 4，教育测量与统计 4，教学法 3，理论力学 10，军事训练 6，国文 4，体育 2；

(4) 群论 6，实变数函数论 6，初等数学研究 4，函数各论 4，级数论 4，数学教育 4，微分方程式 4，中等教育 4，实习 8，军事训练 6，师范教育 4，党义 2，体育 2。

1956～1970 届只列数学，物理课程。

1956 届：(1) 数学分析，解析几何；

(2) 数学分析，高等代数，初等数学复习与研究，普通物理；

(3) 高等代数，代数，复变函数，数学教学法；

(4) 初等函数，几何基础，理论力学，实变函数论，数学教学法，整数论。

1957 届：(1) 数学分析，高等代数，解析几何，初等数学复习与研究；

(2) 数学分析，高等代数，立体几何，普通物理；

(3) 高等代数，初等代数，复变函数论，近世几何，数学教学法；

(4) 初等函数，几何基础，近世代数基础，理论力学，实变函数论，数学教学法，整数论，中国数学史。

1958 届：(1) 数学分析，高等代数，平面几何，解析几何，制图；

(2) 数学分析，高等代数，立体几何，普通物理；

(3) 初等代数，复变函数论，近世几何，普通物理，数学教学法；

(4) 初等函数，几何基础，理论力学，数学教学法，近世代数基础(选)，实变函数论(选)，微分几何(选)，中国数学史(选)。

1959 届：(1) 数学分析，高等代数，解析几何，平面几何，制图学；

(2) 数学分析，高等代数，立体几何，普通物理；

(3) 初等代数，复变函数论，近世几何，数学教学法，微分几何，近世代数基础(选)，实变函数论(选)，中国数学史(选)；

(4) 初等函数，几何基础，近世代数基础，理论力学，实变函数论，数学教学法，微分几何，整数论，曲面论(选)，数理逻辑(选)。

1960 届：(1) 数学分析，高等代数，解析几何，平面几何，制图学；

(2) 数学分析，高等代数，立体几何，普通物理；

(3) 初等代数，复变函数论，射影几何，数学教学法，整数论，理论力学(选)，数理逻辑(选)；

(4) 概率论，微分方程，线性代数，积分方程变分法(选)。

1962 届：(1) 数学分析，高等代数，解析几何，平面几何；

(2) 数学分析，高等代数，立体几何，普通物理；

(3) 数学分析，高等几何，画法几何，数学讲座，线性代数；

(4) 概率论，理论算术，数学教学法，微分几何，计算数学(选)，偏微分方程(选)；

(5) 概率论，函数边值问题，偏微分方程，实变函数论，数学教学法，统计学基础。

1963 届：(1) 数学分析，解析几何，平面几何；

(2) 数学分析，高等代数，线性代数，数学讲座；

(3) 常微分方程，复变函数论，高等几何，实变函数论，数学教学法，理论力学(选)，偏微分方程(选)；

(4) 复变函数论，概率论，偏微分方程，实变函数论，计算机与脉冲(选)；

(5) 概率论，函数边值问题，偏微分方程，实变函数论，数学教学法，统计学基础。

1964 届：(1) 数学分析，高等代数，解析几何，数学讲座；

(2) 数学分析，高等代数，线性代数，普通物理；

(3) 变分法，常微分方程，复变函数论，偏微分方程(选)，固体力学(选)，流体力学(选)；

(4) 常微分方程，概率论，高等几何，偏微分方程，微分几何，线性代数；

(5) 几何基础，近世代数，实变函数论，数学教学法，有限数学方程，初等数学(选)，代数选讲(选)，点集拓扑学(选)，泛函分析(选)，概率论(选)，偏微分方程(选)。

1965届：(1) 数学分析，解析几何，普通物理；

(2) 数学分析，高等代数，常微分方程；

(3) 复变函数论，概率论，理论力学，偏微分方程；

(4) 积分方程，几何基础，近世代数，实变函数论，数理方程，数学教学法；

(5) 概率论，平面几何，数学教学法，随机过程与概率论，边值问题(选)，代数(选)，积分曲线(选)，结合代数(选)，偏微分方程(选)，群论(选)，射影几何(选)，数理统计(选)。

1966届：(1) 数学分析，高等代数；

(2) 数学分析，高等代数，解析几何，普通物理；

(3) 数学分析，常微分方程，代数专门组基础，复变函数论，计算方法，理论力学，微分几何；

(4) 概率论，几何基础，实变函数论，数理方程，数学教学法，测度论(选)，泛函分析(选)，近世代数(选)；

(5) 几何基础，初等代数，射影几何，初等数学，立体几何，平面几何，线性规划，概率论(选)，近世代数(选)，李代数(选)，理论力学(选)，偏微分方程(选)，平稳过程(选)，奇异积分方程(选)，数理统计(选)，数学教学法(选)。

1967届：(1-2) 数学分析，高等代数，解析几何，普通物理；

(3) 数学分析，常微分方程，计算方法，射影几何，微分几何；

(4) 概率论，几何基础，偏微分方程，实变函数论，数学教学法，初等数论(选)，积分方程(选)，理论力学(选)，线性规划(选)。

1968届：(1) 数学分析，高等代数，解析几何，普通物理；

(2) 数学分析，高等代数，普通物理；

(3) 常微分方程，复变函数论，射影几何，微分几何，线性代数。

1969届：(1-2)数学分析，高等代数，解析几何，普通物理。

1970届：(1)数学分析，高等代数，解析几何，普通物理。

届别[时间：地点，教学安排]

1976届：(1) [1973-09-01～1974-06-02：校内，补习中学知识，数学分析，其中寒假2周；1974-06-03～1974-07-27：1班在第1轧钢厂，2班在第2机床厂，3班在北京木材厂开门办学]

(2) [1974-09-01～1974-10-09：校内，物理(电学)，每周两天下厂或科研单位调查典型产品和实际问题；1974-10-10～1974-11-09：学军；1974-11-12～1974-11-25：校内，政治课；1974-11-26～1975-02-02：分小分队下厂，结合典型产品课题学习数学分析课与物理电学部分；1975-02-17～1975-03-15：校内，无线电，外语，政治课；1975-03-17～1975-04-30：去延庆县的中学教育实习；1975-04-30～1975-07-26：密云和平谷县，承担实际任务组织教学]

(3) 1班[1975-09-01～1975-09-30：上半月校内，下半月顺义县马辛庄，正交实验设计和推广；1975-10-02～1975-10-15：校内，数学应用方法教学；1975-10-16～1975-11-15：

市内工厂，优选法试验推广；1975-11-16～1975-12-20：校内，高等代数，概率，体育等课教学]

(3) 2 班[1975-09-01～1975-09-25：校内准备 4 天后，到顺义县北小营，测量；1975-09-27～1975-10-10：校内，高等代数和体育课；1975-10-11～1975-12-09：气象站，技术推广站，分批到气象站和技术推广站，组织教学和优选法推广；1975-12-10～1975-12-20：校内，高等代数，微分方程，体育等课教学]

(3) 3 班[1975-09-01～1975-09-10：校内，正交实验设计；1975-09-11～1975-10-20：校外，分批到气象站，技术推广站和北京手扶拖拉机厂，搞优选法推广和拖拉机修理；1975-10-21～1975-12-20：校内，概率论，微分方程，体育等课教学]

(3) 年级全体 [1975-12-22～1976-01-11：校内，政治经济学；1976-03～1976-06：顺义县北京市良种场，第 2 机床厂，石家庄，分批，每批 20～30 人，正交实验设计和优选法推广，其余时间在校内，学习]

1977 届：(1) [1974-09-25～1974-10-20：校内，入学教育和战备劳动各两周，1974-10-21～1974-12-29：分 3 个组在北京手扶拖拉机厂，低压电器厂和轴承厂，每周两天下厂劳动，其余时间学习课程：政治课(每周半天)，初等数学，制图；1974-12-30～1975-02-02：校内，三角和代数，在下厂的基础上总结提高，总结交流开门办学收获心得 1 周；1975-02-17～1975-03-08：校内，数学，测量，政治，体育课；1975-03-10～1975-04-19：平谷县华山公社(1 班)，平谷县镇罗营公社(2 班)，顺义县牛栏山(3 班)，分 3 个班担任测量任务，组织数学教学，调查中学教育革命，摸索实际任务，学习马列；1975-04-24～1975-05-24：中国人民解放军 1583 部队(河北省邯郸市黄粱梦)，学军；1975-05-27～1975-08-02：麦收劳动 1 周，以农村实际任务为主组织教学(物理，拖拉机以及解析几何有关部分)]

(2) 1，3 班[1975-09-01～1975-11-01：校内，农村测量准备，数学，体育，政治课；1975-11-03～1975-11-22：下乡和下厂，电机修理和物理课教学；1975-11-24～1976-01-10：校内，数学，物理，外语，政治等课教学；第 2 学期：1976-02-23～1976-04-03：平谷县各中学顶班教学，农机学习；其余时间在校内，数学，体育，政治课]

(2) 2 班[1975-09-01～1975-09-06：校内，数学，物理，外语，政治等课教学；1975-09-08～1976-01-10：校内机电厂，每周劳动两天，数学，物理，外语，政治等课教学；第 2 学期：1976-04-17～1976-05-23：丰台区农机学习；其余时间在校内，数学，体育，政治课]

(3) [1976-09-01～1977-07-29：在校内学习数学，球面三角，物理，外语，政治，地震知识(1 周)等]，其中 2 班 1976 年 10～11 月在延庆县顶班教学，3 班第 1 学期在学校修建科和通县双桥农机厂毕业实践；1977-06-25～1977-07-01：大兴县北京师范大学分校，劳动；1977-07-14～1977-07-29：毕业教育。

1977 届：数学系“教育革命实践小分队”的开门办学时间：地点，内容

1974-10-22～1975-02-05：平谷县华山公社华山大队，测量；1975-02-21～1975-04-14：平谷县华山公社农机修配厂(大峪)，工厂天车设计；1975-04-24～1975-05-24：中国人民解放军 1583 部队，学军；1975-06-12～1975-06-21：平谷县华山公社大峪大队，麦收；1975-06-22～1975-08-02：平谷县华山公社大峪大队，学习拖拉机和水泵；1975-10-06～1975-10-23：北京师范大学机电厂，修理电动机；1975-11-05～1975-11-20：密云县新城子

公社遥桥峪大队，办测量班；1976-02-23～1976-03-13：通县北京铸石厂(一组)，门头沟区北京琉璃瓦厂(二组)，正交实验；1976-03-22～1976-04-18：延庆县四个公社，顶班教学，李仲来办测量班；1976-04-19～1976-04-29：顺义县北京市良种场，种棉花；1976-06-17～1976-06-26：顺义县北京市良种场，麦收(正交实验)；1976-10-10～1977-01-17：北京东风无线电一厂，毕业实践；1977-03-29～1977-04-21：平谷县镇罗营公社关上大队，李仲来指导测量班；1977-06-25～1977-07-01：大兴县北京师范大学分校，劳动。除寒假和暑假外，其余时间在校内学习。

1978 届：1976-03-27～1976-04-14：1 班在顺义县北小营公社前礼务大队测量，3 班在昌平县十三陵公社泰陵园大队，测量；1976-03-08～1976-03-27，2 班在平谷县镇罗营公社镇罗营大队测量，4 班在昌平县桃洼公社测量；1976-04-20～1976-05-12：1 班在北京轴承厂学工，2 班在南苑农机修配厂学工，4 班在北京汽车修配厂学工；1977-05-03～1977-06-03：河北省易县 38 军，学军；1978-03-18～1978-04-16：3 班在北京，4 班在顺义县，教育实习。除校内外劳动外，其余时间在校内学习。第 1 学年补习中学知识，后两学年学习数学分析，线性代数，解析几何，微分方程，概率论与数理统计，优选法，等。

1979 届：1977-03-30～1977-04-21：平谷县镇罗营公社关上大队，测量。其余时间在校内学习。第 1 学年补习中学知识，后两学年学习数学分析，线性代数，解析几何，微分方程，近世代数，概率论与数理统计，优选法，等。

1981～2000 届：只列数学和计算机课程。

1981 届：(1) 数学分析，解析几何；

(2) 数学分析，高等代数，近世代数，微分几何，理论力学；

(3) 常微分方程，理论力学，复变函数论，$\mathbf{R}^n$ 中的微积分，实变函数论，概率论，群论，偏微分方程，点集拓扑；

(4) 典型群，测度论与积分，射影几何，群论，积分方程，复变函数论，泛函分析，测度论与积分，常微分方程定性理论，数理逻辑，计算方法与实习，$\mathbf{R}^n$ 中的微积分，偏微分方程，实变函数论。

1982 届：(1) 数学分析，高等代数，立体几何，解析几何；

(2) 数学分析，近世代数，常微分方程；

(3) 复变函数论，$\mathbf{R}^n$ 中的微积分，常微分方程，实变函数论，概率论，理论力学，微分几何，群论，数理逻辑；

(4) 典型群，测度论与积分，射影几何，群论，积分方程，复变函数论，泛函分析，常微分方程，数理逻辑，计算方法。

1983 届：(1) 数学分析，高等代数，解析几何；

(2) 数学分析，高等代数，近世代数，常微分方程，理论力学；

(3) 复变函数论，$\mathbf{R}^n$ 中的微积分，常微分方程，偏微分方程，实变函数论，概率论，理论力学；

(4) 算法语言，组合数学，数学教学法，常微分方程稳定性理论，概率论，代数数论，偏微分方程，奇异积分方程，随机过程，数理逻辑，多重线性代数，广义函数，有限元方法，几何基础，连续介质力学，泛函分析，有序群和有序环，代数拓扑。

1984 届：(1) 数学分析，高等代数，解析几何；

(2) 数学分析，高等代数，近世代数，微分几何；

(3) 概率论，理论力学，常微分方程，复变函数论，实变函数论，微分几何，数理逻辑，群论，$\mathbf{R}^n$ 中的微积分，模型论，泛函分析；

(4) 数学教学法，线性模型与实验设计，一阶偏微分方程及方程组，数系，整体微分几何，集合论，泛函分析，几何基础，数论，概率论基础，基础代数，积分方程，有限群引论，调和分析，代数拓扑，计算方法，伽罗瓦理论，模糊数学，物理中的概率方法，生物统计，变分法与有限元。

1985 届： (1) 数学分析，高等代数，解析几何；

(2) 数学分析，高等代数，近世代数，射影几何；

(3) 近世代数，射影几何，概率论，复变函数论，实变函数论，微分几何，拓扑学，偏微分方程，测度论；

(4) 算法语言，数理统计，泛函分析，代数拓扑，生物统计，复分析，常微分方程定性理论，多重线性代数，近世代数，几何基础，数学教学法Ⅱ，计算方法，中国数学史，近世代数Ⅱ，矩阵论专题，张量及其在力学中的应用，随机过程与泛函，随机过程及其应用，射影几何，数系，变分法与有限元，偏微分方程，复变函数Ⅱ，多元统计分析，矩阵不等式。

1986 届： (1) 立体几何，数学分析，高等代数，解析几何；

(2) 数学分析，高等代数，常微分方程，理论力学；

(3) 复变函数论，近世代数，数理逻辑，数学教学法，整体微积分，微分几何，射影几何，理论力学，实变函数论，拓扑学，物理中的概率方法；

(4) 数理逻辑，模糊数学，数学教学法Ⅱ，随机过程，偏微分方程，变分法与有限元，近世代数Ⅱ，偏微分方程数值解，复变函数论Ⅱ，非线性微分方程基础，泛函分析，中国数学史，离散数学，代数拓扑，直观拓扑，矩阵论，集合论。

1987 届： (1) 立体几何，数学分析，高等代数，解析几何；

(2) 数学分析，高等代数，常微分方程，概率论；

(3) 微分几何，实变函数论，复变函数论，理论力学，测度论与积分，概率论基础，计算方法，数学教学法，点集拓扑，偏微分方程；

(4) 初等代数，数系，泛函分析，算法语言，拓扑学，离散数学，应用泛函分析，数学教学法Ⅱ，近世代数Ⅱ，有限群线性表示，集合论，模糊数学，中国数学史。

1988 届： (1) 数学分析，高等代数，解析几何；

(2) 数学分析，高等代数，近世代数，常微分方程，概率论，射影几何，算法语言；

(3) 概率论，射影几何，实变函数论，复变函数论，理论力学，测度论，计算方法，拓扑学，微分几何，偏微分方程，数学教学法；

(4) 离散数学，数系，拓扑学Ⅱ，逼近论，泛函分析，中国数学史，概率论，数学模型实例，应用统计，集合论，数学教学法Ⅱ，模糊数学，数学教育，实习与评价，应用泛函分析，最优化方法。

1989 届： (1) 数学分析，高等代数，解析几何；

(2) 数学分析，近世代数，常微分方程，微分几何，计算语言；

(3) 概率论，近世代数，实变函数论，复变函数论，计算语言，统计引论，理论力学，测度论，计算方法，拓扑学，偏微分方程，编译原理，数据结构；

(4) 数学教学法Ⅱ，最优化法Ⅱ，集合论，中国数学史，数理逻辑，数系，几何基础，离散数学。

1990届：(1) 数学分析，高等代数，解析几何；

(2) 数学分析，射影几何，理论力学，初等几何，常微分方程，微分几何；

(3) 概率论，近世代数，实变函数论，复变函数论，算法语言，傅里叶级数，计算方法，拓扑学，偏微分方程，编译原理，外国数学史；

(4) 数学教学法Ⅱ，应用泛函分析，模糊数学，几何基础，离散数学，集值映射，中国数学史，数系，运筹学模型，矩阵与不等式，矩阵论，编码，近世代数Ⅱ，数据库，随机过程，泛函分析，初等代数，射影几何，理论力学Ⅱ，制图学。

1991届：(1) 数学分析，高等代数，解析几何；

(2) 数学分析，高等代数，理论力学，常微分方程，微分几何，射影几何；

(3) 概率论，近世代数，实变函数论，复变函数论，计算方法，拓扑学，计算方法，集合论，图论，组合论，弹性理论有限元，CT中的数学原理，数学教学法，外国数学史；

(4) 教材教法，数学模型，初等代数，拓扑学，数理逻辑，应用泛函分析，应用多元统计，数学形态学，随机过程，最优化方法，平面解析几何教学研究，直观拓扑，高等几何，线性模型，极限理论，几何学通论，中国数学史，离散数学，数系，数据库，程序调试，代数拓扑Ⅱ，流形与力学，抽样理论，现代统计方法，PAD与C语言，计算机密码。

1992届：(1) 数学分析，高等代数，解析几何，初等数论；

(2) 数学分析，高等代数，理论力学，常微分方程，微分几何，算法语言；

(3) 偏微分方程，概率统计，复变函数续论，集合论，微分几何，外国数学史，模糊数学，实变函数论，数据结构，计算方法，泛函分析，图论，微机原理，数理逻辑，PAD与C语言，Pascal语言，概率论基础，数理统计，概率测度，实用运筹学，应用回归分析，近世代数Ⅱ，弹性理论与有限元，数学方法选讲；

(4) 教材教法，数学模型，初等代数，拓扑学，数学逻辑，常微分方程定性理论，多元统计，时间序列，随机过程，最优化方法，平面解析几何教学研究，直观拓扑，高等几何，极限理论，经济决策，自动机理论，中国数学史，外国数学史，操作系统，数据库，程序调试，计算机体系结构。

1993届：(1) 数学分析，高等代数，解析几何；

(2) 数学分析，高等代数，常微分方程，微分几何，近世代数，复变函数论，概率论，Pascal语言，微机原理，汇编语言，应用近世代数，C语言；

(3) 偏微分方程，概率统计，复变函数续论，集合论，拓扑学，模糊数学，实变函数论，组合数学，计算方法，泛函分析，图论，理论力学，数理逻辑，Pascal语言，概率论基础，数理统计，概率测度，运筹学，弹性理论与有限元，多元统计，编译原理；

(4) 教材教法，数学模型，初等代数，偏微分方程，线性模型，时间序列，随机过程，平面解析几何教学研究，直观拓扑，极限理论，操作系统，C语言，数据库，数据结构，计算复杂性，计算机应用，人工智能。

1994届：(1) 数学分析，高等代数，解析几何，射影几何；

(2) 数学分析，高等代数，常微分方程，微分几何，近世代数，复变函数论，概率论，Pascal语言；

(3) 偏微分方程，概率统计，模糊数学，实变函数论，组合数学，计算方法，泛函分析，近世代数，图论，理论力学，数理逻辑，控制论基础，数学模型，数理统计，数据库，概率测度，运筹学，矩阵论，多元统计，编译方法，计算机应用，数据结构，Pascal 语言；

(4) 教材教法，数学分析复习，高等代数复习，数学模型，偏微分方程，线性模型，时间序列，随机过程，平面解析几何教学研究，代数拓扑基础，C 语言，数据结构，计算机应用。

1995 届：(1) 数学分析，高等代数，解析几何，Pascal 语言；

(2) 数学分析，高等代数，常微分方程，微分几何，近世代数，复变函数论，概率论，汇编语言，计算机原理，单片机原理及应用；

(3) 偏微分方程，概率统计，模糊数学，实变函数论，组合数学，计算方法，泛函分析，近世代数，图论，理论力学，数理逻辑，控制论基础，数学模型，数理统计，数据库，概率测度，运筹学，矩阵论，多元统计，编译方法，计算机应用，数据结构；

(4) 教材教法，数学分析复习，高等代数复习，模糊数学，偏微分方程，整体微分几何，群表示与特殊函数，变换群与几何，计算代数，线性模型，时间序列，随机过程，统计计算，抽样方法，平面解析几何教学研究，代数拓扑基础，计算机网络，操作系统，编码理论，机器证明，计算机图形学。

1996 届：(1) 数学分析，高等代数，解析几何，Pascal 语言；

(2) 数学分析，高等代数，常微分方程，微分几何，近世代数，复变函数论，概率论，汇编语言，计算机原理，单片机原理及应用；

(3) 偏微分方程，概率统计，模糊数学，拓扑学，整体微分几何，实变函数论，组合数学，计算方法，泛函分析，图论，理论力学，数理逻辑，数学模型，数理统计，数据库，概率测度，运筹学，矩阵论，多元统计分析，编译方法，计算机应用，数据结构，操作系统；

(4) 教材教法，数学思想史专题，近代数学思想选讲，中学数学思想方法，计算代数，微分流形，抽样调查，编码理论，计算机网络，随机过程，多元统计，自动机理论，平面解析几何教学研究，时间序列，计算机辅助教学。

1997 届：(1) 数学分析，高等代数，解析几何，Pascal 语言；

(2) 数学分析，高等代数，常微分方程，微分几何，近世代数，复变函数论，概率论，数据结构，微机原理，汇编语言，单片机原理；

(3) 偏微分方程，概率统计，拓扑学，数理统计，数学模型，运筹学，计算机应用，实变函数论，组合数学，计算方法，泛函分析，图论，数理逻辑，概率测度，多元统计，编译方法，偏微数值解，编码理论，操作系统，理论力学，控制论基础；

(4) 数学教学论，数学史，中学数学方法，中学数学竞赛，中学数学教学讨论班，模糊数学，直观拓扑，非负矩阵，线性模型，统计计算，小波数学，应用随机过程，时间序列，计算代数，计算机网络，计算机辅助教学，Windows 程序设计与 C＋＋。

1998 届：(1) 数学分析，高等代数，解析几何，Pascal 语言；

(2) 数学分析，高等代数，常微分方程，微分几何，近世代数，复变函数论，概率论，数据结构，C 语言，汇编语言，微机原理；

(3) 偏微分方程，概率统计，拓扑学，数理统计，数学模型，运筹学，实变函数论，组合数学，计算方法，泛函分析，图论，数理逻辑，矩阵论，概率测度，多元统计分析，编译方法，偏微数值解，数据库，操作系统，Windows程序设计与C++，理论力学，控制论基础，数学教学概论；

(4) 数学教学论，数学史，中学数学竞赛，中学数学教学讨论班，模糊数学，数学模型，非负矩阵，线性模型，统计计算，图形学，随机过程，整体分析，计算代数，计算机网络，计算机辅助教学，半群与自动机，自动机理论，机器证明。

1999届：(1) 数学分析，高等代数，解析几何，Pascal语言；

(2) 数学分析，高等代数，常微分方程，微分几何，近世代数，复变函数论，概率论，概率统计，数理统计，数学模型，数据结构，离散数学，汇编语言，计算机原理；

(3) 偏微分方程，概率统计，拓扑学，运筹学，实变函数论，组合数学，计算方法，泛函分析，图论，数理逻辑，矩阵论，非负矩阵，概率测度，多元统计分析，统计计算，整体微分几何，编译方法，计算机应用，数据库，操作系统，数学软件，半群与自动机，控制论基础，数学教学概论；

(4) 数学学习论，数学史，中学数学竞赛，数学思想方法，模糊数学，代数几何，偏微分方程数值解，线性模型，图形学，随机过程，计算代数，计算机网络，C++，网络管理，单纯同调论，数学实验。

2000～2020届：只列数学和计算机课程。2002年后所开设课程变化不大，列出尾数是0，5届所开课程。从2003级开始，第一、二年级不分专业统一上课，到2005学年，分为数学系、统计与金融数学系，分别上课，故分别列出两个系的课程。2015年暑假，新成立的统计学院单独招生。

2000届：(1) 数学分析，高等代数，解析几何，Pascal语言；

(2) 数学分析，高等代数，常微分方程，微分几何，近世代数，复变函数论，概率论，数理统计，数学模型，数据结构，汇编语言，计算机原理；

(3) 偏微分方程，概率统计，运筹学，实变函数论，组合数学，计算方法，泛函分析，图论，数理逻辑，矩阵论，偏微分方程数值解，概率测度，多元统计分析，统计计算，整体微分几何，编译方法，计算机应用，数据库，操作系统，数学软件，数学教学概论；

(4) 数学学习论，数学史，中学数学竞赛，模糊数学，代数几何，线性模型，图形学，随机过程，计算代数，计算机网络。

2005届：(1) 数学分析Ⅰ，Ⅱ，高等代数Ⅰ，Ⅱ，解析几何，计算机基础；

(2) 数学分析Ⅲ，常微分方程，近世代数，概率论，微分几何，复变函数，拓扑学，计算机应用，实变函数，数学模型；

(3) 数学与应用数学专业：偏微分方程，数值分析，数值代数，模糊数学，图论，泛函分析，组合数学，运筹学，矩阵论，中学数学教学概论，常微分方程定性理论，有限群的表示，数论初步，流体力学；

(3) 统计学专业：数据结构，统计学基础，概率测度，多元统计分析，应用随机过程，统计数据分析，时间序列分析，随机分析初步，线性模型，高等统计；

(4) 计算代数，并行计算，数学的原理与实践，中学数学竞赛，偏微分方程数值解，现代几何选讲，非线性泛函分析，稳健统计初步，随机分析初步，数学史，初等数学教学研究。

2010 届：（1）数学分析Ⅰ，Ⅱ，代数学基础Ⅰ，Ⅱ，解析几何，统计学导论，信息技术应用；

（2）数学分析Ⅲ，常微分方程，近世代数，概率论，数据结构，微分几何，复变函数，实变函数，数学模型，数学软件；

（3）数学与应用数学专业：偏微分方程，拓扑学，数值分析，小波分析，泛函分析，组合数学，运筹学，中学数学教学概论，数学史，微分方程定性理论，集合论基础，有限群的表示；

（3）统计学专业：泛函分析，统计学基础，概率测度Ⅰ，Ⅱ，应用多元统计分析，应用随机过程，抽样调查，随机分析初步，时间序列分析，质量控制，线性模型，宏观经济学，离散时间的金融模型，中学数学教学概论；

（4）数学与应用数学专业：并行计算，计算代数，密码学，数学的原理与实践，数学学习论，微分流形，现代控制论，中学数学竞赛，非线性泛函分析，数学史。

（4）统计学专业：离散时间的金融模型，密码学，数学的原理与实践，数学学习论，统计计算，统计数据分析，中学数学竞赛，非线性泛函分析，数学史。

2015 届：（1）数学分析Ⅰ，Ⅱ，代数学基础Ⅰ，Ⅱ，解析几何，大学生职业生涯规划，计算机应用基础，统计学导论，信息技术应用；

（2）数学分析Ⅲ，代数学基础Ⅲ，常微分方程，复变函数，概率论，实变函数，数据结构，数学模型，数学软件，统计学基础，微分几何；

（3）数学与应用数学专业：泛函分析，概率测度Ⅰ，模糊数学，偏微分方程，数学教学技能实训，数学史，数学学习论，拓扑学，小波分析，应用统计，整体微分几何，直观拓扑，中学数学教学概论，中学数学竞赛；

（3）统计学专业：多元统计分析，泛函分析，概率测度Ⅰ，偏微分方程，时间序列分析，线性模型，应用随机过程，应用统计，中学数学教学概论；

（4）数学与应用数学专业：保险精算，并行计算，动力系统基础，非线性泛函分析，计算代数，马氏过程选讲，模糊数学，偏微分方程数值解法，偏微分方程选讲，数论初步，数值代数，随机分析初步，微分方程定性理论，现代几何选讲，现代控制论，现代控制论，整体微分几何，专题数学选讲，组合数学。

（4）统计学专业：保险精算，抽样调查，非参数统计，计算代数，马氏过程选讲，实验设计，随机分析初步，统计数据分析，现代控制论，整体微分几何。

2020 届：（1）数学分析Ⅰ，Ⅱ，高等代数Ⅰ，Ⅱ，解析几何，程序设计基础（C 语言）；

（2）数学分析Ⅲ，常微分方程，复变函数，概率论，近世代数，实变函数，数理统计，数学模型，数学软件，微分几何，综合编程；

（3）变分法初步及其应用，并行计算，测度与概率，代数学选讲，调和分析选讲，动力系统选讲，多复分析导引，泛函分析，傅里叶分析，伽罗瓦理论，概率极限理论，集合论，几何学选讲，计算代数，计算方法，模糊数学，偏微分方程，数据结构与算法分析，数理逻辑，数学教学技能实训，数学软件，数学史，数学学习论，数值代数，随机过程初步，拓扑学，拓扑学选讲，微分方程定性理论，微分流形初步，现代分析选讲，现代控制论，整体微分几何，中学数学教学概论，中学数学教学设计与案例研究，中学数学竞赛，中学数学课程标准与教材研究，最优化理论与方法；

（4）科研训练与创新创业，社会实践与志愿服务，小波分析，中学数学教学设计与案例研究，中学数学课程标准与教材研究。

录 33 著作目录

录 33.1 中文和英文著作目录(每年以第 1 作者字母顺序为序)

著作编号 著(译)者．书名，版次(未再版的不标明)．出版社，出版年份．

191901 Jing Ronglu(靳荣禄)，Tang Zaozhen(汤璪真)．On the product of consecutive terms of an arithmetical progression(级积论)．Peking：Peking Higher Normal College，北京：财政部印刷局，1919．

192201 Russell B.，著．傅种孙，张邦铭，译．罗素算理哲学，第 1 版．北京：商务印书馆，1922；第 2 版．1924；分两册以《数理哲学》收入王云五，主编．万有文库．北京：商务印书馆，1930；第 3 版．1933；重印改名为算理哲学，1950．

192301～192306 程廷熙，傅种孙．初级混合数学(共 6 册)．北京：中华书局，1923～1925．

192401 Hilbert D.，著．傅种孙，韩桂丛，译．几何原理．北京：商务印书馆(共学社)，1924，1932．

192402 Russell B.，著．傅种孙，张邦铭，译．罗素算理哲学，第 2 版．北京：商务印书馆，1924；第 3 版．1933．(第 1 版见 **192201**．以后仅标著作编号)

192403 阎镇(字静山)，魏元雄(字庚人)，刘泗滨(字景芳)．历年国内专门以上学校入学考试试题详解．北京：北京求知学社，1924．

192801 魏庚人．数学游戏．北平：北平文化学社，1928．

193101 Schultze A.，Sevenoak F.，Schuyler E.，著．马纯德，译，秦汾，程廷熙，校．初等几何学(平面部分)．北平：北平文化学社，1931．

193102 马文元，秦汾．平面几何学．北平：戊辰学会出版，1931．

193201 马文元，秦汾，吴宝谦．代数学(中学用)，北平：戊辰学会出版，1932．

193202 马文元，译．汉译赫奈二氏平面三角法．北平：戊辰学会出版，1932．

193203～193204 王鹤清，魏庚人，程廷熙．初中算术教科书(上、下卷)．北平：北平师范大学附中算学丛刻社，1932．

193301～193302 程廷熙．初中代数学教科书(两册)．北平：北平师范大学附中算学丛刻社，1933．

193303 傅种孙．高中平面几何教科书．北平：北平师范大学附中算学丛刻社，1933(1934，1935，1937 年修订)，白话文本：平面几何教本．北京：北京师范大学出版社，1982．

193304 Russell B.，著．傅种孙，张邦铭，译．罗素算理哲学，第 3 版．北京：商务印书

馆，1933.（**192201，192402**）

193305 韩桂丛，李耀春，王乔南，编译，傅种孙，程廷熙，校．高中平面三角法教科书．北平：北平师范大学附中算学丛刻社，1933.

193306 韩清波，魏庚人，李恩波，编译，傅种孙，校．高中立体几何学教科书．北平：北平师范大学附中算学丛刻社，1933.

193401 常福元，邵松如．球面三角学(大学用)．北平：北平文化学社，1934.

193402 马文元，秦汾．平面三角法．北平：戊辰学会出版，1934.

193403 王鹤清，傅种孙．初中算术教科书．北平：北平师范大学附中算学丛刻社，1934.

193404 王绍颜，赵进义．初中代数学(新课程标准文化初中教科书)．北平：北平文化学社，1934.

193501 傅种孙．初等数学研究(包括总论篇，基础篇，作图篇上、下)．北平：北平师范大学附中算学丛刻社，1935～1937；正式出版正名为：几何基础研究．北京：北京师范大学出版社，2001.

193502～193503 Fine H. B. 著．韩桂丛，译，傅种孙，程廷熙，校．韩译范氏高等代数学(上、下卷，中学用)，北平：北平师范大学附中算学丛刻社，1935.

193504 刘亦珩．初等近世几何学．北平：北平师范大学附中算学丛刻社，1935.

193505 马文元．代数学试题之研究．北平：戊辰学社出版，1935.

193506 马文元．高中代数学．北平：戊辰学社出版，1935.

193507 Fine H. B. 著．苏盛甫，译，傅种孙，校．汉译范氏大代数．北平：华北科学社，1935.

193508 王绍颜，张伯承，阎静山，王汝钧，赵进义，邵松如．高中平面几何(新课程标准文化高中教科书)．北平：北平文化学社，1935.

193509 Granville W. A.，著．王绍颜，赵进义，译．葛氏平面三角学对数表(中学用)．北平：华北科学社，1935.

193510 王在德，王绍颜，韩镜明．算术复习课本(初中用)．北平：华北科学社，1935.

193601～193602 黄恭宪，郎好常，编译，傅种孙，程廷熙，闵嗣鹤，校．高中解析几何教科书(上、下卷)．北平：北平师范大学附中算学丛刻社，1936.

193603 马文元，秦汾，吴宝谦．初中代数学．北平：戊辰学会出版，1936.

193701 韩清波，傅种孙．初中几何教科书．北平：北平师范大学附中算学丛刻社，1937.

194701 Granville W. A.，著．王绍颜，张伯承，赵进义，韩镜明，译．葛氏平面三角学(高中用)．北平：华北科学社，1947.

195101 Levi-C′ivita T.，著．汤璪真，译．绝对微分学及其几何上与物理上之应用．北京：商务印书馆，1951，1957.

195102～195106 Бралис В. М.，著．吴品三，译．中学数学教学法(第 1 册，通论；第 2

册，算术教学法；第 3 册，代数教学法；第 4 册，几何教学法；第 5 册，三角教学法). 北京：人民教育出版社，1951.

195201 魏庚人．代数补充讲义：排列组合级数和或然率．北京：商务印书馆，1952.

195202 张禾瑞．近世代数基础，第 1 版．北京：商务印书馆，1952；修订版．北京：人民教育出版社，1978.

195301 Новоселов С. И.，著．吴品三，译．反三角函数．北京：商务印书馆，1953.

195302 Гребенча М. К.，著．张禾瑞，孙永生，译．算术．北京：商务印书馆，1953.

195303 Березанская Е.，Нагибин Х. Х.，著．赵慈庚，译．代数及三角习题汇编：中学 8～10 年级使用．北京：人民教育出版社，1953.

195401 Назарьев С. В.，著．悫仰淑，钟善基，译．几何习题集．北京：高等教育出版社，1954.

195402 Барыбин К. С.，著．魏庚人，译．几何证题集．北京：人民教育出版社，1954.

195403 Новоселов С. И.，著．张禾瑞，赵慈庚，孙永生，严士健，译．代数与初等函数．北京：高等教育出版社，1954.

195404 Лаврентьев М. А.，Люстерник В. А.，著．曾鼎稣，邓汉英，王梓坤，译．变分学教程．北京：高等教育出版社，1954.

195501 Переделкин Д. И.，著．赵慈庚，梁绍鸿，钟善基，译．初等几何学教程(下卷). 北京：高等教育出版社，1955.

195601 巴赫华洛夫，著．陈绍菱，译．解析几何教学大纲：苏联师范学院用．北京：高等教育出版社，1956.

195602 彼雷巴尔金，著．傅章秀，译．几何基础教学大纲 1954. 北京：高等教育出版社，1956.

195603 布赫施塔布，著．郝钢新，译．高等代数教学大纲．北京：高等教育出版社，1956.

195604 诺维可夫，著．郝钢新，译．苏联师范学院用实变及复变函数论教学大纲．北京：高等教育出版社，1956.

195605 Чекмарёв Я. Ф.，著．魏庚人，吴品三，译．青年工人学校算术教学法．北京：人民教育出版社，1956.

195606 Проскуряков И. В.，著．吴品三，译．数与多项式．北京：高等教育出版社，1956.

195607 俄罗斯苏维埃联邦社会主义共和国教育部．吴品三，译．苏联师范学院用高等代数教学大纲．北京：高等教育出版社，1956.

195608 俄罗斯苏维埃联邦社会主义共和国教育部．严士健，译．苏联师范学院用数论与群论教学大纲．北京：高等教育出版社，1956.

195609 Бухщтайндр А. А.，著．赵慈庚，译．解析几何、数学分析、数学物理方法教学大纲．北京：高等教育出版社，1956.

195610～195611 Новоселов С. И.，著．赵慈庚，董延闿，蒋铎，严士健，郝钢新，孙永生，袁兆鼎，译．初等代数专门教程(上、下册)．北京：高等教育出版社，1956～1957.

195612 别列标尔金，著．朱鼎勋，译．射影几何及画法几何教学大纲：师范学院用．北京：高等教育出版社，1956.

195701 柯尔莫戈洛夫，佛明，著．董延闿，译．函数论与泛函分析初步(卷一)．北京：高等教育出版社，1957.

195702 闵嗣鹤，严士健．初等数论，第 1 版．北京：高等教育出版社，1957；第 2 版．1983；第 3 版．2003.

195703 Levi-C′ivita T.，著．汤璪真，译．绝对微分学．北京：商务印书馆，1957.

195704 Шилов Г. Е.，著．王梓坤，吴大任，等译．线性空间引论．北京：高等教育出版社，1957.

195705～195706 张禾瑞，郝钢新．高等代数(上、下册)，第 1 版．北京：高等教育出版社，1957～1958；第 2 版(上、下册)．北京：人民教育出版社，1979；合订本．1980；第 3 版．北京：高等教育出版社，1983；第 4 版．1999；第 5 版．2007.

195707 Стратилатов П. В.，著．钟善基，白尚恕，译．高中数学教学经验．北京：人民教育出版社，1957.

195801 北京师范大学数学系教材编写组．代数(工厂业余中学课本)．北京：中国科学普及出版社，1958.

195802～195804 北京师范大学数学系教材编写组．代数(普通中学四年一贯制课本)(1～3 册)．北京：中国科学普及出版社，1958.

195805～195806 北京师范大学数学系教材编写组．几何与三角(上、下册)(工厂业余中学课本)．北京：中国科学普及出版社，1958～1959；(全 1 册)，1959.

195807 北京师范大学数学系教材编写组．解析几何与微积分初步(普通中学四年一贯制课本)．北京：中国科学普及出版社，1958.

195808 北京师范大学数学系教材编写组．立体几何和制图(普通中学四年一贯制课本)．北京：中国科学普及出版社，1958.

195809 北京师范大学数学系教材编写组．农业中学数学教学参考资料．北京：中国科学普及出版社，1958.

195810～195811 北京师范大学数学系教材编写组．平面几何与三角课本(上、下册)(普通中学四年一贯制课本)．北京：中国科学普及出版社，1958.

195812 北京师范大学数学系教材编写组．算术(工厂业余中学课本)．北京：中国科学普及出版社，1958.

195813 北京师范大学数学系教材编写组．算术(普通中学四年一贯制课本)．北京：中国科学普及出版社，1958.

195814 北京师范大学数学系教材编写组．制图和画法几何(工厂业余大学课本)．北京：中国科学普及出版社，1958

195815 梁绍鸿，编．赵慈庚，校．初等数学复习及研究(平面几何)．北京：高等教育出版社，1958；哈尔滨：哈尔滨工业大学出版社，2008.

195816 Aleksandov A. D.，著．孙小礼，赵孟养，裘光明，严士健，译．数学：它的意义、内容和方法，第1卷，第1版．北京：科学出版社，1958；第2版．2001.

195901 北京师范大学数学系教材编写组．高等数学(工厂业余大学课本)．北京：中国科学技术出版社，1959.

195902 北京师范大学数学系教材编写组．立体几何，制图和测量(普通中学四年一贯制课本)．北京：中国科学技术出版社，1959.

195903 北京师范大学数学系教材编写组．数学(机关职工业余学校课本)．北京：中国科学技术出版社，1959.

195904 北京师范大学数学系教材编写组．数学(农业中学课本)．北京：中国科学技术出版社，1959.

195905 化学工业部橡胶工业研究设计院，北京师范大学数学系．砖烟囱活板设计及简易计算法．北京：化学工业出版社，1959.

195906 中国数学会数学通报编委会．初等数学史．北京：中国科学技术出版社，1959.

195907 中国数学会数学通报编委会．几何作图、非欧几何、逻辑初步．北京：中国科学技术出版社，1959.

195908 中国数学会数学通报编委会．中学数学习题解答集．北京：中国科学技术出版社，1959.

195909 利亚平，著．钟善基，刘牧，译．高中数学教学法 几何部分．北京：人民教育出版社，1959.

196001 北京师范大学数学系教育改革小组．初等函数(九年一贯制)．北京：人民教育出版社，1960.

196002～196011 北京师范大学数学系教育改革小组．代数(第1～10册，九年一贯制试用课本(全日制))．北京：人民教育出版社，1960.

196012 北京师范大学数学系教育改革小组．概率论与数理统计(九年一贯制试用课本(全日制))．北京：人民教育出版社，1960.

196013 北京师范大学数学系教育改革小组．微积分学(九年一贯制试用课本(全日制))．北京：人民教育出版社，1960.

196014 北京师范大学数学系教育改革小组．制图学(九年一贯制)．北京：人民教育出版社，1960.

196015 北京师范大学数学系普通教育改革小组．中小学(全日制)数学向九年一贯制过渡参考资料．北京：人民教育出版社，1960.

196016 北京师范大学数学系中学数学现代化方案草拟小组．中学数学现代化方案初稿．北京：科学普及出版社，1960.

196017 Гркбенче М. К.，Аяпин С. Е.，著．郝锕新，译．算术(第6版修订本)．北京：高等教育出版社，1960.

196018 中国数学会数学通报编委会．概率和数理统计．北京：中国科学技术出版

社，1960.

196019 中国数学会数学通报编委会．关于电子数字计算机的一些问题．北京：中国科学技术出版社，1960.

196020 中国数学会数学通报编委会．趣味的数学问题．北京：中国科学技术出版社，1960.

196021 中国数学会数学通报编委会．实数、极限、近似计算．北京：中国科学技术出版社，1960.

196022 中国数学会数学通报编委会．线性代数、多项式．北京：中国科学技术出版社，1960.

196101～196110 北京师范大学数学系普通教育研究室．小学数学(第 1～10 册，十年制学校实验用课本(全日制))．北京：人民教育出版社，1961.

196111～196116 北京师范大学数学系普通教育研究室．中学数学(第 1～6 册，十年制学校实验用课本(全日制))．北京：人民教育出版社，1961.

196117 吉林大学数学系主编，王世强，参编(第 10 章)．高等代数．北京：人民教育出版社，1961.

196201 Aleksandov A. D.，著．刘绍学，吴品三，王隽骧，参译．数学：它的意义、内容和方法，第 3 卷，第 1 版．北京：科学出版社，1962；第 2 版．2001.

196202 Дынкин Е. Б.，著．王梓坤，译．马尔可夫过程论基础．北京：科学出版社，1962；马尔可夫过程论基础．哈尔滨：哈尔滨工业大学出版社，2015.

196301 范会国．几种类型的极值问题．北京：中国青年出版社，1963；北京：人民教育出版社，1964，1979；北京：科学出版社，2002；李仲来主编．范会国文集：函数论与数学教育．北京：北京师范大学出版社，2008：127～160.

196401 Курош А. Г.，著．刘绍学，译．一般代数学讲义．上海：上海科学技术出版社，1964.

196402 Курош А. Г.，著．曾肯成，郝钢新，译．群论(上册，第 2 版)．北京：人民教育出版社，1964；群论(上册，第 3 版)．北京：高等教育出版社，1987.

196501 希洛夫 Г. Е.，著．董延闿，郝钢新，曾鼎钚，王梓坤，伍镜波，程汝昌，译．数学分析专门教程．北京：高等教育出版社，1965.

196502 王梓坤．随机过程论，第 1 版．北京：科学出版社，1965.

197601 王梓坤．概率论基础及其应用，第 1 版．北京：科学出版社，1976；北京：北京师范大学出版社，第 2 版．1996；第 3 版．2007.

197701 美国中学数学课程改革研究组，编．曹才翰，译，张禾瑞，校．统一的现代数学(第 1 册第 1 分册)．北京：人民教育出版社，1977.

197702～197703 美国中学数学课程改革研究组，编．曹才翰，译，吴望名，校．统一的现代数学(第 4 册第 1～2 分册)．北京：人民教育出版社，1977.

197801 美国中学数学课程改革研究组，编．王申怀，译，王阿雄，吴望名，校．统一的现代数学(第 2 册第 1 分册)．北京：人民教育出版社，1978.

197802 南开大学数学系统计预报组(王梓坤，钱尚玮)．概率与统计预报及在地震与气象中的应用．北京：科学出版社，1978.

197803 王梓坤．科学发现纵横谈，第 1 版．上海：上海人民出版社，1978；第 2 版．1982，1998. 上海：中华书局，1997，2013. 长沙：湖南教育出版社，1999. 北京：中国少年儿童出版社，2005，2009. 武汉：湖北少年儿童出版社，2009. 大连：大连理工大学出版社，2010. 武汉：湖北科学技术出版社，2013.

197804 张禾瑞．近世代数基础，修订版．北京：人民教育出版社，1978. (**195202**)

197805 赵慈庚，参编．全国中学数学竞赛题解(1978)．北京：科学普及出版社，1978.

197901 陈木法，汪培庄，侯振挺，郭青峰，钱敏，钱敏平，龚光鲁．可逆马尔可夫过程．长沙：湖南科学技术出版社，1979.

197902～197904 陕西教育学院选编(曹才翰，余炯沛)．初等数学(1～3 册)．西安：陕西人民出版社，1979～1980.

197905 吴品三．近世代数．北京：人民教育出版社，1979.

197906～197907 张禾瑞，郝钢新．高等代数(上、下册)，第 2 版．北京：人民教育出版社，1979；合订本．1980；第 3 版．北京：高等教育出版社，1983；第 4 版．1999；第 5 版．2007. (**195705～195706**)

197908 赵慈庚．谈谈解答数学问题．北京：北京出版社，1979；铁尔满，译(维吾尔文)．乌鲁木齐：新疆人民出版社，1983.

197909 赵慈庚，参编．北京市中学数学竞赛题解(1956～1964)．北京：科学普及出版社，1979.

197910～197911 Rudin W.，著．赵慈庚，蒋铎，译．数学分析原理(上、下册)．北京：人民教育出版社，1979～1980；北京：机械工业出版社，2004.

198001 江泽涵，赵慈庚，主编．大学基础数学自学丛书(一元函数微分学，1980；一元函数积分学，1980；多元函数微积分，1980；空间解析几何，1981；高等代数，1981；常微分方程基础，1981；级数，1982；概率论与数理统计基础，1982；复变函数论基础，1982；有限数学引论，1982；初等微分几何，1985)．上海：上海科学技术出版社，1980～1985.

198002～198003 胡显承，米道生，钱文侠，梁绍鸿，孟广烈，等编．代数(上、下册)．北京：人民教育出版社，1980.

198004 梁绍鸿．初等几何．北京：人民教育出版社，1980.

198005 Robinson A.，著．申又枨，王世强，张锦文，孙永生，廖祖伟，袁萌，吴望名，程汉生，译．非标准分析．北京：科学出版社，1980.

198006 Arnold B. H.，著．王阿雄，译．初等拓扑的直观概念．北京：人民教育出版

社，1980.

198007 王梓坤．生灭过程与马尔可夫链，第 1 版．北京：科学出版社，1980；第 2 版．2005.

198008 赵慈庚．参数与参数方程．天津：天津人民出版社，1980.

198009 赵慈庚．一元函数微分学．上海：上海科学技术出版社，1980.

198101 北京师范大学代数教研室．近世代数基础习题指导．北京：北京师范大学出版社，1981.

198102 汪培庄，参编．统计物理学进展．北京：科学出版社，1981.

198103 赵慈庚．代数曲线的渐近线．长沙：湖南科学技术出版社，1981.

198104 柯尔莫戈洛夫 A. H.，主编．钟善基，等合译．几何(6～8 年级)．北京：人民教育出版社，1981.

198105 朱鼎勋，陈绍菱．空间解析几何学．北京：北京师范大学出版社，1981.

198106 朱鼎勋．空间解析几何．上海：上海科学技术出版社，1981；增订版，1984.

198107 Preston C.，著．严士健，陈木法，丁万鼎，译．随机场．北京：北京师范大学出版社，1981.

198201 董延闿．级数．上海：上海科学技术出版社，1982.

198202 傅种孙．平面几何教本．北京：北京师范大学出版社，1982.

198203 瓦特蒂奥 R.，著．刘庆生，译．数学(6 年级)(法国中学课本)．北京：文化教育出版社，1982.

198204～198205 Курош А. Г.，著．刘绍学，曾肯成，郝钢新，译．群论(上、下册)．北京：高等教育出版社，1982.

198206 威洛比 S. S.，著．刘秀芳，唐守正，陈木法，译．概率与统计．北京：文化教育出版社，1982.

198207 考涅楚克 H. П.，著．孙永生，译．逼近论的极值问题．上海：上海科学技术出版社，1982.

198208 王梓坤．科学发现纵横谈，第 2 版．上海：上海人民出版社，1982，1998．**(197803)**

198209 吴文俊，主编，白尚恕，参编．《九章算术》与刘徽．北京：北京师范大学出版社，1982.

198210 严士健，陈民众，主编．数学．长沙：湖南教育出版社，1982.

198211 严士健，王隽骧，刘秀芳．概率论基础，第 1 版，现代数学基础丛书第 6 卷．北京：科学出版社，1982；第 2 版，2009.

198212 严士健，王隽骧，徐承彝．概率论与数理统计基础．上海：上海科学技术出版社，1982.

198213 杨福田．高等数学在机械制造中的某些应用．北京：北京师范大学出版社，1982.

198214 利特温秋克 Γ. C.，著．赵桢，陈方权，蒋绍惠，刘来福，邝荣雨，译．带位移的奇异积分方程与边值问题．北京：北京师范大学出版社，1982.

198215 钟善基，丁尔陞，曹才翰．中学数学教材教法．北京：北京师范大学出版社，

1982.

198301 白尚恕.《九章算术》注释.北京：科学出版社，1983.

198302 丁尔陞，参编.中学数学教育论文选编.北京：人民教育出版社，1983.

198303 刘绍学.环与代数，第 1 版，现代数学基础丛书第 10 卷.北京：科学出版社，1983；第 2 版.2008.

198304 闵嗣鹤，严士健.初等数论，第 2 版.北京：高等教育出版社，1983；第 3 版.2003.（**195702**）

198305 汪培庄.模糊集合论及其应用.上海：上海科学技术出版社，1983.

198306 王梓坤.布朗运动与位势.北京：科学出版社，1983.

198307 余玄冰，编译.点集拓扑.北京：北京师范大学出版社，1983.

198308 张禾瑞，郝钢新.高等代数，第 3 版.北京：高等教育出版社，1983；第 4 版.1999；第 5 版.2007.（**195705～195706，197906～197907**）

198309 赵慈庚.轨迹.北京：北京出版社，1983.

198401 陈绍菱，傅若男.空间解析几何习题试析.北京：北京师范大学出版社，1984.

198402 Столяр A. A.，著.丁尔陞，钟善基，等译.数学教育学.北京：人民教育出版社，1984.

198403 傅章秀.几何基础，第 1 版.北京：北京师范大学出版社，1984；第 2 版(修订本).1993.

198404 Serre J. P.，著.郝钢新，译.有限群的线性表示.北京：科学出版社，1984；北京：高等教育出版社，2007.

198405 刘来福，毛盛贤，黄远樟.作物数量遗传.北京：农业出版社，1984.

198406 德洛兹德 Ю. A.，基里钦柯 B. B.，著.刘绍学，张英伯，译.有限维代数.北京：北京师范大学出版社，1984.

198407 赵慈庚，朱鼎勋，主编，陈绍菱，薛宗慈，邝荣雨，刘云英，马遵路，陈方权，蒋铎，徐承彝，洪吉昌，沈嘉骥，参编.大学数学自学指南.北京：中国青年出版社，1984.

198408 赵桢.奇异积分方程.北京：北京师范大学出版社，1984.

198409 朱鼎勋.空间解析几何，增订版.上海：上海科学技术出版社，1984.（**198106**）

198501 葛苏林(葛福星，苏秀雯，林水平).模糊子集·模糊关系·模糊映射.北京：北京师范大学出版社，1985.

198502 韩清波，魏庚人，李恩波，著.傅种孙，校，谭寿芬，重述.立体几何教本.北京：北京师范大学出版社，1985.

198503 李冶，著.白尚恕，译，钟善基，校.测圆海镜今译.济南：山东教育出版社，1985.

198504 梁绍鸿.初等数学复习及研究平面几何题解.北京：中国展望出版社，1985.

198505 潘懋德，参编.怎样辅导青少年学习计算机程序.北京：电子工业出版社，1985.

198506 潘懋德，参编.BASIC 语言.北京：北京师范大学出版社，1985.

198507 汪培庄．模糊集与随机集落影．北京：北京师范大学出版社，1985.
198508 王伯英．多重线性代数基础．北京：北京师范大学出版社，1985.
198509 王梓坤．科海泛舟．天津：天津科学技术出版社，1985.
198510～198512 吴文俊，主编，白尚恕，等编．中国数学史论文集(一至三)．济南：山东教育出版社，1985～1987.
198513～198514 薛宗慈，曾昭著，邝荣雨，陈平尚．数学分析习作课讲义(上、下册)．北京：北京师范大学出版社，1985，1987.
198515 余玄冰．直观拓扑学选讲．北京：北京师范大学出版社，1985.
198516 赵慈庚，等编．中等数学教师手册．上海：上海教育出版社，1985.

198601 曹才翰，沈伯英．初等代数教程．北京：北京师范大学出版社，1986.
198602 陈木法．跳过程与粒子系统．北京：北京师范大学出版社，1986.
198603 丁尔陞，参编．初等数学教材分析．北京：人民教育出版社，1986.
198604 董延闿．数系：从自然数到复数．北京：北京师范大学出版社，1986.
198605 沈复兴．现代逻辑导引．北京：中国人民大学出版社，1986.
198606 孙永生．泛函分析讲义，第 1 版．北京：北京师范大学出版社，1986；第 2 版．2007；第 3 版．2018.
198607 项武义，王申怀，潘养廉．古典几何学．上海：复旦大学出版社，1986；北京：高等教育出版社，2014
198608 Prigogine I.，著．曾庆宏，严士健，马本堃，译．从存在到演化：自然科学中的时间及复杂性．上海：上海科学技术出版社，1986.
198609 中外数学简史编写组，白尚恕，参编．中国数学简史．济南：山东教育出版社，1986.
198610 John F.，著．朱汝金，译．偏微分方程．北京：科学出版社，1986.

198701 曹锡皞，张益敏，黄登航．高等代数．北京：北京师范大学出版社，1987.
198702 陈方权，蒋绍惠．解析函数论基础，第 1 版．北京：北京师范大学出版社，1987；第 2 版．2008.
198703 Hilbert D.，著．江泽涵，朱鼎勋，译．几何基础，第 1 版．北京：科学出版社，1987；第 2 版．1995；希尔伯特几何基础，北京：北京大学出版社，2010.
198704 Зорич B. A.，著．蒋铎，王昆扬，周美珂，邝荣雨，译．数学分析，第 1 卷第 1 分册．北京：高等教育出版社，1987.
198705 李洪兴，许华琪，汪培庄．模糊数学趣谈．成都：四川教育出版社，1987.
198706～198707 李天林．高等数学(上、下册)，第 1 版．北京：北京师范大学出版社，1987～1988；第 2 版．2009；第 3 版，2014.
198708 刘云英，张益敏，曹锡皞，李景斋．高等代数习作课讲义．北京：北京师范大学出版社，1987.
198709 柳藩，钱珮玲．实变函数论与泛函分析．北京：北京师范大学出版社，1987.
198710 孙魁明，谢文杰，马向晖．LOGO 语言．北京：人民教育出版社，1987.
198711 王世强．模型论基础，现代数学基础丛书第 23 卷．北京：科学出版社，1987.

198712 吴文俊，主编，白尚恕，等编．秦九韶与《数书九章》．北京：北京师范大学出版社，1987.

198713 吴文俊，主编，白尚恕，等编．外国数学简史．济南：山东教育出版社，1987.

198714 谢文杰，孙魁明，马向晖．计算机：你的好帮手．北京：北京师范大学出版社，1987.

198715 徐承彝，主编．概率论与数理统计．北京：北京师范学院出版社，1987.

198716 杨存斌，孙久荊．解析几何．北京：北京师范大学出版社，1987.

198717 杨大淳，主编，王敬赓，等参编．解析几何．北京：北京师范学院出版社，1987.

198718 杨大淳，主编，王敬赓，等参编．解析几何教材辅导．石家庄：河北教育出版社，1987.

198719 张鸿顺，主编，张益敏，参编．高等代数．北京：北京师范学院出版社，1987.

198720 Stein E. M.，Weiss G.，著．张阳春，译．欧氏空间上的 Fourier 分析引论．上海：上海科学技术出版社，1987.

198721《赵慈庚数学教育文集》编辑委员会，编．赵慈庚，著．赵慈庚数学教育文集．上海：上海教育出版社，1987.

198722 Курош Г. Е.，著．曾肯成，郝钢新，译．群论(上册，第 3 版)．北京：高等教育出版社，1987.（**196402**）

198723 Davis K. M.，Zhang Yangchun(张阳春)．Lectures on Bochner-Riesz means. Cambridge：Cambridge University Press，1987.

198801 曹才翰，丁尔陞，孙瑞清，蔡上鹤．高中数学教学指导书．北京：人民教育出版社，1988.

198802 曹才翰，钟善基，参编．初中数学教学概论．北京：人民教育出版社，1988.

198803 陈公宁，沈嘉骥．计算方法导引，第 1 版．北京：北京师范大学出版社，1988；第 2 版．2000；第 3 版．2009.

198804 程书肖，李仲来．教育统计方法．沈阳：辽宁大学出版社，1988.

198805～198810 丁尔陞，孙瑞清，参编．中学数学实验教材(第 1～3 册，上、下册)．北京：人民教育出版社，1988～1991.

198811 丁尔陞，钟善基，张孝达，主编．初中数学教学指导书．北京：人民教育出版社，1988.

198812 丁尔陞，钟善基，张孝达，主编．高中数学教学指导书．北京：人民教育出版社，1988.

198813 董延闿．基础集合论．北京：北京师范大学出版社，1988.

198814 高素志，马遵路，曾昭著，陈平尚．常微分方程．北京：北京师范大学出版社，1988.

198815 郝钢新．域论基础．北京：北京师范大学出版社，1988.

198816 洪良辰，李艾青，洪吉昌，参编．数学物理方程．济南：山东科学技术出版社，1988.

198817 廖昭懋，杨文礼．概率论与数理统计．北京：北京师范大学出版社，1988.

198818 刘来福，程书肖．生物统计，第 1 版．北京：北京师范大学出版社，1988；第 2

版．2007；第 3 版．2015.

198819 刘庆生，等．高中数学学习解疑．北京：学术期刊出版社，1988.

198820 陆善镇，王昆扬．Bochner-Riesz 平均．北京：北京师范大学出版社，1988.

198821 潘懋德．高级中学计算机选用教材程序设计．北京：人民教育出版社，1988.

198822 孙瑞清，等．数学教育实验与教育评价概论，第 1 版．北京：北京师范大学出版社，1988；第 2 版．2007.

198823 横地清，编．孙瑞清，译．影子的几何．北京：知识出版社，1988.

198824 王申怀，刘继志．微分几何．北京：北京师范大学出版社，1988.

198825 吴文俊，主编，陈绍菱，丁尔陞，傅若男，郝钢新，蒋硕民，刘绍学，陆善镇，孙永生，汪培庄，王世强，王梓坤，吴品三，吴英辅，严士健，赵桢，钟善基，等参编．中国大百科全书：数学．北京：中国大百科全书出版社，1988.

198826 谢文杰，孙魁明，朱同生．青少年计算机获奖教学软件选编．北京：清华大学出版社，1988.

198827 赵慈庚，陈荷生．轨迹．西安：陕西人民教育出版社，1988.

198901 北京师范大学科学史研究中心，白尚恕，等编．中国科学史讲义．北京：北京师范大学出版社，1989.

198902 曹才翰，蔡金法．数学教育学概论．南京：江苏教育出版社，1989.

198903 Зорич B. A.，著．蒋铎，王昆扬，周美珂，邝荣雨，译．数学分析，第 1 卷第 2 分册．北京：高等教育出版社，1989.

198904～198906 邝荣雨，薛宗慈，陈平尚，蒋铎，李有兰．微积分学讲义(第 1～3 册)，第 1 版．北京：北京师范大学出版社，1989～1990；第 2 版．2005～2006；数学分析．第 3 版．2010.

198907～198908 罗承忠．模糊集引论(上、下册)，第 1 版．北京：北京师范大学出版社，1989，1993；第 2 版．2005，2007；(上册)，第 3 版．2018.

198909 孙永生．函数逼近论(上册)．北京：北京师范大学出版社，1989.

198910 汪培庄，韩立岩．应用模糊数学，第 1 版．北京：北京经济学院出版社，1989；第 2 版．北京：首都经济贸易大学出版社，1998.

198911 严士健．无穷粒子马尔可夫过程引论．北京：北京师范大学出版社，1989.

198912 杨大淳，王敬赓，陈通鑫，王汇淳，张克东．解析几何教材辅导．石家庄：河北教育出版社，1989.

198913 杨福田，谢宇．理论力学(数学专业)．北京：北京师范大学出版社，1989.

198914 张鸿顺，主编，张益敏，参编．高等代数教材辅导．石家庄：河北教育出版社，1989.

198915～198918 钟善基，主编．四年制初级中学实验课本 代数第 1～4 册．北京：北京师范大学出版社，1989～1991.

198919 Lu Shanzhen（陆善镇），Taibleson M. H.，Weiss G.．Spaces generated by blocks. Beijing：Beijing Normal University Press，1989.

199001 白尚恕．《九章算术》今译．济南：山东教育出版社，1990.

199002 曹才翰．初等代数教材教法．北京：高等教育出版社，1990.

199003 曹才翰．中学数学教学概论，第1版．北京：北京师范大学出版社，1990；第2版．2008.

199004 曹才翰．郭树芬．中学数学逻辑知识概要．北京：人民教育出版社，1990.

199005 陈公宁．矩阵理论与应用，第1版．北京：高等教育出版社，1990；第2版．北京：科学出版社，2007.

199006 丁尔陞．中学数学教材教法总论．北京：高等教育出版社，1990.

199007 国际数学教育委员会，编．张奠宙，丁尔陞，李秉彝，等编译．国际展望：90年代的数学教育．上海：上海教育出版社，1990.

199008 蒋铎，洪吉昌．《泛函分析讲义》附册，第1版．北京：北京师范大学出版社，1990；第2版．2008.

199009 刘云英，蒋滋梅，卢景波．抽象代数基础．北京：北京师范大学出版社，1990.

199010 孙瑞清，朱文芳．现代中学数学教育原理．成都：四川教育出版社，1990.

199011 孙永生，房艮孙．函数逼近论(下册)．北京：北京师范大学出版社，1990.

199012 王伯英．控制不等式基础．北京：北京师范大学出版社，1990.

199013～199014 王存喜，宣体佐．高等数学(上、下册)(化，生，地专业用)，第1版．北京：北京师范大学出版社，1990；第2版．2007～2008；第3版．2015.

199015 王梓坤，主编．90年代前沿学科新视野．北京：北京出版社，1990.

199016 严士健，刘秀芳，徐承彝．概率论与数理统计．北京：高等教育出版社，1990.

199017 余玄冰，王敬赓，蒋人璧．拓扑学．北京：北京师范大学出版社，1990.

199018 赵慈庚，主编，傅种孙，王世强，朱鼎勋，梁绍鸿，孙久苐，等参编．初等数学研究．北京：北京师范大学出版社，1990.

199019 钟善基，孙瑞清．初等几何教材教法．北京：高等教育出版社，1990.

199020 钟善基，主编．初等数学概论．北京：知识出版社，1990.

199021～199022 钟善基，主编．四年制初级中学实验课本 几何第1～2册．北京：北京师范大学出版社，1990～1991.

199101 白尚恕．睿智篇，中华文化集萃丛书．北京：中国青年出版社，1991.

199102 曹才翰，主编，沈复兴，孙瑞清，余炯沛，王金邦，副主编．中国中学教学百科全书(数学卷)．沈阳：沈阳出版社，1991.

199103 邝荣雨，薛宗慈，陈平尚，蒋铎，李有兰．微积分讲义专册．北京：北京师范大学出版社，1991.

199104 Kihang K.，Fred W. R.，著．李洪兴，参译．社会科学中的数学．沈阳：辽宁教育出版社，1991.

199105 钱珮玲，柳藩．实变函数论，第1版．北京：北京师范大学出版社，1991；第2版．2015.

199106 王梓坤，主编．常用数学公式大全．重庆：重庆出版社，1991.

199107 阎建平．历届奥林匹克数学竞赛试题分析．北京：学苑出版社，1991.

199108～199109 钟善基，主编．小学迎春杯数学竞赛指导讲座(第1～2册)．北京：北京师范大学出版社，1991.

199110 Wen Guochun(闻国椿), Zhao Zhen(赵桢) eds., Proceedings of the Integral Conference, On integral equations and boundary value problems. Beijing, 2～7 Sep. 1990, Singapore: World Scientific Publishing, 1991.

199111 Yan Shijian(严士健), Yang Chungchun(杨重骏), Wang Jiagang(汪嘉岗) eds. Probability theory and its applications in China. American Mathematical Society, 1991.

199201 黄崇福，王家鼎．模糊信息分析与应用．北京：北京师范大学出版社，1992.

199202 刘洁民，著译．数学史与数学教育．北京：高等教育出版社，1992.

199203 刘来福，参编．作物数量性状的多元遗传分析(第 2 章)．北京：农业出版社，1992.

199204 陆善镇．H^p 空间的实变理论及其应用．上海：上海科学技术出版社，1992.

199205 罗小伟，谢宇，张秀平，等．1993 年研究生入学考试数学模拟试题．南昌：江西高校出版社，1992.

199206 莫德，主编，白尚恕，参编．欧几里得几何原本研究．呼和浩特：内蒙古人民出版社，1992.

199207 孙瑞清．数学奥林匹克：小学版新版，启蒙篇．北京：北京大学出版社，1992.

199208 孙瑞清，李润全，刘积全，主编．小学数学教学概论．成都：四川教育出版社，1992.

199209～199213 数学百科全书编译委员会主任委员：王元，严士健(常务)，石钟慈(常务)，谈德颜．数学百科全书，第 1～5 卷．北京：科学出版社，1992.

199214 数学教育学导论编写组，丁尔陞，曹才翰，孙瑞清，等．数学教育学导论．北京：高等教育出版社，1992.

199215 孙瑞清，等．数学(生活中的数理化丛书)．青岛：青岛出版社，1992.

199216 孙瑞清，傅敬良．数学奥林匹克：初中版新版，基础篇．北京：北京大学出版社，1992.

199217 汪培庄．模糊工程应用的原理和方法．中国台北：中国生产力中心，1992.

199218 王世强，杨守廉．独立于 ZFC 的数学问题．北京：北京师范大学出版社，1992.

199219 周美珂．泛函分析，第 1 版．北京：北京师范大学出版社，1992；第 2 版．2007.

199220 Chen Mufa(陈木法). From Markov chains to nonequilibrum particle systems, 1st ed. Singapore: World Scientific Publishing, 1992; 2nd ed. 2004.

199221 Wang Zikun(王梓坤), Yang Xiangqun(杨向群). Birth and death processes and Markov chains. Berlin Heidelberg: Springer-Verlag Press, 1992.

199301 曹才翰，余炯沛，主编．初中数学学习词典．北京：北京师范大学出版社，1993.

199302 曹才翰，余炯沛，主编．高中数学学习词典．北京：北京师范大学出版社，1993.

199303 傅章秀．几何基础，第 2 版(修订本)．北京：北京师范大学出版社，1993. **198403**

199304 李洪兴，汪群，段钦治，雪家雄．工程模糊数学方法及其应用．天津：天津科学技术出版社，1993.

199305 林崇德，黄惟明，主编．中国小学教学百科全书总编辑委员会数学卷编辑委员会编．中国小学教学百科全书数学卷．沈阳：沈阳出版社，1993.

199306 刘来福，参编．大学生建模竞赛辅导教材(第7章)．长沙：湖南教育出版社，1993.

199307 明知白，主编，刘庆生，副主编．数学高考研究与复习．北京：中央民族大学出版社，1993.

199308 明知白，主编，刘庆生，副主编．数学高考研究与复习练习册．北京：中央民族大学出版社，1993.

199309 孙魁明，张海彤，编译．Mathematica 工具软件大全．北京：中国铁道出版社，1994.

199310 王梓坤．科学发现纵横谈新编，第1版．北京：北京师范大学出版社，1993；第2版．2006；第3版．2009；第4版．2016.

199311 吴文俊，主编，白尚恕，沈康身，李迪，副主编．刘徽研究．西安：陕西人民教育出版社，中国台北：九章出版社 1993.

199312 游铭钧，主编，孙瑞清，王念亲，副主编．北京景山学校数学教学改革的理论和实践．北京：华夏出版社，1993.

199313 张秀平，等．最新高中数学奥林匹克专题讲座与解题技巧．合肥：中国科学技术大学出版社，1993.

199314 钟善基，主编．奥林匹克中小学系列教材：高中数学．北京：北京师范大学出版社，1993.

199315 钟善基，主编．奥林匹克中小学系列教材：迎春杯数学竞赛试题汇编(1984～1993)．北京：北京师范大学出版社，1993.

199401 薄树人，白尚恕，主编．中华文明史：中华科技史．石家庄：河北教育出版社，1994.

199402 陈绍菱，傅若男．解析几何．北京：经济科学出版社，1994.

199403 陈绍菱，傅若男，王敬赓．高等几何．北京：北京师范大学出版社，1994.

199404 丁尔陞，唐复苏．中学数学课程导论．上海：上海教育出版社，1994.

199405 Зорич В. А.，著．蒋铎，钱珮玲，周美珂，邝荣雨，译．数学分析，第2卷第1分册．北京：高等教育出版社，1994.

199406 李洪兴，汪培庄．模糊数学．北京：国防工业出版社，1994.

199407 李晓忠，汪培庄，罗承忠．模糊神经网络．贵阳：贵州科学技术出版社，1994.

199408 李相镐，李洪兴，陈世权，汪培庄．模糊聚类分析及其应用．贵阳：贵州科学技术出版社，1994.

199409 苏步青，总主编．丁尔陞，主编．中学百科全书，数学卷．北京：北京师范大学出版社，1994.

199410 孙瑞清，胡大同．奥林匹克数学教学概论．北京：北京大学出版社，1994.

199411 陶文中，主编，张秀平，参编．高中数学奥林匹克基础知识与题解．北京：中国科学技术出版社，1994.

199412 汪培庄，李洪兴．知识表示的数学理论．天津：天津科学技术出版社，1994.

199413 王梓坤，等主编．少年科学文库．南宁：广西科学技术出版社，1994.

199414 严士健，刘秀芳．测度与概率，第 1 版．北京：北京师范大学出版社，1994；第 2 版．2003.

199415 严士健，主编．面向 21 世纪的中国数学教育．南京：江苏教育出版社，1994.

199416 钟善基，主编．中学数学思维概论．北京：北京教育出版社，1994.

199501 曹才翰，主编．九年义务教育三年制初级中学数学教学目标与评价．长沙：湖南教育出版社，1995.

199502 程致屏，主编，杨存斌，赵芳，副主编．体育应用高等数学．西安：陕西科学技术出版社，1995.

199503 Hilbert D.，著．江泽涵，朱鼎勋，译．几何基础，第 2 版．北京：科学出版社，1995；希尔伯特几何基础，北京：北京大学出版社，2010.（**198703**）

199504 刘洁民，副主编之一．21 世纪中国数学教育展望(2)．北京：北京师范大学出版社，1995.

199505 沈复兴．模型论导引．北京：北京师范大学出版社，1995.

199506 汪培庄，李洪兴．模糊系统理论与模糊计算机．北京：科学出版社，1995.

199507 王敬赓．直观拓扑，第 1 版．北京：北京师范大学出版社，1995；第 2 版．2001；第 3 版．2010.

199508 赵籍丰．中国古代数学．北京：北京科学技术出版社，1995.

199509～199514 赵桢，等主编．北京数学奥校初中练习册(6 册)．北京：北京师范大学出版社，1995.

199515 Li Hongxing(李洪兴)，Vincent C. Yen. Fuzzy sets and fuzzy decision-making. Boca Raton：CRC Press，USA，1995.

199516 Lu Shanzhen(陆善镇). Four lectures on real H^p spaces. Singapore：World Scientific Publishing，1995，2008.

199601 曹才翰，章建跃．初中数学课堂教学结构．长沙：湖南教育出版社，1996.

199602 刘绍学，主编．中学生数学视野丛书．长沙：湖南教育出版社，1996～2001.

199603 Taibleson M. H.，Weiss G.，著．陆善镇，译．由块生成的空间．长沙：湖南教育出版社，1996.

199604 王梓坤．概率论基础及其应用，第 2 版．北京：北京师范大学出版社，1996；第 3 版．2007.（**197601**）

199605～199606 王梓坤．随机过程通论(上、下册)，第 2 版．北京：北京师范大学出版社，1996；第 3 版．2010.

199607 徐承彝，杨文礼，蒋文江．增长曲线模型中的参数估计．北京：北京师范大学出版社，1996.

199608～199610 赵桢，章建跃，主编．数学试题精编、精要、精解(上、中、下册)．北京：中国青年出版社，1996.

199611～199618 赵桢，等主编．中小学数学素质同步训练题库(小学三至六年级各 1 册；初中一至三年级各 1 册；初中应用册 1 册)．北京：中国友谊出版公司，1996.

199619 钟善基，李家骏．小学数学基础理论．北京：北京师范大学出版社，1996.

199620 钟善基，主编．教学思想录(中学数学卷)．南京：江苏教育出版社，1996.

199621 Cao Xihua(曹锡华)，Liu Shaoxue(刘绍学)，Shum K. P.，Yang Chungchun(杨重骏) eds. Rings，groups and algebras in China. Lecture Notes in Pure and Applied Mathematics，New York：Marcel Dakker Inc，1996.

199622 Gardner B. J.，Liu Shaoxue(刘绍学)，Wiegandt R.，eds. Rings and radicals. Processings of the international conference on radical theory and related mathematics. Pitman Research Notes in Mathematics Series 346，Longman Longman Scientific and Technical，1996.

199701～199706 丁尔陞，主编．北京市高级中学实验课本 数学(1～3 年级第 1～3 册，上、下册(共 6 册))．北京：北京出版社，1997～2000.

199707 丁尔陞，主编．现代数学课程论．南京：江苏教育出版社，1997.

199708 何青．计算代数．北京：北京师范大学出版社，1997.

199709 冈森博和，著．孙瑞清，梁威，洪燮元，译．钟善基，校．数学教育与计算机．北京：北京大学出版社，1997.

199710 邝荣雨，杨新华，林莉．数学分析题集．北京：教育科学出版社，1997.

199711 李仲来，参编．内蒙古鼠疫．呼和浩特：内蒙古人民出版社，1997.

199712 刘来福，曾文艺．数学模型与数学建模，第 1 版．北京：北京师范大学出版社，1997；第 2 版．2002；第 3 版．2009；第 4 版．2014.

199713 陆善镇，王昆扬．实分析，第 1 版(教育部审定通过的研究生教学用书)．北京：北京师范大学出版社，1997；第 2 版．2006.

199714 王敬赓．解析几何方法漫谈．郑州：河南科学技术出版社，1997.

199715～199716 姚孟臣，主编，卢刚，孙惠玲，徐庆和，刘洁民，编．大学文科数学(第 1～2 册)．北京：高等教育出版社，1997.

199717 Wang Peizhuang(汪培庄)，Li Hongxing(李洪兴)．Fuzzy information processing and fuzzy computers. Beijing：Science Press，1997.

199801 龚昇，余其煌，郑学安．布洛赫常数与许瓦尔兹常数．上海：上海科学技术出版社，1998.

199802 韩立岩，汪培庄．应用模糊数学，第 2 版．北京：首都对外经济贸易大学出版社，1998. (**198910**)

199803～199805 孙瑞清，主编．全国初中数学竞赛辅导．第 1～3 册．北京：北京大学出版社，1998.

199806 Бакелбман И. Я.，著．王敬赓，译．反演．中国台北：九章出版社，北京：开明出版社，1998.

199807 Бескин Н. М.，著．王敬赓，译．依给定的比例分割线段．中国台北：九章出版社，北京：开明出版社，1998.

199808～199817 吴文俊，主编，白尚恕，李迪，沈康身，李继闵，副主编．中国数学史大系(国家"八五"重点图书规划项目，正卷 8 卷，副卷 2 卷)．白尚恕，分卷主编(第 3 卷：东汉三国)．北京：北京师范大学出版社，1998～2004.

199818 杨文礼．线性模型引论．北京：北京师范大学出版社，1998.

199901 曹才翰，章建跃．数学教育心理学，第 1 版．北京：北京师范大学出版社，1999；第 2 版．2006；第 3 版．2014.

199902 李艾青．情缘似海．邵阳：邵阳市政协学习文史委员会编，1999.

199903 Gander W.，Hrebicek J.，著．刘来福，何青，彭芳麟，黄海洋，柯小伍，郇中丹，译．用 Maple 和 Matlab 解决科学计算问题．北京：高等教育出版社，1999.

199904 刘来福，曾文艺．问题解决中的数学模型方法．北京：北京师范大学出版社，1999.

199905 刘绍学．近世代数基础(普通高等教育"九五"国家级规划教材)，第 1 版．北京：高等教育出版社，1999；第 2 版，2011.

199906 钱珮玲，邵光华．数学思想方法与中学数学，第 1 版．北京：北京师范大学出版社，1999；第 2 版．2008；第 3 版．2014.

199907 王德谋，主编，王敬赓，高素志，罗承忠，参编．高等数学基础．北京：北京师范大学出版社，1999.

199908 王敬赓，傅若男．空间解析几何，第 1 版．北京：北京师范大学出版社，1999；第 2 版．2003；第 3 版．2007；第 4 版．2018.

199909 王世强，孟晓青．数理逻辑与范畴论应用．北京：北京师范大学出版社，1999.

199910 王梓坤．马尔可夫过程和今日数学．长沙：湖南科学技术出版社，1999.

199911 王梓坤，张乃达，主编．中学数学思维方法丛书．郑州：大象出版社，1999～2000.

199912 萧树铁，主编，姜启源，何青，高立，编．大学数学：数学实验，第 1 版．北京：高等教育出版社，1999；第 2 版．2006.

199913 严士健，主编．离散数学初步．北京：科学出版社，1999.

199914 张禾瑞，郝钢新．高等代数，第 4 版．北京：高等教育出版社，1999；第 5 版，2007.（**195706～195707，197906～197907，198308**）

200001 北京教育考试院，北京师范大学，编．李梓华，主编，马波，参编．1999 年高考试题与北京市考生答卷综合分析．北京：北京师范大学出版社，2000.

200002 陈公宁，沈嘉骥．计算方法导引，第 2 版．北京：北京师范大学出版社，2000；第 3 版．2009.（**198803**）

200003 教育部教育发展研究中心 中美合作课程与教育比较项目研究组，编译．马波，参译．初中代数与科学实践．天津：天津教育出版社，2000.

200004 教育部教育发展研究中心 中美合作课程与教育比较项目研究组，编译．马波，参译．高中代数与科学实践．天津：天津教育出版社，2000.

200005 李勇．TeX，AmS-TeX 和 LaTeX 使用简介．北京：高等教育出版社，2000.

200006 李勇，参编．小篆字库(光盘)．北京：北京出版社，2000.

200007 钱珮玲，主编．中学数学思想方法，第 1 版．北京：北京师范大学出版社，2000；第 2 版．2010.

200008～200012 孙瑞清，主编．小学数学奥林匹克辅导(全 5 册)．北京：北京大学出版

社，2000.

200013 王德谋，主编，王敬赓，高素志，罗承忠，参编．高等数学基础自学辅导．北京：北京师范大学出版社，2000.

200014 王敬赓．几何变换漫谈．长沙：湖南教育出版社，2000.

200015 严士健，主编．数学家谈数学教育．中国台北：九章出版社，2000.

200016 赵籍丰，巩丽云，李想．中学课本中的数学家和天文学家．北京：中国轻工业出版社，2000.

200017 张慧欣，芳美玲，张秀平，等．最新高中数学竞赛试题分类精编．北京：开明出版社，2000.

200018 郑学安．紧致齐性空间上的调和分析．上海：上海科学技术出版社，2000.

200019 Wang Kunyang(王昆扬)，Li luoqing(李落清). Harmonic analysis and approximation on the unit sphere. Beijing：Science Press，2000.

200101 北京教育考试院，北京师范大学，编．李梓华，主编，马波，参编．2000 年高考试题与北京市考生答卷综合分析．北京：中国民航出版社，2001.

200102～200137 北京教育科学研究院，北京出版社，主编．丁尔陞，曹福海，主编．北京市 21 世纪教材，九年义务教育教材，数学，第 i 册；数学第 i 册教学参考书，$i=1, 2, \cdots, 18$. 北京：北京出版社，北京教育出版社，2001～2004.

200138～200139 李仲来．高等数学(一)(理工农医类)，(二)(文史财经类)，第 1 版．北京邮电大学出版社，2001；第 2 版．2002；2003；修订版．2005；2006；2007；2008；2010；2011；2012；2013；2014；2015；2016；2017；2018；天津：南开大学出版社，第 1 版，2002；第 2 版．2003；修订版．2005.

200140 Aleksandov A. D.，著. 孙小礼，赵孟养，裘光明，严士健，译. 数学：它的意义、内容和方法，第 1 卷，第 2 版. 北京：科学出版社，1958；2001. **(195816)**

200141 王敬赓．直观拓扑，第 2 版．北京：北京师范大学出版社，2001；第 3 版．2010. **(199507)**

200142 王昆扬．数学分析专题研究．北京：高等教育出版社，2001.

200143 王昆扬．简明数学分析(面向 21 世纪课程教材)，第 1 版．北京：高等教育出版社，2001；第 2 版．2009.

200144 王世强．傅种孙与现代数学．北京：北京师范大学出版社，2001.

200145 张奠宙，王昆扬，主编．高等师范教育面向 21 世纪教学内容和课程体系改革成果丛书．八，数学．北京：北京师范大学出版社，2001.

200146 钟宜，赵籍丰，张旭红．经济数学基础训练教程．北京：高等教育出版社，2001.

200147 Li Hongxing(李洪兴)，Chen C. L. P.，Huang Hanpang(黄汉邦). Fuzzy neural intelligent systems. Boca Raton：CRC Press，2001.

200201 曹一鸣．数学教学模式导论．北京：中国文联出版社，2002.

200202 陈公宁．计算方法．北京：高等教育出版社，2002.

200203 丁尔陞，副主编之一．数学辞海，第 6 卷．南京：东南大学出版社，太原：山西教育出版社，北京：中国科学技术出版社，2002.

200204 郭柏灵，黄海洋，蒋慕蓉．金兹堡-郎道方程，现代数学基础丛书第 79 卷．北京：科学出版社，2002.

200205 Corless Robert M.，著．何青，王丽芬，译．Maple 经典．北京：高等教育出版社，2002.

200206 李仲来，主编．北京师范大学数学系史(1915～2002)，第 1 版．北京：北京师范大学出版社，2002；第 2 版．2009；第 3 版．2015.

200207～200208 李仲来．高等数学(一)(理工农医类)，(二)(文史财经类)，第 2 版．北京：北京邮电大学出版社，2002；修订版．2005；天津：南开大学出版社，第 2 版．2003；修订版．2005.（**200138～200139**）

200209 刘来福，曾文艺．数学模型与数学建模，第 2 版(面向 21 世纪课程教材)．北京：北京师范大学出版社，2002；第 3 版．2009；第 4 版．2014.（**199712**）

200210 刘绍学，朱元森，主编．数学辞海，第 2 卷．北京：中国科学技术出版社，南京：东南大学出版社，太原：山西教育出版社，2002.

200211 刘秀芳，副主编之一．数学辞海，第 4 卷．北京：中国科学技术出版社，南京：东南大学出版社，太原：山西教育出版社，2002.

200212 陆善镇，主编．数学辞海，第 3 卷．北京：中国科学技术出版社，南京：东南大学出版社，太原：山西教育出版社，2002.

200213 唐守正，李勇．生物数学模型的统计学基础．北京：科学出版社，2002.

200214 王尚志，主编，刘来福，李延林，李意竹，副主编．北京高中数学知识应用竞赛试题及解析．长春：东北师范大学出版社，2002.

200215 王梓坤．莺啼梦晓：科研方法与成才．上海：上海教育出版社，2002.

200216 王梓坤，主编．师范大学图书馆教育丛书．北京：人民教育出版社，2002.

200217 严士健，刘洁民，参编．数学课程标准解读．北京：北京师范大学出版社，2002.

200218 于福生，主编．全国各类成人高等学校招生考试复习教材，专科起点升本科：高等数学(一)．北京：北京广播学院出版社，2002.

200219 张秀平，曹爱淑，主编．全国各类成人高等学校招生考试复习教材，数学及其解题指导(文史财经类)．北京：北京广播学院出版社，2002.

200220 张秀平，韩正权，主编．全国各类成人高等学校招生考试复习教材，数学及其解题指导(理工农医类)．北京：北京广播学院出版社，2002.

200221～200226 赵峥，刘洁民，主编．义务教育课程标准实验教科书《科学》七年级上、下册，八年级上、下册，九年级上、下册(共 6 册)．上海：上海教育出版社，2002～2005.

200227～200232 赵峥，刘洁民，主编．义务教育课程标准实验教科书《科学》教师教学用书：七年级上、下册，八年级上、下册，九年级上、下册(共 6 册)．上海：上海教育出版社，2002～2005.

200233～200238 赵峥，刘洁民，主编．义务教育课程标准实验教科书《科学》学生自备档案：七年级上、下册，八年级上、下册，九年级上、下册(共 6 册)．上海：上海教育出版社，2002～2005.

200239～200240 Hattel D.，Zhang Yingbo(张英伯)，eds. Repersentations of algebras，Vol. 1～2. Beijing：Beijing Normal University Press，2002.

200241～200242 Zhou Xianyin(周先银). Collected papers of Zhou Xianyin, Vol. 1～2. Beijing: Beijing Normal University Press, 2002.

200301 蔡俊亮，参编．大学数学．北京：人民教育出版社，2003.

200302～200303 蔡俊亮，主编，胡永建，蔡俊亮，参编．高等数学基础(上、下册)．北京：人民教育出版社，2003.

200304 陈公宁，胡永建．Nevanlinna-Pick 插值和矩量问题．北京：北京师范大学出版社，2003.

200305 傅耀良，郇中丹．常用数学软件．北京：人民教育出版社，2003.

200306 胡永建，主编，胡永建，曾文艺，参编．现代数学概论．北京：人民教育出版社，2003.

200307 黄宇，田青，郭玉峰，编译．学校中的环境教育：计划与实施．北京：化学工业出版社，2003.

200308 刘来福，参编．生物统计学(第 3～4 章)．北京：高等教育出版社，2003.

200309 闵嗣鹤，严士健．初等数论，第 3 版．北京：高等教育出版社，2003. (**195702，198304**)

200310 王敬赓，傅若男．空间解析几何，第 2 版．北京：北京师范大学出版社，2003；第 3 版．2007；第 4 版．2018. (**199908**)

200311 王幼宁，刘继志．微分几何讲义，第 1 版(北京高等教育精品教材)．北京：北京师范大学出版社，2003；第 2 版．2011.

200312 严士健，刘秀芳．测度与概率，第 2 版．北京：北京师范大学出版社，2003. (**199414**)

200313～200318 严士健，主编．义务教育课程标准实验教科书，数学 7～9 年级(上、下册)．长沙：湖南教育出版社，2003～2005.

200319 于福生．2004 年成人高校专升本招生全国统一考试名师预测试卷及解答分析(第 3 册)高等数学(一)．北京：北京广播学院出版社，2003.

200320 曾文艺，主编．数学建模教程．北京：人民教育出版社，2003.

200401 郇中丹，黄海洋．偏微分方程，第 1 版(普通高等教育"十五"国家级规划教材)．北京：高等教育出版社，2004；第 2 版．2013.

200402～200403 人民教育出版社，课程教材研究所，中学数学教材实验研究组，编著．高存明，主编．普通高中课程标准实验教科书，数学(张英伯，主编．选修 3-4，对称与群；房艮孙，主编．选修 4-5，不等式选讲)．北京：人民教育出版社，2004.

200404～200413 人民教育出版社，课程教材研究所，中学数学课程教材研究开发中心，编著．刘绍学，主编，钱珮玲，章建跃，副主编．普通高中课程标准实验教科书，数学 1～5，(钱珮玲，主编．数学 1；王申怀，主编，马波，王敬赓，参编．数学 2；张淑梅，主编，李勇，参编．数学 3；郭玉峰，参编．数学 5)．北京：人民教育出版社，2004；教师教学用书(共 5 册)，2004.

200414～200415 J. L. Matrin，著．王嵘，李庆，李亚玲，徐莉芳，译．教与学的新方法·数学(上、下册)．北京：北京师范大学出版社，2004.

200416 王梓坤，王德胜，主编．听爷爷讲故事：民族精神代代传．北京：北京出版社，文津出版社，2004.

200417 严士健，王尚志，主编．数学课程标准研修(普通高中新课程教师研修手册)．北京：高等教育出版社，2004.

200418～200427 严士健，王尚志，主编．普通高中课程标准实验教科书，数学 1～5，(严士健，李延林，主编．数学 1；严士健，吕建生，李亚玲，主编．数学 3)．北京：北京师范大学出版社，2004；教师教学用书(共 5 册)，2004.

200428 严士健，王尚志，主编．普通高中课程标准实验教科书，数学选修(套书)．北京：北京师范大学出版社，2004.

200429 严士健，张奠宙，王尚志，主编．普通高中数学课程标准解读．南京：江苏教育出版社，2004.

200430 张淑梅，主编．数学 3(必修)教师教学用书，第 2 版．北京：人民教育出版社，2004.

200431 Chen Mufa(陈木法)．From Markov chains to non-equilibrium particle systems，2nd ed. Singapore：World Scientific Publishing，2004.

200432 Liu Puyin(刘普寅)，Li Hongxing(李洪兴)．Fuzzy neural network theory and application. Series in machine perception artifical intelligence. Vol. 59，Singapore：World Scientific Publishing，2004.

200433 Wang Fengyu(王凤雨)．Functional inequalities，Markov processes and spectral theory. Beijing：Science Press，2004.

200501 蔡俊亮，主编．离散数学．北京：人民教育出版社，2005.

200502 曹一鸣．校本教研实施方略．北京：中国文史出版社，2005.

200503 Brown J. W.，Churchill R. V.，著．邓冠铁，等译．复变函数及应用(原书第 7 版)．北京：机械工业出版社，2005.

200504～200506 邝荣雨，薛宗慈，陈平尚，蒋铎，李有兰．微积分学讲义(第 1～3 册)，第 2 版．北京：北京师范大学出版社，2005；第 3 版．2010.（**198904～198906**）

200507～200508 李仲来．高等数学(一)(理工农医类)，(二)(文史财经类)，修订版．北京：北京邮电大学出版社，2005；天津：南开大学出版社，修订版．2005.（**200138～200139，200207～200208**）

200509 李仲来，主编，曹才翰，著．曹才翰数学教育文选．北京：人民教育出版社，2005.

200510 李仲来，主编，丁尔陞，著．丁尔陞数学教育文选．北京：人民教育出版社，2005.

200511 李仲来，主编，傅种孙，著．傅种孙数学教育文选．北京：人民教育出版社，2005.

200512 李仲来，主编，刘绍学，著．刘绍学文集：走向代数表示论．北京：北京师范大学出版社，2005.

200513 李仲来，主编，孙永生，著．孙永生文集：逼近与恢复的优化．北京：北京师范大学出版社，2005.

200514 李仲来，主编，王世强，著．王世强文集：代数与数理逻辑．北京：北京师范大学出版社，2005.

200515 李仲来，主编，王梓坤，著．王梓坤文集：随机过程与今日数学．北京：北京师范大学出版社，2005.

200516 李仲来，主编，严士健，著．严士健文集：典型群·随机过程·数学教育．北京：北京师范大学出版社，2005.

200517 李仲来，主编，钟善基，著．钟善基数学教育文选．北京：人民教育出版社，2005.

200518 Meerschaert M. M.，著．刘来福，杨淳，黄海洋，译．数学建模方法与分析(原书第3版)．北京：机械工业出版社，2005.

200519～200520 罗承忠．模糊集引论(上、下册)，第2版．北京：北京师范大学出版社，2005，2007．(上册)，第3版，2018．(**198907～198908**)

200521 人民教育出版社，课程教材研究所，中学数学课程教材研究开发中心，编著．刘绍学，主编，钱珮玲，章建跃，副主编．普通高中课程标准实验教科书选修教材(套书)．北京：人民教育出版社，2005.

200522 郭玉峰，胡永建，钱珮玲，参编．普通高中课程标准实验教科书选修 1-1．北京：人民教育出版社，2005.

200523 胡永建，编．普通高中课程标准实验教科书选修 4-6：初等数论初步．北京：人民教育出版社，2005.

200524 李勇，张淑梅，参编．普通高中课程标准实验教科书选修 1-2．北京：人民教育出版社，2005.

200525 李勇，主编，张淑梅，参编．普通高中课程标准实验教科书选修 2-3．北京：人民教育出版社，2005.

200526 马波，参编．普通高中课程标准实验教科书选修 4-5：不等式选讲．北京：人民教育出版社，2005.

200527～200528 钱珮玲，主编．走进课堂：高中数学新课标教学设计案例与评析(上、下册)．北京：高等教育出版社，2005.

200529 钱珮玲，主编．普通高中课程标准实验教科书选修 2-2．北京：人民教育出版社，2005.

200530 王申怀，主编，郭玉峰，胡永建，参编．普通高中课程标准实验教科书选修 2-1．北京：人民教育出版社，2005.

200531 王梓坤．生灭过程与马尔可夫链，第2版．北京：科学出版社，2005．(**198007**)

200532 Eigen M.，著．惠昌常，董书萍，译．游戏：自然规律支配偶然性(通俗数学名著译丛)．上海：上海教育出版社，2005.

200533 严士健，主编．算法初步．北京：高等教育出版社，2005.

200534 严士健，主编．微积分．北京：高等教育出版社，2005.

200535 严士健，主编，张惠英，王申怀，王培甫，张金兰，编．向量及其应用．北京：高等教育出版社，2005.

200536 张英伯，主编．普通高中课程标准实验教科书选修 3-4：对称与群．北京：人民教育出版社，2005.

200537 Lehmann E. L.，Casella G.，著．郑忠国，蒋建成，童行伟，译．点估计理论(原书第 2 版)．北京：中国统计出版社，2005.

200538 朱文芳，中学生数学学习心理学．杭州：浙江教育出版社，2005.

200539 Chen Mufa(陈木法)．Eigenvalues，Inequalities and ergodic theory. Berlin Heidelberg：Springer-Verlag Press，2005.

200601 曹才翰，章建跃．数学教育心理学，第 2 版．北京：北京师范大学出版社，2006；第 3 版，2014．(**199901**)

200602 Conover W. J.，著．崔恒建，译．实用非参数统计(原书第 3 版)．北京：人民邮电出版社，2006.

200603 何青，王丽芬．Maple 教程．北京：科学出版社，2006.

200604 胡永建．初等数论初步教师教学用书．北京：人民教育出版社，2006.

200605～200606 Зорич В. А.，著．蒋铎，王昆扬，周美珂，邝荣雨，译，周美珂，校．数学分析，第 1～2 卷(原书第 4 版)．北京：高等教育出版社，2006.

200607 李仲来，主编，孙瑞清，著．孙瑞清数学教育文选．北京：人民教育出版社，2006.

200608 陆善镇，王昆扬．实分析，第 2 版(北京高等教育精品教材)．北京：北京师范大学出版社，2006.

200609 Архипов Г. И.，著．王昆扬，译．数学分析讲义．北京：高等教育出版社，2006.

200610 王梓坤．科学发现纵横谈，第 2 版．北京：北京师范大学出版社，2006；中国文库·新中国 60 周年特辑(第 4 辑)，第 3 版．北京：中国出版集团公司，北京：北京师范大学出版社，2009；第 4 版．2016．(**199310**)

200611 萧树铁，主编，姜启源，张立华，何青，高立，编．大学数学：数学实验，第 2 版．北京：高等教育出版社，2006．(**199912**)

200612～200614 严士健，王尚志，主编．新课程复习与提高，数学 1～3．北京：北京师范大学出版社，2006～2007.

200615 严士健，主编．推理与证明．北京：高等教育出版社，2006.

200616 严士健，主编，张丹，毛永华，编．统计与概率．北京：高等教育出版社，2006.

200617 袁宏伟．IT 概观．郑州：黄河水利出版社，2006.

200618 张淑梅，主编．数学 3(必修)教师教学用书，第 2 版．北京：人民教育出版社，2006.

200619 Кострикин А. И.，著．张英伯，译．代数学引论，第 1 卷，基础代数(原书第 2 版)．北京：高等教育出版社，2006.

200701 曹一鸣．中国数学课堂教学模式及其发展研究．北京：北京师范大学出版社，2007.

200702 陈公宁．矩阵理论与应用，第 2 版，现代数学基础丛书第 115 卷．北京：科学出版社，2007．(**199005**)

200703 陈木法，毛永华．随机过程导论(普通高等教育"十一五"国家级规划教材，普通高等教育精品教材，"十二五"普通高等教育本科国家级规划教材)．北京：高等教育出版社，2007.

200704 高红铸，王敬赓，傅若男．空间解析几何，第3版(普通高等教育“十一五”国家级规划教材)．北京：北京师范大学出版社，2007；第4版，2018.（**199908，200310**）

200705 Serre J. P.，著．郝钢新，译．有限群的线性表示．北京：高等教育出版社，2007.（198404）

200706 Haberman R.，著．郇中丹，李援南，刘歆，宋燕红，译．实用偏微分方程．北京：机械工业出版社，2007.

200707 李勇，张淑梅．统计学导论(北京高等教育精品教材)．北京：人民邮电出版社，2007.

200708 李仲来．北京师范大学数学科学学院论文目录(1915～2006)，第1版．北京：北京师范大学出版社，2007；第2版．2016.

200709 李仲来．北京师范大学数学科学学院硕士研究生入学考试试题(1978～2007)，第1版．北京：北京师范大学出版社，2007；第2版．2017.

200710 李仲来，刘来福，程书肖．生物统计，第2版．北京：北京师范大学出版社，2007；第3版．2015.（**198818**）

200711～200712 李仲来，王存喜，宣体佐．高等数学C(上、下册)，第2版．北京：北京师范大学出版社，2007～2008；第3版．2015.（**199013～199014**）

200713 李仲来，主编，汤璪真，著．汤璪真文集：几何与数理逻辑．北京：北京师范大学出版社，2007.

200714 李仲来，主编．傅种孙教授110周年诞辰纪念文集：中国数学教育的先驱．数学通报，2007，增刊2.

200715 钱珮玲，马波，郭玉峰，张丹．高中数学新课程教学法．北京：高等教育出版社，2007.

200716 Enderton H. B.，著．沈复兴，陈磊，孙运传，译．数理逻辑．北京：人民邮电出版社，2007.

200717 孙瑞清，宋宝如．数学教育实验与教育评价概论，第2版．北京：北京师范大学出版社，2007.（**198822**）

200718 孙永生，王昆扬．泛函分析讲义，第2版(北京高等教育精品教材)．北京：北京师范大学出版社，2007；第3版．2018.（**198606**）

200719 Кашин Б. С.，Саакян А. А.，著．孙永生，王昆扬，译．正交级数．北京：北京师范大学出版社，2007.

200720 王梓坤．概率论基础及其应用，第3版．北京：北京师范大学出版社，2007.（**197601，199604**）

200721 张禾瑞，郝钢新．高等代数，第5版(普通高等教育“十一五”国家级规划教材)．北京：高等教育出版社，2007.（**195706～195707，197906～197907，198308，199914**）

200722～200723 赵桢，主编，刘来福，张秀平，副主编．北京数学会北京数学培训学校教学丛书，张秀平，分卷主编．高中数学分卷Ⅰ；胡永建，分卷主编．高中数学分卷Ⅱ．北京：北京师范大学出版社，2007.

200724 周美珂．泛函分析，第2版．北京：北京师范大学出版社，2007.（**199219**）

200725 Lu Shanzhen(陆善镇)，Ding Yong(丁勇)，Yan Dunyan(燕敦验)．Singular integral and related topics. Singapore：World Scientific Publishing，2007.

200801 曹才翰，章建跃．中学数学教学概论，第 2 版．北京：北京师范大学出版社，2008.（**199003**）

200802 陈方权，蒋绍惠．解析函数论基础，第 2 版．北京：北京师范大学出版社，2008.（**198702**）

200803 丁勇．现代分析基础，第 1 版(北京高等教育精品教材). 北京：北京师范大学出版社，2008；第 2 版．2013.

200804 Булинский А. В.，Ширяев А. Н.，著．李占柄，译．随机过程论．北京：高等教育出版社，2008.

200805 李仲来，主编，白尚恕，著．白尚恕文集：中国数学史研究．北京：北京师范大学出版社，2008.

200806 李仲来，主编．范会国文集：函数论与数学教育．北京：北京师范大学出版社，2008.

200807 梁绍鸿．初等数学复习及研究(平面几何). 哈尔滨：哈尔滨工业大学出版社，2008.（**195815**）

200808 刘绍学，郭晋云，朱彬，韩阳．环与代数，第 2 版，现代数学基础丛书第 127 卷．北京：科学出版社，2008.（**198303**）

200809 钱珮玲，邵光华．数学思想方法与中学数学，第 2 版．北京：北京师范大学出版社，2008；第 3 版．2014.（**199906**）

200810 Tao T.，著．王昆扬，译．陶哲轩实分析．北京：人民邮电出版社，2008.

200811 王晟，蒋铎，洪吉昌．泛函分析讲义习题精解，第 2 版．北京：北京师范大学出版社，2008.（**199008**）

200812 王颖喆．概率与数理统计．北京：北京师范大学出版社，2008.

200813 Pedrycz W.，著．于福生，译．基于知识的聚类：从数据到信息粒．北京：北京师范大学出版社，2008.

200814 Agresti A.，著．张淑梅，王睿，曾莉，译．属性数据分析引论，北京：高等教育出版社，2008.

200815 赵桢，主编，刘来福，张秀平，副主编．北京数学会北京数学培训学校教学丛书，刘来福，分卷主编．高中数学奥林匹克教程应用分卷．北京：北京师范大学出版社，2008.

200816 朱文芳，主编．新课程远程研修丛书・初中数学．上海：华东师范大学出版社，2008.

200817 Deng Bangming(邓邦明)，Du Ji(杜杰)，Parshall B.，Wang Jianpan(王建磐). Finite dimensional algebras and quantum groups. American Mathematical Society，2008.

200818 Lu Guangcun(卢广存)，Tian Gang(田刚). Constructing virtual Euler cycles and classes. International Mathematics Reasearch Surveys，Vol. 2008，Oxford：Oxford University Press，2008.

200819 Lu Shanzhen(陆善镇)，Yang Dachun(杨大春)，Hu Guo-en(胡国恩). Herz type spaces and their applications. Beijing：Science Press，2008.

200820 van Minh N.，Guerekata G. M.，Yuan Rong(袁荣). Lectures on the asymptotic behavior of solutions of differential equations. Nova：Contemporary Mathematical Studies，2008.

200901～200902 蔡俊亮，李天林．高等数学(上、下册)，第2版．北京：北京师范大学出版社，2009；第3版．2014．(**198706～198707**)

200903 曹一鸣．数学课堂教学实证系列研究．南宁：广西教育出版社，2009.

200904 曹一鸣，程旷，主编．数学基础模块(上)．北京：北京师范大学出版社，2009.

200905 曹一鸣，程旷，主编．数学基础模块(上)，教师用书．北京：北京师范大学出版社，2009.

200906 曹一鸣，程旷，主编．数学基础模块(上)，学习指导与能力训练．北京：北京师范大学出版社，2009.

200907 陈公宁，沈嘉骥．计算方法导引，第3版．北京：北京师范大学出版社，2009．(**198803，200002**)

200908～200909 van der Waerden B. L.，著．丁石孙，曾肯成，郝钢新，曹锡华，译．代数学Ⅰ～Ⅱ．北京：科学出版社，2009.

200910 Deitmar A.，著．丁勇，译．调和分析基础教程，第2版．北京：科学出版社，2009.

200911 房艮孙．数学基础模块(上)．北京：人民教育出版社，2009.

200912 房艮孙．数学基础模块(上)，教师教学用书．北京：人民教育出版社，2009.

200913 高红铸，王幼宁，张蓓．空间解析几何习题精解，第3版．北京：北京师范大学出版社，2009.

200914 郇中丹，刘永平，王昆扬．简明数学分析，第2版(普通高等教育"十一五"国家级规划教材)．北京：高等教育出版社，2009.

200915 李仲来，主编．北京师范大学数学科学学院史(1915～2009)，第2版．北京：北京师范大学出版社，2009；第3版．2015．(**200206**)

200916 刘来福，黄海洋，曾文艺．数学模型与数学建模，第3版(普通高等教育"十一五"国家级规划教材)．北京：北京师范大学出版社，2009；第4版．2014．(**199712，200209**)

200917 陆善镇，译．调和分析引论．北京：科学出版社，2009.

200918 王梓坤．科学发现纵横谈，第3版．北京：北京师范大学出版社，2009；第4版．2016．(**199310，200610**)

200919 严士健，王隽骧，刘秀芳．概率论基础，第2版，现代数学基础丛书第129卷．北京：科学出版社，2009．(**198210**)

200920 杨玮琦，曹一鸣，主编．第14届亚洲数学技术年会论文集．Mathematics and Technology，LLC，2009.

200921 Yang Weichi(杨玮琦)，Cao Yiming(曹一鸣)，eds. Proceedings of the 14th Asian technology conference in mathematics. Mathematics and Technology，LLC，2009.

201001 曹一鸣，程旷，主编．数学基础模块(下)．北京：北京师范大学出版社，2010.

201002 曹一鸣，程旷，主编．数学基础模块(下) 教师用书．北京：北京师范大学出版社，2010.

201003 曹一鸣，程旷，主编．数学基础模块(下)，学习指导与能力训练．北京：北京师范大学出版社，2010.

201004 曹一鸣，程旷，主编．数学职业模块 1．北京：北京师范大学出版社，2010.

201005 曹一鸣，程旷，主编．数学职业模块 1 工程与制造类专业，教师用书．北京：北京师范大学出版社，2010.

201006 曹一鸣，张生春，主编．数学教学论．北京：北京师范大学出版社，2010.

201007 邓冠铁．复分析．北京：北京师范大学出版社，2010.

201008 房艮孙．数学基础模块(下)．北京：人民教育出版社，2010.

201009 房艮孙．数学基础模块(下)，教师教学用书．北京：人民教育出版社，2010.

201010 房艮孙．数学职业模块(理工类)．北京：人民教育出版社，2010.

201011 房艮孙．数学职业模块(理工类)，同步练习．北京：人民教育出版社，2010.

201012 房艮孙．数学职业模块(理工类)，教师教学用书．北京：人民教育出版社，2010.

201013 房艮孙．数学职业模块(服务类)．北京：人民教育出版社，2010.

201014 房艮孙．数学职业模块(服务类)，同步练习．北京：人民教育出版社，2010.

201015 房艮孙．数学职业模块(服务类)，教师教学用书(中等职业教育课程改革国家规划新教材)．北京：人民教育出版社，2010.

201016 高红铸，赵旭安，苏效乐．拓扑学．北京：北京师范大学出版社，2010.

201017 黄秦安，曹一鸣．数学教育原理：哲学、文化与社会的视角，第 1 版．北京：北京师范大学出版社，2010；第 2 版，2019.

201018 Hilbert D.，著．江泽涵，朱鼎勋，译．希尔伯特几何基础．北京：北京大学出版社，2010. (**198703**，**199503**)

201019 李仲来，主编．赵慈庚教授 110 周年诞辰纪念文集．数学通报，2010，增刊 2.

201020 钱珮玲．中学数学思想方法，第 2 版．北京：北京师范大学出版社，2010. (**200007**)

201021 王凤雨，毛永华．概率论基础．北京：北京师范大学出版社，2010. (**199507**，**200141**)

201022 王敬赓．解析几何．北京：高等教育出版社，2010.

201023 王敬赓．直观拓扑，第 3 版．北京：北京师范大学出版社，2010. (**199507**，**200141**)

201024 王颖喆，程丽娟，等．概率与数理统计习题精解．北京：北京师范大学出版社，2010. 第 2 版，2019.

201025～201026 王梓坤．随机过程通论(上、下册)，第 3 版．北京：北京师范大学出版社，2010. (**199605～199606**)

201027 吴兴玲，黄成泉，罗里波．计算复杂性与算法分析．电子科技大学出版社，2010.

201028 严士健．严士健谈数学教育(国家“十一五”重点图书规划项目)．大连：大连理工大学出版社，2010.

201029 张建林，刘玉铭，申贵成．数据结构，第 1 版．北京：机械工业出版社，2010；第

2 版．北京：北京师范大学出版社，2016.

201030 张英伯，曹一鸣，编著．数学方法论选读．北京：北京师范大学出版社，2010.

201031 赵桢，主编，刘来福，张秀平，副主编．北京数学会北京数学培训学校教学丛书，李延林，分卷主编．高中数学奥林匹克教程提高分卷．北京：北京师范大学出版社，2010.

201032～201034 郑学安，邝荣雨，刘继志，等．数学分析(第1～3册)，第3版(普通高等教育"十一五"国家级规划教材)．北京：北京师范大学出版社，2010.（**198904～198906，200504～200506**）

201035 Bertsekas D. P.，Tsitsiklis J. N.，著．郑忠国，童行伟，译．概率导论(原书第2版)．北京：人民邮电出版社，2010.

201036 朱汝金．数学物理方程．北京：高等教育出版社，2010.

201037 Yin Yunqiang(殷允强)，Wang Jiayin(王加银)．Fuzzy hemirings. Beijing：Science Press，2010.

201038 Yuan Wen(袁文)，Sickel W.，Yang Dachun(杨大春)．Morrey and campanato meet Besov，Lizorkin and Triebel. Lecture Notes in Mathematics，Vol. 2005，Berlin Heidelberg：Springer-Verlag Press，2010.

201101 保继光，朱汝金．偏微分方程("十二五"普通高等教育本科国家级规划教材，北京高等教育精品教材)．北京：北京师范大学出版社，2011.

201102 曹一鸣．国际视野下的中国数学课堂微观分析．北京：北京师范大学出版社，2011.

201103 曹一鸣，程旷．数学职业模块2(自动化与信息类专业)．北京：北京师范大学出版社，2011.

201104 曹一鸣，程旷．数学职业模块2(自动化与信息类专业)教师用书．北京：北京师范大学出版社，2011.

201105 曹一鸣，程旷．数学职业模块3(服务类专业)．北京：北京师范大学出版社，2011.

201106 曹一鸣，程旷．数学职业模块3(服务类专业)教师用书．北京：北京师范大学出版社，2011.

201107 曹一鸣，黄秦安，殷利霞．中国数学教育哲学研究30年．北京：科学出版社，2011.

201108 房艮孙．数学拓展模块．北京：人民教育出版社，2011.

201109 房艮孙．数学拓展模块，同步练习．北京：人民教育出版社，2011.

201110 房艮孙．数学拓展模块，教师教学用书．北京：人民教育出版社，2011.

201111 李建华．射影几何入门．北京：科学出版社，2011.

201112 李仲来，主编，王敬庚，著．王敬庚数学教育文选．北京：人民教育出版社，2011.

201113 刘兼，曹一鸣，主编．数学学科知识与教学能力(高中)．北京：高等教育出版社，2011.

201114 刘兼，朱文芳，主编．数学学科知识与教学能力(初中)．北京：高等教育出版社，

2011.

201115 刘绍学，章璞．近世代数导引，第 2 版．北京：高等教育出版社，2011.（**198303**）

201116 马波．中学数学解题研究，第 1 版．北京：北京师范大学出版社，2011；第 2 版．2017.

201117 丘成桐，杨乐，季理真，主编，张英伯，副主编．数学与教育．北京：高等教育出版社，2011.

201118 唐梓洲．黎曼几何基础．北京：北京师范大学出版社，2011.

201119 王昆扬．实变函数论讲义(北京高等教育精品教材立项项目)．北京：高等教育出版社，2011.

201120 王昆扬．实数的十进表示．北京：科学出版社，2011.

201121 王幼宁，刘继志．微分几何讲义，第 2 版．北京：北京师范大学出版社，2011.（**200311**）

201122～201125 王元，数学，分卷主编，石钟慈，李大潜，文兰，陈木法，副主编．20 世纪中国知名科学家学术成就概览，数学卷，第 1～4 分册．北京：科学出版社，2011～2012.

201126 严士健，刘秀芳，徐承彝．概率论与数理统计(普通高等教育“十一五”国家级规划教材)．北京：高等教育出版社，2011.

201127 张秀平．组合数学，第 1 版．北京：北京师范大学出版社，2011；第 2 版．2017.

201128 张英伯．对称中的数学．北京：科学出版社，2011.

201129 赵桢，主编，刘来福，张秀平，副主编．北京数学会北京数学培训学校教学丛书，刘来福，分卷主编．高中数学奥林匹克教程，建模分卷．北京：北京师范大学出版社，2011.

201130 朱文芳．俄罗斯数学教育的最新进展．北京：北京师范大学出版社，2011.

201131 Li Zenghu(李增沪). Measure-valued branching Markov processes. Berlin Heidelberg：Springer-Verlag Press，2011.

201201 曹才翰，章建跃．中学数学教学概论，第 3 版．北京：北京师范大学出版社，2012.

201202 曹一鸣，主编．13 国数学课程标准评介(小学初中版)．北京：北京师范大学出版社，2012.

201203 曹一鸣，程旷，主编．数学拓展模块综合复习．北京：北京师范大学出版社，2012.

201204 曹一鸣，程旷，主编．数学拓展模块教师用书．北京：北京师范大学出版社，2012.

201205～201206 曹一鸣，主编．中职数学 数学基础模块(上、下册) 西南版．北京：北京师范大学出版社，2012.

201207 李仲来，主编，钱珮玲，著．钱珮玲数学教育文选．北京：人民教育出版社，2012.

201208 李仲来，主编，王伯英，著．王伯英文集：多重线性代数与矩阵．北京：北京师范大学出版社，2012.

201209 李仲来，主编，王申怀，著．王申怀数学教育文选．北京：人民教育出版社，2012.

201210 刘洁民，郭玉英，主编．教育部基础课程教材专家工作委员会组织编写；义务教育初中科学课程标准修订组编写．义务教育初中科学课程标准(2011 年版)解读．北京：高等教育出版社，2012.

201211 罗里波．模型论及其在计算机科学中的应用．北京：北京师范大学出版社，2012.

201212 马京然．北京师范大学数学科学学院师生影集(1915～1949)．北京：北京师范大学出版社，2012.

201213 丘成桐，杨乐，季理真，主编，张英伯，副主编．数学与求学．北京：高等教育出版社，2012.

201214 杨淳．运筹学基础．北京：北京师范大学出版社，2012.

201215 袁荣．常微分方程(北京高等教育精品教材)，第 1 版．北京：高等教育出版社，2012；第 2 版，2020.

201216 张英伯，王恺顺．代数学基础(上册，北京高等教育精品教材立项项目)，第 1 版．北京：北京师范大学出版社，2012；第 2 版，2018.

201217 赵旭安．李群和李代数．北京：北京师范大学出版社，2012.

201218 郑忠国，童行伟，赵慧．高等统计学．北京：北京大学出版社，2012.

201219 Зорич B. A.，著．周美珂，李植，译．自然科学问题的数学分析．北京：高等教育出版社，2012.

201220 Deng Bangming(邓邦明)，Du Jie(杜杰)，Fu Qiang(付强). A double Hall algebra approach to affine quantum Schur-Weyl theory. London Mathematical Society. Lecture Note Series 401，Cambridge：Cambridge University Press，2012.

201301 曹一鸣，代钦，王光明，主编．13 国数学课程标准评介(高中版)．北京：北京师范大学出版社，2013.

201302 丁勇．现代分析基础，第 2 版．北京：北京师范大学出版社，2013.（**200803**）

201303 郭玉峰．数学基本活动经验研究：量化与课堂实践．长沙：湖南教育出版社，2013.

201304 郭玉峰，分册主编．中职数学教材职业模块(自动化与信息类专业适用)．北京：北京师范大学出版社，2013.

201305 郇中丹，黄海洋．偏微分方程，第 2 版(北京高等教育精品教材立项项目)．北京：高等教育出版社，2013.（**200401**）

201306 李延林，刘来福．北京高中数学知识应用竞赛赛题解析(1997～2012)．北京：北京师范大学出版社，2013.

201307 李仲来，主编．张禾瑞教授 100 周年诞辰纪念文集．数学通报，2012 纪念专刊，2013.

201308 李仲来，主编，罗里波，著．罗里波文集：模型论与计算复杂度．北京：北京师范大学出版社，2013.

201309 李仲来，主编，汪培庄，著．汪培庄文集：模糊数学与优化．北京：北京师范大学出版社，2013.

201310 李仲来，主编，刘来福，著．刘来福文集：生物数学．北京：北京师范大学出版社，2013.

201311 李仲来，主编，陈公宁，著．陈公宁文集：解析函数插值与矩量问题．北京：北京师范大学出版社，2013.

201312 Шилов Г. Е.，著．王梓坤，吴大任，金子瑜，等译．线性空间引论，第 2 版．北京：高等教育出版社，2013.

201313 希望杯全国数学邀请赛组委会．周国镇，主编，马波，参编．第 24 届希望杯全国数学邀请赛试题·培训题·解答(高中)．北京：气象出版社，2013.

201314 曾小平，曹一鸣，主编．小学数学研究(小学教育系列教材)．北京：教育科学出版社，2013.

201315 张英伯，王恺顺．代数学基础(下册，北京高等教育精品教材立项项目)，第 1 版．北京：北京师范大学出版社，2013；第 2 版，2019.

201316～201321 赵峥，刘洁民，主编．教育部义务教育教科书，科学(7～9 年级)，上、下册(共 6 册)．上海：上海教育出版社，2013～2015.

201322 Lu Shanzhen(陆善镇)，Yan Dunyan(燕敦验)．Bochner-Riesz means on Euclidean spaces. Singapore：World Scientific Publishing，2013.

201323 Yang Dachun(杨大春)，Yang Dongyong(杨东勇)，Hu Guo-en(胡国恩)．The Hardy space H^1 with non-doubling measures and their applications. Lecture Notes in Mathematics，Vol. 2084，Berlin Heidelberg：Springer-Verlag Press，2013.

201324 Wang Fengyu(王凤雨)．Analysis for diffusion processes on Riemannian manifolds. Singapore：World Scientific Publishing，2013

201325 Wang Fengyu(王凤雨)．Harnack inequalities for stochastic partial differential equations. Berlin：Springer-Verlag Press，2013.

201401～201402 蔡俊亮，李天林．高等数学 B(上、下册)，第 3 版(“十二五”普通高等教育本科国家级规划教材)．北京：北京师范大学出版社，2014.（**198706～198707，200901～200902**）

201403 蔡俊亮，阎建平，赵武超．离散数学．北京：北京师范大学出版社，2014.

201404 曹才翰，章建跃．数学教育心理学，第 3 版．北京：北京师范大学出版社，2014.（**199901，200601**）

201405～201406 曹一鸣，主编．数学基础模块，贵州版(上、下)．北京：北京师范大学出版社，2014.

201407～201408 曹一鸣，主编．数学学习指导与能力训练 基础模块，贵州版(上、下)．北京：北京师范大学出版社，2014.

201409 曹一鸣，刘咏梅，主编．小学数学教学论．北京：教育科学出版社，2014.

201410 曹一鸣，曾小平，主编．小学数学基础理论．北京：教育科学出版社，2014.

201411 黄海洋，崔丽，刘来福，王颖喆．数学建模实验．北京：北京师范大学出版社，2014.

201412 李仲来，主编．蒋硕民教授 100 周年诞辰纪念文集．数学通报，2013 纪念专刊，2014.

201413 李仲来，主编，陆善镇，著．陆善镇文集：多元调和分析的前沿．北京：北京师范大学出版社，2014.

201414 刘来福，黄海洋，曾文艺．数学模型与数学建模，第4版(“十二五”普通高等教育本科国家级规划教材)．北京：北京师范大学出版社，2014.（**199712**，**200209**，**200916**）

201415 綦春霞，曹一鸣，主编．小学数学学案导学教学及其案例分析．北京：北京师范大学出版社，2014.

201416 钱珮玲，邵光华．数学思想方法与中学数学，第3版．北京：北京师范大学出版社，2014.（**199906**，**200809**）

201417 王敬赓．中学数学教学课题研究．北京：北京师范大学出版社，2014.

201418 Mikosch T. 著．王颖喆，译．金融观点下的随机分析基础．北京：北京师范大学出版社，2014.

201419 希望杯全国数学邀请赛组委会．周国镇，主编，马波，参编．第25届希望杯全国数学邀请赛试题·培训题·解答(高中)．北京：气象出版社，2014.

201420 项武义，王申怀，潘养廉．古典几何学．北京：高等教育出版社，2014.（**198607**）

201421 严士健，王尚志，主编．高中数学课程改革实践与探索：教学设计与论文赏析，第1辑．北京：北京师范大学出版社，2014.

201422 张辉，保继光，唐仲伟．偏微分方程．北京：北京师范大学出版社，2014.

201501《与数学家同行》访谈组编著，曹一鸣，张晓旭，周明旭．与数学家同行．南京：南京师范大学出版社，2015.

201502 陈镜明，居为民，刘荣高，李勇，江飞．全球陆地碳汇的遥感和优化计算方法．北京：科学出版社，2015.

201503 邓冠铁，张艳慧．次调和分析．北京：科学出版社，2015.

201504 房艮孙，钱珮玲，柳藩．实变函数论，第2版．北京：北京师范大学出版社，2015.（**199105**）

201505 郭玉峰，数学学习论．北京师范大学出版社，2015.

201506 姜启源，等编译，黄海洋，参编．数学建模案例精选．高等教育出版社，2015.

201507 李仲来，主编．北京师范大学数学科学学院史(1915～2015)，第3版．北京：北京师范大学出版社，2015.（**200206**，**200915**）

201508 李仲来，主编．北京师范大学数学学科创建百年纪念文集．北京：北京师范大学出版社，2015.

201509～201510 李仲来，王存喜，宣体佐．高等数学C(上、下册)，第3版(“十二五”普通高等教育本科国家级规划教材)．北京：北京师范大学出版社，2015.（**199013～199014**，**200711～200712**）

201511 李仲来，刘来福，程书肖．生物统计，第3版(“十二五”普通高等教育本科国家级规划教材)．北京：北京师范大学出版社，2015.（**198818**，**200710**）

201512 Meerschaert M. M. 著．刘来福，黄海洋，杨淳，译．数学建模方法与分析(原书第4版)．北京：机械工业出版社，2015.

201513 马京然．北京师范大学数学科学学院师生影集(1950～1980)．北京：北京师范大学出版社，2015.

201514 唐守正，李勇，符利勇．生物数学的统计学基础．北京：高等教育出版社，2015.

201515 王昆扬．数学分析简明教程．北京：高等教育出版社，2015.

201516 Дынкин Е. Б.，著．王梓坤，译．马尔可夫过程论基础．哈尔滨：哈尔滨工业大学出版社，2015.（**196202**）

201517 希望杯全国数学邀请赛组委会．周国镇，主编，马波，参编．第 26 届希望杯全国数学邀请赛试题・培训题・解答(高中)．北京：气象出版社，2015.

201518 朱文芳．数学教育心理学．北京：北京师范大学出版社，2015.

201519 Li Junfeng(李俊峰)，Li Xiaochun(李晓春)，Lu Guozhen(陆国震)，eds. Some topics in Harmonic analysis and applications. Beijing：Higher Education Press，Somerville，MA，USA，International Press，2015.

201601 曹一鸣，主编，王建波，著．中美澳三国初中数学教材统计内容的比较研究．上海：上海教育出版社，2016.

201602 曹一鸣，主编，吴立宝，著．六国初中数学教材代数内容国际比较研究．上海：上海教育出版社，2016.

201603 崔丽．Matlab 小波分析与应用：30 个案例分析．北京：北京航空航天大学出版社，2016.

201604 李仲来．北京师范大学数学科学学院论著目录(1915～2015)，第 2 版．北京：北京师范大学出版社，2016.（**200708**）

201605 刘晓玫，等编著，郭玉峰，参编．中学数学教学研究．北京：教育科学出版社，2016.

201606 丘成桐，刘克峰，杨乐，季理真，主编，张英伯，副主编．数学的教与学．北京：高等教育出版社，2016.

201607 王颖喆．概率与数理统计，第 2 版(“十二五”普通高等教育本科国家级规划教材)．北京：北京师范大学出版社，2016.（**200812**）

201608 王梓坤．科学发现纵横谈，第 4 版．北京：北京师范大学出版社，2016.（**199310，200610，200918**）

201609 严士健，王尚志，主编．高中数学课程改革实践与探索 教学设计与论文赏析，第 2 辑．北京：北京师范大学出版社，2016.

201610 杨大春，袁文．泛函分析选讲．北京：北京师范大学出版社，2016.

201611 张建林，刘玉铭．数据结构，第 2 版．北京：北京师范大学出版社，2016.（**201029**）

201612 希望杯全国数学邀请赛组委会．周国镇，主编，马波，参编．第 27 届希望杯全国数学邀请赛试题・培训题・解答(高中)．北京：气象出版社，2016.

201613 朱文芳，武春兰，岳昌庆．中学数学有效教学的案例评析．北京：北京师范大学出版社，2016.

201614 Futaki A.，Miyaoka R.，Tang Zizhou(唐梓洲)，Zhang Weiping(张伟平) eds. Reviewed Geometry and topology of manifolds. Proceedings of the 10th China-Japan Geometry Conference held in Shanghai，September 2014. Springer Proceedings in

Mathematics and Statistics，154. Springer，Tokyo，2016.

201701 曹一鸣．高中数学课程标准的国际比较研究．上海：上海教育出版社，2017.

201702 曹一鸣，冯启磊，陈鹏举．基于学生核心素养的数学学科能力研究．北京：北京师范大学出版社，2017.

201703 曹一鸣．中学数学课程标准与教材研究．北京：高等教育出版社，2017.

201704 凯·斯泰西(Kare Stacey)，罗斯·特纳(Ross Turner)，主编．曹一鸣，等译．数学素养的测评：走进 PISA 测试．北京：教育科学出版社，2017.

201705 曹一鸣，张生春，王振平，主编．数学教学论，第 2 版．北京：北京师范大学出版社，2017.

201706 李仲来．北京师范大学数学科学学院硕士研究生入学考试试题(1978～2017)，第 2 版．北京：北京师范大学出版社，2017.（**200709**）

201707 李仲来，主编，李占柄，著．李占柄文集：现代物理中的概率方法．北京：北京师范大学出版社，2017.

201708 马波．中学数学解题研究，第 2 版．北京：北京师范大学出版社，2017.（**201116**）

201709 王敬赓．几何变换漫谈．北京：北京师范大学出版社，2017.

201710 王敬赓，岳昌庆，主编．解析几何方法漫谈．北京：北京师范大学出版社，2017.

201711 王敬赓．橡皮几何学漫谈．北京：北京师范大学出版社，2017.

201712 王元，文兰，陈木法，主编．数学大辞典，第 2 版．北京：科学出版社，2017.

201713～201718 严士健．义务教育教科书 初中数学 七至九年级上、下，湘教版．长沙：湖南教育出版社，2017～2019.

201719 袁荣．非线性泛函分析．北京：高等教育出版社，2017.

201720 张秀平．组合数学，第 2 版．北京：北京师范大学出版社，2017.（**201127**）

201721 张英伯．天道维艰，我心毅然：记数学家、教育家、科普作家王梓坤．哈尔滨：哈尔滨工业大学出版社，2017.

201722 希望杯全国数学邀请赛组委会．周国镇，主编，马波，参编．第 28 届希望杯全国数学邀请赛试题·培训题·解答(高中)．北京：气象出版社，2017.

201723 朱文芳．数学考试理论与方法．北京：北京师范大学出版社，2017.

201724 Yang Dachun(杨大春)，Liang Yiyu(梁熠宇)，Ky L. D.，Real-variable theory of Musielak-Orlicz Hardy spaces，Lecture Notes in Mathematics，2182，Springer-Verlag，2017.

201801 保继光，李海刚．偏微分方程基础．北京：高等教育出版社，2018.

201802 曹一鸣，梁冠成，主编．21 世纪的中国数学教育．北京：人民教育出版社，2018

201803 高红铸，王敬庚，傅若男．空间解析几何，第 4 版．北京：北京师范大学出版社，2018.（**199908，200310，200704**）

201804 李建华．九章格教育 幼儿数学游戏力资源包．北京：北京师范大学出版社，2018.

201805～201808 李建华．幼儿数学游戏力(K1，K2，K3，K4，共 4 本)，九章格数学教育丛书．北京：北京师范大学出版社，2018.

201809 罗承忠，于福生，曾文艺．模糊集引论(上册)，第 3 版．北京师范大学出版社，

2018.（**198907，200519**）

201810 孙永生，王昆扬．泛函分析讲义，第 3 版．北京：北京师范大学出版社，2018.（**198606，200718**）

201811 王梓坤，著，李仲来，主编．第 1 卷：科学发现纵横谈．北京：北京师范大学出版社，2018.

201812 王梓坤，著，李仲来，主编．第 2 卷：教育百话．北京：北京师范大学出版社，2018.

201813～201814 王梓坤，著，李仲来，主编．第 3～4 卷：论文(上、下卷)．北京：北京师范大学出版社，2018.

201815 王梓坤，著，李仲来，主编．第 5 卷：概率论基础及其应用．北京：北京师范大学出版社，2018.

201816～201817 王梓坤，著，李仲来，主编．第 6～7 卷：随机过程通论及其应用(上、下卷)．北京：北京师范大学出版社，2018.

201818 王梓坤，杨向群，著，李仲来，主编．第 8 卷：生灭过程与马尔可夫链．北京：北京师范大学出版社，2018.

201819 张艳慧，邓冠铁，著．位势分析．北京：科学出版社，2018.

201820 张英伯，王恺顺．代数学基础(上册)，第 2 版．北京：北京师范大学出版社，2018.（**201216**）

201821 Cao Yiming(曹一鸣)，Leung K. S(梁冠成). The 21st century mathematics education in China. Berlin Heidelberg：Springer-Verlag，2018.

201822 Liu Liguang(刘丽光)，Xiao Jie(肖杰)，Yang Dachun(杨大春)，Yuan Wen(袁文). Gaussian capacity analysis. Lecture Notes in Mathematics，2225. Berlin Heidelberg：Springer-Verlag，2018.

201901 程慧慧，毛永华，夏良辉．排队系统及其稳定性．北京：科学出版社，2019.

201902 黄秦安，曹一鸣．数学教育哲学，第 2 版．北京：高等教育出版社，2019.（**201017**）

201903 李仲来，北京师范大学数学科学学院师生影集(1981～1999)．北京：北京师范大学出版社，2019.

201904 李仲来，主编，赵桢，著．赵桢文集：广义解析函数与积分方程．北京师范大学出版社，2019.

201905 刘来福，高中数学建模，北京：北京师范大学出版社，2019

201906～201907 人民教育出版社，课程教材研究所，中学数学课程教材研究开发中心编著．章建跃，李增沪，主编．普通高中教科书教师教学用书，数学 必修，李海东，郭玉峰，第 1 册主编(胡永建，参编)；第 2 册(马波，参编)．北京：人民教育出版社，2019.

201908 丘成桐，杨乐，季理真，主编，李建华，副主编．数学游戏和数学谜题．北京：高等教育出版社，2019.

201909～201910 王尚志，保继光，主编．普通高中教科书，数学第 1 册(保继光，李延林，主编)．第 2 册．北京：北京师范大学出版社，2009.

201911 王颖喆，程丽娟，等．概率与数理统计习题精解，第 2 版．北京：北京师范大学出

版社，2019.（**201024**）

201912 希望杯全国数学邀请赛组委会．周国镇，主编，马波，参编．第29届希望杯全国数学邀请赛试题·培训题·解答(高中)．北京：气象出版社，2019.

201913 张宁，陈辉，赵亮．中国金融科技发展指数．北京：经济科学出版社，2019.

201914 张英伯，王恺顺．代数学基础(下册)，第2版．北京：北京师范大学出版社，2019.（**201315**）

201915 赵亮，张宁．人工智能．北京：北京师范大学出版社，2019.

201916 朱文芳．数学教育评价理论与方法．北京：北京师范大学出版社，2019.

202001 郭衎．中学生数学学业成就的影响因素研究．北京：北京师范大学出版社，2020.

202002 李仲来，北京师范大学数学科学学院师生影集(2000～2019)．北京：北京师范大学出版社，2020.

202003～202005 人民教育出版社，课程教材研究所，中学数学课程教材研究开发中心编著．章建跃，李增沪，主编．普通高中教科书，数学 选择性必修第1～3册．北京：人民教育出版社，2020.

202006～202007 王尚志，保继光，主编．普通高中教科书，数学 选择性必修第1～2册．北京：北京师范大学出版社，2020.

202008 王姿婷，李建华，主编．中小学学科阅读，初中数学，数学游戏的妙趣．北京：北京出版社，2020.

202009 袁荣．常微分方程，第2版．北京：高等教育出版社，2020.（**201215**）

202010 张宁，赵亮．金融科技人工智能实战：以Python为工具．北京：电子工业出版社，2020.

202011 赵亮，普通高中教科书 数学(B版)8 选择性必修(第2册)．人民教育出版社，2020.

202012 Chen Mufa(陈木法)，Mao Yonghua(毛永华)．Introduction to Stochastic Processes. Beijing：Higher Education Press，Singapore：World Scientific Publishing，2020.

录33.2 知识产权类目录

作者．软件名称．出版地：出版社或版权局，年份．

李勇，参编．小篆字库(光盘)．北京：北京出版社，2000.

刘来福．模型解题法 初中数学 数学学习方法．北京：清华同方光盘电子出版社，2015.

刘来福．模型解题法 高中数学 数学学习方法．北京：清华同方光盘电子出版社，2015.

刘来福．模型解题法 初中数学升级版．北京：清华同方光盘电子出版社，2018.

张勇．智能整车物流调度系统．北京：国家版权局计算机软件著作权，2019.

张勇．智能体重仪数据抓取和处理软件．北京：国家版权局计算机软件著作权，2019.

张勇．软件著作权源代码打印工具．北京：国家版权局计算机软件著作权，2019.

胡维．WeMath微信公众号教学管理系统 V1.0．北京：国家版权局计算机软件著作权，2020.

张勇．垃圾分类识别软件．北京：国家版权局计算机软件著作权，2020.

张勇．医疗数据在线提取与查询系统软件．北京：国家版权局计算机软件著作权，2020.

录 34　科研基金项目

项目编号　主持人(参加人). 基金项目名称. 资助单位，金额，时间

曾美美(黄锡瑶，乔洪文，孙魁明). 光笔显示电子计算机(BASIC 语言解释系统). 第 4 机械工业部 1915 研究所，0.7 万，1980-07～1981-12

8010033 徐汝梅，刘来福(马遵路，葛福星，陈克伟，黄炬光). 数学生态学中基础模型的探讨、发展和应用. 中国科学院自然科学基金，1 万，1984-01～1986-12

王伯英. 线性与多重线性代数理论及其应用. 国家教育委员会基金资助项目(高等学校科学技术基金)，0.25 万，1985-01～1986-12

汪培庄. 模糊数学在心电图自动诊断中的应用. 国家教育委员会科技重点七五攻关项目，3 万，1985～1987

840620 孙永生(陆善镇，张阳春，王昆扬，钱珮玲). 多元调和分析及函数逼近. 中国科学院科学基金，0.6 万，1985-01～1988-12

840622 汪培庄(罗承忠，苏秀雯，李有兰，张长青，王晓波). 用模糊数学研究科学论文的信息处理与规范化. 中国科学院科学基金，0.3 万，1985-01～1988-12

840702 毛盛贤，刘来福(黄远璋，冯新芹). 用三重测交预测重组自交系的表现. 中国科学院科学基金，1.66 万，1985-01～1988-12

853053 白尚恕(吴文俊，沈康身，李继闵，李迪). 秦九韶及其《数书九章》的研究. 中国科学院科学基金，0.5 万，1986-01～1988-12

853061 刘绍学(吴品三，刘云英，张英伯，陈治中，唐爱萍，郭晋云，肖杰). 代数表示论. 中国科学院科学基金，0.9 万，1986-01～1988-12

853062 严士健(王梓坤，刘秀芳，李占柄，陈木法，郑小谷). 随机过程的理论和应用研究. 中国科学院科学基金，0.9 万，1986-01～1988-12

1860416 刘来福(徐汝梅，沈家骥，马遵路，周美珂，罗敬辉，赵金声，李金明，周云，陈克伟). 生物种群动态数学模型基础理论的研究应用. 国家自然科学基金面上项目，0.5 万，1987-01～1989-12

1860417 孙永生(王昆扬，钱珮玲，刘永平，房艮孙，蒋迅；陆善镇，王昆扬，张严，刘永平，唐松生，苏鸿宾，王燕华). 调和分析和函数逼近. 国家自然科学基金面上项目，0.85 万，1987-01～1990-12

李占柄*. 教育系统的合成结构及教育投资的经济效益. 国家教育委员会项目，1.5 万，1987-01～1989-12

1870407 白尚恕(吴文俊，李迪，李继闵，沈康身). 刘徽及其《九章算术注》研究(获批后改名称为：中国古典数学研究). 国家自然科学基金面上项目，1.5 万，1988-01～1990-12

1870408 罗里波(王世强，沈复兴，卢景波). 代数系统局部理论的计算复杂性与四色程序

的改进．国家自然科学基金面上项目，1.5 万，1988-01～1990-12

1870409 刘绍学(吴品三，蒋滋梅，黄登航，罗运纶，肖杰，罗建刚，丁国义，官国强，杨日欣，邓邦明，张之凰，吴英辅，吴明友，彭闯)．环论研究．国家自然科学基金面上项目，0.9 万，1988-01～1990-12

1870410 王梓坤(李占柄，廖昭懋，李慧，王弘，陈雄，张新生，潘霞，薛昌全)．马尔可夫过程及其应用．国家自然科学基金面上项目，1.4 万，1988-01～1990-12

6874036 汪培庄(王平洋，郑劲，罗承忠，王明俊，施永铎，袁淑君，向隆本，于慧君，孙魁明，李相镐，李葆文，胡兆光，彭先图，于福生，刘敏豫)．复杂系统行为模式实时识别中的模糊数学方法及其应用．国家自然科学基金面上项目，3 万，1988-01～1989-12

9187007-09 严士健(严加安，钱敏平，郑伟安，廖明，陈木法，严绍宗，张荫南)．粒子系统与随机分析．国家自然科学基金重大项目子课题，18 万，1988-01～1992-12

9688007 汪培庄．模糊信息处理、思维决策与机器智能(刘应明，罗承忠，任平．获批后分为 10 个子课题，负责人依次为：汪培庄，李中夫，郭桂蓉，朱剑英，罗承忠，任平，吴望名，李传湘，刘应明，王平洋．全部参加人员为 156 人)．国家自然科学基金重大项目，135 万，1988-01～1992-12

9688007-1 汪培庄．模糊信息处理决策与机器智能：模糊推理机．国家自然科学基金重大项目子课题，73 万，1988-01～1992-12

9688007-4 罗承忠．落影理论与知识表示技术．国家自然科学基金重大项目子课题，5 万，1988-01～1992-12

32870501 王世强(罗里波)．模型论及其对计算复杂性的应用．高等学校科学技术基金 1.2 万，1988-01～1990-12

32870502 刘绍学(吴品三，刘云英，蒋滋梅，张英伯，陈治中，郭晋云，唐爱萍，肖杰)．非半单代数的表示理论．高等学校科学技术基金，1.2 万，1988-01～1990-12

32870503 王伯英(郝钢新，陈公宁)．多重线性代数与算子理论．高等学校科学技术基金，1.2 万，1988-01～1990-12

32870504 陆善镇(王昆扬)．调和分析方法在逼近论中的应用．高等学校科学技术基金，1.2 万，1988-01～1990-12

32870507 严士健(李占柄，廖昭懋，李慧，王弘，陈雄)．非平衡系统的马氏过程与定向渗流．高等学校科学技术基金，1.8 万，1988-01～1990-12

32870508 王梓坤(陈木法，刘秀芳，郑小谷，冯水，郑君礼，黄力平，韩东，周先银，卢云刚，张连文)．多指标随机过程．高等学校科学技术基金，1.2 万，1988-01～1990-12

32870509 汪培庄(罗承忠，苏秀雯，李仲来，张长青，梁学军，彭先图，郑劲，查健禄，李安华，于慧君，陈毅文，于福生，刘敏豫)．落影测度的对应及表现理论．高等学校科学技术基金，1.8 万，1988-01～1990-12

88429 罗承忠(汪培庄，张洪敏，彭先图，陈毅文，曾文艺，羡汝琪，郭履灿)．中国东部及西太平洋地区地震危险性指标及预报模糊处理．国家地震局地震科学联合基金，1.5 万，1989-01～1990-12

1880408 赵桢(朱汝金，周美珂，陈方权，蒋绍惠，黄海洋，娄树宪，郭玉柱，田东风，保继光，张晓军，王连居，沈有建，邱峰，王子亭，邓小琴，谢春平). 非线性发展方程与非线性椭圆问题中的新方法与新概念．国家自然科学基金面上项目，0.8 万，1989-01～1991-12

8802701 孙永生(房艮孙，黄达人，刘永平，钱珮玲). 最优恢复和逼近论的极值问题．高等学校博士学科点专项科研基金资助项目，1.6 万，1989-01～1991-12

陈木法．概率与物理．国家教育委员会优秀年轻教师基金，3 万，1989-01～1991-12

陈木法．概率与物理．霍英东青年教师基金，1.78 万美元，1989-01～1991-12

刘来福．第 3 次生育高峰的特征及其对策．社会科学基金，0.3 万，1989-01～1990-06

罗承忠．模糊数学在经济中的应用．七五攻关项目子课题，2 万，1989-01～1991-12

项伯衡(于福生，任子朝，罗承忠，周长生，曹才翰). 高考试题的难度预测．国家教育委员会考试中心，教育科学七五规划项目，2 万，1989-01～1991-12

18901005 刘永平(房艮孙). 函数逼近与最优方法．国家自然科学基金青年科学基金，1 万，1990-01～1992-12

18901006 肖杰(唐爱萍，邓邦明，杨日欣). 代数表示论研究．国家自然科学基金青年科学基金，1.1 万，1990-01～1992-12

18971001 高素志*．向量场的分支问题．国家自然科学基金面上项目，0.3 万，1990-01～1992-12

18971010 刘秀芳(严士健，郑小谷，陈金文，李勇). 定向渗流及其在无穷粒子系统中的应用．国家自然科学基金面上项目，1.5 万，1990-01～1992-12

刘绍学，王世强，孙永生，陆善镇．基础数学，国家重点学科，15 万美元(未到位)，1990～1994

王梓坤，严士健，陈木法．概率论与数理统计，国家重点学科，15 万美元(未到位)，1990～1994

汪培庄．模糊信息处理与模糊控制器．国家专业实验室，50 万美元，1990～1994

91030 黄崇福．历史地震资料中模糊信息处理的研究．国家地震局地震科学联合基金，1.2 万，1991-09～1993-09

9002701 王梓坤(李占柄，廖昭懋，李慧，陈雄，张新生，李增沪，董超，郑忠荣，阎若彤，欧庆铃，张志峰，刘晓明). 马尔可夫随机场及其应用．高等学校博士学科点专项科研基金资助项目，1.9 万，1991-01～1993-12

9002702 王世强(陈公宁，沈复兴，卢景波). 模型论对代数的应用．高等学校博士学科点专项科研基金资助项目，1.6 万，1991-01～1993-12

9002703 刘绍学(吴品三，蒋滋梅，黄登航，张英伯，肖杰，邓邦明，章璞，彭联刚，王志玺，林亚南，王建中，韩德，戚发全，王善洲，杨士林，王顶国). 分次环的结构和表示．高等学校博士学科点专项科研基金资助项目，1.7 万，1991-01～1993-12

9102701 陆善镇(王昆扬). 光滑函数空间上的球形 Riesz 平均．高等学校博士学科点专项科研基金资助项目，1.5 万，1991-09～1994-02

9102711 陈木法(严士健，刘秀芳，郑君礼，周先银). 从马氏链到非平衡粒子系统．高等

学校博士学科点专项科研基金资助项目，2.2 万，1991-09～1994-02

9102719 罗承忠(汪培庄，李洪兴，白明，张民，黄崇福，阎建平，刘增良，韩立岩，李晓忠，顾世山，周尚明，彭骁勇，徐凤生，于福生，曾文艺). 模糊逻辑与模糊神经网络．高等学校博士学科点专项科研基金资助项目，2.2 万，1991-09～1994-02

19001006 周先银(陈金文，李勇，徐先进，王凤雨). 随机过程、分形与高分子模型．国家自然科学基金青年科学基金，1.5 万，1991-01～1993-12

19071011 刘绍学(张英伯，肖杰，郭晋云，邓邦明，彭联刚，章璞，王志玺，林亚南，宣体佐). 代数表示论．国家自然科学基金面上项目，1 万，1991-01～1993-12

19071012 陆善镇(王昆扬，刘智新，张严；孙永生，刘永平，房艮孙，陈迪荣，李落清). $\mathbf{R}^n$ 中调和分析若干问题与逼近论中函数类的宽度和最优恢复．国家自然科学基金面上项目，1.5 万，1991-01～1993-12

19071013 王梓坤(李占柄，廖昭懋，李慧，陈雄). 马尔可夫过程及其应用．国家自然科学基金面上项目，1.2 万，1991-01～1993-12

19136011 严士健(陈木法，王梓坤，钱敏平，吴荣，杨向群，丁万鼎). 粒子系统与随机场．国家自然科学基金数学天元基金重点项目，26.8 万，1991-01～1995-12

19136011 严士健．粒子系统与随机场．国家自然科学基金数学天元基金重点项目，4 万，1991-01～1995-12

19136011 陈木法．粒子系统与随机场．国家自然科学基金数学天元基金重点项目，4 万，1991-01～1995-12

19136011 王梓坤．粒子系统与随机场．国家自然科学基金数学天元基金重点项目，4 万，1991-01～1995-12

39070265 刘来福(徐汝梅，沈嘉骥，范韶华，刘继红). 年龄别交互作用种群离散模型的组建和研究．国家自然科学基金面上项目，2 万，1991-01～1993-12

丁尔陞．现代数学课程理论研究．教育科学规划办公室，教育科学八五规划国家教育委员会专项重点研究课题，1.5 万，1991-01～1995-12

黄惟明．国家教育委员会留学回国人员科研启动基金，1.5 万，1991-01～1993-12

陆善镇．$\mathbf{R}^n$ 上的调和分析．国家自然科学基金数学天元基金重点项目，3 万，1991-01～1995-12

惠昌常．代数表示论．中国博士后基金，0.5 万，1991-07～1993-06

严士健．分形与无穷粒子系统．国家自然科学基金数学天元基金合作项目，0.8 万，1991-12～1992-12

91-A-008 赵桢(王见定，张义莲，杨硕). 半解析函数在物理场中的应用．北京市自然科学基金，1 万，1992-01～1994-12

9202704 刘来福(汪培庄，匡锦瑜，阎建平，曾文艺，唐志宇). 多值玻尔兹曼机、模糊玻尔兹曼机及其应用．高等学校博士学科点专项科研基金资助项目，2 万，1992-09～1994-12

9202712 严士健(刘秀芳，李勇). 渗流、随机分形及其应用．高等学校博士学科点专项科研基金资助项目，1.9 万，1992-09～1995-12

9202714 孙永生(房艮孙，汪成咏，战荫伟). Banach 空间内点集逼近度的平均误差估计．

高等学校博士学科点专项科研基金资助项目，2.1 万，1992-09～1995-02

19171008 王昆扬(杨汝月，熊敬宜，李落清，王金才，熊敬宜). 函数在球面上的调和展开及逼近．国家自然科学基金面上项目，1.2 万，1992-01～1994-12

19171009 杨文礼(王隽骧，徐承彝，崔恒建，张淑梅). 增长曲线模型中的参数估计．国家自然科学基金面上项目，1.1 万，1992-01～1994-12

19241006 张英伯(林亚南). 代数表示论中 Bocs 与 Tame 代数的研究．国家自然科学基金主任基金，1 万，1992-01～1994-12

洪良臣，罗承忠．广义 Radon 变化及其数值模拟方法．国家地震局，0.8 万，1992-01～1993-12

郇中丹．偏微分方程中的黏性解．国家教育委员会留学回国人员科研启动基金，1 万，1992-05～1995-05

刘秀芳．我国主要人工用材林生长模型经营模型和优化控制．中国林业科学研究院信息研究所，2 万，1992-06～1996-06

沈恩绍．分割量词及其逻辑．国家教育委员会留学回国人员科研启动基金，2 万，1992-10～1995-10

孙瑞清．中小学课程教材评价．国家教育委员会中小学教材审定委员会，0.55 万，1992-01～1992-12

孙瑞清．会考后高考数学能力的研究．国家教育委员会考试中心，0.85 万，1992-01～1995-12

孙瑞清．如何在数学中考查能力：题型功能．国家教育委员会考试中心，0.8 万，1992-03～1995-03

孙永生．多元线性算子逼近．国家自然科学基金天元基金合作项目，0.8 万，1992-08～1993-08

孙永生．访问德国．国家自然科学基金国际合作与交流项目，0.83 万，1992

汪培庄．模糊空调控制器．国家火炬计划，100 万，1992-01～1993-12

汪培庄．模拟量和模糊计算器件与系统．国家高技术研究发展计划(863 计划)，20 万，1992-01～1995-12

惠昌常．向量空间范畴与拟遗传代数．国家教育委员会留学回国人员科研启动基金，2 万，1992-10～1995-10

张英伯．国家教育委员会留学回国人员科研启动基金，2 万，1992-01～1994-12

周先银．分形集上的扩散过程．国家教育委员会留学回国人员科研启动基金，2 万，1992-10～1995-10

9302701 陈木法(王凤雨). 可逆马氏过程的指数式收敛．高等学校博士学科点专项科研基金资助项目，3 万，1993-09～1996-02

9302702 刘绍学(张英伯，肖杰，黄惟明，惠昌常). 代数的表示与结构．高等学校博士学科点专项科研基金资助项目，2 万，1993-09～1996-02

9302703 王世强(陈公宁，沈复兴，卢景波，何青). 模型论对线性代数的应用．高等学校博士学科点专项科研基金资助项目，2.2 万，1993-09～1996-08

9302704 王梓坤(李占柄，廖昭懋，李慧，赵学雷，陈雄，李增沪，叶俊，欧庆铃，鲍玉芳，唐加山，杨敏，曹志刚，王国胜，刘守生)．超过程及其应用．高等学校博士学科点专项科研基金资助项目，2.2 万，1993-09～1996-12

9302713 房艮孙(孙永生，刘永平，汪成咏，汪和平，欧勇强)．算子方程近似解的优化．高等学校博士学科点专项科研基金资助项目，2 万，1993-09～1996-12

19201003 惠昌常．有限维结合代数的表示理论．国家自然科学基金青年科学基金，1.3 万，1993-01～1995-12

19231030-2 郑学安．非紧半单李群上的调和分析．国家自然科学基金重点项目子课题，5 万，1993-01～1997-12

19271009 赵桢(陈方权，郭玉柱，邱峰，申贵成，张朝晖，朱海元，李杰权，郑神州，蓝师义)．偏微分方程边值问题、奇异积分方程理论及其数值解．国家自然科学基金面上项目，1.8 万，1993-01～1995-12

19271010 刘秀芳(李勇，曾文曲)．渗流、随机分形及其应用．国家自然科学基金面上项目，1.8 万，1993-01～1995-12

19276001 王世强(沈复兴，沈恩绍，卢景波)．广义模型论研究及其应用．国家自然科学基金面上项目，2 万，1993-01～1995-12

房艮孙．插值、微分及积分算子方程的最优化．国家教育委员会留学回国人员科研启动基金，2 万，1993-04～1996-04

李占柄*．复杂系统演化的非平衡理论研究．国家科学技术委员会高科技基础研究项目，13 万，1993-01～1995-12

刘来福，曾文艺．人体坐姿冲击(＋Gz)耐限区间研究．航天医学研究所，0.5 万，1993-05～1995-05

陆善镇．访问日本(1993-09-15～10-14)．国家自然科学基金国际合作与交流项目，0.6 万，1993

钱珮玲(吴品三，丁尔陞，曹才翰，曹锡皞，王申怀)．2000 年高师院校数学课程现代化的设计和评价．国家自然科学基金数学天元基金数学教育现代化项目，1.2 万，1993-01～1995-12

肖杰．代数表示论研究．国家教育委员会留学回国人员科研启动基金，3 万，1993-04～1996-04

肖杰．代数表示论研究．霍英东青年教师基金，1.78 万美元，1993-01～1995-12

杨淳．大规模科学和工程计算中流体力学计算方法．国家科学技术委员会攀登计划，0.5 万，1993-01～1993-12

杨淳*．复杂气体流体中漩涡分离的流动机理与控制．国家自然科学基金重点项目子课题，2 万，1993-01～1997-12

杨福田，杨存斌．运动生物力学．北京师范大学体育系，1.5 万，1993-02～1994-02

19301006 杨大春．震荡积分与函数空间．国家自然科学基金青年科学基金，1.6 万，1994-01～1996-12

19301007 崔恒建．极大经验似然的 PP 估计．国家自然科学基金青年科学基金，1.6 万，1994-01～1996-12

19331013 刘绍学．有限代数的表示理论．国家自然科学基金重点项目子课题，4 万，

1994-01～1998-12

19331013 张英伯．有限代数的表示理论．国家自然科学基金重点项目子课题，4 万，1994-01～1998-12

19371013 孙永生(房艮孙，刘永平，战荫伟，汪成咏，汪和平)．多元逼近中的几个极值问题和计算复杂性．国家自然科学基金面上项目，2.4 万，1994-01～1996-12

19371014 高红铸(刘荣，王幼宁，刘继志，王申怀)．四维流形中某些几何与拓扑问题．国家自然科学基金面上项目，2.3 万，1994-01～1996-12

19371015 王伯英(陈公宁，沈家骥，雷天刚，张惠品，龚明鹏；肖杰，邓邦明)．代数和多重线性代数的研究与代数表示论研究．国家自然科学基金面上项目，3.8 万，1994-01～1996-12

19372008 保继光*．不可积型非线性波动方程的定性研究．国家自然科学基金面上项目，0.9 万，1994-01～1996-12

49331020 范韶华*．地面目标二向性反射分布特征的研究．国家自然科学基金面上项目，2 万，1994-01～1998-12

邓邦明．矩阵问题与有限维代数表示．国家教育委员会留学回国人员科研启动基金，2 万，1994-10～1997-10

邓邦明．矩阵问题与有限维代数表示．中国博士后基金，1.3 万人民币和 1 万美元，1994-01～1996-12

孟晓青．范畴论的应用．国家教育委员会留学回国人员科研启动基金，3 万，1994-10～1997-10

惠昌常．拟遗传代数理论．霍英东青年教师基金，1.8 万美元，1994-01～1996-12

9402710 陆善镇(杨大春，丁勇，马柏林，谌稳固)．Herz 空间及其应用．高等学校博士学科点专项科研基金资助项目，2.8 万，1995-01～1997-12

9402711 罗承忠(李洪兴，白明，鲁晨光，于滌，苏秀雯，于福生)．诊断型模糊专家系统．高等学校博士学科点专项科研基金资助项目，2.8 万，1995-01～1997-12

9402713 王伯英(沈家骥，雷天刚，张惠品)．控制不等式的理论和应用．高等学校博士学科点专项科研基金资助项目，2.8 万，1994-09～1997-08

19471005 王凤雨．流形上的扩散过程及其应用．国家自然科学基金青年科学基金，2.3 万，1995-01～1997-12

19471006 刘来福(李仲来，黄海洋，金青松，金文；宣体佐)．具有年龄(或生理)结构生物种群动态的非线性模型．国家自然科学基金面上项目，3.4 万，1995-01～1997-12

19471007 王昆扬(马柏林，谌稳固，唐聘，李落清，丁勇，赵敬辉)．函数在球面上的调和展开及逼近．国家自然科学基金面上项目，2.8 万，1995-01～1997-12

19471008 杨文礼(徐承彝，王隽骧，崔恒建，张淑梅)．广义增长曲线模型中的参数估计．国家自然科学基金面上项目，2.8 万，1995-01～1997-12

69474011 罗承忠(汪培庄，李洪兴，于福生，于滌，鲁晨光，阎建平)．基于因素空间的模糊控制理论．国家自然科学基金面上项目，6.5 万，1995-01～1996-12

19510210016 王昆扬．赴波兰参加逼近与复杂性会议．国家自然科学基金国际合作与交流项目，1 万，1995

19540420650 刘绍学．代数表示论．国家自然科学基金国际合作与交流项目，1 万，1995-10

李洪兴．专用设备模糊技术故障诊断专家系统．第二炮兵，6.5 万，1995-05～1996-12

李增沪．带移民的测度值分支过程．国家教育委员会留学回国人员科研启动基金，3 万，1995-10～1998-10

刘来福．高等学校理科非数学专业高等数学课程体系的改革的研究．教育部高教司面向 21 世纪教学内容和课程体系改革计划，0.8 万，1995-01～1997-12

惠昌常．拟遗传代数及其表示论．国家教育委员会优秀年轻教师基金，4 万，1995-01～1998-12

19501005 邓邦明．有限维代数的表示理论．国家自然科学基金青年科学基金，2.8 万，1996-01～1998-12

19571009 王世强(沈复兴，卢景波，何青；黄惟明，罗运纶，王明生)．模型论及代数的应用．国家自然科学基金面上项目，6 万，1996-01～1998-12

19571010 赵桢(陈方权，黄海洋，张义莲，杨硕，朱戟，相登龙；周美珂，郇中丹，胡秀吉，杨淳，吉新华)．高阶复微分方程解的性质及其一般边界问题；非牛顿黏性流体力学中的自由边界问题．国家自然科学基金面上项目，6.8 万，1996-01～1998-12

19571011 刘秀芳(张饴慈，祝东进，王颖喆，杨龙，吴宪远，吕建生；宣体佐，欧智明)．渗流与随机分形；具有限大素因子整体的分布及其应用．国家自然科学基金面上项目，5.5 万，1996-01～1998-12

39570638 李仲来(李书宝，张万荣，马京然，周方孝，胡全林，高鑫，贾鹂)．北方三种鼠疫动物病预警系统研究．国家自然科学基金面上项目，7 万，1996-01～1998-12

9502705 陈木法(王凤雨，张余辉，毛永华)．耦合理论与谱隙估计．高等学校博士学科点专项科研基金资助项目，3 万，1996-01～1998-12

9502708 孙永生(房艮孙，汪和平，张春苟，王建军)．具有一定混合光滑度的多元函数逼近及计算复杂性．高等学校博士学科点专项科研基金资助项目，2.9 万，1996-01～1998-12

北京师范大学数学系．国家教育委员会/教育部理科基地数学基地．361 万，1996～2004

陈木法(陈大岳，高付清，陈金文，李增沪，王凤雨，张余辉，祝东进，毛永华，张绍义)．粒子系统与排队网络，高等学校数学研究与高等人才培养中心，3 万，1996-12～1999-12

刘来福，大学数学模型课的教学改革与建设，北京市高等学校教育教学改革试点项目，北京市教育委员会，2 万，1996-01～1998-12

王昆扬．中俄函数逼近论研讨会．国家教育委员会独联体专项基金，3 万，1996-05～1996-06

肖杰．群与代数表示理论．北京大学数学研究与人才培养中心，1 万，1996-09～1997-09

杨大春．Hardy 型空间和奇异积分理论．国家教育委员会留学回国人员科研启动基金，2 万，1996-09～1999-09

张余辉(周先银)．高分子模型、量子场及其他．霍英东青年教师基金，1.9 万美元，1996-06～1998-06

19601003 袁荣．对非线性概周期微分方程定性性质的研究．国家自然科学基金青年科学基金，3.2 万，1997-01～1999-12

19601004 邹国华．抽样调查中若干理论问题的研究及其应用．国家自然科学基金青年科学基金，3.2 万，1997-01～1999-12

19631060 陈木法(王凤雨，陈大岳，王永进，李增沪，陈天全，戴永隆，严士健，王梓坤)．粒子系统．国家自然科学基金重点项目，55.2 万，1997-01～2001-12

19631060-1 陈木法．粒子系统．国家自然科学基金重点项目子课题，8.7 万，1997-01～2001-12

19631060-2 王凤雨．粒子系统．国家自然科学基金重点项目子课题，8.7 万，1997-01～2001-12

19631060-3 李增沪．粒子系统．国家自然科学基金重点项目子课题，8.7 万，1997-01～2001-12

19631060-4 王梓坤，严士健．粒子系统．国家自然科学基金重点项目子课题，8.7 万，1997-01～2001-12

19631080 陆善镇．Fourier 理论和 Hardy 型空间及其在偏微分方程中的应用．国家自然科学基金重点项目子课题，8.7 万，1997-01～2001-12

19671011 王梓坤(李占柄，张新生，李增沪)．超过程与非线性方程．国家自然科学基金面上项目，5 万，1997-01～1999-12

19671012 孙永生(房艮孙，刘永平，王建军，蒋艳杰，杨柱元；杨大春，保继光，朱汝金)．多元逼近和算子方程近似解的信息复杂性；Hardy 型空间和奇异积分理论及其应用．国家自然科学基金面上项目，7.5 万，5.5 万(追加)，1997-01～1999-12

19671013 王伯英(雷天刚，侯耀平，黄礼平；肖杰(2 年)，罗运纶，陈学庆，徐帆)．多重线性代数与组合矩阵论研究；Hall 代数与量子群．国家自然科学基金面上项目，6.5 万，1997-01～1999-12

19671083 邓冠铁*．代数微分方程与微分域．国家自然科学基金面上项目，2 万，1997-01～1999-12

69674014 李洪兴(罗承忠，苏秀雯，梁学军，于福生，刘玉铭，苗志宏，彭玲)．模糊控制的数学本质与高精度模糊控制理论．国家自然科学基金面上项目，9.5 万，1997-01～1999-12

96002704 严士健(刘秀芳，李勇，吕建生，王颖喆，吴宪远，何秀玲)．粒子系统及其相关问题．高等学校博士学科点专项科研基金资助项目，3.5 万，1997-01～1999-12

96002706 张英伯(刘绍学，邓邦明，陈学庆，韩阳，徐运阁，曾祥勇)．表示论中的几何问题．高等学校博士学科点专项科研基金资助项目，3 万，1997-01～1998-12

96002711 刘永平(蒋艳杰，杨柱元)．若干多元函数逼近问题．高等学校博士学科点专项科研基金资助项目，3.5 万，1997-01～1999-12

陈木法，R. Minlos(中方：陈大岳，李增沪，张余辉，王凤雨；俄方：E. A. Pechersky，E. A. Zhizhina，B. M. Gurevich)．马氏过程与随机场 (Markov processes and random fields)．中俄两国基金委员会，69 万人民币，1997-01～2001-12

陈木法．求是杰出青年学者奖励基金．中国香港求是科技基金会，4 万美元，1997-01～

2000-12

崔恒建．Short-Run 的统计质量控制．国家教育委员会留学回国人员科研启动基金，2 万，1997-09～2000-09

刘洁民．数学思想史专题．国家教育委员会高教司普通高等教育九五国家级重点教材立项，1 万，1997-01～2000-12

397107615 刘来福．PET 在脑科学上的应用．国家自然科学基金国际合作与交流项目，0.6 万，1997-11～1998-12

刘绍学．近世代数教材．中国科学院数学研究所，1 万，1997-01～1998-12

王梓坤．21 世纪教学改革．中国科学院数学研究所，2 万，1997-01～1998-12

杨大春．Hardy 型空间和奇异积分理论及其应用．国家教育委员会优秀年轻教师基金，6.5 万，1997-01～2001-12

张英伯．Fourier 分析及逼近论中的极值问题．国家教育委员会独联体专项基金，3 万，1997-12

周美珂．连续铸钢过程模拟仿真问题．国家高技术研究发展计划，0.5 万，1997-06～1998-06

19631080 杨大春．调和分析若干理论及其在偏微分方程中的应用．国家自然科学基金重点项目子课题，5.5 万，1998-01～2002-12

19731020 肖杰．量子群与代数群．国家自然科学基金重点项目子课题，7.7 万，1998-01～2002-12

19731004 郑学安．李群与齐性空间上的调和分析及其应用．国家自然科学基金重点项目子课题，7.5 万，1998-01～2002-12

19771008 严士健(张余辉，毛永华，吕建生，吴宪远，王颖喆)．粒子系统研究中的三个问题．国家自然科学基金面上项目，4 万，1998-01～2000-12

19771009 王昆扬(李落清，张希荣，保继光，张伦传)．球面上的调和分析及应用．国家自然科学基金面上项目，6.8 万，1998-01～2000-12

19771010 高红铸(王幼宁，刘继志，张运涛，于大哲)．低维流形中某些几何与拓扑问题．国家自然科学基金面上项目，6 万，1998-01～2000-12

19771011 崔恒建(李勇，杨文礼，张淑梅，吴小勇，张凌云)．带有变量误差模型中的参数估计与检验．国家自然科学基金面上项目，6.6 万，1998-01～2000-12

19771016 陈木法(戴建岗)．粒子系统与排队网络(2001 年后归为 973 项目)．国家自然科学基金数学天元基金，25 万，1998-01～2002-12

97002705 王梓坤(李占柄，李增沪，张新生，赵学雷，唐加山，洪文明，张梅，范小明，苑胜桥)．马氏过程、超过程与非线性方程．高等学校博士学科点专项科研基金资助项目，3.5 万，1998-01～2000-12

97002714 陈木法(张余辉，毛永华)．马氏过程收敛与平稳分布的速度估计．高等学校博士学科点专项科研基金资助项目，4.5 万，1998-01～2000-12

97002716 肖杰(刘绍学，邓邦明，朱彬，陈学庆)．代数表示、霍尔代数和量子群．高等学校博士学科点专项科研基金资助项目，3.5 万，1998-01～2000-12

19811120642 陈木法，粒子系统．国家自然科学基金国际合作与交流项目，4.3 万，1998-

07～1999-11

S032A 王昆扬．数学教育专业主干课程教学内容和体系的研究与实践．教育部高等师范教育面向 21 世纪教学内容和课程体系改革计划重点项目，5 万，1998-01～2000-12

教技(1998)1 号 肖杰．代数表示论与量子群．教育部跨世纪优秀人才培养计划基金，10 万，1998-01～2000-12

教技(1998)1 号 李洪兴．模糊控制理论与神经网络．教育部跨世纪优秀人才培养计划基金，10 万，1998-01～2000-12

崔恒建．投影寻踪与高位数据处理．国家教育委员会优秀年轻教师基金，5 万，1998-01～2000-12

黄海洋．种群生物学中的非线性无穷维动力系统．国家教育委员会留学回国人员科研启动基金，2 万，1998-01～2000-12

李增沪．2002 人才培养基金．高等学校数学研究与高等人才培养中心，0.6 万，1998-01～1998-12

刘来福．大学数学模型课的教学改革与建设．北京市高等学校教育教学改革试点滚动支持项目，北京市教育委员会，1 万，1998-01～2000-12

刘来福．高师院校非数学专业高等数学课程体系改革的研究．教育部高等师范教育面向 21 世纪教学内容和课程体系改革计划重点项目，1 万，1998-01～2000-12

刘绍学，C. M. Ringel. 代数表示论．德国四所大学与中国五所大学，德国大众汽车基金会，28 万马克，1998～2000

钱珮玲．中学学科数学课程的改革与实践．教育部课程中心，1.5 万，1998-01～2000-12

王凤雨．扩散过程及其应用．国家教育委员会留学回国人员科研启动基金，2 万，1998-01～2000-12

王凤雨．扩散过程与流形上的谱理论等相关课题．霍英东青年教师基金，1.8 万美元，1998-01～2000-12

严士健．高师数学专业培养目标、规格和课程体系的研究与实践．教育部高等师范教育面向 21 世纪教学内容和课程体系改革计划亶点项目，5 万，1998-01～2000-12

严士健．高中数学课程标准制定．教育部课程中心，90 万，1998-01～2000-12

张余辉．2002 人才培养基金．高等学校数学研究与高等人才培养中心，0.6 万，1998-01～1998-12

19825106 肖杰．代数表示论与量子群研究．国家杰出青年科学基金，30 万，1999-01～2002-12

19831030 袁荣．非线性泛函微分方程的理论及其应用．国家自然科学基金重点项目子课题，11.2 万，1999-01～2003-12

19831070 惠昌常．群与代数的表示论和代数组合论．国家自然科学基金重点项目子课题，12 万，1999-01～2003-12

19831070 张英伯．群与代数的表示论和代数组合论．国家自然科学基金重点项目子课题，12 万，1999-01～2003-12

98002703 陆善镇(杨大春，丁勇，李国全，桂易清，吴丛明，吴强)．区域上的函数空间及其应用．高等学校博士学科点专项科研基金资助项目，6 万，1999-01～2001-12

G19990751 陈木法．核心数学前沿课题子课题：随机分析与无穷维分析．国家重点基础研究发展规划项目(973 计划)，29 万，1999-12～2004-11

G19990751 陆善镇．核心数学前沿课题子课题：调和分析．国家重点基础研究发展规划项目(973 计划)，29 万，1999-12～2004-11

G19990751 王凤雨．核心数学前沿课题子课题：随机分析与无穷维分析．国家重点基础研究发展规划项目(973 计划)，3.06 万，1999-12～2004-11

教人司[1999]5 号 李增沪．粒子系统的流体动力学极限．教育部优秀年轻教师基金，7 万，1999-01～2001-12

刘永平．多元函数逼近论中的若干极值问题．教育部留学回国人员科研启动基金，2.5 万，1999-01～2001-12

王昆扬．国家理科人才培养基地创建名牌课程．教育部，2 万，1999-01～2001-12

杨大春．奇异积分和振荡积分算子．国家自然科学基金国际合作与交流项目，1 万，1999-09～1999-10

10010362 汪和平．球面上的调和分析及应用．国家自然科学基金国际合作与交流项目，3.3 万，2000-01～2000-12

10010632 王伯英．分块矩阵技巧与矩阵不等式．国家自然科学基金国际合作与交流项目，0.6 万，2000-01～2000-12

10010693 郑学安．李群德表示理论与调和分析．国家自然科学基金国际合作与交流项目，0.9 万，2000-01～2000-12

10011554＋10011168 邓邦明．A-代数在表示理论的应用．国家自然科学基金国际合作与交流项目，0.6＋0.6 万，2000-08～2000-09

10011571 张英伯．第 9 届代数表示论国际会议．国家自然科学基金国际合作与交流项目，3 万，2000-08～2000-09

10011976＋10010353 王昆扬．球面上的调和分析及应用．国家自然科学基金国际合作与交流项目，3＋2 万，2000-01～2000-12

19901001 赵丽琴．多角环的环性与二次系统的 Hilbert 第 16 问题．国家自然科学基金青年科学基金，4 万，2000-01～2002-12

19901002 柯小伍(刘国山)．双层规划的理论和算法及其应用．国家自然科学基金青年科学基金，5.5 万，2000-01～2002-12

19931020 王世强．数理逻辑及其应用．国家自然科学基金重点项目顾问，4.5 万，2000-01～2003-12

19971009 王伯英(陈公宁，张秀平，胡永建，赵斌，郝辉；邓邦明，刘绍学)．插值问题和特殊矩阵及矩阵不等式研究；特征模与 Hall 代数．国家自然科学基金面上项目，15 万，2000-01～2002-12

19971010 丁勇(马柏林，桂易清，张璞，燕敦验，薛庆营)．带粗糙核的积分算子的若干问题．国家自然科学基金面上项目，7.5 万，2000-01～2002-12

19971045 卢广存(徐向锦，胡文传)．辛拓扑中一些问题的研究．国家自然科学基金面上项目，5.5 万，2000-01～2002-12

69974006 李洪兴(何清，苗志宏，苏秀雯，朱勇珍，王加银，胥斌，张杰，曾西，刘华

斌). 基于论域的自适应模糊控制器．国家自然科学基金面上项目，10 万，2000-01～2002-12

1999002705 保继光．Monge-Ampere 方程及其在几何上的应用．高等学校博士学科点专项科研基金资助项目，3 万，2000-01～2002-12

1999002706 陈木法(张余辉，王颖喆). 马氏过程的遍历理论．高等学校博士学科点专项科研基金资助项目，4 万，2000-01～2002-12

1999002714 张英伯(韩阳，徐运阁，唐鑫，李龙才，武月琴). 代数表示论中的几何方法．高等学校博士学科点专项科研基金资助项目，3 万，2000-01～2002-12

李洪兴(王凤雨，惠昌常). 智能计算理论基础及其应用．教育部高等学校骨干教师资助计划项目(振兴计划)，18 万，2000-06～2002-06

刘继志．微分几何名牌课程建设．教育部名牌课程，1 万，2000-02～2001-02

刘洁民．科学家对未来公民素养调查．中国科学技术协会，20 万，2000-11～2001-11

钱珮玲．中学学科数学课程标准研制．教育部课程中心，8 万，2000-06～2002-09

戎小春(杨大春，袁荣，李增沪，刘永平，高红铸). 现代数学中的若干问题．教育部高等学校骨干教师资助计划项目(振兴计划)，36 万，2000-06～2002-06

王凤雨．第 1 届教育部青年教师奖励基金，29 万，2000-01～2004-12

王昆扬，S. A. Telyakovskii. 球面上的调和分析及应用．中俄两国基金委员会，15 万，2000～2003

王昆扬．数学分析课程内容的调整和更新及教学方法研究．教育部名牌课程，1 万，2000-02～2001-02

袁荣．泛函微分方程定性分析．教育部留学回国人员科研启动基金，3 万，2000-07～2002-07

10025105 王凤雨．泛函不等式，半群性质，算子谱．国家杰出青年科学基金，55 万，2001-01～2004-12

10071006 房艮孙(汪成咏，王建军，龙晶凡，马万，叶培新，李迈岸，陈涌涛). 某些优化问题在一致平均框架下的信息基复杂性．国家自然科学基金面上项目，11 万，2001-01～2003-12

10071007 王昆扬(孙永生，刘永平，许贵桥，余纯武，戴峰，曾庆业，余丹). 流形上的调和分析与逼近．国家自然科学基金面上项目，12 万，2001-01～2003-12

10071008 王梓坤(李占柄，段增平，阎国军，范小明，王小松，鲁冠华，付宗飞). 无穷维马氏过程．国家自然科学基金面上项目，13.5 万，2001-01～2003-12

10071009 崔恒建(李勇，张淑梅，宋卫星，吴小勇，金蛟，赵春). EV 模型的统计检测．国家自然科学基金面上项目，9 万，2001-01～2003-12

10071005 邓冠铁(保继光). 华生问题和推广．国家自然科学基金面上项目，8 万，2001-01～2003-12

10126010 孙宏伟．扭结不变量的研究．国家自然科学基金数学天元基金，2 万，2001-01～2003-12

10126025 胡永建．插值问题与结构矩阵研究．国家自然科学基金数学天元基金，2 万，2001-01～2003-12

10126032 王颖喆．复流形、代数流形及微分形式上的谱隙估计．国家自然科学基金数学天元基金，2 万，2001-01～2003-12

40074013 李勇*．研究和建立含空间分布的地震活动性概率统计模型．国家自然科学基金面上项目，6 万，2001-01～2003-12

2000002710 王梓坤(李占柄，李增沪，段增平，阎国军，范小明，王小松，鲁冠华，付宗飞)．无穷维马氏过程研究．高等学校博士学科点专项科研基金资助项目，4 万，2001-01～2004-12

1283B01032 王昆扬．培养高素质数学人才的研究与实践．教育部世行贷款，0.5 万，2001-06～2004-06

韩阳．Wild 代数理论．教育部留学回国人员科研启动基金，3 万，2001-07～2003-07

S. Koenig，邓邦明，A. Henke. 中国与欧洲的代数和表示论．中国(惠昌常)、英国、德国、比利时共 11 所大学，欧盟，30 万欧元，2001～2004

惠昌常．代数表示论．教育部跨世纪优秀人才培养计划基金，30 万(到位 20 万)，2001-01～2003-12

严士健．面向新世纪的数学教育和传播．国家自然科学基金数学天元基金，2.6 万，2001-06～2002-06

10101003 张余辉(王峰，张唯一，邵井海)．马氏过程的耦合、遍历性和特征值估计．国家自然科学基金面上项目，6 万，2002-01～2004-12

10101005 洪文明．随机介质中的超过程．国家自然科学基金面上项目，6.5 万，2002-01～2004-12

10121101 陈木法(王凤雨，李增沪，张余辉，毛永华，王颖喆，洪文明)．粒子系统、马氏过程与谱理论．国家自然科学基金创新研究群体科学基金，240 万，2002-01～2004-12

10131040 李增沪．概率论/测度值过程．国家自然科学基金重点项目子课题，14.5 万，2002-01～2005-12

10226021 韩阳．代数表示与 Groebner 基理论．国家自然科学基金数学天元基金，2.5 万，2002-04～2003-12

10226039 赵旭安(赵学志)．紧致 Kalhler 齐性空间的拓扑与几何．国家自然科学基金数学天元基金，2.5 万，2002-04～2003-12

60174013 李洪兴(苗志宏，曾文艺，刘普寅，王加银，谷云东，李德清，柴迎春，房颜明，刘文军)．模糊控制系统的建模．国家自然科学基金面上项目，17 万，2002-01～2004-12

20010027002 陆善镇(丁勇，杨大春，张璞，燕敦验，唐林，徐景实，武火熊，吴强，薛庆营，刘明菊)．粗糙核奇异积分及相关算子研究．高等学校博士学科点专项科研基金资助项目，4.5 万，2002-01～2004-12

20010027007 陈木法(张余辉，毛永华，王颖喆，王峰)．各种遍历性的显式判别准则．高等学校博士学科点专项科研基金资助项目，5 万，2002-01～2004-12

20010027015 惠昌常(邓邦明，徐运阁，曾祥勇，曹永知，李龙才，刘玉明，温道伟)．表示维数与拟遗传代数．高等学校博士学科点专项科研基金资助项目，3.5 万，2002-

01～2004-12

白明．高速电气化铁路接触网测定系统．长春客车厂，67.5 万，2002-01～2004-12

白明．澳门特别行政区智能交通监察系统．南光资讯有限公司，28 万，2002-10～2003-12

白明．高速电气化铁路接触网检测定位子系统研制．北京师范大学师慧信息科技有限公司，49.2 万，2002-01～2004-12

邓邦明．代数表示理论．第 3 届教育部青年教师奖励基金．30 万，2002-01～2006-12

刘来福．遥感观测信息量在模型参数空间的分配及噪音传播规律．中国科学院遥感研究所，国家重点基础研究发展规划项目，5 万，2002-09～2005-09

秦怀振．妇女社会调查．中国妇女联合会，1 万，2002-06～2003-06

王昆扬．国家理科人才培养基地创建名牌课程，教育部，2 万，2002-01～2003-12

王幼宁．数学系几何教学信息系统设计和开发．北京高等学校教育教学改革立项项目，2 万，2002-01～2004-12

王幼宁．微分几何现代化教材．北京市高等教育精品教材建设项目，1 万，2002-01～2003-12

袁荣．微分方程中的动力学行为的研究及应用问题．教育部优秀年轻教师基金，4 万，2002-01～2004-12

朱文芳．中学生数学能力发展与培养的研究．教育部(十五规划)重点课题，0.4 万，2002-02～2005-06

10201004 韩阳(徐运阁)．有限维代数的 Hochschild 上同调理论．国家自然科学基金青年科学基金，9.5 万，2003-01～2005-12

10231030 崔恒建．复杂数据的统计建模、推断及其应用．国家自然科学基金重点项目子课题，25 万，2003-01～2006-12

10271014 邓邦明(杨士林，芮和兵)．Hall 代数、量子群及其表示．国家自然科学基金面上项目，18 万，2003-01～2005-12

10271015 杨大春(胡国恩，韩永生，鲁志波，吴强，陶桂平，孟岩)．函数空间及其应用．国家自然科学基金面上项目，18 万，2003-01～2005-12

10271016 丁勇(易青，伍火熊，薛庆营，刘明菊，李俊峰，邵双林)．奇异积分算子及相关算子研究与应用．国家自然科学基金面上项目，14.5 万，2003-01～2005-12

10271017 蔡俊亮(王伯英，阎建平，郝荣霞，张秀平，李赵祥，何伟力，傅超，李吉有)．地图集数与组合矩阵论及其算法．国家自然科学基金面上项目，16 万，2003-01～2005-12

10271018 杨正宏(胡永建，陈公宁)．关于位移结构矩阵与插值问题研究．国家自然科学基金面上项目，15 万，2003-01～2005-12

10210401202 杨大春．多参数调和分析．国家自然科学基金国际合作与交流项目，1.5 万，2003-03～2003-05

10211120639 王昆扬．流形上函数论的极值问题．国家自然科学基金国际合作与交流项目，6 万，2003-01～2003-12

10310201047 杨大春．调和分析和偏微分方程研讨会．国家自然科学基金国际合作与交流项目，1.5 万，2003-06

40341002 崔恒建*，李仲来*．SARS 传播时空模型研究．国家自然科学基金主任基金，6 万，2003-05～2003-12

20020027004 杨大春(吴强，武火熊，李俊峰，孟岩，陶桂平)．函数空间及其应用．高等学校博士学科点专项科研基金资助项目，5 万，2003-01～2005-12

20020027010 崔恒建(李勇，宋卫星，秦怀振，王峰，金蛟)．EV 模型下极大经验似然推断问题．高等学校博士学科点专项科研基金资助项目，5 万，2003-01～2005-12

20020027013 李洪兴(曾文艺，刘普寅，王加银，谷云东，刘文军，房颜明，李德清，柴迎春，姚二林，冯艳宾，赵彩霞)．复杂系统的变论域自适应模糊控制理论与建模．高等学校博士学科点专项科研基金资助项目，7 万，2003-01～2005-12

2002CB312202-02 李洪兴(米洪海，王加银，谷云东，韩成哲，苗志宏，李宇成，程士珍，尤飞，侯健，赵芬霞)．复杂生产制造过程的实时、智能控制与优化理论和方法研究．国家重点基础研究发展规划项目-973 计划，70 万，2003-01～2008-10

2003AA208401 崔恒建*，李仲来*．SARS 流行病学资料的实时收集，分析和趋势预测．国家高技术研究发展计划(863 计划)，0.5 万，2003-05～2003-07

保继光．Special Lagrangian 方程及其推广．教育部留学回国人员科研启动基金，3.5 万，2003-01～2004-12

邓冠铁．华生问题和应用．教育部留学回国人员科研启动基金，3 万，2003-01～2004-12

惠昌常，S. Koenig. 胞腔代数：结构理论和应用．英国 Leicester 大学，英国皇家协会，1.8 万英镑，2003～2006

李洪兴．复杂系统的变论域自适应模糊控制理论与模型逼近．教育部科学技术重点项目，20 万，2003-01～2005-12

李勇．华北地区强震短期前兆的判别标志与方法研究．国家地震局综合观测中心．1.5 万，2003-01～2003-12

李勇．研究和建立含空间分布(隐马氏过程的研究)．国家地震局综合观测中心．2 万，2003-01～2003-12

杨大春．函数空间及其应用．教育部外国专家重点项目，2 万，2003-09

104015 保继光．非线性偏微分方程若干问题的研究．教育部重点项目，8 万，2004-01～2007-12

10301005 王恺顺(曲海鹏，曹永知，温道伟)．距离正则图及其应用．国家自然科学基金青年科学基金，8 万，2004-01～2006-12

10301006 黎雄(雷锦志)．辛扭转映射的动力学行为．国家自然科学基金青年科学基金，7 万，2004-01～2006-12

10301007 毛永华(王峰，邵井海，欧阳顺湘)．马氏半群收敛速度估计．国家自然科学基金青年科学基金，8 万，2004-01～2006-12

10331030 张英伯．代数中的几何方法．国家自然科学基金重点项目子课题，13 万，2004-01～2007-12

10331030 惠昌常．代数中的几何方法．国家自然科学基金重点项目子课题，13 万，2004-01～2007-12

10371007 卢广存(李成岳，钟仕增，杨宁)．辛拓扑与切触拓扑中一些问题的研究．国家自

然科学基金面上项目，15 万，2004-01～2006-12

10371008 高红铸(赵旭安，王幼宁，孙宏伟，苏效乐，王雨生，郭韧，张蓓). 低维流形与齐性空间中的某些问题．国家自然科学基金面上项目，16 万，2004-01～2006-12

10371009 房艮孙(谢林森，龙晶凡，陈广贵，李跃武，钱李新，李雪华，姜涛). 几个重要的多元逼近问题在不同框架下的计算复杂性．国家自然科学基金面上项目，18 万，2004-01～2006-12

10371010 袁荣(朴大雄，冯秋香，刘志华，徐斌，林国建，王建中，马青). 微分方程动力学中的一些问题．国家自然科学基金面上项目，16 万，2004-01～2006-12

10371011 保继光(黄海洋，郇中丹，邓冠铁，李美生，杨淳). 几何中的非线性偏微分方程．国家自然科学基金面上项目，18 万，2004-01～2006-12

10371012 李勇(马丽，张淑梅，秦怀振，方绯，吕绍川，杨洋，沈敬敏，刘文兵，黄建平). 地震资料中的统计方法研究．国家自然科学基金面上项目，20 万，2004-01～2006-12

10410201092 杨大春．度量测度空间上的分析．国家自然科学基金国际合作与交流项目，1.3 万，2004-07

10410301109 崔恒建．2004 年国际稳健统计大会．国家自然科学基金国际合作与交流项目，2 万，2004-07

10411120073 王昆扬．流形上函数论的极值问题．国家自然科学基金国际合作与交流项目，3.9 万，2004-01～2004-12

10411140439 卢广存．辛拓扑与切触拓扑中的一些问题的研究．国家自然科学基金国际合作与交流项目，1 万，2004-07～2004-10

20030027002 邓邦明(张英伯，阿不都卡得尔，刘玉明，温道伟，陈波，赵德科，陈江荣，庞雅娟). Frobenius 映射，代数的表示及其应用．高等学校博士学科点专项科研基金资助项目，5 万，2004-01～2006-12

20030027011 袁荣(黄海洋，黎雄，冯秋香，刘志华，徐斌，林国健，王建中，马青). 微分方程中的一些定性问题．高等学校博士学科点专项科研基金资助项目，5 万，2004-01～2006-12

A0324639 王加银．复杂系统的变论域自适应模糊控制．国家自然科学基金数学天元基金，3 万，2003-11～2004-11

保继光．非线性椭圆方程的 Liouville 性质．教育部聘请外国文教专家重点项目，3 万，2004-05～2004-12

崔恒建．统计深度函数及其应用．教育部聘请外国文教专家项目，2.5 万，2004-05～2004-12

丁勇．奇异积分算子加权有界性研究．教育部聘请外国文教专家重点项目，3 万，2004-05～2004-12

韩阳．代数的循环同调理论．霍英东青年教师基金，2 万美元(因调离，经费未到位)，2004-01～2006-12

郇中丹(田源，孙玉静). 地下煤火 3 维数理模拟和反演方法．神华集团北京国土资源烟杆公司，国家高技术研究发展计划(863 计划)，1.5 万，2004-04～2004-12

基础理学：数学科学学院．陈木法．“985 工程”二期，217 万(到位经费)，2004～2008

刘来福．钞票防伪评价体系数学模型建立的研究．中国印钞造币总公司科技发展部，2万，2004-07-2005-07

钱珮玲(王鹏远，李亚玲)．21世纪数学教育与传播论坛．国家自然科学基金专项基金项目，7.5万，2004-10～2007-09

北京师范大学数学科学学院．陈木法．随机数学、复杂系统与智能控制．"211工程"二期重点学科建设项目，450万，2004～2007

杨大春．乘积空间理论及其在多参数调和分析中的应用．国家自然科学基金国际合作与交流项目，1.5万，2004-04～2004-06

704004 惠昌常．表示论与非交换代数几何．教育部高等学校科技创新工程重大项目培育资金项目，40万，2005-01～2006-12

10121101 陈木法(王凤雨，李增沪，张余辉，毛永华，王颖喆，洪文明，张梅)．粒子系统、马氏过程与谱理论(续)．国家自然科学基金创新研究群体科学基金，265万，2005-01～2007-12

10401008 张辉(周翔，周娜，周德建，李健)．复杂流体多尺度模型数值模拟与分析．国家自然科学基金青年科学基金，10万，2005-01～2007-12

10425106 杨大春(韩永生，胡国恩，孟岩，周渊，袁文，刘丽光，林海波，杨东勇)．$\mathbf{R}^n$中的调和分析中实方法．国家杰出青年科学基金，98万，2005-01～2008-12

10471010 刘永平(王昆扬，孙永生，许贵桥，戴峰，杨连红，李仁所，曹惠，肖维维)．逼近论中的极值问题与调和分析中的收敛问题．国家自然科学基金面上项目，20万，2005-01～2007-12

30471770 刘来福*．颅内高压动力学：数学模型和临床应用研究．国家自然科学基金面上项目，3万，2005-01～2007-12

60474023 李洪兴(王加银，谷云东，刘文军，王志新，冯彦宾，尤飞，赵芬霞，米洪海，胡丹)．变论域自适应模糊控制与平面运行多级倒立摆实现．国家自然科学基金面上项目，28万，2005-01～2007-12

10511240615 陈江荣．代数表示论及相关课题的高级讨论班和会议．国家自然科学基金国际合作与交流项目，1万，2006-01

10511140159 卢广存．辛拓扑与切触拓扑中的一些问题的研究．国家自然科学基金国际合作与交流项目，1万，2005-06～2005-09

10511240161 高红铸．三位流形的几何拓扑暑期班及会议．国家自然科学基金国际合作与交流项目，1万，2005-06

20040027001 陆善镇(丁勇，薛庆营，刘明菊，李俊峰，邵双林，默会霞，林燕，郭海燕，李冉)．Litterwood-Paley理论及应用．高等学校博士学科点专项科研基金资助项目，5万，2005-01～2007-12

20040027002 惠昌常(王恺顺，刘玉明，温道伟，王军昌，乐珏，谭荣华，胡维，郭亚军，彭桢，李薇霞，孙洁)．表示论中若干同调猜想的研究．高等学校博士学科点专项科研基金资助项目，5万，2005-01～2007-12

20040027009 王凤雨(张余辉，王颖喆，邓平基，邵井海，欧阳顺湘，吴波，宋云军，王洁明)．构形空间上的马氏过程．高等学校博士学科点专项科研基金资助项目，5万，

2005-01～2007-12

2005CB321704 张辉．高性能科学计算研究，第 4 课题：材料物性的多样物理、多尺度计算研究．国家重点基础研究发展规划项目-973 计划子课题，19 万，2005-12～2010-11

李增沪．2004 年度教育部新世纪优秀人才支持计划，50 万，2005-01～2007-12

杨大春．2004 年度教育部新世纪优秀人才支持计划，50 万，2005-01～2007-12

杨大春．函数空间及其应用．教育部外国专家重点项目，3 万，2005-03～08

10526006 刘玉明．有限维代数的等价理论．国家自然科学基金数学天元基金，3 万，2006-01～2006-12

10526007 刘志华．时滞微分方程的分支问题及其应用．国家自然科学基金数学天元基金，3 万，2006-01～2006-12

10526008 唐仲伟．关于非线性 Schrodinger 方程的研究．国家自然科学基金数学天元基金，3 万，2006-01～2006-12

10526009 张争茹．自由界面问题的自适应计算方法．国家自然科学基金数学天元基金，3 万，2006-01～2006-12

10525103 李增沪．马氏过程．国家杰出青年科学基金，112 万，2006-01～2009-12

10531040 郇中丹．图像处理中的偏微分方程理论及其数值方法．国家自然科学基金重点项目子课题，19 万，2006-01～2009-12

10531040 黄海洋．图像处理中的偏微分方程模型及其数值方法．国家自然科学基金重点项目子课题，19 万，2006-01～2009-12

10531090 唐梓洲．调和映射的几何．国家自然科学基金重点项目子课题，14 万，2006-01～2009-12

10571014 陆善镇(燕敦验，陶双平，李俊峰，默会霞，林燕，夏霞)．奇异积分交换子的有界性质．国家自然科学基金面上项目，29 万，2006-01～2008-12

10571015 丁勇(易青，蓝森华，陈艳萍，李冉，吴新峰，肖雅元)．Littlewood-Paley 理论及应用．国家自然科学基金面上项目，17 万，2006-01～2008-12

20050027007 丁勇(蓝森华，陈艳萍，李冉，吴新峰，肖雅元)．抛物型奇异积分算子研究及其应用．高等学校博士学科点专项科研基金资助项目，5 万，2006-01～2008-12

20050027009 房艮孙(龙晶凡，李雪华，钱李新，段立芹，阮元龙，徐艳艳)．不同计算模型下几个重要逼近问题的信息基复杂性．高等学校博士学科点专项科研基金资助项目，5 万，2006-01～2008-12

10610101083 王恺顺．加拿大代数学家 B. J. Mueller 教授来华合作交流．国家自然科学基金国际合作与交流项目，3.8 万，2006-08～2006-10

10610301011 刘永平．逼近理论及遥感国际会议．国家自然科学基金国际合作与交流项目，3 万，2006-04～2006-05

10610301014 陆善镇．调和分析国际会议．国家自然科学基金国际合作与交流项目，3 万，2006-05

10611120038 刘永平．逼近论、函数论中的某些极值问题．国家自然科学基金国际合作与交流项目，5.4 万，2006-01～2006-12

2006CB805901 王凤雨(张余辉，毛永华，邵井海)．生命科学和网络技术中的随机方法．国

家重点基础研究发展规划项目-973 计划，135.4 万，2006-09～2011-08

06JA880005 曹一鸣．本科优秀人才培养模式研究与实践探索．教育部人文社科规划项目，5 万，2006-08～2009-07

白明．国家羽毛球队信息化平台建设．国家体育总局乒羽中心，15 万，2006-08～2008-05

白明．羽毛球赛程管理系统．国家体育总局乒羽中心，8 万，2006-12～2008-01

洪文明．2005 年度教育部新世纪优秀人才支持计划，50 万，2006-01～2008-12

李勇．多维多组随机数．第二炮兵装备研究院，10 万，2006-08～2008-08

李仲来．混合线性模型在基因效应估计中的应用．中国农业科学院作物科学研究所，3 万，2006-10～2007-09

刘来福．精品课程“数学模型”．北京市教育委员会共建项目，4 万，2006-11

刘来福．颅内高压动力学．北京大学人民医院，1 万，2006-01～2006-12

李洪兴．直线二级倒立摆实物控制系统研制．固高科技有限公司，4 万，2006-04～2007-04

卢广存．2005 年度教育部新世纪优秀人才支持计划，50 万，2006-01～2008-12

陆善镇．国际调和分析会议．教育部数学研究与人才培养中心资助对外合作项目，8 万，2006-05

唐梓洲．教育部长江学者奖励计划特聘教授，200 万，2006-03～2009-02

王恺顺．加拿大代数学家 B. J. Mueller 教授来华合作交流．教育部聘请外国文教专家项目，3.8 万，2006-08～2006-10

[2008]890 童行伟．纵向计数数据的统计分析．教育部留学回国人员科研启动基金，2 万，2007-01～2009-12

107016 张辉．聚合物流体中的相及相变研究．教育部重点项目，10 万，2007-01～2009-12

10601007 张争茹．高阶自适应网格方法及其应用．国家自然科学基金青年科学基金，15 万，2007-01～2009-12

10601009 许孝精(尹丽)．可压缩非牛顿流体动力学的理论分析与数值分析．国家自然科学基金青年科学基金，16 万，2007-01～2009-12

10626006 张之凯(胡维)．有限群块代数的导出等价理论．国家自然科学基金数学天元基金，3 万，2007-01～2007-12

10626007 苏效乐．对称性正曲率流形的一些问题．国家自然科学基金数学天元基金，3 万，2007-01～2007-12

10626008 李俊峰．算子有界性以及在 PDE 中的应用．国家自然科学基金数学天元基金，3 万，2007-01～2007-12

10671015 刘春雷(刘文新，申江艳，牛传择)．算术和几何的 L-函数．国家自然科学基金面上项目，16 万，2007-01～2009-12

10671016 邓邦明(杨士林，王顶国，陈江荣，张杰，杨贵玉)．箭图的表示、表示簇与量子群．国家自然科学基金面上项目，25 万，2007-01～2009-12

10671017 卢广存(李成岳，王名燕，张巧，丁浩，王宁，路月峰，张卫杰)．辛拓扑与 Gromov-Witten 不变量的一些研究．国家自然科学基金面上项目，21 万，2007-01～2009-12

10671018 赵旭安(高红铸，黄红，王雨生，苏效乐，刘山山，刘登品). 低维和高维流形中的一些问题. 国家自然科学基金面上项目，22 万，2007-01～2009-12

10671019 房艮孙(谢桂森，陈广贵，钱李新，李雪华，段立芹，徐艳艳，李飞，何艳丽). 几个非线性问题的最优算法和最优估计. 国家自然科学基金面上项目，26 万，2007-01～2009-12

10671020 黎雄(赵丽琴，张子恒，宋娟，张静，李坤). 常微分方程中的一些问题. 国家自然科学基金面上项目，20 万，2007-01～2009-12

10671021 袁荣(杨喜陶，刘清，夏静，余志先，李怀兴，王宪军，由红连). 概周期微分方程及一些相关问题. 国家自然科学基金面上项目，21 万，2007-01～2009-12

10671022 保继光(李岩岩，邓冠铁，郑神州，李美生). 与平均曲率有关的非线性椭圆方程. 国家自然科学基金面上项目，26 万，2007-01～2009-12

10710301043 陆善镇. PDE 与调和分析国际会议. 国家自然科学基金国际合作与交流项目，2 万，2007-06

10711120197 王凤雨(陈木法，李增沪，张余辉，毛永华). 流形上的随机分析. 国家自然科学基金国际合作与交流项目，9 万，2007-01～2008-12

10711120326 刘永平. 逼近论和函数论中的某些极值问题. 国家自然科学基金国际合作与交流项目，4 万，2007-07～2007-12

20060027023 保继光(李岩岩，邓冠铁，唐仲伟，代丽美，涂金，高志强，梁新刚，黄荣里，李海刚，邵珍红，潘华兴). Alexandrov 问题及其推广. 高等学校博士学科点专项科研基金资助项目，5 万，2007-01～2009-12

A0724601 陈木法(王凤雨，李增沪，毛永华，张余辉，洪文明). 马氏过程及相关领域高级研讨班. 国家自然科学基金数学天元基金，5 万，2007-01～2007-12

A0724602 张英伯(李文林，李仲来，曹一鸣，郇中丹). 中国数学教育的传统及其现代发展研究. 国家自然科学基金数学天元基金，4 万，2007-01～2007-12

J0630103 数学科学学院. 保继光. 能力提高、人才培养规律研究. 国家基础科学人才培养项目，140 万，2007-01～2009-12

NCET-06-0128 黎雄. 2006 年度教育部新世纪优秀人才支持计划，50 万，2007-01～2009-12

曹一鸣. 启发式教学研究. 中澳合作项目，8 000 澳元，2007-04～2009-03

李仲来. 改良的复合区间作图法在 F_2 群体的推广. 中国农业科学院作物科学研究所，18 万，2007-01～2009-06

童行伟. 密度回归模型及其相关统计问题的研究. 清华大学，5 万，2007-01～2009-12

薛庆营. 抛物型和变量核奇异积分算子及其应用. 教育部留学回国人员科研启动基金，3.5 万，2007-01～2008-12

杨大春. 教育部长江学者奖励计划特聘教授，200 万，2007-03～2010-02

曾文艺. 直觉模糊集理论中的不确定性、模糊性与知识表示. 教育部留学回国人员科研启动基金，2 万，2007-01～2008-12

曾紫婷. 高维仿射李代数及其表示. 教育部留学回国人员科研启动基金，2.5 万，2007-01～2008-12

[2008]890 高志强．函数空间中某些特殊函数系的完备性．教育部留学回国人员科研启动基金，2 万，2008-09～2010-09

[2008]890 马宇韬．树上的生灭过程．教育部留学回国人员科研启动基金，4 万，2008-01～2010-01

[2008]890 施翔晖．类投影点集类的结构性质．教育部留学回国人员科研启动基金，2.5 万，2008-11～2012-11

105-105805 数学科学学院．黄海洋．实践教学基地建设项目—北京大学生数学建模与计算机应用竞赛．20 万，北京市质量工程建设项目，2008～2009

105-105804 数学科学学院．保继光．北京市特色专业建设点—数学与应用数学，30 万，北京市质量工程建设项目，2008～2010

10701009 胡永建(张秀平)．结构矩阵理论在若干插值中的应用．国家自然科学基金青年科学基金，18 万，2008-01～2010-12

10701010 薛庆营(瞿萌，王新霞，李冉，张钜玚)．沿曲面的变量核和抛物型奇异积分算子．国家自然科学基金青年科学基金，16 万，2008-01～2010-12

10701074 徐敏．计算机网络的容错性与可诊断性．国家自然科学基金青年科学基金，15 万，2008-01～2010-12

10721091 陈木法(王凤雨，李增沪，张余辉，毛永华，王颖喆，洪文明，张梅，马宇韬，邵井海)．粒子系统、马氏过程与谱理论(续)．国家自然科学基金创新研究群体科学基金，315 万，2008-01～2010-12

10726013 金蛟．多元统计分析中的稳健方法及应用．国家自然科学基金数学天元基金，3 万，2008-01～2008-12

10726014 曾紫婷．高维仿射李代数的表示．国家自然科学基金数学天元基金，3 万，2008-01～2008-12

10726015 纪光华．液晶聚合物流体的多尺度建模与计算．国家自然科学基金数学天元基金，3 万，2008-01～2008-12

10731070 邓邦明．代数中的组合及同调问题．国家自然科学基金重点项目子课题，20 万，2008-01～2011-12

10731070 惠昌常．代数中的组合及同调问题．国家自然科学基金重点项目子课题，20 万，2008-01～2011-12

10731070 张英伯．代数中的组合及同调问题．国家自然科学基金重点项目子课题，20 万，2008-01～2011-12

10771016 刘永平(王昆扬，戴峰，肖维维，黄宏伟，李健，杨唯，杜同凯)．函数逼近论中的某些极值问题与调和分析中的收敛问题．国家自然科学基金面上项目，23 万，2008-01～2010-12

10771017 崔恒建(李仲来，杨华，童行伟，陈夏，胡涛，张娟，王芳，马祥)．复杂数据分析中的稳健统计方法及其应用．国家自然科学基金面上项目，25 万，2008-01～2010-12

60775032 于福生(罗承忠，曾文艺，胡丹，周颖，孟艳平，汪德刚，唐娟，蔡瑞琼，武方敏)．基于优化模糊信息粒化的时间序列分析和数据挖掘．国家自然科学基金面上项目，25 万，2008-01～2010-12

105604001 曹一鸣．手持技术与中学数学新课程整合．中国香港博怡贸易有限公司，152.23 万，2008-10～2011-10

10810301054 陆善镇．调和分析与偏微分方程及其应用．国家自然科学基金国际合作与交流项目，2 万，2008-12～2009-03

10811120285 保继光．关于某些非线性椭圆型方程的研究．国家自然科学基金国际合作与交流项目，8 万，2008-01～2009-12

20070027005 袁荣(刘志华，刘清，夏静，储继迅，余志先，李怀兴，王宪军，由红连)．概周期微分方程及相关问题．高等学校博士学科点专项科研基金资助项目，6 万，2008-01～2010-12

20070027006 邓邦明(张英伯，曾紫婷，陈江荣，张杰，杨桂玉，赵中华，郭凌燕)．仿射型 Hall 代数和予投射代数及其应用．高等学校博士学科点专项科研基金资助项目，6 万，2008-01～2010-12

200700270007 邵井海(吴波，张旭，罗德军)．运费不等式 Monge-Kantorovich 问题．高等学校博士学科点专项科研基金新教师项目．3.6 万，2008-01～2010-12

NCET-07-0093 毛永华．2007 年度教育部新世纪优秀人才支持计划，50 万，2008-01～2009-12

J0730106 数学科学学院．保继光．条件建设项目：数学创新性人才培养平台的构建．国家基础科学人才培养项目，120 万，2008-01～2010-12

白明．交通仿真系统终端接口设计．国家交通部，5 万，2008-12～2009-12

白明．模型仿制的数学原理及算法研究．北京市国家安全局，10 万，2008-06～2010-06

郭玉峰(由岫)．澳大利亚义务教育数学课程、教材中外对比研究．东北师范大学，1 万，2008-01～2008-12

李增沪．教育部长江学者奖励计划特聘教授，200 万，2008-03～2011-02

数学科学学院．保继光．数学与应用数学专业师范教育．第 1 批高等学校特色专业建设点，80 万，2008-01～2011-12

数学科学学院．陈木法．随机数学与基础数学及其应用．“211 工程”三期重点学科建设项目，644 万，2008～2011

于濂．印痕相似率鉴别算法．北京科富兴科技有限公司，10 万，2008-09～2009-07

[2008]890 邵井海．无穷维空间上的概率空间的梯度流．教育部留学回国人员科研启动基金，3 万，2009-09～2011-12

[2008]890 赵纪满．与 Heisenberg 群相关的 Weyl 变换．教育部留学回国人员科研启动基金，2 万，2009-01～2011-12

200917 邵井海．无穷维空间上的最优映射与概率测度空间．教育部博士点基金全国百篇优秀博士学位论文专项，60 万，2009-01～2013-12

309007 童行伟(崔恒建，尹恒，罗楚亮)．多元经济数据的因果分析，经验似然，Copula 分析．教育部高等学校科技创新工程重大项目培育资金项目，50 万，2009-01～2011-12

10801010 曾紫婷．高维仿射李代数与量子群．国家自然科学基金青年科学基金，17 万，2009-01～2011-12

10801011 苏效乐．黎曼流形及 Alexandrov 空间的一些问题．国家自然科学基金青年科学

基金，17 万，2009-01～2011-12

10801012 李俊峰(林燕，袁文，李宝德，刘丽光). 多线性有界估计及非线性色散方程解的正则性研究．国家自然科学基金青年科学基金，17 万，2009-01～2011-12

10801013 唐仲伟．与薛定谔方程有关的非线性椭圆问题的变分方法．国家自然科学基金青年科学基金，17 万，2009-01～2011-12

10801014 纪光华．液晶微观动态模型的高维数值计算以及 Closure 近似．国家自然科学基金青年科学基金，17 万，2009-01～2011-12

10826052 王雨生．具有非负截面曲率闭流形的基本群．国家自然科学基金数学天元基金，3 万，2009-01～2009-12

10871024 陆善镇(傅尊伟，默会霞，林燕，赵发友). 高维 Hardy 算子的若干问题．国家自然科学基金面上项目，24 万，2009-01～2011-12

10871025 杨大春(李保德，周渊，林海波，杨东勇，袁文，刘丽光，蒋仁进，蒋晓娟，杨四辈). 基于几类算子的函数空间实变理论．国家自然科学基金面上项目，22 万，2009-01～2011-12

10871026 李勇(张淑梅，吴国灿，王奋际，王聪晓，徐文青). 统计方法在地震学中的应用研究．国家自然科学基金面上项目，25 万，2009-01～2011-12

10871027 王恺顺(惠昌常，郭静静，潘升勇，李颜博，王晓霞，郑娣，孔倩，林静，尹德才). 图的正则性和胞腔代数．国家自然科学基金面上项目，23 万，2009-01～2011-12

10871028 张辉(杜强，杨淳，张树鹏，黄展，赵励耘，周游，廖姊劼，白奇川，方国亮). 复杂流体中相变及其发展的数值模拟和理论分析．国家自然科学基金面上项目，26 万，2009-01～2011-12

10871048 赵纪满*．流形上调和分析及相关领域中的一些问题．国家自然科学基金面上项目，11.2 万，2009-01～2011-12

10926021 刘永平．孙永生-斯捷赤金暑期学校暨 2009 年中俄实函数论研讨班．国家自然科学基金数学天元基金，5 万，2009-08～2009-12

10926052 赵亮．源于超对称的变分问题．国家自然科学基金数学天元基金，3 万，2009-01～2009-12

10926053 张勇．两种共存网蛱蝶集合种群动态研究．国家自然科学基金数学天元基金，3 万，2009-01～2009-12

10910301019 杨大春．基于几类算子的函数空间实变理论．国家自然科学基金国际合作与交流项目，3 万，2009-05～2009-12

20080027003 卢广存(王明燕，丁浩，邢迪娜，马家骥，戴芊慧，赵存宇). 辛不变量的构造、计算与应用．高等学校博士学科点专项科研基金资助项目，6 万，2009-01～2011-12

200800271055 孔令泉．非交换 Iwasawa 理论中的主猜想．高等学校博士学科点专项科研基金新教师项目，3.6 万，2009-01～2011-12

200800271056 王雨生．Gromov-Hausdorff 收敛和非负截面曲率流形的基本群．高等学校博士学科点专项科研基金新教师项目，3.6 万，2009-01～2011-12

教高函[2009]18 号 王昆扬(郇中丹，刘永平). 分析类课程教学团队．国家级优秀教学团队，50 万，2009

NCET-08-0052 王恺顺．2008 年度教育部新世纪优秀人才支持计划，50 万，2009-01～2011-12

白明．模型仿制数据采集装置设计．北京市国家安全局．19.5 万，2009-01～2011-12

陆善镇．国际调和分析与在偏微分方程中应用会议．教育部数学研究与人才培养中心资助对外合作项目，10 万，2009-05

邵井海．无穷维空间上概率空间的梯度流．教育部留学回国人员科研启动基金，3 万，2009-09～2011-09

童行伟．广西糖产量预测模型．英国糖业咨询公司，10 万，2009-08～2011-08

于濂．印痕压缩算法研究．北京科富兴科技有限公司，5 万，2009-09～2010-01

袁荣，Magal P. Bifurcation and attractors in population dynamics. 中法国际合作交流项目，25 000 欧元，2009-01～2010-12

张辉．材料物性的多样物理多尺度计算．国家重点基础研究发展规划项目-973 计划，9 万，2009-06～2013-12

[2010]1561 张辉．聚合物流体中微观结构及其相变的模拟和分析．教育部留学回国人员科研启动基金，3 万，2010-12～2011-11

1102011 刘永平*．多元逼近的若干问题．北京自然科学基金委员会面上项目，1 万，2010-01～2012-12

1102023 薛庆营．多线性算子及其在偏微分方程中的应用．北京自然科学基金委员会面上项目，4 万，2010-01～2012-12

10901019 刘志华(储继迅，王珍)．时滞微分方程的定性分析．国家自然科学基金青年科学基金，16 万，2010-01～2012-12

10901020 金蛟(王思洋，胡涛，安金兵)．高维问题和稳健性研究．国家自然科学基金青年科学基金，16 万，2010-01～2012-12

10920101 张英伯．中学生数学小丛书．国家自然科学基金专项基金，13 万，2010-01～2010-12

10931001 丁勇(陆善镇，陈杰诚，谌稳固，赵纪满，薛庆营，王梦，陈琼蕾)．调和分析及其应用．国家自然科学基金重点项目，150 万，2010-01～2013-12

10971014 卢广存(郑学安，丁浩，陈小民，邢迪娜，马家骥，戴芊慧，赵存宇，孙铁)．辛几何拓扑及相关问题研究．国家自然科学基金面上项目，26 万，2010-01～2012-12

10971015 童行伟(孙六全，宋俊峰，胡涛，张娟，王芳，王方)．面板计数数据的推断及其应用．国家自然科学基金面上项目，24 万，2010-01～2012-12

10971142 黄海洋*．多维可压缩欧拉方程的自相似解．国家自然科学基金面上项目，10 万，2010-01～2012-12

20090003110018 丁勇(刘红海，司增艳，肖雅元，洪桂祥)．积分算子交换子理论及应用．高等学校博士学科点专项科研基金，6 万，2010-01～2012-12

20090003110020 刘永平(王昆扬，王晟，黄蓉，唐晗力，凌博，宋春元)．函数逼近论中的一些极值问题和有关最优算法问题．高等学校博士学科点专项科研基金，6 万，2010-01～2012-12

20090003120024 施翔晖．WFR 和 PWO 的秩．高等学校博士学科点专项科研基金新教师

项目，3.6万，2010-01～2012-12

2009AA12204 马明国(戴永久，李新，李勇，郑小谷，张晶，韩旭军，王亮绪，纪多颖，陈卓奇). 全球陆表特征参量产品生成与应用研究．科学技术部863计划，457万，2010-01～2014-12

2010CB950703 李勇(丁爱军，金蛟，吕绍川，陈卓奇，段小刚，张树鹏，吴国灿). 全球不同区域陆地生态系统碳源汇演变驱动机：全球陆地生态系统碳源汇多源数据与模型同化研究．科学技术部973课题子课题，820万，2010-06～2014-12

京教高[2009]9号 王昆扬．新编《实变函数论讲义》. 北京市精品教材建设重大项目，5万，2010

京教高[2009]9号 张英伯．新编《代数学基础》. 北京市精品教材建设重点项目，3万，2010

京教高[2009]9号 郇中丹．修订《偏微分方程》. 北京市精品教材建设一般项目，1万，2010

GOA107015 曹一鸣，康玥媛，王立东．数学课程改革的理念与教学示范一致性研究．全国教育科学规划重点项目(教育部"十一五"重点课题)，2万，2010-01～2012-12

IRT0908 唐梓洲(杨大春，李岩岩，陆善镇，保继光，卢广存，丁勇，王昆扬，邓邦明，薛庆营，许孝精，李俊峰，赵亮，李海刚，葛建全). 调和分析与流形的几何．教育部长江学者和创新团队发展计划，300万，2010～2012

白明．城市交通控制仿真测试终端系统设备设计．交通部公路科学研究院．5万，2010-01～2010-12

白明．地铁行车信号．丽贝亚鸿(北京)建筑装饰工程有限公司，50万，2010-01～2010-12

曹一鸣，郭衎．高中数学教科书跟踪调研工具开发．教育部委托项目，1万，2010-01～2011-12

曹一鸣，宋乃庆，郭衎．高中数学教科书跟踪调研．教育部委托项目，15万，2010-01～2012-12

曹一鸣．高中数学教科书跟踪调研．教育部委托项目，1万，2010～2012

崔丽．球面对称小波的一般形式研究及其在三位物体检索中的应用．中央高校基本科研业务费专项资金，5万，2010-01～2010-12

邓邦明(惠昌常，王凯顺，刘玉明，曾紫婷，施翔晖，胡维). 表示论、量子群与同调理论．中央高校基本科研业务费专项资金，35万，2010-01～2012-12

黄海洋．北京大学生数学建模与计算机应用竞赛．北京市教委本科教育教学-实验教学基地建设-大学生学科竞赛项目，20万，2010-01～2010-12

黎雄(李仲来，袁荣，黄海洋，郇中丹，赵丽琴，杨淳，刘志华，张勇，郑创). 生物模型中的动力系统方法．中央高校基本科研业务费专项资金，35万，2010-01～2012-12

李勇．生物统计．中国林业科学院资源信息研究所，6万，2010～2011

童行伟，理论模型和方法，北京指南针科技发展股份有限公司，3万，2010～2011

王雨生．Alex and RV几何中若干问题及其在黎曼几何中的应用．中央高校基本科研业务费专项资金，5万，2010-01～2010-12

[2010]1561 黎雄．平面Hamilton系统的周期解的存在性和稳定性．教育部留学回国人员

科研启动基金，3 万，2011-01～2013-12

2112023 许孝精(唐仲伟，赵亮，李海刚，熊金钢，朱学敬)．化学工业中的非牛顿流体的理论分析．北京自然科学基金委员会面上项目，8 万，2011-01～2013-12

4112031 于福生(张慧欣)．基于知识指导和优化模糊信息粒化的大规模时序数据聚类和预测．北京市自然科学基金委员会面上项目，11 万，2011-01～2013-12

11031001 李杰权．非线性双曲型和混合型偏微分方程．国家自然科学基金重点项目子课题，22 万，2011-01～2015-12

11031002 黎雄．时滞微分方程与离散系统的定性理论及其相关问题：哈密顿系统理论与应用．国家自然科学基金重点项目子课题，28 万，2011-01～2015-12

11031002 袁荣．时滞微分方程与离散系统的定性理论及其相关问题：概周期解问题．国家自然科学基金重点项目子课题，28 万，2011-01～2015-12

11001015 王雨生(庞德艳)．Alexandrov 几何中的若干问题及非负截面曲率流形的基本群．国家自然科学基金青年科学基金，16 万，2011-01～2013-12

11001016 葛建全(钱超，岳跃朝，徐玲)．DDVV 猜想和等参超曲面理论的推广及其应用．国家自然科学基金青年科学基金，16 万，2011-01～2013-12

11001017 崔丽(宋乃琪，张志清)．均匀剖分下的球面几何多尺度分析及其应用．国家自然科学基金青年科学基金，16 万，2011-01～2013-12

11001018 郑创．偏微分方程离散格式的控制问题 A. 国家自然科学基金青年科学基金，16 万，2011-01～2013-12

11001268 赵亮*．四维局部齐性闭流形上的 Ricci 流．国家自然科学基金青年科学基金，2 万，2011-01～2013-12

11028103 李润泽(崔恒建)．若干统计模型中的稳健方法与应用研究．国家自然科学基金青年科学基金海外及港澳学者合作研究基金，20 万，2011-01～2013-12

11071017 胡永建(杨正宏，张秀平，陈公宁，魏炜)．特殊矩阵与多项式和矩阵多项式的惯性问题．国家自然科学基金面上项目，28 万，2011-01～2013-12

11071018 唐梓洲(贺慧霞，谢余铨，彦文娇)．怪球上的等参函数．国家自然科学基金面上项目，25 万，2011-01～2013-12

11071019 刘永平(张新平，黄蓉，宋春元，唐晗力，凌博，苏春梅，孙环)．函数逼近论中的某些极值问题．国家自然科学基金面上项目，24 万，2011-01～2013-12

11071020 保继光(郇中丹，邓冠铁，李美生，唐仲伟，赵亮，李海刚)．复合材料中的椭圆和抛物方程．国家自然科学基金面上项目，30 万，2011-01～2013-12

11071021 张梅(何辉，杨叙)．随机环境下的分支过程．国家自然科学基金面上项目，19 万，2011-01～2013-12

11071022 崔恒建(李开灿，杨华，胡宏昌，金蛟，王芳，王思洋)．稳健变量选择与高维数据分析．国家自然科学基金面上项目，30 万，2011-01～2013-12

11071023 郇中丹(黄海洋，刘君，张婧)．多值图像中偏微分方程方法和技术研究．国家自然科学基金面上项目，24 万，2011-01～2013-12

11071124 张争茹*．解具有间断系数问题的非协调元多重网格和区域分解方法．国家自然科学基金面上项目，8.7 万，2011-01～2013-12

61070251 刘玉明*．基于仿射辫群的公匙密码学．国家自然科学基金面上项目，8 万，

2011-01～2013-12

20100003110003 保继光(李岩岩，许孝精，谭华，熊金钢). 复 Monge-Ampère 方程的内部正则性和 Liouville 定理．高等学校博士学科点专项科研基金，6 万，2011-01～2013-12

20100003110004 邓冠铁(胡永建，赵纪满，高志强，李真). 华生问题与函数系的完备性．高等学校博士学科点专项科研基金，6 万，2011-01～2013-12

20100003110005 王凤雨(张余辉，黎怀谦，邓昌松). Lévy 型跳过程的耦合与应用．高等学校博士学科点专项科研基金，6 万，2011-01～2013-12

20100003120003 葛建全(钱超，岳跃朝，徐玲). 等参函数理论和法数量曲率不等式的推广及相互联系．高等学校博士学科点专项科研基金新教师项目，4 万，2011-01～2013-12

20100003120004 胡维(陈红星，陈一萍). Artin 代数的导出等价及相关课题．高等学校博士学科点专项科研基金新教师项目，4 万，2011-01～2013-12

20100003120005 李海刚(熊金钢，谭华，张伟，赵瑞娟). 能量极小映照的梯度估计．高等学校博士学科点专项科研基金新教师项目，4 万，2011-01～2013-12

20100003120006 郑创．偏微分方程离散格式的控制问题 B. 高等学校博士学科点专项科研基金新教师项目，3.6 万，2011-01～2013-12

2011CB808001 李增沪．大规模网络理论及应用．国家 973 计划重大项目子课题，68.51 万，2011-01～2015-12

2011CB808001 毛永华．大规模网络理论及应用．国家 973 计划重大项目子课题，68.51 万，2011-01～2015-12

NCET-10-0240 胡永建．2010 年度教育部新世纪优秀人才支持计划，50 万，2011-01～2013-12

曹一鸣．数学课程改革理念与教学示范一致性研究．北京师范大学出版社，2 万，2011-01～2013-01

曹一鸣．普通高中新课程数学教科书使用情况调研．西南大学，2 万，2011-01～2013-11

黄海洋．北京大学生数学建模与计算机应用竞赛．北京市教委本科教育教学-实验教学基地建设-大学生学科竞赛项目，20 万，2011-01～2011-12

鞠红杰．与平均曲率有关的方程解的 Liouville 性质及其分类．第 49 批博士后科学基金，3 万，2011-06～2012-06

刘玉明．转换理论与 AR-猜想．教育部留学回国人员科研启动基金，3.5 万，2011-07～2013-07

童行伟(崔恒建，李勇，李仲来，洪文明，郇中丹，张淑梅，李慧，金蛟，吕绍川). 基金仓位结算模型．中央高校基本科研业务费专项项目，35 万，2011-01～2013-12

王凤雨(张余辉，毛永华，邵井海，马宇韬). 马氏过程与相关论题．中央高校基本科研业务费专项资金，50 万，2011-01～2013-12

徐敏．网络中圈的嵌入问题的研究．中央高校基本科研业务费专项资金，10 万，2011-01～2012-12

于福生．自然灾害规则库管理系统开发．中国科学院合肥物质科学研究院，6 万，2011-07～2012-07

于濂．FPCB 外观图像对比系统软件开发．珠海南光资讯有限公司，10 万，2011-07～2012-07

于濂．巡视器仿真比对软件．航天部重庆英康智能控制工程有限公司，10 万，2011-05～2012-05

张辉(黄海洋，杨淳，纪光华，张争茹)．聚合物纳米复合材料的多尺度建模与计算．中央高校基本科研业务费专项资金，35 万，2011-01～2013-12

11101020 赵纪满*．海森堡群上算子及相关问题．国家自然科学基金面上项目，5 万，2012-01～2014-12

11101042 吴奕飞．几类非线性色散波方程的适定性和散射理论．国家自然科学基金青年科学基金项目，22 万，2012-01～2014-12

11131002 童行伟．高维数据统计建模与分析．国家自然科学基金重点项目子课题，16 万，2012-01～2016-12

11131003 陈木法(王凤雨，李增沪，张余辉，毛永华，洪文明)．马氏过程及交叉领域的新探索 A. 国家自然科学基金重点项目，230 万，2012-01～2016-12

11171025 赵旭安(高红铸，王幼宁，黄红，苏效乐，王雨生，程志云)．关于流形的一些几何与拓扑问题．国家自然科学基金面上项目，28 万，2012-01～2015-12

11171026 李俊峰(许孝精，刘明菊，石少广，司增艳，李霞)．KP 初值问题的适定性研究．国家自然科学基金面上项目，43 万，2012-01～2015-12

11171027 杨大春(孟岩，杨四辈，曹军，梁熠宇，刘绥乐，卓次强，付星，侯绍雄，卢玉峰)．相关于算子的 Orlicz-型函数空间的实变理论．国家自然科学基金面上项目，45 万，2012-01～2015-12

11171028 唐仲伟(孙春友，孙小强，冯斌华，张伟)．与变分法有关的非线性椭圆方程及方程组问题．国家自然科学基金面上项目，35 万，2012-01～2015-12

11171029 张淑梅(辛涛，李勇，魏红，郭文海，曹一鸣，孙佳楠，李涛，郭念晗，包钰)．用于多级评分认知诊断的统计模型研究．国家自然科学基金面上项目，45 万，2012-01～2015-12

11171030 杨淳(种连荣，王倩宜，侯静，来天平，王智杰，左恒，于倩，袁朝慧)．关于心脏磁共振成像的右心室修复手术数值模拟与优化设计及其软件实现．国家自然科学基金面上项目，45 万，2012-01～2015-12

11171031 施翔晖(杨跃)．可定义 PWR 和 WFR 的秩．国家自然科学基金面上项目，35 万，2012-01～2015-12

11101036 胡维(陈红星，陈一萍，彭桢，郑润东)．导出等价的构造与相关课题．国家自然科学基金青年科学基金，22 万，2012-01～2014-12

11101038 袁文(严井泉，李霞)．新 Besov 型和 Triebel-Lizorkin 型函数空间理论．国家自然科学基金青年科学基金，22 万，2012-01～2014-12

11101039 高志强(刘全升，梁新刚，黄春茂)．随机矩阵乘积的极限定理及其在随机游动和分支过程中的应用．国家自然科学基金青年科学基金，23 万，2012-01～2014-12

11101040 马宇韬．马氏过程的泛函不等式．国家自然科学基金青年科学基金，22 万，2012-01～2014-12

11126037 何辉．Galton-Watson 树和 Levy 树．国家自然科学基金数学天元基金，3 万，2012-01～2012-12

11126038 李海刚(代丽美，熊金钢，张伟，孙小强)．可压缩牛顿流体的稳定性理论与液晶流的正则性理论．国家自然科学基金数学天元基金，3 万，2012-01～2012-12

11171325 刘玉明*．代数的 Hochschild 同调与同调维数．国家自然科学基金面上项目，10 万，2012-01-2015-12

201202021 李仲来(张博宇)．我国鼠疫风险评估及预测预警方法研究．卫生部卫生行业科研专项，15 万，2012-01～2014-12

20110003110002 邓邦明(曾紫婷，赵中华，陈清花，柳叶，朱樵风)．Hall 代数、quiver Hecke 代数与范畴化．高等学校博士学科点专项科研基金，12 万，2012-01～2014-12

20110003110003 惠昌常(刘玉明，胡维，陈红星，陈一萍，刘润东，彭桢，卞震，吴慧珊，李喜风)．导出等价与无限维倾斜模理论．高等学校博士学科点专项科研基金，12 万，2012-01～2014-12

20110003110004 袁荣(刘志华，唐风军，由红连，储继迅，姚林红，张玉萍，梅颖颖)．非自治动力系统中一些定性问题的研究．高等学校博士学科点专项科研基金，12 万，2012-01～2014-12

20110003120003 何辉．树的剪切以及随机树的尺度极限．高等学校博士学科点专项科研基金新教师项目，4 万，2012-01～2014-12

20120003110003 杨大春(袁文，杨四辈，曹军，梁熠宇，付星，卓次强，侯绍雄，卢玉峰，张俊强，贺新蕾，陈夏铭)．相关于算子的新 Musielak-Orlicz 型函数空间实变理论．高等学校博士学科点专项科研基金，12 万，2012-10～2015-12

J1103102 数学科学学院，保继光，李增沪．北京师范大学数学基地．国家基础科学人才培养基金，400 万，2012-01～2015-12

91130021 李杰权*，张争茹*．多介质大变形流体的真正多维高保真算法．国家自然科学基金重大研究计划，35 万，2012-01～2014-12

ABA12020 郭玉峰(史宁中，刘春艳，朱兴国，刘伟，杨柳，刘佳，张芳，孙艳)．“四基”之数学基本活动经验研究：量化与课堂实践．北京市教育科学“十二五”规划 2012 年度重点课题，5 万，2012-09～2015-05

AHA120008 曹一鸣，吴立宝，王光明、代钦，宁连华，金康彪．中小学理科教材国际比较研究(初中数学)．国家社会科学基金“十二五”规划 2012 年度教育学重点课题，20 万，2012-12～2014-12

NCET-11-0033 刘玉明．2011 年度教育部新世纪优秀人才支持计划，50 万，2012-01～2014-12

黄海洋．北京大学生数学建模与计算机应用竞赛．北京市教委本科教育教学-实验教学基地建设-大学生学科竞赛项目，20 万，2012-01～2012-12

李仲来(张余辉，蔡俊亮，王颖喆)．大学数学公共课建设．北京市共建项目(人才培养共建项目)，8 万，2012-01～2012-12

唐仲伟．关于非线性薛定谔方程的研究．教育部留学回国人员科研启动基金，3 万，2012-06～2015-06

童行伟．快餐食品营养质量的风险评估．北京市营养源研究所，2 万，2012-11～2013-11

童行伟，中国台风路径，北京师范大学减灾与应急管理研究院，1.5 万，2012-10～2013-09

213020 吕绍川．隐马尔可夫模型及其应用．教育部留学回国人员科研启动基金，3 万，2013-01～2015-12

1132001 刘永平*．多元逼近的若干问题(Ⅱ)．北京市自然科学基金项目，4 万，2013-01～2015-12

11201028 赵亮(常媛媛)．源于调和映射的若干问题的研究．国家自然科学基金青年科学基金，22 万，2013-01～2015-12

11201029 李海刚(熊金钢，张伟)．纤维增强复合材料的弹力理论及其在几何中的应用．国家自然科学基金青年科学基金，22 万，2013-01～2015-12

11201030 何辉(毕洪伟)．分支过程与随机树．国家自然科学基金青年科学基金，22 万，2013-01～2015-12

11201031 李慧(黄飞雁，邓旭，王青莹，王煜，廖冰琳，王翠翠)．关于生存数据回归模型的研究．国家自然科学基金青年科学基金，19 万，2013-01～2015-12

11201032 刘君(王华涛，闫实，余少华，郑晓俊)．基于块的变分法图像处理理论模型及其数值方法．国家自然科学基金青年科学基金，22 万，2013-01～2015-12

11271043 邓邦明(杨士林，曾紫婷，陈清花，朱樵风，柳叶)．代数的表示、量子群与范畴化．国家自然科学基金面上项目，60 万，2013-01～2016-12

11271044 卢广存(郑学安，肖邦，马家骥，孙轶，王有涛，龚文敏)．辛几何拓扑与非线性分析中 Morse 理论方法．国家自然科学基金面上项目，50 万，2013-01～2016-12

11271045 邓冠铁(胡永建，王昆扬，高志强，汤获，龙品红，费明兵)．广义解析信号与华生问题．国家自然科学基金面上项目，60 万，2013-01～2016-12

11271046 赵丽琴(李宝毅，皮定恒，李龙，齐明辉，李德平，范增艳)．微分方程的分支理论．国家自然科学基金面上项目，60 万，2013-01～2016-12

11271047 王恺顺(郭军，孔倩，吕本建，冯敏，欧利，龚超)．高度正则图的结构理论与应用．国家自然科学基金面上项目，60 万，2013-01～2016-12

11271048 张争茹(纪光华，杨程，王丽君，李晓)．基于能量变分导数的偏微分方程的时空自适应方法．国家自然科学基金面上项目．50 万，2013-01～2016-12

11271318 张英伯*．丛代数、上同调理论与箭图的拓扑结构，国家自然科学基金面上项目，7.5 万，2013-01～2016-12

26400013 李杰权．真正多维的有限体积格式及其应用．北京应用物理与高等数学研究所，10 万，2013-01～2013-12

264000014 白明(于濂)．专用传感器及其检测数据显示系统研制，北京市微技术研究所，10 万，2013-05～2015-02

11311130103 高志强．随机环境中的分支随机游动的渐近性质．国家自然科学基金国际(地区)合作与交流项目，6 万，2013-01～2013-12

20120003120006 吕绍川(李勇，金蛟)．隐马尔可夫模型及其应用．高等学校博士学科点专项科研基金新教师项目，3 万，2013-01～2015-12

20120003120007 段小刚．基于复合分位数回归想法的 ROC 曲线回归分析．高等学校博士

学科点专项科研基金新教师项目，4 万，2013-01～2015-12

2012CXQT08 陈木法(王凤雨，李增沪，张余辉，毛永华，洪文明)．马氏过程及交叉领域的新探索 B. 中央高校基本科研业务费专项资金(国家自然科学基金创新研究群体建设项目)，100 万，2013-01～2014-12

2012CXQT09 唐梓洲(陆善镇，王昆扬，丁勇，李岩岩，杨大春，保继光，唐梓洲，邓邦明，卢广存，薛庆营，李俊峰，许孝精，赵亮，李海刚，葛建全)．调和分析与流形的几何．中央高校基本科研业务费专项资金(教育部创新团队建设项目)，50 万，2013-01～2014-12

2012LZD08 李杰权(郇中丹，许孝精，保继光，李海刚)．几类流体力学方程组数学理论．中央高校基本科研业务费专项资金重点项目，35 万，2013-01～2015-12

20130003110003 丁勇(孙小春，牛耀明，赖旭东，梅婷)．高阶微分算子相关的调和分析问题．高等学校博士学科点专项科研基金，12 万，2013-10～2016-12

20130003110004 李杰权(张辉，齐进，宋艳萍，李丽娜)．基于球面中极小子流形的谱及相关问题研究．高等学校博士学科点专项科研基金，12 万，2013-10～2016-12

20130003120008 彦文娇(李启超，朱鹏博，张丽)．球面中极小子流形的谱及相关问题研究．高等学校博士学科点专项科研基金新教师项目，4 万，2013-10～2016-12

2013M540057 戴蔚．调和分析及其在薛定谔方程研究中的应用．中国博士后科学基金会面上资助，8 万，2013-09～2014-11

13YJA880003 曹一鸣，王光明，代钦，康玥媛，朱文芳，宁连华，金康彪．高中数学课程标准的国际比较研究．教育部社会科学司，10 万，2013-05～2016-05

NCET-12-0053 张辉．2012 年度教育部新世纪优秀人才支持计划，50 万，2013-01～2015-12

RGC11261160486 张辉*．复杂流体的数学建模和高性能计算．国家自然科学基金国际(地区)合作与交流项目，10 万，2013-01～2016-12

YETP0240 胡维．代数表示论中若干问题研究．北京市青年英才计划，15 万，2013-01～2015-12

YETP0263 邵井海．带切换扩散过程遍历性研究．北京市青年英才计划，15 万，2013-01～2015-12

YETP0264 马宇韬．球面上一类测度的一致泛函不等式．北京市青年英才计划，15 万，2013-01～2015-12

YEPT6250 李俊峰．KP 初值问题适定性研究．北京市青年英才计划，15 万，2013-01～2015-12

黄海洋．北京大学生数学建模与计算机应用竞赛．北京市教委本科教育教学-实验教学基地建设-大学生学科竞赛项目，20 万，2013-01～2013-12

黄海洋．海洋灾情快速评估和综合研判系统研发与应用示范子项目：风暴潮及海浪灾情综合评估模型研发．国家海洋局，30 万，2013-01～2016-12

蒋仁进．调和分析及其在度量几何中的应用．教育部留学归国人员启动基金，3 万．2013-12～2016-12

刘洁民．义务教育课程标准实验教材《科学》．上海世纪出版社股份有限公司教育出版社，50 万，2013-12～2016-12

刘志华．Mathematical modelling and analysis for infectious diseases．中法蔡元培项目，国家留学基金委和法国大使馆资助，47 100 欧元，2013-01～2015-12

1144013 彦文娇．黎曼流形上等参族的几何 北京市自然科学基金青年项目，8 万，2014-01～2015-12

11301027 彦文娇(贺慧霞，朱鹏博)．丘成桐第一特征值猜想和等参超曲面理论的推广及应用．国家自然科学基金青年科学基金，22 万，2014-01～2017-12

11301028 程志云．纽结理论与虚纽结理论中的一些问题．国家自然科学基金青年科学基金，22 万，2014-01～2017-12

11301029 蒋仁进(贺新蕾，陈夏铭)．度量空间上的分析及其在函数空间中的应用．国家自然科学基金青年科学基金，22 万，2014-01～2017-12

11301030 邵井海(籍慧洁，赵秀秀，张娟)．带切换扩散过程遍历性质及泛函不等式的研究．国家自然科学基金青年科学基金，22 万，2014-01～2017-12

11301031 段小刚(梁宝生，邱燕萍)．基于复合分位数回归和最大秩相关想法的 ROC 回归曲线估计．国家自然科学基金青年科学基金，22 万，2014-01～2017-12

11301032 张博宇(宋杰文，徐晶晶)．具有网络结构的演化博弈动力学．国家自然科学基金青年科学基金，22 万，2014-01～2017-12

11331002 唐梓洲(彭家贵，王长平，焦晓祥，葛建全，林丽妙)．子流形的几何与拓扑．国家自然科学基金重点项目，240 万，2014-01～2018-12

11331006 刘玉明，胡维．结合代数的表示与导出范畴．国家自然科学基金重点项目子课题，66 万，2014-01～2017-12

11371056 陆国震(戴蔚，唐晗力，丁卫，陈焦，洪情，陈丽贞，李霞)．多参数调和分析及海森堡群上的最优几何不等式．国家自然科学基金面上项目，50 万，2014-01～2017-12

11371057 丁勇(刘红海，孙小春，牛耀明，赖旭东，梅婷)．相关于微分算子的函数空间和算子问题．国家自然科学基金面上项目，50 万，2014-01～2017-12

11371058 袁荣(刘志华，林国建，吕云飞，曹建智，田宝川，谢瑞军，张正阳，马优，韩琰)．非线性微分方程的一些问题．国家自然科学基金面上项目，50 万，2014-01～2017-12

11371059 许孝精(苗长兴，薛留堂，郑孝信，朱学敬，侯倩倩，曹秋林，叶专，廖会平)．具有不规则扩散的可压缩流体力学方程中的数学问题．国家自然科学基金面上项目，55 万，2014-01～2017-12

11371060 保继光(李岩岩，李美生，李海刚，张伟，王博)．弹性复合材料中偏微分方程组的研究．国家自然科学基金面上项目，55 万，2014-01～2017-12

11371061 张梅(何辉，国洪松，于锦涛，陈婷静)．广义分支过程和粒子系统．国家自然科学基金面上项目，48 万，2014-01～2017-12

11371062 童行伟(胡涛，梁宝生，曲荣华，谢传龙，陈文，杨兴美，李界)．混合复发事件数据的统计分析及其他．国家自然科学基金面上项目，50 万，2014-01～2017-12

11371063 李杰权(齐进，赵励耘，钱建祯，汪玥，宋艳萍，陈锐，李丽娜，杜亨荣，杜知方)．真正多维时空高精度黎曼解法器及其应用．国家自然科学基金面上项目，50 万，

2014-01～2017-12

11371133 蔡俊亮*．图类的亏格与嵌入分布及其相关问题研究．国家自然科学基金面上项目，12 万，2014-01～2017-12

11371204 王恺顺*．图的自同构群和对称性．国家自然科学基金面上项目，20 万，2014-01～2017-12

319022001 朱文芳．2014 年义务教育阶段数学学习质量监测工具研制与数学监测专项研究．教育部基础教育质量监测中心，1 万，2014-01～2014-12

20131002701 保继光(李岩岩，李海刚，熊金钢)．非局部椭圆型偏微分方程的若干问题．北京市优秀博士学位论文指导教师科技项目，50 万，2014-01～2015-12

11411130053 杨大春．函数空间及其应用．国家自然科学基金国际(地区)合作与交流项目，3 万，2014-05～2014-12

11411130175 王凤雨(陈木法，洪文明，毛永华，张余辉)．多维和无穷维分布的泛函不等式．国家自然科学基金国际(地区)合作与交流项目，9 万，2014-05～2014-12

2013-K-Z-XH15 李仲来(谭得伶)．王梓坤学术成长资料整理．老科学家学术成长资料采集工程领导小组办公室，8 万，2013-09～2014-10

2014KJJCB21 王加银．基于智能信息处理的微型飞行器控制及应用．自主科研基金学科交叉重点项目，35 万，2014-09～2017-08

2014KJJCB20 胡维．表示论中的同调与组合方法．自主科研基金学科交叉重点项目，35 万，2014-09～2017-08

2014KJJCA10 薛庆营．调和分析与偏微分方程中的若干重要问题．自主科研基金学科交叉重大项目，50 万，2014-09～2017-08

NCET-13-0065 薛庆营．2013 年度教育部新世纪优秀人才支持计划，50 万，2014-01～2016-12

白明*，刘玉铭*，于濂*，郇中丹*，黄海洋*，张辉*，于福生*，崔丽*．安全车联网市场需求和解决方案研究：碰撞预警系统决策算法及仿真验证开发．中国移动通信有限公司研究院，93 万，2014-03～2014-12

曹一鸣．海淀区普通高中阶段促进学科能力发展的教学改进(第二阶段)项目(数学)．北京市海淀区教师进修学校，4.75 万，2014-11～2015-11

曹一鸣．丰台区基于学生核心学科能力发展的教学改进研究项目(数学)．北京教育学院丰台分院，9.5 万，2014-11～2015-11

曹一鸣．基于学科能力导向的教学理论和方法促进教师专业发展研究项目(数学)．北京市朝阳区教育研究中心，3 万，2014-06～2015-06

曹一鸣．基于学生学科能力发展测评结果促进区域教研改进研究项目(数学)．北京市朝阳区教育研究中心，3 万，2014-06～2015-06

曹一鸣．基于学生核心学科能力发展的教学改进研究项目(数学)．北京市朝阳区教育研究中心，10 万，2014-06～2015-06

郇中丹．人脑功能．中国科学院心理研究所项目，10 万，2014-06～2016-12

黄海洋．北京大学生数学建模与计算机应用竞赛．北京市教委本科教育教学-实验教学基地建设-大学生学科竞赛项目，20 万，2014-01～2014-12

李杰权．时空相容的高精度 ALE 格式及其在弹塑性流体的应用．北京应用物理与计算数

学研究所，10 万，2014-01～2014-12

李亦菲．创新人才培养协作体工作机制与培养模式研究．北京青少年科技创新学院，18.48 万，2014-02～2014-12

刘来福．钞票防伪能力评价数学模型设计．中国人民银行印制科学技术研究所，10.9 万，2014-10～2014-12

刘来福．数学学科翱翔学员培训的实践探索和熏陶体验课程的开发实践研究．北京青少年科技创新学院，19.8 万，2014-06～2014-12

唐仲伟．偏微分方程多峰解的研究．American Mathematical Society Concentration，1 000 美元，2014-01

11401027 薛留堂．流体动力学中的主动标量与自相似奇性的研究．国家自然科学基金青年科学基金项目，22 万，2015-01～2017-12

11431014 王凤雨*，邵井海*，马宇韬*．面向流体力学的随机偏微分方程的分析和渐近性质研究．国家自然科学基金重点项目子课题，95 万，2015-01～2019-12

11471033 丁勇*．Kato 平方根算子及分数阶微分算子的相关问题．国家自然科学基金面上项目，10 万，2015-01～2018-12

11471038 胡维(刘玉明，方明，熊保林)．导出范畴、稳定范畴和 Koszul 对偶．国家自然科学基金面上项目，60 万，2015-01～2018-12

11471039 王雨生(孙宏伟，苏效乐，高东，王玉琴)．与 Alexandrov 几何相关的一些基本问题．国家自然科学基金面上项目，65 万，2015-01～2018-12

11471040 赵纪满(何建勋，宋乃琪，尹明凯，付星，孟琨，方敬轩，柳鹏)．幂零李群上的某些函数空间和多线性算子．国家自然科学基金面上项目，60 万，2015-0～2018-12

11471041 薛庆营(伍火熊，张婧，张代清，毛素珍，严井泉，贺莎，曹明明，徐得三)．多线性算子的有界性及其应用．国家自然科学基金面上项目，60 万，2015-01～2018-12

11471042 袁文(刘丽光，林海波，梁熠宇，卓次强，张俊强，卢玉峰，贺新蕾，陈夏铭，刘军)．基于 Morrey 空间的函数空间实变理论及其应用．国家自然科学基金面上项目，65 万，2015-01～2018-12

11471043 刘永平(许贵桥，谷懿，刘彩云，陈汉萍，代广馨)．函数逼近论的一些极值问题与多元线性问题的可处理性．国家自然科学基金面上项目，65 万，2015-01～2018-12

11471044 刘志华(储继迅，Pierre Magal，曹建智，程红梅，张正阳，黄基荣，傅晓鹏，马兆海，刘文秀)．几类微分方程的定性分析及其在人口动力系统中的应用．国家自然科学基金面上项目，65 万，2015-01～2018-12

11471046 张辉(陈锐，李晓，谷淑婷，王良，徐真，吴大婷)．软物质材料的微结构和宏观性质的计算与分析．国家自然科学基金面上项目，50 万，2015-01～2018-12

11471220 许孝精*．不可压 Navier-Stokes 方程的边界层问题研究．国家自然科学基金面上项目，10 万，2015-01～2018-12

212400204 吕本建．图的谱理论及其应用．第 54 批博士后基金，5 万，2015-05～2016-06

240100004 朱文芳(伍春兰，彭友林，孙孝武，胡涛，王成，许芬英，谢慧，刘忠新，雷文虹，黄婉华)．楚雄市区域义务教育阶段教育质量监测试点．教育部基础教育质量监测中心项目，15 万，2015-03～2018-12

319022001 朱文芳(伍春兰，彭友林，王成，胡涛，许芬英，李红云，尤慧，翟海燕，王红，褚晓辰，朱俊侠，张旖澈).2015 年义务教育阶段数学学习质量监测工具研制．教育部基础教育质量监测中心项目，2 万，2015-01～2015-12

319022001 朱文芳(伍春兰，彭友林，王成，胡涛，许芬英，李红云，尤慧，翟海燕，王红，褚晓辰，朱俊侠，张旖澈).2015 年区域义务教育阶段数学学习质量监测工具研制．教育部基础教育质量监测中心项目，3 万，2015-06～2016-05

2015KJJCA11 刘志华(袁荣，赵丽琴，黎雄，苏喜锋)．动力系统中的一些问题及其应用．北京师范大学自主科研基金学科交叉重大项目，50 万，2015-06～2018-05

2015KJJCB23 张争茹(张辉，纪光华，刘君，崔丽)．软物质驱动的多元泛函的建模与计算．北京师范大学自主科研基金学科交叉重点项目，35 万，2015-06～2018-05

2015KJJCB24 徐敏(王恺顺，蔡俊亮，吕本建，马儇龙，杨越峰，巩超，魏宇龙，李军红，张少玲，高晖，裴慧辉)．计算机通信网络的可靠性研究．北京师范大学自主科研基金学科交叉重点项目，35 万，2015-06～2018-05

2015M570958 吕本建，图的谱理论及其应用．中国博士后科学基金会面上资助，5 万，2015-05～2016-06

2015M570959 唐晗力．具有最佳增长条件的 Adams 不等式及其极值函数存在性．中国博士后科学基金会面上资助，5 万，2015-05～2016-12

保继光．微分方程本科通识课程的建设与改革．北京高等学校教育教学改革项目，5 万，2015-01～2016-12

曹一鸣．“互联网＋数学自适应学习”研究．全国数学教育研究会项目，120 万，2015-06～2018-06

曹一鸣．促进学生数学学科核心素养和关键能力发展的教学改进研究．北京市朝阳区教育研究中心项目，5 万，2015-06～2016-06

曹一鸣．丰台区第二期中学骨干教师专业发展研究合作项目(数学)．北京教育学院丰台分院项目，36 万，2015-05～2017-04

曹一鸣．数学教师学科核心素养和关键能力导向的学业成就评价能力的发展研究．北京市朝阳区教育研究中心项目，3 万，2015-06～2016-06

黄海洋．北京大学生数学建模与计算机应用竞赛．北京市教委本科教育教学-实验教学基地建设-大学生学科竞赛项目，20 万，2015-01～2015-12

151003 李海刚．材料力学中的椭圆方程组理论．霍英东教育基金青年教师基金基础性研究课题，18 万，2016-03～2019-03

11501033 张翀．相对朗兰兹纲领与相对迹公式．国家自然科学基金青年科学基金项目，19.82 万，2016-01～2018-12

11501034 熊金钢(宋乾乾，王博，曹絮，彭志鹏)．共形几何中的非局部偏微分方程．国家自然科学基金青年科学基金项目，20.2 万，2016-01～2018-12

11501035 张勇(李晓燕，徐琳，李霞，张焕梅)．登革热疫情传播规律及防控策略研究．国家自然科学基金青年科学基金项目，20 万，2016-01～2018-12

11501036 吕本建(冯敏，马儇龙，杨越峰，李军红)．高度正则图的 Terwilliger 代数．国家自然科学基金青年科学基金项目，20.16 万，2016-01～2018-12

11501541 陆晴(王章结).L 函数中心值与椭圆曲线的算术．国家自然科学基金青年科学基金项目，13.5829 万，2017-01～2018-12(2016-01～2016-12 基金在外校)

11522103 葛建全．微分几何．国家自然科学基金优秀青年科学基金项目，130 万，2016-01～2018-12

11531001 李增沪(陈大岳，韩东，洪文明，张晓东，陈新兴，何辉)．随机树、随机图与随机过程．国家自然科学基金重点项目，300 万，2016-01～2020-12

11571001 于福生(王加银，刘玉铭，刘艳，Tauqir Ahmed，黄也白，杨星星，黄茉菊，高旭，李文婉)．基于知识指导和模糊信息粒化的时序大数据分析和挖掘．国家自然科学基金面上项目，50 万，2016-01～2019-12

11571019 熊金钢*．几何中的退化椭圆型方程．国家自然科学基金面上项目 9 万，2016-01～2019-12

11571038 赵旭安(高红铸，程志云，徐勐戬，杨燊)．齐性空间和纽结的同调不变量．国家自然科学基金面上项目，50 万，2016-01～2019-12

11571039 杨大春(孟岩，刘丽光，梁熠宇，卓次强，付星，张俊强，刘军，闫现杰，吴素青)．基于算子有界性的端点或尖锐问题的函数空间实变理论及其应用．国家自然科学基金面上项目，55 万，2016-01～2019-12

11571040 唐仲伟(郭玉霞，牛苗苗，聂建军)．若干非线性变分问题的研究．国家自然科学基金面上项目，45 万，2016-01～2019-12

11571041 黎雄(孙艳梅，杨先山，王飏，黄鹏，韩宇，靳莎莎)．平面扭转映射理论及其应用．国家自然科学基金面上项目，45 万，2016-01～2019-12

11571042 李海刚(保继光，李岩岩，曹絮，牛苗苗，徐龙娟，王宠)．非线性弹性力学中的椭圆方程理论．国家自然科学基金面上项目，50 万，2016-01～2019-12

11571043 马宇韬(毛永华，张余辉，廖仲威，李培森，李英，杜静)．泛函不等式与一类马氏过程的 Cutoff 现象．国家自然科学基金面上项目，50 万，2016-01～2019-12

11571044 徐敏(徐俊明，蔡俊亮，帅天平，詹福琴，张雁楠，牛艳云，王文涛，王琪瑞，周志诚)．计算机通信网络容错诊断与可靠性分析研究．国家自然科学基金面上项目，50 万，2016-01～2019-12

11571045 纪光华(张辉，张争茹，李晓，廖利明)．活性液晶聚合物流体的建模与数值分析．国家自然科学基金面上项目，50 万，2016-01～2019-12

11571160 丁勇*．几类多线性算子及其相关问题．国家自然科学基金面上项目，15 万，2016-01～2019-12

11571361 郑学安*．多复变与复几何的若干问题．国家自然科学基金面上项目，10 万，2016-01～2019-12

2016M600953 王跃宾．基于自适应的高层次特征的高分辨率遥感影像的检索方法．中国博士后科学基金会面上资助，5 万，2016-11～2018-07

2018T110065 王跃宾．基于特征深度融合的高分辨率遥感影像的目标探测．中国博士后科学基金会特别资助，15 万，2018-06～2018-07

2016YFC1306304 朱霖(陈克伟，乔晋萍)．PET 分子诊断探针的研发．国家重点研发计划重大慢性非传染性疾病防控研究，56 万，2016-09～2020-12

白明．专用传感器和其数据显示系统研制(2 期)．北京市对外服务办公室第三室项目，9 万，2016-05～2017-05

曹一鸣．促进学生核心素养和关键能力发展的教学改进研究(2016)．朝阳区教育研究中心项目，5 万，2016-01～2016-12

曹一鸣．促进学生数学学科核心素养与关键能力发展的翻转课堂教学研究．山东省昌乐一中项目，15 万，2016-03～2017-03

曹一鸣．促进学生学科核心素养和关键能力发展的教学改进．北京市房山区教育委员会项目，30 万，2016-03～2019-03

曹一鸣．丰台区促进学生核心素养和关键能力发展的教学改进研究(2016)(数学)．北京市教育学院丰台分院项目，9.5 万，2016-09～2017-09

曹一鸣．教师学科核心素养和关键能力导向的学业成就评价能力的发展研究(2016)．朝阳区教育研究中心项目，3 万，2016-01～2016-12

曹一鸣，郭衎．数学考试题库开发．全美测评软件系统(北京)有限公司项目，198 万，2016-04～2019-03

曹一鸣，郭衎．数学练习题库开发．全美测评软件系统(北京)有限公司项目，252 万，2016-04～2019-03

曹一鸣，郭衎．数学学科素养题库开发．全美测评软件系统(北京)有限公司项目，210 万，2016-04～2019-03

郭衎．房山区数学教师学科核心素养和关键能力导向的学业成就评价能力的发展研究．北京市房山区教师进修学校项目，10 万，2016-09～2017-09

黄海洋(刘来福，何青，崔丽，王颖喆)．北京大学生数学建模与计算机应用竞赛．北京市教委大学生学科竞赛项目-北京大学生数学建模与计算机应用竞赛项目，20 万，2016-01～2016-12

张博宇(李仲来，李聪，董雅丽)．2016 年游戏数学分析研究项目．中体彩科技发展有限公司项目，27 万，2016-06～2016-12

1172004 刘永平*．多元逼近的若干问题(Ⅲ)．北京市自然科学基金．5 万，2017-04～2021-04

11626245 陈木法(王凤雨，李增沪，张余辉，毛永华，洪文明，张梅，王颖喆，邵井海，马宇韬，何辉)．概率论及相关论题．国家自然科学基金专项基金，100 万，2017-01～2017-12

11631002 保继光(韩青，李安民，李海刚，刘保平，盛利，熊金钢)．几何中的退化与奇异偏微分方程．国家自然科学基金重点项目，70.7 万，2017-01～2021-12

11671039 蒋仁进(薛庆营，薛留堂，张俊强，贺子毅，刘军，吴素青，闫现杰，蒋漫如，张军伟)．函数空间实变理论，Riesz 变换及其在微分方程中的一些应用．国家自然科学基金面上项目，48 万，2017-01～2020-12

11671040 赵丽琴(李宝毅，皮定恒，李龙，张永康，杨纪华，黄鹏，隋世友，赵凌燕，张蓉蓉)．分段光滑微分系统的极限环分支．国家自然科学基金面上项目，48 万，2017-01～2020-12

11671041 何辉(栾娜娜，毕洪伟，周珂，徐伟，季丽娜，刘婧凝，石万林)．随机树理论在分支过程研究中的应用．国家自然科学基金面上项目，48 万，2017-01～2020-12

11671043 王恺顺(吕本建，马偎龙，杨越峰，巩超，李军红，魏宇龙，裴慧辉)．结合方案与极值组合学．国家自然科学基金面上项目，48 万，2017-01～2020-12

11671046 徐桂香(张军勇，郑浩，杨建伟，唐兴栋，路静，高心军，赵腾飞，卢超，高传伟)．波动方程解的长时间动力学行为研究．国家自然科学基金面上项目，48 万，

2017-01～2020-12

11671052 纪光华*．基于有限元方法的金属-介质周期结构的数学和计算研究．国家自然科学基金面上项目，48 万，2017-01～2020-12

11671331 唐仲伟*．非线性 Schrodinger-Poisson 方程组的高频驻波解及相关问题．国家自然科学基金面上项目，17.28 万，2017-01～2020-12

11671350 张英伯*．丛代数的结构，范畴化及拓扑不变性研究．国家自然科学基金面上项目，12 万，2017-01～2020-12

11701313 龚文敏(李旗挺，高东)．Banach 空间上的退化微分方程及相关问题的研究．国家自然科学基金面上项目，23 万，2017-01～2020-12

71631002 张博宇*．交通系统中个体和群体出行选择行为的实验研究及复杂性分析．国家自然科学基金重点项目，25 万，2017-01～2022-12

212300015 张争茹(董丽秀，马广通)．凝聚相炸药燃烧爆炸过程的数值模拟方法研究．国防科学技术工业委员会国防基础科研核科学挑战专题子课题，40 万．2017-09～2020-08

2017EYT23 葛建全(彦文娇)．微分几何中的若干重要问题．北京师范大学自主科研基金优秀青年人才项目，45 万，2017-01～2019-12

2017EYT22 陈华杰(徐真，李晓旭)．周期体系 Kohn-Sham 方程求解的数值误差研究．北京师范大学自主科研基金优秀青年人才项目，45 万，2017-01～2019-12

2017M610785 郭衎．数学教师核心素养在教学实践中的表现研究．中国博士后科学基金会面上资助，5 万，2017-05～2018-07

2017M610797 李宋子．最优传输与熵．中国博士后科学基金会面上资助，5 万，2017-05～2018-07

2017M620660 路静．具有反平方位势的非线性薛定谔方程解的动力学行为研究．中国博士后科学基金会面上资助，5 万，2017-11～2018-07

2017YFA0604903-6 黄海洋*，刘君*，海岸带和沿海地区综合风险评估关键技术研究，科技部，国家重点研发计划重点专项，第三子课题专题 6：森林损毁状态遥感检测及自然灾害风险系统空间区划方法研究．35.6 万，2017-07～2022-06

2018SX001-I 朱文芳(伍春兰，刘金凤，李红云，尤慧，翟海燕，兰小银，潘海林，申明兰，杨贺羽，闫昭君，谷越，郑燕男，其其格，许丹萍，寇燕华，褚晓辰，宋慧静，武玉霞)．2018 年义务教育阶段数学学习质量监测工具研制．国家基础教育质量监测课题，8 万，2017-03～2017-06

Z171100003317114 李建华(朱一心，范兴亚，王姿婷，邹嘉莹，郭小丽，刘亚洲，王高慧，闫雨飞，黄克瑾)．中小学手数学实验产品研发．北京市科学技术委员会中小学数学实验产品研发专项，35 万，2017-01～2019-12

曹一鸣．朝阳区教师数学学科能力导向的学业成就评价能力发展研究．北京市朝阳区教育研究中心项目，3 万，2017-04～2017-11

曹一鸣．促进学生数学学科核心素养与关键能力发展的翻转课堂教学研究．山东省昌乐一中项目，15 万，2017-03～2018-03

曹一鸣．促进学生数学学科核心素养和关键能力发展的教学改进研究项目，北京教育学院石景山分院项目，10 万，2017-04～2018-03

曹一鸣．促进学生数学学科核心素养和关键能力发展的教学和改进研究．北京市朝阳区教

育研究中心项目，5 万，2017-04～2017-11

曹一鸣*．促进学生学科核心素养和关键能力发展的教学改进研究项目．北京市教育学院丰台分院项目，12 万，2017-09～2018-08

曹一鸣*．丰台区骨干教师专业发展有效模式研究．北京教育学院丰台分院项目，10 万，2017-07～2018-06

黄海洋(刘来福，何青，崔丽，王颖喆)．北京大学生数学建模与计算机应用竞赛．北京市教委大学生学科竞赛项目-北京大学生数学建模与计算机应用竞赛项目，20 万，2017-01～2017-12

胡永建．励耘理科实验班数学专业拔尖学生培养．基础学科拔尖学生培养试验计划规划建设项目，300 万，2017-01～2017-12

留金欧[2016]6052 杨大春．基于 Morrey 空间的光滑函数空间．中德合作科研项目(PPP)，项目负责人每年可以访问 1 个月，1 700 欧元；项目组成员每年可以访问 3 个月，每月 1 300 欧元，2017-01～2018-12

徐敏．光晶格中多粒子相互作用方程的研究．中国科学院国家授时中心项目，3 万，2017-10～2018-10

11701030 邓宇星．里奇孤立子的刚性研究．国家自然科学基金青年科学基金项目，22 万，2018-01～2020-12

11701031 唐晗力(陈占美，余文抒，阮洋洋)．双参数振荡积分算子及海森堡群上的 Moser-Trudinger 不等式．国家自然科学基金青年科学基金项目，22 万，2018-01～2020-12

11701032 汪志威．多复变与复几何中的一些上同调群的维数的渐近估计．国家自然科学基金青年科学基金项目，26.37 万，2018-01～2020-12

11701037 陈华杰*．周期体系 Kohn-Sham 方程求解的数值误差研究．国家自然科学基金面上项目，5 万，2018-01～2020-12

11701038 潘亮(任晓栋，徐喜华，赵丰祥)．基于非结构网格的可压缩流高精度气体动理学格式．国家自然科学基金面上项目，25 万，2018-01～2020-12

11701313 龚文敏．Banach 空间上的退化微分方程及相关问题的研究．国家自然科学基金青年科学基金项目，23 万，2018-01～2020-12

11722101 彦文娇．微分几何．国家自然科学基金优秀青年科学基金项目，130 万，2018-01～2020-12

11726004 李建华(张英伯，朱一心)．中国古代数学故事绘本．国家自然科学基金专项基金项目，10 万，2018-01～2018-12

11726621 杨大春(王松柏，袁文，刘军，谢广亨，贺子毅，吴素青)．基于 Amalgam 空间的 Hardy 空间实变理论及其应用．国家自然科学基金专项基金项目，20 万，2018-01～2018-12

11771042 程志云(陈海苗，徐孟戬，王冉，阮洋洋)．低维拓扑中的一些量子不变量．国家自然科学基金面上项目，48 万，2018-01～2021-12

11771043 薛留堂(蒋仁进，徐夫义，柳军，谢广亨，贺子毅，朱宁，高林，袁媛，钟月圆)．一些流体动力学方程的整体适定性与有限时刻爆破问题的研究．国家自然科学基金面上项目，48 万，2018-01～2021-12

11771044 袁荣(张子恒，田宝川，齐良平，孙秀丽，吴鑫，马兆海，张向明，胡雪丹，金

祝成). 非线性问题中的动力学及其复杂性. 国家自然科学基金面上项目, 57.2 万, 2018-01～2021-12

11771045 许孝精(向昭银, Wu Jiahong, 路净, 刘军, 谢子亨, 朱宁, 高林, 钟月圆, 袁媛). 带有不规则耗散项的不可压缩流体力学系统的数学问题. 国家自然科学基金面上项目, 48 万, 2018-01～2021-12

11771046 陈木法(李培森, 李月爽, 魏志峰). (随机)稳定性及其速度估计. 国家自然科学基金面上项目, 48 万, 2018-01～2021-12

11771047 毛永华(张余辉, 黄璐静, 齐博瑞). 马氏过程的平稳性与拟平稳性. 国家自然科学基金面上项目, 48 万, 2018-01～2021-12

11771050 施翔晖. 大基数和高阶度论. 国家自然科学基金面上项目, 48 万, 2018-01～2021-12

71771026 张博宇(董雅丽, 鲍建樟, 韩晓, 黄淑婷). 激励机制对人类合作行为的促进研究. 国家自然科学基金面上项目, 58.1 万, 2018-01～2021-12

11761131002 杨大春(林勇, 孙文昌, 赵纪满, 杨云雁, 薛庆营, 李俊峰, 袁文, 刘丽光, 孙玉华). 函数空间实变理论及其应用. 国家自然科学基金国际(地区)合作与交流项目, 180 万, 2018-01～2020-12

11811530272 刘志华(中方: 袁荣, 马兆海, 张向明; 法方: Arnaud Ducrot, Pierre Magal, Xiaoming Fu, Zhengyang Zhang). 具有几乎扇形算子的半线性抽象 Cauchy 问题的中心流形和正规型理论及其应用. 国家自然科学基金国际(地区)合作与交流项目, 14.8 万, 2018-01～2020-12

2018EYT11 彦文娇. 子流形几何. 北京师范大学自主科研基金优秀青年人才项目, 45 万, 2018-01～2020-12

2018M631369 陈昱. 两类偏微分方程解的存在性、多重性与梯度估计的研究. 中国博士后科学基金会面上资助, 5 万, 2018-05～2020-07

BHA180157 曹一鸣, 中学生合作问题解决中认知互动与社会互动及其关系的实证研究. 国家社会科学基金"十三五"规划教育学一般课题, 20 万, 2018-07～2021-12

CCDA18124 郭衎(刘晓婷, 周蔚, 夏志超, 宋爽, 王诗宇, 孙彬博, 张舒). 微课学习模式下初中学生问题解决能力发展研究. 北京市教育科学规划领导小组办公室, 5 万, 2018-06～2021-06

CHA180266 郭衎(刘晓婷, 宋爽, 李倩, 王诗宇, 孙彬博). 教育神经科学视域下学生问题解决能力发展研究. 全国教育科学规划办公室, 20 万, 2018-07～2020-12

曹一鸣, 史宁中, 王长平, 马云鹏, 郭衎. 2018 年教育阶段课程修订与调研工作经费. 教育部社科司项目, 70 万, 2018-12～2019-12

曹一鸣. 昌乐一中 2018 年度数学学科翻转课堂教学改进项目. 山东省昌乐一中项目, 15 万, 2018-03～2019-03

曹一鸣. 促进数学学科建设与教师专业发展的研究. 西安文理学院项目, 7 万, 2018-12～2019-05

曹一鸣. 动态课件在数学教学中的应用效果研究. 北京鸿合爱学教育科技有限公司项目, 20 万, 2018-12～2020-11

曹一鸣. 石景山区 2018 年度数学学科教学改进项目(10200240200053 子课题). 北京教育学院石景山分院项目, 10 万, 2018-03～2019-03

曹一鸣，David Clarke，李春密，马迎秋．中学生合作问题解决中认知互动与社会互动及其关系的实证研究．国家社科基金“十三五”规划教育学一般项目，20 万，2018-07～2021-12

曹一鸣．教育课程改革与质量标准工作专项课题．教育部社科司项目，15 万，2018-12～2019-12

曹一鸣*．北京教育学院丰台分院与北京师范大学“春风计划”．北京教育学院丰台分院项目，14 万，2018-07～2019-06

曹一鸣*．促进学生学科核心素养和关键能力发展的教学改进研究．北京教育学院丰台分院项目，12 万，2018-09～2019-10

曹一鸣*．山东省高一优策选科项目命题及阅卷指导工作．慕午尚测学业数据技术(北京)有限公司项目，9.3 万，2018-04～2018-06

郭衎．教育神经科学视域下学生问题解决能力发展研究．国家社科基金“十三五”规划教育学青年项目，20 万，2018-07～2021-12

郭衎．微课学习模式下初中学生问题解决能力发展研究．北京市教科规划青年专项课题，5 万，2018-06～2021-06

郭玉峰(李海东，王嵘，张伟，王翠巧，赵昕，雷晓莉，吴惠玲，谭秋瑞，张艳娇，赵坤)．基于核心素养的高中数学教材与教学研究．人民教育出版社项目，1.6 万，2018-09～2020-12

何青(王杰亮)．智能体重数据分析和挖掘项目．北京纳信智医健康管理有限公司项目，10 万，2018-06～2018-12

黄海洋(刘来福，何青，崔丽，王颖喆)．北京大学生数学建模与计算机应用竞赛．北京市教委大学生学科竞赛项目-北京大学生数学建模与计算机应用竞赛项目，20 万，2018-01～2018-12

刘君(崔丽，孟俊英，刘杨，林熙凤)．SDN 网络传输性能测试．中国科学院计算机网络信息中心项目，5 万，2018-11～2019-12

于国文．形式与功能：中、美、芬数学课堂关键教学行为比较研究．全国教育科学“十三五”规划教育部青年项目，2 万，2018-07～2021-12

张博宇(李仲来，董雅丽，裴姗，朱凯，黄淑婷，王慧玲)．波音与北京师范大学第 2018-GT-180 号研发协议，Decision support system for irregular flight recovery. 美国波音公司项目，63 万，2018-08～2019-06

11871006 刘永平．高维问题和无穷维问题的构造性算法与信息复杂度．国家自然科学基金面上项目，63.6 万，2019-01～2022-12

11871007 刘志华(袁荣，吴鑫，马兆海，张向明，陈方媛，薛叶青，金祝成，刘红缨，黄诗雯)．非线性泛函微分方程的分支问题及应用．国家自然科学基金面上项目，53 万，2019-01～2022-12

11871008 张余辉(马宇韬，王婧，闫艳艳)．经典的非对称马氏链．国家自然科学基金面上项目，50 万，2019-01～2022-12

11871035 刘君*．图像恢复与分解问题中非凸非光滑模型的下界理论和快速算法．国家自然科学基金面上项目，17.4 万，2019-01～2022-12

11871087 许孝精*．在流体动力学方程和 Keller-Segel 方程中的调和分析方法．国家自然

科学基金面上项目，10 万，2019-01～2022-12

11871100 袁文(卓次强，付星，唐晗力，贺子毅，吴素青，黄龙，陶金，贾洪潮，冷思源). 与非线性分析问题相关的函数空间实变理论和算子性质．国家自然科学基金面上项目，53 万，2019-01～2022-12

11871101 薛庆营(伍火熊，曹明明，章娟，侯宪明，连佳丽，温泳铭，刘荣辉，谷恒，王志丹). 多线性算子的若干重要问题的研究．国家自然科学基金面上项目，53 万，2019-01～2022-12

11871102 保继光(黄荣里，鞠红杰). 拉格朗日平均曲率方程奇点的研究．国家自然科学基金面上项目，53 万，2019-01～2022-12

11871103 张梅(王颖喆，刘婧凝，孙琪，李豆豆，赵艳，刘嘉). 分支马氏过程的若干研究．国家自然科学基金面上项目，50 万，2019-01～2022-12

11871105 张争茹(纪光华，董丽秀，秦煜哲，徐真). 带有奇性的梯度流问题的数值计算与分析．国家自然科学基金面上项目，55 万，2019-01～2022-12

11871106 曹外香(陈华杰，杨扬，董丽秀，秦煜哲，杨雨绮). 高阶非线性偏微分方程的高效数值方法及应用．国家自然科学基金面上项目，53 万，2019-01～2022-12

11871242 苏喜锋*. 强不定变分理论在非线性 Dirac 方程中的应用．国家自然科学基金面上项目，14 万，2019-01～2022-12

41801241 王跃宾．基于特征深度融合的高分辨率遥感影像的检索．国家自然科学基金青年科学基金项目，30 万，2019-01～2021-12

19YJA880009 郭玉峰(李海东，曹一鸣，保继光，刘春艳，赵昕，王嵘，徐乃楠，刘其右). 高中数学核心素养理论框架的实证及实践研究．教育部人文社会科学研究规划基金项目，10 万，2019-03～2022-03

2019M650532 于国文．中、日、韩中学数学课堂比较研究：关键教学行为视角．中国博士后科学基金会面上资助，5 万，2019-05～2019-07

2019M660513 王妍．河流生态系统中的反应扩散对流方程．中国博士后科学基金会面上资助，8 万，2019-11～2021-07

2019M660523 朱忠明．学习机会视角下的学生合作问题解决研究．中国博士后科学基金会面上资助，2019-11～2021-03

Z190003 葛建全(王雨生，彦文娇，汪志威，黄红，苏效乐，徐国义，戎小春，胥世成). 子流形与亚历山大空间的几何拓扑．北京市自然科学基金重点研究专题项目，200 万，2019-10～2023-10

张博宇(李聪，董雅丽，裴姗，朱凯，何岳寰，王慧玲). 波音与北京师范大学第 2019-GT-223 号研发协议，Irregular flight recovery pattern analysis and recognition. 美国波音公司项目，63.9 万元，2019-08～2020-06

曹一鸣．2019-2020 年度数学学科教学改进项目．首都师范大学附属回龙观育新学校项目，10 万，2019-03～2020-03

曹一鸣．昌乐一中 2019 年度数学学科翻转课堂教学改进项目．山东省昌乐一中项目，15 万，2019-03～2020-03

曹一鸣．数学合作问题解决实践研究．北京博怡盛亿科技股份有限公司项目，20 万，2019-09～2022-08

郭玉峰(刘春艳，赵昕，吴惠玲，杨柳，刘其右，闫佳洁，高澜，段欣慰，刁佳). K12 中

小学生数学核心素养课题研发项目．北京嘿哟在线科技有限公司项目，10万，2019-07～2022-07

郭玉峰(杨柳，刘伟，杜晓宇，童晶玲，林珊，彭诗媛)．数学科普图书历史研究．中国科普研究所项目，15万，2019-12～2020-12

郭玉峰(高澜)．春风计划．北京教育学院丰台分院项目，10万，2019-09～2020-08

刘玉铭(白明)．国电 RFID 加密芯片通信关键技术研发．京成云马(北京)科技有限公司项目，11万，2019-06～2019-09

王颖喆(黄海洋，崔丽，何青)．北京大学生数学建模与计算机应用竞赛．北京市教委大学生学科竞赛项目-北京大学生数学建模与计算机应用竞赛项目，20万，2019-01～2019-12

赵亮．腾讯人工智能教育平台算法及内容研究．腾讯云计算(北京)有限公司项目，28.3万，2019-11～2020-10

张勇(汪志威)．智能体重网上数据采集及传感测量功能研发．北京纳信智医健康管理有限公司项目，10.46万，2019-06～2019-12

1202012 汪志威(唐晗力，王薇薇)．紧 Kaehler 流形上拟多次调和函数的延拓．北京市自然科学基金面上项目，20万，2020-01～2022-12

1202013 李海刚．偏微分方程理论在复合材料与反问题中的应用．北京市自然科学基金面上项目，20万，2020-01～2021-12

1202014 陆晴．平展层的相对分歧研究．北京市自然科学基金面上项目，19万，2020-01～2022-12

11901036 陈昱．非线性弹性复合材料中椭圆问题梯度估计的研究．国家自然科学基金青年科学基金项目，22.36万，2020-01～2022-12

11922104 熊金钢．非线性分析．国家自然科学基金优秀青年科学基金项目，150万，2020-01～2022-12

11971002 张辉(徐真，董丽秀，秦煜哲，包雪莲，杨雨琦，卢怡舟，黎玉莲，邱群，赵强)．带有奇性能量密度泛函的非线性梯度流模型的计算方法和应用．国家自然科学基金面上项目，61.4万，2020-01～2023-12

11971045 邓冠铁*．多复变 Siegel 半空间中多次调和函数的积分表示、增长性及其应用．国家自然科学基金面上项目，12.376万，2020-01～2023-12

11971057 王雨生(苏效乐，王幼宁，胡盛祺)．Alexandrov 空间上与距离函数最小值相关的几何．国家自然科学基金面上项目，50万，2020-01～2023-12

11971058 杨大春(孟岩，张俊强，贺子毅，黄龙，张阳阳，王凡，周熙霖，卜凡，王琪)．广义混合范数函数空间与双线性分解．国家自然科学基金面上项目，63.6万，2020-01～2023-12

11971059 黎雄(朴大雄，薛妮娜，牛燕敏，杨连鹏，熊君静，李敏，傅钲淇，董映笃，孙超然)．翻转系统的动力学行为的相关研究．国家自然科学基金面上项目，63万，2020-01～2023-12

11971060 苏喜锋(魏元鸿，于文哲，董旭，高慧)．关于高维 Aubry-Mather 模型的弱 KAM 理论和奇点传播研究．国家自然科学基金面上项目，58万，2020-01～2023-12

11971061 李海刚(王博，陈昱，徐龙娟，赵志稳，李晓亮，郝霞)．复合材料中偏微分方程

理论及应用．国家自然科学基金面上项目，61.4 万，2020-01～2023-12

11971062 洪文明(周珂，吕铀，张小玥，梁盛利，张善英)．随机环境中分枝随机游动的鞅极限定理及相关问题研究．国家自然科学基金面上项目，61.1 万，2020-01～2023-12

11971063 高志强(范协铨，梁新刚，Ion Grama，王薇薇，陈占美，刘建新，祁颖，张小艳)．分枝随机游动的极限理论．国家自然科学基金面上项目，61.38 万，2020-01～2023-12

11971065 于福生(王加银，刘玉铭，于濂，李芳，江书荣，郝亚东，杨慧琳，高艺宁，常嘉琪)．基于模糊信息粒化和知识指导的大规模区间值属性图序列的数据挖掘．国家自然科学基金面上项目，61.78 万，2020-01～2023-12

11971066 陈华杰(崔丽，郑创，李晓旭，刘倍雷)．密度泛函理论中的双密度函数和约化密度矩阵的研究．国家自然科学基金面上项目，61.6 万，2020-01～2023-12

11971067 王灯山(闻小永，于建平，刘玲，陈鑫，吴娟娟，范海龙，许玲，王昊天，李海丽)．Riemann-Hilbert 方法在若干非线性可积系统中的应用．国家自然科学基金面上项目，60.8 万，2020-01～2023-12

12026415 赵纪满(薛庆营，马光胜，刘冬利，胡楠，曹凯，刘馨清，孟凡泰，孙英杰)．非交换调和分析专题讲习班．国家自然科学基金专项基金项目，20 万，2020-07～2020-12

71922004 张博宇．演化博弈和行为经济学．国家自然科学基金优秀青年科学基金项目，150 万，2020-01～2022-12

12011530054 程志云(高红铸，王家军，杨志青，李风玲；俄方：V. O. Manturov，S. V. Matveev，A. Y. Vesnin，S. Kim，I. M. Nikonov，D. Ilyutko，D. A. Fedoseev)．纽结理论，辫群和流形的三角剖分．国家自然科学基金国际(地区)合作与交流项目，13 万，2020-07～2022-06

2018AAA0100203 于福生*．神经网络自动组织与演化原理．科技部科技创新 2030-新一代人工智能重大项目，新一代认知神经网络模型子课题，16 万，2020-01～2023-12

2020KJZX001 张勇(赵涵，宋倩倩)．2019 新型冠状病毒肺炎疫情参数估计、动态预测及防控评估．北京师范大学自主科研基金专项项目，5 万，2020-03～2020-05

2020M680428 袁迪凡．高维球对称可压缩欧拉泊松方程适定性研究．中国博士后科学基金会面上资助，8 万，2020-11～2022-07

2020YFA0712900 李增沪(陈大岳，杨大春，保继光)．随机数学及数学与物理的交叉研究．国家重点研发计划：变革性技术关键科学问题重点专项，440 万，2020-12～2025-11，其中：

2020YFA0712901 李增沪．马氏过程及相关论题．130 万，2020-12～2025-11

2020YFA0712903 杨大春．函数空间的实变理论与薛定谔算子．107 万，2020-12～2025-11

2020YFA0712904 保继光．几何物理方程和种群动力系统．110 万，2020-12～2025-11

20YJC880134 朱忠明．中小学生课堂学习机会评价模型的构建与应用研究．教育部人文社会科学研究青年基金项目，8 万，2020-03～2022-12

蔡勇勇．非线性光纤通信的数学建模和数值模拟研究．华为技术有限公司项目，65.2 万，2020-01～2021-06

曹一鸣．促进学生学科核心素养和关键能力发展的教学改进研究．北京市八一学校项目，9.8 万，2020-09～2021-09

曹一鸣．促进学生数学学科核心素养和关键能力发展的教学改进研究．佛山市顺德区京师励耘实验学校项目，15 万，2020-02～2020-07

曹一鸣．促进学生学科核心素养和关键能力发展的教学改进研究．首都师范大学附属回龙观育新学校项目，10 万，2020-09～2021-09

曹一鸣*．新课程标准下基于核心素养的高端备课项目．北京市延庆区第一中学项目，35 万，2020-10～2022-08

李仲来*.《傅种孙》．国家科技传播中心建设专项：学科代表人物精神事迹素材整理．中国科协科学技术传播中心，1 万，2020-08～2020-12

王恺顺．代数类课程教学改革与人才培养．北京高校教学改革创新项目，2 万，2020～2021

王颖喆(黄海洋，何青，崔丽，刘来福，李艳玲)．北京大学生数学建模与计算机应用竞赛．北京市教委大学生学科竞赛项目-北京大学生数学建模与计算机应用竞赛项目，20 万，2020-01～2020-12

薛庆营．分析类课程教改创新与高校一流学科建设探究．北京高校教学改革创新项目，5 万，2020～2021

12001044 张程翔．几类非线性椭圆方程多解性及解的性质研究．国家自然科学基金青年科学基金项目，24 万，2021-01～2023-12

12001045 袁迪凡．可压缩弹性力学方程的自由边值问题．国家自然科学基金青年科学基金项目，24 万，2021-01～2023-12

12001046 王妍．对流对具 Allee 效应的竞争模型的影响．国家自然科学基金青年科学基金项目，24 万，2021-01～2023-12

12071034 高红铸(程志云，赵旭安，王冉，阮洋洋，李雯璟，龚涛，顾乔明，曲庆睿，李迎新)．纽结与 quandle．国家自然科学基金面上项目，52 万，2021-01～2024-12

12071035 汪志威(邓冠铁，曲伟，王薇薇，付倩)．复流形及其全纯向量丛的若干问题研究．国家自然科学基金面上项目，52 万，2021-01～2024-12

12071036 唐仲伟(龙薇，张程翔，陈永鹏，刘敏，谢华飞，周宁，王和明，翟浩宇)．非局部预定曲率问题和非局部椭圆问题的变分方法．国家自然科学基金面上项目，51.28 万，2021-01～2024-12

12071037 赵丽琴(李伟固，杨纪华，王佳欣，李敏，周金平，张震)．具有非线性切换曲线的分段光滑系统的极限环分支．国家自然科学基金面上项目，51 万，2021-01～2024-12

12071039 王恺顺(吕本建，黄礼平，巩超，曹梦雨，李雨轩，姚天，丁露茜，韩卫民)．极值组合学中的相交族问题及其应用．国家自然科学基金面上项目，51 万，2021-01～2024-12

王颖喆(黄海洋，崔丽，何青)．北京大学生数学建模与计算机应用竞赛．北京市教委大学生学科竞赛项目-北京大学生数学建模与计算机应用竞赛项目，20 万，2021-01～2021-12

注．①项目的参加者之间用逗号，若出现分号，则分号的左端是一个项目的参加者，右端是另一个项目的参加者。

②*：参加者。

录 35　博士后出站论文题目(43 人)

姓　名，导师．入站时间

惠昌常，刘绍学．1991-07

郭定辉，陆善镇．1991-09

战荫伟，孙永生．1992-04

赵学雷，王梓坤．1992-08

邓邦明，刘绍学．1993-04

胡国恩，陆善镇．1993-06

崔恒建，王梓坤．1993-08

柯小伍，陈木法．1993-06

袁　荣，陆善镇．1994-08

姓　名，合作导师(两个合作导师之间用顿号)．博士后出站论文题目．出站时间

李增沪，王梓坤．测度值分支过程，Kuznetsov 过程和移民过程．1996-11

邹国华，陈木法．在超总体模型下有限总体的估计及其他．1997-07

路　游，孙永生、刘来福．边界元方法中的多维 Cauchy 主值积分和超强奇异积分的算法研究以及小波分析方法的应用．1998-06

张伦传，王昆扬．遗传算子子代数研究及应月．1999-06

刘国山，陈木法．带平衡约束的数学规划问题的算法．1999-07

李德生，朱汝金．非线性偏微分方程与动力系统中若干问题的研究．2000-06

蔡俊亮，王伯英．计数方程求解的参数化方法．2000-06

刘跟前，陈木法．偏微分方程，随机分析及拉普拉斯算子的特征值．2001-06

宋卫星，崔恒建．测量误差模型的 Lack-of-fit 检验．2001-07

刘宗光，陆善镇．一些交换子的端点估计．2001-12

彭名书，袁　荣．非连续动力系统的动力学行为研究．2002-03

阴东升，沈复兴．始向量方法及其应用．2002-05

魏　丰，张英伯．环上的广义微分恒等式．2003-05

秦怀振，李　勇．域样本追加策略与敏感性诊断．2003-06

陶双平，陆善镇．Kawahara 方程的初(边)值问题．2005-07

周　恒，刘永平．正交多项式的一些研究．2006-05

曹　磊，张英伯．关于 p-进伽罗瓦表示的一些研究．2006-06

张之凯，惠昌常．有限群块代数的导出等价理论及其应用．2007-06

陈　夏，崔恒建．一些统计模型的经验似然推断．2008-07

陈冬香，陆善镇．抛物奇异积分和抛物 Littlewood-Paley 算子的几个问题．2009-06

王光明，曹一鸣．数学教育研究方法．2010-09

唐风军，袁　荣．非线性系统稳定性与镇定性问题．2011-09

鞠红杰，保继光．外区域上 Gauss 曲率流平移解的存在性．2012-06

马田田，袁　荣．非线性微分方程的周期解．2013-06

宋玉林，王凤雨．带跳随机微分方程若干问题研究．2014-06

戴　蔚，陆国震．多参数 Fourier 乘子及拟微分算子的 L^p 估计以及高阶或分数阶 PDE 方

程组正解的性质.2014-09
朱茂春，陆国震.抛物形方程的正则性和几何不等式的最佳常数.2015-09
邓宇星，陆国震.稳态型里奇孤立子的刚性研究.2018-01
贺　鑫，李增沪.随机树的局部收敛.2018-03
郭　衎，唐仲伟.初中生数学学业成就影响因素研究.2018-06
李宋子，王凤雨.矩阵 Dirichlet 过程与 Langevin 形变流.2018-06
路　静，许孝精.几类方程解的动力学行为研究.2018-07
王跃宾，黄海洋.高光谱遥感影像多层次特征学习及特征融合技术.2018-07
于国文，保继光.中、澳、法、芬中学数学课堂教学比较研究.2019-07

录 36 博士研究生毕业论文题目

(每年以学科代号为序，每个学科的毕业生以字母为序)

研究方向(A：基础数学；B：计算数学；C：概率论与数理统计；D：应用数学；E：运筹学与控制论；F：应用统计；G：课程与教学论；H：教育博士专业学位)姓名．**导师**(多个指导教师之间用顿号)．**论文题目．授学位日期**

C 陈木法．严士健、侯振挺．马尔可夫过程论中的存在唯一性和可逆性研究．1983-11-17

A 罗运纶．刘绍学．Goldie 定理的一个一般化．1985-06-22

A 王昆扬．孙永生、陆善镇．多元 Fourier 分析中的逼近及强求和问题．1985-06-22

C 唐守正．严士健．离散无穷粒子系统中的某些问题．1985-06-22

C 郑小谷．严士健．两类无穷质点系统．1985-06-22

A 沈复兴．王世强．Ⅰ．格值模型理论及其力迫法，Ⅱ．一些具有和不具有 Goldbach 性质的可换环．1985-10-09

A 房艮孙．孙永生．最优恢复和宽度．1988-01-12

A 郭晋云．刘绍学．不可分解模由合成因子决定的条件．1988-01-12

A 唐爱萍．刘绍学．根三方零的自入射代数．1988-01-12

A 沈恩绍．王世强．关于伴随算子的若干考察．1988-07-04

A 肖　杰．刘绍学．有限表示型自入射代数的不可分解表示．1988-12-28

C 黄力平．严士健．受控 Q 过程及其最优控制，耦合 Q 过程的成功问题．1988-12-28

A 刘智新．孙永生、陆善镇．多元实 Hardy 空间上的逼近与乘子．1989-10-06

A 田卫东．王世强．Jacobi 猜想及有关的研究．1989-10-06

C 韩　东．严士健、陈木法．多物种无穷维反应扩散粒子系统鞅解的存在唯一性．1989-10-06

C 张连文．严士健、陈木法．人工智能中不确定性的三个模型．1989-10-06

A 何　青．王世强．Ⅰ．良基迭代力迫方法，Ⅱ．正常力迫公理的和谐性．1990-07-04

A 刘和平．陆善镇．关于 Hisenberg 群上的 Hardy 空间的若干问题．1990-07-04

A 张　严．陆善镇．关于振荡积分算子的若干问题．1990-07-04

C 陈冬青．严士健、陈木法．Gibbs 随机场的中心极限定理．1990-07-04

C 陈　雄．王梓坤、李占柄．两参数 Ornstein-Uhlenbeck 过程和两参数 Poisson 型 SDE．1990-07-04

C 周先银．严士健、陈木法．随机过程与分形．1990-07-04

D 陈　军．汪培庄．可能性语义表示与自然语言理解．1990-07-04

D 张志明．汪培庄．模糊推理机硬件实现策略及其应用研究．1990-07-04

A 彭联刚．刘绍学．倾斜代数和自入射代数的表示问题．1991-07-05

A 章　璞．刘绍学．直向分支，倾斜代数及其单点扩张．1991-07-05

C 陈金文．严士健、陈木法．粒子系统的若干极限定理．1991-07-05

C 李　勇．严士健、陈木法．反应扩散过程的唯一性、随机经济系统的稳定性．1991-07-05
C 徐先进．严士健、陈木法．连续型极限．1991-07-05
C 张新生．王梓坤、李占柄．一致椭圆扩散与超过程．1991-07-05
D 韩立岩．汪培庄．含生产者系统的 GEI 模型的一般均衡存在性．1991-07-05
D 吴植翘．汪培庄．模糊推理控制的机制与硬件实现方法研究．1991-07-05

A 陈迪荣．孙永生．N-宽度与最优恢复．1992-06-27
A 王志玺．刘绍学．Auslander-Gorenstein 环上的模及入射维数．1992-06-27
A 杨大春．陆善镇．相关于 Herz 空间的一类新 Hardy 型空间．1992-06-27
D 刘增良．汪培庄．因素神经网络理论及实现策略研究．1992-06-27
D 路　高．汪培庄．扩展推理及其人工智能研究．1992-06-27

A 胡万军．王世强．模型上的拓扑结构．1993-06-25
A 黄海洋．陆善镇、赵　桢．带非线性滞后算子的微分方程及其运用．1993-06-25
A 李落清．孙永生、Berens H. 特征函数展开的求和与逼近．1993-06-25
A 刘海霞．刘绍学．仿射曲线上微分算子环及其导出 Artin 代数．1993-06-25
A 刘永平．孙永生．S-W 空间上的无穷维宽度和最优恢复．1993-06-25
A 王捍贫．王世强．环变化时模的稳定性理论．1993-06-25
A 张玉平．王世强．一类非认同模型．1993-06-25
A 周　梦．刘绍学．微分算子环与 Auslander-Gorenstein 滤环及其微局部化．1993-06-25
C 叶　俊．王梓坤、李占柄．有关超过程的若干问题．1993-06-25
C 孙洪祥．严士健、陈木法．随机游动与电网络方法．1993-06-25
C 王凤雨．严士健、陈木法．流形上扩散过程及其应用．1993-06-25
C 郑君礼．严士健、陈木法．格点分形上的 Ising 模型的相变和 Q 过程的鞅方法．1993-06-25
D 黄崇福．汪培庄．信息扩散原理与计算思维及其在地震工程中的应用．1993-06-25
D 李洪兴．汪培庄．因素空间论．1993-06-25
D 阎建平．汪培庄、罗承忠．神经优化计算的 Hopfield 网络模型研究．1993-06-25

A 田启家．王世强、沈复兴．Monadic 分划逻辑及其应用．1994-06-30
A 汪成咏．孙永生．抽象 Wiener 空间上的最佳逼近问题与信息复杂度．1994-06-30
A 王明生．王世强、沈复兴．Ⅰ. 交换诺特环上模的同调维数，Ⅱ. 端射线的一些应用．1994-06-30
C 周宗林．严士健．无穷粒子系统与 Hydrodynamic Limits. 1994-06-30
D 白　明．汪培庄．真值流推理及总线结构模糊推理机实现策略．1994-06-30
D 张洪敏．汪培庄．专家机及其实现策略．1994-06-30
D 张　民．汪培庄．多层次模糊推理及动态图像模糊识别的工程实现策略．1994-06-30
C 李增沪．王梓坤、Shiga T. 测度值分支过程，伴随卷积半群和带移民的过程．1994-12-16

A 丁　勇．陆善镇．粗糙核振荡积分和分数次积分算子的若干问题．1995-07-03

A 杜先能．刘绍学．Generic 模，弱直向模及其代数的导出等价．1995-07-03
A 李思泽．刘绍学．Auslander-Reiten 分支，倾斜代数以及代数的表示型．1995-07-03
A 马柏林．陆善镇．球调和展开的乘子和极大算子．1995-07-03
A 姚海楼．刘绍学．Auslander-Reiten 箭图的两类分支及 Exceptional Sequence 自同态代数．1995-07-03
C 鲍玉芳．王梓坤、李占柄．超 Ornstein-Uhlenbeck 过程的性质及其他．1995-07-03
C 欧庆铃．王梓坤、李占柄．Ornstein-Uhlenbeck 超过程的若干问题．1995-07-03

A 别荣芳．王世强．Z-自动机理论与分划逻辑．1996-06-28
A 谌稳固．陆善镇．关于多线性振荡奇异积分算子的有界性及 Jacobi 多项式和正性的研究．1996-06-28
A 沈云付．王世强．一些逻辑理论的可定义性和计算复杂性的初步考察．1996-06-28
A 唐　娉．孙永生、王昆扬．Fourier-Laplace 级数的线性求和法与强逼近．1996-06-28
A 汪和平．孙永生．带混合光滑性的函数类上的逼近及求积公式．1996-06-28
A 张春苟．孙永生．多元线性正算子逼近．1996-06-28
A 张顺华．刘绍学．连通赋值 AR-箭图的 Hall 代数．1996-06-28
A 张新平．孙永生、房艮孙．多维积分方程近似解的优化与计算复杂性．1996-06-28
A 张跃辉．刘绍学．一类拟遗传代数与 Borel 子代数．1996-06-28
C 毛永华．陈木法．对数 Sobolev 不等式与谱估计．1996-06-28
C 张余辉．陈木法．跳过程的若干课题研究．1996-06-28
C 祝东进．严士健．无穷粒子系统的宏观方程．1996-06-28

A 雷天刚．王伯英．广义矩阵函数和广义数值域．1997-01-18
A 童　雪．王世强．Ⅰ．逻辑 $L'_{w1w}(L'_{aw})$ 及其应用，Ⅱ．格值逻辑的稳定性理论．1997-06-29
A 王建军．孙永生、房艮孙．非正规样本定理和误差估计．1997-06-29
C 唐加山．王梓坤、李占柄．两类空间形式上的超过程．1997-06-29
D 吴　慧．汪培庄、罗承忠．动态调整模糊控制方法和状态辨别对策控制理论研究．1997-06-29
D 于　濂．汪培庄、罗承忠．模糊模式识别和模糊图像处理及二次推理理论的研究及应用．1997-06-29

A 陈国龙．王世强．模型论中一些相关问题的研究及其应用．1998-07-01
A 侯耀平．王伯英．关于竞赛矩阵的研究．1998-07-01
A 黄兆泳．刘绍学．忠实平衡自正交双模与同调有限子范畴．1998-07-01
A 蒋艳杰．孙永生、刘永平．光滑函数类的宽度和最优恢复．1998-07-01
A 杨柱元．孙永生、刘永平．$\mathbf{R}^d$ 上某些光滑函数类的逼近．1998-07-01
C 吕建生．严士健．格点分形图上的渗流模型．1998-07-01
D 于福生．汪培庄、罗承忠、李洪兴．基于因素空间的模糊诊断理论和模糊诊断专家系统开发工具．1998-07-01

A 胡永建．陈公宁．关于 Nevanlinna-Pick 插值问题的 Hankel/Toeplitz 向量方法．1999-

07-01

A 李国全．陆善镇．波算子的 Hardy 空间．1999-07-01

A 刘吉强．沈复兴．分式理论的可数模型及其相关问题．1999-07-01

A 薛　锐．沈复兴．几类逻辑理论的可判定性与计算复杂性．1999-07-01

A 张希荣．孙永生、王昆扬．关于局部可积函数与球面函数的逼近．1999-07-01

A 张秀平．王伯英．紧图超紧图和矩阵的 Schur 补及逆 M-矩阵．1999-07-01

A 赵　斌．陈公宁．N_v 类函数的表示与相关的 Nevanlinna-Pick-Takagi 问题．1999-07-01

C 洪文明．王梓坤、李占柄．随机介质中的超过程．1999-07-01

C 王颖喆．陈木法．马氏过程的代数式收敛．1999-07-01

C 吴宪远．严士健．渗透理论中的若干模型．1999-07-01

D 金　文．刘来福．PET 中常用的数学模型和参数估计方法—GLLS 方法的引入、应用和推广．1999-07-01

D 朱勇珍．汪培庄、李洪兴、罗承忠．模糊多目标规划有效性研究．1999-07-01

A 桂易清．陆善镇．区域上函数空间和 Kakeya 极大函数．2000-06-29

A 马　万．房艮孙．算子方程近似解的优化和计算复杂性．2000-06-29

A 杨士林．肖　杰．Ringel-Hall 代数中的 BGP-反射算子和赋值 Quiver 的预投射代数形变．2000-06-29

A 姚祖喜．郑学安．多复变典型域上 Poisson-Hua 积分与 Cauchy 积分边界性质．2000-06-29

C 段增平．王梓坤、李占柄．上临界超扩散的灭绝性与支撑常返性．2000-06-29

C 张绍义．严士健．最优 Markov 耦合的存在性及其应用．2000-06-29

D 何　清．李洪兴．模糊代数范畴与模糊聚类．2000-06-29

D 刘玉铭．汪培庄、罗承忠．关于模糊模式识别和智能控制的研究与应用．2000-06-29

A 唐　林．杨大春、陆善镇．一些算子的有界性．2001-06-29

A 徐景实．杨大春、陆善镇．一些 Herz 型空间及其应用．2001-06-29

A 徐运阁．张英伯．Tame 代数的 A-R Translation 刻画．2001-06-29

A 许贵桥．刘永平．多元光滑函数类的宽度和最优恢复．2001-06-29

A 燕敦验．陆善镇．多线性奇异积分算子和多线性振荡奇异积分算子的若干问题．2001-06-29

A 叶培新．房艮孙．高斯测度下的 Sobolev 宽度与平均框架下多元函数求积问题．2001-06-29

A 余纯武．王昆扬．球面上函数的构造性质及逼近．2001-06-29

A 张　璞．陆善镇、丁　勇．与分数积分和 Marcinkiewicz 积分相干的若干问题．2001-06-29

D 高　鑫．刘来福．基于小波变换和 PDE 模型噪声与模糊图像恢复．2001-06-29

D 苗志洪．李洪兴．基于变论域方法的自适应模糊控制系统和仿真实验．2001-06-29

A 戴　峰．王昆扬．单位球面 S^{d-1} 上实光滑函数的逼近(全国百篇优秀博士学位论文)．2002-06-24

A 韩　德．张英伯、韩　阳．非交换 Gröbner 基理论．2002-06-24
A 李迈岸．房艮孙．样本定理、N-宽度与最优恢复．2002-06-24
A 李龙才．张英伯．系统箭图的表示理论与指数增长的线性矩阵问题．2002-06-24
A 苏秀萍．肖　杰、Ringel C M. Tame 根及其表示．2002-06-24
A 吴化璋．陈公宁．若干类中的 Nevanlinna-Pick 插值与相关的矩量问题．2002-06-24
A 杨正宏．陈公宁．若干位移结构矩阵类及相关问题的研究．2002-06-24
A 曾祥勇．张英伯．Tame 代数的 Hom-空间．2002-06-24
C 阎国军．王梓坤、李占柄．交互作用流的超过程．2002-06-24
D 刘普寅．李洪兴．模糊神经网络理论及应用研究(全国百篇优秀博士学位论文提名论文)．2002-06-24
D 王加银．李洪兴．基于变论域自适应模糊控制的倒立摆仿真和实物实现．2002-06-24

C 范小明．王梓坤、李占柄．超过程的极限定理与大偏差．2003-01-08
A 曹永知．惠昌常．胞腔代数的同调性质．2003-07-09
A 伍火熊．陆善镇．粗糙核奇异积分与振荡积分算子的若干问题．2003-07-09
A 张晓南．陈公宁．几类切插值问题的求解．2003-07-09
C 王　峰．陈木法．Latala-Oleszkiewicz 不等式．2003-07-09
D 曾文艺．李洪兴．区间值模糊集合的理论及应用研究．2003-07-09
A 吴　强．陆善镇、杨大春．奇异积分交换子的端点估计．2003-10-22

A 陈广贵．房艮孙．不同计算模型下的几个优化问题．2004-06-22
A 冯秋香．袁　荣．时滞方程的概周期解存在性和稳定性．2004-06-22
A 龙晶凡．房艮孙．样本定理及多元函数的逼近特征．2004-06-22
A 刘明菊．陆善镇．Heisenberg 群上一些算子的估计．2004-06-22
A 刘玉明．惠昌常．有限维代数的 morita 型稳定等价．2004-06-22
A 刘志华．袁　荣．时滞微分方程的分岔问题．2004-06-22
A 温道伟．惠昌常．标准析层代数和 Finitistic 维数猜想．2004-06-22
A 薛庆营．丁　勇、陆善镇．参数型的 Littlewood-Paley 算子．2004-06-22
C 张　梅．王梓坤、李增沪．移民过程与广义 OU 过程：大偏差，中心极限定理和自交局部时(全国百篇优秀博士学位论文提名论文)．2004-06-22
D 谷云东．李洪兴、刘　民．基于特征空间的数据挖掘系统及其在工期预测中的应用．2004-06-22
D 刘文军．李洪兴．基于粗糙集的数据挖掘算法研究．2004-06-22

A 阿不都卡得尔．邓邦明．仿射赋值箭图的 Ringel-Hall 代数．2005-06-22
A 陈　磊．沈复兴．树形偏序的模型论研究．2005-06-22
A 李俊峰．陆善镇．某些算子及交换子的有界性．2005-06-22
A 李仁所．刘永平．乘子函数类的非线性 m 项逼近．2005-06-22
A 林国建．袁　荣．小时滞方程的周期解与行波解．2005-06-22
A 孟　岩．杨大春．非齐型空间上的一些算子有界性．2005-06-22
A 苏效乐．戎小春．交换群作用下的正曲率闭流形的欧拉示性数．2005-06-22

A 谭荣华．惠昌常．拟遗传代数的 Ringel 对偶性和整体维数≤3 的代数．2005-06-22
A 王雨生．戎小春．具有对称性正截面曲率闭流形的基本群．2005-06-22
A 徐　斌．袁　荣．混合单调算子在概周期积分方程中的应用．2005-06-22
A 杨连红．刘永平．可微函数类上相对宽度的渐近估计．2005-06-22
A 张艳慧．邓冠铁．函数的增长性质及其推广．2005-06-22
C 邓平基．王凤雨．自旋系统和自由黎曼轨道空间上的泛函不等式．2005-06-22
C 金　蛟．崔恒建．多元统计分析中的稳健方法及应用．2005-06-22
D 胡　丹．李洪兴．规则的信息量及其在数据挖掘中的应用．2005-06-22
D 韩成哲(朝鲜民主主义人民共和国)．李洪兴．具有指数的坡矩阵研究．2005-06-22
D 尤　飞．李洪兴．模糊蕴涵算子及其构造的模糊控制系统的响应能力分析．2005-06-22
D 左西年．刘来福．生物图像处理若干数学模型和应用．2005-06-22

C 邵井海．方诗赞、王凤雨．无穷维空间上的运费不等式(全国百篇优秀博士学位论文)．2006-01-10
A 高志强．邓冠铁．关于一些函数系的完备性问题．2006-06-26
A 乐　珏．张英伯、Krause H. 模复形上的 Auslander-Reiten 理论．2006-06-26
A 李雪华．房艮孙．光滑函数类上 n-宽度的估计及最优求积公式．2006-06-26
A 默会霞．陆善镇．一些算子及其交换子的有界性．2006-06-26
A 宁菊红．邓冠铁．复指数序列的逼近与增长．2006-06-26
A 杨喜陶．袁　荣．时滞微分方程的概周期解．2006-06-26
A 杨向东．邓冠铁．Dirichlet 级数的值分布与函数系的完备性．2006-06-26
A 尹　乾．沈复兴、郭　平．基于神经网络的软件可靠性模型研究．2006-06-26
C 李育强．李增沪．带移民的 Jirina 过程和广义 Jirina 过程的泛函极限定理．2006-06-26
D 侯　健．李洪兴．模糊推理方法及其构造的模糊系统逼近性能的分析．2006-06-26
D 李裕梅．李洪兴．带有树形序关系的部分平行机及模糊环境下部分单机调度问题的研究．2006-06-26
D 王志新．李洪兴．三容水箱液位控制系统的建模以及控制方法研究．2006-06-26
D 张宇卓．李洪兴．基于变权综合原理的模糊推理方法及其在模糊系统中的应用．2006-06-26
D 赵芬霞．李洪兴．模糊神经网络的逼近性研究及应用．2006-06-26

A 陈江荣．邓邦明．Fundamental Relations and Double Ringel-Hall Algebras. 2007-06-25

A 陈艳萍．丁　勇．抛物形奇异积分算子及其交换子的有界性问题(全国百篇优秀博士学位论文提名论文)．2007-06-25
A 代丽美．保继光．非线性椭圆方程的多值解．2007-06-25
A 段立芹．房艮孙．光滑函数类在随机和一致框架下的某些非线性问题．2007-06-25
A 傅莺莺．沈复兴．树和偏序理论的模型论研究．2007-06-25
A 高军杨．乔建永、陆善镇．涉及相变理论的一簇有理映照的迭代动力学研究．2007-06-25
A 胡　维．惠昌常．Artin 代数的导出等价和稳定等价．2007-06-25

A 蓝森华．丁　勇．各向异性 Hardy 型空间．2007-06-25
A 钱李新．房艮孙．不同计算框架下的几个非线性优化问题．2007-06-25
A 涂　金．邓冠铁．几类线性微分方程解的复振荡性质．2007-06-25
A 王军昌．惠昌常．路代数、图代数和胞腔代数．2007-06-25
A 夏　霞．陆善镇．某些奇异积分算子及其交换子的有界性．2007-06-25
C 傅宗飞．李增沪．具有非负跳的非负过程的随机方程．2007-06-25
C 马春华．李增沪．带移民的催化分支过程与仿射过程．2007-06-25
C 吴　波．王凤雨．黎曼流形轨道空间上的拟正则狄氏型和运费不等式．2007-06-25
C 张　旭．陈木法．Suchrödinger 算子的第一特征值估计及一类几何不等式．2007-06-25
C 张丽华．陈木法．离散参数马氏过程的泛函不等式．2007-06-25
D 曹胜玉．刘来福．基于非负矩阵分解的双向组合分类网络及其在生物信息学中的应用．2007-06-25
D 冯艳宾．李洪兴．基于模糊推理建模和变论域自适应模糊控制的三级平面倒立摆仿真与硬件实现．2007-06-25
D 谷敏强．李洪兴．模糊关系方程及其在模糊推理中的应用研究．2007-06-25
D 宋雯彦．李洪兴．Fuzzy 推理建模法及其对微分方程研究的作用．2007-06-25

C 罗德军．方诗赞、王凤雨．系数满足非 Lipschitz 条件的随机微分方程生成的同胚流．2008-01-08
A 蔡青松．戎小春．带有幂零 N-结构黎曼流形上的塌缩构造．2008-06-24
A 傅尊伟．陆善镇．Hardy 算子、奇异积分及相关问题．2008-06-24
A 黄荣里．保继光．曲率流的渐近行为及黏性解．2008-06-24
A 林　燕．陆善镇．拟微分算子、奇异积分及其相关问题．2008-06-24
A 刘　清．袁　荣．Banach 空间上的泛函微分方程的渐近行为．2008-06-24
A 龙述德．蔡俊亮．平面地图的计数．2008-06-24
A 孙红卫．杨大春．学习理论中的正则化最小二乘算法及相关问题．2008-06-24
A 王名燕．卢广存．环面上拉格朗日系统的无穷多个可逆周期解的存在性．2008-06-24
A 王新霞．丁　勇．积分算子交换子的有界性和紧性特征．2008-06-24
A 夏　静．袁　荣．带有时滞的捕食系统的分岔问题．2008-06-24
A 肖维维．刘永平．光滑函数类的相对宽度．2008-06-24
A 赵德科．张英伯、韩　阳．Superalgebras and Related Topics. 2008-06-24
C 何　辉．李增沪．交互作用粒子系统与测度值过程．2008-06-24
C 兰光强．王凤雨．Polish 空间上一类有限粒子系统的若干性质和泛函不等式．2008-06-24
C 牛丽群．王梓坤、李增沪．带跳的随机微分方程的极限定理及其在金融中的应用．2008-06-24
C 王　健．陈木法．Levy 型算子的遍历性及其相关问题．2008-06-24
C 王洁明．陈木法．Levy 类型过程的保序性及一类稳定过程驱动的随机微分方程．2008-06-24
C 王喜军．李增沪、洪文明．分支过程：泛函极限定理和参数估计．2008-06-24
D 程贞敏．李洪兴．平行机调度问题研究的若干结果．2008-06-24
D 孟艳平．李洪兴．基于贴近度的模糊推理及模糊控制．2008-06-24

D 孙凯彪．李洪兴．一类具有多阶段维护及可修复维护调度问题研究．2008-06-24
D 汪德刚．李洪兴．基于 Fuzzy 推理的时变系统建模方法研究．2008-06-24
D 王杰亮．李洪兴．粗糙集算法分析及其应用研究．2008-06-24
D 肖　滢．李洪兴．HX 群范畴的研究以及代数结构提升的应用．2008-06-24
D 张　勇．刘来福．集合种群理论及其应用．2008-06-24

A 丁　浩．卢广存．Fukaya-Ono 和 Siebert 的 Gromov-Witten 不变量定义之间的关系．2009-06-23
A 黄宏伟．王昆扬、戴　峰．$\mathbf{R}^d$ 的子集上的函数的逼近．2009-06-23
A 李宝德．杨大春．欧氏空间上的各向异性 Hardy 空间与算子有界性．2009-06-23
A 李海刚．李岩岩、保继光．物理学中的若干偏微分方程问题．2009-06-23
A 李　健．刘永平．正六边形的函数的一些逼近问题．2009-06-23
A 李　冉．丁　勇．带变量核的积分算子交换子的有界性．2009-06-23
A 李彦博．惠昌常．胞腔代数的中心和根．2009-06-23
A 李跃武．房艮孙．不同计算框架下的几个非线性逼近与恢复问题．2009-06-23
A 林海波．杨大春、胡国恩．非倍测度空间和齐型空间上几类算子的有界性．2009-06-23
A 马祖强．蔡俊亮．Mycielski 图和笛卡儿积图的交叉数．2009-06-23
A 潘国双．邓冠铁．调和及次调和函数的增长估计与积分表示．2009-06-23
A 吴新峰．丁　勇．有关 Hardy 空间和积分算子的若干问题．2009-06-23
A 王志俊．惠昌常．EI 范畴代数及其应用．2009-06-23
A 杨存基．乔建永．关于超越整函数动力系统的若干研究．2009-06-23
A 杨　唯．刘永平．单变元以 2π 为周期的和二维平面上以正六边形为周期的光滑函数类和卷积类的相对宽度．2009-06-23
A 瞿　萌．丁　勇．加权遍历 Hardy 空间与算子有界性．2009-06-23
A 周　渊．杨大春．Hardy 空间新理论：有界性原则、特征刻画及 Schrödinger 算子．2009-06-23
C 胡　涛．崔恒建．数据分析中的稳健估计(第 10 届全国统计科学研究优秀成果奖 1 等奖)．2009-06-23
C 姜铁龙(朝鲜民主主义人民共和国)．王凤雨．关于 Orlicz-Sobolev 不等式．2009-06-23
C 夏良辉．陈木法、毛永华．分解方法和 Markov 过程的遍历性．2009-06-23
C 张　娟．崔恒建．若干测量误差模型的估计与检验．2009-06-23
C 赵　娟．李增沪、洪文明．带跳的随机微分方程及其在金融中的应用．2009-06-23
D 李慧慧．李仲来、王建康．数量性状基因的完备区间作图方法：统计基础、模拟分析和应用．2009-06-23
D 王　杰．李洪兴．图像特征分析及应用的若干问题研究．2009-06-23
D 王青芸．刘来福、孟大志．基因组复杂逻辑网络的逆向构建及其应用研究．2009-06-23
D 徐德华．李洪兴、刘　民．有维护要求的一些单机和平衡机调度问题研究．2009-06-23
D 殷允强．李洪兴．H-半环的模糊粗糙性研究．2009-06-23

A 陈　媛．惠昌常．模相对 Hochschild 同调与上同调．2010-06-23
A 郭静静．惠昌常．n-BB 倾斜理论及相对 DTr 轨道．2010-06-23

A 柯思宇．邓冠铁．指数系与随机指数系的完备性．2010-06-23
A 李怀兴．袁　荣．时滞微分方程的稳定性 2010-06-23
A 刘红海．丁　勇．与振荡积分相关的一些问题．2010-06-23
A 刘丽光．杨大春．一些度量测度空间上的 Hardy 空间、BMO 空间与算子有界性．2010-06-23
A 刘文新．刘春雷．一个变元的 T 进指数和．2010-06-23
A 潘升勇．惠昌常．Artin 代数和三角范畴的相对同调．2010-06-23
A 乔　蕾．邓冠铁．关于(广义)调和及超调和函数的若干研究．2010-06-23
A 阮卓娉．陆国震．多参数调和分析：Hardy 空间及其对偶空间和奇异积分的有界性．2010-06-23
A 王　晟．王昆扬、戴　峰．多元正交多项式展开的手链与逼近．2010-06-23
A 谢余铨．唐梓洲．等参多项式的梯度及其应用．2010-06-23
A 徐登明．惠昌常．代数扩张及同调猜想．2010-06-23
A 杨东勇．杨大春．相关于欧氏空间上(带磁场的)Schrödinger 算子的 Hardy 空间的刻画及算子有界性．2010-06-23
A 杨桂玉．邓邦明．量子 Schur 代数及其退化形式．2010-06-23
A 袁　文．杨大春．新的 Besov 型空间和 Triebel-Lizorkin 型空间理论(全国百篇优秀博士学位论文提名论文)．2010-06-23
A 余志先．袁　荣．积累反应扩散方程的行波解及其应用．2010-06-23
A 张子恒．袁　荣．二阶微分方程同宿解的存在性和多界性．2010-06-23
A 赵发友．陆善镇．多线性算子的 Marcinkiewicz 插值、M-线性 Hardy 算子及其相关问题．2010-06-23
C 徐　芳．王凤雨．人口遗传学中的概率分布．2010-06-23
C 董从造．李增沪．具有一般分支机制的随机流上的超过程．2010-06-23
C 王华明．洪文明．随机环境中跳幅有界的随机游动的分支结构及其应用．2010-06-23
C 王　利．李增沪．超布朗运动和单点催化超稳定过程的极限定理．2010-06-23
D 邓冠男．李洪兴．模糊相似关系的传递逼近问题．2010-06-23
D 李金权．李洪兴．基于模糊关系方程组约束的几类优化问题研究．2010-06-23
D 张树鹏．张　辉、黄海洋．基于谱方法的复杂流体数值模拟．2010-06-23

A 储继迅．袁　荣．结构种群动力学模型的 Hopf 分岔．2011-06-22
A 陈红星．惠昌常．来源于无限生成倾斜模的导出模范畴的 recollements. 2011-06-22
A 陈小民．卢广存．几类特殊子流形的形变．2011-06-22
A 陈一萍．惠昌常．导出等价的构造．2011-06-22
A 李　坤．黎　雄．反应扩散系统和积分差分系统的行波解．2011-06-22
A 李　真．邓冠铁．指数型整函数和 Hardy 空间的性质．2011-06-22
A 牛传择．刘春雷．带扭的 T 进指数和．2011-06-22
A 司增艳．陆善镇．某些多线性算子及其交换子的有界性．2011-06-22
A 谭　华．保继光、周小波．癌生物学中若干数学模型研究及其应用．2011-06-22
A 由红连．袁　荣．无穷维动力系统的全局吸引子．2011-06-22
A 赵中华．邓邦明．改进的量子广义 Kac-Moody 代数的整体晶体基．2011-06-22

A 张　婧．郇中丹．基于变分的偏微分方程模型的图像配准问题研究．2011-06-22
C 黎怀谦．王凤雨．关于非正则向量场生成的拟不变流．2011-06-22
C 程慧慧．毛永华．排队网络和 Markov 过程的收敛速度估计．2011-06-22
C 栾娜娜．洪文明、肖益民．非迷失的高斯随机场．2011-06-22
C 吴国灿．李　勇．数据同化中集合卡尔曼滤波误差方差矩阵的膨胀调整．2011-06-22
C 张　琳．洪文明．随机环境中(1，R)随机游动的内蕴分支结构及其应用．2011-06-22
D 胡　凯．李洪兴．基于因素空间理论的知识表示与知识发现若干问题的研究．2011-06-22
D 李宇成．李洪兴．可优化的趋向性曲面控制方法．2011-06-22
D 刘　君．黄海洋．基于混合模型与变分正则化方法的图像恢复与分割．(全国百篇优秀博士学位论文提名论文)2011-06-22
D 张鲁燕．李仲来、王建康．F_2 群体数量性状基因定位过程中若干统计问题的探讨．2011-06-22
D 赵励耘．黄海洋．两相流动力学中相场模型的某些数学问题研究．2011-06-22

A 程志云．高红铸．从平图到链环．2012-06-20
A 邓清泉．丁　勇．调和分析方法在高阶微分算子研究中的应用．2012-06-20
A 黄　蓉．刘永平．一些光滑函数类的限制逼近与二维小波的贪婪算法实现．2012-06-20
A 石少广．陆善镇．单边算子有界性及其在色散方程中的应用．2012-06-20
A 宋春元．刘永平．可微函数类上的极值和最优恢复问题．2012-06-20
A 孙　倩．王恺顺．高度正则图的 Terwilliger 代数．2012-06-20
A 肖　邦．卢广存．平均曲率流与辛微分同胚群．2012-06-20
A 熊金钢．李岩岩、保继光．分数阶的 Nirenberg 问题(北京市优秀博士学位论文)．2012-06-20
A 彦文娇．唐梓洲．等参函数及相关问题研究．2012-06-20
A 姚林红．袁　荣．几类反应扩散系统的行波解．2012-06-20
A 张　顺．房艮孙．几个重要加权函数类的宽度估计．2012-06-20
C 安金兵．李　勇．几种基于累积函数的统计方法．2012-06-20
C 邓昌松．王凤雨．组态空间上的泛函不等式和 Harnack 不等式．2012-06-20
C 马德刚．李增沪．分支过程的随机流及相关的极限理论．2012-06-20
C 张淑梅．李　勇．多级评分的认知诊断模型研究．2012-06-20
D 汪　玥．李杰权．求解流体力学方程组的两类松弛方法．2012-06-20
G 康玥媛．曹一鸣．六国小学、初中数学课程标准的国际比较研究．2012-06-20
G 王立东．曹一鸣．数学教师对学生学业成就的影响研究．2012-06-20

A 陈清花．邓邦明．循环复形，Hall 多项式和单李代数．2013-06-25
A 凌　博．刘永平．逼近与恢复中的一些极值问题．2013-06-25
A 龙品红．邓冠铁．经典位势论或非线性位势论中例外集与增长性的刻画．2013-06-25
A 马家骥．卢广存．辛微分同胚群和怪异微分结构．2013-06-25
A 彭　桢．惠昌常．Φ-Green 代数的导出等价和 n-同调满同态．2013-06-25
A 齐明辉．赵丽琴．6 次对称超椭圆函数所对应的周期环域的环性．2013-06-25
A 钱　超．唐梓洲．黎曼流形上等参函数的几何与拓扑．2013-06-25

A 王　珍．黎　雄．几类随机微分方程的矩有界性和稳定性．2013-06-25
A 杨四辈．杨大春．相关于几类微分算子的(Musielak-)Orlicz 型 Hardy 空间及其应用．2013-06-25
A 郑润东．惠昌常．Φ-Yoneda 代数的导出等价．2013-06-25
C 范锡良．王凤雨．分数 Brown 运动驱动的随机微分方程的 Harnack 不等式．2013-06-25
C 宋延红．毛永华．离散时马尔可夫链的泛函不等式及稳定性．2013-06-25
C 孙鸿雁．洪文明．带移民的分支随机游动和分支布朗运动．2013-06-25
C 王玲娣．张余辉．P-Laplacian 混合特征值及几类马氏过程的收敛速度．2013-06-25
C 王思洋．崔恒建．高维回归系数的假设检验．2013-06-25
C 杨　叙．李增沪．超过程与带跳随机方程．2013-06-25
C 张　驰．陈木法．马氏链的击中时分布和稳定性．2013-06-25
C 张美娟．洪文明．带形上随环境中随机游动的内蕴分支结构及相关问题．2013-06-25
C 张少钦．王凤雨．随机偏微分方程的 Harnack 不等式及 Hilbert 空间上的反射扩散．2013-06-25
D 苏傲雪．李仲来、范明天．基于贝叶斯网络的配电网可靠性评估．2013-06-25
D 王　晓．于福生．大规模时序数据的智能聚类和预测研究．2013-06-25

A 唐晗力．刘永平、陆国震．调和分析中几何不等式的最佳常数和振荡积分的加权估计．2014-01-09
A 曹建智．袁　荣．几类微分方程的分支问题研究．2014-06-23
A 曹　军．杨大春．相关于高阶微分算子(Orlicz 型)Hardy 空间的实变理论及其应用．2014-06-23
A 费明兵．邓冠铁．管上的 H^p 空间．2014-06-23
A 谷　懿．刘永平．加权多元函数空间中的精确 Jackson 不等式和最优恢复．2014-06-23
A 李丽萍．蔡俊亮．笛卡儿积图和联图的交叉数研究．2014-06-23
A 刘　稳．王恺顺．子空间构作的图和拟线性空间的自同构．2014-06-23
A 吕本建．王恺顺．高度正则图的 Terwilliger 代数和图的能量．2014-06-23
A 宋　娟．黎　雄．Lorenz 方程的相关研究．2014-06-23
A 孙　铁．卢广存．哈密顿微分同胚群上的双不变拟度量．2014-06-23
A 孙小春．丁　勇．调和分析方法在广义不可压缩 Navier-Stokes 方程研究中的应用．2014-06-23
A 孙小强．保继光、周小波．生物系统中的多尺度数学模型研究．2014-06-23
A 汤　获．邓冠铁．线性算子与微分从属和微分超从属．2014-06-23
A 张　伟．保继光．抛物型 Monge-Ampere 方程的若干问题．2014-06-23
C 毕洪伟．李增沪．带移民的连续状态分支过程的突变模型．2014-06-23
C 程丽娟．王凤雨．具时间依赖度量的流形上的随机分析．2014-06-23
C 盛　瑶．李　勇．集合卡尔曼滤波预报误差方差矩阵的膨胀调整研究．2014-06-23
C 王珊珊．崔恒建．稀疏情形下的假设检验和变量选择．2014-06-23
C 张　铭．张余辉．非时齐马氏过程的泛函不等式与遍历性．2014-06-23
C 周　珂．洪文明．随机与非随机环境中的非紧邻随机游动．2014-06-23
D 刘士虎．于福生．附带关联信息的数据的聚类分析．2014-06-23

D王　锐．于福生．带死区非线性系统的自适应模糊控制．2014-06-23
G梅松竹．朱文芳．高考数学试卷质量评价研究：以H省2012年高考数学试卷为例．2014-06-23
G秦　华．曹一鸣．小学数学课堂学生对话参与研究．2014-06-23
G邵珍红．曹一鸣．中美高质量课堂中数学任务的比较研究．2014-06-23
G吴立宝．曹一鸣．六国初中数学教科书代数内容国际比较研究．2014-06-23

A郝慧峰．胡永建．N_k 函数类的NP插值问题和不定HM问题．2015-01-07
A吕云飞．袁　荣．时滞反应扩散方程的行波解及稳定性．2015-01-07
A丁　卫．陆国震．多参数调和分析中的一些问题研究及相关应用．2015-06-24
A冯　敏．王恺顺．有限群的方幂图与最大点度为3的图的识别码．2015-06-24
A梁熠宇．杨大春．Musielzk-Orlicz型Hardy空间的实变理论及其应用．2015-06-24
A牛耀明．丁　勇．调和分析在广义色散方程解估计中的应用．2015-06-24
A宋乃琪．赵纪满．海森堡型群上某些双线性算子和Strichartz不等式．2015-06-24
A王　沛．惠昌常．胞腔范畴与张量范畴．2015-06-24
A王由涛．卢广存．拓扑度与Morse理论在非线性方程中的应用．2015-06-24
A严井泉．薛庆营．向量值多线性奇异积分与平方算子．2015-06-24
A于晓青．惠昌常．Smash积的导出等价和形变扭双代数．2015-06-24
B陈　锐．张　辉．复杂流体中满足能量关系的数值计算．2015-06-24
C高武军．毛永华．非正则生灭过程的拟平稳分布．2015-06-24
C郑　珩．李　勇．统计方法在碳循环中的应用研究．2015-06-24
D Moughal Tauqir Ahmed(陶喆，巴基斯坦伊斯兰共和国)．于福生．遥感图像变化观测中基于上下文的统计及模糊方法．2015-06-24
G王建波．曹一鸣．中、美、澳三国初中数学教科书统计内容的比较研究．2015-06-24

A谢瑞军．袁　荣．几类时滞系统的波前解及动力学行为．2016-06-24
A程红梅．袁　荣．几类反应扩散方程行波解的存在性和稳定性分析．2016-06-24
A付　星．赵纪满、杨大春．(非)齐型度量测度空间上Hardy空间实变理论的几个进展．2016-06-24
A龚文敏．卢广存．关于自旋几何中的一些整体分析问题．2016-06-24
A贺　莎．薛庆营．多线性Littlewood-Paley平方算子的有界性．2016-06-24
A李启超．唐梓洲．等参超曲面及其焦流形的几何．2016-06-24
A李　霞．陆国震．调和分析方法在变指数次椭圆方程中的应用．2016-06-24
A刘　招．陆国震．移动平面法在偏微分方程中的应用．2016-06-24
A马偎龙．王恺顺．整Cayley图和群的幂图．2016-06-24
A梅　婷．丁　勇．几类积分算子的紧性与Carleson测度空间．2016-06-24
A王　博．保继光、李岩岩．非线性共形不变退化椭圆方程的比较原理与Lipschitz正则性．2016-06-24
A王　飏．黎　雄．反应扩散方程整体解的相关研究．2016-06-24
A王新甜．邓邦明．箭图表示和三角范畴上的稳定条件．2016-06-24
A温志红．邓冠铁．Hardy空间及Bedrosian等式．2016-06-24

A 叶　专．许孝精．不可压流体动力学方程的整体适定性．2016-06-24
A 詹福琴．蔡俊亮．图的 Zagreb 矩阵与 Augmented Zagreb 指标．2016-06-24
A 郑晓俊．郇中丹．图像配准中方向场正则化模型的数学研究．2016-06-24
A 卓次强．杨大春．(变指标)函数空间实变理论的几个进展．2016-06-24
B 李　晓．张　辉．大分子微球复合水凝胶的相变模型及其数值方法．2016-06-24
C 国洪松．张　梅．分支过程和多物种 Galtcn-Watson 随机树．2016-06-24
C 廖仲威．陈木法．Hardy-type 不等式最佳常数的变分公式与基本估计．2016-06-24
C 梁宝生．童行伟．生物医学中两类不完全观测数据的半参数有效统计推断．2016-06-24
C 徐　伟．李增沪．分支过程及带跳随机方程．2016-06-24
C 杨　慧．洪文明．随机环境中随机游动的重整化极限及相关问题．2016-06-24
F 黄文贤．李　勇．陆地生态系统碳通量模型参数的估计方法研究．2016-06-24
G 郭　衔．曹一鸣．初中生数学学业成就影响因素研究：基于区域教育改进视角
G 刘晓婷．曹一鸣．教师数学教学知识与小学生数学学科能力表现及其相关性研究．2016-06-24
G 严　虹．曹一鸣．基础教育阶段数与代数内容的国际比较研究：基于六国数学课程标准的研究．2016-06-24

A 屈非非．邓冠铁．不确定原理及 Hardy 空间．2017-01-05
A 曹　絮．保继光．几何偏微分方程的若干问题．2017-06-19
A 陈　焦．陆国震．乘子在乘积 Hardy 空间上的有界性以及多线性的极大拟微分算子．2017-06-19
A 洪　情．陆国震．多参数多线性拟微分算子和傅里叶积分算子的有界性．2017-06-19
A 赖旭东．丁　勇．奇异积分算子有界性的几个问题及其应用．2017-06-19
A 李正阳．薛庆营．Littlewood-Paley 平方函数及其相关算子的有界性．2017-06-19
A 牛苗苗．李岩岩．非局部椭圆方程解的存在性、局部唯一性和紧性．2017-06-19
A 齐良平．袁　荣．拓扑度及概周期微分方程中的若干问题．2017-06-19
A 宋乾乾．李岩岩．基于数学模型的癌症预后标记物研究．2017-06-19
A 孙秀丽．袁　荣．几类时滞微分方程和反应扩散方程的分支分析．2017-06-19
A 檀　健．赵纪满．变指标分析理论及其应用的一些研究．2017-06-19
A 田宝川．袁　荣．几类带有扩散项的 SEIR 传染病模型的行波解．2017-06-19
A 王翠巧．邓冠铁．管状区域上一些次调和函数的增长估计．2017-06-19
A 杨纪华．赵丽琴．光滑和非光滑微分系统的极限环分支．2017-06-19
A 杨　旭．卢广存．紧 spin 流形上 Dirac 方程解的存在性问题．2017-06-19
A 杨越峰．王恺顺．弱距离正则有向图．2017-06-19
A 张俊强．杨大春．相关于满足非对角估计算子的(变指标)Hardy-型空间和 Sobolev 空间的实变理论及其应用．2017-06-19
B 齐　进．李杰权．二维欧拉方程组广义黎曼问题数值建模及其应用．2017-06-19
B 宋艳萍．胡永建．不定三角矩量问题和 Ck 函数类中的插值问题．2017-06-19
B 王保军．李杰权．可压 Navier-Stokes 方程的广义黎曼问题方法和紧致有限差分逼近．2017-06-19
C 黄　兴．王凤雨．漂移项奇异的随机(泛函)微分方程．2017-06-19

C 李培森．陈木法．非线性分支过程及相关模型．2017-06-19
C 李　英．毛永华．广义扩散算子的性质及其相应过程的存在性．2017-06-19
C 赵　盼．毛永华．马氏链的强平稳对偶．2017-06-19
C 宗国纬．李增沪．测度值分支过程及其相关问题．2017-06-19
D 刘　艳．于福生．基于协作与模糊粒化的大规模区间值时间序列族聚类．2017-06-19
F 蔡定教．童行伟．删失生存数据的统计推断．2017-06-19
G 李欣莲．曹一鸣．中美初中高质量数学课堂教学比较研究．2017-06-19
G 于国文．曹一鸣．中、澳、法、芬中学数学课堂教学比较研究：聚焦关键教学行为．2017-06-19

A 詹旭洲．胡永建．矩阵值 Nevanlinna-Pick 插值和矩量问题的极大质量．2018-01-03
A 张雁楠．蔡俊亮．考虑碳排放的车辆路径问题和算法研究．2018-01-03
D 闫　实．黄海洋．几何先验信息在变分法图像分割中的研究及应用．2018-01-03
A 曹明明．薛庆营．算子的双权刻画与 Tb 定理及二进分析方法．2018-06-20
A 陈　露．陆国震．几何不等式的极值函数及其在偏微分方程中的应用．2018-06-20
A 黄　鹏．黎　雄．KAM 理论及其在常微分方程中的应用．2018-06-20
A 刘　荣．邓冠铁．Lipschitz 区域和半带形区域上的 Hardy 空间．2018-06-20
A 刘　茵．赵纪满．新型抽象 Hardy 空间及线性算子有界性．2018-06-20
A 孙艳梅．黎　雄．大扭转定理和 Duffing 方程解的有界性．2018-06-20
A 汪路顺．唐仲伟、李岩岩．奇异摄动非线性薛定谔方程组解的数量．2018-06-20
A 王　宠．保继光．非线性椭圆方程的若干问题．2018-06-20
A 王　兆．蔡俊亮．图的若干斯坦纳距离参数研究．2018-06-20
A 吴　鑫．袁　荣．几类反应扩散系统行波解的存在性与稳定性研究．2018-06-20
A 薛妮娜．黎　雄．哈密顿系统稳定性的相关研究．2018-06-20
A 朱　凯．丁　勇．平方根算子交换子的有界性及一类鞅不等式的最佳常数．2018-06-20
B 杜知方．李杰权．基于 Lax-Wendroff 型解法器的可压缩流体力学高精度数值方法．2018-06-20
B 姚小妹．张　辉．蠕虫链在二维受限区域的相结构模拟．2018-06-20
C 何引红．李　勇．计算机化自适应测验中的在线标定研究．2018-06-20
C 侯婉婷．王梓坤．非时齐渐近临界分支随机游动的极限性质．2018-06-20
C 贺　婕．张淑梅．带辅助信息的两类回归模型的参数估计．2018-06-20
C 黄璐静．陈木法．非对称 Markov 过程的 Dirichlet 原理．2018-06-20
C 刘婧凝．张　梅．带移民 GW 过程和稳定分支随机游动的极限行为．2018-06-20
C 刘敏之．洪文明．随机环境中多物种分支过程的极限性质及相关问题．2018-06-20
C 齐博瑞．毛永华．一维扩散过程的拟平稳分布．2018-06-20
C 孙　琪．王梓坤．随机和非随机环境中带移民分支过程的极限理论．2018-06-20
C 王禄恒．李　勇．超高维数据特征筛选方法及精度矩阵估计研究．2018-06-20
C 张　娟．李　勇．基于深度学习的信号调制识别方法研究．2018-06-20
D 李平山．徐　敏．网络的强 Menger 连通性及容错性的研究．2018-06-20
G 马迎秋．曹一鸣．初中数学教科书几何内容国际比较研究．2018-06-20

A 陈占美．邓冠铁．管状区域上的加权 Hardy 空间．2019-06-24
A 方敬轩．赵纪满．Stratified 群上的多线性谱乘子及某些相关算子．2019-06-24
A 黄华平．邓冠铁．取值于锥上的广义度量空间中的不动点理论．2019-06-24
A 晋榕榕．卢广存．Ekeland-Hofer 和 Hofer-Zehnder 辛容量的推广及应用．2019-06-24
A 雷 昕．李杰权．可压缩多相流和多组分流模型的 Godunov 型数值方法．2019-06-24
A 刘 军．杨大春．各向异性欧氏空间上(变指标)Hardy-型空间的实变理论及其应用．2019-06-24
A 马兆海．袁 荣．几类反应扩散方程行波解的稳定性及传播速度问题．2019-06-24
A 牛燕敏．黎 雄．几类微分方程的动力学行为．2019-06-24
A 隋世友．赵丽琴．几类多项式微分系统的极限环分支．2019-06-24
A 王广兰．陆国震．欧氏空间和双曲空间上 Moser-Trudinger-Adams 不等式相关问题的研究．2019-06-24
A 谢广亨．杨大春．偶数阶 Sobolev 空间新球平均特征刻画和鞅 Musielak-Orlicz Hardy 空间理论．2019-06-24
A 徐成丹．陆国震．多参数 Modulation 空间理论及其相关应用．2019-06-24
A 徐龙娟．李岩岩、李海刚．复合材料中的椭圆方程(组)解的梯度估计．2019-06-24
A 徐勐戬．高红铸．虚链环和虚弦链环的指标理论．2019-06-24
A 于海峡．李俊峰．沿曲线的奇异积分算子的有界性．2019-06-24
A 张彩凤．陆国震．几何不等式的集中紧原理及其在偏微分方程中的应用．2019-06-24
A 张 杰．刘永平．多元函数空间上逼近和积分问题的易处理性．2019-06-24
A 张向明．刘志华．几类年龄结构模型的分支分析．2019-06-24
A 章 娟．薛庆营．多线性算子的有界性和球面调和函数展开的发散性研究．2019-06-24
B 徐 真．张 辉．相场模型中满足能量关系的高效数值格式及理论分析．2019-06-24
C 季丽娜．李增沪．若干连续状态分支过程的研究．2019-06-24
C 吕 铀．洪文明．时间随机环境分支随机游动的障碍问题．2019-06-24
C 石万林．何 辉．分支随机游动的大偏差概率：经验分布和最大位置．2019-06-24
C 张伟为．王凤雨．一类人口基因模型的泛函不等式．2019-06-24
D 万 玮．黄海洋．基于稀疏表示与变分正则化的图像修补和超分辨率研究．2019-06-24
D 魏宇龙．徐 敏．关于网络故障诊断的研究．2019-06-24
G 陆吉健．曹一鸣．合作问题解决中的交流认知表现研究：基于课堂教学中的数学开放性问题．2019-06-24

C 李月爽，陈木法．马氏链的稳定速度估计及算法．2020-01-09
G 李红云，朱文芳．中学生统计思维发展水平的研究．2020-01-09
G 尤 慧，朱文芳．高等数学课程对大学生推理能力培养的研究：以公安院校为例．2020-01-09
H 李春雷(毕业生的学籍在教育学部)，曹一鸣．基于教学改进的高中生数学创新能力培养研究．2020-01-09
A 曹梦雨，王恺顺．几类经典数学结构的相交族和 Turán 数．2020-06-19
A 陈永鹏，唐仲伟．临界拟线性薛定谔方程及方程组的若干问题．2020-06-19
A 巩 超，王恺顺．三类空间的非平凡相交族．2020-06-19

A 贺子毅，杨大春．Sobolev 空间相关于球平均的 Littlewood-Paley 特征和齐型空间上的函数空间实变理论．2020-06-19

A 黄　亮，陆国震．调和分析中傅里叶乘子和拟微分算子的有界性估计．2020-06-19

A 李　丹，李俊峰．色散算子的收敛性．2020-06-19

A 李一梅，保继光、王长友．若干偏微分方程组解的性质．2020-06-19

A 刘　敏，唐仲伟．几类非线性方程解的多重性和集中性．2020-06-19

A 马光胜，赵纪满．特殊小波变换及相关问题的研究．2020-06-19

A 王薇薇，邓冠铁．加权 Hardy 空间和加权 Bergman 空间中函数的性质研究．2020-06-19

A 王徐敏，陆国震．调和分析中几何不等式与极值函数的存在性．2020-06-19

A 吴素青，袁　文．Real-Variable Theory of some (Variable) Function Spaces and Their Capacities. 2020-06-19

A 谢华飞，唐仲伟．几类非线性椭圆方程组解的存在性与集中性的研究．2020-06-19

A 熊君静，黎　雄．几类具有随机干扰的种群模型的动力学分析．2020-06-19

A 杨连鹏，黎　雄．几类映射的不变环面的存在性．2020-06-19

A 朱　宁，许孝精．二维不可压缩 Boussinesq 方程组的整体适定性．2020-06-19

B 秦煜哲，张争茹．二元流体表面活性剂相场模型的能量稳定数值方法及其分析．2020-06-19

B 赵兰苓，张争茹．高分子在各向异性纳米颗粒表面吸附行为．2020-06-19

C 程志雯，毛永华．非配称马氏链的势论．2020-06-19

C 方榕娟，李增沪．连续状态分支过程的构造及相关问题．2020-06-19

C 李豆豆，张　梅．带移民的分支过程的极限理论—调和矩、大偏差及生命时．2020-06-19

C 张小玥，洪文明．随机环境中分支过程和分支随机游动的极限性质．2020-06-19

C 郑祥祺，李增沪．两物种分支过程及相关性质．2020-06-19

D 李　芳，于福生．基于混合模糊关联的时间序列预测．2020-06-19

D 王发强，刘　君．基于对偶的分类方法及其在图像处理中的应用．2020-06-19

G 陈鹏举，曹一鸣．中学生数学学习策略对数学关键能力的影响研究．2020-06-19

G 冯启磊，曹一鸣．成熟型初中数学教师教学决策模式研究．2020-06-19

G 刘福林，曹一鸣．核心概念视域下中美教科书“数与代数”内容比较研究．2020-06-19

G 孙彬博，曹一鸣．初中生合作“知识建构”研究：基于数学问题解决高低绩效组的比较．2020-06-19

G 张　舒，曹一鸣．中学生合作数学问题解决中的学生参与研究．2020-06-19

A 陈方媛，袁　荣．人兽共患病跨物种传播模型的构建、分析与应用．2020-08-28

B Shan Murad Ali(史木，巴基斯坦伊斯兰共和国)，张争茹．L 型腔内求解复杂流体问题的无条件能量稳定的数值计算．2020-08-28

A 何欣蔚，保继光、李岩岩．基于多细胞基因调控网络的癌症标志物搜寻算法．2021-01-06

A 魏　炜，胡永建．矩阵值 Carathéodory 函数类的谱函数的最大质量及应用．2021-01-06

B 董丽秀，张争茹．大分子微球复合水凝胶相变模型的稳定保正性数值格式及其分析．2021-01-06

A 陈　玉，邓冠铁．微分方程复振荡与管上加权 Hardy 空间性质．2021-06-18

A 陈苗苗，袁　荣．几类结构种群模型的最优收获问题．2021-06-18
A 黄　龙，杨大春．Real-Variable Characterizations and Their Applications of Several Function Spaces with Mixed Norm on (Anisotropic) Euclidean Spaces. 2021-06-18
A 李　想，李俊峰．沿一类凸曲线的 Roth 定理．2021-06-18
A 李超颖，许孝精．某些二维流体力学方程组的整体适定性．2021-06-18
A 刘冬利，赵纪满．齐型空间上某些算子有界性的研究．2021-06-18
A 马艳准，胡永建．多点 Padé 逼近问题的 Hankel 向量方法．2021-06-18
A 阮洋洋，赵旭安．Explanation of Blue-Shift Phenomenon via Invertible Roots of p^j-Series. 2021-06-18
A 陶春霞，陆国震、保继光．几何泛函不等式及其在积分方程中的应用．2021-06-18
A 王仕芬，薛庆营．交换子的紧性和局部双线性极大算子的正则性研究．2021-06-18
A 王志丹，薛庆营．非标准线性奇异积分算子与粗糙核双线性算子的有界性研究．2021-06-18
A 吴静波，许孝精．稳态不可压 MHD 方程非齐次边值问题解的存在性．2021-06-18
A 吴亚运，刘志华．几类具有扩散项的年龄结构模型的动力学行为．2021-06-18
A 张　振，刘玉明．关于自入射代数的单纯系统的一些新进展．2021-06-18
A 张晓峰，袁　荣，受不同种噪声干扰的随机恒化器模型的动力学分析．2021-06-18
A 赵志稳，李海刚．复合材料中的 Lamé 方程组解的梯度估计及其渐近展式．2021-06-18
A 郑彬彬，李岩岩．黎曼流形上的临界边值问题和两类 Sobolev 型不等式．2021-06-18
A 钟月圆，许孝精．具有不规则耗散项的不可压缩流体力学方程的适定性．2021-06-18
A 周子威，保继光．Monge-Ampère 型方程解的存在性和 Liouville 定理．2021-06-18
B 包学莲，陈华杰．复杂流体能量变分模型的能量稳定数值格式及数值分析．2021-06-18
B 李晓旭，陈华杰．基于微扰方法的电子结构计算的算法设计与分析．2021-06-18
C 陈舒凯，李增沪．分支过程，仿射过程及相关问题．2021-06-18
C 王　婧，张余辉．经典跳过程的积分型泛函．2021-06-18
C 闫艳艳，张余辉．马氏链经典问题的显式判准．2021-06-18
C 张树雄，何　辉．分支随机游动的大偏差概率．2021-06-18
D 曹梦月，徐　敏．等角线和 Seidel 矩阵．2021-06-18
D 牛瑞超，徐　敏．网络上关于圈与路嵌入问题的研究．2021-06-18
D 裴　姗，张博宇．网络博弈及其应用．2021-06-18
G 赵京波，曹一鸣．初中生数学合作问题解决中的冲突话语研究．2021-06-18

B 袁茂琴，张争茹．带奇异自由能的 Chan－Hilliard 模型能量稳定有限元格式的构造及其分析．2022-01
B 张　娟，张争茹．固体基底上液滴粗化模型的数值格式及其分析．2022-01-05
D 江淑荣，于福生．基于知识指导和趋势模糊粒化的时间序列模糊聚类．2022-01-05
D 李海凤，刘　君．基于先验信息和熵正则最优传输的图像分割方法研究与应用．2022-01-05
G 刘　锦，曹一鸣．基于数学关键能力的初中生数字化资源学习路径研究．2022-01-05

录 37　主办会议

时间，会议名称，合办或协办单位，地点(仅在北京举办，不标出。若与其他城市合作办会议，则指出全部城市)，参会人数。会议文集出版(没有文集则不标注)

1937-05-01，中国数学会理事会。

1949-07-10，中华全国自然科学工作者代表会议筹备会。

1953-09-01～07，数学学术讨论会，82 人。

1954-07-20～08-03，高等师范院校数学系和物理系的教学大纲审定会。

1979-08-09～21，中学实验数学教材(美籍华人项武义提出)编写研讨会，30 多人。

1979 年，中日数学教育研讨会。

1980 年，中日数学教育研讨会。

1981-09-03～04，中日数学教育研讨会。

1982-11，中日数学教育研讨会，西安、北京。

1984-10-27～31，中日数学教育研讨会，大同、桂林。

1985-10-11，蒋硕民和赵慈庚教授从教 50 年庆祝会，90 余人。

1985 年，中日数学教育研讨会。

1986 年，中日数学教育研讨会，郑州、兰州、北京。

1987-04-20～25，全国第 5 届逼近论会议，郑州市黄河大学协办，130 余人。全国第 5 届函数逼近论会议论文集，河南大学学报，1988，(增刊)。

1987-05-21～25，秦九韶《数书九章》成书 740 周年纪念及学术研讨国际会议，57 人。

1987 年，中日数学教育研讨会，昆明、北京、兰州。

1988-01-14～15，模糊信息处理，思维决策与机器智能学术交流工作会，50 余人。

1988 年，中日数学教育研讨会，北京、福州。

1989-08，中日数学教育研讨会 10 周年大会，银川、北京、太原。

1990-08，第 3 届五国(中国、日本、美国、联邦德国、法国)数学教育国际会议。

1990 年，中日数学教育研讨会，北京、呼和浩特、北京市延庆县。

1991-06-21～26，《九章算术》暨刘徽学术思想国际研讨会，50 余人。北京师范大学学报(自然科学版)，1991，27(增刊 3)。

1991-10，中日数学教育研讨会，北京、包头、天水、兰州。

1991-08-05～08，国际数学教育北京会议，330 余人。Proceedings of ICMI-China Regional Conference on Mathematical Education，Vol 1～2，1991。

1992 年，中日数学教育研讨会，贵州、呼和浩特。

1992-09，大学数学教育研讨会，26 人。

1993 年，中日数学教育研讨会，北京、曲阜、呼和浩特。

1993-11，北京市数学会第 6 届理事会，50 余人。

1994 年，中日数学教育研讨会，集宁、呼和浩特。

1996-05-20 至 06-20，中俄函数逼近论研讨会，20 余人。

1996-10-26，庆祝《数学通报》创刊 60 周年，60 余人。

1998-04-26～29，数学教育・数学史及数学文化史・信息科学国际会议，90 余人。

1998-10，第 7 届五国(中国、日本、美国、德国、法国)数学教育国际会议。

1998-10-17，纪念傅种孙教授百年诞辰会议，60 余人。

1999-05-08，王世强、孙永生、严士健、王梓坤、刘绍学教授执教 50 年庆祝会，300 余人。

1999-10-10～14，第 7 届全国代数学会议，300 余人。

2000-07-24～27，数学教育·数学史及数学文化史·信息科学国际会议。

2000-08-21～09-01，第 9 届国际代数表示论大会，120 余人。Hattel D.，Zhang Yingbo eds. Repersentations of algebras，Vol. 1～2. Beijing：Beijing Normal University Press，2002。

2002-08-17～19，首届马氏过程及相关论题国际学术研讨会(The 1st Workshop on Markov Processes and Related Topics)，50 余人。

2003-12-11，全国大学生数学建模竞赛工作专题研讨会，60 余人。

2004-05-17～21，代数的表示理论高级研讨班，50 余人。

2004-05-20～22，第 2 届马氏过程及相关论题国际学术研讨会，80 余人。

2004-07-12～17，第 4 次国际稳健统计大会(ICORS04)，120 余人。

2004-08-10～14，第 3 届马氏过程及其相关论题国际学术研讨会，89 人。

2005-02-23，中国数学会教育工作委员会扩大会议，50 余人。座谈会记录见，数学通报，2005，44(特刊)：3-14。

2005-05-23～28，代数和表示的国际 Asia-Link 会议(International Asia-Link Conference on Algebras and Representations)，129 人。

2005-06-09～10，第 1 届国际矩阵分析研讨会(1st International Workshop on Matrix Analysis)，30 余人。

2005-07-04～06，非线性椭圆方程和变分方法研讨会(Symposium on Nonlinear Elliptic Equations and Varitional Methods)，与中国科学院数学与系统科学研究院共同主办，80 余人。

2005-07-25～27，中国中小学数学教育论坛，与中国数学会共同主办，山东省威海市，100 余人。论坛的发言陆续刊登于《数学通报》。

2005-12-17～18，傅种孙、钟善基、丁尔陞和曹才翰教授数学教育文选首发式暨中国数学教育发展的历史、现状与未来研讨会，110 余人。数学通报，2006，45(纪念专刊)。

2005-12-25，北京师范大学数学系成立 90 周年庆祝大会暨王世强、孙永生、严士健、王梓坤和刘绍学教授文集首发式，200 余人。

2006-04-22～24，逼近理论及遥感应用国际会议，与中国科学院遥感应用研究所、云南民族大学联合主办，昆明，57 人，会议论文在 Analysis in Theory and Applications (2007)发表。

2006-05-15～21，调和分析国际学术会议(International Conference on Harmonic Analysis 2006)，与北京大学和湖南大学联合主办，湖南大学，106 人。

2006-06-17～21，应用调和分析国际会议(International Conference on Applicable Harmonic Analysis：Approximation and Computation)，与中国科学院、国家自然科学基金委、香港城市大学联合主办，120 余人。

2006-06-18～19，科学计算的最新进展国际会议(International Conference on Recent Advances in Scientific Computation)，50 余人。

2006-08-21～25，第 4 届马氏过程及相关论题国际学术研讨会，与中南大学联合举办，长沙，140 余人。

2006-09-29～30，中日数学教育研讨会。

2006-10-28～29，京津地区几何、拓扑与几何分析研讨会，30 余人。

2006-10-28～29，数学家谈数学：庆祝《数学通报》创刊 70 周年大会，120 余人，主要发言和纪念文章刊登在，数学通报，2006，45(11～12)。

2006-12-29，全国大学生数学建模竞赛委员会工作会议，50 余人。

2006-12-29，全国大学生数学建模竞赛 15 周年庆典暨 2006 高教社杯颁奖仪式，与北京市教委、全国大学生数学建模竞赛北京赛区组委会及北京邮电大学共同承办，200 余人。

2007-04-08～09，中国数学教育的传统及其现代发展第 1 次会议，70 余人。

2007-05-28～31，偏微分方程及其应用国际会议(International Conference on PDEs and Applications)，80 余人。

2007-07-14～18，第 5 届马氏过程及相关论题国际学术研讨会，90 余人。

2007-09-20～22，全国高等师范院校数学教育研究会 2007 年常务理事会，河北承德市，36 人，近 20 位研究生和高校进修教师列席。

2007-10-27～28，中国数学教育的传统及其现代发展第 2 次会议，60 余人。

2008-01-12，纪念汤璪真校长诞辰 110 周年暨汤璪真文集首发式，300 余人。

2008-05-19～21，中韩数学教育论坛，40 余人。

2008-07-21～26，第 6 届马氏过程及相关论题国际学术研讨会，安徽师范大学协办，安徽芜湖，90 余人。

2008-08-03～06，首届全国 HP 杯发现之旅夏令营暨高中数学优质课观摩评选活动，与惠普公司联合举办，江苏常州，140 余人。

2008-12-06～07，首届部属师范大学数学学科建设研讨会，40 余人。

2008-12-15～17，Fourier 分析和偏微分方程及其应用国际会议，90 余人。

2009-01-15～16，北京市大学生数学建模活动论坛暨组委会换届交接仪式，50 余人。

2009-01-18～19，纪念孙永生教授诞辰 80 周年学术研讨会，20 余人。

2009-02-02～05，首届全国 HP 杯发现之旅冬令营暨高中数学优质课观摩评选活动，与惠普公司联合举办，200 余人。

2009-03-27，2008 年北京大学生数学建模与计算机应用竞赛颁奖会暨赛后研讨会，200 余人。

2009-05-23～24，第 3 届数学史与数学教育国际研讨会，180 余人。

2009-05-27～30，调和分析和偏微分方程及其应用国际会议，200 余人。

2009-08-03～06，第 2 届全国 HP 杯发现之旅夏令营暨高中数学优质课观摩评选活动，与惠普公司联合举办，北戴河，140 余人。

2009-08-13～23，孙永生-斯捷赤金(Stechkin)暑期学校暨 2009 年中俄实函数论研讨班(SSSS2009)，与首都师范大学、北京航空航天大学、华北电力大学、中国科学院遥感应用研究所主办，30 余人。

2009-09-08，中日数学教育研讨会。

2009-11-19～24，调和分析和逼近论国际学术会议，123 人。

2009-12-17～21，第 14 届亚洲数学技术年会，400 余人，出版中英文两种版本(内容不重复)的两部会议文集：Yang Weichi，Cao Yiming eds. 第 14 届亚洲数学技术年会论文集 . Mathematics and Technology，LLC，2009；Yang Weichi，Cao Yiming eds. Proceedings of the 14th Asian technology conference in mathematics. Mathematics and Technology，LLC，2009。

2010-03-01，纪念赵慈庚教授百年诞辰座谈会，56 人。座谈会记录见，李仲来主编：赵慈庚教授诞辰 100 周年纪念文集，数学通报，2010，49(增刊)：1～10。

2010-03-15～26，中德数学教育论坛(Sino-German Symposia on Mathematics Education)，北京站的研讨会为期一天半，20 余人。

2010-06-08～11，科学计算和非线性偏微分方程国际研讨会(International Workshop on Scientific Computing and Nonlinear Partial Differential Equations)，32 人。

2010-07-19～23，第 7 届马氏过程及相关论题国际学术研讨会，140 余人。

2010-08-03～06，第 3 届全国 HP 杯发现之旅夏令营暨高中数学优质课观摩评选活动，与惠普公司联合举办，青岛，120 余人。

2010-09-08～09，中日数学教育研讨会。

2011-02-21～24，国际数学教育委员会执委会(ICMI)2011 年例会，9 位执委。

2011-02-25～26，中国数学会基础教育委员会(ICMI-China)2011 年数学教育国际论坛，70 余人，论坛内容在《数学通报》发表。

2011-04-18～22，分支过程与聚合过程(Branching Processes and Coalescent Processes)国际会议，60 余人。

2011-04-24，第 11 届统计论坛，50 余人。

2011-06-03～07，全国积分方程、微分方程及其应用会议，与广西民族大学联合举办，广西民族大学数学与计算机科学学院，30 余人。

2011-08-03～06，第 4 届全国 HP 杯发现之旅夏令营暨高中数学优质课观摩评选活动，与惠普公司联合举办，西安，130 余人

2011-09-17，第 3 届 3＋X 统计学及其应用 Workshop 2011 年会议，50 余人。

2011-09-17，北京市大学生数学建模竞赛 20 周年庆祝会，300 余人。

2011-12-23，纪念张禾瑞教授百年诞辰座谈会，53 人。座谈会记录见，李仲来主编：张禾瑞教授诞辰 100 周年纪念文集，数学通报，2013，52(纪念专刊)：1～13。

2012-04-14～17，北京-希旺斯随机过程研讨会(Beijing-Swansea Workshop on Stochatic Processes)，53 人。

2012-04-28～29，数学技术与中学数学教育论坛，120 余人。

2012-05-21～25，调和分析及其应用国际会议，与南京大学数学系联合主办，南京大学，150 余人。

2012-07-04～05，中小学数学教材难易程度的国际比较研究中期研讨会，30 余人。

2012-07-16～21(16～18 日在北京师范大学，19～21 日在福建师范大学)，第 8 届马氏过程及相关论题国际学术研讨会，156 人。

2013-06-09，纪念蒋硕民教授百年诞辰座谈会，49 人。座谈会记录见，李仲来主编：蒋硕民教授诞辰 100 周年纪念文集，数学通报，2013，52(纪念专刊)：1～13。

2013-07-06～13，第 9 届马氏过程及相关论题国际学术研讨会，西南交通大学承办，西南

交通大学峨眉校区，60 余人。

2013-07-16～17，矩阵与算子国际学术研讨会(International Workshop on Matrices and Operators)，80 余人。

2013-12-28～29，偏微分方程研讨会，50 余人。

2014-05-21～27，中德可压缩流体数值方法及相关问题高级研讨会，70 人。

2014-06-14～15，代数与表示论会议，50 人。

2014-06-24～25，数学教育国际论坛，45 人。

2014-07-10～16，第 2 届东亚调和分析及其应用国际会议，与牡丹江师范学院联合主办，牡丹江师范学院，40 余人。

2014-07-27～08-01，第 4 届 BNU-PDE Workshop，60 余人。

2014-08-14～18，第 10 届马氏过程及相关论题国际学术研讨会，西安电子科技大学承办，西安，90 余人。

2015-01-24～25，第 5 届 BNU-PDE Workshop，50 余人。

2015-06-26～30，第 11 届马氏过程及相关论题国际学术研讨会，上海交通大学承办，上海，60 余人。

2015-08-08～09，液晶的数学分析，建模和计算及相关问题国际研讨会，55 人。

2015-10-23～24，第 8 届部属师范大学数学学科建设研讨会，30 多人。

2015-10-25，北京师范大学数学学科创建 100 周年庆祝大会，680 多人。

2015-10-26～27，互联网＋数学教育面临的机遇与挑战论坛，150 多人。

2016-07-13～17，第 12 届马氏过程及相关论题国际学术研讨会，江苏师范大学承办，徐州，60 多人。

2016-11-26～27，北京地区分析及其应用会议，50 多人。

2016-12-10，庆祝《数学通报》创刊 80 周年大会，200 多人。

2016-12-11，北京地区部分高校应用数学会议，40 多人。

2017-04-22～23，纽结理论专题研讨会，38 人。

2017-05-08～12，第 3 届分支过程及相关课题研讨会国际会议(The 3rd Workshop on Branching Processes and Related Topics)，60 多人。

2017-05-20～21，2017 全国数理逻辑学术研讨会，80 多人。

2017-06-16～18，第 1 届中学数学课程与教材国际论坛(International Research Forum on Mathematics Curriculum and Teaching Materials in Secondary School，IFMCT-1)，70 多人。

2017-07-09～14，大型国际比较项目(Lexicon Project)会议，90 多人。

2017-07-17～21，第 13 届马氏过程及相关论题国际学术研讨会，武汉大学承办，武昌，100 多人。

2017-11-10～13，2017 年调和分析年会(北京)，120 多人。

2017-12-09～10，北京地区部分高校应用数学会议，40 多人。

2018-03-21～22，Workshop on Some Aspects of Incompressible Navier-Stokes Equations，50 多人。

2018-06-16～18，图与组合研讨会，44 人。

2018-07-16～20，第 14 届马氏过程及相关论题国际学术研讨会，四川大学承办，成都，

126 人。

2018-12-01～05，微分几何青年论坛，125 人。

2018-12-08～09，北京地区部分高校应用数学会议，50 多人。

2018-12-28～31，2018 年逼近理论及应用学术会议暨纪念孙永生教授诞辰 90 周年，50 多人。

2019-03-26，义务教育数学课程标准修订教材编写人员研讨会，80 多人。

2019-05-04～05，第 6 届拓扑学青年学者论坛，60 多人。

2019-05-10～12，第 1 届代数与表示论前沿进展研讨会会议，36 人。

2019-05-22，06-17，Workshop on Elliptic and Parabolic PDEs，30 人。

2019-06-02～06，等参理论国际研讨会，36 人。

2019-06-14～16，第 2 届中学数学课程与教材国际论坛，与人民教育出版社合办，160 多人。

2019-06-22～26，第 5 届分支过程及相关课题研讨会国际会议(The 5rd Workshop on Branching Processes and Related Topics)，50 多人。

2019-06-28～29，首届京师数学教育大会暨北京师范大学数学科学学院建模中心成立大会，400 多人。

2019-06-28～30，第 1 届融汇中西教育论坛，100 多人。

2019-07-01～03，偏微分方程及其应用国际会议，140 多人。

2019-07-11～15，第 15 届马氏过程及相关论题国际学术研讨会，吉林大学承办，长春，150 多人。

2019-07-21～22，中韩双边会议：International Conference on Elliptic and Parabolic Problems，40 多人。

2019-09-06～08，表示论及其应用研讨会，46 人。

2019-09-29～10-04，函数空间、几何分析及应用国际会议，181 人。

2019-10-18～21，第 1 届京师数学新课程教学与评价会议，650 多人。

2019-12-07～08，北京地区部分高校应用数学会议，40 多人。

2020-01-12，第 2 次 Beijing Geometric Analysis Day 会议，70 多人。

2020-08-15～16，29～30，09-19～20，10-02～03，06～07，17～18，11-07～08，14～15，调和分析及其应用会议(Ⅰ～Ⅷ，线上)，67，79，96，76，78，85，77，82 人。

2020-09-19～20，第 3 届代数与表示论前沿进展研讨会(线上)，120 多人。

2020-10-17，第 2 届北京计算科学研究中心-北京师范大学双边研讨会，20 多人。

2020-12-03～06，The 7th Chinese-Russian Conference on Knot Theory and Related Topics，30 多人。

2020-12-04～07，北京地区部分高校应用数学学术会议，40 多人。

2020-12-27，首届北京师范大学数学科学学院校友会成立大会，80 多人(不含线上)。

2021-04-23～25，多尺度物理过程的数学模型和数值方法研讨会(珠海校区)，60 多人。

索引

索引1　专科毕业生名单索引(届，以字母顺序为序)

X

郗广利 1987　向其军 1996　谢纶邦 1987　谢秀玉 1994　邢玉红 1993　徐东静 1995
徐渡江 1996　徐万坤 1998　徐贤凯 1995　徐象达 1995　徐亚青 1987　徐延波 1997
徐玉宝 1987　徐在军 1994　徐智芬 1995　薛艳艳 1998

Y

闫丽平 1995　闫少勇 1996　闫　涛 1997　闫照诚 1995　严广荣 1994　杨春红 1993
杨春燕 1994　杨　明 1994　杨明辉 1995　杨淑丽 1994　杨晓晴 1993　杨秀嫱 1995
杨学光 1994　杨元昆 1987　姚光杰 1996　姚焕静 1993　姚维强 1993　衣爱华 1993
殷文菊 1987　于　静 1995　于　娟 1994　于利群 1994　于　萍 1995　于秋生 1994
于善渤 1993　于欣芳 1995　于新芝 1995　于　鑫 1995　于永庆 1993　于志强 1995
余　良 1987　余　平 1996　俞发俊 1987　袁海艳 1998　岳葆香 1994

Z

再努热·买 2005　曾招弟 1995　曾智波 2000　湛江波 1987　张彩霞 1995
张国福 1987　张国英 1993　张海英 1987　张红梅 1995　张洪明 1987　张积净 1995
张建军 1993　张晋丰 1993　张　静 1993　张陆海 1987　张美利 1987　张　敏 1987
张宁宁 1998　张乾文 1995　张圣锋 1995　张士勇 1993　张香兰 1987　张小丹 1995
张晓明 1993　张筱沛 1997　张秀海 1987　张秀萍 1995　张以香 1987　张永宇 1996
张月文 1994　章万智 1995　赵边玲 1993　赵凤兰 1987　赵广良 1987　赵全德 1987
赵　曙 1995　赵思源 1987　赵月秀 1987　赵志梅 1994　郑海晓 1995　郑　杰 1993
郑俊儿 1995　郑　克 1995　郑向景 1995　郑英华 1993　钟春生 1995　钟雁平 2000
周翠微 1987　周洪光 1998　周京梅 1993　周军军 1995　周　琳 1996　周敏葵 1995
周源云 1995　朱孔武 1987　朱　蓉 1987　朱汝清 1995　朱文书 1995　祝显宏 1987
祝远平 1987　邹　辉 1996　邹庆友 1993　邹新刚 1993

索引 2　本科毕业生名单索引(届别，以字母顺序为序)

蔡青松 2002	蔡瑞琼 2006	蔡圣义 1997	蔡淑贤 1965	蔡树深 1968	蔡文其 1966
蔡文涛 2008	蔡文雨 1990	蔡贤如 1964	蔡 馨 2007	蔡秀梅 1992	蔡学渊 1966
蔡训武 1963	蔡依茹 2019	蔡毅坚 2004	蔡英藩 1938	蔡玉芬 1956	蔡郁吾 1970
蔡月贤 1963	蔡越虹 1985	蔡云龙 1963	曹蓓蓓 2008	曹才翰 1956	曹春双 2009
曹德铮 1964	曹东方 1999	曹福桢 1959	曹付生 1989	曹光升 2003	曹桂荣 1963
曹鹤鸣 1959	曹红兵 1976	曹焕培 1957	曹际国 2002	曹洁勤 1958	曹金妹 1969
曹均华 1987	曹 钧 1966	曹 凯 2017	曹丽华 1985	曹利国 1994	曹良红 1989
曹灵华 2012	曹履用 1958	曹明源 2012	曹年富 1963	曹 琦 1958	曹秋林 2011
曹仁剑 2005	曹 莎 2011	曹声鹤 1964	曹诗杭 2020	曹世明 1991	曹淑芳 1959
曹松发 1963	曹倜家 1959	曹维梁 1925	曹伟杰 1954	曹文彬 1989	曹文君 2012
曹文培 1962	曹锡皞 1958	曹曦尹 2015	曹鑫鑫 2019	曹兴根 1964	曹旭萌 2006
曹 絮 2012	曹 轩 2012	曹雪莹 2015	曹 洵 1998	曹 妍 1992	曹 旸 2010
曹 毅 1976	曹寅雪 2014	曹璎珞 1960	曹 莹 2012	曹玉江 1979	曹 昀 2002
曹展望 1992	曹振山 1924	曹 正 1969	曹正进 1989	曹志忠 1979	曹自由 2001
柴 昊 2009	柴惠文 1986	柴丽妮 2013	柴素兰 1969	柴 天 2014	柴星雨 2020
柴志勤 1958	常保平 1986	常 程 1993	常 琮 1950	常迪闻 2020	常 凡 2014
常福军 1995	常广平 1996	常建斌 1964	常 健 2018	常晋源 2009	常 珂 1952
常 明 1985	常启元 1969	常 青 1986	常 青 2001	常淑凤 1977	常 帅 2020
常相舜 1962	常晓鹏 2000	常 鑫 2014	常 颐 1959	常 玉 2019	常 造 1922
常钟玮 1953	钞露蓉 2019	巢建江 1986	车培元 1967	车锁平 1978	车 雯 2019
车晓佳 2003	车 烜 1981	车亚玲 1958	车宇湖 1968	陈艾虎 2008	陈爱丹 2013
陈爱兰 1965	陈爱美 1989	陈巴尔 2009	陈倍涛 1968	陈本清 1956	陈 彪 1991
陈 镔 1997	陈冰凌 2008	陈柄树 1994	陈 波 1983	陈 波 1984	陈泊宁 2020
陈彩明 1963	陈灿贻 2018	陈长松 1963	陈常玉 1931	陈 畅 2016	陈超群 1964
陈朝基 1963	陈 辰 2011	陈承淇 1933	陈 诚 2014	陈楚烨 2017	陈垂兴 1992
陈春光 1966	陈春红 1969	陈春颖 2017	陈翠霞 1998	陈翠雁 1957	陈达权 1957
陈代丽 2012	陈丹阳 2009	陈焘戴 2011	陈德海 1979	陈德忠 1958	陈地长 2017
陈定泽 1965	陈定中 1957	陈东生 1965	陈东昇 1992	陈 杜 2009	陈方权 1959
陈方樱 1981	陈 芳 2005	陈飞鸣 1998	陈飞宇 2019	陈飞宇 2020	陈凤谋 1960
陈凤雪 2015	陈凤云 1978	陈福成 2002	陈福军 1984	陈福增 1964	陈福珍 1993
陈 刚 2000	陈高杭 2019	陈根生 1960	陈 耕 1983	陈耿亮 1960	陈公宁 1960
陈冠州 2016	陈光齐 1967	陈广旺 1969	陈桂芳 2006	陈桂杰 2004	陈国丹 2014
陈国庆 1956	陈国英 1968	陈海粟 2010	陈汉桓 1967	陈汉堃 1922	陈汉堃 1931
陈 昊 2016	陈 浩 2004	陈和平 1976	陈荷生 1935	陈 恒 2000	陈恒瑾 1962
陈 红 1996	陈 红 2014	陈红亮 1991	陈宏伯 1960	陈宏普 1977	陈宏伟 1993
陈 泓 2020	陈 虹 2011	陈 鸿 1989	陈鸿飞 2016	陈鸿儒钰 2020	
陈鸿征 1960	陈华江 1987	陈华杰 2005	陈 桦 1964	陈黄华 2005	陈 晖 2008
陈 迴 1993	陈 荟 2018	陈 慧 2008	陈慧超 1998	陈慧明 1963	陈慧薇 2020
陈吉航 1969	陈际芬 1993	陈继芳 1962	陈继山 1966	陈继声 1963	陈加军 1994
陈佳莉 2017	陈家范 1967	陈家珪 1937	陈家敏 2006	陈家荣 1924	陈家鑫 2020

陈云汉 1964 陈云生 1988 陈运亮 1959 陈在瑞 1963 陈　昭 2014 陈昭名 2020
陈　哲 2009 陈　哲 2013 陈　真 2012 陈　正 2013 陈正仙 2018 陈志彬 1989
陈志辉 2002 陈志敏 2008 陈志顺 1957 陈志文 2001 陈志雄 1967 陈志云 1981
陈治一 1970 陈致均 2018 陈　智 1996 陈忠文 1957 陈仲蔚 1963 陈　卓 2016
陈倬岳 2006 陈　茁 2012 陈子皓 2015 陈子意 2010 陈子真 1981 陈子忠 1997
陈自文 1996 陈祖虞 1926(数理系) 陈祖虞 1928 谌守珍 1962 谌小为 1995
谌　哲 2007 成长厚 2014 成传炳 1963 成　林 2005 成　露 2008 成如翼 1960
成　涛 1982 成小娟 2013 成自然 2017 程　丹 2005 程涤兰 1965 程国铠 1959
程国珍 1933 程怀明 1965 程嘉梁 1960 程建仁 1965 程　杰 1988 程金能 1997
程　隽 1996 程　可 2020 程理春 1960 程丽霞 2017 程林凤 1989 程璐璐 2008
程　敏 2000 程明春 2010 程盛兰 1957 程书肖 1964 程　同 2020 程铜柱 1979
程　伟 2008 程小玲 1965 程晓琳 1998 程秀成 1958 程学权 2020 程　瑶 2009
程　晔 1965 程艺华 1968 程应钜 1958 程　莹 1997 程　渝 1989 程雨涵 2018
程　远 2020 程　振 1967 程志雯 2015 程致平 1970 程中玲 1957 程　竹 2003
池春素 1989 池　友 1978 池振明 1984 迟美娜 2002 迟未来 2015 初济群 2019
储春爱 2016 储继迅 2006 储瑞年 1963 褚晓辰 2014 楚洪波 1999 楚泽甫 1967
褚淑华 1960 褚维盘 1968 传一健 2014 次旦顿珠 2005 次旦久米 2005
次旦拉姆 2004 次仁顿珠 2012 次仁央宗 2005
次仁玉珍 2008 次西巴措 2005 次　珍 2007 次珠啦 2004
丛金明 1986 丛　琳 2008 丛婉莹 2014 丛小睿 2006 丛雪冰 2016 崔宝珍 1987
崔博远 2020 崔创福 1959 崔春燕 1987 崔　帆 1989 崔富平 1976 崔恒建 1983
崔红梅 2001 崔宏志 1967 崔化文 1979 崔佳佳 1999 崔佳歆 2004 崔嘉英 1976
崔建国 1986 崔　杰 1984 崔克敬 1955 崔　雷 2011 崔丽芳 1981 崔亮亮 2003
崔明扬 1919 崔　楠 2002 崔　绒 2012 崔　榕 2017 崔汝义 1996 崔润生 1966
崔思潇 2009 崔松茹 1979 崔　旺 2018 崔维国 1965 崔显峰 1989 崔晓娜 2004
崔新梅 1991 崔星宇 2016 崔延铮 2015 崔吟歌 2010 崔永吉 1927 崔　悦 2020
崔志娟 1958 措　姆 2004 措　姆 2005

D

达娃央宗 2011 达娃卓玛 2005 达　瓦 1980 达瓦仓决 2004
达吾提・吐尔 2020 达　珍 2007 大普穷 2008 代　彬 2013 代从发 2013
代建萍 1996 代连悦 1978 代　宁 1985 代艳东 1993 代玉荣 1978 代云龙 2011
戴斌祥 1983 戴昌培 1963 戴敦敬 1983 戴镐东 1922 戴莉芬 1957 戴明卓 2016
戴芊慧 2007 戴诗洁 2018 戴舒婷 2019 戴思远 2017 戴素珠 1963 戴腾跃 2016
戴修法 1969 戴云彩 1935 丹　增 1980 旦巴旺久 2009 旦增卓玛 2005
党宝栋 1970 党胜军 2002 党四善 1969 悳伍贞 1937 悳仰淑 1949 德　吉 2004
德吉白珍 2010 邓本然 1952 邓必鑫 1959 邓　超 2012 邓德祥 1959
邓东海 1994 邓观喜 1963 邓　广 1994 邓海锋 2002 邓汉栋 1963 邓豁轩 1924
邓锦河 1967 邓晶晶 2017 邓　军 1978 邓　俊 2008 邓　凯 1985 邓　岚 2019
邓立国 2011 邓丽波 2007 邓旅成 1962 邓其封 1955 邓起江 1968 邓　清 1996
邓清芝 1966 邓汝兴 1957 邓三慧 1960 邓尚成 1979 邓授恭 2009 邓思恩 2010

邓思可 2006　邓苏瑶 2015　邓文虹 1986　邓小民 1977　邓亚娟 1992　邓艳艳 2003
邓　铁 2004　邓荫林 1969　邓颖颖 2019　邓宇星 2010　邓豫文 1941　邓远能 1958
邓云心 2019　邓　展 1985　邓治平 1964　狄超英 1978　狄息馨 1969　狄　琰 2018
迪丽努尔·玉素甫 2011　底钟英 1935　地力努尔·依米提 2018　地力夏提 2010
地米提 1987　刁洪云 1959　刁镜清 1963　刁联望 1986　刁仁鹏 1965　刁诗贤 1969
刁志瑞 2019　丁安华 1998　丁葆华 1969　丁常明 1957　丁春平 2003　丁春艳 2011
丁大乔 2016　丁　丹 2014　丁德麟 1968　丁尔陞 1951　丁　凡 2020　丁冠利 1968
丁贵伦 1958　丁国义 1986　丁国忠 1996　丁　宏 1984　丁惠芬 1960　丁家泰 1964
丁　洁 2012　丁洁琳 1988　丁　捷 1989　丁　瑾 1996　丁京禹 1958　丁景堪 1924
丁克慧 1967　丁兰花 2012　丁丽萍 2008　丁露茜 2018　丁梦琦 2020　丁梦松 1937
丁　敏 2001　丁明怡 1996　丁　鹏 1960　丁青元 1968　丁仁友 1989　丁仕杰 1996
丁淑媛 1957　丁　苏 1962　丁素兰 1979　丁　听 2018　丁文丽 2017　丁文渊 1922
丁小浩 1981　丁小萌 2020　丁　晓 1990　丁晓慧 2013　丁新娟 1983　丁　馨 2017
丁修权 2020　丁　燕 1997　丁　杨 2014　丁　一 2006　丁玉敏 1993　丁玉珍 1958
丁钊鹏 2000　丁　喆 1993　丁振奎 1962　丁志福 1960　丁志强 1994　丁宗淇 2016
董爱民 1990　董宝海 1954　董朝霞 1998　董春霞 1977　董春雨 2015　董芳英 1967
董复昌 1960　董惠芬 1963　董建楠 2015　董将虎 1997　董　洁 2020　董金雨 2015
董经纬 2020　董俊毅 2018　董克强 2001　董莉娟 2005　董莉纹 1968　董丽婷 2011
董　玲 2011　董凌云 1996　董吕云 1956　董乃莉 1963　董式勤 1963　董式瑛 1957
董式璋 1958　董树德 1935　董　玮 1993　董文华 1956　董锡兰 1940　董小英 1981
董晓宇 2017　董修权 1966　董秀华 1976　董秀琴 1977　董一杰 1954　董　莹 2006
董永宝 2020　董愚级 1937　董玉才 1995　董玉贞 1963　董　昱 2018　董毓苓 1979
董　昭 1984　董振麟 1922　董正林 2006　董　卓 2013　董宗仁 1956　都长清 1958
钭斐玲 2009　窦洪山 1979　窦永平 1985　杜宝莹 2017　杜彩霞 1983　杜超武 2001
杜朝丽 1990　杜成北 2004　杜春洪 1977　杜代双 2014　杜德生 1960　杜国忠 1982
杜海霞 1997　杜海燕 1994　杜红春 1994　杜继曾 1924　杜建文 1994　杜　娟 2005
杜　娟 2011　杜君富 1966　杜孟坤 2015　杜　敏 1962　杜　鸣 2005　杜　鹏 2013
杜谦远 1960　杜　强 1976　杜如梅 1965　杜淑琴 1963　杜舒意 2016　杜双春 1963
杜文逸 2016　杜小萌 1976　杜小伟 2011　杜燮昌 1932　杜秀芳 1963　杜旭博 2018
杜学孔 1981　杜燕菊 1968　杜　义 1982　杜　屹 2006　杜永强 1985　杜予聪 2017
杜玉香 1977　杜　悦 2007　杜　越 1960　杜智敏 1964　杜　仲 2014　杜宗美 1958
杜作梁 1919　段秉坤 1988　段炳燮 1962　段春红 2008　段嘉禾 2020　段锦矿 1999
段景英 1947　段　蕾 1999　段　丽 2000　段丽萍 1995　段丽琼 2005　段　琳 2017
段灵子 2015　段　然 2009　段　锐 2015　段书杰 1964　段文喜 1981　段昕辰 2017
段欣慰 2018　段益城 1989　段迎魁 1966　段宇飞 2020　段宗犀 1920　顿珠卓玛 2017

F

凡静静 2008　凡玉娇 2018　樊东华 1989　樊方园 2007　樊　军 2009　樊　鹿 1995
樊　青 1989　樊守义 1959　樊天英 1963　樊　伟 1966　樊自强 1957　范宝荣 1977
范春园 1991　范达文 2004　范方兵 2004　范港华 2019　范光华 1964　范光洲 1970

范惠英 1965　范良花 2007　范珞靖 2009　范梅仙 1963　范　敏 2009　范秋君 1958
范韶华 1989　范树宝 1962　范嗣立 2013　范小明 1996　范筱然 2020　范星福 1992
范英丽 1998　范永春 2000　范用德 1962　范　越 2019　范志强 1999　方超飞 1990
方纯义 1963　方德昆 2012　方德宜 1956　方福全 1965　方国亮 2006　方海燕 1987
方惠娟 2015　方金秋 1963　方　俊 2013　方　岚 2018　方龙雄 1986　方梦婷 2018
方　明 2003　方培基 1957　方启明 1959　方全有 1982　方榕娟 2015　方时育 1958
方　硕 1935　方　维 2000　方心钰 2019　方轩盛 1963　方　燕 1996　方仰群 1968
方永新 1962　方友梅 1968　方远堂 1963　方允华 1968　方振元 1958　方正有 1967
房艮孙 1982　房启超 2011　房兴业 1963　房颜明 2000　费德宝 1965　费景高 1960
费明兵 2009　费　雄 1966　费旭云 2004　封达道 2010　封　宇 2015　酆思印 1963
冯安邦 1989　冯保友 1962　冯崇海 1986　冯定芸 2012　冯　刚 1995　冯　寒 2011
冯珏榕 2020　冯　雷 1988　冯黎明 1997　冯　丽 1996　冯美玲 1977　冯　敏 2007
冯　琪 2013　冯启珂 1985　冯启铭 2006　冯　倩 2009　冯　琴 1989　冯　睿 1992
冯士腾 1960　冯　霜 2005　冯　水 1984　冯　涛 2008　冯天娇 2017　冯维丽 2007
冯文杰 1964　冯文科 1999　冯文丽 1988　冯文瑞 1960　冯文馨 1957　冯　雯 2012
冯贤德 1977　冯小敏 2009　冯晓东 2019　冯秀华 1977　冯一娟 1960　冯英英 1965
冯　宇 2009　冯宇雷 2011　冯玉海 1960　冯元化 1982　冯峥晖 2006　冯志超 2020
冯志华 2001　冯子健 2017　冯子逸 2012　伏辉棣 1957　符策贵 2019　符和仕 1965
符惠惠 2016　符晋瑜 1966　符　康 2019　符梦蝶 2019　符淑定 1965　符阳忠 1962
付爱明 1991　付枫江 2018　付建婷 2015　付靖宜 2011　付军和 1991　付磊波 2011
付　莉 2008　付美华 1978　符儒霖 1962　付晟华 2013　付　巍 1985　付　湘 1982
付小利 2000　付新丽 1998　付循建 1985　付　彦 2000　付　尧 2005　付占军 1998
傅　波 2002　傅德熹 1967　傅冬梅 1999　傅桂钧 1959　傅洪裕 1969　傅　慧 1999
傅建仁 1962　傅　磊 2008　傅莉媛 1965　傅求学 1922　傅容敷 1963　傅若男 1953
傅天婴 2012　傅维熙 1922　傅秀玲 1970　傅学顺 1962　傅养贤 1968　傅仪德 1966
傅以伟 1963　傅奕铭 2017　傅莺莺 2002　傅云玲 1970　傅章秀 1952　傅志良 1958
傅种孙 1920　傅仲修 1964　傅宗飞 1999

G

干桂兰 1976　甘美凤 1963　甘师信 1963　甘湘华 1994　甘向阳 1985　甘小瑀 2020
刚道明 2006　高柏苑 1962　高保民 1969　高伯亭 1963　高步瀛 1919　高长才 1963
高朝阳 1987　高城铭 2007　高德铨 1962　高富荣 1983　高　昊 2019　高荷生 1963
高贺清 2006　高　鹤 2008　高洪涛 2003　高虎明 1986　高慧芳 1969　高慧姝 2020
高加伟 1994　高佳丽 2015　高家富 1993　高杰如 1966　高洁生 1940　高锦延 1965
高进顺 1979　高敬东 1963　高　静 1987　高　競 1981　高俊英 2020　高可心 2018
高克勤 1979　高　琨 1991　高　雷 2012　高　磊 2002　高　擂 1982　高林娥 1976
高　曼 2012　高　蜜 2018　高明坤 1960　高牛山 2008　高培根 1965　高佩宁 2018
高朋香 1996　高　蓬 1991　高　萍 2015　高启明 1957　高启如 1976　高青林 1981
高　晴 1999　高庆全 1935　高庆忠 1976　高荣厚 1959　高荣芝 1969　高　榕 1964
高榕生 1931　高　熔 1982　高瑞芬 1963　高瑞璋 1963　高姗姗 2004　高士俊 1965
高守天 1958　高寿昌 1962　高寿棋 1960　高淑兰 1950　高树奎 1970　高素娟 1985

郭　锴 2002	郭　衔 2011	郭莉荣 1995	郭理华 2018	郭立红 1978	郭丽琴 1968
郭隆荧 1969	郭茂伟 2015	郭美汐 2006	郭淼霞 1996	郭念晗 2009	郭培培 2002
郭佩玉 1957	郭其玮 2006	郭　琪 1983	郭　强 2017	郭强华 1994	郭　秦 1995
郭沁苗 2003	郭清华 2010	郭琼辉 1957	郭仁娟 1986	郭　韧 2000	郭善朝 1922
郭淑英 1957	郭树茂 1986	郭　颂 1992	郭婉婷 2017	郭万会 1979	郭　维 2006
郭　伟 2003	郭　伟 2013	郭伟程 2013	郭伟华 1963	郭文莲 1991	郭文隆 2019
郭文清 1986	郭文雯 2008	郭文英 1989	郭向前 2001	郭小平 1982	郭小群 1989
郭晓丽 2009	郭肖晗 2017	郭燮昌 1946	郭　昕 2006	郭兴明 1986	郭秀花 1983
郭秀娟 1960	郭秀清 1985	郭亚平 2011	郭艳梅 2003	郭燕波 2002	郭　扬 2020
郭依文 2015	郭义琴 1977	郭银圈 1964	郭　愚 1967	郭雨婷 2020	郭玉竹 1990
郭育英 1962	郭渊远 2011	郭云卓 2020	郭　贞 1991	郭志高 2014	郭中庸 1938
郭转娜 2010	国晓雯 2006	过祖骥 1969			

H

哈司也提 1962		海　菲 2011	海里其木 1970		韩宝珠 1947
韩　斌 1989	韩冰玉 2017	韩博文 2019	韩长绅 1948	韩康年 1958	韩光华 2001
韩桂丛 1920	韩海鹰 1989	韩　慧 2019	韩　佳 2014	韩见知 1968	韩建军 1992
韩建平 2013	韩锦阳 1965	韩　俊 2013	韩俊峰 1982	韩立刚 1986	韩立军 1987
韩立岩 1981	韩丽娟 1956	韩隆恒 1960	韩　露 2013	韩　路 1983	韩　璐 2005
韩　梅 1984	韩　梅 1994	韩梅春 1959	韩梦琦 2017	韩米娜 1992	韩　平 2012
韩　乾 2007	韩清波 1920	韩汝瑜 1956	韩睿煜 2020	韩士生 1964	韩树山 1940
韩思雨 2016	韩素敏 1962	韩卫民 2019	韩文华 1933	韩文静 2008	韩晓玉 1993
韩心慧 1991	韩昕彤 2013	韩秀芝 1955	韩　璇 2013	韩　阳 1983	韩耀辉 2001
韩宜安 1970	韩应能 1964	韩英杰 1962	韩雨琪 2017	韩　煜 2016	韩云民 1979
韩增荣 1954	韩之阳 2017	韩志刚 2008	韩志琪 1968	韩志勤 1969	韩仲芬 1963
杭　鹭 2014	郝　诚 2009	郝德智 2002	郝宏歧 1979	郝　辉 1997	
郝继曾 1927(数理系)		郝继曾 1929	郝君芳 1964	郝　莉 1996	郝瑞萍 1996
郝生旺 1965	郝树强 1951	郝　爽 2008	郝　威 1969	郝　微 2005	郝一平 2007
郝雨宁 2012	郝振生 1978	何本胜 2004	何碧英 1965	何　彬 1957	何　超 2009
何　超 2010	何成渝 2017	何　翠 2018	何定一 1959	何　方 1993	何　丰 2004
何凤彪 1984	何　伏 1964	何公健 1965	何浩嘉 2012	何宏藻 1960	何　华 2003
何惠红 1998	何慧如 1959	何纪生 1948	何　佳 2005	何佳谦 2014	何家建 1983
何建堂 1965	何建伟 2001	何　剑 2001	何　娇 2006	何娇娇 2002	何金华 1954
何敬之 1957	何　静 1978	何立恒 1988	何立荣 1998	何　麟 2005	何　茂 2002
何明华 1977	何琪琪 2015	何启翱 2002	何　青 1984	何庆家 1958	何庆青 2005
何庆书 1962	何琼璋 1965	何仁和 1989	何睿洁 2013	何绍庚 1962	何胜男 2017
何士英 1970	何世龙 1996	何世平 2004	何树廉 1960	何思梅 1997	何铁民 1957
何晚秋 2003	何为英 1958	何　维 1998	何维安 1964	何　伟 2019	何伟勋 1948
何　未 1998	何悟民 1965	何向东 1990	何小花 1996	何小灵 2007	何效员 2001
何欣蔚 2015	何新程 1982	何秀玲 1965	何旭辉 2009	何学民 1993	何雅涵 2016
何彦国 1992	何洋波 1998	何耀光 1991	何一涛 1984	何依哲 2020	何逸民 1959

何岳寰 2019　何召文 2012　何志海 1994　何志文 1989　何志霞 1994　何州杉月 2011

何宗荣 1957　何作泗 1958　和　川 2003　和丽军 1986　和珅华 2007　和晓东 2005

贺　晨 2007　贺凤林 1965　贺航飞 2004　贺　军 1993　贺　堃 2001　贺丽珍 2003

贺　晴 2006　贺　庆 2004　贺绍祥 2012　贺士宏 1966　贺万钧 1963　贺　炜 1994

贺卫平 1993　贺贤宁 1967　贺险峰 1994　贺向红 2001　贺新蕾 2012　贺　珣 1931

贺艳花 1994　贺志国 1978　贺志军 1989　贺子毅 2015　赫素秋 1965　黑俊茹 1970

宏　伟 2010　洪惠英 1963　洪吉昌 1956　洪京爱 1985　洪来道 1999　洪良辰 1960

洪玲霞 1985　洪水生 1970　洪秀玉 1958　洪延君 1968　洪英儒 1962　洪永生 1970

洪玉芬 1963　洪志坚 1981　洪壮效 1965　侯　伯 2002　侯　德 1993　侯殿文 1960

侯　盾 2011　侯军宏 1989　侯立东 1991　侯连琴 1977　侯乃戌 1960　侯普亭 1990

侯倩倩 2011　侯士秀 1938　侯淑卿 1956　侯婉婷 2013　侯文娟 2017　侯文宇 1986

侯文元 1962　侯象乾 1968　侯永军 2018　侯　悦 2017　侯云泷 2020　侯增荣 1957

侯智超 2020　侯智睿 2016　胡柏辉 1969　胡炳珠 1964　胡　博 2000　胡长青 1984

胡崇慧 1954　胡春霖 2006　胡春茹 1969　胡纯耕 1958　胡大同 1962　胡铎琳 2016

胡　芳 1998　胡福丽 2015　胡国专 1989　胡海潮 1992　胡　宏 1994　胡虎肇 2006

胡焕顺 1962　胡慧英 1958　胡纪龙 1965　胡见秋 2014　胡剑涛 1964　胡　杰 2011

胡金平 1989　胡金球 1989　胡锦煦 2017　胡锦泽 1958　胡京兴 1985　胡景浩 1970

胡　静 2003　胡菊仙 1970　胡　军 1997　胡君美莉 2015　胡峻珲 2001

胡克愚 1955　胡浪华 2005　胡立编 1960　胡隆华 1963　胡茂林 1988　胡敏德 1962

胡　明 2013　胡明杰 1985　胡宁燕 1998　胡　鹏 2006　胡　平 1968　胡　萍 2004

胡七林 1993　胡　琦 1978　胡　勤 2010　胡清国 1970　胡清海 1959　胡　秋 2014

胡　群 2007　胡　瑞 1963　胡瑞达 1978　胡瑞敏 2020　胡润泽 2016　胡盛祺 2015

胡淑洪 1947　胡淑英 1978　胡思齐 1924　胡　桃 1986　胡　维 2002　胡　维 2015

胡维斌 1987　胡伟康 1983　胡伟卿 1984　胡雯雯 2004　胡先蕙 1963　胡献荃 1963

胡翔斌 2014　胡　潇 2011　胡潇宇 2018　胡小丹 1983　胡小红 1998　胡晓雁 1999

胡孝华 1964　胡效未 2018　胡　昕 1997　胡　昕 2017　胡　欣 2017　胡欣宇 2020

胡馨月 2018　胡兴涛 1970　胡秀吉 1960　胡雪丹 2014　胡　焱 1986　胡雁文 1989

胡一凡 2015　胡一睿 2011　胡仪君 1968　胡亦君 1985　胡逸君 1959　胡毅时 2000

胡英福 1964　胡　瑛 2008　胡永建 1994　胡咏梅 1990　胡友兰 1976　胡玉俊 1977

胡玉舟 1986　胡　煜 1987　胡元伟 1958　胡圆圆 2017　胡云姣 1985　胡占先 1962

胡振广 1978　胡　峥 2010　胡峥妮 2018　胡正曙 1967　胡综杰 2018　胡祖莹 1964

胡尊亚 1967　花文秀 1965　花耀沁 1963　华成坚 1982　华　刚 2000　华九召 1991

华觉勤 1958　华荣伟 1988　华天娇 2019　华　奕 2012　华　宇 2002　华月霞 1963

滑　蕊 2019　郇中丹 1981　桓守谦 1957　黄艾香 1956　黄巴玲 1965　黄碧芳 1967

黄碧丽 2002　黄　斌 1962　黄　斌 1982　黄彩琴 1976　黄彩英 1998　黄昌武 2009

黄昌毅 2010　黄长春 1999　黄　超 2007　黄超群 2000　黄朝元 1959　黄　辰 2006

黄　成 1995　黄程程 2019　黄驰云 1999　黄楚荧 2015　黄春茂 2006　黄纯灿 2003

黄　丹 2017　黄丹丹 2017　黄丹华 1983　黄德春 1965　黄登航 1958　黄棣先 1960

黄　东 1994　黄飞越 2020　黄　霏 2016　黄凤金 1963　黄凤圣 1997　黄　淦 2015

黄　钢 2014　黄冠源 2017　黄广平 1981　黄贵贤 1962　黄桂珍 1965　黄国钧 1962

黄海波 1991	黄海清 2004	黄海涛 1991	黄　涵 1956	黄汉光 1957	黄汉煜 2013
黄瀚元 2012	黄宏伟 2003	黄焕宗 2005	黄　珲 1993	黄会来 1984	黄惠清 1963
黄慧康 1954	黄慧萍 2005	黄觊鹏 2016	黄加流 1988	黄嘉平 1982	黄　坚 1969
黄建华 1967	黄剑杰 2012	黄江兰 2004	黄金梅 1966	黄　静 1998	黄菊芳 1965
黄俊杰 2006	黄俊生 2002	黄　科 2009	黄克瑾 2016	黄克强 1998	黄兰芬 1982
黄　磊 2008	黄　力 2006	黄力平 1982	黄立坡 1997	黄连寿 1962	黄　亮 2006
黄　亮 2014	黄烈燕 1989	黄琳珊 2020	黄玫婷 2001	黄梅桥 1965	黄梅香 1964
黄梦旻 2009	黄　敏 2016	黄明政 1985	黄娜琪 2017	黄沛臻 2007	黄佩珺 1958
黄其秒 2007	黄其申 1984	黄　奇 1968	黄芊芊 2017	黄晴瑀 2018	黄秋帆 2017
黄仁海 1990	黄仁锐 1986	黄仁祥 2009	黄荣庆 1960	黄　蓉 2002	黄　蕊 1996
黄　山 2013	黄　珊 2013	黄珊珊 2015	黄邵华 2006	黄伸远 2018	黄胜华 1993
黄诗雯 2017	黄时宾 2002	黄时俊 1963	黄世雄 1965	黄书才 1969	黄书培 2013
黄淑珍 2005	黄曙光 1991	黄泰振 1958	黄　涛 1993	黄　涛 1996	黄　涛 2016
黄天永 1964	黄庭松 1963	黄惟明 1967	黄　伟 1990	黄　伟 2008	黄　玮 1981
黄文彬 2002	黄文亭 2019	黄文贤 2010	黄　雯 2009	黄雯荣 1967	黄锡瑶 1959
黄夏宁 2017	黄显炘 1955	黄献宾 2018	黄祥涌 1963	黄潇婷 2017	黄小洁 2017
黄小君 2018	黄小为 1997	黄　晓 2018	黄晓华 1999	黄晓军 1989	黄晓军 2004
黄晓兰 1986	黄晓群 2007	黄晓轩 1999	黄昕鹏 2015	黄　新 1984	黄　新 1989
黄　鑫 2017	黄鑫山 2008	黄　兴 2010	黄兴豪 1960	黄兴民 1986	黄秀田 1965
黄旭生 1934	黄学毛 1988	黄雪涛 1994	黄雪莹 1999	黄雪莹 2002	黄洵余 1959
黄　彦 1932	黄杨岳 2011	黄　洋 2003	黄业文 2002	黄一缘 2019	黄奕顶 2003
黄　益 2011	黄　颖 2001	黄永坚 1958	黄永萱 1963	黄宇同 2008	黄玉兰 1962
黄缘芳 1928	黄远瑞 1965	黄　媛 2009	黄　悦 2000	黄　耘 2006	黄泽兴 1984
黄　展 2006	黄展鹏 1984	黄震民 1962	黄　铮 1970	黄　正 2019	黄志盛 1966
黄志祥 1963	黄卓杰 1965	黄卓廷 1960	黄卓妍 2007	黄子悦 2011	黄自强 1964
黄自强 1982	惠明琪 2009	火甲丁 1962	霍炳文 1978	霍洪亮 1992	霍建宇 1964
霍树枏 1933	霍小宁 2005	霍秀清 1976	霍玉峰 2019		

J

姬振宣 1977	姬振豫 1964	吉世财 2019	吉　瑶 2010	吉　宗 2004	吉祖鹏 1989
计德桂 1993	计石宝 1965	纪　波 1983	纪崇睦 1952	纪　催 1964	纪立新 1990
纪　娜 2011	纪　然 2014	纪荣强 2005	纪文娜 2014	纪　瑶 2016	纪　英 1983
纪永强 1981	纪毓桂 1959	季椿生 1962	季从龙 1962	季广和 1976	季红楠 1964
季建兵 1999	季美霞 1959	季　敏 2018	季　明 1967	季清政 1998	季素果 1997
季　炎 1959	季　庸 2018	季　宇 1982	冀　风 2003	冀光弟 1938	加纳尔别克 2005
加帕尔·沙塔尔 2011		加永桑登 1980		贾大文 1969	贾国枢 2020
贾洪潮 2017	贾厚亮 1987	贾　会 1964	贾锦雯 2019	贾力伟 1997	贾利仁 1925
贾利新 1993	贾龙飞 1982	贾敏祥 1964	贾沛蓉 1965	贾　鹏 1989	贾鹏飞 2010
贾启恒 1948	贾绍勤 1978	贾世纬 1949	贾思雨 2012	贾　涛 1958	贾　武 1924
贾心琨 2020	贾欣雨 2017	贾秀凤 1982	贾絮然 2018	贾学明 2001	贾映壁 1956
贾玉兰 1968	贾毓珣 1951	贾志成 1962	菅美娟 2013	简时帆 2019	简小燕 2020

江福贵 1970　江涵阳 2015　江加乾 1999　江　娟 2017　江　军 1984　江　俊 1957
江丽华 1983　江　楠 2001　江佩荣 1969　江　萍 2006　江文玲 1958　江训龙 2014
江翊铭 2020　江用科 2000　江佑民 1957　姜朝阳 1987　姜海涛 1998　姜　健 2008
姜洁怡 2011　姜　菁 2013　姜　静 1976　姜菊华 1969　姜明华 1988　姜　楠 2004
姜庆新 1998　姜瑞欣 2016　姜　涛 2001　姜天奋 1965　姜廷佐 1924　姜　伟 2019
姜晓英 2019　姜秀燕 1986　姜燕南 1994　姜燕维 1976　姜　钰 2003　姜月萍 2004
姜中景 2017　姜庄仪 1965　姜卓敏 2015　蒋爱萍 2013　蒋安卿 1962　蒋冰清 1969
蒋陈喆 2020　蒋豆豆 2012　蒋　铎 1951　蒋观瀛 1935　蒋桂梅 1957　蒋国民 1987
蒋海粟 2016　蒋　寒 2011　蒋　华 2015　蒋继斌 1991　蒋　洁 1993　蒋菊霞 2012
蒋　乐 2020　蒋　力 1983　蒋玲玲 2009　蒋明维 1954　蒋　娜 2017　蒋培杰 2012
蒋佩锦 1963　蒋佩贞 1963　蒋　屏 1982　蒋　庆 2014　蒋庆平 1969　蒋球伟 1993
蒋人璧 1963　蒋人凤 1966　蒋仁进 2006　蒋汝梅 1949　蒋瑞龙 2000　蒋润荣 1960
蒋绍惠 1959　蒋胜伟 1990　蒋世信 1969　蒋　婷 2018　蒋　维 2005　蒋维国 1957
蒋文江 1983　蒋文静 2013　蒋文娟 1968　蒋晓娟 2007　蒋晓萌 2010　蒋秀玲 1979
蒋　迅 1982　蒋亚琴 1964　蒋宴卿 2001　蒋怡尧 2018　蒋远志 1957　蒋振南 1966
蒋忠宏 1982　蒋滋梅 1956　焦长生 1977　焦春芳 1960　焦百芳 1960　焦法玲 1977
焦聚川 1963　焦　莉 1985　焦　令 1946　焦希鸣 1984　焦艳雪 1976　角碧波 2012
金　巴(尼日尔共和国)2002　金宝骏 1965　金博文 2020　金长振 1979
金成柏 1984　金成赫 2008　金诚惠 1956　金春林 1999　金　次 2013　金达怀 1957
金　迪 2020　金菲菲 2016　金国军 1998　金继忠 1962　金江洙 2003　金　蛟 1999
金　晶 2010　金克洪 1962　金　兰 1964　金立忠 1976　金　林 1983　金　琳 2013
金玲芳(江苏省)1965　金铃芳(山西省)1965　金梅珍 1964　金孟相 1959
金　明 2008　金明鸥 1985　金佩玉 1962　金佩珍 1968　金　鹏 2001　金鹏华 1960
金　琪 1992　金巧根 1999　金青松 1993　金清明 1998　金婧英 1963　金圣熙 2019
金世仍 1969　金　涛 1989　金　涛 2015　金铁男(朝鲜民主主义人民共和国)2013
金万明 2016　金文清 1956　金卸虎 1970　金　阳 1995　金　毅 2015　金　英 2003
金勇麟 2009　金　俞 2016　金育新 1993　金郁向 1982　金　钊 2012　金志明 1967
金志文 2014　金志勇 2009　金钟植 1989　金　竹 1993　金宗洽 1965　金宗懿 1969
靳邦杰 1949　靳　超 2000　靳利敏 2011　靳荣禄 1919　靳铁珍 1958　靳向兰 1959
靳玉飞 1982　荆　岷 1984　井浩赖 2011　景剑宇 2020　景　涛 2018　景秀英 1967
景　毅 1937　靖　晶 2010　鞠　昊 2016　鞠璐蔓 2017

K

坎　南 1970　康后娟 2014　康　健 2005　康　健 2020　康健辉 1995　康　申 2002
康素莲 1962　康旺志 1956　康文锋 2012　康　希 2019　康玉林 1982　康振梵 1958
康志勇 1989　康仲远 1958　亢滨立 1962　柯洪捷 2017　柯华斌 1998　柯荣鹏 2019
柯　珊 1982　柯少华 1989　柯思宇 2005　柯志勇 1983　克丽比努尔・克力 2014
克玛勒别克 1989　孔福军 2012　孔国平 1981　孔佳琦 1964　孔令龙 1999
孔双雄 1998　孔文佳 2006　孔祥旭 1984　孔志文 2002　孔宗文 1955　寇冰涵 2018
寇彩霞 2006　寇嘉瑜 2019　寇　林 1982　匡奎远 1988　匡互生 1919　匡祥友 1969
匡阳钰 2013　邝比坚 2009　邝孔武 1965　邝　梦 2016　邝荣雨 1959　况　野 2013

旷冬云 1999　蒉延龄 1952

L

拉巴次仁 2016　拉　次 2013　拉　珍 2005　来关春 1964　来振寰 1958
赖辉旻 1995　赖　兰 1986　赖留萍 2007　赖　苗 2004　赖在抗 1960　兰保伶 1981
兰　洁 2002　兰金忠 2009　兰久和 2006　兰俊士 1967　兰守恩 1970　兰　毅 2005
兰　竹 2003　蓝国烈 2001　蓝建华 1959　蓝　晶 2007　蓝诗瑜 2020　蓝志凌 1992
蓝子涵 2017　郎大麟 1963　郎福泽 2017　郎好常 1933　乐小英 1986　乐幼阳 1978
雷　畅 2019　雷　成 2017　雷　海 2000　雷　昊 2007　雷　静 2000　雷　凯 1994
雷联庆 1957　雷孟京 1984　雷　鸣 1988　雷青海 1928　雷庆军 1998　雷淑华 2018
雷天刚 1984　雷文虹 1991　雷夏玲 1983　雷小芳 2013　雷晓笛 2015　雷晓莉 1996
雷　昕 2014　雷亚婷 2018　雷玉强 1992　雷止京 1925　冷晓东 1992　冷　瑛 1970
黎安琪 2020　黎　彬 1991　黎次铨 1962　黎怀谦 2006　黎淑兰 1998　黎贤生 1960
黎玉连 2018　李艾青 1957　李爱玲 1983　李安健 2017　李安琪 2014　李柏荣 1966
李宝婵 1959　李宝光 1938　李宝华 1976　李宝家 1987　李宝森 1969　李宝瑭 1959
李宝玉 1966　李　彪 2013　李　斌 1999　李　滨 1994　李　冰 2002　李冰梅 1984
李　博 1965　李　博 2011　李博阳 2015　李昌兰 1949　李长国 1995　李长军 1984
李长敏 1976　李长敏 1998　李长盛 1970　李长彦 2017　李长银 1968　李常凌 1964
李超男 2020　李超能 2001　李朝阳 1984　李　晨 2008　李　晨 2020　李成茹 2017
李成洋 1970　李承科 2017　李承权 1958　李　程 1995　李春风 1968　李春富 1996
李春江 1958　李春江 2006　李春娟 1987　李春萍 1981　李春霞 1999　李春香 1987
李春雨 1982　李椿田 1949　李　聪 2006　李琮堂 1968　李翠高 1991　李翠平 1992
李翠英 1966　李存富 1967　李大松 2008　李大贞 1962　李大中 1958　李丹阳 2011
李道军 1997　李德平 2009　李德清 1988　李德周 1967　李定一 1960　李东升 2018
李恩波 1924　李恩惠 2018　李恩武 1967　李恩中 1967　李发财 2000　李法顺 1970
李　帆 2015　李　帆 2019　李　凡 1990　李　凡 2000　李　芳 1995　李芳菲 2010
李芳华 1939　李　飞 2000　李　飞 2005　李　芬 1963　李粉花 2004　李封蓉 2018
李奉新 1979　李复元 1970　李　根 2010　李庚泽 2013　李冠敏 1976　李　光 2000
李光皓 2008　李光辉 1984　李　广 2001　李广丽 1994　李广麟 1963　李贵廷 1959
李桂春 1996　李桂华 1977　李桂琴 1979　李桂淑 1962　李桂香 1996　李桂英 1978
李国锋 1986　李国锋 2001　李国华 2016　李国强 1977　李国庆 1989　李国树 1967
李国祥 1982　李海东 1994　李海军 1999　李海顺 2001　李海侠 1991　李　涵 2009
李　昊 2017　李昊翔 2019　李和平 1977　李恒霄 2016　李　红 1997　李　红 2018
李红举 1991　李宏军 1983　李宏清 2015　李宏生 1958　李　虹 1998　李鸿书 1962
李沍岸 1996　李华鑫 1970　李华炎 1927　李华英 2000　李　晖 2001　李　辉 1963
李　辉 2000　李　荟 2007　李慧兰 1999　李慧云 1979　李积懋 1949　李继先 1946
李继英 1981　李　冀 1985　李　骥 1962　李　佳 2001　李　佳 2017　李佳彤 2017
李佳蔚 2018　李　家 2004　李嘉南 1984　李　坚 1983　李建国 1976　李建华 1976
李建华 1985　李建明 1957　李建章 1983　李剑铎 2009　李　健 1960　李　健 1969
李　健 1999　李鉴羽 2007　李　江 1957　李　江 2002　李江晖 1988　李江涛 1989
李江涛 1996　李节阳 1994　李　杰 1996　李　杰 2017　李洁华 1963　李　婕 2020

李金初 1964	李金铎 1960	李金淮 1968	李金甲 2019	李金明 1985	李金铭 1958
李金年 1956	李金桥 2016	李金旺 1969	李金义 1963	李锦新 1963	李　瑾 1994
李晋渊 1997	李京睿 2009	李京祥 1984	李京一 1984	李经弼 1947	李经蔚 1959
李菁泽 2020	李晶茹 1963	李景涛 1987	李　婧 2017	李敬存 1954	李　静 2001
李　静 2004	李静爽 2009	李镜澄 1963	李　娟 2009	李　军 1987	李　军 2002
李　军 2005	李军焘 2001	李军龙 2007	李俊峰 2011	李俊良 1976	李俊卿 1958
李俊生 1967	李俊彦 2020	李峻峰 1992	李　骏 2007	李可馨 2020	李　乐 1982
李乐学 1987	李　莉 2003	李莉云 1967	李　丽 1992	李丽丽 2002	李丽珠 1957
李连福 1987	李　梁 1994	李　林 2003	李林娟 2008	李　琳 1963	李　玲 2016
李玲宝 1963	李　凌 1988	李流波 2011	李龙飞 2017	李龙振 1984	李　露 2018
李满天 1990	李曼宁 2018	李　茂 2001	李茂林 1926(数理系)		李茂林 1928
李美生 1985	李妹桦 2010	李　萌 2019	李孟然 2018	李梦娅 2017	李梦圆 2015
李勉之 2019	李　珉 2008	李　敏 1970	李　敏 1983	李　敏 2016	李　敏 2017
李敏杰 2005	李敏俊 1963	李敏霞 1965	李　明 2006	李明德 1970	李明仕 1958
李铭璜 2007	李　沫 2015	李谋清 1966	李　娜 2003	李乃昌 1959	李乃凤 1976
李乃立 1981	李乃伟 2010	李南龙 1967	李南生 1959	李　楠 2020	李能群 2019
李年荣 1963	李　宁 2012	李　宁 2013	李培华 1978	李培松 1991	李　沛 1996
李　沛 2004	李　鹏 2014	李　鹏 2015	李鹏瑞 2012	李丕成 1957	李　平 1997
李　萍 1976	李　萍 1983	李启超 2011	李启顺 1943	李启炎 1965	李绮霞 1962
李乾春 2011	李　强 1999	李　强 2002	李巧婵 2003	李巧玲 1998	李琴生 1970
李　青 2006	李清娟 2002	李清霞 2004	李　晴 1968	李庆德 1982	李庆恩 1976
李庆华 1965	李庆南 1964	李庆苏 1962	李庆芝 1960	李秋瑾 2011	李秋仙 1962
李全展 1981	李　群 1969	李　群 1988	李　群 2010	李　然 2016	李　冉 2003
李仁所 1983	李韧舟 2019	李荣发 1966	李如海 1969	李如琪 2018	李如璐 1931
李汝修 1985	李　蕊 1998	李　锐 2007	李瑞芬 1977	李润泽 1990	李润章 1956
李润知 2011	李润珠 1927	李若柔 1958	李赛雪 1989	李　莎 2019	李姗姗 2012
李善纲 1949	李上官 2018	李　尚 2018	李尚皓 1958	李绍佳 2002	李绍玲 1985
李绍明 1986	李慎余 1968	李　升 2014	李胜利 1982	李石君 1987	李时苹 1962
李时彦 1970	李实勇 2016	李士磊 2017	李士奇 1933	李世昌 1919	李世朵 1978
李世芬 1965	李世敏 1969	李世取 1969	李世权 1940	李仕琴 1977	李书芹 1977
李淑芳 1979	李淑敏 1977	李淑琴 1970	李淑荣 1979	李淑英 1967	李曙光 1982
李述兰 1979	李树德 1963	李树棻 1932	李树国 1957	李树文 1983	李双利 1976
李双平 1997	李　硕 2018	李思培 2018	李思奇 2020	李斯名 2011	李　松 2015
李松文 1963	李锁琴 1977	李　唐 2019	李腾勇 1997	李天虹 1997	李天林 1958
李天鎏 2013	李铁城 2000	李铁锤 1959	李铁松 1967	李　婷 2005	李　婷 2012
李　婷 2020	李婷婷 2020	李同乐 1970	李万顺 1985	李薇霞 2002	李为东 1991
李维立 1960	李　伟 1999	李　伟 2002	李　伟 2004	李伟元 2007	李　玮 2007
李　玮 2008	李卫青 2013	李蔚琳 2010	李蔚泉 1967	李　文 1989	李文丹 2019
李文芳 1966	李文洁 2012	李文军 2013	李文琦 1952	李文清 1976	李文韬 2013
李文怡 2002	李文英 1960	李文章 1964	李文樟 1994	李雯璟 2018	李西北 1966

李希彬 1954　李希平 1959　李锡珍 1928　李喜凤 2017　李　霞 2014　李　夏 2008
李先艺 1976　李贤应 2003　李显树 1976　李祥林 1986　李祥云 1970　李翔宇 2017
李　想(北京市)2016　李　想(河南省)2016　李　想 2018　李向东 1991
李　潇 2014　李　霄 2006　李小白 1996　李小军 1987　李小丽 2009　李小列 1981
李小玲 1960　李小敏 2009　李小中 1988　李晓琛 2003　李晓春 1993　李晓春 1995
李晓华 1985　李晓欢 2002　李晓路 2002　李心怡 2012　李　昕 1992　李昕怡 2020
李欣竹 1991　李　新 1990　李新成 1965　李新童 1977　李新雄 1989　李歆晔 2014
李馨烈 1963　李　鑫 1981　李鑫煜 2020　李兴春 1992　李　星 1986　李星瑶 2020
李行之 2013　李　雄 1967　李秀峰 2018　李秀珉 1959　李秀云 1965　李秀珍 1978
李　栩 2010　李　旭 2008　李学著 1968　李　雪 1983　李雪葱 2008　李雪华 2000
李雪瑾 1995　李勋亚 1944　李　迅 1981　李雅荣 1967　李雅珍 1977　李亚华 1963
李亚玲 1998　李亚娜 1963　李亚平 1999　李　妍 1963　李　岩 1986　李　岩 2003
李艳丽 1978　李艳平 1994　李艳平 2013　李　燕 1993　李　燕 2001　李扬眉 2008
李　阳 1993　李阳阳 2020　李　杨 2012　李　洋 2009　李　瑶 2007　李耀春 1922
李耀堂 1959　李　也 2018　李业信 1969　李　一 1960　李一峰 2008　李一鸣 1964
李依樵 2005　李祎炜 2017　李　颐 1976　李仡宸 2018　李轶武 2005　李　毅 2011
李荫楷 1964　李寅根 1959　李寅童 2010　李　英 1984　李英民 1960　李英姿 1999
李迎香 2019　李迎新 2019　李莹莹 2003　李　颖 1994　李颖智 2004　李永富 1935
李永琪 1984　李永强 2005　李永显 1970　李永信 1965　李永兴 1970　李永志 1963
李泳欣 2018　李　勇 2004　李咏琪 2018　李友根 1970　李有荣 1987　李又聃 1925
李瑜琦 1965　李　宇 1983　李宇航 1998　李雨来 1962　李雨轩 2016　李玉娥 2002
李玉芬 1962　李玉珂 1962　李玉奎 1963　李玉琳 1949　李玉南 2003　李玉囊 1920
李玉萍 1992　李育安 1992　李育端 1964　李育芝 1985　李裕民 1970　李毓仁 1957
李豫玲 2002　李元宝 1922　李元吉 1969　李元明 1954　李　园 2019　李　圆 2009
李远凤 2016　李　月 2013　李月婷 2009　李　悦 2012　李云峰 1996　李允贵 1978
李运华 1969　李韵芬 1977　李韵清 1960　李蕴初 1965　李泽邦 2018　李泽桐 2015
李泽翔 2020　李泽政 2020　李　曾 2009　李增仁 1960　李战鹰 1996　李兆仁 1957
李兆旋 1969　李兆谊 1976　李肇玫 1968　李哲明 2004　李哲仪 2019　李喆琛 2019
李　珍 2012　李　真 2006　李　榛 1920　李振江 2000　李振亚 1965　李振亚 1994
李振元 1928　李正兴 1985　李政威 2019　李　直 2010　李志德 1967　李志峰 1983
李志恒 1962　李志立 2009　李志龙 1965　李志隆 1966　李志鹏 2015　李志强 2005
李志强 2013　李志武 1967　李志延 1947　李志中 2003　李志壮 1963　李治业 1962
李质朴 1965　李秩赢 1968　李智强 2017　李智荣 1958　李智芸 1991　李忠耿 1970
李　仲 1931　李仲来 1977　李竹林 1964　李著昭 1938　李　翥 2005　李子安 1962
李子华 1982　李子琪 2019　李子谦 2006　李紫薇 2018　李宗保 1963　李祖刚 1981
李祖苑 2007　郦禄琦 1922　栗梦妍 2015　栗士朋 1995　栗晓宇 2018　栗演兵 1990
连凤桐 1967　连素芝 1978　连永欣 2009　廉沁姝 2013　练静芳 2016　练肇通 1985
梁　安 2019　梁　冰 2001　梁伯华 2016　梁　栋 2001　梁　钝 2006　梁　芳 1993
梁　芳 2003　梁冯珍 1984　梁恒肇 2011　梁淮森 2001　梁　奂 1993　梁慧敏 1962
梁慧中 1941　梁家丰 2019　梁家宁 1993　梁景伟 1985　梁　军 1989　梁俊杰 1965

梁麟阁 1938　梁梦锡 1957　梁　鹏 1999　梁　琦 2012　梁　茜 2017　梁　青 1999
梁清超 2017　梁秋怡 2019　梁淑云 1960　梁树清 1978　梁　爽 2014　梁　凇 1994
梁苏娜 2016　梁天惠 2006　梁天宇 2016　梁　威 1981　梁　威 2003　梁为龙 1999
梁玮萍 1983　梁文德 1941　梁文生 1995　梁文艳 2005　梁　潇 2011　梁新刚 2004
梁新儒 1963　梁亚鹏 2008　梁熠宇 2009　梁　银 1992　梁　瑛 1962　梁莹莹 2005
梁媛媛 2000　梁　知 2006　梁志锋 2004　梁志新 1988　梁竹苑 1992　梁子安 1958
廖必成 2006　廖涔宇 2020　廖昌洪 1969　廖　丹 2003　廖丹丹 2013　廖东升 1996
廖河河 1985　廖鹤鸣 1997　廖恒安 2018　廖建磊 1988　廖金凤 2014　廖锦萍 1982
廖开武 1968　廖可诚 1958　廖　璐 2005　廖墨香 1959　廖　谦 2017　廖世晨 2020
廖世楷 1935　廖　爽 2007　廖星池 1957　廖永明 2014　廖宇科 2019　廖昭懋 1959
廖志明 1957　廖姊劼 2005　林碧云 1957　林翠凤 2010　林　芳 1959　林芳建 1994
林　飞 2001　林　锋 2012　林福堂 1964　林福智 1962　林富祥 1983　林观秀 1959
林国定 1964　林海波 2003　林汉兴 2006　林河顺 1983　林华远 2010　林　荟 2009
林纪翔 2008　林佳楠 2015　林建军 2009　林剑攀 2007　林　健 1986　林金贵 1965
林　炯 1962　林九章 1960　林　军 1991　林开善 1957　林康活 1964　林方域 1958
林孔容 1988　林立宏 2018　林丽芳 2002　林丽丽 2017　林利仁 1919　林利英 2004
林琳悦之 2009　林　玲 2007　林　凌 2008　林　蔓 2001　林梅华 1963
林美芳 2004　林梦西 2012　林明烈 1960　林囡囡 1969　林培榕 1987　林　鹏 1991
林蒲姗 2019　林其安 1963　林启鹏 2015　林芊雨 2012　林　清 2010　林荣强 1964
林绳庆 1928　林诗立 1963　林淑筠 1957　林树三 1935　林水平 1965　林嵩媛 1932
林　玮 1984　林先拔 1956　林向岩 1954　林晓芒 1967　林孝盛 2019　林昕烨 2017
林　欣 2005　林欣冉 2014　林新华 1998　林新杨 1987　林馨怡 2014　林秀莲 1964
林亚臣 1985　林妍艳 1998　林彦珠 2001　林　燕 2003　林耀山 1922　林　野 1982
林　业 2016　林　颐 1977　林　益 1967　林英志 2008　林永发 1963　林永坚 1963
林永伟 1985　林永贤 2020　林涌波 1966　林友铭 2003　林宇力 1998　林禹攸 2016
林玉敏 2016　林跃珠 2009　林志红 1994　林钟和 1968　林子涵 2017　蔺书琴 2011
蔺天蕙 2018　蔺喜德 1935　凌　博 2007　凌纯甫 1964　凌福珍 1986　凌桂清 1966
凌若冰 2016　凌淑平 1967　凌向明 1985　凌　霄 2007　凌新芝 1976　凌中民 2002
刘爱华 2017　刘柏林 1962　刘宝林 1963　刘宝荣 1954　刘宝瑛 1966　刘保华 1979
刘保华 1996　刘保平 1981　刘倍雷 2019　刘　蓓 1997　刘碧铎 2014　刘　彪 1987
刘　斌 1964　刘　兵 1994　刘炳麟 1966　刘炳伟 2002　刘　波 1997　刘博新 1977
刘灿枝 1970　刘长炽 1967　刘长国 1978　刘　畅 2015　刘　超 1993　刘　超 2011
刘　成 2019　刘承祖 1920　刘　冲 2015　刘楚琛 1957　刘春贵 1993　刘春林 2002
刘春明 1988　刘春生 1976　刘春艳 1994　刘纯型 1957　刘纯正 1948　刘存舜 1988
刘达通 2010　刘　丹 2005　刘　丹 2009　刘德禄 1955　刘德荣 1965　刘德英 1977
刘　頔 2017　刘甸瑞 1960　刘殿宝 1966　刘殿勤 1976　刘　东 1952　刘　东 2015
刘东昌 1958　刘东海 1991　刘东奇 2008　刘　冬 1998　刘法财 1963　刘　芳 1970
刘飞羽 2006　刘　枫 2001　刘　枫 2008　刘　锋 2010　刘　凤 1993　刘凤山 1978
刘凤英 1959　刘夫郁 1957　刘芙蓉 1996　刘福悦 1962　刘富山 1976　刘　干 1991
刘　庚 1977　刘恭民 1969　刘古珍 1968　刘冠辰 2003　刘冠群 2011　刘光蕙 1962

刘广富 1965　刘桂花 1992　刘桂兰 1977　刘桂兰 1990　刘国材 1964　刘国钧 1957

刘国仁 1960　刘国山 1984　刘　海 1994　刘海东 1995　刘海峰 1969　刘海鹏 1997

刘海瑞 2002　刘函悦 2020　刘汉臣 1947　刘汉国 1968　刘汉江 1935　刘汉涛 1963

刘　昊 2019　刘浩培 1960　刘　皓 1992　刘和春 1958　刘　红 1982　刘　红 1995

刘红磊 2008　刘红梅 2007　刘红缨 2017　刘宏兵 1991　刘宏美 1979　刘宏秋 1982

刘洪鑫 1964　刘　虹 2009　刘鸿昌 1964　刘鸿勤 1952　刘鸿勋 1925　刘鸿珍 1959

刘厚荣 1969　刘护佑 1957　刘　沪 1982　刘华斌 1997　刘怀颖 2000　刘欢欢 2015

刘　辉 1986　刘　会 1970　刘会英 1999　刘惠珍 1979　刘　慧 1989　刘慧芳 1986

刘慧泉 1969　刘吉强 1994　刘际元 1984　刘继红 1989　刘继志 1964

刘　佳(内蒙古自治区)2009　刘　佳(四川省)2009　刘佳敏 2016

刘家明 1983　刘家兴 1970　刘　嘉 2006　刘　嘉 2007　刘　嘉 2012　刘嘉诚 2016

刘嘉琨 1958　刘嘉琪 2017　刘嘉善 1960　刘　坚 1984　刘建华 1977　刘建华 1994

刘建慧 1986　刘建民 1964　刘建南 1963　刘建吾 2001　刘建业 1956　刘建玉 1997

刘教才 1995　刘　洁 2015　刘洁民 1981　刘金花 2014　刘金辉 2009　刘金山 1982

刘　进 1998　刘进才 1977　刘进丁 1967　刘进美 1982　刘进荣 1986　刘进修 1937

刘晋平 1986　刘景芳 1925　刘景明 1996　刘景瑞 1970　刘景尧 1927　刘竞江 1962

刘　婧 2000　刘婧凝 2013　刘婧雯 2019　刘婧依 2015　刘　静 1997　刘　静 2000

刘静涛 1983　刘静雯 2016　刘镜如 1948　刘　军 1981　刘　军 1993　刘　军 2006

刘均鹏 1949　刘　钧 1943　刘俊章 1938　刘　凯 1987　刘　凯 1994　刘　凯 2010

刘　康 1984　刘克和 1957　刘克珍 1976　刘克智 1963　刘坤元 2017　刘来福 1962

刘　磊 1999　刘　蕾 2009　刘莉梅 2004　刘力军 1992　刘力实 1981　刘立恒 1993

刘立乐 2016　刘立士 1996　刘立新 1985　刘丽光 2005　刘丽珍 1977　刘　恋 2016

刘　琳 1998　刘　玲 2009　刘　凌 2019　刘路漫 1994　刘　璐 2018　刘曼兰 1986

刘　美 1969　刘　蒙 2004　刘孟德 1943　刘民复 1966　刘敏豫 1987　刘敏之 2012

刘　明 1979　刘　娜 2010　刘　娜 2018　刘　楠 2002　刘　楠 2006　刘　楠 2013

刘　楠 2019　刘沛源 1935　刘佩青 1989　刘萍萍 2013　刘蒲凰 1968　刘普凡 2018

刘七生 1995　刘其昌 1965　刘其隆 1963　刘启明 2006　刘启盈 2018　刘倩伊 2013

刘　青 2010　刘青山 2014　刘　清 1999　刘　庆 2015　刘庆恒 1979　刘庆云 1962

刘秋萍 1966　刘全宝 1967　刘全福 1957　刘全福 1967　刘仁权 1985　刘仁祥 1957

刘任飞 2008　刘　荣 2007　刘荣海 1958　刘荣容 2007　刘荣生 1964　刘荣胜 1992

刘蓉晖 1993　刘　瑢 1931　刘润华 1957　刘若雯 2010　刘赛珍 1957　刘莎莎 2015

刘少先 2008　刘绍谋 1957　刘绍学 1950　刘绍贞 1960　刘慎之 1943　刘绳茂 1985

刘盛莲 1964　刘石霞 1998　刘史诗 2015　刘士发 1977　刘士海 1952　刘世智 1955

刘视湘 1990　刘守仪 2013　刘书利 1976　刘书琴 1932　刘姝艺 2013　刘淑惠 1969

刘淑荣 1969　刘淑玉 1960　刘舒扬 2019　刘曙昌 1996　刘树德 1976　刘树芬 1963

刘树楷 1952　刘树珊 1968　刘　霜 2000　刘　爽 2015　刘　顺 2013　刘　颂 2016

刘天益 2009　刘　婷 2017　刘万明 1979　刘　薇 2014　刘为新 1979　刘维翔 2014

刘文斌 1969　刘文才 1964　刘文君 1991　刘文龙 1964　刘文明 1978　刘文清 1950

刘文元 1990　刘武军 1989　刘希春 1959　刘希江 1963　刘希贤 1948　刘希莹 1959

刘喜元 1991　刘　夏 2019　刘先仿 1989　刘先锋 1984　刘贤华 1988　刘湘航 2005

刘向东 1988	刘向军 1992	刘　骁 2014	刘　潇 2016	刘小川 1985	刘小青 1984
刘小娅 2012	刘小一 1981	刘小瑗 2016	刘小忠 1990	刘晓波 2002	刘晓潮 1986
刘晓初 1962	刘晓东 2004	刘晓娥 1988	刘晓镜 1989	刘晓可 2003	刘晓萍 1999
刘晓松 1993	刘晓侠 2006	刘晓燕 1990	刘孝云 1992	刘效敏 1976	刘啸辰 2012
刘昕昱 2017	刘　新 1991	刘新国 1962	刘新立 1994	刘　歆 1990	刘　鑫 2018
刘兴华 1999	刘兴华 2008	刘星言 2017	刘杏娇 1968	刘杏贞 1935	刘秀芳 1962
刘　旭 1989	刘叙宾 1922	刘玄宇 2008	刘学利 1995	刘学婷 1983	刘雪冰 2012
刘熏宇 1919	刘雅民 1970	刘亚军 1978	刘亚玲 1959	刘亚英 1960	刘延卿 2013
刘　岩 2008	刘　彦 2006	刘　艳 1991	刘艳雯 2020	刘艳永 1985	刘　雁 1992
刘　燕 2017	刘燕枫 2016	刘　扬 1997	刘　扬 2020	刘　杨 2005	刘　杨 2018
刘　洋 2004	刘耀德 1957	刘耀华 1963	刘耀午 2011	刘一衡 2016	刘一佳 2019
刘　怡 1994	刘　怡 2012	刘义梅 1958	刘艺冰 1983	刘艺羚 2012	刘亦葭 2017
刘奕廷 2020	刘轶群 2010	刘益清 1958	刘意竹 1981	刘　银 2009	刘　瑛 1920
刘莹如 1959	刘　颖 1991	刘永国 1983	刘永和 1966	刘永和 2019	刘永兰 1965
刘永莉 2020	刘永平 1978	刘永卫 1988	刘　勇 1985	刘　勇 1994	刘优艺 1970
刘友渔 1969	刘有良 1993	刘　瑜 2017	刘羽曦 2014	刘　雨 1983	刘雨晴 1983
刘玉春 1957	刘玉铭 1989	刘玉仙 1985	刘玉柱 1970	刘育恩 1925	刘元辉 1994
刘元骏 1964	刘元庆 2019	刘远图 1962	刘　媛 1999	刘　媛 2005	刘　悦 1998
刘云英 1953	刘　允 1983	刘韵浩 1957	刘蕴华 1964	刘蕴玉 1965	刘则刚 1941
刘增亮 2014	刘增贤 1953	刘章明 1989	刘兆铭 2014	刘肇中 1958	刘　哲 2019
刘珍君 2010	刘蓁蓁 2019	刘　振 2004	刘振国 1963	刘振濠 1963	刘振俭 1965
刘振远 1956	刘志成 1987	刘志春 1990	刘志东 1977	刘志芳 1993	刘志刚 1979
刘志汉 1954	刘志平 1990	刘志书 1969	刘志馨 1991	刘志越 2016	刘治平 1963
刘智聪 2006	刘忠厚 1996	刘忠良 1963	刘忠民 1965	刘忠贤 1934	刘钟灵 1956
刘仲华 1957	刘子恒 2019	刘子华 1960	刘子琪 2017	刘子轩 2016	刘子义 2010
刘紫裳 1958	刘自晓 2017	刘遵先 1964	柳　藩 1954	柳　红 2013	柳　洁 1996
柳　静 2005	柳润勤 1966	柳文江 1976	柳叶威 1997	柳智媛 1933	龙碧仙 1965
龙　华 2020	龙　剑 2007	龙明辉 1994	龙佩霞 1977	龙小龙 2009	龙　鑫 2013
龙雅珍 1969	隆璐帆 2015	娄俊杰 2004	娄晓荟 2012	娄新义 1990	娄　岩 1986
娄　玉 1984	楼滨俭 1963	卢　超 2011	卢　德 1963	卢东波 2004	卢　锷 1959
卢国文 1978	卢　皓 1996	卢华盛 1959	卢　慧 2004	卢　婕 2018	卢景波 1962
卢　崛 1924	卢　军 1993	卢俊璇 2007	卢　磊 2015	卢　璐 2014	卢　鹏 2006
卢士樵 1976	卢　帅 2020	卢斯达 2020	卢　炜 2020	卢喜圣 1964	卢鲜明 1963
卢向东 1988	卢小群 1991	卢晓东 1986	卢　鑫 1932	卢兴阶 1928	卢兴祥 1986
卢秀英 1960	卢雪莱 1965	卢训华 1985	卢　彦 2004	卢怡舟 2018	卢　逸 2008
卢膺梧 1982	卢永娜 2000	卢宇婷 2016	卢宇轩 2019	卢玉峰 2011	卢子娟 2005
芦金武 1999	鲁大彬 1970	鲁冠华 1999	鲁　灏 2013	鲁鸿珣 1928	鲁鸿瑗 1928
鲁开红 1992	鲁　民 1978	鲁　帅 2012	鲁维岳 1965	鲁文敏 1992	鲁智虎 1997
陆春松 1963	陆　岛 2011	陆　丁 1993	陆定彧 2012	陆发武 1943	陆　飞 2000
陆高峰 1991	陆　红 1976	陆洪刚 1968	陆继艺 1962	陆建芳 1985	陆景宣 1985

陆乐天 2004　陆莲积 2020　陆倩倩 2012　陆润林 1940　陆　莎 1996　陆善政 1969
陆涛栋 1998　陆锡元 1963　陆小援 1977　陆　阳 1991　陆莹如 1959　陆映峰 2000
陆雨槐 1947　陆月琴 1965　陆珍华 1963　陆志坚 1998　陆志明 1983　陆志双 1958
陆卓怡 2018　陆祖源 1959　逯桂聪 1976　逯新丽 1963　路德泽 1970　路进军 1979
路明明 2004　路维敏 1946　路　严 2015　路　瀛 1999　路　瑗 1938　路兆洪 1933
吕传芬 1970　吕德宝 1977　吕凤萍 1986　吕福祥 1989　吕海忠 1965　吕　红 1996
吕华军 2004　吕　欢 2013　吕慧明 2014　吕佳颖 2013　吕家俊 1957　吕　健 1984
吕　健 2018　吕金鉴 1990　吕　婧 2016　吕静涛 1990　吕可欣 2017　吕　良 2012
吕良权 1989　吕明忻 1962　吕明雪 2018　吕培之 1978　吕　品 1963　吕　森 1959
吕绍川 1997　吕甜心 2020　吕　炜 1991　吕文昊 2020　吕　希 1994　吕　霞 2018
吕娴序 1964　吕学良 1982　吕学强 1992　吕亚龙 2020　吕　扬 1991　吕沅熙 1949
吕云彤 2015　吕　早 2019　吕兆玮 1970　吕哲伦 2009　吕忠臣 1960　吕作琴 1965
栾梦恺 2014　罗艾生 1963　罗　兵 1995　罗彩明 1962　罗　琛 1958　罗　琛 2015
罗承忠 1956　罗大成 1958　罗　丹 2008　罗　丹 2013　罗德建 2003　罗德军 2003
罗定国 1968　罗冬长 1997　罗发勤 1919　罗　丰 2015　罗冠中 1958　罗　欢 2006
罗建斌 1987　罗建刚 1983　罗　杰 2020　罗　进 1990　罗敬辉 1983　罗靓莉 2011
罗菊花 1989　罗　均 2004　罗俊波 1969　罗俊明 1968　罗康文 1999　罗来异 1970
罗里波 1956　罗丽芬 1962　罗亮晖 2020　罗林萍 2017　罗流生 1965　罗青林 1991
罗庆荣 1962　罗仁仔 1969　罗山杉 2020　罗世平 2007　罗守山 1985　罗舒予 2020
罗蜀琼 1958　罗霜梅 2012　罗苏明 2017　罗天一 2006　罗廷发 1963　罗婉欣 2013
罗文彪 2010　罗文强 1984　罗芗荃 1931　罗祥凤 1962　罗小华 1995　罗晓稚 2001
罗　欣 2019　罗　鑫 2018　罗学刚 1981　罗雁珠 1960　罗艺灵 2016　罗益群 1990
罗　毅 1988　罗　瑛 1997　罗元珍 2012　罗媛菊 2019　罗蕴卿 1962　罗再金 1978
罗泽民 1958　罗肇华 1960　罗　振 2009　罗振朋 1986　罗之聪 1963　罗周鸿 1994
罗梓瑁 2006　罗宗和 1964　洛桑次仁 1980　洛桑措姆 2010
洛桑旺久 2005　骆昌鹤 2020　骆凤和 1935　骆鸿文 1990　骆惠珠 1988
骆耐根 1957　骆秋玲 2013

M

麻宗救 1966　麻易秋 1954　麻玉国 2000　马宝岩 2011　马　波 1986　马超周 2016
马成瑞 1963　马　骋 1996　马春龙 2011　马春秋 1985　马春永 1964　马春雨 2016
马纯德 1927(数理系)　马纯德 1929　马大新 1978　马德刚 1982　马登武 1978
马恩林 1978　马芳影 1962　马富祥 1965　马　根 1960　马国选 1963　马国珍 2015
马海华 1996　马海霞 2019　马浩程 2007　马浩文 2019　马洪炎 1992　马怀洋 1958
马　蕙 2019　马　佳 2001　马家骥 2007　马　坚 1998　马建楠 2019　马建生 1987
马　介 1925　马锦华 1957　马京奎 1981　马景云 1990　马敬良 1965　马　静 1978
马俊琴 1978　马　骏 1989　马兰英 1956　马　岚 1982　马莉媛 2010　马立祥 1962
马丽华 1968　马良庄 2001　马玲艳 2000　马璐瑶 2016　马梅兰 1991　马明宇 2017
马佩宗 1957　马　萍 2016　马奇仲 1960　马千成 2020　马　骞 2010　马倩茹 2018
马　青 2002　马　青 2010　马青杰 2016　马清云 1978　马蓉蓉 1970　马如雪 2016
马锐之 1956　马瑞峰 1963　马三纲 1933　马淑芬 1976　马淑凤 1976　马淑琳 1977

马淑玲 1963　马淑敏 1963　马淑琴 1978　马树省 1963　马　涛 2006　马　涛 2008
马　韬 2010　马天惠 1976　马婉莹 2014　马万青 1986　马文俊 1948　马文俊 2012
马小土 1998　马晓晨 1991　马晓春 2005　马晓鸾 1958　马　啸 2008　马　欣 1985
马新虎 1968　马新明 1986　马秀娟 2001　马秀鹏 1958　马秀中 1958　马徐周 2009
马雅婷 2014　马亚东 2003　马亚歌 2001　马　岩 2001　马一鸣 2020　马贻忠 1958
马英建 1981　马　颖 1991　马永豪 1969　马渝贵 2020　马玉龙 1991　马玉生 1962
马原菁 2015　马源梓 2011　马云峰 1992　马云武 1959　马昭德 1937　马兆麟 1958
马振英 1977　马志民 1964　马志强 2000　马志堂 1989　马自力 1985　马祖强 2003
马遵路 1958　玛依木 1966　玛依热・帕塔尔 2011　买尔哈巴・木依 2008
买宏伟 2013　买买提依明・麦合木提 2012　麦百平 1956　麦麦提江・图尔荪 2015
麦麦提吐尔孙・穆萨 2010　麦麦提伊敏・达伍提 2013　麦绮莹 2015　莽晓燕 1978
毛宝瑜 1963　毛　舸 1995　毛佳飞 1988　毛建华 1964　毛阔龙 1988　毛　敏 1983
毛　宁 2002　毛蕊君 1960　毛　爽 2006　毛小磊 1992　毛秀苹 2009　毛　雨 2016
毛雨粟 2019　毛玉兰 2018　梅家敏 2018　梅　霖 1985　梅天星 2016　梅小玲 2009
梅祖昊 2020　美　朵 1980　门少平 1983　门晓春 2010　蒙达伟 1990　蒙江凌 1997
蒙世奎 1967　孟凡洵 2020　孟繁波 1964　孟繁铎 1967　孟繁晶 1966　孟繁兴 1963
孟福堂 1963　孟　刚 1998　孟广照 1919　孟　虹 1990　孟慧敏 2003　孟继山 1963
孟婧涵 2007　孟丽荣 1969　孟庆蓁 1947　孟书军 1960　孟　殊 2013　孟淑兰 1976
孟宪栋 1965　孟祥臣 1979　孟祥泽 1990　孟晓青 1978　孟晓哲 2016　孟昭云 1982
梦　姣 2011　米洪海 1983　米拉吉古丽 2005　米　玛 2008　米玛卓玛 2008
米清河 1965　米庆春 1964　米全锁 1965　米玉珍 1989　米志欣 1979　苗东升 1960
苗焕明 1963　苗俊杰 1985　苗天垚 2007　苗文光 1962　苗文玲 1979　苗秀珍 1976
闵红梅 1989　闵容中 1967　闵嗣鹤 1935　闵学勤 1989　缪菊英 1958　缪克英 1986
缪忠义 1962　莫单玉 2003　莫　凡 2012　莫家周 1991　莫　娇 2011　莫晶晶 2017
莫莉辉 1990　莫如萍 1996　莫亚梅 1998　莫雨农 2013　莫　云 2018　莫泽民 1965
莫仲卿 1962　牟海涛 1985　牟宏让 1988　牟金键 2015　牟　锐 2003　牟兴祥 1965
牟之森 1967　母行健 2018　木克代斯・吐鲁洪 2013　牧少伯 2004　慕运动 1986
穆程荣 1977　穆淑琴 1979　穆英蜚 2008　穆永清 1963

N

那　军 1978　那音太 1957　佴晓鸿 1987　南博礼 1950　南管财 1968　妮　尼 2005
尼　玛 2005　倪德基 1922　倪家泰 1966　倪清芝 1988　倪耀良 1962　倪月如 1964
聂成康 1965　聂栋亮 1944　聂锦鹏 1957　聂美纯 1957　聂佩芸 2016　聂双双 2005
聂玉秀 2015　宁博源 2017　宁　超 2016　宁　冲 2012　宁福友 1978　宁　静 2015
宁丽曼 2008　宁陶然 1963　宁　伟 1999　宁雨婷 2018　牛伯文 2011　牛大伟 2005
牛冬慧 1997　牛庆银 1993　牛瑞超 2016　牛少彰 1985　牛士俊 1962　牛文全 2003
牛艳斌 2017　牛原野 2017　牛云鹏 2019　农雅婷 2009　努尔贝耶・柯尤木 2019
努尔买买提 1960　努尔麦麦提・伊比拉 2013

O

奥尔兰多(圣多美和普林民主共和国)1993　欧　丽 1987　欧湘亿 1998　欧新良 1986
欧兴廉 2011　欧阳爱国 1970　欧阳丹妮 2013　欧阳东方 1963

欧阳稷 2017　欧阳良柱 1930　欧阳顺湘 2001　欧阳亚亚 2016
欧勇强 1992　偶文雄 1959

P

潘爱女 2002　潘德勇 1992　潘凤书 1963　潘　红 1996　潘红梅 1990　潘　虹 2005
潘吉乐 2012　潘　杰 1966　潘　莉 2016　潘历兴 1963　潘懋德 1960　潘　敏 1996
潘　琦 2020　潘琴芳 1978　潘仁桔 1966　潘　蕊 2011　潘珊珊 2007　潘圣林 2003
潘淑琴 1970　潘树松 1957　潘维湘 1965　潘渭池 1964　潘晓松 1991　潘伊勇 1957
潘弋青 1984　潘　熠 2004　潘荫成 1988　潘　志 1981　庞　建 1978　庞丽华 1988
庞维宁 1976　庞　博 2018　庞德艳 2009　庞尔丽 1996　庞凤焱 1996　庞惠文 2012
庞　晶 1986　庞诗婷 2014　庞雅丽 2001　庞　阳 1981　庞颖才 1968　庞　媛 2009
庞兆璞 1963　逄程雯 2002　裴　丞 1984　裴发才 1986　裴　萍 1999　裴少君 2017
裴鑫德 1952　裴治清 1963　彭宝阳 1976　彭本新 1989　彭炳卯 1924　彭　闯 1982
彭　程 1995　彭　程 2020　彭达胜 1969　彭大鹏 2002　彭代荣 1957　彭富杰 2007
彭广林 1970　彭　红 1997　彭红生 1988　彭洪鑫 1963　彭厚富 1968　彭惠同 1957
彭健民 1963　彭究德 1920　彭　腊 2014　彭丽云 2016　彭　玲 1995　彭墨缘 2013
彭泥沙 2015　彭　攀 2007　彭浦源 2019　彭乔姿 2016　彭清杰 1919　彭秋良 1991
彭秋霞 1937　彭求实 1983　彭思言 2014　彭　涛 1992　彭位炳 1965　彭向东 1989
彭骁勇 1987　彭晓明 1987　彭新然 1958　彭新竹 2017　彭　星 2004　彭旭辉 1990
彭学琼 1965　彭艳君 2008　彭玉侠 1962　彭愿霖 2020　彭正新 1963　彭重嘉 1989
皮尔顿·托合塔尔江 2011　平志鸿 1987　蒲　飞 2010　蒲华楠 2019　蒲树森 2013
濮淑华 1964　浦　明 1990　普布德吉 2007　普雪怡 2015　普友少 2006

Q

漆　玲 2015　祁春山 1964　祁桂珠 1976　祁计英 1952　祁新军 1991　祁燕芳 1966
祁永成 2013　祁渊群 2015　齐碧泉 1963　齐博瑞 2013　齐德全 1963　齐洪伟 1988
齐景繁 2020　齐　婧 2008　齐　力 2010　齐苗苗 2018　齐　严 1987　齐　昱 2017
齐振海 1952　齐宗遇 1960　骞　慧 2010　钱　超 2008　钱　成 2016　钱德芳 1976
钱芳华 1957　钱海荣 1985　钱荷珍 1963　钱蘅英 1970　钱宏度 1964　钱慧渔 1999
钱金荣 1952　钱立萍 2000　钱　琳 1992　钱美辰 2018　钱明哲 1984　钱珮玲 1965
钱润玉 1957　钱胜年 1970　钱维岱 1958　钱铧娟 1958　钱维民 1960　钱文欣 2017
钱　曦 2009　钱小蓉 1981　钱晓明 2004　钱　怡 1996　钱英杰 1968　钱　瑛 1976
钱有梁 1968　钱　云 1984　钱振铭 1970　强巴措姆 2007　强定南 1968
强文久 1967　强晓莉 1988　强　喆 2012　乔丹娜 2009　乔红旭 2018　乔建英 2001
乔　梁 2004　乔灵霞 2014　乔梦娇 2014　乔　森 2009　乔　攀 2017　乔荣景 1920
乔廷国 1978　乔　炜 2012　乔　毅 2004　乔永玉 1967　乔政文 2018　乔仲玲 1935
秦长风 1958　秦　超 2014　秦丰一 1959　秦　广 2017　秦国强 1989　秦可涵 2012
秦丽娟 2002　秦明达 1960　秦书锋 2000　秦伟良 1985　覃　丹 2014　覃浩姣 1998
覃社庭 1986　覃　晓 1996　覃衍臻 2005　覃永昼 1989　卿　欢 2015　卿　静 2006
卿林音 1969　琼吉卓玛 2009　丘鄂兴 1963　丘金发 2018　邱彩虹 2008
邱殿辅 1958　邱　峰 1983　邱凤莲 1981　邱国华 1983　邱　晗 1995　邱　晗 2016
邱　航 2008　邱洪元 1977　邱华伟 1996　邱镜亮 1982　邱凯媛 2020　邱　岚 1992

邱　琴 2007　邱荣荣 2005　邱　实 2010　邱　天 2003　邱　武 1989　邱小虎 1984
邱小瑾 1999　邱修良 1989　邱颖杉 2019　邱予嘉 2006　邱宇谋 2008　仇怀平 1976
仇玉英 1977　裘树烈 1963　裘友石 1924　裘越芳 2006　区友浩 1960　瞿晋萍 1997
瞿　璟 2004　瞿　阳 2001　曲桂兰 1970　由立锴 2000　曲令钧 1964　曲培礼 1919
曲荣华 2011　曲　婷 2017　曲　艺 2008　启加平 2000　屈玲玲 1996　屈善坤 1960
全洪哲(朝鲜民主主义人民共和国)2008　全　力 1981　全　雪 2020　权　菲 2010
权正链 1963　阙开煜 2005

R

冉　斌 2002　冉春莲 2006　冉广伯 1965　冉瑞权 1995　冉圣宏 1991　冉芷也 2020
饶铎鸣 1920　饶国耀 2016　饶汉昌 1964　饶敬德 1962　饶睿祎 2014　饶维亚 1986
饶　瑶 2003　饶玉晗 2011　热比古丽 2005　热汗古丽 2010
热莎莱提 1964　热孜娅 1966　仫瑞珍 1963　任宝成 1967　任必达 1925
任步云 2016　任春梅 2004　任春雨 2008　任富良 1963　任桂芳 1958　任槐林 1952
任佳星 2006　任　杰 2008　任井明 1941　任　军 1986　任兰芳 1966　任良娜 1967
任明海 1962　任明月 2012　任平泉 1982　任荣华 1985　任　瑞 2012　任淑莲 1969
任树奎 1977　任煦民 1970　任晓虹 1984　任晓明 1990　任晓文 1982　任燮生 1960
任欣蕊 2020　任欣欣 2013　任秀兰 1965　任　雁 1996　任幼明 1984　任愚夫 1954
任玉清 1965　任赵洁 2020　任中文 1963　任子朝 1985　日　达 1980　日娜古丽 2009
戎世禄 1964　戎　雪 2016　荣　赫 2016　荣　娟 2008　荣　君 2018　荣廷蓉 1964
荣维辛 1965　荣秀霞 1960　荣仪祖 1963　荣艺华 1992　容一博 2007
肉山古力·托合尼亚孜 2016　肉孜古丽 2008　茹呈江 1970
茹　存 1962　茹仙姑·吾守尔 2010　阮国杰 1982　阮淑贞 1925　阮思敏 2007
阮元龙 2002　阮志诚 1997　芮菊英 1962

S

桑黛楠 2014　桑登珠 1981　桑冬鸣 2007　桑海林 1994　桑　柳 2019　沙德泉 1965
沙慧玲 2006　沙　莎 2004　沙　伟 2012　单光耀 1966　单　江 1978　单金玉 1966
单肇基 1954　单子皓 2015　商广东 1994　商广娟 1996　商　亮 2018　商鹏华 1960
商　熵 2012　上官丽英 2002　尚　丹 2006　尚久庆 1994　尚丽楠 2018
尚庆永 1966　尚　生 1965　尚秀芬 1960　尚学仁 1938　邵爱菊 1956　邵焯伦 1966
邵德祥 1959　邵福源 1969　邵集祥 1947　邵井海 2000　邵　梅 1999　邵敏芝 1987
邵起宏 1988　邵　全 1991　邵双林 2001　邵一桐 2019　邵永照 1985　邵玉霞 1963
邵远洋 2018　申爱伟 2006　申革锋 1977　申贵成 1990　申　佳 2014　申　杰 1962
申明兰 2015　申明哲 1959　申廷藩 1932　申郁冰 2018　申志明 2007　申祝平 1968
申子传 1968　沈百贞 1964　沈宝松 2005　沈炳荣 1948　沈复兴 1968　沈　浩 1986
沈宏恩 1963　沈　华 1957　沈华琛 2020　沈　辉 1993　沈家正 1984　沈嘉骥 1959
沈建华 1984　沈建勋 1984　沈　健 1983　沈锦辉 1957　沈敬敏 2002　沈　力 2018
沈　珉 2005　沈乃禄 1964　沈佩真 1983　沈　琦 2005　沈勤龙 2002　沈群英 1994
沈容戈 1990　沈　生 1987　沈世绥 1946　沈纬萍 1965　沈卫忠 1988　沈文锦 1962
沈文瑛 1959　沈小梅 1993　沈小青 1957　沈新权 1989　沈幸玉 1957　沈秀英 1978
沈亚伦 1960　沈雨尘 2017　沈　悦 2010　沈　悦 2019　沈诏钦 2008　沈之宏 1960

沈稚文 2000	沈忠德 1957	沈祖建 1989	沈祖润 1964	绳玉英 1963	盛承懋 1965
盛立梅 1967	盛佩君 1963	盛平渠 1968	盛　如 2001	盛瑞武 2013	盛　瑶 2008
师　斌 1996	师青禄 1969	师文龙 2012	师五喜 1989	施　超 2010	施国华 1983
施　泓 1988	施华菊 1960	施　健 1982	施文章 1965	施小丁 1990	施永红 1991
施　涌 1985	施雨佳 2019	施　煜 2003	施　昀 2010	施泽忠 1987	石　超 1919
石成基 1965	石翠荣 1977	石　峰 1988	石凤珍 1963	石鸿菊 1947	石焕南 1976
石火炮 1965	石继祖 1965	石金才 1979	石　堃 2016	石利刚 2005	石　梅 1991
石　敏 2014	石敏琪 1978	石　倩 2017	石　蓉 2002	石瑞涵 2019	石睿平 2018
石松年 1920	石文静 2006	石　雯 2016	石先兵 2004	石先军 1995	石晓冉 2014
石新华 1982	石兴中 1992	石秀玲 1978	石　莹 2004	石　越 2013	石振方 2004
石志敏 1999	石中和 1949	石宗宝 1954	时　光 2020	时元厅 2020	时振寰 1919
史宝娟 1996	史彬彬 2013	史常营 1963	史潮女 2011	史翠平 1978	史丹阳 2020
史德江 1976	史凤丽 1988	史甫花 1979	史国伟 2018	史　惠 2003	史交齐 1988
史静怡 1963	史　阔 2018	史秋阳 2013	史文博 2017	史文钧 1963	史稳山 1995
史习佳 2002	史晓明 1981	史延锋 1984	史燕洁 1986	史玉洁 1965	史远军 1992
史　悦 1986	史志刚 1977	舒本涛 2013	舒　君 1993	舒克成 1978	舒美钰 1957
舒　旭 2010	舒选林 2020	舒以太 1957	舒远玖 1958	帅　清 2010	司春裕 1969
司马依里 1963		司马义江·木特力甫 2013		司　彤 1991	斯里满江 1988
宋宝莲 1982	宋宝如 1959	宋宝银 1962	宋　博 2016	宋　超 2019	宋春雷 1993
宋春梅 1989	宋　丹 2015	宋方钦 1963	宋　昉 2001	宋干干 2011	宋鹄云 1963
宋国模 1922	宋国秀 1970	宋海莲 1982	宋海培 2010	宋　恒 2016	宋红军 1996
宋　华 1984	宋慧屏 1993	宋佳真 2017	宋家琛 1919	宋家宏 2000	宋建清 1979
宋杰文 2010	宋　今 1991	宋京生 1982	宋京洋 2012	宋　军 1993	宋君平 2005
宋莉莉 2000	宋丽华 1963	宋丽娜 2004	宋丽文 1977	宋莲香 1963	宋　枚 1967
宋美云 1977	宋明辉 1989	宋　铭 1985	宋企功 1966	宋瑞霞 1984	宋　睿 2004
宋润锋 2006	宋世军 1985	宋世敏 1987	宋淑良 1968	宋述公 1956	宋　爽 2011
宋顺达 1997	宋思蕾 2018	宋　涛 1994	宋天泰 1967	宋同荦 1948	宋维珊 2018
宋雯彦 2002	宋先伟 2010	宋　娏 2009	宋晓洋 2016	宋艳萍 2005	宋英彪 1979
宋　迎 1996	宋　瑜 2012	宋　宇 1995	宋　煜 2000	宋元清 2013	宋兆祥 1963
宋　镇 2006	宋志敏 1959	宋　智 2012	宋子红 2008	苏陈耀 1963	苏春梅 2008
苏椿年 1966	苏代辉 2013	苏　丹 2006	苏东剑 2011	苏海威 1958	苏虹宇 2018
苏华丹 2014	苏家余 1964	苏嘉欣 2016	苏　杰 2004	苏　凌 1958	苏梅兰 1990
苏民生 1960	苏娜婷 2018	苏　强 1998	苏芹芳 1965	苏荣泰 1960	苏时光 1986
苏式冬 1957	苏廷鳌 1965	苏亭午 1928	苏婉钰 2016	苏　巍 2020	苏玮钊 2019
苏小刚 1995	苏晓羽 2014	苏效乐 1999	苏秀雯 1964	苏　耀 2018	苏永潮 1997
苏渝生 1967	苏钰刚 1964	苏志锋 1995	宿少勇 2000	宿　昕 2019	粟益民 1995
眭　晗 2010	隋文静 2008	隋治波 1992	随传法 1993	孙奥博 2020	孙宝光 1978
孙　斌 1956	孙　斌 1992	孙冰燕 1977	孙昌武 1977	孙昌英 1957	孙长亮 2002
孙长稳 1977	孙常璠 1968	孙超男 2013	孙超然 2017	孙朝晖 1993	孙传华 1963
孙慈泉 2017	孙翠侠 1991	孙大猛 2013	孙丹一 2019	孙德仁 1962	孙德柱 1997

孙地诗 1992　孙敦甲 1965　孙芳芳 2000　孙　锋 1990　孙凤鸣 1925　孙奉公 1963
孙广标 1958　孙国健 1963　孙国文 1983　孙红雨 2018　孙洪祥 1987　孙鸿英 1963
孙厚村 1965　孙　环 2009　孙　晖 1997　孙吉顺 1934　孙继长 1976　孙继祥 1992
孙佳楠 2008　孙家涛 1988　孙家钰 1955　孙嘉潞 2020　孙　健 2005　孙　洁 1939
孙金锁 1984　孙金文 2011　孙金湘 1976　孙晋晋 2004　孙　景 2007　孙敬丽 1964
孙敬水 1984　孙镜淞 2019　孙久苇 1959　孙巨川 1962　孙军波 2004　孙魁明 1977
孙坤荣 1988　孙立镌 1967　孙立人 2007　孙立征 2000　孙利生 1970　孙林翰 1925
孙路弘 1985　孙璐嘉 2020　孙梦君 2018　孙梦竹 2019　孙明丽 2006　孙明阳 2020
孙慕英 1977　孙乃慧 1963　孙楠竹 2011　孙鹏举 2010　孙　琪 2013　孙启柱 2011
孙　倩 2006　孙倩钰 2017　孙沁田 2014　孙庆余 1962　孙瑞清 1959　孙善敏 1960
孙盛柏 1965　孙士平 1999　孙世琨 1920　孙寿兰 1968　孙书生 1970　孙顺田 1964
孙素欣 1977　孙廷鎣 1924　孙庭军 1992　孙为昌 1966　孙　苇 1997　孙文亮 2014
孙文敏 1985　孙文珍 1978　孙武扬 1952　孙希敏 1960　孙贤和 1981　孙祥雨 1989
孙　晓 1994　孙晓冰 1993　孙晓明 1983　孙晓明 1988　孙筱涵 2017　孙新艳 2009
孙秀林 1919　孙秀美 1969　孙秀平 1997　孙学秋 1979　孙延男 2007　孙　艳 2008
孙一铭 2018　孙义清 1978　孙弋涵 2015　孙应飞 1987　孙应林 2014　孙　莹 1983
孙永生 1952　孙永顺 1958　孙永忠 1992　孙雨雯 2017　孙玉清 1960　孙元良 1949
孙　媛 2015　孙月菊 1979　孙悦天 2016　孙兆雄 1963　孙振江 1960　孙振先 1930
孙志强 2009　孙志勤 1958　孙衷振 1962　孙竹溪 2002　孙佐民 1947　所晓韵 2009
索　郎 1980　索郎卓嘎 2007　索郎卓玛 2007　索　朗 2008
索朗仓单 2005　索朗德吉 2009　索朗杰布 2008
索朗拉巴 2004　索朗拉吉 2005　索朗罗布 2012
索朗曲宗 2004　索朗旺堆 1980　索卫东 1990　索正明 2013

T

谈惠琴 1967　谈若凡 1983　谈秀英 1964　谈运章 2012　谭勃辰 2011　谭春生 1986
谭　谔 2006　谭赣生 1968　谭观卿 1963　谭光宙 1965　谭桂平 2004　谭焕邦 1970
谭既成 1969　谭　结 2013　谭金志 1970　谭　莉 2012　谭丽芳 1981　谭钦月 2018
谭人杰 1969　谭寿芬 1938　谭武昌 1989　谭　熙 2018　谭鲜明 1995　谭学挺 1983
谭扬帆 2006　谭逸凡 2019　谭　翼 2019　谭荫如 1957　谭祖林 1965　谭祖荫 1968
汤包贝 2004　汤大林 1988　汤德和 1963　汤发樟 2005　汤服成 1970　汤国宝 1969
汤国明 1986　汤鹤延 2019　汤焕阳 1969　汤　钧 2005　汤　凯 2012　汤利兆 1962
汤　敏 2006　汤蕊梦 2018　汤姗姗 2008　汤文潞 1964　汤向明 1999　汤璪真 1919
汤志刚 1995　唐斌兵 1989　唐传琛 2008　唐春泉 2007　唐　芳 2006　唐　斐 2012
唐福明 1993　唐革联 1989　唐晗力 2007　唐菡聪 2015　唐恒永 1968　唐宏华 1992
唐惠玲 2000　唐　慧 2007　唐佳宇 2014　唐　建 2009　唐金桥 1984　唐　娟 2001
唐　军 2000　唐　磊 2004　唐黎莎 1998　唐莲骄 2015　唐美耀 1957　唐　明 2019
唐佩尧 1952　唐　萍 2014　唐　强 1995　唐　巧 2010　唐庆彝 2008　唐　睿 2005
唐世连 1988　唐素兰 1954　唐铁兵 1992　唐小艳 2020　唐晓翠 1986　唐旭辉 1982
唐雅素 2016　唐　燕 2006　唐尧明 1962　唐一博 2009　唐一鹏 2007　唐弋宇 2002
唐永波 1996　唐　瑜 2007　唐　瑜 2019　唐　云 2007　唐运忠 1992　唐　真 1983

唐振鹏 1989　唐正权 2017　唐至兴 1966　唐志宇 1991　唐治津 1957　唐仲华 1959
唐宗琚 1957　陶安芝 1963　陶宝艳 2017　陶臣铨 1957　陶承喧 1927　陶桂平 1999
陶汉文 1963　陶红英 1999　陶　华 2000　陶京来 1998　陶文莉 1989　陶应奇 1987
陶雨萌 2012　陶　哲 2006　滕保荣 1978　滕登刚 1968　滕　勇 1991　滕于忠 1988
田博文 2015　田博彦 1976　田成林 2017　田春桃 2010　田　德 1949　田德厚 1957
田东风 1984　田东晓 2007　田　丰 2005　田耕硕 2019　田宏忠 1988　田慧然 1963
田佳鑫 2020　田建文 1989　田立忠 1977　田　丽 2003　田守拙 1954　田书荣 1978
田树芸 1960　田为兴 1955　田　雯 1963　田五龙 1981　田晓慧 2020　田　欣 2014
田欣明 2014　田　鑫 1987　田杏子 2020　田秀恭 1968　田秀芹 1976　田学礼 2013
田　燕 1981　田　野 2009　田　佣 1963　田玉斌 1987　田　园 1982　田正会 1977
田仲奎 1960　铁本台 1962　铁崇光 1968　铁　军 1997　仝叶梅 1991　佟恒润 1959
佟惠俊 1925　佟明珠 1964　佟思佳 2019　佟　威 2014　佟锡金 1962　佟晓凤 1987
佟馨一 2016　佟秀华 1983　佟玉蓉 1962　童家黔 2006　童露葳 2019　童绵臣 1964
童　平 2007　童　瑞 1978　童小军 2006　童云康 1965　童直人 1952　涂竞胜 1962
涂拥军 1993　涂　丹 2009　涂丰牡 2005　涂珂瑞 2018　涂学民 1997　涂　鸦 2013
涂　湮 2007　涂　勇 2009　涂玉娟 2001　屠　腾 2016　吐尔孙江·克尤木 2010
吐尔逊古丽 1986　吐尔逊江·沙比尔 2009

W

宛卿正 2015　晚成国 1957　万宝丽 1963　万德旸 1940　万尔遐 1968　万　方 2003
万国和 1959　万金奎 2003　万里鹏 1991　万立荣 1979　万　丽 1983　万梦玲 2013
万启芬 1957　万　桃 2008　万友辰 2015　万元春 1998　万自勉 1956　汪　岱 1993
汪德元 1967　汪海涛 1987　汪洪奕 1991　汪景彦 1965　汪　静 2008　汪利民 1991
汪　铃 2020　汪宁涛 1986　汪培庄 1957　汪清华 2016　汪清珠 2004　汪仁娟 1957
汪如川 1919　汪　胜 1998　汪泰松 1996　汪先超 2002　汪心洞 1941　汪安娜 1962
汪彦昕 2018　汪一平 1968　汪　毅 2016　汪幼章 1963　汪　玥 2007　王艾然 2013
王安安 2013　王安芙 1977　王安勤 1986　王安心 1983　王　宝 2016　王宝慈 1967
王宝俊 1977　王宝林 1978　王宝生 1978　王宝贤 1960　王宝玉 1963　王保全 1966
王抱一 1962　王本午 1957　王本中 1963　王必欣 2017　王　斌 2004　王　斌 2009
王斌儒 2013　王冰峰 2007　王　兵 1986　王炳艳 1995　王　波 2000　王伯英 1960
王　博 2013　王博艺 2017　王博远 2019　王彩霞 2007　王　婵 2016　王昌庆 2010
王长友 1989　王长宇 2015　王常东 1965　王　超 2010　王　朝 2015　王辰戌 1963
王　晨(河北省)1996　王　晨(江苏省)1996　王晨笛 2016　王成名 1965
王成强 1994　王成焱 2005　王呈祥 1978　王程崑 1969　王　冲 2008　王　宠 2011
王初生 1957　王　川 1960　王　川 2006　王传宝 2012　王传俭 1962　王春娥 1977
王春芳 1999　王春红 1994　王春华 1998　王春辉 1996　王春全 1979　王春英 1982
王纯智 1958　王　聪 2018　王聪晓 2006　王翠萍 2012　王翠霞 1991　王　存 1965
王存邦 2011　王存才 1969　王存民 1956　王大春 1970　王丹丹 2014　王丹雨 2018
王德民 1985　王德谋 1957　王德霞 2005　王德沅 1982　王登奎 2002　王殿环 1924
王殿俊 1986　王殿云 1928　王冬岷 2013　王冬琳 1995　王笃忠 1982　王敦全 1963
王恩波 2003　王　法 2015　王法思 1969　王　帆 2007　王　凡 2016　王　方 2008

王方洋 2016　王　芳 2008　王飞程 2006　王非凡 2020　王奋际 2007　王　风 1994
王　峰 2004　王凤良 1958　王凤英 1963　王凤英 1965　王福从 1960　王富荣 1970
王富庭 1965　王　淦 2007　王　刚(江苏省)1995　王　刚(山东省)1995
王　刚 2012　王高崇 1996　王戈飞 2019　王根宝 1977　王庚昌 1958　王光生 1989
王贵林 1991　王桂荣 1964　王桂荣 1979　王桂英 1946　王桂英 1968　王桂珍 1970
王桂珍 1987　王国钦 1963　王国青 1982　王国文 1994　王海红 2004　王海娟 2019
王海敏 1985　王海铭 1993　王海霞 1997　王海英 1977　王　晗 2011　王汉文 1983
王汉秀 1966　王昊晨 2017　王昊霖 2020　王昊煜 2020　王皓琨 2010　王贺楠 2020
王恒放 2015　王　弘 1984　王　红 1990　王红兵 1992　王红革 1989　王红勤 1993
王红瑞 1985　王　宏 1997　王宏栋 1996　王宏丽 1986　王宏楠 2015　王宏武 1986
王宏钰 2016　王洪义 1977　王鸿题 1947　王　虎 1962　王华光 1968　王华随 1988
王怀珍 1959　王槐堂 1927　王焕玲 1994　王焕雄 1966　王惠英 1962　王　慧 2008
王慧筠 1963　王慧敏 2006　王慧雨 2015　王　蕙 1937　王吉钊 1965　王即兰 1960
王纪东 1987　王继平 1956　王继仁 1963　王继勇 1991　王加银 1996　王　佳 2016
王佳宁 2019　王佳颖 2016　王家爱 1984　王家铧 1969　王家銮 1956　王家文 1997
王家驯 1962　王嘉蓓 1989　王嘉宾 1947　王嘉歆 2002　王建波 1998　王建东 1989
王建华 1970　王建军(北京市房山区)1977　王建军(北京市平谷区)1977　王建军 1983
王建康 1987　王建明 1985　王建荣 1986　王建伟 1998　王建桢 1944　王建中 2001
王建忠 1989　王　建 1988　王　建 1998　王　健 1989　王　健 1998　王健生 1963
王江波 1999　王江慈 1981　王江云 1990　王　杰 2001　王洁明 2002　王　婕 2011
王　捷 1967　王　捷 1994　王金才 1988　王金春 1958　王金山 2008　王锦新 1988
王　瑾 1995　王　进 1995　王进明 1962　王荆管 1967　王惊雄 1991　王　晶 1996
王晶辉 1963　王景福 1928　王景陶 1969　王景武 1958　王景轩 1963　王婧洁 2014
王敬赓 1958　王敬伟 2008　王　静 2012　王菊芬 1970　王隽骧 1953　王　军 1984
王君妍 2018　王俊杰 1954　王俊文 2018　王俊燕 2015　王开华 1984　王开基 1934
王楷文 2018　王　柯 2012　王克明 1964　王蔻真 1963　王坤林 2019　王　琨 1948
王来有 1958　王　兰 2020　王兰桨 1968　王兰军 1966　王　岚 2004　王　磊 2006
王　磊 2008　王　磊 2014　王　磊 2018　王　蕾 2008　王　黎 2015　王礼进 1969
王　力 1986　王立东 2007　王立峰 2011　王立冉 2020　王立校 1927(数理系)
王立校 1929　王丽莉 1968　王丽敏 1996　王丽萍 1994　王丽珍 1963　王丽珠 1970
王利萍 1997　王连居 1987　王　梁 2011　王霖生 2004　王灵艺 2016　王　玲 1990
王玲玲 1993　王令仪 1957　王榴仙 1960　王　路 1981　王　璐 2008　王　璐 2010
王　璐 2012　王　璐 2016　王曼云 1959　王茂春 1986　王梅根 1965　王楣卿 1957
王美岚 1970　王美莹 1954　王梦东 1985　王梦龙 2011　王梦婷 2016　王梦婷 2018
王梦颖 2014　王　淼 2005　王闵萱萱 2015　王　敏 2006　王敏芝 1968
王明宏 1960　王明辉 2003　王明敬 1990　王明岚 2003　王明夏 1934　王明艺 2002
王　铭 2001　王乃诚 1969　王乃祥 1970　王念亲 1964　王　宁 1992　王　宁 2004
王　凝 1984　王佩玉 1969　王　鹏 2011　王　平 1983　王平安 1987　王其钰 1963
王其元 1965　王　琦 1968　王　琦 1993　王　琦 2006　王琦翔 2020　王启广 1997
王启华 1968　王启军 1994　王启霞 1978　王启训 1965　王　起 1962　王谦毅 1982

王骞迎 2018　王　倩 2006　王　倩 2008　王　倩 2017　王　强 2001　王　强 2019

王　乔 2014　王　樵 1962　王　翘 2007　王琴琴 2017　王　青 2010　王青芸 2004

王　晴 2007　王庆超 2009　王庆华 1983　王庆魁 1920　王庆利 1991　王庆卯 1965

王庆荣 1966　王庆涛 2015　王庆祥 1958　王秋芳 1960　王秋弗 1962　王秋月 2014

王秋云 1962　王群智 1987　王人杰 2015　王人倜 1964　王仁德 1957　王仁铎 1956

王　容 1965　王　嵘 2000　王　蕊 2003　王　锐 2017　王瑞苓 1969　王瑞龙 1969

王瑞婷 2013　王瑞雪 1986　王瑞瑜 2004　王　睿 2007　王若兰 2019　王　森 2008

王珊硕 2020　王尚霖 1940　王韶萍 1957　王　绍 1954　王绍青 2008　王绍颜 1935

王绍智 1962　王绍宗 1965　王申旺 1991　王甡琯 1931　王　晟 1992　王盛堂 2019

王诗奎 2001　王诗宇 2011　王石安 2020　王士模 1988　王士琦 1958　王世达 2017

王世平 1979　王世强 1948　王世钦 1958　王世顺 1962　王世英 1964　王仕良 1986

王仕良 1987　王守芬 1956　王守田 1970　王守忠 1987　王书宪 1977　王　姝 2008

王淑本 1976　王淑兰 1969　王淑兰 1978　王淑敏 1970　王淑清 1977　王淑娴 1967

王淑元 1965　王淑媛 1957　王淑媛 1970　王舒啸 2017　王蜀洪 2000　王树茗 1952

王树人 1950　王　帅 1998　王　爽 1977　王水勇 1996　王顺燕 2015　王顺义 1983

王顺英 1986　王　硕 2008　王　硕 2018　王斯珏 2017　王　松 2008　王松瑞 1982

王颂昌 1966　王素芳 1993　王素兰 1970　王素莲 1989　王泰昌 1969　王　涛 2020

王天博 2013　王天池 1981　王天华 1984　王天楠 2010　王天芝 1966　王庭光 2012

王庭尧 1968　王　婷(陕西省)2004　王　婷(四川省)2004　王　婷 2005

王　婷 2011　王　婷 2020　王婷婷 2017　王　妥 2001　王　拓 2006　王婉娇 2012

王琬琪 2019　王万伦 1967　王　威 2010　王　薇 1992　王　薇 2004　王　为 1984

王为民 1960　王　维 2002　王维锦 1964　王维寿 1986　王　伟 2005　王　伟 2008

王　玮 2015　王文超 2018　王文初 1968　王文清 1957　王文琴 1976　王文庆 2010

王文秀 1979　王文秀 2011　王文学 1978　王文雅 2007　王文阳 1985　王文涌 1963

王　希 2015　王希常 1984　王希玖 1966　王希明 1963　王希真 1957　王锡大 1948

王锡衔 1963　王喜贵 1965　王　夏 2013　王先芳 2002　王先阶 1983　王相荣 1969

王　祥 1995　王向俊 2010　王　潇 2009　王小妹 2005　王小明 1999　王小平 1989

王小青 1976　王小锁 1969　王小燕 2015　王小雨 2015　王　晓 2007　王晓波 1976

王晓波 2016　王晓东 1991　王晓菲 2011　王晓敏 2019　王晓宁 2011　王晓珊 1993

王晓雁 1994　王晓熠 2018　王晓园 1983　王晓征 2001　王晓征 2002　王筱丽 1988

王孝良 1969　王孝天 2019　王孝元 1958　王笑雨 2012　王协邦 1941　王心舟 2014

王　昕 2001　王　欣 1996　王欣莉 2014　王欣宇 2019　王新华 1977　王新娟 1965

王信侠 1963　王　馨 2013　王　鑫 2015　王鑫钰 2018　王兴林 1987　王兴平 1985

王兴瑞 1964　王　星 1994　王星宇 2013　王修明 1988　王秀东 1990　王秀华 1977

王秀苓 1960　王秀琴 1948　王秀琴 1977　王秀青 1979　王秀泉 1939　王秀生 1986

王秀香 1977　王秀珍 1970　王秀芝 1970　王旭刚 1996　王绪贞 1946　王煦晨 2019

王　轩 2007　王学功 1970　王学建 2012　王学荣 1969　王学英 1970　王雪兰 1978

王雪楠 2018　王雪萍 2007　王雪蓉 2017　王　珣 2013　王雅娟 2011　王雅卿 1976

王亚楠 2001　王延臣 1977　王延义 1989　王　妍 2006　王岩松 1989　王彦洞 1977

王彦焜 2016　王彦文 2012　王艳明 1984　王　燕 2005　王　燕 2011　王燕白 1953

王燕华 1982 王 扬 2014 王 杨 2005 王 洋 1998 王洋洋 2010 王仰贤 1952
王 也 2012 王 一 2012 王一川 2009 王一存 2015 王一珏 2015 王 祎 2012
王 仪 1958 王仪婉 1954 王怡轩 2011 王怡萱 1981 王乙涵 2019 王怿东 1993
王逸飞 2017 王 英 1963 王 英 1965 王英文 1954 王英震 2017 王 赢 2008
王 颖 2010 王颖喆 1993 王 永 2017 王永会 1985 王永禄 1963 王永明 1957
王 勇 1988 王 勇 1990 王 勇 2000 王 友 1979 王幼兰 2004 王幼文 2011
王榆淞 2018 王 宇 2020 王宇航 2020 王雨辰 1976 王雨农 2018 王雨生 1999
王雨燕 1985 王禹鑫 2016 王玉慧 1978 王玉蕾 2005 王玉玲 2018 王玉梅 2002
王玉民 1990 王玉英 1960 王玉英 1987 王 昱 1988 王昱旻 2018 王钰乔 2020
王钰嫣 2013 王钰苑 2016 王 煜 1987 王毓彪 1938 王毓卿 1967 王元夔 1952
王 媛 2018 王媛杰 1958 王曰润 1960 王月真 1966 王 玥 2018 王 悦 1993
王悦寒 2013 王 云 2004 王云峰 1983 王云海 1997 王云桥 1978 王云骧 1920
王云英 1960 王耘农 1994 王允仁 1965 王允象 1965 王运华 1963 王韵姣 1960
王在德 1933 王在良 1969 王泽义 1964 王增坤 1920 王增民 1954 王增清 1959
王展青 1987 王占金 1963 王占山 1976 王占旺 1976 王张平 2001 王昭顺 1989
王 哲 2016 王者生 1960 王振才 1979 王振宁 2014 王振亚 1964 王振宇 2017
王振志 2016 王正平 1963 王正俨 1960 王之平 1927 王之屏 1947 王芷若 2020
王至琴 1970 王志京 1986 王志良 1987 王志良 2004 王志伶 1979 王志庆 2009
王治伦 1962 王治义 1960 王 陟 2006 王智滨 1983 王智杰 2008 王中华 1983
王中华 1989 王中雷 2010 王中涛 1967 王中央 1959 王忠俊 1990 王仲君 1987
王仲琨 1964 王仲颖 1984 王竹婷 2005 王 翥 2012 王姿婷 2015 王子涵 2020
王子豪 2019 王子鸣 2016 王子瑜 2017 王子玉 1984 王 梓 2018 王梓雄 2013
王自义 1977 王祖茂 1968 王祖燕 1993 王佐臣 1956 王佐汉 1969 韦保红 1995
韦参梅 1993 韦慧霞 2019 韦吉珠 1996 韦 侃 2005 韦荣凡 1999 韦 善 2016
韦天申 1966 韦 苇 1986 韦秀平 2013 韦艳君 2012 韦 一 2008 韦懿霖 1996
隗永山 1979 隗有堂 1978 卫冰倩 2012 卫东舟 1955 卫凤珍 1970 卫立慧 1969
未勒和勒提·布尔了克 2018 尉建琴 1993 蔚鸿璐 2017 魏安金 1985 魏博卿 2019
魏彩萍 1960 魏琛璇 2002 魏发根 1966 魏芙蓉 1957 魏庚人 1925 魏光美 1987
魏汉民 1957 魏 航 2017 魏豪杉 2020 魏浩宇 2018 魏和文 1990 魏怀谦 1922
魏金城 1965 魏 钧 1963 魏丽莉 2017 魏 绫 2014 魏 楠 2010 魏 宁 1987
魏普才 1947 魏 倩 2006 魏 韧 1988 魏榕彬 1960 魏绍武 1966 魏诗韵 2015
魏书骧 1957 魏听仪 1965 魏侹路 2008 魏 彤 2020 魏 望 2005 魏 薇 2016
魏 巍 1982 魏 巍 2014 魏 维 2013 魏 炜 2003 魏武超 2008 魏小梅 1995
魏雪梅 2015 魏宜镇 1966 魏 颖 1987 魏永平 2019 魏宇辰 2019 魏玉山 1960
魏增岩 1970 魏昭源 1964 魏振河 1991 温涤清 1950 温冠治 1960 温广玉 1982
温 洪 2000 温 婧 2017 温思汀 2015 温松樵 2004 温玉堃 1963 文 赋 2015
文 豪 2010 文 锦 2018 文 君 2006 文清阁 2018 文瑞雪 2018 文胜友 1986
文 婷 2012 文晚霞 1988 文 珣 2003 文宇明 2014 闻 翻 1958 闻 岩 1989
闻 熠 2004 问延炜 2004 翁海波 2007 翁怀仁 1964 翁 琳 2012 翁其珠 1969
翁善康 1964 翁 鑫 2008 沃绮廷 1954 乌斯曼努尔 1970 邬 浩 2011

邬先鸿 1967	巫同荪 1960	巫筱秋 1967	吴宝谦 1920	吴 彼 2013	吴伯成 2005
吴昌济 1959	吴朝晓 1978	吴 晨 1994	吴崇实 1950	吴春芳 1960	吴慈民 1993
吴 聪 1991	吴丛明 1997	吴德辉 1934	吴德辉 1935	吴德枢 1964	吴 迪 1999
吴 迪 2018	吴端琨 1968	吴凡昕 2019	吴风荣 2016	吴富华 1997	吴富清 1964
吴耕宇 2010	吴冠义 1960	吴光镇 1970	吴光祖 1959	吴广海 1976	吴广深 1959
吴桂华 1979	吴桂霞 1967	吴海波 2015	吴 寒 2013	吴瀚霖 2015	吴鹤龄 1946
吴亨德 1962	吴恒文 1970	吴洪浪 1993	吴洪良 1963	吴鸿迈 1933	吴 华 1989
吴华山 1992	吴吉红 2006	吴加璐 2012	吴佳鑫 2018	吴家强 1988	吴家振 1960
吴建辉 2006	吴 江 1991	吴 江 1997	吴 洁 2007	吴捷三 1983	吴金英 1959
吴京蕾 1998	吴景贤 1963	吴敬临 1932	吴军刚 1993	吴 君 2002	吴开诚 1962
吴 柯 2014	吴 轲 2020	吴可欣 2019	吴孔亮 1959	吴丽颖 2013	吴丽媛 2003
吴灵敏 1986	吴玲玲 1999	吴鹿标 1970	吴梅英 1963	吴 蒙 2010	吴谋福 1996
吴木毅 1982	吴乃瑞 1965	吴欧华 1959	吴培松 2006	吴佩键 2001	吴 鹏 1995
吴品三 1949	吴 平 1977	吴其闻 1995	吴 琪 2014	吴乾光 1963	吴乾坤 2005
吴 倩 2008	吴庆贵 1977	吴庆仁 1963	吴仁华 1985	吴瑞荣 1968	吴姗姗 2015
吴圣扬 1957	吴诗咏 1965	吴士晖 1981	吴士檀 1920	吴世光 1963	吴世培 1957
吴淑敏 1959	吴 帅 2017	吴素星 2006	吴涛涛 2004	吴天翔 2020	吴望名 1960
吴伟权 1987	吴文辉 1989	吴文庆 2010	吴汶铃 2006	吴 瑕 2002	吴夏光 2003
吴先宇 2015	吴宪远 1993	吴相宏 1960	吴湘源 1957	吴小平 1989	吴晓红 1976
吴晓华 1996	吴晓惠 1988	吴晓林 1970	吴晓威 1967	吴效广 1959	吴撷芳 1958
吴新峰 2004	吴兴安 1970	吴幸福 1988	吴秀华 1979	吴旭红 1993	吴雪霏 1997
吴雅娟 1988	吴延科 2003	吴 洋 2020	吴耀红 1981	吴一博 2003	吴一凡 2019
吴轶凡 2017	吴吟龙 1957	吴银培 1960	吴英丽 2000	吴英云 1977	吴拥华 2001
吴永俊 1989	吴玉彩 1978	吴玉锋 2014	吴玉花 1991	吴玉雁 1963	吴月娟 1969
吴 越 2017	吴云峰 1999	吴增华 1963	吴增莲 1978	吴增瑛 1958	吴兆瑞 1962
吴志洁 1959	吴志娟 2004	吴智敏 2003	吴中春 1970	吴中元 1987	吴重馥 1955
吴紫玲 2005	吴宗侬 1968	吴佐堂 1960	吾勒曼·巴合别勒干 2016		伍必勤 1960
伍 斌 2014	伍春兰 1984	伍建明 2009	伍丽平 1968	伍 岭 2002	伍 玲 1994
伍润生 1957	伍燕然 1994	伍志韬 2010	武宾霞 2004	武德海 1952	武冠军 1937
武 汉 1970	武丽娜 2016	武 梅 1963	武 佩 2012	武瑞恒 2000	武堂建 1982
武 涛 1981	武卫华 1984	武晓佳 2018	武玉霞 2003	武志成 1995	

X

西 洛 2005	西绕卓玛 2004		郗福和 1924	郗 鹏 2009	奚成刚 1994
奚 青 1983	奚璇洁 1960	习长新 2002	习 清 1986	席德茗 1955	夏 晨 2018
夏承禹 1970	夏传蕙 1964	夏春琦 2018	夏德琼 1963	夏国华 1977	夏浩洋 2013
夏鹤荣 1960	夏鹤松 1962	夏锦章 1959	夏 靓 2012	夏 柳 2013	夏乃俐 1969
夏其刚 1997	夏 瑞 2007	夏嵩雪 1997	夏同普 1955	夏小璇 2016	夏新桥 1993
夏星官 1966	夏亚峰 1984	夏义川 1992	夏 勇 1998	夏于恒 2011	夏源锋 2012
夏 悦 2009	夏泽苗 1957	夏真如 1954	夏宗威 1960	相登龙 1994	向 鼎 2011
向东长 1989	向华钢 2003	向建山 1993	向 杰 1995	向进和 1962	向美林 2020

向聂琳 1982　向荣素 1964　向 睿 2007　向 文 2004　向永洋 2006　向 勇 1988
向友彬 2006　向 珍 2017　项慧芳 1992　项斯嘉 1955　项小聪 1992　项征御 2007
萧 彬 1924　萧 鼎 1956　萧奉宗 1934　萧光汉 1958　萧浩梁 2019　萧洪立 1970
萧年进 1968　萧荣庆 1970　萧素贞 1963　萧太玉 1966　萧应金 1957　萧英华 1969
萧永和 1963　萧玉华 1959　萧云生 1968　小次央 2009　肖勃瀚 2000　肖陈翰 2020
肖定平 2011　肖范仪 1992　肖 飞 1995　肖 峰 2004　肖 锋 1985　肖广全 1983
肖国彬 1996　肖厚平 2011　肖怀敏 1978　肖 辉 1991　肖 均 2005　肖 恺 2020
肖 珂 1993　肖 明 1984　肖 牧 2012　肖培俊 2010　肖 倩 2006　肖诗怡 2016
肖婉秋 2016　肖旺裕 2010　肖向生 1981　肖晓羽 2001　肖 雄 2017　肖雅元 2004
肖颖奇 2000　肖 勇 1982　肖勇钢 1998　肖勇勤 1994　肖 瑜 1995　肖雨峰 2005
肖振兴 2006　肖智行 2006　谢 春 2009　谢德印 2014　谢东风 1994　谢高雨 2019
谢 诟 1964　谢国祥 1963　谢海明 1983　谢 欢 2008　谢惠君 1968　谢家麟 1966
谢江水 2014　谢静涵 1968　谢 科 2007　谢丽春 1993　谢联恒 1994　谢林涛 2010
谢临震 1997　谢 敏 2006　谢 鹏 1977　谢 萍 1989　谢祁钟 1931　谢 清 2016
谢少鹏 2007　谢声谦 1966　谢淑萃 1950　谢淑馨 1955　谢树香 2000　谢树植 1957
谢素卿 1957　谢 天 2009　谢铁顿 1970　谢 巍 1990　谢伟强 2013　谢 卫 1997
谢文芳 1958　谢文杰 1962　谢文泉 1957　谢文周 1965　谢霄远 2019　谢小清 1997
谢 鑫 2010　谢秀贞 1960　谢 瑶 2010　谢异同 1981　谢远应 1957　谢 有 1968
谢 宇 1959　谢玉印 2003　谢振武 1995　谢芝桂 1982　谢志康 2019　谢子婧 2015
解长利 1960　解辉明 1979　解建成 1989　解克勤 1988　解明慧 2019　解同义 1968
解一凡 2020　辛成哲 1965　辛福媛 1963　辛建峰 1956　辛景贵 1967　辛兰芬 1967
辛 未 1952　辛彦瑶 2010　辛 阳 2015　辛玉声 1968　辛玉霞 2003　星 楠 2017
行伟波 2001　邢丁亮 2009　邢风彩 1994　邢惠清 1987　邢京平 1976　邢君庆 1984
邢立斗 1976　邢丽华 1958　邢庆峰 2011　邢镕哲 2018　邢茹媛 2020　邢睿佳 2017
邢淑兰 1963　邢婉英 1967　邢武晋 1994　邢晓东 2012　邢雪峰 2008　邢有亮 1968
邢玉华 1979　邢 悦 1999　邢昭良 1996　邢自兴 2001　熊保林 2005　熊 彬 2012
熊常英 1964　熊丹丹 1996　熊凤兰 1969　熊汉斌 1964　熊 杰 2009　熊金炅 1960
熊 劲 1995　熊亮懿 2017　熊鹏荣 1982　熊品寿 1986　熊 然 2009　熊胜利 1967
熊天一 1952　熊 巍 2010　熊 慰 2008　熊晓玥 2018　熊 宇 2006　熊允发 1987
熊正宇 1969　修 磊 2011　修思阳 2009　修兴强 2004　胥 斌 1996　胥传美 1989
胥宏泰 1960　胥耀武 1990　徐爱华 1992　徐碧元 1992　徐炳夏 1958　徐 波 2004
徐渤海 1999　徐步瀛 1958　徐灿云 1920　徐长林 1982　徐长胜 1981　徐长昕 1965
徐 畅 2004　徐畅畅 2020　徐承希 1965　徐承彝 1958　徐春棣 1934　徐春兰 1979
徐 聪 2004　徐 琮 1968　徐翠华 1962　徐 丹 2011　徐道宁 1946　徐定恒 1963
徐 芳 2005　徐 霏 2020　徐 丰 1988　徐凤梧 1957　徐凤霞 1967　徐芙蓉 1993
徐福光 1970　徐 刚 1993　徐 歌 2020　徐 光 1983　徐桂永 1993　徐国民 1995
徐国文 1987　徐海英 2003　徐韩利 1967　徐 杭 2017　徐洪达 1960　徐鸿迟 1964
徐 欢 2004　徐煌辉 2002　徐慧娟 1929　徐佳静 2011　徐家丽 1960　徐家良 1963
徐嘉悦 2010　徐建明 1983　徐建勋 1969　徐 杰 1998　徐金明 1969　徐 晶 1992
徐晶晶 2009　徐俊峰 1992　徐 竣 1924　徐 康 2002　徐珂文 1988　徐 琨 2000

徐磊冬 2016 徐蕾蕾 1981 徐莉芳 2000 徐丽莉 2007 徐丽丽 2013 徐丽萍 1992
徐 亮 2006 徐亮忠 1957 徐 琳 2013 徐 玲 2009 徐路桥 2018 徐美萍 1992
徐梦鹤 2018 徐 明 1981 徐楠生 1960 徐佩明 1977 徐芃迪 2020 徐 庆 2001
徐庆秩 1966 徐荣祥 1992 徐 蓉 2004 徐 珊 2016 徐少卿 1968 徐世荣 2013
徐守忠 1967 徐淑田 1969 徐淑英 1965 徐树富 1998 徐思琳 1959 徐 松 1991
徐 嵩 2018 徐 速 1966 徐 绥 1954 徐谭楚民 2018 徐 涛 1997
徐腾飞 2008 徐婷婷 2013 徐文琴 1965 徐文贤 2012 徐五光 1959 徐希信 1963
徐仙娥 1963 徐显忠 1965 徐相如 2009 徐 翔 2019 徐向东 1988 徐 笑 2014
徐心荃 1924 徐欣然 2020 徐新远 1990 徐兴华 1958 徐秀云 2018 徐秀珍 1965
徐秀珍 1976 徐旭宇 1992 徐选玉 1965 徐 娅 1993 徐 研 2005 徐 艳 1995
徐 艳 2018 徐艳平 2002 徐尧国 1968 徐依军 1992 徐铁璐 2013 徐益杰 1959
徐 毅 1984 徐迎华 2008 徐 莹 2011 徐永安 1965 徐永琛 1965 徐永先 1960
徐湧诚 1965 徐有标 1963 徐玉华 1933 徐玉明 1958 徐跃武 1985 徐云峰 1993
徐肇玉 1962 徐哲聪 2011 徐振鹏 2020 徐志斌 1989 徐中喆 1984 徐钟济 1927
徐仲涵 1957 徐仲元 1963 徐竹影 1959 徐 卓 2019 徐子超 2019 徐子苓 2018
徐子懿 2016 徐自乾 1991 许保林 1968 许炳川 1951 许炳权 1963 许 波 2005
许彩宝 2013 许长淮 1966 许崇德 1931 许凤肖 1963 许富根 1984 许广云 2013
许桂琴 1969 许含笑 2017 许 罕 1995 许汉平 1959 许鹤华 1987 许 华 1991
许华琪 1958 许开忠 1962 许佳琳 2004 许家栋 1959 许 建 2000 许 洁 2001
许金亭 1963 许 静 1993 许静杰 1969 许 娟 2014 许君立 2002 许俊君 2003
许 珂 1995 许黎明 1988 许立明 1988 许莲芳 1946 许 梁 2008 许 亮 2008
许玲玲 2011 许绮菲 1996 许 然 2009 许若宁 1984 许舒婷 2017 许 松 1985
许松盛 1987 许廷钰 1960 许卫民 1986 许文婧 2019 许 侠 2000 许宪法 1970
许心正 1956 许行范 1960 许训民 1962 许雅鸿 1957 许亚娟 1965 许艳芳 1990
许 燕 1986 许杨一 2009 许祎祺 2018 许以钢 1982 许奕彦 2008 许颖慧 2014
许永生 1965 许永盅 1962 许泳词 1957 许玉环 1969 许钰婕 2019 许煜沂 1959
许 悦 1984 许云尧 1995 许泽义 1966 许正芳 1924 许政衡 1960 许中元 1984
许仲卿 1962 许子禾 2016 宣春栋 1963 宣其春 1948 宣启桢 1963 宣素珍 1965
宣体佐 1962 薛宝龙 1985 薛 彬 1986 薛 超 2012 薛成立 1998 薛大烈 1958
薛藩强 2017 薛 宏 1987 薛金友 1989 薛君松 1984 薛 锟 1943 薛兰玉 1976
薛莲婷 2011 薛佩贞 1963 薛 芊 2011 薛汝湜 1962 薛 锐 1983 薛 森 1958
薛思问 1965 薛天保 1965 薛 童 2010 薛新建 2007 薛兴元 2015 薛秀谦 1984
薛秀云 1969 薛亚钢 1981 薛雨川 1976 薛 钺 1960

Y

鄢宗智 1969 闫秉瑞 1968 闫海丽 2003 闫景武 1983 闫立波 1984 闫 帅 2007
闫文芳 2006 闫新丽 1987 严扶平 1956 严灵璐 1964 严巧云 1962 严庆国 1967
严若华 2013 严申平 1969 严士健 1952 严向奎 1992 严小颖 1983 严 瑶 1992
严育华 1970 严志钦 1969 阎宝海 1922 阎大贵 1998 阎洪波 1999 阎林海 1965
阎纳新 1992 阎 实 2009 阎士文 1952 阎世平 1960 阎文岚 2011 阎晓光 2009
阎秀忠 1965 阎昭睿 1967 阎 镇 1925 阎志武 1991 阎治国 1963 颜凤珍 1965

颜津津 2018　颜　雷 2015　颜　实 1983　颜素蓉 1983　颜铁成 1968　颜　玮 2005
颜秀叶 1960　颜亚冰 2003　颜钰芬 1959　颜　韵 2016　彦文娇 2007　宴蔚钊 1957
宴相中 1969　晏晓林 1992　晏　喆 2018　燕敦验 1988　燕　利 1994　燕慕春 1964
燕绍典 1949　燕　铁 1996　央　吉 2005　羊松彦 2015　阳小强 2014　杨爱蓉 1958
杨安红 1978　杨　昂 1999　杨柏竹 1992　杨宝慧 1989　杨宝现 1965　杨北濂 1958
杨　斌 2013　杨　冰 1993　杨　兵 1986　杨秉钧 1935　杨炳志 1965　杨　博 2015
杨博函 2004　杨朝锋 2001　杨朝晖 1988　杨　程 2009　杨　川 2015　杨春艳 1977
杨存斌 1960　杨大衡 1966　杨丹萍 2014　杨德真 1929　杨　迪 2018　杨　昳 2005
杨定华 2009　杨　东 2008　杨东勇 2004　杨尔琮 1931　杨发梁 1943　杨　帆 2012
杨　帆 2014　杨　凡 2012　杨　芬 1968　杨福田 1958　杨复兴 1968　杨　刚 1984
杨　谷 1979　杨广涵 2020　杨贵祥 1976　杨桂东 2017　杨桂芳 1957　杨桂红 2014
杨桂琴 1966　杨国英 1994　杨海明 1962　杨海燕 1997　杨　皓 1989　杨和雄 1966
杨贺羽 2016　杨宏会 1999　杨　洪 1988　杨鸿型 1958　杨华龙 1986　杨华蔚 1986
杨华勇 1990　杨化峰 2003　杨　欢 1992　杨　辉 1985　杨惠君 1964　杨惠荣 1963
杨惠如 1956　杨慧波 1984　杨慧琳 2018　杨际镐 1922　杨佳佳 2014　杨家旺 2016
杨建华 1960　杨　洁 2001　杨　洁 2006　杨　洁 2017　杨金莲 1970　杨金中 1969
杨锦云 1989　杨　晋 2006　杨京川 2018　杨　靖 1984　杨　靖 1992　杨　靖 2009
杨静仙 1959　杨静贞 1958　杨　军 1987　杨　军 1990　杨军强 1999　杨俊洁 2013
杨恺灵 2017　杨　衎 2009　杨　珂 2006　杨武之 1919　杨　坤 2000　杨乐栋 1962
杨　雷 1989　杨　磊 2002　杨　丽 2016　杨丽颖 1999　杨　林 2018　杨凌芳 2018
杨留泉 2003　杨　柳 2011　杨柳青 2009　杨　龙 1993　杨茂林 1965　杨　梅 2016
杨孟虎 1949　杨梦回 2016　杨　敏 1991　杨　明 1984　杨明飞 1992　杨明朋 1962
杨明燕 1987　杨　铭 2002　杨牧野 2009　杨　娜 2017　杨乃兴 1964　杨　宁 2001
杨　鹏 2011　杨平欣 1963　杨　萍 1986　杨期澄 1962　杨起山 1963　杨　倩 1995
杨沁源 1976　杨　青 2010　杨清贵 1965　杨清明 1989　杨庆生 1988　杨庆转 2014
杨　琼 1995　杨秋元 1992　杨明轩 1919　杨汝林 1970　杨瑞宇 2020　杨润叶 2019
杨　森 1965　杨　姗 2003　杨时香 2000　杨时中 1962　杨士俊 1985　杨世明 1962
杨世卿 2005　杨世英 1924　杨世泽 1964　杨寿恺 1968　杨书越 2018　杨　淑 2009
杨淑绵 1966　杨淑芹 1985　杨树利 1993　杨　爽 1990　杨　硕 1993　杨斯善 1963
杨四辈 2008　杨　松 2009　杨松山 2013　杨松涛 2006　杨　涛 1989　杨　涛 1999
杨　涛 2003　杨　涛 2016　杨天明 1962　杨铁军 1993　杨　婷 2014　杨婷庭 2013
杨婷婷 2004　杨　威 1985　杨　唯 2004　杨　维 2006　杨文慧 2014　杨文举 1988
杨文凯 1990　杨文礼 1960　杨文平 1989　杨文泰 1963　杨文喜 1996　杨文新 1991
杨文宗 1962　杨闻新 2015　杨昔阳 2001　杨　熙 2020　杨贤英 1964　杨显高 1965
杨向平 1969　杨小刚 1994　杨小茜 2008　杨晓莉 2004　杨晓丽 1998　杨晓林 1989
杨晓涛 1994　杨晓霞 1998　杨晓韵 2012　杨晓战 1965　杨忻彦 2016　杨欣悦 2018
杨新雨 1982　杨　鑫 2014　杨兴学 2012　杨行之 1960　杨秀姑 1963　杨旭洲 2017
杨学富 1924　杨学曾 1934　杨学增 1984　杨雅妮 2007　杨雅婷 2010　杨妍梅 1987
杨艳清 2017　杨艳霞 2006　杨　扬 2010　杨　洋 2002　杨　洋 2016　杨仪丹 2018
杨宜锐 1970　杨　怡 2006　杨轶才 2001　杨荫春 1957　杨荫藩 1931　杨英锐 1977

杨　莹 2017	杨永瑞 1978	杨永新 1989	杨永志 1985	杨宇峰 1996	杨雨琦 2017
杨玉琦 1960	杨玉生 1970	杨玉玺 1984	杨玉英 1976	杨玉芝 1978	杨育聪 2014
杨毓芬 1959	杨源淑 1960	杨远华 1989	杨越峰 2011	杨增田 1978	杨占欣 2018
杨　璋 1978	杨召君 2016	杨兆铸 1960	杨照宇 2000	杨肇辉 1994	杨振川 1962
杨振汉 1965	杨振和 1965	杨　震 1983	杨志华 1958	杨志俊 1970	杨志龙 1994
杨志隆 2011	杨志响 1960	杨治辉 1989	杨致秀 1932	杨智印 1968	杨　忠 1978
杨　卓 2004	杨自强 1957	尧淑娟 2002	尧玉萍 2019	姚宝善 1960	姚　斌 2011
姚传举 1956	姚德舆 1963	姚德中 1956	姚鼎勋 1922	姚二林 2001	姚　方 1999
姚甫发 1970	姚桂兰 1964	姚国梁 1999	姚华鹏 1997	姚家昌 1963	姚家立 1967
姚建慧 2000	姚　利 1998	姚连元 1952	姚　亮 1998	姚　亮 2008	姚柳利 2015
姚柳全 2020	姚　娜 2008	姚　宁 1999	姚佩中 1978	姚庆英 1978	姚汝淇 1922
姚　姗 2006	姚绍明 1958	姚　胜 1993	姚诗雨 2013	姚世培 1968	姚素杰 2013
姚　天 2017	姚维江 1977	姚小妹 2010	姚晓东 1990	姚晓全 1992	姚效伊 1963
姚星桃 1991	姚秀山 1989	姚娅兰 1977	姚　瑶 2012	姚玉玲 2002	姚昭君 2014
姚职仁 1958	姚志传 1960	姚志洵 1981	冶建华 1997	叶彩娟 2007	叶　春 2003
叶大鑫 1964	叶德管 1963	叶　高 1957	叶鹤鸣 2018	叶菁菁 2003	叶靖晗 2017
叶可馨 2020	叶克仁 1964	叶乐天 2005	叶　楠 2008	叶　萍 2002	叶思泽 1998
叶嗣琛 2020	叶　玮 2019	叶文春 1993	叶锡瀛 1954	叶　迎 2013	叶永亮 1999
叶有培 1968	叶玉姬 2004	叶玉玲 1957	叶玉玺 1968	叶元洪 1978	叶蕴蓉 1995
叶蓁蓁 1999	叶钟益 1977	伊明马木提 1970		衣国宁 1984	易博文 2012
易　超 2010	易复琼 1962	易红斌 2006	易　慧 2009	易积科 2001	易捷伊 2016
易立杭 2004	易　谦 1958	易　芹 2013	易　蓉 1996	易小丁 1984	易孝信 1957
易　艳 2013	易　阳 2007	阴家震 1957	殷苌茗 1986	殷大禄 2011	殷广富 1965
殷怀振 1958	殷剑峰 1956	殷绍毕 1958	殷顺勇 2009	殷　霞 1960	殷宜庄 1967
殷月霞 1999	殷云剑 2012	尹成麟 1963	尹承军 1985	尹德初 1959	尹迪斌 1965
尹海冬 1993	尹克骏 1964	尹克新 1986	尹亮辉 2012	尹全娟 1963	尹明楚 2016
尹　乾 1997	尹淑敏 1979	尹晓莹 2018	尹　心 2019	尹星云 1982	尹徐洁 2015
尹　旭 2007	尹雨立 1964	尹育杰 1978	尹　媛 2017	尹韵钿 1956	应爱芬 1956
应春风 2012	应奎霖 2018	应　敏 1981	应明波 1998	英沛恩 1937	尤炳康 1957
尤晴曦 2005	尤淑莉 1976	尤树德 1991	尤泽波 1965	尤泽英 2019	由成尧 1968
由好庚 1959	由　岫 2010	游保华 1988	游玎怡 2015	游航宇 2018	游剑平 1987
游佑钧 1960	游钰蕴 2019	游泽炜 2020	于秉钰 1978	于彩盛 1965	于长盈 1962
于　畅 2017	于　超 2017	于　琛 1986	于　忱 2013	于成义 1964	于大海 2020
于大哲 1995	于丹丹 2006	于冬妍 2020	于　蜚 1954	于逢原 1948	于福生 1986
于富增 1964	于广兴 1965	于海波 1987	于海飞 1997	于瀚辰 2014	于昊永 2019
于浩财 1978	于红梅 1989	于季会 1960	于济航 2010	于家慧 1964	于　杰 1994
于景雯 1963	于九环 1979	于　隽 1991	于俊杰 2016	于克敌 1954	于丽娜 2002
于沐之 2019	于　朋 2002	于平海 1991	于栖范 1965	于　倩 2008	于　倩 2010
于全林 1982	于善歧 1963	于上然 2020	于树华 1967	于　涛 2005	于伟东 1993
于伟艳 2000	于　潇 2018	于绪宝 1985	于雪儿 2016	于永泉 1964	于永涛 1978

于玉琴 1962 于　玥 2011 于　悦 2020 于耀良 1967 于泽禾 1945 于忠义 1984
于卓君 2020 于子豪 2016 于宗英 1947 余泊然 2020 余昌涛 2004 余楚漪 2016
余　丹 2000 余　芳 1958 余　涵 2008 余　恒 1996 余怀民 1962 余慧敏 2019
余佳珈 2017 余　剑 1986 余健保 1957 余节弘 1998 余　竞 1987 余竞鹏 2010
余　婧 2014 余炯沛 1959 余军扬 1985 余　俊 1960 余康元 1969 余立新 1990
余美梅 1958 余名久 1969 余明谦 1957 余培然 2016 余　强 2013 余沁颖 2018
余秋呈 2018 余秋梅 1994 余森森 1983 余世让 1946 余　炜 2004 余文抒 2015
余香阁 1989 余小署 1970 余晓娴 2007 余新元 1963 余秀英 2015 余玄冰 1960
余　洵 1985 余逊明 1968 余亚东 1991 余　扬 1985 余友仁 1958 余欲竣 1987
余云莉 1998 余芝英 1962 余中胤 1969 於德源 1959 鱼　溯 2011 俞宝珠 1965
俞伯根 1970 俞大贞 1934 俞　堤 1963 俞　璠 1983 俞　芳 1935 俞翰君 2012
俞怀桃 1982 俞慧卿 1967 俞嘉臻 1965 俞建军 2011 俞　江 1999 俞锦超 2011
俞黎曦 2010 俞美玲 1968 俞　鹏 1919 俞　勤 1987 俞仁洲 1959 俞曙霞 1959
俞思真 2011 俞天麟 1962 俞鑫泰 1964 俞炫屹 2011 俞志豪 1958 虞超美 1981
虞继洪 1960 虞　越 2018 禹康生 1963 禹平华 1990 禹秋民 1963 禹永智 1969
玉山江 2009 郁凤麟 2015 喻　刚 2008 喻　梅 1993 喻运星 2001 喻宗铣 1959
元文治 1949 原　博 2019 原晓科 1981 原杨杰 2006 袁安姑 1976 袁宝旺 1976
袁昌佳 2015 袁朝慧 2009 袁　晨 2018 袁　成 1982 袁成喜 1968 袁翠英 1962
袁芳荣 1988 袁冠超 2015 袁光华 1965 袁广来 1969 袁贵标 1964 袁桂珍 1965
袁　宏 2002 袁　华 1983 袁家林 1988 袁家政 1993 袁洁英 1963 袁金香 1999
袁久和 1970 袁　骏 2013 袁凯峰 1979 袁懋榕 1963 袁　盼 2011 袁浦疆 1967
袁　强 1982 袁清荣 1979 袁盛仲 1957 袁士锐 1962 袁书祥 1957 袁素芬 1982
袁同文 1965 袁维彬 1979 袁　文 2005 袁文雅 2013 袁霞如 1960 袁　晓 2013
袁晓斌 1992 袁晓宇 2013 袁　鑫 1964 袁　星 2004 袁学海 1983 袁　野 2011
袁英民 1966 袁永祥 1963 袁宇飞 2016 袁玉英 1984 袁月娣 1963 袁云耀 1963
袁兆鼎 1949 袁兆和 1978 袁兆明 2019 袁贞迪 1962 袁振邦 1958 袁振起 1963
袁镇芳 1964 袁志忠 1963 袁忠波 1963 袁缵芹 1969 苑秋月 2016 苑小军 1992
苑政军 1970 约瑟夫(卢旺达共和国)1993 岳昌庆 1989 岳成禄 1960
岳尔非 2015 岳其静 1981 岳永露 2002 岳跃朝 2008 云　贵 1965

Z

再努尔·木塔力甫 2009 臧国通 1987 臧新改 1979 曾碧辉 2001 曾纯青 1995
曾　铎 1960 曾尔健 1959 曾　帆 2004 曾方红 1982 曾广昌 1969 曾国光 1993
曾国强 2003 曾宏红 1988 曾华兰 2020 曾慧楠 2017 曾建涛 2012 曾　杰 2013
曾　竞 2001 曾　莉 2006 曾　莉 2018 曾利江 1983 曾莲芬 1962 曾　亮 2018
曾隆宇 1963 曾美美 1956 曾梦迪 2019 曾鞶卿 1946 曾　强 2007 曾钦元 1965
曾　青 2017 曾清国 1999 曾庆业 1998 曾省强 2011 曾世禧 1963 曾淑芬 1966
曾术生 2015 曾万春 2004 曾　文 2011 曾文艺 1987 曾宪文 1995 曾学文 1991
曾雪兰 1983 曾雪琪 1977 曾妍华 2001 曾应昆 1985 曾昭萱 1958 曾昭著 1959
曾　卓 2004 曾卓琳 2007 曾紫婷 2000 查东辉 1990 查秀君 1944 查宗滉 1922
扎　桑 2004 扎西顿珠 2008 扎西江村 2004 扎西平措 2020

翟　丹 2009	翟浩宇 2019	翟建华 1963	翟建仁 1965	翟绍羽 1964	翟淑娟 1965
翟秀贤 1970	翟志华 1964	詹从赞 1994	詹昆亮 1962	詹昆林 2014	詹铭峰 2011
詹前涌 1966	詹庆和 1968	占龙太 1969	占平华 1982	战桂清 1976	战素铃 1963
湛　力 2014	湛应聪 2019	湛志海 1991	张爱群 1956	张柏龄 2017	张宝剑 1991
张宝良 1976	张宝祥 1965	张宝云 1977	张保栋 1963	张　蓓 2000	张必忠 1955
张　斌 1986	张　斌 1989	张炳恒 1962	张炳魁 2011	张炳蔚 2019	张炳文 1962
张炳中 1937	张　波 2002	张伯男 1989	张　博 2007	张博宇 2006	张步宁 1970
张彩莉 1994	张曹津 2013	张长胜 1963	张长顺 1964	张长泰 1955	张超龄 2015
张朝晖 1990	张承赣 1968	张　程 1991	张　弛 2011	张驰浩 2015	张崇武 1965
张　川 1997	张传江 2002	张传军 1990	张　春 1995	张春凤 1976	张春福 1976
张春红 1979	张春杰 1998	张春起 1976	张春善 1987	张春条 1962	张春侠 1999
张春霞 1979	张春霞 1998	张春英 1978	张纯刚 2007	张莼兰 1963	张　聪 2007
张翠兰 1977	张翠婷 1958	张翠英 1978	张大德 1965	张大千 1960	张大克 1983
张大宁 1981	张岱昕 2015	张　丹 1994	张　丹 2008	张道俭 1970	张道明 1956
张得志 2001	张德继 1928	张德娟 1963	张德旺 1979	张德文 1991	张德新 1998
张德学 1987	张德义 1977	张德毅 1924	张德珍 1976	张灯林 1988	张登峰 2008
张　頔 2012	张鼎权 1999	张东京 1948	张冬贺 2011	张冬生 1960	张冬威 2007
张冬怡 1984	张恩达 2014	张　帆 2010	张　凡 2016	张方圆 2010	张方圆 2014
张绯绯 1983	张　玢 1963	张　峰 2000	张峰谕 2018	张凤兰 1977	张凤琴 1976
张凤山 1963	张奉伍 1983	张福华 1937	张福基 1962	张福库 1977	张福林 2006
张富玉 1958	张改莲 1995	张改良 1940	张　淦 1960	张光明 1969	张广华 1966
张广荣 1958	张　贵 1976	张贵才 1988	张贵增 1962	张桂兰 1963	张桂兰 1966
张桂芹 1978	张桂荣 1979	张桂英 1963	张国栋 1962	张国珩 1949	张国钧 1968
张国明 1960	张国平 1967	张国伟 2014	张国英 1962	张帼奋 1983	张海玲 2013
张海泉 2019	张海英 1955	张海樟 2003	张汉楫 1920	张汉杰 1925	张瀚铎 2005
张　皓 2016	张皓彤 2020	张　和 1963	张和平 1986	张贺佳 1991	张　鹤 1986
张　衡 1966	张　红 1981	张　红 1990	张宏才 1981	张宏凯 1982	张洪娟 1990
张洪青 1981	张洪英 1963	张　虹 1984	张虹烨 2018	张鸿菊 1963	张鸿钧 1920
张鸿铭 2016	张鸿顺 1952	张鸿图 1919	张鸿秀 1959	张　华 2005	张华秀 1959
张化靖 1949	张　欢 2006	张　焕 2012	张焕芬 1965	张焕英 1968	张煌荣 1964
张惠刚 1984	张惠品 1989	张惠霞 1962	张慧芳 2005	张慧敏 2014	张慧婷 2013
张慧欣 1986	张慧艳 2004	张慧颖 2018	张　缉 1919	张际昌 1967	张继林 1964
张　骥 2010	张家皓 2020	张家铭 2017	张嘉林 1959	张嘉伟 2014	张嘉瑶 2006
张甲珩 1968	张建根 1957	张建林 1989	张建民 2014	张建宁 1960	张建平 1982
张建新 1985	张建亚 1969	张建业 1960	张建云 1965	张建云 2013	张　健 1970
张健平 1976	张　鉴 1987	张江长 1988	张杰飞 1968	张杰铭 2003	张　玠 1982
张金甫 1965	张金河 1986	张金华 1976	张金科 1967	张金玉 1988	张金钟 1965
张　仅 1922	张锦川 1982	张锦文 1966	张锦斋 1964	张　劲 2001	张进红 2011
张进军 1983	张京粤 2017	张景光 1949	张景兰 1978	张景舜 1960	张敬慧 1970
张敬如 1937	张敬生 1962	张靖周 1976	张　静 2003	张　静 2004	张　静 2007

张 静 2009 张 静 2019 张久玲 2015 张居平 1927 张钜玚 2006 张聚宝 1970
张 娟 2004 张 娟 2013 张 军 1991 张军伟 2015 张君妍 2020 张 俊 2009
张俊璠 2018 张俊凤 2014 张峻豪 2020 张骏达 2018 张可宽 1951 张克燕 1937
张 坤 2012 张 琨 2009 张来发 2010 张兰文 1948 张兰馨 1937 张乐家 1966
张 雷 1999 张 雷 2001 张 磊 2003 张 莉 2015 张礼服 1969 张力胜 2014
张力文 2017 张力翔 2017 张立仁 1941 张立荣 1945 张立荣 2014 张立锐 1965
张立伟 1995 张 丽 1994 张 丽 1997 张丽君 1976 张丽君 2019 张丽娅 1988
张丽莹 2019 张丽园 2016 张连才 1970 张连第 1965 张连卿 1969 张连仲 1979
张良珣 2015 张 亮 2009 张 亮 2013 张亮丽 2015 张 林 1983 张临仁 1957
张 琳 2003 张 琳 2006 张琳琳 2011 张琳琳 2019 张 凌 2012 张领海 1986
张鲁燕 2006 张 璐 1996 张 璐 2019 张璐雯 2019 张璐颖 2009 张满仓 1970
张 梅 1993 张美先 1991 张 萌 2020 张萌萌 2020 张孟祥 1964 张梦婷 2020
张梦霞 1983 张梦园 2019 张民权 1963 张 敏 1981 张敏华 1963 张敏枝 1990
张明明 2008 张明年 2017 张明群 1967 张明山 1988 张明欣 2008 张鸣珂 1934
张 铭 2008 张铭杰 1984 张 娜 2000 张男秀(朝鲜民主主义人民共和国)2013
张 楠 2008 张能键 1964 张 宁 1987 张宁宁 1996 张凝川 2014 张 弩 1989
张 磐 1999 张培强 1988 张培琴 1964 张培泽 1963 张 沛 2011 张 鹏 2013
张鹏高 1992 张鹏梅 2004 张鹏涛 2014 张 飘 2019 张 平 2010 张其友 1976
张奇支 1999 张 琦 1984 张 琦 2004 张 琪 1949 张启民 1963 张启渠 1958
张启营 1976 张起煌 1933 张 谦 2017 张 茜 2007 张茜冉 2017 张 倩 2014
张倩倩 2019 张倩如 2008 张 强 1986 张 强 1998 张巧显 1989 张 勤 2014
张 青 1991 张青民 1988 张青萍 2013 张 清 1998 张清寰 1929 张清如 1948
张清茹 1964 张庆富 1986 张庆辉 2003 张庆均 2005 张庆琳 1978 张庆文 2018
张庆洋 2008 张庆鑫 1958 张仁成 1989 张仁德 1966 张仁生 1957 张荣基 1965
张荣坤 2018 张柔夷 2018 张汝明 2009 张 锐 2017 张 瑞 1984 张 瑞 2004
张瑞才 1978 张瑞芬 1965 张瑞玲 1993 张瑞鑫 1982 张睿博 2020 张睿琦 2009
张 润 1979 张润东 1994 张若耕 1962 张绍春 1977 张绍锋 2002 张绍林 1960
张绍武 1999 张 申 2009 张胜利 2000 张石峰 2015 张士达 1963 张士明 1977
张世启 1982 张世勋 1925 张世英 1958 张 奭 1982 张守明 1978 张守田 1969
张 姝 1986 张淑华 1978 张淑兰 1978 张淑琴 1993 张淑勤 1958 张淑清 2010
张淑荣 1979 张淑欣 2017 张舒怡 2008 张树和 1977 张树吉 1968 张树军 1992
张树凯 1959 张树良 1964 张树鹏 2004 张 恕 1965 张澍一 2014 张 帅 2008
张双义 1959 张顺和 1964 张思文 2009 张颂方 1982 张绥定 1963 张锁良 1997
张 弢 1991 张 涛 2008 张 韬 1996 张天威 2020 张天文 1998 张铁城 1994
张铁英 1989 张廷镇 1955 张婷婷 2016 张通慧 1977 张 童 2015 张 婉 2019
张万诚 1963 张万福 1976 张 微 2009 张为红 1994 张唯一 2000 张 维 2003
张维琴 1978 张 伟 1996 张 炜 1962 张 炜 2009 张炜卓 1999 张 玮 2003
张 玮 2014 张 蔚 1990 张文宝 1963 张文贵 1960 张文杰 1959 张文娟 1969
张文麟 1965 张文卿 2017 张文韬 2018 张文学 2004 张文瑶 2014 张闻轩 2019
张 希 2007 张希怀 1976 张喜娟 1987 张 霞 1986 张霞如 1935 张宪娟 1991

张湘君 2012　张祥礼 1965　张祥麟 1959　张小超 1988　张小凡 2019　张小红 1991
张小剑 1991　张小柔 1967　张小玥 2015　张晓光 2008　张晓辉 2008　张晓军 1984
张晓昆 1992　张晓明 2000　张晓南 1984　张晓天 2020　张晓婷 2007　张晓威 2011
张晓曦 2008　张晓霞 1988　张晓霞 2007　张晓旭 2013　张晓雪 2019　张晓妍 2000
张晓洲 1995　张孝机 1937　张孝玲 1957　张　昕 2009　张　昕 2010　张欣之 1991
张新瑞 2000　张新育 1985　张新元 1989　张馨元 2020　张馨月 2019
张　鑫(甘肃省)2004　张　鑫(新疆维吾尔自治区)2004　张　兴 2014
张兴宇 2014　张星虎 1983　张　雄 1991　张秀莲 2013　张秀平 1984　张秀珍 1963
张徐欣 2014　张　旭 2002　张旭东 2003　张　勖 1997　张学东 1960　张学基 1956
张学军 1986　张学中 1966　张学忠 1965　张雪蕾 2016　张雪梅 2006　张雪芹 2000
张雪晴 2014　张雪迎 1998　张雅平 1988　张亚禄 1962　张亚男 2005　张亚西 2007
张　严 1984　张　岩 1986　张　岩 1989　张　颜 2002　张彦梅 1995　张　艳 2000
张　艳 2010　张　艳 2016　张艳芬 1970　张艳红 1990　张艳艳 2014　张焱彦 2004
张　燕 2001　张燕城 1962　张燕梅 2008　张燕清 1993　张　阳 1986　张阳春 1958
张阳阳 2017　张耀杰 1992　张耀庭 1990　张耀武 2016　张耀雄 2006　张邺丹 2019
张一球 1960　张　祎 2015　张怡琪 2019　张以信 1938　张旖澈 2013　张义彬 1964
张　艺 1976　张艺萱 2020　张益敏 1958　张益智 1957　张谊嫔 1958　张毅莲 1993
张毅生 1962　张　翼 1993　张　翼 1999　张　翼 2006　张　殷 2014　张银珠 2005
张应雅 1950　张　鹰 1984　张　颖 1991　张　颖 2001　张颖昆 1995　张颖欣 2008
张永峰 2000　张永凤 1976　张永乐 1963　张永清 1959　张永荣 1924　张　勇 2003
张　勇 2007　张友余 1957　张幼筠 1965　张愉才 1964　张瑜林 1962　张　宇 2004
张　宇 2015　张宇峰 2006　张宇歌 2020　张宇甜 1989　张宇轩 2020　张　羽 2003
张雨朦 2019　张玉德 1964　张玉珉 1962　张玉平 1987　张玉普 1979　张玉琦 1986
张玉琴 1977　张玉清 1970　张玉寿 1934　张玉芝 1958　张郁光 1927　张育蓉 1968
张彧灏 2002　张　昱 1995　张昱洲 2015　张　豫 1999　张　渊 2017　张　元 2000
张远成 2017　张媛慧 2014　张　月 2007　张月明 1982　张月祥 2002　张岳琦 2020
张悦琪 2015　张　赟 2002　张云飞 2006　张云清 1988　张允清 1970　张运筹 1963
张运涛 1994　张蕴端 1969　张　泽 2016　张泽华 2018　张曾诠 1946　张　昭 1960
张照垒 1943　张照营 1940　张哲农 1920　张　喆 2013　张　喆 2019　张振川 1976
张振桃 1965　张振田 1981　张震宇 1954　张震云 1920　张征瑶 1964　张峥峥 2014
张铮麟 1962　张　正 2015　张正栋 2020　张正阳 2010　张正一 2018　张　郑 2010
张政政 2018　张芝利 1977　张知难 1960　张志成 1977　张志芳 2002　张志峰 1989
张志煌 1989　张志兰 1963　张志莉 2014　张志鹏 1969　张志清 2008　张志荣 1982
张志霞 2007　张志祥 1989　张志银 1969　张秩英 1963　张仲谦 1991　张仲祥 1991
张重才 2018　张卓然 2017　张子若 2018　张子萱 2018　张自文 1962　张宗平 1986
张宗颖 2019　张宗镛 1970　张走治 1964　张祖成 1994　张祖宏 1997　张祖权 1960
张祖谋 1962　张祖平 1977　章柏红 1992　章富源 2014　章合利 1965　章　河 1957
章洪超 1998　章　辉 2003　章里程 1994　章秋明 1967　章同祯 2019　章兴德 1968
章耀斗 1964　章正乾 2013　章壮洪 1986　彰大为 2002　赵阿丽 1995　赵北伟 1994
赵炳荣 1964　赵彩霞 2001　赵　春 2000　赵春皎 2001　赵春玲 1977　赵慈庚 1935

郑苏晋 1992	郑素梅 1963	郑天贵 1993	郑　玮 2013	郑文祺 2007	郑文艺 1986
郑熙春 1985	郑祥祺 2014	郑翔宇 2017	郑小谷 1977	郑小平 1959	郑肖锋 1984
郑星华 2000	郑秀灯 2005	郑秀林 1981	郑雪莹 2009	郑亚利 1984	郑　毅 1985
郑应诚 1965	郑永水 1958	郑宇成 2004	郑玉坤 1964	郑豫超 1960	郑　悦 2020
郑远斌 1989	郑　振 2019	郑　重 2014	郑周强 2018	郑珠英 1958	郑子皓 2017
郑祖光 1964	支曙秋 1966	支永德 1976	治应麟 1935	钟　浩 2012	钟建林 2001
钟金耀 1963	钟静林 1991	钟　力 1993	钟立敏 1957	钟连生 1966	钟林章 1962
钟　敏 1994	钟明耀 1969	钟　铭 2007	钟平寿 2004	钟　锐 2012	钟　锐 2013
钟瑞英 1965	钟　肃 2020	钟天佑 2020	钟　婷 1999	钟通元 1966	钟　威 2008
钟　旭 2007	钟一鸣 2016	钟　宜 1982	钟育彬 1985	钟昱晖 1996	钟　悦 2016
种秀华 1981	仲纪民 1970	周爱莲 1970	周安琪 2014	周帮建 1988	周　蓓 2020
周　边 1978	周　斌 2004	周　斌 2019	周　波 2002	周　博 2001	周卜华 1988
周彩瑛 2001	周长春 1998	周超频 2006	周超群 2017	周朝富 1979	周晨星 1984
周崇廉 1962	周春琴 1991	周大光 1965	周德山 1978	周冬荔 2005	周　董 2008
周　枫 1981	周　峰 1989	周　锋 2001	周　改 2011	周　刚 2002	周光兴 1964
周国才 1945	周国新 1957	周和芬 1984	周红敏 2003	周红文 1993	周宏立 1997
周洪雨 2003	周洪源 1960	周鸿礼 1928	周厚文 1968	周慧娴 1957	周慧雅 2016
周　冀 2002	周　佳 1985	周家华 1985	周家钊 1964	周嘉玮 2019	周建锋 1996
周建议 1985	周剑岚 1960	周阶恩 1935	周　洁 2007	周锦心 1959	周　瑾 1994
周菁菁 1993	周晶莹 2019	周　婧 2010	周　静 1992	周静心 1958	周菊如 1965
周炬坤 2015	周俊荣 1958	周俊宇 2020	周　骏 2014	周　奎 2006	周腊意 1988
周乐为 2015	周　蕾 2012	周莉莎 2003	周力奇 1983	周立基 1982	周丽红 1996
周丽君 2003	周丽珍 1983	周　亮 2005	周路奕 2018	周美娣 1965	周美珂 1960
周　旻 2017	周名洗 1928	周明芳 1965	周明宏 2000	周明旭 2013	周妮文 2015
周　沛 1924	周　鹏 1997	周　强 2001	周琴波 2006	周清壤 1998	周秋词 2020
周仁哲 2009	周瑞云 1978	周瑞芝 1963	周深儿 2014	周升恩 1934	周世福 1967
周世杰 1992	周树杰 2018	周顺华 2007	周俟松 1926(数理系)		周俟松 1928
周　恬 2016	周廷贤 1963	周万根 1992	周　伟 2003	周　伟 2009	周　伟 2010
周　炜 2013	周　文 1990	周文龙 1960	周雯佳 2020	周夕钰 2015	周熙霖 2017
周　霞 2004	周先之 1956	周贤玉 1989	周　翔 2007	周向东 1987	周　潇 2003
周小明 1983	周晓丹 2011	周晓艺 2017	周孝明 1964	周笑健 1999	周新文 1991
周　馨 1919	周　行 1970	周秀英 1976	周学良 1963	周延龄 1957	周艳娥 1987
周艳霞 2005	周燕莲 1986	周　阳 2008	周叶婷 2010	周贻谋 1969	周以铭 2020
周以匀 1981	周　艺 2017	周　易 2014	周　易 2018	周逸辰 2018	周永治 1963
周　游 2006	周有根 1965	周　宇 2007	周宇宸 2019	周雨笛 2016	周雨岚 2007
周玉倩 2019	周　渊 2004	周月林 2019	周悦昇 1978	周跃群 1996	周泽玉 2019
周兆洪 1964	周振娜 2012	周振兴 2006	周正康 1989	周正清 1989	周正雍 2015
周之光 1960	周知洋 2009	周志军 2000	周志伟 2006	周志修 1962	周治宇 2012
周仲玲 1958	周子恩 1964	周子钧 2017	周子威 2016	周子元 2000	周梓楠 2017
周自英 1951	周祖胜 1994	周作轩 1960	朱安交 1985	朱安恕 1937	朱　兵 1991

朱长盛 1965　朱长远 1985　朱焯铭 2020　朱陈清 2015　朱成海 2001　朱成喜 1981
朱崇圣 1964　朱崇稀 1964　朱丛高 1995　朱大钧 1981　朱道宇 2003　朱登山 1937
朱　典 2003　朱东弼 1988　朱恩光 1978　朱尔圆 1959　朱芬余 1957　朱光琼 1956
朱广源 1962　朱国华 1963　朱国瑾 1957　朱国瑾 1967　朱海洪 1985　朱海军 2006
朱海青 2001　朱海涛 1992　朱海元 1991　朱寒梅 2012　朱红飚 1993　朱红福 2013
朱鸿彬 1965　朱会青 2002　朱慧玲 2005　朱吉儿 1964　朱　戟 1991　朱纪辉 1968
朱继宗 1979　朱佳栋 2013　朱嘉城 1956　朱　江 1997　朱金鑫 2008　朱锦天 2016
朱　进 1981　朱惊涛 1995　朱景菀 1959　朱九英 1965　朱俊峰 1989　朱俊侠 2014
朱浚源 1964　朱　珂 2017　朱莉英 1965　朱立男 1995　朱　砾 1986　朱留夷 1931
朱曼琦 2020　朱敏郡 2019　朱明奎 1965　朱　宁 1966　朱谦祥 1965　朱樵风 2010
朱庆凯 1970　朱人蔚 1958　朱锐恒 1960　朱汝金 1959　朱　莎 2005　朱思平 2009
朱素玉 1959　朱泰英 1987　朱天保 1982　朱　薇 2006　朱蔚萱 2009　朱文芳 1985
朱先锋 2005　朱晓琳 2000　朱晓平 2016　朱效东 1990　朱兴国 1998　朱兴龙 1983
朱秀玲 1938　朱旭华 1967　朱雪珠 1960　朱　勋 2012　朱亚倩 2020　朱耀春 1993
朱乙友 1963　朱谊泉 2005　朱　毅 2011　朱茵仪 2012　朱　瑛 1984　朱　莹 2020
朱永庚 1957　朱　勇 1967　朱　宇 1997　朱宇清 1992　朱玉仙 1970　朱裕民 2017
朱豫根 1959　朱元虹 1954　朱元森 1957　朱元彦 2008　朱月珍 1963　朱云龙 2013
朱芸芸 2007　朱芸芸 2010　朱　昀 2000　朱运秋 1965　朱增永 1965　朱正清 1989
朱正元 1981　朱志诚 1965　朱治平 1962　朱子琦 2018　朱作宾 1957　诸方方 2012
诸梅芳 1960　祝浩元 2019　祝　佳 2004　祝卫城 1990　祝玉兰 2014　祝祖光 1931
庄彼得 2013　庄锦森 2001　庄　丽 2004　庄丽华 2014　庄铭南 1987　庄前红 1991
庄瑢恺 2006　庄瑞川 1963　庄锁法 1989　庄　燕 1976　庄艺敏 2003　庄元臣 2006
庄增刚 1985　卓　铠 2020　卓　羽 2012　孜力合马尔·艾合买提 2019
孜雅达帕是拉 1970　宗　容 1983　宗　恬 2003　邹　斌 1997　邹　波 1997
邹昌陸 1987　邹传林 1965　邹春泽 1968　邹　昉 1994　邹翰林 2010　邹弘兵 1987
邹鸿斌 1960　邹嘉莹 2013　邹茂生 1960　邹婧阳 2010　邹珺颢 2019　邹林全 1986
邹梦文 2016　邹泞憶 2017　邹沛英 1960　邹琦玥 2018　邹启媛 1968　邹卫明 1991
邹　阳 2007　邹优教 1964　邹月娟 1964　邹蕴博 2019　邹蕴逢 1950　邹振媛 1957
邹子洪 1963　邹祖庆 1960　祖力洪马尔·瓦以提 2010　祖志辉 1999
左大辰 1984　左东林 1963　左　恒 2009　左礼振 1919　左丽娜 2008　左　鸣 1982
左　朋 2006　左　萍 1985　左卫兵 1997　左锡明 1987　左祥云 1966　左晓丽 1991
左秀珍 1963　左永平 1963

索引 3 硕士毕业生名单索引

郭帅帅 2016　郭宗恪 1955　郭　伟 2019　郭向前 2003　郭晓丽 2011　郭晓庆 2013
郭亚军 2004　郭亚平 2015　郭琰礼 2013　郭艳梅 2006　郭　燕 2005　郭要红 1995
郭依文 2018　郭　莹 2012　郭　莹 2017　郭永丽 2007　郭玉峰 1998　郭玉娟 2008
郭玉柱 1987　郭渊远 2017　郭转娜 2012　国洪松 2013

H

韩　英 2010　韩宝刚 2000　韩　德 1992　韩海燕 2006　韩静波 2010　韩君铭 2014
韩俊芳 2008　韩立岩 1987　韩　露 2016　韩　璐 2017　韩　梅 1997　韩　茸 2014
韩珊珊 2013　韩思雨 2019　韩文静 2011　韩心慧 1994　韩昕彤 2019　韩　琰 2015
韩　燕 2015　韩　宇 2016　韩志聪 2007　韩住庸 1953　杭　鹭 2017　郝方程 2006
郝　辉 2000　郝帅旗 2020　郝顺利 2008　郝永军 2018　何　海 2017　何浩嘉 2014
何红亚 2003　何　娇 2008　何　杰 2013　何立恒 1993　何　麟 2008　何玲瑀 2015
何佩纶 1955　何　青 1987　何庆青 2007　何睿洁 2020　何　赛 2015　何胜美 2005
何世龙 1999　何效员 2004　何新程 1987　何艳丽 2008　何洋波 2001　何章阳 2016
何召文 2016　何紫薇 2013　贺昌亭 1955　贺　晨 2009　贺　婕 2015　贺　堃 2004
贺丽珍 2005　贺善菊 2007　贺新蕾 2015　洪　健 2016　洪京爱 1990　洪丽暖 2019
洪　勇 1997　侯霁洋 2014　侯　蕾 2020　侯　宁 2007　侯倩倩 2014　侯汝臣 2000
侯绍雄 2013　侯通通 2018　侯锡忠 2016　侯媛媛 2018　侯云飞 2019　胡海娟 2007
胡　华 2000　胡建础 2006　胡锦煦 2020　胡君美莉 2020　胡明杰 1988
胡乃花 2013　胡　勤 2014　胡　伟 2006　胡　潇 2014　胡小红 2001　胡晓敏 1993
胡新月 2020　胡雪丹 2017　胡咏梅 1993　胡圆圆 2020　华九召 1994　华　宇 2005
皇甫力超 2005　黄碧橙 2016　黄成泉 2005　黄　丹 2020　黄飞雁 2013
黄　霏 2020　黄海洋 1981　黄　涵 1958　黄宏伟 2006　黄虎康 2016　黄　珲 2009
黄基荣 2015　黄剑杰 2015　黄菊丽 1961　黄克瑾 2019　黄宽锐 1955　黄兰荪 1957
黄乐乐 2012　黄力平 1985　黄　敏 2019　黄茉菊 2016　黄娜琪 2020　黄沛金 1958
黄　鹏 2015　黄芊芊 2020　黄　勍 2012　黄荣怀 1988　黄　蓉 2005　黄　蕊 2013
黄　山 2019　黄邵华 2014　黄诗雯 2020　黄书培 2017　黄淑婷 2019　黄思祺 2019
黄汪送 2012　黄惟明 1981　黄文凤 2014　黄文贤 2013　黄晓军 2004　黄昕鹏 2018
黄新凤 2007　黄　兴 2013　黄雪莹 2005　黄雪莹 2006　黄　艳 2001　黄也白 2016
黄　迎 2015　黄　颖 2004　黄　勇 1998　黄　悦 2016　黄云昭 1953　黄　展 2009
黄志翔 2016　霍秋萍 2017

J

籍慧洁 2013　纪　娜 2015　纪　瑶 2019　季国庆 2000　季小虎 2009　加春燕 2008
贾洪潮 2020　贾建芳 2017　贾　鹂 1996　贾利新 1996　贾鹏飞 2013　贾清建 2005
贾思雨 2014　贾迅艳 1993　江涵阳 2018　江　昊 2006　江　益 2015　江用科 2006
江　煜 2020　姜黎黎 2014　姜瑞婷 2015　姜书时 1958　姜　涛 2004　姜　曦 2011
姜兴丽 2015　姜　钰 2006　姜则善 2006　蒋爱萍 2018　蒋　冰 2015　蒋豆豆 2018
蒋华兰 2008　蒋菊霞 2017　蒋磊磊 2014　蒋漫如 2018　蒋培杰 2015　蒋蕊韩 2016
蒋思琦 2015　蒋文江 1988　蒋文静 2016　蒋小雪 2017　蒋晓娟 2010　蒋　鑫 2013
蒋　迅 1985　蒋尧珍 2006　蒋　政 2015　蒋忠宏 1985　蒋滋梅 1958　焦学安 2002
焦占红 2014　角碧波 2017　金　巴(尼日尔共和国)2005　金　勃 1988

栗演兵 1993　连晓婕 2014　梁宝生 2012　梁长庆 1996　梁　芳 1997　梁景伟 1988
梁学军 1985　梁亚鹏 2011　梁熠宇 2012　梁作深 1991　廖冰琳 2013　廖东升 1999
廖会平 2015　廖利明 2016　廖　璐 2008　廖　爽 2009　廖　玮 2014　廖昭懋 1961
廖姊劼 2008　林桂元 2016　林海波 2006　林汉兴 2009　林婧瑛 2014　林　静 2009
林丽丽 2020　林　敏 2014　林清峰 2006　林思进 1988　林思思 2015　林向岩 1956
林晓然 2016　林　欣 2008　林欣冉 2020　林新华 2005　林亚臣 1988　林彦珠 2004
林耀光 1958　林　益 1981　林玉敏 2019　林玉群 1988　林跃珠 2012　林志超 1994
蔺书琴 2015　凌　博 2010　刘炳伟 2007　刘彩云 2014　刘长安 1955　刘长河 1995
刘　畅 2018　刘　诚 2015　刘　冲 2018　刘春根 1992　刘春艳 2001　刘　丹 2008
刘登品 2007　刘　东 2018　刘　东 2019　刘冬利 2018　刘根强 2008　刘海军 1987
刘海鹏 2000　刘红缨 2020　刘华斌 2000　刘慧敏 2016　刘慧萍 2005　刘　吉 2014
刘继红 1992　刘　佳 2012　刘佳佳 2015　刘佳敏 2020　刘　嘉 2010　刘　嘉 2016
刘嘉伟 2019　刘　建 2018　刘建国 2015　刘建慧 1989　刘建新 2019　刘健行 1957
刘　洁 2014　刘洁民 1984　刘金花 2017　刘劲光 2007　刘婧依 2018　刘九芬 1990
刘　军 2016　刘　君 2008　刘坤元 2020　刘　蕾 2012　刘力实 1984　刘利文 2009
刘利侠 2016　刘林园 2017　刘　琳 2001　刘敏豫 1990　刘明丽 2016　刘　楠 2020
刘攀坤 2012　刘沛然 2016　刘萍萍 2020　刘启明 2009　刘　强 2008　刘清华 2010
刘　晴 2014　刘任飞 2011　刘　荣 2015　刘　蓉 2011　刘瑞芬 2005　刘莎莎 2020
刘山山 2007　刘绍贞 1962　刘绳茂 1988　刘石平 1983　刘世耀 1988　刘守生 1994
刘守仪 2018　刘书茂 2003　刘淑华 2008　刘　曙 2000　刘　顺 2020　刘绥乐 2012
刘婷婷 2014　刘　薇 2016　刘　伟 2010　刘　伟 2014　刘文斌 1981　刘文慧 2017
刘文奇 1995　刘文新 2007　刘文秀 2016　刘希莹 1961　刘喜兰 2002　刘香琴 2004
刘小娅 2016　刘晓红 2008　刘晓曼 2019　刘晓明 1992　刘晓萍 2002　刘晓青 2017
刘亚洲 2017　刘延滨 1996　刘延卿 2016　刘　彦 2009　刘彦永 2009　刘　艳 2000
刘艳霞 2006　刘　杨 2016　刘　奕 2017　刘意萍 2012　刘毅勇 1986　刘　茵 2009
刘莹如 1961　刘永慧 2005　刘永平 1987　刘瑜素 2009　刘雨晴 1986　刘玉明 2001
刘玉铭 1995　刘允恭 1958　刘韵涛 2019　刘正微 2014　柳　红 2018　柳龙姝 2020
柳　鹏 2016　柳　叶 2013　柳泽龙 1953　龙　剑 2011　龙晶凡 1998　龙品红 2005
龙述德 2002　龙　腾 2012　龙　毅 1994　娄　磊 2007　娄树宪 1985　娄晓荟 2018
卢　珂 2006　卢　璐 2019　卢胜华 1991　卢玉峰 2014　卢增云 1993　鲁冠华 2002
鲁　灏 2018　鲁　倩 2007　鲁仕荣 1986　陆传荣 1955　陆定彧 2017　陆　曼 2020
陆小庆 2009　路干亭 1953　路明明 2006　路　颖 2011　吕宝红 2005　吕本建 2011
吕朝阳 1999　吕皓阳 2018　吕　欢 2018　吕慧明 2017　吕建生 1995　吕静涛 1993
吕凌宁 2014　吕绍川 2003　吕心鹏 1997　吕永强 2000　吕云彤 2018　栾娜娜 2008
栾日平 1995　罗春梅 2019　罗　丹 2020　罗德建 2006　罗广文 2005　罗红梅 1999
罗建刚 1986　罗剑平 2009　罗敬辉 1988　罗靓莉 2015　罗俊波 1981　罗康文 2002
罗　兰 2014　罗里波 1958　罗里波 1980　罗霜梅 2020　罗婉欣 2018　罗　翔 2016
罗晓燕 2007　罗雅婧 2020　罗艺灵 2019　罗运纶 1981　罗肇桦 1962　罗志斌 2001
罗梓瑁 2009　骆秋玲 2020

M

N

O

P

Q

R

S

沈泽琪 1958　盛世明 1997　盛卫红 1999　盛　瑶 2011　师文龙 2017　师　玥 2014
施春雪 1997　施　宏 2004　施小丁 1993　施晓燕 2014　石　堃 2019　石　蓉 2012
石伟伟 2013　石晓冉 2017　石　旭 2015　史彬彬 2018　史旭彤 2013　司亭亭 2011
司　瑺 2006　宋爱斌 2004　宋春元 2009　宋　丹 2018　宋丹丹 2014　宋光艾 1993
宋惠元 1981　宋慧静 2014　宋杰文 2013　宋　娟 2007　宋俊峰 2010　宋乃琪 2012
宋其濛 2015　宋　契 1993　宋乾乾 2014　宋伟哲 2016　宋小艳 2014　宋晓梅 2002
宋延红 2010　宋艳萍 2008　宋　瑜 2016　宋云凤 2012　宋云军 2005　宋　智 2017
苏爱华 2016　苏傲雪 2009　苏春梅 2011　苏　丹 2009　苏　宁 2014　苏　强 2007
苏效乐 2002　隋建宝 2006　隋欣蕊 2016　孙　波 1999　孙超男 2016　孙大猛 2018
孙国文 1986　孙　浩 2016　孙宏伟 1994　孙洪祥 1990　孙鸿雁 2010　孙华麟 1953
孙　环 2012　孙佳楠 2011　孙　洁 2004　孙丽芝 1996　孙　梅 2013　孙美玉 2018
孙　娜 2013　孙桥敏 2011　孙秋艳 2007　孙赛男 2011　孙　铁 2011　孙　婷 2015
孙　伟 1994　孙文敏 2006　孙希文 1955　孙　潇 2016　孙晓岚 1981　孙秀平 2006
孙　艳 2011　孙艳华 2000　孙应飞 1996　孙玉静 2006　索朗罗布 2017　索正明 2019

T

谈华松 1962　谈叶青 2015　谭爱萍 1995　谭桂平 2007　谭国律 1999　谭　结 2018
谭金锋 1996　谭秋瑞 2020　谭彦华 2005　谭镇鹂 2020　汤包贝 2012　汤灿勤 1999
唐爱萍 1984　唐　斐 2015　唐海燕 2007　唐晗力 2010　唐　慧 2012　唐加山 1994
唐金波 2014　唐金香 2015　唐　娟 2008　唐　娉 1993　唐　萍 2020　唐　巧 2013
唐守正 1981　唐思汝 2015　唐松生 1987　唐素兰 1956　唐旭辉 1985　唐延文 2015
唐一博 2011　唐　珍 1953　唐志宇 1994　唐仲华 1961　陶宝艳 2020　陶桂平 2002
陶红英 2002　陶　金 2019　陶双平 1991　陶铁群 2004　陶应奇 1999　陶云星 2005
滕　玉 2010　田宝川 2009　田东风 1990　田宏忠 1993　田会永 2011　田家萌 2020
田俊华 1956　田　丽 2006　田启家 1990　田启燕 2007　田巧丽 2009　田　松 2011
田兴姣 2015　田秀玲 2011　田玉斌 1990　田　园 1985　田　源 2006　童彩棉 2007
童新元 1991　童　雪 1994　涂　丹 2012　涂学民 2000　涂　勇 2012

W

宛卿正 2018　万冰蓉 2007　万金奎 2006　万永娟 2014　汪和平 1993　汪金晖 2010
汪经武 1955　汪　俊 2017　汪荣明 1991　汪元伦 1995　王爱兰 1990　王安安 2018
王　宝 2020　王保华 1993　王保明 1993　王宾辉 2008　王斌儒 2016　王冰峰 2010
王冰雁 2009　王　兵 1991　王兵权 2010　王成德 1981　王成茜 2015　王传宝 2018
王春地 2014　王聪晓 2009　王翠翠 2014　王翠巧 2014　王大荣 2004　王丹丹 2017
王顶国 1991　王东东 2015　王冬兰 2020　王冬琳 2007　王笃忠 1988　王恩任 1953
王二鹏 2016　王发强 2017　王　凡 2019　王　方 2011　王方洋 2020　王　芳 2012
王　芳 2018　王奋际 2010　王　峰 2000　王凤瑞 1957　王凤雨 1990　王　淦 2010
王高慧 2017　王国胜 1994　王海红 2006　王海洋 2018　王海政 2013　王晗笑 2016
王捍贫 1990　王　皓 2000　王皓琨 2013　王鹤鸣 2014　王　弘 1988　王　红 2016
王华明 2007　王　骅 1957　王　慧 2004　王继光 1962　王继平 1958　王加银 1999
王建波 2001　王建军 1994　王建康 1990　王建隆 2018　王建中 2004　王建忠 1992
王　杰 2004　王杰亮 2004　王洁明 2005　王　婕 2018　王金才 1991　王　锦 2013

X

夏铁成 1998　夏义川 1995　夏源锋 2017　夏真如 1956　相登龙 1997　向开南 1996
向　田 2010　向　文 2006　向　勇 1991　项斯嘉 1957　项毓英 1953　萧　鼎 1958
萧　勇 1956　肖春来 1993　肖德凯 1999　肖光华 2018　肖国彬 1999　肖红德 2010
肖　杰 1985　肖　俐 2019　肖维维 2005　肖晓羽 2004　肖雅元 2007　谢贝贝 2017
谢传龙 2014　谢春平 1988　谢　佳 2008　谢　婧 2007　谢林涛 2016　谢　敏 1957
谢其龙 1955　谢　涛 2006　谢　涛 2015　谢　天 2013　谢秀玉 2009　谢　艳 2005
谢　宇 1961　辛彦瑶 2013　信一洲 2011　行丹文 2013　邢迪娜 2009　邢进生 1988
邢　岩 2008　邢　莹 2014　邢自兴 2004　熊保林 2008　熊丹丹 1999　熊惠民 1999
熊胜利 1983　熊维娜 2013　熊　慰 2011　熊文井 1992　修兴强 2007　胥　斌 1999
徐　彬 2014　徐长胜 1986　徐春凌 2015　徐得三 2015　徐德华 2006　徐登明 2007
徐　帆 1996　徐凤生 1992　徐海英 2006　徐　欢 2007　徐建明 1986　徐锦龙 1962
徐晶晶 2013　徐　静 2019　徐可禹 2014　徐莉芳 2003　徐　丽 2017　徐丽平 2013
徐丽萍 1995　徐　琳 2016　徐　玲 2012　徐龙娟 2016　徐美萍 1995　徐勐戬 2016
徐　蓉 2006　徐瑞标 2007　徐绍贞 1956　徐士永 2006　徐树富 2001　徐帅帅 2017
徐　松 1997　徐　绥 1956　徐婷婷 2018　徐文博 2010　徐文青 2009　徐先进 1988
徐祥灿 2016　徐　晓 2014　徐星宇 2018　徐　研 2008　徐艳艳 2007　徐轶璐 2016
徐　莹 2014　徐　勇 1992　徐运阁 1998　徐　真 2016　徐志明 1961　许　波 2007
许彩宝 2018　许汉平 1961　许菡华 1962　许　梁 2011　许玲玲 2016　许若宁 1987
许树湛 1989　许　松 1988　许唐学 2015　许王莉 2003　许　侠 2004　许心正 1958
许以敬 1981　薛昌荃 1987　薛丹丹 2016　薛　峰 2004　薛海龙 2009　薛红霞 1995
薛　芊 2015　薛庆营 2001　薛　锐 1988　薛兴元 2019　薛叶青 2019　学　识 2013

Y

闫　莉 2016　闫曼曼 2018　闫　实 2013　闫现杰 2016　闫艳艳 2018　闫雨飞 2019
闫昭君 2019　严井泉 2012　阎国华 1995　阎洪波 2009　阎建平 1988　阎若彤 1992
阎　帅 2010　阎文岚 2016　阎志武 1994　颜胡威 1958　颜其鹏 1991　颜钰芬 1961
燕敦验 1991　杨宝慧 1992　杨滨嘉 2013　杨成亮 1994　杨　程 2012　杨传林 1987
杨传箴 1958　杨春青 2013　杨　焘 2017　杨笛笛 2010　杨　昳 2007　杨东勇 2007
杨　凡 2015　杨桂玉 2007　杨国翰 1953　杨贺羽 2019　杨宏奇 1991　杨　虎 2005
杨　慧 2016　杨佳佳 2019　杨建利 1985　杨　洁 2015　杨　洁 2020　杨　靖 2000
杨俊洁 2017　杨　衍 2012　杨　坤 2004　杨力华 1987　杨　丽 1998　杨　丽 2020
杨丽妹 2019　杨　柳 2013(湖南省)　杨　柳 2013(陕西省)　杨　柳 2015
杨　龙 1996　杨美娴 2016　杨　敏 1994　杨明朋 1966　杨明洋 1990　杨牧野 2017
杨乃兴 1968　杨培泽 2016　杨　鹏 2017　杨　齐 1990　杨巧云 2009　杨庆转 2019
杨日欣 1989　杨　姗 2006　杨士林 1991　杨　硕 1996　杨松柏 2009　杨天明 1966
杨　维 2009　杨昔阳 2005　杨相元 2012　杨小茜 2011　杨晓刚 1997　杨晓文 2018
杨晓霞 2001　杨　忻 2006　杨新建 1984　杨　兴 2016　杨星星 2016　杨幸美 2015
杨序伦 1956　杨　叙 2010　杨妍梅 1990　杨　燕 2018　杨　洋 2005　杨　洋 2020
杨永菊 2011　杨越峰 2014　杨云焱 2013　杨泽忠 1997　杨照宇 2005　杨振国 2012
杨　震 1987　杨正宏 1990　杨子胥 1955　姚二林 2003　姚桂芳 1962　姚海雷 1995
姚　亮 2001　姚柳利 2018　姚鲁豫 1987　姚　尚 2016　姚淑珍 1953　姚素杰 2020

张　严 1987	张　颜 2013	张彦蕊 2004	张　艳 2013	张艳艳 2020	张　燕 2012
张燕丽 2011	张　洋 2015	张一立 1955	张旖澈 2016	张义莲 1996	张熠然 1997
张　翼 2009	张英伯 1981	张迎春 2010	张颖楠 2014	张颖欣 2011	张永峰 2003
张永新 2006	张　勇 2013	张优优 2014	张余辉 1993	张　宇 2019	张宇峰 2009
张宇静 2013	张玉平 1990	张玉萍 2012	张　钰 2017	张煜昆 2020	张元欣 2015
张　原 1991	张媛媛 2007	张岳发 2000	张运涛 1997	张　振 2018	张震宇 1956
张　正 2018	张正阳 2014	张　郑 2013	张之凰 1955	张志峰 1992	张志敏 2014
张志清 2011	张志祥 1992	张智慧 2008	张忠平 1993	张钟山 1990	张子恒 2007
张子平 2020	张祖权 1962	张作政 2020	章春台 1955	章建跃 1991	章　腾 2019
章仲英 1962	赵宝元 1988	赵　斌 1992	赵彩霞 2004	赵　春 2002	赵春高 1956
赵翠翠 2018	赵存宇 2011	赵达夫 1981	赵德芳 2016	赵德科 2003	赵　菲 2008
赵　钢 2014	赵光复 1981	赵海楠 2015	赵洪梅 2010	赵惠然 1961	赵集贤 1991
赵金声 1988	赵　娟 2006	赵娟娟 2017	赵　坤 2017	赵　琨 2013	赵丽琴 1994
赵　利 2015	赵良珮 2017	赵　亮 2020	赵　林 1994	赵　琳 2005	赵梦颖 2018
赵　娜 2017	赵　鹏 2017	赵　萍 2013	赵　倩 2014	赵倩倩 2005	赵青梅 2006
赵秋香 2015	赵荣杰 2009	赵瑞娟 2011	赵生富 1992	赵诗萌 2020	赵双美 2008
赵　四 2019	赵文波 2011	赵文君 2014	赵武超 2002	赵晓亮 2001	赵孝平 2017
赵秀秀 2013	赵雅君 1962	赵　艳 2019	赵宜宾 2008	赵雨涵 2014	赵玉洁 2016
赵玉金 2001	赵园园 2015	赵　跃 2016	赵　钊 2017	赵振藩 1958	赵中华 2008
郑　宝 2012	郑　楚 2019	郑　娣 2008	郑　红 2018	郑惠英 2005	郑家森 2016
郑婧澜 2015	郑君礼 1985	郑荣祥 1961	郑润东 2010	郑神州 1994	郑小谷 1981
郑晓俊 2013	郑晓阳 1988	郑秀灯 2008	郑艳军 2006	郑燕男 2018	郑永长 1958
郑媛媛 2018	郑忠荣 1991	钟洪发 1958	钟俊江 2007	钟平寿 2007	钟　锐 2016
钟　婷 2002	钟文体 2020	钟　英 2009	钟育彬 1991	种国福 2008	周帮建 1991
周东航 1986	周　芳 2014	周　非 1995	周国明 2009	周海舟 2014	周　华 1987
周慧娟 1953	周惊雷 1998	周婧祎 2019	周　蕾 2018	周利明 2007	周良金 1998
周　梦 1990	周明宏 2003	周明旭 2016	周汝奇 1955	周尚明 1992	周　伟 2006
周　炜 2020	周熙霖 2020	周　翔 2010	周晓凤 2019	周行武 1962	周秀玲 1999
周　旋 2013	周　阳 2011	周以匀 1984	周毅强 1985	周英梅 2015	周　游 2009
周玉春 2009	周玉兰 2005	周媛媛 2015	周　云 1988	周振兴 2009	周志杰 2015
周智灵 2013	周忠洋 2015	周宗林 1991	周祖胜 1997	朱陈清 2019	朱传芳 2015
朱道宇 2006	朱海洪 1987	朱海元 1994	朱寒梅 2020	朱浩然 2020	朱慧玲 2007
朱　戟 1997	朱江波 2015	朱　进 1984	朱俊侠 2017	朱鹏博 2015	朱樵风 2013
朱思平 2012	朱文芳 1988	朱小娟 2016	朱兴龙 1986	朱学敬 2013	朱娅灵 2013
朱　毅 2017	朱茵仪 2020	诸梅芳 1962	祝东进 1989	祝　静 2008	祝玉兰 2020
庄丽华 2019	庄铭南 1993	庄　万 1958	庄羽羚 2015	卓次强 2013	邹丰美 1994
邹翰林 2014	邹宏运 2015	邹嘉莹 2016	邹婧阳 2013	邹开其 1981	左浩德 2012
左　恒 2012	左怀玲 1998	左　佳 2013	左丽娜 2011	左　鸣 1987	左双奇 1997
左天星 2014	佐晓峰 2012				

索引4　硕士生研究方向，导师与其硕士生索引

导师姓名

研究方向(A：基础数学；B：计算数学；C：概率论与数理统计；D：应用数学；E：运筹学与控制论；F：课程与教学论；G：科学技术史(数学)；H：计算机软件与理论；I：控制理论与控制工程；J：教育专业硕士；K：统计专业硕士) **学生姓名　毕业届别**

白尚恕

G科学技术史(数学)　甘向阳 1988　胡明杰 1988　刘洁民 1984　姚鲁豫 1987

保继光

A基础数学　蔡文涛 2012　龚书钰 2019　季小虎 2009　贾鹏飞 2013　李海刚 2006　李　力 2010　刘书茂 2003　潘华兴 2008　潘星辰 2015　邵珍红 2006　宋乾乾 2014　孙文敏 2006　徐文博 2010　张　伟 2011　赵　鹏 2017　赵瑞娟 2011

F课程与教学论　刘晓曼 2019　罗艺灵 2019　王冬兰 2020

J教育专业硕士　阿米娜·麦麦提艾力 2020　康文锋 2016

蔡俊亮

A基础数学　蔡　霞 2014　皇甫力超 2005　李吉有 2004　李　婷 2008　刘淑华 2008　鲁　倩 2007　罗梓瑁 2009　马祖强 2006　牛艳云 2015　王　琦 2009　王文涛 2015　种国福 2008　邹翰林 2014

J教育专业硕士　陈　虹 2014　达娃央宗 2015

曹才翰

F课程与教学论　郭要红 1995　康　武 1996　李翠平 1995　李雪花 1996　李业平 1991　李　英 1987　梁　芳 1997　吕心鹏 1997　马艳云 1997　綦春霞 1992　任子朝 1988　沈晨昊 1988　孙丽芝 1996　谭金锋 1996　王松岭 1997　吴福能 1988　徐　勇 1992　薛红霞 1995　玉　丽 1994　张健松 1994　赵　林 1994　左双奇 1997

曹一鸣

F课程与教学论　陈鹏举 2011　丁丽萍 2010　董连春 2012　顾佳妮 2020　郭方奇 2012　郭　衎 2013　郭鹏晓 2017　郭转娜 2012　贺　晨 2009　黄思祺 2019　贾思雨 2014　李　娜 2013　李让美 2020　李　伟 2006　梁亚鹏 2011　廖　爽 2009　刘　东 2018　刘金花 2017　屈　伸 2019　王西辞 2010　王玉蕾 2009　王竹婷 2007　王子鸣 2019　向　文 2006　杨　凡 2015　杨　洁 2020　张晓旭 2016　赵文君 2014　周明旭 2016　周　阳 2011

J教育专业硕士　阿卜杜热西提·达伍提 2017　白彩芳 2008　曹　莹 2017　柴　天 2019　陈丽萍 2017　陈　琴 2020　陈小祥 2013　陈晓娣 2008　车思杨 2015　代从发 2020　董丽婷 2019　高一琦 2018　高　阳 2012　古丽曼·阿不都开里木 2019　韩俊芳 2008　杭　鹭 2017　胡君美莉 2020　胡圆圆 2020　黄邵华 2014

蒋菊霞 2017 靳利敏 2015 靳小平 2008 雷小芳 2020 李爱惠 2004 李　宁 2017
李艳丽 2017 李　燕 2005 李月琴 2012 李振华 2008 廖　玮 2014 林清峰 2006
林玉敏 2019 刘佳敏 2020 吕凌宁 2014 罗婉欣 2018 宁春梅 2011 裴建平 2009
彭丽云 2020 秦　华 2005 秦晓虹 2005 任明月 2016 石伟伟 2013 宋丹丹 2014
宋云凤 2012 孙　梅 2013 王顺燕 2020 王万松 2014 王文秀 2014 王业志 2014
王志强 2014 王仲英 2004 韦红燕 2017 魏雪梅 2020 杨相元 2012 杨　忻 2006
杨　燕 2018 杨永菊 2011 虞　溯 2010 曾　勤 2017 张　昆 2006 张　莉 2020
张力胜 2018 张林红 2013 张　檬 2011 张瑞芳 2014 张晓婷 2013 张　兴 2019
张智慧 2008 赵　钊 2017 钟　锐 2016 朱寒梅 2020 朱小娟 2016 庄丽华 2019
庄羽羚 2015 邹宏运 2015 左浩德 2012

陈方权

A 基础数学 李杰权 1994 周帮建 1991 朱海元 1994

陈公宁

A 基础数学 郝　辉 2000 贾利新 1996 李小青 1996 梁景伟 1988 牛少彰 1988
许　松 1988 杨正宏 1990 张惠品 1992 赵　斌 1992 赵生富 1992

陈良福

D 应用数学 宋爱斌 2004

陈木法

C 概率论与数理统计 毕良粒 2006 戴　文 1988 韩志聪 2007 黄力平 1982 李金玉 2020
李月爽 2017 刘　彦 2009 王　峰 2000 王凤雨 1990 王　静 1997 王玲娣 2010
王　涛 2020 王　星 1997 王秀莲 1993 王　植 2016 王周静 2019 魏志峰 2018
徐建明 1986 姚　亮 2001 杨　丽 1998 袁成桂 1988 张　弛 2010 张丽华 2004
张庆辉 2006 张绍义 1993 赵晓亮 2001

陈图云

D 应用数学 李盛德 1989

陈晓峰

D 应用数学 栗士朋 1998

成　平

C 概率论与数理统计 蔡越虹 1988 崔恒建 1983

崔恒建

C 概率论与数理统计 安金兵 2002 陈广雷 2000 陈　霞 2007 程金能 2000 冯峥晖 2009
高秀红 2000 郭　剑 2010 郭艳梅 2006 黄乐乐 2012 黄　蕊 2013 金　蛟 2002

孔婀芳 2002 李 芳 1998 李红云 2008 李荣财 1995 李瑞阁 2006 李 洋 2012
梁宝生 2012 刘 伟 2010 马 祥 2008 平志鸿 1990 乔建英 2004 秦 鹏 2009
邱燕萍 2013 孙艳华 2000 田玉斌 1990 王大荣 2004 王 芳 2012 王 强 2004
王珊珊 2011 王穗穗 2008 王学丽 2000 吴佩键 2004 张凌云 1998 赵 春 2002
钟平寿 2007 周 旋 2013 邹婧阳 2013

崔 丽

B 计算数学 李海凤 2018 杨丽妹 2019

J 教育专业硕士 阿希古丽 2015 郭渊远 2017 李艳平 2020 李远凤 2020
史彬彬 2018 魏 维 2017 杨 丽 2020 袁 野 2015 张 勤 2018 赵 四 2019

邓邦明

A 基础数学 陈江荣 2004 陈清花 2010 范丽娟 2010 郭凌燕 2008 李慧兰 2002
刘任飞 2011 柳 叶 2013 庞雅丽 2004 任 杰 2011 万金奎 2006 谢 涛 2006
杨桂玉 2007 曾紫婷 2002 张海诚 2014 张 杰 2007 赵中华 2008 朱樵风 2013

邓冠铁

A 基础数学 曹冰心 2012 陈国栋 2008 范协铨 2009 付靖宜 2014 郝顺利 2008
侯云飞 2019 胡海娟 2007 蒋小雪 2017 赖 苗 2007 李红伟 2006 刘 荣 2015
龙品红 2005 涂 勇 2012 王翠巧 2014 王立峰 2014 张 艳 2013

丁尔陞

F 课程与教学论 陈志云 1984 崔立双 1990 蒋忠宏 1985 马 波 1991 邵光华 1992
田宏忠 1993 王 凝 1987 王永会 1988 周以匀 1984 朱文芳 1988

丁万鼎

C 概率论与数理统计 祝东进 1989 毕秋香 1991 汪荣明 1991

丁 勇

A 基础数学 赖旭东 2014 李 冉 2006 邵双林 2004 肖雅元 2007 薛庆营 2001
张钜玚 2009

段小刚

C 概率论与数理统计 刘晓青 2017 王莎莎 2017 王 植 2016

K 统计专业硕士 安 琪 2016 高 婧 2015 黄碧橙 2016 李鋆丰 2016 刘沛然 2016
张飞飞 2016 张元欣 2015

范会国

A 基础数学 卿斯汉 1969 杨乃兴 1968

范明天

D 应用数学 陈凤飞 2005 苏傲雪 2009 张李盈 2003

房良孙

A 基础数学 陈雪东 1997 陈广贵 1998 陈涌涛 2000 韩静波 2010 姜 涛 2004 李洹岸 1999 李雪华 2003 李跃武 2004 龙晶凡 1998 陆小庆 2009 钱李新 2004 阮元龙 2005 王建军 1994 王信松 1994 徐艳艳 2007

B 计算数学 何艳丽 2008 李 飞 2008

付熙如

A 基础数学 熊胜利 1983

高红铸

A 基础数学 程志云 2009 郭 韧 2003 邱怀东 2002 伍晓磊 2010 徐勐戬 2016 于大哲 1998 张 蓓 2003 周玉春 2009

J 教育专业硕士 高 雷 2016

高素志

A 基础数学 李 林 1995 商士海 1995 童新元 1991 王学进 1991 张忠平 1993 赵丽琴 1994 周良金 1998

高 鑫

D 应用数学 田会永 2011 王宾辉 2008

高志强

A 基础数学 刘建新 2019 祁 颖 2020 谢林涛 2016 张小艳 2020

葛建全

A 基础数学 金 慧 2020 李发贵 2020 谭镇鹏 2020

龚建华

D 应用数学 张丽梅 2005

关颖男

C 概率论与数理统计 刘世耀 1988

关肇直

F 课程与教学论 傅学顺 1966 杨明朋 1966 杨天明 1966

郭玉峰

F 课程与教学论 陈　莹 2019　洪丽暖 2019　蒋文静 2016　刘　佳 2012　刘　伟 2014
容元华 2004　孙　婷 2015　孙　艳 2011　谭秋瑞 2020　吴惠玲 2020　姚柳利 2018
由　岫 2013　张　芳 2015　张　正 2018　赵　坤 2017　赵孝平 2017　郑　楚 2019

J 教育专业硕士 安德智 2014　敖玉梅 2014　陈　晨 2015　代云龙 2018　董军胜 2007
高惠芳 2008　勾俊宇 2012　谷秋丽 2019　郭高娜 2016　郭　莹 2012　韩　苴 2014
黄　霏 2020　黄　山 2019　黄文凤 2014　黄　迎 2015　姜　曦 2011　角碧波 2017
靳小平 2008　郎春雨 2016　冷　晶 2018　李　彪 2020　李红文 2007　李乾春 2016
李　芹 2011　李学刚 2009　李　珍 2019　林晓然 2016　刘瑞芬 2005　鲁　灏 2018
马鸿萍 2009　马文俊 2019　潘冬花 2004　沈益苹 2017　师文龙 2017　唐　斐 2015
王安安 2018　王　宝 2020　王海政 2013　王启蒙 2014　王　夏 2019　王晓建 2014
王学建 2020　卫冰倩 2015　吴艳明 2011　武　佩 2017　夏源锋 2017　徐婷婷 2018
许彩宝 2018　杨佳佳 2019　杨俊洁 2017　杨　柳 2013　杨　鹏 2017　杨云焱 2013
于国文 2013　余　婧 2019　袁　晓 2018　岳　坤 2010　张进红 2017　张文瑶 2019
张湘君 2016　张杏华 2014　赵洪梅 2010　赵　利 2015　赵　跃 2016　郑　红 2018
郑惠英 2005　周志杰 2015

郝钠新

A 基础数学 陈　良 1981　范年柏 1991　金　勃 1988　李旺来 1984　林思进 1988
林玉群 1988　刘力实 1984　刘文斌 1981　卢胜华 1991　鲁仕荣 1986　宋光艾 1993
张崇波 1993

何　辉

C 概率论与数理统计 陈增彩 2020　胡新月 2020　江　煜 2020　李　哲 2016　孙美玉 2018
王俊燕 2018

何　青

H 计算机软件与理论 柴凤娟 2005　陈丹阳 2012　郭海军 2004　黄成泉 2005
李　聪 2009　李敏杰 2008　龙　剑 2011　孙超男 2016　王冰雁 2009　王　杰 2004
王杰亮 2004　王　云 2008　吴素萍 2002　肖红德 2010　谢　涛 2015　修兴强 2007
叶　萍 2005　曾清国 2002　张　利 2018　张　翼 2009　左丽娜 2011

何元珍

K 统计专业硕士 洪　健 2016　侯锡忠 2016　冉　豪 2016　夏　爽 2016

何中虎

D 应用数学 陈慧超 2001　何红亚 2003　何胜美 2005　李本贵 2001　张　明 2007

洪文明

C 概率论与数理统计 毕航达 2017　郭琰礼 2013　侯　宁 2007　胡　勤 2014　纪　瑶 2019

李君行 2019 廖　璐 2008 刘　诚 2015 么亚楠 2013 乔高秀 2007 邵守峰 2006
孙鸿雁 2010 王华明 2007 王　娜 2009 谢　婧 2007 杨　姗 2006 詹铭峰 2014
张作政 2020 赵　娜 2017

K 统计专业硕士 丁　磊 2013 施晓燕 2014

侯　曼

D 应用数学 龚也君 2005

侯象乾

A 基础数学 张希荣 1992

胡国恩

A 基础数学 林海波 2006

胡　维

A 基础数学 杨牧野 2017

胡永建

A 基础数学 符小惠 2007 郭焕玲 2008 金　巴 2005 齐瑞红 2012 唐金波 2014
童彩棉 2007 魏　炜 2007 杨　衔 2012 詹旭洲 2013

B 计算数学 丛婉莹 2017 宋艳萍 2008

J 教育专业硕士 纪　娜 2015

郇中丹

A 基础数学 邓海锋 2005 郭清霞 2012 何庆青 2007 孔　丽 2009 李　骏 2010
李　燕 2017 刘长河 1995 吕永强 2000 栾日平 1995 罗志斌 2001 汪元伦 1995
王明文 2007 王　倩 2009 韦节强 2011 熊　慰 2011 阎　帅 2010 郑晓俊 2013
周　翔 2010

B 计算数学 刘　君 2008

D 应用数学 黄　颖 2004 宋爱斌 2004 孙玉静 2006 田　源 2006 王　慧 2004
张海利 2008

F 课程与教学论 高珊珊 2006 王海红 2006 王立东 2009 王雪萍 2009 付　莉 2010
唐一博 2011 潘吉乐 2013

J 教育专业硕士 阿依加马丽·西尔艾力 2017 阿孜古丽 2017 程巧娜 2011
迪丽努尔·玉素甫 2015 高建军 2015 黄　珲 2009 姜黎黎 2014 李海燕 2010
刘建国 2015 孟慧敏 2011 欧湘亿 2010 孙桥敏 2011 王兵权 2010 王丽萍 2013
许唐学 2015 薛　芊 2015 闫　莉 2016 杨春青 2013 原　媛 2017 赵玉洁 2016
祝　静 2008 佐晓峰 2012

黄海洋

A 基础数学 加春燕 2008 吕永强 2000

D 应用数学 蔡红艳 2005 樊树芳 2006 高 晴 2002 韩文静 2011 黄 颖 2004 孔令海 2002 刘 君 2008 刘清华 2010 卢 珂 2006 施 宏 2004 孙 浩 2016 田启燕 2007 涂 丹 2012 涂学民 2000 王冬琳 2007 王 昕 2008 王 妍 2009 王振中 2008 王志高 2007 闫 实 2013 要俊杰 2005 余少华 2013 张浩亮 2000 张子平 2020

黄惟明

A 基础数学 戴清平 1995 谭爱萍 1995

纪光华

B 计算数学 廖利明 2016

蒋仁进

A 基础数学 丁宗淇 2019 蒋漫如 2018

蒋滋梅

A 基础数学 雷信生 1993 林志超 1994 孙 伟 1994 王顶国 1991 杨士林 1991 伊丽江 1993

金宝铮

J 教育专业硕士 柴丽妮 2017 杜 娟 2016 顾佛栋 2018 郭 伟 2019 郭亚平 2015 刘 楠 2020 刘守仪 2018 柳 红 2018 莫 娇 2017 王林林 2016 夏 柳 2018 袁 骏 2019

金 蛟

C 概率论与数理统计 柴真真 2015 师 玥 2014 徐帅帅 2017 徐祥灿 2016 赵海楠 2015

K 统计专业硕士 毕京培 2014 冯 鑫 2016 江 益 2015 李建华 2015 李璐瑶 2015 连晓婕 2014 林婧瑛 2014 刘 洁 2014 宋伟哲 2016 王鹤鸣 2014 王 田 2016 王 峥 2015 杨 兴 2016 姚 尚 2016 原浩然 2015

黎 雄

A 基础数学 陈 晨 2014 傅钲淇 2020 韩 宇 2016 黄 鹏 2015 靳莎莎 2016 李 坤 2008 宋 娟 2007 滕 玉 2010 田宝川 2009 谢 天 2013 张 静 2007 张 郑 2013 张子恒 2007

J 教育专业硕士 付晟华 2017 谭 结 2018

李传和

A 基础数学 郭晋云 1985 周毅强 1985

李典谟

D 应用数学 张浩亮 2000

李佛奇

A 基础数学 张希荣 1992

李海刚

A 基础数学 侯媛媛 2018 王　芳 2018 王雪婷 2020 徐龙娟 2016

李洪兴

D 应用数学 蔡前凤 1999 蔡　毅 2008 曹金亮 2006 柴迎春 2003 陈　昕 2005
程贞敏 2005 房颜明 2003 冯　霜 2008 冯艳宾 2004 郭永丽 2007 李德清 2003
李金权 2007 李铭璜 2010 林彦珠 2004 刘华斌 2000 刘彦永 2009 苗　丽 2004
苗志宏 1998 彭　玲 1998 孙秋艳 2007 孙秀平 2006 谭彦华 2005 王加银 1999
武方敏 2007 邢　岩 2008 胥　斌 1999 徐德华 2006 徐树富 2001 姚二林 2003
易国荣 2007 于丽娜 2005 袁　芬 2006 曾　西 2000 张　杰 2000 张　强 2001
赵彩霞 2004 赵玉金 2001 周　伟 2006

I 控制理论与控制工程 易国荣 2007

李　慧

C 概率论与数理统计 曹志强 2015 霍秋萍 2017 乔芳芳 2017 王翠翠 2014 张久玲 2018

K 统计专业硕士 陈光军 2015 邓　旭 2013 郭帅帅 2016 何章阳 2016 侯霁洋 2014
黄飞雁 2013 廖冰琳 2013 戚亚林 2016 秦余昕 2016 任　勇 2015 谈叶青 2015
王青莹 2013 王　煜 2013 易吟安 2016 张　璐 2015 张心可 2014 郑婧澜 2015

李慧慧

D 应用数学 姜兴丽 2015 李珊珊 2019 阮文婷 2015

李建华

F 课程与教学论 段　莹 2013 葛秀平 2013 郭晓丽 2011 黄克瑾 2019 蒋　政 2015
刘亚洲 2017 王春地 2014 王高慧 2017 王　婷 2014 王志庆 2012 闫雨飞 2019
张希营 2013 邹嘉莹 2016

J 教育专业硕士 曹明源 2019 曹文君 2018 曹　轩 2018 柴　方 2014 陈爱民 2011
陈兵兵 2014 陈梦阳 2013 陈晓曙 2016 董　卓 2019 苟晓龙 2015 韩昕彤 2019
蒋培杰 2015 蒋蕊韩 2016 焦占红 2014 康后娟 2020 兰久和 2016 李　飞 2012
李　静 2016 李鹏瑞 2019 李任宏 2012 李　月 2016 刘慧萍 2005 刘　晴 2014
刘香琴 2004 刘延卿 2016 刘　杨 2016 陆定彧 2017 罗广文 2005 马璐瑶 2020
买宏伟 2018 秦璐宁 2013 饶博鸿 2018 戎　雪 2020 宋小艳 2014 宋　智 2017
索正明 2019 王斌儒 2016 王　静 2016 王黎力 2016 王庆喜 2005 王旭红 2008

王姿婷 2019　韦艳君 2019　文宇明 2019　吴　亭 2016　吴小海 2007　徐春凌 2015
徐　丽 2017　许玲玲 2016　薛海龙 2009　薛兴元 2019　杨　洋 2020　袁　莹 2014
张春花 2013　张德新 2014　张恒铭 2013　张　坤 2018　张淑琴 2004　张思文 2012
张晓威 2018　张选菊 2011　张志敏 2014　赵文波 2011　周　蕾 2018　朱　毅 2017
朱茵仪 2020　祝玉兰 2020　周媛媛 2015　左天星 2014

李杰权

B 计算数学　杜亨荣 2016　李丽娜 2015

李俊峰

A 基础数学　李　霞 2013　柳　鹏 2016　孟　琨 2015

李培信

A 基础数学　缪克英 1989

李岩岩

A 基础数学　李海刚 2006　彭志鹏 2017　赵　鹏 2017

李　勇

C 概率论与数理统计　崔艳宽 2015　党胜军 2005　邓艳艳 2006　杜建明 2011　方　维 2003
伏　遥 2018　郭　江 2011　韩珊珊 2013　何洋波 2001　贺善菊 2007　胡　伟 2006
黄　勍 2012　黄文贤 2013　江涵阳 2018　刘晓红 2008　刘正微 2014　娄　磊 2007
吕绍川 2003　明永玲 2006　秦怀振 1998　商广娟 1999　沈敬敏 2005　盛　瑶 2011
王聪晓 2009　王二鹏 2016　王奋际 2010　王建波 2001　王　锦 2013　王丽萍 2005
王　婷 2006　王印宁 2012　王　芸 2014　韦节村 1999　谢　佳 2008　邢自兴 2004
徐　松 1997　徐文青 2009　徐　晓 2014　徐　研 2008　杨美娴 2016　杨晓霞 2001
杨　洋 2005　岳纲伟 2010　张优优 2014　张宇静 2013　赵园园 2015

K 统计专业硕士　蔡宏杰 2016　曹嘉宝 2016　曹　宇 2013　陈美香 2013　程　龙 2014
高佳宁 2013　韩君铭 2014　何玲瑀 2015　何紫薇 2013　蒋磊磊 2014　李皓月 2015
李梦蕊 2013　林思思 2015　刘　吉 2014　马寒梅 2013　宋其濛 2015　王东东 2015
王　欣 2013　王一涵 2013　危兆伟 2016　徐　彬 2014　周　芳 2014

李增沪

C 概率论与数理统计　白　云 2005　蔡毅坚 2007　陈可明 2020　董从造 2007　傅宗飞 2002
侯　宁 2007　蓝国烈 2003　林　敏 2014　刘坤元 2020　鲁冠华 2002　栾娜娜 2008
罗晓燕 2007　马儒刚 2009　马亚东 2007　缪晓慧 2015　蒲　飞 2013　乔高秀 2007
谭桂平 2007　田　丽 2006　王　淦 2010　王　利 2007　王士东 2008　王喜军 2005
王小松 2001　武计兰 2012　谢　婧 2007　徐　欢 2007　学　识 2013　杨　姗 2006
杨晓文 2018　杨　叙 2010　张亮丽 2019　张　伟 2013　张　卫 2016　张颖欣 2011
张永峰 2003　赵　菲 2008　赵　娟 2006

李占柄

C 概率论与数理统计 曹志刚 1994 董　昭 1990 范小明 1999 李增沪 1990 梁长庆 1996
刘守生 1994 刘晓明 1992 潘　侠 1988 唐加山 1994 王国胜 1994 向开南 1996
阎若彤 1992 杨　敏 1994 苑胜桥 1999 张　梅 1997 张新生 1988 张志祥 1992
郑忠荣 1991

李仲来

D 应用数学 陈凤飞 2005 陈慧超 2001 陈秋华 2007 戴梦姣 2014 龚也君 2005
何红亚 2003 何胜美 2005 贾　鹂 1996 姜兴丽 2015 李本贵 2001 李　沛 2007
李珊珊 2019 李印红 2005 栗士朋 1998 刘攀坤 2012 马巧云 2000 阮文婷 2015
宋杰文 2013 苏傲雪 2009 陶红英 2002 田会永 2011 王宾辉 2008 徐晶晶 2013
许王莉 2003 杨小茜 2011 余根坚 1998 张博宇 2009 张李盈 2003 张丽梅 2005
张　明 2007 张媛媛 2007 郑秀灯 2008

F 课程与教学论 贺丽珍 2005

J 教育专业硕士 何睿洁 2020 吕　欢 2018

刘春雷

A 基础数学 陈宇鹏 2005 葛领利 2010 刘文新 2007 牛传择 2008 申江艳 2008
申志明 2011

刘春艳

J 教育专业硕士 陈　哲 2019 代　彬 2017 丁晓慧 2017 高　莹 2018 黄邵华 2014
黄书培 2017 刘萍萍 2020 刘　顺 2020 祁永成 2019 易　艳 2019

刘继志

A 基础数学 苏效乐 2002 张运涛 1997

刘洁民

F 课程与教学论 路明明 2006 徐　蓉 2006 杨　昳 2007 张慧芳 2007

G 科学技术史(数学) 李伟元 2011 刘意萍 2012 秦　雯 2007 沈钰冰 2012
王艳云 2016 王耀杨 2010 吴夏光 2006 夏　瑞 2010

J 教育专业硕士 郝永军 2018 李亚娟 2010 蔺书琴 2015 刘　嘉 2016 马春龙 2016
石　旭 2015 王　婕 2018 王律斯 2015 温　洪 2012 吴雪松 2016 吴颖微 2012
杨笛笛 2010 杨庆转 2019 姚耘峰 2014 衣林娜 2010

刘　君

B 计算数学 郭慧梦 2019 王发强 2017 王乡月 2019 赵翠翠 2018

刘来福

D 应用数学　陈克伟 1986　陈友华 1990　范韶华 1992　高　鑫 1996　龚　彬 1994
韩心慧 1994　贾　鹂 1996　金青松 1996　金　文 1996　李金明 1988　李军焘 2004
刘继红 1992　罗敬辉 1988　司　瑄 2006　孙国文 1986　唐志宇 1994　王建康 1990
王玉栋 2005　翁云杰 2004　熊丹丹 1999　徐海英 2006　薛　峰 2004　尹承军 1990
赵金声 1988　周　云 1988

刘　民

D 应用数学　程贞敏 2005　孙秀平 2006　徐德华 2006　袁　芬 2006　周　伟 2006

刘绍学

A 基础数学　官国强 1989　黄惟明 1981　李应臣 1986　李忠善 1986　罗建刚 1986
罗运纶 1981　倪劲松 1984　漆芝南 1968　唐爱萍 1984　王成德 1981　王建忠 1992
吴明友 1986　肖　杰 1985　许以敬 1981　杨明洋 1990　杨日欣 1989　姚新钦 1990
张英伯 1981

刘秀芳

C 概率论与数理统计　陈金文 1988　黄荣怀 1988　李少林 1988　李世取 1981　李　勇 1988
栗演兵 1993　施春雪 1997　王保明 1993　王　军 1990　王秀莲 1993　吴　江 1994
吴宪远 1996　夏义川 1995　徐　松 1997　杨　龙 1996　臧国通 1990　曾文曲 1981
张绍义 1993　张余辉 1993

刘永平

A 基础数学　曹　惠 2004　常雯雯 2017　陈汉萍 2015　代广馨 2015　范永春 2003
高朋香 1999　耿爱成 2007　谷　懿 2011　桂绍辉 2005　郭　莹 2017　黄新凤 2007
黄昕鹏 2018　康淑槐 1998　李　健 2006　李　军 2008　凌　博 2010　刘彩云 2014
刘劲光 2007　陆　曼 2020　罗德建 2006　聂双双 2008　邱　静 2008　宋春元 2009
苏春梅 2011　孙　环 2012　唐晗力 2010　王皓琨 2013　肖维维 2005　阎志武 1994
杨　维 2009　张陆艳 2013　张淑清 2013　张志清 2011

刘玉明

A 基础数学　冯　琪 2016　郭　静 2015　郭　鹏 2016　贾建芳 2017　李龙飞 2020
史旭彤 2013　吴　靖 2019　张利颖 2015　张　振 2018　钟文体 2020

刘玉铭

D 应用数学　刘韵涛 2019　王方洋 2020

刘志华

A 基础数学　黄基荣 2015　黄诗雯 2020　李乃伟 2013　刘红缨 2020　刘文秀 2016
唐　慧 2012　王　珍 2010　薛叶青 2019

柳钦火

D 应用数学 高　晴 2002

卢广存

A 基础数学 戴芊慧 2010 丁　浩 2006 龚文敏 2013 顾　敏 2018 晋榕榕 2016
马家骥 2010 石　堃 2019 孙　铁 2011 王由涛 2012 邢迪娜 2009 徐星宇 2018
张　巧 2006 赵存宇 2011 周忠洋 2015 朱浩然 2020

陆国震

A 基础数学 陈　焦 2014 陈丽贞 2015 李　睿 2019 罗　翔 2016 苗　昕 2020
沈言生 2019

陆善镇

A 基础数学 戴龙祥 1989 桂易清 1992 韩海燕 2006 胡晓敏 1993 李俊峰 2003
李晓春 1996 孟　岩 2002 欧勇强 1995 邵双林 2004 陶桂平 2002 陶双平 1991
王金才 1991 吴丛明 2000 吴　强 2000 徐莉芳 2003 薛庆营 2001 姚海雷 1995
张　璞 1993 张　严 1987 张志峰 1992 周祖胜 1997

吕光明

K 统计专业硕士 赵雨涵 2014

吕绍川

K 统计专业硕士 朱传芳 2015

罗承忠

D 应用数学 陈毅文 1989 顾世山 1992 韩　梅 1997 李晓忠 1991 李艳平 1997
刘敏豫 1990 刘文奇 1995 刘玉铭 1995 米洪海 1990 彭骁勇 1992 魏光美 1992
向　勇 1991 徐凤生 1992 徐丽萍 1995 于福生 1989 袁学海 1991 曾文艺 1990
张建新 1991 钟育彬 1991 周　非 1995 周尚明 1992

罗劲柏

F 课程与教学论 傅学顺 1966 杨明朋 1966 杨天明 1966

罗里波

A 基础数学 季国庆 2000 刘海鹏 2000 王克庆 2000 于丽荣 2000

罗运纶

A 基础数学 付新丽 2001 官国强 1989 胡小红 2001 匡伟良 1994 刘　艳 2000
吴谋福 1999 尹　乾 2000 邹丰美 1994 张　奎 2002

H 计算机软件与理论　钟　婷 2002

马　波

F 课程与教学论　敖　迪 2020　韩　露 2016　韩　璐 2017　姜瑞婷 2015　李扬眉 2011
刘　蓉 2011　孟大伟 2010　欧阳亚亚 2019　漆　玲 2020　齐艳艳 2017
宛卿正 2018　王子文 2015　邢　莹 2014　袁宇飞 2019　赵　琨 2013　郑　宝 2012

J 教育专业硕士　曹灵华 2019　陈帅蓉 2019　陈　正 2020　褚　丹 2016　储子昂 2005
崔　绒 2016　丁　丹 2020　杜　珊 2014　杜宵丰 2015　高雪松 2011　龚　芮 2018
韩思雨 2019　何　杰 2013　何召文 2016　黄晓军 2004　蒋爱萍 2018　蒋豆豆 2018
金　茹 2008　孔志文 2017　李丹阳 2017　李桂春 2011　李海侠 2012　李继超 2008
李　林 2017　李　颖 2014　李作林 2008　林清峰 2006　林新华 2005　刘　建 2018
刘莎莎 2020　卢　璐 2019　马雅婷 2020　苗晓倩 2011　欧阳烈盛 2014
彭　洁 2014　乔　琳 2013　石　蓉 2012　苏　宁 2014　汤包贝 2012　唐　萍 2020
王丹丹 2017　王丽萍 2010　王天峰 2004　王　威 2010　王先芳 2012　王　扬 2018
王怡轩 2016　王永霞 2012　翁　琳 2016　阎文岚 2016　杨巧云 2009　杨松柏 2009
杨　忻 2006　姚素杰 2020　姚昭君 2019　易秋燕 2013　余　强 2017　袁文雅 2018
曾建涛 2017　张蓓蓓 2004　张　皓 2020　张雪山 2014　张艳艳 2020　张　洋 2015
张迎春 2010　张　宇 2019　赵梦颖 2018　钟　英 2009　郑惠英 2005　朱江波 2015

马宇韬

C 概率论与数理统计　蔡孟纯 2020　杜　静 2016　黄娜琪 2020　吴　强 2018　薛丹丹 2016

毛永华

C 概率论与数理统计　崔　昊 2005　高武军 2011　龚　禹 2009　韩志聪 2007　郝帅旗 2020
江　昊 2006　蒋华兰 2008　蒋　鑫 2013　靳荷艳 2006　林桂元 2016　梅天星 2019
穆英蜚 2011　邵井海 2003　司亭亭 2011　宋延红 2010　王冰峰 2010　王　茹 2017
吴淑萍 2020　谢贝贝 2017　徐丽平 2013　张　琨 2012　张　娜 2003　张　文 2009
张唯一 2003　张贤炜 2019　张燕丽 2011　周利明 2007　周玉兰 2005

孟繁兴

F 课程与教学论　李华君 1988　邢进生 1988

綦春霞

J 教育专业硕士　郭晨静 2005　王淑花 2005　张彦蕊 2004　赵青梅 2006　郑艳军 2006

钱珮玲

F 课程与教学论　戈冉舟 2005　巩丽云 1999　郭要红 1995　郭玉峰 1998　胡　华 2000
黄雪莹 2006　黄　勇 1998　李　蕊 2001　李　伟 2005　李亚玲 2001　李英姿 2007
罗红梅 1999　吕朝阳 1999　钱明忠 1998　乔月萍 2006　容元华 2004　王　嵘 2003
吴丽媛 2006　肖德凯 1999　谢　艳 2005　杨泽忠 1997　杨照宇 2005　张　丹 1997

张劲松 1996

J 教育专业硕士 白曜晖 2002 陈鸿霞 2000 陈 扬 2001 程国红 2001 程 军 2003
程 文 2000 储子昂 2005 方勤华 2001 刘瑞芬 2005 费文胜 2001 高明海 2004
韩宝刚 2000 黄晓军 2004 黄 艳 2001 李福旺 2004 李 文 2002 林新华 2005
刘春艳 2001 刘永慧 2005 南小兵 2004 欧阳虹 2001 潘冬花 2004 沈 康 2005
陶铁群 2004 王 皓 2000 王 千 2003 王天峰 2004 杨 虎 2005 杨 靖 2000
张蓓蓓 2004 张凤英 2004 张宏建 2004 郑惠英 2005

屈锡培

F 课程与教学论 李华君 1988 邢进生 1988

戎小春

A 基础数学 蔡青松 2005 姚玉玲 2005

邵井海

C 概率论与数理统计 侯通通 2018 籍慧洁 2013 李 静 2016 林丽丽 2020 张 娟 2014
赵秀秀 2013

K 统计专业硕士 易 静 2014

邵珍红

J 教育专业硕士 林欣冉 2020 罗 丹 2020 王婧洁 2019

沈复兴

A 基础数学 陈 磊 2002 贾清建 2005 雷 海 2003 李 冰 2001 李永强 2008
廖东升 1999 刘 琳 2001 马 鑫 2008 莫单玉 2006 隋建宝 2006 田巧丽 2009
王慎玲 2007 吴茂念 2005 吴兴玲 2004 徐士永 2006 易良海 2004 张 清 2001
周明宏 2003

沈康身

G 科学技术史(数学) 张加敏 1988

施翔晖

A 基础数学 冯星凯 2018 郭依文 2018 李 静 2016 章 腾 2019

孙宏伟

A 基础数学 蔡青松 2005 姚玉玲 2005

孙魁明

D 应用数学 郜 晰 2000 刘 曙 2000 肖国彬 1999

H 计算机软件与理论 陈 勤 2007 郭培培 2005 贺 堃 2004 华 宇 2005

李春霞 2003 李 佟 2005 刘炳伟 2007 刘晓萍 2002 罗康文 2002 盛卫红 1999
苏 丹 2009 孙 波 1999 许 侠 2004 周振兴 2009

孙瑞清
F 课程与教学论 高向斌 1992 何立恒 1993 龙 毅 1994 颜其鹏 1991 张守波 1992

孙希文
A 基础数学 刘石平 1983

孙永生
A 基础数学 房艮孙 1985 胡晓敏 1993 蒋 迅 1985 李小申 1991 刘九芬 1990
刘永平 1987 罗俊波 1981 唐 娉 1993 唐旭辉 1985 汪和平 1993 王昆扬 1981
文胜友 1989 翁心龙 1984 伍火熊 1993 燕敦验 1991 张春荀 1993 张建华 1991

唐复苏
F 课程与教学论 沈晨昊 1988 鲍建生 1991

唐晗力
A 基础数学 李 睿 2019 沈言生 2019

唐守正
C 概率论与数理统计 臧国通 1990

唐仲伟
A 基础数学 曹雪莹 2018 肖 俐 2019 王艳丽 2014

唐梓洲
A 基础数学 蔡剑淮 2013 刘 强 2008 王海洋 2018 吴紫玲 2008 肖光华 2018
徐 玲 2012 余文抒 2018 岳跃朝 2011 张 丽 2015 朱鹏博 2015

陶 毅
D 应用数学 宋杰文 2013 徐晶晶 2013 杨小茜 2011 张博宇 2009 郑秀灯 2008

田继善
A 基础数学 刘九芬 1990

童行伟
C 概率论与数理统计 陈 文 2015 郭菲菲 2016 李 界 2015 李昕泽 2016
刘 蕾 2012 马莉媛 2013 曲荣华 2014 石晓冉 2017 宋俊峰 2010 王 方 2011
谢传龙 2014 杨幸美 2015 张 燕 2012

K 统计专业硕士 陈泽兵 2014 丁虹元 2015 丁文天 2014 董友谊 2016 郭晓庆 2013
何浩嘉 2014 何　赛 2015 黄虎康 2016 黄志翔 2016 蒋　冰 2015 蒋思琦 2015
刘　薇 2016 罗　兰 2014 唐思汝 2015 王晗笑 2016 王京华 2013 王　晶 2013
王宇航 2013 熊维娜 2013 徐可禹 2014 杨滨嘉 2013 曾省强 2013 赵　倩 2014

汪培庄

D 应用数学 陈图云 1981 陈永义 1981 陈志胜 1984 傅　湘 1985 韩立岩 1987
李盛德 1989 李晓忠 1991 梁学军 1985 欧阳合 1984 王晓波 1982 杨建利 1985
余　彬 1986 袁学海 1991 张长青 1983 张大志 1986 张连文 1986 张星虎 1986
邹开其 1981

王伯英

A 基础数学 宝音特古斯 1998 龚明鹏 1992 雷天刚 1987 李　洵 1998
谭国律 1999 吴　俊 1987 夏铁成 1998 张福振 1987 张晓明 2003 赵集贤 1991
周惊雷 1998

王凤雨

C 概率论与数理统计 陈　昕 2007 邓平基 2002 高　雪 2012 郝方程 2006 黄剑杰 2015
黄　兴 2013 姜则善 2006 雷建光 2004 刘　畅 2018 刘利侠 2016 刘婷婷 2014
吕建生 1995 马　腾 2020 欧阳顺湘 2004 荣　庆 2013 邵井海 2003
宋云军 2005 唐海燕 2007 王　峰 2000 王洁明 2005 王　亮 2015 王　榕 2019
王娴静 2008 吴静静 2002 徐美萍 1995 徐瑞标 2007 杨　丽 1998 于　渊 2013
袁晓斌 1995 张飞鹏 2007 张华云 2002 张奇支 2002 张　旭 2004 张　钰 2017
赵荣杰 2009 郑媛媛 2018 钟俊江 2007

王加银

D 应用数学 曹玲玲 2010 高丽平 2011 李文婉 2017 王建隆 2018 周婧祎 2019
I 控制理论与控制工程 黄茉菊 2016 王雯雯 2015 杨振国 2012

王建康

D 应用数学 戴梦姣 2014 刘攀坤 2012 张　明 2007

王敬赓

F 课程与教学论 蔡苏淮 2000 马艳云 1997 钱　林 1999 陶应奇 1999 王松岭 1997
J 教育专业硕士 张岳发 2000

王俊杰

A 基础数学 杨传林 1987 杨力华 1987

王隽骧

C 概率论与数理统计 崔恒建 1986 李朝阳 1994 李荣财 1995 刘世耀 1988 平志鸿 1990
乔彦友 1988 田玉斌 1990 王力群 1984 杨宝慧 1992 袁修久 1994 翟绍田 1995
张帼奋 1986 朱 进 1984

王恺顺

A 基础数学 白玉娟 2007 陈巧琪 2018 冯 敏 2012 高 晖 2017 巩 超 2015
韩 燕 2015 孔 倩 2009 李军红 2016 林 静 2009 刘佳佳 2015 吕本建 2011
欧 利 2013 裴慧辉 2017 王晓霞 2008 魏 楠 2018 魏宇龙 2016 杨越峰 2014
尹德才 2010 岳尔非 2019 曾 青 2020 张少玲 2016 张颖楠 2014 郑 娣 2008

王昆扬

A 基础数学 程财生 2007 戴 峰 1999 高朋香 1999 桂易清 1992 何 麟 2008
何效员 2004 洪 勇 1997 黄宏伟 2006 黄 蓉 2005 蒋 迅 1982 纽宏霞 2000
王 晟 1998 王文祥 2004 阎志武 1994 余 丹 2003 曾庆业 2001

王立东

J 教育专业硕士 孔福军 2020 罗霜梅 2020

王申怀

F 课程与教学论 常广平 1999 李海东 1997 熊惠民 1999 岳昌庆 2001 左怀玲 1998
J 教育专业硕士 蔡春晖 2001 陈云波 2001 焦学安 2002 李 瑾 2002 李贤军 2001
李永杰 2001 刘喜兰 2002 马 晶 2002 祁京生 2001 宋晓梅 2002 王豫鲁 1998
吴文丽 2000 张 新 2001 赵武超 2002

王世强

A 基础数学 罗里波 1980 别荣芳 1993 陈国龙 1993 程汉生 1981 何 青 1987
贾迅艳 1993 饶 炬 1984 沈复兴 1981 沈云付 1988 宋 契 1993 孙晓岚 1981
田启家 1990 童 雪 1994 王捍贫 1990 王晓红 1993 翁稼丰 1967 吴幸福 1993
薛 锐 1988 岳其静 1984 张玉平 1990

王彦飞

D 应用数学 樊树芳 2006

王颖喆

C 概率论与数理统计 包小西 2020 程丽娟 2011 甘蕾蕾 2011 胡乃花 2013 刘明丽 2016
宋 丹 2018 王 瑶 2013 许 梁 2011 尹丽谱 2013 郑家森 2016 朱思平 2012

王幼宁

A 基础数学 何 海 2017 庞德艳 2012 王雨生 2002 吴英丽 2005 张运涛 1997

周国明 2009

王雨生

A 基础数学 陈　酿 2018　高　东 2015　王玉琴 2016

王梓坤

C 概率论与数理统计 曹志刚 1994　董从造 2007　董　昭 1990　李增沪 1990　梁长庆 1996　刘守生 1994　刘晓明 1992　欧庆铃 1992　潘　侠 1988　谭桂平 2007　唐加山 1994　王国胜 1994　向开南 1996　阎若彤 1992　杨　敏 1994　杨　姗 2006　张　梅 1997　张新生 1988　张志祥 1992　赵　菲 2008　郑忠荣 1991

田　震

A 基础数学 王爱兰 1990

吴品三

A 基础数学 褚维盘 1981　韩　德 1992　李　雪 1988　戚发全 1992　王笃忠 1988　王善洲 1992　叶有培 1981　张海文 1990　张顺华 1988　赵光复 1981　周　梦 1990

吴英辅

A 基础数学 刘建慧 1989　刘毅勇 1986　龙述德 2002　吕静涛 1993　彭　闯 1985　王保华 1993　张　建 1991　庄铭南 1993

惠昌常

A 基础数学 卞　震 2012　常会敏 2014　陈红星 2008　谷艳艳 2007　郭向前 2003　郭亚军 2004　李薇霞 2005　李喜凤 2011　林汉兴 2009　刘玉明 2001　潘升勇 2007　彭　桢 2005　孙　洁 2004　万冰蓉 2007　王成茜 2015　温道伟 2001　吴慧珊 2012　熊保林 2008　徐登明 2007　徐　莹 2014　郑润东 2010

向　勇

D 应用数学 赵秋香 2015

肖　杰

A 基础数学 阿不都卡得尔 1999　陈学庆 1996　程东明 1999　侯汝臣 2000　刘延滨 1996　王　帅 2001　徐　帆 1996

熊金钢

A 基础数学 陈　杉 2020　彭志鹏 2017

熊静宜

A 基础数学 唐　娉 1993　张春苟 1993

徐承彝
C 概率论与数理统计　陈松蹊 1988　高宏伟 1993　胡咏梅 1993　林亚臣 1988　袁　强 1987
张淑梅 1987

徐　敏
A 基础数学　程　琦 2019　丁曈曈 2020　孙赛男 2011

徐汝梅
D 应用数学　要俊杰 2005

许孝精
A 基础数学　曹秋林 2015　高　林 2018　巩　乐 2020　侯倩倩 2014　廖会平 2015
王裴昕 2020　吴静波 2017　袁　媛 2019　朱学敬 2013

宣体佐
A 基础数学　张熠然 1997

薛庆营
A 基础数学　陈　曦 2010　段昕辰 2020　谷　恒 2018　李文娟 2011　彭修香 2012
王志丹 2018　徐得三 2015　严井泉 2012　张春梅 2020　张钜玚 2009

薛银川
A 基础数学　张希荣 1992

严士健
C 概率论与数理统计　陈木法 1980　戴　文 1988　冯　水 1987　何世龙 1999　黄力平 1985
李俊平 1988　李世取 1981　吕建生 1995　孙洪祥 1990　刘雨晴 1986　栗演兵 1993
唐守正 1981　王保明 1993　王凤雨 1990　王颖喆 1996　吴　江 1994　吴宪远 1996
席福宝 1988　夏义川 1995　徐建明 1986　徐美萍 1995　徐先进 1988　杨　龙 1996
杨新建 1984　袁晓斌 1995　曾文曲 1981　张余辉 1993　郑君礼 1985　郑小谷 1981
郑晓阳 1988　周秀玲 1999　周宗林 1991　祝东进 1989

杨　淳
B 计算数学　廖姊劼 2008　王　梁 2013　王智杰 2011　周　游 2009　左　恒 2012
D 应用数学　陈桂杰 2007　方　明 2006　黄雪莹 2005　苏　强 2007　问延炜 2007
朱道宇 2006

杨大春
A 基础数学　曹　军 2011　陈夏铭 2015　付　星 2013　傅小利 2005　郭　燕 2005

侯绍雄 2013　蒋晓娟 2010　梁熠宇 2012　林海波 2006　刘　军 2016　刘绥乐 2012
卢玉峰 2014　孟　岩 2002　汤灿勤 1999　陶桂平 2002　王　凡 2019　吴丛明 2000
吴　强 2000　闫现杰 2016　杨东勇 2007　张军伟 2017　张俊强 2014　周熙霖 2020
卓次强 2013

杨福田

D 应用数学　王昭顺 1993　许若宁 1987　杨成亮 1994　张慧欣 1992　张万民 1987
张秀平 1987　张　原 1991

杨光俊

A 基础数学　李好好 1981　宋惠元 1981

杨　华

D 应用数学　陈　霞 2007　李印红 2005　马　祥 2008　施　宏 2004　许王莉 2003

杨汝月

A 基础数学　唐　娉 1993　张春荀 1993

杨文礼

C 概率论与数理统计　耿成山 1990　蒋文江 1988　盛世明 1997　王　兵 1991　王筱丽 1991
王永亮 1991　吴小勇 1995　阎国华 1995　余秋梅 1997　张钟山 1990

姚玉平

J 教育专业硕士　陈　昭 2019　张秀莲 2020

于福生

D 应用数学　蔡瑞琼 2009　尘　非 2006　董克强 2005　段灵子 2018　冯定芸 2015
高　旭 2017　郭淇凯 2020　黄也白 2016　江用科 2006　李　洋 2012　柳龙姝 2020
唐　娟 2008　徐　静 2019　杨昔阳 2005　杨星星 2016　俞盛利 2010　湛　力 2018
张明欣 2011　赵秋香 2015

J 教育专业硕士　陈代丽 2016　李　婷 2018　赵德芳 2016

于　濂

D 应用数学　杜小毅 2013　刘　东 2019　尤涛静 2018

余　涛

D 应用数学　蔡红艳 2005　田启燕 2007

袁　荣

A 基础数学　杜宝莹 2020　方辉平 2006　傅晓鸣 2016　韩　琰 2015　胡雪丹 2017

蒋尧珍 2006　金祝成 2019　李怀兴 2007　马　青 2005　马　优 2015　马兆海 2016
梅颖颖 2013　王建中 2004　王宪军 2008　向　田 2010　由红连 2008　余志先 2007
张宇峰 2009　张玉萍 2012　张正阳 2014

袁　文
A 基础数学　贺新蕾 2015　贾洪潮 2020　冷思源 2020　刘　奕 2017　陶　金 2019
吴素青 2017　张立颖 2018

袁兆鼎
B 计算数学　李文泉 1989

曾文艺
D 应用数学　程贞敏 2005　崔红梅 2004　房颜明 2003　冯启磊 2008　李　凤 2004
姚二林 2003　赵宜宾 2008

曾一平
D 应用数学　阎建平 1988

曾紫婷
A 基础数学　周英梅 2015

张博宇
D 应用数学　黄淑婷 2019

张　辉
B 计算数学　白奇川 2008　陈　璐 2017　陈曼曼 2018　谷淑婷 2014　顾　阳 2018
黄　敏 2019　黄　展 2009　吕慧明 2017　罗春梅 2019　唐　巧 2013　王　良 2015
吴大婷 2016　徐　真 2016　闫曼曼 2018　姚小妹 2013　于　倩 2011　袁朝慧 2012
翟　丹 2012

张　梅
C 概率论与数理统计　白云云 2018　陈　晖 2011　陈婷静 2014　国洪松 2013　蓝子涵 2020
李　潇 2017　刘嘉伟 2019　马　超 2017　王秀丽 2017　杨　洁 2015　杨　叙 2010
于锦涛 2013　张晓华 2020　张　昕 2012　赵　艳 2019

张淑梅
C 概率论与数理统计　包　钰 2013　郭念晗 2012　郭玉娟 2008　贺　婕 2015　柯于皇 2014
李姗姗 2015　林　欣 2008　刘慧敏 2016　刘文慧 2017　吕云彤 2018　施春雪 1997
孙佳楠 2011　汪金晖 2010　王　睿 2010　薛　峰 2004　杨　坤 2004　袁冠超 2018
曾　莉 2009　张瑞军 2016　张雪晴 2017

J 教育专业硕士 黄汪送 2012

K 统计专业硕士 曹　鹏 2015　崔　仕 2013　方　圆 2014　李子苇 2015　宁　新 2016　彭　珊 2015　祁朝瑞 2016　孙　潇 2016　王　晶 2013　王雅真 2015　吴　昊 2014　杨　慧 2016　杨　柳 2013　杨培泽 2016　易　静 2014　赵　钢 2014　赵雨涵 2014　周智灵 2013　朱娅灵 2013　左　佳 2013

张素诚

A 基础数学 徐长胜 1986

张秀平

A 基础数学 毕永杰 2012　陈　红 2017　陈　蕾 2008　黄　丹 2020　黄芊芊 2020　林跃珠 2012　刘婧依 2018　刘瑜素 2009　吕皓阳 2018　陶宝艳 2020　陶云星 2005　王亚婷 2019　辛彦瑶 2013　徐轶璐 2016　余海军 2008　余竞鹏 2013　张冬贺 2014

J 教育专业硕士 丁　洁 2017　丁兰花 2018　胡锦煦 2020　宁　静 2019　欧兴廉 2017　王幼文 2015　应春风 2018　周　炜 2020

张英伯

A 基础数学 安彦斌 2010　陈　波 2003　陈宇鹏 2005　程　竹 2006　董正林 2009　胡建础 2006　华九召 1994　刘根强 2008　潘　俊 2005　孙宏伟 1994　武月琴 1999　徐运阁 1998　叶彩娟 2010　曾祥勇 1998　张雪颖 2008　赵德科 2003　赵双美 2008

J 教育专业硕士 董　娟 2010　李立波 2011　田秀玲 2011

张　勇

D 应用数学 李　霞 2017　李晓燕 2015　徐　琳 2016　张焕梅 2017

张余辉

C 概率论与数理统计 白晶晶 2015　范玲玲 2013　李　梅 2012　刘艳霞 2006　田家萌 2020　王　峰 2000　王玲娣 2010　王　新 2011　吴　波 2004　信一洲 2011　闫艳艳 2018　叶鸣坤 2020　曾晴晴 2018　张　弛 2010　张丽华 2004　张　铭 2011　张伟为 2016　赵良珮 2017　赵　萍 2013　赵倩倩 2005　赵晓亮 2001　周晓凤 2019

张争茹

B 计算数学 董丽秀 2017　李晓旭 2018　马广通 2019　彭秋瑾 2012　王丽君 2013　杨　程 2012

赵鸿勋

A 基础数学 熊胜利 1983

赵纪满

A 基础数学 陈　丽 2010　方敬轩 2016　侯　蕾 2020　刘冬利 2018　刘　茵 2009　马光胜 2017　宋乃琪 2012　衣晓蕾 2009　张　琦 2020　赵　亮 2020

赵丽琴
A 基础数学 陈 岗 2006 樊增艳 2013 高 羽 2015 李德平 2012 李媛媛 2005
刘利文 2009 吕宝红 2005 皮定恒 2007 齐明辉 2010 唐延文 2015 王 娜 2010
王 琦 2007 王学星 2008 习军明 2006 张永新 2006

赵 亮
A 基础数学 常媛媛 2014 刘 冲 2018

赵 楠
K 统计专业硕士 陈泽兵 2014 程 龙 2014

赵旭安
A 基础数学 柏 干 2010 金春花 2010 刘登品 2007 刘山山 2007 罗雅婧 2020
田 松 2011 王 冉 2019 杨 焘 2017 张继敏 2013 张煜昆 2020

赵 桢
A 基础数学 陈维曾 1981 楚泽甫 1981 崔俭春 1991 邓小琴 1989 郭玉柱 1987
黄海洋 1981 蓝师义 1994 李好好 1981 李正吾 1981 林 益 1981 刘春根 1992
娄树宪 1985 邱 峰 1989 邱镜亮 1987 申贵成 1993 宋惠元 1981 王子亭 1989
相登龙 1997 谢春平 1988 杨宏奇 1991 杨 硕 1996 张朝晖 1993 张 虹 1987
张义莲 1996 赵达夫 1981 郑神州 1994 朱 戟 1997 朱兴龙 1986

郑 创
A 基础数学 郭 璐 2018 李 霖 2016 唐金香 2015 韦富丽 2016

郑小谷
C 概率论与数理统计 刘雨晴 1986

郑学安
A 基础数学 肖晓羽 2004 余节弘 2004

钟善基
F 课程与教学论 蔡金法 1987 洪京爱 1990 熊文井 1992 杨妍梅 1990 张汉清 1992
章建跃 1991
J 教育专业硕士 王志军 2001

周美珂
A 基础数学 李淑锦 1993 刘绳茂 1988 施小丁 1993 孙应飞 1996 王 文 1993
赵宝元 1988

周汝奇

A 基础数学 郭大昌 1983

周小波

A 基础数学 宋乾乾 2014

朱汝金

A 基础数学 保继光 1988 邓崇云 1993 李德生 1993 李健瑜 1997 沈有建 1988
田东风 1990 王连居 1990 肖春来 1993 杨晓刚 1997 张晓军 1990

朱文芳

F 课程与教学论 陈冰凌 2010 陈璐奕 2011 陈 恬 2013 褚晓辰 2017 谷 越 2019
韩 英 2010 何 娇 2008 胡 潇 2014 姜 钰 2006 刘 丹 2008 刘 嘉 2010
刘启明 2009 马永丽 2015 彭艳君 2011 申明兰 2018 田兴姣 2015 王 红 2016
王 宁 2006 王 薇 2007 王 颖 2012 吴志娟 2007 武玉霞 2006 许 波 2007
闫昭君 2019 阎洪波 2009 杨贺羽 2019 叶菁菁 2005 张 凯 2011 张 炜 2012
张旖澈 2016 张 勇 2013 赵 琳 2005 赵诗萌 2020 郑燕男 2018 周海舟 2014
朱慧玲 2007 朱俊侠 2017

J 教育专业硕士 艾司艾提·艾司卡尔 2020 陈爱丹 2020 陈美莲 2015 次仁顿珠 2017
崔 浩 2006 邸贺璇 2013 高佳丽 2020 格桑央吉 2017 葛慧英 2017
龚静苹 2020 郭婵婵 2012 黄 悦 2016 寇燕华 2015 李爱惠 2004 李凤阁 2011
李光艳 2008 李红文 2007 李宁宁 2009 李青霞 2009 李文军 2020 李 燕 2005
李 杨 2017 李志永 2013 栗春云 2015 刘小娅 2016 娄晓荟 2018 龙 腾 2012
路 颖 2011 罗剑平 2009 罗靓莉 2015 骆秋玲 2020 马鸿萍 2009 马鸿晓 2014
孟祥飞 2015 木克代斯·吐鲁洪 2020 彭小溪 2014 秦 华 2005 秦晓虹 2005
饶 俊 2016 任 瑞 2017 宋慧静 2014 宋 瑜 2016 苏爱华 2016 隋欣蕊 2016
孙大猛 2018 孙 娜 2013 索朗罗布 2017 万永娟 2014 汪 俊 2017
王传宝 2018 王美亚 2012 王雄飞 2012 王仲英 2004 魏 绫 2018 谢秀玉 2009
行丹文 2013 杨 柳 2015 翟天明 2013 张 焕 2018 张慧敏 2020 张慧艳 2017
张 颜 2013 赵娟娟 2017 朱陈清 2019

索引5 硕博连读的博士研究生名单索引(含提前攻博、免试攻博、本直博)

姓名 入学年级

A

安鑫淼 2019

B

包学莲 2018　毕洪伟 2011

C

曹梦雨 2017　曹明明 2015　曹胜玉 2004　曹　絮 2014　陈冬青 1987　陈　露 2015
陈　锐 2012　陈舒凯 2018　陈　雄 1986　陈一萍 2008　陈占美 2016　程　丹 2005
程慧慧 2008　程志雯 2017　储继迅 2006

D

邓邦明 1988　邓昌松 2009　杜知方 2015

F

方榕娟 2017　费明兵 2011　付　倩 2020　傅莺莺 2004

H

郝慧峰 2010　郝　霞 2019　何　辉 2005　何欣蔚 2017　何引红 2015　贺子毅 2015
洪　情 2014　侯鹏宇 2020　侯婉婷 2015　胡　维 2004　胡潇玲 2020　胡永建 1996
黄春茂 2006　黄　亮 2017　黄　龙 2018　黄璐静 2015

J

季丽娜 2015　蒋　庆 2016(本校外院)　蒋仁进 2006

K

柯思宇 2007

L

兰光强 2005　雷　昕 2016　黎怀谦 2006　李豆豆 2017　李慧慧 2006　李　敏 2019
李培森 2014　李启超 2013　李　涛 2011(本校外院)　李　想 2020　李　晓 2013
李　燕 2020　李一梅 2017　李　英 2013　李雨轩 2018　李　真 2008　李紫薇 2020
梁盛利 2020　梁新刚 2004　廖仲威 2013　林　燕 2003　刘吉强 1996　刘婧凝 2015
刘丽光 2005　刘敏之 2015　刘自晓 2019　罗德军 2003

M

马　洁 2017(本校外院)　梅　婷 2013　孟俊英 2020

N

牛丽群 2005　牛瑞超 2018

P

裴　姗 2018　彭先图 1986

Q

齐博瑞 2015　钱　超 2010　秦默言 2019　邱　群 2020　瞿　萌 2006

R

阮洋洋 2018

注．由于硕士毕业生名单中不含硕博连读(含提前攻博、免试攻博、本直博)的学生名单，本索引列出其姓名，以弥补其不足。硕博连读的学生获博士学位时，不发硕士学位证书。本直博学生 2 人未获博士学位，获硕士学位证书，在毕业生名单和索引中列出，此索引不列出姓名。不含 1990 级至 1996 级免试专业课(外语必考，若通过，录取为博士生)的硕士生，他们均同时获硕士学位证书及博士学位证书。

索引 6　博士毕业生名单索引

A

阿不都卡得尔 2005　安金兵 2012

B

白　明 1994　鲍玉芳 1995　毕洪伟 2014　别荣芳 1996

C

蔡定教 2017　蔡青松 2008　曹　军 2014　曹　絮 2017　曹建智 2014　曹梦雨 2020
曹明明 2018　曹胜玉 2007　曹永知 2003　陈方媛 2020　陈　焦 2017　陈　军 1990
陈　磊 2005　陈　露 2018　陈　锐 2015　陈　雄 1990　陈　媛 2010　陈迪荣 1992
陈冬青 1990　陈广贵 2004　陈国龙 1998　陈红星 2011　陈江荣 2007　陈金文 1991
陈木法 1983　陈鹏举 2020　陈清花 2013　陈小民 2011　陈艳萍 2007　陈一萍 2011
陈永鹏 2020　陈占美 2019　谌稳固 1996　程红梅 2016　程慧慧 2011　程丽娟 2014
程贞敏 2008　程志雯 2020　程志云 2012　储继迅 2011

D

代丽美 2007　戴　峰 2002　邓昌松 2012　邓冠男 2010　邓平基 2005　邓清泉 2012
丁　浩 2009　丁　卫 2015　丁　勇 1995　董从造 2010　杜先能 1995　杜知方 2018
段立芹 2007　段增平 2000

F

范锡良 2013　范小明 2003　方敬轩 2019　方榕娟 2020　房艮孙 1988　费明兵 2014
冯　敏 2015　冯启磊 2020　冯秋香 2004　冯艳宾 2007　付　星 2016　傅莺莺 2007
傅宗飞 2007　傅尊伟 2008

G

高　鑫 2001　高军杨 2007　高武军 2015　高志强 2006　龚文敏 2016　巩　超 2020
谷　懿 2014　谷敏强 2007　谷云东 2004　桂易清 2000　郭　衔 2016　郭晋云 1988
郭静静 2010　国洪松 2016

H

韩　德 2002　韩　东 1989　韩成哲(朝鲜民主主义人民共和国)2005　韩立岩 1991
郝慧峰 2015　何　辉 2008　何　青 1990　何　清 2000　何引红 2018　贺　婕 2018
贺　莎 2016　贺子毅 2020　洪　倩 2017　洪文明 1999　侯　健 2006　侯婉婷 2018
侯耀平 1998　胡　丹 2005　胡　凯 2011　胡　涛 2009　胡　维 2007　胡万军 1993
胡永建 1999　黄　亮 2020　黄　鹏 2018　黄　蓉 2012　黄　兴 2017　黄崇福 1993
黄海洋 1993　黄宏伟 2009　黄华平 2019　黄力平 1988　黄璐静 2018　黄荣里 2008
黄文贤 2016　黄兆泳 1998

J

季丽娜 2019　姜铁龙(朝鲜民主主义人民共和国)2009　蒋艳杰 1998　金　蛟 2005
金　文 1999　晋榕榕 2019

K

康玥媛 2012　柯思宇 2010

L

赖旭东 2017	兰光强 2008	蓝森华 2007	乐　珏 2006	雷　昕 2019	雷天刚 1997
黎怀谦 2011	李　丹 2020	李　芳 2020	李　健 2009	李　坤 2011	李　冉 2009
李　霞 2016	李　晓 2016	李　英 2017	李　勇 1991	李　真 2011	李宝德 2009
李豆豆 2020	李国全 1999	李海刚 2009	李红云 2020	李洪兴 1993	李沍岸 2002
李怀兴 2010	李慧慧 2009	李金权 2010	李俊峰 2005	李丽萍 2014	李龙才 2002
李落清 1993	李培森 2017	李平山 2018	李启超 2016	李仁所 2005	李思泽 1995
李欣莲 2017	李雪华 2006	李彦博 2009	李一梅 2020	李宇成 2011	李育强 2006
李裕梅 2006	李月爽 2020	李跃武 2009	李增沪 1994	李正阳 2017	梁宝生 2016
梁熠宇 2015	廖仲威 2016	林　燕 2008	林国建 2005	林海波 2009	凌　博 2013
刘　军 2019	刘　君 2011	刘　敏 2020	刘　清 2008	刘　荣 2018	刘　稳 2014
刘　艳 2017	刘　茵 2018	刘　招 2016	刘福林 2020	刘海霞 1993	刘和平 1990
刘红海 2010	刘吉强 1999	刘婧凝 2018	刘丽光 2010	刘敏之 2018	刘明菊 2004
刘普寅 2002	刘士虎 2014	刘文军 2004	刘文新 2010	刘晓婷 2016	刘永平 1993
刘玉明 2004	刘玉铭 2000	刘增良 1992	刘志华 2004	刘智新 1989	龙晶凡 2004
龙品红 2013	龙述德 2008	陆吉健 2019	路　高 1992	吕　铀 2019	吕本建 2014
吕建生 1998	吕云飞 2015	栾娜娜 2011	罗德军 2008	罗运纶 1985	

M

马　万 2000	马柏林 1995	马春华 2007	马德刚 2012	马光胜 2020	马家骥 2013
马儇龙 2016	马迎秋 2018	马兆海 2019	马祖强 2009	毛永华 1996	梅　婷 2016
梅松竹 2014	孟　岩 2005	孟艳平 2008	苗志洪 2001	默会霞 2006	

Moughal Tauqir Ahme(陶喆，巴基斯坦伊斯兰共和国)2015

Murad Ali Shan(史木，巴基斯坦伊斯兰共和国)2020

N

宁菊红 2006	牛传择 2011	牛丽群 2008	牛苗苗 2017	牛燕敏 2019	牛耀明 2015

O

欧庆铃 1995

P

潘国双 2009	潘升勇 2010	彭　桢 2013	彭联刚 1991

Q

齐　进 2017	齐博瑞 2018	齐良平 2017	齐明辉 2013	钱　超 2013	钱李新 2007
乔　蕾 2010	秦　华 2014	秦煜哲 2020	屈非非 2017	瞿　萌 2009	

R

阮卓娉 2010

S

邵井海 2006	邵珍红 2014	沈恩绍 1988	沈复兴 1985	沈云付 1996	盛　瑶 2014
石少广 2012	石万林 2019	司增艳 2011	宋　娟 2014	宋春元 2012	宋乃琪 2015
宋乾乾 2017	宋雯彦 2007	宋延红 2013	宋艳萍 2017	苏傲雪 2013	苏效乐 2005
苏秀萍 2002	隋世友 2019	孙　琪 2018	孙　倩 2012	孙　铁 2014	孙彬博 2020
孙红卫 2008	孙洪祥 1993	孙鸿雁 2013	孙凯彪 2008	孙小春 2014	孙小强 2014

孙秀丽 2017 孙艳梅 2018

T

谭 华 2011 谭荣华 2005 檀 健 2017 汤 获 2014 唐 林 2001 唐 娉 1996
唐爱萍 1988 唐晗力 2014 唐加山 1997 唐守正 1985 田宝川 2017 田启家 1994
田卫东 1989 童 雪 1997 涂 金 2007

W

万 玮 2019 汪 玥 2012 汪成咏 1994 汪德刚 2008 汪和平 1996 汪路顺 2018
王 博 2016 王 宠 2018 王 峰 2003 王 健 2008 王 杰 2009 王 利 2010
王 沛 2015 王 锐 2014 王 晟 2010 王 晓 2013 王 飏 2016 王 兆 2018
王 珍 2013 王保军 2017 王翠巧 2017 王发强 2020 王凤雨 1993 王广兰 2019
王捍贫 1993 王华明 2010 王加银 2002 王建波 2015 王建军 1997 王杰亮 2008
王洁明 2008 王军昌 2007 王昆扬 1985 王立东 2012 王玲娣 2013 王禄恒 2018
王名燕 2008 王明生 1994 王青芸 2009 王珊珊 2014 王思洋 2013 王薇薇 2020
王喜军 2008 王新甜 2016 王新霞 2008 王徐敏 2020 王颖喆 1999 王由涛 2015
王雨生 2005 王志俊 2009 王志玺 1992 王志新 2006 魏宇龙 2019 温道伟 2004
温志红 2016 吴 波 2007 吴 慧 1997 吴 强 2003 吴 鑫 2018 吴国灿 2011
吴化璋 2002 吴立宝 2014 吴素青 2020 吴宪远 1999 吴新峰 2009 吴植翘 1991
伍火熊 2003

X

夏 静 2008 夏 霞 2007 夏良辉 2009 肖 邦 2012 肖 杰 1988 肖 滢 2008
肖维维 2008 谢广亨 2019 谢华飞 2020 谢瑞军 2016 谢余铨 2010 熊金钢 2012
熊君静 2020 徐 斌 2005 徐 芳 2010 徐 伟 2016 徐 真 2019 徐成丹 2019
徐德华 2009 徐登明 2010 徐景实 2001 徐龙娟 2019 徐勐戬 2019 徐先进 1991
徐运阁 2001 许贵桥 2001 薛 锐 1999 薛妮娜 2018 薛庆营 2004

Y

闫 实 2018 严 虹 2016 严井泉 2015 阎国军 2002 阎建平 1993 彦文娇 2012
燕敦验 2001 杨 慧 2016 杨 唯 2009 杨 旭 2017 杨 叙 2013 杨存基 2009
杨大春 1992 杨东勇 2010 杨桂玉 2010 杨纪华 2017 杨连红 2005 杨连鹏 2020
杨士林 2000 杨四辈 2013 杨喜陶 2006 杨向东 2006 杨越峰 2017 杨正宏 2002
杨柱元 1998 姚海楼 1995 姚林红 2012 姚小妹 2018 姚祖喜 2000 叶 俊 1993
叶 专 2016 叶培新 2001 殷允强 2009 尹 乾 2006 尤 飞 2005 尤 慧 2020
由红连 2011 于 濂 1997 于福生 1998 于国文 2017 于海峡 2019 于晓青 2015
余纯武 2001 余志先 2010 袁 文 2010

Z

曾文艺 2003 曾祥勇 2002 詹福琴 2016 詹旭洲 2018 张 驰 2013 张 杰 2019
张 婧 2011 张 娟 2009 张 娟 2018 张 琳 2011 张 梅 2004 张 民 1994
张 铭 2014 张 璞 2001 张 舒 2020 张 顺 2012 张 伟 2014 张 旭 2007
张 严 1990 张 勇 2008 张彩凤 2019 张春苟 1996 张洪敏 1994 张俊强 2017
张丽华 2007 张连文 1989 张鲁燕 2011 张美娟 2013 张少钦 2013 张绍义 2000
张淑梅 2012 张树鹏 2010 张顺华 1996 张伟为 2019 张希荣 1999 张向明 2019

张小玥 2020 张晓南 2003 张新平 1996 张新生 1991 张秀平 1999 张艳慧 2005
张雁楠 2018 张余辉 1996 张宇卓 2006 张玉平 1993 张跃辉 1996 张志明 1990
张子恒 2010 章　娟 2019 章　璞 1991 赵　斌 1999 赵　娟 2009 赵　盼 2017
赵德科 2008 赵发友 2010 赵芬霞 2006 赵兰苓 2020 赵励耘 2011 赵中华 2011
郑　珩 2015 郑君礼 1993 郑润东 2013 郑祥祺 2020 郑小谷 1985 郑晓俊 2016
周　珂 2014 周　梦 1993 周　渊 2009 周先银 1990 周宗林 1994 朱　凯 2018
朱　宁 2020 朱勇珍 1999 祝东进 1996 卓次强 2016 宗国纬 2017 左西年 2005

注．博士生出国联合培养：张英伯(1984 级)，林亚南(1989 级)，朱彬(1995 级)，韩阳(1996 级)，唐鑫(1998 级)，在国外拿到博士学位后，本博士生毕业名单中未显示。

索引 7　研究方向，导师与其博士生索引

A 基础数学

保继光：曹　絮 2017　代丽美 2007　黄荣里 2008　李海刚 2009　李一梅 2020　宋乾乾 2017
孙小强 2014　谭　华 2011　王　博 2016　王　宠 2018　熊金钢 2012　张　伟 2014

Berens H.：李落清 1993

蔡俊亮：李丽萍 2014　龙述德 2008　马祖强 2009　王　兆 2018　詹福琴 2016　张雁楠 2018

陈公宁：胡永建 1999　吴化璋 2002　杨正宏 2002　张晓南 2003　赵　斌 1999

戴　峰：黄宏伟 2009　王　晟 2010

邓邦明：阿不都卡得尔 2005　陈江荣 2007　陈清花 2013　王新甜 2016　杨桂玉 2010
赵中华 2011

邓冠铁：陈占美 2019　费明兵 2014　高志强 2006　黄华平 2019　柯思宇 2010　李　真 2011
刘　荣 2018　龙品红 2013　宁菊红 2006　潘国双 2009　乔　蕾 2010　屈非非 2017
汤　获 2014　涂　金 2007　王翠巧 2017　王薇薇 2020　温志红 2016　杨向东 2006
张艳慧 2005

丁　勇：陈艳萍 2007　邓清泉 2012　赖旭东 2017　蓝森华 2007　李　冉 2009　刘红海 2010
梅　婷 2016　牛耀明 2015　瞿　萌 2009　孙小春 2014　王新霞 2008　吴新峰 2009
薛庆营 2004　张　璞 2001　朱　凯 2018

房艮孙：陈广贵 2004　段立芹 2007　李冱岸 2002　李雪华 2006　李跃武 2009　龙晶凡 2004
马　万 2000　钱李新 2007　王建军 1997　叶培新 2001　张　顺 2012　张新平 1996

高红铸：程志云 2012　徐勐戬 2019

郭　平：尹　乾 2006

韩　阳：韩　德 2002　赵德科 2008

胡国恩：林海波 2009

胡永建：郝慧峰 2015

郇中丹：张　婧 2011　郑晓俊 2016

黄惟明：刘海霞 1993　周　梦 1993

Krause H.：乐　珏 2006

黎　雄：黄　鹏 2018　李　坤 2011　牛燕敏 2019　宋　娟 2014　孙艳梅 2018　王　飏 2016
王　珍 2013　熊君静 2020　薛妮娜 2018　杨连鹏 2020

李海刚：徐龙娟 2019

李杰权：雷　昕 2019

李俊峰：李　丹 2020　于海峡 2019

李岩岩：李海刚 2009　牛苗苗 2017　汪路顺 2018　王　博 2016　熊金钢 2012　徐龙娟 2019

刘春雷：刘文新 2010　牛传择 2011

刘绍学：杜先能 1995　郭晋云 1988　黄兆泳 1998　李思泽 1995　刘海霞 1993　罗运纶 1985
彭联刚 1991　唐爱萍 1988　王志玺 1992　肖　杰 1988　姚海楼 1995　张顺华 1996
张跃辉 1996　章　璞 1991　周　梦 1993

刘永平：谷　懿 2014　黄　蓉 2012　蒋艳杰 1998　李　健 2009　李仁所 2005　凌　博 2013
宋春元 2012　唐晗力 2014　肖维维 2008　许贵桥 2001　杨　唯 2009　杨连红 2005

杨柱元 1998　张　杰 2019
刘志华：张向明 2019
卢广存：陈小民 2011　丁　浩 2009　龚文敏 2016　晋榕榕 2019　马家骥 2013　孙　铁 2014
王名燕 2008　王由涛 2015　肖　邦 2012　杨　旭 2007
陆国震：陈　焦 2017　陈　露 2018　丁　卫 2015　洪　倩 2017　黄　亮 2020　李　霞 2016
刘　招 2016　阮卓娉 2010　唐晗力 2014　王广兰 2019　王徐敏 2020　徐成丹 2019
张彩凤 2019
陆善镇：谌稳固 1996　丁　勇 1995　傅尊伟 2008　高军杨 2007　桂易清 2000　黄海洋 1993
李国全 1999　李俊峰 2005　林　燕 2008　刘和平 1990　刘明菊 2004　刘智新 1989
马柏林 1995　默会霞 2006　石少广 2012　司增艳 2011　唐　林 2001　王昆扬 1985
吴　强 2003　伍火熊 2003　夏　霞 2007　徐景实 2001　薛庆营 2004　燕敦验 2001
杨大春 1992　张　璞 2001　张　严 1990　赵发友 2010
乔建永：高军杨 2007　杨存基 2009
戎小春：蔡青松 2008　苏效乐 2005　王雨生 2005
Ringel C. M.：苏秀萍 2002
沈复兴：陈　磊 2005　傅莺莺 2007　刘吉强 1999　田启家 1994　王明生 1994　薛　锐 1999
尹　乾 2006
孙永生：陈迪荣 1992　房艮孙 1988　蒋艳杰 1998　李落清 1993　刘永平 1993　刘智新 1989
唐　娉 1996　汪成咏 1994　汪和平 1996　王建军 1997　王昆扬 1985　杨柱元 1998
张春苟 1996　张希荣 1999　张新平 1996
唐仲伟：陈永鹏 2020　刘　敏 2020　汪路顺 2018　谢华飞 2020
唐梓洲：李启超 2016　钱　超 2013　谢余铨 2010　彦文娇 2012
王伯英：侯耀平 1998　雷天刚 1997　张秀平 1999
王长友：李一梅 2020
王恺顺：曹梦雨 2020　冯　敏 2015　巩　超 2020　刘　稳 2014　吕本建 2014　马儇龙 2016
孔　倩 2012　杨越峰 2017
王昆扬：戴　峰 2002　黄宏伟 2009　唐　娉 1996　王　晟 2010　余纯武 2001　张希荣 1999
王世强：别荣芳 1996　陈国龙 1998　何　青 1990　胡万军 1993　沈恩绍 1988　沈复兴 1985
沈云付 1996　田启家 1994　田卫东 1989　童　雪 1997　王捍贫 1993　王明生 1994
张玉平 1993
惠昌常：曹永知 2003　陈　媛 2010　陈红星 2011　陈一萍 2011　郭静静 2010　胡　维 2007
李彦博 2009　刘玉明 2004　潘升勇 2010　彭　桢 2013　谭荣华 2005　王　沛 2015
王军昌 2007　王志俊 2009　温道伟 2004　徐登明 2010　于晓青 2015　郑润东 2013
肖　杰：苏秀萍 2002　杨士林 2000
许孝精：叶　专 2016　朱　宁 2020
薛庆营：曹明明 2018　贺　莎 2016　李正阳 2017　严井泉 2015　章　娟 2019
杨大春：曹　军 2014　付　星 2016　贺子毅 2020　李宝德 2009　梁熠宇 2015　林海波 2009
刘　军 2019　刘丽光 2010　孟　岩 2005　孙红卫 2008　唐　林 2001　吴　强 2003
谢广亨 2019　徐景实 2001　杨东勇 2010　杨四辈 2013　袁　文 2010　张俊强 2017
周　渊 2009　卓次强 2016

袁　荣：曹建智 2014　程红梅 2016　陈方媛 2020　储继迅 2011　冯秋香 2004　李怀兴 2010
林国建 2005　刘　清 2008　刘志华 2004　吕云飞 2015　马兆海 2019　齐良平 2017
孙秀丽 2017　田宝川 2017　吴　鑫 2018　夏　静 2008　谢瑞军 2016　徐　斌 2005
杨喜陶 2006　姚林红 2012　由红连 2011　余志先 2010　张子恒 2010
袁　文：吴素青 2020
张英伯：韩　德 2002　李龙才 2002　乐　珏 2006　徐运阁 2001　曾祥勇 2002　赵德科 2008
赵纪满：方敬轩 2019　付　星 2016　刘　茵 2018　马光胜 2020　宋乃琪 2015　檀　健 2017
赵丽琴：齐明辉 2013　隋世友 2019　杨纪华 2017
赵　桢：黄海洋 1993
郑学安：姚祖喜 2000
周小波：宋乾乾 2017　谭　华 2011　孙小强 2014

B 计算数学

胡永建：宋艳萍 2017　詹旭洲 2018
李杰权：杜知方 2018　齐　进 2017　王保军 2017
张　辉：陈　锐 2015　李　晓 2016　徐　真 2019　姚小妹 2018　张树鹏 2010
张争茹：秦煜哲 2020　Murad Ali Shan(史木，巴基斯坦伊斯兰共和国)2020　赵兰苓 2020

C 概率论与数理统计

陈木法：陈冬青 1990　陈金文 1991　韩　东 1989　黄璐静 2018　李培森 2017　李　勇 1991
李月爽 2020　廖仲威 2016　毛永华 1996　孙洪祥 1993　王　峰 2003　王凤雨 1993
王　健 2008　王洁明 2008　王玲娣 2013　王颖喆 1999　夏良辉 2009　徐先进 1991
张　驰 2013　张　旭 2007　张丽华 2007　张连文 1989　张余辉 1996　郑君礼 1993
周先银 1990　祝东进 1996
崔恒建：胡　涛 2009　金　蛟 2005　王珊珊 2014　王思洋 2013　张　娟 2009
方诗赞：罗德军 2008　邵井海 2006
何　辉：石万林 2019
洪文明：侯婉婷 2018　刘敏之 2018　吕　铀 2019　栾娜娜 2011　孙鸿雁 2013　王华明 2010
杨　慧 2016　张　琳 2011　张美娟 2013　张小玥 2020　周　珂 2014
侯振挺：陈木法 1983
李　勇：安金兵 2012　何引红 2018　盛　瑶 2014　王禄恒 2018　吴国灿 2011　张　娟 2018
张淑梅 2012　郑　珩 2015
李增沪：毕洪伟 2014　董从造 2010　方榕娟 2020　傅宗飞 2007　何　辉 2008　季丽娜 2019
李育强 2006　马春华 2007　马德刚 2012　牛丽群 2008　王　利 2010　王喜军 2008
徐　伟 2016　杨　叙 2013　赵　娟 2009　郑祥祺 2020　张　梅 2004　宗国纬 2017
李占柄：鲍玉芳 1995　陈　雄 1990　段增平 2000　范小明 2003　洪文明 1999　欧庆铃 1995
唐加山 1997　阎国军 2002　叶　俊 1993　张新生 1991
毛永华：程慧慧 2011　程志雯 2020　高武军 2015　黄璐静 2018　李　英 2017　齐博瑞 2018
宋延红 2013　夏良辉 2009　张　驰 2013　赵　盼 2017
Shiga T：李增沪 1994

童行伟：安金兵 2012　梁宝生 2016
王凤雨：程丽娟 2014　邓昌松 2012　邓平基 2005　范锡良 2013　黄　兴 2017　姜铁龙 2009
兰光强 2008　黎怀谦 2011　罗德军 2008　邵井海 2006　吴　波 2007　徐　芳 2010
张少钦 2013　张伟为 2019
王梓坤：鲍玉芳 1995　陈　雄 1990　段增平 2000　范小明 2003　洪文明 1999　侯婉婷 2018
李增沪 1994　牛丽群 2008　欧庆铃 1995　孙　琪 2018　唐加山 1997　阎国军 2002
叶　俊 1993　张　梅 2004　张新生 1991
肖益民：栾娜娜 2011
严士健：陈冬青 1990　陈金文 1991　陈木法 1983　韩　东 1989　黄力平 1988　李　勇 1991
吕建生 1998　孙洪祥 1993　唐守正 1985　王凤雨 1993　吴宪远 1999　徐先进 1991
张连文 1989　张绍义 2000　郑君礼 1993　郑小谷 1985　周先银 1990　周宗林 1994
祝东进 1996
张　梅：国洪松 2016　李豆豆 2020　刘婧凝 2018
张淑梅：贺　婕 2018
张余辉：王玲娣 2013　张　铭 2014

D 应用数学

范明天：苏傲雪 2013
黄海洋：刘　君 2011　万　玮 2019　汪　玥 2012　王发强 2020　闫　实 2018　张树鹏 2010
赵励耘 2011
李洪兴：程贞敏 2008　邓冠男 2010　冯艳宾 2007　谷敏强 2007　谷云东 2004　韩成哲 2005
何　清 2000　侯　健 2006　胡　丹 2005　胡　凯 2011　李金权 2010　李宇成 2011
李裕梅 2006　刘普寅 2002　刘文军 2004　孟艳平 2008　苗志洪 2001　宋雯彦 2007
孙凯彪 2008　汪德刚 2008　王　杰 2009　王加银 2002　王杰亮 2008　王志新 2006
肖　滢 2008　徐德华 2009　殷允强 2009　尤　飞 2005　于福生 1998　曾文艺 2003
张宇卓 2006　赵芬霞 2006　朱勇珍 1999
李杰权：汪　玥 2012
李仲来：李慧慧 2009　苏傲雪 2013　张鲁燕 2011
刘　君：王发强 2020
刘来福：曹胜玉 2007　高　鑫 2001　金　文 1999　王青芸 2009　张　勇 2008　左西年 2005
刘　民：谷云东 2004　徐德华 2009
罗承忠：刘玉铭 2000　刘增良 1992　吴　慧 1997　阎建平 1993　于　濂 1997　于福生 1998
朱勇珍 1999
孟大志：王青芸 2009
汪培庄：白　明 1994　陈　军 1990　韩立岩 1991　黄崇福 1993　李洪兴 1993　刘玉铭 2000
刘增良 1992　路　高 1992　吴　慧 1997　吴植翘 1991　于　濂 1997　于福生 1998
阎建平 1993　张　民 1994　张洪敏 1994　张志明 1990　朱勇珍 1999
王建康：李慧慧 2009　张鲁燕 2011
徐　敏：李平山 2018　魏宇龙 2019
于福生：李　芳 2020　刘　艳 2017　刘士虎 2014　王　锐 2014　王　晓 2013

Moughal Tauqir Ahme(陶喆，巴基斯坦伊斯兰共和国)2015

F 课程与教学论

曹一鸣：陈鹏举 2020　冯启磊 2020　郭　衎 2016　康玥媛 2012　李欣莲 2017　刘福林 2020
刘晓婷 2016　陆吉健 2019　马迎秋 2018　秦　华 2014　邵珍红 2014　孙彬博 2020
王建波 2015　王立东 2012　吴立宝 2014　严　虹 2016　于国文 2017　张　舒 2020
朱文芳：李红云 2020　梅松竹 2014　尤　慧 2020

J 教育专业博士(学籍在教育学部)

曹一鸣：安　英 2020

K 应用统计

李　勇：黄文贤 2016
童行伟：蔡定教 2017

索引8　著作作者索引

丁万鼎 198107

丁　勇 200803 200910 201302

Ding Yong(丁勇) 200725

董书萍 200532

董延闿 195610 195611 195701 196501 198201 198604 198813

Du Ji(杜杰) 200817 201220

段钦治 199304

范会国 196301 200806

芳美玲 200017

房艮孙 199011 200403 200911 200912 201008 201009 201010 201011 201012 201013 201014 201015 201108 201109 201110 201504

冯启磊 201702

符利勇 201514

Fu Qiang(付强) 201220

傅敬良 199216

傅若男 198401 198825 199402 199403 199908 200310 200704 201803

傅耀良 200305

傅章秀 195602 198403 199303

傅种孙 192201 192301 192302 192303 192304 192305 192306 192401 192402 193303 193304 193305 193306 193403 193501 193502 193503 193507 193601 193602 193701 198202 198502 199018 200511

高存明 200402 200403

高红铸 200704 200913 201016 201803

高　立 199912 200611

高素志 198814 199907 200013

葛福星 198501

龚光鲁 197901

龚　昇 199801

巩丽云 200016

郭柏灵 200204

郭晋云 200808

郭　衔 202001

郭青峰 197901

郭树芬 199004

郭玉峰 200307 200408 200522 200530 200715 201303 201304 201505 201605 201906

郭玉英 201210

韩桂丛 192401 193305 193502 193503

韩镜明 193510 194701

韩立岩 198910 199802

韩清波 193306 193701 198502

蒋文江 199607
蒋滋梅 199009
金子瑜 201312
Jin Ronglu(靳荣禄) 191901
居为民 201502
柯小伍 199903
邝荣雨 198214 198407 198513 198514 198704 198903 198904 198905 198906 199103 199405 199710 200504 200505 200506 200605 200606 201032 201033 201034
郎好常 193601 193602
李艾青 198816 199902
李秉彝 199007
李大潜 201122 201123 201124 201125
李　迪 199311 199808 199809 199810 199811 199812 199813 199814 199815 199816 199817
李恩波 193306 198502
李海东 201906
李海刚 201801
李洪兴 198705 199104 199304 199406 199408 199412 199505
Li Hongxing(李洪兴) 199514 199717 200147 200432
李继闵 199808 199809 199810 199811 199812 199813 199814 199815 199816 199817
李家骏 199619
李建华 201111 201804 201805 201806 201807 201808 201908 202008
李景斋 198708
Li Junfeng(李俊峰) 201519
Li Luoqing(李落清) 200019
李　庆 200414 200415
李润全 199208
李天林 198706 198707 200901 200902 201401 201402
李相镐 199408
李　想 200016
Li Xiaochun(李晓春) 201519
李晓忠 199407
李亚玲 200409 200410 200415
李延林 200214 200413 201031 201306
李耀春 193305
李　冶 198503
李意竹 200214
李　勇 200005 200006 200213 200406 200524 200525 200707 201502 201514
李有兰 198904 198905 198906 199103 200504 200505 200506

200412 200413 200512 200521 200808 201115
Liu Shaoxue(刘绍学) 199621 199622
刘泗滨(字景芳) 192403
刘晓玫 201605
刘 歆 200706
刘秀芳 198206 198211 199016 199414 200211 200312 200919 201126
刘亦珩 193504
刘永平 200914
刘咏梅 201409
刘玉铭 201029 201611
刘云英 198407 198708 199009
柳 藩 198709 199105 201504
卢 刚 199715 199716
Lu Guangcun(卢广存) 200818
卢景波 199009
Lu Guozhen(陆国震) 201519
陆建隆 201516
陆善镇 198820 198825 199204 199603 199713 200212 200608 200917 201413
Lu Shanzhen(陆善镇) 198919 199515 200725 200819 201322
吕建生 200414
罗承忠 198907 198908 199407 199907 200013 200519 200520 201809
罗里波 201027 201211 201308
罗小云 199205
马本堃 198608
马 波 200001 200003 200004 200101 200405 200526 200715 201116 201313
201419 201517 201612 201708 201722 201907 201912
马纯德 193101
马京然 201212 201513
马文元 193102 193201 193202 193402 193505 193506 193603
马向晖 198710 198714
马遵路 198407 198814
毛盛贤 198405
毛永华 200616 200703 201021 201901
Mao Yonghua 202012
孟广烈 198002 198003
孟晓青 199909
米道生 198002 198003
闵嗣鹤 193601 193602 195702 198304 200309
明知白 199307 199308
莫 德 199206
潘懋德 198505 198506 198821

张锦文 198005
张克东 198912
张立华 200611
张乃达 199911
张　宁 201913 201915 202010
张生春 201006 201705
张淑梅 200406 200430 200524 200525 200618 200707 200814
Zhang Weiping(张伟平) 201614
张晓旭 201501
张孝达 198811 198812
张秀平 199205 199313 199411 200017 200219 200220 200722 200723 200815 201031 201127 201129 201720
张旭红 200146
张艳慧 201503 201819
张阳春 198720
Zhang Yangchun(张阳春) 198723
张益敏 198701 198708 198719 198914
张英伯 198406 200402 200536 200619 201030 201117 201128 201213 201216 201315 201606 201721 201820 201914
Zhang Yingbo(张英伯) 200239 200240
章建跃 199601 199608 199609 199610 199901 200404 200405 200406 200407 200408 200409 200410 200411 200412 200413 200521 200601 200801 201201 201404 201906 201907 202003 202004 202005
章　璞 201115
赵慈庚 195303 195403 195501 195609 195610 195611 195815 197805 197908 197909 197910 197911 198001 198008 198009 198103 198309 198407 198516 198721 198827 199018
赵　芳 199502
赵　慧 201218
赵籍丰 199507 200016 200146
赵进义 193404 193508 193509 194701
赵　亮 201913 201915 202010 202011
赵孟养 195816 200140
赵武超 201403
赵旭安 201016 201217
赵　桢 198214 198408 198825 199110 199508 199509 199510 199511 199512 199513 199608 199609 199610 199611 199612 199613 199614 199615 199616 199617 199618 200722 200723 200815 201031 201129 201904
Zhao Zhen(赵桢) 199110
赵　峥 200221 200222 200223 200224 200225 200226 200227 200228 200229 200230 200231 200232 200233 200234 200235 200236 200237 200238

索引 9　出版社索引

200814 200914 201022 201036 201113 201114 201115 201117 201119
201126 201210 201213 201215 201219 201305 201312 201420 201506
201514 201515 201606 201703 201719 201801 201902 201908 202009

Higher Education Press 201519

广西教育出版社 200903

广西科学技术出版社 199413

贵州科学技术出版社 199407 199408

国防工业出版社 199406

哈尔滨工业大学出版社 200807 201516 201721

河北教育出版社 198718 198912 198914 199401

河南科学技术出版社 199714

湖北科学技术出版社 197803

湖北少年儿童出版社 197803

湖南教育出版社 197803 198210 199306 199501 199601 199602 199603 200014
200313 200314 200315 200316 200317 200318 201303 201713 201714
201715 201716 201717 201718

湖南科学技术出版社 197901 198103 199910

华北科学社 193507 193509 193510 194701

华东师范大学出版社 200816

华夏出版社 199312

化学工业出版社 195905 200307

黄河水利出版社 200617

机械工业出版社 200503 200518 200706 201029 201512

江苏教育出版社 198902 199415 199620 199707 200429

江西高校出版社 199205

教育科学出版社 199710 201314 201409 201410 201605 201704

经济科学出版社 199402 201913

开明出版社 199806 199807 200017

科学出版社 195816 196201 196202 196301 196502 197601 197802 198005
198007 198102 198211 198301 198303 198306 198404 198610 198703
198711 199209 199210 199211 199212 199213 199505 199913 200040
200204 200213 200531 200603 200702 200808 200908 200909 200910
200917 200919 201107 201111 201120 201122 201123 201124 201125
201128 201502 201503 201712 201819 201901

Science Press 199717 200019 200433 200819 201037

科学普及出版社(中国科学技术出版社) 195801 195802 195803 195804 195805
195806 195807 195808 195809 195810 195811 195812 195813 195814
195901 195902 195903 195904 195906 195907 195908 196016 196018
196019 196020 196021 196022 197805 197909 199411 200203 200210
200211 200212

上海人民出版社 197803 198208
邵阳市政协学习文史委员会 199902
沈阳出版社 199102 199305
《数学通报》 200714 201019 201307 201412
四川教育出版社 198705 199010 199208
天津教育出版社 200003 200004
天津科学技术出版社 198509 199304 199412
天津人民出版社 198008
文化教育出版社 198203 198206
文津出版社 200411
戊辰学会出版 193102 193201 193202 193402 193505 193506 193603
新疆人民出版社 197908
学术期刊出版社 198819
学苑出版社 199107
浙江教育出版社 200538
知识出版社 198823 199020
中国大百科全书出版社 198825
中国科学技术大学出版社 199313
中国民航出版社 200101
中国青年出版社 196301 198407 199101 199608 199609 199610
中国轻工业出版社 200016
中国人民大学出版社 198605
中国少年儿童出版社 197803
中国台北：九章出版社 199311 199806 199807 200015
中国台北：中国生产力中心 199217
中国铁道出版社 199309
中国统计出版社 200537
中国文联出版社 200201
中国文史出版社 200502
中国友谊出版公司 199611 199612 199613 199614 199615 199616 199617 199618
中国展望出版社 198504
中华书局 192301 192302 192303 192304 192305 192306 197803
中央民族大学出版社 199307 199308

American Mathematical Society 199111 200817
Cambridge University Press 198722 201220
Contemporary Mathematical Studies 200820
CRC Press 199514 200147
Longman Scientific and Technical 199622
Marcel Dakker Inc 199621

附录

1　论文目录(2016～2019)

(余见李仲来编《北京师范大学数学科学学院论著目录(1915～2015)》. 北京：北京师范大学出版社，2016)

序号　作者，论文题目，杂志名称，年份，卷(期)：起页～止页

2016001 Adhikari D.，Cao Chongsheng，Shang Haifeng，Wu Jiahong，Xu Xiaojing，Ye Zhuan，Global regularity results for the 2D Boussinesq equations with partial dissipation，Journal of Differential Equations，2016，260(2)：1 893～1 917

2016002 保继光，李美生，极小曲面方程 Bernstein 定理的一个推广，中国科学：数学，2016，46(5)：513～522

2016003 Bao Jiguang，Lam N.，Lu Guozhen，Polyharmonic equations with critical exponential growth in the whole space $\mathbf{R}^n$，Discrete and Continuous Dynamical Systems，2016，36(2)：577～600

2016004 Bao Jiguang，Li Haigang，Zhang Lei，Global solutions and exterior Dirichlet problem for Monge-Ampere equation in $\mathbf{R}^2$，Differential and Integral Equations，2016，29(5～6)：563～582

2016005 Bao Jianhai，Shao Jinghai，Permanence and extinction of regime-switching predator-prey models，SIAM Journal on Mathematical Analysis，2016，48(1)：725～739

2016006 Bao Jianhai，Shao Jinghai，Yuan Chenggui，Approximation of invariant measures for regime-switching diffusions，Potential Analysis，2016，44(4)：707～727

2016007 Barczy M.，Li Zenghu，Pap G.，Moment formulas for multitype continuous state and continuous time branching process with immigration，Journal of Theoretical Probability，2016，29(3)：958～995

2016008 Bonnefont M.，Joulin A.，Ma Yutao，A note on spectral gap and weighted Poincaré inequalities for some one-dimensional diffusions，ESAIM-Probability and Statastics，2016，20：18～29

2016009 Bonnefont M.，Joulin A.，Ma Yutao，Spectral gap for spherically symmetric log-concave probability measures，and beyond，Journal of Functional Analysis，2016，270(7)：2 456～2 482

2016010 Cao Jianzhi，Yuan Rong，Bifurcation analysis in a modified Lesile-Gower model with Holling type Ⅱ functional response and delay，Nonlinear Dynamics，2016，84(3)：1 341～1 352

2016011 Cao Jun，Chang Derchen，Fu Zunwei，Yang Dachun，Real interpolation of weighted tent spaces，Applicable Analysis，2016，95(11)：2 415～2 443

2016012 Cao Jun，Chang Derchen，Yang Dachun，Yang Sibei，Riesz transform characterizations of Musielak-Orlicz-Hardy spaces，Transactions of American Mathematical

Society, 2016, 368(10): 6 979～7 018

2016013 Cao Jun, Mayboroda S., Yang Dachun, Maximal function characterizations of Hardy spaces associated to homogeneous higher order elliptic operators, Forum Mathematicum, 2016, 28(5): 823～856

2016014 Cao Mingming, Xue Qingying, Characterization of two-weighted inequalities for multilinear fractional maximal operator, Nonlinear Analysis: Theory Methods and Applications, 2016: 130: 214～228

2016015 Cao Mingming, Xue Qingying, On the boundedness of bi-parameter Littlewood-Paley g_{λ}^{*}-function, Journal of Function Spaces, 2016: Article ID 3605639

2016016 曹一鸣，胡琴竹，正确理解和实施"高效"的课堂教学活动，中小学课堂教学研究，2016，(1)：13～15，32

2016017 曹一鸣，刘晓婷，郭衎，数学学科能力及其表现研究，教育学报，2016，12(4)：73～78

2016018 曹一鸣，王万松，高中概率统计内容设置的国际比较：基于 15 个国家数学课程标准的研究，数学教育学报，2016，25(1)：1～4

2016019 Chang Derchen, Fu Zunwei, Yang Dachun, Yang Sibei, Real-variable characterizations of Musielak-Orlicz-Hardy spaces associated with Schrödinger operators on domains, Mathematical Methods in the Applied Sciences, 2016, 39(3): 533～569

2016020 Chang Derchen, Yang Dachun, Yuan Wen, Zhang Junwei, Some recent developments of high order Sobolev-type spaces, Journal of Nonlinear and Convex Analysis, 2016, 17(9): 1 831～1 865

2016021 陈朝东，李欣莲，王利，义务教育数学课程标准对数学史的定位与思考，教育导刊，2016，(7)：53～56

2016022 陈汉萍，刘永平，许贵桥，基于基样条插值的 Smolyak 算法，北京师范大学学报(自然科学版)，2016，52(1)：1～4

2016023 Chen Lu, Liu Zhao, Lu Guozhen, Qualitative properties of solutions to an integral system associated with the Bessel potential, Communications on Pure and Applied Mathematics, 2016, 15(3): 893～906

2016024 Chen Lu, Liu Zhao, Lu Guozhen, Symmetry and regularity of solutions to the weighted Hardy-Sobolev type system, Advanced Nonlinear Studies, 2016, 16(1): 1～13

2016025 Chen Lu, Lu Guozhen, Luo Xiang, Boundedness of multi-parameter Fourier multiplier operators on Triebel-Lizorkin and Besov-Lipschitz spaces, Nonlinear Analysis: Theory Methods and Applications, 2016, 134(1): 55～69

2016026 Chen Mingtao, Xu Xiaojing, Unique solvability for the density-dependent non-Newtonian compressible fluids with vacuum, Mathematische Nachrichten, 2016, 289(4): 452～470

2016027 Chen Mufa, Unified speed estimation of various stabilities, 应用概率统计, 2016, 32(1): 1～22

2016028 Chen Mufa, Efficient initials for computing maximal eigenpair, Frontiers of

Mathematics in China, 2016, 11(6): 1 379～1 418

2016029 Chen Mufa, Unified speed estimation of various stabilities, Special Matrices, 2016, 4(1): 9～12

2016030 Chen Rui, Bao Weizhu, Zhang Hui, The kinematic effects of the defects in liquid crystal dynamics, Communications in Computational Physics, 2016, 20(1): 234～249

2016031 Chen Xiaming, Jiang Renjin, Yang Dachun, Hardy and Hardy-Sobolev spaces on strongly Lipschitz domains and some applications, Analysis and Geometry in Metric Spaces, 2016, 4: 336～362

2016032 Chen Yanping, Ding Yong, Necessary and sufficient conditions for the bounds of the Calderón type commutator for the Littlewood-Paley operator, Nonlinear Analysis: Theory Methods and Applications, 2016, 130: 279～297

2016033 Chen Yanping, Ding Yong, Hofmann S., The commutator of the Kato square root for second order elliptic operators on $\mathbf{R}^n$, Acta Mathematica Sinica, English Series, 2016, 32(10): 1 121～1 144

2016034 Chen Yanping, Ding Yong, Hong Guixiang, Commutators with fractional differentiation and new characterizations of BMO-Sobolev spaces, Analysis of Partial Differential Equations, 2016, 9(6): 1 497～1 522

2016035 Cheng Hongmei, Yuan Rong, Stability of traveling wave fronts for nonlocal diffusion equation with delayed nonlocal response, Taiwanese Journal of Mathematics, 2016, 20(4): 801～822

2016036 程慧慧，毛永华，无穷维 Jackson 网络的非遍历性，应用概率统计，2016，32(4)：433～440

2016037 Cheng Lijuan, Wang Yingzhe, Algebraic convergence rate for reflecting diffusion processes on manifolds with boundary, Potential Analysis, 2016, 44(1): 91～107

2016038 Cheng Zhiyun, Gao Hongzhu, Integral positive (negative) quandle cocycle invariants are trivial for knots, Topology and Its Applications, 2016, 202: 127～134

2016039 Chu Jixun, Liu Zhihua, Magal P., Ruan Shigui, Normal forms for an age structured model, Journal of Dynamics and Differential Equations, 2016, 28(3～4): 733～761

2016040 Clop A., Jiang Renjin, Mateu J., Orobitg J., Flows for non-smooth vector fields with subexponentially integrable divergence, Journal of Differential Equations, 2016, 261(2): 1 237～1 263

2016041 Cui Lihong, Zhu Ning, Wang Youquan, Sun Jianjun, Cen Yigang, Existence of matrix-valued multiresolution analysis-based matrix-valued tight wavelet frames, Numerical Functional Analysis and Optimization, 2016, 37(9): 1 089～1 106

2016042 Dai Feng, Gogatishvili A., Yang Dachun, Yuan Wen, Characterizations of Besov and Triebel-Lizorkin spaces via averages on balls, Journal of Mathematical Analysis and Applications, 2016, 433(2): 1 350～1 368

2016043 de la Llave R., Su Xifeng, Zhang Lei, Resonant equilibrium configurations in quasi-periodic media: perturbative expansions, Journal of Statistical Physics, 2016, 162(6): 1 522～1 538

2016044 Deng Guantie, Qian Tao, Rational approximation of functions in Hardy spaces, Complex Analysis and Operator Theory, 2016, 10(5): 903～920

2016045 Deng Qingquan, Ding Yong, Yao Xiaohua, The L^q estimates of Riesz transforms associated to Schrödinger operators, Journal of Australasian Mathematical Society, 2016, 101(3): 290～309

2016046 Ding Wei, Lu Guozhen, Duality of multi-parameter Triebel-Lizorkin spaces associated with the composition of two singular integral operators, Transactions of American Mathematical Society, 2016, 368(10): 7 119～7 152

2016047 Ding Wei, Lu Guozhen, Zhu Yueping, Multi-parameter Triebel-Lizorkin spaces associated with the composition of two singular integrals and their atomic decomposition, Forum Mathematicum, 2016, 28(1): 25～42

2016048 Ding Yong, Lai Xudong, Behavior of bounds of singular integrals for large dimension, Forum Mathematicum, 2016, 28(6): 1 015～1 030

2016049 Ding Yong, Lai Xudong, Unique solvability of the Neumann problem with weighted boundary data on a bounded C^1 domain, Journal of Mathematical Analysis and Applications, 2016, 444(1): 340～369

2016050 Ding Yong, Mei Ting, Vanishing Carleson measures associated with families of multilinear operators, The Journal of Geometric Analysis, 2016, 26(2): 1 539～1 559

2016051 Ding Yong, Sato S., Littlewood-Paley functions on homogeneous groups, Forum Mathematicum, 2016, 28(1): 43～55

2016052 Ding Yong, Yabuta K., Triebel-Lizorkin space boundedness of rough singular integrals associated to surfaces of revolution, Science China: Mathematics, 2016, 59(9): 1 721～1 736

2016053 董连春，曹一鸣，攀登数学教育研究高峰：第 39 届国际数学教育心理学大会综述，数学教育学报，2016，25(2)：1～10

2016054 Dong Mengxia, Lu Guozhen, Best constants and existence of maximizers for weighted Trudinger-Moser inequalities, Calculus of Variations and Partial Differential Equations, 2016, 55(4): Article ID 88

2016055 Dong Yali, Zhang Boyu, Tao Yi. The dynamics of human behavior in the public goods game with institutional incentives, Scientific Reports, 2016, 6: Article ID 28809

2016056 Došenović T., Huang Huaping, Nashine H. K., Vujaković J., On some fixed point results in ordered partial metric spaces via admissible mappings, Journal of Advanced Mathematical Studies, 2016, 9(3): 444～453

2016057 杜静，舒美玲，初中数学困难学生的现状调查及应对策略，中小学数学(初中版)，2016，(9)：3～5

2016058 Fang Jingxuan, Zhao Jiman, Variable Hardy spaces on the Heisenberg group,

Analysis in Theory and Applications，2016，32(3)：242～271

2016059 范涌峰，李欣莲，基于标准的教师评价模型构建，教育理论与实践，2016，(19)：32～36

2016060 Feng Min，Ma Xuanlong，Wang Kaishun，The full automorphism group of the power (di)graph of a finite group，European Journal of Combinatorics，2016，52A：197～206

2016061 冯荣权，曾丽伟，有向强正则图及其构造，数学进展，2016，45(6)：817～839

2016062 Feng Shui，Wang Fengyu，Harnack inequality and applications for infinite-dimensional GEM processes，Potential Analysis，2016，44(1)：137～153

2016063 Fu Xing，Zhao Jiman，Endpoint estimates of generalized homogeneous Littlewood-Paley g-functions over non-homogeneous metric measure spaces，Acta Mathematica Sinica，English Series，2016，32(9)：1 035～1 074

2016064 Gao Zhiqiang，Liu Quansheng，Exact convergence rates in central limit theorems for a branching random walk with a random environment in time，Stochastic Processes and Their Applications，2016，126(9)：2 634～2 664

2016065 Gao Zhiqiang，Liu Quansheng，First-and second-order expansions in the central limit theorem for a branching random walk，Comptes Rendus de l Academis des Sciences Paris，Serie I：Mathematique，2016，354(5)：532～537

2016066 Ge Jianquan，Isoparametric foliations，diffeomorphism groups and exotic smooth structures，Advances in Mathematics，2016，302：851～868

2016067 Gong Wenmin，Lu Guangcun，Two new estimates for eigenvalues of Dirac operators，Annals of Polonais Mathematica，2016，117(2)：109～126

2016068 Grafakos L.，He Sha，Xue Qingying，Certain multi(sub)linear square functions，Potential Analysis，2016，45(1)：55～64

2016069 Guo Changyu，Xiang Changlin，Yang Dachun，L^{∞}-variational problems associated to measurable Finsler structures，Nonlinear Analysis：Theory Methods and Applications，2016，32：126～140

2016070 Guo Jun，Li Fenggao，Wang Kaishun，On class dimension of flat association schemes in affine and affine-symplectic spaces，Finite Fields and Their Applications，2016，39(1)：43～51

2016071 Guo Jun，Li Fenggao，Wang Kaishun，T-singular linear spaces，Algebra Colloquium，2016，23(2)：227～238

2016072 郭衎，曹一鸣，高中数学课程中信息技术使用的国际比较：基于中国等 14 国高中数学课程标准的研究，中国电化教育，2016，(5)：119～125

2016073 韩露，齐艳艳，努尔阿米娜·克日木，化归法在解希望杯赛题中的应用，数理天地(初中版)，2016，(5)：37

2016074 韩露，宛卿正，努尔阿米娜·克日木，一道“希望杯”竞赛题的再研究，数理天地(高中版)，2016，(11)：30～31

2016075 He Hui，On large deviation rates for sums associated with Galton-Watson processes，Advances in Applied Probability，2016，48(3)：672～690

2016076 贺婕，段小刚，张淑梅，协变量随机缺失时边际模型的广义矩估计，应用概率统计，2016，32(6)：643～654

2016077 He Xin，A note on the maximal out degrees of Galton-Watson trees，Statistics and Probability Letters，2016，109(1)：1～6

2016078 He Xin，Li Zenghu，Distributions of jumps in a continuous-state branching process with immigration，Journal of Applied Probability，2016，53(4)：1 166～1 177

2016079 He Ziyi，Yang Dachun，Yuan Wen，Littlewood-Paley characterizations of second-order Sobolev spaces via averages on balls，Canadian Mathematical Bulletin，2016，59(1)：104～118

2016080 洪文明，张美娟，带形上随机环境中随机游动的内蕴分枝结构，数学年刊，2016，37A(4)：405～420 (Hong Wenming，Zhang Meijuan，Intrinsic branching structure for the random walk on a strip in a random environment，Chinese Journal of Contemporary Mathematics，2016，37(4)：347～366)

2016081 Hong Wenming，Wang Huaming，Branching structures within random walks and their applications，Branching Processes and Their Applications，Lecture Notes in Statistics，Springer，2016：219：57～73

2016082 Hou Pengfeng，Zhao Haixing，Mao Yaping，Wang Zhao，A small-world network derived from the deterministic uniform recursive tree by line graph operation，Journal of Physics A：Mathematical and Theoretical，2016，49(11)：Article ID 115101

2016083 Hou Qianqian，Xu Xiaojing，Ye Zhuan，Logarithmically improved blow-up criteria for the 3D nonhomogeneous incompressible Navier-Stokes equations with vacuum，Electronic Journal of Differential Equations，2016，Article ID 192

2016084 黄红，Pascal 定理浅谈，数学通报，2016，55(2)：54～56，封底

2016085 Huang Huaping，Deng Guantie，Dolicanin-Dekic D.，On some recent fixed point results for (ψ，φ)-contractive mappings in ordered partial b-metric spaces，Journal of Nonlinear Science and Applications，2016，9(7)：4 990～4 999

2016086 Huang Huaping，Deng Guantie，Radenovic S.，Chen Zhanmei，Fixed point results for admissible mappings with application to integral equations，Journal of Nonlinear Science and Applications，2016，9(12)：6 260～6 273

2016087 Huang Liping，Lü Benjian，Wang Kaishun，The endomorphisms of Grassmann graphs，Ars Mathematica Contemporanea，2016，10(2)：383～392

2016088 Huang Peng，Li Xiong，Liu Bin，Quasi-periodic solutions for an asymmetric oscillation，Nonlinearity，2016，29(10)：3 006～3 030

2016089 黄元，王昊晨，张同杰，宇宙学模型简并与分立性质研究，北京师范大学学报(自然科学版)，2016，52(2)：143～147

2016090 加春燕，崔丽，基于频谱边缘检测和 Radon 变换估计运动模糊图像的方向，图学学报，2016，37(3)：434～438

2016091 Jiang Renjin，Li Huaiqian，Zhang Huichun，Heat kernel bounds on metric measure spaces and some applications, Potential Analysis, 2016, 44(3): 601～627

2016092 Jiang Renjin, Xiao Jie, Yang Dachun, Towards spaces of harmonic functions with traces in square Campanato spaces and their scaling invariants, Analysis and Applications, 2016, 14(5): 679～703

2016093 Jiang Renjin, Zhang Huichun, Hamilton's gradient estimates and a monotonicity formula for heat flows on metric measure spaces, Nonlinear Analysis: Theory Methods and Applications, 2016, 131(1): 32～47

2016094 Jin Tianshou, Ge Jianquan, On submanifolds whose tubular hypersurfaces have constant higher order mean curvatures, Acta Mathematica Sinica, English Series, 2016, 32(4): 474～498

2016095 Jin Tianling, Xiong Jingang, Schauder estimates for nonlocal fully nonlinear equations, Annales de l'Institut Henri Poincaré: Analyse Non Linéaire, 2016, 33(5): 1 375～1 407

2016096 Jin Tianling, Xiong Jingang, Solutions of some Monge-Ampère equations with isolated and line singularities, Advances in Mathematics, 2016, 289: 114～141

2016097 康玥媛，曹一鸣，小学、初中数学认知要求的国际比较：基于中、美、英、澳、芬、新六国课程标准的研究，教育科学研究，2016，(1)：65～70

2016098 Li Baode, Fan Xingya, Fu Zunwei, Yang Dachun, Molecular characterization of anisotropic Musielak-Orlicz Hardy spaces and their applications, Acta Mathematica Sinica, English Series, 2016, 32(11): 1 391～1 414

2016099 Li Deqing, Zeng Wenyi, Li Junhong, Yu Fusheng, Note on hesitant fuzzy prioritized weighted operators, Journal of Intelligent and Fuzzy Systems, 2016, 30(6): 3 191～3 196

2016100 Li Haichou, Deng Guantie, Qian Tao, Hardy space decomposition of L^p on the unit circle: $0<p\leqslant 1$, Complex Variables and Elliptic Equations, 2016, 61(4): 510～523

2016101 Li Huiqiong, Wu Liucang, Yi Jieyi, A skew-normal mixture of joint location, scale and skewness models, Applied Mathematics (A Journal of Chinese University), 2016, 31B(3): 283～295

2016102 Li Jiequan, Du Zhifang, A two-stage fourth order time-accurate discretization for Lax-Wendroff type flow solvers Ⅰ. Hyperbolic conservation laws, SIAM Journal on Scientific Computing, 2016, 38A(5): 3 046～3 069

2016103 Li Jingna, Shang Haifeng, Wu Jiahong, Xu Xiaojing, Ye Zhuan, Regularity criteria for the 2D Boussinesq equations with supercritical dissipation, Communications in Mathematical Sciences, 2016, 14(7): 1 999～2 022

2016104 Li Junfeng, Meng Kun, Global well-posedness for the fifth order Kadomtsev-Petviashvili Ⅱ equation in three dimensional space, Nonlinear Analysis: Theory Methods and Applications, 2016, 130: 157～175

2016105 Li Kun, Huang Jianhua, Li Xiong, He Yanli, Asymptotic behavior and uniqueness of traveling wave fronts in a competitive recursion system, Zeitschrift für Angewandte Mathematik und Physik，2016，67(6)：Article ID 144

2016106 Li Pending，Li Zhang，On focal submanifolds of isoparametric hypersurfaces and Simons formula，Results in Mathematics，2016，70(1～2)：183～195

2016107 Li Qichao，Clifford systems，Cartan hypersurfaces and Riemannian submersions，Journal of Geometry，2016，107(3)：557～565

2016108 Li Qichao，Corrigendum to "Isometric immersions of generalized Berger spheres in $S^4(1)$ and $CP^2(4)$"[Journal of Geometry and Physics，2015，98(1)：21～27]，Journal of Geometry and Physics，2016，106：427～428

2016109 李启超，荣贺，从高中数学试题到纠错码理论，数学通报，2016，55(4)：47～51

2016110 Li Siming，Sheng Yao，Li Yong，The quasi-stochastically constrained least squares method for ill linear regression，Communications in Statistics：Theory and Method，2016，45(2)：217～225

2016111 Li Xia，Interior W^2，p(x)-regularity for elliptic equations of nondivergence form，Journal of Mathematical Analysis and Applications，2016，435(1)：661～676

2016112 Li Xiao，Qiao Zhonghua，Zhang Hui，An unconditionally energy stable finite difference scheme for a stochastic Cahn-Hilliard equation，Science China：Mathematics，2016，59(9)：1 815～1834

2016113 Li Zhengyang，Xue Qingying，Endpoint estimates for the commutators of multilinear Calderón-Zygmund operators with Dini type kernels，Journal of Inequalities and Applications，2016，Article ID 252

2016114 李祖胜，孙玉秋，胡维，黎雄，基于数字图像处理技术的双指针机械仪表读数自动识别方法，长江大学学报(自然科学版)，2016，13(31)：31～36

2016115 栗健，方伟华，张晓宁，曹诗嘉，杨幸美，刘行，孙京，基于多致灾因子相似的热带气旋检索方法研究：以风暴潮-海浪灾害预评估为例，海洋科学，2016，40(8)：49～60

2016116 Liang Yiyu，Dang Ky Luong，Yang Dachun，Weighted endpoint estimates for commutators of Calderón-Zygmund operators，Proceedings of the American Mathematical Society，2016，144(12)：5 171～5 181

2016117 Liang Yiyu，Yang Dachun，Jiang Renjin，Weak Musielak-Orlicz Hardy spaces and applications，Mathematische Nachrichten，2016，289(5～6)：634～677

2016118 Liao Zhongwei，Discrete weighted Hardy inequalities with different kinds of boundary conditions，Acta Mathematica Sinica，English Series，2016，32(9)：993～1 013

2016119 Liao Zhongwei，Wang Lindi，Zhang Yuhui，Probabilistic meanings of numerical characteristics for single birth processes，应用概率统计，2016，32(5)：452～462

2016120 刘案清，朱文芳，"以数助形巧拼正方形"教学设计点评，中国数学教育，2016，(5)：36

2016121 刘虹利，王红瑞，孙沁田，杨中文，洪思扬，HM-Bayes 网络降水空间插值模型的改进及其应用，系统工程理论与实践，2016，36(11)：2 964～2 976

2016122 刘嘉琪，邹泞憶，周梓楠，王颖喆，互联网时代出租车供需匹配程度及补贴方案确定，经济数学，2016，33(2)，103～110

2016123 刘洁民，从文化视角看科学素养，科学与社会，2016，(1)：11～23

2016124 Liu Jiemin (刘洁民), About the concept of culture, Вестник Бурятскoто Госуларстьеннотого Уониьерситета, 2016, (4): 60～72

2016125 Liu Jingning, Zhang Mei, Large deviation for supercritical branching processes with immigration, Acta Mathematica Sinica, English Series, 2016, 32 (8): 893～900

2016126 Liu Jun (刘军), Yang Dachun, Yuan Wen, Anisotropic Hardy-Lorentz spaces and their applications, Science China: Mathematics, 2016, 59(9): 1 669～1 720

2016127 Liu Liguang, Yang Dachun, Yuan Wen, Besov-type and Triebel-Lizorkin-type spaces associated with heat kernels, Collectanea of Mathematics, 2016, 67 (2): 247～310

2016128 刘天彪，柯洪捷，曹雪薇，马瑞瑶，赵鑫，基于主成分分析和Q型聚类分析的2011赛季中国足球超级联赛各队的技战术综合分析，河北科技师范学院学报，2016，(1)：35～42

2016129 Liu Wei, Ma Yutao, Wu Liming, Spectral gap, isoperimetry and concentration on trees, Science China: Mathematics, 2016, 59(3): 539～556

2016130 刘晓婷，郭衎，曹一鸣，教师数学教学知识对小学生数学学业成绩的影响，教师教育研究，2016，28(4)：42～48

2016131 Liu Yan, Yu Fusheng, Ma Jie, Collaborative fuzzy clustering method for large scale interval data, Control and Decision Conference (CCDC), 2016: 3 906～3 911

2016132 刘永平，许贵桥，一般多元线性问题的指数收敛易处理性，高等学校计算数学学报，2016，38(4)：375～384

2016133 Liu Yongping, Xu Guiqiao, A note on tractability of multivariate analytic problems, Journal of Complexity, 2016, 34(1): 42～49

2016134 Liu Yongping, Wu Wenyan, Xu Guiqiao, The best constants in the Wirtinger inequality, International Journal of Wavelets Multiresolution and Information Processing, 2016, 14(6): Article ID 1650048

2016135 Liu Yuming (刘玉明), Zhou Guodong, The Batalin-Vilkovisky structure over the Hochschild cohomology ring of a group algebra, Journal of Noncommutative Geometry, 2016, 10(3): 811～858

2016136 Liu Zhihua, Magal P., Ruan Shigui, Oscillations in age-structured models of consumer-resource mutualisms, Discrete and Continuous Dynamical Systems, 2016, 21B(2): 537～555

2016137 Liu Zhihua, Magal P., Xiao Dongmei, Bogdanov-Takens bifurcation in a predator-prey model, Zeitschrift für Angewandte Mathematik und Physik, 2016, 67(6): Article ID 137

2016138 龙品红，韩惠丽，邓冠铁，锥中无穷远处与稳态的薛定谔算子相关的稀疏集的覆盖性质，数学物理学报，2016，36(6)：1 082～1 091

2016139 Long Shude, Cai Junliang, Counting unicursal planar near-triangulation, Advances and Applications in Discrete Mathematics, 2016, 17(4): 373～382

2016140 Long Shude, Cai Junliang, Enumeration of a class of rooted planar unicyclic maps, Ars Combinatoria, 2016, 125: 47～62

2016141 卢广存，一些 C^2 泛函的临界点定理的非光滑推广，中国科学：数学，2016，46(5)：615～638

2016142 Lu Guangcun, Corrigendum to "The splitting lemmas for nonsmooth functionals on Hilbert spaces Ⅱ. The case at infinity"(Topological Methods in Nonlinear Analysis, 2014, 44(2): 277～335) Topological Methods in Nonlinear Analysis, 2016, 48(1): 339～343

2016143 Lu Guangcun, Splitting lemmas for the Finsler energy functional on the space of H^1-curves, Proceedings of the London Mathematical Society, 2016, 113(1): 24～76

2016144 Lu Guozhen, Tang Hanli, Sharp Moser-Trudinger inequalities on hyperbolic spaces with exact growth condition, The Journal of Geometric Analysis, 2016, 26(2): 837～857

2016145 Lu Guozhen, Tang Hanli, Sharp singular Trudinger-Moser inequalities in Lorentz-Sobolev spaces, Advanced Nonlinear Studies, 2016, 16(3): 581～601

2016146 Lu Shanzhen, Shi Shaoguang, Characterizations of function spaces via boundedness of commutators, Analysis in Theory and Applications, 2016, 32(3): 291～302

2016147 Lü Yunfei, Li Tongtong, Pei Yongzhen, Yuan Rong, A complete analysis of the global dynamics of a diffusive predator and toxic prey model, Applied Mathematics and Computation, 2016, 291: 182～196

2016148 Lü Yunfei, Pei Yongzhen, Yuan Rong, Hopf bifurcation and global stability of a diffusive Gause-type predator-prey models, Computers and Mathematics with Applications, 2016, 72(10): 2 620～2 635

2016149 Lü Yunfei, Yuan Rong, Pei Yongzhen, Smoothness of semiflows for parabolic partial differential equations with state-dependent delay, Journal of Differential Equations, 2016, 260(7): 6 201～6 231

2016150 Ma Xuanlong, Feng Min, Wang Kaishun, The rainbow connection number of the power graph of a finite group, Graphs and Combinatorics, 2016, 32(4): 1 495～1 504

2016151 Ma Xuanlong, Wang Kaishun, Integral Cayley sum graphs and groups, Discussiones Mathematicae Graph Theory, 2016, 36(4): 797～803

2016152 Ma Xuanlong, Wang Kaishun, On finite groups all of whose cubic Cayley graphs are integral, Journal of Algebra and Its Applications, 2016, 15(6): Article ID 1 650 105

2016153 Ma Yutao, Wang Ran, Wu Liming, Logarithmic Sobolev, isoperimetry and transport inequalities on graphs, Acta Mathematica Sinica, English Series, 2016, 32(10): 1 221～1 236

2016154 Ma Zhaohai, Yuan Rong, Nonlinear stability of traveling wavefronts for delayed reaction-diffusion equation with nonlocal diffusion，Taiwanese Journal of Mathematics，2016，20(4)：871～896

2016155 Mao Yaping，Wang Zhao，Gutman I.，Steiner Wiener index of graph products，Transactions on Combinatorics，2016，5(3)：39～50

2016156 Mao Yonghua，Zhang Chi，Zhang Yuhui，Separation cutoff for upward skip-free chains，Journal of Applied Probability，2016，53(1)：299～306

2016157 孟君，张飞飞，杜伟，国家宽松货币政策下的煤炭行业股票波动性研究，中国煤炭，2016，(4)：16～21

2016158 聂玉秀，谢天，张娟，高中生数学学习动机现状的调查研究，教育现代化，2016，(6)：202～203

2016159 Niu Miaomiao，Tang Zhongwei，Least energy solutions for nonlinear Schrödinger equations involving the half Laplacian and critical growth，Journal of Fixed Point Theory and Applications，2016，18(2)：367～395

2016160 Niu Miaomiao，Tang Zhongwei，Least energy solutions of nonlinear Schrödinger equations involving the half Laplacian and potential wells，Communications on Pure and Applied Analysis，2016，15(4)：1 215～1 231

2016161 Qian Chao，Ge Jianquan，Differential topology interacts with isoparametric foliation，Geometry and topology of manifolds，Springer Proceedings in Mathematics and Statistics，Springer，2016，154：147～157

2016162 Qian Chao，Tang Zizhou，Isoparametric foliations，a problem of Eells-Lemaire and conjectures of Leung，Proceedings of the London Mathematical Society，2016，112(6)：979～1 001

2016163 秦国刚，吴一凡，初探课堂教学中例题教学的设计，数学学习与研究，2016，(13)：30

2016164 卿欢，李晓，纪光华，张辉，求解 Cahn-Hilliard 方程非线性项的两种数值格式对比，数值计算与计算机应用，2016，37(2)：95～115

2016165 Qiu Yanping，Hu Tao，Liang Baosheng，Cui Hengjian，Robust estimation of parameters in nonlinear ordinary differential equation models，Journal of Systems Science and Complexity，2016，29(1)：41～60

2016166 饶俊峰，张显峰，练静芳，大气可降水量卫星遥感反演不确定性对太阳总辐射模拟的影响，自然资源学报，2016，(4)：639～648

2016167 师玥，金蛟，基于稳健判别方法的基因剪切位点识别，数学的实践与认识，2016，46(22)：202～208

2016168 Si Zengyan，Xue Qingying，A note on vector-valued maximal multilinear operators and their commutators，Mathematical Inequalities and Applications，2016，19(1)：249～262

2016169 Si Zengyan，Xue Qingying，Multilinear square functions with kernels of Dini′s type，Journal of Function Spaces，2016，Article ID 4876146

2016170 宋乃琪，赵纪满，Heisenberg 型群上的仿积算子，数学学报，2016，59A(4)：433～450

2016171 宋乃琪，赵纪满，与 Full-Laplacian 算子相关的波方程的色散估计和 Strichartz 估计，数学物理学报，2016，36A(1)：90～116

2016172 Su Kehua，Cui Li，Qian Kun，Lei Na，Zhang Junwei，Zhang Min，David Gu Xianfeng，Area-preserving mesh parameterization for poly-annulus surfaces based on optimal mass transportation，Computer Aided Geometric Design，2016，46(C)：76～91

2016173 Su Kehua，Chen Wei，Lei Na，Cui Li，Jiang Jian，David Gu Xianfeng，Measure controllable volumetric mesh parameterization，Computer-Aided Design，2016，78(C)：188～198

2016174 Su Xifeng，Wang Lin，Yan Jun，Weak KAM theory for Hamilton-Jacobi equations depending on unknown functions，Discrete and Continuous Dynamical Systems，2016，36A(11)：6 487～6 522

2016175 Su Xiaole，Sun Hongwei，Wang Yusheng，On Blaschke′s conjecture，Pacific Journal of Mathematics，2016，282(2)：479～485

2016176 Sun Liming，Xiong Jingang，Classification theorems for solutions of higher order boundary conformally invariant problems Ⅰ，Journal of Functional Analysis，2016，271(12)：3 727～3 764

2016177 Sun Xianbo，Zhao Liqin，Perturbations of a class of hyper-elliptic Hamiltonian systems of degree seven with nilpotent singular points，Applied Mathematics and Computation，2016，289：194～203

2016178 Sun Xiaoqiang，Bao Jiguang，Shao Yongzhao，Mathematical modeling of Therapy-induced cancer drug resistance，Scientific Reports，2016：6：Article ID 22498

2016179 Sun Xiuli，Yuan Rong，Cao Jianzhi，Bifurcations for Goodwin model with three delays，Nonlinear Dynamics，2016，84(2)：1 093～1 105

2016180 Tan Jian，Zhao Jiman，Fractional integrals on variable Hardy-Morrey spaces，Acta Mathematica Hungarica，2016，148(1)：174～190

2016181 汤获，邓冠铁，由 Dziok-Srivastava 算子定义的多叶解析函数类的性质，数学杂志，2016，36(3)：543～551

2016182 汤获，Srivastava H. M.，邓冠铁，上半平面中解析函数的微分从属和微分超从属，数学物理学报，2016，36(2)：201～214

2016183 唐晗力，分数次积分算子的弱型极限行为，北京师范大学学报(自然科学版)，2016，52(1)：5～7

2016184 Tang Hui，Liu Zhihua，Hopf bifurcation for a predator-prey model with age structure，Applied Mathematical Modelling，2016，40(2)：726～737

2016185 王凤雨，带奇异系数的随机(偏)微分方程，北京师范大学学报(自然科学版)，2016，52(6)：663～668

2016186 Wang Fengyu，Derivative formulas and Poincaré inequality for Kohn-Laplacian type semigroups，Science China：Mathemetics，2016，59(2)：261～280

2016187 Wang Fengyu，Gradient estimates and applications for Neumann semigroup on narrow strip，Mathematische Zeitschrift，2016，282(1～2)：43～60

2016188 Wang Fengyu, Gradient estimates and applications for SDEs in Hilbert space with multiplicative noise and Dini continuous drift, Journal of Differential Equations, 2016, 260(3): 2 792～2 829

2016189 Wang Fengyu, Integration by parts formula and applications for SPDEs with jumps, Stochastics, 2016, 88(5): 737～750

2016190 Wang Fengyu, Wang Jian, Functional inequalities for convolution probability measures, Annales de l'Institut Henri Poincaré: Probabilités et Statistiques, 2016, 52(2): 898～914

2016191 王建波，曹一鸣，中美澳初中数学教材统计内容比较研究，数学教育学报，2016，25(3)：14～19

2016192 王立东，郭衎，孟梦，认知诊断理论在数学教育评价中的应用，数学教育学报，2016，25(5)：15～19，55

2016193 王禄恒，李勇，一种结合各类同化算法的一般方法，北京师范大学学报(自然科学版)，2016，52(2)：127～133

2016194 Wang Pei, The cellularity of twisted doubles of algebras with radical square zero, Communications in Algebra, 2016, 44(1): 390～403

2016195 王舒啸，郑子皓，邢家瑞，打车补贴方案的优化设计，当代经济，2016，(15)：68～69

2016196 Wang Xiao, Yu Fusheng, Pedrycz W., An area-based shape distance measure of time series, Applied Soft Computing, 2016, 48: 650～659

2016197 Wang Xintian, Semistable representations of quivers with automorphism, Science China: Mathematics, 2016, 59(6): 1 051～1 060

2016198 王幼宁，正三角形等截分逆问题的推广及其解析求解，数学通报，2016，55(5)：51～53

2016199 王雨生，高东，关于复射影空间上两点间的距离公式，北京师范大学学报(自然科学版)，2016，52(4)：409-412

2016200 王姿婷，李建华，经典NIM游戏的启发式策略分析，数学通报，2016，55(12)：41～47

2016201 Wei Yulong, Ma Xuanlong, Wang Kaishun, Rainbow connectivity of the non-commuting graph of a finite group, Journal of Algebra and Its Applications, 2016, 15(7): Article ID 1650127

2016202 Wu Dating, Zhang Hui, Numerical investigation of the growth kinetics for macromolecular microsphere composite hydrogel based on the TDGL equation, Journal of Theoretical and Computational Chemistry, 2016, 15(8): Article ID 1650064

2016203 Wu Jiahong, Xu Xiaojing, Xue Liutang, Ye Zhuan, Regularity results for the 2D Boussinesq equations with critical or supercritical dissipation, Communications in Mathematical Sciences, 2016, 14(7): 1 963～1 997

2016204 吴立宝，曹一鸣，初中数学教科书代数内容分布的国际比较研究，外国中小学教育，2016，(2)：55～60

2016205 谢瑞军，袁荣，具有分布时滞的脉冲种群系统的动力学行为，数学的实践与认

识，2016，46(6)：213～222

2016206 Xie Ruijun，Yuan Rong，Zhang Yi，Wavefronts in nonlocal reaction-diffusion systems with state-dependent time delay，Dynamics of Continuous，Discrete and Impulsive Systems，Series A：Mathematical Analysis，2016，23(2)：79～95

2016207 Xu Wei，Backward doubly stochastic equations with jumps and comparison theorems，Journal of Mathematical Analysis and Applications，2016，443(1)：596～624

2016208 Xue Chao，Zhu Kai，Chen Yanping，Boundedness for the singular integral with variable kernel and fractional differentiation on weighted Morrey spaces，Analysis in Theory and Applications，2016，32(3)：205～214

2016209 Xue Liutang，On the locally self-similar solution of the surface quasi-geostrophic equation with decaying or non-decaying profiles，Journal of Differential Equations，2016，261(10)：5 590～5 608

2016210 Xue Qingying，Yan Jingquan，Generalized commutators of multilinear Calderón-Zygmund type operators，Journal of the Mathematical Society of Japan，2016，68(3)：1 161～1 188

2016211 严虹，中、新、韩、日四国高中数学课程标准的比较研究：以微积分内容标准为例，教学与管理，2016，(3)：112～115

2016212 严虹，曹一鸣，基础教育阶段数学课程设置的国际比较：以“数与运算”内容设置为例，教育探索，2016，(5)：39～41

2016213 Yan Xianjie，Yang Dachun，Yuan Wen，Zhuo Ciqiang，Variable weak Hardy spaces and their applications，Journal of Functional Analysis，2016，271(10)：2 822～2 887

2016214 Yang Dachun，Yang Sibei，Maximal function characterizations of Musielak-Orlicz-Hardy spaces associated to non-negative self-adjoint operators satisfying Gaussian estimates，Communications on Pure and Applied Mathematics，2016，15(6)：2 135～2 160

2016215 Yang Dachun，Yang Sibei，Regularity for inhomogeneous Dirichlet problems of some Schrödinger equations on domains，Journal of Geometry and Physics，2016，26(3)：2 097～2 129

2016216 Yang Dachun，Zhang Junqiang，Riesz transform characterizations of Hardy spaces associated to degenerate elliptic operators，Integral Equations Operator Theory，2016，84(2)：183～216

2016217 Yang Dachun，Zhuo Ciqiang，Molecular characterizations and dualities of variable exponent Hardy spaces associated with operators，Annales Academiae Scientiarum Fennicae，Mathematica，2016，41(1)：357～398

2016218 Yang Dachun，Zhuo Ciqiang，Nakai E.，Characterizations of variable exponent Hardy spaces via Riesz transforms，Revista Matematica Complutense，2016，29(2)：245～270

2016219 杨纪华，贺慧，时滞机床颤振模型的稳定性和 Hopf 分支分析，数学的实践与认识，2016，46(8)：161～165

2016220 杨纪华，刘媚，多重时滞富营养化生态模型的稳定性与分支分析，数学杂志，2016，36(6)：1 222～1 230

2016221 杨纪华，张二丽，刘媚，双时滞 HIV 病毒的 CD4＋T-细胞模型的稳定性和分支分析，应用数学，2016，29(2)：239～245

2016222 Yang Jihua，Zhao Liqin，Limit cycle bifurcations for piecewise smooth Hamiltonian systems with a generalized eye-figure loop，International Journal of Bifurcation and Chaos，2016，26(12)：Article ID 1650204

2016223 Yang Jihua，Zhao Liqin，Zeros of Abelian integrals for a quartic Hamiltonian with figure-of-eight loop through a nilpotent saddle，Nonlinear Analysis：Real World Applications，2016，27：350～365

2016224 Yang Qixiang，Ding Yong，Fast algorithm for Calderón-Zygmund operators：convergence speed and rough kernel，Acta Mathematica Sinica，English Series，2016，32(2)：345～358

2016225 Yang Xianshan，Li Xiong，Wang Hao，Kuang Yang，Stability and bifurcation in a stoichiometric producer-grazer model with knife edge，SIAM Journal on Applied Dynamical Systems，2016，15(4)：2 051～2 077

2016226 Yang Yuefeng，Lü Benjian，Wang Kaishun，Weakly distance-regular digraphs of valency three，I，European Journal of Combinatorics，2016，23(2)：Article ID 12

2016227 Ye Zhuan，A logarithmically improved regularity criterion of smooth solutions for the 3D Boussinesq equations，Osaka Journal of Mathematics，2016，53(2)：417～423

2016228 Ye Zhuan，Global well-posedness and decay results to 3D generalized viscous magnetohydrodynamic equations，Annali di Matematica Pura ed Applicata，2016，195(4)：1 111～1 121

2016229 Ye Zhuan，On the regularity criterion for the 2D Boussinesq equations involving the temperature，Applicable Analysis，2016，95(3)：615～626

2016230 Ye Zhuan，Remarks on the regularity criterion to the Navier-Stokes equations via the gradient of one velocity component，Journal of Mathematical Analysis and Applications，2016，435(2)：1 623～1 633

2016231 Ye Zhuan，Xu Xiaojing，Global regularity for the 2D Oldroyd-B model in the corotational case，Mathematical Methods in the Applied Sciences，2016，39(13)：3 866～3 879

2016232 Ye Zhuan，Xu Xiaojing，Global regularity results of the 2D Boussinesq equations with fractional Laplacian dissipation，Journal of Mathematical Fluid Mechanics，2016，18(2)：361～380

2016233 Ye Zhuan，Xu Xiaojing，Global well-posedness of the 2D Boussinesq equations with fractional Laplacian dissipation，Journal of Differential Equations，2016，260(8)：6 716～6 744

2016234 于国文，积累学生数学基本活动经验的概念课案例研究，教育导刊，2016，(17)：81～84

2016235 Yu Xiao, Lu Shanzhen, Boundedness for a class of fractional integrals with a rough kernel related to block spaces, Frontiers of Mathematics in China, 2016, 11(1): 173～187

2016236 Yu Xiao, Lu Shanzhen, Boundedness for the generalized commutator of Sjölin type operators, Journal of Mathematical Inequalities, 2016, 10(4): 1 189～1 200

2016237 Yuan Wen, Complex interpolation and Calderón product of quasi-Banach spaces, Frontiers of Mathematics in China, 2016, 11(3): 753～762

2016238 Yuan Wen, Lu Yufeng, Yang Dachun, Several equivalent characterizations of fractional Hajłasz-Morrey-Sobolev spaces, Applied Mathematics (A Journal of Chinese University), 2016, 31B(3), 343～354

2016239 Zhan Fuqin, Qiao Youfu, Cai Junliang, On the sum-connectivity spectral radius and sum-connectivity Estrada index of graphs, Ars Combinatoria, 2016, 124: 209～223

2016240 Zhan Xuzhou, Hu Yongjian, Chen Gongning, On maximal weight solutions of two matricial moment problems in the nondegenerate case, Linear Algebra and Its Applications, 2016, 506: 413～444

2016241 Zhang Boyu, Quantal response methods for equilibrium selection in normal form games, Journal of Mathematical Economics, 2016, 64: 113～123

2016242 Zhang Boyu, Fan Songjia, Li Cong, Zheng Xiudeng, Bao Jianzhang, Cressman R., Tao Yi, Opting out against defection leads to stable coexistence with cooperation, Scientific Reports, 2016, 6: Article ID 35902

2016243 Zhang Boyu, Hofbauer J., Quantal response methods for equilibrium selection in 2×2 coordination games, Games and Economic Behaviors, 2016, 97(1): 19～31

2016244 Zhang Boyu, Li Cong, Tao Yi, Evolutionary stability and the evolution of cooperation on heterogeneous graphs, Dynamic Games and Applications, 2016, 6(4): 567～579

2016245 Zhang Caifeng, Liu Zhao, Liouville-type theorems for integral and PDE systems with critical exponents in a half space, Complex Variables and Elliptic Equations, 2016, 61(6): 731～746

2016246 Zhang Chong, Local periods for discrete series representations, Journal of Functional Analysis, 2016, 271(6): 1 525～1 543

2016247 张二丽，杨纪华，非线性物价模型的稳定性与 Hopf 分支分析，贵州师范学院学报，2016，32(6)：7～9

2016248 张二丽，杨纪华，关于交错等幂和问题，洛阳师范学院学报，2016，(5)：1～5

2016249 Zhang Hui, Strain-stress relation in macromolecular microsphere composite hydrogel, Applied Mathematics and Mechanics, English Edition, 2016, 37(11): 1 539～1 550

2016250 Zhang Yanhui, Deng Guantie, Qian Tao, Integral representations of a class of harmonic functions in the half space, Journal of Differential Equations, 2016, 260(2): 923～936

2016251 张艳慧，邓冠铁，杨康莉，半空间中几类多项式与 Poisson 核乘积的积分及增长性，数学进展，2016，45(1)：89～94

2016252 张英伯，Claus 和我们，见：丘成桐，刘克峰，杨乐，季理真，主编；张英伯，副主编，数学的教与学，数学与人文，第 20 辑，2016：99～115

2016253 张英伯，从颁奖典礼说起，见：丘成桐，刘克峰，杨乐，季理真，主编；张英伯，副主编，数学的教与学，数学与人文，第 20 辑，2016：149～153

2016254 张英伯，女校名师，远去的女附中，北京师范大学附属实验中学，2016

2016255 张英伯，《中国大学先修课程》初探，中国数学会通讯，2016，(3)：17～32；数学文化，2016，7(3)：29～37

2016256 张余辉，单死过程平稳分布的新表示，北京师范大学学报(自然科学版)，2016，52(2)：139～140

2016257 张玉环，吴立宝，曹一鸣，法国初中数学教材特点剖析及启示，数学教育学报，2016，25(6)：32～37

2016258 Zhang Zhengru，Ma Yuanzi，On a large time-stepping method for the swift-Hohenberg equation，Advances in Applied Mathematics and Mechanics，2016，8(6)：992～1 013

2016259 Zhang Ziheng，Xiang Tian，Yuan Rong，Homoclinic solutions for p(t)-Laplacian-Hamiltonian systems without coercive conditions，Mediterranean Journal of Mathematics，2016，13(4)：1 589～1 611

2016260 Zhang Ziheng，You Honglian，Yuan Rong，Homoclinic solutions for second order Hamiltonian systems with general potentials，Mathematica Slovaca，2016，66(4)：887～900

2016261 Zhang Ziheng，Yuan Rong，Existence of two almost homoclinic solutions for p(t)-Laplacian Hamiltonian systems with a small perturbation，Journal of Applied Mathematics and Computing (Korean)，2016，52(1～2)：173～189

2016262 Zhang Ziheng，Yuan Rong，Existence of solutions to fractional Hamiltonian systems with combined nonlinearities，Electronic Journal of Differential Equations，2016，Article ID 40

2016263 Zhao Liang，Zhang Ning，Existence of solutions for a higher order Kirchhoff type problem with exponential critical growth，Nonlinear Analysis：Theory Methods and Applications，2016，132：214～226

2016264 赵岩，黄鑫鑫，王红瑞，王欣莉，许新宜，基于区间数多目标规划的河北省水资源与产业结构优化，自然资源学报，2016，(7)：1 241～1 250

2016265 Zhao Zhenyu，Meng Zehong，Zhao Liang，You Lei，Xie Ou，A stabilized algorithm for multi-dimensional numerical differentiation，Journal of Algorithms and Computational Technology，2016，10(2)：73～81

2016266 Zhuo Ciqiang，Sawano Y.，Yang Dachun，Hardy spaces with variable exponents on RD-spaces and applications，Dissertationes Mathematicae，2016，520

2016267 Zhuo Ciqiang，Yang Dachun，Liang Yiyu，Intrinsic square function characterizations of Hardy spaces with variable exponents，Bulletin of the Malaysian Mathematical Sciences Society，2016，39(4)：1 541～1 577

2016268 Zhou Ciqiang，Yang Dachun，Maximal function characterizations of variable Hardy spaces associated with non-negative self-adjoint operators satisfying Gaussian estimates，Nonlinear Analysis：Theory Methods and Applications，2016，141：16～42

2016269 周明旭，曹一鸣，PISA数学素养测评主要结构，中国教师，2016，(1)：56～58

2016270 周湘辉，黎雄，周武能，高攀，具有随机扰动和多重变时滞的神经网络稳定性分析，数学的实践与认识，2016，46(3)：246～253

2016271 朱正元，王申怀，构造基本解都为整数的线性规划的方法，北京师范大学学报(自然科学版)，2016，52(1)：8～11

2017001 Bao Jiguang，Ju Hongjie，Li Haigang，Optimal boundary gradient estimates for Lame systems with partially infinite coefficients，Advances in Mathematics，2017，314：583～629

2017002 Bao Jiguang，Li Haigang，Li Yanyan，Gradient estimates for solutions of the Lame system with partially infinite coefficients in dimensions greater than two，Advances in Mathematics，2017，305：298～338

2017003 Bao Jiguang，Wu Yifei，Global well-posedness for the periodic generalized Korteweg-de Vries equation，Indian University Mathematics Journal，2017，66(5)：1 797～1 825

2017004 Cao Jun，Mayboroda S.，Yang Dachun，Local Hardy spaces associated with inhomogeneous higher order elliptic operators，Analysis and Applications，2017，15(2)：137～224

2017005 Cao Mingming，Xue Qingying，Bi-parameter Littlewood-Paley operators with upper doubling measures，Illinois Journal of Mathematics，2017，61(1～2)：53～79

2017006 Cao Mingming，Xue Qingying，Two-weight entropy boundedness of multilinear fractional type operators，Journal of Mathematical Inequalities，2017，11(2)：441～453

2017007 Cao Mingming，Xue Qingying，Yabuta K.，On multilinear fractional strong maximal operator associated with rectangles and multiple weights，Revista Matemática Iberoamericana，2017，33(2)：555～572

2017008 Cao Waixiang，Superconvergence of immersed finite volume methods for one-dimensional interface problems，Journal of Scientific Computing，2017，73(2)：543～565

2017009 Cao Xu，Bao Jiguang，Hessian equations on exterior domain，Journal of Mathematical Analysis and Applications，2017，448(1)：22～43

2017010 曹一鸣，促进学科能力发展的教学改进：落实核心素养，促进学科能力发展，中国教师，2017，(2)：12～13

2017011 曹一鸣，李欣莲，郭衎，初中生课余学习及其相关因素研究，天津师范大学学报(社会科学版)，2017，(5)：58～63

2017012 曹一鸣，刘坚，促进学生数学核心素养与关键能力发展的教学研究，中小学课堂教学研究，2017，(4)：3～6

2017013 曹一鸣，严虹，陆吉健，高中数学课程内容设置的国际比较研究，教育理论与实践，2017，37(35)：37～40

2017014 Chang Derchen，Liu Jun(刘军)，Yang Dachun，Yuan Wen，Littlewood-Paley characterizations of Hajlasz-Sobolev and Triebel-Lizorkin spaces via averages on balls，Potential Analysis，2017，46(2)：227～259

2017015 Chen Dongxiang，Lu Shanzhen，Mao Suzhen，Multiple weighted estimates for maximal vector-valued commutator of multilinear Calderón-Zygmund singular integrals，Frontiers of Mathematics in China，2017，12(3)：531～558

2017016 Chen Huajie，QM/MM methods for crystalline defects，Part 2：Consistent energy and force-mixing，Multiscale Modeling and Simulation，2017，15(1)：184～214

2017017 Chen Jiao，Dai Wei，Lu Guozhen，L^p boundedness for maximal functions associated with multi-linear pseudo-differential operators，Communications on Pure and Applied Mathematics，2017，16(3)：883～898

2017018 Chen Jiao，Hörmander type theorem for Fourier multipliers with optimal smoothness on Hardy spaces of arbitrary number of parameters，Acta Mathematica Sinica，English Series，2017，33(8)：1 083～1 106

2017019 陈木法，陈木法的自学之旅，数学传播，2017，41(4)：50～59

2017020 陈木法，概率论的进步，应用概率统计，2017，33(5)：538～550

2017021 陈木法，最优搜索问题：从马航失联谈起，数学传播，2017，41(3)：13～25

2017022 Chen Mufa，Global algorithms for maximal eigenpair，Frontiers of Mathematics in China，2017，12(5)：1 023～1 043

2017023 Chen Mufa，The charming leading eigenpair，数学进展，2017，46(4)：481～497

2017024 Chen Mufa，Trilogy on computing maximal eigenpair，In：Queueing Theory and Network Applications，Lecture Notes in Computer Science，Springer，2017，10591：312～329

2017025 Chen Rui，Yang Xiaofeng，Zhang Hui，Second order，linear and unconditionally energy stable schemes for a hydrodynamic model of smectic-A liquid crystals，SIAM Journal on Scientific Computing，2017，39A(6)：2 808～2 833

2017026 Chen Yanping，Ding Yong，Gradient estimates for commutators of square roots of elliptic operators with complex bounded measurable coefficients，Journal of Geometric Analysis，2017，27(1)：466～491

2017027 陈莹，郭玉峰，国家教师资格考试高中数学学科知识题研究：基于2012～2015年7套真题的分析，数学通报，2017，56(11)：12～18

2017028 陈占美，邓冠铁，王翠巧，黄华平，带形区域边界上 L^p 函数的亚纯逼近与分解，北京师范大学学报(自然科学版)，2017，53(5)：505～509

2017029 Cheng Hongmei，Yuan Rong，Existence and asymptotic stability of traveling fronts for nonlocal monostable evolution equations，Discrete and Continuous Dynamical Systems, 2017, 22B(7): 3 007～3 022

2017030 Cheng Hongmei, Yuan Rong, Existence and stability of traveling waves for Leslie-Gower predator-prey system with nonlocal diffusion, Discrete and Continuous Dynamical Systems, 2017, 37(10): 5 433～5 454

2017031 Cheng Hongmei, Yuan Rong, Traveling waves of a nonlocal dispersal Kermack-McKendrick epidemic model with delayed transmission, Journal of Evolution Equations, 2017, 17(3): 979～1 002

2017032 Cheng Zhiyun, A transcendental function invariant of virtual knots, Journal of Mathematical Society of Japan, 2017, 69(4): 1 583～1 599

2017033 Cheng Zhiyun, Bowling ball representation of virtual string links, Journal of Knot Theory and Its Ramifications, 2017, 26(6): Article ID 1742001

2017034 Cheng Zhiyun, Manturov V. O., Matveev S. V., Vesnin A. Y., Yang Zhiqing, Preface (Special issue on Second Russia-China Conference), Held at the Sobolev Institute of Mathematics, Novosibirsk, August 2015, Journal of Knot Theory and Its Ramifications, 2017, 26(6): Article ID 1702003

2017035 Cheng Zhiyun, Sujoy M., Józef H. P., Wang Xiao, Yang S. Y., Realization of plucking polynomials, Journal of Knot Theory and Its Ramifications, 2017, 26(2): Article ID 1740016

2017036 de la Llave R., Su Xifeng, Zhang Lei, Resonant equilibrium configurations in quasi-periodic media: KAM theory, SIAM Journal on Mathematical Analysis, 2017, 49(1): 597～625

2017037 Deng Guantie, Li Haichou, Qian Tao, Rational approximation of functions in Hardy spaces, New trends in analysis and interdisciplinary applications, Trends in Mathematics, Birkhäuser/Springer, Cham., 2017: 189～197

2017038 邓冠铁，王翠巧，Lipshitz 带形区域上的 Hardy 空间，江西师范大学学报(自然科学版)，2017，41(2)：175～179

2017039 Ding Yong, Hong Guixiang, Liu Honghai, Jump and variational inequalities for rough operators, The Journal of Fourier Analysis and Applications, 2017, 23(3): 679～711

2017040 Ding Yong, Lai Xudong, L^1-Dini conditions and limiting behavior of weak type estimates for singular integrals, Revista Matemática Iberoamericana, 2017, 33(4): 1 267～1 284

2017041 Ding Yong, Lai Xudong, Weak type (1, 1) behavior for the maximal operator with L^1-Dini kernel, Potential Analysis, 2017, 47(2): 169～187

2017042 Ding Yong, Lee Mingyi, Lin Chincheng, Carleson measure characterization of weighted BMO associated with a family of general sets, Journal of Geometric Analysis, 2017, 27(1): 842～867

2017043 Ding Yong, Mei Ting, Tent spaces at endpoints, Banach Journal of Mathematical Analysis, 2017, 11(4): 841～863

2017044 Ding Yong, Niu Yaoming, Maximal estimate for solutions to a class of dispersive equation with radial initial value，Frontiers of Mathematics in China，2017，12(5)：1 057～1 084

2017045 Ding Yong，Niu Yaoming，Weighted maximal estimates along curve associated with dispersive equations，Analysis and Applications，2017，15(2)：225～240

2017046 Fan Xingya，He Jianxun，Li Baode，Yang Dachun，Real-variable characterizations of anisotropic product Musielak-Orlicz Hardy spaces，Science China：Mathematics，2017，60(11)：2 093～2 154

2017047 Fang Jingxuan，Zhao Jiman，Triebel-Lizorkin spaces with variable smoothness and integrability on Lie groups of polynomial growth，Journal of Pseudo-Differential Operators and Applications，2017，9(1)：1～12

2017048 Fu Xing，Chang Derchen，Yang Dachun，Recent progress in bilinear decompositions，Applied Mathematics and Optimization，2017，1(1)：153～210

2017049 Fu Xing，Yang Dachun，Liang Yiyu，Products of functions in BMO(X) and $H^1_{at}(X)$ via wavelets over spaces of homogeneous type，The Journal of Fourier Analysis and Applications，2017，23(4)：919～990

2017050 Fu Xing，Yang Dachun，Products of functions in H^1 and BMO over RD-spaces and applications to Schrödinger operators，Journal of Geometric Analysis，2017，27(4)：2 938～2 976

2017051 Gao Chuanwei，Lu Jing，Global well-posedness and scattering of a generalized nonlinear fourth-order wave equation，Mathematical Methods in the Applied Sciences，2017，40(13)：4 842～4 862

2017052 Gao Zhiqiang，Exact convergence rate of the local limit theorem for branching random walks on the integer lattice，Stochastic Processes and Their Applications，2017，127(4)：1 282～1 296

2017053 Ge Jianquan，Xu Song，You Hangyu，Zhou Yi，DDVV-type inequality for Hermitian matrices，Linear Algebra and Its Applications，2017，529：133～147

2017054 Gong Chao，Lü Benjian，Wang Kaishun，The Hilton-Milner theorem for the distance-regular graphs of bilinear forms，Linear Algebra and Its Applications，2017，515：130～144

2017055 Gong Wenmin，Lu Guangcun，On coupled Dirac systems，Discrete and Continuous Dynamical Systems，2017，37(8)：4 329～4 346

2017056 郭衎，曹一鸣，教师数学教学知识对初中生数学学业成就的影响，教育研究与实验，2017，(6)：36～40

2017057 郭晓川，李响，高校学生干部就业能力提升探究，教育现代化，2017，(38)：167～168

2017058 郭晓川，谢天，加强大学生职业生涯规划引导的必要性及具体措施：以北京师范大学数学科学学院为例，文教资料，2017，(14)：144～145

2017059 郭玉峰，张芳，数学基本活动经验主成分和层次水平划分研究，数学教育学报，2017，26(3)：25～29；高中数学教与学，2017，(10)：8～13

2017060 Guo Yuxia，Nie Jianjun，Niu Miaomiao，Tang Zhongwei，Local uniqueness and periodicity for the prescribed scalar curvature problem of fractional operator in $\mathbf{R}^n$, Calculus of Variations and Partial Differential Equations, 2017, 56(4): Article ID 118

2017061 Han Xiao, Cao Shinan, Shen Zhesi, Zhang Boyu, Wang Wenxu, Cressman R., Stanley E., Emergence of communities and diversity in social networks, Proceedings of the National Academy of Sciences, 2017, 114: 2 887～2 891

2017062 Han Xiaoli, Jost J., Liu Lei, Zhao Liang, Bubbling analysis for approximate Lorentzian harmonic maps from Riemann surfaces, Calculus of Variations and Partial Differential Equations, 2017, 56(6): Article ID 175

2017063 Han Xiaoli, Zhao Liang, Zhu Miaomiao, Energy identity for harmonic maps into standard stationary Lorentzian manifolds, Journal of Geometry and Physics, 2017, 114: 621～630

2017064 Han Yu, Li Xiong, On Littlewood's boundedness problem for relativistic oscillators with singular potentials, Journal of Mathematical Analysis and Applications, 2017, 449(2): 1 424～1 471

2017065 何海，王幼宁，双曲平面上非蜕化圆锥截线的聚焦性，理论数学，2017，7(4): 334～348

2017066 He Xin, Conditioning Galton-Watson trees on large maximal outdegree, Journal of Theoretical Probability, 2017, 30(3): 842～851

2017067 He Yuanzhen, Lin C. D., Sun Fasheng, Lü Benjian, Marginally coupled designs for two-level qualitative factors, Journal of Statistical Planning and Inference, 2017, 187: 103～108

2017068 Hong Qing, Zhang Lu, L^p estimates for bi-parameter and bilinear Fourier integral operators, Acta Mathematica Sinica, English Series, 2017, 33(2): 165～186

2017069 Hong Wenming, Zhou Ke, A note on the passage time of finite-state Markov chains, Communications in Statistics: Theory and Methods, 2017, 46(1): 438～445

2017070 Hu Dan, Yu Xianchuan, Wang Jiayin, Statistical inference in rough set theory based on Kolmogorov-Smirnov goodness-of-fit test, IEEE Transactions on Fuzzy Systems, 2017, 25(4): 799～812

2017071 胡凤娟，保继光，任子朝，陈昂，高中数学核心素养测评案例研究，中国考试，2017，(11): 10～16

2017072 Hu Wei, Pan Shengyong, Stable functors of derived equivalences and Gorenstein projective modules, Mathematische Nachrichten, 2017, 290(10): 1 512～1 530

2017073 Huang Hong, Exotic $\mathbf{R}^4$'s and positive isotropic curvature, Differential Geometry and Its Applications, 2017, 51: 112～116

2017074 Huang Huaping, Ansari A. H., Dolićanin-Dekić D., Radenović S., Some fixed point results for rational type and subrational type contractive mappings, Acta Universitatis Sapientiae Mathematica, 2017, 9(1): 185～201

2017075 黄华平，邓冠铁，陈占美，赋值 Banach 代数的锥度量空间中的一类新型不动点

定理，北京师范大学学报(自然科学版)，2017，53(4)：379～383

2017076 黄华平，邓冠铁，陈占美，赋值 Banach 代数的锥度量空间中弱拟压缩映射的不动点定理，应用泛函分析学报，2017，19(4)：396～401

2017077 Huang Huaping，Deng Guantie，Radenović S.，Fixed point theorems for c-class functions in b-metric spaces and applications，Journal of Nonlinear Science and Applications，2017，10(11)：5 853～5 868

2017078 Huang Huaping，Radenović S.，Deng Guantie，A sharp generalization on cone bmetric space over Banach algebra，Journal of Nonlinear Science and Applications，2017，10(2)：429～435

2017079 Huang Jirong，Liu Zhihua，Ruan Shigui，Bifurcation and temporal periodic patterns in a plant-pollinator model with diffusion and time delay，Journal of Biological Dynamics，2017，11(S1)：138～159

2017080 Huang Liping，Lü Benjian，Cores and independence numbers of Grassmann graphs，Graphs and Combinatorics，2017，33(6)：1 607～1 620

2017081 Huang Lujing，Mao Yonghua，On some mixing times for nonreversible finite Markov chains，Journal of Applied Probability，2017，54(2)：627～637

2017082 Huang Peng，Li Xiong，Liu Bin，Almost periodic solutions for an asymmetric oscillation，Journal of Differential Equations，2017，263(12)：8 916～8 946

2017083 Jiang Binghua，Cai Zelin，Chen Jinyang，Huang Huaping，Tripled random coincidence point and common fixed point results of generalized Lipschitz mappings in cone b-metric spaces over Banach algebras，Journal of Nonlinear Science and Applications，2017，10(2)：465～482

2017084 金其余，孔荫莹，邓冠铁，右半平面收敛的随机 Dirichlet 级数 Borel 点，北京师范大学学报(自然科学版)，2017，53(6)：635～642

2017085 Jin Tianling，de Queiroz O. S.，Sire Y.，Xiong Jingang，On local behavior of singular positive solutions to nonlocal elliptic equations，Calculus of Variations and Partial Differential Equations，2017，56(1)：Article ID 9

2017086 Jin Tianling，Li Yanyan，Xiong Jingang，The Nirenberg problem and its generalizations：a unified approach，Mathematische Annalen，2017，369(1～2)：109～151

2017087 Koch H.，Li Junfeng，Global well-posedness and scattering for small data for the threedimensional Kadomtsev-Petviashvili Ⅱ equation，Communications in Partial Differential Equations，2017，42(6)：950～976

2017088 Lam N.，Lu Guozhen，Tang Hanli，Sharp affine and improved Moser-Trudinger-Adams type inequalities on unbounded domains in the spirit of Lions，Journal of Geometric Analysis，2017，27(1)：300～334

2017089 Li Biwen，Huang Huaping，Fixed point results for weak (ψ，φ)-contractions in cone metric spaces over Banach algebras and applications，Journal of Function Spaces，2017，Article ID 5054603

2017090 Li Haigang，Li Yanyan，Gradient estimates for parabolic systems from composite material, Science China: Mathematics, 2017, 60(11): 2 011～2 052

2017091 Li Haigang, Xu Longjuan, Optimal estimates for the perfect conductivity problem with inclusions close to the boundary, SIAM Journal on Mathematical Analysis, 2017, 49 (4): 3 125～3 142

2017092 Li Junfeng, Li Xia, Well-posedness for the fifth order KP-Ⅱ initial data problem in $H_{s,0}$(R×T), Journal of Differential Equations, 2017, 262(3): 2 196～2 230

2017093 Li Junfeng, Liu Peng, Bilinear fractional integral along homogeneous curves, The Journal of Fourier Analysis and Applications, 2017, 23(6): 1 465～1 479

2017094 Li Kun, Huang Jianhua, Li Xiong, Asymptotic behavior and uniqueness of traveling wave fronts in a delayed nonlocal dispersal competitive system, Communications on Pure and Applied Analysis, 2017, 16(1): 131～150

2017095 Li Peisen, Nonlinear branching processes with immigration, Acta Mathematica Sinica, English Series, 2017, 33(8): 1 021～1 038

2017096 Li Peisen, Perturbations of continuous-time Markov chains, Statistics and Probability Letters, 2017, 125: 17～24

2017097 李培森，张余辉，最小单生过程平均占位时的显式表示，北京师范大学学报(自然科学版)，2017，53(3)：258～262

2017098 Li Pingshan, Xu Min, Edge-fault-tolerant edge-bipancyclicity of balanced hypercubes, Applied Mathematics and Computation, 2017, 307: 180～192

2017099 Li Pingshan, Xu Min, The super spanning connectivity of arrangement graphs, International Journal of Foundations of Computer Science, 2017, 28(8): 1 047～1 072

2017100 李世凯，吴刘仓，詹金龙，易捷尹，混合非线性联合均值与方差模型的统计推断，系统科学与数学，2017，37(2)：623～631

2017101 Li Xiao, Qiao Zhonghua, Zhang Hui, A second-order convex-splitting scheme for the Cahn-Hilliard equation with variable interfacial parameters, Journal of Computational Mathematics, 2017, 35(6): 693～710

2017102 Li Xiao, Qiao Zhonghua, Zhang Hui, Convergence of the fast explicit operator splitting method for the molecular beam epitaxy model, SIAM Journal on Numerical Analysis, 2017, 55: 265～285

2017103 李欣莲，曹一鸣，21世纪数学教育研究：议题与趋势：基于ICME专题研究主题分析，教育理论与实践，2017，37(5)：55～58

2017104 李欣莲，曹一鸣，Paul C.，中美教师高质量课堂教学观比较研究，全球教育展望，2017，46(5)：51～60

2017105 Li Yanyan, Liu Jiakun, Luc N., A degree theory for second order nonlinear elliptic operators with nonlinear oblique boundary conditions, Journal of Fixed Point Theory and Applications, 2017, 19(1): 853～876

2017106 廉海荣，魏亚欣，房世超，徐勐戬，闫小军，二维无界连通域上反常积分敛散性的判别准则，大学数学，2017，33(3)：89～94

2017107 Liang Baosheng, Tong Xingwei, Zeng Donglin, Wang Yuanjia, Semiparametric regression analysis of repeated current status data, Statistica Sinica, 2017, 27(3): 1 079～1 100

2017108 Liao Dong, Zhang Hui, Zhang Zhengru, Energy stable numerical method for the TDGL equation with the reticular free energy in hydrogel, Journal of Computational Mathematics, 2017, 35(1): 41～55

2017109 Liao Liming, Ji Guanghua, Tang Zhongwei, Zhang Hui, Spike-layer simulation for steady-state coupled Schrödinger equations, East Asian Journal on Applied Mathematics, 2017, 7(3): 566～582

2017110 Lin Haibo, Wu Suqing, Yang Dachun, Boundedness of certain commutators over non-homogeneous metric measure spaces, Analysis and Mathematical Physics, 2017, 7(2): 187～218

2017111 凌博，刘永平，用指数型整函数的最佳限制逼近，数学学报，2017，60(3)：389～400

2017112 Liu Jun(刘军), Yang Dachun, Yuan Wen, Anisotropic variable Hardy-Lorentz spaces and their real interpolation, Journal of Mathematical Analysis and Applications, 2017, 456(1): 356～393

2017113 Liu Jun(刘君), Zheng Xiaojun, A block nonlocal TV method for image restoration, SIAM Journal on Imaging Sciences, 2017, 10(2): 920～941

2017114 Liu Liguang, Chang Derchen, Fu Xing, Yang Dachun, Endpoint boundedness of commutators on spaces of homogeneous type, Applicable Analysis, 2017, 96(14): 2 408～2 433

2017115 Liu Liguang, Yang Dachun, Zhang Liying, Poincaré inequalities for Littlewood-Paley operators, Nonlinear Analysis: Theory Methods and Applications, 2017, 160: 135～158

2017116 Liu Shihu, Jia Liping, Yu Fusheng, On gradient weighting based fuzzy clustering for graph Data, 13th International Conference on Computational Intelligence and Security (CIS), 2017: 159～163

2017117 Liu Shihu, Yu Fusheng, Wang P. S. P., Rank factor granules with fuzzy collaborative clustering and factor space theory, International Journal of Pattern Recognition and Artificial Intelligence, 2017, 31(6): Article ID 1759008

2017118 Liu Weiming, Niu Miaomiao, Multiple positive solutions for the nonlinear Schrödinger-Poisson system, Annales Academiae Scientiarum Fennicae, Mathematica, 2017, 42(1): 285～302

2017119 刘晓玲，许传炬，陈清华，Nernst-Planck-Poisson 方程的差分/谱方法求解，北京师范大学学报(自然科学版)，2017，53(6)：643～649

2017120 Liu Yi, Yuan Wen, Interpolation and duality of generalized grand Morrey spaces on quasi-metric measure spaces, Czechoslovak Mathematical Journal, 2017, 67(3): 715～732

2017121 刘茵，胡国恩，赵纪满，双线性 Fourier 乘子在 Triebel-Lizorkin 和 Besov 空间的有界性，数学学报，2017，60(3)：369～382

2017122 刘永平，许贵桥，一般多元线性问题的指数收敛(s，t)-弱易处理性，北京师范大学学报(自然科学版)，2017，53(6)：631～634

2017123 Liu Yongping，Xu Guiqiao，Average case tractability of a multivariate approximation problem，Journal of Complexity，2017，43：76～102

2017124 Liu Yuming(刘玉明)，Zhou Guodong，Zimmermann A.，Stable equivalences of Morita type do not preserve tensor products and trivial extensions of algebras，Proceedings of the American Mathematical Society，2017，145(5)：1 881～1 890

2017125 Liu Zhao，Chen Lu，Singular Moser-Trudinger inequality with the exact growth condition in $\mathbf{R}^n$，Mathematical Inequalities and Applications，2017，20(3)：845～854

2017126 Liu Zhao，Chen Lu，Singular Moser-Trudinger inequality with the exact growth condition on hyperbolic space，Journal of Inequalities and Applications，2017：Article ID 127

2017127 Liu Zhihua，Yuan Rong，Zero-Hopf bifurcation for an infection-age structured epidemic model with a nonlinear incidence rate，Science China：Mathematics，2017，60(8)：1 371～1 398

2017128 Long Shude，Cai Junliang，Counting rooted 4-regular unicursal planar maps，Acta Mathematicae Applicatae Sinica，English Series，2017，33(4)：909～918

2017129 Long Shude，Cai Junliang，Enumeration of inner leafless olanar near-quadrangulations，数学进展，2017，46(4)：498～506

2017130 Lu Jing，Tang Xingdong，Energy scattering of a generalized Davey-Stewartson system in three dimension，Acta Mathematica Sinica，English Series，2017，33(9)：1 206～1 224

2017131 Lu Guangcun，Chen Xiaomin，Corrigendum to "Deformations of special Legendrian submanifolds with boundary"，Osaka Journal of Mathematics，2014，51(3)：673～693，Osaka Journal of Mathematics，2017，54(3)：621～622

2017132 Lu Guozhen，Lam N.，Bao Jiguang，Polyharmonic equations with critical exponential growth in the whole space $\mathbf{R}^n$，Discrete and Continuous Dynamical Systems，2017，36(2)：577～600

2017133 陆吉健，基于 PME40 的国际数学课程与教育研究进展和趋势，数学教育学报，2017，26(5)：77～81

2017134 陆吉健，曹一鸣，高中数学"方程与不等式"主题广度和深度的国际比较：基于九个国家数学课程标准的研究，教育科学研究，2017，(6)：63～67

2017135 吕本建，一类折叠立方体图的 Terwilliger 代数，北京师范大学学报(自然科学版)，2017，53(2)：137～139

2017136 Lü Benjian，Huang Liping，Wang Kaishun，Endomorphisms of twisted Grassmann graphs，Graphs and Combinatorics，2017，33(1)：157～169

2017137 Lü Yunfei，Yuan Rong，Pei Yongzhen，Li Tongtong，Global stability of a competitive model with state-dependent delay，Journal of Dynamics and Differential Equations，2017，29(2)：501～521

2017138 Lü You, Li Yuqiang, L^2 limits of generalized Ji Ỹina processes, Statistics and Probability Letters, 2017, 129: 288～296

2017139 Lucia M., Tang Zhongwei, Multi-bump bound states for a Schrödinger system via Lyapunov-Schmidt reduction, Nonlinear Differential Equations and Applications, 2017, 24(6): Article ID 65

2017140 Luo Min, Zhang Yong, Hu Jiancheng, et al., A feasibility analysis of three numerical schemes for the prediction of two phase transient flow, Proceedings of the 10th International Conference on Management Science and Engineering Management, 2017, 502: 1 095～1 104

2017141 Luo Min, Zhang Yong, Zhang Huanmei, Li Xia, Pricing strategy study on product crowdfunding, Proceedings of the 12th International Conference on Management Science and Engineering Management, 2017, 504: 501～512

2017142 Ma Guangsheng, Zhao Jiman, Multilinear localization operators associated to quaternion Fourier transforms, Pseudo-differential operators: groups, geometry and applications, Trends in Mathematics, Birkhäuser/Springer, Cham., 2017: 107～118

2017143 Ma Lina, Chen Rui, Yang Xiaofeng, Zhang Hui, Numerical approximations for Allen-Cahn type phase field model of two-phase incompressible fluids with moving contact lines, Communications in Computational Physics, 2017, 21(3): 867～889

2017144 Ma Xuanlong, Feng Min, Wang Kaishun, The power index of a graph, Graphs and Combinatorics, 2017, 33(5): 1 381～1 391

2017145 Ma Zhaohai, Wu Xin, Yuan Rong, Nonlinear stability of traveling wave fronts for competitive-cooperative Lotka-Volterra systems of three species, Applied Mathematics and Computation, 2017, 315: 331～346

2017146 Ma Zhaohai, Yuan Rong, Traveling wave solutions of a nonlocal dispersal SIRS model with spatio-temporal delay, International Journal of Biomathematics, 2017, 10(5): Article ID 1750071

2017147 Mao Yaping, Wang Zhao, Gutman I., Klobučar A., Steiner degree distance, Match Communications in Mathematical and in Computer Chemistry, 2017, 78(1): 221～230

2017148 Mao Yaping, Wang Zhao, Xiao Yuzhi, Ye Chengfu, Steiner Wiener index and connectivity of graphs, Utilitas Mathematica, 2017, 102: 51～57

2017149 Mao Yonghua, Zhang Chi, Hitting time distributions for birth-death processes with bilateral absorbing boundaries, Probability in the Engineering and Informational Sciences, 2017, 31(3): 345～356

2017150 Mao Yonghua, Zhang Chi, Uniform convergence rates for birth and death processes, Markov Processes and Their Related Fields, 2017, 23(3): 467～483

2017151 Mao Yonghua, Zhao Pan, Strong stationary duality for discrete time Möbius monotone Markov chains on Z(d), Statistics and Probability Letters, 2017, 123: 183～192

2017152 Mei Ting，Ding Yong，L^p compactness for Calderón type commutators，Studia Mathematica，2017，237(1)：1～23

2017153 宁菊红，陈菁菁，邓冠铁，广义 Laplace-Stieltjes 变换的(p，q)级，北京师范大学学报(自然科学版)，2017，53(3)：263～266

2017154 Niu Miaomiao，Tang Zhongwei，Least energy solutions of nonlinear Schrödinger equations involving the fractional Laplacian and critical growth，Discrete and Continuous Dynamical Systems，2017，37(7)：3 963～3 987

2017155 Niu Miaomiao，Tang Zhongwei，Least energy solutions of nonlinear Schrödinger equations involving the fractional Laplacian and potential wells，Science China：Mathematics，2017，60(2)：261～276

2017156 Qi Liangping，Yuan Rong，Coincidence degree methods in almost periodic differential equations，Topological Methods in Nonlinear Analysis，2017，50（1）：185～216

2017157 Qiao Youfu，Cai Junliang，Bounds of the sum-connectivity energy of graphs，Ars Combinatoria，2017

2017158 Qiao Zhonghua，Wang Cheng，Wise S. M.，Zhang Zhengru，Error analysis of a finite difference scheme for the epitaxial thin film model with slope selection with an improved convergence constant，International Journal of Numerical Analysis，2017，14(2)：283～305

2017159 屈非非，邓冠铁，Fock 空间上不确定原理的推广，北京师范大学学报(自然科学版)，2017，53(1)：1～5

2017160 屈非非，邓冠铁，温志红，Fock 空间上一般线性算子的不确定原理，北京师范大学学报(自然科学版)，2017，53(2)：133～136

2017161 Rong Xiaochun，Wang Yusheng，The diameter rigidity and generalized join structures in Alexandrov geometry，In：Tian Gang ed：Surveys in Geometric Analysis，Beijing：Science Press，2017：116～143

2017162 Sawano Y.，Ho K. P.，Yang Dachun，Yang Sibei，Hardy spaces for ball quasi-Banach function spaces，Dissertationes Mathematicae（Rozprawy Matematyczne），2017，525：1～102

2017163 Shi Xianghui，Trang T.，I_0 and combinatorics at λ^+，Archive for Mathematical Logic，2017，56(1～2)：131～154

2017164 Si Zengyan，Xue Qingying，Yabuta K.，On the bilinear square Fourier multiplier operators and related multilinear square Functions，Science China：Mathematics，2017，60(8)：1 477～1 502

2017165 宋丹丹，曹一鸣，高中三角函数内容的国际比较：基于 12 个国家高中数学课程标准的研究，中学数学教学参考，2017，(C1)：131～133

2017166 宋丹丹，曹一鸣，高中课程标准幂函数、指数函数、对数函数的国际比较研究，中学数学杂志，2017，(1)：21～25

2017167 Su Xiaole，Sun Hongwei，Wang Yusheng，Generalized packing radius theorems of Alexandrov spaces with curvature ≥1，Communications in Contemporary Mathematics, 2017, 19(3): Article ID 1650049

2017168 Su Xifeng, de la Llave R., A continuous family of equilibria in ferromagnetic media are ground states, Communications in Mathematical Physics, 2017, 354(2): 459～475

2017169 Sui Shiyou, Li Baoyi, Bounding the number of zeros of Abelian integral for a class of integrable non-Hamilton system, International Journal of Bifurcation and Chaos Applications Science Engrgy, 2017, 27(13): Article ID 1750196

2017170 孙琪，张梅，一类负相关随机变量 Galton-Watson 随机和的大偏差，北京师范大学学报(自然科学版)，2017，53(3)：267～271

2017171 Sun Qi, Zhang Mei, Harmonic moments and large deviations for supercritical branching processes with immigration, Frontiers of Mathematics in China, 2017, 12(5): 1 201～1 220

2017172 Sun Xiaoyan, Han Xiao, Bao Jianzhang, …, Zhang Boyu, et al., Decision dynamics of departure times: Experiments and modeling, Physica A: Statistical Mechanics and Its Applications, 2017, 483: 74～82

2017173 孙玉秋，胡维，黎雄，带宽自适应的 Mean-Shift 跟踪算法，长江大学学报(自然科学版)，2017，14(1)：5～11

2017174 Tan Jian, Liu Zongguang, Zhao Jiman, On some multilinear commutators in variable Lebesgue spaces, Journal of Mathematical Inequalities, 2017, 11(3): 715～734

2017175 Tang Huo, Srivastava H. M., Deng Guantie, Li Shuhai, Second-order differential superordination for analytic functions in the upper half-plane, Journal of Nonlinear Science and Applications, 2017, 10(10): 5 271～5 280

2017176 Tang Huo, Srivastava H. M., Deng Guantie, Some families of analytic functions in the upper half-plane and their associated differential subordination and differential superordination properties and problems, Applied Mathematics and Information Sciences, 2017, 11(5): 1 247～1 257

2017177 Tang Zhongwei, Wang Lushun, Number of synchronized and segregated interior spike solutions for nonlinear coupled elliptic systems, Journal of Mathematical Analysis and Applications, 2017, 448(2): 1 079～1 119

2017178 Tang Zhongwei, Wang Lushun, Solutions for the problems involving fractional Laplacian and indefinite potentials, Advanced Nonlinear Studies, 2017, 17(3): 551～579

2017179 Tang Zizhou, Yan Wenjiao, Corrigendum to "Isoparametric foliation and a problem of Besse on generalizations of Einstein condition"[Advances in Mathematics, 2015, 285: 1 970～2 000], Advances in Mathematics, 2017, 318: 457～458

2017180 Tang Zizhou, Yan Wenjiao, Isoparametric foliations and critical sets of eigenfunctions, Mathematische Zeitschrift, 2017, 286(3): 1 217～1 226

2017181 Tang Zizhou, Yan Wenjiao, Isoparametric theory and its applications, In: Tian Gang ed: Surveys in Geometric Analysis, Beijing: Science Press, 2017: 151～167

2017182 Tian Baochuan, Yuan Rong, Traveling waves for a diffusive SEIR epidemic model with non-local reaction, Applied Mathematical Modelling, 2017, 50: 432～449

2017183 Tian Baochuan, Yuan Rong, Traveling waves for a diffusive SEIR epidemic model with non-local reaction and with standard incidences, Nonlinear Analysis: Real World Applications, 2017, 37: 162～181

2017184 Tian Baochuan, Yuan Rong, Traveling waves for a diffusive SEIR epidemic model with standard incidences, Science China: Mathematics, 2017, 60(5): 813～832

2017185 王保军，一类斜率限制器方法的修正方程的循环迭代解法，南阳师范学院学报，2017，16(12)：8～11

2017186 王静，谢天，在实际生活中应用统计学原理：《数据的代表》复习课教学片段分析及思考，课程教育研究(学法教法研究)，2017，(10)：60

2017187 Wang Luheng, Liu Jingyuan, Li Yong, Li Runze, Model-free conditional independence feature screening for ultrahigh dimensional data, Science China: Mathemetics, 2017, 60(3): 551～568

2017188 王娜，蔡俊亮，含有 k 个圈的标号图计数的两个结论，内江师范学院学报，2017，32(2)：64～67

2017189 Wang Rui, Liu Yanjun, Yu Fusheng, Wang Jiayin, Yang Jinlin, Adaptive variable universe of discourse fuzzy control for a class of nonlinear systems with unknown dead zones, International Journal of Adaptive Control Signal Process, 2017, 31(12): 1 934～1 951

2017190 Wang Shu, Wang Boyi, Liu Chundi, Wang Na, Boundary layer problem and zero viscosity-diffusion limit of the incompressible magneto-hydrodynamic system with no-slip boundary conditions, Journal of Differential Equations, 2017, 263 (8): 4 723～4 749

2017191 Wang Yuebin, Zhang Liqiang, Deng Hao, Lu Jiwen, Huang Haiyang, Zhang Liang, Liu Jun(刘君), et al., Learning a discriminative distance metric with label consistency for scene classification, IEEE Transactions on Geoscience and Remote Sensing, 2017, 55(8): 4 427～4 440

2017192 Wang Zhiwei, Local Demailly-Bouches holomorphic Morse inequalities, Bulletin of Institute of Mathematics Academia Sinica, 2017, 12(4): 339～360

2017193 王姿婷，李建华，经典 NIM 游戏的变式及 NIM 型游戏，数学通报，2017，56(3)：40～45，59

2017194 王姿婷，李建华，经典 NIM 游戏的变式及 NIM 型游戏(续)，数学通报，2017，56(4)：54～60

2017195 王姿婷，李建华，现代数学视角下的 NIM 型游戏，数学通报，2017，56(7)：57～62，66

2017196 Wei Yulong, Xu Min, On g-good-neighbor conditional diagnosability of (n, k)-star networks, Theoretical Computer Science, 2017, 697: 79～90

2017197 Wen Zhihong, Deng Guantie, Wang Cuiqiao, Qu Feifei, Decomposition of $L^p(\partial D_a)$ space and boundary value of holomorphic functions, Chinese Annals of

Mathematics，2017，38B(5)：1 093～1 110

2017198 Wu Jiahong，Xu Xiaojing，Ye Zhuan，Global regularity for several incompressible fluid models with partial dissipation，Journal of Mathematical Fluid Mechanics，2017，19(3)：423～444

2017199 吴清艳，陆善镇，傅尊伟，P-进中心函数空间及奇异积分算子，数学年刊，2017，34A(1)：73～90 (Wu Qingyan，Lu Shanzhen，Fu Zunwei，Chinese Journal of Contemporary Mathematics，2017，38(1)：61～78)

2017200 Wu Suqing，Yang Dachun，Yuan Wen，Equivalent quasi-norms of Besov-Triebel-Lizorkin-type spaces via derivatives，Results in Mathematics，2017，72(1～2)：813～841

2017201 Wu Xin，Ma Zhaohai，Yuan Rong，Nonlinear stability of traveling waves in a monostable epidemic model with delay，Taiwanese Journal of Mathematics，2017，21(6)：1 381～1 411

2017202 Xiong Jingang，The critical semilinear elliptic equation with isolated boundary singularities，Journal of Differential Equations，2017，263(3)：1 907～1 930

2017203 Xu Lin，Zhang Yong，A credit rating model for online P2P lending based on analytic hierarchy process，Proceedings of the 10th International Conference on Management Science and Engineering Management，2017，502：537～549

2017204 Xu Min，Thulasiraman K.，Zhu Qiang，Conditional diagnosability of a class of matching composition networks under the comparison model，Theoretical Computer Science，2017，674：43～52

2017205 徐轶璐，张秀平，一类紧图的构造，北京师范大学学报(自然科学版)，2017，53(3)：253～257

2017206 严虹，曹一鸣，基础教育阶段数学课程内容设置的国际比较研究：基于六国“数与运算”课程内容的研究，教育学术月刊，2017，(4)：96～103

2017207 Yang Dachun，Yuan Wen，Pointwise characterizations of Besov and Triebel-Lizorkin spaces in terms of averages on balls，Transactions of American Mathematical Society，2017，369(11)：7 631～7 655

2017208 Yang Dachun，Yuan Wen，Zhuo Ciqiang，A survey on some variable function spaces，In：Function Spaces and Inequalities，Springer Proceedings in Mathematics and Statistics，Springer，Singapore，2017，206：299～335

2017209 Yang Dachun，Yuan Wen，Zhou Yuan，Sharp boundedness of quasiconformal composition operators on Triebel-Lizorkin type spaces，Journal of Geometric Analysis，2017，27(2)：1 548～1 588

2017210 Yang Dachun，Zhang Junqiang，Weighted L^p estimates of Kato square roots associated to degenerate elliptic operators，Publications Matematiques，2017，61(2)：395～444

2017211 杨纪华，张二丽，刘媚，一类四次 Hamiltonian 函数周期环域的环性，数学进展，2017，46(2)：243～251

2017212 Yang Jihua，Zhao Liqin，Limit cycle bifurcations for piecewise smooth integrable differential systems, Discrete and Continuous Dynamical Systems, 2017, 22B(6): 2 417～2 425

2017213 Yang Jihua, Zhao Liqin, The cyclicity of period annuli for a class of cubic Hamiltonian systems with nilpotent singular points, Journal of Differential Equations, 2017, 263(9): 5 554～5 581

2017214 Yang Jihua, Zhao Liqin, The perturbation of a class of hyper-elliptic Hamilton system with a double eight figure loop, Qualitative Theory of Dynamical Systems, 2017, 16(2): 317～360

2017215 Yang Xiyang, Yu Fusheng, Pedrycz W., Long-term forecasting of time series based on linear fuzzy information granules and fuzzy inference system, International Journal of Approximate Reasoning, 2017, 81: 1～27

2017216 杨旭，一类具有狄利克雷边界条件的多调和方程广义解的存在性，北京师范大学学报(自然科学版)，2017，53(1)：6～11

2017217 Yang Xu, Existence of infinitely many solutions of Dirac equations with sublinear nonlinearity, Nonlinear Differential Equations and Applications, 2017, 24(3): Article ID 21

2017218 Yang Xu, Jin Rongrong, Lu Guangcun, Solutions of Dirac equations on compact spin manifolds via saddle point reduction, Fixed Point Theory and Applications, 2017, 19(1): 215～229

2017219 Ye Zhuan, Xu Xiaojing, Xue Liutang, On the global regularity of the 2D Boussinesq equations with fractional dissipation, Mathematische Nachrichten, 2017, 290(8～9): 1 420～1 439

2017220 尤慧，朱文芳，我国高等数学教学现状的研究述评，高等理科教育，2017，(3)：91～95

2017221 于国文，曹一鸣，跨学科教学研究：以芬兰现象教学为例，外国中小学教育，2017，(7)：57～63

2017222 Yuan Wen, Besov and Triebel-Lizorkin spaces on metric spaces: embeddings and pointwise multipliers, Journal of Mathematical Analysis and Applications, 2017, 453(1): 434～457

2017223 袁兆明，仿射坐标系下的向量外积，数学通报，2017，56(1)：43～46

2017224 Zhang Chong, An orthogonality relation for spherical characters of supercuspidal representations, Pacific Journal of Mathematics, 2017, 290(1): 247～255

2017225 Zhang Juan, Liu Zongguang, Characterizations of Lipschitz space via commutators of some bilinear integral operators, Annals of Functional Analysis, 2017, 8(3): 291～302

2017226 Zhang Junqiang, Chang Derchen, Yang Dachun, Characterizations of Sobolov spaces associated to operators satisfying off-diagonal estimates on balls, Mathematical Methods in the Applied Sciences, 2017, 40(8): 2 907～2 929

2017227 Zhang Junwei, Zhuo Ciqiang, Yang Dachun, He Ziyi, Littlewood-Paley characterizations of Triebel-Lizorkin-Morrey spaces via ball averages, Nonlinear Analysis:

Theory Methods and Applications，2017，150：76～103

2017228 张阔，黄鑫，曲新苗，李强，基于乘客需求分析的城际铁路“公交化”对策研究：以京津城际铁路为例，现代城市研究，2017，(10)：81～88

2017229 张淑梅，何雅涵，保继光，高中数学核心素养的统计分析，课程 教材 教法，2017，(10)：50～55

2017230 Zhang Yanhui，Kou Kitian，Deng Guantie，Qian Tao，The generalized Matsaev theorem on growth of subharmonic functions admitting a lower bound in R^n，Complex Variables and Elliptic Equations，2017，62(5)：642～653

2017231 Zhang Yangyang，Chang Derchen，Yang Dachun，Generalized Littlewood-Paley characterizations of Triebel-Lizorkin spaces，Journal of Nonlinear and Convex Analysis，2017，18(6)：1 171～1 190

2017232 张英伯，元老一席谈，数学文化，2017，8(1)：32～41

2017233 张英伯，王昆扬，序言，数学文化，2017，8(1)：119～120(书序见：蒋迅，王淑红，数学都知道，北京：北京师范大学出版社，2016)

2017234 Zhang Ziheng，Yuan Rong，Homoclinic solutions for p-Laplacian Hamiltonian systems with combined nonlinearities，Qualitative Theory of Dynamical Systems，2017，16(3)：761～774

2017235 赵丽琴，一类五次向量场在非对称扰动下 Abel 积分零点的个数，中国科学：数学，2017，47(1)：227～240

2017236 赵旭安，金春花，张继敏，Kac-Moody 群及其旗流形的庞加莱级数和有理同伦型，数学年刊，2017，38A(4)：461～468 (Zhao Xu-an，Jin Chunhua，Zhang Jimin，Poincaré series and rational homotopy types of Kac-Moody groups and their flag manifolds，Chinese Journal of Contemporary Mathematics，2017，38(4)：383～390)

2017237 Zheng Xiudeng，Li Cong，Yu Jieru，Wang Shichang，Fan Songjia，Zhang Boyu，Tao Yi，A simple rule of direct reciprocity leads to the stable coexistence of cooperation and defection in the Prisoner's Dilemma game，Journal of Theoretical Biology，2017，420(1)：12～17

2017238 郑燕男，兰小银，朱文芳，中小学统计课程的螺旋式编排，基础教育课程，2017，(10)：77～80

2017239 周建峰，陆吉健，PISA2015 和 ATC21S 协作问题解决任务及其对数学教育的启示，中学数学教学参考，2017，(30)：64～66

2017240 周珂，刘敏之，近临界紧邻随机游动局部时的重整化极限，北京师范大学学报(自然科学版)，2017，53(4)：391～394

2017241 Zhuo Ciqiang，Sickel W.，Yang Dachun，Yuan Wen，Characterizations of Besov-type and Triebel-Lizorkin-type spaces via averages on balls，Canadian Journal of Mathematics，2017，60(3)：655～672

2017242 宗国纬，格点 Lévy 过程的指数泛函的渐近行为，北京师范大学学报(自然科学版)，2017，53(4)：384～390

2017243 邹桂莲，彭超杰，廖湘南，徐路桥，再生粗骨料对沥青混合料路用性能的影响，中外公路，2017，37(2)：272～275

2017244 邹桂莲，周浩浩，彭超杰，徐路桥，广东省建筑垃圾再生粗骨料生产与技术指标调查，筑路机械与施工机械化，2017，34(1)：64～68，72

2018001 Aleksić S.，Huang Huaping，Mitrović Z. D.，Radenović S.，Remarks on some fixed point results in b-metric spaces，Journal of Fixed Point Theory and Applications，2018，20(4)：Article ID 147

2018002 保继光，曹絮，也谈函数的定义，数学通报，2018，57(7)：14～17

2018003 Barthe F.，Ma Yutao，Zhang Zhengliang，Logarithmic Sobolev inequalities for Möbius measures on spheres，Forum Mathematicum，2018，30(1)：1～13

2018004 Ватутин В. А.，Hong Wenming，Ji Yao，Редуцированные критические ветвящиеся процессы Беллмана-Харрисадля малых популяций，Diskretnaya Matematika，2018，30(3)：25～39 (Vatutin V. A.，Hong Wenming，Ji Yao，Reduced critical Bellman-Harris branching processes for small populations，Discrete Applied Mathematics，2018，28(5)：319～330)

2018005 Cai Junliang，Counting rooted non-separable nearly cubic planar maps，Ars Combinatoria，2018，137：53～70

2018006 Cao Jun，Ky Luongdang，Yang Dachun，Bilinear decompositions of products of local Hardy and Lipschitz or BMO spaces through wavelets，Communications in Contemporary Mathematics，2018，20(3)：Article ID 1750025

2018007 Cao Jun，Liu Liguang，Yang Dachun，Yuan Wen，Intrinsic structures of certain Musielak-Orlicz Hardy spaces，Journal of Geometric Analysis，2018，28(4)：2 961～2 983

2018008 Cao Mingming，Gu Heng，Two-weight characterization for commutators of biparameter fractional integrals，Nonlinear Analysis：Theory Methods and Applications，2018，171(1)：1～20

2018009 Cao Mingming，Li Kangwei，Xue Qingying，A characterization of two-weight norm inequality for Littlewood-Paley g_λ^*-function，Journal of Geometric Analysis，2018，28(2)：842～865

2018010 Cao Mingming，Tanaka H.，Xue Qingying，Yabuta K.，A note on Carleson embedding theorems，Publicationes Mathematicae Debrecen，2018，93(3～4)：517～523

2018011 Cao Mingming，Xue Qingying，A non-homogeneous local Tb theorem for Littlewood-Paley g_λ^*-function with L^p-testing condition，Forum Mathematicum，2018，30(2)：457～478

2018012 Cao Mingming，Xue Qingying，Non-homogeneous Tb theorem for bi-parameter g-function，Acta Mathematica Sinica，English Series，2018，34(9)：1 445～1 459

2018013 Cao Mingming，Xue Qingying，Yabuta K.，Corrigendum to "On multilinear fractional strong maximal operator associated with rectangles and multiple weights" [Revista Matemática Iberoamericana，2017，33(2)：555～572]，Revista Matemática Iberoamericana，2018，34(1)：475～479

2018014 Cao Waixiang, Shu Chiwang, Yang Yang, Zhang Zhimin, Superconvergence of discontinuous Galerkin method for scalar nonlinear hyperbolic equations, SIAM Journal on Numerical Analysis, 2018, 56(2): 732～765

2018015 Cao Waixiang, Zhang Xu, Zhang Zhimin, Zou Qingsong, Correction to: Superconvergence of immersed finite volume methods for one-dimensional interface problems [MR3719598], Journal of Scientific Computing, 2018, 74(1): 605

2018016 Cao Waixiang, Zhang Zhimin, Some recent developments in superconvergence of discontinuous Galerkin methods for time-dependent partial differential equations, Journal of Scientific Computing, 2018, 77(3): 1 402～1 423

2018017 曹一鸣，陈鹏举，不同能力水平的中学生数学学习策略运用及其影响研究，教育研究与实验，2018，(4)：50～56

2018018 曹一鸣，王振平，基于学生数学关键能力发展的教学改进研究，教育科学研究，2018，(3)：61～65

2018019 Cao Zhigang, Jiao Fengliang, Qu Xinglong, Wang Wenxu, Yang Mingmin, Yang Xiaoguang, Zhang Boyu, Rebels lead to the doctrine of the mean: a heterogeneous DeGroot model, Journal of Systems Science and Complexity, 2018, 31(6): 1 498～1 509

2018020 Chan Heilong, Yan Shi, Lui Lokming, Tai Xuecheng, Topology-preserving image segmentation by Beltrami representation of shapes, Journal of Mathematical Imaging and Vision, 2018, 60(3): 401～421

2018021 Chan M. C. E., Clarke D. J., Cao Yiming, The social essentials of learning: an experimental investigation of collaborative problem solving and knowledge construction in mathematics classrooms in Australia and China, Mathematics Education Research Journal, 2018, 30(1): 39～50

2018022 Chan M. C. E., Clarke D. J., Clarke D. M., Cao Yiming, et al., Learning from Lessons: studying the structure and construction of mathematics teacher knowledge in Australia, China and Germany, Mathematics Education Research Journal, 2018, 30(1): 89～102

2018023 Chen Huajie, Lu Jianfeng, Ortner C., Thermodynamic limit of crystal defects with finite temperature tight binding, Archive for Rational Mechanics and Analysis, 2018, 230(2): 701～733

2018024 Chen Jia, Wang Heping, Zhang Jie, Average case (st)-weak tractability of non-homogeneous tensor product problems, Journal of Complexity, 2018, 49: 27～45

2018025 Chen Jiao, Lu Guozhen, Hörmander type theorem on bi-parameter Hardy spaces for bi-parameter Fourier multipliers with optimal smoothness, Revista Matemática Iberoamericana, 2018, 34(4): 1 541～1 561

2018026 Chen Lu, Li Jungang, Lu Guozhen, Zhang Caifeng, Sharpened Adams inequality and ground state solutions to the bi-Laplacian equation in $\mathbf{R}^4$, Advanced Nonlinear Studies, 2018, 18(3): 429～452

2018027 Chen Lu, Liu Zhao, Lu Guozhen, Tao Chunxia, Reverse Stein-Weiss inequalities and existence of their extremal functions, Transactions of American Mathematical Society, 2018, 370(12): 8 429～8 450

2018028 陈木法，生灭矩阵重构三弦乐谱，应用概率统计，2018，34(5)：533～545

2018029 Chen Mufa, Efficient algorithm for principal eigenpair of discrete p-Laplacian, Frontiers of Mathematics in China, 2018, 13(3): 509～524

2018030 Chen Mufa, Hermitizable isospectral complex matrices or differential operators, Frontiers of Mathematics in China, 2018, 13(6): 1 267～1 311

2018031 Chen Qinghua, Liu Ye, Canonical decomposition and quiver representations over finite field, Communications in Algebra, 2018, 46(11): 4 859～4 867

2018032 Chen Rui, Yang Xiaofeng, Zhang Hui, Decoupled energy stable scheme for hydrodynamic Allen-Cahn phase field moving contact line model, Journal of Computational Mathematics, 2018, 36(5): 661～681

2018033 Chen Yanping, Ding Yong, Commutators of the fractional integrals for second-order elliptic operators on Morrey spaces, Forum Mathematicum, 2018, 30(3): 617～629

2018034 Chen Yanping, Ding Yong, Hong Guixiang, Liu Honghai, Weighted jump and variational inequalities for rough operators, Journal of Functional Analysis, 2018, 274(8): 2 446～2 475

2018035 陈玉，邓冠铁，单位圆内一类解析系数的二阶线性微分方程解的增长性与不动点，北京师范大学学报(自然科学版)，2018，54(6)：687～694

2018036 陈占美，邓冠铁，王翠巧，黄华平，带形区域边界上 L^p 函数的有理逼近，北京师范大学学报(自然科学版)，2018，54(4)：435～439

2018037 Cheng Hongmei, Yuan Rong, Traveling waves of some Holling-Tanner predator-prey system with nonlocal diffusion, Applied Mathematics and Computation, 2018, 338: 12～24

2018038 Cheng Jin, Zeng Ziting, Irreducible Wakimoto-like modules for the Lie superalgebra D(21; α), Acta Mathematica Sinica, English Series, 2018, 34(10): 1 578～1 588

2018039 Cheng Qi, Li Pingshan, Xu Min, Conditional (edge-) fault-tolerant strong Menger (edge) connectivity of folded hypercubes, Theoretical Computer Science, 2018, 728: 1～8

2018040 Cheng Zhiyun, Elhamdadi M., Shekhtman B., On the classification of topological quandles, Topology and Its Applications, 2018, 248: 64～74

2018041 Cheng Zhiyun, Mukherjee S., Przytycki J., Wang Xiao, Yang S. Y., Strict unimodality of plucking polynomials of rooted trees, Journal of Knot Theory and Its Ramifications, 2018, 27(7): Article ID 1841009

2018042 Chi Quoshin, Wang Haiyang, Orthogonal multiplications of type [3, 4, p] ($p\leqslant 12$), Beiträge zur Algebra und Geometrie, 2018, 59(1): 167～197

2018043 Clop A., Jiang Renjin, Mateu J., Orobitg J., A note on transport equation in quasiconformally invariant spaces, Advances in Calculus of Variances, 2018, 11(2):

193～202

2018044 崔丽，郭沛然，基于适应性预期的股价演化机理及羊群行为研究，经济论坛，2018，(8)：59～66

2018045 Dai Feng，Liu Jun(刘军)，Yang Dachun，Yuan Wen，Littlewood-Paley characterizations of fractional Sobolev spaces via averages on balls，Proceedings of the Royal Society of Edinburgh，2018，148A(6)：1 135～1 163

2018046 Deng Guantie，Huang Huaping，Cvetković M.，Radenović S.，Cone valued measure of noncompactnes and related fixed point theorems，[Corrected title：Cone valued measure of noncompactness and related fixed point theorems]，Bulletin of the International Mathematical Virtual Institute，2018，8(2)：233～243

2018047 Deng Qingquan，Ding Yong，Yao Xiaohua，Riesz transforms associated with higher-order Schrödinger type operators，Potential Analysis，2018，49(3)：381～410

2018048 邓宇星，朱小华，非塌缩稳态型 Ricci 孤立子的刚性研究，中国科学：数学，2018，48(1)：31～44

2018049 Deng Yuxing，Zhu Xiaohua，Asymptotic behavior of positively curved steady Ricci solitons，Transactions of American Mathematical Society，2018，370(4)：2 855～2 877

2018050 Dong Boqing，Wu Jiahong，Xu Xiaojing，Ye Zhuan，Global regularity for the 2D micropolar equations with fractional dissipation，Discrete and Continuous Dynamical Systems，2018，38(8)：4 133～4 162

2018051 董彦琦，黄蓉，刘永平，最优求积公式在积分布朗桥测度下的平均误差，北京师范大学学报(自然科学版)，2018，54(5)：567～571

2018052 丁勇，蓝森华，薛庆营，薮田公三，多线性 Marcinkiewicz 积分在 Campanato 空间上的存在性与有界性，中国科学：数学，2018，48(10)：1 267～1 288

2018053 Ding Yong，Grafakos L.，Zhu Kai，On the norm of the operator $aI+bH$ on $L^p(R)$，Journal of Korean Mathematical Society，2018，55(4)：1 209～1 219

2018054 Ding Yong，Lai Xudong，On a singular integral of Christ-Journé type with homogeneous kernel，Canadian Journal of Mathematics，2018，61(1)：97～113

2018055 Ding Yong，Lai Xudong，Weighted weak type (1，1) estimate for the Christ-Journé type commutator，Science China：Mathemetics，2018，61(3)：517～534

2018056 Dong Lixiu，Feng Wenqiang，Wang Cheng，Wise S. M.，Zhang Zhengru，Convergence analysis and numerical implementation of a second order numerical scheme for the three-dimensional phase field crystal equation，Computers and Mathematics with Applications，2018，75(6)：1 912～1 928

2018057 Du Zhifang，Li Jiequan，A Hermite WENO reconstruction for fourth order temporal accurate schemes based on the GRP solver for hyperbolic conservation laws，Journal of Computational Physics，2018，355：385～396

2018058 Du Zhifang，Li Jiequan，A two-stage fourth order time-accurate discretization for Lax-Wendroff type flow solvers Ⅱ，High order numerical boundary conditions，Journal of Computational Physics, 2018, 369: 125～147

2018059 Duan Lingzi, Yu Fusheng, Pedrycz W., et al., Time-series clustering based on linear fuzzy information granules, Applied Soft Computing, 2018, 73: 1 053～1 067

2018060 方敬轩，赵纪满，Stratified 群上的变指标齐次 Besov 空间和 Triebel-Lizorkin 空间，数学物理学报，2018，38A(1)：34～45

2018061 Fang Jingxuan, Zhao Jiman, Multilinear and multiparameter spectral multipliers on stratified groups, Mathematical Methods in the Applied Sciences, 2018, 41(13): 5 327～5 344

2018062 Fang Jingxuan, Zhao Jiman, Triebel-Lizorkin spaces with variable smoothness and integrability on Lie groups of polynomial growth, Journal of Pseudo-Differential Operators and Applications, 2018, 9(4): 891～902

2018063 Feng Wenqiang, Wang Cheng, Wise S. M., Zhang Zhengru, A second-order energy stable backward differentiation formula method for the epitaxial thin film equation with slop selection, Numerical Methods for Partial Differential Equations, 2018, 34(6): 1 975～2 007

2018064 Frank R. L., Jin Tianling, Xiong Jingang, Minimizers for the fractional Sobolev inequality on domains, Calculus of Variations and Partial Differential Equations, 2018, 57(2): Article ID 43

2018065 Fu Xing, Yang Dachun, Wavelet characterizations of Musielak-Orlicz Hardy spaces, Banach Journal of Mathematical Analysis, 2018, 12(4): 1 017～1 046

2018066 Fu Xing, Yang Dachun, Wavelet characterizations of the atomic Hardy space H^1 on spaces of homogeneous type, Applied and Computational Harmonic Analysis, 2018, 44(1): 1～37

2018067 Gao Hui, Lü Benjian, Wang Kaishun, Two lower bounds for generalized 3-connectivity of Cartesian product graphs, Applied Mathematics and Computation, 2018, 338: 305～313

2018068 高雪松，黄思祺，非智力因素对高中生数学学习的影响研究，新课程评论，2018，(9)：68～77

2018069 Gao Zhiqiang, A note on exact convergence rate in the local limit theorem for a lattice branching random walk, Acta Mathematica Scientia, 2018, 38(4): 1 259～1 268

2018070 Gao Zhiqiang, A second order asymptotic expansion in the local limit theorem for a simple branching random walk in Z^d, Stochastic Processes and Their Applications, 2018, 128(12): 4 000～4 017

2018071 Gao ZhiQiang, Liu Quansheng, Second and third orders asymptotic expansions for the distribution of particles in a branching random walk with a random environment in time, Bernoulli, 2018, 24(1): 772～800

2018072 Gu Yi, Liu Yongping, Optimal recovery of multivariate functions restricted by second-order differential operator, Analysis and Applications, 2018, 16(4): 585～599

2018073 Guo Lu，Zhang Yong，Zheng Chuang，Stabilization and optimal control of the SEITR epidemic model，Proceeding of the 37th Chinese Control Conference，2018：8 225～8 230

2018074 郭晓川，魏炜，高校理科院系学生干部就业能力初探：以北京师范大学数学科学学院为例，科教导刊，2018，(10)：170～171

2018075 Guo Yufeng，Silver E. A.，Mathematics basic activity experience：A new aspect of Chinese mathematics curriculum，ICMI Study 24 Pre-Conference Proceedings，School Mathematics Curriculum Reforms：Challenges，Changes and Opportunitie，Tsukuba，26～30 November，2018：245～253

2018076 Guo Yufeng，Silver E. A.，Yang Zezhong，The latest characteristics of mathematics education reform of compulsory education stage in China，American Journal of Educational Research，2018，6(9)：1 312～1 317

2018077 Han Guoniu，Liu Jingyi，Combinatorial proofs of some properties of tangent and Genocchi numbers，European Journal of Combinatorics，2018，71：99～110

2018078 Han Xiao，Cao Shinan，Bao Jianzhang，Zhang Boyu，Wang Wenxu，Sanchez A.，Equal status in ultimatum games promotes rationality，Scientific Reports，2018，8：Article ID 1222

2018079 Han Xiaoli，Li Jiayu，Zhao Liang，A mean-curvature flow along a Kähler-Ricci flow，International Journal of Mathematics，2018，29(1)：Article ID 1850006

2018080 韩小利，刘磊，赵亮，Lorentz 调和映射及其热流，中国科学：数学，2018，48(10)：1 303～1 314

2018081 He Hui，Li Zenghu，Xu Wei，Continuous-state branching processes in Lévy random environments，Journal of Theoretical Probability，2018，31(4)：1 952～1 974

2018082 He Hui，Liu Jingning，Zhang Mei，On Seneta-Heyde scaling for a stable branching random walk，Advances in Applied Probability，2018，50(2)：565～599

2018083 He Qiaoqiao，Feng Tianjiao，Tao Yi，Zhang Boyu，Ji Ting，Asymmetric evolutionary game dynamics based on individuals′ own volition，Journal of Theoretical Biology，2018，454：118～125

2018084 He Xin，A counter example on Local Limits of Galton-Watson trees，应用概率统计，2018，34(1)：1～7

2018085 He Xinlei，Yuan Wen，Generalized Hausdorff capacities and their applications，Georgian Mathematical Journal，2018，25(3)：381～396

2018086 He Ziyi，Yang Dachun，Yuan Wen，Littlewood-Paley characterizations of higher-order Sobolev spaces via averages on balls，Mathematische Nachrichten，2018，291(2～3)：284～325

2018087 Hong Qing，Lu Guozhen，Zhang Lu，L^p boundedness of rough bi-parameter Fourier integral operators，Forum Mathematicum，2018，30(1)：87～107

2018088 Hong Wenming，Yang Hui，Scaling limit theorem for transient random walk in random environment，Frontiers of Mathematics in China，2018，13(5)：1 033～1 044

2018089 Hormozi M.，Si Zengyan，Xue Qingying，On general multilinear square function with non-smooth kernels，Bulletin des Sciences Mathématiques，2018，149(1)：1～22

2018090 胡凤娟，保继光，也谈函数的单调性，数学通报，2018，57(12)：14～17，21

2018091 Hu Wei，Xi Changchang，Derived equivalences and stable equivalences of Morita type Ⅱ，Revista Matemática Iberoamericana，2018，34(1)：59～110

2018092 黄华平，邓冠铁，赋值 Banach 代数的锥 b-度量空间中的公共不动点定理，数学的实践与认识，2018，48(3)：175～181

2018093 黄华平，邓冠铁，赋值 Banach 代数的锥度量空间中 c-距离下的不动点定理，北京大学学报(自然科学版)，2018，54(4)：693～698

2018094 Huang Huaping，Deng Guantie，Chen Zhanmei，Radenović S.，On some recent fixed point results for a-admissible mappings in b-metric spaces，Journal of Computational Analysis and Applications，2018，25(2)：255～269

2018095 Huang Huaping，Deng Guantie，Došenović T.，Hussain N.，Note on recent common coupled fixed point results in multiplicative metric spaces，Applied Mathematics Nonlinear Science，2018，3(2)：669～678

2018096 Huang Huaping，Deng Guantie，Radenović S.，Fixed point theorems in b-metric spaces with applications to differential equations，Journal of Fixed Point Theory and Applications，2018，20(1)：Article ID 52

2018097 Huang Huaping，Došenović T.，Radenović S.，Some fixed point results in b-metric spaces approach to the existence of a solution to nonlinear integral equations，Journal of Fixed Point Theory and Applications，2018，20(3)：Article ID 105

2018098 Huang Huaping，Gajić L.，Radenović S.，Deng Guantie，Some sharp results on NLC-operators in G^b-metric spaces，Journal of Computational Analysis and Applications，2018，25(5)：899～914

2018099 黄亮，陈焦，Hormander 乘子在加权的乘积空间上的有界性，北京师范大学学报(自然科学版)，2018，54(4)：458～462

2018100 Huang Lujing，Liao Yinting，Chen Tingli，Hwang C. R.，Optimal variance reduction for Markov chain Monte Carlo，SIAM Journal of Control and Optimization，2018，56(4)：2 977～2 996

2018101 Huang Lujing，Mao Yonghua，Variational principles of hitting times for non-reversible Markov chains，Journal of Mathematical Analysis and Applications，2018，468(2)：959～975

2018102 Huang Peng，Li Xiong，Persistence of invariant tori in integrable Hamiltonian systems under almost periodic perturbations，Journal of Nonlinear Science，2018，28(5)：1 865～1 900

2018103 Huang Peng，Li Xiong，Liu Bin，Invariant curves of smooth quasi-periodic mappings，Discrete and Continuous Dynamical Systems，2018，38(1)：131～154

2018104 Huang Xing，Liu Chang，Wang Fengyu，Order preservation for path-distribution dependent SDEs，Communications on Pure and Applied Analysis，2018，17(5)：

2 125～2 133

2018105 Huang Xing, Strong solutions for functional SDEs with singular drift, Stochastics and Dynamics, 2018, 18(2): Article ID 1850015

2018106 贾随军，王尚志，吕世虎，郭玉峰，中小学生奥数学习的现状调查研究：以“北京市”“兰州市”“重庆市”为例，数学教育学报，2018，27(3)：97～102

2018107 Jiang Manru, Jiang Renjin, A note on weighted Korn inequality, Acta Mathematica Sinica, English Series, 2018, 34(4): 691～698

2018108 Jiang Renjin, Xiao Jie, Yang Dachun, Relative ∞-capacity and its affinization, Advances in Calculus of Variances, 2018, 11(1): 95～110

2018109 Jiao Yujuan, Tang Zhongwei, On the least energy solutions for semilinear Schrödinger equation with electromagnetic fields involving critical growth and indefinite potentials, Applicable Analysis, 2018, 97(12): 2 157～2 169

2018110 Jin Tianling, Xiong Jingang, On the isoperimetric quotient over scalar-flat conformal classes, Communications in Partial Differential Equations, 2018, 43(12): 1 737～1 760

2018111 Ju Lili, Li Xiao, Qiao Zhonghua, Zhang Hui, Energy stability and error estimates of exponential time differencing schemes for the epitaxial growth model without slope selection, Mathematics of Computation, 2018, 87(312): 1 858～1 885

2018112 Lai Xudong, Ding Yong, A note on the discrete Fourier restriction problem, Proceedings of the American Mathematical Society, 2018, 146(9): 3 839～3 846

2018113 Lei Liangzhen, Ma Yutao, Xue Dandan, Sobolev inequalities for Möbius measures on the unit circle, 数学杂志，2018，38(5)：813～821

2018114 Lei Xin, Li Jiequan, A non-oscillatory energy-splitting method for the computation of compressible multi-fluid flows, Physics of Fluids, 2018, 50(4): Article ID 040906

2018115 Li Haichou, Deng Guantie, Qian Tao, Fourier spectrum characterizations of H^p spaces on tubes over cones for $1\leqslant p\leqslant+\infty$, Complex Analysis and Operator Theory, 2018, 12(5): 1 193～1 218

2018116 李海凤，段琳，崔丽，基于离散最优传输的多层次自适应颜色传输，北京师范大学学报(自然科学版)，2018，54(4)：440～448

2018117 李慧，张久玲，乔芳芳，带确定成分的求和模型，北京师范大学学报(自然科学版)，2018，54(6)：701～709

2018118 Li Junfeng, Yu Haixia, The oscillatory hyper-Hilbert transform associated with plane curves, Canadian Journal of Mathematics, 2018, 61(4): 802～811

2018119 Li Kun, Huang Jianhua, Li Xiong, Traveling wave solutions in advection hyperbolic-parabolic system with nonlocal delay, Discrete and Continuous Dynamical Systems, 2018, 23B(6): 2 091～2 119

2018120 Li Kun, Huang Jianhua, Li Xiong, He Yanli, Traveling wave fronts in a delayed lattice competitive system, Applicable Analysis, 2018, 97(6): 982～999

2018121 Li Kun, Li Xiong, The existence of traveling wave solutions in an integro-difference competition-cooperation system, International Journal of Biomathemetics, 2018, 11(1): Article ID 1850009

2018122 Li Kun, Li Xiong, Traveling wave solutions in a delayed lattice competition-cooperation system, Journal of Difference Equations and Applications, 2018, 24(3): 391～408

2018123 Li Kun, Li Xiong, Traveling wave solutions in a reaction-diffusion competition-cooperation system with stage structure, Japan Journal of Industrial and Applied Mathematics, 2018, 35(1): 157～193

2018124 Li Kun, Li Xiong, Traveling wave solutions in nonlocal delayed reaction-diffusion systems with partial quasimonotonicity, Mathematical Methods in the Applied Sciences, 2018, 41(15): 5 989～6 016

2018125 Li Pingshan, Xu Min, Fault-tolerant strong Menger (edge) connectivity and 3-extra edge-connectivity of balanced hypercubes, Theoretical Computer Science, 2018, 707: 56～68

2018126 Li Songzi, Li Xiangdong, Hamilton differential Harnack inequality and W-entropy for Witten Laplacian on Riemannian manifolds, Journal of Functional Analysis, 2018, 274(11): 3 263～3 290

2018127 Li Songzi, Li Xiangdong, W-entropy formulas on super Ricci flows and Langevin deformation on Wasserstein space over Riemannian manifolds, Science China: Mathemetics, 2018, 61(8): 1 385～1 406

2018128 Li Xiong, Jin Shasha, Boundedness in forced isochronous oscillators, Journal of Mathematical Analysis and Applications, 2018, 460(2): 714～736

2018129 Li Yajing, Zhang Ziheng, Lü Yunfei, Liu Zhihua, Optimal harvesting for a size-stage-structured population model, Nonlinear Analysis: Real World Applications, 2018, 44: 616～630

2018130 Li Yanyan, Nguyen Luc, Wang Bo, Comparison principles and Lipschitz regularity for some nonlinear degenerate elliptic equations, Calculus of Variations and Partial Differential Equations, 2018, 57(4): Article ID 96

2018131 Li Yanyan, Wang Bo, Strong comparison principles for some nonlinear degenerate elliptic equations, Acta Mathematica Sinica, English Series, 2018, 34(5): 1 583～1 590

2018132 Li Yanyan, Wei Juncheng, Xu Haoyuan, Multi-bump solutions of $-\Delta u = K(x) u^n K(x) + 2^{n-2}$ on lattices in $\mathbf{R}^n$, Journal für die Reine und Angewandte Mathematik, 2018, 743: 163～211

2018133 Li Yueshuang, Approximation theorem for principle eigenvalue of discrete p-Laplacian, Frontiers of Mathematics in China, 2018, 13(5): 1 045～1 061

2018134 Li Zenghu, Xu Wei, Asymptotic results for exponential functionals of Lévy processes, Stochastic Processes and Their Applications, 2018, 128(1): 108～131

2018135 Li Zhengyang, Xue Qingying, Boundedness of bi-parameter Littlewood-Paley operators on product Hardy space, Revista Matematica Complutense, 2018, 31(3):

713～745

2018136 Li Zhengyang, Xue Qingying, Weighted end-point weak type (pp) estimates for g_λ^*-function with kernels of lower regularities, Mathematical Inequalities and Applications, 2018, 21(3): 683～700

2018137 Li Zhilin, Chen Xiaohong, Zhang Zhengru, On multiscale ADI methods for parabolic PDEs with a discontinuous coefficient, SIAM Multiscale Modeling and Simulation, 2018, 16(4): 1 623～1 647

2018138 李仲来，20 世纪对北京师范大学数学系贡献最大的人物：纪念傅种孙教授诞辰 120 周年，数学通报，2018，57(10)：1～3，8

2018139 李仲来，深切悼念王世强教授，数学通报，2018，57(3)：62，66；王世强教授生平，北京师范大学校报，2018-03-15

2018140 李仲来，数学大家　九三先贤：纪念汤璪真教授诞辰 120 周年，民主与科学，2018，(3)：70～72

2018141 刘碧铎，胡永建，一类矩阵的行列式及应用，数学通报，2018，57(2)：60～62

2018142 Liu Chundi, Wang Boyi, Quasineutral limit for a model of three-dimensional Euler-Poisson system with boundary, Analysis and Applications, 2018, 16 (2): 283～305

2018143 Liu Feng, Xue Qingying, Characterizations of the multiple Littlewood-Paley operators on product domains, Publicationes Mathematicae Debrecen, 2018, 92(3～4): 419～439

2018144 Liu Feng, Xue Qingying, Yabuta K., Rough maximal singular integral and maximal operators supported by subvarieties on Triebel-Lizorkin spaces, Nonlinear Analysis: Theory Methods and Application, 2018, 171: 41～72

2018145 刘福林，曹一鸣，探索中国特色小学数学教科书建设的典范：1963 年 12 年制学校小学算术课本述评，课程 教材 教法，2018，38(8)：126～132

2018146 Liu Jun(刘军), Yang Dachun, Yuan Wen, Littlewood-Paley characterizations of anisotropic Hardy-Lorentz spaces, Acta Mathematica Sinica, English Series, 2018, 34(1): 1～33

2018147 Liu Jun(刘军), Weisz F., Yang Dachun, Yuan Wen, Variable anisotropic Hardy spaces and their applications, Taiwanese Journal of Mathematics, 2018, 22(5): 1 173～1 216

2018148 Liu Liguang, Chang Derchen, Fu Xing, Yang Dachun, Endpoint estimates of linear commutators on Hardy spaces over spaces of homogeneous type, Mathematical Methods in the Applied Sciences, 2018, 41(15): 5 951～5 984

2018149 Liu Liguang, Yang Dachun, Yuan Wen, Bilinear decompositions for products of Hardy and Lipschitz spaces on spaces of homogeneous type, Dissertationes Mathematicae, 2018, 533: 1～93

2018150 刘敏，钟学秀，一类特殊 Caffarelli-Kohn-Nirenberg 不等式的简单证明，江西师范大学学报(自然科学版)，2018，42(3)：242～247

2018151 刘荣，邓冠铁，基为 Lorentz 锥的管状区域上复 Hardy 空间 L^p($0<p\leqslant 1$)中函数

边值的 Fourier 变换，北京师范大学学报(自然科学版)，2018，54(2)：151～156

2018152 Liu Shihu，Yu Fusheng，Wang Patrick S. P.，Granularity approach for multi-criteria decision making about hybrid evaluation information，International Journal of Pattern Recognition and Artificial Intelligence，2018，32(11)：Article ID 1859020

2018153 Liu Weiming，Niu Miaomiao，Multi-peak positive solutions for the fractional Schrödinger-Poisson system，Communications in Contemporary Mathematics，2018，20(3)：Article ID 1750017

2018154 刘文慧，张淑梅，张唯一，一个估计问题的探讨，数学通报，2018，57(1)：35～38

2018155 Liu Yin，Zhao Jiman，Abstract Hardy spaces with variable exponents，Nonlinear Analysis：Theory Methods and Applications，2018，167：29～50

2018156 Liu Yongping，Xu Guiqiao，Zhang Jie，Best restricted approximation of smooth function classes，Trudy Instituta Matematiki i Mekhaniki Uro Ran，2018，24(4)：283～294

2018157 Liu Yongping，Xu Guiqiao，Zhang Jie，Exponential convergence of an approximation problem for infinitely differentiable multivariate functions，Mathematical Notes，2018，103(5～6)：769～779

2018158 Liu Zhao，Chen Lu，Wang Xumin，Liouville type theorems for general integral system with negative exponents，Taiwanese Journal of Mathematics，2018，22(3)：661～675

2018159 Lu Bo，Cai Dingjiao，Wang Luheng，Tong Xingwei，Xiang Huiyun，Inference for proportional hazard model with propensity score，Communications in Statistics：Theory and Methods，2018，47(12)：2 908～2 918

2018160 Lu Chao，Lu Jing，Unconditional uniqueness of solution for H^{sc} critical 4th order NLS in high dimensions，Acta Mathematica Sinica，English Series，2018，34(6)：1 028～1 036

2018161 Lu Jing，Miao Changxing，Murphy J.，Scattering in H^1 for the intercritical NLS with an inverse-square potential，Journal of Differential Equations，2018，264(5)：3 174～3 211

2018162 Lü Yunfei，Pei Yongzhen，Yuan Rong，Modeling and analysis of a predator-prey model with state-dependent delay，International Journal of Biomathematics，2018，11(2)：Article ID 1850026

2018163 罗艺灵，刘晓曼，保继光，维拉尼演讲中的高尔顿板和网页排序，数学通报，2018，57(10)：39～43

2018164 Ma Guangsheng，Zhao Jiman，Quaternion ridgelet transform and curvelet transform，Advances in Applied Clifford Algebras，2018，28(4)：Article ID 80

2018165 Ma Xuanlong，Feng Min，Wang Kaishun，The strong metric dimension of the power graph of a finite group，Discrete Applied Mathematics，2018，239：159～164

2018166 马迎秋，曹一鸣，初中数学教科书几何推理的国际比较研究，基础教育，2018，15(3)：52～65

2018167 马迎秋，曹一鸣，初中数学教科书几何内容分布的国际比较研究，数学教育学报，2018，27(4)：12～17，75

2018168 Ma Yutao，Wang Xinyu，A note on the spectral gap for general harmonic measures on spheres，Statistics and Probability Letters，2018，141：56～61

2018169 Mao Yaping，Cheng Eddie，Wang Zhao，Guo Zhiwei The k-independence number of graph products，Art Discrete Applied Mathematics，2018，1(1)：101

2018170 Mao Yaping，Wang Zhao，Cheng Eddie，Melekian C.，Strong matching preclusion number of graphs，Theoretical Computer Science，2018，713：11～20

2018171 Mao Yonghua，Xu Liping，Zhang Ming，Zhang Yuhui，Convergence in total variation distance for (in) homogeneous Markov processes，Statistics and Probability Letters，2018，137(1)：54～62

2018172 Mei Ting，Ding Yong，A class of α-Carleson measures，Taiwanese Journal of Mathematics，2018，22(5)：1 217～1 243

2018173 Miao Qianyun，Xue Liutang，On the Hölder regularity of the weak solution to a drift-diffusion system with pressure，Calculus of Variations and Partial Differential Equations，2018，57(6)：Article ID 153

2018174 聂旭刚，陈平，张缨斌，何引红，题目位置效应的概念及检测，心理科学进展，2018，(2)：368～380

2018175 Niu Miaomiao，Peng Zhipeng，Xiong Jingang，Compactness of solutions to nonlocal elliptic equations，Journal of Functional Analysis，2018，275(9)：2 333～2 372

2018176 Niu Miaomiao，Tang Zhongwei，Wang Lushun，Least energy solutions for indefinite biharmonic problems via modified Nehari-Pankov manifold，Communications in Contemporary Mathematics，2018，20(4)：Article ID 1750047

2018177 Niu Yanmin，Li Xiong，Periodic solutions of semilinear Duffing equations with impulsive effects，Journal of Mathematical Analysis and Applications，2018，467(1)：349～370

2018178 Niu Yanmin，Li Xiong，Periodic solutions of sublinear impulsive differential equations，Taiwanese Journal of Mathemetics，2018，22(2)：439～452

2018179 牛耀明，丁勇，广义色散方程解的极大整体估计，数学物理学报，2018，38A(6)：1 224～1 238

2018180 潘海林，朱文芳，论章士藻的数学教育研究成就，盐城师范学院学报(人文社会科学版)，2018，38(4)：111～114

2018181 Pan Liang，Xu Kun，Two-stage fourth-order gas-kinetic scheme for three-dimensional Euler and Navier-Stokes solutions，Journal of Mathematical Fluid Mechanics，2018，32(10)：395～411

2018182 裴姗，章腾，基于 Freeman 链码的几何图形识别算法，计算技术与自动化，2018，37(3)：115～117，154

2018183 彭浦源，李迎新，黄正，王颖喆，一种新型劳务众包平台的市场策略与定价研究，经济数学，2018，35(3)：41～46

2018184 屈菲菲，邓冠铁，$H^2(\mathbf{R}^n)$空间上的不确定原理，数学物理学报，2018，38A(4)：

631～640

2018185 Sarwar M. , Humaira H. , Huang Huaping, Fuzzy fixed point results with rational type contractions in partially ordered complex-valued metric spaces, Colloquium Mathematicum, 2018, 58(1～2): 57～78

2018186 Sato S. , Wang Fan, Yang Dachun, Yuan Wen, Generalized Littlewood-Paley characterizations of fractional Sobolev spaces, Communications in Contemporary Mathematics, 2018, 20(7): Article ID 1750077

2018187 Si Zengyan, Xue Qingying, Estimates for iterated commutators of multilinear square functions with Dini-type kernels, Journal of Inequalities and Applications, 2018: Article ID 188

2018188 Silver E. A. (郭玉峰，等整理)，超越高中学校数学内容的课程规范：数学过程、实践和倾向："中学数学课程与教材国际论坛"开幕报告，中国数学教育，2018，(12)：6～10；高中数学教与学，2019，(5)：3～6

2018189 宋爽，郭衎，家庭背景因素对初中生数学学业成就的影响，数学教育学报，2018，27(1)：52～57，102

2018190 Su Xiaole, Sun Hongwei, Wang Yusheng, An isometrical CP^n-theorem, Frontiers of Mathematics in China, 2018, 13(2): 367～398

2018191 Su Xifeng, Thieullen P. , Convergence of discrete Aubry-Mather model in the continuous limit, Nonlinearity, 2018, 31(5): 2 126～2 155

2018192 Su You, Li Yanyan, Hu Hening, Exploring college English language learners' self and social regulation of learning during wiki-supported collaborative reading activities, International Journal of Computer-Supported Collaborative Learning, 2018, 13 (1): 35～60

2018193 Sui Shiyou, Li Baoyi, Bifurcation of limit cycles from the global center of a class of integrable non-Hamilton systems, Journal of Applied Analysis and Computation, 2018, 8(5): 1 441～1 451

2018194 Sui Shiyou, Zhao Liqin, Bifurcation of limit cycles from the center of a family of cubic polynomial vector fields, International Journal of Bifurcation and Chaos Applications Science Engrgy, 2018, 28(5): Article ID 1850063

2018195 Sun Xiuli, Yuan Rong, Lü Yunfei, Global Hopf bifurcations of neutral functional differential equations with state-dependent delay, Discrete and Continuous Dynamical Systems, 2018, 23B(2): 667～700

2018196 Sun Yanmei, Li Xiong, The coexistence of quasi-periodic and blow-up solutions in a superlinear Duffing equation, Science China: Mathemetics, 2018, 61 (9): 1 589～1 602

2018197 Tan Jian, Zhao Jiman, Inhomogeneous Lipschitz spaces of variable order and their applications, Annals of Functional Analysis, 2018, 9(1): 72～86

2018198 Tang Huo, Deng Guantie, Majorization problems for certain classes of multivalent analytic functions related with the Srivastava-Khairnar-More operator and exponential function, Filomat, 2018, 32(15): 5 319～5 328

2018199 Tang Huo, Deng Guantie, Majorization problems for two subclasses of analytic functions connected with the Liu-Owa integral operator and exponential function, Journal of Inequalities and Applications, 2018: Article ID 277

2018200 汤获，邓冠铁，冷平，李书海，一类亚纯多叶螺旋函数的优化问题，北京师范大学学报(自然科学版)，2018，54(5)：561～566

2018201 Tang Zhongwei, Wang Lushun, Segregated vector solutions with multi-scale spikes for nonlinear coupled elliptic systems, Journal of Mathematical Analysis and Applications, 2018, 464(1): 1～31

2018202 唐梓洲，彦文娇，等参情形的丘成桐第一特征值猜想，中国科学：数学，2018，48(6)：819～826

2018203 Torres R. H., Xue Qingying, Yan Jingquan, Compact bilinear commutators: the quasi-Banach space case, Journal of Analysis, 2018, 26(2): 227～234

2018204 Wan Wei, Huang Haiyang, Liu Jun(刘君), Local block operators and TV regularization based image inpainting, Inverse Problems and Imaging, 2018, 12(6): 1 389～1 410

2018205 Wang Cuiqiao, Deng Guantie, Huang Huaping, Inner-outer factorization on the Nevanlinna space in a strip, Journal of Computational Analysis and Applications, 2018, 25(3): 565～578

2018206 王敬赓，谈谈我对解析几何的认识，中学生数学(高中版)，2018，(7)：20～22

2018207 Wang Ke, Guo Ping, Yu Fusheng, Duan Lingzi, Wang Yuping, Du Hui, Computational intelligence in astronomy: a survey, International Journal of Computational Intelligence Systems, 2018, 11(1): 575～590

2018208 王立东，曹一鸣，郭衎，数学教师对学生学业成就的影响研究，教师教育研究，2018，(1)：87～94

2018209 王娜，张雁楠，蔡俊亮，陈星，广义 r-部完全超图的边色数，北京师范大学学报(自然科学版)，2018，54(2)：165～171

2018210 Wang Yang, Li Xiong, Entire solutions for the classical competitive Lotka-Volterra system with diffusion in the weak competition case, Nonlinear Analysis: Real World Applications, 2018, 42: 1～23

2018211 Wang Yuebin, Zhang Liqiang, Tong Xiaohua, Nie Feiping, Huang Haiyang, Mei Jie, LRAGE: Learning latent relationships with adaptive graph embedding for aerial scene classification, IEEE Transactions on Geoscience and Remote Sensing, 2018, 56(2): 621～634

2018212 Wang Zhao, Cai Junliang, Mao Yaping, Graphs with given k-independence number, Utilitas Mathematica, 2018, 106: 51～64

2018213 王姿婷，李建华，数学游戏幻三角的启发式思路分析，数学通报，2018，57(12)：36～43

2018214 Wei Yulong, Xu Min, The 1 2-good-neighbor conditional diagnosabilities of regular graphs, Applied Mathematics and Computation, 2018, 334: 295～310

2018215 Wei Yulong, Xu Min, The g-good-neighbor conditional diagnosability of locally twisted cubes, Journal of the Operational Research Society of China, 2018, 6(2): 333～347

2018216 Wei Yulong, Xu Min, Wang Kaishun, Strong rainbow connection numbers of toroidal meshes, Discrete Mathematics, Algorithms and Applications, 2018, 10(3): Article ID 1850039

2018217 Wei Yuanhong, Su Xifeng, On a class of non-local elliptic equations with asymptotically linear term, Discrete and Continuous Dynamical Systems, 2018, 38(12): 6 287～6 304

2018218 Wu Jiahong, Xu Xiaojing, Ye Zhuan, The 2D Boussinesq equations with fractional horizontal dissipation and thermal diffusion, Journal de Mathématiques Pures et Appliquées, 2018, 115: 187～217

2018219 Wu Suqing, Yang Dachun, Yuan Wen, Zhuo Ciqiang, Variable 2-microlocal Besov-Triebel-Lizorkin-type spaces, Acta Mathematica Sinica, English Series, 2018, 34(4): 699～748

2018220 Wu Xin, Tian Baochuan, Yuan Rong, Wave propagation in a diffusive SEIR epidemic model with nonlocal reaction and standard incidence rate, Mathematical Methods in the Applied Sciences, 2018, 41(17): 8 136～8 160

2018221 Wu Xiongtao, Tao Wenyu, Chen Yanping, Zhu Kai, Commutators of square functions related to fractional differentiation for second-order elliptic operators, Journal of Function Spaces, 2018: Article ID 2624057

2018222 吴一凡，浅谈现代经济管理中应用数学的应用价值，经济研究导刊，2018，(8): 195～196

2018223 Xie Tian, Yang Xianshan, Li Xiong, Wang Hao, Complete global and bifurcation analysis of a stoichiometric predator-prey model, Journal of Dynamics and Differential Equations, 2018, 30(2): 447～472

2018224 Xiong Jingang, A derivation of the sharp Moser-Trudinger-Onofri inequalities from the fractional Sobolev inequalities, Peking Mathematical Journal, 2018, 1(2): 221～229

2018225 Xiong Jingang, On a conformally invariant integral equation involving Poisson kernel, Acta Mathematica Sinica, English Series, 2018, 34(4): 681～690

2018226 Xu Mengjian, Gao Hongzhu, Linking polynomials of virtual string links, Science China: Mathemetics, 2018, 61(7): 1 287～1 302

2018227 Xu Xiaojing, Zhu Ning, Global well-posedness for the 2D Boussinesq equations with partial temperature-dependent dissipative terms, Journal of Mathematical Analysis and Applications, 2018, 466(1): 351～372

2018228 Xue Liutang, Ye Zhuan, On the differentiability issue of the drift-diffusion equation with nonlocal Lévy-type diffusion, Pacific Journal of Mathematics, 2018, 293(2): 471～510

2018229 Xue Nina, Li Xiong, The linearization of periodic Hamiltonian systems with one degree of freedom under the Diophantine condition, Journal of Differential Equations,

2018，264(2)：604～623

2018230 Yan Shi，Yu Zihao，Liu Jun(刘君)，Non-parametric mixture model with TV spatial regularisation and its dual EM algorithm，IET Image Processing，2018，12(9)：1 655～1 662

2018231 闫艳艳，张余辉，单死过程一些数字特征的概率意义，北京师范大学学报(自然科学版)，2018，54(6)：695～700

2018232 Yang Chunlei，Zhang Boyu，Charness G.，Li Cong，Lien J. W.，Endogenous rewards promote cooperation，Proceedings of the National Academy of Sciences，USA，2018，115(40)：9 968～9 973

2018233 Yang Dachun，Zhang Junqiang，Variable Hardy spaces associated with operators satisfying Davies-Gaffney estimates on metric measure spaces of homogeneous type，Annales Academiae Scientiarum Fennicae，Mathematica，2018，43(1)：47～87

2018234 Yang Dachun，Zhang Junqiang，Zhuo Ciqiang，Variable Hardy spaces associated with operators satisfying Davies-Gaffney estimates，Proceedings of the Edinburgn Mathematical Society (2)，2018，61(3)：759～810

2018235 Yang Jihua，Zhao Liqin，Bounding the number of limit cycles of discontinuous differential systems by using Picard-Fuchs equations，Journal of Differential Equations，2018，264(9)：5 734～5 757

2018236 Yang Sibei，Chang Derchen，Yang Dachun，Fu Zunwei，Gradient estimates via rearrangements for solutions of some Schrödinger equations，Analysis and Applications，2018，16(3)：339～361

2018237 Yang Sibei，Yang Dachun，Yuan Wen，The L^p Robin problem for Laplace equations in Lipschitz and (semi-) convex domains，Journal of Differential Equations，2018，264(2)：1 348～1 376

2018238 Yang Xu，Existence results for solutions to nonlinear Dirac systems on compact spin manifolds，Advances in Nonlinear Analysis，2018，18(1)：87～104

2018239 Yang Yuefeng，Lü Benjian，Wang Kaishun，Weakly distance-regular digraphs of valency three Ⅱ，Journal of Combinatorial Theory，2018，160A：288～315

2018240 Yao Xiaomei，Zhang Hui，Chen J. Z. Y.，Topological defects in two-dimensional liquid crystals confined by a box，Physical Review E，2018，97(5)：Article ID 052707

2018241 于国文，芬兰课程改革核心理念之评介，江苏教育，2018，(90)：78～80

2018242 于国文，曹一鸣，从理念到实践："数学取士"法国文化传统与数学教育，外国中小学教育，2018，(6)：38～46

2018243 于国文，曹一鸣，关键教学行为视阈下的国际数学课堂比较：中、澳、法、芬四国中学数学课堂研究，基础教育，2018，15(4)：93～102

2018244 Yu Haixia，Li Junfeng，Sharp weak bounds for n-dimensional fractional Hardy operators，Frontiers of Mathematics in China，2018，13(2)：449～457

2018245 Yu Xiao，Lu Shanzhen，Olsen-type inequalities for the generalized commutator of multilinear fractional integrals，Turkish Journal of Mathematics，2018，42(5)：

2 348～2 370

2018246 曾小林，黄一缘，浅析 n 维欧氏空间上 Borel 集的构造，重庆工商大学学报(自然科学版)，2018，35(3)：55～59

2018247 Zhang Boyu，Cao Zhigang，Qin Chengzhong，Yang Xiaoguang，Fashion and homophily，Operations Research，2018，66(6)：1 486～1 497

2018248 Zhang Caifeng，Chen Lu，Concentration-compactness principle of singular Trudinger-Moser inequalities in $\mathbf{R}^n$ and n-Laplace equations，Advanced Nonlinear Studies，2018，18(3)：567～585

2018249 Zhang Chong，Distinction of regular depth-zero supercuspidal L-packets，International Mathematics Research Notices，2018，(15)：4 579～4 601

2018250 张辉，水凝胶类软物质材料中的数学问题，计算数学，2018，40(1)：1～23

2018251 张杰，最大框架下具有递增光滑性的 Korobov 空间中多元问题的易处理性，高等学校计算数学学报，2018，40(3)：251～262

2018252 Zhang Juan，Lan Senhua，Xue Qingying，Sharp weighted bounds for multilinear fractional type operators associated with Bergman projection，Journal of Function Spaces，2018：Article ID 3485962

2018253 Zhang Juan，Li Yong，Yin Junping，Modulation classification method for frequency modulation signals based on the time-frequency distribution and CNN，IET Radar Sonar and Navigation，2018，12(2)：244～249

2018254 Zhang Ning，Zhao Liang，Convergence of ground state solutions for nonlinear Schrödinger equations on graphs，Science China：Mathemetics，2018，61(8)：1 481～1 494

2018255 张少钦，郑媛媛，一维 CIR 过程的泛函不等式及谱结构，北京师范大学学报(自然科学版)，2018，54(5)：572～582

2018256 张舒，曹一鸣，“问题”“理论”与“方法”：如何做好数学教育研究：访国际数学教育委员会前秘书长 Mogens Niss 教授，数学教育学报，2018，27(6)：50～54

2018257 Zhang Wei，Bao Jiguang，A Calabi theorem for solutions to the parabolic Monge-Ampère equation with periodic data，Annales de l'Institut Henri Poincaré：Analyse Non Linéaire，2018，35(5)：1 143～1 173

2018258 Zhang Wei，Bao Jiguang，Wang Bo，An extension of Jörgens-Calabi-Pogorelov theorem to parabolic Monge-Ampère equation，Calculus of Variations and Partial Differential Equations，2018，57(3)：Article ID 90

2018259 Zhang Xiangming，Liu Zhihua，Bifurcation analysis of an age structured HIV infection model with both virus-to-cell and cell-to-cell transmissions，International Journal of Bifurcation and Chaos Applications Science Engrgy，2018，28(9)：Article ID 1850109

2018260 张英伯，AR-箭图的构造和矩阵双模问题，中国科学：数学，2018，48(11)：1 651～1 664

2018261 张英伯，别荣芳，罗里波，善良为性，原理为心：记数理逻辑专家王世强(上)，数学文化，2018，9(3)：3～23

2018262 张英伯，别荣芳，罗里波，善良为性，原理为心：记数理逻辑专家王世强(下)，数学文化，2018，9(4)：3～28

2018263 Zhang Yuhui，Criteria on ergodicity and strong ergodicity of single death processes，Frontiers of Mathematics in China，2018，13(5)：1 215～1 243

2018264 Zhang Ziheng，Torres L.，César E.，Yuan Rong，Homoclinic solutions for fractional Hamiltonian systems with indefinite conditions，Filomat，2018，32(7)：2 403～2 419

2018265 Zhang Ziheng，Yuan Rong，Two solutions for a class of fractional boundary value problems with mixed nonlinearities，Bulletin of the Malaysian Mathematical Sciences Society，2018，41(3)：1 233～1 247

2018266 赵德科，张英伯，从正三角形的旋转与反射谈起，数学通报，2018，57(5)：12～15

2018267 Zhao Fengxiang，Pan Liang，Wang Shuanghu，Weighted essentially non-oscillatory scheme on unstructured quadrilateral and triangular meshes for hyperbolic conservation laws，Journal of Computational Physics，2018，374：605～624

2018268 Zheng Chuang，Li Lin，Wang Leyi，Li Chanying，How much information is needed in quantized nonlinear control? Science China：Information Sciences，2018，61(9)：Article ID 092205

2018269 Zheng Yongjiang，Bao Jiguang，Zhao Qiyi，Zhou Tianshou，Sun Xiaoqiang，A spatio-temporal model of macrophage-mediated drug resistance in glioma immunotherapy，Molecular Cancer Therapeutics，2018，17(4)：814～824

2018270 周询，王跃宾，刘素红，于佩鑫，王西凯，一种遥感影像自动识别耕地类型的机器学习算法，国土资源遥感，2018，30(4)：72～77

2018271 Zhuo Ciqiang，Chang Derchen，Yang Dachun，Yuan Wen，Characterizations of variable Triebel-Lizorkin-type spaces via ball averages，Journal of Nonlinear and Convex Analysis，2018，19(1)：19～40

2018272 Zhuo Ciqiang，Yang Dachun，Yuan Wen，Interpolation between $H^{p}(\mathbf{R}^{p})$ and $L^{\infty}(\mathbf{R}^{p})$：real method，Journal of Geometric Analysis，2018，28(3)：2 288～2 311

2019001 Ameer E.，Huang Huaping，Nazam M.，Arshad M.，Fixed point theorems for multivalued γ-FG-contractions with (α^{*}, β^{*})-admissible mappings in partial b-etric spaces and application，Politehn of University Bucharest Scientific Bulletin，Series A：Applied Mathematics and Physics，2019，81A(2)：97～108

2019002 安英，新时代数学教育展望：访徐斌艳教授，中学数学教学参考，2019，(3)：23～29

2019003 An Jing，Cao Waixiang，Zhang Zhimin，An efficient spectral Petrov-Galerkin method for nonlinear Hamiltonian systems，Communications in Computational Physics，2019，26(5)：1 249～1 273

2019004 Bao Jiguang，Xiong Jingang，Zhou Ziwei，Existence of entire solutions of Monge-Ampère equations with prescribed asymptotic behavior，Calculus of Variations and Partial Differential Equations，2019，58(6)：Article ID 193

2019005 Bi Hongwei，He Hui，A tree-valued Markov process associated with an admissible family of branching mechanisms，Acta Mathematica Sinica，English Series，2019，35(1)：135～160

2019006 Bonami A.，Cao Jun，Ky Luongdang，Liu Liguang，Yang Dachun，Yuan Wen，Multiplication between Hardy spaces and their dual spaces，Journal de Mathématiques Pures et Appliquées，2019，131：130～170

2019007 Cao Guiyu，Pan Liang，Xu Kun，Three dimensional high-order gas-kinetic scheme for supersonic isotropic turbulence I：criterion for direct numerical simulation，Computers and Fluids，2019，192：Article ID 104273

2019008 Cao Mingming，Xue Qingying，A revisit on commutators of linear and bilinear fractional integral operator，Tohoku Mathematical Journal，2019，71(2)：303～318

2019009 Cao Mingming，Xue Qingying，Yabuta K.，On the boundedness of multilinear fractional strong maximal operators with multiple weights，Pacific Journal of Mathematics，2019，303(2)：491～518

2019010 Cao Mingming，Yabuta K.，The multilinear Littlewood-Paley operators with minimal regularity conditions，The Journal of Fourier Analysis and Applications，2019，25(3)：1 203～1 247

2019011 曹一鸣，数学学科能力与核心素养，新课程教学(电子版)，2019，(2)：30

2019012 曹一鸣，孙彬博，现代信息技术支持下中学生数学实践创新能力培养的研究与实践，教育学术月刊，2019，(8)：103～111

2019013 曹一鸣，朱忠明，变与不变：PISA 2000-2021 数学测评框架的沿革，数学教育学报，2019，28(4)：1～5

2019014 Cao Zhigang，Qin Chengzhong，Yang Xiaoguang，Zhang Boyu，Dynamic matching pennies on networks，International Journal of Game Theory，2019，48(3)：887～920

2019015 Chen Huajie，Liao Mingjie，Wang Hao，Wang Yangshuai，Zhang Lei，Adaptive QM/MM coupling for crystalline defects，Computer Methods in Applied Mechanics and Engineering，2019，354：351～368

2019016 Chen Huajie，Nazar F. Q.，Ortner C.，Geometry equilibration of crystalline defects in quantum and atomistic descriptions，Mathematical Models and Methods in Applied Sciences，2019，29(3)：419～492

2019017 Chen Jiao，Huang Liang，Hörmander type multipliers on anisotropic Hardy spaces，Acta Mathematica Sinica，English Series，2019，35(11)：1 841～1 853

2019018 Chen Lizhen，Zhang Jun，Zhao Jia，Cao Waixiang，Wang Hong，Zhang Jiwei，An accurate and efficient algorithm for the time-fractional molecular beam epitaxy model with slope selection，Computer Physics Communications，2019，245：Article ID 106842

2019019 Chen Lu，Lu Guozhen，Tao Chunxia，Existence of extremal functions for the Stein-Weiss inequalities on the Heisenberg group，Journal of Functional Analysis，

2019，277(4)：1 112～1 138

2019020 Chen Lu，Lu Guozhen，Tao Chunxia，Hardy-Littlewood-Sobolev inequalities with the fractional Poisson kernel and their applications in PDEs，Acta Mathematica Sinica，English Series，2019，35(6)：853～875

2019021 Chen Lu，Lu Guozhen，Tao Chunxia，Reverse Stein-Weiss inequalities on the upper half space and the existence of their extremals，Advanced Nonlinear Studies，2019，19(3)：475～494

2019022 Chen Lu，Lu Guozhen，Zhang Caifeng，Sharp weighted Trudinger-Moser-Adams inequalities on the whole space and the existence of their extremals，Calculus of Variations and Partial Differential Equations，2019，58(4)：Article ID 132

2019023 Chen Manman，Zhang Xinghua，Zhang Hui，Fusion and clustering of spherical micelles by extruding through a cylindrical channel，RSC Advances，2019，9(42)：24 394～24 400

2019024 陈木法，源自统计物理的数学论题：相变现象与数学的交叉，中国科学：数学，2019，49(3)：327～338

2019025 Chen Mufa，Li Yueshuang，Development of powerful algorithm for maximal eigenpair，Frontiers of Mathematics in China，2019，14(3)：493～519

2019026 Chen Mufa，Li Yueshuang，Improved global algorithms for maximal eigenpair，Frontiers of Mathematics in China，2019，14(6)：1 077～1 116

2019027 陈婷，孙彬博，张彩云，百年高中数学课程能力目标发展的回眸与反思：基于课程标准(教学大纲)的文本分析，数学教育学报，2019，28(6)：5～9

2019028 Chen Wengu，Wei Suqing，Li Junfeng，Global well-posedness of the two-dimensional Benjamin equation in the energy space，Nonlinear Analysis：Real World Applications，2019，45：755～788

2019029 Chen Xinxin，He Hui，On large deviation probabilities for empirical distribution of supercritical branching random walks with unbounded displacements，Probability Theory and Related Fields，2019，175(1～2)：255～307

2019030 Chen Yongpeng，Concentration of positive solutions for critical quasilinear Schrödinger equation with competing potentials，Applicable Analysis，2019，Article ID 1671975

2019031 Chen Yongpeng，Guo Yuxia，Tang Zhongwei，Concentration of ground state solutions for quasilinear Schrödinger systems with critical exponents，Communications on Pure and Applied Analysis，2019，18(5)：2 693～2 715

2019032 陈玉，邓冠铁，关于单位圆内二阶微分方程解的增长性与不动点，北京师范大学学报(自然科学版)，2019，55(3)：299～308

2019033 Chen Yu，Ding Yanheng，Multiplicity and concentration for Kirchhoff type equations around topologically critical points in potential，Topological Methods in Nonlinear Analysis，2019，53(1)：183～223

2019034 Chen Wengu，Wei Suqing，Li Junfeng，Well-posedness of the fifth order two-dimensional Benjamin-Ⅱ equation，数学进展，2019，48(1)：1～20

2019035 Cheng Hongmei, Yuan Rong, The stability of the equilibria of the Allen-Cahn equation with fractional diffusion, Applicable Analysis, 2019, 98(3): 600～610

2019036 Cheng Jian, Du Zhifang, Lei Xin, Wang Yue, Li Jiequan, A two-stage fourth-order discontinuous Galerkin method based on the GRP solver for the compressible euler equations, Computers and Fluids, 2019, 181: 248～258

2019037 Cheng Zhiyun, Gao Hongzhu, Xu Mengjian, Transcendental linking polynomials of virtual string links, Journal of Knot Theory and Its Ramifications, 2019, 28(3): Article ID 1950022

2019038 Cheng Zhiyun, Mukherjee S., Przytycki J., Wang Xiao, Yang S. Y., Rooted trees with the same plucking polynomial, Osaka Journal of Mathematics, 2019, 56(3): 661～674

2019039 Cui Li, Qi Xin, Wen Chengfeng, Lei Na, Li Xinyuan, Zhang Min, Gu Xianfeng, Spherical optimal transportation, Computer-Aided Design, 2019, 115: 181～193

2019040 戴芊慧，晋榕榕，毛玉兰，圆盘中 2-点涡的可积运动，北京师范大学学报(自然科学版)，2019，55(2)：179～184

2019041 戴舒婷，黄正，钞露蓉，软物质液晶的一个数学模型简化求解，数值计算与计算机应用，2019，40(3)：207～214

2019042 Deng Fusheng, Wang Zhiwei, Zhang Liyou, Zhou Xiangyu, A new proof of Kiselman's minimum principle for plurisubharmonic functions, Comptes Rendus de l Academis des Sciences Paris, Serie I: Mathematique, 2019, 357(4): 345～348

2019043 邓冠铁，扇形区域中的 Clarkson-Erdös-Schwartz 定理，中国科学：数学，2019，49(11)：1 501～1 512

2019044 Deng Guantie, Huang Yun, Qian Tao, Paley-Wiener-type theorem for analytic functions in tubular domains, Journal of Mathematical Analysis and Applications, 2019, 480(1): Article ID 123367

2019045 Deng Guantie, Li Haichou, Qian Tao, Fourier spectrum characterizations of Hardy spaces H^p on tubes for $0<p<1$, Complex Analysis and Operator Theory, 2019, 13(6): 2 605～2 625

2019046 Deng Guantie, Li Haichou, Qian Tao, Hardy space decompositions of $L^p(\mathbf{R}^n)$ for $0<p<1$ with rational approximation, Complex Variables and Elliptic Equations, 2019, 64(4): 606～630

2019047 Ding Yong, Lai Xudong, A note on weak type (1, 1) estimate for the higher order commutators of Christ-Journé type, Analysis in Theory and Applications, 2019, 35(3): 268～287

2019048 Ding Yong, Lai Xudong, Weak type (1, 1) bound criterion for singular integrals with rough kernel and its applications, Transactions of American Mathematical Society, 2019, 371(3): 1 649～1 675

2019049 Ding Yong, Niu Yaoming, Convergence of solutions of general dispersive equations along curve, Chinese Annals of Mathematics, 2019, 40B(3): 363～388

2019050 Dong Hongjie, Li Haigang, Optimal estimates for the conductivity problem by Green's function method, Archive for Rational Mechanics and Analysis, 2019, 231(3): 1 427～1 453

2019051 Dong Hongjie, Xu Longjuan, Gradient estimates for divergence form elliptic systems arising from composite material, SIAM Journal on Mathematical Analysis, 2019, 51(3): 2 444～2 478

2019052 Dong Lianchun, Clarke D., Cao Yiming, Wang Lidong, Seah W. T., Teacher questioning practices over a sequence of consecutive lessons: A case study of two mathematics teachers, Sustainability, 2019, 11(1): Article ID 139

2019053 Dong Lianchun, Seah W. T., Cao Yiming, Clarke D. J., Student talk in large-size mathematics classrooms: a case study of a sequence of ten consecutive lessons in China, Asia Pacific Education Review, 2019, 20(3): 449～456

2019054 Dong Lixiu, Wang Cheng, Zhang Hui, Zhang Zhengru, A positivity-preserving, energy stable and convergent numerical scheme for the Cahn-Hilliard equation with a Flory-Huggins-deGennes energy, Communications in Mathematical Sciences, 2019, 17(4): 921～939

2019055 Dong Yali, Sasaki T., Zhang Boyu, The competitive advantage of institutional reward, Proceedings of the Biological Sciences, 2019, 286B(1899): Article ID 20190001

2019056 Dong Zhao, Song Yulin, Xie Yingchao, Derivative formula and coupling property for linear SDEs driven by Lévy processes, Acta Mathematicae Applicatae Sinica, English Series, 2019, 35(4): 708～721

2019057 Fan Yu, Liu Lin, Zheng Liancun, Li Xiaoliang, Subdiffusions on circular branching structures, Communications in Nonlinear Science and Numerical Simulation, 2019, 77: 225～238

2019058 Fang Jingxuan, Zhao Jiman, Besov spaces with variable smoothness and integrability on Lie groups of polynomial growth, Journal of Pseudo-Differential Operators and Applications, 2019, 10(3): 581～599

2019059 Fang Rongjuan, Li Zenghu, A conditioned continuous-state branching process with applications, Statistics and Probability Letters, 2019, 152: 43～49

2019060 Fu Zunwei, Lu Shanzhen, Wang Hongbin, Wang Liguang, Singular integral operators with rough kernels on central Morrey spaces with variable exponent, Annales Academiae Scientiarum Fennicae, Mathematica, 2019, 44(1): 505～522

2019061 高雪松，郭方奇，欧阳亚亚，基于核心素养的高中统计教学研究，中国数学教育(高中版)，2019，(6)：17～20

2019062 Gao Yining, Yu Fusheng, Linear fuzzy information granulation based classification method for unequal length time series, IEEE 14th International Conference on Intelligent Systems and Knowledge Engineering (ISKE), Dalian, China, Nov., 14～16, 2019, 1 193～1 198

2019063 Gao Zhiqiang, Exact convergence rate in the local central limit theorem for a lattice branching random walk on Z_d, Statistics and Probability Letters, 2019, 151: 58～66

2019064 葛新麟，九九归一：从角平分线说起——浅谈初中数学试题设计思路，数学学习与研究，2019，(24)：138～140

2019065 郭衎，曹一鸣，学习动机对学习效果影响的深度解析：基于大规模学生调查的实证研究，教育科学研究，2019，(3)：62～67

2019066 Guo Qikai, Yu Fusheng, Mining temporal association rules of an attributed graph sequence at high conceptual levels, IEEE 14th International Conference on Intelligent Systems and Knowledge Engineering (ISKE), Dalian, China, Nov., 14～16, 2019, 1 205～1 210

2019067 郭玉峰，基于核心素养的国际数学课程教材改革动向及启示，数学通报，2019，58(6)：9～14；高中数学教与学，2019，(11)：24～27

2019068 郭玉峰，聚焦数学抽象素养和数学问题提出：第二届"中学数学课程与教材国际论坛"综述，中国数学教育(高中版)，2019，(12)：3～7

2019069 郭玉峰，段欣慰，孙艳，数学运算素养的理解与商榷，中国数学教育(高中版)，2019，(10)：3～8；高中数学教与学，2020，(1)：3～8

2019070 郭玉峰，赵坤，数学核心素养在高中教材习题中的表现研究：以"函数"为例，教育科学研究，2019，(3)：68～74

2019071 郭玉霞，唐仲伟，汪路顺，带深井位势双调和方程的解，中国科学：数学，2019，49(1)：21～38

2019072 Han Xiaoli, Jost J., Liu Lei, Zhao Liang, Global existence of the harmonic map heat flow into Lorentzian manifolds, Journal de Mathématiques Pures et Appliquées, 2019, 130: 130～156

2019073 He Hui, Winkel M., Gromov-Hausdorff-Prokhorov convergence of vertex cut-trees of n-leaf Galton-Watson trees, Bernoulli, 2019, 25(3): 2 301～2 329

2019074 He Jie, Li Hui, Zhang Shumei, Duan Xiaogang, Additive hazards model with auxiliary subgroup survival information, Lifetime Data Analysis, 2019, 25(1): 128～149

2019075 He Sha, Xue Qingying, Parametrized multilinear Littlewood-Paley operators on6Hardy spaces, Taiwanese Journal of Mathematics, 2019, 23(1): 87～101

2019076 He Ziyi, Han Yongsheng, Li Ji, Liu Liguang, Yang Dachun, Yuan Wen, A complete real-variable theory of Hardy spaces on spaces of homogeneous type, The Journal of Fourier Analysis and Applications, 2019, 25(5): 2 197～2 267

2019077 He Ziyi, Liu Liguang, Yang Dachun, Yuan Wen, New Calderón reproducing formulae with exponential decay on spaces of homogeneous type, Science China: Mathematics, 2019, 62(2): 283～350

2019078 洪丽暖，郭玉峰，初中生数学问题提出能力的年级差异研究，中国数学教育(初中版)，2019，(12)：3～11

2019079 Hong Wenming, Liu Minzhi, On the transience and recurrence of Lamperti's random walk on Galton-Watson trees, Science China: Mathemetics, 2019, 62(9):

1 813～1 822

2019080 Hong Wenming, Liu Minzhi, Vatutin V., Limit theorems for supercritical MBPRE with linear fractional offspring distributions, Markov Processes and Their Related Fields, 2019, 25(1): 1～31

2019081 Hong Wenming, Yang Hui, Cutoff phenomenon for nearest Lamperti's random walk, Methodology and Computer in Application Probability, 2019, 21(4): 1 215～1 228

2019082 Hong Wenming, Zhang Xiaoyue, Asymptotic behaviour of heavy-tailed branching processes in random environments, Electronic Journal of Probability, 2019, 24: Article ID 56

2019083 Hu Wei, Luo Xiuhua, Xiong Baolin, Zhou Guodong, Gorenstein projective bimodules via monomorphism categories and filtration categories, Journal of Pure and Applied Algebra, 2019, 223(3): 1 014～1 039

2019084 Huang Hong, Backwards uniqueness of the mean curvature flow, Geometriae Dedicata, 2019, 203: 67～71

2019085 Huang Huaping, Deng Guantie, Radenović S., Some topological properties and fixed point results in cone metric spaces over Banach algebras, Positivity, 2019, 23(1): 21～34

2019086 Huang Liping, Lü Benjian, Wang Kaishun, Erdös-Ko-Rado theorem, Grassmann graphs and ps-Kneser graphs for vector spaces over a residue class ring, Journal of Combinatorial Theory, 2019, 164A: 125～158

2019087 Huang Long, Liu Jun(刘军), Yang Dachun, Yuan Wen, Atomic and Littlewood-Paley characterizations of anisotropic mixed-norm Hardy spaces and their applications, Journal of Geometry and Physics, 2019, 29(3): 1 991～2 067

2019088 Huang Long, Liu Jun(刘军), Yang Dachun, Yuan Wen, Dual spaces of anisotropic mixed-norm Hardy spaces, Proceedings of the American Mathematical Society, 2019, 147(3): 1 201～1 215

2019089 黄诗雯，浅谈辅导员助理运行机制的不足与完善对策，经济与社会发展研究，2019，(12)：244～245

2019090 Huang Xing, Liu Lixia, Zhang Shaoqin, Integration by parts formula for SPDEs with multiplicative noise and its applications, Stochastics and Dynamics, 2019, 19(3): Article ID 1950024

2019091 加春燕，崔丽，估计运动模糊图像方向角的数学模型研究，数学的实践与认识，2019，49(12)：183～190

2019092 Jiang Shurong, Yu Fusheng, New knowledge-transmission mechanisms based horizontal collaborative fuzzy clustering algorithms for unequal-length time series, Frontiers in Artificial Intelligence and Applications, 2019, 315: 210～224

2019093 Jiang Tiefeng, Ma Yutao, Distances between random orthogonal matrices and independent normals, Transactions of American Mathematical Society, 2019, 372(3): 1 509～1 553

2019094 Jin Rongrong, Lu Guangcun, Variational study of bifurcations in von Kármán equations, Frontiers of Mathematics in China, 2019, 14(3): 567～590

2019095 Ju Hongjie, Li Haigang, Xu Longjuan, Estimates for elliptic systems in a narrow region arising from composite materials, Quarterly of Applied Mathematics, 2019, 77(1): 177～199

2019096 Lazar O., Xue Liutang, Regularity results for a class of generalized surface quasi-geostrophic equations, Journal de Mathématiques Pures et Appliquées, 2019, 130(9): 200～250

2019097 Lei Na, Su Kehua, Cui Li, Yau Shing-Tung, David Gu Xianfeng, A geometric view of optimal transportation and generative model, Computer Aided Geometric Design, 2019, 68: 1～21

2019098 Lei Xin, Du Zhifang, Li Jiequan, The simulation of compressible multi-fluid flows by a GRP-based energy-splitting method, Computers and Fluids, 2019, 181: 416～428

2019099 Lei Xin, Li Jiequan, Transversal effects of high order numerical schemes for compressible fluid flows, Applied Mathematics and Mechanics, English Edition, 2019, 40(3): 343～354

2019100 黎景辉，张英伯，七位早年代数人(上)，数学文化，2019，10(3)：24～43

2019101 Li Bo, Liang Baosheng, Tong Xingwei, Sun Jianguo, On estimation of partially linear varying-coefficient transformation models with censored data, Statistica Sinica, 2019, 29(4): 1 963～1 975

2019102 Li Dan, Li Junfeng, On 4-order Schrödinger operator and Beam operator, Frontiers of Mathematics in China, 2019, 14(6): 1 197～1 211

2019103 Li Dongfang, Cao Waixiang, Zhang Chengjian, Zhang Zhimin, Optimal error estimates of a linearized Crank-Nicolson Galerkin FEM for the Kuramoto-Tsuzuki equations, Communications in Computational Physics, 2019, 26(3): 838～854

2019104 Li Doudou, Zhang Mei, Asymptotic behaviors for critical branching processes with immigration, Acta Mathematica Sinica, English Series, 2019, 35(4): 537～549

2019105 Li Fang, Yang Huilin, Yu Fusheng, Wang Fangyang, Wang Xiao, A onefactor granular fuzzy logical relationship based multi-point ahead prediction model, IEEE 14th International Conference on Intelligent Systems and Knowledge Engineering (ISKE), Dalian, China, Nov., 14～16, 2019, 1 133～1 138

2019106 Li Haigang, Wang Fang, Xu Longjuan, Characterization of electric fields between two spherical perfect conductors with general radii in 3D, Journal of Differential Equations, 2019, 267(11): 6 644～6 690

2019107 Li Haigang, Li Yanyan, Yang Zhuolun, Asymptotics of the gradient of solutions to the perfect conductivity problem, Multiscale Modeling and Simulation, 2019, 17(3): 899～925

2019108 李红云，朱文芳，伍春兰，学生统计思维发展水平划分探究，数学教育学报，

2019，28(5)：41～46

2019109 Li Jiequan，Lei Xin，Du Zhifang，Wang Yue，High order temporal-spatially coupled schemes for compressible multi-fluid flows，AIP Conference Proceedings，2019，2116(1)：Article ID 030002

2019110 Li Jinling，Wang Zhiwei，Positivities and vanishing theorems on complex Finsler manifolds，Differential Geometry and Its Applications，2019，62：83～100

2019111 Li Longyue，Cao Jianzhi，Mei Yingying，Reduction and normal forms for a delayed reaction-diffusion differential system with B-T singularity，Advances in Difference Equations，2019，(1)：Article ID 204

2019112 Li Na，Chee Mok I. Ah，Cao Yiming，The evolution of mathematical thinking in Chinese mathematics education，Mathematics，2019，7(3)：Article ID 297

2019113 Li Pingshan，Xu Min，Edge-fault-tolerant strong Menger edge connectivity on the class of hypercube-like networks，Discrete Applied Mathematics，2019，259：145～152

2019114 Li Pingshan，Xu Min，Fault-free Hamiltonian cycles in balanced hypercubes with conditional edge faults，International Journal of Foundations of Computer Science，2019，30(5)：693～717

2019115 Li Pingshan，Xu Min，The t/k-diagnosability and strong Menger connectivity on star graphs with conditional faults，Theoretical Computer Science，2019，793：181～192

2019116 Li Xiaoxu，Chen Huajie，A discontinuous Galerkin scheme for full-potential electronic structure calculations，Journal of Computational Physics，2019，385：33～50

2019117 李欣莲，曹一鸣，合作问题解决能力的培养：基于美国高质量数学教学的研究与启示，教育科学研究，2019，(4)：79～84

2019118 Li Yanyan，Xiong Jingang，Compactness of conformal metrics with constant Q-curvature，I，Advances in Mathematics，2019，345：116～160

2019119 Li Yimei，Bao Jiguang，Fractional Hardy-Hénon equations on exterior domains，Journal of Differential Equations，2019，266(2～3)：1 153～1 175

2019120 Li Yimei，Bao Jiguang，Local behavior of solutions to fractional Hardy-Hénon equations with isolated singularity，Annali di Matematica Pura ed Applicata，2019，198(1)：41～59

2019121 李泽翔，姚柳全，王颖喆，智能 RGV 的周期性移动研究，数学建模及其应用，2019，8(3)：37～45

2019122 Li Zenghu，Sample paths of continuous-state branching processes with dependent immigration，Stochastic Models，2019，35(2)：167～196

2019123 李增沪，张卫，带有相依移民的连续状态分支过程，中国科学：数学，2019，49(3)：415～432

2019124 李仲来，中国数学教育先驱傅种孙，老友，2019，(4)：8～10

2019125 李仲来，请吴文俊先生写序，见，纪志刚，徐泽林：论吴文俊的数学史业绩，上海：上海交通大学出版社，2019：366～367

2019126 李仲来，默默耕耘 学人楷模：记数学家闵嗣鹤，老友，2019，(9)：8～10

2019127 Liang Qin，Chen Lu，Zhang Hui，Zhang Dongliang，Self-consistent field theory simulations of wormlike chains on cylindrical surface，International Journal of Numerical Analysis，2019，16(2)：357～374

2019128 Lin Yan，Lu Guozhen，Lu Shanzhen，Sharp maximal estimates for multilinear commutators of multilinear strongly singular Calderón-Zygmund operators and applications，Forum Mathematicum，2019，31(1)：1～18

2019129 Liu Dongli，Tan Jian，Zhao Jiman，Multilinear commutators in variable Lebesgue spaces on stratified groups，Analysis of pseudo-differential operators，Trends in Mathematics，Birkhäuser/Springer，Cham，2019，97～120

2019130 Liu Feng，Xue Qingying，Yabuta K.，Convergence of truncated rough singular integrals supported by subvarieties on Triebel-Lizorkin spaces，Frontiers of Mathematics in China，2019，14(3)：591～604

2019131 Liu Jingning，Zhang Mei，Critical survival barrier for branching random walk，Frontiers of Mathematics in China，2019，14(6)：1 259～1 280

2019132 Liu Jun(刘军)，Haroske D. D.，Yang Dachun，New molecular characterizations of anisotropic Musielak-Orlicz Hardy spaces and their applications，Journal of Mathematical Analysis and Applications，2019，475(2)：1 341～1 366

2019133 Liu Jun(刘军)，Weisz F.，Yang Dachun，Yuan Wen，Littlewood-Paley and finite atomic characterizations of anisotropic variable Hardy-Lorentz spaces and their applications，The Journal of Fourier Analysis and Applications，2019，25(3)：874～922

2019134 Liu Jun(刘军)，Yang Dachun，Yuan Wen，Littlewood-Paley characterizations of weighted anisotropic Triebel-Lizorkin spaces via averages on balls I，Zeitschrift für Analysis und Ihre Anwendungen，2019，38(4)：397～418

2019135 Liu Jun(刘君)，Osher S.，Block matching local SVD operator based sparsity and TV regularization for image denoising，Journal of Scientific Computing，2019，78(1)：607～624

2019136 刘来福，高中数学建模，高中数理化，2019，(20)：2

2019137 刘来福，中学的教学正在改革，数学建模开始向中学渗透，数学建模及其应用，2019，8(2)：77～78

2019138 Liu Liguang，Wu Suqing，Yang Dachun，Yuan Wen，New characterizations of Morrey spaces and their preduals with applications to fractional Laplace equations，Journal of Differential Equations，2019，266(8)：5 118～5 167

2019139 Liu Liguang，Xiao Jie，Yang Dachun，Yuan Wen，Restriction of heat equation with Newton-Sobolev data on metric measure space，Calculus of Variations and Partial Differential Equations，2019，58(5)：Article ID 165

2019140 Liu Longshu，Yu Fusheng，Wang Fangyang，Knowledge matching in horizontal collaborative fuzzy clustering，ICNC-FSKD 2019：Advances in Natural Computation，Fuzzy Systems and Knowledge Discovery，79～88

2019141 Liu Min, Tang Zhongwei, Multiplicity and concentration of solutions for Choquard equation via Nehari method and pseudo-index theory, Discrete and Continuous Dynamical Systems, 2019, 39(6): 3 365～3 398

2019142 Liu Min, Tang Zhongwei, Multiplicity and concentration of solutions for a fractional Schrödinger equation via Nehari method and pseudo-index theory, Journal of Mathematical Physics, 2019, 60(5): Article ID 053502

2019143 Liu Minzhi, Vatutin V., Reduced critical branching processes for small populations, (Russian) Teor. Veroyatn. Primen, 2018, 63(4): 795～807; translation in Theory of Probability and Its Applications, 2019, 63(4): 648～656

2019144 Liu Yin, Zhao Jiman, Bilinear Fourier multiplier operators on variable Triebel spaces, Mathematical Inequalities and Applications, 2019, 22(2): 677～690

2019145 刘永平，许贵桥，平均框架下线性张量积问题(s，t)-弱易处理性的两个结果，高等学校计算数学学报，2019，41(1)：80～87

2019146 Liu Yongping, Xu Guiqiao, (S, T)-weak tractability of multivariate linear problems in the average case setting, Acta Mathematica Scientia, 2019, 39(4): 1 033～1 052

2019147 Liu Yongping, Zhang Jie, EC-tractability of approximation problems in function spaces defined over products of simplices, Journal of Complexity, 2019, 55: Article ID 101404

2019148 Long Shude, Cai Junliang, The number of rooted nearly 2-regular loopless planar maps, International Journal of Mathematical Combinatorics, 2019, 1: 73～80

2019149 Lu Guangcun, Morse theory methods for a class of quasi-linear elliptic systems of higher order, Calculus of Variations and Partial Differential Equations, 2019, 58(4): Article ID 134

2019150 Lu Ning, He Fei, Huang Huaping, Answers to questions on the generalized Banach contraction conjecture in b-metric spaces, Journal of Fixed Point Theory and Applications, 2019, 21(2): Article ID 43

2019151 Lu Qing, Zheng Weizhe, Duality and nearby cycles over general bases, Duke Mathematical Journal, 2019, 168(16): 3 135～3 213

2019152 Lu Qing, Zheng Weizhe, Compatible systems and ramification, Compositio Mathematica, 2019, 155(12): 2 334～2 353

2019153 Ludwig C., Guo Kan, Georgiou G. K., Are reading interventions for English language learners effective? A meta-analysis, Journal of Learning Disabilities, 2019, 52(3): 220～231

2019154 吕皓阳，张秀平，一类 Halin 图的完美匹配计数问题，北京师范大学学报(自然科学版)，2019，55(3)：309～315

2019155 Lü You, Brownian motion between two random trajectories, Markov Processes and Their Related Fields, 2019, 25(2): 359～377

2019156 Lü Yunfei, Pei Yongzhen, Yuan Rong, Complete global analysis of a diffusive NPZ model with age structure in zooplankton, Nonlinear Analysis: Real World Applications, 2019, 46: 274～297

2019157 Lü Yunfei, Pei Yongzhen, Yuan Rong, Principle of linearized stability and instability for parabolic partial differential equations with state-dependent delay, Journal of Differential Equations, 2019, 267(3): 1 671～1 704

2019158 Luo Chunmei, Zhang Hui, Zhang Zhengru, Motion of singularities in the heat flow of harmonic maps into a sphere, East Asian Journal on Applied Mathematics, 2019, 9(3): 580～600

2019159 Ma Guangsheng, Li Hongbo, Zhao Jiman, Windowed Fourier transform and general wavelet algorithms in quantum computation, Quantum Information and Computation, 2019, 19(3～4): 237～251

2019160 Ma Guangsheng, Peng Lizhong, Zhao Jiman, Quaternion-valued smooth compactly supported orthogonal wavelets with symmetry, Advances in Applied Clifford Algebras, 2019, 29(2): Article ID 28

2019161 Ma Xuanlong, Walls G. L., Wang Kaishun, Finite groups with star-free noncyclic graphs, Open Mathemetics, 2019, 17(1): 906～912

2019162 Ma Xuanlong, Walls G. L., Wang Kaishun, Power graphs of (non)orientable genus two, Communications in Algebra, 47(1): 276～288

2019163 Ma Zhaohai, Wu Xin, Yuan Rong, Wang Yang, Multidimensional stability of planar waves for delayed reaction-diffusion equation with nonlocal diffusion, Journal of Applied Analysis and Computation, 2019, 9(3): 962～980

2019164 Ma Zhaohai, Yuan Rong, Wang Yang, Wu Xin, Multidimensional stability of planar traveling waves for the delayed nonlocal dispersal competitive Lotka-Volterra system, Communications on Pure and Applied Mathematics, 2019, 18(4): 2 069～2 092

2019165 Mao Yaping, Wang Zhao, Das K. C., Steiner degree distance of two graph products, Analele Ştiinţifice ale Universităţii Ovidius Constanţa Ser. Mat., 2019, 27(2): 83～99

2019166 毛永华，生灭过程的平稳性与拟平稳性，中国科学：数学，2019，49(3)：467～484

2019167 毛永华，张伟为，张余辉，单生过程 separation cut off 的基于特征值的判别准则，北京师范大学学报(自然科学版)，2019，55(6)：677～682

2019168 Miao Changxing, Xue Liutang, On the regularity issues of a class of drift-diffusion equations with nonlocal diffusion, SIAM Journal on Mathematical Analysis, 2019, 51(4): 2 927～2 970

2019169 Miao Qianyun, Xue Liutang, Regularity and singularity results for the dissipative Whitham equation and related surface wave equations, Communications in Mathematical Sciences, 2019, 17(8): 2 141～2 190

2019170 Mucha P. B., Xue Liutang, Zheng Xiaoxin, Between homogeneous and inhomogeneous Navier-Stokes systems: the issue of stability, Journal of Differential Equations, 2019, 267(1): 307～363

2019171 Niu Miaomiao, Tang Zhongwei, Wang Lushun, Solutions for conformally invariant fractional Laplacian equations with multi-bumps centered in lattices, Journal of Differential Equations, 2019, 266(4): 1 756～1 831

2019172 Niu Yanmin, Li Xiong, An application of Moser's twist theorem to superlinear impulsive differential equations, Discrete and Continuous Dynamical Systems, 2019, 39(1): 431～445

2019173 潘海林，朱文芳，教师效能研究：从理论内涵到实践应用，聊城大学学报(社会科学版)，2019，(1)：123～128

2019174 盘如春，桑国元，曹一鸣，基于直观想象的数学高考：以2019年全国高考数学选择题为例，中学数学，2019，(19)：20～22

2019175 Pang Xiaoping, Hu Ying, Tang Shenglin, Xiang Zheng, Wu Guilin, et al., Physical properties of high-strength bolt materials at elevated temperatures, Results in Physics, 2019, 13: Article ID 102156

2019176 Qi Liangping, Yuan Rong, A generalization of Bochner's theorem and its applications in the study of impulsive differential equations, Journal of Dynamics and Differential Equations, 2019, 31(4): 1 955～1 985

2019177 屈非非，邓冠铁，右半圆盘区域上的 Hardy 空间，北京师范大学学报(自然科学版)，2019，55(2)：173～178

2019178 Senapati T., Dey L. K., Chanda A., Huang Huaping, Some non-unique fixed point or periodic point results in JS-metric spaces, Journal of Fixed Point Theory and Applications, 2019, 21(2): Article ID 51

2019179 Shi Fei, Zhang Boyu, Cournot competition, imitation, and information networks, Economics Letters, 2019, 176: 83～85

2019180 Shi Wanlin, A note on large deviation probabilities for empirical distribution of branching random walks, Statistics and Probability Letters, 2019, 147: 18～28

2019181 Song Juan, Niu Yanmin, Li Xiong, The existence of homoclinic orbits in the Lorenz system via the undetermined coefficient method, Applied Mathematics and Computation, 2019, 355: 497～515

2019182 宋爽，曹一鸣，如何正确解读假设检验结果：兼谈数学教育研究中 p 值误用问题，数学通报，2019，58(7)：14～18，27

2019183 宋爽，曹一鸣，郭衎，国际视野下数学考试评价的热点争鸣，比较教育研究，2019，41(11)：72～79

2019184 Su Kehua, Lei Na, Chen Wei, Cui Li, Si Hang, Chen Shikui, Gu Xianfeng, Curvature adaptive surface remeshing by sampling normal cycle, Computer-Aided Design, 2019, 111(1): 1～12

2019185 Su Xifeng, de la Llave R., On a remarkable example of F. Almgren and H. Federer in the global theory of minimizing geodesics, Discrete and Continuous Dynamical Systems, 2019, 39(12): 7 057～7 080

2019186 Sui Shiyou, Yang Jihua, Zhao Liqin, On the number of limit cycles for generic Lotka-Volterra system and Bogdanov-Takens system under perturbations of piecewise smooth polynomials，Nonlinear Analysis：Real World Applications，2019，49：137～158

2019187 孙彬博，曹一鸣，中学数学课程中信息技术应用——回顾与展望：以课程标准(教学大纲)内容演变为主线，电化教育研究，2019，(10)：61～67

2019188 孙彬博，郭衎，曹一鸣，信息技术与数学教学“深度融合”：理想与现实，教育研究与实验，2019，(5)：45～50

2019189 孙彬博，郭衎，邵珍红，PISA2021 数学素养测评框架中的“21 世纪技能”，数学教育学报，2019，28(4)：12～16

2019190 Sun Xiuli，Yuan Rong，Wang Luan，Bifurcations in a diffusive predator-prey model with Beddington-DeAngelis functional response and nonselective harvesting，Journal of Nonlinear Science，2019，29(1)：287～318

2019191 Tao Jin，Yang Dachun，Yang Dongyong，Boundedness and compactness characterizations of Cauchy integral commutators on Morrey spaces，Mathematical Methods in the Applied Sciences，2019，42(5)：1 631～1 651

2019192 Tao Jin，Yang Dachun，Yuan Wen，John-Nirenberg-Campanato spaces，Nonlinear Analysis：Theory Methods and Applications，2019，189：Article ID 111584

2019193 Tan Jian，Zhao Jiman，Multilinear pseudo-differential operators on product of local Hardy spaces with variable exponents，Journal of Pseudo-Differential Operators and Applications，2019，10(2)：379～396

2019194 Tang Huo，Equivalence of sharp Trudinger-Moser inequalities in Lorentz-Sobolev spaces，Potential Analysis，2019，Article ID 09769

2019195 汤获，邓冠铁，两类解析函数的优化性质，北京师范大学学报(自然科学版)，2019，55(4)：425～428

2019196 Tang Huo，Deng Guantie，Majorization problems for some subclasses of starlike functions，Journal of Mathematical Research and Application，2019，39(2)：153～159

2019197 Tang Zhongwei，Wang Lushun，Optimal number of solutions for nonlinear coupled Schrödinger systems，part I：synchronized case，Journal of Differential Equations，2019，266(6)：3 601～3 653

2019198 田朋朋，一道 2019 年高考模拟试题的探究与推广，中学数学研究(华南师范大学版)，2019，(19)：31～32

2019199 王冬兰，保继光，也谈对数的起源，数学通报，2019，58(10)：4～8

2019200 Wang Fengyu，Zhang Weiwei，Nash inequality for diffusion processes associated with Dirichlet distributions，Frontiers of Mathematics in China，2019，14(6)：1 317～1 338

2019201 王凤雨，张钰，Harnack 不等式在 Markov 过程长时间行为研究中的应用，中国科学：数学，2019，49(3)：505～516

2019202 Wang Guanglan，Liu Zhao，Chen Lu，Classification of solutions for an integral system with negative exponents，Complex Variables and Elliptic Equations，2019，64(2)：204～222

2019203 王华明，张琳，张美娟，洪文明，随机游动轨道中的分支结构，中国科学：数学，2019，49(3)：517～534

2019204 Wang Lushun，Number of synchronized and segregated interior spike solutions for nonlinear coupled elliptic systems with continuous potentials，Science China：Mathemetics，2019，62(3)：509～534

2019205 王蕾，孙梅，曹一鸣，基于学生差异的数学教学设计，北京教育(普教版)，2019，(1)：94

2019206 Wang Rui，Liu Yanjun，Yu Fusheng，Wang Jiayin，Wang Xiao，Zhao Liyun，A novel alleviating fuzzy control algorithm for a class of nonlinear stochastic systems in pure-feedback form，Fuzzy Sets and Systems，2019，392(1)：195～209

2019207 Wang Rui，Yu Fusheng，Liu Yanjun，Wang Jiayin，Yu Lian，Zhao Liyun，A novel adaptive non-backstepping VUFC algorithm for a class of MIMO nonlinear systems with unknown dead-zones in pure-feedback form，Nonlinear Analysis：Hybrid Systems，2019，31：200～219

2019208 王尚志，保继光，赵敏，2019 版普通高中数学(北师大版)教材的整体设计与主要特色，基础教育课程，2019，(15)：51～58

2019209 Wang Xiao，Yu Fusheng，Pedrycz W.，Yu Lian，Clustering of interval-valued time series of unequal length based on improved dynamic time warping，Expert Systems with Applications，2019，125：293～304

2019210 王晓翊，程纪鹏，李红云，修正离散 KP 系列的流方程，数学物理学报，2019，39(2)：386～392

2019211 Wang Xumin，Improved Hardy-Adams inequality on hyperbolic space of dimension four，Nonlinear Analysis：Theory Methods and Applications，2019，182：45～56

2019212 Wang Xumin，Singular Hardy-Trudinger-Moser inequality and the existence of extremals on the unit disc，Communications on Pure and Applied Analysis，2019，18(5)：2 717～2 733

2019213 Wang Yang，Li Xiong，Uniqueness of traveling front solutions for the Lotka-Volterra system in the weak competition case，Discrete and Continuous Dynamical Systems，2019，24B(7)：3 067～3 075

2019214 Wang Yang，Liu Guirong，Li Xiong，Entire solutions in a delayed nonlocal dispersal competitive system，International Journal of Biomathematics，2019，12(4)：Article ID 19500359

2019215 Wang Yang，Shi Lingling，Liu Guirong，Ma Zhaohai，The uniqueness and stability of travelling fronts of competitive systems with different diffusive coefficients，IMA Journal of Applied Mathematics，2019，84(1)：171～196

2019216 Wang Yihan，Yu Fusheng，Homenda W.，Jastrzebska A.，Wang Xiao，A new adaptive fuzzy cognitive map-based forecasting model for time series，IEEE 14th International Conference on Intelligent Systems and Knowledge Engineering (ISKE)，Dalian，China，Nov.，14～16，2019，1 112～1 118

2019217 王幼宁，苏效乐，正方形等截分之逆问题，理论数学，2019，9(3)：386～392

2019218 王幼宁，苏效乐，正多边形等截分之逆问题，理论数学，2019，9(9)：998～1 008

2019219 Wang Zhao，Mao Yaping，Melekian C.，Cheng E.，Steiner Distance in Join，Corona，Cluster，and Threshold Graphs，Journal of Information Science and Engineering，2019，35(4)：721～735

2019220 Wang Zhen，Li Xiong，Stability and moment boundedness of the stochastic linear age-structured model，Journal of Dynamics and Differential Equations，2019，31(4)：2 109～2 125

2019221 Wang Zhiwei，On Grauert-Riemenschneider type criteria，Acta Mathematica Sinica，English Series，2019，35(5)：609～618

2019222 王姿婷，数学游戏三阶幻方的启发式思路分析，见：丘成桐，等主编，李建华，副主编，数学游戏和数学谜题，数学与人文第 28 辑，北京：高等教育出版社，2019，68～76

2019223 王姿婷，李建华，Nim 游戏的变式与发展，见：丘成桐，等主编，李建华，副主编，数学游戏和数学谜题，数学与人文第 28 辑，北京：高等教育出版社，2019，48～67

2019224 Wei Yulong，Xu Min，Hybrid fault diagnosis capability analysis of regular graphs，Theoretical Computer Science，2019，760：1～14

2019225 Wen Zhihong，Deng Guantie，The Hardy space decomposition on multiangular domain，Mathematical Methods in the Applied Sciences，2019，42(18)：5 999～6 008

2019226 Wen Zhihong，Deng Guantie，Qu Feifei，Rational function approximation of Hardy space on half strip，Complex Variables and Elliptic Equations，2019，64(3)：447～460

2019227 Wu Jiahong，Xu Xiaojing，Zhu Ning，Stability and decay rates for a variant of the 2D Boussinesq-Bénard system，Communications in Mathematical Sciences，2019，17(8)：2 325～2 352

2019228 吴婷，陆吉健，研学旅行课程实施模式及其核心素养教育效应研究：以“去远方”梦想课程为例，课程教学研究，2019，(11)：41～48

2019229 武恩平，刘奕廷，李建彬，2018 年郑州市 18 岁及以上居民血脂异常流行特征及影响因素分析，中国慢性病预防与控制，2019，27(9)：679～683

2019230 武元元，李建华，实心六柱鲁班锁，见：丘成桐，等主编，李建华，副主编，数学游戏和数学谜题，数学与人文第 28 辑，北京：高等教育出版社，2019，77～93

2019231 Xiao Jie，Yang Dachun，Zhang Junjie，Zhou Yuan，Stokes system and uniform trace for BMO-Q，Advances in Differential Equations，2019，24(9～10)：501～530

2019232 肖晓羽，杨昔阳，在中学数学课程中培养学生数学建模素养，高中数理化，2019，(12)：21～23

2019233 Xie Guangheng，Jiao Yong，Yang Dachun，Martingale Musielak-Orlicz Hardy spaces，Science China：Mathemetics，2019，62(8)：1 567～1 584

2019234 Xie Guangheng, Weisz F., Yang Dachun, Jiao Yong, New martingale inequalities and applications to Fourier analysis, Nonlinear Analysis: Theory Methods and Applications, 2019, 182: 143～192

2019235 Xie Guangheng, Yang Dachun, Atomic characterizations of weak martingale Musielak-Orlicz Hardy spaces and their applications, Banach Journal of Mathematical Analysis, 2019, 13(4): 884～917

2019236 Xie Guangheng, Yang Dachun, Yuan Wen, Pointwise characterizations of even order Sobolev spaces via derivatives of ball averages, Canadian Mathematical Bulletin, 2019, 62(3): 681～699

2019237 Xiong Junjing, Li Xiong, Wang Hao, Global asymptotic stability of a Lotka-Volterra competition model with stochasticity in inter-specific competition, Applied Mathematica Letters, 2019, 89: 58～63

2019238 Xiong Junjing, Li Xiong, Wang Hao, The survival analysis of a stochastic Lotka-Volterra competition model with a coexistence equilibrium, Mathematical Biosciences and Engineering, 2019, 16(4): 2 717～2 737

2019239 Xiong Wenjun, Ding Juan, He Yuanzhen, Li Qizhai, Improved matrix pooling, Statistical Methods in Medical Research, 2019, 28(1): 211～222

2019240 Xu Chengdan, Huang Liang, Boundedness of bi-parameter pseudo-differential operators on bi-parameter α-modulation spaces, Nonlinear Analysis: Theory Methods and Applications, 2019, 180: 20～40

2019241 Xu Guiqiao, Liu Yongping, Xiong Liyan, Exact constants for simultaneous approximation of Sobolev classes by piecewise Hermite interpolation, Analysis Mathematica, 2019, 45(3): 621～645

2019242 Xu Guiqiao, Liu Yongping, Zhang Jie, Weighted integral of infinitely differentiable multivariate functions is exponentially convergent, Numerical Mathematics: Theory, Methods and Applications, 2019, 12(1): 98～114

2019243 Xu Jing, Yu Fusheng, Liu Yuming(刘玉铭), Wang Xiao, Fuzzy partition based period detection method for numerical time series, ICNC-FSKD 2019: Advances in Natural Computation, Fuzzy Systems and Knowledge Discovery, 254～262

2019244 Xu Min, Wei Yulong, The h-edge tolerable diagnosability of balanced hypercubes, Theoretical Computer Science, 2019, 795: 540～546

2019245 Xu Zhen, Yang Xiaofeng, Zhang Hui, Xie Ziqing, Efficient and linear schemes for anisotropic Cahn-Hilliard model using the stabilized-invariant energy quadratization (S-IEQ) approach, Computer Physics Communications, 2019, 238: 36～49

2019246 Xu Zhen, Zhang Hui, Stabilized semi-implicit numerical schemes for the Cahn-Hilliard-Like equation with variable interfacial parameter, Journal of Computational and Applied Mathematics, 2019, 346: 307～322

2019247 薛兴元，李建华，汉诺塔问题及其推广，见：丘成桐，等主编，李建华，副主编，数学游戏和数学谜题，数学与人文第 28 辑，北京：高等教育出版社，2019，25～40

2019248 Yan Shi，Liu Jun(刘君)，Huang Haiyang，Tai Xuecheng，A dual EM algorithm for TV regularized Gaussian mixture model in image segmentation，Inverse Problems and Imaging，2019，13(3)：653～677

2019249 Yan Xianjie，Intrinsic square function characterizations of weak Musielak-Orlicz Hardy spaces，Banach Journal of Mathematical Analysis，2019，13(4)：969～988

2019250 Yang Jihua，Sui Shiyou，Zhao Liqin，On the number of zeros of Abelian integral for a class of cubic Hamilton systems with the phase portrait "butterfly"，Qualitative Theory of Dynamical Systems，2019，18(3)：947～967

2019251 Yang Sibei，Yang Dachun，Atomic and maximal function characterizations of Musielak-Orlicz-Hardy spaces associated to non-negative self-adjoint operators on spaces of homogeneous type，Collectanea of Mathematics，2019，70(2)：197～246

2019252 Yang Sibei，Yang Dachun，Yuan Wen，New characterizations of Musielak-Orlicz-Sobolev spaces via sharp ball averaging functions，Frontiers of Mathematics in China，2019，14(1)：177～201

2019253 Yang Zezhong，Wang Kai，Zhang Yanqing，Guo Yufeng，Research on the balancing process of good mathematical cognitive，Structure Based on the Method of Network Analysis，Basic and Clinical Pharmacology and Toxicology，2019，125：95

2019254 Yang Zezhong，Wang Kai，Zhang Yanqing，Guo Yufeng，Research on the internal process of mathematical misunderstanding，Basic and Clinical Pharmacology and Toxicology，2019，125：97

2019255 尤慧，朱文芳，以学生为中心多元学习模式的研究：基于高等教育信息化的视角，延边大学学报(社会科学版)，2019，52(1)：121～129

2019256 于国文，曹一鸣，"中、澳、法、芬"中学数学课堂教师提问的实证研究，数学教育学报，2019，28(2)：56～63

2019257 于国文，曹一鸣，芬兰：PISA 热的局内人反思：对话芬兰教育研究所测评团队，外国中小学教育，2019，(6)：1～9

2019258 于国文，曹一鸣，Clarke D. J.，Ching M.，Chan E.，师生互动的实证研究：中芬法澳四国中学数学课堂中的师生互动，全球教育展望，2019，48(1)：71～81

2019259 于国文，陈鹏举，冯启磊，曹一鸣，PISA 数学测评内容和情境演变及其启示，数学教育学报，2019，28(4)：17～23

2019260 Yu Haixia，Hilbert transforms along double variable fractional monomials，Communications on Pure and Applied Analysis，2019，18(3)：1 433～1 446

2019261 曾紫婷，周英梅，D_l 型李代数的 Fock 表示，北京师范大学学报(自然科学版)，2019，55(4)：429～436

2019262 Zhang Caifeng，Trudinger-Moser inequalities in fractional Sobolev-Slobodeckij spaces and multiplicity of weak solutions to the fractional-Laplacian equation，Advanced Nonlinear Studies，2019，19(1)：197～217

2019263 Zhang Jie，Liu Yongping，Quasi-Monte Carlo tractability of integration problem in function spaces defined over products of balls，International Journal of Wavelets Multiresolution and Information Processing，2019，17(6)：Article ID 1950048

2019264 Zhang Juan, Saito H., Xue Qingying, The Fefferman-Stein type inequalities for the multilinear strong maximal functions, Mathematical Inequalities and Applications, 2019, 22(2): 539～552

2019265 Zhang Shu, Cao Yiming, Wang Lidong, Li Xinlian, Characteristics of teaching and learning single-digit whole number multiplication in China: the case of the nine-times table, ZDM Mathematics Education, 2019, 51(1): 81～94

2019266 Zhang Weiwei, Super Poincaré inequality for a dynamic model of the two-parameter Dirichlet process, Statistics and Probability Letters, 2019, 151: 97～105

2019267 Zhang Xiangming, Liu Zhihua, Periodic oscillations in age-structured ratio-dependent predator-prey model with Michaelis-Menten type functional response, Physica D: Nonlinear Phenomena, 2019, 389: 51～63

2019268 Zhang Xiaofeng, Yuan Rong, The existence of stationary distribution of a stochastic delayed chemostat model, Applied Mathematica Letters, 2019, 93: 15～21

2019269 Zhang Yangyang, Yang Dachun, Yuan Wen, Wang Songbai, Real-variable characterizations of Orlicz-Slice Hardy spaces, Analysis and Applications, 2019, 17(4): 597～664

2019270 张英伯，李尚志，翟起滨，数奇何叹，赤心天然：记数学家、密码学家曾肯成(上)，数学文化，2019，10(2)：3～26

2019271 张英伯，李尚志，翟起滨，数奇何叹，赤心天然：记数学家、密码学家曾肯成(下)，数学文化，2019，10(3)：3～23

2019272 张英伯，编委会的故事，数学文化，2019，10(4)：22～28

2019273 张余辉，单生过程的研究进展，中国科学：数学，2019，49(3)：621～642

2019274 Zhang Yuhui, Moments of first hitting times for birth-death processes on trees, Frontiers of Mathematics in China, 2019, 14(4): 833～854

2019275 Zhang Yuhui, Zhou Xiaofeng, High order moments of first hitting times for single death processes, Frontiers of Mathematics in China, 2019, 14(5): 1 037～1 061

2019276 张梅，带移民分支过程的极限定理，中国科学：数学，2019，49(3)：581～590

2019277 张石峰，李建华，具有某些对称性的四阶幻方研究，见：丘成桐，等主编，李建华，副主编，数学游戏和数学谜题，数学与人文第 28 辑，北京：高等教育出版社，2019，140～149

2019278 赵文君，莫雅慈，曹一鸣，初中数学教师新课程实施情况及影响因素研究：以成都市龙泉驿区导学讲评式教学为例，数学教育学报，2019，28(6)：21～26

2019279 赵旭安，闵科夫斯基平面 M^2 和闵科夫斯基变换，数学通报，2019，58(11)：60～62

2019280 赵旭安，数学进展 Kac-Moody 群、其旗流形及分类空间的上同调环的计算，数学进展，2019，48(4)：385～398

2019281 赵旭安，高红铸，一般仿射平面曲线的微分几何，北京师范大学学报(自然科学版)，2019，55(6)：683～691

2019282 Zhou Jingyi, Wang Jiayin, Yu Fusheng, Yu Lian, Wang Xiao, A novel time series forecasting method based on fuzzy visibility graph, ICNC-FSKD 2019: Advances in Natural Computation, Fuzzy Systems and Knowledge Discovery, 263～271

2019283 Zhou Yuzhi, Chen Huajie, Zhou Aihui, Plane wave methods for quantum eigenvalue problems of incommensurate systems, Journal of Computational Physics, 2019, 384: 99～113

2019284 朱忠明，基础教育阶段学校质量评估的审视及启示：以美国纽约市为例，现代基础教育研究，2019，(2)：98～105

2019285 Zhuo Ciqiang, Yang Dachun, Variable weak Hardy spaces $WH_pL(\mathbf{R}^n)$ associated with operators satisfying Davies-Gaffney estimates, Forum Mathematicum, 2019, 31(3): 579～605

2019286 Zhuo Ciqiang, Chang Derchen, Yang Dachun, Ball average characterizations of variable Besov-type spaces, Taiwanese Journal of Mathematics, 2019, 23(2): 427～452

2019287 邹嘉莹，李建华，24 点游戏的算法、全解与难度设定，见：丘成桐，等主编，李建华，副主编，数学游戏和数学谜题，数学与人文第 28 辑，北京：高等教育出版社，2019，125～131

补遗(以下为李仲来编《北京师范大学数学科学学院论著目录(1915～2015)》. 北京：北京师范大学出版社，2016，的补遗)

1918030 张缉，山高测法种种，学生杂志，1919，(3)：52～103

1954013 傅种孙，介绍"中学数学教学法"，人民教育，1954，(10)：70～74

1978027 苏丁，概率及其应用简介，中学理科教学，1978，(7)：7～11

1978028 苏丁，概率及其应用简介(续)，中学理科教学，1978，(9)：1～6

1983094 Zhang Yangchun, On the saturation problem for strong application by Double Fourier series, Journal of Approximation Theory, 1983, 37(2): 108～118

1988116 汪培庄．模糊数学的应用原理，见：吴文俊，主编：现代数学新进展，合肥：安徽科学技术出版社，1988：166～180

1989111 Shen Enshao, Infinite forcing and g-companions, 数理逻辑'89 (Chinese Annals of Pure and Applied Logic)，第一届逻辑学术交流会论文集，1989：10 pp

1992201 程艺华，提高中等数学杂志质量的一点意见，南京大学学报，1992，(数学编辑学专辑)：184～185

1993177 Chen Xiong, On P. Révész's conjecture about local times of a Browuian sheet, In: Badrikian A. et al. eds: Rencontres Franco-Chinoises en Probabilités et Statistiques (Wuhan, 1990), Probability and Statistics, World Scientific, Singapore, 1993: 77～86

1993178 战荫伟，事业关于 C^1 样条 Blending 插值格式，见：冯恩波，主编：全国博士后科研流动站管理协调委员会办公室，中国博士后科学技术基金会编：中国博士后首届学术大会论文集(下)，北京：国防工业出版社，1993：1 183～1 186

1993179 Zhao Xuelei, Superprocesses: theory and application，见：冯恩波，主编：全国博士后科研流动站管理协调委员会办公室，中国博士后科学技术基金会编：中国博士

后首届学术大会论文集(下)，北京：国防工业出版社，1993：1 163～1 166

1994197 李程，递归应用一例：为什么只有一、二、五分硬币，电脑，1994，(5)：198

1996216 刘洁民，《姜立夫》，见：中国科学技术协会，编：中国科学技术专家传略，理学编，数学卷1，石家庄：河北教育出版社，1996：35～52

1996217 陆钟万，王世强，许孔时，杨东屏，《胡世华》，见：中国科学技术协会，编：中国科学技术专家传略，理学编，数学卷1，石家庄：河北教育出版社，1996：267～276

1996218 张英伯，Bautista R.，具有强齐性条件的一个野 bocs，科学通报，1996，41(23)：2 119～2 122.(Zhang Yingbo，Lei Tiangang，Bautista R.，A wild bocs having strong homogeneous property，Chinese Science Bulletin，1997，42(2)：108～112)

2006315 陈木法，回忆连家瑶老师的教导，见：黄磐石，连鸿仁，孙建斌，主编：杰出师表连家瑶，中国香港：中国文化出版社，2006：49～52

2006316 马京然，我从东风来，见：宋丽慧，主编：木铎金声，北京：中国青年教育音像出版社，2006：177～181

2011286 赵慈庚，抗战时期师大附中的教员和校长，见：丘成桐，等主编：数学与人文，第5辑：数学与教育，北京：高等教育出版社，2011：117～120

2013305 魏炜，大学生科研项目管理与思想政治教育新模式研究：以北京师范大学数学建模大赛为例，见：刘川生，主编：继承与创新：京师德育文集，北京：北京师范大学出版社，2013：70～76

2013306 魏炜，大学生对中国共产党的心理反应及建设研究，见：刘川生，主编：成长与超越：京师辅导员论文集，北京：北京师范大学出版社，2013：47～58

2013307 张英伯，美国英才教育对中国的启示，见：戴耘，蔡金法，主编：英才教育在美国(第15章)，杭州：浙江教育出版社，2013：203～207

2014305 Huan Zhongdan，Understanding Beijing classroom through linear inequality teaching，Algebra Teaching around the World，Sensing Publishers，Rotterdam，Boston，Taibei，2014

2014306 魏炜，促进重点群体就业的职业指导：以免费师范生职业生涯规划为例，南京师大学报(社会科学版)，2014，(教育与教学研究增刊)：54～57

2015339 Hart J.，Lu Guozhen，Hardy space estimates for Littlewood-Paley-Stein square functions and Calderón-Zygmund operators，The Journal of Fourier Analysis and Applications，2015，22(1)：1～28

2015340 李仲来，北京师范大学数学学科教材建设，见：北京市教育委员会，北京高等教育学会教材工作研究会编：构建高等教育教材建设体系，提高高等教育教学与人才培养质量，北京：中国人民大学出版社，2015：78～81

2　论文作者索引(2016～2019)

傅种孙　1954013

傅尊伟　2017199

高　东　2016199

高红铸　2019281

高　攀　2016270

高雪松　2018068　2019061

葛新麟　2019064

郭方奇　2019061

郭　衎　2016017　2016072　2016130　2016192　2017011　2017056　2018189　2018208　2019065　2019183　2019188　2019189

郭沛然　2018044

郭晓川　2017057　2017058　2018074

郭玉峰　2017027　2017059　2018106　2018188　2019067　2019068　2019069　2019070　2019078

郭玉霞　2019071

韩惠丽　2016138

韩　露　2016073　2016074

韩小利　2018080

何　海　2017065

何雅涵　2017229

何引红　2018174

贺　慧　2016219

贺　婕　2016076

洪丽暖　2019078

洪思扬　2016121

洪文明　2016080　2019203

胡凤娟　2017071　2018090

胡国恩　2017121

胡琴竹　2016016

胡　维　2016114　2017172

胡永建　2018141

黄　红　2016084

黄华平　2017028　2017075　2017076　2018036　2018092　2018093

黄　亮　2018099

黄　蓉　2018051

黄诗雯　2019089

黄思祺　2018068

黄　鑫　2017228

黄鑫鑫　2016264

黄一缘　2018246

黄　元　2016089

黄　正　2018183　2019041

纪光华　2016164

加春燕　2016090　2019091

贾随军　2018106

金春花　2017236

金　蛟　2016167

金其余　2017084

晋榕榕　2019040

康玥媛　2016097

柯洪捷　2016128

孔荫莹　2017084

兰小银　2017238

蓝森华　2018052

冷　平　2018200

黎景辉　2019100

黎　雄　2016114　2016270　2017173

李　程　1994197

李海凤　2018116

李红云　2019108　2019210

3 发表论文的杂志名称索引

科学与社会 2016123
课程 教材 教法 2017229 2018145
课程教学研究 2019228
课程教育研究(学法教法研究) 2017186

老友 2019124 2019126
理论数学 2017065 2019217 2019218
聊城大学学报(社会科学版) 2019173
洛阳师范学院学报 2016248

民主与科学 2018140

内江师范学院学报 2017188
南京大学学报 1992201
南京师大学报(社会科学版) 2014306
南阳师范学院学报 2017185

全球教育展望 2017104 2019258

人民教育 1954013

数理天地 2016073 2016074
数学传播 2017019 2017021
数学的实践与认识 2016167 2016205 2016219 2016270 2018092 2019091
数学都知道 2017233
数学建模及其应用 2019121 2019137
数学教育学报 2016018 2016053 2016191 2016192 2016257 2017059 2017133 2018106 2018167 2018189 2018256 2019013 2019027 2019108 2019189 2019256 2019259 2019278
数学进展 2016061 2016251 2017023 2017129 2017211 2019034 2019280
数学年刊 2016080 2017199 2017236
数学通报 2016084 2016109 2016198 2016200 2017027 2017193 2017194 2017195 2017223 2018002 2018138 2018139 2018141 2018154 2018163 2018213 2018266 2019067 2019182 2019199 2019279
数学文化 2016255 2017232 2017233 2018261 2018262 2019100 2019270 2019271 2019272
数学物理学报 2016138 2016171 2016182 2018060 2018179 2018184 2019210
数学学报 2016170 2017111 2017121
数学学习与研究 2016163 2019064
数学杂志 2016181 2016220 2018113
数值计算与计算机应用 2016164 2019041

天津师范大学学报(社会科学版) 2017011
图学学报 2016090

外国中小学教育 2016204 2017221 2018242 2019257
文教资料 2017058

系统工程理论与实践 2016121
系统科学与数学 2017100
现代城市研究 2017228
现代基础教育研究 2019284
心理科学进展 2018174
新课程教学(电子版) 2019011

Journal of Computational Physics 2018057 2018058 2018267 2019116 2019283
Journal of Difference Equations and Applications 2018122
Journal of Differential Equations 2016001 2016040 2016149 2016188 2016209 2016233 2016250 2017082 2017092 2017190 2017202 2017213 2018161 2018229 2018235 2018237 2019106 2019119 2019138 2019157 2019170 2019171 2019197
Journal of Dynamics and Differential Equations 2016039 2017137 2018223 2019176 2019220
Journal of Evolution Equations 2017031
Journal of Fixed Point Theory and Applications 2016159 2017105 2018001 2018096 2018097 2019150 2019178
Journal of Function Spaces 2016015 2016169 2017089 2018221 2018252
Journal of Functional Analysis 2016009 2016176 2016213 2016246 2018034 2018126 2018175 2019019
Journal of Geometric Analysis 2017026 2017042 2017050 2017088 2017209 2018007 2018009 2018272
Journal of Geometry 2016107
Journal of Geometry and Physics 2016108 2016215 2017063 2019087
Journal of Inequalities and Applications 2016113 2017126 2018187 2018199
Journal of Information Science and Engineering 2019219
Journal of Intelligent and Fuzzy Systems 2016099
Journal of Knot Theory and Its Ramifications 2017033 2017034 2017035 2018041 2019037
Journal of Korean Mathematical Society 2018053
Journal of Learning Disabilities 2019153
Journal of Mathematical Analysis and Applications 2016042 2016049 2016111 2016207 2016230 2017009 2017064 2017112 2017177 2017222 2018101 2018128 2018177 2018201 2018227 2019044 2019132
Journal of Mathematical Economics 2016241
Journal of Mathematical Fluid Mechanics 2016232 2017198 2018181
Journal of Mathematical Imaging and Vision 2018020
Journal of Mathematical Inequalities 2016236 2017006 2017174
Journal of Mathematical Physics 2019142
Journal of Mathematical Research and Application 2019196
Journal of Mathematical Society of Japan 2017032
Journal of Noncommutative Geometry 2016135
Journal of Nonlinear and Convex Analysis 2016020 2017231 2018271
Journal of Nonlinear Science 2018102 2019190
Journal of Nonlinear Science and Applications 2016085 2016086 2017077 2017078 2017083 2017175
Journal of Physics A：Mathematical and Theoretical 2016082

书、论文集

后 记

我在《北京师范大学数学科学学院论著目录(1915～2015)》前言中谈到，已出版的《北京师范大学数学科学学院史(1915～2015)》，简称《院史》，以后在适当年份分为两个部分：《院史》第 3 版的上、中、下篇构成《院史》的第 4 版；《院史》第 3 版的大事记、附表、附录构成《北京师范大学数学科学学院志》(简称《院志》)的部分内容。

《院志》的述(第 1 章)和记(第 2 章)无须赘述。

《院志》第 3 章机构发展，在《院史》的基础上增加学院学术、学位评定、教学指导委员会，教育部重点实验室、工会、教研室、团委、《数学通报》、北京数学奥林匹克学校条目。

《院志》第 4 章的教师队伍建设：对进人和职称进行统计分析，对教师在学院的工作年限，逝世教师的情况进行统计。同时对辅导员、博士后、留学苏联、国际交流，分情况进行统计。对留学苏联的情况进行比较详细的总结。

《院志》第 5～7 章内容有专科生简介，本科生涉及：对特殊年份的学生生源和毕业工作单位，公费师范生，近 20 年转入和转出学院的本科生，数学励耘实验班，大类招生，学院教师子女在学院学习的人数，本科生开设课程(《院史》开设本科生课程是按某年的 1～4 年级统计，《院志》改为每届几个学年的课程汇总；增加 1952 年前开设的部分年份的本科生课程)，数学建模竞赛，本科生毕业数量，1950～1989 届本科毕业生工作单位，1976～2005 届数学系/学院的本科毕业生之间结婚状况。研究生涉及：研究生班，4 种类型的学术型硕士生，5 种类型的专业型硕士生，硕士和博士研究生的生源类型，生源学校，毕业生数量和性别，历年收集的工作单位等进行汇总。研究生导师来源于研究生答辩申请表和学院上报学校学位办审核材料，并与教师们逐一核实。

《院志》第 8 章继续教育涉及函授和夜大学、进修教师、访问学者、助教进修班、硕士研究生课程进修班、国家级骨干教师培训班。2010～2014 年举办的 5 届新疆中学汉语骨干教师进修班(数学班)，课程由学院负责，管理由学校继续教育学院负责，未附名单。

《院志》第 9 章，根据“生不立传”的原则，只对在学院离退休、在职时逝世的教授写个人简介。在职和健在退休教授的个人简介保留在《院史》中。

《院志》第 10 章对学院获省部级(含)以上奖(个人奖、教学奖、科研奖)，先国家级，后省部级，最后其他项目排列。基金按每年项目批准号从小到大排序，按年代统计，只统计项目数。

对《院史》第 3 版的附表进行全面的修改和补充，论文统计到 2019 年，其他材料内容增加到 2020 年 12 月。

录 23 由王琦和我整理；录 31 由刘来福提供 1994～2008 年获奖名单；录 33 由赵籍丰和郭文莲收集 1990 年以前数学系资料室保存的 80 多部著作目录，再由我补充。其余由我整理，不再标明。

近 5 年的原始资料：本科生的毕业名单和进修教师的名单，由张丽华提供。2016～2018 年，每年开学位分会产生学术型硕士生的毕业名单，博士生毕业资料从研究生院网